라마나 마하르쉬와의
# 대담

옮긴이 ● 대성(大晟)

선불교와 비이원적 베단타의 내적 동질성에 관심을 가지고 라마나 마하르쉬의 '아루나찰라 총서'와 마하라지 계열의 '마하라지 전서'를 집중 번역해 왔고, 그 밖에도 중국 허운선사의 『참선요지』와 『방편개시』 그리고 감산대사의 『감산자전』을 우리말로 옮겼다. 최근에는 성엄선사의 『마음의 노래』, 『지혜의 검』, 『선의 지혜』, 『대의단의 타파, 무방법의 방법』, 『부처 마음 얻기』, 『비추는 침묵』 등 '성엄선서' 시리즈를 번역했다.

**아루나찰라 총서 5**

라마나 마하르쉬와의 대담 – *Talks with Sri Ramana Maharshi*

**지은이** | 무나갈라 벤까따라마이아
**옮긴이** | 대성(大晟)
**펴낸이** | 이효정
**펴낸곳** | 도서출판 탐구사

개정 2판 발행일   2017년 12월 15일

등록 | 2007년 5월 25일(제208-90-12722호)
주소 | 04097 서울 마포구 광성로 28, 102-703(신수동, 마포벽산 e-솔렌스힐)
전화 | 02-702-3557  Fax | 02-702-3558
e-mail | tamgusa@naver.com

값은 뒤표지에 있습니다. 잘못된 책은 바꾸어 드립니다.

ISBN 978-89-89942-46-7  04270
ISBN 978-89-951146-0-5  (세트)

이 도서의 국립중앙도서관 출판예정도서목록(CIP)은 서지정보유통지원시스템 홈페이지(http://seoji.nl.go.kr)와 국가자료공동목록시스템(http://www.nl.go.kr/kolisnet)에서 이용하실 수 있습니다.(CIP제어번호: CIP2017030870)

아루나찰라 총서 5

# 라마나 마하르쉬와의 대담
Talks with Sri Ramana Maharshi

무나갈라 벤까따라마이아 기록
대성(大晟) 옮김

탐구사

*Talks with Sri Ramana Maharshi*

Recorded by Munagala S. Venkataramiah

(First edition, 1955 / Fourteenth edition, 2016)

Published by V. S. Ramanan,
President of the Board of Trustees,
Sri Ramanasramam, Tiruvannamalai,
Tamil Nadu 606 603, India

Copyright © Sri Ramanasramam
Korean translation copyright © 2003, 2017 Tamgusa Publishing

This Korean edition is published by agreement with Sri Ramanasramam, India

이 책의 한국어판 저작권은 Sri Ramanasramam과의 계약에 의해 탐구사에 있습니다.
저작권법에 의해 보호받는 저작물이므로 사전 허락 없이 전재하거나 복사하는 것은 허용되지 않습니다.

# 차례

한국어판 서문 · 9

제2판 서언 · 11

머리말 · 14

기록자의 말 · 18

제1권  21

제2권  246

제3권  494

찾아보기 · 733
 1. 가르침과 관계되는 사항, 어구 · 733
 2. 경전, 저작, 정기간행물 · 752
 3. 신, 고대의 진인, 옛 성자, 경전 인물 · 754
 4. 헌신자, 방문객, 현대의 성자, 기타 인물 · 756
 5. 조직, 단체, 회의 · 759
 6. 지명 · 759
 7. 바가반의 회고 등 · 761
 8. 대담 기간 중의 사건 · 761
 9. 비유 · 762
 10. 이야기, 우화 · 764
 11. 소제목이 있는 곳과 도표식 설명들 · 765

옮긴이의 말 · 766

## 일러두기

1. 본 한국어판은 원서 제14판을 번역 대본으로 하되, 구판과 약간 차이가 나는 부분들은 원서 제10판(1996)을 기준으로 삼았다.
2. 본문의 괄호 안에서 본문보다 작은 글자로 된 것은 역자의 보충 문구이고, 본문과 같은 크기의 괄호나 꺾쇠표 안에 든 말은 기록자(또는 편집자)의 보충 문구이거나 주석이다.
3. 원문에서 대문자로 시작하는 단어는 **돋움체**로, 이탤릭체로 된 단어는 **약간 진한 글씨**로 표기하는 것을 원칙으로 하였으나, 대문자 표기가 일관되지 않는 일부 단어들도 **돋움체**로 표기한 곳들이 있다.
4. 각주들 중 역주는 *T.*(Translator의 약자)로 표시했다.

# 한국어판 서문

　스리 라마나 마하르쉬의 생애와 가르침에 대해 출판된 모든 문헌 중에서도 『대담』은 독보적인 위치를 점한다.
　기록자인 무나갈라 벤까따라마이아는 마하르쉬의 가르침에 완전히 기초를 두고 있었고, 몇 가지 언어에 능통했으며, 인도 철학의 모든 측면에 조예가 있었다. 그래서 그는 마하르쉬의 회당에서 종종 통역자로 복무했다. 그는 구도자들의 질문에 대한 스승의 답변을 받아 적었을 뿐만 아니라, 질문자들에게 다가가 자신이 그들의 질문을 정확히 기록했는지 확인하기까지 했다. 또한 마하르쉬의 답변들에 대해 의문이 있을 때는 이 진인眞人께 직접 여쭈어서 의문을 해소하곤 했다. 이런 대화들이 큰 공책 두 권을 채웠는데, 이것을 기록하는 동안 이 공책들을 구舊회당(Old Hall)에 보관해 두어 (필요할 때는) 면밀히 살펴보고 재검토할 수 있게 했다.
　마하르쉬는 언젠가, 당신이 질문을 받을 때면 늘 침묵하고 있다가 말이 당신의 마음에 떠오를 때만 답변했고, 아무 말도 떠오르지 않으면 침묵을 지켰다고 말했다. 단순히 논쟁을 위한 질문들은 흔히 후자의 반응을 초래했다. 여러분은 그런 유형의 질문들에 대한 어떤 답변도 여기서 발견하지 못할 것이다. 다양한 주제에 관한 진지한 질문들에 대해서는 보통 답변을 해주었는데, 이 책을 읽어 보면 알겠지만 마하르쉬는 그런 구도자들의 주의를 늘 "나는 누구인가?"라는 더 없이 중요한 자기탐구로 돌려놓곤 했다. 이 물음에 대한 답을 추구하면 다른 모든 의문이 그치고 완전한 행복이 일어날 것임을 알고 있었던 것이다.
　이 책의 분량으로 보아 마하르쉬와의 부단한 논의가 일상적이었던 것으로 보일지 모르나, 실제로는 그와 정반대이다. 이 대화들은 4년(1935~1939)의 기간에 걸쳐 기록되었다. 당시에는 방문객과 헌신자들이 이 진인에게 바로 접근할 수 있었는데, 당신은 대부분의 시간 동안 '본래적 침묵'을 지키곤 했다. 회당에서 당신과 함께 앉아 있던 사람들은, 영원한 고요함이라는 당신의 지고한 상태가 그들의 의식 속으로 서서히 스며들어 그들의 의문과 망념들을 해소하면서, 차분하고 서늘한 평안과 형언할 수 없는 기쁨의 상태로 만들어준다는 것을 발견했다. 이 '**침묵**'이 마하르쉬의 특별한 매력이었다. 그렇기는 하나 당신을 처음 찾아온 대다수 사람들은 보통 질문과 의문들로 가득 차 있었고, 마하르쉬는 답변이나 강력한 침묵으로 그것을 해소해 주었다.

이 책에서 우리는 그 답변들을 만나지만, '참된' 답변을 깨달으려면 당신의 가르침대로 우리가 내면으로 뛰어들어 **심장** 안에 **진아**로서 안주해야 한다. 그것은 "나는 누구인가?"라는 물음에 대한 최종적 답변일 뿐 아니라, 나고 죽음과 존재(삶)의 의미라는 딜레마에 대한 답변이기도 하다.

마하르쉬는 질문자의 마음과 영적 성숙도를 직관적으로 이해했고, 당신의 답변들은 특정한 각 개인의 현 발전 단계에서 필요한 것들을 지향했다. 그래서 우리는 여러 사람이 폭넓은 주제들에 관해 던진 같은 질문에 대해 서로 다른 답변이 나오는 것을 볼 수 있다. 우리가 이런 대화들을 주의 깊게 읽으면, 마하르쉬가 베푸는 가르침 전반에 대한 친숙한 이해를 얻고, 그것을 우리의 삶 속에서 적용하는 법을 배우게 된다.

이것은 읽고 나서 먼지 쌓이는 선반에 보관해 둘 책이 아니다. 우리는 그 내용들을 거듭거듭 성찰하여, '**진아**만이 존재하고, 우리가 **그것**이기도 한' 체험 안에 확고히 자리 잡아야 한다.

이 한국어판의 번역자는 스리 라마나 마하르쉬의 가르침이 한국의 진지한 구도자들에게 널리 읽히게 하는 일에 전적으로 헌신해 왔다. 본서는 그가 번역한 스리 라마나스라맘의 출판물 중 8번째 책이며, 지금까지 그가 해낸 것 중 최대의 성과임이 분명하다. 나는 마하르쉬의 『대담』에 대한 이 번역본이 한국의 모든 구도자들, 특히 바가반 스리 라마나 마하르쉬가 가르치고 실천해 보인 "나는 누구인가?"의 자기탐구 수행의 길을 가는 이들에게 불가결한 안내서가 될 것이라고 확신한다.

남인도, 스리 라마나스라맘<br>
총재, V. S. 라마난

# 제2판 서언

『대담』은 처음에 세 권으로 출판되었는데, 이제 간편한 한 권짜리 합본으로 간행된다. 이번 판도 먼저 판과 같이 전 세계의 구도자들로부터 존경과 주목을 받을 거라는 것은 의심할 바가 없다. 이것은 가볍게 읽고 나서 밀쳐둘 책이 아니다. 그 수가 점점 늘어나고 있는, **영원한 빛**을 향한 순례자들에게 이 책은 확실한 안내서가 될 것이 틀림없다.

우리는 1935년부터 1939년까지 4년여의 기간에 걸쳐 이 『대담』을 기록한 스리 무나갈라 벤까따라마이아[스와미 라마나난다 사라스와띠]에게 아무리 감사해도 지나치지 않을 것이다. 바가반 스리 라마나를 친견하는 행운을 가졌던 헌신자들은 이 『대담』을 읽으면서, 그들 자신이 마음에 기록해 두었던 **스승님**의 말씀들을 당연히 기쁘게 회상하며 반추하게 될 것이다. 이 위대한 **아루나찰라의 진인**眞人은 대체로 침묵을 통해 가르치기는 했지만 언어를 통해서도 가르쳤는데, 그것도 명료하게, 듣는 이들의 마음을 당혹하게 하거나 혼란시키지 않으면서 가르쳤다. 혹자는 당신이 하신 모든 말씀들이 후세 사람들을 위해 보존되었더라면 하고 바랄 것이다. 그러나 이만큼이나마 그 말씀들이 기록되어 있다는 데 감사해야 할 것이다. 독자들은 이 '대담'들이 스승님의 '저작'들의 의미를 더 분명히 밝혀준다는 것을 발견할 것이다. 번역되어 나와 있는 그 '저작'들과 함께 이것을 공부하는 것이 아마 가장 좋을 것이다.

스리 라마나의 가르침은 대중을 상대로 말씀하신 것은 아니었다. 사실 이 진인은 '강연'이나 '설법'을 할 필요가 없었다. 당신의 말씀들은 1차적으로, 영적인 길에서 어떤 어려움을 느껴 그것을 해결하고자 하는 특정한 구도자에게 해준 것이다. 그러나 **진아**에 대한 탐구에서 누구에게나 똑같은 어려움이 있고 그것을 해결하는 방법도 동일하기 때문에, 질문에 대한 마하르쉬의 답변들은 보편성의 성질을 가지고 있다.

모두가 올바른 질문을 하거나 질문을 적절하게 구성할 수 있는 것은 아니다. 따라서 **스승님**의 '**대담**'은 시험답안같이 단순히 그 논점에 답변하기 위한 것만은 아니다. 당신은 종종 질문을 이루는 말들의 이면을 살피고, 심지어 질문자의 질문하는 방식까지 바로잡아 주어야 한다. 그리고 관련이 없거나 쓸데없는 질문을 할 때, 질문자의 안이한 호기심을 만족시키거나 그의 망상을 확인시켜주는 일은 하지 않는다. 스리 라마나는 질문자를 그가 있던 자리에 그냥 놔두지 않는다. 한 헌신자는 이렇게 말했다. "우리의 모든 질문은 우리의 관점에서 나오고, 스리 바가반의 답변은 당신의 관점에서 나온다. 질문들은 답변을 얻을 뿐만 아니라 그 토대가 위협받기도 한다."

우리가 성자에게 접근하는 태도는 다양할 수 있다. 회의론자와 불가지론자, 유신론자와 무신론자, 기적을 구하는 자와 심령현상을 좇는 자 등, 모두가 마하르쉬를 찾아오곤 했다. 각자는 당연히 자기 마음의 최상층에 있는 질문들을 했고, 질문의 성격은 당사자의 태도와 관심 여하에 달려 있었다. **스승님**의 탁월함은 비천한 태도와 관심들을 제거하고, 그 헌신자가 **지고의 진리**에 대한 깨달음을 열망하게 해주는 데 있었다.

아쉬람을 찾아온 사람들은 종종 스리 라마나께 신비한 능력과 심령현상에 대해 질문하기도 했다. "텔레파시 같은 신비한 능력을 얻는 것은 좋지 않습니까? 자신의 몸을 보이지 않게 할 수 있는 능력은 성숙된 지혜의 표지 아닙니까? 우리가 남들의 마음을 읽을 수 있습니까?" 그런 모든 질문에 대한 **스승님**의 답변은 신비하고 기적적인 것은 영적인 것이 아니라는 것이었다. 초상적超常的 능력들은 **지고의 영靈**에 이르는 길에서 도움이 되기보다 장애가 된다고 했다. 어떤 질문자들은 죽은 자들에 관한 문제에 관심이 있었다. "죽은 자에게는 어떤 일이 일어납니까? 우리가 그들을 볼 수 있습니까?" 이 경우에도 스리 라마나는 그런 문제들은 비본질적이며, 진리 추구자는 그런 것에 상관하지 말아야 한다고 가르쳤다. 한번은 지체 높고 저명한 한 여성 방문객이 질문했다. "마하라지님, 죽은 사람을 우리가 볼 수 있습니까?" **스승님**이 답변했다. "예." 그녀가 물었다. "요기들은 우리에게 그들을 보여줄 수 있습니까?" **스승님**: 예, 그럴지도 모르지요. 그러나 저에게 그들을 보여달라고 하지는 마십시오. 저는 그렇게 할 수 없습니다. **여사**: 그들을 보십니까? **스승님**: 예, 꿈속에서요.

스리 라마나의 중심적 가르침은 **자기탐구**(Self-enquiry)이다. 이것과 저것을 알려고 하기보다는 **자기**(Self-진아)를 알려고 노력하라. 온갖 다른 것들에 대해 묻기보다 "나는 누구인가?" 하고 물으라는 것이다. 자기탐구는 모든 일 중에서 가장 쉬운 일일 수밖에 없다. 그러나 그것은 가장 어렵게 보이기도 한다. 왜냐하면 우리는 우리의 **진아**에 대해 이방인이 되었기 때문이다. 우리가 해야할 일은 단순하다 — **진아**로서 안주하는 것이다. 이것이 궁극적 **진리**다. 이것이 우리의 영원하고 본래적이며 고유한 상태이다. 우리는 무지無知로 인해 우리 자신을 비아非我(not-I)와 동일시한다. 이러한 모든 동일시 중에서도 가장 미묘한 것이 에고와의 동일시이다. 에고의 뿌리를 찾아보자. 이 사이비 '나'가 어디에서 일어나는가? 이 탐구의 종착점에서 우리는 에고가 사라져버리고 영원한 **진아**가 빛나는 것을 발견할 것이다. 따라서 가장 좋은 수련은 "나는 누구인가?" 하는 탐구이다. 이것이 최고의 염송念誦(*japa*)이고, 이것이 진정한 조식調息(*pranayama*)이다. "나는 몸이 아니다(*naham*)"가 내쉼이요, "나는 누구인가(*koham*)?" 하는 탐구가 들이쉼, "내가 그다(*soham*)" 하는 깨달음이 숨 멈춤이다. 자기탐구의 결실은 **진아**가 모든 것이며, 다른 어떤 것도 존재하지 않는다는 깨달음이다. 이 방법을 따르는 사람들에게는 다른 어떤 수행(*sadhana*)도 필요없다. 그러나 헌신(*bhakti*)의 수행법을 채용하는 사람들도 같은 목표에 도달한다. 즉, 우리의 에고를 **스승**이나 신에게 내맡기면 **진아**를 깨닫게 된다.

『대담』에 나오는 스리 라마나의 가르침은 누구에게나 희망을 안겨줄 것이다. 어느 누구도 자신을 구원의 범위 밖에 있다고 생각할 필요가 없다. 나이 많은 미국인 방문객이 한번은 **스승님**께 여쭈었다. "마하르쉬님, 저희를 나쁜 아이들이라고 생각하십니까?" **스승님**의 전형적인 답변은 이러했다. "저에게 그렇게 말하지 마십시오. 그러나 여러분이 자신을 나쁜 아이들이라고 생각할 필요는 없습니다." 우리가 본서에 기록되어 있는 마하르쉬의 지혜로운 말씀들을 경청하기만 하면, 우리 안에 있는 나쁜 그 무엇도 확실히 제거될 것이다.

그리고 우리는 **스승님**의 더 높은 가르침, 즉 침묵을 통한 가르침을 이해할 준비를 갖추기 위해서 이 책을 읽어도 좋을 것이다!

1958년 8월 11일, 마드라스 대학교에서
T. M. P. 마하데반

# 초판 머리말

이 『대담』은 1935~1939년의 4년에 걸친 것인데, 모두 스리 라마나 마하르쉬의 아주 오래된 제자인 스리 무나갈라 S. 벤까따라마이아[스와미 라마나난다 사라스와띠]가 기록한 것이다. 그는 원래 텔루구어를 쓰는 사람이지만 영어와 타밀어를 유창하게 구사하며 산스크리트어에도 능통하다. 이것은 스리 바가반이 다양한 제자들·방문객들과 나눈 대화를 기록하고 싶어 한 사람에게 필요한 자격 요건이다.

이 대담이 기록된 4년간은 아스라맘(아쉬람)이 그 영광의 절정에 있던 시기이다. 마하르쉬의 건강은 대체로 좋았고, 당신이 앉아 계시던 회당은 밤낮으로 열려 있어서 모든 사람을 반겨 맞았다. 세계 각지에서 방문객들이 여기로 밀려들었는데, 어느 한 때나마 방문객이 오지 않은 나라가 거의 없을 정도였다. 전쟁으로 인해 이런 내방이 자연히 영향 받기는 했으나, 인도인 방문객들의 수효는 시간이 갈수록 꾸준히 증가했다. 그러나 특히 흥미로웠던 것은 이런 대화들이었는데, 그 중의 많은 것은 서양인들과 나눈 것이었다. 서양이 자부하는 물질주의와 비非종교성 쪽으로의 현대적 경향이 여기서 그 적수를 만났다. 스리 바가반은 태양처럼 빛났으며, 당신을 이해하지 못하거나 말씀에 동의하지 않는 사람들조차도 당신에게 매혹되었고, 당신의 친존親存(presence)에 의해 고양되지 않을 수 없었다.

스리 벤까따라마이아가 그 작업에 충분한 자격을 갖추고 있기는 했으나, 스리 바가반이 일단 말씀을 시작하면 당신을 따라잡는다는 것은 결코 쉬운 일이 아니었다. 당신은 자신의 주제에 워낙 통달해 있어서, 어떤 언어로 이야기하실 때든 한 마디도 막히는 법이 없었다. 그래서 거의 받아 적을 수가 없고, 듣는 이들은 당신의 말씀을 한 마디도 놓치지 않으려고 여념이 없었다. 더욱이 그 말씀을 이해하기도 늘 쉽지만은 않았다. 스리 벤까따라마이아는 아스라맘을 찾아온 많은 영어 사용자들을 위한 통역자 역할을 했다. 스리 바가반은 영어 신문이나 잡지는 충분히 잘 읽을 수 있었지만, 영어로 말하는 것은 간단한 몇 단어 외에는 잘 하시지 않았기 때문이다. 그러나 통역자 역할을 한다는 것은 그냥 기록하기만 하는 것보다 한층 더 어려운 임무였다. 말씀의 흐름이 워낙 도도히 이어져, 열성적인 질문자에게 그 의미를 전달해 줄 틈이 없었다. 그래서 신경을 곤두세워 듣고 있는 사람에게 당신의 말씀을 전달할 동안 잠시 기다려 주시라는 청을 드려야 할 때도 자주 있었다. 그러니 이 기록을 한다는 것이 얼마나 어려운 일이었는지 쉽게 상상할 수 있을 것이다. 스승님의 발아래 다년간 앉아서 당신의 사상과 당신이 그것을 설명하는 방식을 철저히 흡수한 사람이라야 그 임무를 감당해 낼 수 있었다. 이 일에 이상적인 인물 스리 벤까따라마이아가 있었다는 것은 다행한 일이다.

 여기서 사용되는 언어가 늘 우아하지는 않다는 것을 인정하지만, 그 상황에서는 예상할 수 있는 일이었다. 물론 교정할 수도 있었으나, 거의 원래 그대로 두었다. 그러지 않으면 지금 그것이 가지고 있는 일정한 자연발로성이 상실될 터였다. 대화는 다양한 남인도 언어로 이루어졌지만 그 대부분은 영어로 기록되었다. 나머지는 타밀어와 텔루구어로 기록되었는데, 이런 구절들은 이 책을 위해 영어로 옮겨졌다. 다 끝난 기록들은 확인을 받기 위해 질문자에게 종종 보여주기도 했지만, 그 전체가 스리 바가반의 승인 도장을 받았다고 할 수 있다. 왜냐하면 대화를 공책에 기록한 뒤에는 늘 당신께 보여드려 승인을 받거나 필요한 부분을 고쳤기 때문이다. 따라서 우리는 여기 이것이 **스승님의 정확한 가르침**이라고 확신해도 된다. 이것을 읽으면 우리는 다시 한 번 구회당 안에서 당신의 발아래 앉아, 당신의 입술에서 떨어지는 단어 하나 하나를 들이마시고, 당신의 미소와 섬세한 손의 움직임, 그리고 당신의 액션에 매혹된다. 왜냐하면 당신은 말씀하시는 취지를 더 실감나게 보여주기 위해 그 이야기의 그 부분을 종종 연기하시기도 한, 진정한 예술가였기 때문이다.

 어떤 이들은 이 책이 단조롭다고 비판하고 싶을지 모르겠다. 그러나 설혹 단조롭다 해도 그것은 의도적인 것이다. 왜냐하면 대화가 아무리 비슷하게 보여도 늘 어떤 새로운 논점이 나타나기 때문이다. 스리 바가반은 **해탈**을 얻기 위해 필요한 단 한 가지 필수적 진리를 늘 강조했는데, 그것은 단 하나의 **진아**만 있고, **진아** 외에는 아무것도 없다는 것이다. 그것을 알면 다른 모든 것을 알게 된다. 이것은 아무리 자주 되풀이해도 지나치지 않다.

　의심할 바 없이, 이 사실을 지적知的으로 이해하면 우리는 그 길에 들어선 것이다. 그러나 그 길이 일단 시작되었으면, 그 다음은 마음으로 아는 것이 실제 체험이 되어야 한다. 한 가지를 피상적으로가 아니라 절대적으로 알기 위해서는 우리가 그것이 되어야 하며, 그렇지 않고는 앎이 불완전하다. 내가 지적했듯이 우리는 늘 **진아** 외에 아무것도 아니지만, 우리 자신을 한계 있는 무지, 곧 에고와 연관시킴으로써 **보는 자**를 잊어버리고 우리 자신을 '보이는 것'과 동일시한다. 그러면 이것을 우리가 어떻게 할 수 있는가? 이 습習은 워낙 오래된 것이어서, 마음은 거듭되는 탄생을 상상하고 거듭되는 세기世紀를 날조해 왔다. 그래서 마음은 무지 속에 더욱 더 말려들어, 이제는 자신이 창조한 연극 세계의 속박에서 헤어나고 싶지 않고, 설사 그러고 싶다 해도 거의 그럴 수 없게 된 자신을 발견한다.

　당신은 우리에게 말한다. '그대는 **진아**이고 오직 **진아**일 뿐이며, 달리 그 무엇도 상상에 지나지 않는다. 그러니 지금 여기서 **진아**가 **되라**. 숲 속으로 도망치거나 방 안에 틀어박힐 필요가 없다. 그대가 꼭 해야 할 활동들을 계속하되, 그것들의 행위자와의 연관에서 벗어나라. **진아**는 주시자이며, 그대가 **그것**이다.'

　이 대담에서는 온갖 취향과 심성에 맞추기 위한 다양한 예들이 거듭 제시된다. 이 책을 읽으면 우리는 자동적으로 근원을 향해 내면으로 들어가게 되는데, 그 자체가 하나의 손색없는 수행이다. 착각하지 말라. 그대는 이미 **그것**이며, 더 얻어야 할 것이 아무것도 없다. 단지 떨쳐버려야 할 거짓된 연관과 환幻으로 인식해야 할 한계(몸, 마음 따위)가 있을 뿐이다.

　당신이 권하는 그 방법은 잘 알려진 **자기탐구**이다. 당신은 우리에게 말한다. "늘 어느 때나 외관상 행위자인 에고의 근원을 추구하라. 그 목표를 성취하면 에고는 저절로 떨어져 나갈 것이고, 온통 지복스러운 **진아** 외에는 아무것도 남지 않을 것이다." 그러나 여기서 방법을 자세히 논할 수는 없다. 관심 있는 이들은 스리 라마나스라맘에서 필요한 책들을 쉽게 구해 볼 수 있을 것이다.

　누구나 모두 이 책을 읽고 그것을 자신의 일부가 되게 해보라고 조언하는 것 외에 더 무슨 말을 하겠는가? 단어 하나도 가볍게 넘겨서는 안 되며, 대화 하나도 군더더기라고 무시해서는 안 된다. 모두 다 순금이다. 그리고 여기서 다시 우리는, 언제나 살아 계신 스리 라마나 마하르쉬님이 우리 앞에 몸소 계시면서, 우리의 이익과 기쁨을 위해 비길 데 없는 당신만의 언어로 가르침을 베풀고 계시다는 것을 알게 될 것이다.

  이 책의 인쇄를 맡긴 뒤에 책의 앞부분이 날짜순으로 되어 있지 않다는 것을 발견했다. 그러나 출간을 늦추기보다는 지금의 배열을 바꾸지 않기로 했다. 왜냐하면 문맥에 전혀 아무런 차이가 없기 때문이다. 날짜들은 참고용으로, 그리고 진정성에 대한 하나의 보증으로서 들어간 것일 뿐이다.

1955년 1월 1일,<br>스리 라마나스라맘에서<br>사두 아루나찰라(A. W. 채드윅 소령)

## 기록자의 말

 자신의 생애에서 아주 중대하고 힘들던 시기에, 하찮은 한 헌신자가 자기 마음의 평안을 위해 바가반 스리 라마나 마하르쉬의 친존을 찾았고, 도감都監(Sarvadhikari)인 스리 니란자나난다 스와미의 친절한 허락으로 아스라맘에 살게 되었다. 그 구도자는 기회가 올 때마다, 스승님의 감미롭고도 신선하며 깨우침을 주는 말씀들을 자진해서 받아 적었다. 이 일을 스스로 맡아서 하게 된 것은, 그가 자신의 마음을 정화하고 스리 바가반의 미묘하고 심오한 말씀들을 더 잘 이해하기 위해서였다. 얼마 후 도감은 그 기록들을 공식적으로 아스라맘에 넘겼다. 1935~39년의 기간에 걸친 이 기록[1]은, 독자들이 더러 재미있게 읽고서 그들의 영적인 탐구에 도움을 얻었으면 하는 바람에서 이러한 책들로 엮어졌다.

1955년 1월 1일
스리 라마나스라맘에서
기록자

---

[1] 이 기록 중 일부를 간추린 것은 이미 아쉬람에서 『마하르쉬의 복음』이라는 책으로 간행되었다.

라마나 마하르쉬와의
# 대담

# 제1권

### 1935년 5월 15일

**대담 1**

한 유랑승려(*sannyasi*)가 자신의 의문을 해소하려고 하였다: 전 세계가 신이라는 것을 어떻게 깨닫습니까?

**마하르쉬:** 그대의 소견을 지혜의 소견으로 만들면, 세계가 신이라는 것을 알게 될 것입니다. 지고의 영靈[브라만]을 모르면서 어떻게 그가 일체에 편재遍在함을 알 수 있겠습니까?

**대담 2**

어떤 사람이 지각知覺(perception)의 본질에 대해 질문했다.

**마:** 우리가 어떤 상태에 있든 지각들은 그 상태의 성질을 갖습니다. 이것을 설명하자면, 생시 상태(*jagrat*)에서는 거친 몸(gross body-조대신粗大身)이 거친 이름과 형상들을 지각하고, 꿈의 상태(*swapna*)에서는 심적인 몸(mental body-미세신)이 다양한 이름과 형상으로 나타나는 마음의 창조물들을 지각합니다. 깊은 잠(*sushupti*) 속에서는 몸과의 동일시가 사라져서 어떤 지각도 없습니다. 마찬가지로 초월적 상태에서는 사람이 브라만(Brahman)과 하나가 되어 만물과 조화를 이루며, 그의 진아와 별개인 것은 아무것도 없습니다.

**대담 3**

행복의 본질에 대한 질문이 하나 있었다.

**마:** 만일 어떤 사람이 자신의 행복이 외적인 원인과 자신의 소유물에 기인한다고 생각한다면, 그의 행복은 소유물이 늘어남에 따라 늘어나고 소유물이 줄

어드는 데 비례하여 줄어든다고 결론짓는 것이 합리적입니다. 따라서 그에게 소유물이 없다면 그의 행복은 영零이 되어야 할 것입니다. 인간의 실제 경험은 어떻습니까? 이러한 견해에 부합합니까?

깊은 잠 속에서 인간은 자신의 몸을 포함해서 아무 소유물이 없습니다. 그런데도 불행하기는커녕 아주 행복합니다. (그래서) 누구나 푹 자고 싶어 합니다. 결론은, 행복은 인간에 내재해 있지 외적인 원인에 기인하지 않는다는 것입니다. 그 오롯한 행복의 창고를 열기 위해서는 자신의 진아를 깨달아야 합니다.

## 대담 4

교양 있는 한 젊은이가 마하르쉬님께 여쭈었다: "어떻게 당신께서는 심장이 오른쪽에 있다고 말씀하십니까? 생물학자들은 그것이 왼쪽에 있는 것을 발견했는데 말입니다." 그 사람은 그 전거典據를 여쭈었다.

**마**: 그야 그렇지요. 신체적 기관은 왼쪽에 있습니다. 그것은 부정할 수 없습니다. 그러나 제가 말하는 심장은 신체적인 것이 아니고, (가슴의) 오른쪽에만 있습니다. 그것은 제가 체험하는 것이고, 저는 어떤 전거도 요하지 않습니다. 그렇지만 그대는 말라얄람어로 된 아우르베다 책 한 권[1]과 『시따 우파니샤드(Sita Upanishad)』에서 그것을 확인할 수 있을 겁니다.

그러면서 당신은 뒤의 책에 나오는 인용구[진언][2]를 제시하고, 앞의 책에 나오는 그 구절(sloka)을 암송하셨다.

## 대담 5

엔지니어인 M. 프리드먼(Frydman) 씨가 은총이란 주제에 관해 이야기했다: "바다 속으로 뛰어드는 소금인형은 방수 피복으로 보호되지 않을 것입니다."

그것은 아주 즐거운 비유였고, 그렇다고 칭찬 받았다. 마하르쉬님은 이렇게 덧붙이셨다: "몸이 그 방수 피복입니다."

---

1) T. 『아쉬땅가흐리다얌(Ashtangahridayam)』('八部心論')이라는 책이다.
2) T. 『시따 우파니샤드』 제35연에서, 신의 창조력인 '그녀'가 휴식하기 위해 물러날 때는 신의 "가슴 오른쪽"에서 휴식한다고 했다. 우파니샤드에는 '진언(mantra)'이라고 불리는 간결한 송구頌句 형식의 문장이 다수 포함되어 있다.

## 대담 6

한 승려(sannyasi)가, 어떻게 하면 마음이 딴 데로 가는 것을 막을 수 있느냐는 질문을 했다.

**마:** 그대는 대상을 보면서 자신의 진아를 잊어버립니다. 그대의 진아를 계속 붙들고 있으면 대상 세계를 보지 않게 될 것입니다.

## 대담 7

「다끄쉬나무르띠 8연시(Dakshnamurti Ashtakam)」의 마지막 연에서 이야기하는 것처럼 전능함(Iswaratva)과 함께 신비한 능력들(siddhis)을 성취할 수 있느냐는 질문을 받자, 마하르쉬님이 말씀하셨다: 먼저 전능함을 성취하십시오. 그러고 나서 그 질문을 하는 것은 무방하겠지요.

## 대담 8

"대충 골라잡은 진언들을 염송(念誦)해도 누가 어떤 이익을 얻을 수 있습니까?"

**마:** 아닙니다. 그가 능력이 있고, 그런 진언들을 (정식으로) 전수받아야 합니다.

마하르쉬님은 이것을 설명하기 위해 다음과 같은 이야기를 하셨다: 한 왕이 자신의 총리 저택으로 그를 찾아갔습니다. 거기서 그는 총리가 신성한 언구의 염송(japa)을 하고 있다는 이야기를 들었습니다. 왕은 기다리고 있다가 그를 만나자 무슨 염송이었느냐고 물었습니다. 총리는 그것이 모든 진언 중에서도 가장 성스러운 가야뜨리(Gayatri)라고 말했습니다. 왕은 총리에게서 그것을 전수받고 싶었지만, 총리는 자기가 그에게 전수해 줄 능력이 없다고 고백했습니다. 그래서 왕은 그것을 다른 사람한테서 배웠고, 나중에 총리를 만나자 가야뜨리를 암송한 뒤에 제대로 한 것이냐고 물었습니다. 총리가 말하기를, 진언(mantra)은 정확했지만 왕이 그것을 말하는 것은 적절치 않다고 했습니다. 그 이유가 뭐냐고 다그치자 총리는 가까이 있던 시종(侍從)을 불러 왕을 붙잡으라고 명령했습니다. 시종은 명령에 따르지 않았지요. 명령이 수차 반복되었지만, 시종은 여전히 따르지 않았습니다. 왕이 격노하여 그 시종에게 총리를 붙잡으라고 명령했고, 그 명령은 즉시 수행되었습니다. 총리는 웃으면서 이것이 바로 왕이 요구한 이유에 대한 설명이라고 말했습니다. "어째서 그런가?"라고 왕이 묻자, 총리가 대답했습니다. "명령도 같았고 집행한 사람도 같았지만 권위가 달랐습니다. 제가 명령했을 때는 효과가 전무했던 반면, 폐하께서 명령했을 때는 즉시 효과가 있었습니다. 진언들도 마찬가지입니다."

## 대담 9

어떤 사람이 질문했다: 경전에서는 왜 진인(Sage)이 어린아이 같다고 합니까?

**마:** 어린아이와 진인은 어느 면에서 비슷합니다. 아이는 사건들이 지속되는 동안만 거기에 관심을 갖습니다. 사건이 지나간 뒤에는 그에 대해 더 이상 생각하지 않습니다. 그렇다면, 그 사건들은 아이에게 어떤 인상도 남기지 않고, 아이는 그 사건들에 의해 정신적으로 영향을 받지 않음이 분명합니다. 진인의 경우도 마찬가지입니다.

## 대담 10

한 방문객이 자신이 가진 「드러난 진리(Truth Revealed)」(「실재사십송」 번역본의 하나), 보유補遺, 제8연에 나오는 마하르쉬님의 가르침에 부합하게 어떻게 자기 자신을 깨달을 수 있는지 여쭈었다. 마음을 제어하는 데 어려움이 있다는 것이었다.

**마:** 호흡을 제어하면 됩니다. 다른 도움 없이도 혼자서 그것을 닦으면 마음이 제어됩니다. 아니면 어떤 수승殊勝한 힘의 친존親存에서도 마음이 자연발로적으로 제어됩니다. 진인과의 친교(sat-sanga)의 위대함이 그와 같습니다.

## 대담 11

"운명(karma)이 끝날 수는 있겠습니까?"

**마:** 업業들(karmas)은 자체 내에 스스로를 파괴하는 씨앗을 지니고 있습니다.

## 대담 12

어떤 사람이 마하르쉬님께 자기에게 무슨 말이든 좀 해 달라고 청했다. 무엇을 알고 싶은지를 묻자, 자기는 아무것도 모르며 마하르쉬님에게서 무슨 말이든지 듣고 싶다고 했다.

**마:** 그대는 자신이 아무것도 모른다는 것을 압니다. 그 앎(아는 성품)을 알아내십시오. 그것이 해탈(mukti)입니다.

## 1935년 1월 6일

**대담 13**

영국인인 M. A. 피곳 부인은 『비밀 인도에서의 탐색(Search in Secret India)』을 읽고 마하르쉬님을 뵈러 왔다. (바가반의) 한 제자가 통역자로 봉사했다. 그때 회당에는 많은 방문객이 있었는데, 그 중에는 아기를 데려온 여성들도 몇 명 있었다. 회당은 소음으로 시끄럽다가 마침내 침묵이 지배했다. 무한한 공간을 응시하고 계신 것 같던 마하르쉬님이 갑자기 부드럽게 "원숭아!" 하고 말씀하시는 것이 들렸다. 그제야 사람들은 문간에 어린 아기가 있고(문의 반대편에 앉아 있던 엄마는 살피지 못했다), 큰 원숭이가 뒷다리로 서서 두 손으로 아기를 어르고 있는 것을 발견했다. 원숭이는 아기를 조금도 해치지 않았고, 마하르쉬님의 친존에서 둘이 서로 평화롭게 어울리고 있었다. 마하르쉬님의 목소리가 들리자 원숭이는 잽싸게 뛰어나가 사라졌다. 이 사건은 피곳 부인에게 큰 감명을 주었다.

## 1935년 1월 7일

"깨달음을 위해서는 스승이 필요합니까?" 피곳 부인이 먼저 질문했다.

**마:** 깨달음은 가르침·강설·명상 등의 결과라기보다는 스승의 은총의 결과입니다. 가르침 등은 2차적인 보조수단일 뿐이지만, 은총은 1차적이고 본질적인 원인입니다.

**헌신자:** 진아의 깨달음을 가로막는 장애는 무엇입니까?

**마:** 마음의 습習(vasanas)입니다.

**헌:** 마음의 습을 어떻게 극복합니까?

**마:** 진아를 깨달음으로써 극복합니다.

**헌:** 그것은 하나의 순환논법입니다.

**마:** 에고가 그런 난점들을 제기하여 장애물을 만들어낸 다음, 외관상의 역설에 당혹해 합니다. 누가 그런 질문들을 하는지 알아내십시오. 그러면 진아를 발견할 것입니다.

**헌:** 깨달음의 보조수단들은 어떤 것입니까?

**마:** 경전과 깨달은 영혼들의 가르침입니다.

**헌:** 그런 가르침이 토론·강설·명상일 수도 있습니까?

마: 그렇지요. 그런 것은 모두 2차적 보조수단일 뿐인 반면, 본질적인 것은 스승의 은총입니다.

헌: 우리가 그것을 얻는 데는 시간이 얼마나 걸리겠습니까?

마: 왜 알고 싶어 합니까?

헌: 희망을 갖기 위해서입니다.

마: 그런 욕망조차도 하나의 장애물입니다. **진아**는 항상 있고, **진아** 없이는 아무것도 없습니다. **진아**가 되십시오. 그러면 그런 욕망과 의심이 사라질 것입니다. 그러한 **진아**가 잠·꿈·생시라는 존재 상태들 속의 주시자(witness)입니다. 이 상태들은 에고에 속합니다. **진아**는 에고조차도 초월합니다. 그대는 잠 속에서 존재하지 않았습니까? 그때 그대는 자신이 잠들어 있다거나, 세계를 지각하지 못한다는 것을 알았습니까? 그대가 잠의 경험을 지각이 없는 상태로 묘사하는 것은 생시의 상태에서일 뿐입니다. 따라서 잠들어 있을 때의 의식은 깨어 있을 때의 의식과 동일합니다. 만일 이 생시의 의식이 무엇인지를 알면, 그 세 가지 상태 모두를 지켜보는 의식을 알게 될 것입니다. 잠 속에서 그러했던 그 의식3)을 추구하면 그런 의식을 발견할 수 있습니다.

헌: 그럴 경우 저는 잠이 들어 버립니다.

마: 상관없지요!

헌: 그것은 하나의 공백 상태입니다.

마: 누구에게 그 공백 상태가 있습니까? 알아내십시오. 그대는 한시도 그대 자신이 없다고 말할 수 없습니다. **진아**는 늘 있고, 모든 상태에서 지속됩니다.

헌: 제가 마치 잠든 것같이 있으면서 동시에 깨어서 지켜보아야 합니까?

마: 그렇지요. 깨어서 지켜봄(watchfulness)이 생시 상태입니다. 따라서 그 상태는 잠의 상태가 아니라 '잠 없는 잠'일 것입니다. 만일 그대의 생각들이 가는 대로 따라가면 그 생각들에 휩쓸릴 것이고, 끝없는 미로 속에 있는 자신을 발견하게 될 것입니다.

헌: 그렇다면 생각들의 근원으로 도로 거슬러 올라가야 하겠습니다.

마: 정말 그렇지요. 그렇게 하면 생각들이 사라질 것이고 **진아**만이 남을 것입니다. 사실 **진아**에는 안도 없고 밖도 없습니다. 그런 것도 에고의 투사물投射物

---

3) *T*. 대상 세계를 지각하지 못하는 상태의 의식, 즉 온전히 내면으로 향해 있는 의식.

입니다. **진아**는 순수하고 절대적입니다.

**헌:** 그것이 지적으로 이해될 뿐입니다. 지성도 깨달음의 보조수단 아닙니까?

**마:** 그렇지요, 어느 단계까지는. 그렇기는 하나 **진아**는 지성을 초월해 있다는 것을 깨달으십시오. **진아**에 도달하려면 지성 자체가 사라져야 합니다.

**헌:** 저의 깨달음이 남들에게 도움이 됩니까?

**마:** 예, 물론이지요. 그것이 그대가 줄 수 있는 최선의 도움입니다. 그러나 도와줄 남들이 전혀 없습니다. 마치 금 세공인이 다양한 금 장신구에서 금만을 평가하듯이, 깨달은 존재는 **진아**만을 보기 때문입니다. 그대 자신을 몸과 동일시할 때, 그럴 때만 형상과 모양들이 존재합니다. 그러나 그대가 몸을 초월하면, 그대의 몸-의식(body-consciousness)과 함께 남들도 사라집니다.

**헌:** 식물, 나무 등도 그렇습니까?

**마:** 그것들이 과연 **진아**와 별개로 존재합니까? 그것을 알아내십시오. 그대는 자신이 그것들을 본다고 생각합니다. 그 생각은 그대의 **진아**로부터 투사되어 나옵니다. 그것이 어디에서 일어나는지 알아내십시오. 생각들이 더 이상 일어나지 않고 **진아**만 남을 것입니다.

**헌:** 이론적으로는 이해됩니다. 그러나 그것들은 여전히 있습니다.

**마:** 그렇지요. 그것은 영화와 같습니다. 스크린에 빛이 비치는데, 언뜻언뜻 지나가는 그림자들이 관객들에게 어떤 작품이 상영되고 있는 듯한 인상을 줍니다. 그 영화 안에 관객들이 나타나게 해도 마찬가지일 것입니다. 그때는 보는 자, 보이는 대상이 스크린일 뿐이겠지요. 이것을 그대 자신에게 적용해 보십시오. 그대는 스크린이고, **진아**가 에고(보는 자)를 창조했는데, 에고는 생각이라는 부가물들을 가지고 있어 이 생각들이 그대가 묻고 있는 세계·나무·식물 등(보이는 대상)으로 나타납니다. 실제로는 이 모두가 **진아**일 뿐입니다. 만일 그대가 **진아**를 보면, 어디서나 늘 **진아**가 모든 것임을 발견할 것입니다. **진아** 외에는 아무것도 존재하지 않습니다.

**헌:** 예, 저는 여전히 이론적으로만 이해합니다. 하지만 답변들이 간명하고, 아름답고, 설득력이 있습니다.

**마:** "나는 깨닫지 못하고 있다"는 생각조차도 하나의 장애입니다. 사실 **진아**만이 존재합니다.

## 1935년 1월 8일

### 대담 14

한 노인이 회당에 들어와서 앉았다. 마하르쉬님은 샤르마(Sarma)가 산스크리트로 번역한 「문자혼인화만文字婚姻華鬘」['아루나찰라에 바치는 다섯 찬가'의 첫 번째 작품]을 읽고 계셨다. 노인이 부드럽게 질문했다: '깨달음은 표현을 넘어서 있다, 표현은 늘 깨달음을 묘사해 내지 못한다'고 합니다. 어째서 그렇습니까?

**마:** 그 점은 「아루나찰라 8연시(Arunachala Ashtakam)」, 제3연에서 이야기되었습니다. 깨달음을 표현하는 것은 불가능하지만, 그래도 그것이 존재한다는 것은 드러난다고 거기서 말하고 있지요.

그 직후 노인은 감정이 북받친 기색이 역력했다. 그는 숨을 깊이 힘들게 몰아쉬더니 바닥에 엎드려 겸손하게 절을 한 뒤 1, 2분이 지나서야 일어섰다. 잠시 고요하게 있던 그는 그곳을 떠났다. 분명 그 사람은 어떤 깨침을 가지고 있었다. 그는 마하르쉬님에게서 확인을 받으려 했고 당신은 합당하게 반응했다. 그는 확인을 얻었고, 자신을 위해 신적인 손길이 베풀어졌음을 겸허히, 감격적으로 인정한 것이다.

### 대담 15

"지고의 영靈은 가장 미세한 것보다 더 미세하고 가장 큰 것보다 더 크다"고 하는 우파니샤드의 구절4)에 대한 질문이 하나 있었다.

**마:** 원자의 구조조차도 마음이 발견했습니다. 따라서 마음은 원자보다 더 미세합니다. 마음의 이면에 있는 것, 즉 개인적 영혼은 마음보다 더 미세합니다. 더욱이 타밀 성자 마니까바짜가르(Manickavachagar)5)는 햇살 속에서 너울거리는 티끌들에 대해 말하기를, 만약 티끌 하나가 우주 하나를 나타낸다면 햇빛 전체는 **지고의 존재를 나타낼** 거라고 했습니다.

## 1935년 1월 19일

### 대담 16

더글러스 에인즐리(Douglas Ainslie)[그란트 더프] 씨는 귀족 영국신사로 70세이며,

---

4) T. 『슈베따슈바따라 우파니샤드(Svetasvatara Upanishad)』, 3.20.
5) T. 9세기의 타밀 성자. 그는 본서에서 가끔 인용되는 『띠루바짜감』이라는 저작을 남겼다.

마드라스(Madras) 전 총독의 조카이다. 저술가이자 시인인 그는 이전에 아테네·파리·헤이그의 영국 공사관에서 근무했는데, 총독 관저의 손님으로 마드라스에 와 있다가 폴 브런튼(Paul Brunton)의 소개장을 들고 마하르쉬님을 뵈러 왔다. 다음날 그는 다시 회당에 와서 한 시간 조금 못 되게 있었다. 그 이틀간 마하르쉬님과는 사실상 아무 말도 주고받지 않은 채 서로 눈길만 응시했다. 그는 음식을 절제하는 습관이 있어서, 오후 1시까지는 아무것도 먹지 않고 그 뒤에야 점심을 들었다. 저녁에 커피와 비스킷을 먹고 나면 더 이상 음식을 들지 않고 물러나 쉰다고 한다. 그는 평생 독신이었고, 빈속으로 하루에 몇 킬로미터씩 걸으며, 말수가 적고 몸놀림이 아주 우아하다. 목소리는 낮고 부드러운데, 말은 심장에서 우러나오는 듯하다. 그의 친구로 꼽을 수 있는 사람들 중에는 고故 존 우드로프 경卿,6) 사르웨빨리 라다크리슈난 경卿, 옥스퍼드 대학교에서 산스크리트어를 가르치는 토머스 교수 등이 있다. 그는 베다를 듣고 싶다는 소망을 피력했다. 월요일에 리가(Riga-라트비아의 수도)에서 편지가 한 통 왔는데, 거기에 있는 질문들은 이 유럽인 방문객이 몸을 떠난 영혼들의 존재에 대해, 그리고 어떻게 해야 그 영혼들을 가장 잘 섬기는지를 여쭌 질문들과 우연히도 일치했다.

    리가로 보낸 답장을 누가 그에게 읽어 주었다. 그리고 마하르쉬님의 「드러난 진리」에서 나온 타밀 노래들과 베다가 그의 면전에서 다시 불려졌다. 그는 그 송경誦經을 아주 훌륭하게 여겼다. 그는 다음날 오후에 와서 전날 밤 체험한 것을 마하르쉬님께 말씀드렸고, 사람들이 놀라워했다. 그가 내면의 가슴 오른쪽 심장중심(heart centre)에서 전기불빛 같은 것을 보았다는 것이었다. 나아가 그는 내면에서 태양이 빛나는 것을 보았다고 덧붙였다. 마하르쉬님은 약간 미소를 짓고 나서 「진아지(Atmavidya)」의 한 번역본을 그에게 읽어주게 하셨다. 여기에는 '심식心識의 무변제無邊際(chittavyoman)'인 마음과 구별되는 '의식의 무변제(chidvyoman-의식의 광대무변한 공간)'인 아뜨만(Atman)[진아]에 도달하는 것이 깨달음이라고 하는 심오한 말이 들어 있다. 이 설명은 그에게 와 닿았다.

    마하르쉬님은 나중에 그에 대해서 이렇게 말씀하셨다: 벌어 둔 돈으로 자기 집에서 편안히 살려고 하지 않은 이 칠십 노인을 생각해 보십시오! 열의가 얼

---

6) *T.* 인도에서 고등법원 판사와 법원장을 지낸 영국인 법률가·동양학자(1865-1936). 산스크리트 원전들을 다수 번역하고, 힌두 철학과 요가·탄트라 행법을 깊이 연구했다.

마나 강하면, 자기 고국을 떠나서 6,000마일의 항해를 감행하며, 말도 통하지 않는 이국땅에서 오랜 기차 여행을 하고, 외로운 삶의 부침을 겪어내고, 힘들고 생소한 환경에서 더운 기후에 시달리는 고생을 감내했겠습니까! 자기 집에 있었으면 행복할 수 있었을 텐데 말입니다. 내적인 평안에 대한 열망이 그를 여기로 데려온 것입니다.

정말 그렇다! 그의 열의가 얼마나 강한지는 그가 온 지 나흘도 되지 않아 여기서 얻은 광명의 체험을 보아도 알 수 있다고 사람들은 말한다.

몸을 떠난 영혼들에 대한 질문과 관련해서는 이렇게 말씀하셨다: 인간이 자신을 거친 몸(gross body)과 동일시하는 한, 거친 현상계로 물질화된 생각도 그에게 실재할 수밖에 없습니다. 자기 몸이 다른 신체적 존재에서 비롯되었다고 생각하기 때문에, 그 타자도 자신의 몸만큼이나 참되게 존재합니다. 그것(몸을 떠난 영혼)은 여기에 한때 존재한 적이 있으니, 죽은 뒤에도 확실히 살아남습니다. 왜냐하면 자식이 아직 여기 살아 있고, 자신이 그 타자에게서 태어났다고 생각하기 때문입니다. 이런 상황에서는 저승 세계도 참됩니다. 그리고 몸을 떠난 영혼들은 그들을 위해서 하는 기도의 덕을 봅니다. 한편 달리 생각해 보면 단 하나의 실재는 진아이고 거기서 에고가 솟아나왔는데, 이 에고는 여러 전생에 습득한 성향들(원습)의 씨앗을 자신 안에 간직하고 있습니다. 진아는 에고, 그 성향들 그리고 거친 감각기관들을 비춥니다. 그러면 그 성향들은 우주로 물질화되어 감각기관들에게 나타나고, 진아의 반사물인 에고가 그것을 지각할 수 있게 됩니다. 에고는 자신을 몸과 동일시하고, 그래서 진아를 보지 못하게 되는데, 이러한 부주의의 결과는 캄캄한 무지와 현생의 불행입니다. 에고가 진아에서 일어나 그것을 잊어버린다는 이 사실이 곧 탄생입니다. 그래서 개인(에고)의 탄생이 어머니(진아)를 죽였다고 말할 수도 있겠지요. 어머니를 되찾고 싶다는 현재의 그 욕망은 실은 진아를 되찾고 싶다는 욕망인데, 그것은 자기 자신을 깨닫는 것, 곧 에고의 죽음과 같습니다. 이것은 어머니(진아)에 대한 순복順服이며, 어머니가 영원히 살게 하기 위한 것입니다.

그런 다음 마하르쉬님은 『요가 바쉬슈타(Yoga Vasistha)』의 타밀어판에서, 뿌냐(Punya-공덕)와 빠빠(Papa-죄악)라는 두 아들을 둔 디르가 따빠시(Deerga Tapasi)의 이야기를 읽어주셨다. 부모가 죽은 뒤 동생은 부모를 잃은 것을 슬퍼했고, 형은 동생을 다음과 같이 위로했다: "왜 너는 우리 부모님을 잃었다고 슬퍼하느냐?

그분들이 어디 계신지 말해주마. 그분들은 우리 자신의 내면에 계실 뿐이고, 바로 우리 자신이다. 왜냐하면 생명 흐름(life-current)이 무수한 환생, 나고 죽음, 쾌락과 고통 등을 지나온 것은, 마치 강물의 흐름이 바위·구덩이·모래와 땅이 솟고 꺼진 곳 위로 흘러도, 그 흐름이 영향을 받지 않는 것과 같기 때문이다. 또 쾌락과 고통, 탄생과 죽음은 에고라는 신기루에서 보이는 물의 표면이 굽이치는 것과 같다. 유일한 **실재**는 **진아**이고, 여기서 에고가 나타나 우주로 자신을 나투는 생각들 속을 달려가는데, 그 우주 안에서 어머니와 아버지, 친구와 친척들이 나타나고 사라지는 것이다. 그들은 **진아**의 나툼(현현)에 지나지 않기 때문에 우리 부모님은 **진아**의 밖에 있는 것이 아니다. 그러니 슬퍼할 이유가 없다. 그것을 알고, 그것을 깨달아 행복해져라."

### 1935년 1월 24일

**대담 17**

옥스퍼드 대학교 연구교수인 영국인 Y. W. 에번스-웬츠(Evans-Wentz) 씨가 브런튼 씨의 소개장을 가지고 찾아왔다.

그는 여행하느라 피곤하여 휴식이 필요했다. 인도를 몇 번 방문한 적이 있어 인도의 생활방식에는 상당히 익숙하다. 그는 티베트어를 배워 『사자死者의 서書』, 티베트 요기들 중에서도 가장 위대한 요기인 『밀라레빠의 생애』, 그리고 세 번째로 『티베트 밀교(Tibetan Secret Doctrines)』에 관한 책 등을 영어로 번역하는 것을 도왔다.

오후에 그가 몇 가지 질문을 하기 시작했는데, 요가에 관련된 것이었다. 그는 호랑이·사슴 등의 짐승을 죽여서 그 가죽을 요가 아사나(asana-요기들이 깔고 앉는 자리)로 사용하는 것이 옳은지 알고 싶어 했다.

마: 마음이 곧 호랑이나 사슴입니다.

헌: 만약 일체가 환幻이라면, 우리가 살생을 할 수 있습니까?

마: 누구에게 환幻이 있습니까? 그것을 알아내십시오! 사실 누구나 자기 삶의 매순간 '진아 살해자(atmahan)'입니다.

헌: 어떤 자세(asana)가 가장 좋습니까?

마: 어떤 자세도 좋지만, 아마 행복좌(sukha asana)[쉬운 자세, 곧 반가부좌]가 좋겠지요. 그러나 그것은 냐나(jnana), 즉 지知의 길에서는 중요하지 않습니다.

**헌:** 자세는 (그 사람의) 기질을 말해줍니까?

**마:** 그렇지요.

**헌:** 호랑이 가죽, 양모, 사슴 가죽 등의 속성과 효과는 무엇입니까?

**마:** 어떤 이들이 그것을 알아내어 요가 책에서 이야기했습니다. 그것은 자성磁性의 전도체와 부도체 등에 상응합니다. 그러나 지知의 길(Jnana Marga)에서는 그것이 모두 중요하지 않습니다. 자세란 실은 진아 안에 확고히 자리 잡는 것을 뜻합니다. 그것은 내적입니다. 다른 것들은 외적인 자세를 가리킵니다.

**헌:** 명상을 하기에는 어느 때가 가장 적합합니까?

**마:** 시간이 무엇입니까?

**헌:** 무엇인지 말씀해 주십시오!

**마:** 시간은 하나의 관념일 뿐입니다. **실재**만이 존재합니다. 그대가 시간을 무엇이라고 생각하든 그것은 그와 같이 보입니다. 그것을 시간이라고 하면 시간이고, 존재(existence)라고 하면 존재인 식이지요. 그대는 그것을 시간이라고 부른 다음, 그것을 낮과 밤, 월·년·시간·분 등으로 나눕니다. 시간은 지知의 길에서는 중요하지 않습니다. 그러나 그런 규칙과 규율(명상 시간 등) 중 어떤 것은 초심자들에게 좋습니다.

**헌:** 지知의 길이란 무엇입니까?

**마:** 마음의 집중은 어느 면에서 지知(jnana)와 요가(Yoga)에 공통됩니다. 요가는 개인과 보편자, 곧 **실재**와의 결합을 목표로 합니다. 이 **실재**는 새로울 수 없습니다. 그것은 바로 지금도 존재할 수밖에 없고, 실제로 존재합니다.

따라서 지知의 길은 분리(viyoga)가 어떻게 일어났는지를 알아내려 합니다. 분리는 **실재**로부터의 분리일 뿐입니다.

**헌:** 환幻이 무엇입니까?

**마:** 누구에게 그 환幻이 있습니까? 그것을 알아내십시오. 그러면 환은 사라질 것입니다.

일반적으로 사람들은 환幻에 대해 알고 싶어 하면서도 그것이 누구에게 있는지 조사하지 않습니다. 어리석은 일입니다. 환幻은 바깥에 있고 미지의 것입니다. 그러나 그 추구자는 우리가 알고 있는 것으로 여겨지고, 내면에 있습니다. 멀리 있는 미지의 것을 알아내려 하지 말고, 직접적이고 친밀한 것을 알아내십시오.

헌: 마하르쉬께서는 유럽인들을 위해 어떤 신체적 자세를 조언해 주십니까?

마: 조언해 드릴 수도 있겠지요. 그러나 아사나, 정해진 시간, 혹은 그 같은 어떤 부수사항이 갖춰지지 않았다고 해서 명상을 못하는 것은 아니라는 것을 분명히 이해해야 합니다.

헌: 마하르쉬께서는 특히 유럽인들에게 전수하시는 어떤 특정한 방법을 가지고 계십니까?

마: 그것은 그 개인의 심적인 근기根機(역량)에 달렸습니다. 실로 어떠한 고정불변의 규칙도 없습니다.

에번스-웬츠 씨는 주로 요가의 예비단계와 관련되는 질문들을 하기 시작했다. 그 모든 질문에 대해 마하르쉬님은 그런 것들은 요가의 보조수단인데, 요가 자체가 모든 사람의 목표인 진아 깨달음의 한 보조수단이라고 답변하셨다.

헌: 일은 진아 깨달음(Self-realization)에 하나의 장애입니까?

마: 아닙니다. 깨달은 존재에게는 진아만이 실재이고, 행위들은 현상적일 뿐이어서 진아에 영향을 주지 않습니다. 행위하고 있을 때도 그는 행위자라는 느낌이 전혀 없습니다. 그의 행위들은 자연발로적일 뿐이며, 그는 아무 집착 없이 그 행위들을 지켜보는 자로 남습니다.

이러한 행위에는 아무 목표가 없습니다. 지혜(jnana)의 길에서 아직 수행하고 있는 사람도 일을 하면서 수행할 수 있습니다. 초심자에게는 초기 단계에서 그것이 어려울지 모르지만, 수행을 좀 하고 나면 이내 그것이 효과적으로 이루어질 것이고, 일이 명상에 방해되지 않는다는 것을 알 것입니다.

헌: 그 수행법이 무엇입니까?

마: 에고의 근원인 '나'를 부단히 탐색하는 것입니다. "나는 누구인가?"를 알아내십시오. 순수한 '나'는 실재, 곧 절대적인 존재-의식-지복입니다. 그것을 잊어버리면 온갖 불행이 생겨나지만, 그것을 꽉 붙들면 그 불행이 그 사람에게 영향을 주지 않습니다.

헌: 진아를 깨달으려면 브라마짜리야(brahmacharya)[독신]가 필요하지 않습니까?

마: 브라마짜리야란 '브라만 안에서 사는 것'입니다. 그것은 흔히 알고 있는 독신생활과 아무 연관이 없습니다. 진정한 브라마짜리(brahmachari), 즉 브라만 안에서 사는 사람은 브라만 안에서 지복至福을 발견하는데, 브라만은 진아와 동일합니다. 그렇다면 왜 다른 데서 행복의 근원을 찾아야 합니까? 사실 진아

에서 벗어나는 것이 모든 불행의 원인이었습니다.

헌: 독신생활은 요가의 한 필수조건입니까?

마: 그렇지요. 수많은 다른 보조수단들 중에서 독신생활은 분명히 깨달음의 한 보조수단입니다.

헌: 그러면 그것이 필수불가결하지 않습니까? 결혼한 사람이 진아를 깨달을 수 있습니까?

마: 물론이지요. 그것은 마음의 적합성(성숙도) 문제입니다. 결혼했든 하지 않았든, 사람은 진아를 깨달을 수 있습니다. 그것이 지금 여기 있기 때문입니다. 그렇지 않고 그것이 어떤 노력으로 언젠가 성취할 수 있는 것이라면, 그리고 그것이 새로운 것이고 획득해야 하는 어떤 것이라면, 그것은 추구할 만한 가치가 없을 것입니다. 왜냐하면 본래적이지 않은 것은 영구적일 수 없기 때문입니다. 그러나 제가 하는 말은 진아가 지금 여기 홀로 있다는 것입니다.

헌: 신이 만물에 내재해 있기 때문에, 우리는 어떤 부류의 목숨도 빼앗으면 안 됩니다. 사회가 살인자의 목숨을 빼앗는 것이 옳습니까? 국가라고 그렇게 할 수 있습니까? 기독교 국가들은 그것이 잘못이라고 생각하기 시작했습니다.

마: 살인자가 그 범죄를 저지르게 유발한 것은 무엇입니까? 같은 힘이 그에게 벌을 내립니다. 사회나 국가는 그 힘의 수중에 있는 하나의 도구일 뿐입니다. 그대는 하나의 목숨이 빼앗기는 것을 이야기하지만, 전쟁에서 스러지는 무수한 목숨들은 어떻게 합니까?

헌: 정말 그렇군요. 목숨을 잃는다는 것은 어쨌든 잘못된 일입니다. 전쟁이 과연 정당화됩니까?

마: 깨달은 자, 즉 진아 안에 항상 머무르는 자에게는 이 세계 안이나 온 삼계三界(three worlds) 안에서 목숨 하나가 사라지든, 몇이 사라지든, 모두 사라지든 아무런 차이가 없습니다. 설사 그가 우연히 그들을 다 죽인다 하더라도, 어떤 죄도 그런 순수한 영혼을 건드리지 못합니다.

　　마하르쉬님은 『기타』, 제18장 17절을 인용하셨다. "에고의 관념에서 벗어나 있고 지성이 초연한 사람은, 설사 그가 모든 세계를 절멸한다 해도 그는 죽이는 것이 아니며, 자기 행위의 결과에 의해 속박되지도 않는다."

헌: 사람의 행위는 다음 생에 그 사람에게 영향을 미치지 않습니까?

마: 그대가 지금 태어납니까? 왜 다른 생에 대해서 생각합니까? 사실은 태어

남도 없고 죽음도 없습니다. 태어나는 사람에게, 죽음에 대해 생각하고 그 고통을 더는 법을 생각하라 하십시오.

**헌:** 마하르쉬께서는 진아를 깨닫는 데 시간이 얼마나 걸리셨습니까?
**마:** 이 질문을 하는 것은 (마하르쉬라는) 그 이름과 형상을 지각하기 때문입니다. 이름과 형상은 에고가 자신을 거친 몸과 동일시하는 데 따른 지각들입니다.

꿈속에서와 같이 에고가 자신을 미세한 마음과 동일시하면 그 지각들도 미세합니다. 그러나 잠 속에서는 어떤 지각도 없습니다. 그래도 에고가 있지 않았습니까? 만일 에고가 없었다면 잠을 잤다는 기억도 있을 수 없습니다. 잠을 잔 것은 누구였습니까? 그대가 잠들어 있을 때는 자신이 잠을 잔다고 말하지 않았습니다. 지금 그대의 생시 상태에서 그 말을 합니다. 따라서 에고는 생시·꿈·잠 속에서 동일합니다. 그 상태들 이면에 있는 저변의 **실재**를 발견하십시오. 그것이 그 상태들 저변의 **실재**입니다. 그 상태에서는 **존재**(Being)만이 있습니다. 너도 없고 나도 없고 그도 없으며, 현재도 과거도 미래도 없습니다. 그것은 시간과 공간을 넘어서 있고, 언어 표현을 넘어서 있습니다.

그것은 항상 있습니다.

플랜틴나무(바나나나무의 일종)는 뿌리에서 순을 내고 나서 열매를 맺고 죽는데 이 순을 옮겨 심으면 다시 같은 일이 반복되듯이, 고대의 원초적 스승[다끄쉬나무르띠]도 리쉬(rishi-仙人)인 제자들의 의심을 침묵 속에서 해소해 준 뒤 순들을 남겼고, 그 순들은 항상 증식하고 있습니다. 스승(Guru)이란 저 다끄쉬나무르띠의 한 순입니다. 진아를 깨달으면 그 질문은 일어나지 않습니다.

**헌:** 마하르쉬께서는 무상삼매無相三昧(nirvikalpa samadhi)에 들어가십니까?
**마:** 눈을 감고 있으면 무상삼매입니다. 눈을 뜨고 있으면 (차별상은 있되 여전히 절대적 안식에 들어 있는) 유상삼매有相三昧(savikalpa)입니다. 항상 존재하는 상태는 본래적 상태인 본연삼매本然三昧(sahaja)입니다.

### 1935년 1월 26일

**대담 18**

에번스-웬츠 씨가 여쭈었다: 신비한 능력을 가진 요기들이 있습니다. 마하르쉬께서는 그들을 어떻게 생각하십니까?
**마:** 그 능력들은 입소문이나 과시에 의해 알려집니다. 그래서 그런 것은 마음

의 영역 안에 있을 뿐입니다.

헌: 브런튼 씨는 마드라스(첸나이)에 있는 한 요기의 이야기를 하고 있는데, 이 요기는 히말라야에 있는 그의 스승과 소통하고 있다고 합니다.

마: 그것은 익히 알려진 텔레파시 이상으로 놀랍지는 않습니다. 텔레파시는 듣는 자 없이 존재할 수 없고, 천리안(television)은 보는 자 없이 존재할 수 없습니다. 멀리서 듣는 것이나 가까이서 듣는 것이나 무슨 차이가 있습니까? 중요한 것은 듣는 자일 뿐입니다. 듣는 자 없이는 들음(hearing)이 있을 수 없고, 보는 자 없이는 봄(vision)이 있을 수 없습니다.

헌: 그러니까 당신께서는 제가 대상이 아닌 주체를 살펴보기를 바라시는군요.

마: 그 주체와 대상은 마음이 일어난 뒤에야 나타납니다. 마음은 그것들을 포함하고, 신비한 능력들도 포함합니다.

헌: 아루나찰라 산 위에서는 빛(jyothis)의 나툼들을 볼 수 있습니까?

마: 예.

헌: 카일라스(Kailas) 산이나 베나레스(바라나시) 같은 성지들을 방문하는 것은 어떤 심령적 효과가 있기는 합니까?

마: 예.

헌: 베나레스에서 죽으면 어떤 이익이 있기는 합니까?

마: 예. 진정한 베나레스와 진정한 죽음을 이해하면 그 의미가 분명해질 것입니다.

헌: 그런 성지들은 진아 안에 있다는 말씀이시군요?

마: 그렇지요.

헌: 몸 안에는 여섯 중심(차크라)이 있고, 세계 안에도 그에 상응하는 중심들이 있습니다.

마: 그렇지요. 세계 안에 있는 것은 몸 안에도 있고, 몸 안에 있는 것은 세계 안에도 있습니다.

헌: 베나레스의 신성함은 믿음의 문제입니까, 아니면 외적으로도 사실입니까?

마: 둘 다입니다.

헌: 어떤 사람들은 이 순례지에 끌리고, 어떤 사람들은 저 순례지에 끌립니다. 그것은 그들의 기질에 따른 것입니까?

마: 그렇지요. 서로 다른 곳에서 태어나 다른 지역에 살고 있는 여러분 모두

가 오늘 여기 어떻게 모였는가만 생각해 보십시오. 여러분을 여기로 이끈 그 힘은 무엇입니까? 이것을 이해하면 다른 힘도 이해됩니다.

### 1935년 1월 29일

**대담 19**

그란트 더프 씨가 여쭈었다: 기억과 망각은 어디에 위치하고 있습니까?

**마:** 마음(chitta) 안이지요.

### 1935년 1월 30일

**대담 20**

**에번스-웬츠 씨:** 진인眞人(jnani)에게 홀로 있음(solitude)이 필요합니까?

**마:** 홀로 있음은 사람의 마음속에 있습니다. 어떤 사람은 세간의 번잡한 곳에 있으면서도 마음의 평온을 유지할 수 있습니다. 그런 사람은 홀로 있는 것입니다. 어떤 사람은 숲 속에 있으면서도 자신의 마음을 제어하지 못합니다. 그 사람은 홀로 있다고 할 수 없습니다. 홀로 있음은 마음의 한 작용입니다. 욕망에 집착한 사람은 어디에 있어도 홀로 있음을 얻지 못하지만, 집착 없는 사람은 늘 홀로 있습니다.

**헌:** 그러면 우리는 일을 하면서도 욕망에서 벗어나 홀로 있음을 유지할 수 있겠군요. 그렇습니까?

**마:** 예. 집착을 가지고 하는 일은 하나의 족쇄인 반면, 무집착으로 하는 일은 그 행위자에게 영향을 주지 않습니다. 그는 일을 하는 동안에도 홀로 있는 것입니다.

**헌:** 티베트에는 홀로 있으면서도 세상에 큰 도움을 주는 성자들이 많이 있다고 합니다. 어떻게 그럴 수 있습니까?

**마:** 그럴 수 있지요. 진아 깨달음은 인류에게 베풀 수 있는 가장 큰 도움입니다. 그래서 성자들은 숲 속에 있어도 도움을 준다고 하는 것입니다. 그러나 홀로 있음은 숲 속에만 있는 것이 아니라는 것을 잊으면 안 됩니다. 심지어 도시에서도, 세간의 번잡한 직업 활동 속에서도 홀로 있을 수 있습니다.

**헌:** 성자들이 사람들과 섞여 살면서 그들에게 도움을 주어야 할 필요가 있지 않습니까?

마: 진아만이 **실재**이고, 세계와 그 나머지는 아닙니다. 깨달은 존재는 세계를 자신과 다르다고 보지 않습니다.

헌: 그러니까, 그 성자의 깨달음이 인류가 알지 못하는 사이에 인류의 향상으로 이어지는군요. 그렇습니까?

마: 예. 그 도움은 눈에 띄지 않지만 그래도 존재합니다. 깨달은 사람은 인류가 모르는 가운데 전 인류를 돕습니다.

헌: 그가 다른 사람들과 섞여 살면 더 좋지 않을까요?

마: 섞여 살 다른 사람들이 없습니다. 진아가 유일한 **실재**입니다.

헌: 만약 **진아**를 깨달은 100명의 사람들이 있다고 하면, 세상에 더 큰 이익이 되지 않겠습니까?

마: 그대가 '진아'라고 할 때 그것은 무한한 것을 가리키지만, 거기에 '사람들'을 덧붙이면 그 의미를 한정하게 됩니다. 단 하나의 **무한한 진아**가 있을 뿐입니다.

헌: 예, 예, 알겠습니다! 스리 크리슈나는 『기타(*Gita*)』에서 말하기를, 집착 없이 일을 해야 하며, 그런 일은 (자기가 할 일을 하지 않는) 게으름보다 낫다고 했습니다.7) 그것이 행위 요가(Karma Yoga)입니까?

마: 가르침은 듣는 사람들의 기질에 맞게 주어집니다.

헌: 유럽에서는 홀로 있는 사람이 (세상에) 도움이 될 수 있다는 것을 사람들이 이해하지 못합니다. 그들은 세간에서 일을 하는 사람들만이 쓸모가 있다고 생각합니다. 이런 미혹이 언제 사라지겠습니까? 유럽인들의 마음은 계속 늪을 헤매겠습니까, 아니면 진리를 깨닫겠습니까?

마: 유럽이나 미국은 신경 쓰지 마십시오. 그대의 마음 안에 있지 않다면 그것들이 어디 있습니까? 그대의 **진아**를 깨달으십시오. 그러면 모든 것을 깨닫게 됩니다.

　그대가 꿈을 꾸면서 몇 사람을 만나면, 깨어나서 그 꿈을 회상하고 그대의 꿈의 창조물인 그 사람들도 깨어났는지 알아보려고 합니까?

헌: 마하르쉬께서는 우주적 환幻[마야]의 이론을 어떻게 생각하십니까?

마: 마야(*Maya*)가 무엇입니까? 그것은 **실재**일 뿐입니다.

---

7) T. 『기타』, 2.47: "그대는 행위를 할 권리가 있으나, 그 행위의 열매를 가질 권리는 없다. 자신을 그 행위 결과의 원인으로 여기지 말고, 행위하지 않는 것에도 집착하지 말라."

헌: 마야는 환幻 아닙니까?

마: 마야는 실재의 나툼들(현상계)을 표현하기 위해 사용됩니다. 따라서 마야란 실재일 뿐입니다.

헌: 어떤 사람들은 말하기를, 스리 샹까라짜리야는 지적知的이었을 뿐이고 깨닫지 못했다고 합니다. 그렇습니까?

마: 왜 샹까라짜리야에 대해 걱정합니까? 그대 자신의 진아를 깨달으십시오. 다른 사람들은 스스로 알아서 하겠지요.

헌: 예수 그리스도는 사람들의 병을 치유했습니다. 그것은 신비한 능력(siddhi)일 뿐입니까?

마: 예수는 당시 자신이 사람들의 병을 치유하고 있다는 것을 자각했습니까? 그는 자신의 능력을 의식하지 못했을 것입니다. 관련되는 이야기 하나는 다음과 같습니다. 예수가 한번은 어떤 사람이 앞을 못 보는 것을 고쳐주었습니다. 그 사람은 시간이 지나자 사악해졌습니다. 몇 년 후 그를 만난 예수가 그의 사악함을 보고 왜 그렇게 되었느냐고 물었습니다. 그의 대답인즉, 자신이 눈이 멀었을 때는 어떤 죄도 저지를 수 없었으나, 예수가 자신이 앞 못 보는 것을 고쳐준 뒤 사악해졌고, 자신의 사악함에 예수가 책임이 있다고 했습니다.

헌: 예수는 신비한 능력을 보유한 완성된 존재(싯다) 아니었습니까?

마: 그는 자신의 능력(siddhi)을 자각하지 못했을 것입니다.

헌: 텔레파시 등과 같은 능력을 얻는 것은 좋지 않습니까?

마: 텔레파시나 라디오는 우리가 멀리서 보거나 들을 수 있게 해줍니다. 듣고 보는 것은 매한가지입니다. 가까이서 듣거나 멀리서 듣거나, 듣는다는 점에서는 아무 차이가 없습니다. 근본적 요소는 듣는 자, 곧 주체입니다. 듣는 자나 보는 자 없이는 어떤 들음이나 봄도 있을 수 없습니다. 듣고 보는 것은 마음의 기능입니다. 따라서 신비한 능력들은 마음 안에 있을 뿐입니다. 그것은 진아에게 자연스럽지 않습니다. 자연스럽지 않고 습득된 것은 영구적일 수 없고, 노력하여 얻을 만한 가치가 없습니다.

그런 것들은 확장된 능력을 의미합니다. 어떤 사람이 한정된 능력을 가지고 있어서 비참합니다. 그는 행복해지기 위해 자신의 능력을 확장하고 싶어 합니다. 그러나 그것이 그렇게 되겠는지 생각해 보십시오. 만일 어떤 사람이 한정된 지각을 가지고 있어서 비참하다면, 지각이 확장됨과 함께 그에 비례하여 불행도 늘어날 수밖에 없습니다. 신비한 능력들은 누구에게도 행복을 가져다 주지 않을 것이고, 그 사람을 한층 더 비참하게 만들 것입니다!

더욱이 그런 능력들을 무엇에 씁니까? 신비술사[싯다(siddha)]가 되려고 하는 사람은 남들이 자신을 인정해 줄 수 있도록 싯디(siddhis)를 과시하고 싶어 합니다. 그는 인정받고 싶어 하는데, 만일 인정받지 못하면 행복하지 않겠지요. 그를 인정해 줄 다른 사람들이 있어야 합니다. 그는 더 높은 능력을 가진 사람을 발견할지도 모릅니다. 그것이 질투를 야기하고 불행을 배양할 것입니다. 그 더 높은 신비술사는 그보다 더 높은 싯다를 만날지 모르고, 그러다가 마침내 모든 것을 일순간에 날려버릴 사람이 나타날 것입니다. 그런 사람이 최고의 달인(siddha)이며, 그는 신, 곧 진아입니다.

무엇이 진정한 능력입니까? 부富를 증가시키는 것입니까, 아니면 평안을 가져오는 것입니까? 평안을 가져오는 것이 최고의 완성(siddhi)입니다.

**헌:** 그러나 유럽과 미국의 보통 사람들은 그런 태도를 인정하지 않으려고 할 것이고, 능력의 과시나 강설講說 등에 의한 가르침을 원할 것입니다.

**마:** 강설은 개인들을 몇 시간 동안 즐겁게 해줄지 모르지만 그들을 향상시키지 못할 수 있습니다. 반면에 침묵은 영구적이며, 전 인류에게 이익을 줍니다.

**헌:** 그러나 사람들은 침묵을 이해하지 못합니다.

**마:** 그것은 상관없습니다. 침묵은 웅변을 의미합니다. 말로 하는 강설은 침묵만큼 웅변적이지 않습니다. 침묵은 끊임없는 웅변입니다. 태초의 스승 다끄쉬나무르띠가 그 이상理想입니다. 그는 침묵으로 자신의 리쉬(rishi) 제자들을 가르쳤습니다.

**헌:** 그러나 그때는 그에게 제자들이 있었습니다. 문제가 없었습니다. 지금은 다릅니다. 그들을 찾아다니며 도와주어야 합니다.

**마:** 그것은 무지의 한 표지標識입니다. 그대를 창조한 힘이 세계를 창조했습니다. 그것이 그대를 돌볼 수 있다면, 마찬가지로 세계도 돌볼 수 있습니다.

**헌:** 바가반께서는 예수 그리스도가 말한 "잃어버린 영혼(lost soul)"에 대해서 어떻게 생각하십니까?

**마:** 잃어버릴 무엇이 있는지 생각해 보십시오. 잃어버릴 어떤 것이 있습니까? 중요한 것은 본래적인 것뿐입니다. 그런 것은 영원할 수밖에 없고, 그것을 경험할 수는 없습니다. 태어나는 것은 죽을 수밖에 없고, 우리가 획득하는 것은

(언젠가) 잃어버릴 수밖에 없습니다. 그대는 태어났습니까? 그대는 항상 존재합니다. 진아는 우리가 결코 잃어버릴 수 없습니다.

**헌**: 붓다는 아무도 길을 잃지 않게 하는 데 팔정도八正道가 최선이라고 조언합니다.

**마**: 그렇지요. 그런 것을 힌두교도들은 라자 요가(Raja Yoga)라고 합니다.

**헌**: 구도자에게 요가가 권장됩니까?

**마**: 요가는 마음을 제어하는 데 도움이 됩니다.

**헌**: 그러나 그것을 하면, 위험하다는 신비한 능력들이 얻어지지 않습니까?

**마**: 그러나 그대는 '구도자'라는 말로 그대의 질문을 한정했습니다. 능력의 추구자라는 뜻으로 한 말은 아니었지요.

### 1935년 1월 31일

### 대담 21

마드라스 관구管區(Madras Presidency)의 입법원 의원이자 영향력 있는 힌두교도인 엘랍빠 쩨띠아르가 질문했다: 왜 청문聽聞(hearing)에서 나온 지知는 확고하지 않지만, 내관內觀(contemplation)에서 나온 지知는 확고하다고 합니까?

**마**: 한편 전해들은 지知(paroksha)는 확고하지 않지만, 자신의 깨달음(aparoksha)에서 나온 지知는 확고하다고 하지요.

또 청문은 진리에 대한 지적인 이해를 도와주고, 명상(성찰)은 그 이해를 명료하게 해주며, 마지막으로 내관은 진리의 깨달음을 가져온다고 합니다.[8]

더욱이 그러한 모든 지知는 확고하지 않고, 지知가 자기 손바닥 안에 있는 구스베리[9]만큼이나 분명하고 친숙할 때만 그 지知가 확고하다고도 합니다.

청문만으로 충분하다고 단언하는 사람들도 있습니다. 왜냐하면 이미—어쩌면 전생에—자격을 갖추었던 상근기上根機의 사람은 진리를 단 한 번 말해주어도 그것을 듣자마자 깨닫고 평안에 안주하지만, 그런 자격을 갖추지 못한 사람은 앞에서 제시한 여러 단계를 거친 뒤에야 삼매三昧(samadhi)에 들기 때문입니다.

---

[8] T. 청문(sravana)·성찰(manana)·일여내관—如內觀(nididhyasana)은 전통적인 지知의 길에서 깨달음에 이르는 세 단계이다.

[9] T. 인도에서 '암라(amla)'라고 하는 인도 구스베리(Indian gooseberry)를 말한다.

**대담 22**
피콧 부인이 마드라스에서 돌아와 다시 방문했다. 그녀는 식사 조절과 관련된 질문들을 했다.

헌: 수행자(sadhak)에게는 어떤 식단을 처방하십니까?
마: 제한된 양의 순수성 식품(satvic food)입니다.
헌: 어떤 것이 순수성 식품입니까?
마: 빵, 과일, 채소, 우유 등이지요.
헌: 북인도의 어떤 사람들은 생선을 먹습니다. 그렇게 해도 됩니까?
　마하르쉬님은 아무 답변도 하지 않으셨다.
헌: 저희 유럽인들은 특정한 식단에 익숙해져 있습니다. 식단을 바꾸는 것은 건강에 영향을 주고 마음을 약하게 합니다. 신체적 건강을 유지하는 것도 필요하지 않습니까?
마: 정말 필요하지요. 몸이 약해질수록 마음이 더 강해집니다.10)
헌: 우리가 늘 하는 식사를 하지 않으면 우리의 건강이 약해지고 마음이 힘을 잃습니다.
마: 마음의 힘이란 것은 무슨 뜻입니까?
헌: 세속적인 집착을 제거하는 힘 말입니다.
마: 음식의 성질은 마음에 영향을 줍니다. 마음은 소화된 음식 기운으로 유지됩니다.
헌: 그럼요! 유럽인들이 어떻게 순수성 식품에만 적응할 수 있겠습니까?
마: (에번스-웬츠를 가리키며) 당신은 우리의 음식을 먹어 왔습니다. 그 때문에 불편함을 느낍니까?
**에번스-웬츠 씨:** 아닙니다. 저는 익숙하니까요.
헌: 별로 익숙하지 않은 사람들은 어떻게 합니까?
마: 습관은 환경에 대한 적응일 뿐입니다. 중요한 것은 마음입니다. 실은 마음이 어떤 음식은 맛있고 좋다고 생각하도록 길들여진 것입니다. 음식물질(영양분)은 채식과 비非채식에서 똑같이 잘 얻을 수 있습니다. 그러나 마음이 그런 음식에 익숙하고 그것을 맛있다고 여기기 때문에 그것을 원하는 것입니다.

---

10) T. 이 말은 몸이 약해질수록 "마음이 더 활발하게 움직인다", 즉 "생각이나 번뇌가 많아진다"는 의미로 해석된다.

헌: 깨달은 사람에게도 그와 비슷하게 어떤 제약이 있습니까?
마: 아닙니다. 그는 한결같고, 섭취하는 음식에 영향을 받지 않습니다.
헌: 고기 음식을 준비하는 것은 살생 아닙니까?
마: 불살생(*ahimsa*)은 요기들의 계율 중에서 으뜸갑니다.
헌: 식물들도 생명이 있습니다.
마: 여러분이 앉아 있는 (회당 바닥의) 석판石板들도 마찬가지입니다!
헌: 저희들도 채식 식품에 점차 익숙해지겠습니까?
마: 예. 바로 그거지요.

### 1935년 2월 2일

**대담 23**

에번스-웬츠 씨가 다른 날 질문을 계속했다: 우리가 한 분 이상의 영적인 스승을 가질 수도 있습니까?

마: 스승이 누구입니까? 그는 결국 진아입니다. 마음의 발전 단계에 따라 진아가 외적인 스승으로 나타납니다. 고대의 유명한 성자 아바두따(Avadhuta)11)는 자신에게 스물넷 이상의 스승이 있다고 했습니다. 스승은 우리가 그에게서 뭔가를 배우는 사람입니다. 스승은 아바두따의 경우처럼 때로는 무정물無情物일 수도 있습니다. 신, 스승, 진아는 동일합니다.

 영적인 마음을 가진 사람은 신이 일체에 편재한다고 생각하고 신을 자신의 스승으로 여깁니다. 나중에 신은 그를 인간인 스승과 접촉하게 해주며, 그 사람은 그를 세상에 둘도 없는 분으로 여깁니다. 마지막으로 그 사람은 스승의 은총에 의해, 자신의 진아가 곧 실재이며 달리 아무것도 아니라는 것을 느끼게 됩니다. 이리하여 그는 진아가 곧 스승임을 발견합니다.

헌: 스리 바가반께서는 제자들을 입문시키십니까?

 마하르쉬님은 침묵을 지키셨다.

 그 뒤에 헌신자들 중 한 사람이 자청해서 이렇게 답변했다: 마하르쉬께서는 누구도 당신 진아의 바깥에 있는 것으로 보시지 않습니다. 따라서 당신께는 제자가 없습니다. 당신의 은총은 일체에 편재하고, 당신은 그것을 받을 자격

---

11) *T*. 브라마·비슈누·시바의 세 신이 함께 화현했다고 하는 고대의 진인 닷따뜨레야(Dattatreya). 그에게는 흙, 물, 불, 공기, 허공, 해, 달, 여러 동물과 곤충들, 아이 등 24가지 스승이 있었다.

있는 사람이라면 누구에게든 침묵 속에서 당신의 은총을 전해 주십니다.

헌: 책 지식은 진아 깨달음에 얼마나 도움이 됩니까?

마: 그 사람이 영적인 마음을 갖게 하는 한에서만 도움이 됩니다.

헌: 지성은 얼마나 도움이 됩니까?

마: 그 사람이 지성을 에고 안에, 에고를 진아 안에 가라앉히게 해주는 한에서만 도움이 됩니다.

### 1935년 2월 4일

## 대담 24

**피곳 여사:** 왜 우유는 드시면서 계란은 드시지 않습니까?

마: 가축 암소들은 송아지들에게 필요한 양보다 더 많은 우유를 생산하는데, 그 우유를 짜 주면 즐거워합니다.

헌: 하지만 암탉도 알을 가지고 있을 수는 없지 않습니까?

마: 그러나 계란에는 잠재적인 생명체가 들어 있습니다.

헌: 생각들이 문득 그치고, 그러다가 "나-나"가 홀연히 일어나서 지속됩니다. 그것은 느낌 속에 있을 뿐 지성 속에 있지는 않습니다. 그것이 맞겠습니까?

마: 물론 맞습니다. 생각들이 그치고 이성理性이 사라져야, "나-나"가 일어나고 느껴집니다. 주된 요소는 느낌이지 이성이 아닙니다.

헌: 더구나 그것은 머릿속에 있지 않고 가슴 오른쪽에 있습니다.

마: 그래야지요. 왜냐하면 심장이 거기 있으니까요.

헌: 제가 바깥을 볼 때는 그것이 사라집니다. 어떻게 해야 합니까?

마: 그것을 꽉 붙들어야 합니다.

헌: 우리가 그런 기억을 가지고 활동하면 그 행위들은 늘 올바르겠습니까?

마: 그럴 수밖에 없지요. 그러나 그런 사람은 자기 행위들의 옳고 그름에 상관하지 않습니다. 그런 사람이 하는 행위는 신의 행위이며, 따라서 올바를 수밖에 없습니다.

헌: 그러면 그런 사람에게 왜 음식의 제한을 둡니까?

마: 그대가 현재 하는 체험은 그대가 들어와 있는 분위기의 영향 때문입니다. 이 분위기 밖에서 그런 체험을 할 수 있습니까? 그 체험은 단속적斷續的입니다. 그것이 영속적인 것이 될 때까지는 수행이 필요합니다. 음식 제한은 그런

체험을 거듭 갖기 위한 보조수단입니다. 그대가 **진리** 안에 자리 잡고 나면 그 제한들이 자연히 떨어져 나갑니다. 더욱이 음식은 마음에 영향을 주는데, 마음을 순수하게 유지해야지요.

이 여사가 나중에 한 제자에게 말했다: 바가반에게서 나오는 기운(vibrations)을 더 강렬히 느끼고, '나'-중심('I'-centre)에 전보다 더 쉽게 도달할 수 있네요.

## 대담 25

지난번에 『진아 깨달음(*Self-Realization*)』의 저자인 B. V. 나라싱하 스와미가 여쭈었다: 저는 누구입니까? 그것을 어떻게 발견합니까?

**마**: 그 질문을 당신 자신에게 하십시오. 몸[음식껍질(*annamaya kosa*)]과 그 기능들은 '나'가 아닙니다.

더 깊이 들어가면, 마음[마음껍질(*manomaya kosa*)]과 그 기능들도 '나'가 아닙니다.

그 다음 단계는 "이 생각들은 어디서 일어나는가?" 하는 질문으로 나아갑니다. 생각들은 자연발생적이거나, 피상적이거나, 분석적일 수 있습니다. 그것들은 지성 안에서 작동합니다. 그럴 때, 그것들을 누가 인식합니까? 생각들의 존재, 그것들의 분명한 개념, 그리고 그것들의 작용이 그 개인에게 분명해집니다. 그런 분석을 해보면, 그 사람의 개인성이 생각들의 존재와 그 연속을 지각하는 자로서 활동하고 있다는 결론에 이릅니다. 이 개인성이 에고, 곧 사람들이 말하는 '나'입니다. 지성[지성껍질(*vijnanamaya kosa*)]은 '나'의 껍질일 뿐 '나' 자체는 아닙니다.

더 깊이 탐구해 나가면 "이 '나'는 누구인가? 그것은 어디서 오는가?" 하는 질문이 일어납니다. '나'는 잠 속에서는 (아무것도) 알지 못했습니다. 그것이 일어남과 동시에 잠은 꿈이나 생시로 바뀝니다. 그러나 바로 지금 '나'는 꿈에 상관하지 않습니다. 지금 생시의 상태에서 '나'는 누구입니까? '나'가 잠에서 일어났다 해도 그때는 '나'가 무지에 덮여 있었습니다. 그 무지한 '나'는 경전이나 현자들이 확언하는 '나'(진아)일 수 없습니다. '나'는 '잠'조차도 넘어서 있습니다. '나'는 지금 여기 있을 수밖에 없고, 잠과 꿈 속에서도 그런 상태들의 속성 없이 내내 존재했던 '나'입니다. 따라서 '나'는 이 세 가지 상태의 저변에 있는[지복껍질을 넘어선] 무제약적인 바탕일 수밖에 없습니다.

'나'는 요컨대 다섯 껍질12)을 넘어서 있습니다. 그 다음, 비아非我인 모든 것을 버리고 남은 잔여물이 진아, 곧 **사뜨-찌뜨-아난다**(*Sat-Chit-Ananda*)13)입니다.

헌: 그 진아를 어떻게 하면 알거나 깨달을 수 있습니까?

마: 현재의 '상대성의 차원'을 초월하십시오. 별도의 한 존재[진아]가 그 자신과 별개의 어떤 것[비아非我]을 아는 것처럼 보입니다. 즉, 주체가 대상을 인식합니다. 보는 자는 드리끄(*drik*-주체)이고, 보이는 것은 드리샤(*drisya*-대상)입니다.

이 둘의 저변에는 어떤 통일성이 있어야 하는데, 그것이 '에고'로서 일어납니다. 이 에고는 찌뜨(*chit*)[지성]의 성품을 가지고 있습니다. 아찌뜨(*achit*)[지각력 없는 대상]는 찌뜨의 부정일 뿐입니다. 따라서 저변의 본질은 주체와 비슷하지, 대상과는 비슷하지 않습니다. 모든 대상(*drisya*)이 사라질 때까지 주체(*drik*)를 추구하면, 주체는 점점 더 미세해지다가 결국 절대적 주체만이 살아남습니다. 이런 과정을 대상소멸(*drisya vilaya*)[대상 세계의 소멸]이라고 합니다.

헌: 왜 대상인 드리샤(*drisya*)를 제거해야 합니까? 대상을 있는 그대로 두면서도 진리를 깨달을 수 없습니까?

마: 안 되지요. 대상이 제거된다는 것은 주체와 대상이라는 별개의 정체성들이 제거되는 것을 뜻합니다. 대상은 실재하지 않습니다. (에고를 포함한) 모든 드리샤는 대상입니다. 비실재를 제거하면 **실재**가 남습니다. 밧줄을 뱀으로 착각했을 때, 뱀에 대한 그릇된 지각을 제거하기만 하면 진실이 드러납니다. 그것을 제거하지 않고는 진실이 다가오지 않을 것입니다.

헌: 언제 어떻게, 대상 세계의 소멸(*drisya vilaya*)이 이루어지겠습니까?

마: 상대적인 주체, 곧 마음이 제거될 때 그것이 완성됩니다. 마음이 주체와 대상의 창조자이며, 그 이원적 관념의 원인입니다. 따라서 마음이 '제한된 자아'라는 잘못된 관념과, 그러한 그릇된 관념의 결과로 나타나는 불행의 원인입니다.

헌: 이 마음이 무엇입니까?

마: 마음은 '생명 나툼'의 한 형태입니다. 한 토막의 나무나 하나의 섬세한 기

---

12) T. 우파니샤드에 따르면 인간은 다섯 겹 껍질에 싸여 있다고 한다. 음식껍질(*annamaya kosa*), 생기껍질(*pranamaya kosa*), 마음껍질(*manomaya kosa*), 지성껍질(*vijnanamaya kosa*), 지복껍질(*anandamaya kosa*)이 그것이다.
13) T. 실재의 세 가지 측면을 동시에 표현한 말. 한 단어로 '삿찌다난다'라고 읽기도 한다.

계를 마음이라고 하지는 않습니다. 생명력(vital force)은 생명 활동으로 나타나며, 또한 마음이라고 하는 '의식하는 현상'으로도 나타납니다.

**헌:** 마음과 대상의 관계는 무엇입니까? 마음은 자신과 다른 어떤 것, 즉 세계와 접촉합니까?

**마:** 세계는 생시와 꿈의 상태에서 '감각됩니다.' 곧, 지각과 생각의 대상이 되는데, 그 둘 다 마음의 활동입니다. 생시와 꿈에서의 생각과 같은 그런 활동들이 없다면 어떤 '세계'에 대한 '지각'이나 추론도 없을 것입니다. (깊은) 잠 속에서는 그런 활동이 없고, 잠 속에서는 '대상들과 세계'가 우리에게 존재하지 않습니다. 따라서 '세계의 실재성'은 잠에서 깨어나는 에고의 활동에 의해 창조되는 것일 수 있습니다. 그리고 그 실재성은, 잠 속에서 자신의 성품을 회복하는 그 영혼에 의해 삼켜지거나 사라질 수 있겠지요. 세계가 나타나고 사라지는 것은 거미가 거미줄을 뽑아냈다가 그것을 거둬들이는 것과 같습니다. 여기서 거미는 생시·꿈·잠이라는 세 가지 상태 모두의 저변에 있습니다. 사람 안의 그런 거미를 아뜨만(Atman)[진아]이라고 하는 반면, (태양에서 나오는 것으로 여겨지는) 세계와 관련해서는 그 거미를 브라만[지고의 영靈]이라고 합니다. "사람 안에 있는 자와 태양 안에 있는 자는 하나(*Sa yas chayam purushe, yas chasavaditye sa ekah*)"14)입니다.

진아 혹은 영靈이 드러나 있지 않고 활동하지 않는 동안은 상대적인 쌍들, 예를 들어 주체와 대상―드리끄와 드리샤가 없습니다. 마음 나툼의 궁극적 원인 그 자체에 대한 탐구를 밀고 나가면, 마음은 아뜨만이나 브라만이라고도 불리는 **실재**의 나툼(manifestation)일 뿐이라는 것을 알게 될 것입니다. 마음은 미세신微細身(*sukshma sarira*), 곧 '미세한 몸'으로 불립니다. 그리고 개아個我(*jiva*)는 개인적 영혼입니다. 개아는 개인성 성장의 핵심이며, 인격을 개아라고도 합니다. 생각이나 마음은 개아의 국면, 곧 개아가 스스로를 나투는 방식들 중의 하나인데, 그런 나툼의 초기적 단계 혹은 국면이 생장적 삶(vegetative life-정신 활동 없이 신진대사와 성장만 이루어지는 것)입니다. 우리는 이 마음이 늘 어떤 비非-마음, 곧 물질과 관계하거나 물질에 대해 작용하며, 결코 혼자가 아닌 것을 보게 됩니다. 따라서 마음과 물질은 공존합니다.

---

14) *T.* 『따이띠리야 우파니샤드(*Taittiriya Upanishad*)』, 2.8.1 및 3.10.4.

## 대담 26

**헌:** 어떻게 하면 우리가 마음의 본질을—즉, 그것의 궁극적 원인 혹은 마음이 그것의 한 나툼인 그 본체를—발견하게 됩니까?

**마:** 생각들을 가치 순으로 배열해 보면 '나'라는 생각(I-thought)이 가장 중요한 생각입니다. 인격이라는 관념이나 생각도 다른 모든 생각들의 뿌리 혹은 줄기입니다. 왜냐하면 각각의 관념이나 생각은 누군가의 생각으로서만 일어나지, 에고와 독립해서 존재한다고 볼 수 없기 때문입니다. 그래서 에고는 사고 활동을 과시합니다. 2인칭과 3인칭은 1인칭 없이 나타나지 않습니다. 따라서 그것들은 1인칭이 나타난 뒤에야 일어나고, 결국 세 인칭 모두가 함께 일어나고 가라앉는 것처럼 보입니다. 그럴 때 '나', 곧 인격의 궁극적 원인을 추적하십시오. '나'라는 관념은 몸을 가진 에고에게 일어나므로, 하나의 몸이나 유기체와 관계될 수밖에 없습니다. 그것이 몸 안에 어떤 장소를 갖거나, 어떤 특정 부위와 특별한 관계가 있습니까? 마치 언어의 중심이 뇌 안에 있고 연애 감정이 뇌 안에 있듯이, '나'는 뇌, 혈액 또는 내장 안에 어떤 중심이 있습니까? 생각의 한살이는 뇌와 척수를 중심으로 하는 것처럼 보이는데, 피가 이 뇌와 척수 속을 순환하면서 영양분과 공기가 적절히 섞인 것을 공급해 주면 그것이 신경 물질로 변합니다. 그래서 생장적 삶—혈액 순환, 호흡, 영양 섭취 등을 포함한—혹은 생명력은 그 유기체의 핵심이나 본질이라고 (혹은 그 안에 거주한다고) 이야기됩니다. 따라서 마음은 생명력의 나툼으로 간주될 수 있고, 이 생명력은 다시 **심장**(Heart) 안에 거주한다고 생각될 수 있습니다.

**헌:** 그런데 마음을 없애고 그 대신 직관을 계발하는 기술로 보자면, 그것은 마음도 아니고 직관도 아닌 어떤 중립지대가 있을 수 있는 별개의 두 단계입니까? 아니면 마음 활동이 없는 것은 반드시 **진아** 깨달음을 의미합니까?

**마:** 수행자(abhyasi)에게는 별개의 두 단계가 있습니다. 잠·혼수상태·기절·정신이상 등 마음의 작용이 존재하지 않거나 **진아**의 의식이 지배하지 않는 그런 중립지대가 있지요.

**헌:** 그 첫 부분을 먼저 이야기하자면, 마음을 어떻게 없앨 수 있습니까? 혹은 상대적 의식을 어떻게 초월합니까?

**마:** 마음은 성품상 가만히 있지를 못합니다. 이제부터 마음을 그 요동搖動에서 해방시키십시오. 마음을 평안하게 하고, 산란散亂(distraction-주의가 딴 데로 쏠림)에

서 벗어나게 하며, 마음이 내면을 바라보게 훈련시켜, 그것이 하나의 습관이 되게 하십시오. 외부 세계를 무시하고, 마음의 평안을 방해하는 것들을 제거하면 그렇게 됩니다.

헌: 어떻게 하면 마음에서 요동을 없앱니까?

마: 외부적 접촉―그 자신 아닌 대상들과의 접촉―이 마음을 요동시킵니다. 비진아非眞我(non-Self)에 대한 흥미 상실[무욕]이 첫째 단계입니다. 그러면 내면 성찰과 집중의 습관이 생깁니다. 그것은 외적 감관과 내적 기능들의 제어 등[평온(sama)·절제(dama) 등]15)을 특징으로 하며, 삼매로 끝납니다.

## 대담 27

헌: 그런 것들을 어떻게 닦습니까?

마: 외부 현상들의 찰나적 성품을 조사해 보면 무욕無慾(vairagya)에 이릅니다. 따라서 탐구(vichara)가 무엇보다 먼저 밟아야 할 단계입니다. 탐구가 자동적으로 지속되면 결국 부富·명성·안락·쾌락 등을 경멸하게 됩니다. '나'라는 생각이 더 분명해져서 그것을 살펴볼 수 있게 됩니다. '나'의 근원은 심장인데, 이것이 최종 목표입니다. 그러나 그 구도자가 기질상 '탐구의 길(Vichara Marga)' [내면을 성찰하는 분석적 방법]에 맞지 않는다면, 어떤 이상理想에 대한 헌신(bhakti) 을 계발해야 합니다. 그것은 신이나 스승, 인류 일반, 윤리 법칙, 심지어 아름다움이라는 이상일 수도 있지만, 그 중의 하나가 그 개인을 사로잡으면 다른 집착들은 약해집니다. 즉, 무욕이 계발됩니다. 그 이상理想에 대한 집착이 동시에 증장增長되어 마침내 지배적 흐름이 됩니다. 그리하여 일념집중(ekagrata) 이 동시에 눈에 띄지 않게 증장되는데, 환영幻影과 직접적 보조수단들(초능력)이 수반될 수도 있고 그렇지 않을 수도 있습니다.

탐구와 헌신을 하지 않는다면 자연진정조식自然鎭靜調息을 해볼 수도 있습니다.16) 이것은 **요가의 길**(Yoga Marga)로 알려져 있습니다. 만약 (우리의) 목숨이 위태로워지면 모든 관심은 목숨을 건진다는 하나의 초점에 집중됩니다. (마찬가

---

15) T. '평온'은 외적 대상의 불완전성을 성찰하여 거기에 끌리지 않는 것, '절제'는 마음이 밖으로 흐르지 않도록 제어하는 것이다. 『라마나 마하르쉬 저작 전집』(이하, 『저작 전집』), 263-4쪽 참조.
16) T. '자연진정조식(natural sedative pranayama)'이란 호흡을 자연스럽게 주시함으로써 마음을 가라앉히는 호흡 제어법을 말한다. 이 수련을 오래 하면 삼매에 들기 쉽다고 한다.

지로, 조식에서) 호흡이 억제되면 마음은 그것이 좋아하는 것, 즉 외적 대상들에게 달려들 수 없(고 그러지도 않)습니다. 그래서 호흡이 억제되는 동안은 마음이 휴식하게 됩니다. 모든 주의가 호흡이나 호흡 조절로 향하고 있기 때문에 다른 관심들은 상실됩니다. 또 격정은 불규칙한 호흡을 수반하지만, 평온과 행복은 느리고 규칙적인 호흡을 수반합니다. 기쁨의 격렬한 분출은 사실 고통의 격렬한 분출만큼이나 고통스러운데, 공히 어지러운 호흡이 수반됩니다. 참된 평안이 행복입니다. 쾌락은 행복을 이루지 않습니다. 마음은 수행에 의해 진보되며, 면도칼을 가죽에 벼리면 더 예리해지듯이, 수행할수록 더 미세해집니다. 그러면 마음이 안팎의 문제들에 더 잘 대처할 수 있게 됩니다. 만일 어떤 구도자가 기질상 처음 두 가지 방법(탐구와 헌신)에 맞지 않고, 형편상 [나이가 많아서] 세 번째 방법도 택하기 어려우면, **행위의 길**(Karma Marga)[선행, 예컨대 사회적 봉사의 길]을 가야 합니다. 그러면 그의 고귀한 품성이 더욱 뚜렷해지고, 비인격적 즐거움을 얻게 될 것입니다. 그의 소아小我는 자기주장을 덜 하게 되고, 자신의 좋은 측면을 확장해 갈 기회를 얻습니다. 때가 되면 그 사람이 앞서 말한 세 길 중 하나를 감당할 수 있는 근기가 됩니다. 이 단 한 가지 방법으로 그의 직관도 직접 계발될지 모릅니다.

**헌:** 어떤 생각의 흐름이나 일련의 질문들이 자기최면을 가져올 수 있습니까? 분석할 수 없고, 본원적이고, 막연히 지각되고, 잘 잡히지 않는 그 '나'라는 것을 분석하는 단 하나의 점으로, 그것이 줄어들어야 되지 않습니까?

**마:** 그렇지요. 그것은 실로 허공이나 눈부신 수정 또는 빛을 응시하는 것과 같습니다.

**헌:** 마음이 그 지점에 고정될 수 있습니까? 어떻게 고정됩니까?

**마:** 만일 마음이 딴 데로 달아나면 얼른 이 물음을 던지십시오. "이 산란한 생각들은 누구에게 일어나는가?" 그러면 '나'로 금방 돌아가게 됩니다.

**헌:** 마음은 **심장** 안에 얼마나 오래 머무르거나 붙들려 있을 수 있습니까?

**마:** 수행에 따라 그 시간은 늘어납니다.

**헌:** 그 시간이 끝나면 어떻게 됩니까?

**마:** 마음은 지금 같은 정상적 상태로 돌아옵니다. 심장 속의 단일성이 그대가 지각하는 다양한 현상들로 교체됩니다. 이것을 외향심外向心(outgoing mind)이라고 하며, **심장**으로 들어가는 마음은 안주심安住心(resting mind)이라 합니다.

헌: 이 모든 과정은 지적知的일 뿐입니까, 아니면 느낌을 현저하게 드러냅니까?
마: 후자입니다.
헌: 마음이 **심장** 안에 있을 때는 어떻게 해서 모든 생각이 그칩니까?
마: 의지력과, 그런 취지의 스승의 가르침이 진리라는 강한 믿음에 의해서입니다.
헌: 그 과정의 좋은 점은 무엇입니까?
마: 첫째, 의지의 정복—집중의 계발입니다. 둘째, 정욕의 정복—무욕의 계발입니다. 셋째, 덕의 실천이 늘어나는 것—만물에 대한 평등심(samatva)입니다.
헌: 왜 우리는 이 생각할 수 없는 지점을 생각하는 자기최면의 방법을 택해야 합니까? 왜 빛을 응시한다든지, 호흡을 멈춘다든지, 음악을 듣고, 내면의 소리를 듣고, 신성한 음절(Pranava-'옴' 소리) 기타 진언(mantras)을 염하는 것과 같은 다른 방법을 택하면 안 됩니까?
마: 빛 응시는 마음을 멍하게 만들고 한 동안 의지의 마비 상태를 가져오지만, 어떤 영구적인 이익도 안겨주지 않습니다. 호흡 제어(breath control)는 한동안 의지를 마비시킬 뿐입니다. 소리를 듣는 것도, 만일 그 진언이 신성하며 더 높은 힘의 도움을 받아서 (마음을) 정화해 주지 않고 생각을 일으킨다면, 비슷한 결과를 낳습니다.

## 대담 28

헌: 생각의 조절과 호흡 조절 간의 상관관계는 무엇입니까?
마: 생각[지적 활동]과 호흡·순환 등[생장 활동]의 활동은 공히 개인적 삶(생명)이라고 하는 같은 것의 서로 다른 측면입니다. 둘 다 생명에 의존하고 (아니면 비유적으로 말해서 그 안에 '거주'하거나 '내재'하고) 있습니다. 인격 기타 관념들은 마치 생명 활동처럼 거기서 솟아나옵니다. 만일 호흡이나 다른 생명 활동을 강제로 억압하면 생각도 억압됩니다. 그리고 생각을 강제로 늦추어 한 점에 고정시키면 호흡이라는 생명 활동도 느려지고 균일해져서 생명과 양립할 수 있는 최저 수준에 국한됩니다. 두 경우 모두 산란한 생각들이 일시적으로 종식됩니다. 그 상호작용은 다른 방법들로도 관찰할 수 있습니다. 살려는 의지의 경우를 봅시다. 그것은 생각의 힘입니다. 다른 활력이 거의 고갈되었을 때도 그것이 생명을 유지하고 지탱하여 죽음을 지연시킵니다. 그런 의지력이

없으면 죽음이 더 빨리 옵니다. 그래서 생각은 몸 안에서, 그리고 한 육신에서 다른 육신으로 생명을 가지고 다닌다고 하는 것입니다.

**헌:** (1) 집중과, (2) 산란散亂 떨쳐버리기에는 어떤 보조수단이 있습니까?

**마:** 신체적으로는 소화기관과 여타 기관들이 자극받지 않게 해야 합니다. 따라서 음식 섭취를 양과 질 양면에서 조절해야 합니다. 비자극성 식품을 먹고, 고추나 과도한 소금, 양파·술·아편 등을 피해야 합니다. 변비·혼침昏沈(졸리는 것)·흥분을 피하고 그런 것을 유발하는 모든 음식을 피하십시오. 정신적으로는 한 가지 일에 관심을 가지고 마음을 거기에 고정하십시오. 그런 관심이 일체를 흡수하면서 다른 모든 것을 배제하게 하십시오. 이것이 무욕이고 집중입니다. 신이나 진언을 선택해도 됩니다. 마음이 힘을 얻어 미세한 것을 붙들고 그 안에 합일됩니다.

**헌:** 산란은 타고난 습習에서 나옵니다. 그것도 떨쳐버릴 수 있습니까?

**마:** 예. 많은 사람들이 그렇게 했지요. 그것을 믿으십시오! 그들이 그렇게 한 것은 자신이 그렇게 할 수 있다고 믿었기 때문입니다. 원습原習(vasanas)은 말살될 수 있습니다. 원습에서 벗어나 있으면서도 그것의 중핵인 것('나')에 집중하면 됩니다.

**헌:** 그 수행은 언제까지 계속해야 합니까?

**마:** 성공을 이룰 때까지, 그리고 요가-해탈(yoga-liberation)이 영구적인 것이 될 때까지 해야 합니다. 성공이 성공을 낳습니다. 한 가지 산란을 정복하면 그 다음 것도 정복되고, 그렇게 하다 보면 결국 모두 정복됩니다. 그 과정은 적의 요새를 함락시킬 때, 적들이 한 명씩 나타날 때마다 하나씩 죽이는 것과 같습니다.

**헌:** 이러한 과정의 목표는 무엇입니까?

**마:** 실재를 깨닫는 것입니다.

**헌:** 실재의 본질은 무엇입니까?

**마:** (1) 시작도 끝도 없는, 영원한 존재(existence)입니다.

(2) 도처에 있고, 끝이 없고, 무한한 존재입니다.

(3) 모든 형상, 모든 변화, 모든 힘, 모든 물질과 모든 영靈의 저변에 있는 존재입니다. 다수[현상]는 변하고 사라지지만, 이 하나[본체]는 늘 지속됩니다.

(4) 3요소, 즉 아는 자, 앎, 알려지는 것을 대체하는 것입니다. 이 3요소

는 시간과 공간 내에서의 겉모습에 불과하지만, **실재**는 그것들 너머에, 뒤에 있습니다. 그것들은 실재를 덮고 있는 신기루와 같습니다. 그것들은 미혹(무지)의 결과입니다.

헌: '나' 역시 하나의 환幻이라면, 그럴 때 그 환을 버리는 것은 누구입니까?

마: 그 '나'가 '나'라는 환幻을 버리면서도 '나'로서 남습니다. 진아 깨달음의 역설逆說이 그와 같습니다. 깨달은 자는 거기서 어떤 모순도 보지 않습니다. 헌신의 경우를 봅시다. 나는 이스와라(Iswara)17)에게 다가가 그에게 흡수되기를 기원합니다. 그럴 때 나는 믿음을 가지고 집중하면서 나 자신을 내맡깁니다. 그 뒤에 무엇이 남습니까? 원래의 '나' 대신 완전한 자기순복(self-surrender)이 신의 자취를 남기는데, 거기에는 '나'가 사라져 있습니다. 이것이 최고 형태의 헌신(parabhakti)・내맡김(prapatti)・순복順服, 혹은 무욕의 극치입니다.

그대는 '나의' 소유물 중 이것저것을 포기합니다. 그러니 '나'와 '내 것'을 포기하면 모든 것이 일거에 포기됩니다. 소유의 씨앗 자체가 사라집니다. 이리하여 악惡은 그 싹이 잘리거나 배아胚芽 자체가 뭉개집니다. 그러자면 무욕이 아주 강해야 합니다. 그렇게 하려는 간절함은, 물 밑에 붙들려 있는 사람이 살기 위해 수면으로 올라오려고 애쓰는 것과 맞먹을 정도여야 합니다.

헌: 그런 곤란과 어려움은 스승이나 애호신愛好神(Ishta Devata)[숭배 대상으로 고른 신]의 도움으로 경감될 수 있지 않습니까? 그들은 우리에게 진아를 있는 그대로 볼 수 있는ㅡ우리를 그들 자신으로 변화시키고, 우리를 진아 깨달음으로 데려가는ㅡ힘을 주지 않습니까?

마: 애호신과 스승은 보조수단인데, 이 길에서 아주 강력한 보조수단입니다. 그러나 보조수단이 효과가 있으려면 그대의 노력도 필요합니다. 그대의 노력이 필수조건입니다. (그대가 해를 보려면) 해를 보아야 하는 것은 그대입니다. 안경이나 해가 그대를 위해서 봅니까? 그대 자신이 그대의 참된 성품을 보아야 합니다. 그렇게 하는 데는 많은 보조수단이 필요하지도 않지요!

헌: 저의 자유의지와 전능자의 압도적인 힘 사이의 관계는 무엇입니까?

(1) 신의 전지全知는 에고의 자유의지와 부합합니까?
(2) 신의 전능全能은 에고의 자유의지와 부합합니까?

---

17) *T.* 베단타 전통에서 최고의 인격신 또는 창조주, 곧 '하느님'을 뜻하는 개념이다. 시바교에서는 시바가 이스와라로 인식되며, 이 경우 시바는 지고한 의식인 절대자인 동시에 최고의 인격신이다.

(3) 자연법칙들은 신의 자유의지와 부합합니까?

마: 예. 자유의지는 소견과 의지意志의 유한한 기능(에고)에게 나타나는 현재입니다. 같은 에고가 자신의 과거 활동이 '법칙'이나 규칙의 과정에 들어맞는다고 보는데, 이때는 그 자신의 자유의지가 그 법칙 과정 속의 연결고리 중 하나입니다.

그럴 때 에고는 신의 전능과 전지가 그 자신의 자유의지의 출현을 통해 작용한 것으로 보게 됩니다. 그래서 그는 에고가 (자유의지의) 그런 출현에 따라 행동해야 한다는 결론에 도달합니다. 자연법칙은 신의 의지의 발현이며, 그래서 법칙으로 정해져 있습니다.

헌: 과학·심리학·생리학·철학 등의 연구는 (1) 이러한 요가-해탈의 기술과, (2) 실재의 단일성에 대한 직관적 이해에 도움이 됩니까?

마: 아주 적게입니다. 요가를 하려면 지식이 좀 필요하고, 그것은 책에서 찾아볼 수 있겠지요. 그러나 정작 필요한 것은 실제로 적용하는 것인데, (스승의) 개인적 모범, (스승과의) 개인적 접촉, 그리고 (스승의) 개인적 가르침이 가장 도움이 되는 보조수단입니다. 후자(직관적 이해)에 관해서 보자면, 어떤 사람은 직관적으로 통찰해야 할 진리를, 즉 그 작용과 본질을, 힘들여 자신에게 납득시킬지 모르지만, 실제의 직관은 느낌과 비슷하고, 수행과 개인적 접촉을 요합니다. 책으로 배운 것만으로는 큰 쓸모가 없습니다. 깨닫고 나면 모든 지적인 짐들은 쓸데없는 부담이며, 투하물로 배 밖으로 던져집니다. 에고를 내버리는 것은 필요하고도 당연한 일입니다.

헌: 꿈은 생시와 어떻게 다릅니까?

마: 꿈속에서는 그대가 다른 몸들을 갖지만, 감각 대상들과의 접촉을 꿈꿀 때는 그 몸들이 이 몸 안으로 다시 들어옵니다.

헌: 행복이 무엇입니까? 그것은 아뜨만에 내재합니까, 대상에 내재합니까, 아니면 주체와 대상 간의 접촉에 내재합니까? 그러나 우리의 일들 속에서는 우리가 행복을 발견하지 못합니다. 그것은 실제로 언제 일어납니까?

마: 바람직한 것이나 그에 대한 기억과 접촉하고 있을 때, 그리고 바람직하지 않은 접촉이나 그에 대한 기억에서 벗어나 있을 때, 우리는 행복이 있다고 말합니다. 그런 행복은 상대적이며, 쾌락이라고 부르는 것이 낫습니다.

그러나 사람들은 절대적이고 영구적인 행복을 원합니다. 그것은 대상들에게 있지 않고 **절대자** 안에 있습니다. 그것은 고통과 쾌락에서 벗어난 **평안**—곧, 하나의 중립적 상태입니다.

**헌:** 어떤 의미에서 행복이 우리의 진정한 성품입니까?

**마:** 완전한 **지복**이 브라만입니다. 완전한 **평안**은 진아의 것입니다. 그것만이 존재하고, 의식합니다. 형이상학적으로 판단하든, **헌신의 길**(*Bhakti Marga*)로써 추론하든, 같은 결론에 도달합니다.

우리는 신에게 **지복**을 달라고 기원하고, **은총**에 의해 그것을 받습니다. 지복을 하사하는 자는 **지복** 자체일 수밖에 없고, 또한 **무한**합니다. 따라서 이스와라는 무한한 힘과 지복을 가진 **인격신**입니다. 브라만은 비인격적이고 절대적인 **지복**입니다. 브라만에서, 그 다음으로 **이스와라**에서 자신의 근원을 끌어내는 유한한 에고들은 그들의 영적인 성품에서 오로지 지복일 뿐입니다. 생물학적으로는, 어떤 유기체가 살아 움직이는 것은 그런 활동들이 행복을 수반하기 때문입니다.

우리의 성장을 돕는 것은 **쾌락**(즐거움)입니다. 음식·운동·휴식, 그리고 한데 어울리는 성질이 그것입니다. 쾌락의 심리학(과 형이상학)은 아마 이렇겠지요. 즉, 우리의 성품은 1차적으로 하나이고, 전체적이고, 지복스럽다는 것입니다. 이것을 하나의 개연성 있는 가정으로 여기십시오. 창조란 전체적인 **신성**神性이 **신**과 **자연**[마야 혹은 쁘라끄리띠(*prakriti*)]으로 갈라지는 것입니다. 이 마야는 두 부분으로 되어 있는데, 그것을 지탱하는 본질[빠라(*para*)]과, 5대 원소·마음·지성·에고 등 여덟 가지[아빠라(*apara*)]입니다.18)

에고의 완전함이 어느 시점에서 문득 깨지면, 어떤 부족함을 느끼면서 뭔가를 얻거나 뭔가를 하고 싶다는 욕망이 일어납니다. 그 욕망을 이루어 그 부족감이 치유될 때, 에고는 행복하고 원래의 완전함이 회복됩니다. 따라서 행복은 우리의 본래적인 상태나 성품이라고 할 수 있겠지요. 쾌락과 고통은 상대적이며, 부족감의 충족으로써 진보하는 우리의 유한한 상태를 가리킵니다. 만일 상대적인 진보가 멈추어지고 그 영혼이 완전한 평안의 성품을 가진 **브라만**에 합일되면, 그 영혼은 상대적이고 일시적인 쾌락을 갖기를 그치고 완전한 평안, 곧 **지복**을 즐깁니다. 그래서 **진아 깨달음**은 곧 **지복**입니다. 그것은 자기

---

18) *T.* "지地·수水·화火·풍風·공空과 마음·지성·에고, 이렇게 나의 성품은 여덟 가지 소재로 나뉘어져 있다." —『바가바드 기타』(이하, 『기타』), 7.4.

(진아)가 무한한 영적인 눈[지견知見(jnana drishti)]임을 깨닫는 것이지, 천리안을 얻는 것이 아닙니다. 그것이 최고의 자기순복입니다. 윤회계(samsara)는 슬픔입니다.

**헌:** 그렇다면 윤회계—유한한 창조계와 현현물들—는 왜 슬픔과 악으로 그토록 가득 차 있습니까?

**마:** 신의 의지이지요!

**헌:** 신은 왜 그렇게 의지합니까?

**마:** 그것은 불가해합니다. 저 힘에는 어떤 동기도 귀속시킬 수 없습니다. 저 하나인 **무한자, 전지전능한 존재**에 대해서는 어떤 욕망도, 성취할 어떤 목적도 있다고 말할 수 없습니다. 신은 자신의 면전에서 일어나는 활동들에 영향을 받지 않습니다. 태양과 세상의 활동들을 비교해 보십시오. **하나가 다수로 되기도 전에 그것에 책임과 동기를 귀속시키는 것은 아무 의미가 없습니다. 그러나 신의 의지가 사건들의 순서를 정해두었다고 보는 것은, 자유의지 문제**[결론 내기 힘든 문제(vexato quaestio)]에 대한 좋은 해법입니다. 만일 우리에게 닥쳐오는 일이나 우리가 행하거나 행하지 않는 일들이 불완전하고 불만족스럽다는 느낌 때문에 마음이 들뜬다면, 자신에게 책임과 자유의지가 있다는 느낌을 놓아버리고 우리 자신을 **전지전능자**의 정해진 도구로 여기면서, 우리는 그가 원하는 대로 행위하고 고통받는다고 생각하는 것이 현명합니다. 그가 모든 짐을 나르면서 우리에게 평안을 줍니다.

## 대담 29

한번은 저녁에 고요한 가운데 구름이 끼어 있었다. 간간이 가랑비가 뿌렸고, 그러다 보니 좀 쌀쌀했다. 아스람맘 회당의 창문들은 닫혀 있었고, 마하르쉬님은 평소처럼 소파에 앉아 계셨다. 헌신자들은 당신을 마주하고 앉아 있었다. 몇 명의 방문객이 쭈달로르(Cuddalore)에서 왔다. 그 중에 두 명의 노老여사를 대동한 판사보(Sub-Judge)가 있었다. 판사보는 이런 질문을 하면서 모든 세간사의 무상함에 대한 논의를 시작했다: 실재와 비실재 간의 분별(sat-asat vicharana)은 그 자체로 우리를 하나인 **불멸자**에 대한 깨달음으로 이끄는 효력이 있습니까?

**마:** 모두가 설하고 있고 모든 참된 구도자들이 깨달은 대로, 지고의 **영**靈 안에 고정되는 것[브라만 안주(Brahma nishta)]만이 우리가 그것을 알고 깨닫게 해줄 수

있습니다. 그것은 우리의 것이고 우리 안에 있기 때문에, 아무리 많은 분별(vivechana)도 우리를 한 걸음만 앞으로 이끌어 줄 뿐입니다. 즉, 우리가 포기자가 되어, 외관상의 것(abhasa-의식의 반사된 빛, 현상계)을 찰나적인 것으로 내버리고 영원한 진리이자 현존인 것만 확고히 붙들도록 우리를 자극합니다.

대화는 신의 은총(Iswara Prasad)이 대자재大自在(samrajya)[우주적 지배권]를 얻는 데 필요한가, 아니면 그것을 이루기 위한 개아(jiva)의 정직하고 치열한 노력들 자체가 그를 생사의 세계로 돌아옴이 없는 '그것'으로 이끌어줄 수 있지 않은가 하는 질문으로 나아갔다. 마하르쉬님은 당신의 성안聖顔(Holy Face)을 환히 밝히는, 일체에 편재하며 주위 사람들에게 빛을 주는 그런 형언할 수 없는 미소를 지으면서, 확신에 찬 어조로 진리다운 느낌을 가지고 답변하셨다: 신의 은총은 깨달음에 필수적입니다. 그것은 사람을 신 깨달음(God realization)으로 이끕니다. 그러나 그런 은총은 참된 헌신자나 요기, 즉 자유를 향한 길 위에서 열심히, 끊임없이 노력해 온 사람에게만 하사됩니다.

**헌:** 요가 책에서 말하는 여섯 중심(차크라)이 있습니다. 그러나 개아個我는 심장 안에 거주한다고 합니다. 그렇지 않습니까?

**마:** 그렇지요. 개아는 깊은 잠 속에서는 심장 안에, 생시 상태에는 두뇌 안에 머무른다고 합니다. 그 심장을, 피를 밀어 보내는 네 개의 방을 가진 근육질 기관으로 볼 필요는 없습니다. 이런 견해를 뒷받침하는 구절들이 실제로 있습니다. 또 그것은 그 부위 주위에 있는 한 뭉치의 신경절神經節, 즉 신경 중심들(태양신경총)을 뜻한다고 보는 사람들도 있습니다. 어느 견해가 옳은가는 우리에게 중요하지 않습니다. 우리는 우리 자신 아닌 그 이하 어떤 것에도 관심이 없습니다. 그것(영적인 심장)은 우리가 내면에 확실히 가지고 있습니다. 그에 대해서는 어떤 의심이나 논란도 있을 수 없습니다.

심장은 베다(우파니샤드)와 여타 경전에서 '나'라는 관념이 솟아나는 곳을 뜻하는 말로 사용됩니다. 그것이 그 살덩어리(심장)에서 솟아납니까? 그것은 우리 몸 한가운데의 오른쪽 어딘가 내면에서 솟아납니다. 그 '나'에게는 장소가 없습니다. 일체가 진아입니다. 그것 외에는 아무것도 없습니다. 따라서 심장은 '나'라고 생각되는, 우리 자신과 전 우주의 전체 몸이라고 해야겠지요. 그러나 수행자를 돕기 위해 우리는 **우주**의 혹은 **몸**의 일정 부위를 가리키지 않을 수 없습니다. 그래서 이 **심장**을 진아의 자리로 지목하는 것입니다. 그러나 실은 우리는 도처에 있고, 존재하는 모든 것이 우리이며, 달리 아무것도 없습니다.

헌: 성공적인 일념심一念心[삼매]을 성취하려면 신의 은총이 필요하다고 합니다. 과연 그렇습니까?

마: 우리가 신[이스와라]입니다. 신견神見(Iswara Drishti)[우리 자신을 신으로 보는 것] 자체가 신의 은총입니다. 그래서 우리가 신의 은총을 얻으려면 신의 은총이 필요한 거지요.

마하르쉬님은 미소를 지으시고, 헌신자들도 모두 함께 웃는다.

헌: 신의 은총과 별개인 신의 총애(Iswara anugraham)도 있습니다. 그렇습니까?

마: 신에 대한 생각이 바로 신의 총애지요! 그는 성품상 은총(prasad, arul)입니다. 그대가 신을 생각하는 것은 신의 은총에 의해서입니다.

헌: 스승의 은총은 신의 은총의 결과 아닙니까?

마: 그 둘을 왜 구분합니까? 스승은 신과 동일하고, 그와 다르지 않습니다.

헌: 올바른 삶을 살려고 노력하고 생각을 진아에 집중하다 보면, 전락하거나 중단되는 때가 종종 있습니다. 어떻게 해야 합니까?

마: 결국에는 괜찮아질 것입니다. 그대의 결의라는 꾸준한 충동이 있어서, 전락과 중단이 있을 때마다 그대를 다시 일어서게 해줍니다. 점차 장애들이 다 극복되고 그대의 흐름이 더 강해집니다. 결국에는 일체가 제대로 됩니다. 필요한 것은 꾸준한 결의입니다.

## 대담 30

남인도 한 읍의 변호사협회 지도자인 전통적(orthodox) 브라민 N. 나떼샤 아이어 씨가 질문했다: 이스와라(시바)나 비슈누 같은 신들과, 그들의 신성한 영역인 카일라사(Kailasa-카일라스 산)나 바이꾼타(Vaikuntha-비슈누의 천상계)가 실재합니까?

마: 그대가 그 몸 안에 있는 것만큼이나 실재합니다.

헌: 그들도 제 몸과 같은 경험적 존재성(vyavahara satya)을 갖습니까? 아니면 그들은 토끼의 뿔과 같은 허구입니까?

마: 그들은 실재합니다.

헌: 그렇다면 그들은 어딘가에 있어야 합니다. 그들은 어디에 있습니까?

마: 그들을 본 사람들은 그들이 어딘가에 존재한다고 말합니다. 그러니 우리는 그들의 말을 받아들여야 합니다.

**헌**: 그들이 정말 어디에 있습니까?

**마**: 그대 안에 있습니다.

**헌**: 그렇다면 그것은 제가 창조하고 통제할 수 있는 하나의 관념에 불과하군요?

**마**: 모든 것이 그와 같습니다.

**헌**: 그러나 저는 순전한 허구, 예컨대 토끼의 뿔이나, 단지 부분적인 진리, 예컨대 신기루를 만들어낼 수 있고, 한편 저의 상상과 관계없이 존재하는 사실들도 있습니다. 이스와라나 비슈누 같은 신들도 그와 같이 존재합니까?

**마**: 그렇습니다.

**헌**: 그는 쁘랄라야(*pralaya*)[우주의 해체]를 겪습니까?

**마**: 왜요? 인간도 진아를 자각하게 되면 우주의 해체를 초월하여 해탈합니다. 무한히 더 지혜롭고 능력 있는 하느님(*Iswara*)이 왜 그렇게 못하겠습니까?

**헌**: 천신들(devas)과 마군魔群(*pisachas*-악마들의 무리)도 마찬가지로 실재합니까?

**마**: 그렇습니다.

**헌**: 우리는 지고의 의식(*Chaitanya Brahman*)을 어떻게 관념해야 합니까?

**마**: '있는 것(that which is)'으로 관념해야 합니다.

**헌**: 그것을 스스로 빛나는 것으로 생각해야 합니까?

**마**: 그것은 빛과 어둠을 초월합니다. 개인(*jiva*)은 그 둘 다를 봅니다. 진아가 그 개인을 비추어 주어 그가 빛과 어둠을 보는 것입니다.

**헌**: 그것을 "나는 몸이 아니고, 행위자가 아니고, 향유자가 아니고, 무엇 무엇이 아니다"로서 깨달아야 합니까?

**마**: 왜 그런 생각을 합니까? 우리가 지금 "우리는 사람이다, 뭐다" 하는 생각을 합니까? 그렇게 생각하지 않으면 우리가 사람이기를 그칩니까?

**헌**: 그러면 그것을 "여기에는 어떤 차별상도 없다(*neha nanasti kim cana*)"[19]와 같은 경전 문구에 의해 깨달아야 합니까?

**마**: 그건 또 왜입니까?

**헌**: 만일 우리가 "나는 실재한다"고 생각하면, 그것은 도움이 되겠습니까?

**마**: 모든 생각은 깨달음에 부합되지 않습니다. 올바른 상태는 우리 자신에 대

---

19) T. 『까타 우파니샤드(*Katha Upanishad*)』, 2.1.11.

한 생각과 기타 모든 생각을 물리치는 것입니다. 생각과 깨달음은 사뭇 별개입니다.

헌: 몸이 보이지 않게 하는 것은 우리의 영적인 진보에 필요하거나 아니면 최소한 이익이 되지 않습니까?

마: 그런 것을 왜 생각합니까? 그대가 몸입니까?

헌: 아닙니다. 그러나 영적으로 진보했다면 몸에 어떤 변화가 일어나야 합니다. 그렇지 않습니까?

마: 어떤 변화가 몸에 일어나기를 바라며, 왜 바랍니까?

헌: 몸이 보이지 않는 것(은신 능력)은 진보된 지혜(jnana)의 증거 아닙니까?

마: 그렇다면 말을 하고, 글을 쓰고, 다른 사람들이 보는 가운데 생애를 보낸 모든 진인들이 다 무지인無知人(ajnanis)들로 간주되어야겠군요!

헌: 그러나 바쉬슈타(Vasishta)와 발미끼(Valmiki)[20] 같은 진인들은 그런 능력을 가지고 있었는데요?

마: 지혜와 병행하여 그런 능력들을 계발한 것은 그들의 운명[발현업]이었을 수 있습니다. 필수적이지 않고 지혜에 장애가 되기 쉬운 것을 왜 목표하려고 합니까? 진인이 자기 몸이 보인다고 해서 답답해합니까?

헌: 아닙니다.

마: 최면술사라면 홀연히 자기 몸을 안 보이게 할 수도 있겠지요. 그렇다고 해서 그가 진인입니까?

헌: 아닙니다.

마: 보이거나 안 보인다는 것은 '보는 자'가 있다는 것입니다. 그 '보는 자'가 누구입니까? 먼저 그것을 해결하십시오. 다른 문제들은 중요하지 않습니다.

헌: 베다에는 우주기원론에 대한 상충되는 이야기들이 나옵니다. 어디서는 에테르(ether-허공)가 최초로 창조되었다 하고, 다른 데서는 생명기운(prana)이 최초라고 하며, 또 어디서는 다른 무엇이라고 하고, 또 다른 데서는 물이라고 하는 식입니다. 이런 이야기들을 어떻게 조화시킬 수 있습니까? 이것은 베다의 신뢰성을 손상하지 않습니까?

마: 여러 진인들(seers)이 서로 다른 시기에 진리의 서로 다른 측면을 보고, 제

---

20) T. 바쉬슈타는 『요가 바쉬슈타』에 나오는 라마의 스승이고, 발미끼는 『라마야나』의 저자이다.

각기 어떤 하나의 견해를 강조한 것입니다. 그들의 상충되는 말들에 대해 왜 걱정합니까? 베다의 본질적 목적은 불멸하는 **아뜨만**의 본질을 우리에게 가르치고 우리가 곧 **그것**임을 보여주려는 것입니다.

**헌:** 그 부분은 제가 만족합니다.

**마:** 그러면 나머지는 모두 보조이론(*artha vada*)으로, 곧 사물과 물질들의 기원을 알고 싶어 하는 무지한 사람들을 위한 설명으로 간주하십시오.

**헌:** 저는 죄인입니다. 저는 종교적 희생의식(*homas*) 등도 행하지 않습니다. 그 때문에 저의 다음 생들은 고통스러울까요? 부디 저를 구원해 주십시오!

**마:** 왜 그대가 죄인이라고 말합니까? 신에 대한 믿음이 있으면 환생에서 충분히 벗어날 수 있습니다. 모든 짐을 그에게 던져 버리십시오.

『띠루바짜감(*Tiruvachagam*)』21)에서 이렇게 말합니다. "저는 개만도 못하지만, 당신께서는 자비롭게도 저를 보호해 주셨습니다. 나고 죽음의 미망迷妄은 당신에 의해 유지됩니다. 더욱이 제가 걸러내고 판정하는 사람입니까? 제가 여기서 **하느님**이라도 됩니까? 오, **마헤스와라**(Maheswara-시바)시여! (나고 죽음으로) 저를 몸들을 통해 굴리시거나 당신 자신의 발아래 꽉 붙들어두시는 것은 당신이십니다." 그러니 믿음을 가지십시오. 그것이 그대를 구원해 줄 것입니다.

**헌:** 선생님, 저는 믿음이 있습니다. 그런데도 어려움에 부닥칩니다. 저는 집중을 닦고 나면 쇠약하고 어지러운 증세가 나타납니다.

**마:** 호흡 제어(조식)를 제대로 하면 그대의 힘이 강해지게 되어 있습니다.

**헌:** 저는 전문적인 직업이 있지만 부단히 명상에 들어 있고 싶습니다. 그것이 서로 상충하겠습니까?

**마:** 어떤 갈등도 없겠지요. 두 가지를 함께 닦으면서 힘을 계발하면 두 가지 다 보살필 수 있게 될 것입니다. 일을 하나의 꿈처럼 보기 시작할 것입니다. 『바가바드 기타』에서 이렇게 말합니다. "모든 존재들에게 밤인 것이, 규율 있는 사람에게는 깨어 있는 시간이다. 다른 존재들이 깨어 있는 때가, 안목 있는 현자에게는 밤이다[제2장 69절]."

---

21) *T.* 9세기 타밀 지역의 시인-성자인 마니까바짜가르(Manikkavachagar)의 저작. 샤이바 싯단타파의 영적인 시들과 기타 저작을 모은 『띠루무라이(*Tirumurai*)』(전 12권)의 제8권에 들어 있다.

**대담 31**

한 방문객이 질문했다: 해탈(moksha)을 얻으려면 어떻게 해야 합니까?

마: 해탈이 무엇인지를 배우십시오.

헌: 그것을 위해 제가 (신에 대한) 숭배(upasana)를 해야 합니까?

마: 숭배는 마음 제어(chitta nirodha)와 집중을 위한 것입니다.

헌: 신상神像 숭배를 해야 합니까? 그것을 하면 어떤 해가 있습니까?

마: 그대가 자신을 몸이라고 생각하는 한 어떤 해도 없습니다.

헌: 생사윤회를 어떻게 극복합니까?

마: 그것이 무엇을 뜻하는지를 배우십시오.

헌: 제 아내와 가족을 떠나면 안 됩니까?

마: 그들이 그대에게 어떤 해를 줍니까? 먼저 그대가 누구인지 알아내십시오.

헌: 아내, 재산, 집을 포기해야 하지 않습니까?

마: 먼저 세간연世間緣(samsara)이 무엇인지를 배우십시오. 그 모든 것이 세간연입니까? 그들 사이에 살면서도 깨달음을 얻은 사람들이 있지 않았습니까?

헌: 그것을 위한 실제적 수련(sadhana-수행)의 단계들은 무엇입니까?

마: 그것은 그 구도자의 근기와 성품 나름입니다.

헌: 저는 신상 숭배를 하고 있습니다.

마: 그것을 계속 하십시오. 그러다 보면 마음의 집중에 이릅니다. 일념이 되십시오. 모든 것이 바로 드러날 것입니다. 사람들은 자유(moksha)가 저 너머 어디엔가 있고, 그것을 찾아내야 한다고 생각합니다. 잘못된 생각입니다. 자유란 그대 자신 안의 진아를 아는 것일 뿐입니다. 집중하십시오. 그러면 그것을 얻게 됩니다. 그대의 마음이 곧 생사윤회입니다.

헌: 제 마음은 아주 불안정합니다. 어떻게 해야 합니까?

마: 그대의 주의를 단 하나의 어떤 것에 고정하고 그것을 꽉 붙들도록 노력하십시오. 그러면 모든 것이 잘 될 것입니다.

헌: 저는 집중이 어렵게 느껴집니다.

마: 계속 수행하십시오. 그대의 집중이 숨쉬기만큼이나 쉬워질 것입니다. 그것이 그대가 성취하는 것 중 으뜸이 될 것입니다.

헌: 술을 끊고 순수성 식품을 먹는 것은 도움이 되지 않습니까?

마: 예, 그런 것은 다 좋습니다. (그런 다음 마하르쉬님은 집중하여 말없이 허

공을 응시하신다. 그렇게 하여 질문자에게 하나의 모범을 보이신다.)
헌: 저에게 요가가 필요하지 않습니까?
마: 그것이 집중하는 수단 아니면 무엇입니까?
헌: 집중을 도우려면 어떤 보조수단을 갖는 것이 좋지 않습니까?
마: 호흡 조절 같은 것이 그런 보조수단입니다.
헌: 신을 보는 것은 가능하지 않습니까?
마: 가능하지요. 그대는 이런저런 것을 보는데, 신이라고 왜 못 보겠습니까? 다만 신이 무엇인지를 알아야 합니다. 모두가 늘 신을 보고 있지만, 그것을 모릅니다. 신이 무엇인지 알아내십시오. 사람들이 (신을) 보면서도 보지 못하는 것은, 신이 무엇인지 모르기 때문입니다.
헌: 신상에 예배할 때는 신성한 음절, 예컨대 **크리슈나**(Krishna)나 **라마**(Rama)의 이름을 염해야[진언염송(mantra japa)] 하지 않습니까?
마: 내심염송(mental japa)이 아주 좋습니다. 그것은 명상을 돕습니다. 마음이 그 염송과 동일시되고, 그러면 예배(puja)가 참으로 무엇인지 알게 됩니다. 즉, 그것은 예배의 대상 속에서 자신의 개인성을 잃어버리는 것입니다.
헌: 보편적 영靈(Paramatma)은 늘 우리와 다릅니까?
마: 사람들이 보통 그렇게 믿고 있지만 그것은 잘못입니다. 신이 그대와 다르지 않다고 생각하십시오. 그러면 **진아**와 신의 동일성을 성취합니다.
헌: 신과 하나가 된다는 것은 비이원론(Advaita)의 교의教義 아닙니까?
마: 된다는 것이 어디 있습니까? 그 생각하는 자가 내내 **실재**입니다. 그는 궁극적으로 그 사실을 깨닫습니다. 때로는 우리가 잠을 자거나 꿈을 꿀 때와 같이 우리의 정체성을 잊어버리기도 합니다. 그러나 신은 영구적인 의식입니다.
헌: 신상 숭배 외에도 스승의 인도가 필요하지 않습니까?
마: (스승의) 조언 없이 그대가 어떻게 (수행을) 시작했습니까?
헌: 신성한 경전들(puranas)을 읽고요.
마: 그렇지요. 누군가가 그대에게 **신**에 대해 이야기해 주거나, 아니면 **바가반** 자신이 이야기해 줍니다. 후자의 경우에는 신 자신이 그대의 스승입니다. 스승이 누구냐가 뭐가 중요합니까? 우리는 실제로 스승 또는 **바가반**과 하나입니다. 스승이 곧 신인데, 그대는 결국 그것을 발견합니다. 인간인 스승과 신인 스승 간에는 아무 차이가 없습니다.

**헌:** 우리가 덕행(*punya*)을 했으면 그 복이 우리를 떠나지 않기를 바랍니다.

**마:** 그렇게 하면 그대의 운명[발현업(*prarabdha*)]을 수확하게 될 것입니다.

**헌:** 지혜로운 스승은 길을 보여주는 데 큰 도움이 되지 않겠습니까?

**마:** 되지요. 그대가 사용할 수 있는 빛(내면의 인도)을 가지고 수행해 나가면 그대의 스승을 만나게 될 것입니다. 그 스승이 그대를 찾고 있을 테니 말입니다.

**헌:** 자기순복(*prapatti*)과 진인들의 **요가의 길** 사이에 어떤 차이가 있습니까?

**마:** **지**知**의 길**과 **헌신의 길**(*prapatti*)은 똑같은 것입니다. 자기순복은 탐구와 마찬가지로 깨달음으로 이끕니다. 완전한 자기순복은 더 이상 '나'에 대한 생각이 전혀 없는 것을 뜻합니다. 그럴 때 그대의 모든 상습常習(*samskaras*)이 씻겨 나가고, 그대는 자유로워집니다. 어느 길이든, 마지막에는 그대가 별개의 개체로 계속 남을 수 없게 됩니다.

**헌:** 우리가 한 행위의 결과로 우리는 천상天上(*svarga*)으로 가지 않습니까?

**마:** 천상은 현재의 존재(삶)만큼이나 참됩니다. 그러나 우리가 누구인지를 탐구하여 **진아**를 발견하면, 천상 등을 생각할 필요가 어디 있겠습니까?

**헌:** 환생을 피하려고 해서는 안 됩니까?

**마:** 그렇지요. 누가 태어나며, 누가 지금 존재의 괴로움을 가지고 있는지 알아내십시오. 잠들어 있을 때 그대는 환생은 고사하고 현재의 존재 등에 대해 생각이라도 합니까? 그러니 현재의 문제가 어디서 일어나는지 알아내십시오. 그러면 해법도 있습니다. 탄생도 없고, 현재의 괴로움이나 불행 등도 없다는 것을 발견할 것입니다. 모든 것이 **그것**이고, 모든 것이 **지복**입니다. 우리는 사실 환생에서 벗어나 있습니다. 왜 환생의 불행에 대해 걱정합니까?

## 대담 32

**방문객:** 성자 스리 짜이따니야(Sri Chaitanya)[22]와 스리 라마크리슈나[23]는 신 앞에서 울었고 성공을 거두었습니다. 그것은 따를 만한 길 아닙니까?

**마:** 맞습니다. 그런 모든 체험 속으로 그들을 계속 끌어당긴 어떤 강력한 힘(*sakti*)이 있었지요. 그대의 목표로 그대를 데려가는 그 엄청난 힘을 믿으십시오. 눈물은 흔히 약함의 징표로 간주되지만, 이 위대한 분들은 분명 약하지

---

22) *T.* 크리슈나에 대한 지극한 헌신으로 유명한 성자(1486-1533).
23) *T.* 19세기 인도의 위대한 성자(1836-1886). 스와미 비베카난다의 스승.

않았습니다. 그런 모습들은 그들을 실어가던 큰 흐름의 일과성 징표들이었을 뿐입니다. 우리는 그 성취된 목적을 보아야 합니다.

**헌:** 이 육신을 무無(nothingness) 속으로 사라지게 할 수 있습니까?

**마:** 왜 그런 질문을? 그대는 자신이 몸인지 알아내지 못합니까?

**헌:** 바쉬슈타나 비슈와미뜨라(Viswamitra-고대의 진인) 같은 요기들처럼 시야에서 사라지는 능력(antardhana)을 가질 수 있습니까?

**마:** 그런 것은 신체적 문제일 뿐입니다. 그것이 우리 관심의 본질적 대상입니까? 그대는 **진아** 아닙니까? 왜 다른 문제들에 신경을 씁니까? 본질을 취하고 그 나머지 배운 이론들은 쓸모없는 것으로 배제하십시오. 자유를 얻는 데 몸이 사라지는 것이 중요하다고 생각하는 사람들은 잘못 생각한 것입니다. 그런 어떤 것도 필요치 않습니다. 그대는 몸이 아닌데, 그것이 이런저런 방식으로 사라진다고 해서 그게 뭐가 중요합니까? 그런 현상에는 아무 대단할 것이 없습니다. 더 낫고 못함이 무엇으로 구분됩니까? **실재**를 성취하는 것이야말로 중요합니다. 주된 사실은 '나'를 잃어버리는 것이지, 몸을 잃어버리는 것이 아닙니다. **자기**를 몸과 동일시하는 것이 진짜 속박입니다. 그 거짓된 관념을 놓아버리고 **실재**를 직관적으로 지각하십시오. 그것이야말로 중요합니다. 금 장신구를 녹여서 그것이 금인지 아닌지 검사한다고 할 때, 그것이 어떻게 녹는지, 전체가 녹는지 일부가 녹는지, 그 장신구가 어떤 형태였는지가 중요합니까? 우리가 관심 갖는 것은 그것이 과연 금이냐 하는 것이 전부입니다. 죽은 사람은 자신의 몸을 보지 않습니다. 그 몸과 어떻게 헤어지느냐에 대해 생각하는 사람은 살아남은 사람입니다. 몸이 있든 없든 깨달은 사람에게는 죽음이 없습니다. (몸이 있든 없든) 깨달은 사람은 똑같이 자각하며, 어떤 차이도 보지 않습니다. 그에게는 한 상태가 다른 상태보다 더 나은 것이 아닙니다. 외부인이 보기에 해탈자의 몸이 겪는 운수에 대해서는 걱정할 필요가 없습니다. 그대의 일에 신경 쓰십시오. **진아**를 깨달으십시오. 깨닫고 나면 그대에게 어떤 형태의 죽음이 좋을지 생각할 시간이 있겠지요.

　**자기**를 그릇되게 몸과 동일시하기 때문에 무엇이 더 좋다는 관념이 생겨납니다. 그대가 그 몸입니까? 간밤에 곤히 잠들어 있을 때 그 몸을 자각했습니까? 아니지요! 지금 존재하면서 그대를 괴롭히는 것은 무엇입니까? '나'입니다. 그것을 없애버리고 행복해지십시오.

대담 33

한 방문객: "지고의 영靈[브라만]은 실재한다. 세계는 환幻이다"라는 것은 스리 샹까라짜리야의 상투 문구입니다. 하지만 다른 사람들은 "세계는 실재다"라고 합니다. 어느 쪽이 맞습니까?

마: 두 이야기 다 맞습니다. 그것은 (영적인) 발전의 상이한 단계들을 가리키며, 서로 다른 관점에서 이야기하는 것입니다. 구도자(abhyasi)는 "실재하는 것은 늘 존재한다"는 정의定義를 가지고 시작하고, 그런 다음 세계를 실재하지 않는 것으로 배제합니다. 왜냐하면 그것은 변하고 있기 때문입니다. 세계는 실재할 수 없기에, "이건 아니다, 이건 아니다!" 합니다. 구도자가 궁극적으로 진아에 도달하면, 거기서 단일성이 지배적 원리임을 발견합니다. 그때는 애초 실재하지 않는 것으로 배제되었던 것도 그 단일성의 일부임을 알게 됩니다. 세계도 실재 안에 흡수되므로 실재합니다. 진아 깨달음 속에는 존재(being)만 있고, 존재밖에 없습니다. 또 실재는 다른 의미로도 사용되는데, 어떤 사상가들은 그 말을 느슨하게 대상들에게도 적용합니다. 그들은 반사된(adhyasika) 실재에 다음과 같은 등급이 있다고 말합니다.

 1. 경험적[일상적] 실재(vyavaharika satya) ― 이 의자는 내 눈에 보이고 실재한다.
 2. 가상적[환상적] 실재(pratibhasika satya) ― 둘둘 말린 밧줄에서 보는 뱀의 환상. 뱀의 겉모습은 그것을 뱀으로 여기는 사람에게는 실재합니다. 이 현상은 어느 시점의 어떤 상황에서 나타납니다.
 3. 초월적[궁극적] 실재(paramarthika satya) ― 변함없이 항상 똑같은 실재.

실재를 넓은 의미로 사용하면, 세계는 일상적 실재성과 환상적 실재성의 등급을 갖는다고 할 수 있겠지요. 그러나 어떤 사람들은 실제 생활상의 실재, 곧 경험적 실재조차 부인하고, 그것을 마음의 투사물에 불과한 것으로 여깁니다. 그들에 따르면 그것은 가상적 실재, 즉 하나의 환상에 지나지 않습니다.

〔요기 라마이아(Yogi Ramiah)의 체험담〕

대담 34

마하르쉬님의 친존에 앉아 있으면 마음의 평안이 온다. 나는 한 번에 서너 시간씩 삼매에 들어서 앉아 있곤 했다. 그러다가 내 마음이 어떤 형상을 취하여 내면에서 밖으로 나오는 것을 느꼈다. 부단히 수행하고 명상했더니 그것이 심장으로 들어가서 그 안에 합일되었다. 나는 **심장**이 바로 마음이 휴식하는 곳이라고 결론짓는다. 그 결과는 평안이다. 마음이 **심장** 안에 합일될 때, **진아**를 깨닫게 된다. 이것을 집중(dharana-凝念)의 단계에서도 느낄 수 있다.

나는 마하르쉬님께 내관內觀(contemplation)에 대해서 여쭈었다. 당신은 다음과 같이 가르쳐 주셨다. "사람이 죽으면 화장용 장작이 준비되고 시신이 장작 위에 반듯이 눕혀집니다. 그리고 장작에 불을 붙입니다. 피부가 타고, 살이 타고, 이어서 뼈가 타고, 마침내 온 몸이 재가 됩니다. 그 다음에 무엇이 남습니까? 마음이지요. 그러면 이런 질문이 일어납니다. '이 몸 안에는 얼마나 많은 마음이 있는가? 하나인가 둘인가?' 만약 둘이라면, 왜 사람들은 '우리'라고 하지 않고 '나'라고 말합니까? 따라서 마음은 하나뿐입니다. '그것은 어디서 생기는가? 그 성품(swarupa)은 무엇인가?' 이렇게 탐구하면 마음도 사라집니다. 그 다음 질문은 '나는 누구인가?' 하는 것입니다. (결국) **진아**만이 남습니다. 이것이 내관입니다. 그것이 제가 했던 방법입니다. 이 과정에 의해 몸에 대한 집착(dehavasana-肉身習)이 소멸됩니다. 에고가 사라집니다. **진아**만이 빛납니다. 마음 소멸(manolaya)24)을 얻는 방법 중의 하나는 위대한 분들, 즉 요가의 달인들(Yoga arudhas)과 친교하는 것입니다. 그들은 완벽한 '삼매의 달인들'입니다. **진아** 깨달음은 그들에게 쉽고, 자연스럽고, 영구적인 것이 되어 있습니다. 그들과 가까이 함께 다니면서 공감적 접촉을 하면 점차 그들로부터 삼매의 습관을 흡수하게 됩니다."

### 대담 35

교육 받은 한 방문객이 바가반께 이원성과 비이원성에 대해 질문했다.
**마**: 몸과의 동일시가 이원성(dvaita)입니다. 비동일시가 비이원성(advaita)이지요.

### 대담 36

북인도에서 온 지체 높고 저명한 한 여사 방문객이 개인비서를 대동하고 정오에 도착했다. 그녀는 몇 분을 기다린 뒤에 마하르쉬님이 점심 식사 후에 회당으로 돌아오시자 질문을 했다: 마하라지님(Maharajji), 죽은 사람을 우리가 볼 수 있

---

24) T. manolaya는 심잠心潛, 즉 '마음이 일시적으로 가라앉는 것'을 의미하지만, 여기서는 심멸心滅, 즉 '마음의 소멸'이란 의미로 사용되었다.

습니까?

마: 예.

헌: 요기들은 우리에게 그들을 보여줄 수 있습니까?

마: 예, 그럴지도 모르지요. 그러나 저에게 그들을 보여 달라고 하지는 마십시오. 저는 그럴 수 없습니다.

헌: 그들을 보십니까?

마: 예, 꿈속에서요.

헌: 우리는 요가(수행)를 통해서 그 목표를 깨달을 수 있습니까?

마: 예.

헌: 요가에 대해서 책을 쓰신 적이 있습니까? 그 주제에 관해 당신께서 쓰신 책이 있습니까?

마: 예.

그녀가 떠난 뒤 스승님이 말씀하셨다: 친족들이 태어나기 전에 우리가 그들을 알고 있었기에, 그들이 죽은 뒤 우리가 그들을 알아야 한다는 것입니까?

## 대담 37

"업(Karma)이 무엇입니까?" 하고 어떤 사람이 질문했다.

마: 이미 열매를 맺기 시작한 것은 발현업發現業(prarabdha Karma)으로 분류됩니다. 저장되어 있다가 나중에 열매를 맺는 것은 누적업累積業(sanchita Karma)으로 분류됩니다. 이것은 시골사람들이 냉이[푸성귀]를 주고 바꾼 곡식같이 다채롭습니다. 이렇게 바꾼 곡식은 쌀·조·보리 등인데, 그 중 어떤 것은 물 위에 뜨고 어떤 것은 물속에 가라앉습니다. 그 중의 어떤 것은 좋고, 어떤 것은 나쁘고, 어떤 것은 이도 저도 아닙니다. 다채로운 누적업 중 가장 강한 것이 다음 생에 열매를 맺기 시작할 때, 그것을 그 생의 발현업이라고 합니다.

## 대담 38

지금의 시자侍者들 중 한 사람이 처음 바가반께 왔을 때 이렇게 여쭈었다: 해탈을 얻는 길은 무엇입니까?

마하르쉬님이 대답하셨다: 자네가 이미 밟아 온 그 길이 해탈로 이끈다네.

## 1935년 3월 22일

### 대담 39

마하르쉬님은 세샤기리 라오 씨라는 방문객과 이야기하면서 진아를 깨달은 진인(*Atma jnani*-眞我知者)이야말로 훌륭한 행위 요기일 수 있다고 말씀하셨다: 행위자라는 느낌이 사라진 뒤에 어떻게 되는지를 봅시다. 스리 샹까라는 무위無爲를 권했습니다. 그러나 그는 주석서들을 쓰고 논쟁에 가담하지 않았습니까? 행위를 하느냐 않느냐에 신경 쓰지 마십시오. 그대 자신을 아십시오. 그런 다음 그것이 누구의 행위인지를 봅시다. 누구의 행위입니까? 행위가 스스로 완성되게 하십시오. 행위자가 있는 한 그는 자기 행위의 열매를 거두어야 합니다. 만일 자신을 행위자로 생각하지 않으면 그에게는 어떤 행위도 없습니다. 그는 세간적 삶을 포기한 고행자(*sanyasin*)입니다.

헌: 에고는 어떻게 일어났습니까?

마: 그것을 알 필요는 없습니다. 현재를 아십시오. 현재를 모르면서 왜 다른 시간에 대해 걱정합니까?

　마하르쉬님은 어느 질문에 대한 답변으로 이렇게 말씀하셨다: 세계는 그대의 안에 있습니까, 밖에 있습니까? 그것이 그대와 별개로 존재합니까? 세계가 와서 그대에게 "내가 존재한다"고 말합니까?

### 대담 40

그 브라민(브라만 계급의 사람) 질문자가 다시 질문했다: 그 행위가 우리의 것인지 아닌지 우리가 어떻게 압니까?

마: 만일 그 행위의 열매가 그 사람에게 영향을 끼치지 않으면, 그는 행위에서 벗어나 있는 것입니다.

헌: 지적인 앎으로 충분합니까?

마: 지적으로 알지 못하면 그것을 어떻게 실천합니까? 먼저 그것을 지적으로 배우되, 거기서 멈추지 말고 그것을 실천하십시오.

　그런 다음 마하르쉬님은 몇 말씀 하셨다: 한 철학 체계(*siddhanta*)에 집착하면 다른 철학 체계들을 비난할 수밖에 없게 됩니다. 승원장(*matadhipatis*-힌두교의 종파나 지역 분파를 이끄는 사원의 수장)들의 경우가 그렇습니다.

　모든 사람이 똑같은 행위를 하리라고는 기대할 수 없습니다. 각자가 자신의 기질과 전생부터 살아온 방식에 따라 행위합니다. 지知(jnana)・헌신(bhakti)・행위(karma)는 모두 서로 맞물려 있습니다. 형상에 대한 명상을 하는 것은 그대 자신의 마음 나름입니다. 그것은 다른 형상들을 배제하고 자신을 한 형상에 국한하기 위한 것입니다. 그렇게 하면 목표에 도달합니다. 처음부터 마음을 심장에 고정하기란 불가능합니다. 그래서 그런 방편들이 필요한 것입니다. 크리슈나는 "그대나 나, 누구에게도 탄생(janma)은 없다"고 말한 다음, 나중에는 자신이 아디띠야(Aditya-태양신) 같은 이들보다 먼저 태어났다고 말합니다. 아르주나(Arjuna)는 그 말에 이의를 제기합니다. 따라서 각자 자신이 진보한 정도에 따라 신을 생각하는 것이 분명합니다.

그대는 생시 상태의 몸을 그대라고 하지, 잠들었을 때의 몸을 그대라고 하지 않습니다. 개인도 몸이 여러 가지인데, 신에게 무한한 능력이 있으면 안 됩니까? 그대가 어떤 방법을 따르든, 진인들은 그 방법을 격려해 줍니다. 그것도 다른 어떤 방법과 마찬가지로 목표에 도달하게 해주기 때문입니다.

## 대담 41

헌: 천당(swarga)과 지옥(naraka)이 있습니까?
마: 거기로 가려면 누군가가 있어야 합니다. 그것들은 꿈과 같습니다. 우리는 꿈속에서도 시간과 공간을 봅니다. 꿈과 생시 중 어느 쪽이 참입니까?
헌: 그래서 우리는 욕망(kama), 분노(krodha) 따위를 없애야 합니다.
마: 생각들을 포기하십시오. 달리 무엇도 포기할 필요가 없습니다. 무엇을 보려면 그대가 있어야 합니다. 그것이 진아(자기)입니다. 진아는 늘 의식합니다.
헌: 성지순례 같은 것은 좋습니까?
마: 예.
헌: 진아에 도달하기 위해서는 어떤 노력이 필요합니까?
마: '나'가 소멸되어야 합니다. 진아에는 도달할 수 없습니다. 자기가 없는 순간이 있습니까? 그것은 새로운 것이 아닙니다. 있는 그대로 존재하십시오. 새로운 것은 영원할 수 없습니다. 실재하는 것은 늘 존재해야 합니다.
헌: 지혜의 제사祭祀(jnana yajna)[25] 등의 제사가 무엇입니까?

---

25) T. 신에게 지혜를 일종의 제물로 바치는 것. "재물의 제사보다 지혜의 제사가 더 우월하다. 왜냐하면 모든 행위는 어김없이 지혜 안에서 완성되므로." —『기타』, 4.33.

마: 다른 행법들은 그것을 위해 존재합니다. 수행은 지혜(*jnana*)를 얻기 위한 것입니다.

헌: 생전해탈자生前解脫者(*jivanmuktas*)에 여러 부류가 있습니까?

마: 그들이 외부적으로 다르다고 한들 그것이 뭐가 중요합니까? 그들의 지혜에는 아무 차이가 없습니다.

헌: 한 스승에게 충실하면서 다른 분들을 존경할 수도 있습니까?

마: 스승은 오직 하나입니다. 신체적 존재가 아니지요. (제자의) 약함이 있는 한 (스승이) 힘을 지탱해 줄 필요가 있습니다.

헌: J. 크리슈나무르티는 "스승은 필요 없다"고 하는데요?

마: 그는 그것을 어떻게 알았습니까? 깨달은 뒤에는 그렇게 말할 수 있으나, 그 전에는 그럴 수 없습니다.

헌: 당신께서는 대단한 노력으로 이 상태를 얻으셨습니다. 저희같이 가여운 영혼들은 어떻게 해야 합니까?

마: 우리는 우리의 **진아** 안에 있습니다. 세계 안에 있는 것이 아닙니다.

헌: 천당과 지옥, 그것이 무엇입니까?

마: 그대가 천당과 지옥을 가지고 다닙니다. 그대의 욕망·분노 등이 그런 세계를 만들어냅니다. 그런 것들은 꿈과 같습니다.

헌: 『기타』에서 말하기를, 만일 사람이 양미간에 주의를 고정하고 숨을 멈추면 지고의 상태에 도달한다고 합니다. 그것은 어떻게 합니까?

마: 그대는 늘 **진아** 안에 있고, 거기에 도달한다는 것은 없습니다. 미간은 주의를 고정하는 하나의 장소[명상의 자리(*upasanasthana*)]일 뿐입니다.

헌: 당신께서는 **심장**을 명상의 자리로 말씀해 오셨습니다.

마: 예, 그렇기도 하지요.

헌: **심장**이 무엇입니까?

마: 그것은 **진아**의 중심입니다. **진아**는 중심들의 중심입니다. **심장**은 신체적 중심이 아니라 영적인 중심을 대표합니다.

헌: '지知(*jnana*)'라는 용어는 깨달은 지혜입니다. 같은 용어가 수행법에 대해서도 사용됩니다. 왜 그렇습니까?

마: '지知'는 수행법도 포함합니다. 그것이 궁극적으로 깨달음을 가져오니까요.

헌: 사람은 자신의 아무리 불완전한 지知라도 가르치는 일을 해야 합니까?

**마:** 만약 그의 발현업(운명)이 그렇다면 그래야지요.

(『기타』) 제7장에서 아르주나는 **크리슈나**에게 **행위**가 하나의 수행(*sadhana*)이냐고 묻는데, **크리슈나**는 만일 그것이 '행위자라는 느낌' 없이 이루어진다면 그렇다고 대답합니다.

**행위**(Karma)를 부정하는 경전들이 인정하는 **행위**들도 마찬가지입니다. 그 경전들이 부정하는 **행위**는 행위자라는 느낌을 가지고 하는 행위입니다. **행위**를 떠나지 마십시오. 그렇게 할 수가 없습니다. 행위자라는 느낌을 포기하십시오. **행위**는 자동적으로 진행될 것입니다. 아니면 **행위**가 그대에게서 떨어져 나가겠지요. 만일 발현업에 따라 **행위**가 그대의 몫이라면 그대가 그것을 의욕하든 않든 그것은 분명히 이루어질 것입니다. 만일 **행위**가 그대의 몫이 아니라면, 그대가 열심히 한다 해도 그것이 이루어지지 않을 것입니다. (고대의 진인인) 자나까(Janaka), 수까(Suka) 등도 에고(*ahankara*) 없이 일을 했습니다. **행위**는 명성을 얻기 위해 할 수도 있고, 비이기적으로 공익을 위해서 할 수도 있습니다. 하지만 그럴 때에도 사람들은 박수갈채를 원합니다. 따라서 그것도 실은 이기적입니다.

**헌:** 그것을 알면 모든 의심이 해결되는 그 한 가지가 무엇입니까?

**마:** 그 의심하는 자를 아십시오. 의심하는 자를 붙들면 의심들은 일어나지 않을 것입니다. **여기서 그 의심하는 자는 초월적입니다.** 또 의심하는 자가 존재하지 않게 되면 어떤 의심도 일어나지 않을 것입니다. 의심이 어디서 일어나겠습니까? 모두가 진인이고 생전해탈자들입니다. 단지 그들이 그 사실을 모를 뿐입니다. 의심을 뿌리 뽑아야 합니다. 이것은 그 의심하는 자를 뿌리 뽑아야 한다는 뜻입니다. 여기서 '의심하는 자'는 바로 마음입니다.

**헌:** 그 방법은 무엇입니까?

**마:** "나는 누구인가?"가 그 탐구입니다.

**헌:** 저희는 염송(*japa*)을 해도 되겠습니까?

**마:** 왜 "나는 이것이다"라고 생각해야 합니까? 탐구해 보면 그런 생각들이 종식됩니다. '있는 것(what is)', 즉 **진아**가 불가피한 잔여물로서 드러날 것입니다.

**헌:** 하타 요가가 필요합니까?

**마:** 그것은 보조수단의 하나이지 늘 필요한 것은 아닙니다. 그것은 사람 나름입니다. 탐구(*vichara*)는 조식(*pranayama*)을 능가합니다. 『요가 바쉬슈타』에서는

쭈달라(Chudala)가 시키드와자(Sikhidvaja)에게 에고를 죽이려면 탐구를 하라고 조언하지요.26)

생기(prana)나 지성을 꽉 붙들면 실재에 도달할 수 있습니다. 하타 요가는 전자이고, 탐구는 후자입니다.

헌: 깨달음을 얻은 뒤에도 진인에게 어떤 개인성이 있습니까?

마: 그가 어떻게 개인성을 보유할 수 있겠습니까?

일상에서도 나이 든 분들은 누가 어떤 일에 착수하기 전에―그것이 세간사든 비세간사든―물을 한 모금 마시거나(achamana) 호흡을 고르라고(pranayama) 조언합니다. 그것은 마음을 집중해야 그 일을 이루어낸다는 뜻입니다.

헌: 저는 네띠-네띠(neti-neti)['이건 아니다, 이건 아니다']를 명상합니다.

마: 아니지요, 그것은 명상이 아닙니다. 근원을 찾으십시오. 그러면 틀림없이 그 근원에 도달할 것입니다. 거짓 '나'가 사라지고 진정한 '나'를 깨닫게 될 것입니다. 전자는 후자와 별개로 존재할 수 없습니다.

### 1935년 9월 24일

**대담 42**

마다나빨리(Madanapalli)의 던컨 그린레이스(Duncan Greenlees) 씨가 다음과 같이 썼다: 저는 때때로 생생한 의식의 섬광들을 체험하고 있는데, 그 의식의 중심은 정상적 자아의 바깥에 있으면서도 그 자아를 포함하는 것처럼 보입니다. 마음이 철학적 개념들을 다루지 않게 하시면서, 바가반께서는 저희가 어떻게 그런 섬광들을 얻고, 유지하고, 확장하는 쪽으로 수행해 갈 수 있는지 조언해 주시겠습니까? 그런 체험들 속에서의 수행(abhyasa)에는 물러남이 포함됩니까?

스리 바가반이 대답하셨다: '바깥'이라―누구에게 안이나 밖이 있습니까? 안과 밖은 주체와 대상이 있는 한에서만 존재할 수 있습니다. 또 이 주체와 대상은 누구에게 있습니까? 그 둘 다 주체 속으로 해소될 뿐입니다. 그 주체 안에 누가 있는지 살펴보십시오. 그 탐구를 하면 주체를 넘어선 순수한 의식에 이르게 됩니다.

'정상적 자아'란 마음입니다. 마음은 한계가 있습니다. 그러나 순수한 의식

---

26) T. 시키드와자 왕은 왕비인 쭈달라에게 왕국을 맡기고 숲으로 들어가 고행을 했다. 먼저 깨달음을 얻었던 쭈달라는 나중에 숲으로 들어가 왕에게 가르침을 베풀어 왕을 깨닫게 한다.

은 한계를 넘어서 있고, 앞에서 대략 말한 탐구에 의해 도달할 수 있습니다.

'얻는다'— 진아는 늘 있습니다. 그대는 진아가 드러나는 것을 막는 장애물을 소멸하려고 노력하는 것입니다.

'보존한다'— 일단 진아를 얻고 나면, 그것이 지금 여기 있다는 것을 이해하게 될 것입니다. 그것은 결코 잃어버릴 수 없습니다.

'확장한다'— 진아를 확장한다는 것은 없습니다. 그것은 수축이나 팽창 없이 늘 있기 때문입니다.

'물러남'이라— 진아 안에 안주하는 것이 홀로 있음입니다. 왜냐하면 진아에게 낯선 것은 아무것도 없기 때문입니다. 물러남은 한 장소에서 다른 장소로 물러나는 것일 수밖에 없지만, 진아와 별개로는 이곳도 없고 저곳도 없습니다. 모든 것이 진아이므로 물러남이란 불가능하고, 앞뒤가 맞지 않습니다.

'수행'이란 진아에 대한 탐구입니다.

## 1935년 3월 28일

**대담 43**

벨로르(Vellore)의 수세관收稅官인 공무원 S. 랑가나탄 씨, 공무원 S. V. 라마무르티 씨, 그리고 뿌두꼬따(Pudukottah) 주州의 전 수상이었던 T. 라가바이아 씨가 아스라맘을 방문했다. 랑가나탄 씨가 질문했다: 마음을 어떻게 제어할 수 있는지 부디 가르쳐 주십시오.

**마:** 두 가지 방법이 있지요. 하나는 마음이 무엇인지를 보는 것입니다. 그러면 그것은 가라앉습니다. 두 번째는 주의를 어떤 것에 고정하는 것입니다. 그러면 마음은 고요히 머무르게 됩니다.

질문자는 더 설명해 달라면서 같은 질문을 반복했다. 설명을 조금 더 덧붙인 같은 대답이 돌아갔다. 질문자는 흡족하지 않은 표정이었다.

**라가바이아 씨:** 저희들은 세속인이라서 이런저런 슬픔이 있지만 그것을 어떻게 극복해야 할지 모릅니다. 신께 기도도 드려보지만 그래도 만족스럽지 않습니다. 어떻게 해야 합니까?

**마:** 신을 신뢰하십시오.

**헌:** 저희들은 순복합니다. 그래도 여전히 아무 도움이 오지 않습니다.

**마:** 그렇지요. 만일 그대가 순복했다면 신의 뜻을 따르면서, 달갑지 않은 것도

불평하지 않을 수 있어야 합니다. 일이 겉보기와 다른 결과를 가져올 수도 있습니다. 고통은 종종 사람들을 **신**에 대한 믿음으로 이끌기도 합니다.

**헌:** 그러나 저희들은 세속인입니다. 아내가 있고, 자식들이 있고, 친구와 친척들이 있습니다. 그들의 존재를 무시한 채, 저희들 내면에 개인성의 여지를 조금도 남겨두지 않고 저희 자신을 **신**의 뜻에 맡길 수가 없습니다.

**마:** 그것은 그대가 말한 것처럼 순복하지는 않았다는 뜻입니다. 오로지 **신**을 신뢰해야 합니다.

**라마무르티 씨:** 스와미님, 저는 브런튼의 『비밀 인도에서의 탐색』이라는 책을 읽었는데, 마지막 장에서 많은 감명을 받았습니다. 거기서 그가 말하기를, 생각하지 않고도 의식하는 것이 가능하다고 했습니다. 우리가 육신을 잊어버린 채 생각을 할 수 있다는 것은 압니다. 마음 없이도 우리가 생각을 할 수 있습니까? 생각을 넘어서 있는 그 의식을 얻는 것이 가능합니까?

**마:** 예. 단 하나의 의식이 있는데, 그것은 생시·꿈·잠의 상태에서도 지속됩니다. 잠 속에는 '나'가 없습니다. 깨어나면 '나'라는 생각이 일어나고, 그런 다음 세계가 나타납니다. 잠 속에서는 이 '나'가 어디에 있었습니까? 있었습니까, 없었습니까? 그것도 있었음이 분명하지만 그대가 지금 느끼는 식으로는 아니었습니다. 현재(의 '나')는 '나'라는 생각일 뿐이지만, 잠자는 '나'는 진정한 '나'입니다. 그것은 내내 지속됩니다. 그것이 의식입니다. 만약 그것을 알게 되면, 그것이 생각을 넘어서 있다는 것을 알 것입니다.

**헌:** 마음 없이도 우리가 생각을 할 수 있습니까?

**마:** 생각은 다른 여느 활동과 마찬가지로 **지고**의 의식을 방해하지 않겠지요.

**헌:** 우리가 남들의 마음을 읽을 수도 있습니까?

스승님은 평소와 같이 그에게, 남들을 걱정하기 전에 자신의 **진아**를 발견하라고 말씀해 주셨다. "그대 자신의 **진아**와 별개의 남들이 어디 있습니까?"라고 스승님은 반문하셨다.

**라가바이아 씨:** 우리는 높은 체험과 낮은 체험[영적인 체험과 세속사를 뜻함]을 어떻게 서로 관련지어야 합니까?

**마:** 단 하나의 체험이 있을 뿐입니다. 거짓된 '나' 위에 구축된 것 외에 어떤 것이 그 세속적 체험입니까? 세상에서 가장 성공한 사람에게 자신의 **진아**를 아는지 물어보십시오. "모른다"고 말하겠지요. **진아**(자기)를 모르면서 누가 무엇

을 알 수 있습니까? 모든 세간적 지식은 그런 취약한 토대 위에 구축되어 있습니다.

**라마무르티 씨:** '거짓된 나'와 구별되는 '진정한 나'를 어떻게 알 수 있습니까?

**마:** 자기 자신을 모르는 사람이 있습니까? 누구나 알지만, 그런데도 모릅니다. 이상한 역설逆說이지요.

   스승님은 나중에 이렇게 덧붙이셨다: 마음이 과연 존재하는지 탐구해 보면 마음이란 존재하지 않는다는 것을 알게 될 것입니다. 그것이 마음의 제어입니다. 그러지 않고 마음이 존재한다고 여기고 그것을 제어하려 든다면 그것은 마음이 마음을 제어하는 격이 되어, 마치 경찰관으로 가장한 도둑이 도둑을, 즉 자기 자신을 잡으려고 하는 것과 같습니다. 그렇게 해서는 마음이 지속될 뿐이고, 스스로를 피해 갑니다.

### 1935년 4월 3일

**대담 44**

엔지니어인 에까나타 라오 씨가 스리 바가반께, 홀로 있음이 탐구에 필요한지를 여쭈었다.

**마:** 홀로 있음은 어디에나 있습니다. 개인은 늘 홀로입니다. 그가 해야 할 일은 바깥에서가 아니라 내면에서 그것을 발견하는 것입니다.

**헌:** 매일 일을 하는 세상은 마음을 산란하게 합니다.

**마:** 그대 자신이 산란해지지 않게 하십시오. 누구에게 산란함이 있는지 탐구하십시오. 수행을 좀 하고 나면 그것이 그대를 괴롭히지 않을 것입니다.

**헌:** 그런 시도조차 불가능합니다.

**마:** 해 보십시오. 그리 어렵지 않다는 것을 알 것입니다.

**헌:** 그러나 내면 탐색에 대한 답이 나오지 않습니다.

**마:** 그 탐구자가 답이고, 다른 어떤 답도 나올 수 없습니다. 새로 오는 것은 참될 수 없습니다. 늘 있는 것, 그것이 참됩니다.

### 1935년 4월 6일

**대담 45**

한 방문객이 질문했다: 깨달음의 길은 어렵습니다. 세간적 일들은 이해하기 쉬운데, 이것은 그렇지 않습니다.

**마:** 그렇지요. 마음은 늘 외적인 지知를 추구하면서 그 자신의 내적인 지知를 도외시합니다.

**헌:** 스리 바가반과 하루를 같이 머무르면 좋습니다. 이틀을 머무르면 더 좋고, 사흘이나 그 이상이면 더욱 좋습니다. 만일 여기 계속 머물러 있어야 한다면 저희들의 세간적 일을 어떻게 해 나갈 수 있겠습니까?

**마:** 여기 있든 다른 데 있든 동일하고, 같은 효과가 있음을 알아야 합니다.

### 1935년 4월 12일

## 대담 46

「가르침의 핵심(*Upadesa Sara*)」 말라얄람어 본本을 찬송하는 것을 듣고 나서 나거르꼬일(Nagercoil)의 라마짠드라 아이어 씨가 특유의 소박한 어투로 마음, 집중 및 제어에 대해 질문했다. 스승님은 이렇게 말씀하셨다: 마음이란 진아를 몸과 동일시하는 것일 뿐입니다. 그렇게 해서 창조되는 것이 거짓된 에고이고, 그것이 다시 거짓된 현상들을 창조하고 그 안에서 움직이는 것처럼 보입니다. 이 모든 것이 거짓입니다. 진아가 유일한 실재입니다. 그 거짓된 정체성이 사라지면 실재가 지속되고 있음이 분명해집니다. 그것은 실재가 지금 여기에 없다는 뜻이 아닙니다. 그것은 늘 있고 영원히 똑같습니다. 또한 그것은 누구나 체험하는 것입니다. 누구나 자신이 존재한다는 것을 알기 때문입니다. "그는 누구인가?" 주관적으로는 "나는 누구인가?"입니다. 거짓된 에고는 대상들과 연관되는데, 이 에고 자체가 그 자신의 대상이 됩니다. 대상성(객관 세계)은 거짓입니다. 주체야말로 실재입니다. 그대 자신을 대상, 즉 몸과 혼동하지 마십시오. 그것이 에고를 낳고, 결국 세계와 그 속에서의 그대의 움직임, 그리고 불행이라는 결과를 낳습니다. 그대 자신을 이것, 저것 혹은 어떤 것이라고, 아무개라고, 혹은 이러이러한 사람이라고 생각하지 마십시오. 그 거짓만 놓아버리십시오. 실재가 스스로 드러날 것입니다. 경전에서는 진아가 '항상 존재한다(*nityasiddha*)'고 하면서도 무지無知를 없애는 것에 대해 이야기합니다. 만약 진아가 항상 존재한다면 무지(*ajnana*)가 어떻게 있을 수 있습니까? 그 무지가 누구에게 있습니까? 이것은 모순됩니다. 그러나 그런 말들은 진지한 구도자를 올바른 길로 이끌기 위한 것입니다. 만일 "그대도 나도, 이 왕들도 존재하지 않은 적이 없다(*natwam naham neme janadhipah*)"27)는 식으로 분명한 언어로 말하면 그가 그 유일한 진리를 쉽사리 이해하지 못합니다. 스리 크리슈나가 그 진리를 선언했지만 아르주나는 그것을 이해하지 못했습니다. 나중에 크리슈나는 분명하게 말하기를, 사람들은 그를 몸과 혼동하고 있지만 실제로는 그가 태어나지도 않았고 죽지도 않을 거라고 합니다. 하지만 아르주나가 그 진리를 분명하게 이해하기 위해서는 『기타』전체가 필요합니다.

보세요, **진아**는 이것이나 저것인 것이 아닌 **존재함**(Be-ing)일 뿐입니다. 그것은 단순한 **존재**(Being)입니다. 존재하십시오―그러면 무지가 종식됩니다. 누구에게 무지가 있는지 탐구하십시오. 에고는 그대가 잠에서 깨어나면 일어납니다. 깊은 잠 속에서는 그대가 자신이 자고 있다거나, 깨어날 것이라거나, 아주 오래 잤다고 말하지 않습니다. 그런데도 그대가 있습니다. 그대는 깨어 있을 때만 자신이 잠을 잤다고 말합니다. 그대의 생시는 그 안에 잠도 포함합니다. 그대의 순수한 **존재**를 깨달으십시오. 몸과의 어떤 혼동도 없게 하십시오. 몸은 생각들의 결과입니다. 그 생각들은 평소처럼 활동하겠지만, 그대는 영향을 받지 않을 것입니다. 그대는 잠들어 있을 때 몸에 상관하지 않았습니다. 늘 그런 상태로 머무를 수 있습니다.

**에까나타 라오 씨:** 그런 활동과 세인들에게 필요한 돈벌이를 어떻게 조화시킬 수 있습니까?

**마:** 행위는 어떤 속박도 형성하지 않습니다. 속박은 "내가 행위자다"라는 거짓된 관념일 뿐입니다. 그런 생각들을 놓아버리고, 몸과 감각기관이 그대의 간섭에 방해받지 않고 자신들의 역할을 하게 하십시오.

### 1935년 4월 20일

**대담 47**

한 말라얄람인(께랄라 지역 사람) 방문객이 세계의 불행에 대한 자신의 우려와, '진아에 대한 탐구'가 그런 고통의 환경 속에서는 이기적으로 보인다는 견해를 피력했다. 그의 해결책은 사심 없이 일하기(selfless work)인 듯했다.

**마:** 바다는 자신의 파도를 모릅니다. 마찬가지로, **진아**는 자신의 에고를 모릅

---

27) *T.* "내가 존재하지 않은 적이 일찍이 없었고, 그대나 이 왕들도 그러하다(*na tveva'ham jatu na'sam natvam ne'me janadhipah*)." ―『기타』, 2.12.

니다.

주(註): 이것은 스리 바가반이 말씀하시는 에고의 근원에 대한 탐구가 무엇을 의미하는지 분명히 보여준다.

### 대담 48

한 방문객이 스리 바가반께 질문했다: 당신께서는 바가반(신)이십니다. 그러니 제가 언제 진지眞知(jnana)를 얻을지 아실 겁니다. 제가 언제 진인이 될 것인지 말씀해 주십시오.

스리 바가반이 대답하셨다: 만일 제가 바가반이라면 진아 외에는 아무도 없습니다. 따라서 진인(jnani)도 없고 무지인(ajnani)도 없습니다. 만일 바가반이 아니라면 저는 그대나 마찬가지이고, 그대가 아는 정도만 압니다. 어느 쪽이든, 저는 그대의 질문에 답할 수 없습니다.

### 1935년 4월 24일

### 대담 49

몇 사람이 스승님께 질문을 했는데, 그 질문들은 궁극적으로 자기들이 아무리 애를 써도 '나'가 식별되지 않는다고 하는 하나의 질문으로 압축되었다.

스승님의 답변은 평소의 어투대로였다: '나'가 식별되지 않는다고 말하는 것은 누구입니까? 모르는 '나'가 있고, 잡히지 않는 '나'가 있습니까? 같은 사람 안에 두 개의 '나'가 있습니까? 이런 질문들을 그대 자신에게 하십시오. '나'가 식별되지 않는다고 말하는 것은 마음입니다. 그 마음은 어디서 옵니까? 그 마음을 아십시오. 그러면 그것이 하나의 신화(허구)임을 알 것입니다. 자나까 왕이 말했습니다. "나는 오랫동안 나를 망쳐 왔던 도둑(마음)을 발견했다. 이제 그를 즉결처분 하겠다. 그러면 나는 행복할 것이다." 다른 사람들도 마찬가지일 것입니다.

헌: '나'를 어떻게 알 수 있습니까?

마: '나-나'는 늘 있습니다. 그것을 알 수는 없습니다. 그것은 새로 얻은 지知가 아닙니다. 새롭고 지금 여기 없는 것은 금방 사라지고 말 것입니다. '나'는 늘 있습니다. 그것을 알지 못하게 하는 방해물이 있는데, 그것을 무지라고 합니다. 이 무지를 제거하십시오. 그러면 지知가 빛을 발합니다. 사실 이 무지,

심지어 지知조차도 **아뜨만**에게는 없습니다. 그것들은 치워버려야 할 증식물일 뿐입니다. 그래서 **아뜨만**은 지知와 무지를 넘어서 있다고 하는 것입니다. 그것은 본래 있는 그대로 남아 있다—그게 전부입니다.

**헌:** 저희들의 노력에도 불구하고 눈에 띄는 진보가 없습니다.

**마:** 새롭게 얻어지는 것들에서는 진보를 이야기할 수 있겠지요. 반면에 여기서 말하는 것은 무지의 제거이지, 지知의 획득이 아닙니다. **진아**에 대한 탐구에서 어떤 종류의 진보를 기대할 수 있겠습니까?

**헌:** 무지를 어떻게 제거합니까?

**마:** 그대가 띠루반나말라이(Tiruvannamalai)에서 침대에 누워 있다가 잠이 들어, 다른 읍에 가 있는 꿈을 꿉니다. (꿈속의) 그 장면은 그대에게 실제적입니다. 그대의 몸은 여기, 방 안의 침대 위에 그대로 있습니다. 한 읍이 그대의 방으로 들어올 수 있습니까, 아니면 그대가 몸을 여기 둔 채 이곳을 떠나 다른 곳으로 갈 수 있었습니까? 둘 다 불가능합니다. 따라서 그대가 여기 있는 것과 다른 읍을 본다는 것 둘 다 실재하지 않습니다. 마음에게는 그것이 실재하는 것처럼 보입니다. 꿈의 '나'는 곧 사라지고, 다른 '나'가 그 꿈에 대해서 이야기합니다. 이 '나'는 그 꿈속에 없었습니다. 두 가지 '나' 모두 실재하지 않습니다. 내내 지속되는 마음의 바탕이 있어서, 수많은 장면들을 만들어냅니다. 하나하나의 생각과 함께 하나의 '나'가 일어나고, 그 생각이 사라지면 그 '나'도 사라집니다. 매순간 많은 '나'가 태어나고 죽습니다. 존속하는 그 마음이 정말 문제입니다. 자나까에 따르면 그것이 도둑입니다. 그 자를 찾아내십시오. 그러면 그대가 행복할 것입니다.

**대담 50**

스리 바가반은 「쁘라붓다 바라따(Prabuddha Bharata)」 지誌28)에서, "물방울이 바다에 합일되는 것은 누구나 알지만 바다가 물방울에 합일되는 것을 아는 사람은 거의 없다"고 하는 카비르(Kabir-15~6세기 북인도의 성자)의 말을 낭독하셨다. 그리고 이것이 빠라 박띠(para bhakti-지고의 헌신)라고 말씀하셨다.

---

28) *T*. 스리 라마크리슈나 교단에서 발행하는 월간지(1896-). 인도에서 가장 오래된 영문판 잡지이며, 꼴까따(캘커타)에서 발행된다.

## 1935년 6월 5일

**대담 51**

한 젊은 브라민[25세]이 스승님을 찾아왔다. 당신을 보자 그는 히스테릭해져서 "시보함, 아함 브라마스미(Sivoham, Aham Bramasmi-"나는 시바다", "나는 브라만이다")", "당신은 신이십니다", "당신은 빠라브라만이십니다", "당신은 제 아버지이십니다", "아버지, 저를 구해주십시오" 하는 따위의 말들을 외쳐댔다. 히스테리가 가라앉자 두 손으로 번갈아 자기 가슴팍을 심하게 두드리며 "시보함, 시보함" 하고 소리 질렀다. 그러더니 그는 다시 이를 갈면서 "저는 유물론을 박멸하겠습니다" 하고, 마치 유물론을 이 사이에 넣고 으깨는 듯이 히스테릭하게 외쳤다. 그런 다음 "저에게 힘을 주시든지, 저에게 힘을 주시든지, 아니면—아니면—아니면—저는…" 하고 요구했다. 그는 마치 숨이 넘어갈 것처럼 하기 시작했다.

사람들이 부드럽게 떼어놓자 그는 스리 바가반 앞에 엎드려 절하면서 "제 아버지의 발 아래 귀의하겠습니다. 아버지! 당신은 빠르타사라티(Parthasarathi)시고, 저는 아르주나입니다. 우리는 유물론을 박멸할 겁니다!" 하는 따위의 말을 했다. 그는 결국 마하르쉬님의 친존에서 끌려 나갔다. 목욕을 하고 가벼운 간식을 좀 들고 나서는 회당에 와서 몇 시간 동안 조용히 앉아 있었다. 그는 점심을 금식했다. 오후에는 또 한 번 발작을 일으켜 "만일 크리슈나가 지금 여기 온다면, 그의 머리를 잘라 버리겠습니다. 그는 저에게 직장을 그만두라고 조언했지만, 제 어머니를 보호해주지 않습니다. 아니면 그에게 제 머리를 잘라 버리라고 하지요" 하는 따위의 말을 했다.

몇 시간이 조용히 지난 뒤에 스리 바가반은 K. L. 샤르마 씨에게 「보유補遺(Anubandha)」[「실재사십송」의 부록]'에 대해서 그가 쓴 주석의 한 부분을 읽어달라고 하셨다. 그 요지는, 자기 앞가림도 못하는 사람들이 인간의 복지를 위한 일에 자신이 쓰일 수 있도록 신적인 힘을 달라고 하는데, 그것은 절름발이가 사람들에게 만일 자기를 일으켜 세워주면 적을 제압하겠다고 큰소리치는 것과 마찬가지라는 것이다. 그 의도는 좋지만 균형 감각이 없는 것이다. 젊은이는 그것을 듣자마자 갑자기 벌떡 일어나 스리 바가반께 절을 하고 나서 "아버지! 아버지! 제가 잘못 생각했습니다. 용서해 주십시오. 저를 가르쳐 주십시오. 당신의 말씀을 따르겠습니다" 하는 등의 말을 했다. 그러더니 저녁에는 다시 엎드려 절을 하면서 "저는 순복합니다"라고 말했다.

## 1935년 6월 9일

**대담 52**

꼬까나다(Cocanada)에서 온 남자가 질문했다: 제 마음은 2, 3일간 맑다가 다음 2, 3일간은 둔해지는데, 그것이 반복됩니다. 그것은 무엇 때문입니까?

**마:** 그것은 아주 자연스러운 일입니다. 그것은 사뜨와(satva)[밝음], 라자스(rajas)[활동], 따마스(tamas)[어둠]가 번갈아 나타나는 것입니다. 따마스를 유감으로 여기지 말고, 사뜨와가 활동하기 시작할 때 그것을 꽉 붙잡아 최대한 이용하십시오.

**헌:** 심장이 무엇입니까?

**마:** 그것은—만일 그렇게 말할 수 있다면—진아의 자리입니다.

**헌:** 그것은 신체적 심장입니까?

**마:** 아닙니다. 그것은 '나-나'가 일어나는 자리입니다.

**헌:** 죽은 뒤에 개아는 어떻게 됩니까?

**마:** 그 질문은 지금 살아 있는 개아가 하기에는 적절하지 않습니다. 몸을 떠난 개아는 형편이 된다면 저에게 그렇게 물을 수도 있겠지요. 그때까지는 그 몸을 떠난 개아에게 현재의 자기 문제를 풀고, 자신이 누구인지 발견하라 하십시오. (그러면) 그런 의문들이 끝이 날 것입니다.

**헌:** 디야나(dhyana)가 무엇입니까?

**마:** 디야나란 말은 보통 어떤 대상에 대한 명상을 의미합니다. 반면에 일여내관—如內觀(nididhyasana)은 진아에 대한 탐구를 뜻하는 말로 사용됩니다. 진아를 깨달을 때까지는 (보는 자, 보이는 대상, 봄의) 3요소가 지속됩니다. 구도자에 관한 한 명상(dhyana)과 일여내관은 동일합니다. 왜냐하면 거기에 3원성(trinity)이 있고, 헌신과도 동의어니까요.

**헌:** 명상을 어떻게 닦아야 합니까?

**마:** 명상은 마음을 집중하는 데 도움이 됩니다. 지배적인 관념이 다른 모든 관념을 들어오지 못하게 합니다. 명상(의 대상)은 개인에 따라 다릅니다. 신의 한 측면이나 어떤 진언(mantra)에 대해, 혹은 진아 등에 대해서 할 수 있지요.

## 1935년 6월 15일

**대담 53**

노울즈 씨라는 한 젊은이가 친견親見(darsan)을 하러 왔다. 그는 폴 브런튼의 책 두 권을 읽었다고 한다. 그가 여쭈었다: 불교에서는 '나'가 실재하지 않는다고 하는 반면, 폴 브런튼은 『비밀의 길(Secret Path)』에서, '나'라는 생각을 넘어가 '나'의 상태에 도달하라고 합니다. 어느 것이 맞습니까?

**마:** 두 개의 '나'가 있는 것처럼 생각됩니다. 하나는 낮은 것이고 실재하지 않으며, 누구나 알고 있는 것입니다. 다른 하나는 높은 것이고 실재하며, 우리가 깨달아야 하는 것입니다.

그대는 잠들어 있을 때는 자신을 자각하지 못하고, 생시에 자각합니다. 깨어나서는 그대가 잠들어 있었다고 말하지만, 깊은 잠의 상태에서는 그것을 몰랐습니다. 그렇다면 다양성(세계)의 관념이 몸-의식(body-consciousness)과 함께 일어난 것입니다. 이 몸-의식은 어느 특정한 순간에 일어났습니다. 즉, 시작과 끝이 있습니다. 시작이 있는 것은 '어떤 것'일 수밖에 없습니다. 그 어떤 것이 무엇입니까? 그것은 '나'-의식('I'-consciousness)입니다. "나는 누구인가? 나는 어디서 오는가?" 그 근원을 발견하면 절대적 의식의 그 상태를 깨닫습니다.

**헌:** 이 '나'가 누구입니까? 그것은 감각 인상의 한 연속체에 불과한 것 같습니다. 불교적 관념도 그런 것 같습니다.

**마:** 세계는 바깥에 있지 않습니다. 그 인상들의 원천은 외부에 있을 수 없습니다. 왜냐하면 세계는 의식에 의해서만 인식될 수 있기 때문입니다. 세계는 자신이 존재한다고 말하지 않습니다. 그것은 그대의 인상입니다. 그렇기는 하나 이 인상은 일관되지 않고 연속되지 않습니다. 깊은 잠 속에서는 세계가 인식되지 않습니다. 그래서 잠자는 사람에게는 그것이 존재하지 않습니다. 따라서 세계는 에고의 결과입니다. 그 에고를 발견하십시오. 그것의 근원을 발견하는 것이 최종 목표입니다.

**헌:** 저는 우리가 다른 생명들에게 고통을 가해서는 안 된다고 믿습니다. 그렇다면 모기가 물어도 참으면서 거기에 굴복해야 합니까?

**마:** 그대 자신이 고통받는 것을 좋아하지 않는데, 남들에게 어떻게 고통을 가할 수 있습니까? 모기가 물면 그대가 괴로우니 그저 모기를 멀리하십시오.

**헌:** 우리가 다른 생명들, 예컨대 모기나 빈대를 죽이는 것은 옳습니까?

**마:** 누구나 자기살해자입니다. 영원하고 지복스럽고 본래적인 상태가 이 무지의 삶에 의해 질식되고 있습니다. 이런 식으로 현재의 삶은 그 영원하고 원초적인 존재의 살해에서 비롯됩니다. 그것은 자기살해(suicide)의 경우 아닙니까? 그렇다면 누구나 자기살해자입니다. 살인과 살해에 대해 왜 걱정합니까?

나중에 이어진 대담 과정에서 그 방문객이 말했다: 세계가 인상(impressions)을 보내면 제가 깨어납니다!

**마:** 세계가 그것을 지각하는 누군가 없이 존재할 수 있습니까? 어느 쪽이 먼저입니까? 존재-의식(Being-consciousness)입니까, 출현-의식(rising-consciousness)입니까? 존재-의식은 늘 있고, 영원하고 순수합니다. 출현-의식은 일어나고 사라집니다. 그것은 일시적입니다.

**헌:** 제가 잠들어 있을 때도 남들에게는 세계가 존재하지 않습니까?

**마:** 그런 세계가 그대를 조롱하기도 합니다. 그대 자신은 모르면서 세계를 안다고 말입니다. 세계는 그대의 마음의 결과입니다. 그대의 마음을 아십시오. 그런 다음 세계를 보십시오. 그러면 그것이 진아와 다르지 않다는 것을 깨닫게 될 것입니다.

**헌:** 마하르쉬께서도 당신 자신과 주위 환경을, 제가 자각하는 만큼이나 분명하게 자각하시지 않습니까?

**마:** 그 의문은 누구에게 있습니까? 깨달은 자에게는 그런 의문들이 없습니다. 그것은 무지한 이들에게만 있습니다.

### 1935년 6월 16일

**대담 54**

안드라(Andhra) 출신의 한 빤디뜨(Pandit)—노신사—는 비이원론에 대한 까비야깐타(가나빠띠 무니)의 설명에 대해 몇 가지 의문이 있었다. 그는 책에서, 브라만은 동류同類(sajatiya), 이류異類(vijatiya), 자류自類(swagata)의 차별(bheda)에서 벗어나 있다는 것을 발견했다. 그런 조건들은 가현설假現說(vivarta vada)에서는 충족되지만 전변설轉變說(parinama vada)에서는 충족되지 않는데,[29] 전변설에서는 자류의

---

29) T. 현상계는 실재의 환적인 겉모습(假現)이라고 하는 '가현설'에서는 실재와 현상의 관계를 '같은 부류', '다른 부류', '자기 자신에 속한 것(swagata)'으로 분류해 볼 수 있으나, 현상계는 실재가 변화되어 나온 것(轉變)이라는 '전변설'에서는 이런 구분이 필요 없다.

차별이 있을 수밖에 없다는 것이었다. 스승님이 지적하셨다: 다끄쉬나무르띠는 그런 어떤 것도 가르치지 않았습니다. 그는 브라만이 샥띠(Sakti-현상계를 창조하는 힘)와 관계된다거나 관계되지 않는다고 말하지 않았습니다. 존재하는 것은 오직 침묵뿐이었지요. 그런데 제자들의 의심이 해소되었습니다. 그 의미는 (철학적 이론에 대해서) 배우거나, 토론하거나, 결론 내려야 할 것이 아무것도 없다는 것입니다. 누구나 "내가 있다(I am)"는 것을 압니다. 그러나 '나'를 몸과 혼동합니다. 왜냐하면 '나'가 절대자에게서 일어나면서 지성(buddhi)을 일으키기 때문입니다. 지성 안에서 '나'가 몸의 크기와 형상을 보는데, "지성으로는 아니고 (na medhaya)"30)라는 것은 지성으로는 브라만을 이해할 수 없다는 뜻입니다. 브라만에서 아함(aham)['나-나']이, 아함에서 지성이 나왔습니다.

그러한 지성이 어떻게 아함을 건너가 브라만을 발견할 수 있겠습니까? 불가능합니다. '나'가 몸이라는 그릇된 관념만 넘어서십시오. 그 생각들이 누구에게 일어나는지를 발견하십시오. 현재의 '나'임(I-ness)이 사라지면 그 발견은 끝납니다. 남는 것은 순수한 진아입니다. 깊은 잠과 생시를 비교해 보십시오. 다양성(현상계)과 몸은 생시에만 발견됩니다. 깊은 잠 속에서는 진아가 몸이나 세계에 대한 지각이 없이 남아 있습니다. 거기서는 행복이 지배합니다.

경전 말씀(Sruti vakya)인 "나는 브라만이다(Aham Brahmasmi)"는 그 상태를 말하는 것이지 마음의 상相을 말하는 것이 아닙니다. 그 진언을 계속 암송한다고 해서 브라만이 될 수는 없습니다. 그것은 브라만이 다른 데 있지 않다는 뜻입니다. 그것은 그대의 진아입니다. 그 진아를 발견하십시오. 그러면 브라만을 발견합니다. 마치 브라만이 어디 먼 곳에 있기라도 한 것처럼 그것에 도달하려고 하지 마십시오.

빤디뜨는 생각들이 워낙 집요해서 아함에 도달할 수 없다고 말했다.

스승님이 말씀하셨다: 브라만 형상의 상相(Brahmakara vritti)은 마음을 다른 생각들로부터 돌리는 데 도움이 됩니다. 그런 수행을 얼마간 할 필요가 있고, 아니면 사두들(sadhus-여기서는 '깨달은 사람들')과 친교해야 합니다. 사두는 이미 마음을 극복하고 평안 속에 머무르고 있습니다. 그의 가까이 있는 것은 다른 사람들에게서도 그런 상태가 일어나는 데 도움이 됩니다. 그렇지 않다면, 사두

---

30) *T.* 우파니샤드에 가끔 나오는 구절. 예컨대 『까타 우파니샤드』, 1.2.23, 『문다까 우파니샤드』, 3.2.3, 『수발라 우파니샤드』, 9.15 등에서 보인다.

를 가까이하려고 하는 것이 아무 의미가 없습니다.

"몸이 나다(Deho aham)"는 자기를 한정하는 것이며, 모든 비천하고 이기적인 행위와 욕망의 뿌리입니다. "브라만이 나다(Brahma aham)"는 이런 한정을 넘어서는 것이며, 동정·자비·사랑 등 신성하고 덕스러운 것들을 의미합니다.

**헌:** 재가자는 해탈(moksha)을 추구하는 공부를 어떻게 해나갑니까?

**마:** 왜 자신을 재가자(grihasta)라고 생각합니까? 설사 그대가 출가자(sannyasi)로 나선다 해도, 그와 비슷한 (그대가 출가자라는) 생각이 그대를 따라다닐 것입니다. 계속 가정에 있든 그것을 포기하고 숲으로 들어가든, 그대의 마음은 그대를 따라다닙니다. 에고가 생각들의 근원입니다. 그것이 몸과 세계를 만들어내고, 그대로 하여금 자신이 재가자라는 생각을 하게 만듭니다. 그대가 출가한다면, 그것은 재가자라는 생각을 출가자라는 생각으로, 가정이라는 환경을 숲이라는 환경으로 바꾸어 놓을 뿐입니다. 그러나 마음의 장애들이 늘 있습니다. 그것은 새로운 환경에서 더 늘어날 수도 있습니다. 환경을 바꾸는 것은 아무 도움이 되지 않습니다. 장애물은 마음입니다. 집에 있든 숲 속에 있든 그것을 극복해야 합니다. 만일 숲 속에서 그렇게 할 수 있다면 집에서라고 왜 못하겠습니까? 그러니 환경을 왜 바꿉니까? 어떤 환경에 있든 그대는 바로 지금 노력할 수 있습니다.

환경은 그대의 욕망에 따라, 결코 그대를 버리지 않습니다. 저를 보십시오. 저는 집을 떠났습니다. 그대 자신을 보십시오. 가정이라는 환경을 떠나 여기 왔습니다. 여기서 무엇을 발견합니까? 이곳이 그대가 떠나 온 곳과 다릅니까? 사람이 무상삼매無相三昧에 몇 년씩 들어 있어도, 거기서 나오면 그가 가질 수밖에 없는 환경 속에 있는 자신을 발견합니다. 아짜리야(Acharya-샹까라)가 그의 탁월한 저작 『분별정보分別頂寶(Viveka Chudamani)』에서 무상삼매보다 본연삼매本然三昧가 더 낫다고 강조한 것도 그 때문입니다. 우리는 모든 환경 속에서 자연발로적 삼매—즉, 자신의 원초적 상태 안에 있어야 합니다.

나중에 스리 바가반이 말씀하셨다: 조식調息[호흡 제어]은 내적일 수도 있고 외적일 수도 있습니다. 내적인 조식(antah pranayama)은 다음과 같습니다.

나한 찐따(naham chinta)["나는 몸이 아니다"라는 관념]가 날숨(rechaka)입니다.

꼬함(koham)["나는 누구인가?"]이 들숨(puraka)입니다.

소함(soham)["내가 그다"]이 멈춤(kumbhaka)입니다.

이렇게 하면 호흡은 자동적으로 제어됩니다.

외적인 조식(*bahir pranayama*-들숨·날숨·멈춤을 조절하는 호흡)은 마음을 제어할 힘을 갖추지 못한 사람을 위한 것입니다. 그것만큼 확실한 방도가 없습니다. 아니면 사두와 친교해야 합니다. 만일 사두와 친교하지 못한다면, 외적인 수련을 할 때는 현자의 지도를 받아야 합니다. 사두와 친교하면 그 사두가 필요한 힘을 줍니다. 남들에게는 보이지 않지만 말입니다. 조식은 하타 요가에서 말하는 꼭 그대로 할 필요는 없습니다. 만일 염송·명상·헌신 등을 하고 있다면, 호흡을 조금만 제어해도 마음을 제어하는 데는 충분할 것입니다. 마음은 말을 타는 사람이고 호흡은 말입니다. 조식은 말을 제어하는 고삐입니다. 이 고삐에 의해 말 타는 사람도 제어됩니다.

조식은 조금만 해도 됩니다. 호흡을 지켜보는 것은 조식의 한 방법입니다. 마음이 다른 활동에서 벗어나 호흡 지켜보기에 몰두합니다. 그러면 호흡이 제어되고, 그로 인해 다시 마음이 제어됩니다.

만일 그렇게 할 수 없다면 내쉼과 들이쉼 수련을 할 필요가 없습니다. 호흡은 염송·명상 등을 하는 동안에도 잠시 멈추어질 수 있는데, 그럴 때도 좋은 결과가 나올 것입니다.

### 1935년 6월 18일

**대담 55**

헌: 성스러운 이름, 예컨대 라마, 크리슈나 등을 염해도 비이원성을 깨달을 수 있습니까?

마: 예.

헌: 그것은 열등한 수준의 방법 아닙니까?

마: 그대에게 염송을 하라던가요, 아니면 전체 틀 속에서 그것의 등급을 논하라고 하던가요? (질문자는 말이 없음.)

### 1935년 6월 22일

**대담 56**

스무 살 된 젊은이가 진아를 어떻게 깨달을 수 있느냐고 질문했다. 그는 침묵하고 앉아서 반시간 이상 기다리다가 떠나려고 했다. 그러면서 여쭈었다.

헌: 진아를 어떻게 깨닫습니까?
마: 누구의 진아입니까? 찾아내십시오.
헌: 저는 누구입니까?
마: 그대 스스로 발견하십시오.
헌: 저는 모르겠습니다.
마: 생각해 보십시오. "나는 모른다"고 말하는 것은 누구입니까? 무엇을 모릅니까? 그 말에서, 그 '나'는 누구입니까?
헌: 제 안의 어떤 사람입니다.
마: 그 어떤 사람이 누구입니까? 누구 안의?
헌: 아마 어떤 힘이겠지요.
마: 그것을 발견하십시오.
헌: 브라만을 어떻게 깨닫습니까?
마: 자기를 모르면서 왜 브라만을 알려고 합니까?
헌: 경전에서는 브라만이 모든 것에 편재하고 저에게도 편재한다고 합니다.
마: '저' 속의 그 '나'를 발견하십시오. 그러면 브라만에 대해 생각해 볼 시간이 있겠지요.
헌: 제가 왜 태어났습니까?
마: 누가 태어났습니까? 그 답은 그대의 모든 질문에 대한 답과 동일합니다.
헌: 그러면 저는 누구입니까?
마: (미소를 지으며) 그대는 저를 시험하러 와서 묻는 것입니까? 그대가 누구인지는 그대가 말해야 합니다.
헌: 깊은 잠 속에서는 영혼이 몸을 떠나 다른 곳에 머무릅니다. 그것이 다시 들어올 때 제가 깨어납니다. 그렇습니까?
마: 몸을 떠나는 그것이 무엇입니까?
헌: 그 힘이겠지요, 아마.
마: 그 힘을 찾아내십시오.
헌: 몸은 5대 원소로 이루어져 있습니다. 그 원소들은 무엇입니까?
마: 자기도 모르면서 어떻게 그 원소들을 알려고 합니까?

젊은이는 한동안 앉아 있다가 허락을 받고 떠났다. 스승님이 나중에 말씀하셨다: 좋아. 효과가 있겠지.

## 1935년 6월 23일

**대담 57**

스리 바가반이 말씀하셨다: 경전에서 가장 많이 언급되는 (영맥靈脈의) 이름은 수슘나(sushumna)31)인데, 다른 이름들, 예컨대 빠라(para), 아뜨마(atma), 암리따(amrita)도 등장합니다. 또 수슘나는 (빠라에) 합일(leena)된다고도 합니다. 그래서 빠라는 지知의 용어이고, 수슘나는 요가의 용어라고 할 수 있겠지요.

## 1935년 6월 24일

[『스리 라마나 기타』32)에서의 한 가지 의문에 답변하심]

제14장 10절: "더욱 진보하면 몸이 보이지 않게 할 수도 있다. 그런 사람은 순수한 의식일 뿐이어서, 싯다(siddha)로서 삶을 누리게 된다."

제18장 마지막 절: "싯다들의 영광은 상상을 초월한다. 그들은 (헌신자들에게) 은택恩澤을 줄 수도 있어, **시바**와 대등하거나 오히려 **시바** 자신이기도 하다."

**마:** 그 의미는, 우리가 **진아 깨달음**을 얻으면 진정한, 그리고 부단한 따빠스(tapas)를 하게 된다는 것입니다. 그러한 따빠스가 성숙되면 어떤 진인들은 자신의 몸을 누가 접촉할 수 없고 눈에 보이지도 않게 할 수 있습니다. 그런 분들은 싯다라고 알려져 있습니다.

나중에 스리 바가반이 말씀하셨다: 싯다들의 위대함은 헤아릴 수 없지요. 그들은 **시바**와 대등하며, 심지어 은택을 줄 수도 있습니다.

질문자의 의문은 이러했다: "해탈이나 부富를 바라는 자는 **진아**를 깨달은 진인을 섬겨야 한다(atmajnam hy archayet bhutikamah)"33)는 우파니샤드 진언이 있습니다. 여기에 싯다가 은택을 준다는 말은 없습니다. 진인은 그렇게 할 수가 있습니다. 또 "그 자신의 위대함에 안주하고(swe mahim ni pratishtitah)"34), "브라만은 무한하다(anantam Brahma)"35) 같은 진언들은 위에 인용된 구절들과 함께 읽으면 혼란스럽게 보일 것입니다. "이 모두가 **브라만**이다(sarvam khalvidam

---

31) *T.* 미저골 부근에서 척추를 따라 머리까지 올라가는 영맥(nadi-영적인 신경 통로).
32) *T.* 《*Sri Ramana Gita*》. 가나빠띠 무니와 그의 제자들이 1913년과 1917년에 바가반과 문답을 나눈 뒤, 그 내용을 산스크리트 시로 편집한 작품.
33) *T.* 『문다까 우파니샤드(*Mundaka Upanishad*)』, 3.1.10.
34) *T.* 『찬도갸 우파니샤드(*Chandogya Upanishad*)』, 7.24.1.
35) *T.* 『따이띠리야 우파니샤드』, 2.1.1.

*Brahma*)"36), "브라만을 아는 자는 **브라만**이 된다(*Brahmavid Brahmaiva bhavati*)"37) 등이 진인이 일체지자一切知者(*sarvajna*)임을 보여줍니다. 그렇다면 진인과 싯다를 어떻게 구분하여 싯다는 은택을 줄 수 있는 능력이 있고, 진인은 그런 능력이 없다고 할 수 있습니까?

스승님이 설명하셨다: 『라마나 기타』의 질문들은 어떤 특정한 의도에서 한 것이고 답변도 그에 따른 것이었습니다. 사람들은 몸에만 신경을 쓰면서 싯디도 원합니다. **진아 깨달음**으로 말하면, 어떤 능력도 깨달음에까지 이어지지는 못합니다. 그러니 어떻게 그 이상 뻗어갈 수 있겠습니까? 싯디를 바라는 사람들은 진지眞知에 대한 자신의 관념에 만족하지 못하고, 그래서 그와 연관되는 싯디를 원합니다. 그들은 진지의 위없는 **지복**을 등한시하고 싯디를 열망하기 쉽습니다. 그것을 위해 그들은 왕도로 가지 않고 샛길로 가는데, 그러다가 길을 잃을 공산이 큽니다. 그들을 올바르게 인도하여 왕도로만 가도록 하기 위해 싯디가 깨달음에 수반된다고 이야기하는 것입니다. 사실 진지는 모든 것을 포함하며, 진인은 한 생각도 싯디에 허비하지 않을 것입니다. 사람들에게, 진지를 얻고 나서 그래도 원하면 싯디를 추구하라 하십시오.

저는 "몸에 속한 싯디(*sarira samsrayah siddhayah*)"라고 했습니다.38) 왜냐하면 그들(『라마나 기타』의 질문자들)의 소견은 몸에 관한 것이니까요. 진인과 싯다는 다르지 않습니다. '은택을 준다(*varan datum*)'에서 은택은 '**진아 얻기**(*atmalabha*)'도 포함합니다. 싯디에는 저급한 수준만 있는 것이 아니라, 최상의 수준도 있습니다.

경전들은 다양한 조건들에 맞추기 위한 것입니다. 그 취지는 동일합니다. 『할라시야 마히마(*Halasya Mahima*)』39)에는 여덟 가지 싯디에 관한 장章이 있습니다. 거기서 **시바**가 말하기를, 당신의 헌신자는 싯디에 한 생각도 결코 허비하지 않는다고 합니다. 또 **시바**는 자신이 결코 은택을 주지 않으며, 헌신자들의 욕망이 그들의 발현업(*prarabdha*)에 따라 충족될 뿐이라고 말합니다. **이스와라** 자신이 그렇게 말한다면 다른 사람들은 어떻겠습니까? 싯디를 과시하기 위

---

36) T. 『찬도갸 우파니샤드』, 3.14.1.
37) T. 『문다까 우파니샤드』, 3.2.9.
38) T. "몸에 속한 이 두 가지 싯디는 금방이라도 일어날 수 있다. 신의 은총에 의해." -『스리 라마나 기타』, 14.11.
39) T. 띠루쭐리(Tiruchuzhi)에 관한 신화집. 『스깐다 뿌라나(*Skanda Purana*)』의 일부이다.

해서는 그것을 인정해 줄 남들이 있어야 합니다. 그 말은, 그것을 과시하는 사람에게는 진지眞知가 없다는 뜻입니다. 따라서 싯디는 일고의 가치도 없습니다. 진지만을 목표하고 그것을 얻어야 합니다.

『스리 라마나 기타』 제17장 4절은, 타밀어 번역이 부정확합니다.

스리 바가반은 그 부정확함을 지적하고 그것을 수정하셨다. (위 제17장 4절에서) 바이다르바(『라마나 기타』의 질문자 중 한 사람)의 질문은 "수행을 할 때, 생각들이 번갈아 나타나고 가라앉습니다. 이것이 지知입니까?" 하는 것이었다. 스리 바가반은 그 의문에 대해 다음과 같이 설명하셨다:

어떤 이들은 지知에 여러 단계가 있다고 생각합니다. 진아는 영원한 직접지直接知(nitya aparoksha)입니다. 즉, 알든 모르든 늘 깨달아져 있습니다. 따라서 그들은 청문聽聞(sravana)이 직접지(aparoksha jnana)여야지 간접지間接知(paroksha jnana)여서는 안 된다고 주장합니다. 그러나 지知는 불행 소멸(duhkha nivritti)을 가져와야 하는데, 청문만으로는 그렇게 되지 않습니다. 그래서 그들은 그것이 직접지이기는 해도 확고하지는 않다고 말합니다. 그것이 약한[불변이 아닌] 이유는 원습이 일어나기 때문입니다. 원습이 제거되면 지知가 확고해져서 열매를 맺습니다.

어떤 이들은 청문은 간접지일 뿐이라고 합니다. 그것은 성찰(manana)에 의해서 산발적으로 직접지가 되는데, 그것의 지속을 장애하는 것이 원습입니다. 성찰을 하고 난 뒤에는 원습이 더 강한 힘으로 일어납니다. (경각심을 가지고) 그것을 제어해야 합니다. 그런 경각심은 "나는 몸이 아니다"라는 것을 기억하면서, 성찰의 과정에서 얻은 직접지를 견지하는 데 있습니다. 그런 수행을 일여내관—如內觀(nididhyasana)이라고 하는데, 이것이 원습을 근절합니다. 그러고 나면 본래적 상태가 밝아옵니다. 그것이 확실한 지知입니다.

성찰에서의 직접지는 불행 소멸을 가져오지 못하며, 해탈(moksha), 즉 속박에서의 해방에 이르지 못합니다. 왜냐하면 원습이 주기적으로 지知를 압도하기 때문입니다. 그래서 지知가 약하고(adridha), 일여내관에 의해 원습이 근절된 뒤에 그것이 확고해집니다.

[『스리 라마나 기타』를 재론하심]

헌신자인 T. K. S. 아이어 씨가 차크라(chakras)에 대해 이야기하고 있었다.

스리 바가반이 말씀하셨다: 오직 아뜨만[진아]을 깨달아야 합니다. 그것을 깨달으면 다른 모든 것은 그 범위 안에 있습니다. 샤띠(Sakti)·가나빠띠40)·싯디 등은 그 안에 포함됩니다. 그런 것을 이야기하는 사람들은 아뜨만을 깨닫지 못한 것입니다. 아뜨만은 심장 안에 있고 심장 그 자체입니다. 현상계는 두뇌 안에 있습니다. 심장에서 두뇌로 올라가는 경로는 수슘나 다른 어떤 이름의 신경(영맥)을 통해서라고 볼 수 있겠지요. 우파니샤드에서는 (수슘나가) "빠라에 합일된다"고 하는데, 그것은 수슘나 같은 그런 영맥靈脈(nadis)들이 모두 빠라 나디(para nadi), 즉 아뜨마 나디(atma nadi) 안에 포함된다는 뜻입니다. 요기들은 그 흐름이 사하스라라(sahasrara)[뇌]로 올라가면 거기서 끝난다고 말합니다. 그 체험은 완전하지 않습니다. 그들이 진지를 얻으려면 심장으로 내려와야 합니다. 심장(Hridaya)이 알파요 오메가입니다.

### 1935년 7월 4일
〔『스리마드 바가바드 기타』〕

**대담 58**

문관 랑가나탄 씨: 『스리마드 바가바드 기타』41)에 이런 구절이 있습니다. "자기의 다르마(svadharma)가 최선이다. 남의 다르마(paradharma)는 위험으로 가득 차 있다."42) 자기 자신의 다르마란 무슨 뜻입니까?

**마:** 그것은 보통 그 신분(인생단계)과 여러 계급(caste)들의 의무를 뜻하는 말로 해석됩니다. 물리적 환경도 고려해야 하지요.

**헌:** 만일 계급·인생단계 다르마(varnasrama dharma)43)를 뜻한다면, 그런 다르마는 인도에서만 통용됩니다. 반면에 『기타』는 보편적으로 적용되어야 합니다.

**마:** 어느 나라나 이런 저런 형태의 계급·인생단계가 있습니다. 그 의미는 우리가 (신분에 관계없이) 단 하나의 아뜨만을 꽉 붙들어야 하고, 거기서 벗어나면 안 된다는 것입니다. 그것이 그 전체 요지입니다. 여기서 sva는 '자기 자신의',

---

40) T. Ganapati는 시바의 맏아들인 신으로, Ganesha 또는 Vinayaka라고도 한다. 그는 몸 안의 차크라들 중 맨 밑의 물라다라 차크라(muladhara chakra)에 자리 잡고 있다고도 말해진다.
41) T. '스리마드(Srimad)'는 '스리(Sri)'와 같은 경칭이며, 크리슈나를 뜻하는 '바가바드'에 붙여졌다.
42) T. "자신의 다르마를 행하다 죽는 것이 낫지, 남의 다르마는 위험을 초래한다." —『기타』, 3.35.
43) T. 인도에는 전통적으로 네 계급(varna-카스트)과 네 가지 인생 단계(asrama)가 있다. 각 계급과 인생 단계는 그에 상응하는 규범들을 수반하는데, 이를 varnasrama dharma라 한다.

즉 '진아의, 아뜨만의'란 뜻이고, *para*는 '타자의', 즉 '비아非我의, 아나뜨마(*anatma*)의'란 뜻입니다.

진아 다르마(*Atma dharma*)는 **진아**에 내재하는 것입니다. 마음이 흩어짐도 없고 두려움도 없습니다. 문제는 자기 자신에게 '두 번째'가 있을 때 일어납니다. **아뜨만**은 오직 하나일 뿐임을 깨달으면 두 번째란 아예 없고, 따라서 두려움의 원인도 없습니다. 인간은 지금 그렇듯이 비아非我 다르마(*anatma dharma*)를 진아 다르마와 혼동하면서 고통을 받습니다. 그에게 **진아**를 알고 그 안에 안주하라 하십시오. 그러면 두려움이 종식되고, 아무 의심이 없습니다.

설사 그것이 계급과 인생단계 다르마로 해석된다 하더라도 그 의미는 이 정도일 뿐입니다. 그런 다르마는 무아적으로 행해졌을 때만 열매를 맺습니다. 즉, 사람은 자신이 행위자가 아니라는 것, 자신은 어떤 **더 높은 힘**의 도구일 뿐이라는 것을 깨달아야 합니다. 불가피한 일은 그 더 높은 힘에게 하라 하고, '나'는 그것이 명하는 대로 행위하게 하십시오. 그 행위들은 내 것이 아닙니다. 따라서 그 행위의 결과도 내 것이 아닙니다. 그렇게 생각하고 행위하면 문제가 어디 있겠습니까? 계급·인생단계 다르마든 세간적 다르마(*loukika dharma*)[세간적 활동]든, 그것은 중요하지 않습니다. 결국 *sva*는 '진아의(*atmanah*)'란 뜻이고, *para*는 '비아非我의(*anatmanah*)'란 뜻입니다.

그런 의심은 자연스럽습니다. 그런 전통추종적(orthodox) 해석은, 제각기 다른 능력을 가지고 생계를 위해서 일을 해야 하는 현대인의 삶과 조화시킬 수 없습니다.

뽄디체리에서 온 남자가 끼어들었다: "일체의 의무를 포기하고 나에게만 순복하라(*sarva dharmaan parityajya maamekam saranam vraja*)"44)고 했습니다.

**마**: '일체의(*sarva*)'는 '비아의'라는 뜻일 뿐인데, 강조점은 '하나(*ekam*-'오직', '-만')'에 있습니다. '하나(*eka*)'를 강하게 붙잡고 있는 사람에게 다르마가 어디 있습니까? 그것은 "**진아** 속으로 가라앉으라"는 뜻입니다.

**헌**: 『기타』는 행위를 위한 가르침이었습니다.

**마**: 『기타』에서 뭐라고 합니까? 아르주나는 싸우지 않으려고 했습니다.

크리슈나가 말했습니다. "싸우지 않겠다고 하는 한, 그대는 행위자 의식을

---

44) T. 『기타』, 18.66.

가지고 있다. 회피하거나 행위하려 하는 자는 누구인가? 행위자 관념을 포기하라. 그 느낌이 사라질 때까지는 그대가 행위하게 되어 있다. 그대는 더 높은 힘에 의해 조종되고 있다. 그대가 그것에 복종하지 않으려고 하는 것 자체가 그것을 인정하는 것이다. 그러지 말고 그 힘을 인정하고, 하나의 도구로서 복종하라. (아니면 그것을 달리 표현하여,) 만일 거부하면 그대는 강제로 그 행위를 하지 않을 수 없게 될 것이다. 마지못해 일하는 자가 되지 말고, 기꺼이 일하는 자가 되라."

"차라리 **진아** 안에 고정되어, 행위자라는 생각 없이 성품에 따라서 행위하라. 그러면 그 행위의 결과가 그대에게 영향을 주지 않을 것이다. 그것이 사나이다움이고 대장부다움이다."

따라서 '**진아**에 내재하는 것'이 『기타』가 말하는 가르침의 요체입니다.

끝으로 스승님 자신이 덧붙이셨다: 사람이 **진아** 안에 자리 잡고 있으면 그런 의심들이 일어나지 않겠지요. 그 의심들은 **진아** 안에 자리 잡기 전에만 일어납니다.

**헌**: 그러면 그 질문자에게 그런 답변이 무슨 소용 있습니까?
**마**: 그래도 그 말들은 힘을 가지고 있고, 때가 되면 분명히 작용할 것입니다.

## 대담 59

한 마울비(moulvi-무슬림 학자)가 질문했다: 잠은 어떻게 우리에게 엄습합니까?
**마**: 만일 질문자가 생시의 상태에서 깨어 있는 자가 누구인지를 알면, 잠이 어떻게 닥쳐오는지도 알 것입니다. 그 질문은 깨어 있는 사람에게만 일어나지 잠자는 사람에게는 일어나지 않습니다. 따라서 잠자는 **자기**를 아는 것보다는 깨어 있는 **자기**를 아는 것이 더 쉬울 수밖에 없습니다.
**헌**: 제가 어떻게 깨어났는지는 압니다. 그러나 잠이 어떻게 닥쳐오는지는 모릅니다. 저의 생시 상태는 제가 자각합니다. 예컨대 어떤 사람이 제 지팡이를 가져가려 하면 저는 그러지 못하게 합니다. 반면에 잠 속에서나 꿈 속에서는 그럴 수 없습니다. 생시의 증거는 명백합니다. 그렇지만 잠의 증거는 무엇입니까?
**마**: 그대가 모르는 것이 잠의 증거이고, 자각하는 것이 생시의 증거입니다.
**헌**: 저의 생시는 제가 눈을 뜨면 압니다. 그러나 잠은 어떻게 저에게 엄습합

니까?

마: 잠이 그대를 엄습하는 것과 마찬가지로 생시도 그대에게 엄습합니다.

헌: 그러나 제가 생시를 아는 것과 같이 잠이 닥쳐오는 것을 지각하지는 못합니다.

마: 상관하지 마십시오.

헌: 비유를 드실 것 없이 잠이 무엇인지 부디 설명해 주십시오. 잠 그 자체를 알아야 합니다. 저는 잠의 진정한 모습을 알고 싶습니다.

마: 그런 모습은 잠 그 자체입니다.

헌: 구원에 도달하기 위해서는 결혼하는 것이 낫습니까, 은둔자가 되는 것이 낫습니까?

마: 어느 것이든 그대가 더 낫다고 생각하는 쪽입니다.

헌: 비슈와미뜨라(Visvamitra)는 결혼 상태에서는 타락한 일이 없었는데, 오히려 은둔자의 삶 속에서 타락했습니다. 그것은 다른 사람들에게도 해당되지 않습니까?

마: 그는 은둔자의 삶을 살 때도 결혼생활을 할 때만큼이나 순수했습니다. 아무 차이가 없었지요. 그리고 결혼해 있을 때도 은둔자였을 때만큼이나 오염되어 있었습니다.

헌: 그는 리쉬(rishi-진인)였습니까?

마: 오염되어 있을 때는 리쉬가 아니었지요.

헌: 그런 뒤에도 그가 리쉬가 될 수 있습니까?

마: 예. 제대로 헌신(bhakti)을 한 뒤에 그는 훌륭한 리쉬가 될 수 있었습니다. 참회와 기도를 하면 바로잡아질 것입니다.

헌: 당신께서는 다년간 그 모든 고행을 하고 나서 무엇을 얻으셨습니까?

마: 얻어야 할 것을 얻었지요. 저는 보아야 할 것을 봅니다.

헌: 모두가 같은 것을 볼 수 있습니까?

마: 저는 모두가 보는 것만 봅니다. 그것은 모두에게 내재해 있습니다.

헌: 그것이 그것(It)을 보는 방법입니까?

마: 방법이야 어떤 것이어도 됩니다. 어느 방향에서 순례자들이 함께 모이든, 그들은 단 하나의 루트[통로]로 카바(Kaaba-메카의 대사원에 있는 신전)에 들어가야 합니다. 그런데 모두가 카바에 들어가려고 모여들지요.

헌: 해탈에 이르는 방법에 대한 가르침(upadesa) 중에서 당신께서 아시는 것 두 가지만 부디 말씀해 주십시오.
마: 제가 어떤 가르침을 안단 말입니까? 일체가 가르침이지요. 신에 대한 숭배가 유일한 가르침입니다.

### 1935년 7월 5일
〔묵언默言에 관하여〕

**대담 60**

**스리 바가반:** 홀로 있기 위한 묵언은 강제된 것입니다. 사람들 사이에서 말을 삼가는 것도 묵언에 해당하는데, 이때 그 사람은 자신의 말을 제어하기 때문입니다. 사람이 말을 하기 전에 '말하는 자'(마음)가 먼저 나와야 합니다. 만일 (마음이) 다른 데 몰두해 있으면 말은 억제됩니다. 마음이 내면으로 향해 있을 때는 그것이 다른 방식으로 활동 중이며, 말을 하고 싶어 하지 않습니다.

하나의 계율 수단으로 하는 묵언(mouna)은, 말로 인한 마음의 활동을 줄이려는 것입니다. 그러나 마음이 다른 방법으로 제어된다면 계율적 묵언은 필요치 않습니다. 묵언이 당연한 것으로 되니까요.

비디야라니야(Vidyaranya)[45]는 강제 묵언을 12년간 하면 절대 묵언이 된다고 — 즉, 말을 아주 하지 못하게 된다고 했습니다. 그것은 달리 어떤 것보다도 말 못하는 짐승의 상태와 비슷합니다. 그것은 묵언이 아니지요.

묵언은 끊임없는 말입니다. 무위無爲는 끊임없는 행위입니다.

### 1935년 7월 6일

**대담 61**

**에까나타 라오 씨:** 명상은 어떻게 닦습니까? 눈을 뜨고 합니까, 감고 합니까?
**마:** 어느 쪽으로 해도 됩니다. 주안점은 마음이 안으로 향해져서, 추구를 활발히 이어가야 한다는 것입니다. 눈을 감고 할 때는 더러 잠재된 생각들이 거세게 쏟아져 나오는 경우가 있습니다. 눈을 뜨고 할 때는 마음을 안으로 돌리기가 어려울 수도 있습니다. 그렇게 하려면 마음의 힘이 필요합니다. 마음은

---

45) T. Hampi에 도읍했던 비자야나가르(Vijayanagar) 제국(14-6세기)의 창설을 도운 성자. 21대 샹까라짜리야였고, 방대한 베다 주석서와 『빤짜다시(Panchadasi)』 등 다수의 저작을 남겼다.

대상들을 받아들일 때 오염됩니다. 그렇지 않으면 그것은 순수합니다. 명상에서의 주된 요소는, 외부의 인상을 받아들이거나 다른 일을 생각함이 없이 마음이 활발하게 자신이 하는 명상을 이어가게 하는 것입니다.

## 대담 62

**에까나타 라오 씨:** 스푸라나(*sphurana*)[심장중심에서 느껴지는 형언할 수 없는 어떤 느낌]가 무엇입니까?

**마:** 스푸라나는 공포·흥분 등과 같은 몇 가지 경우에도 느껴집니다. 그것은 늘 도처에 있지만, 특정한 중심에서 특정한 경우에 느껴집니다. 그것은 또한 선행 원인들과 관련이 있는 것으로 여겨지고, 몸과 혼동됩니다. 그 반대로, 그것은 오롯이 홀로이고 순수합니다. 그것은 진아입니다. 만일 마음이 스푸라나에 고정되어, 우리가 그것을 지속적으로 그리고 자동적으로 감지한다면, 그것이 깨달음입니다.

또 스푸라나는 깨달음의 맛보기입니다. 그것은 순수합니다. 주체와 대상이 거기서 나옵니다. 만일 인간이 자신을 주체로 오인하면 대상들은 필연적으로 자신과 다른 것으로 나타날 수밖에 없습니다. 그것들은 주기적으로 거둬들여지고 다시 투사되면서 세계를 창조하고, 그 주체는 그 세계를 향유합니다. 반면에 만일 인간이 자신을 그 주체와 대상이 투사되는 스크린이라고 느끼면 어떤 혼동도 있을 수 없고, 그는 그것들이 나타나고 사라지는 것을 지켜보면서, 진아에 어떤 동요도 없이 남아 있을 수 있습니다.

## 대담 63

**한 고위 관리가 질문했다:** 후배들이 자기를 넘어 승진하면 마음이 동요됩니다. 그런 상황에서 "나는 누구인가?" 하는 탐구가 그 사람이 마음을 달래는 데 도움이 되겠습니까?

**마:** 예, 정말 그렇지요. "나는 누구인가?" 하는 탐구는 마음을 내면으로 향하게 하여 고요하게 만듭니다.

**헌:** 저는 형상명상(*murti dhyana*)[형상에 대한 숭배]에 믿음을 가지고 있습니다. 그것은 제가 진지를 얻는 데 도움이 되지 않겠습니까?

**마:** 분명히 도움이 됩니다. 우빠사나(*upasana*-형상에 대한 숭배 또는 명상)는 마음의

집중을 돕습니다. 그러면 마음은 다른 생각에서 벗어나 그 명상하는 형상으로 가득 찹니다. 마음은 그것이 되고, 그래서 아주 순수합니다. 그럴 때 그 숭배자가 누구인지 생각해 보십시오. 답은 '나', 즉 **진아**입니다. 그래서 궁극적으로 **진아**를 얻게 됩니다.

지금 어려운 점은 그 사람이 자신을 행위자로 생각한다는 것입니다. 그러나 그것은 착각입니다. 일체를 하는 것은 **더 높은 힘**이고, 인간은 하나의 도구일 뿐입니다. 그가 그 입장을 받아들이면 문제들에서 벗어나지만, 그렇지 않으면 문제를 자초합니다. 예컨대 어떤 **고뿌람**(gopuram)[사원의 탑]에 있는 (조각된) 상像은 자신의 어깨 위에 있는 탑의 무게를 감당하는 듯이 보이게 만들어져 있습니다. 그것의 자세와 표정은 그 탑이라는 무거운 짐을 감당하면서 크게 힘을 쓰고 있는 모습입니다. 그러나 생각해 보십시오. 탑은 땅 위에 건립되어 있고, 토대 위에 올려져 있습니다. (지구를 감당하는 아틀라스 같은) 그 상像은 탑의 일부일 뿐인데도 마치 탑을 감당하는 듯이 보이게 만들어져 있습니다. 우습지 않습니까? 스스로 행위한다는 느낌을 갖는 인간도 이와 마찬가지입니다.

그러자 한 헌신자가 그 방문객을 위해 「실재사십송」의 말라얄람어 본을 낭독했다. 그것을 듣고 나서 그가 여쭈었다: 수행할 때는 이원성이고, 끝에 가서는 단일성이라고 하는 말은 어떻습니까?

**마**: 어떤 사람들은 우리가 이원적 관념을 가지고 수행을 시작해야 한다고 생각합니다. 그것은 그런 이들을 두고 한 말입니다. 그들은, '신이 있다. 인간은 숭배하고 명상해야 한다. 그러면 궁극적으로 개아(jiva)가 신 안에 합일된다'고 말합니다. 또 어떤 사람들은 **지고의 존재**와 개아는 항상 별개이며, 서로의 안으로 결코 합일되지 않는다고 합니다. 결국에 어떻게 되든, 우리는 지금 그런 것에 상관하지 맙시다. 개아가 **있다**는 것에는 모두가 동의합니다. 그 인간이 개아, 즉 자신의 **진아**를 발견하라 하십시오. 그러면 **진아**가 **지고자** 안에 합일되는지, 그것의 일부인지, 아니면 그것과 다른 것으로 남아 있게 되는지 발견할 시간이 있겠지요. 결론을 미리 가로막지 맙시다. 열린 마음을 견지하고, 내면으로 뛰어들어 **진아**를 발견하십시오. 진리 자체가 그대에게 밝아 올 것입니다. 그 결말이 절대적 단일성이든 조건적 단일성이든, 혹은 이원성이든, 왜 그대가 미리 결정해야 합니까? 그것은 아무 의미가 없습니다. 그런 확인은 지금 논리와 지성에 의해 이루어집니다. 지성은 **진아**[더 높은 힘]로부터 빛을 가져옵

니다. 지성이라는 이 부분적 반사광이 어떻게 전체적인 원래의 빛을 상상할 수 있겠습니까? 지성은 진아에 도달할 수도 없는데 어떻게 진아의 본질을 결정할 수 있습니까?

그 구절의 의미는 그런 것입니다.

**헌:** 그 시편들 중 하나에서, 초기 단계에서 그토록 주의 깊게 공부한 경전들도 궁극적으로 쓸데없다고 말합니다. 어느 단계에서 그것이 쓸데없어집니까?

**마:** 그 경전들의 핵심을 깨달았을 때입니다. 경전들은 더 **높은 힘**[진아의 존재와 그것을 얻는 방도를 가리켜 보이는 데 유용합니다. 경전들의 핵심은 그 정도일 뿐입니다. 그것을 소화했을 때 그 나머지는 쓸데없습니다. 그러나 경전은 구도자의 발전 정도에 맞추어져 있어 분량이 방대합니다. 우리는 계단을 올라갈 때 이미 지나온 곳들은 더 높은 단계를 위한 디딤돌일 뿐이라는 것을 압니다. 그리하여 올라온 계단들은 연이어 전前단계(*purvapaksha*)가 되다가 마침내 목표에 도달합니다. 목표에 도달하면 그것만 남고 나머지는 모두 쓸데없게 됩니다. 그런 식으로 경전들은 쓸데없게 되는 것입니다. 우리는 많은 책을 읽습니다. 그 읽은 것을 우리가 다 기억합니까? 그러나 그 핵심을 우리가 잊어버린 적이 있습니까? 그 핵심은 마음속에 젖어들고 나머지는 잊힙니다. 경진도 마찬가지입니다.

실은 인간은 자신을 한정되어 있다고 여기는데, 거기서 문제가 생깁니다. 그 관념이 잘못입니다. 그 자신이 그것을 확인할 수 있습니다. 잠 속에서는 세계도 없고, 에고도 없고, 문제도 없습니다. 그 행복한 상태에서 어떤 것이 깨어나 '나'라고 말합니다. 그 에고에게 세계가 나타납니다. 그는 그 세계 속의 한 점에 불과하므로 더 많은 것을 원하게 되고, 그래서 곤경에 빠집니다.

에고가 일어나기 전에 그는 얼마나 행복했습니까! 에고의 일어남이 당면한 문제의 원인입니다. 그에게 에고를 그 근원에까지 추적해 가라고 하십시오. 그러면 저 차별상 없는 행복의 상태, 곧 '잠 없는 잠(sleepless sleep)'에 도달할 것입니다. 진아는 지금 여기, 늘 똑같은 것으로 있습니다. 더 얻어야 할 것이 아무것도 없습니다. 한계들이 있다고 잘못 생각해 왔기 때문에, 그것을 넘어서야 할 필요가 있습니다. 그것은 열 명의 무지한 바보가 개울을 건너가 건너편에 당도한 다음 자신들을 세어 보고 아홉 명밖에 없다고 한 것과 같습니다. 그들은 누군지 알 수 없는 열 번째 사람을 잃어버렸다고 걱정하면서 슬퍼했습니다. 한 나그네가 그들이 슬퍼하는 이유를 알고 나서 그들을 세어 보고, 열 명이 맞다는 것을 알았습니다. 그들은 각자 자기를 빼고 세었던 것입니다. 나그네는 그들을 잇달아 한 명씩 때리면서 때리는 숫자를 세라고 했습니다. 그들은 '열'을 세고는 만족했습니다. 이 이야기의 교훈은, 열 번째 사람을 새로 얻은 게 아니라는 것입니다. 그는 내내 거기에 있었는데도, 무지가 그들 모두에게 슬픔을 야기했습니다.

또, 한 여인이 목걸이를 목에 두르고 있다가 그것을 깜박 잊어버렸습니다. 그녀는 그것을 찾기 시작했고, 사람들에게 물어보기도 했습니다. 친구 한 사람이 그녀가 무엇을 찾고 있는지를 알고는, 찾던 사람의 목에 걸린 목걸이를 가리켜 주었습니다. 그녀는 손으로 목걸이를 만져보고 즐거워했습니다. 그녀가 목걸이를 새로 얻었습니까? 여기서도 무지가 슬픔을 야기했고, 지知가 행복을 가져왔습니다.

인간과 진아도 그와 마찬가지입니다. 새로 얻을 것은 아무것도 없습니다. 진아에 대한 무지가 당면한 불행의 원인이며, 진아에 대한 지知가 행복을 야기합니다. 더욱이 만일 무엇을 새로 얻을 수 있다면, 이는 그것이 먼저는 없었다는 것을 뜻합니다. 한때 없었던 것은 다시 사라질 수 있습니다. 따라서 구원(깨달음)에 아무런 영구성이 없겠지요. 구원은 영구적입니다. 왜냐하면 진아는 지금 여기 있고 영원하기 때문입니다.

그래서 인간의 노력은 무지를 없애는 데로 향해집니다. (무지가 사라지면) 지혜가 밝아오는 것처럼 보이지만, 그것은 본래적이고 늘 있는 것입니다.

그 방문객은 작별을 고하면서 스승님께 절을 하고 말했다: 호랑이 입에 들어간 희생자는 아주 간 것이라고 합니다.

이 말은 『나는 누구인가?(Who am I?)』에 나오는 구절을 가리킨 것이다. 여기에서 말하기를, 제자가 스승의 자비로운 눈길의 장場 안에 일단 떨어지면 세간으로 결코 돌아갈 수 없는 것은, 마치 호랑이 입 안의 먹이가 도망칠 수 없는 것만큼이나 확실하다고 했다.

## 대담 64

어떤 사람이 죽었다는 소식이 스리 바가반께 전해졌다. 당신이 말씀하셨다: 좋지요. 죽은 이들은 실로 행복합니다. 그들은 문제 많은 혹 덩어리인 몸을 없애버렸습니다. 죽은 이는 슬퍼하지 않습니다. 살아남은 자들이 죽은 사람에 대해 슬퍼합니다. 사람들이 잠을 두려워합니까? 오히려 잠을 반기고, 잠에서 깨어나면 누구나 행복하게 잤다고 말합니다. 우리는 푹 자려고 잠자리를 준비합니다. 잠은 일시적 죽음입니다. 죽음은 긴 잠이지요. 인간이 살아 있는 동안에도 (잠을 통해 매일) 죽는다면, 남들의 죽음에 슬퍼할 필요가 없습니다. 생시·꿈·잠 속에서와 같이, 몸이 있든 없든 우리가 존재하는 것은 명백합니다. 그렇다면 왜 신체적 족쇄가 지속되기를 바란단 말입니까? 그 사람이 자신의 죽지 않는 진아를 알아내고 죽어서, 불멸이 되고 행복해지라 하십시오.

### 1935년 7월 13일

**대담 65**

**한 방문객:** 진아 깨달음 뒤에도 세계(jagat)가 지각됩니까?
**마:** 이 질문은 누구에게서 나옵니까? 진인에게서입니까, 무지인에게서입니까?
**헌:** 무지인에게서입니다.
**마:** 그 질문이 누구에게 일어나는지를 깨달으십시오. 그 의심하는 자를 알고 나서 그런 의심이 일어난다면 (그때는) 대답할 수 있습니다. 세계나 몸이 자기가 있다고 말합니까, 아니면 '보는 자'가 세계나 몸이 있다고 말합니까? 대상들을 보려면 보는 자가 있어야 합니다. 그 보는 자를 먼저 발견하십시오. 나중에 무엇이 있게 될지를 지금 그대가 왜 걱정합니까?

　스리 바가반이 계속 말씀하셨다: 세계가 지각되든 지각되지 않든 그게 무슨 상관 있습니까? 그대가 지금 세계를 지각해서 무엇을 잃어버렸습니까? 아니면 깊은 잠 속에서 어떤 지각도 없으면 그대가 무엇을 얻습니까? 세계가 지각되든 지각되지 않든 그것은 중요하지 않습니다.

　무지인은 진인이 행위하는 것을 보면 혼란에 빠집니다. 세계는 양인이 다 지각하지만 그들의 관점은 다릅니다. 영화의 예를 들어봅시다. 스크린 위를 움직이는 화면들이 있습니다. 가서 그것을 붙잡아 보십시오. 무엇을 붙잡게 됩니까? 스크린뿐입니다. 화면들이 사라지게 해보십시오. 무엇이 남습니까? 다시 스크린입니다. 여기서도 마찬가지입니다. 세계가 나타날 때조차도 그것이 누구에게 나타나는지를 보십시오. '나'라는 바탕을 붙드십시오. 그 바탕을 붙들고 나면, 세계가 나타나든 사라지든 그것이 뭐가 중요하겠습니까?

무지인은 세계를 실재한다고 여기지만, 진인은 그것을 진아의 나툼으로만 봅니다. 진아가 스스로를 나투든 그러기를 그치든, 그것은 중요하지 않습니다.

### 1935년 7월 15일

**대담 66**

기억, 잠 그리고 죽음에 관한 몇 가지 유식한 질문들이 들어 있는 편지 한 통이 왔다. 그 질문들은 일견 설득력이 있고 대답하기 곤란할 것같이 보였다. 그러나 그 주제에 관해 스승님께 말씀드리자, 당신은 그 실타래를 아주 멋지게 푸시면서 이렇게 지적하셨다: 그런 모든 혼동은 진정한 '나'와 거짓된 '나'를 구분하지 않는 데 기인합니다. 그 속성과 양상들은 후자에 속하지 전자에 속하지 않습니다. 우리의 노력은 자신의 무지를 제거하는 데로만 향해져야 합니다. 나중에는 무지가 사라지고, 진정한 자아가 늘 있다는 것을 발견합니다. 진아(자기)로 머물러 있는 데는 아무 노력도 필요 없습니다.

### 1935년 7월 21일

**대담 67**

남인도철도(철도회사)에서 근무하는 K. S. N. 아이어 씨라는 방문객이 말했다: 저의 명상에서는 사소한 정지 지점이 하나 있습니다. 제가 "나는 누구인가?" 하고 자문하면 저의 추론은 다음과 같이 진행됩니다. '나는 내 손을 본다. 누가 그것을 보는가? 내 눈이다. 그 눈을 어떻게 보는가? 거울 안에서. 그와 마찬가지로 나를 보기 위해서는 거울이 필요하다.' "어느 것이 제 안에서 거울의 자리를 마련해 줍니까?"가 저의 질문입니다.

마: 그렇다면 왜 "나는 누구인가?" 하고 묻습니까? 왜 그대에게 문제가 있다는 등의 말을 합니까? 고요하게 머물러 있는 편이 낫습니다. 왜 차분한 상태에서 나옵니까?

헌: 그렇게 묻는 것이 집중하는 데 도움이 되어서요. 집중이 (제가 얻을 수 있는) 유일한 이익입니까?

마: 더 이상 무엇을 원합니까? 집중이 주안점입니다. 무엇이 그대를 고요함에서 나오게 합니까?

헌: 제가 끌려 나오기 때문입니다.

마: "나는 누구인가?" 하는 탐구는 '나'의 근원을 찾는 것을 의미합니다. 그것을 찾으면 그대가 추구하는 것이 이루어집니다.

(스리 바가반이 말씀하신 요지는, 우리가 집중적인 노력을 해야지 패배주의적인 마음으로 좌절하여 포기해서는 안 된다는 것인 듯하다.)

## 대담 68

중년의 저명한 교수 라다까말 무커지(Radhakamal Mukerjee) 박사는 요가나 명상을 닦고 있는 평화로운 인상의 소유자로, 몇 가지 신비적인 체험을 한 바 있어 그 신비를 스승님에 의해 풀고 싶은 바람을 가지고 있었다. 그는 책 한 권을 써서 런던의 롱맨즈 그린사社에서 출판했다. 그는 진아 깨달음이 성취하기 어렵고, 스승님의 도움이 필요하다고 느낀다.

그의 질문: 우파니샤드적 명상법은 이제 사라졌는데, 벵골의 한 큰 진인이 저에게 그것을 가르쳐 주었습니다. 다년간 수련과 수행을 하고 나서 저는 몇 가지 신비 체험을 하고 있습니다. 어떤 때는, **무한자**(Bhuma)[지고의 의식]는 무한함인데 저는 유한한 의식이라고 느끼기도 합니다. 그것이 맞습니까?

마: **무한자**[완전함]만이 있습니다. 그것은 **무한합니다**. 거기서 이 유한한 의식이 일어나서 하나의 한정자(upadhi)[한정하는 부가물]46)를 취합니다. 이것이 반사反射(abhasa)입니다. 이 개인적 의식을 지고의 의식에 합일시키십시오. 그것이 그대가 해야 할 일입니다.

헌: 무한자는 지고한 의식의 한 속성입니다.

마: 무한자가 지고자입니다. "다른 아무것도 보지 않고 아무것도 듣지 않는 곳, 그것이 **완전함**이다(yatra nanyat pasyati yatra nanyac srunoti sa bhuma)."47) 그것은 규정할 수 없고 묘사할 수 없습니다. 그것은 있는 그대로입니다.

헌: 어떤 광대무변함이 있는 것을 체험합니다. 아마 그것은 **무한자** 바로 밑에, 그러나 가까이 있겠지요. 맞습니까?

마: 무한자만이 있지요. 달리 아무것도 없습니다. 이 모든 이야기를 하는 것은 마음입니다.

헌: 마음을 넘어서면 저는 광대무변함을 느낍니다.

---

46) T. 그릇된 동일시로 인해 진아에 부가되어 진아의 무한성을 한정하는 것. 몸·에고 등.
47) T. 『찬도갸 우파니샤드』, 7.24.1.

마: 예, 예….
　교수는 자기와 약간 떨어진 곳에 앉아 있던 한 여사를 돌아보며 힌디어로 통역을 했다.

그녀: 명상과 산란(distraction)의 차이는 무엇입니까?
마: 아무 차이가 없습니다. 생각들이 있을 때는 산란이고, 아무 생각이 없으면 명상입니다. 그러나 명상은 (진정한 **평안**의 상태와는 구별되는) 하나의 수행일 뿐입니다.
그녀: 명상은 어떻게 닦습니까?
마: 생각들을 물리치십시오.
그녀: 일을 명상과 어떻게 조화시킵니까?
마: 그 일하는 자가 누구입니까? 그에게 그 질문을 하라 하십시오. 그대는 늘 진아입니다. 마음이 아닙니다. 그런 질문을 하는 것은 마음입니다. 일은 늘 진아의 친존에서만 진행됩니다. 일은 깨달음에 장애가 아닙니다. 문제가 되는 것은 일하는 자의 잘못된 정체성입니다. 그 그릇된 정체성을 제거하십시오.
교수: 비非의식의 상태는 **무한한** 의식에 가깝지 않습니까?
마: 의식만이 남아 있고 더는 아무것도 없습니다.
헌: 스리 바가반의 침묵은 그 자체 하나의 강력한 힘입니다. 그것은 저희들의 내면에 어떤 마음의 평안을 가져다줍니다.
마: 침묵은 결코 끝나지 않는 언어입니다. 발성언어가 침묵이라는 저 언어를 방해합니다. 침묵 속에서 우리는 주변 환경과 친밀한 접촉을 갖습니다. 다끄쉬나무르띠의 침묵은 네 현자의 의심을 제거했습니다. 침묵의 언어로 설해진 진리(mouna vyakhya prakatita tatvam)라는 것이지요. 침묵은 드러냄이라고도 합니다. 침묵은 그렇게 강력합니다.
　발성언어를 위해서는 언어기관들이 필요하고, 그것이 언어보다 앞섭니다. 그러나 저 언어(침묵)는 생각조차 넘어서 있습니다. 그것은 요컨대 지고어至高語(para vak), 곧 초월적 언어 혹은 말하지 않은 말입니다.
헌: 깨달음 속에 지知가 있습니까?
마: 지知가 없는 것이 잠입니다. 깨달음 속에는 지知가 있습니다. 그러나 이 지知는 주체와 대상의 관계에 대한 보통의 지知와는 다릅니다. 그것은 **절대적인 지知**입니다. 지知에는 두 가지 의미가 있습니다.

(1) 문자적 의미(*vachyartha*). 이것은 상相(*vritti*-마음의 양상. 관념)입니다.

(2) 2차적 의미(*lakshyartha*). 이것은 **진지**요 **진아**요 **본래면목**(*Swarupa*)입니다.

**헌**: 사람은 상相을 가지고 지知를 봅니다.

**마**: 정말 그렇지요. 그는 또 상相을 지知와 혼동합니다. 상相은 마음의 한 양상입니다. 그대는 마음이 아닙니다. 그것을 넘어서 있습니다.

**그 여사**: 가끔 브라만 형상의 상相(*Brahmakara-vritti*) 안에 머무르고 싶다는 억제할 수 없는 욕망이 있습니다.

**마**: 그건 좋습니다. 그것을 계발하여 그것이 자연적으로(*sahaja*) 되게 해야 합니다. 그러면 그것이 본래면목, 곧 그대 자신의 **진아**로서 정점에 도달합니다.

나중에 스리 바가반이 설명하셨다: 상相은 흔히 의식으로 오인됩니다. 그것은 하나의 현상일 뿐이고, '반사된 의식(*abhasa*)'의 영역에서 작용합니다. 지知는 상대적인 지知와 무지 너머에 있습니다. 그것은 상相의 형태를 하고 있지 않습니다. 그 안에는 주체도 없고 대상도 없습니다.

상相은 활동적(*rajasic*) 마음에 속합니다. 순수한(*satvic*) 마음은 거기서 벗어나 있습니다. 순수한 마음은 활동적 마음에 대한 주시자입니다. 그것은 분명 참된 의식입니다. 하지만 그것을 순수한 마음이라고 하는 것은, 주시자임을 아는 것이 '반사된 의식'의 기능이기 때문입니다. 마음이 그 반사된 의식입니다. 그런 앎은 마음을 의미합니다. 그러나 마음은 그 자체로는 작용하지 않습니다. 그래서 그것(주시자 의식)을 순수한 마음이라고 하는 것입니다.

생전해탈자(*jivanmukta*)의 상태가 그와 같습니다. 또 그의 마음은 죽었다고도 합니다. 생전해탈자가 마음을 가지고 있다는 것과 그것이 죽었다는 것은 모순 아닙니까? 무지한 사람들과의 논변에서는 그렇다고 양보해 주어야 합니다.

또 브라만은 생전해탈자의 마음일 뿐이라고도 합니다. 어떻게 우리가 그를 브라마비드(*Brahmavid*)[브라만을 아는 자]라고 이야기할 수 있습니까? 브라만은 결코 아는 대상이 될 수 없는데 말입니다. 그러나 이것은 일반적 용어법을 따른 것입니다.

사람들은 생전해탈자와 이스와라가 순수한 마음을 가지고 있다고 추측합니다. "그렇지 않다면 그들이 과연 살아가며 행위할 수 있겠느냐?"는 것입니다. 그런 순수한 마음이 있다고 인정하는 것은 논변에 대한 하나의 양보로서 그러는 것일 뿐입니다.

그 순수한 마음이란 사실 **절대적 의식**입니다. 주시되는 대상과 주시자는 결국 한데 합일되고 절대적 의식만이 최고로 지배합니다. 그것은 공空(*sunya*)이나 무지의 상태가 아니라 본래면목(*swarupa*)[진정한 자아]입니다. 어떤 이들은 마음이 의식에서 일어나고 반사가 이에 뒤따른다고 말하고, 어떤 이들은 반사가 먼저 일어나고 마음이 뒤따른다고 합니다. 사실 둘 다 동시에 일어납니다.

교수는 스리 바가반께, 자신은 곧 1천 마일이나 멀리 떨어져 있게 되겠지만 자기에게도 당신의 은총을 주시라고 청했다. 스리 바가반이 말씀하셨다: 시간과 공간은 마음의 개념일 뿐입니다. 그러나 본래면목은 마음과 시공을 넘어서 있습니다. 진아에서 거리는 중요하지 않습니다.

교수와 함께 온 여사는 스승님을 떠나 집으로 돌아가는 것을 더없이 아쉬워했다. 스승님이 말씀하셨다: 늘 저의 친존에 있다고 생각하십시오. 그러면 기분이 한결 나아질 것입니다. (그들은 어두워진 뒤에 떠났다.)

**대담 69**
위에서 말한 무커지 교수의 대학 강의에 대해 「힌두(*Hindu*)」 지誌에 보도된 기사들이 있었다. 이 강사는 산아제한의 필요성을 강조했고, 남자가 자신의 책임을 느끼게 하여 산아제한이 자동적으로 일어나게 할 수 있는 여러 가능성을 논의했다. 스승님은 그 말을 듣자 가벼운 기분으로 말씀하셨다: 그들에게 죽는 방법을 발견하라고 하지요. (여기서 죽음은 에고의 죽음을 가리킨다.)

### 1935년 7월 24일

**대담 70**
스리 라주 샤스뜨리갈(Sri Raju Sastrigal)이 스리 바가반께 나다(*nada*), 빈두(*bindu*) 그리고 깔라(*kala*)에 대해서 여쭈었다.

**마:** 그것은 베단타의 용어로 쁘라나(*prana*) · 마나스(*manas*) · 붓디(*buddhi*)[생기 · 마음 · 지성]입니다. 탄트라(Tantras)에서, 나다는 그 안에 빛(*tejas*)이 들어 있는 미묘한 소리이고, 이 빛은 **시바의 몸**이라고 합니다. 그것이 발전하면 소리가 가라앉아 빈두가 됩니다. 빛으로 가득 차는 것(*tejomaya*)이 목표입니다. 깔라는 빈두의 일부지요.

## 대담 71

〔스승님이 띠루반나말라이의 여러 곳에서 거처하신 연대적 순서〕

1896년. 띠루반나말라이에 도착하여 사원의 경내나 나무 밑, 지하실인 빠탈라 링감(Pathala Lingam), 때로는 고뿌람(*gopurams*) 안 등의 장소에 머무르심.

1897년 초. 구루무르땀(Gurumurtham)으로 이주하심. 이 사원에서, 그리고 인접한 망고 덤불에서 머무르심(18개월간).

1898년 9월. 빠발라꾼루(Pavalakunru-사원 근처 작은 언덕 위의 사원)에 머무르심.

1899년 2월. 산 위의 망고나무 산굴山窟과 비루팍샤 산굴에 머무르심.

1905년. 전염병이 돌던 6개월간 빠짜이암만 사원에 머무르심. 다시 산 위로.

1908년. 1, 2, 3월에는 빠짜이암만 사원(Pachaiamman Koil). 다시 산 위로.

1916년. 스깐다스라맘(Skandasramam).

1922년. 산의 남쪽 사면에 있는 라마나스라맘 부지.

### 1935년 9월 25일

## 대담 72

철도회사 직원인 K. S. N. 아이어 씨가 염송(*japa*)에 대해서 질문했다.

마: 소리 내어 염하다가 기억으로 염하고, 나중에는 명상을 하는 연속적 단계를 밟아나가면 결국 자발적이고 영원한 염송으로 끝납니다. 그런 부류의 염송 행자行者(*japakarta*)[염송을 하는 자]는 곧 진아입니다. 모든 염송 중에서 "나는 누구인가?"가 최상입니다.

### 1935년 9월 27일

## 대담 73

엔지니어인 에까나타 라오 씨가 질문했다: 은총은 고사하고, 스승으로부터 어떤 격려도 받지 못하는 사람의 의기소침함은 어떻게 합니까?

마: 그것은 무지일 뿐입니다. "누가 의기소침한가?" 하는 물음을 던져야 합니다. 그런 생각들의 제물이 되는 것은 잠에서 깨어난 뒤에 일어나는 에고라는 유령입니다. 깊은 잠 속에서는 그 사람이 (그런 생각에) 시달리지 않았습니다. 지금 깨어 있는 동안 시달리는 것은 누구입니까? 잠의 상태는 거의 정상적인 상태입니다. 그 사람에게 (그것이 누구인지) 탐색하고 발견하라 하십시오.

**헌:** 그러나 격려를 받지 못해서 (탐색을 할) 아무 유인誘因이 없습니다.

**마:** 그대는 명상 도중에 모종의 평안을 발견하지 않습니까? 그것이 진보의 표지입니다. 계속 명상을 해나가면 그 평안이 더 깊어지고 더 오래갈 것입니다. 그것은 또한 목표로 이끌어주기도 할 것입니다. 『바가바드 기타』 제14장 마지막 연들은 구나띠따(gunatita)[구나를 초월한 사람]에 대해서 이야기합니다. 그것이 최종 단계입니다.

초기 단계들은 비非청정 순수성(asuddha satva)[불순수한 존재], 혼재混在 순수성(misra satva)[혼합적 존재], 그리고 청정 순수성(suddha satva)[순수한 존재]입니다.

이 중에서 불순수한 존재는 라자스(rajas)와 따마스(tamas)에 의해 압도되었을 때이고, 혼합적 존재는 그 존재—순수성—가 산발적으로 나타나는 상태이며, 청정 순수성은 라자스와 따마스를 압도합니다. 이 연속적 단계들 이후에 구나들(gunas-사뜨와·라자스·따마스의 세 가지 성질)을 초월하는 상태(구나띠따)가 옵니다.

## 대담 74

엔지니어인 프리드먼 씨는 그가 보낸 한 편지에서 이렇게 쓰고 있다: 마하르쉬님은 제가 당신을 생각할 때뿐만 아니라 당신을 생각하지 않을 때도 저와 함께하십니다. 그렇지 않다면 제가 어떻게 살아갑니까?

## 대담 75

한 외국 대사관에 근무했던 그란트 더프 씨는 이렇게 쓰고 있다: … 마하르쉬님께 경의를 표합니다. 당신께서는 저의 생각 속에서 저에게 나타나십니다. 저의 질문에 대한 하나의 **답변**으로서 뿐만 아니라 **친존**親存으로서도….

### 1935년 9월 29일

## 대담 76

K. S. N. 아이어 씨가 자신은 영적인 삶을 세간적 활동과 어떻게 조화시킬 수 있을지 확신이 서지 않는다고 말했다. 스승님은 답변으로 『요가 바쉬슈타』의 몇 연을 인용하셨다. (그 원본은 수백만 연이었다고 하는데 지금은 그 중 32,000연이 산스크리트본에 나온다. 이것을 6,000연으로 간추린 것을 『소小 바쉬슈타(Laghu Vasishta)』라고 하며, 타밀어로는 2,050연으로 번역되어 있다.)

헌: 일에 마음을 집중하지 않으면 그 일이 만족스럽게 이루어질 수 없습니다. 어떻게 해야 마음을 영적으로 유지하면서 일도 계속해 나갑니까?

마: 마음은 생시의 상태에 나타나는, 진아의 한 투사물일 뿐입니다. 깊은 잠 속에서 그대는 자신이 누구의 아들이라는 등의 말을 하지 않습니다. 깨어나자마자 그대가 어떠어떠하다는 이야기를 하고 세계 등을 인식합니다. 세계는 '로까(lokah)'일 뿐인데, '로까'란 "지각되는 것이 세계다(lokyate iti lokah)"입니다. 눈에 보이는 것이 로까(lokah), 곧 세계인 것입니다. 그것을 보는 눈은 무엇입니까? 그것은 주기적으로 일어나고 가라앉는 에고입니다. 그러나 그대는 늘 존재합니다. 따라서 에고를 넘어서 있는 그것이 의식— 곧 진아입니다.

깊은 잠 속에서는 마음이 합일되어 있으나 소멸되지는 않습니다. 합일되는 것은 다시 나타납니다. 그것은 명상 속에서도 일어날 수 있습니다. 그러나 소멸된 마음은 다시 나타날 수 없습니다. 요기의 목표는 마음을 소멸하는 것이어야지, 심잠心潛(laya-마음이 일시적으로 가라앉은 상태)에 빠져드는 것이어서는 안 됩니다. 명상의 평안 속에서 심잠이 일어나지만 그것으로는 충분치 않습니다. 마음을 소멸하려면 다른 수행들로 그것을 보완해 주어야 합니다. 어떤 사람들은 하찮은 생각을 하면서 삼매에 들었다가 오랜 시간이 지난 뒤 그 생각이 이어지면서 깨어나기도 했습니다. 그 사이에 세상에서는 여러 세대가 지나가 버렸습니다. 그런 요기는 자신의 마음을 소멸하지 못한 것입니다. 마음의 소멸은 그것을 진아와 별개로 인식하지 않게 되는 것입니다. 바로 지금도 마음은 없습니다. 그것을 인식하십시오. 일상 활동 속에서 그렇게 하지 않는다면 어떻게 그렇게 할 수 있습니까? 활동들은 자동적으로 진행됩니다. 그 활동을 일으키는 마음은 실재하지 않는, 진아에서 일어나는 하나의 허깨비일 뿐이라는 것을 아십시오. 그것이 마음을 소멸하는 법입니다.

## 대담 77

스승님은 성경의 "고요히 있으라, 그리고 내가 신임을 알라(Be still and know that I am God)"[시편 46.10] 하는 구절을 말씀하시다가 「전도서」에서 이런 구절들을 발견하셨다. "오직 하나가 있을 뿐, 어떤 두 번째도 없다." "현자의 심장은 오른쪽에 있고, 우자愚者의 심장은 왼쪽에 있다."

### 대담 78

마술라(Masulla)에서 온 남자가 스승님께 질문했다: 진아를 어떻게 깨닫습니까?
**마:** 누구나 자기 삶의 매 순간 **자기**(진아)를 체험하고 있습니다.
**헌:** 그러나 바라는 대로 **진아**를 깨닫지는 못합니다.
**마:** 그렇지요. 현재의 체험은 전도顚倒된 것(*viparita*)—곧, **실재**와 다르다는 것입니다. '없는 것(비실재)'이 '있는 것(실재)'과 혼동됩니다.
**헌:** 아뜨만을 어떻게 발견합니까?
**마:** 아뜨만에 대한 탐구란 없습니다. 탐구는 비아非我에 대해서 할 수 있을 뿐입니다. 비아를 제거하는 것만 가능합니다. **진아**는 늘 자명하기에, 스스로 빛을 발할 것입니다.

　**진아**는 아뜨만 · 신 · **꾼달리니**(*Kundalini*) · 진언(*mantra*) 등 여러 이름으로 불립니다. 그 중의 어느 것을 붙들든 **진아**는 드러납니다. 신은 **진아**에 다름 아닙니다. **꾼달리니**는 지금 마음으로서 드러나고 있습니다. 마음을 그 근원까지 추적하면 그것이 곧 **꾼달리니**입니다. 진언염송(*mantra japa*)은 다른 생각들을 몰아내고 그 진언에 집중하게 해줍니다. 그 진언은 결국 **진아**에 합일되고, **진아**로서 빛을 발합니다.

**헌:** 진아 깨달음을 위해서는 언제까지 **구루**(Guru)가 필요합니까?
**마:** 라구(*laghu*)가 있는 한 **구루**가 필요합니다[구루는 '무겁다', 라구는 '가볍다'는 뜻을 이용한 말놀이임]. 라구(에고나 무지)는 자기에 대해 스스로 설정한 그릇된 한계들에 기인합니다. 신은 헌신자의 숭배를 받게 되면 그의 헌신에 꾸준함을 부여하여 그것이 순복으로 되게 합니다. 순복하는 헌신자에게, 신은 그의 **스승**으로 나타남으로써 자비를 보여줍니다. **구루**, 달리 말해서 신은 그 헌신자를 인도하면서, 그에게 "신은 그대의 내면에 있고, 그가 곧 **진아**다"라고 말해줍니다. 이리하여 마음이 내면으로 향하게 되고, 마침내 깨달음을 얻게 됩니다.

　깨달음의 상태에 이르기까지는 노력이 필요합니다. 그때가 되었다 해도 진아가 자연발로적으로 분명해져야 합니다. 그렇지 않으면 행복이 완전하지 않을 것입니다. 그 자연발로성의 상태에 이르기까지는 이런저런 형태의 노력이 있어야 합니다.

**헌:** 매일 일하며 사는 우리의 생활은 그런 노력과 양립할 수 없습니다.
**마:** 그대는 왜 자신이 활동하고 있다고 생각합니까? 그대가 여기 도착하는 과

정을 아무렇게나 예로 들어봅시다. 그대는 달구지를 타고 집을 나서 기차를 탔고, 이곳의 역에서 내려 다시 달구지를 탔더니 이 아스라맘에 와 있었습니다. 어떻게 왔느냐고 물으면, 그대가 사는 읍에서부터 줄곧 여행하여 여기까지 왔다고 대답합니다. 그것이 사실입니까? 그대는 있는 그대로 머물러 있었고 오는 도중 내내 운송수단들의 움직임이 있었던 것 아닙니까? 그 움직임들이 그대 자신의 움직임으로 혼동되듯이, 다른 활동들도 마찬가지입니다. 그 활동들은 그대 자신의 것이 아닙니다. 그것은 신의 활동입니다.

헌: 그런 관념은 마음의 공백 상태를 가져올 것이고, 일이 잘 진행되지 않을 것입니다.

마: 그 공백 상태까지 가 보고, 나중에 저한테 말하십시오.

헌: 진인들을 찾아뵙는 것은 **진아 깨달음**에 도움이 된다고 하던데요?

마: 그렇지요. 도움이 됩니다.

헌: 제가 지금 당신을 찾아뵌 것도 깨달음을 가져오겠습니까?

마: (잠시 멈추었다가) 가져와야 할 것이 무엇입니까? 누구에게요? 잘 생각해 보고, 탐구하십시오. 그 의문이 누구에게 있는지를. 그 근원을 추적하면 그 의문이 사라질 것입니다.

## 대담 79

한 엔지니어가 질문했다: 동물들은 그들의 환경과 변화에도 불구하고 그들 나름의 자연법칙을 따르는 것 같습니다. 반면에 인간은 사회법을 비웃고, 어떤 일정한 체계에도 매이지 않습니다. 인간은 타락하고 있는 것처럼 보이는 반면 동물들은 안정되어 있습니다. 그렇지 않습니까?

마: (한참 있다가) 우파니샤드와 여러 경전에서는 인간들도 만일 깨달은 존재가 아니면 동물일 뿐이라고 합니다. 어쩌면 더 나쁠지도 모르지요.

### 1935년 10월 3일

## 대담 80

아주 헌신적이고 단순한 제자가 세 살 난 외아들을 잃었다. 다음날 그가 가족과 함께 아스라맘에 왔다. 스승님은 그들과 관련하여 이렇게 말씀하셨다: 마음 훈련은 우리가 슬픔과 사별을 용기 있게 견디는 데 도움이 됩니다. 그러나 자기 자식을 잃는 것은 슬픈 일 중에서도 가장 슬픈 일이라고 하지요. 슬픔은 우리가 자신을 유한한 형상을 가진 존재로 여기는 한에서만 존재합니다. 그 형상을 초월하면, 단 하나인 **진아**가 영원하다는 것을 알 것입니다. 죽음도 없고 탄생도 없습니다. 태어난 것은 몸일 뿐입니다. 몸은 에고의 창조물입니다. 그러나 에고는 몸 없이는 보통 지각되지 않습니다. (그래서) 그것은 늘 몸과 동일시됩니다. 중요한 것은 생각입니다. 양식 있는 사람에게, 깊은 잠 속에서 그가 자기 몸을 알았는지 생각해 보라고 하십시오. 왜 생시의 상태에서 그것을 느낍니까? 그러나 잠 속에서 몸을 느끼지 못했다고 해도, 그때 **자기**(진아)가 존재하지 않았습니까? 깊은 잠 속에서 그는 어떻게 있었습니까? 깨어 있을 때는 어떻게 있습니까? 그 차이가 무엇입니까? 에고가 일어나면 그것이 생시입니다. 동시에 생각들이 일어납니다. 그에게 그 생각들이 누구에게 있는지 알아내라 하십시오. 그것들이 어디서 일어납니까? 의식하는 **진아**에게서 솟아날 수밖에 없습니다. 이것을 희미하게라도 이해하는 것이 에고의 소멸에 도움이 됩니다. 그 이후에, 하나인 **무한한 존재**에 대한 깨달음이 가능해집니다. 그 상태에서는 **영원한 존재** 아닌 어떤 개인도 없습니다. 그래서 죽음이나 통곡에 대한 어떤 생각도 없습니다.

만약 인간이 자기가 태어난다고 생각하면 죽음의 공포를 피할 수 없습니다. 그에게 자신이 과연 태어났는지, 혹은 **자기**(진아)에게 어떤 탄생이 있는지 알아내라고 하십시오. **자기**(진아)는 늘 존재한다는 것, 태어나는 몸은 생각 속으로 해소된다는 것, 그리고 생각이 일어나는 것이 모든 해악의 뿌리라는 것을 발견할 것입니다. 생각들이 어디서 일어나는지 찾아보십시오. 그러면 항상 존재하는 가장 깊은 내면의 **진아** 안에 그대가 안주하게 되어, 탄생의 관념이나 죽음의 공포에서 벗어날 것입니다.

한 제자가 어떻게 해야만 그렇게 되는지를 여쭈었다.

**마**: 생각들은 무수한 전생에 축적된 원습일 뿐입니다. 그것의 절멸이 목표입니다. 원습에서 벗어난 상태가 원초적 상태이고, 영원한 순수성의 상태입니다.

**헌**: 아직 분명하게 이해되지 않습니다.

**마**: 누구나 영원한 **진아**를 자각하고 있습니다. 사람은 수많은 존재가 죽어가는 것을 보면서도 그 자신은 영원하다고 믿습니다. 왜냐하면 그것이 **진리**이기 때문입니다. 그 본래적 **진리**가 무심결에 드러납니다. 인간은 의식하는 **진아**를

지각력 없는 몸과 뒤섞음으로써 미혹됩니다. 이 미혹이 끝나야 합니다.

**헌:** 그것은 어떻게 끝이 나겠습니까?

**마:** 태어나는 것은 끝이 있을 수밖에 없습니다. 그 미혹은 에고와 동시에 일어날 뿐입니다. 그것은 일어나고 가라앉습니다. 그러나 **실재**는 결코 일어나지 않고 가라앉지도 않습니다. 그것은 **영원한** 상태로 있습니다. 깨달은 스승이 그렇게 말합니다. 제자는 듣고 그 말에 대해 성찰하여 **진아**를 깨닫습니다. 그것을 표현하는 두 가지 방식이 있습니다.

항상 존재하는 **진아**를 깨닫는 데는 어떤 노력도 필요 없습니다. 깨달음은 이미 있습니다. 환幻만 제거하면 됩니다. 어떤 이들은 스승의 입에서 나오는 말이 그것을 단박에 제거한다고 말합니다. 또 어떤 이들은 깨달음을 얻으려면 명상 등이 필요하다고 말합니다. 둘 다 옳고, 관점이 다를 뿐입니다.

**헌:** 명상(*dhyana*)이 필요합니까?

**마:** 우파니샤드에서는 지구조차도 영원한 명상에 들어 있다고 합니다.

**헌:** 행위(Karma)는 그에 어떻게 도움이 됩니까? 그것은 없애야 할, 안 그래도 무거운 짐을 더 보태는 것 아니겠습니까?

**마:** 사심 없이 하는 행위는 마음을 정화하며, 마음이 명상에 고정하는 데 도움이 됩니다.

**헌:** 행위 없이 끊임없이 명상하면 어떻습니까?

**마:** 한번 해보십시오. 그대가 그렇게 하도록 원습이 내버려두지 않겠지요. 명상은 스승의 은총에 의해 원습이 점차 약화되면서 단계적으로만 다가옵니다.

### 1935년 10월 15일

## 대담 81

지난 20년간 베단타에 관심을 가졌고 지금 인도에 와 있는 미국인 화학자 번하드 베이(Bernhard Bey) 박사가 스승님을 방문했다. 그가 질문했다: 수행(*abhyasa*)은 어떻게 해야 합니까? 저는 빛을 발견하려고 애쓰고 있습니다. (그 자신은 수행을 집중, 곧 마음의 일념 상태라고 설명했다.)

스승님은 지금까지 그가 한 수행이 무엇이었느냐고 물으셨다.

방문객은, 자신이 코의 뿌리에 집중하지만 마음은 헤매고 있다고 말했다.

**마:** 마음이 있습니까?

다른 헌신자가 부드럽게 끼어들었다: 마음은 생각들의 집합체에 불과합니다.

**마:** 그 생각들은 누구에게 있습니까? 마음이 있는 곳을 알려고 하면 마음은 사라지고 **진아**만 남습니다. (진아만이) 홀로 있으므로, 어떤 일념 상태나 다른 무엇도 있을 수 없습니다.

**헌:** 그것을 이해하기가 너무 어렵습니다. 좀 구체적인 것을 말씀해주시면 쉽게 이해할 수 있겠는데요. 염송·명상 등이 더 구체적입니다.

**마:** "나는 누구인가?"가 최선의 염송입니다.

　어떤 것이 **자기**보다 더 구체적일 수 있습니까? 그것은 각자가 매순간 체험하는 것입니다. 왜 **자기**를 빼고 바깥의 무엇을 붙잡으려고 애써야 합니까? 각자 저 너머 미지의 것을 찾지 말고 알려진 **자기**를 발견하라고 하십시오.

**헌:** 어디서 **아뜨만**에 대해 명상해야 합니까? 제 말은, 몸의 어느 부위에서 하느냐는 뜻입니다.

**마:** **진아**가 드러나야 합니다. 그것이 그대가 원하는 전부입니다.

　한 헌신자가 부드럽게 덧붙였다: 가슴 오른쪽에 **아뜨만**의 자리인 **심장**이 있습니다.

　다른 헌신자: **진아**를 깨달으면 그 깨침이 그 중심(심장) 안에 있습니다.

**마:** 정말 그렇지요.

**헌:** 어떻게 마음을 세계로부터 돌아서게 합니까?

**마:** 세계가 있습니까? 그 말은, 진아와 별개로 있느냐는 뜻입니다. 세계가 자기가 존재한다고 말합니까? 한 세계가 있다고 말하는 것은 그대입니다. 그렇게 말하는 **자기**를 발견하십시오.

### 1935년 10월 16일

**대담 82**

여러 가지 삼매(*samadhis*)의 차이점에 관한 질문이 제기되었다.

**마:** 감각기관이 어둠 속에 합일되어 있을 때, 그것이 깊은 잠입니다. 빛 속에 합일되어 있을 때, 그것이 삼매三昧입니다. 마차 안의 승객이 잠들어 있을 때는 말들이 움직이고, 멈추고, 마구馬具가 끌러지는 것을 모르듯이, 본연삼매本然三昧(*sahaja samadhi*)에 든 진인도 일어나는 일이나 생시·꿈·깊은 잠을 모릅니다. 여기서 잠은 말들의 마구를 끄르는 것에 상응합니다. 그리고 삼매는 말

들이 멈춰서는 것에 상응하는데, 왜냐하면 감각기관들이 움직일 준비를 하고 있기 때문입니다. 마치 말들이 멈추었다가 다시 움직일 준비를 하고 있듯이 말입니다.

삼매에서는 (앉아 있을 때) 고개가 수그러지지 않습니다. 왜냐하면 감각기관들이 활동은 하지 않아도 남아 있기 때문입니다. 반면에 잠 속에서는 고개가 수그러집니다. 왜냐하면 감각기관들이 어둠에 합일되어 있기 때문입니다. 합일삼매合一三昧(kevala samadhi)에서는 활동[생기 활동과 마음 활동]·생시·꿈·잠이 합일되어 있기만 할 뿐, 삼매 아닌 상태를 회복하면 다시 일어날 준비가 되어 있습니다. 본연삼매에서는 생기와 마음의 활동, 그리고 세 가지 상태가 소멸되어 다시는 나타나지 않습니다. 그러나 남들은 진인이 예컨대 식사를 하고, 말을 하고, 움직이는 등 활동을 하는 것을 봅니다. 그 자신은 그런 활동을 의식하지 못하지만, 남들은 그의 활동을 의식합니다. 그 활동들은 그의 몸에 속하지 그의 **진정한 자아**(Real Self), 곧 본래면목에 속하지 않습니다. 진인 자신에게는 그가 (마차 안에서) 잠이 든 승객과 같습니다. 혹은, 잘 자고 있다가 깨우는 바람에 일어나서 먹여주는 것을 먹지만 그것을 의식하지 못하는 아이와 같습니다. 아이는 다음날 자기가 우유를 전혀 먹지 않고 그냥 잠들었다고 말합니다. 자다가 일어나 먹지 않았느냐고 해도 아이는 곧이듣지 않습니다. 본연삼매도 그와 마찬가지입니다.

"수슘나는 빠라에 합일된다(Sushumna pare leena)."48) 여기서 수슘나는 고행의 길(tapo marga-요가의 길)을 가리키고, 빠라나디(para nadi)는 지知의 길을 가리킵니다.

### 대담 83
헌신가들의 몇 가지 이야기를 들려주시던 **스승님**은 **스리 크리슈나**가 **에끄나트**(Eknath)에게 어떻게 12년간이나 봉사했으며,49) **빤두랑가**(Panduranga)50)는 사꾸바이(Sakku Bai)가 갇혀 있던 가정의 감옥에서 어떻게 그녀를 풀려나게 하여

---
48) T. 『크슈리까 우파니샤드(Kshurika Upanishad)』, 15절에 "수슘나는 그대를 빠라(절대자)에 합일시킨다(susumna tu pare leena)."로 나온다. 바가반은 '빠라'를 '빠라나디'로 해석했다.
49) T. 에끄나트(1533-1599)는 마하라슈트라 지방의 성자이다. 크리슈나는 Kandia라는 이름의 소년으로 변신하여, 그의 집에서 12년 동안 궂은일을 하면서 봉사한 뒤에 홀연히 사라졌다고 한다.
50) T. 마하라슈트라 주의 빤다르뿌르에서 숭배되는 비슈누/크리슈나의 이름. 일명 비토바(Vithoba).

빤다르뿌르(Pandharpur)로 보내주었는가 하는 이야기를 해주셨다.51)

그런 다음 당신은, 1896년에 당신이 마두라(마두라이)에서 띠루반나말라이로 오고 있을 때 (기차간에) 한 마울비(무슬림 학자)가 불가사의하게 나타난 일을 회상하면서, 그가 어떻게 나타나서 말을 걸고 갑자기 사라졌는가 하는 말씀을 하셨다.52)

**대담 84**

그란트 더프 씨가 스승님께 혹시 어떤 몽구스가 당신과 무슨 관계가 있었느냐고 질문했다. 스승님이 말씀하셨다: 예. 그것은 아르드라(Ardra-시바파의 축제일)와 자얀띠(Jayanti-바가반의 탄신일) 행사 때였고, 저는 산 위의 스깐다스라맘에 살고 있었지요. 읍내에서 방문객들이 줄지어 산으로 올라왔는데, 보통 크기보다 몸집이 크고 (몽구스의 색깔인 회색이 아닌) 황금 빛깔인 데다가, 야생 몽구스에게서 흔히 보이는 꼬리의 검은 점도 없는 몽구스 한 마리가 겁 없이 그 군중들을 지나갔습니다. 사람들은 그것이 길든 짐승이고, 군중 가운데 누군가가 주인일 거라고 생각했지요. 그 짐승은 비루팍샤 산굴 옆의 샘에서 목욕을 하고 있던 빨라니스와미(Palaniswami)에게 곧장 다가갔습니다. 그는 이 짐승을 쓰다듬고 토닥거려 주었습니다. 몽구스는 그를 따라 산굴 안으로 들어가 구석구석 살펴보더니, 그곳을 떠나 군중에 섞여서 스깐다스라맘까지 올라왔습니다. 저도 그 짐승을 보았지요. 다들 그것의 근사한 외모와 겁 없는 움직임에 놀랐습니다. 그것은 저에게 다가오더니 제 무릎에 올라앉아 한 동안 쉬었습니다. 그러더니 몸을 일으켜 주위를 둘러본 뒤에 무릎을 내려갔습니다. 몽구스는 그 일대를 다 돌아다녔는데, 저는 혹시 그것이 부주의한 방문객이나 공작들에게 해를 입지 않도록 그 뒤를 따라다녔지요. 그곳에 있던 공작 두 마리가 호기심에 찬 듯 그것을 바라보기는 했지만, 몽구스는 태연히 여기저기를 다니다가 마침내 아스라맘의 남동쪽 바위들 사이로 사라졌습니다.

---

51) T. 마하라슈트라 지방의 한 마을에서 시어머니의 학대를 받으며 살던 사꾸바이(연대 미상)는 늘 빤다르뿌르에 있는 사원의 **빤두랑가** 신을 친견하기를 원했다. 어느 날 **빤두랑가**를 숭배하러 빤다르뿌르로 가는 순례단이 마을을 지나갈 때 그녀는 이들과 합류하여 가다가, 남편에게 붙들려 와 기둥에 결박되었다. 그녀가 **빤두랑가**에게 기도하자, **빤두랑가**는 사꾸바이와 닮은 여자의 모습으로 나타나 기둥에 대신 묶이고 그녀를 빤다르뿌르로 보내 주었다.
52) T. 이 이야기는 『라마나 마하르쉬와 진아지의 길』, 제3장 참조.

### 대담 85
이 신사가 스승님에게 기억과 의지 간의 실질적인 관계와, 그것들과 마음의 관계에 대해서 질문했다.
**마:** 그것들은 마음의 기능입니다. 마음은 에고의 결과인데, 에고는 진아에서 나옵니다.

### 1935년 11월 6일
### 대담 86
스승님은 기독교 신앙의 참된 의미를 이렇게 말씀하셨다:
그리스도는 에고입니다.
십자가는 몸입니다.
에고가 십자가형을 당해서 죽을 때, 살아남는 것은 **절대적 존재**[신]인데["나와 아버지는 하나다"라는 말 참조], 이 영광된 살아남음을 **부활**이라고 합니다.

### 대담 87
열렬한 영국인 헌신자 채드윅 소령이 여쭈었다: 왜 예수님은 십자가에 못 박힐 때 "저의 하느님! 저의 하느님!" 하고 외쳤습니까?
**마:** 그것은 그와 함께 못 박힌 두 명의 도둑을 위한 탄원이었을 수도 있습니다. 또 진인은 지금 여기서 살아 있는 동안 해탈을 성취해 있습니다. 그가 자신의 몸을 언제, 어디서, 어떻게 떠나느냐는 중요하지 않습니다. 어떤 진인들은 고통을 받는 것처럼 보일 수 있고, 어떤 진인들은 삼매에 들어 있을 수도 있으며, 또 어떤 진인들은 죽기 전에 시야에서 사라져 버릴 수도 있습니다. 그러나 그들의 진지(*jnana*)에는 아무 차이도 없습니다. 그런 고통은 그것을 보는 사람에게 외관상 그럴 뿐, 그 진인에게는 그렇지 않습니다. 왜냐하면 그는 **자기**와 몸의 그릇된 동일시를 이미 초월했기 때문입니다.

### 대담 88
이 신사가 여쭈었다: 성 바울의 깨침에서 그리스도의 의미는 무엇입니까?
**마:** 깨침은 절대적이며 형상들과 무관합니다. 성 바울은 **진아**를 의식하게 된 뒤에, 그 깨침을 그리스도 의식(Christ-consciousness)과 동일시한 것입니다.

헌: 그러나 바울은 당시에 그리스도를 사랑하는 사람이 아니었는데요?
마: 사랑이나 미움은 중요하지 않습니다. (바울에게) 그리스도에 대한 생각이 있었습니다. 그것은 라바나(Ravana)의 경우와 비슷합니다.53) 그리스도 의식과 진아 깨달음은 동일합니다.

## 대담 89
마: 까르뿌라 아라띠(karpura arati)는 깨침의 빛으로 마음을 태워 없애는 것을 상징하고, 비부띠(vibhuti)[신성한 재]는 **시바**[절대적 존재]이며, 꿈꾸마(kumkuma)[붉은 가루]는 샥띠[의식]입니다.54)

비부띠에 두 종류가 있는데, 빠라 비부띠(para vibhuti-지고의 비부띠)와 아빠라 비부띠(apara vibhuti)가 그것입니다. 신성한 재는 후자의 부류에 속합니다. 빠라는 **깨달음의 불**에 의해 (마음의) 모든 찌꺼기가 타버리고 난 뒤에 남아 있는 것입니다. 그것은 절대적 존재입니다.

## 대담 90
또 삼위일체를 설명하셨다.

성부 하느님은 이스와라(Iswara)를 나타냅니다.

성령 하느님은 아뜨만(Atman)을 나타냅니다.

성자 하느님은 스승(Guru)을 나타냅니다.

"이스와라·스승·진아라는 상이한 형상으로 나투시는, 허공처럼 편재하는 몸을 가지신 다끄쉬나무르띠님께 절합니다(Isvaro gururatmeti murti bheda vibhagine vyomavad vyapta dehaya dakshinamurtaye namah)".55)

이것은 **신**이 그의 헌신자에게 **스승**의 형상[신의 아들]으로 나타나서, 그에게 **성령**이 내재함을 일러준다는 뜻입니다. 다시 말해서 **하느님은 영**靈이라는 것, 이 영靈은 도처에 내재해 있다는 것, 그리고 **진아**를 깨달아야 하며, 그것은 신을 깨닫는 것과 같다는 것입니다.

---

53) T. 『라마야나』에 나오는 나찰왕 라바나는 라마를 극도로 증오하여 그를 잠시도 잊지 않았다.
54) T. 까르뿌라 아라띠는 예공禮供(puja)의 마지막에 신상이나 링감 앞에서 장뇌 불꽃을 흔드는 의식이다. 이것이 끝나면 비부띠와 꿈꿈(=꿈꾸마)이 나오고, 헌신자들은 이것을 이마에 바른다.
55) T. 샹까라의 「다끄쉬나무르띠 송찬」에 대한 수레쉬와짜리야(Sureshvacharya-샹까라의 상수제자 중 한 사람)의 주석인 『마나솔라사 바르띠까(Manasollasa Vartika)』에 나오는 말이다.

대담 91

한 벵골인 방문객이 질문했다: 마음을 어떻게 제어합니까?

마: 그대는 무엇을 '마음'이라고 합니까?

헌: 제가 앉아서 신을 생각하면, 생각이 다른 대상들로 돌아다닙니다. 저는 이 생각들을 제어하고 싶습니다.

마: 『바가바드 기타』에서는, 돌아다니는 것이 마음의 본성이라고 합니다. 그대의 생각들을 신에게 집중해야 합니다. 오래 수행하면 마음이 제어되고 안정됩니다.

 마음의 동요는 에너지가 생각의 형태로 흩어지는 데서 오는 약함입니다. 마음이 한 생각을 고수하도록 하면 에너지가 보존되고 마음이 강해집니다.

헌: 마음의 힘이란 무슨 뜻입니까?

마: 한눈팔지 않고 한 생각에 집중할 수 있는 마음의 능력입니다.

헌: 그것을 어떻게 성취합니까?

마: 수행에 의해서입니다. 헌신가는 신에게 집중합니다. 구도자, 곧 지知의 길을 따르는 사람은 진아를 추구합니다. 어느 쪽이나 수행은 똑같이 어렵습니다.

헌: 진아에 대한 탐색에 마음을 집중시킨다 해도, 마음은 오랜 투쟁 끝에 그 사람을 비껴가기 시작하고, 그는 얼마 후까지 그 장난을 자각하지 못합니다.

마: 그렇게 되겠지요. 초기 단계에서는 마음이 오랜 시간 간격을 두고 한 번씩 탐구로 돌아갑니다. 계속 수행하면 돌아가는 시간 간격이 짧아지다가 마침내 마음이 전혀 돌아다니지 않게 됩니다. 이때 잠재되어 있던 **샥띠**가 나타납니다. 사뜨와적 마음은 생각들로부터 벗어나 있는 반면, 라자스적 마음은 생각들로 가득 차 있습니다. 사뜨와적 마음은 **생명 흐름** 속으로 녹아듭니다.

헌: 우리가 그 흐름을 체험하기 전에, 생각이 들끓는 상태로 마음이 들어가지 못하게 막을 수 있습니까?

마: 예. 그 흐름이 먼저 존재합니다.


### 1935년 11월 7일

대담 92

한 방문객이 말했다: 어떤 사람들은, 명상은 거친 대상들(물질적 형상인 신상 등)에 대해서만 해야 한다고 합니다. 만약 부단히 마음을 죽이려고 하게 되면 재앙

을 초래할 수 있다는 것입니다.

**마:** 누구에게 재앙이라는 것입니까? 진아와 별개의 재앙이 있을 수 있습니까?

끊어짐 없는 '나, 나'는 무한한 대양인데, 에고, 곧 '나'라는 생각은 그 위의 한 물거품일 뿐이고 개아(*jiva*), 즉 개인적 영혼이라고 불립니다. 그 물거품도 물입니다. 그것이 터지면 대양에 섞여 버립니다. 그것이 물거품으로 남아 있을 때도 역시 대양의 일부입니다. 이 단순한 진리를 모르고 여러 종파에서는 요가·헌신·행위 등 무수한 방법을, 제각기 많은 변용을 가해서 대단한 솜씨로 정교하고 세밀하게 가르치는데, 결국 구도자들을 유인하여 그들의 마음만 혼란시켜 놓고 맙니다. 다른 종교와 교파와 교리들도 마찬가지입니다. 모두 무얼 하려는 것입니까? 진아를 알려는 것일 뿐입니다. 그것들은 진아를 아는 데 필요한 방편이고 수행법일 뿐입니다.

감각기관으로 지각한 대상들이 직접지(*pratyaksha*)라고 이야기됩니다. 그 어떤 것이, 감각기관의 도움 없이도 늘 체험되는 자기만큼 직접적일 수 있습니까? 감각 지각은 간접지일 뿐 직접지가 아닙니다. 자기 자신에 대한 자각만이 직접지이며, 그것이 너나 할 것 없는 모두의 공통 체험입니다. 자신의 진아를 알기 위한, 즉 자각하기 위한, 어떤 방편도 필요하지 않습니다.

하나의 **무한하고 끊어짐 없는** 전체가 그 자신을 '나'로 자각하게 됩니다. '나'가 그것의 원래 이름입니다. 다른 모든 이름, 예컨대 옴(OM)은 나중에 생겨난 것입니다. 해탈은 진아를 자각하고 있는 것일 뿐입니다. 큰 말씀(*mahavakya*)56) "나는 브라만이다"가 그 전거典據입니다. '나'가 늘 체험되는 것이기는 하지만, 우리의 주의가 거기에 쏠려야 합니다. 그럴 때에만 지知가 밝아옵니다. 그래서 우파니샤드와 지혜로운 진인들의 가르침이 필요한 것입니다.

### 1935년 11월 9일

**대담 93**

모두가 자기 자신의 진아만을 자각하고 있습니다. (그런데) 정말 놀라운 일이지요! 그들은 '없는 것'을 '있는 것'으로 여기거나, 현상들을 자기와 별개로 보니

---

56) T. 깨달음의 실체를 선언하는 우파니샤드의 성스러운 구절들. "그대가 그것이다(*Tat tvam asi*)", "나는 브라만이다(*Aham brahmasmi*)", "이 진아가 브라만이다(*Ayam atma brahma*)", "완전지가 브라만이다(*Prajnanam brahma*)"의 네 가지를 꼽는다.

말입니다. 아는 자가 있는 한에서만 온갖 앎[직접지·추론지·지적인 지 등]이 있을 수 있습니다. 만일 아는 자가 사라지면 그와 함께 그 모두가 사라집니다. 그것들의 타당성은 그 사람의 타당성과 같은 정도입니다.

### 대담 94
한 남자가 스승님께 자신의 죄를 용서해 달라고 기원했다. 스승님은 그에게, 마음이 그를 괴롭히지 않도록 조심하면 그걸로 충분하다고 말씀하셨다.

### 1935년 11월 13일

### 대담 95
A. W. 채드윅 소령이 다음과 같은 질문을 했다: 에드워드 카핀터 씨라고 하는 신비가가 어느 책에서 말하기를, 자신은 몇 번 진아 깨달음을 얻었는데 그 효과가 그 후 한동안 지속되다가 점차 사라졌다고 합니다. 반면에 『스리 라마나 기타』(9.22)에서는 "매듭(Granthi)[속박]은 한번 끊어지면 영원히 끊어진다"고 합니다. 이 신비가의 경우에는 진아 깨달음을 얻고 난 뒤에도 속박이 지속된 것 같습니다. 어떻게 그럴 수 있습니까?

스승님은 다음과 같은 『해탈정수解脫精髓(Kaivalya)』의 구절을 인용하셨다:

제자는, 온통 눈부시게 빛나고 단일하며 끊어짐 없는 존재-지知-지복의 상태를 깨닫고 나자, 스승에게 순복하면서 어떻게 하면 스승님의 은총을 갚을 수 있느냐고 겸손하게 여쭈었다. 스승이 말했다. "그대가 끊어짐 없는 지복 안에 영구히 안주하는 것이 나에 대한 보답이다. 거기서 미끄러지지 말라."

헌: 지고의 지복을 일단 체험했는데, 어떻게 거기서 벗어날 수 있습니까?
마: 그럼요! 그런 일이 일어납니다. 아득한 옛적부터 그에게 들러붙어 있는 성향들(원습)이 그를 끌어낼 것이고, 그래서 무지가 그를 엄습합니다.
헌: 끊어짐 없는 지복 안에 안정되게 머무르지 못하게 하는 장애들은 무엇입니까? 그런 것은 어떻게 극복할 수 있습니까?
마: 그 장애들은 이런 것입니다.
  (1) 무지, 곧 자신의 순수한 존재에 대한 망각.
  (2) 그 체험조차도 실재의 체험이었는지 비실재의 체험이었는지 의아해하는 의심.

(3) '나는 몸이다'라는 관념과 세계가 실재한다는 생각으로 이루어진 오류. 이런 것들은 진리의 청문, 그에 대한 성찰, 그리고 집중으로 극복됩니다.

스승님이 계속 말씀하셨다: 체험은 일시적인 것도 있고 영구적인 것도 있다고 합니다. 첫 체험은 일시적인데, 집중에 의해서 영구적으로 될 수 있습니다. 전자에서는 속박이 완전히 소멸되지 않습니다. 그것이 미묘하게 남아 있다가 때가 되면 다시 나타납니다. 그러나 후자에서는 그것이 발본적拔本的으로 소멸되어 다시는 나타나지 않습니다. 『스리마드 바가바드 기타』(6.41)의 요가 낙오자(yogabhrashta)[요가에서 전락한 사람]라는 표현은 전자의 부류에 속한 사람들을 가리킵니다.

**헌:** 그러면 진리를 듣는 것은 한정된 소수의 사람들에게만 해당됩니까?
**마:** 그것은 두 종류가 있습니다. 보통 사람은 어떤 스승이 해설하고 설명하는 진리를 들을 수 있습니다. 그러나 성숙한 사람은 스스로 의문을 제기하고, 자신의 내면에서 그 답이 끊어짐 없는 '나-나'임을 발견합니다.

이 체험에 대해 성찰하는 것이 두 번째 단계입니다. 그 안에 일념으로 머무르는 것(일여내관)이 세 번째 단계입니다.

**헌:** 그 일시적인 체험을 삼매라고 부를 수 있습니까?
**마:** 아닙니다. 삼매는 세 번째 단계의 일부입니다.
**헌:** 그렇다면 진리를 듣는 것조차도 극소수의 사람에게 한정되는 것 같습니다.
**마:** 구도자들은 두 부류로 나누어지는데, 기旣수행자(kritopasaka-수행을 많이 한 사람)와 미未수행자(akritopasaka-수행을 별로 하지 않은 사람)가 그것입니다. 전자는 꾸준한 헌신으로 자신의 원습을 이미 극복했고, 그래서 마음이 순수해져 있습니다. 모종의 체험도 해 보았지만 그것이 뭔지는 이해하지 못하는데, 유능한 스승의 가르침을 듣자마자 영구적인 체험이 일어납니다.

후자의 부류에 속하는 구도자가 이런 목적을 이루려면 대단한 노력이 필요합니다. 진리 청문, 성찰, 집중은 그에게 어떻게 도움이 될까요?

그런 것들이 수행(upasana)[진리에 가까이 접근하기]이 되어, 결국 그의 진아 깨달음으로 끝나게 됩니다.

네 번째 단계는 해탈의 최종 단계입니다. 여기서도 그 정도에 따라 몇 가지 구분이 있습니다.

(1) 브라마비드(*Brahmavid*)[브라만을 아는 자]
(2) 브라마비드-바라(*Brahmavid-vara*)
(3) 브라마비드-바리야(*Brahmavid-varya*)
(4) 브라마비드-바리쉬타(*Brahmavid-varishta*)

그러나 이들 모두가 실은 살아 있는 동안에 해탈한 사람들입니다.

## 대담 96

**A. W. 채드윅 소령:** 우주 의식의 섬광을 체험했다고 이야기하는 서양인들의 깨달음은 어떤 성질의 것입니까?

**마:** 그것은 하나의 섬광처럼 왔다가 섬광처럼 사라졌습니다. 시작이 있는 것은 끝도 있을 수밖에 없습니다. 항상 존재하는 의식을 깨달았을 때만 그것이 영구적일 것입니다. 의식은 실로 늘 우리와 함께 합니다. 누구나 "내가 있다!"는 것을 압니다. 누구도 그 자신의 존재는 부정할 수 없습니다. 깊은 잠이 든 사람은 자각하지 못하지만 깨어 있을 때는 자각하는 것으로 보입니다. 그러나 그것은 같은 사람입니다. 잠자던 사람과 지금 깨어 있는 사람 사이에 바뀐 것은 없습니다. 깊은 잠 속에서는 자신의 몸을 자각하지 못했고, 따라서 몸-의식이 없었습니다. 생시 상태에는 자신의 몸을 자각하므로 몸-의식이 있습니다. 따라서 그 차이는 몸-의식이 일어났다는 데 있지, **진정한 의식**에는 어떤 변화도 없습니다. 몸과 몸-의식은 함께 일어나고 함께 가라앉습니다. 결국 깊은 잠 속에서는 아무 한계가 없으나 생시 상태에는 한계가 있다는 이야기가 됩니다. 이 한계가 속박입니다. "몸이 나다"가 오류입니다. 이 '나'라는 거짓된 느낌이 사라져야 합니다. 진정한 '나'는 늘 있습니다. 그것은 **지금 여기** 있습니다. 그것은 결코 새로 나타나지 않고 다시 사라지지도 않습니다. '있는 것'은 또한 영원히 지속되어야 합니다. 새로 나타나는 것은 또한 사라질 것입니다. 깊은 잠과 생시를 비교해 보십시오. 생시에는 몸이 나타나지만 잠 속에서는 그렇지 않습니다. 따라서 몸은 사라질 것입니다. 그러나 의식은 그보다 먼저 있었고, 몸이 사라진 뒤에도 남을 것입니다. 사실 "내가 있다"고 말하지 않는 사람은 아무도 없습니다. "나는 몸이다"라는 그릇된 앎이 모든 불행의 원인입니다. 이 그릇된 앎이 사라져야 합니다. 그것이 **깨달음입니다**. 깨달음은 새로운 어떤 것을 얻는 것도 아니고, 어떤 새로운 기능도 아닙니다. 그것은

모든 위장물偽裝物을 제거하는 것일 뿐입니다.

**채드윅 소령:** 저는 몸을 떨쳐 버리려고 애씁니다.

**마:** 어떤 사람은 옷을 떨쳐 버리고 홀로 자유로운 상태로 있습니다. (그러나) 진아는 무한하고, 몸에 국한되지 않습니다. 몸을 어떻게 떨쳐 버릴 수 있습니까? 그것을 어디에 남겨 두겠습니까? 그것이 어디 있든 여전히 그의 것이지요.

**채드윅 소령:** (웃음)

**마:** 궁극적인 **진리**는 아주 단순합니다. 그것은 원초적 상태의 존재에 지나지 않습니다. 이것이 필요한 말의 전부입니다.

하지만 이 단순한 **진리**를 가르치기 위해 수많은 종교·교리·방법, 그리고 그것들 간의 분쟁 등이 생겨난다는 것은 놀라운 일입니다. 참 딱한 일이지요! 딱한 일!

**채드윅 소령:** 그러나 사람들은 단순한 것에 만족하지 않을 것입니다. 그들은 복잡한 것을 원합니다.

**마:** 정말 그렇지요. 사람들이 뭔가 정교하고, 멋있고, 알쏭달쏭한 것을 원하기 때문에 수많은 종교들이 생겨났고, 종교마다 아주 복잡하며, 각 종교의 교리마다 그 신봉자와 반대자들이 있는 것입니다.

예를 들어 보통의 기독교인은 이런 말을 듣지 않으면 만족하지 않을 것입니다. "하느님은 멀리 떨어진 천국의 어딘가에 계셔서, 도움 없이는 우리가 그분께 도달할 수 없다. 그리스도만이 **그분**을 알았고, 그리스도만이 우리를 인도할 수 있다. 그리스도를 숭배하라, 그러면 구원받는다." 만일 "하늘나라는 그대 안에 있다"는 단순한 진리를 말해주면 그는 만족하지 않고, 그런 말에서 복잡하고 터무니없는 의미를 읽어낼 것입니다. 성숙한 사람들만이 온통 적나라하게 드러나 있는 단순한 **진리**를 파악할 수 있습니다.

채드윅 소령이 나중에 말하기를, 명상하는 도중 어떤 두려움이 자신도 모르게 일어난다고 했다. 거친 몸에서 영혼이 분리되는 것을 느끼는데, 그 느낌이 공포를 야기한다는 것이었다.

**마:** 그 공포가 누구에게 있습니까? 그것은 모두 몸을 **자기**와 동일시하는 습慣에서 비롯됩니다. 분리를 거듭 체험하다 보면 익숙해질 것이고, 그 공포가 그칠 것입니다.

## 1935년 11월 19일

**대담 97**

암발라(Ambala)에서 온 신사인 라마짠다르 씨가, 심장이 어디 있는지, 그리고 깨달음이 무엇인지를 질문했다.

**마:** 심장은 신체적인 것이 아닙니다. 그것은 영적인 것입니다. (심장을 뜻하는 산스크리트어) 흐리다얌(hridayam)은 흐리뜨(hrit-중심)와 아얌(ayam-이것)을 합친 말로, '이것이 중심이다'라는 뜻입니다. 그것은 거기서 생각들이 일어나는 곳이고, 그 위에 생각들이 존속하는 곳이며, (거기로) 생각들이 해소되는 곳입니다. 생각들이 마음의 내용물이고, 생각들이 우주를 만들어냅니다. 심장은 만물의 중심입니다. 우파니샤드에서는 "거기서 이 존재들이 태어나는 것(yatova imani bhutani jayante)" 등을 브라만이라고 말합니다.57) 그것이 심장입니다. 브라만이 곧 심장입니다.

**헌:** 그 심장을 어떻게 깨닫습니까?

**마:** 한 순간도 자기를 체험하지 못하는 사람은 없습니다. 왜냐하면 누구도 자기와 한시라도 떨어져 있다고 하는 사람은 없으니까요. 그가 진아입니다. 진아가 곧 심장입니다.

**헌:** 분명하게 이해되지 않습니다.

**마:** 깊은 잠 속에서도 그대는 존재하는데, 깨어나도 그대로 있습니다. 같은 자기가 두 가지 상태에 다 있습니다. 그 차이는 세계를 자각하느냐 자각하지 못하느냐 하는 것뿐입니다. 세계는 마음과 함께 뜨고 마음과 함께 집니다. 뜨고 지는 것은 진아가 아닙니다. 진아는 그와 달라서 마음을 일으키고, 유지하고, 해소합니다. 그래서 진아가 저변의 원리입니다.

그대가 누구냐고 물어보면, 그대는 가슴 오른쪽에 손을 대고 "접니다"라고 말합니다. 자신도 모르게 거기서 자기를 가리킵니다. 진아는 이렇게 해서 알려집니다. 그러나 그 개인은 비참한데, 왜냐하면 마음과 몸을 자기와 혼동하기 때문입니다. 이 혼동은 그릇된 앎에 기인합니다. 그릇된 앎을 없애기만 하면 됩니다. 그것을 없애고 나면 깨달음이 일어납니다.

**헌:** 마음을 어떻게 제어합니까?

---

57) T. "거기서 이 존재들이 태어나는 것, 태어나면 그것으로 그들이 살아가는 것, 죽으면 거기로 그들이 들어가는 것, 그것을 알도록 하라. 그것이 브라만이다." ―『따이띠리야 우파니샤드』, 3.1.1.

마: 마음이 무엇입니까? 누구의 마음입니까?

헌: 마음은 늘 헤맵니다. 저는 그것을 제어할 수 없습니다.

마: 헤매는 것은 마음의 본성입니다. 그대는 마음이 아닙니다. 마음은 솟아오르고 가라앉습니다. 그것은 지속성이 없고 찰나적인 반면 그대는 영원합니다. 진아 외에는 아무것도 없습니다. 진아에 내재하는 것이 핵심입니다. 마음은 신경 쓰지 마십시오. 마음의 근원을 찾아보면 그것이 사라질 것이고, 영향 받지 않는 진아가 남을 것입니다.

헌: 그러니까 마음을 제어하려고 할 필요가 없군요?

마: 그대가 진아를 깨달으면 제어할 마음이 없습니다. 마음이 사라지고 진아가 빛을 발합니다. 깨달은 사람에게서는 마음이 작용할 수도 있고 작용하지 않을 수도 있지만, 그에게는 진아만이 남아 있습니다. 왜냐하면 마음·몸·세계는 진아와 별개가 아니기 때문입니다. 그것들은 진아에서 일어나고 진아 속으로 가라앉습니다. 그것들은 진아와 떨어져 있지 않습니다. 그것들이 진아와 다를 수 있겠습니까? 진아를 자각하기만 하십시오. 그런 그림자들을 왜 걱정합니까? 그것들이 어떻게 진아에 영향을 줍니까?

## 대담 98

바가반은 더 나아가 이렇게 설명하셨다: 진아가 심장입니다. 심장은 스스로 빛납니다. 빛은 심장에서 일어나 두뇌에 도달하는데, 이 두뇌가 마음의 자리입니다. 우리는 마음을 가지고, 즉 진아의 반사된 빛을 가지고 세계를 봅니다. 세계는 마음의 도움으로 지각됩니다. 마음이 빛을 받으면 그것이 세계를 압니다. 마음 자체가 빛을 받지 않으면 그것이 세계를 모릅니다. 만일 마음이 빛의 근원을 향해 안으로 돌아서면, 대상적 앎이 그치고 진아만이 심장으로서 빛을 발합니다.

달은 해의 반사된 빛으로 빛납니다. 해가 지고 나면 사물을 드러내는 데 달이 유용합니다. 그러나 해가 뜨고 나면 아무도 달을 필요로 하지 않습니다. 희끄무레한 둥근 달이 하늘에 떠 있는 것이 보인다 해도 말입니다.

마음과 심장도 그와 마찬가지입니다. 마음이 유용한 것은 그것이 진아의 반사된 빛이기 때문입니다. 그것은 사물들을 보는 데 사용됩니다. 그러나 마음이 내면으로 향해지면 비춤의 근원이 스스로 빛을 발하며, 마음은 한낮의 달처럼 희미하고 쓸모없는 것이 됩니다.

### 대담 99

한 출가자(*sannyasi*)가 질문했다: 진아는 마음을 넘어서 있다고 하면서, 마음으로 깨달음을 얻는다고 합니다. 즉, "마음은 그것을 생각할 수 없다, 그것은 마음으로 생각할 수 없다(*mano na manute, manasa na matam*)",58) 그리고 "마음만이 그것을 깨달을 수 있다(*manasaivedam aptavyam*)"59)는 것입니다. 이 모순은 어떻게 조화될 수 있습니까?

**마:** 아뜨만은 죽은 마음(*mruta manas*), 즉 생각이 비워지고 내면을 향한 마음으로 깨닫습니다. 그럴 때 마음은 그 자신의 근원을 보며, **그것**이 됩니다. 그것은 주체가 어떤 대상을 지각하는 것과는 다릅니다.

방이 어두울 때는 어둠을 밝히는 등불이 필요하고, 대상들을 인지하는 눈이 필요합니다. 그러나 해가 뜨면 등불이 필요 없고, 대상들이 그냥 보입니다. 그리고 해를 보기 위해서는 등불이 필요 없습니다. 스스로 빛나는 해를 향해 눈을 돌리기만 하면 됩니다.

마음도 그와 마찬가지입니다. 대상을 보기 위해서는 마음이라는 반사된 빛이 필요하지만, **심장**을 보기 위해서는 마음이 **심장** 쪽을 향하기만 하면 됩니다. 그러면 마음은 그 자신을 잃어버리고 **심장**이 빛을 발합니다.

### 대담 100

나중에 스리 바가반은 『해탈정수』에서 몇 연을 인용하면서 이렇게 설명하셨다:

(A)

지고자

(절대지知, 주시자, 스스로 빛나는 핵심, 심장, 진아)

개인

(개아, 곧 마음의 상相(*vritti*)과 잠재적 형태의 반사된 빛으로 구성된 '아는 자')

---

58) T. "마음으로는 생각되지 않지만, 그것에 의해 마음이 생각되는 것이라고 하는 것(*yan manasa na manute yenahur mano matam*)". —『께나 우파니샤드(*Kena Upanishad*)』, 2.1.11.
59) T. 『까타 우파니샤드』, 2.1.11. 또한, 『브리하다라니야까 우파니샤드』, 4.4.19.

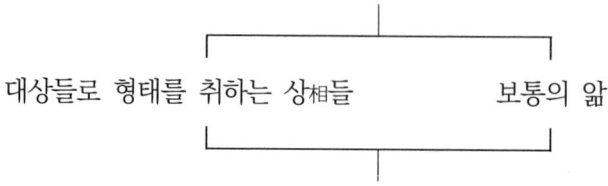

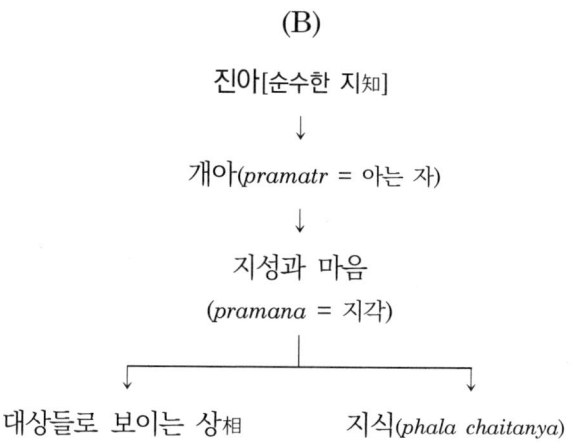

　마음의 상相들은 외부의 대상들로서 형태를 취하며, 그 상相들 위에서 반사된 빛이 그 대상들을 비춥니다. 이제 마음의 상相들을 무시하고 그것을 비추는 빛을 찾아보십시오. 그러면 마음이 고요해지고, 그 빛은 계속 스스로 빛납니다. 물결치는 마음[라자스(활동성)와 따마스(어둠)에 연관된 마음]이 보통 '마음'이라고 알려진 것입니다. 라자스와 따마스가 없으면 그것은 순수하고 스스로 빛납니다. 이것이 **진아 깨달음**입니다. 그래서 마음이 깨달음의 수단이라고 이야기 됩니다.

## (C)
순수한 의식

(영원자 혹은 항존하는 주시자라고 하는 것)

↓

내적기관(*antahkarana*) + 반사된 빛(개아: *pramatr*)

↓

상相들은 빛과 함께 '알려지는 것(*prameya*)'이라고 이야기되는데,
이 중에서 대상들은 거칠고, 빛은 '열매 의식(*phala chaitanya*)'으로 불립니다.

## (D)
개아 안의 내적기관은 다음과 같이 구성됩니다.

| 사뜨와(*satva*) | 라자스(*rajas*) | 따마스(*tamas*) |
|---|---|---|
| 지知. 빛 | 마음의 상相. 지성, 마음 | 세계의 거친 대상들 |

우주도 그와 마찬가지입니다. 즉,

**우주적 마음**[영원한 존재]

| 사뜨와 | 라자스 | 따마스 |
|---|---|---|
| 우주의 하느님 이스와라 | 개아 | 우주 |

## (E)

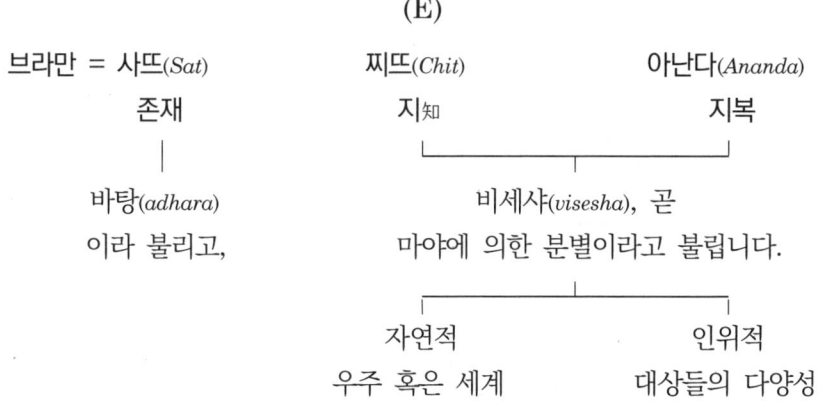

마야는 사뜨를 가릴 수 없지만, 찌뜨와 아난다를 가리면서 그것들을 특수한 것처럼 보이게 만듭니다.60)

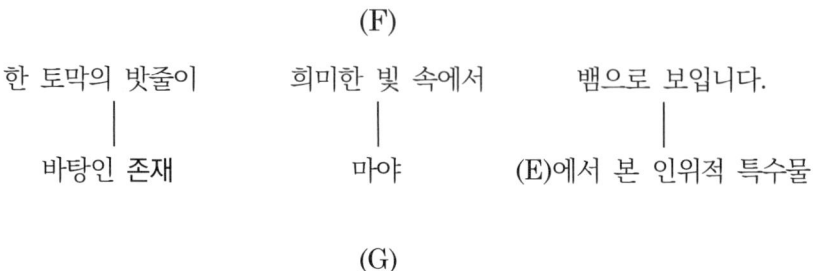

(G)

사뜨, 곧 존재는 바탕(adhara)입니다. 이것으로부터 특수한 것, 즉 무지에 가려져서 자신을 거친 몸과 동일시하는 개아가 나옵니다. 여기서 무지는 자기를 탐구하지 않는 것을 나타냅니다. 개아는 사실 지知일 뿐이지만, 무지로 인해 거친 몸과의 그릇된 동일시가 일어납니다.

(H)

또 스승님은 그것을 벌겋게 달구어진 쇠공에 비유하셨다: 쇠공과 불길이 합쳐지면 벌겋게 달구어진 쇠공이 됩니다. 세계와 찌뜨[순수한 지知]가 합쳐지면 개아, 곧 개인이 됩니다.

## 대담 101

암발라에서 온 신사가 질문했다: 드라우빠디(Draupadi)의 사리(sari)가 끝이 없게 된다는 것61)은 어떻게 합리적으로 설명할 수 있습니까?

**마:** 영적인 문제들은 합리성에 꼭 들어맞을 수 없습니다. 영성은 초월적입니다. 그 기적은 드라우빠디가 순복한 뒤에 일어난 일입니다. 그 비결은 순복에 있습니다.

**헌:** 심장에는 어떻게 도달합니까?

---

60) *T.* 마야의 은폐력은 찌뜨와 아난다는 가려도 사뜨는 가리지 못하므로, 우리가 자신의 존재는 자각해도 순수한 의식과 지복을 자각하지 못한다. 그래서 그것들은 새로운 체험처럼 다가온다.
61) *T.* 『마하바라타』에서 드라우빠디(아르주나 형제들의 부인)는 듀로다나 왕의 궁정에서 옷(사리)이 벗겨지고 모욕을 당한다. 이때 그녀가 **크리슈나**에게 기도하자, 그녀의 사리가 끝없이 늘어난다.

마: 그대는 지금 어디 있기에 **심장**에 도달하고 싶어 합니까? **자기**(진아)로부터 떨어진 곳에 있습니까?

헌: 저는 제 몸 안에 있습니다.

마: 어느 특정한 부위에 있습니까, 아니면 온몸에 있습니까?

헌: 온몸입니다. 저는 온몸에 걸쳐 있습니다.

마: 어디서부터 걸쳐 있습니까?

헌: 모르겠습니다.

마: 그렇지요. 그대는 늘 **심장** 안에 있습니다. 그대는 거기서 결코 떨어져 있지 않기 때문에, 거기에 도달해야 할 일이 없습니다. 깊은 잠 속에서와 생시의 상태에 그대가 어떻게 있는지를 생각해 보십시오. 그 상태들도 그대의 것은 아닙니다. 그것은 에고의 것입니다. 의식은 내내 똑같이 차별 없는 것으로 남아 있습니다.

헌: 이해는 됩니다만 그것을 그렇게 느끼지는 못합니다.

마: 그 무지는 누구의 것입니까? 그것을 알아내십시오.

헌: 이런 것은 모두 너무 어렵습니다.

마: 어렵다는 생각 자체가 잘못입니다. 그런 생각은 그대가 원하는 것을 얻는 데 도움이 되지 않습니다. 다시 묻겠습니다. "누가 그것을 어렵게 느낍니까?"

헌: 제가 '나'로 다시 돌아온다는 것을 알겠습니다.

마: 왜냐하면 그대는 늘 그것이고, 그것에서 결코 떨어져 있지 않기 때문입니다. **자기로 있는 것만큼 단순한 것도 없습니다.** 아무 노력도, 아무 보조수단도 필요 없습니다. 우리는 그릇된 정체성을 놓아버리고, 자신의 영원하고 본래적이며 내재적인 상태 안에 있어야 합니다.

## 대담 102

그는 다음날 한 가지 청을 가지고 돌아왔다. 그가 말했다: 우리는 스승으로부터 가르침을 받아야 한다고 합니다. 책을 읽는 것만으로는 도움이 되지 않습니다. 저는 많은 책을 읽었지만, 그런 학식에서 어떤 실제적 도움도 얻은 것이 없습니다. 제가 무엇을 해야 하며, 그것을 어떻게, 어떤 시간, 어떤 장소에서 해야 하는지 등을 부디 말씀해 주십시오.

스승님은 침묵을 지키셨다. 당신의 침묵은 마치 "지금 여기서 평안하고 고요하게 있으십시오. 그뿐입니다"라고 말씀하시는 듯했다. 그러나 질문자는 그것을 그렇게 해석하지 못했다. 그는 뭔가 구체적인 것을 원했다.

## 대담 103

다음날 스리 바가반이 말씀하셨다: 이 사람들은 염송·명상·요가 아니면 그 비슷한 어떤 것을 원합니다. 그들이 지금까지 무엇을 해 왔는지 말하지 않으면, 그들에게 더 무엇을 말해줄 수 있습니까? 또 염송(*japa*), 그 과보분果報分(*phalasruti*)62) 등이 왜 있습니까? 그 염송을 하는 것은 누구입니까? 그 염송의 과보는 누가 얻습니까? 그들은 **진아**를 보살필 수 없습니까? 또 설사 남들로부터 염송이나 명상을 하라는 가르침을 받는다 해도, 그들은 그것을 한 동안 하고 나서 늘 어떤 결과, 예컨대 환영幻影(visions), (특이한) 꿈, 요술적 능력을 기대합니다. 만일 그런 것을 발견하지 못하면 자신이 진보하지 않고 있다거나, 따빠스(*tapas*)가 효과가 없다고 말합니다. 환영 등은 전혀 진보의 표지가 아닙니다. 따빠스를 하는 것만도 따빠스의 진보입니다. 꾸준함이 필요합니다. 더욱이 자신이 하는 진언이나 자신의 신에게 자기 자신을 내맡기고 그 **은총**을 기다려야 하는데, 그들은 그렇게 하지 않습니다. 염송은 단 한 번만 해도, 그 사람이 그것을 알든 모르든 그 나름의 좋은 효과가 있습니다.

### 1935년 11월 28일

## 대담 104

인도 정부의 철도위원회 관리인 끼쇼릴랄 씨는 델리 출신이다. 그는 행동거지가 단순하고 부드럽고 기품이 있어 보인다. 그는 위궤양이 있는데, 읍내에서 하숙을 하고 있다. 5년 전에 그는 헌신파 문헌들을 공부하기 시작했다. 그는 **스리 크리슈나**의 헌신자이다. 그는 자신이 보는 모든 것에서 **크리슈나**를 느낄 수 있었다. **크리슈나**가 자주 나타나 그를 즐겁게 해 주었고, 그의 업무는 그가 전혀 애쓰지 않아도 이루어졌다. **크리슈나** 자신이 그를 위해서 일체를 해주는 것처럼 보였다.

나중에 그는 한 **마하트마**(성자)와 접촉하게 되었는데, **마하트마**는 그에게 베

---

62) *T*. 신의 명호를 외기 위한 '1천 명호집' 같은 염송 경전의 말미에, 그 염송을 하기 좋은 때와 그 염송을 하여 얻는 공덕(=과보) 등을 기술한 부분을 말한다.

단타(Vedanta)를 공부하고, 무형상 숭배(nirakara upasana), 즉 형상 없는 존재에 대한 헌신을 해보라고 조언했다. 이후 그는 우파니샤드, 『아쉬따바끄라』, 『아바두따』,63) 『스리마드 바가바드 기타』를 포함한 철학과 베단타 책 약 700권을 읽었다. 영어로 된 스리 바가반의 저작들도 공부하고 많은 감명을 받았다.

한번은 그가 죽음의 문턱에 있을 때, 다른 어떤 생각도 아니고 자기가 평생에 아직 스리 바가반을 찾아뵌 적이 없다는 생각이 계속 뇌리를 떠나지 않았다. 그래서 단기간 이곳을 방문한 것이다. 그는 스리 바가반의 접촉(몸에 손을 대주는 것)과 당신의 은총만을 기원한다.

스승님이 말씀하셨다: "나는 진아다, 구다께샤여(atmaivaham gudakesa)."64) 즉, '나'가 아뜨만입니다. 아뜨만이 스승이고, 아뜨만이 은총이기도 합니다. 누구도 아뜨만 없이 남아 있지 않습니다. 그와는 늘 접촉됩니다. 어떤 외적인 접촉도 필요하지 않습니다.

헌: 이해됩니다. 외적인 접촉이라는 뜻으로 드리는 말씀은 아닙니다.

마: 아뜨만보다 친밀한 것은 아무것도 없습니다.

헌: 또 스리 크리슈나는 석 달 전 저에게 나타나 이렇게 말씀하셨습니다. "왜 그대는 나에게 무형상 숭배를 요구하는가? 그것은 '일체의 존재 안에 진아가 있고, 일체의 존재가 진아 안에 있다(sarva bhutastham atmanam sarva bhutani cha atmani)'65)는 것뿐이다."

마: 그것이 전체 진리를 포함합니다. 그러나 그것조차도 간접적(aupacharika)입니다. 사실 아뜨만 외에는 아무것도 없습니다. 세계는 마음의 투사물일 뿐입니다. 마음은 아뜨만에서 나옵니다. 그래서 아뜨만만이 하나인 존재(One Being)입니다.

헌: 하지만 그것을 깨닫기가 어렵습니다.

마: 깨달을 것이 아무것도 없습니다. 그것은 영원하고, 순수하고, 자각하고, 해탈해 있습니다(nitya suddha buddha mukta). 그것은 자연스럽고 영원합니다. 새로 얻을 것은 아무것도 없습니다. 오히려 인간이 자신의 무지를 잃어버려야

---

63) T. 『아쉬따바끄라』와 『아바두따』는 비이원론의 경전인 『아쉬따바끄라 기타(Ashtavakra Gita)』와 『아바두따 뿌라나(Avadhuta Purana)』를 말한다.
64) T. 이것은 『기타』, 10.20.의 첫 행 'aham atma gudakesa'를 약간 바꾸어 표현한 것이다.
65) T. 인용문은 『기타』, 6.29. 여기서 '구다께샤'는 아르주나의 별칭이다.

합니다. 그것이 전부입니다.

이 무지를 그 원천까지 추적해야 합니다. 이 무지가 누구에게 있습니까? 무엇에 대해 무지합니까? 그 주체와 대상이 있습니다. 그러한 이원성이 마음의 특징입니다. 마음은 **아뜨만**에서 나옵니다.

**헌:** 그렇습니다. 무지 자체는 존재할 수 없습니다.

그는 마침내 순복하며 이렇게 말했다: 의사가 환자에게 무슨 문제가 있는지를 알고 그에 따라 환자를 치료하듯이, 스리 바가반께서도 저에게 그렇게 해주시기 바랍니다. (그는 또 책을 공부하여 거기서 배우고 싶은 마음이 다 사라졌다고 말했다.)

## 대담 105

**마:** "예나 아스루땀 스루땀 브하바띠(*yena asrutam srutam bhavati*)"[『찬도갸 우파니샤드』]—"그것을 알면 모르던 모든 것을 알게 된다"66)라고 했습니다.

바가반의 시자인 마다바스와미: 『찬도갸 우파니샤드』에 나오는 큰 말씀인 "내가 **그것**이다(*Tat tvam asi*)"를 가르치는 데 아홉 가지 방법이 있습니까?

**마:** 아니, 그렇지 않지요. 방법은 하나뿐입니다. 웃달라까(Uddalaka)는 "**존재만이 있다**, 얘야…(*sat eva somya*…)"67) 하면서, 그것을 슈웨따께뚜(Svetaketu-웃달라까의 아들)의 단식에 비유하며 가르치기 시작했습니다. (그것을 간단히 요약하면,)

(1) 개인 안의 **존재**인 **사뜨**(*Sat*)가 단식에 의해 분명해진다.
(2) 이 **사뜨**[존재]는 여러 꽃에서 모은 벌꿀처럼, 모두에게서 비슷하다.
(3) 깊은 잠의 상태에서 볼 수 있듯이, 개인들의 **사뜨** 간에는 아무 차이가 없다. (이때) 이런 질문이 제기된다. —만일 그렇다면, 깊은 잠 속에서 왜 누구나 그것을 모르는가?
(4) 왜냐하면 개인성이 사라지기 때문이다. **사뜨**만 남아 있다. 비유하자면 강들이 바다에서 소멸하는 것과 같다. —만일 (개인성이) 사라진다면, **사뜨**는 있는가?

---

66) *T.* "그것에 의해 들리지 않는 것이 들리고, 생각되지 않는 것이 생각되며, 알지 못하는 것을 알게 되는(*yena asrutam srutam bhavati, amatam matam bhavati, avijnatam vijnatam bhavati*)" (그런 가르침을 청해 보았느냐?) —『찬도갸 우파니샤드』, 6.1.3.
67) *T.* "처음에는, 얘야, 둘도 없는 하나인 존재만이 있었다." —『찬도갸 우파니샤드』, 6.2.1.

(5) 물론이다. 마치 나무를 잘라도 다시 자랄 때와 같이. 그것은 나무가 생명력이 있다는 확실한 징표이다. — 그러나 그 잠자는 상태에서도 **사뜨**가 있는가?

(6) 있다. 소금과 물의 경우를 보라. 물 속에 소금이 존재하는 것은 미세하다. 그러나 눈에는 보이지 않아도 다른 감각기관에 의해 인식된다. — (그렇다면) 우리는 **사뜨**를 어떻게 아는가? (그것을 아는) 다른 수단은 무엇인가?

(7) 탐구에 의해서이다. 마치 간다라(Gandhara) 숲 속에 버려진 사람이 (길을 물어) 자기 집을 찾아가듯이.

(8) 전개와 수렴收斂, 현현과 해체 속에서도 **사뜨**만이 존재한다. "빛이 지고 자 안에 합일된다(tejah parasyam devatayam)."68)

(9) 부정직한 사람은 불 시험에 닿으면 상처를 입는다. 그의 부정직함은 불에 의해 드러난다.69) 정직함은 자명하다. 참사람(true man-眞人), 곧 **진아**를 깨달은 사람은 거짓된 겉모습[세계, 탄생과 죽음 등]에 의해 영향을 받지 않고 행복한 상태로 머무른다. 반면에 거짓된, 곧 무지한 사람은 불행하다.

## 1935년 11월 29일

**대담 106**

스와미 요가난다(Yogananda)가 다른 사람 네 명과 함께 오전 8:45에 도착했다. 그는 덩치는 커 보여도 부드럽고 차림새가 말쑥한데, 치렁치렁한 검은 머리를 어깨 위로 늘어뜨리고 있다. 이 일행은 아스람에서 점심을 먹었다.

그의 비서인 C. R. 라이트 씨가 질문했다: 어떻게 하면 제가 신을 깨닫겠습니까?

**마:** 신은 미지의 개체입니다. 더욱이 그는 외적입니다. 반면에 **진아**는 늘 그대와 함께하며, 그것이 그대입니다. 왜 친근한 것을 버려두고 외적인 것을 추구합니까?

**헌:** 그러면 이 진아란 무엇입니까?

**마:** 진아는 누구나 알지만 분명하게 알지 못합니다. 그대는 늘 존재합니다. 그 **존재함**(Be-ing)이 **진아**입니다. "내가 있다"가 신의 이름입니다. 신에 대한 모든

---

68) *T.* 139쪽의 주 71) 참조.
69) *T.* 고대 인도에서는 범죄인을 판별할 때 불에 데는지 여부로 알아냈다고 한다.

정의들 중에서 실로 「출애굽기」[제3장]에 나오는 성경 말씀 **"나는 내가 있다는 것이다**(*I AM THAT I AM*)"만큼 잘 표현된 것도 없습니다. "브라만이 나다(*Brahmaivaham*)", "나는 **브라만**이다(*Aham Brahmasmi*)", "내가 그다(*Soham*)" 같은 다른 표현들도 있습니다. 그러나 그 어느 것도 '**여호와**(*JEHOVAH*)', 곧 "내가 있다"만큼 직접적이지 않습니다. 절대적 존재는 '있는 것'인데, 그것이 **진아**입니다. 그것이 **신**입니다. **진아**를 알면 **신**을 알게 됩니다. 사실 **신**은 다름 아닌 **진아**입니다.

**헌**: 왜 선과 악이 있습니까?

**마**: 그런 것들은 상대적인 용어입니다. (선과 악이 있으려면) 선과 악을 아는 주체가 있어야 합니다. 그 주체가 **에고**입니다. **에고**의 근원을 추적하십시오. 그 것은 **진아**에서 끝이 납니다. **에고**의 근원은 **신**입니다. **신**에 대한 이 정의定義가 어쩌면 더 구체적이고 그대가 이해하기 더 쉬울 것입니다.

**헌**: 그건 그렇습니다. **지복**은 어떻게 얻습니까?

**마**: **지복**은 얻어지는 것이 아닙니다. 오히려 그대가 늘 **지복**입니다. 그런 욕망은 불완전하다는 느낌에서 유래합니다. 그 불완전하다는 느낌은 누구에게 있습니까? 탐구해 보십시오. 깊은 잠 속에서 그대는 지복스러웠는데, 지금은 그렇지 않습니다. 그 **지복**과 이 비非**지복** 사이에 무엇이 끼어들었습니까? 그 근원을 탐색하여 그대가 **지복**임을 발견하십시오.

새로 얻을 것은 아무것도 없습니다. 오히려 그대로 하여금 자신이 **지복**이 아니라고 생각하게 만드는 그대의 무지를 없애야 합니다. 이 무지는 누구에게 있습니까? 그것은 **에고**에게 있습니다. **에고**의 근원을 추적하십시오. 그러면 **에고**는 사라지고 **지복**이 남습니다. 그것은 영원합니다. 그대가 **그것**입니다, 지금 여기에서…. 그것이 모든 의문을 푸는 마스터키입니다. 그런 의문은 마음 속에서 일어납니다. 마음은 에고에서 태어나고, 에고는 **진아**에서 일어납니다. **에고**의 근원을 탐색하십시오. 그러면 **진아**가 드러납니다. 그것만이 남습니다. 우주는 확장된 **자기**(진아)일 뿐입니다. 그것은 **진아**와 다르지 않습니다.

**헌**: 최선의 생활 방식은 어떤 것입니까?

**마**: 그것은 우리가 **진인**(*jnani*)이냐 **무지인**(*ajnani*)이냐에 따라 다릅니다. 진인은 어떤 것도 **자기**와 다르거나 별개라고 느끼지 않습니다. 모든 것이 **진아** 안에 있습니다. 세계가 있고, 그 안에 하나의 몸이 있고, 자신이 그 몸 안에 살고

있다고 생각하는 것은 잘못입니다. **진리**를 알게 되면, 우주와 그 너머의 것은 **진아** 안에 있을 뿐임을 발견할 것입니다. 소견은 그 사람의 시각에 따라 다릅니다. 시각은 눈에서 나오는데, 눈은 어딘가에 위치할 수밖에 없습니다. 만일 거친 눈으로 본다면 남들도 거칠다는 것을 발견합니다. 미세한 눈[마음]으로 보면 남들도 미세하게 보입니다. 만일 그 눈이 **진아**가 되면, **진아**는 무한하므로 그 눈도 무한합니다. 자기와 다르다고 볼 다른 아무것도 없습니다.

그는 마하르쉬님께 감사드렸다. 스승님은 그에게, 감사하는 최선의 방법은 늘 진아로서 머무르는 것이라고 말씀하셨다.

## 대담 107

나중에 요기가 질문했다: 사람들을 영적으로 향상시키는 일은 어떻게 해내야 합니까? 그들에게 베풀어야 할 가르침은 어떤 것입니까?

**마:** 그것은 그 개인들의 기질에 따라, 그리고 그들 마음의 영적인 성숙도에 따라 다릅니다. 집단적으로 베푸는 어떤 가르침도 있을 수 없습니다.

**헌:** 왜 신은 세간의 괴로움을 허용합니까? 그는 그의 전능함으로 그것을 단번에 없애버리고, 누구나 신을 깨닫게 해 두어야 하지 않습니까?

**마:** 괴로움이 신을 깨닫기 위한 길입니다.

**헌:** 그가 달리 정해 두어야 하지 않습니까?

**마:** 그것이 그 길입니다.

**헌:** 요가·종교 등은 괴로움에 대한 해독제입니까?

**마:** 그런 것들은 괴로움을 극복하는 데 도움이 되지요.

**헌:** 괴로움이 왜 있어야 합니까?

**마:** 누가 괴로워합니까? 괴로움이 무엇입니까?

대답 없음! 마침내 요기는 일어나서, 자신이 하는 일에 대해 스리 바가반의 축복을 기원하고, 자신이 급히 돌아가야 하는 데 대해 큰 유감의 뜻을 표했다. 그는 아주 진지하고 헌신적으로 보였고, 감정에 북받친 듯이 보이기까지 했다.

## 대담 108

(대화 105에 연속하여) 웃달라까는 (깊은 잠의 비유에서 보았듯이) 일체가 사뜨에서 나온다고 설명했습니다.

몸은 음식을 섭취합니다. 음식은 물을 필요로 합니다. 물은 음식을 소화하기 위한 열을 필요로 합니다(*Tejo mulamanviccha*).70) 그것은 **존재함**에 합일된 것(*sat parasyam devatayam*)입니다. 우리가 **존재함**에 합일된(*sat sampannah*) 상태라면, 어떻게 해서 우리는 그것을 깨닫지 못합니까?

**마**: 여러 꽃에서 모은 꿀이 꿀벌집 안에서 한 덩어리가 되면 각 꿀물 방울이 어디서 왔는지 알 수 없게 되듯이, 깊은 잠이나 죽음 등의 상태에서 **존재함**에 합일된 경우에도 사람들은 자신의 개인성을 인식하지 못합니다. 자기도 모르게 그 상태로 떨어집니다. 그러나 깨어나면 그들이 원래 가지고 있던 개인적 특징을 되찾습니다.

**헌**: 꿀은 여러 꽃에서 모았지만 한 덩어리가 되면 개별적 특징을 보유하지 않습니다. 그러나 그 개별적 부분들은 꿀물 방울들 속에도 존재하지 않고, 그들의 근원으로 돌아가지도 않습니다. 반면에 개인들은 깊은 잠이 들었다가 깨어나면 이전과 같이 개인으로 돌아갑니다. 어째서 그렇습니까?

**마**: 바다로 들어간 강들이 그 개인성을 잃어버려도 그 물이 증발하면 비가 되어 산야에 내리고 다시 강들을 통해 바다로 돌아가듯이, 개인들도 잠이 들면 그들의 개인성을 잃어버리지만, 그들의 예전 원습(*vasanas*)에 따라 자기도 모르게 다시 개인들로 돌아갑니다. 그래서 심지어 죽음 속에서도 **사뜨**(*sat*)는 상실되지 않습니다.

**헌**: 어떻게 그럴 수 있습니까?

**마**: 가지가 잘린 나무가 어떻게 다시 자라는지 보십시오. 생명의 근원이 영향을 받지 않는 한 그것은 자랄 것입니다. 마찬가지로, (개인의) 상습(*samskaras*)도 죽음을 맞아 **심장** 속으로 가라앉지만 소멸되지는 않습니다. 적절한 때가 되면 그것은 **심장**으로부터 싹터 나올 것입니다. 그렇게 해서 개아들(*jivas*)은 다시 태어납니다.

**헌**: 어떻게 그 광대한 우주가, **심장** 안에 가라앉아 있는 그토록 미세한 상습들로부터 솟아날 수 있습니까?

**마**: 거대한 반얀나무가 하나의 작은 씨앗에서 솟아나듯이, 온갖 이름과 형상으로 이루어진 광대한 우주도 **심장**으로부터 솟아납니다.

---

70) *T*. "몸의 뿌리가 음식 이외의 어떤 것일 수 있겠느냐? 마찬가지로, 음식은 그 뿌리를 물로 삼는다. 또 물은 그 뿌리를 불[열]로 삼는다." −『찬도갸 우파니샤드』, 6.8.4.

**헌:** 만약 그 기원이 **사뜨**라면, 왜 그것을 느끼지 못합니까?

**마:** 덩어리로 된 소금은 눈에 보이지만 녹아 있으면 보이지 않습니다. 하지만 맛을 보면 소금이 존재한다는 것을 압니다. 마찬가지로 **사뜨**도 지성이 인식하지는 못하지만, 그래도 다른 방법으로, 즉 초월적으로는 그것을 깨달을 수 있습니다.

**헌:** 어떻게 말입니까?

**마:** 강도들에 의해 눈이 가려진 채 밀림 속에 버려진 사람이 길을 물어 자기 집으로 돌아가듯이, (무지에 의해 눈이 먼) 무지인들도 그렇게 눈이 멀지 않은 사람들에게 물어 보고 그 자신의 근원을 찾아내어 그곳으로 돌아갑니다.

그런 다음 스승(웃달라까)의 가르침이 나옵니다. "말은 마음에 합일되고, 마음은 생기生氣에, 생기는 열에, 열은 **지고자** 안에 합일된다(*vam manasi sampadyate, manah prane, pranastejasi, tejah parasyam devatayam iti*)."[71]

**헌:** 만일 그렇다면, 진인이나 무지인이나 똑같은 방식으로 죽는데 왜 무지인은 다시 태어나고 진인은 그렇지 않습니까?

**마:** 무고한 사람(*satyabhisandha*-'진실을 말하는 자')은 벌겋게 달구어진 쇠를 잡는 시험으로 영향을 받지 않지만 도둑은 영향을 받듯이, '참된 **브라만**의 진리를 말하는 자(*sadbrahma satyabhisandha*)', 즉 진인은 의식하면서 **사뜨** 속으로 들어가는 반면, 무지인은 의식하지 못하면서 들어가고 역시 의식하지 못하면서 쫓겨나기 때문입니다.

### 1935년 12월 13일

**대담 109**

암발라(Ambala)[펀자브(Punjab)]에서 온 두 신사가 이곳에 한두 주일 머물렀다. 스리 바가반께 작별을 고하기 직전에 그 중 한 사람이, 자기 친구들이나 일반 타인들의 영적인 혼침昏沈(졸음 상태)을 어떻게 없애주어야 하는지 질문했다.

**마:** 그대 자신의 '영적인 혼침'은 없앴습니까? 그대 자신의 '혼침'을 없애기 위해 정립된 힘이 다른 중심들 안에서도 작용할 것입니다. 그대가 남들에게 사용할 수 있는 의지력이 있습니다. 그러나 그것은 낮은 수준의 것이며, 바람직

---

71) T. 『찬도갸 우파니샤드』, 6.8.6.

하지 않습니다. 먼저 그대 자신을 돌보십시오.

**헌:** 저 자신의 '혼침'은 어떻게 없앱니까?

**마:** 그것은 누구의 '혼침'입니까? 탐구하십시오. 내면으로 향하십시오. 그대의 모든 탐구를 진아에 대한 탐색으로 돌리십시오. 그대 안에서 정립된 힘이 남들에게도 작용할 것입니다.

### 1935년 12월 14일

**대담 110**

한 미국 여성이 바가반에게 당신의 삼매 체험은 어떤 것이냐고 질문했다. 그녀에게 자신의 체험을 이야기하고 그것이 올바른 것인지 물으라고 권유하자, 그녀는 스리 바가반의 체험이 올바를 수밖에 없으므로 그것을 알아야 하며, 자신의 체험은 중요하지 않다고 대답했다. 그녀는 이처럼 스리 바가반이 삼매에 들었을 때 몸이 덥거나 찬 것을 느끼는지, 당신이 띠루반나말라이에 머무르시던 처음 3년 반 동안을 기도 등을 하며 보내셨는지 알고 싶어 했다.

**마:** 삼매는 마음과 말을 초월하며, 묘사할 수 없습니다. 예를 들어 깊은 잠의 상태는 묘사할 수가 없습니다. 삼매의 상태는 더더욱 설명할 수가 없습니다.

**헌:** 그러나 저는 깊은 잠 속에서는 제가 의식이 없다는 것을 압니다.

**마:** 의식과 무의식은 마음의 양상일 뿐입니다. 삼매는 마음을 초월합니다.

**헌:** 하지만 그것이 어떤 것인지는 말씀해 주실 수 있겠지요.

**마:** 그대가 삼매에 들어 보아야만 알게 될 것입니다.

### 1935년 12월 16일

**대담 111**

한 텔루구인(Telugu)[72] 신사가 브라만 관법(Brahma bhavana)[73]에 대해 질문했다.

**마:** "나는 브라만이다"나 "모두가 브라만이다"라고 생각하지 않는 것 자체가 생전해탈(jivanmukti)입니다.

---

72) *T.* 텔루구인은 텔루구어를 쓰는 안드라 지역 출신자를 말한다(최근 이 지역은 안드라프라데시 주와 텔랑가나 주로 나뉘어졌지만, 텔루구어를 쓰는 것은 동일하다).
73) *T. Bhavana*는 대상에 대해 일정한 마음의 태도를 유지하는 일종의 이미지 관법(imagery)이다. 브라만 관법은 "나는 브라만이다" 하는 태도를 유지함으로써 브라만에 도달하려는 행법이다.

그는 신념행위(inspired action-어떤 대의나 사상에 따른 활동)에 대해서 질문했다.
**마:** 활동들이 진행되라 하십시오. 그것들은 순수한 진아에 영향을 주지 않습니다.

### 1935년 12월 17일

## 대담 112

폴 브런튼 씨가 「가르침의 꽃목걸이(*Upadesa Manjari*)」(바가반의 저작 「영적인 가르침」)를 읽다가 에고·세계·신은 모두 실재하지 않는다는 구절을 만났다. 그는 신에 대해 다른 어떤 단어를 사용하거나, 아니면 적어도 어떤 한정적 수식어가 있기를 바랐다. 예를 들면 창조력이나 인격신 같은 것이었다.

스리 바가반이 설명하셨다: 신이란 사마쉬띠(SAMASHTI), 즉 '존재하는 모든 것' 더하기 존재함을 뜻합니다. 마치 '나'가 개인 더하기 존재함을 뜻하고, 세계가 다양성 더하기 존재함을 뜻하듯이 말입니다. 모든 경우에서 그 존재함은 실재합니다. 각 경우에 '모든 것', '다양성', '개인'은 실재하지 않습니다. 그와 마찬가지로 실재와 비실재의 결합에 있어서도 (그 둘의) 뒤섞기나 그릇된 동일시가 잘못입니다. 그것은 실재와 비실재의 초월(sad-asad-vilakshana)을 말하는 것과 같습니다. 실재는 신의 개념을 포함한 모든 개념을 초월하는 것입니다. 신이란 이름이 사용되는 한, 그것은 참될 수 없습니다. 히브리 단어 **여호와**, 즉 "내가 있다"가 신을 올바르게 표현합니다. 절대적인 존재함은 표현을 넘어서 있습니다. 그 단어는 대체할 수도 없고, 대체할 필요도 없습니다.

이 영국인은 지나가는 말로, 선사 시대에는 영성靈性이 있기는 했으나 높은 지성은 아니었는데 지금은 지성이 발전되었다고 말했다. 스리 바가반이 지적하셨다: 지성이 "누구의 지성인가?" 하는 질문을 제기하는데, 그 답변은 '**진아의 지성**'이라는 것입니다. 그래서 지성은 **진아**의 한 도구입니다. **진아**는 다양성(현상계)을 가늠하기 위해 지성을 사용합니다. 지성은 **진아**가 아니고 **진아**와 별개도 아닙니다. **진아**만이 영원합니다. 지성은 하나의 현상일 뿐입니다. 사람들은 다양성의 계발이 지성의 계발이라고 이야기합니다. 지성은 늘 존재했습니다. "창조주는 예전 그대로 창조했다(dhata yatha purvam akalpayat)"[74]는 것입니다.

---

74) T. 『리그베다(Rigveda)』, 10.190.3.

매일매일 그대 자신의 상태를 검토하십시오. 꿈 없는 깊은 잠 속에서는 어떤 지성도 없습니다. 그러나 지금은 그것이 있습니다. 어린아이에게는 지성이 없습니다. 나이를 먹으면서 그것이 발전됩니다. 잠의 상태와 어린아이 안에 그 종자가 없다면, 지성의 발현이 어떻게 있을 수 있겠습니까? 이 근본적 사실을 가르치기 위해 왜 역사로 돌아갑니까? 역사의 진리성 수준은 그 개인의 진리성 수준에 불과합니다.

**대담 113**

한 텔루구인 신사가 행위 요가에 대해서 질문했다. 스리 바가반이 말씀하셨다: 인간은 무대 위의 배우로서 행위해야 합니다. 모든 행위 속에는 저변의 원리로 사뜨가 있습니다. 그것을 기억하면서 행위하십시오.

이 신사가 마음의 순수성(chitta suddhi)에 대해 질문했다. 스리 바가반이 말씀하셨다: 마음의 순수성은 한 생각에 몰두하여 다른 모든 생각을 몰아내는 것입니다. 그것은 다른 말로 '마음의 일념집중'이라고 합니다. 명상 수행이 마음을 정화합니다.

### 1935년 12월 23일

**대담 114**

동부 독일의 남작인 폰 펠트하임-오스트란(Von Veltheim-Ostran) 남작75)이 질문했다: 진아지眞我知와 세계지世界知 간에 조화가 있어야 합니다. 그것들은 나란히 발전해야 합니다. 맞습니까? 마하르쉬께서는 동의하십니까?

**마:** 예.

**헌:** 지성 너머에, 그리고 지혜가 밝아오기 전에, 우리의 의식을 지나가는 세계의 상像들이 있을 것입니다. 그렇습니까?

스리 바가반은 「다끄쉬나무르띠 송찬」에 나오는 비슷한 구절, 즉 그 상들은 거울에 비친 상들과 같다고 하는 것을 지적하셨다.76) 또 우파니샤드에서, "망자들의 세계에서는 거울에 비쳐 보이는 것 같고, 건달바(Gandharvas-천상의 음악신들)의 세계에서는 물 속에 비쳐 보이는 것 같으며, 브라마의 세계(Brahma Loka)에

---

75) *T.* 독일의 인류학자·인도학자(1885-1956). 1935년부터 1939년 사이에 인도를 여행했다.
76) *T.* 「다끄쉬나무르띠 송찬(*Dakshinamurti Stotra*)」, 제2송(『저작 전집』, 235쪽 참조).

서는 그림자와 햇빛과 같다"77)고 한 것도 말씀하셨다.

헌: 1930년 이후로 전 세계에 걸쳐 영적인 각성이 있습니까? 마하르쉬께서는 동의하십니까?

마하르쉬님이 말씀하셨다: 그 발전은 그대의 소견 나름입니다.

남작은 다시, 마하르쉬께서 자신에게 어떤 영적인 황홀경을 불러 일으켜주고, 자신에게 어떤 메시지(말로 하지 않는, 그래도 이해할 수 있는)를 주시겠느냐고 여쭈었다. 마하르쉬님은 아무 답변도 하지 않으셨다.

### 1935년 12월 25일

**대담 115**

모리스 프리드먼 씨: 애초에 아무 욕망이 없었는데도 저희가 어떤 이상한 경험을 하는 경우가 있습니다. 그 체험들은 어디서 일어납니까?

마: 지금은 그런 욕망이 없을지도 모릅니다. 그러나 예전에 그런 욕망이 있었다면 충분히 그럴 수 있지요. 그대는 잊어버렸지만, 이제 때가 되어 그것이 열매를 맺는 것입니다. 진인에게 발현업이 남아 있다고 말하는 것도 그런 까닭입니다. 물론 남들의 견지에서 볼 때 그런 것일 뿐이지만 말입니다.

**대담 116**

헌: 개아는 업業(karma)에 의해 구속된다고 합니다. 그렇습니까?

마: 업業이 그 열매를 즐기게 하십시오. 그대가 행위자인 한, 그 동안은 그대가 향유자입니다.

헌: 어떻게 하면 업에서 해방됩니까?

마: 그것이 누구의 업인지 보십시오. 그대가 행위자가 아니라는 것을 발견할 것입니다. 그러면 자유로워집니다. 그러자면 신의 은총이 필요한데, 그것을 얻으려면 그에게 기도하고, 그를 숭배하고, 그에 대해 명상해야 합니다.

애씀 없이 일어나는 업業, 즉 무의식적 행위는 사람을 구속하지 않습니다.

진인조차도 그 몸의 움직임에서 보듯이 행위하고 있습니다. 애씀이 없거나

---

77) T. 원 출처의 문장은 이러하다: "우리 자신 안에서는 (진아가) 거울에 비친 듯이 보이고, 조상들의 세계에서는 꿈속에서 보듯이 보이며, 건달바의 세계에서는 물에 비친 듯이 (어른거리게) 보이고, 브라마의 세계에서는 그림자와 빛처럼 (선명하게) 보인다." —『까타 우파니샤드』, 2.3.5.

의도(sankalpas)가 없으면 어떤 업도 있을 수 없습니다. 따라서 누구나 의도가 있습니다. 여기에 두 종류가 있는데, (1) 사람을 구속하는 속박인束縛因(bandha-hetu)과, (2) 구속하지 않는 해탈인解脫因(mukti-hetu)이 그것입니다. 전자는 포기해야 하고 후자는 계발해야 합니다. 과거의 업이 없으면 어떤 열매도 없고, 과거의 의도가 없으면 어떤 업도 없습니다. 해탈(mukti)조차도 자신이 행위자라는 느낌이 지속되는 동안은 노력의 결과일 수밖에 없습니다.

## 대담 117

한 실론인: 진아 깨달음을 위한 첫 단계는 무엇입니까? 부디 저를 그쪽으로 이끌어 주십시오. 책을 읽는 것은 소용이 없습니다.
다른 사람: 이분의 요청은 저희들 모두의 요청이기도 합니다.
마: 정말 그렇습니다. 진아가 책에서 발견된다면 이미 진아를 깨달았겠지요. 우리가 책에서 진아를 찾는다는 것보다 더 놀라운 일이 있을 수 있습니까? 책에서 그것을 찾을 수 있겠습니까? 물론 책을 읽고서야 독자들이 이런 질문을 하고 진아를 추구할 생각을 하게 되었지만 말입니다.
헌: 책들은 전혀 쓸모가 없습니다. 다 불태워 버려야 할지 모릅니다. 입으로 하는 말만이 쓸모가 있습니다. 은총만이 쓸모 있습니다.
　다른 사람들도 자기 나름의 견지에서 이야기를 했고, 결국 그들은 원래의 질문으로 돌아갔다. 그러나 스리 바가반은 침묵을 지키셨다.

## 대담 118

벨로르의 보르헤스대학(Voorhees College)에 있는 텔루구인 빤디뜨(전통 학자) 랑가짜리 씨가 무욕업無欲業(nishkama karma-비이기적 행위)에 대해서 여쭈었다. 바가반의 답변은 없었다. 얼마 후 스리 바가반은 산을 올라가셨는데, 그 빤디뜨를 포함한 몇 사람이 당신을 따라갔다. 길 위에 가시 있는 나무 막대가 하나 있었는데, 스리 바가반이 그것을 줍더니 앉아서 그것을 느긋하게 다듬으셨다. 가시들을 잘라내고 마디를 부드럽게 하고 나서, 막대기 전체를 거친 나뭇잎으로 닦아서 매끈하게 하셨다. 이 작업을 다 하는 데 약 6시간이 걸렸다. 가시 투성이 물건으로 만든 멋진 지팡이의 모습에 다들 놀라워했다. 일행이 다시 길을 가던 도중 한 목동 소년이 나타났다. 그는 자기 지팡이를 잃어버리고 어쩔 줄 몰라 하고 있었다. 스리 바가반은 즉시 당신이 쥐고 있던 새 지팡이를 그 소년에게 주고 지나가셨다.

빤디뜨는 그것이 자신의 질문에 대한 바가반의 사실적 답변이라고 말했다.

### 대담 119

그리고 이 무렵 아스라맘에 개가 네 마리 있었다. 스리 바가반은 이 개들이, 당신이 함께 들지 않는 어떤 음식도 먹지 않으려 한다고 말씀하셨다. 빤디뜨는 이 문제를 시험해 보았다. 그는 개들 앞에 음식을 좀 늘어놓았지만 개들은 입을 대지 않았다. 그러다가 스리 바가반이 얼마 후 그것을 조금 집어서 입에 넣으셨다. 개들은 즉시 그 음식에 먹기 시작했고 다 먹어치웠다.

### 대담 120

나중에 어떤 사람이 눈을 가린 공작 두 마리를 데려왔다. 마하르쉬님의 친존에 풀어놓자 그들은 저만치 날아가 버렸다. 다시 데려왔지만 그래도 날아갔다. 그러자 스리 바가반이 말씀하셨다. "여기 붙들어 두려 해봤자 소용없어요. 저들은 이 개들만큼 마음이 성숙하지 않았으니까." 사람들이 이 공작들을 아무리 붙들어 두려 해도 이들은 잠시도 거기 붙어 있으려고 하지 않았다.

### 대담 121

얼마 전에 스승님과 두 명의 무슬림 사이에서 이런 대담이 오고 갔다.

**헌:** 신은 형상이 있습니까?

**마:** 누가 그렇게 말합니까?

**헌:** 글쎄요, 만약 신이 형상이 없다면 신상들을 숭배하는 것이 옳습니까?

**마:** 신은 내버려 두십시오. 그가 누군지 모르니까 말입니다. 그대는 어떻습니까? 형상이 있습니까?

**헌:** 예. 저는 이것이고, 이러이러한 사람입니다.

**마:** 그렇다면 그대는 팔다리가 있고, 세 큐빗 반(약 175센티미터) 정도의 키에 수염이 난 뭐 그런 사람이군요. 그렇습니까?

**헌:** 물론입니다.

**마:** 그러면 깊은 잠이 들었을 때도 그대 자신을 발견합니까?

헌: 깨고 나면 제가 잠들어 있었다는 것을 지각합니다. 따라서 추론상 저는 깊은 잠 속에서도 그 상태로 있었습니다.

마: 만일 그대가 그 몸이라면, 왜 그대가 죽으면 사람들이 그 시체를 땅에 묻습니까? 그 몸이 묻히지 않겠다고 버텨야 하지요.

헌: 아니요, 저는 거친 몸 안에 있는 미세한 개아입니다.

마: 그러니까 그대는 자신이 실제로는 형상이 없다는 것을 아는군요. 그러나 그대는 현재 자신을 그 몸과 동일시하고 있습니다. 그대가 형상이 있는 동안이라면, 왜 형상 없는 신을 형상이 있다고 보고 숭배하지 못합니까?

질문자는 어쩔 줄 모르고 당황해했다.

## 1936년 1월 1일

**대담 122**

성탄절 기간 동안 이곳에 군중이 몰려와 있었다.

헌: 단일성 의식(Unity Consciousness)을 어떻게 성취할 수 있습니까?

마: (이미) 단일성 의식이면서 어떻게 그것을 성취할 수 있습니까? 그대의 질문이 그 자체의 답변입니다.

헌: 아뜨만(*Atman*), 아나뜨만(*anatman*)[비아非我], 빠라마뜨만(*Paramatman*)[지고아]이 무엇입니까?

마: 아뜨만은 개인아個人我(*jivatman*)이고, 그 나머지는 평이합니다. 진아는 항상 존재합니다. 누구나 진아를 알고 싶어 합니다. 자기 자신을 아는 데 어떤 도움이 필요합니까? 사람들은 진아를 새로운 어떤 것으로 보고 싶어 합니다. 그러나 그것은 영원하며, 늘 같은 것으로 남아 있습니다. 사람들은 그것을 작렬하는 빛 등으로 보고 싶어 하지만, 그것이 어떻게 그럴 수 있겠습니까? 그것은 빛도 아니고 어둠도 아닙니다(*na tejo na tamah*). 그것은 있는 그대로일 뿐입니다. 그것은 정의할 수 없습니다. 최선의 정의는 "나는 내가 있다는 것이다"입니다. 스루띠(*Srutis*-베다, 곧 우파니샤드)에서는 진아를 사람 엄지손가락만 하다, 털끝만 하다, 전기불꽃이다, 광대하다, 가장 미세한 것보다 더 미세하다 등으로 이야기합니다. 그것은 사실 근거가 없습니다. 그것은 존재(Being)일 뿐이지만, 실재·비실재와는 다릅니다. 그것은 지知이지만 지知·무지와는 다릅니다. 그것이 어떻게 정의될 수나 있겠습니까? 그것은 단순히 존재입니다.

또한 스리 바가반은, 따유마나바르(Thayumanavar)[78]의 문헌 전체에서, 당신은 "에고가 사라지면 또 다른 '나-나'가 충만한 광휘 속에서 자연발로적으로 드러난다"고 하는 구절을 좋아한다고 말씀하셨다. 또 당신은 『스깐다르 아누부띠(Skandar Anubhuti)』[79]에서 "실재도 아니고 비실재도 아니고, 어둠도 아니고 빛도 아닌 그것이 있다"고 한 구절을 인용하셨다.

어떤 사람이 말했다: 꿈바꼬남(Kumbakonam)의 한 싯다(siddha)는, 초월주의만 다루고 일상적 삶은 다루지 않는 스리 샹까라의 체계가 갖는 결함을 극복하려면 일상생활 속에서 초인적인 능력을 발휘할 수 있어야 한다고 주장합니다. 다시 말해서, 우리가 완전해지려면 싯다가 되어야 한다는 것입니다.

스리 바가반은 따유마나바르의 시 중에서 모든 싯디(초능력)를 비난하는 구절 하나를 지적하셨다. 나아가 당신은 이렇게 말씀하셨다: 따유마나바르는 여러 곳에서 침묵(mouna)을 언급하지만, 단 한 연에서만 그것을 정의하고 있습니다. 즉, 침묵은 에고가 절멸된 뒤 자연발로적으로 나타나는 저 상태라는 것입니다. 그 상태는 빛과 어둠을 넘어서 있지만, 그래도 그것을 빛이라고 하는 것은 그에 대해 다른 적절한 단어를 찾을 수 없기 때문입니다.

### 1936년 1월 3일

**대담 123**

알라하바드 대학교의 페르시아어와 우르두어 교수인 무슬림 모하메드 하피즈 사이에드 박사가 질문했다: 이 외적인 나툼(현상계)의 목적은 무엇입니까?
마: 이 나툼이 그대의 질문을 유발했습니다.
헌: 맞습니다. 저는 마야에 싸여 있습니다. 그것에서 어떻게 벗어납니까?
마: 누가 마야에 싸여 있습니까? 누가 벗어나고 싶어 합니까?
헌: 스승님, "누구냐?"고 물으시면 저는 그것이 무지한 저라는 것을 압니다. 감각기관들, 마음과 몸으로 이루어진 저 말입니다. 저는 폴 브런튼의 책을 읽고 나서 이 "누구인가?" 하는 탐구를 해 보았습니다. 서너 번은 고양된 상태를 느꼈지만 그 상태는 한동안 지속되다 사라졌습니다. 어떻게 하면 '나' 안에 자리 잡습니까? 부디 저에게 그 단서를 주셔서 저를 도와주십시오.

---

78) *T.* 남인도의 진인(1705-1744). 그가 남긴 시들 중 1,454수가 전해진다.
79) *T.* 아루나찰라에서 살았던 진인 아루나기리나타르(Arunagirinathar, 16세기)의 작품 중 하나.

마: 새로 나타나는 것은 때가 되면 또 사라져야 합니다.
헌: 영원한 진리에 도달하는 방법을 부디 말씀해 주십시오.
마: 그대가 그것입니다. 그대가 언제 자기와 떨어져 있을 수 있습니까? 그대 자신이 되는 데는 어떤 노력도 필요하지 않습니다. 왜냐하면 그대가 늘 그것이니까요.

## 대담 124

또 한 사람의 조급한 질문자는 서두를 길게 늘어놓고 나서, 왜 어떤 아이들은 일찍 죽는지를 질문하며 말을 마쳤다. 그가 요구한 답변은 지켜보는 어른들을 만족시키기 위한 것이 아니라, 희생자인 아이들을 위한 것이었다.
마: 그 희생자들에게 물으라 하십시오. 왜 그대가 아이의 관점에서 질문하고 답변을 원합니까?

### 1936년 1월 4일

## 대담 125

그 무슬림 교수가 질문했다: 여기 있을 때는 제 마음이 순수한데, 이곳을 떠나자마자 제 마음은 수많은 대상들을 열망합니다.
마: 그 대상들이 그대와 다릅니까? 주체 없이는 어떤 대상도 있을 수 없습니다.
헌: 그러면 제가 그것(주체)을 어떻게 압니까?
마: 그대가 그것이면서 무엇을 알고 싶어 합니까? 두 개의 자아가 있어서 하나가 다른 하나를 압니까?
헌: 다시 되풀이하지만 선생님, 어떻게 하면 이 모든 것의 진리를 알고 그것을 체험할 수 있습니까?
마: 새로운 무엇을 얻는다는 것은 없습니다. 자기(진아)로부터 무지를 제거하는 것이 필요한 전부입니다. 이 무지는 진아를 비진아와 동일시하는 것입니다.
헌: 예. 하지만 저는 이해를 못하고 있습니다. 당신의 도움을 받아야 합니다. 여기 있는 모든 사람이 당신의 은총을 얻기 위해 당신을 받들고 있습니다. 당신께서도 처음에는 어떤 스승이나 신의 도움을 얻으려고 하셨을 것이 분명합니다. 그 은총을 지금 여기서도 베푸셔서 저를 구원해 주십시오.

여기 오기 전에 당신을 굉장히 뵙고 싶었습니다. 그러나 어찌하다 보니 그럴 기회가 없더군요. 방갈로르에 있을 때 저의 집으로 돌아갈 작정을 했습니다. 그때 프리드먼 씨와 몇 분을 만났고 그분들이 저를 이리로 보냈습니다. 당신께서 저를 이곳으로 끌어당기신 겁니다. 제 경우는 봄베이에 있던 폴 브런튼의 경우와 비슷한데, 그도 거기서 귀국하려던 것을 취소하고 여기로 이끌려 왔습니다.

처음에 도착했을 때는 주저했습니다. 당신께 다가가서 대화를 나누는 것이 허락될지 어떨지 몰랐습니다. 저의 의문은 곧 풀렸습니다. 제가 보니 여기서는 모두가 평등하군요. 당신께서 모든 이들 사이에 평등을 확립해 두셨습니다. 저는 당신과 여타 분들과 함께 식사를 합니다. 우타르프라데시(북인도의 주)에 있는 제 지인知人들에게 이런 말을 하면 아마 믿지 않으려고 할 것입니다. 그 브라민들은 저와 함께 물을 마시거나 빤(pan-인도인들이 즐겨 씹는 베텔 열매와 푸른 잎)을 씹으려고 하지 않겠지요. 그러나 여기서는 당신께서 저나 저와 같은 다른 사람들을 당신의 일원으로 받아들이셨습니다. 간디는 열심히 애쓰기는 하지만 나라 안에 그런 상태를 가져오지 못합니다. 저는 당신의 친존에 있는 것이 아주 행복합니다.

저는 당신을 신으로 간주합니다. 저는 **스리 크리슈나**가 참된 신이라고 여깁니다. 왜냐하면 그는 "사람이 누구를 숭배하든 그 숭배자는 **나를** 숭배하는 것일 뿐이며, 내가 그를 구원한다"고 말하고 있기 때문입니다. 반면에 다른 이들은 모두 "구원은 나를[그 사람 자신을 의미함] 통해서만 된다"고 말했습니다. 크리슈나만이 워낙 마음이 넓어서 신답게 이야기했습니다. 당신께서도 같은 종류의 평등을 준수하십니다.

**대담 126**

사이에드 박사가 다시 질문했다: 영적인 진보를 원하는 어떤 사람도 행위 아니면 포기[행위의 길(*pravritti-marga*)과 무위의 길(*nivritti-marga*)]를 택해야 합니까?
**마**: 그대가 자기 밖으로 나갑니까? 포기한다는 것은 무슨 뜻입니까?

한 미국인 엔지니어가 사뜨상가(*sat-sanga*)[진인들과의 친교]에 대해서 질문했다.
**마**: 사뜨는 우리의 내면에 있습니다.
**헌**: 「나는 누구인가?」 책에서 당신께서는 **심장**이 마음의 자리라고 말씀하셨습

니다. 그렇습니까?

마: 마음이 곧 아뜨만입니다.

헌: 아뜨만 자체입니까, 그 투사물입니까?

마: (둘 다) 동일합니다.

헌: 서양인들은 마음을 최고의 원리로 간주하는 반면, 동양인들은 그 반대로 생각합니다. 왜입니까?

마: 심리학이 끝나는 곳에서 철학이 시작됩니다. 이것은 (우리의) 경험입니다. 마음이 태어나고, 우리가 그것을 봅니다. 그러나 마음 없이도 우리는 존재합니다. 그것을 증명하는 모두의 경험이 있습니다.

헌: 깊은 잠 속에서는 제가 존재하는 것 같지 않습니다.

마: 그대가 깨어 있을 때 그렇게 말하지요. 지금 말을 하는 것은 마음입니다. 깊은 잠 속에서는 그대가 마음을 넘어서 존재합니다.

헌: 서양철학은 더 높은 자아가 마음에 영향을 주고 있다는 것을 인정합니다.

### 대담 127

그 미국인 엔지니어가 질문했다: 거리가 은총에 어떤 영향을 줍니까?

마: 시간과 공간은 우리의 내면에 있습니다. 그대는 늘 그대의 **진아** 안에 있습니다. 시간과 공간이 어떻게 그것에 영향을 줍니까?

헌: 라디오에서는 가까이 있는 사람이 더 빨리 듣습니다. 당신께서는 힌두이시고 저희들은 미국인입니다. 그것이 어떤 차이가 있습니까?

마: 없습니다.

헌: 생각조차도 남들에게 읽힙니다.

마: 그것은 모두가 하나라는 것을 보여줍니다.

### 1936년 1월 5일

### 대담 128

몇 명의 프랑스 숙녀와 신사들, 그리고 미국인들이 아스람에 방문객으로 와 있었다. 그들은 스리 바가반께 몇 가지 질문을 했는데, 그 중 하나는 이러했다: 서양에 대한 동양의 메시지는 무엇입니까?

마: 모두 같은 목표를 향해 갑니다.

다른 질문에 대해 스리 바가반이 말씀하셨다: 그대는 "내가 있다"고 어떻게 말합니까? 그대 자신을 찾으려고 등불을 듭니까? 아니면 책을 읽고 그것을 알게 되었습니까? 어떻게 압니까?

질문자가 말했다: 경험에 의해서입니다.

마: 그렇지요. 바로 경험입니다. 앎의 주체와 대상이 있다는 것을 의미합니다. 그러나 ("내가 있다"는) 경험은 끝이 없고, 영원합니다.

## 1936년 1월 6일

### 대담 129

전에 B. V. 나라싱하스와미와 함께 일하던 사람으로, 어떤 한정비이원론限定非二元論(Visishtadvaita) 책을 쓴 한 노신사가 이곳을 처음 방문했다. 그는 환생에 대해 질문하면서, 사람이 죽은 뒤 2년 안에 미세신微細身(linga sarira)이 해체되고 다시 태어나는 것이 가능한지를 질문했다.

마: 예, 물론이지요. 타시 태어날 수 있을 뿐 아니라, 죽은 지 2년밖에 안 되었어도 새 몸에서는 스무 살, 마흔 살, 심지어 일흔 살일 수도 있습니다. 스리 바가반은 『요가 바쉬슈타(Yoga Vasishta)』에 나오는 릴라(Lila)의 이야기를 인용하셨다.

"지知가 수행보다 낫고, 지知보다는 명상이, 명상보다는 행위 결과의 포기가 낫다(Sreyo hi jnanam abhyasat, jnanat dhyanam, dhyanat karmaphala tyagah)".[80]

여기서 지知(jnana)는 수행이 없는 지知를 나타내고, 수행(abhyasa)은 지知가 없는 수행을, 명상(dhyana)은 지知가 있는 수행을 나타냅니다.

"수행이 없는 지知는 지知가 없는 수행보다 낫고, 지知가 있는 수행은 수행이 없는 지知보다 낫다. 진인의 그것과 같이 행위 결과를 포기하는(karmaphala tyagah) 무욕업無欲業(nishkama karma)[욕망 없는 행위]은 지知가 있는 수행보다 낫다"는 것입니다.

헌: 요가와 순복(surrender)의 차이는 무엇입니까?

마: 순복은 박띠 요가(Bhakti Yoga)입니다. '나'라는 생각의 근원에 도달하는 것이 에고의 소멸이고, 목표를 달성하는 것이며, 순복(prapatti)이고, 진지입니다.

---

80) T. 『기타』, 12.12.

대담 130

스리 라마크리슈나 포교원(Sri Ramakrishna Mission)에서 온 락슈만 브라마짜리가 질문했다: "나는 누구인가?"나 '나'라는 생각에 대한 탐구는 그 자체 한 생각인데, 그것이 어떻게 그 과정에서 소멸될 수 있습니까?

마: 숲 속에서 리쉬들의 부인들이 시따(Sita)에게 그 리쉬들[라마 자신도 한 사람의 리쉬로서 그 중에 있었다] 중의 누가 남편이냐고 물었을 때, 그녀는 부인들이 손으로 가리키는 사람마다 아니라고 부인했지만, **라마**를 가리켰을 때는 그냥 고개만 숙였습니다. 그녀의 침묵은 더없이 분명한 표현이었지요.

마찬가지로, 베다들도 '네띠-네띠(neti-neti)'['이건 아니다, 이건 아니다']에서 멋지게 설명하고, 그런 다음 침묵합니다. 베다의 침묵이 **진정한 상태**입니다. 이것이 '침묵에 의한 설시說示'의 의미입니다. '나'라는 생각의 근원에 도달하면 그 생각이 사라지고, 남는 것은 **진아**입니다.

헌: 빠딴잘리의 『요가수트라(Yoga Sutras)』에서는 동일시를 이야기합니다.

마: 지고자와의 동일시는 에고의 소멸에 대한 다른 이름일 뿐입니다.


대담 131

숩바 라오 씨가 질문했다: 주된 생기生氣(mukhya prana)란 무엇입니까?

마: 그것은 거기서 에고와 생기가 일어나는 것입니다. 그것을 때로는 **꾼달리니**라고도 합니다. 의식은 어느 때에도 태어나지 않고 영원한 상태로 남습니다. 그러나 에고는 태어나며, 다른 생각들도 마찬가지입니다. 절대적 의식과 연관되면 그것들이 빛을 발하고, 그렇지 않으면 빛을 발하지 않습니다.

헌: 해탈이 무엇입니까?

마: 해탈은 그대가 태어나지 않았다는 것을 아는 것입니다. "**고요히 있으라. 그리고 내가 신임을 알라**(Be still and know that I am God)."

"**고요히 있으라**"는 것은 "**생각하지 말라**"는 것입니다. "**생각하라**"가 아니라 "**알라**"가 핵심입니다.

헌: 가슴 속에는 서로 다른 색깔의 여섯 가지 기관器官이 있는데, 그 중에서 (영적인) **심장**은 중간선에서 손가락 두 개 폭으로 오른쪽에 있다고 합니다. 그러나 **심장**은 또한 형상이 없습니다. 그렇다면 우리는 그것이 하나의 형태를 가지고 있다고 상상하면서 그에 대해 명상해야 합니까?

마: 아닙니다. "나는 누구인가?" 하는 탐구가 필요할 뿐입니다. 깊은 잠과 생시에 내내 남아 있는 것(진아)은 동일합니다. 그러나 생시에는 불행이 있고, 그것을 없애려는 노력이 있습니다. 잠에서 깨어나는 것은 누구냐고 물으면 그대는 '나'라고 대답합니다. 이제 그대에게 이 '나'를 꽉 붙들라고 합니다. 그렇게 하면 영원한 존재가 그 자신을 드러낼 것입니다. 핵심은 '나'에 대한 탐구이지 심장중심에 대한 명상이 아닙니다. 안이나 밖 같은 것은 없습니다. 둘 다 같은 것을 의미하거나, 아니면 아무것도 의미하지 않습니다.

물론 심장중심에 대한 명상 수행도 있습니다. 그것은 하나의 수행일 뿐 탐구가 아닙니다. 심장에 대해 명상하는 사람만이, 마음이 활동을 그치고 고요해졌을 때 자각하고 있을 수 있습니다. 반면에 다른 중심에 대해 명상하는 사람들은 그렇게 자각할 수 없고, 마음이 다시 활동하고 난 뒤에야 그것이 고요했었다고 추론합니다.

## 대담 132

한 식자가 질문했다: 절대적 존재가 있습니까? 그것과 상대적 존재와의 관계는 무엇입니까?

마: 그것들이 서로 다릅니까? 그 모든 질문은 마음 안에서만 일어납니다. 마음은 생시와 함께 일어나고 깊은 잠 속에서는 가라앉습니다. 마음이 있는 한 그런 질문과 의문들도 있겠지요.

헌: 절대자를 성취하려면 진보의 단계들이 있어야 합니다. 실재의 등급이 있습니까?

마: 실재의 등급은 없습니다. 개아에게 체험의 등급이 있는 것이지, 실재의 등급은 없습니다. 만일 어떤 것을 새로 얻을 수 있다면, 그것을 잃어버릴 수도 있습니다. 반면에 절대자는 중추적입니다 — 지금 여기에서.

헌: 만일 그렇다면, 저는 어떻게 그것을 모르고(avarana-마야의 은폐) 있습니까?

마: 누구에게 그 무지[은폐]가 있습니까? 절대자가 그대에게 자신이 은폐되어 있다고 말합니까? 뭔가가 절대자를 가리고 있다고 말하는 것은 개아입니다. 누구에게 그 무지가 있는지 알아내십시오.

헌: 완전함 안에 왜 불완전함이 있습니까? 즉, 절대자가 어떻게 해서 상대적으로 되었습니까?

마: 그 상대성이 누구에게 있습니까? 그 불완전함이 누구에게 있습니까? 절대자는 불완전하지 않으며, 질문할 수 없습니다. 지각력 없는 것도 그런 질문을 할 수 없습니다. 그 둘 사이에서 뭔가가 일어났고, 그것이 그런 질문들을 하면서 그런 의문을 느낍니다. 그것이 누구입니까? 지금 일어난 자입니까? 아니면 영원한 자입니까?

그대는 완전한데, 왜 자신이 불완전하다고 느낍니까? 모든 종교들의 가르침이 그와 같습니다. 그 경험들이 어떤 것이든 경험자는 동일합니다.

'나'는 완전함(purna)입니다. 잠 속에서는 어떤 다양성도 없습니다. 그것이 (그대의) 완전함을 말해줍니다.

헌: 제가 완전한 존재인데, 왜 그것을 느끼지 못합니까?

마: 깊은 잠 속에서도 불완전함이 느껴지지 않습니다. 잠든 '나'는 완전한데, 왜 생시의 '나'는 불완전하다고 느낍니까? 왜냐하면 불완전하다고 느끼는 자는 하나의 거짓 파생물이고, **무한자**의 한 차별상, 곧 **신**과의 한 격리이기 때문입니다.

헌: 저는 세 가지 상태 모두에서 동일합니다. 이 에고가 저를 가라앉혔습니까, 아니면 저 자신이 거기에 말려들었습니까?

마: 그대 없이 무엇이 일어났습니까?

헌: 저는 늘 동일합니다.

마: 그대가 그것을 보기 때문에 그것이 일어난 것처럼 보입니다. 이런 어려움을 깊은 잠 속에서도 느꼈습니까? 지금 무엇이 새롭습니까?

헌: 감각기관과 마음입니다.

마: 누가 그 말을 합니까? 잠자는 사람입니까? 만약 그렇다면 그가 깊은 잠 속에서도 이 질문을 해야 합니다. 잠자는 사람을 놓쳐 버렸고, 어떤 거짓 파생물이 그 자신을 구별하고 나서 지금 말을 합니다.

영원하고 완전한 것 없이 어떤 새로운 것이 나타날 수 있습니까? 이런 식의 논쟁 자체가 끝이 없습니다. 거기에 개입하지 마십시오. 내면으로 돌아서서 이 모든 것을 끝내버리십시오. 논쟁에는 어떤 결말도 없을 것입니다.

헌: 이 모든 문제를 종식시키는 **은총**을 보여주십시오. 저는 논쟁하러 여기 오지 않았습니다. 단지 배우고 싶을 뿐입니다.

마: 먼저 그대가 무엇인지를 아십시오. 이것은 어떤 경전도, 어떤 학식도 요

하지 않습니다. 이것은 단순한 경험입니다. 존재(*being*)의 상태는 지금 여기 늘 있습니다. 그대는 그대 자신을 놓쳐버리고 남들에게 인도해 달라고 합니다. 철학의 목적은 그대를 내면으로 향하게 하는 것입니다. (『해탈정수』에서) "그대의 진아를 알면 어떤 해害도 그대에게 닥쳐오지 못할 것이다. 그대가 물었기에 내가 이것을 그대에게 가르쳐 주었다"고 했습니다.

에고는 그대[진아]를 붙들고 올라올 뿐입니다. 그대 자신을 붙드십시오. 그러면 에고는 사라질 것입니다. 그럴 때까지는 진인이 (에고는) "있다"고 말합니다. 무지한 사람들은 "어디에요?"라고 묻겠지요.

**헌:** 문제의 핵심은 "너 자신을 알라(Know Thyself)"로군요.
**마:** 예, 정말 그렇지요.

## 대담 133

비이원론(*Advaita*)에는 (1) 견현론見現論(*drishti srishti*)[동시창조론], (2) 현견론現見論(*srishti drishti*)[점진창조론]의 두 학파가 있습니다.81)

세 가지 근본요소인 세계(*jagat*)·개아(*jiva*)·신(*Isvara*)을 인정하는 탄트라 비이원론(*Tantric Advaita*)도 있습니다. 이 세 가지도 실재합니다. 그러나 그 실재성은 그들에게서 끝나지 않고 그 너머까지 이어집니다. 그것이 탄트라 비이원론입니다. 실재는 한계가 없습니다. 세 가지 근본요소는 **절대적 실재**와 별개로 존재하지 않습니다. 실재가 일체에 편재한다는 데는 누구나 동의합니다. 그래서 신은 개아에게 편재하고, 따라서 개아는 영원한 존재성을 갖습니다. 그의 앎에는 한계가 없습니다. 한계가 있는 앎은 그가 상상한 것일 뿐입니다. 실은 그의 앎은 무한한 앎입니다. 그것의 한계가 **침묵**입니다. 이 진리를 다끄쉬나무르띠(Dakshnamurti)가 드러냈습니다. (그러나) 이 세 가지 근본요소를 여전히 지각하는 사람들에게는 그것이 실재물이라고 말해주게 됩니다. 그것들은 에고와 동시에 존립합니다.

신들의 모습이 아주 상세히 묘사되고 있는 것은 사실이지만, 그런 묘사는 최종적 **실재**를 가리킬 뿐입니다. 그렇지 않다면 그 세부사항 하나하나에까지 왜 특별한 의미를 부여하겠습니까? 생각해 보십시오. 그 모습은 하나의 상징

---

81) *T.* 견현론은 '봄(見)'이 있어야 '현상계(現)'가 있다는 이론이다. 즉, 보는 자가 일어날 때 동시에 현상계가 창조된다는 것이다. 현견론은 현상계가 먼저 있고, 우리가 그것을 본다는 이론이다.

일 뿐입니다. 이름과 형상을 넘어서 있는 것만이 **실재**입니다. 샤이바 싯단타(*Saiva Siddhanta*)82)와 베단타는 같은 **진리**라는 공통의 목표로 가지고 있습니다. 그렇지 않다면 비이원론의 가장 위대한 주창자인 스리 샹까라짜리야가 어떻게 신들에 대한 찬가를 읊을 수 있었겠습니까? 분명히 그는 알면서 그렇게 한 것입니다.

질문자는 샤이바 싯단타, 베단타 등에 대한 자신의 믿음이 바하이교83) 문헌들을 읽은 뒤에 흔들렸다고 열심히 설명하고 나서, "저를 구원해 주십시오"라고 말했다.

**마**: 지금 여기 있는 **진아**를 아십시오. 그러면 안정되어 흔들리지 않을 것입니다.

**헌**: 바하이교도들은 남들의 마음을 읽습니다.

**마**: 예. 그것은 가능합니다. 그대의 생각이 다른 사람에게 읽혔습니다. 그대의 마음을 아는 자가 있을 것이 분명합니다. 그것이 그대가 깨달아야 할, 늘 있는 **진리**입니다. 진리는 흔들리지 않습니다.

**헌**: 저에게 **은총**을 보여 주십시오.

**마**: **은총**은 늘 있지, 누가 주지 **않습니다**. 왜 그대는 바하울라(Bahaullah)나 다른 이들이 환생자라거나 그렇지 않다고 하는 찬반양론을 생각합니까? **그대 자신을** 아십시오. 일체를 **진리**로 보십시오. 그 역시 **진리**라고 보십시오. 그가 진리의 바깥에 존재할 수 있습니까? 그대의 믿음은 변할 수 있겠지만, **진리**는 변치 않습니다.

**헌**: 싯단타(*Siddhanta*) 등의 진리성을 보여주십시오.

**마**: 그것들의 가르침을 따르십시오. 그런 다음 의문이 있으면 질문해도 좋습니다. 그런 가르침들을 고수하면 그대가 **침묵**에 이르게 될 뿐입니다. 차별상은 외적인 대상들에서만 지각됩니다. 그것들의 가르침을 따르면 모든 차별상이 사라질 것입니다. 왕의 아들 외에는 누구도 왕자라고 불릴 수 없습니다. 마찬가지로, 완전한 **그것만이 완전함**이라고 불립니다.

---

82) *T.* 남인도 타밀 지방을 중심으로 한 힌두교 시바파의 한 흐름. 한정비이원론 계열이며, 신의 창조력(*maya*)과 해탈을 위한 신의 은총을 강조하고, 신에게 열렬히 헌신하는 것을 특징으로 한다.
83) *T.* 19세기 중엽 바하울라(Baha Ullah, 1817-1892)가 일으킨 이슬람교의 한 분파. 바하 울라는 『키탑 알아크다스(*Kitab al-Aqdas*)』 등 많은 저작을 남겼다.

단순히 제자가 되고, 입문을 하고, 순복의 의식을 거행하는 등에 만족하고 있어서는 안 됩니다. 그런 것은 외적인 현상입니다. 모든 현상의 저변에 있는 **진리**를 결코 잊지 마십시오.

**헌:** 다끄쉬나무르띠의 **침묵**이 갖는 의미는 무엇입니까?

**마:** 학자들과 진인들이 내놓은 설명들이 많습니다. 그대 좋을 대로 어떤 방식으로든 그것을 가지십시오.

## 1936년 1월 14일

**대담 134**

심장에 관한 질문 하나가 제기되었다.

스리 바가반이 말씀하셨다: 진아를 추구하여 그것을 깨달아야 합니다. 심장은 자동적으로 자기 역할을 할 것입니다. 깨달음의 자리는 **심장**입니다. 그것은 안이라고도 할 수 없고, 밖이라고도 할 수 없습니다.

**헌:** 바가반께서는 최초의 체험이나 초기의 체험에서 **심장**을 깨달음의 자리로 느끼셨습니까?

**마:** 제가 그 단어를 쓰기 시작한 것은 그 주제에 관한 문헌을 본 뒤였지요. 그것을 저의 체험과 관련 지운 것입니다.

## 1936년 1월 15일

**대담 135**

신지학 회의(Theosophical Conference)에 참석한 세 명의 유럽인 여성이 찾아와서 질문했다: (창조의) 전체 계획, 곧 **설계도**는 정말 훌륭합니까? 아니면 그것은 어떤 오류, 즉 우리가 그것을 최대한 선용해야 하는 어떤 실수의 성질을 가지고 있습니까?

**마:** 그 **설계도**는 실로 훌륭합니다. 오류는 우리 쪽에 있습니다. 우리가 우리 자신 안에서 그것을 교정하면 전체 계획은 올바르게 됩니다.

**헌:** 저희가 잠자는 동안 하는 일에 대한 기억을 통해서 그것을 실현하는 법을 저희에게 가르쳐 줄 어떤 언구(formula-만트라)를 가지고 계십니까?

**마:** 어떤 언구도 필요 없습니다. 누구나 자신이 행복하게 잠을 잤고, 잠잘 때는 아무것도 몰랐다는 경험을 갖습니다. 다른 어떤 것도 경험하지 않았지요.

헌: 그 답변에는 제가 만족할 수 없습니다. 우리는 잠 속에서 아스트랄 차원(astral plane)을 돌아다니지만 그것을 기억하지 못합니다.

마: 아스트랄 차원은 꿈과 관계되지, 깊은 잠과는 무관합니다.

헌: 세간의 괴로움은 원인이 무엇이라고 보십니까? 그리고 우리는 어떻게 하면 개인들로서, 혹은 집단으로서 그것을 변화시키는 데 도움을 줄 수 있습니까?

마: **진정한 자아**를 깨달으십시오. 필요한 것은 그게 전부입니다.

헌: 더 큰 봉사를 할 수 있도록 우리의 깨달음을 앞당길 수 있습니까? 그리고 어떻게 해야 그럴 수 있습니까?

마: 우리는 우리 자신도 도울 수 없으니, **지고자**에게 우리 자신을 완전히 내맡겨야 합니다. 그러면 그가 세상도 돌보고 우리도 돌봐줄 것입니다.

헌: 목표가 무엇이라고 보십니까?

마: **진아 깨달음**입니다.

헌: 각자에게 정해진 스승을 만날 어떤 방도가 있습니까?

마: 치열하게 명상하면 만나게 될 것입니다.

## 대담 136

젊은 네덜란드인인 G. H. 메이스(Mees) 박사가 며칠간 이곳에 와 있었다. 그가 스리 바가반께 질문했다: 저는 깊은 잠 속에서 삼매 비슷한 어떤 것을 갖는다는 느낌이 듭니다. 그렇습니까?

마: 그 질문을 하는 것은 잠든 '나'가 아니라 생시의 '나'입니다. 만일 아직 깨어 있을 때, 그 깨어 있는 잠(wakeful sleep)의 상태—이것은 삼매와 같은 것인데—를 성취하면 의문이 일어나지 않을 것입니다.

삼매(*samadhi*)는 우리의 본래적 상태(natural state)입니다. 그것은 세 가지 상태 모두에 있는 저변의 흐름입니다. 이것이—즉, '나'가—그 상태들 속에 있는 것이 아니라, 그 상태들이 **그것** 안에 있습니다. 만일 우리가 생시의 상태에서 삼매를 얻으면 그것은 깊은 잠 속에서도 지속될 것입니다. 의식과 무의식의 구별은 마음의 영역에 속하는데, 이 마음은 **진정한 자아**의 상태에 의해 초월됩니다.

헌: 개인적 영혼의 관념에 부응하는 어떤 연속적 개체도 없다고 하는 불교적

견해는 맞습니까, 틀립니까? 그것은 환생하는 에고에 대한 힌두 관념과 부합합니까? 영혼은 힌두 교의대로, 거듭거듭 환생하는 하나의 연속적 개체입니까, 아니면 단지 상습(*samskaras*)[마음의 성향]의 덩어리일 뿐입니까?

마: 진정한 자아는 연속적이며, 영향을 받지 않습니다. 환생하는 에고는 더 낮은 차원, 즉 생각에 속합니다. 그것은 진아 깨달음에 의해 초월됩니다.

환생은 거짓된 파생물(에고)에 기인합니다. 그래서 불교도들에 의해 부정됩니다. 인간의 상태는 '지각력 있는 것'(*chit*-의식)을 '지각력 없는 것'(*jada*-몸)과 혼동하는 데서 비롯됩니다.

## 대담 137

스리 라마크리슈나 포교원의 락슈만 브라마짜리가 질문했다: 우리는 자신을 생각들의 주시자로 상상해도 됩니까?

마: 그것은 본래적 상태가 아닙니다. 그것은 하나의 관법觀法(*bhavana*)— 즉, 마음을 가라앉히는 하나의 보조수단일 뿐입니다. 그렇게 상상하든 않든, 진아는 항상 주시자입니다. (마음을 가라앉히는) 그런 목적이 아니라면 그렇게 상상할 필요가 없습니다. 자신의 진아로 머물러 있는 것이 최선입니다.

## 대담 138

마이소르(Mysore-당시 토후국의 하나)의 재무장관이 질문했다: 폴 브런튼의 『비밀의 길』은 인도인들에게도 유용합니까?

마: 예, 모두에게 유용하지요.

헌: 몸·감각기관 등은 '나'가 아닙니다. 이것은 우리들 사이에 공통됩니다. 하지만 그것을 어떻게 닦습니까?

마: 그 책에서 말하는 세 가지 방법으로 하면 됩니다.

헌: 탐구에 호흡 제어가 필요합니까?

마: 별로 필요하지 않습니다.

헌: "어떤 공백 상태가 끼어든다"고 그 책에서 말하고 있습니다.

마: 그렇지요. 거기서 멈추지 마십시오. 누구에게 그 공백 상태가 나타나는지 보십시오.

헌: 헌신가들에게는 어떤 공백 상태도 없다고 합니다.

마: 거기서조차도 잠재적 상태, 곧 심잠心潛(laya)이 있습니다. (그 상태에 빠지면) 마음이 얼마 후에 깨어납니다.
헌: 삼매의 체험이란 어떤 것입니까?
마: 그것은 있는 그대로입니다. 곁에서 보는 사람에게는 기절 상태처럼 보일 수도 있습니다. 그 수행자에게도 초기의 체험에서는 그렇게 보일 수 있는데, 몇 번 거듭 체험하고 나면 괜찮아질 것입니다.
헌: 그들은 그런 체험으로 영맥들(nadis)을 진정시킵니까, 흥분시킵니까?
마: 처음에는 그들이 흥분하지요. 그러나 계속 체험하면 그것이 평상平常해지고, 그 사람이 더 이상 흥분하지 않습니다.
헌: 안전한 노선을 따라가면 불쾌함이 없어야 합니다. 흥분은 부드럽게 살아가며 일하는 데는 좋지 않습니다.
마: 헤매는 마음은 그릇된 길을 가는 것이고, 헌신적인 마음만이 바른 길을 가는 것입니다.

### 1936년 1월 19일

**대담 139**

살렘에서 온 입법평의회 의원 엘랍빠 쩨띠아르가 질문했다: 마음을 내면으로 돌리기만 하면 됩니까, 아니면 우리가 "나는 브라만이다"를 명상해야 합니까?
마: 마음을 내면으로 돌리는 것이 가장 중요한 일입니다. 불교도들은 '나라는 생각의 흐름을 해탈이라고 여기지만,84) 우리는 그런 흐름이 그 저변의 바탕, 곧 유일자인 실재에서 흘러나온다고 말합니다.

왜 "나는 브라만이다"라고 명상해야 합니까? '나'의 절멸만이 해탈입니다. 그러나 그것은 '나-나'를 늘 시야에 두어야만 얻을 수 있습니다. 그래서 '나라는 생각에 대한 탐구가 필요합니다. 만일 '나'를 놓치지 않으면 그 구도자에게 어떤 공백 상태도 올 수 없습니다. 그렇지 않으면 명상이 잠으로 끝나겠지요.

내내 단 하나의 '나'(진아)가 있을 뿐이지만, 때때로 일어나서 ('나라고) 오인되는 것이 '나라는 생각입니다. 반면에 직관적인 '나'는 늘 스스로 빛나고 있습니다. 심지어 그것이 드러나기 전에도 말입니다.

---

84) T. 이것은 이상한 문장이다. '무아'를 설하는 불교에서 '나라는 생각의 흐름을 해탈로 볼 수는 없기 때문이다. 바가반이 접한 불교 정보가 부정확했다고 생각된다.

거친 몸의 탄생은 우리 자신의 탄생이라고 할 수 없습니다. 오히려 에고의 탄생이 우리 자신의 탄생입니다.

해탈에서는 새로운 그 무엇도 얻을 수 없습니다. 그것은 원래의 상태이고, 또한 계속 불변으로 남아 있습니다.

## 대담 140

**헌:** 무엇이 실재(reality)입니까?

**마:** **실재**는 늘 실재해야 합니다. 그것은 형상과 이름이 없습니다. 이것들의 저변에 있는 것이 **실재**입니다. 그것은 한계들의 저변을 이루지만, 그 자체는 한계가 없습니다. 그것은 속박되지 않습니다. 그것은 비실재들의 저변을 이루지만, 그 자체는 실재합니다. **실재**는 '있는 것'입니다. 그것은 있는 그대로 있습니다. 그것은 언어를 초월하며, 존재·비존재 등과 같은 표현들 너머입니다.

## 대담 141

같은 신사가 나중에 『해탈정수』에서 한 연을 인용한 뒤에 질문했다: 진지(*jnana*)를 일단 성취한 뒤에 그것을 잃어버릴 수도 있습니까?

**마:** 진지가 한 번 드러났다 해도 그것이 안정되려면 시간이 걸립니다. **진아**는 확실히 누구나 직접 체험하는 것이지만, 그대가 상상하는 그런 것은 아닙니다. 그것은 단지 있는 그대로입니다. 이 **체험**이 삼매입니다. 염송이나 다른 방편들이 있으면 불길이 사물을 태우지 않지만 그렇지 않으면 태우듯이, **진아**도 원습에 가려져 있지만 원습이 없을 때는 스스로 드러납니다. 원습의 변동 때문에 진지가 안정되는 데는 시간이 걸립니다. 불안정한 지知는 환생을 막기에 충분치 않습니다. 원습과 함께하는 한 진지는 흔들림 없이 머무를 수 없습니다. 다른 방편들 때문에 사물을 태우지 않는 불과 비슷하게, 큰 스승 가까이에서는 원습이 활동을 그칠 것이고, 마음이 고요해져서 삼매가 일어난다는 것은 맞습니다. 그렇게 해서 제자는 스승의 친존에서 참된 지知와 올바른 체험을 얻게 됩니다. 그러나 그 안에 흔들림 없이 머무르려면 더 노력할 필요가 있습니다. 그러면 그것이 자신의 참된 **존재**라는 것을 알게 되고, 그리하여 생존 중에도 해탈하는 것입니다. 눈을 감고 드는 삼매는 확실히 좋은 것이지만, 행위 없음과 행위가 서로 배척하지 않는다는 것을 깨달을 때까지 더 나아가

야 합니다. 활동하는 중에 삼매를 잃는 데 대한 두려움은 무지의 징표입니다. 삼매는 누구나의 본래적인 삶이어야 합니다.

우리의 노력이나 노력 없음을 넘어선 상태가 있습니다. 그것을 깨달을 때까지는 노력이 필요합니다. 그런 **지복**을 한 번이라도 맛본 뒤에는 그것을 다시 얻으려고 거듭 노력하겠지요. **평안의 지복**을 한번 체험하고 나면, 누구도 거기서 벗어나거나 다른 일에 관여하고 싶지 않을 것입니다. 진인이 생각에 몰두하기가 어려운 것은, 무지인이 생각에서 벗어나기 어려운 것과 같습니다.

보통 사람은 자기 자신을 모른다고 말합니다. 그는 많은 생각을 하고, 생각 없이 있지를 못합니다.

어떤 종류의 활동도 진인에게는 영향을 주지 않습니다. 그의 마음은 항상 영원한 **평안** 속에 머물러 있기 때문입니다.

### 1936년 1월 20일

**대담 142**

베즈와다(Bezwada)에서 온 쁘라까샤 라오 씨: 환幻은 브라만과의 동일성(Brahma-karavritti-브라만 형상의 相)을 이루기 전이라도 작동하지 않게 되지 않습니까? 아니면 그 이후에도 그것이 지속됩니까?

마: 환幻은 원습들이 절멸된 뒤에는 지속되지 않을 것입니다. 그 동일성에 대한 지知와 원습의 절멸 사이의 기간에는 환幻이 있겠지요.

헌: 세계가 어떻게 **브라만과의 동일성** 이후에도 사람에게 영향을 줄 수 있습니까?

마: 먼저 그렇게 하고 나서 보십시오. 그때는 필요하다면 이런 질문을 제기할 수 있겠지요.

헌: 우리가 자신의 정체를 아는 것과 같은 방식으로 그것을 알 수 있습니까?

마: 그대가 마음과 다릅니까? 그대는 그것을 어떻게 알게 될 거라고 봅니까?

헌: 찌따의 전 범위(Chittavilasa-마음의 현현 혹은 유희)를 알 수 있습니까?

마: 오! 이것이 **브라만과의 동일성**입니까?

무지가 사라지면 잔여물이 스스로 드러납니다. 그것은 체험이며, 지식의 범주에 들지 않습니다.

## 1936년 1월 23일

**대담 143**

폴 브런튼 씨가 스리 바가반께 이 산(아루나찰라)이 비어 있는지 여쭈었다.

마: 뿌라나(*puranas*)에서 그렇게 말하지요. 심장은 하나의 공동空洞이라고 하는데, 그 속으로 들어가 보면 그것이 광대무변한 빛이라는 것을 알게 됩니다. 마찬가지로, 이 산은 빛의 산입니다. 동굴 등이 빛으로 덮여 있습니다.

헌: 안에 동굴들이 있습니까?

마: 저는 환영 속에서 동굴들과, 거리 등이 있는 도시들, 하나의 전체 세계가 그 안에 있는 것을 본 적이 있습니다.

헌: 그 안에 싯다들도 있습니까?

마: 모든 싯다들은 그곳에 있다고 합니다.

헌: 싯다들만 있습니까, 아니면 다른 분들도 있습니까?

마: 이 세계와 마찬가지입니다.

헌: 싯다들은 히말라야에 있다고 합니다.

마: 카일라스(Kailas)는 히말라야에 있습니다. 그곳은 시바의 거주지입니다. 반면에 이 산은 시바 자신입니다. 그의 거주지에 있는 모든 권속들은 그 자신인 곳에도 있을 수밖에 없지요.

헌: 바가반께서는 이 산이 비어 있다는 것 등을 믿으십니까?

마: 모든 것은 그 개인의 관점에 달렸습니다. 그대 자신도 환영 속에서 이 산 위에 암자 등이 있는 것을 보았습니다. 그대의 책에서 그렇게 묘사했지요.

헌: 예. 그것은 이 산의 표면에 있었습니다. 그 환영은 제 안에 있었습니다.

마: 정확히 그렇지요. 일체가 우리의 진아 안에 있습니다. 세계를 보기 위해서는 보는 자가 있어야 합니다. 진아 없이는 어떤 세계도 있을 수 없습니다. 진아는 일체를 포함합니다. 사실 진아는 모든 것입니다. 진아 외에는 아무것도 없습니다.

헌: 이 산의 신비는 무엇입니까?

마: 『비밀 이집트(*Secret Egypt*)』에서 그대가 "피라미드의 신비가 진아의 신비이다"라고 말했듯이, 이 산의 신비가 진아의 신비입니다.

채드윅 소령: 저는 진아가 에고와 다른지 어떤지 모르겠습니다.

마: 깊은 잠 속에서 그대는 어떤 상태에 있었습니까?

헌: 모르겠습니다.

마: 누가 모릅니까? 그것은 생시의 자기 아닙니까? 그대는 깊은 잠 속에서도 그대가 존재한다는 것을 부인합니까?

헌: (그때도) 저는 있었고 (지금도) 있습니다. 그러나 깊은 잠 속에 누가 있었는지는 모르겠습니다.

마: 바로 그거지요. 깨어 있는 사람이 자신은 잠의 상태에서 아무것도 몰랐다고 말합니다. 이제 그는 대상들을 보면서 자기가 있다는 것을 압니다. 반면에 깊은 잠 속에서는 대상들도 없었고, 보는 자 등도 없었습니다. 그러나 지금 말하고 있는 바로 그 사람이 깊은 잠 속에서도 존재했습니다. 이 두 상태 간의 차이점이 무엇입니까? 지금은 대상들이 있고 감각기관들이 작용하고 있지만, 잠 속에서는 그것들이 없었다는 것입니다. 그 사이에 에고라는 하나의 새로운 개체가 일어났고, 그것이 감각기관들을 통해 작용하면서 대상들을 보고, 자신을 몸과 혼동하면서 자기가 에고라고 주장합니다. 실제로는 깊은 잠 속에 있었던 것이 지금도 계속 존재합니다. 진아는 불변입니다. 그 중간에 들어온 것이 에고입니다. 일어나고 가라앉는 것은 에고이고, 변치 않고 남아 있는 것은 진아입니다.

## 대담 144

쁘라까샤 라오 씨: 마야(*maya*)의 근본 원인은 무엇입니까?

마: 마야가 무엇입니까?

헌: 마야란 그릇된 앎, 곧 환幻입니다.

마: 누구에게 그 환幻이 있습니까? (환이 있으려면) 미혹되는 사람이 있어야 합니다. 환은 무지입니다. 그대에 따르면 무지한 자기가 대상들을 봅니다. 대상들 자체가 존재하지 않는데, 마야가 어떻게 존재할 수 있습니까? **마야는 없는 것입니다**(Maya is ya ma). 남는 것은 진아입니다. 만일 그대가 대상들을 본다고 하거나 진정한 단일성을 모른다고 말하면, 두 개의 자아가 있는 것입니다. 하나는 아는 자이고, 또 하나는 알 수 있는 대상입니다. 누구도 그 자신 안에서 두 개의 자아를 인정하지는 않겠지요. 깨어난 사람이 자신은 깊은 잠이 들어 있었지만 자각하지 못했다고 말합니다. 그는 잠자던 사람이 현재의 사람과 다르다고 말하지 않습니다. 단 하나의 진아가 있을 뿐입니다. 그 진아는 늘 자각

하고 있습니다. 그것은 불변입니다. 진아 외에는 아무것도 없습니다.

헌: 아스트랄체(astral body)가 무엇입니까?

마: 그대는 꿈속에서 하나의 몸을 가지고 있지 않습니까? 그것은 침대 위에 누워 있는 그 몸과 다르지 않습니까?

헌: 우리는 죽은 뒤에도 살아남습니까? 아스트랄체는 몸의 죽음 뒤에도 살아 있습니까?

마: 꿈속에서도 그대가 여러 가지 새로운 경험을 한 뒤에 깨어나듯이, 몸의 죽음 뒤에도 또 다른 몸 등을 발견하게 됩니다.

헌: 죽은 뒤에도 아스트랄체는 40년 동안 살아 있다고 합니다.

마: 현재의 몸 안에서 그대는 꿈의 몸이 아스트랄체라고 말합니다. 그 꿈의 몸 안에서도 그렇게 말했습니까? 지금 아스트랄체인 것이 꿈 속에서는 실재하듯이 보이겠지만, 현재의 몸 자체도 그 관점에 따르면 아스트랄체입니다. 이 아스트랄체와 저 아스트랄체의 차이가 무엇입니까? 그 둘 사이에 아무 차이가 없습니다.

P. 브런튼 씨: 실재성의 정도라는 것이 있습니다.

마: 꿈의 몸이 지금 실재하지 않는다고 말하고, 이 몸이 꿈 속에서 실재하지 않았다고 말하는 것은 실재성의 정도를 의미하지 않습니다. 깊은 잠 속에서는 몸에 대한 경험이 전혀 없습니다. 늘 오직 하나가 있을 뿐인데, 그것이 진아입니다.

## 대담 145

P. 브런튼 씨: 종교들은 왜 신들과 천국·지옥 등에 대해서 이야기합니까?

마: 사람들에게 그들이 이 세계와 동등하며 진아만이 실재한다는 것을 깨닫게 하기 위해서일 뿐입니다. 종교들은 추구하는 자의 관점에 따라 있습니다. 『바가바드 기타』를 예로 들어 봅시다. 아르주나가 자기는 자신의 친척·어른들을 죽이고 왕국을 차지하기 위해 그들과 싸우지는 않겠다고 하자 스리 크리슈나가 말했습니다. "이들이나 그대나 나는 이전에도 없지 않았고, 지금도 없지 않고, 앞으로도 없지 않을 것이다. 아무것도 태어나지 않았고, 아무것도 죽지 않았고, 앞으로 아무것도 그러지 않을 것이다." 나중에 그가 이 주제를 더 발전시켜, 자신이 그 가르침을 태양에게 주었고 태양을 통해 익슈와꾸(Ikshvaku)

에게도 주었다고 선언하자,85) 아르주나가 의문을 제기했습니다. "어떻게 그럴 수 있습니까? 당신은 얼마 전에 태어났지만 그들은 오래 전에 살았습니다." 그러자 **스리 크리슈나**는 아르주나의 관점을 이해하고 이렇게 말했습니다. "그렇다. 나 자신과 그대 자신의 수많은 생들이 있었다. 나는 그것을 다 알지만 그대는 모른다."

이런 말들은 서로 모순되는 것처럼 보이지만, 그럼에도 질문자의 관점에 따라서는 다 맞습니다. 그리스도도 아브라함이 있기 전에 그가 있다고 선언했습니다.

**헌:** 종교에서 그런 이야기들을 하는 목적은 무엇입니까?
**마:** 오직 **진아**의 **실재성**을 확립하기 위해서입니다.
**헌:** 바가반께서는 늘 최고의 관점에서 말씀하십니다.

스리 바가반(미소를 지으며): 사람들은 단순하고 적나라한 진리를 이해하지 않으려고 합니다. 그들이 일상적으로 체험하는, 항상 존재하는 영원한 진리를 말입니다. 그 진리는 **진아의 진리**입니다. 자기를 자각하지 못하는 사람이 누가 있습니까? 그러나 그들은 그것[진아]에 대해 이야기를 듣는 것조차 좋아하지 않고, 오히려 저 너머에 있는 것—천당·지옥·환생 같은 것을 알려고 열심입니다. 그들은 신비를 사랑할 뿐 단순하기 그지없는 진리를 사랑하지 않기 때문에, 종교들이 그들의 구미를 맞춰주다가 결국 그들을 **진아**로 데려오려고 하는 것입니다. 여기저기 방황해도 결국 **진아**로 돌아와야 합니다. 그렇다면 왜 바로 지금 여기서 **진아**에 안주하지 않습니까?

다른 세계들이 존재하려면 관찰자나 사색자로서의 **자기**가 있어야 합니다. 그것들의 실재성은 그 관찰자나 사고자의 실재성과 같은 정도일 뿐입니다. 그 세계들은 그 관찰자 등이 없이는 존재할 수 없습니다. 따라서 그것들은 **진아**와 다르지 않습니다. 무지한 사람조차도 대상들을 볼 때는 **진아**를 볼 뿐입니다. 그러나 그는 미혹되어 **자기**를 그 대상, 즉 몸·감각기관 등과 동일시하고, 세계 안에서 놉니다. 주체와 대상—모두가 **진아**에 합일됩니다. 보는 자도 없고 대상도 없습니다. 보는 자와 보이는 것은 곧 **진아**입니다. 다수의 자아가 있는 것도 아닙니다. 모든 것이 단 하나의 **진아**일 뿐입니다.

---

85) *T.* 크리슈나는 가르침을 비바스와뜨(Vivasvat-태양신, Aditya라고도 함)에게, 비바스와뜨는 그것을 마누(Manu)에게, 마누는 다시 익슈와꾸(마누의 아들)에게 전했다(『기타』, 4.1).

## 1936년 1월 26일

**대담 146**

지체 높고 교양 있는 인도 여성 리나 사라바이 양의 질문에 대한 답변으로, 스리 바가반이 말씀하셨다: 평정平靜의 상태가 지복의 상태입니다. 베다에서 "나는 이것이나 저것이다"라고 하는 선언은 마음의 평정을 얻기 위한 보조수단일 뿐입니다.

**헌:** 그러니까 어떤 목표를 가지고 시작하는 것은 잘못이군요?

**마:** 도달해야 할 목표가 있다면 그것은 영원할 수 없습니다. 그 목표는 이미 존재하고 있어야 합니다. 우리는 에고를 가지고 목표에 도달하려고 하지만, 그 목표는 에고 이전에 존재하고 있습니다. 그 목표 안에 있는 것은 우리의 탄생, 즉 에고의 탄생보다도 이전입니다. 우리가 존재하기 때문에 에고도 존재하는 것처럼 보입니다.

우리가 자기를 에고로 보면 우리는 에고가 되고, 마음으로 보면 우리가 마음이 되며, 몸으로 보면 우리는 몸이 됩니다. 수많은 방식으로 껍질들(sheaths)을 건립하는 것은 우리의 생각입니다. 물 위에 비치는 그림자가 흔들리고 있습니다. 누가 그 그림자의 흔들림을 멎게 할 수 있습니까? 만약 그것이 흔들리기를 그치면, 물은 보이지 않고 (물에 비치는) 빛만 보이겠지요. 마찬가지로 에고와 그것의 활동들에 주의를 기울이지 말고 배후의 빛만 보십시오. 에고는 '나'라는 생각입니다. 참된 '나'는 진아입니다.

**헌:** 깨달음을 얻는 것은 한 걸음이군요.

**마:** 깨달음은 이미 있습니다. 생각에서 벗어난 상태가 유일하게 실재하는 상태입니다. 깨달음이라고 하는 그런 어떤 행위도 없습니다. 자기를 깨닫지 못하고 있는 사람이 누가 있습니까? 어느 누가 그 자신의 존재를 부인합니까? 깨달음에 대해서 이야기하면 그것은 두 개의 자아, 즉 깨닫는 자아와 깨달아지는 자아가 있다는 것을 의미합니다. 아직 깨닫지 못한 것을 깨달으려고 한다는 것입니다. 일단 우리의 존재를 인정한다면, 어떻게 우리가 우리의 진아를 모른다는 것입니까?

**헌:** 생각들, 즉 마음 때문입니다.

**마:** 정말 그렇지요. 중간에서 가로막아 우리의 행복을 은폐하는 것은 마음입니다. 우리는 우리가 존재한다는 것을 어떻게 압니까? 만일 우리 주위의 세계

제1권 **167**

때문이라고 한다면, 깊은 잠 속에서 그대가 존재했다는 것은 어떻게 압니까?

**헌**: 어떻게 하면 마음을 없앱니까?

**마**: 마음이 자신을 죽이고 싶어 하는 것입니까? 마음은 그 자신을 죽이지 못합니다. 그러니 그대가 할 일은 마음의 진정한 성품을 발견하는 것입니다. 그러면 마음이란 없다는 것을 알게 될 것입니다. 진아를 찾아보면 마음은 어디에도 없습니다. 진아에 안주하면 마음에 대해 걱정할 필요가 없습니다.

**헌**: 어떻게 하면 두려움을 없앱니까?

**마**: 두려움이란 무엇입니까? 그것은 하나의 생각일 뿐입니다. 만약 진아 외에 어떤 것이 있다면 두려워할 이유가 있습니다. 누가 '두 번째 것'[외적인 어떤 것]을 봅니까? 먼저 에고가 일어나서 대상들을 외적인 것으로 봅니다. 에고가 일어나지 않으면 진아만이 존재하며, 어떤 두 번째 것도[외적인 아무것도] 없습니다. 우리 자신에게 외적인 어떤 것이 있다는 것은 내면에 보는 자가 있음을 뜻합니다. 그것을 찾아보면 어떤 의심, 어떤 두려움도 일어나지 않을 것입니다. 두려움뿐만 아니라 에고를 중심으로 모여 있는 다른 모든 생각들도 그와 함께 사라질 것입니다.

**헌**: 이 방법은 구원을 얻는 데 필요하다고 하는 자질들[수행의 4대 요건(sadhana chatushtaya)]을 계발하는 보통의 방법보다 더 빠른 것 같습니다.

**마**: 그렇지요. 모든 나쁜 자질들은 에고 주위에 모여 있습니다. 에고가 사라지면 깨달음이 저절로 일어납니다. 진아 안에는 좋은 자질도 없고 나쁜 자질도 없습니다. 진아는 모든 자질에서 벗어나 있습니다. 자질들은 마음에 속할 뿐입니다. 그것(진아)은 성질을 넘어서 있습니다. 단일성이 있다면 이원성도 있겠지요. 하나라는 숫자가 다른 숫자들을 생겨나게 합니다. 진리는 하나도 아니고 둘도 아닙니다. 그것은 있는 그대로입니다.

**헌**: 무념의 상태에 있기가 어렵습니다.

**마**: 무념의 상태는 그 자체에게 맡겨 두십시오. 그것이 그대에게 속하는 거라고 생각하지 마십시오. 그대가 걸어갈 때 무심결에 발걸음을 떼어놓듯이, 그대의 행위에서도 마찬가지입니다. 그러나 무념의 상태는 그대의 행위에 의해 영향을 받지 않습니다.

**헌**: 행위 속에서 분별하는 그것은 무엇입니까?

**마**: 분별은 자동적이고 직관적일 것입니다.

**헌:** 그러니까 직관이야말로 중요하군요. 직관도 계발됩니다.

**마:** 위대한 **진리**를 발견한 분들은 **진아**의 고요한 심처深處에서 그렇게 했습니다.

에고는 땅 위에 드리운 자기 그림자와 같습니다. 그것을 파묻으려고 한다면 어리석은 일이겠지요. **진아**는 오직 하나입니다. 제한되면 그것이 에고입니다. 제한되지 않으면 그것은 **무한**하며, **실재**입니다.

물거품들은 서로 다르고 무수하지만 바다는 오직 하나입니다. 마찬가지로, 에고들은 많은 반면 **진아**는 유일무이합니다.

그대는 에고가 아니라는 말을 들을 때, **실재**를 깨달으십시오. 왜 여전히 자신을 에고와 동일시합니까? 그것은 "약을 먹을 때는 원숭이를 생각하지 말라"고 하는 것과 같습니다—불가능하지요.[86] 보통 사람들도 그와 마찬가지입니다. **실재**를 이야기하는데, 왜 계속 "나는 **시바다**(Sivoham)"나 "나는 **브라만이다**(Aham Brahmasmi)"를 명상합니까? 그 의미를 추적하여 이해해야 합니다. 단순히 말만 암송하거나 그것을 생각하는 것으로는 충분치 않습니다.

**실재**는 단지 에고의 상실일 뿐입니다. 그것의 정체를 추구하여 에고를 소멸하십시오. 에고는 어떤 개체가 아니기 때문에 자동적으로 사라지고 **실재**가 스스로 빛을 발할 것입니다. 이것이 직접적인 방법입니다. 반면에 다른 모든 방법은 에고를 유지하면서 행해질 뿐입니다. 그런 노선에서는 수많은 의문이 일어나고, 마지막으로 그 영원한 의문("나는 누구인가?")과 씨름해야 합니다. 그러나 이 방법에서는 그 마지막 의문이 유일한 의문이며, 바로 처음부터 그것을 제기합니다. 이 탐구를 하는 데는 (다른) 어떤 수행법도 필요 없습니다.

우리 자신이 **실재**이면서 실재를 얻으려고 하는 이것보다 더 큰 신비는 없습니다. 우리는 자신의 **실재**를 숨기는 뭔가가 있고, 그것을 소멸해야 **실재**를 얻는다고 생각합니다. 우스운 일입니다. 그대의 과거 노력에 대해 웃을 날이 올 것입니다. 그대가 웃는 그날에 있게 될 것이 지금 여기에도 있습니다.

**헌:** 그러니까 그것은 큰 '척하기' 게임이군요?

**마:** 그렇지요.

『요가 바쉬슈타』에서는 "실재하는 것은 우리에게 숨겨져 있고, 거짓인 것이 참인 양 드러나 있다"고 합니다. 실은 우리는 **실재**만을 경험하고 있습니다. 하

---

86) T. 옛날 어떤 의사가 환자에게 약을 주며 "이 약을 먹을 때는 원숭이를 생각하지 말라"고 하자, 환자는 약을 먹으려고 할 때마다 원숭이가 생각나서 약을 먹지 못했다고 한다.

지만 우리가 그것을 모릅니다. 정말 경이로운 일 아닙니까?

"나는 누구인가?" 하는 탐구는 에고를 잘라내는 도끼입니다.

## 대담 147

한 까나라인(Canarese-까르나따까 지방 사람) 출가자에 대한 답변으로, 스리 바가반이 말씀하셨다: 마음에는 여러 등급이 있습니다. 깨달음은 완전함입니다. 마음으로는 그것이 이해할 수 없습니다. 일체지—切知(sarvajnatva)[모든 것을 아는 상태]란 '모든 것(sarvam)'이 되는 것'입니다. '모든 것'은 마음에만 속합니다. 알려진 것과 알려지지 않은 것이 함께 '모든 것'을 구성합니다. 그대가 마음을 초월하면 진아로서만 머무릅니다. 현재의 앎은 한계가 있는 앎일 뿐입니다. 저 지知(일체지)는 한계가 없습니다. 그래서 그것은 이 지知(마음)로는 알 수 없습니다. 아는 자가 되기를 그만두십시오. 그러면 완전함이 있습니다.

### 1936년 1월 27일

## 대담 148

한 구자라트인人 신사가, 자신은 소리—나다(nada)—에 집중하고 있는데 그 방법이 올바른 것인지 알고 싶다고 했다.

마: 나다에 대한 명상은 승인된 몇 가지 방법 중의 하나이지요. 그 추종자들은 그 방법에 아주 특별한 미덕이 있다고 주장합니다. 그들에 따르면 그것이 가장 쉽고 가장 직접적인 방법입니다. 자장가가 어린애를 달래어 잠을 재우듯이, 나다도 우리를 달래어 삼매의 상태에 이르게 한다는 것입니다. 또 왕이 자신의 국가 악사들을 보내어 먼 여행에서 돌아오는 자기 아들을 환영하듯이, 나다도 헌신자를 기분 좋게 하느님의 처소(Lord's Abode)로 데려다 준다고 합니다. 나다는 집중을 도와주지만, 그것을 느낀 뒤에는 그 수행이 그 자체 목표가 되면 안 됩니다. 나다는 대상적인 것이 아닙니다. 주체를 확고히 붙들어야 합니다. 그렇지 않으면 공백 상태가 따라올 것입니다. 공백 상태 속에도 주체는 있지만, 다른 종류의 나다('나-나')가 들리지 않게 된다는 것을 자각하지 못할 것입니다. 그 공백 상태에서도 자각하고 있기 위해서는 그 자신의 자아를 기억해야 합니다. 소리명상(nada upasana)은 좋습니다. 그것이 탐구(vichara)와 연관되면 더 좋습니다. 그 경우에 나다는 찐마야(chinmaya)[지知]로도 이루어지

고, 딴마야(*tanmaya*)[진아]로도 이루어집니다. 나다는 집중을 도와줍니다.

### 1936년 1월 28일

**대담 149**
헌신은 몸 따위를 잊어버리는 것이냐고 질문한 한 사두(*sadhu*)에 대한 답변으로 스리 바가반은 이렇게 말씀하셨다: 몸에 대해 무엇을 걱정합니까? 헌신을 닦고, 몸에 일어나는 일에 대해서는 걱정하지 마십시오.

**대담 150**
미국에서 온 연로한 부부인 켈리 씨 부처와 그들과 함께 온 일행은, 앉아 있는 것도 불편하고 모기도 물어대는 등의 상황에 직면하여 집중을 얻으려면 어떻게 해야 하는지 알고 싶어 했다.
**마:** 집중이 올바르면 그런 불편함에 대해 걱정하지 않게 될 것입니다. 그런 불편함에 상관하지 마십시오. 명상 속에서 그대들의 마음을 안정되게 유지하십시오. 모기가 무는 것을 견딜 정도의 힘과 인내력이 없다면 어떻게 **진아 깨달음** 얻기를 바랍니까? 깨달음은 삶의 온갖 번뇌 속에 있을 수밖에 없습니다. 그대가 편안히 쉬면서 침대로 가면 잠에 떨어집니다. 그런 문제들과 맞서되, 명상 속에서 그대들 자신을 안정되게 유지하십시오.

### 1936년 1월 31일

**대담 151**
그 미국인 신사는 귀가 약간 먹었다. 그는 젊을 때부터 자기의존(문제를 스스로 해결하는 것)이 몸에 배어, 청력에 문제가 생긴 것 때문에 당연히 걱정을 한다.
**마:** 그대는 자기의존적(self-reliant)이었던 것이 아니라 에고의존적(ego-reliant)이었던 것입니다. 에고의존을 추방하고 참으로 **진아의존적**으로 되는 것은 좋은 일이지요.

또 바가반은 이렇게 말씀하셨다: 걱정할 이유가 없습니다. 감각들을 조복調伏받는 것은 **진아 깨달음**을 위해 필요한 예비단계입니다. 감각 하나는 신이 손수 그대를 위해 조복받아 주었군요. 그만큼은 더 좋은 거지요.

질문자는, 그 유머에 감사드리지만 그래도 자존심이 상한다고 말했다.

마: 진아는 단 하나입니다. 그대가 자신의 잘못에 대해 스스로를 비난하거나 멸시하면 그대가 상처를 받습니까? 그대가 진아를 붙들면, 그대를 멸시할 두 번째 사람은 없습니다. 그대가 세계를 볼 때는 진아를 놓쳐 버린 것입니다. 반대로, 진아를 붙들면 세계가 나타나지 않을 것입니다.

### 1936년 2월 1일

**대담 152**

켈리 부인은 어떻게 하면 명상하는 법을 가장 잘 배우는지 알고 싶어 했다.

스리 바가반은 그녀에게 (로마 가톨릭 교도들이 하듯이 묵주를 돌리면서) 염송을 해 본 적이 있느냐고 물으셨다. 그녀가 말했다: 아니요.

마: 하느님과 그분의 성질들 같은 것을 생각해 본 적이 있습니까?

헌: 그런 주제들에 대해 책도 읽고 대화도 나누어 보았습니다.

마: 자, 그런 주제가 감각기관들을 통해 공개적으로 표현되지 않고 마음 속을 맴돌고 있으면 그것이 명상입니다.

헌: 제가 명상이라고 한 것은 『비밀의 길』과 『나는 누구인가?』에서 말하는 그런 의미인데요?

마: 그것을 강렬히 열망하여 마음이 헌신 속에 녹아들게 하십시오. 장뇌가 불에 타고 나면 찌꺼기가 남지 않습니다. 마음이 장뇌인데, 그것이 티끌만큼의 흔적도 남기지 않고 진아 속으로 해소되었을 때, 그것이 진아 깨달음입니다.

### 1936년 2월 4일

**대담 153**

몇 명의 페샤와르인들이 몇 가지 질문을 했는데, 그들 중에는 사법판무관辦務官 (Judicial Commissioner) 한 사람과 박식하고 진지한 젊은이가 한 명 있었다. 이 젊은이는 지바뜨만(*Jivatman*)[개인아]과 다른 빠라마뜨만(*Paramatman*)[지고아]이 존재한다는 강한 확신을 가지고 있었다.

스리 바가반은 이 한 마디 말씀으로 그의 다양한 의문들을 매듭지어 주셨다: 지바(*jiva*)와 빠라마(*parama*)라는 한정자(*upadhis*)들을 아뜨만에서 제거하고 나서, 그래도 차이가 있으면 말해 보십시오. 만일 나중에도 여전히 그런 의문이 남는다면 "의심하는 자는 누구인가? 생각하는 자는 누구인가?" 하고 스스로에게 물으십시오. 그 사람을 발견하십시오. 그런 의문들이 사라질 것입니다.

### 1936년 2월 5일

**대담 154**

다음날 그는 조식調息(pranayama)에 대해서 질문했다.

**마:** 지知(jnana-지知의 길)에 따른 조식은 이렇습니다.

"나는 이것이 아니다(Na aham)"는 날숨입니다.

"나는 누구인가?(Koham)"는 들숨입니다.

"내가 그다(Soham)"는 숨 멈춤입니다.

이것이 탐구(vichara)입니다. 이 탐구는 바라는 결과를 가져옵니다.

탐구를 할 만큼 진보하지 못한 사람은 명상을 좀 하면 호흡이 정지되고 마음이 들뜨기를 멈춥니다. 마음의 제어는 자연발생적으로 호흡의 제어를 가져옵니다. 오히려 절대지식絶對止息(kevala kumbhaka)[들숨과 날숨에 주의하지 않고도 호흡이 자연발생적으로 멈추는 것]이 일어납니다.

이것도 할 수 없는 사람에게는 마음을 고요하게 만들기 위한 호흡 조절을 제시합니다. 고요함은 호흡이 제어되는 동안만 지속됩니다. 그래서 그것은 일시적입니다. 목표는 분명 조식이 아닙니다. 그것이 제감制感(pratyahara-감각기관의 제어)·응념凝念(dharana-집중)·정려靜慮(dhyana-명상)·삼매(samadhi)로 나아가야 합니다.[87] 그 단계들은 마음의 제어를 다룹니다. 예전에 조식을 닦은 사람은 그런 제어가 더 쉽게 됩니다. 조식은 마음 제어와 관계되는 더 높은 단계로 그를 이끌어줍니다. 따라서 마음의 제어는 요가의 목표이기도 합니다.

더 진보된 사람은 호흡 제어를 닦는 데 시간을 낭비하지 않고 당연히 마음의 제어로 바로 나아가겠지요. 단순히 조식만 계발하면, 수많은 사람들이 동경하는 싯디를 얻게 될 수도 있습니다.

어떤 음식 제한이 있느냐는 질문을 받자 스리 바가반은 이렇게 말씀하셨다: '적당량의 몸에 맞는 음식(mita hita bhuk)'이지요.

헌신의 효험에 대하여 질문받자 스리 바가반이 말씀하셨다: 비非헌신(vibhakti)이 있는 한 헌신(bhakti)이 있어야 합니다. 분리(viyoga)가 있는 한 합일(yoga)이

---

87) T. 이것은 라자 요가의 8단계 중 뒤의 네 단계이다. 앞의 네 단계는 금계禁戒(yama), 권계勸戒(niyama), 좌법坐法(asana), 조식調息(pranayama)이다.

있어야 합니다. 이원성이 있는 한 신과 헌신자가 있어야 합니다. 탐구에서도 마찬가지입니다. 탐구가 있는 한, 이원성도 있습니다. 그러나 **근원**에 합일되면 단일성만 있습니다. 헌신도 마찬가지입니다. 헌신하던 그 신을 깨달으면 단일성만 있을 것입니다. 신을 생각하는 것도 **진아** 안에서, **진아**에 의해 이루어집니다. 그래서 **신**은 **진아**와 동일합니다. 어떤 사람에게 신에 대한 헌신을 가지라고 할 때, 그가 즉시 그렇게 하면 그건 좋습니다. 그러나 돌아와서 이렇게 말하는 부류의 사람이 있습니다. "저와 신, 둘이 있습니다. 멀리 있는 신을 알기 전에 더 직접적이고 친밀한 '나'를 알게 해 주십시오." 이런 사람에게는 탐구의 길(*vichara marga*)을 가르칩니다. 사실 헌신과 탐구 간에는 아무런 차이도 없습니다.

## 대담 155

같은 사람이 삼매의 본질과 삼매를 얻는 수단에 대해 다시 질문했다.

**마:** 삼매의 본질과 삼매에 드는 방법을 묻는 그 사람이 사라질 때 삼매가 일어납니다.

**채드윅 소령:** 마하트마가 한 번 바라보아 주는 것으로 충분하며, 신상神像·성지 순례 등은 그다지 효과가 없다고 합니다. 저는 여기 석 달 동안 있었지만 마하르쉬님의 바라보심으로 어떻게 이익을 얻었는지 모르겠습니다.

**마:** 그 바라봄은 정화하는 효과가 있지요. 정화를 어떤 상으로 그릴 수는 없습니다. 석탄 한 조각은 불을 붙이는 데 오랜 시간이 걸리고, 숯은 걸리는 시간이 짧고, 화약 한 덩이는 순간적으로 점화되듯이, 마하트마들과 접촉하는 사람들의 등급도 그와 마찬가지입니다.

**코헨 씨:** 저는 명상에 들어가면 평안과 관상적觀想的 분위기라고 할 수 있을 어떤 지점에 도달합니다. 그 다음 단계는 어떤 것이어야 합니까?

**마:** 평안이 **진아** 깨달음입니다. 평안을 방해할 필요가 없습니다. **평안**만을 목표해야 합니다.

**헌:** 그러나 저는 만족을 느끼지 못합니다.

**마:** 그대의 평안이 일시적이기 때문입니다. 그것이 영구적으로 되면, 그것이 바로 **깨달음**이라는 것입니다.

## 1936년 2월 9일

**대담 156**

헌: 홀로 있음(solitude)은 수행에 도움이 됩니까?

마: 홀로 있음이라고 한 것은 무슨 의미입니까?

헌: 다른 사람들을 멀리하는 것입니다.

마: 왜 그래야 합니까? 그것은 두려움에 의해 발동될 뿐입니다. 홀로 있다 해도, 남들의 간섭으로 홀로 있음이 망쳐지는 것에 대한 두려움이 있습니다. 더욱이 홀로 있으면 생각들이 어떻게 지워집니까? 현재의 환경 속에서 그렇게 되어야 하지 않습니까?

헌: 그러나 지금은 마음이 분산됩니다.

마: 왜 마음을 놓아버립니까? 홀로 있음이란 마음을 고요하게 하는 것과 같습니다. 그것은 군중 속에서도 할 수 있습니다. 홀로 있음이 우리의 생각들을 지워줄 수는 없습니다. 수행을 해야 그렇게 됩니다. 여기(세간)서도 같은 수행을 할 수 있습니다.

**대담 157**

헌: '나'에 대한 탐구에서, 어떤 단계에서는 구도자의 마음이 은총이 들어오는 것에 대해 부정적인 태도를 유지하는 쪽으로 쏠립니다. 부정적인 것이 어떻게 긍정적인 결과를 가져 올 수 있습니까?

마: 진아는 늘 있지, 새로이 얻어지는 것이 아닙니다.

헌: 제가 여쭈려는 것은, 부정적인 태도로 은총을 받을 만한 무엇을 해 왔느냐는 것입니다.

마: 그대는 은총 없이 이 질문을 하고 있습니까? 은총은 처음과 중간과 끝에 다 있습니다. 은총은 진아입니다. 자기를 몸과 그릇되게 동일시하기 때문에, 스승이 몸을 가지고 있다고 보게 됩니다. 그러나 스승의 견지에서는, 스승은 진아일 뿐입니다. 진아는 하나일 뿐입니다. 스승은 진아만이 있다고 말합니다. 그렇다면 진아가 그대의 스승 아닙니까? 은총이 달리 어디서 오겠습니까? 그것은 진아에서만 옵니다. 진아의 나툼이 은총의 나툼이고, 은총의 나툼이 진아의 나툼입니다. 그런 모든 의심은 그릇된 소견과 그에 따른 기대, 곧 자신에게 외적인 것들에 대한 기대 때문에 일어납니다. 진아에 외적인 것은 아무것

도 없습니다.

**헌:** 저희들의 모든 질문은 저희들의 관점에서 나오는 것이고, 스리 바가반의 답변들은 당신의 관점에서 나옵니다. 질문들은 답변될 뿐만 아니라 그 토대가 약화되기도 합니다.

## 1936년 2월 11일

### 대담 158

**프리드먼 씨:** 자나까(Janaka)는 진인이었지만 여전히 나라를 다스렸습니다. 행위는 마음의 활동을 요하지 않습니까? 진인의 마음이 작용하는 근본 이유가 무엇입니까?

**마:** 그대는 "자나까는 진인이었는데도 행위를 했다"는 등으로 말합니다. 자나까가 그 질문을 합니까? 그 질문은 그대의 마음 안에 있을 뿐입니다. 진인은 진아 외에는 어떤 것도 인식하지 않습니다. 그에게는 어떠한 의문도 없습니다.

**헌:** 아마 그것이 하나의 꿈과 같겠지요. 우리가 우리의 꿈에 대해 이야기하듯이, 그분들도 자신의 행위를 그렇게 생각합니다.

**마:** 꿈이니 뭐니 하는 것조차도 그대의 마음속에 있습니다. 그런 설명도 그대의 마음 속에 있을 뿐입니다.

**헌:** 예. 알겠습니다. 모든 것이 '라마나-마야(Ramana-Maya)'—진아로 이루어져 있습니다.[88]

**마:** 만일 그렇다면 어떤 이원성도 없고 어떤 대화도 없겠지요.

**헌:** 사람이 진아를 깨달으면 세상을 더 효과적으로 도울 수 있지 않습니까?

**마:** 그 세상이 진아와 별개라면 그렇겠지요.

## 1936년 2월 12일

### 대담 159

코헨 씨는 황홀경이 진아 깨달음의 필수 조건인지 알고 싶어 했다.

**마:** 그대는 늘 진아입니다—지금, 황홀경 속에서, 깊은 잠 속에서, 깨달음 속에서 말입니다. 만일 진아를 놓쳐 버리고 그대 자신을 몸이나 마음과 동일시

---

[88] T. Ramana-Maya는 '라마나로 충만한'의 뜻이다(이 Maya는 환을 뜻하는 Māyā와는 다르다). 라마나는 곧 진아이므로, 질문자는 "진아로 이루어져 있다"고 부연했다.

하면 이런 상태들이 그대에게 엄습하는 것처럼 보이고, 황홀경 속에서의 공백 상태 등으로 보이기도 합니다. 반면에 그대는 **진아**이고, 항상 존재합니다.

헌: 스리 오로빈도(Sri Aurobindo)[89]는 머릿속에 거주하고 있는 **빛**을 밑에 있는 심장으로 끌어내려야 한다고 말합니다.

마: **진아**는 이미 심장 속에 있지 않습니까? 일체에 편재한 **진아**를 어떻게 한 곳에서 다른 곳으로 옮길 수 있습니까?

헌: 행위 요기(karma yogi)나 헌신가도 황홀경에 빠집니까?

마: 그대가 한 점에 집중하여 그 안에 합일되면, 그런 합일을 황홀경이라고 합니다. 다른 측면들은 사라지고 **진아**만이 남습니다. 행위가(*karmi*-행위 요기)나 헌신가도 같은 것을 체험할 수밖에 없습니다.

## 대담 160

헌: 흐리다야(hridaya)가 무엇이며, 그 안에 있는 스푸라나(sphurana)는 무엇입니까? 그것들은 어떻게 나타납니까?

마: 흐리다야와 스푸라나는 **진아**와 같은 것입니다. 스푸라나는 그것이 나타나기 위한 어떤 토대를 필요로 합니다. 이것은 『자기탐구(*Vichara Sangraha*)』라는 책에서 설명되고 있습니다.

헌: 스푸라나는 어떻게 나타납니까?―빛으로, 움직임으로, 아니면 무엇으로 나타납니까?

마: 그것을 어떻게 말로 묘사할 수 있습니까? 그것은 그 모두를 포함합니다. 그것이 곧 **진아**입니다. 그대의 주의를 그것에 고정하고, 그것의 궁극적 성격에 대한 관념을 놓아 버리지 마십시오.

### 1936년 2월 13일

## 대담 161

아난타뿌르(Ananthapur)에서 온 노인이, 회당에서 베다 찬송하는 것을 들은 뒤 일어서서 질문했다: 브라민 아닌 사람들은 베다 찬송을 들으면 안 된다고 합니다.

---

89) *T.* 인도의 철학자·신비가·요기(1872-1950). 의식이 상승하여 깨달음을 이룬 뒤 그 지고의 의식을 가지고 다시 아래로 내려오면서 세계를 변환시켜야 한다는 이른바 '통합 요가'를 주장했다.

마: 상관하지 마십시오. 그대가 여기 온 목적에 충실하십시오. 그런 문제에 왜 시간을 낭비합니까? "나는 찬송을 들었다"고 그대는 말합니다. 그 '나'가 누구입니까? '나'를 모르면서 그대는 그 단어를 사용합니다. 만일 그 의미를 알면 아무 의문이 없을 것입니다. 먼저 그 '나'를 발견하십시오. 그러면 다른 문제들에 대해서는 나중에 이야기할 수 있겠지요.

계속해서 스리 바가반이 말씀하셨다: "경전들(smritis-베다 외에 여러 부류의 경전들)은 뭐라고 말하지만 지금은 그것이 적합하지 않다. 나는 세상을 개혁하고 경전을 다시 쓰겠다." 그렇게 말하면서, 사람들은 아득한 옛적부터 세상에서 뜀뛰기를 하고 있습니다. 그런 개혁가들이 왔다가 갔지만, 고대의 경전들은 여전히 건재합니다. 왜 그런 문제에 시간을 낭비합니까? 각자 자기 문제에 신경 쓰도록 합시다. (그러면) 모든 일이 잘 될 것입니다.

### 1936년 2월 23일

**대담 162**

중년의 한 마하라슈트라 여성은 『냐네스와리(*Jnaneswari*)』, 『바가바따(*Bhagavata*)』, 『탐구의 바다(*Vichara Sagara*)』90)를 공부했고 양미간에 집중하는 법을 닦았는데, 전율과 공포를 느꼈고 진보하지 못했다. 그녀가 지도를 요청했다.

마하르쉬님이 그녀에게 말씀하셨다: 보는 자를 잊어버리지 마십시오. 시선은 양미간에 고정되지만, 보는 자를 시야에서 놓치고 있습니다. 보는 자를 늘 기억하면 괜찮아질 것입니다.

### 1936년 2월 24일

**대담 163**

70세가량의 미국인 헨리 핸드 박사가 질문했다: 에고가 무엇입니까?

마: 에고는 내면에 있지 당신의 외부에 있지 않으니, 그것은 당신 자신에게 분명할 수밖에 없습니다.

헨: 그것의 정의定義가 무엇입니까?

---

90) T. 『냐네스와리』는 성자 냐네스와르(Jnaneswar, 1275-1296)가 마라티어로 쓴 『바가바드 기타』 주석서이고, 『바가바따』(혹은 『바가바땀』)는 크리슈나의 일대기를 담고 있는 경전이다. 『탐구의 바다』는 북인도의 성자 마하트마 니스짤다스(Mahatma Nischaldas, 1791-1863)의 저작이다.

마: 그 정의도 에고에서 나올 수밖에 없습니다. 에고가 그 자신을 정의해야 합니다.
헌: 영혼이란 무엇입니까?
마: 에고를 발견하면 영혼이 발견됩니다.
헌: 그러면 그 둘이 동일합니까?
마: 영혼은 에고 없이 있을 수 있지만, 에고는 영혼 없이 있을 수 없습니다. 그것들은 바다와 물거품 같은 것입니다.
헌: 그것으로 그 문제는 해명되는군요. 아뜨만은 무엇입니까?
마: 아뜨만과 영혼은 동일합니다.

**대담 164**
다른 미국인이 상념형상(thought-forms)[91]에 대해서 질문했다.
마: 생각의 근원을 추적하면 그런 것들은 사라질 것입니다.
헌: 생각들은 물질화됩니다.
마: 생각이 있으면 물질화되겠지요. 생각이 사라지면 물질화될 것이 아무것도 없습니다. 더욱이 그대가 물리적이면 세계도 물리적이고, 뭐 그런 식이겠지요. 그대가 과연 물리적인지 알아내십시오.
헌: 신의 세계에 제가 어떻게 소용될 수 있겠습니까?
마: '나'가 세계의 신적인 부분과 다른지 여부를 알아내십시오. 그대는 스스로를 돕지도 못하면서, 세상을 돕는 데 도움이 되기 위해 세계의 신적인 부분을 추구하고 있습니다. 그 신성神性이 그대를 이끌며 제어하고 있습니다. 깊은 잠 속에서 그대는 어디로 갑니까? (잠에서 깨어날 때) 그대는 어디서 나옵니까?
헌: 저는 행위와 생각들의 영향을 받고 있습니다.
마: 생각과 행위는 동일합니다.
헌: 초물리적 현상들, 예컨대 수호천사 같은 것을 감지하는 어떤 방법이 있습니까?
마: 대상의 상태는 그것을 보는 자의 상태에 따라 있습니다.
헌: 일단의 투시자들이 같은 것을 봅니다.

---

[91] T. 생각이 이루는 물리적 형상들. 생각의 내용에 따라 다양한 형태를 취하며, 좋은 생각일수록 아름다운 모양을 이룬다고 한다. 신지학神智學 수련자들은 이런 형상들을 투시하기도 했다.

마: 모든 것의 이면에 단 하나의 보는 자가 있고, 현상들의 다양성이 있기 때문입니다. 그대는 깊은 잠 속에서 다양성을 지각합니까?

헌: 저희들은 오래 전에 죽은 에이브러햄 링컨을 봅니다.

마: 보는 자 없이 대상이 있습니까? 그런 체험들이 실제적일 수는 있습니다. 대상들은 보는 자에 따라 있을 뿐입니다.

헌: 저의 조수 중 한 명은 전사했습니다. 그가 죽은 뒤 9년이 지나 어떤 단체 사진을 찍었는데, 그 사진에서 그가 보입니다. 어떻게 그럴 수 있습니까?

마: 아마 생각들이 물질화한 거겠지요…. 그것의 뿌리로 들어가십시오.

헌: 어떻게 말입니까?

마: 만약 그 길이 밖에 있다면 어디로 가라고 할 수 있겠지만, 그것은 내면에 있습니다. 내면에서 찾으십시오. 진아는 늘 깨달아져 있습니다. 아직 깨달아져 있지 않은 어떤 것이라면 새로이 추구할 수도 있겠지요. 그러나 진아는 그대의 경험 안에 있습니다.

헌: 예. 저는 저 자신을 깨닫습니다.

마: 저 자신이라. '저'와 '자신'의 둘이 있습니까?

헌: 그런 뜻은 아닙니다.

마: 깨달았거나 깨닫지 못한 것은 누구입니까?

헌: 단 하나의 진아가 있습니다.

마: 둘이 있을 때만 그 질문이 일어날 수 있습니다. 진아를 비아(non-self)와 동일시하기를 그만두십시오.

헌: 저는 더 높은 단계의 의식을 두고 한 말입니다.

마: 아무 단계가 없습니다.

헌: 왜 사람은 단박에 비춤(illumination-깨침)을 얻지 못합니까?

마: 사람은 비춤 그 자체입니다. 그는 다른 것들을 비추고 있습니다.

헌: 당신의 가르침은 다른 분들의 가르침과 다릅니까?

마: 길은 하나이고, 깨달음도 오직 하나입니다.

헌: 그러나 사람들은 수많은 방법을 이야기합니다.

마: 그들 자신의 마음 상태 나름이지요.

헌: 요가가 무엇입니까?

마: 요가(yoga)[합일]는 비非요가(viyoga)[분리] 상태에 있는 사람에게 필요합니다.

그러나 단 하나가 있을 뿐입니다. 그대가 **진아**를 깨달으면 아무런 차이가 없을 것입니다.

**헌:** 갠지스 강에서 목욕하는 것은 효험이 있습니까?

**마:** 갠지스 강은 그대 안에 있습니다. 이 강은 그대가 추위를 느끼거나 몸을 떨게 하지 않습니다. 이 강에서 목욕하십시오.

**헌:** 우리는 가끔 『바가바드 기타』를 읽어야 합니까?

**마:** 늘 읽어야 하지요.

**헌:** 성경을 읽어도 됩니까?

**마:** 성경과 『기타』는 동일합니다.

**헌:** 성경에서는 인간이 죄 안에서 태어난다고 합니다.

**마: 인간이 곧 죄입니다.** 깊은 잠 속에서는 인간이라는 느낌이 없습니다. 몸-생각(body-thought)이 죄라는 관념을 낳습니다. 생각의 탄생 자체가 죄입니다.

　다른 질문에 대해 스승님이 말씀하셨다: 모두가 **진아**만을 봅니다. 신적 형상들은 **실재**라는 바다의 거품, 혹은 스크린 위에서 움직이는 화면들과 같습니다.

**헌:** 성경에서는 인간의 영혼을 상실할 수도 있다고 말합니다.

**마:** '나'라는 생각이 에고인데, 그것은 상실됩니다. 진정한 '나'는 "나는 내가 있다는 것이다"입니다.

**헌:** 오로빈도님의 가르침과 마더(Mother)92)의 가르침에는 갈등이 있습니다.

**마:** 먼저 **자기를 내맡기고**, 그런 다음 그 갈등을 조화시키십시오.

**헌:** 세속 포기(Renunciation-출가)가 무엇입니까?

**마:** 에고의 포기입니다.

**헌:** 소유물을 포기하는 것 아닙니까?

**마:** 소유자도 포기하는 거지요.

**헌:** 사람들이 남들의 이익 위해 자신의 소유물들을 포기한다면 세상이 변할 것입니다.

**마:** 먼저 그대 자신을 포기하고, 그런 다음 그 나머지를 생각해 보십시오.

　다른 질문에 대해서 스리 바가반이 말씀하셨다: 그 방법들은 개인의 성품에 따라 쉽게 보입니다. 그것은 그가 이전(전생)에 닦은 것에 달렸습니다.

---

92) *T.* 오로빈도를 도우며 그의 아쉬람을 함께 이끌었던 미라 알파사(Mirra Alfassa, 1878-1973)를 말한다. 오로빈도의 사후에 그녀가 아쉬람의 제자들을 가르쳤다.

제1권 **181**

헌: 우리는 순간적으로 깨달음을 얻을 수 없습니까?

마: 깨달음은 새로운 것이 아닙니다. 그것은 영원합니다. 순간적인 깨달음이니 점진적인 깨달음이니 하는 문제는 없습니다.

헌: 환생이 있습니까?

마: 그대가 지금 화현해 있다면 환생도 있을 수 있겠지요. 바로 지금도 그대는 태어나지 않은 상태입니다.

　다른 질문에 대하여: 에고가 모든 병의 뿌리입니다. 그것을 포기하십시오. 그러면 어떤 병도 없을 것입니다.

헌: 만약 모두가 출가한다면 실제적 세계가 존재하겠습니까? 누가 땅을 갈겠습니까? 누가 수확을 하겠습니까?

마: 먼저 깨닫고 나서 보십시오. **깨달음**을 통한 도움은 말·생각·행위 등을 통한 모든 도움을 능가합니다. 만일 그대 자신의 실체를 이해하면, 리쉬들과 스승들의 실체가 그대에게 분명해질 것입니다. 단 하나의 **스승**이 있는데, 그것이 **진아**입니다.

헌: 스승들은 왜 침묵과 (제자들의) 수용적 자세를 고집합니까?

마: 침묵이 무엇입니까? 그것은 영원한 웅변입니다.

헌: 수용적 마음 자세란 무엇입니까?

마: 마음이 딴 데로 쏠리지 않는 것입니다.

헌: 미국과 인도의 지성인들을 만나게 하여—예컨대 교수 교환 등으로—양국이 더 가까워지게 하는 것은 쓸모가 있습니까?

마: 그런 사건들은 자동적으로 일어나겠지요. 국가들의 운명을 이끄는 하나의 힘이 있습니다. 그런 질문들은 그대가 **실재**와의 접촉을 놓쳤을 때만 일어납니다. 미국이 그대와 별개입니까, 아니면 인도가 별개입니까? **실재**를 붙들고 나서 보십시오.

헌: 스리 라마크리슈나는 비베카난다(Vivekananda)[93]를 준비시켰습니다. 그 이면의 힘은 무엇입니까?

마: 그 힘은 모두에게서 단 하나입니다.

헌: 그 힘의 본질은 무엇입니까?

---

93) T. 스리 라마크리슈나의 제자(1863-1902). 서양에 힌두교를 알리는 데 공헌했고, 스리 라마크리슈나 포교원을 창설했다.

마: 쇳가루가 자석에 끌어당겨지듯이, 그 힘은 안에 있지 밖에 있지 않습니다. 라마크리슈나는 비베카난다 안에 있었습니다. 비베카난다를 하나의 몸으로 생각하면, 라마크리슈나도 하나의 몸입니다. 그러나 그들은 몸이 아닙니다. 비베카난다는 라마크리슈나가 그의 내면에 있지 않았다면 삼매에 들지 못했을 것입니다.

헌: 우리가 전갈에 쏘이면 왜 고통을 받아야 합니까?

마: 그 몸과 세계가 나타난 원인이 무엇입니까?

헌: 그것은 우주적 마음의 일부입니다.

마: 그 우주적 마음이 그런 일들에 대해 걱정하라 하십시오. 만일 그 개인이 (그런 의문의 해답을) 알고 싶다면, 그에게 자신의 **진아**를 발견하라 하십시오.

헌: 질산을 마시고, 독을 삼키고, 불 위를 걷는 등의 요가적 불가사의에 대해서 보자면, 그런 것들은 어떤 기운(vibration)의 상태 때문입니까?

마: 그 육신에게 그것을 물으라 하십시오. 그대는 신체가 아닙니다. 그대가 아닌 것에 대해 왜 걱정합니까? **진아**가 어떤 형상을 가지고 있다면 대상들에 의해 영향을 받을 수도 있겠지요. 그러나 **진아**에는 형상이 없고, 따라서 그것은 사물들과의 접촉을 받지 않습니다.

헌: 사랑의 바다란 말의 의미는 무엇입니까?

마: 영靈·성령·깨달음·사랑 등은 모두 같은 의미입니다.

헌: 아주, 아주 깨우침을 주는 대화입니다.

N. 숩바 라오 씨: 한정비이원론(*visishtadvaita*)[94]이 무엇입니까?

마: (지금 말한) 이것과 같습니다.

헌: 그들은 마야를 인정하지 않는데요?

마: 우리는 '일체(*sarvam*)가 **브라만**'이라고 말합니다. 그들은 **브라만**이 모든 것 안에서 한정되어(*visishta*) 있다는 말을 되풀이합니다.

헌: 그들은 세계가 하나의 실재라고 말합니다.

마: 우리도 그렇게 말하지요. 아짜리야(Acharya)[95]는 이렇게 말했을 뿐입니다. "현상계 이면의 실재를 발견하라." 이 사람(비이원론자)이 환幻이라고 하는 것을

---

94) *T*. 라마누자(Ramanuja, 1017-1137?)가 창도한 베단타 철학의 일파.
95) *T*. 비이원론의 샹까라, 한정비이원론의 라마누자, 이원론의 마드와(Madhva) 등에게 곧잘 붙여지는 '큰 스승'이라는 뜻의 칭호. 바가반이 '아짜리야'라고 할 때는 샹까라를 뜻한다.

저 사람(한정이원론자)은 변화상變化相이라고 합니다. 결국 둘 다 동일합니다.
**핸드 박사:** 마하르쉬님! 저희를 나쁜 아이들이라고 생각하지 마십시오.
**마:** 저에게 그렇게 말하지 마십시오. 그러나 여러분이 자신을 나쁜 아이들이라고 생각할 필요는 없습니다.

   모두가 웃었고, 오후 5시에 흩어졌다.

   잠시 후 스리 바가반: 만약 하루 더 머무르면 저이들도 잠잠해지겠지.

## 대담 165
**숩바 라오 씨:** 사람들은 삼매에 들어가지 않습니까?
**마:** 지금은 삼매가 없습니까?
**헌:** 그것이 영원합니까?
**마:** 그렇지 않다면 어떻게 그것이 실재할 수 있습니까?
**헌:** 그때(삼매에 들어갈 때)는요?
**마:** 그때도 없고, 지금도 없습니다.
**헌:** 그렇게 보입니다.
**마:** 누구에게 말입니까?
**헌:** 마음에게요.
**마:** 마음이 무엇입니까? '나'는 누구입니까?
**헌:** (침묵)

## 대담 166
어떤 사람이, 신적인 힘을 받아들여 노령과 질병을 피하는 것이 가능한지를 질문했다.
**마:** 몸 자체를 피할 수 있지요.
**헌:** 신적인 힘을 어떻게 흡수할 수 있습니까?
**마:** 그것은 이미 있습니다. 흡수할 필요가 없습니다. 그것이 그대의 밖에 있을 때만 그럴 수가 있겠지요. 그러나 그것은 그대일 뿐입니다. 흡수도 없고 발산도 없습니다.
**헌:** 신체적 규율, 즉 식사법을 따라야 할 필요가 있습니까?
**마:** 그런 것들은 상상 속에 있을 뿐입니다.

## 대담 167

어떤 사람은 마음을 집중하는 데 성공하지 못했기 때문에 걱정이 되었다.

**마:** 바로 지금도 단 하나가 있지 않습니까? 그것은 늘 하나로만 머물러 있습니다. 다양성은 그대의 상상 속에만 있습니다. 단일한 존재는 얻어질 필요가 없습니다.

## 대담 168

누가 스리 바가반께, 진아를 깨달은 존재는 음식 등을 전혀 필요로 하지 않는다고 말했다.

**마:** 그대는 자신의 상태에 따라서 이해할 뿐입니다.

## 대담 169

**헌:** 마음을 어떻게 제어합니까?
**마:** 마음을 붙잡으십시오.
**헌:** 어떻게 말입니까?
**마:** 마음이 무엇입니까? 알아내십시오. 그것은 생각들의 집적체일 뿐입니다.
**헌:** 성적인 충동을 어떻게 뿌리 뽑습니까?
**마:** 몸이 자기라는 거짓 관념을 뿌리 뽑으면 됩니다. 진아에는 성이 없습니다.
**헌:** 그것을 어떻게 깨닫습니까?
**마:** 그대는 자신을 몸이라고 생각하기 때문에 다른 사람도 몸이라고 봅니다. 성별의 차이가 발생합니다. 그러나 그대는 몸이 아닙니다. 진정한 자아가 되십시오. 그러면 어떤 성性도 없습니다.

## 대담 170

**헌:** 요기는 자신의 전생을 알 수 있습니까?
**마:** 그대는 금생을 너무 잘 알아서 전생을 알고 싶어 합니까? 금생을 알아내십시오. 그러면 그 나머지는 따라오겠지요. 현재 우리가 가진 한정된 지식만으로도 우리는 너무나 고통받습니다. 왜 더 많은 지식으로 자신에게 짐을 지우고, 더 고통받고 싶어 합니까?
**헌:** 단식은 깨달음에 도움이 될 수 있습니까?

마: 그러나 그것은 일시적입니다. 정신적 단식(생각을 끊는 것)이 실제적 도움이 됩니다. 단식은 그 자체 목적이 아닙니다. 영적인 발전이 병행되어야 합니다. 절대적인 단식은 마음도 약하게 만듭니다. 영적인 탐구를 할 충분한 힘이 나올 수 없습니다. 따라서 적당량의 음식을 들면서 수행을 계속하십시오.
헌: 한 달 간의 단식을 트고 나서 열흘 뒤에 마음이 순수해지고 안정되면, 영구히 그 상태로 있게 된다고 합니다.
마: 예, 만약 영적인 탐구가 단식 기간 내내 유지되었다면 말입니다.

### 대담 171

다른 질문에 대해 스승님이 말씀하셨다: 가장 좋은 것은 심장 대 심장으로 말하고 심장 대 심장으로 듣는 것입니다. 그것이 최선의 가르침(upadesa)입니다.
헌: 스승의 인도가 필요하지 않습니까?
마: 그대가 스승과 별개입니까?
헌: 가까이 있는 것이 도움이 됩니까?
마: 신체적으로 가까이 있는 것 말입니까? 그것이 무슨 소용 있습니까? 오직 마음이 중요합니다. 마음이 접촉되어야 합니다.

### 1936년 2월 28일

### 대담 172

한 방문객: 명상(dhyana)과 탐구(vichara)의 차이는 무엇입니까?
마: 둘 다 마찬가지입니다. 탐구에 맞지 않는 사람들은 명상을 닦아야 합니다. 이 수행에서는 수행자가 자신을 잊어버리고 "나는 브라만이다"나 "나는 시바다"를 명상합니다. 이처럼 브라만이나 시바를 계속 붙듭니다. 그러면 결국 브라만이나 시바로서의 존재가 남을 것이고, 그는 이것이 순수한 존재, 즉 진아임을 깨닫게 될 것입니다.

탐구를 하는 사람은 그 자신을 꽉 붙들고 "나는 누구인가?" 하고 묻기 시작하며, 그러면 진아가 그에게 분명해집니다.
헌: 직접체험으로 얻은 지(知)를 나중에 잃어버릴 수도 있습니까?
마: 『해탈정수』에서는 그것을 잃을 수도 있다고 말합니다. 모든 원습(vasanas)을 뿌리 뽑지 않고 얻은 체험은 안정되게 머무를 수 없습니다. 원습을 뿌리

뽑기 위해 노력해야 합니다. 그렇지 않으면 죽은 뒤에 환생이 일어납니다. 어떤 이들은 자기 스승에게서 (가르침을) 듣는 데서 직접체험이 온다고 하고, 어떤 이들은 그것이 성찰에서 온다고 하며, 어떤 이들은 일념집중에서 온다고도 하고 삼매에서 온다고도 합니다. 그들은 표면적으로 서로 다르게 보이지만, 궁극적으로는 같은 것을 의미합니다.

지知는 모든 원습이 뿌리 뽑힌 뒤에야 흔들리지 않고 머무를 수 있습니다.

### 1936년 2월 29일

**대담 173**

**헌:** 주님(Lord), 어떻게 하면 에고의 장악력을 느슨하게 할 수 있습니까?
**마:** 새로운 원습을 거기에 부가하지 않으면 됩니다.
**헌:** 아무리 염송을 해도 그 장악력이 느슨해지지 않습니다!
**마:** 어찌 그럴 리가! 당연히 느슨해져서 사라질 것입니다.

### 1936년 3월 2일

**대담 174**

미국인 신사 핸드 박사가 질문했다: 에고의 근원을 발견하는 데 두 가지 방법이 있습니까?
**마:** 두 개의 근원도 없고 두 가지 방법도 없습니다. 단 하나의 근원과 단 하나의 방법이 있을 뿐입니다.
**헌:** 명상과 진아 탐구(enquiry into the Self)의 차이는 무엇입니까?
**마:** 명상은 에고가 유지되어야만 가능합니다. 에고가 있고 명상하는 대상이 있습니다. 이 방법은 간접적입니다. 반면에 진아는 오직 하나입니다. 에고를, 즉 그것의 근원을 추구하면 에고는 사라집니다. 남는 것은 진아입니다. 이 방법이 직접적인 방법입니다.
**헌:** 그러면 저는 무엇을 해야 합니까?
**마:** 진아를 꽉 붙드는 것입니다.
**헌:** 어떻게 말입니까?
**마:** 바로 지금도 그대는 진아입니다. 그러나 그대는 이 의식[에고]을 **절대적 의식**과 혼동하고 있습니다. 이 그릇된 동일시는 무지에 기인합니다. 무지는 에

고와 함께 사라집니다. 성취해야 할 일은 에고를 죽이는 것뿐입니다. 깨달음은 이미 있습니다. 깨달음을 얻으려고 시도할 필요는 없습니다. 그것은 외적인 것이 아니고, 새로운 것이 아니기 때문입니다. 그것은 늘 어디에나 있고, 지금 여기에도 있습니다.

## 1936년 3월 3일

**대담 175**

N. 숩바 라오 씨가 질문했다: 한정비이원론자들은 **아뜨마 사끄샤뜨까라**(*Atma Sakshatkara*)[진아 깨달음]가 **빠라마뜨마 사끄샤뜨까라**(*Paramatma Sakshatkara*)[지고아 깨달음]의 예비 단계라고 합니다. 그 어려움이 상당할 것 같습니다.

마: 아뜨마 사끄샤뜨까라가 무엇입니까? 두 아뜨마가 있어서 하나가 다른 하나를 깨닫습니까? 두 개의 자아란 없습니다. 먼저 아뜨마 사끄샤뜨까라를 얻고 나서 뒤따르는 일들을 판단하십시오.

헌: 『바가바드 기타』에서는 모든 영혼들로 그의 몸이 이루어진 신이 있다고 합니다.

마: 에고를 절멸해야 한다는 데는 모두가 동의합니다. 그 합의점 위에서 논의합시다. 일부 비이원론자들도 별개개아성別個個我性(*nana jivatva*)[서로 다른 개인들]을 이야기합니다. 그 모든 것은 그대의 영적 향상에 중요하지 않습니다. 먼저 진아를 깨닫고 나서 뭐가 더 남아 있는지 보십시오.

## 1936년 3월 7일

**대담 176**

핸드 박사는 내일 아스라맘을 떠나서 히말라야—하르드와르(Hardwar)—를 방문하고 이곳으로 돌아왔다가, 봄베이로 가서 이집트·팔레스타인·유럽을 거쳐 마지막으로 자신의 고국인 미국으로 돌아갈 예정이다.

그는 산(아루나찰라) 정상에 올라 보고 싶어 하며, 스리 바가반이 동행해 주기 원한다. 스리 바가반이 오르실 수 있는 데까지 올랐다가 자기가 등산을 마치고 내려오기를 기다려 산 위의 약속된 장소에서 자기를 만나면 된다는 것이었다. 스리 바가반은 미소를 지으면서 그에게, 비즐리 박사(Dr. Beasly)의 경험담을 들어 보았느냐고 물으셨다.

핸드 박사: 그는 제 친구입니다. 저에게 다 들려주었는데, 놀랍더군요! 저는 당신보다 나이가 많습니다, 마하르쉬님. 그러나 저를 한물간 사람으로 치부하지 마십시오. 저도 소년처럼 산을 오를 수 있습니다. 정상에 마지막으로 오르신 것은 언제입니까?

마: 약 11년 전이지요. 비즐리 박사가 뭐라던가요?

헌: 그것은 엄격한 비밀입니다. 당신과 저만 남게 되면 일체를 말씀드리겠습니다.

마하르쉬님은 그냥 미소만 지으셨다.

헌: 마하르쉬님! 당신께서는 보이지 않는 리쉬들과의 유대를 의식하십니까?

마: 만일 보이지 않는다면, 그들을 어떻게 봅니까?

헌: 의식 속에서요.

마: 의식 안에는 외적인 것이 아무것도 없습니다.

헌: 개인성은 있지 않습니까? 저는 저의 개인적인 존재성을 잃는 것이 두렵습니다. 의식 안에는 자기가 인간이라는 의식이 있지 않습니까?

마: 개인성을 잃는 것을 왜 겁냅니까? 꿈 없는 잠 속에서 그대의 상태는 어떤 것입니까? 그때 그대의 개인성을 의식합니까?

헌: 그것은 가능합니다.

마: 그러면 그대의 체험은 무엇입니까? 만일 개인성이 있다면 그것이 과연 깊은 잠이겠습니까?

헌: 그것은 해석하기 나름입니다. 마하르쉬께서는 어떻게 말씀하십니까?

마: 마하르쉬는 **그대의 체험**에 대해서는 말할 수 없습니다. 그는 그대에게 어떤 것도 강요하지 않습니다.

헌: 알겠습니다. 그래서 제가 당신과 당신의 가르침을 그토록 좋아하는 겁니다.

마: 그대는 실제로 잠자리를 준비하고, 깊은 잠에 들어서 그대의 개인성을 잃어버리고 싶어 하지 않습니까? 그것을 왜 겁냅니까?

헌: 부처의 열반涅槃(nirvana)이란 무엇입니까?

마: 개인성의 상실입니다.

헌: 저는 그 상실을 겁냅니다. 열반 속에는 인간의 의식이 있을 수 없습니까?

마: 그렇다면 두 개의 자아가 있습니까? 잠에 대한 그대의 현재 경험을 고려하여 말하십시오.

헌: 저는 열반 속에서도 개인적 의식을 보유하는 것이 가능하다고 생각하지 않을 수 없습니다. 저는 개인성의 상실이 두렵습니다.

나중에 질문자는 (아루나찰라) 산을 올랐고 한 바퀴 돌았으며, 정오에서 오후 8시 사이에는 24킬로미터쯤 되는 거리를 돌아다녔다. 그는 지쳐서 돌아왔고, 농업, 사회적 조건, 카스트 제도, 인도인들의 영적인 자질 등에 관해 아주 명료한 일장 연설을 했다.

## 1936년 3월 10일

**대담 177**

헌: 마하뜨(*mahat*)가 무엇입니까?

마: 절대적 의식에서 투사되는 빛입니다. 씨앗이 발아하기 전에 먼저 부풀어 올랐다가 싹이 트고 성장하듯이, 절대적 의식도 빛을 투사하고, 에고로서 나타나며, 몸과 우주로 성장합니다.

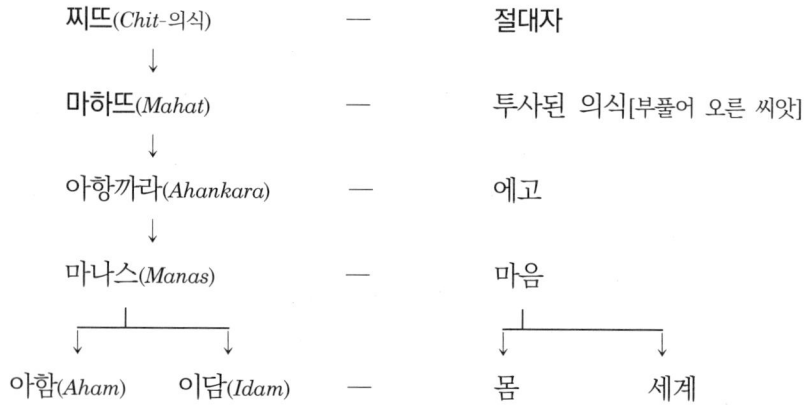

채드윅 소령: 그것은 우주 의식과 같은 것입니까?

마: 예, 에고와 우주가 태어나기 전에는 그렇지요. 그것은 그것들을 모두 포함합니다. 스크린에 비친 화면들이 모두 한 점에서 투사된 빛에 의해서 보이듯이, 몸과 기타 대상들은 모두 저 반사된 의식 안에서 보입니다. 따라서 그것은 우주 의식이기도 합니다.

또 (소우주에서는) 몸과 기타 모든 대상들이 뇌 안에 들어 있습니다. 그 빛이 뇌 위에 투사됩니다. 그러면 뇌 안의 인상들이 몸과 세계들로 나타나는 것입니다. 에고가 자신을 한계들과 동일시하기 때문에, 몸이 별개이고 세계가 별개라고 여겨집니다.

　문 닫힌 방 안의 침대 위에 눈을 감고 누운 그대가 런던에 있는 꿈을 꿉니다. 그곳에 있는 군중들과, 그들 사이에 있는 그대를 봅니다. 그 꿈 속에서는 어떤 몸이 그대 자신과 동일시됩니다. 런던과 그 밖의 것들은 그 방 안이나 그대의 뇌 속에 들어올 수 없지만, 그런 넓은 공간과 시간의 지속이 그대에게 모두 지각됩니다. 그것들은 뇌에서 투사된 것일 수밖에 없습니다. 세계는 아주 크고 뇌는 아주 작지만, 그런 큰 창조물이 우리의 뇌와 같은 그런 작은 범위 안에 들어 있다는 것은 놀라운 일 아닙니까? 스크린은 한정되어 있지만, 영화의 모든 장면들이 그 위를 지나가고, 그 위에서 눈에 보입니다. 그런 긴 사건들의 연속이 어떻게 그런 작은 스크린 위에 나타날 수 있는지 그대는 놀라워하지 않습니다. 대상들과 뇌도 그와 마찬가지입니다.

**헌:** 그러면 우주 의식은 깨달음과 같지 않습니까?

**마:** 우주 의식은 에고의 이면에 있습니다. 그것은 **이스와라**라고 할 수 있고, 에고는 개아입니다. **이스와라**는 **절대자**라고 할 수도 있겠지요. 거기에 아무 차이도 없습니다.

이스와라에게조차 편재하는 그 의식이 바로 **절대자**입니다.

## 대담 178

**헌:** 『자기탐구』에서 이야기하는 그 불꽃[96]이 무엇입니까? 그것은 진아의 빛 (Atma Jyoti)이고, 우리는 그 이면의 실재를 발견해야 한다고 되어 있습니다.

**마:** 베다에서는 그 불꽃에 대해 "지知의 불꽃 한가운데 지고아至高我가 살고

---

96) T. 『저작 전집』(탐구사, 2010), 63쪽의 그림 참조.

있다(*tasyas sikhaya madhye paramatma vyavasthitah*)"97)고 말합니다. 그 불꽃은 에고 의식(ego-consciousness)과 같다고 봐야 합니다.

### 1936년 3월 11일

**대담 179**

프리드먼 씨가 스와미 람다스(Swami Ramdas)98)에게 어떤 것을 질문했는데, 그에 대해 람다스는 자신에게 더 이상 탄생이 없을 것이라고 답변했다고 한다. 이 엔지니어(프리드먼)는 람다스에게 환생에 대해 아무 걱정이 없으시겠다고 말했다. 즉, 같은 라마, 같은 람다스, 라마에 대한 같은 탐구, 그리고 같은 깨달음의 지복이 있을 터이니, 이 라마-유희(Rama-Lila)가 되풀이되는 것을 마다할 이유가 없지 않느냐고 했다. 람다스는 마다할 이유가 없으며, 그것은 즐거운 일이자 하나의 게임이 될 거라는 것을 인정했다고 한다. 프리드먼은 이어서 이렇게 말했다. "람다스는 라마가 자신에게 합일되었다는 것을 알며, 그 합일이 즐겁다고 덧붙였습니다. 그들은 동일하지만, 그래도 람다스가 있었고, 라마가 있었고, 그 결합이 있었고, 그 지복이 있었습니다. 그것은 영원합니다." 이렇게 말하면서 그는, 스리 바가반은 그에 대해 뭐라고 말씀하시겠느냐고 여쭈었다.

**마**: 그것은 모두 현재의 사건들만큼이나 참됩니다.

**대담 180**

나중에 이 신사가 말하기를, 잠은 하나의 망각 상태이고 생시의 상태는 마음의 활동이라고 했다. 마음은 잠 속에서는 어떤 잠재적인 상태에 있다는 것이었다.

**마**: 잠 속에서는 그대가 없었습니까?

**헌**: 아니요, 있었습니다. 그러나 어떤 망각 상태에 있었습니다. 망각과 "나는 두 가지 상태 모두에서 지속된다"고 말하는 마음에 대한 어떤 주시자가 있어야 합니다.

**마**: 그 주시자가 누구입니까? 그대는 '주시자'에 대해 이야기합니다. 주시하려면 하나의 대상과 하나의 주체가 있어야 합니다. 이런 것들은 마음의 창조물

---

97) T. 『야주르베다(Yajurveda)』의 「나라야나 수끄땀(Narayana Suktam)」에 나오는 구절.
98) T. 바가반을 방문한 적이 있는 인도의 성자(1884-1963). 께랄라 주(州) 깐한가드에 아난다 아쉬람(Anandashram)을 설립하고, 1933년에 영적 월간지 「비전(Vision)」을 창간했다.

입니다. 주시자라는 관념은 마음 안에 있습니다. 만일 망각의 주시자가 있었다면, 그것이 "나는 망각을 주시한다"고 말했습니까? 그대가 마음을 가지고 바로 지금, 하나의 주시자가 있어야 한다고 말합니다. 그 주시자가 누구였습니까? '나'라고 대답해야 합니다. 그러면 그 '나'는 누구입니까? 그대는 자신을 에고와 동일시하면서 '나'라고 말합니다. 이 에고가 '나', 곧 주시자입니까? 말을 하는 것은 마음입니다. 그것은 그 자신의 주시자가 될 수 없습니다. 그대는 스스로 부과한 한계를 가지고 마음과 망각에 대한 하나의 주시자가 있다고 생각합니다. 그대는 또 "나는 주시자다"라고 말합니다. 그 망각을 주시하는 사람은 "나는 망각을 주시한다"고 말해야 합니다. 현재의 마음은 그런 지위를 사칭할 수 없습니다.

이처럼 그 지위 전체가 유지 불가능해집니다. 의식은 무한한데, 그것이 한정되면 그냥 그 지위를 사칭합니다. 실은 주시할 것이 아무것도 없습니다. 그것은 단순한 존재입니다.

## 대담 181

**헌:** "그곳에 가면 되돌아오지 않는 곳, 거기가 내 지고의 거주처이다(*yad gatva na nivartante tad dhama paramam mama*)."99) 이 '거주처(*dhama*)'가 무엇입니까? 그것은 우주 의식을 넘어서 있는 **절대적 상태** 아닙니까?

**마:** 그렇지요.

**헌:** '되돌아오지 않는(*na nivartante*)'은 다시 무지에 덮이지 않는다는 뜻입니까?

**마:** 예.

**헌:** 그러면 추론상, 우주 의식에 도달하는 사람은 무지의 손아귀에서 벗어나지 못한 것이라는 이야기가 됩니까?

**마:** 모든 세계, 심지어 **브라마** 세계(Brahma loka)조차도 우리를 환생에서 해방시키지 못한다고 하는 말의 의미가 그것입니다. 보세요. 『바가바드 기타』에서 "나에게 도달하면 어떤 환생도 없다…. 다른 모든 이들은 속박되어 있다"100) 고 했습니다. 더욱이—'갔다(*gatva*)'라는 단어가 함축하듯이—'감(*gati*-죽음)'이 있

---

99) T. 『기타』, 15.6. 비슷한 표현이 『기타』, 8.21에도 나온다.
100) T. "브라마의 세계 이하 모든 세계들은, 아르주나여, 환생에 속박된다. 그러나 나에게 도달하면, 오 쿤티의 아들이여, 다시는 환생이 없다." —『기타』, 8.16.

다고 생각하는 한, 돌아옴(punaravritti-환생)도 있습니다. 또 '감'은 그대의 탄생(purvagamanam)이 있었음을 의미합니다. 탄생이 무엇입니까? 그것은 에고의 탄생입니다.

일단 태어나면 그대는 무엇엔가 도달하는데, 거기에 도달하면 또 돌아 나옵니다. 따라서 이런 모든 말을 떨쳐 버리십시오! 있는 그대로 **존재하십시오**(Be as you are). 그대가 누구인지를 보아서, 태어나고, 가고, 오고, 돌아감에서 벗어나 **진아로 머무르십시오**.

헌: 맞습니다. 이 진리를 아무리 들어도 그것이 잘 포착되지 않고, 우리는 그것을 잊어버립니다.

마: 정말 그렇지요. 기억을 환기시켜 주는 것들이 종종 필요합니다.

## 대담 182

낮 시간 중에 흥미로운 사진 한 장이 어디론가 사라졌다. 스리 바가반은 그에 대해 신경을 쓰시는 듯했다. 프리드먼 씨가 스리 바가반께 당신은 이런 모든 문제를 어떻게 보시느냐고 여쭈었다.

스리 바가반이 말씀하셨다: 그대가 저를 폴란드로 데려가는 꿈을 꾼다고 합시다. 그대는 깨어나서 저에게 묻습니다. "저는 이러이러한 꿈을 꾸었습니다. 당신께서도 그런 꿈을 꾸셨는지, 혹은 그것을 아시는지요? 아니면 당신께서는 그것을 어떻게 보십니까?"라고.

헌: 그런데 당신께서는 당신 앞에서 일어난 일들을 의식하지 못하십니까?

마: 이런 것들은 모두 마음의 작용이고, 그 질문들도 마찬가지입니다.

그런 다음 스리 바가반은 스리 라마가 시따(Sita-라마의 반려자)를 찾아다닐 때의 일화 하나를 들려주셨다: **빠르바띠**(Parvati-시바의 반려자)가 시바에게 물었지요. 완전한 존재인 라마가 왜 시따를 잃고 슬퍼하고 있느냐고 말입니다. 시바는 라마가 그래도 **완전**하다고 하면서, 만일 그 완전성을 시험하고 확인할 필요가 있다면 **라마** 앞에 시따로 (변신하여) 나타나서 어떻게 되는지 보라고 말했습니다. 빠르바띠는 그렇게 했습니다. 그러나 라마는 그녀의 등장을 무시하고 계속 "하! 시따! 하! 시따!" 하고 부르짖으면서 장님처럼 길을 갔습니다. 빠르바띠를 전혀 알은체도 하지 않고 말입니다[대담 218 참조].

## 1936년 3월 13일

### 대담 183

봄베이에서 온 한 신사가 말했다: 저는 스리 오로빈도 아쉬람의 마더에게 다음과 같은 질문을 했습니다. "저는 마음을 아무 생각도 일어나지 않는 공백 상태로 유지하여, 신이 참된 존재의 모습으로 그 자신을 보일 수 있게 하려고 합니다. 그러나 아무것도 지각되지 않습니다." 그에 대한 답변은 이런 취지였습니다. "그런 자세는 올바릅니다. 힘이 위에서 내려올 것입니다. 그것은 직접적인 체험입니다."

그래서 그는 자신이 더 나아가 무엇을 해야 하느냐고 질문했다.

**마:** 본래의 그대가 되십시오(Be what you are). 아무것도 내려오거나 현신하지 않습니다. 필요한 것은 에고를 잃어버리는 것뿐입니다. 있는 것이 늘 있습니다. 바로 지금도 그대가 그것입니다. 그대는 그것과 별개가 아닙니다. 그 공백 상태는 그대에게 보입니다. 그대가 있어 그 공백 상태를 봅니다. 그대는 무엇을 기다립니까? '나는 보지 못했다'는 생각, 보려는 기대, 그리고 무엇을 얻겠다는 욕망은 모두 에고의 작용입니다. 그대는 에고의 덫에 걸려든 것입니다. 에고가 이런 모든 이야기를 하지, 그대가 하는 것은 아닙니다. 더도 말고 그대 자신이 되십시오!

### 대담 184

**마:** 밑바닥에 있는 물라다라(Muladhara-맨 아래쪽 차크라), 중심에 있는 **심장**, 정수리에 있는 머리, 혹은 이 모든 것에 대해 상상하는 것은 다 잘못된 것입니다. 한 마디로, 생각하는 것은 그대의 진정한 성품이 아닙니다.

### 대담 185

**마:** 경전에는 "말함이 없이 말해진", "항상 그대로 머물러 있으면서 (형상으로) 나타난" 같은 말들이 보입니다. 어느 것이 이 말하지 않은 말입니까? 그것은 **침묵, 쁘라나바**(Pranava-'옴'), 혹은 **큰 말씀**(Mahavakya)[101]일 뿐입니다. 이런 것들을 '**말씀**(the Word)'이라고도 합니다.

---

101) 큰 말씀은 다음 네 가지이다. (1) "그대가 그것이다." (2) "나는 브라만이다." (3) "이 진아가 브라만이다." (4) "완전지(Prajnana)가 브라만이다." (T. 120쪽의 주 56)에서 이미 나왔다.)

## 대담 186

**마:** 우리는 신문을 보면서 거기 있는 모든 기사를 읽지만, 신문지 자체에 대해서는 전혀 알려고 하지 않습니다. 쓸데없는 것을 취하고 실질은 취하지 않습니다. 그 모든 것이 인쇄되는 바탕은 종이인데, 우리가 그 바탕을 알면 다른 모든 것을 알게 됩니다[마치 벽을 알면 (그 위에 그려진) 그림들을 알듯이].

**헌:** 당신께서는 존재하는 단 **하나는** 실재라고 말씀하셨습니다. 그 단 **하나가** 무엇입니까?

**마:** 그 하나는 사뜨(Sat), 곧 존재일 뿐인데, 그것이 세계와 우리가 보는 사물들, 그리고 우리 자신들로 나타납니다.

**헌:** 아뜨만이 무엇입니까? 아뜨만에게도 종말이 있습니까?

**마:** 먼저 아뜨만이 무엇인지를 배우십시오. 우리가 그것을 알면, 그 다음에 그것에 종말이 있는지 없는지에 대해 의심해 볼 수 있겠지요. 그대는 무엇을 아뜨만이라고 합니까?

**헌:** 개아가 아뜨만입니다.

**마:** 개아가 무엇인지를 배우십시오. 개아와 아뜨만의 차이가 무엇입니까? 개아 자체가 아뜨만입니까, 아니면 아뜨만이라고 하는 어떤 별개의 것이 있습니까? 그대가 관찰하는 것들에는 끝이 있습니다. 창조되는 것에는 소멸이나 끝이 있습니다. 창조되지 않는 것에는 끝이 없습니다. 존재하는 것(실재)은 우리가 관찰할 수 없습니다. 그것은 관찰 불가능합니다. 우리는 나타나는 것이 무엇인지를 알아내야 합니다. 나타나는 것의 소멸이 종말입니다. **존재하는 것은 영원히 존재하며, 새로 나타나는 것은 나중에 상실됩니다.**

**헌:** 인간 형상으로 태어난 뒤에는 어떻게 됩니까? 그 개아에게 어떤 일이 일어납니까?

**마:** 먼저 우리가 무엇인지 알도록 합시다. 우리는 우리가 무엇인지 알지 못하는데, 우리가 무엇인지 알 때까지는 그런 질문을 할 여지가 없습니다. (바가반은 여기서 분명 몸을 아뜨만과 혼동하는 것—육체아肉體我 관념(dehatma buddhi)—을 두고 말씀하시는데, 이 관념이 죽음과 탄생이라는 관념들의 이런 혼동을 일으키는 원인이다. 왜냐하면 아뜨만에게는 어떤 탄생이나 죽음도 없고, 그것은 지수화풍地水火風 등 원소들로 오염되지 않기 때문이다.) (『기타』 제2장 11절의) "슬퍼해서는 안 될 자들에 대해 슬퍼하면서도, 그대는 지혜의 말을 하고 있다

(asochyan anvasochas tvam, prajnavadamscha bhashase)"는 등의 말이 있는데, 탄생한 것은 무엇입니까? 그대는 누구를 인간이라고 부릅니까? 탄생·죽음과 사후死後의 문제들에 대한 설명을 추구하는 대신, 지금 그대가 누구이며 어떻게 있는지에 대한 질문을 던지면, 그런 질문들은 일어나지 않을 것입니다. 그대는 잠[깊은 잠]이 들었을 때나 꿈속에서나 생시에서나 같은 사람입니다. '나'라는 생각이 개아입니까, 몸이 개아입니까? 이 ('나'라는) 생각이 우리의 성품입니까? 아니면 우리가 살아가는 등의 경험이 우리의 성품입니까? (『기타』 제2장 52절의 "그대의 지성이 …(yada te …)" 하는 구절을 인용하신다.)102)

헌: 자기탐구(Atma vichara)가 왜 필요합니까?

마: 자기탐구를 하지 않으면 세간탐구(loka vichara)가 슬며시 기어듭니다. 존재하지 않는 것(세간적 대상들)을 추구하고, 명백한 것은 추구하지 않게 됩니다. 그대가 찾는 것을 일단 발견하면 탐구도 그치고, 그대는 그 안에서 휴식합니다. 우리가 몸을 아뜨만(자기)과 혼동하고 있는 한 아뜨만을 잃어버렸다고 하고, 우리가 그것을 추구한다고 말하지만, 아뜨만 자체는 결코 상실되지 않습니다. 그것은 늘 존재합니다. 몸을 아뜨만이라고도 하고, 어떤 기관器官(indriya)을 아뜨만이라고도 하며, 지바뜨만(Jivatman-개인아)과 빠라마뜨만(Paramatman-지고아) 등도 있습니다. 아뜨만이라고 불리는 것은 부수히 많습니다. 아뜨만에 대한 탐색은 실제로 아뜨만인 것(자기)을 아는 것입니다.

〔삼매 — 합일삼매와 본연삼매〕

**대담 187**

헌: 저는 진아에 대한 일여내관—如內觀의 결과로 삼매에 잠겨 있는 사람의 육신은 그로 인해 움직임이 없어진다고 주장합니다. 그것은 활동할 수도 있고 활동하지 않을 수도 있습니다. 그런 내관에 고정된 마음은 몸이나 감각기관들이 동요해도 영향을 받지 않을 것입니다. 마음이 어지럽다고 해서 늘 신체적 활동이 뒤따르는 것은 아닙니다. 또 한 사람은 신체적 동요가 확실히 무상삼매나 일여내관을 가로막는다고 주장합니다. 당신의 의견은 어떻습니까? 당신께서는 제가 한 말에 대한 변함없는 증거이십니다.

---

102) T. "그대의 지성이 미망의 수렁을 건너면, 들은 것과 들어야 할 것에 초연해질 것이다(Yada te mohakalilam buddhir vyatitarisyati, tada gantasi nirvedam srotavyasya srutasya ca)".

**마:** 두 사람 다 맞습니다. 그대는 본연무상삼매(sahaja nirvikalpa)를 말하고 있고, 그 사람은 합일무상삼매(kevala nirvikalpa)를 이야기합니다. 후자의 경우 마음은 **진아의 빛** 속에 잠겨 있습니다[반면에 깊은 잠 속에서는 마음이 무지의 어둠 속에 잠겨 있다]. 그 주체는 이것과 저것을 구분하는데, 삼매, 삼매에서 일어남, 그리고 그 후의 활동, 곧 몸·시각·생기·마음의 동요, 대상들과 활동에 대한 인식이 그에게는 모두 장애 요인입니다.

그러나 본연삼매(sahaja)에서는 마음이 진아 속으로 해소되어 없어졌습니다. 따라서 앞에서 말한 차별상과 장애들이 여기서는 존재하지 않습니다. 그런 존재가 하는 행위들은 잠자는 아이에게 음식을 먹일 때처럼, (그 주체에게는 아니고) 그것을 보는 사람에게 지각됩니다. 움직이는 달구지 위에서 잠이 든 달구지꾼은 달구지의 움직임을 의식하지 못합니다. 그의 마음이 어둠 속에 잠겨 있기 때문입니다. 마찬가지로 본연적 진인(sahaja jnani)은 자신의 신체 활동을 의식하지 못합니다. 그의 마음이 **의식-지복**(Chid Ananda)[진아]의 황홀경 안에서 해소되어 죽어 있기 때문입니다.

내관과 삼매라는 두 단어가 그 질문에서는 넓은 의미로 사용되었습니다.

내관은 하나의 강제적인 마음 과정인 반면, 삼매는 노력을 넘어서 있습니다.

| 잠 | 합일무상삼매 | 본연무상삼매 |
| --- | --- | --- |
| 1. 마음이 살아 있고,<br>2. 망각에 빠져 있음. | 1. 마음이 살아 있고,<br>2. 빛 속에 잠겨 있으며,<br>3. 끈 달린 두레박이 우물에 잠겨 있는 것과 같이<br>4. 끈을 잡고 다시 꺼낼 수 있음. | 1. 마음이 죽어 있고,<br>2. 진아 속으로 해소되어,<br>3. 바다로 들어가서 개체성이 상실된 강과 같이<br>4. 강을 다시 바다에서 되돌릴 수 없음. |

## 대담 188

마음의 본질은 **자각**(awareness), 곧 의식일 뿐입니다. 그러나 에고가 마음을 지배할 때는 그것이 추론하고, 생각하고, 감각하는 기능으로 작용합니다. 우주적 마음은 에고에 의해 제한되지 않으므로 그 자신과 별개의 어떤 것도 가지고 있지 않고, 따라서 오직 **자각할** 뿐입니다. 이것이 성경에서 "나는 내가 있다는 것이다"라고 하는 말의 의미입니다.

에고에 시달리는 마음은 힘이 빠져 있어, 고문하는 생각들에 저항하기에 너무 약합니다. 에고 없는 마음은 꿈 없는 깊은 잠 속에서 행복합니다. 따라서 분명히 **지복**과 불행은 마음의 양상일 뿐입니다. 그러나 약한 양상이 강한 양상과 쉽게 교체되지 못합니다. 능동성(마음의 활동성)은 약함이고, 결과적으로 비참합니다. 수동성(마음의 고요함)은 강함이고, 따라서 지복스럽습니다. 그 잠재적인 힘이 외관상 보이지 않고, 따라서 사용되지 않고 있습니다.

어떤 희유한 존재에게서 나타나는 우주적 마음은, 남들 안에서 그 개인적인 (약한) 마음과 내면 깊숙한 곳의 우주적인 (강한) 마음을 연결시킬 수 있습니다. 그런 희유한 존재를 스승 혹은 **화현한 신**이라고 합니다.

### 1936년 5월 19일

**대담 189**

파리대학교 인도문명연구소에서 파견되어 인도를 방문 중이던 중년의 프랑스인 올리베 라콩브 씨가 불령佛領 인도(뽄디체리)에서 이곳에 왔다. 그는 누구보다도 마하르쉬님을 만나 뵙고 싶어 하던 차였고, 여기 와서 세 시간가량 머물렀다. 그는 『바가바드 기타』와 우파니샤드, 스리 샹까라와 라마누자(Ramanuja)가 주석한 경전들103)을 산스크리트 원문으로 읽은 사람이었다.

그가 질문했다: 마하르쉬님의 가르침은 샹까라의 가르침과 같습니까?
**마:** 마하르쉬의 가르침은 그 자신의 체험과 깨달음의 한 표현일 뿐입니다. 남들은 그것이 스리 샹까라의 가르침과 부합한다고 느낍니다.
**헌:** 정말 그렇습니다. 그것은 같은 깨달음을 다른 방식으로 표현한 것일 수 있습니까?
**마:** 깨달은 사람은 그 자신의 언어를 사용하겠지요. (여기서 스리 바가반이 덧붙이셨다.) **침묵**이 최선의 언어입니다.
**헌:** 마하르쉬께서는 하타 요가나 탄트라 행법에 대해 어떻게 말씀하십니까?
**마:** 마하르쉬는 현존하는 어떤 방법도 비난하지 않습니다. 모두 마음의 정화

---

103) T. 샹까라는 『브라마경』, 『바가바드 기타』, 우파니샤드에 대한 주석서를, 라마누자는 『브라마경』과 『바가바드 기타』에 대한 주석서 및 우파니샤드에 대한 자신의 해석을 담은 책을 저술했다.

를 위해서 좋습니다. 왜냐하면 정화된 마음만이 그의 방법(자기탐구)을 이해하고 그 실천을 고수할 수 있기 때문입니다.

**헌:** 행위(Karma) · 지知(Jnana) · 헌신(Bhakti) · 하타 요가 등 여러 가지 요가 중에서 어느 것이 제일 낫습니까?

**마:** 「가르침의 핵심」(Upadesa Sara), 제10연을 보십시오. 진아 안에 머무르는 것이 이 모든 요가들의 최고 수준에 해당합니다.

마하르쉬님이 덧붙이셨다: 꿈 없는 잠 속에서는 세계도 없고, 에고도 없고, 불행도 없습니다. 그러나 진아가 남아 있습니다. 생시의 상태에서는 이 모든 것이 있지만, 그래도 진아가 있습니다. 항상 존재하는 진아의 지복을 깨닫기 위해서는 일시적인 사건들을 없애기만 하면 됩니다. 그대의 성품은 지복입니다. 나머지 모든 것이 그 위에 덧씌워지는 그것을 발견하십시오. 그럴 때 그대는 순수한 진아로 남습니다.

**헌:** 예. 그것은 낯선 한계들을 없애고 항상 존재하는 진아를 발견하는 것과 같습니다. 샹까라가 말하는 것이 바로 그것입니다. 얻음도 없고 잃음도 없습니다.

**마:** 정말 그렇지요. (대중들에게 들리게) 그는 이해하는군요.

**헌:** 구도자는 통상적으로 일을 어떻게 해야 합니까?

**마:** 행위자와의 자기 동일시 없이 해야지요. 예컨대 그대는 파리에 있을 때 이곳을 찾아올 생각이었습니까?

**헌:** 아니요!

**마:** 그렇게 할 의향 없이도 그대가 어떻게 행위하고 있는지 알겠지요? 『기타』에서 말하기를, 인간은 행위하지 않고 있을 수 없다고 했습니다. 그대가 태어난 목적은 그대가 원하든 원하지 않든 달성될 것입니다. 그 목적이 스스로를 성취하게 하십시오.

**헌:** 왜 사람들이 말한 수많은 방법들이 있습니까? 예컨대 스리 라마크리슈나는 헌신(bhakti)이 구원을 얻는 최선의 수단이라고 말합니다.

**마:** 그것은 (질문하는) 그 구도자의 관점에 따른 것입니다. 그대는 『기타』를 공부했습니다. 스리 크리슈나는 이렇게 말했습니다. "나와 그대, 그리고 이 왕들이 없었던 적은 결코 없었고, 앞으로도 없지 않을 것이다. 실재하지 않는 것은 결코 존재하지 않는다. 그러나 실재하는 것은 결코 사라지지 않는다. 항상

있던 것이 바로 지금도 있고, 항상 있을 것이다." 또 말하기를, "나는 이 진리를 아디띠야(Aditya)에게 가르쳤고, 그는 그것을 마누(Manu)에게 가르쳤다." 아르주나가 물었습니다. "어떻게 그럴 수 있습니까? 당신께서는 불과 수십 년 전에 태어나셨습니다. 어떻게 아디띠야를 가르치실 수 있었겠습니까?" 스리 크리슈나가 대답했습니다. "그렇다. 우리는 과거에 수많은 생을 살았다. 나는 나의 과거생을 알지만, 그대는 그대의 과거생을 모른다. 나는 그 과거생에 있었던 일들을 그대에게 들려주는 것이다."104)

보세요! 나도 없고 그대도 없고 이 왕들도 없다고 하면서 말을 시작한 저 **크리슈나**가, 이제는 자신이 예전에 여러 생을 살았다고 말합니다. 크리슈나의 말은 모순처럼 보이기는 해도 모순이 아닙니다. 그는 아르주나의 소견에 부응하여 아르주나의 수준에서 이야기합니다.

성경에도 비슷한 구절이 있는데, 거기서 예수는 "아브라함이 있기 전에 내가 있었다"(『요한복음』, 8.58)고 말합니다. 진인들의 가르침은 시간·장소·사람들 기타 환경에 맞추어져 있습니다.

방문객은 자신이 떠나는 것이 유감이라고 했지만, 그 말이 채 끝나기도 전에 마하르쉬님이 미소를 띠며 말씀하셨다. "떠남도 없고 돌아옴도 없습니다." 이 프랑스인이 즉시 말했다. "당신께서는 시공을 초월하셨습니다." 그는 뽄디체리로 돌아갔다.

### 1936년 5월 30일

**대담 190**

회당 안에는 보통 밤이 되기 전에 자기 집으로 들어가는 애완 다람쥐 한 마리가 있다. 마하르쉬님이 막 다람쥐에게 밤이 되었으니 자러 가라고 말씀하실 때, 자신은 초월적 의식을 성취했다고 선언했던 한 방문객이 다람쥐에게 아마 물을 주어야 할 거라고 말했다. 이 더운 저녁에 다람쥐가 목이 마를 거라는 것이었다. 그는 동물들을 이해하는 티를 냈지만, (마하르쉬님의) 어떤 반응도 끌어내지 못했다. 그가 그 말을 되풀이했다. 몇 분간 침묵이 있은 뒤에 마하르쉬님이 말씀하셨다: 아마 그대는 뜨거운 햇볕 아래 더 뜨거운 바위 위에서 장시간 명상을 한

---

104) *T.* 166쪽의 주 85) 참조. '아디띠야' 혹은 '비바스와뜨(Vivasvat)'는 태양신 수리야(Surya)의 다른 이름이며, 마누의 아버지이다.

뒤라서 목이 마르고, 물 한 컵을 마시고 싶은 거로군요.

헌: 정말 그렇습니다. 그래서 물을 먹었습니다.

마: 이 다람쥐는 목이 별로 마르지 않습니다. 그대는 햇볕의 열기 아래서 고행을 했으니 목이 마르겠지요. 왜 다람쥐에게 물을 먹이라고 합니까?

　마하르쉬님이 덧붙이셨다: 제가 보니 그는 뜨거운 바위 위에서 눈을 감고 해를 향해 서 있더군요. 저도 거기에 잠시 서 있었지만, 그를 방해하고 싶지 않아서 내려왔습니다. 이 사람들은 자기 하고 싶은 대로 합니다.

헌: 제가 그렇게 한 것은 미리 의도해서가 아닙니다. 자연발로적이었습니다.

마: 오, 알겠습니다! 남들은 무엇을 하든 의도를 가지고 한다 그거지요! 그대는 일체를 초월한 것 같군요!

헌: 제가 그렇게 한 것은 이번이 처음은 아닙니다. 당신께서 저에게 영감을 주시고 이 모든 것들을 하게 하십니다. 하지만 저에게 왜 그랬느냐고 물으십니다. 어떻게 그러실 수 있습니까?

마: 알겠습니다. 그대는 저에게 통제받는 행위들을 하고 있군요. 그렇다면 그 열매들도 마찬가지로 제 것이지 그대의 것이 아니라고 봐야 합니다.

헌: 의심할 바 없이 그렇습니다. 저는 제 자유의지로 행위하지 않고 당신의 영감을 받아서 합니다. 저에게 저 자신의 의지는 없습니다.

마: 그런 쓸데없는 말은 그만하십시오! 옛날에 듀로다나(Durodhana)도 (『마하바라타』에서) 이렇게 말했지요.

> 다르마(dharma-옳은 것)가 무엇인지 알면서도 따르지 못하고,
> 아다르마(adharma-옳지 않은 것)가 무엇인지 알면서도 버리지 못합니다.
> 신적 존재가 심장 안에 거주하면서 저를 움직이게 하니
> 저는 그에 따라 움직이고 있습니다.
> *janami dharmam nacha me pravrittih*
> *janamyadharmam nacha me nivrittih.*
> *kenapi devana hridi sthitena*
> *yatha niyuktosmitatha karomi.*[105]

두 사람 사이에 무슨 차이가 있습니까?

---

[105] T. 이 인용문은 고대 인물들의 발언을 모은 『빤다바 기타(Pandava Gita)』, 57절에 나온다. 그 인물 다수는 『마하바라타』에 나오지만, 이 인용문 자체는 『마하바라타』에 나오지 않는다고 한다.

헌: 제가 보기에는 차이가 없습니다. 그러나 저에게는 의지意志가 없고, 저는 의지 없이 행위합니다.

마: 그대는 보통의 부류를 훨씬 능가했군요. 남들은 개인적인 의지를 가지고 행위하고 있는데 말입니다.

헌: 어째서요, 선생님? 당신께서도 어느 저작에서 행위는 자동적일 수 있다고 말씀하셨습니다.

마: 그만해요, 그만! 그대와 또 한 사람의 방문객은 마치 초월적 존재인 양 행동하는군요! 두 분 다 배울 만큼 배운 사람들이니 더 배울 필요가 없습니다. 만일 그대들이 여기 빈번히 오지 않았다면 제가 이런 모든 이야기를 하지도 않았겠지요. 좋을 대로 하십시오. 그러나 초심자 단계에서 하는 이런 특이한 행동들은 얼마 후 실상이 드러날 것입니다.

헌: 그러나 저는 이런 상태에 든 지가 꽤나 오래되었습니다.

마: 그만해요!

## 대담 191

상주 제자인 코헨 씨가 요가의 방법에 대해 이야기하고 있었다.

마하르쉬님이 말씀하셨다: 빠딴잘리의 제1경經(sutra)106)은 모든 요가 체계에 다 해당됩니다. 그 목표는 마음 활동의 지멸止滅(cessation)입니다. 방법들은 다를 수 있지만, 그 목표를 향한 노력이 있는 한 그것은 요가로 불립니다. 그 노력이 곧 요가입니다.

그 지멸止滅은 수많은 방식으로 일어날 수 있습니다.

(1) 마음 자체를 조사하는 것. 마음을 조사해 보면 그것의 활동이 자동적으로 그칩니다. 이것이 지知(jnana)의 방법입니다. 그 순수한 마음이 진아입니다.

(2) 마음의 근원을 찾는 것이 또 하나의 방법입니다. 그 근원을 신, 진아 혹은 의식이라고 할 수 있겠지요.

(3) 한 생각에 집중하면 다른 모든 생각이 사라집니다. 결국에는 그 생각도 사라집니다.

(4) 하타 요가.

---

106) T. "요가란 마음의 상相을 제어하는 것이다(yogas chitta-vritti-nirodha)." —『요가수트라』 1.1. 여기서 '경(sutra)'은 몇 마디의 간결한 어구로 되어 있는 하나의 '절節'을 말한다.

모두 같은 목표를 지향하는 한, 모든 방법은 똑같은 하나입니다.

생각을 제어하는 동안 자각하는 것이 필요합니다. 그렇지 않으면 잠에 떨어질 것입니다. 자각이 주된 요소인데, 그것은 빠딴잘리가 조식調息을 말한 뒤에도 제감制感·응념凝念·명상·삼매를 강조한다는 사실에서도 알 수 있습니다. 조식은 마음을 안정시키고 생각을 억제합니다. 그런데도 왜 더 계발해 나갑니까? 그때는 자각이 단 하나 필요한 요소이기 때문입니다. (마음 활동이 그친) 그런 상태들은 모르핀·클로로포름 등으로도 비슷하게 야기할 수 있지만, 그런 것으로는 해탈에 이르지 못합니다. 왜냐하면 자각이 없기 때문입니다.

### 1936년 6월 3일

**대담 192**

마하르쉬님은 대화 도중에 이렇게 설명하셨다: 어느 누가 해탈을 원합니까? 다들 행복만 원합니다─그것도 감각기관의 향유(즐김)에서 발견되는 행복을. 어느 스승에게 이 질문을 했더니, 스승이 대답했습니다. "정말 그렇다. 감각기관을 향유한 결과인 행복은 해탈의 행복과 같은 것이다. 그러한 해탈에 대한 욕망은 깨달음의 네 가지 요건[107] 중 하나이다. 이것은 누구에게나 공통된다. 그래서 누구나 이 지知, 곧 **진아지**를 얻을 자격이 있다."

사실 『요가수트라』 등에서 말하는 구도자로서의 모든 자질을 완벽하게 갖춘 사람은 이 세상에 한 사람도 없을지 모릅니다. 그래도 **진아지**에 대한 추구를 포기해서는 안 됩니다.

모두가 그 자신의 경험에 의해서 **진아**입니다.[108] 하지만 그것을 모르고 자기를 몸과 동일시하면서 비참하다고 느낍니다. 이것이 모든 불가사의 중에서도 가장 불가사의한 일입니다. 우리는 **진아**입니다. 왜 **진아**로서 안주하여 불행을 끝내지 않습니까?

처음에는 자신이 몸이 아니라는 말을 들어야 합니다. 왜냐하면 자신은 몸일 뿐이라고 생각하기 때문입니다. 실은 몸이기도 하고 다른 모든 것이기도 한데 말입니다. 몸은 한 부분일 뿐입니다. 결국 그것을 알게 되겠지요. 먼저 의식을 무지각과 구분하고 그 의식이기만 해야 합니다. 나중에는 그 무지각이 의식과

---

107) *T.* 깨달음을 얻기 위한 구도자의 네 가지 요건에 대해서는 『저작 전집』, 303쪽을 보라.
108) *T.* 누구나 "내가 있다"는 것을 직접 경험하므로, 모두가 늘 진아로서 존재하고 있다.

별개가 아니라는 것을 깨닫게 될 것입니다.

이것이 분별(viveka)입니다. 처음의 분별이 끝까지 가야합니다. 그 결실이 해탈입니다.

## 대담 193

마하르쉬님이 말씀하셨다: 자유의지와 운명은 항상 존재합니다. 운명은 과거 행위의 결과인데, 그것은 몸과 관계됩니다. 몸에게 자기에게 맞는 일을 하라 하십시오. 그대가 왜 거기에 상관합니까? 왜 거기에 주의를 기울입니까? 몸이 지속되는 한, 자유의지와 운명도 지속됩니다. 그러나 지혜(jnana)는 그 둘을 초월합니다. 진아는 지知와 무지를 넘어서 있습니다. 무슨 일이 일어나든, 그것은 우리의 과거 행위, 신의 의지, 기타 요인들의 결과로서 일어납니다.

## 대담 194

아말라뿌람(Amalapuram)에서 온 방문객인 숩바 라오 씨가 질문했다: 마음을 어떻게 제어합니까?

**마:** 마음을 붙드십시오.

**헌:** 어떻게 말입니까?

**마:** 마음은 만져지지 않습니다. 사실 그것은 존재하지 않습니다. 마음을 제어하는 가장 확실한 방도는 그것을 찾아보는 것입니다. 그러면 그것의 활동이 그칩니다.

### 1936년 6월 6일

## 대담 195

베나레스 대학교에서 온 신사로 문학석사와 이학석사 학위를 소지한 자르카 씨가, 자신은 처자식과 사별한 슬픔에 사로잡혀 있다고 말했다. 그는 마음의 평안을 구한다면서 어떻게 하면 그것을 얻을 수 있느냐고 질문했다.

**마:** 탄생과 죽음, 쾌락과 고통, 요컨대 세계와 에고가 존재하는 것은 마음 안에서입니다. 마음이 소멸되면 그 모든 것도 소멸됩니다. 마음을 **절멸**해야지 그냥 잠복해 있게만 해서는 안 된다는 것을 유념하십시오. 왜냐하면 잠 속에서는 마음이 잠자고 있기 때문입니다. 그 마음은 아무것도 모릅니다. 그러나

그대가 깨어나면 전과 같은 그대입니다. 슬픔에는 끝이 없습니다. 그러나 마음이 소멸되면 슬픔은 그 배경이 없어지고, 마음과 함께 사라질 것입니다.

**헌:** 마음을 어떻게 소멸합니까?

**마:** 마음을 찾아보십시오. 찾아보면 그것은 사라질 것입니다.

**헌:** 잘 모르겠습니다.

**마:** 마음은 생각들의 다발일 뿐입니다. 그 생각들이 일어나는 것은 생각하는 자가 있기 때문입니다. 그 생각하는 자가 에고입니다. 이 에고를 찾아보면 그것은 자동적으로 사라질 것입니다. 에고와 마음은 같은 것입니다. 에고가 뿌리생각(root-thought)이며, 거기서 다른 모든 생각들이 일어납니다.

**헌:** 마음을 어떻게 찾습니까?

**마:** 내면으로 뛰어드십시오. 그대는 지금 마음이 내면에서 일어난다는 것을 압니다. 그러니 내면으로 가라앉아서 찾아보십시오.

**헌:** 그것을 어떻게 해야 하는지 아직 잘 모르겠습니다.

**마:** 그대는 호흡 제어를 닦고 있습니다. 기계적 호흡 제어는 그대를 그 목표로 이끌어주지 못할 것입니다. 그것은 하나의 보조수단일 뿐입니다. 그것을 기계적으로 하는 동안 마음속으로는 깨어 있도록 주의하고, '나'라는 생각을 기억하면서 그 근원을 찾으십시오. 그러면 호흡이 가라앉는 곳에서 '나'라는 생각이 일어나는 것을 발견할 것입니다. 그것들은 함께 가라앉고 일어납니다. '나'라는 생각도 호흡과 함께 가라앉을 것입니다. 동시에 또 다른 빛나고 무한한 '나-나'가 드러날 것이고, 그것은 끊임없이 지속될 것입니다. 그것이 목표입니다. 그것은 다른 이름으로도 불리는데, 신·진아·꾼달리니 샥띠(Kundalini Sakti)·의식·요가·헌신·지(知) 등이 그것입니다.

**헌:** 아직도 분명히 이해되지 않습니다.

**마:** 해 보면 자연히 목표에 이르게 됩니다.

### 1936년 6월 9일

**대담 196**

한 방문객이 『라마나 기타』 제2장에서 말하는 방법들[109]에 관해 질문했다.

---

109) *T.* '탐구', '내면으로 뛰어들기', '호흡 제어'의 세 가지 방법을 가리킨다.

마하르쉬님이 지적하셨다: 숨 멈춤은 마음의 제어, 즉 생각의 억제나 절멸을 위한 하나의 보조수단입니다. 어떤 사람은 호흡 제어·들숨·날숨과 멈춤을 닦을 수도 있고, 멈춤만 닦을 수도 있습니다. 또 어떤 유형의 실천 명상가는 마음을 제어하다 보면 호흡을 제어하게 되고, 숨의 멈춤이 자동적으로 일어납니다. 들이쉼과 내쉼을 지켜보는 것도 호흡 제어입니다. 이런 방법들은 외관상으로만 세 가지일 뿐, 사실 그것들은 실제로 하나입니다. 왜냐하면 같은 목표로 이어지기 때문입니다. 그러나 그 구도자의 단계와, 그의 예전 성향이나 습에 따라 각기 다른 방법을 택하게 됩니다. 실제로는 두 가지 방법, 즉 탐구와 헌신밖에 없습니다. 하나를 하면 다른 하나에 이르게 됩니다.

헌: '나'를 찾아보면 아무것도 보이지 않습니다.

마: 그대는 자신을 몸과 동일시하고, 시각을 눈과 동일시하는 데 익숙해져 있기 때문에 아무것도 보이지 않는다고 말합니다. 보일 것이 뭐가 있습니까? 누가 봅니까? 어떻게 봅니까? 단 하나의 의식이 있을 뿐인데, 그것이 '나'라는 생각으로 나타나서 자신을 몸과 동일시하고, 눈을 통해서 자신을 투사하여 주위의 대상들을 봅니다. 개인은 생시의 상태에 한정되어 있으면서 뭔가 다른 것을 볼 거라고 기대합니다. 그의 감각기관들의 증거가 권위의 증표가 되겠지요. 그러나 그는 보는 자, 보이는 것, 봄이 모두 같은 의식, 즉 '나-나'의 나툼이라는 것을 인정하지 않을 것입니다. 진아가 눈에 보이는 것이어야 한다는 환상을 극복하는 데는 내관內觀이 도움이 됩니다. 실은 (실재하는 것으로서) 눈에 보이는 것은 아무것도 없습니다. 그대는 지금 그 '나'를 어떻게 느낍니까? 그대 앞에 거울을 들어야 그대 자신이 있음을 압니까? (그대가 존재한다는) 그 자각이 '나'입니다. 그것을 깨달으십시오. 그러면 그것이 진리입니다.

헌: 생각들의 근원을 탐구해 들어가면 '나'에 대한 어떤 지각이 있습니다. 그러나 그것은 저를 만족시키지 못합니다.

마: 정말 맞습니다. 그 '나'라는 지각은 하나의 형상, 어쩌면 몸과 연관되겠지요. 순수한 진아와 연관되는 것은 아무것도 없어야 합니다. 진아는 연관되어 있지 않은 순수한 실재이며, 그것의 빛 안에서 몸·에고 등이 빛납니다. 모든 생각을 가라앉히면 그 순수한 의식이 남습니다.

잠에서 막 깨어나서 세계를 자각하기 전에 그 순수한 '나-나'가 있습니다. 잠들거나 생각들이 그대를 점거하게 함이 없이 그것을 붙드십시오. 그것을 꽉 붙들면 설사 세계가 보인다 해도 상관없습니다. 보는 자는 현상들에 영향 받지 않고 남습니다.

### 대담 197
아메다바드의 파르시(Parsi-조로아스터교의 일파) 여성들인 굴 바이람지와 쉬린 바이람지가 오늘 도착했다. 그들이 밤에 마하르쉬님께 이야기했다: 바가반! 저희는 어릴 때부터 영적인 성향을 가지고 있었습니다. 저희들은 철학에 관한 책을 몇 권 읽었고, 베단타에 끌립니다. 그래서 우파니샤드, 『요가 바쉬슈타』, 『바가바드 기타』 등을 읽었습니다. 저희는 명상을 하려고 애를 쓰지만 명상에서는 아무 진보가 없습니다. 어떻게 깨닫는지 모르겠습니다. 저희가 깨달음 쪽으로 나아가는 것을 부디 도와주시겠습니까?

**마:** 그대들은 명상을 어떻게 합니까?

**헌:** 저는 "나는 누구인가?" 하고 묻는 것으로 시작하여, 몸을 '나'가 아니라고 배제하고, 호흡을 '나'가 아니라고 배제하고, 마음을 '나'가 아니라고 배제하는데, 더 이상은 나아가지 못합니다.

**마:** 뭐, 그것이 지성知性이 미칠 수 있는 한계지요. 그대의 과정은 지적知的일 뿐입니다. 실로 모든 경전이 그런 과정을 이야기하는 것은 구도자가 **진리를 알도록 인도하기 위해서일 뿐입니다. 진리를 직접 가리켜 보일 수는 없습니다.** 그래서 그런 지적인 과정이 있습니다.

　보세요, 그 모든 '**나 아닌 것**'을 배제하는 사람도 그 '나'는 배제할 수 없습니다. "나는 이것이 아니다"라거나 "나는 그것이다"라고 말하려면, '나'가 있어야 합니다. 이 '나'는 에고, 곧 '나'라는 생각일 뿐입니다. 이 '나'라는 생각이 일어난 뒤에 다른 모든 생각이 일어납니다. 따라서 '나'라는 생각이 뿌리생각입니다. 이 뿌리를 뽑아버리면 다른 모든 것이 동시에 뿌리 뽑힙니다. 따라서 그 뿌리인 '나'를 추구하고, 그대 자신에게 "나는 누구인가?" 하고 물으십시오. 그 '나'의 근원을 알아내십시오. 그러면 이 모든 것이 사라지고 순수한 **진아**가 항상 머무르게 될 것입니다.

**헌:** 그것을 어떻게 합니까?

**마:** 그 '나'는 늘 있습니다―깊은 잠 속에도, 꿈속에도, 생시에도 말입니다. 잠자던 그 사람은 지금 말을 하는 사람과 같은 사람입니다. 늘 '나'라는 느낌

이 있습니다. 그렇지 않으면 그대는 자신의 존재를 부인합니까? 그러지 않지요. 그대는 "내가 있다"고 말합니다. 누가 있는지 알아내십시오.

헌: 그렇다고 해도 저는 이해가 되지 않습니다. 당신께서는 '나'가 지금 그릇된 '나'라고 하셨습니다. 이 그릇된 '나'를 어떻게 제거합니까?

마: 그릇된 '나'를 제거할 필요는 없습니다. '나'가 어떻게 그 자신을 제거할 수 있습니까? 그대가 해야 할 일은 그것의 근원을 발견하여 거기에 머무르는 것뿐입니다. 그대의 노력은 거기까지만 미칠 수 있습니다. 그 다음은 그 너머가 알아서 할 것입니다. 거기서는 그대가 아무것도 할 수 없습니다. 어떤 노력도 거기에 도달하지 못합니다.

헌: '나'가 늘―지금 여기에 있다면, 왜 제가 그렇게 느끼지 못합니까?

마: 바로 그거지요. 그것이 느껴지지 않는다고 누가 말합니까? 진정한 '나'가 그렇게 말합니까, 거짓된 '나'가 그렇게 말합니까? 조사해 보십시오. 그것이 그릇된 '나'라는 것을 알 것입니다. 그 그릇된 '나'가 장애입니다. 참 '나'가 숨겨져 있지 않게 하기 위해서는 그것을 제거해야 합니다. '나는 깨닫지 못했다'는 느낌이 깨달음에 장애입니다. 사실 그것은 이미 깨달아져 있고, 더 이상 깨달아야 할 것이 없습니다. 그렇지 않다면 그 깨달음은 새로운 것이 되겠지요. 즉, 그것은 이제까지 존재하지 않았고 앞으로 일어나야 합니다. 태어나는 것은 또한 죽을 것입니다. 만약 깨달음이 영원하지 않다면 그것은 가질 만한 가치가 없습니다. 따라서 우리가 추구하는 것은 새로 일어나야 하는 일이 아닙니다. 그것은 영원하지만 장애들로 인해 지금 우리가 모르는 것일 뿐입니다. 그것이 우리가 추구하는 것입니다. 우리가 해야 할 일은 그 장애를 제거하는 것뿐입니다. 영원한 것을 영원하다고 알지 못하는 것은 무지 때문입니다. 무지가 장애입니다. 이 무지를 극복하십시오. 그러면 모든 일이 잘 될 것입니다.

　이 무지는 '나'라는 생각과 동일합니다. 그것의 근원을 발견하십시오. 그러면 그것은 사라질 것입니다.

　'나'라는 생각은 유령과 같아서, 만져볼 수는 없지만 몸과 동시에 일어나고, 몸과 함께 번성하다가 사라집니다. 몸-의식이 그릇된 '나'입니다. 이 몸-의식을 포기하십시오. '나'의 근원을 추구하면 그렇게 됩니다. 몸은 "내가 있다"고 말하지 않습니다. "나는 몸이다!"라고 말하는 것은 그대입니다. 이 '나'가 누구인지를 발견하십시오. 그 근원을 찾아보면 그것은 사라질 것입니다.

헌: 그러면 지복이 있게 됩니까?

마: **지복**은 존재-의식과 동시에 존재합니다. 저 **지복**의 영원한 존재에 관한 모든 논변들은 **지복**에도 해당됩니다. 그대의 성품은 **지복**입니다. 무지가 지금 그 **지복**을 숨기고 있습니다. 무지를 제거하여 **지복**이 (거기서) 벗어나게 하십시오.

헌: 우리는 세계와 개인과 신의 궁극적 실재성을 알아내야 하지 않습니까?

마: 그런 것들은 모두 그 '나'의 개념입니다. 그것들은 '나'라는 생각이 출현한 뒤에야 일어납니다. 깊은 잠 속에서 그대가 그런 것을 생각했습니까? 그대는 잠 속에서도 존재했고, 같은 '그대'가 지금 말을 하고 있습니다. 만일 그런 것들이 실재한다면 그대의 잠 속에서도 그것들이 있어야 하지 않습니까? 그것들은 '나'라는 생각에 의존해 있을 뿐입니다. 또 세계가 그대에게 "나는 세계다"라고 말합니까? 몸이 "나는 몸이다"라고 말합니까? 그대가 "이것은 세계다," "이것은 몸이다"라는 등으로 말합니다. 그러니 그런 것들은 그대의 개념일 뿐입니다. 그대가 누구인지를 알아내십시오. 그러면 그대의 모든 의문이 끝날 것입니다.

헌: 깨달은 뒤에 몸은 어떻게 됩니까? 그것은 존재합니까, 존재하지 않습니까? 우리는 깨달은 존재들이 남들처럼 행위하는 것을 봅니다.

마: 이 질문은 지금 일어날 필요가 없습니다. 만일 필요하다면 깨달은 뒤에 물어도 됩니다. 깨달은 존재들에 관해서는, 그들 자신이 알아서 하게 하십시오. 왜 그들에 대해 걱정합니까?

사실 깨달은 뒤에는 몸과 그 밖의 모든 것이 **진아**와 다르게 보이지 않을 것입니다.

헌: 신은 늘 존재-의식-지복인데, 왜 우리를 어려움 속에 놓아둡니까? 그는 왜 우리를 창조했습니까?

마: 신이 와서 자기가 그대를 어려움 속에 놓아두었다고 말합니까? 그렇게 말하는 것은 그대입니다. 그 역시 그릇된 '나'입니다. 그것이 사라지면, 신이 이것이나 저것을 창조했다고 말할 사람이 아무도 없을 것입니다.

있는 것(실재)은 "내가 있다"는 말조차 하지 않습니다. 그도 그럴 것이, "내가 있지 않다"는 어떤 의문이 일어나겠습니까? 그런 의문이 일어날 경우에는 "나는 사람이다"라는 것을 스스로 상기해야겠지만, 우리는 그러지 않습니다.

반면에 자기가 소나 물소인가 하는 의문이 일어난다면 자신이 소 따위가 아니고 "나는 사람이다"라는 것을 스스로 상기해야겠지만, 그런 일은 결코 일어나지 않을 것입니다. 우리 자신의 존재와 깨달음도 그와 마찬가지입니다.

### 1936년 6월 10일

### 대담 198

몇 명의 여성이, 인간이 하등한 동물로 환생하기도 하는지 여쭈었다.

마: 예, 가능하지요. 경전의 일화에서 사슴으로 환생했다는 왕선인王仙人 자다 바라따(Jada Bharata)의 경우에서 보듯이 말입니다.110)

헌: 동물의 몸으로도 개인이 영적인 진보를 할 수 있습니까?

마: 그럴 수도 있겠지요. 그런 일은 극히 드물지만.

헌: 스승의 은총이란 무엇입니까? 그것은 어떻게 작용합니까?

마: 스승은 곧 진아입니다.

헌: 은총은 어떻게 깨달음으로 이어집니까?

마: "이스와라, 스승, 진아는 같다…(Isvaro gururatmeti…)"고 합니다. 사람은 불만족으로 시작합니다. 세상에 만족하지 못한 그는 신에게 기도하여 욕망을 충족하려고 합니다. 그의 마음이 정화되고, 그는 육체적 욕망을 충족하기보다 신을 알고자 열망하게 됩니다. 그럴 때 신의 은총이 나타나기 시작합니다. 신은 스승의 형상을 취해 그 헌신자에게 나타나서 진리를 가르치고, 그 가르침과 접촉으로 그의 마음을 정화해 줍니다. 그 마음은 힘을 얻어 내면으로 향할 수 있게 되고, 명상을 통해 더욱 더 정화되어 결국 잔물결 하나 없이 고요해집니다. 그 고요함이 진아입니다. 스승은 밖에도 있고 안에도 있습니다. 밖에서는 마음이 내면으로 향하도록 밀어 넣고, 안에서는 마음을 진아 쪽으로 끌어당겨 그 마음이 고요함을 성취하도록 돕습니다. 그것이 은총입니다.

그래서 신·스승·진아 간에는 아무 차이가 없습니다.

### 대담 199

이 여성들은 나중에, 자신들이 '이미 깨달아져 있는 것', 즉 영원한 진아를 깨닫

---

110) T. '왕선인(royal sage)'이란 왕이나 왕이었던 사람이 숲에 들어가 수행하는 선인이 된 경우이다. 자다 바라따는 그가 사랑하던 사슴에게 연민을 일으켰다가 나중에 사슴으로 환생했다고 한다.

지 못하고 있는 것과 관련하여 몇 가지 질문을 했다: 깨달음의 표지는 **지복**일 텐데, 그것이 없습니다.

마하르쉬님이 말씀하셨다: 단 하나의 의식만 있습니다. 그러나 우리는 몸-의식, **진아의식** 같은 몇 가지 의식을 이야기합니다. 같은 '절대적 의식'의 상대적인 상태들이 있을 뿐입니다. 의식 없이는 시간과 공간이 존재하지 않습니다. 그것들은 의식 안에서 나타납니다. 그것은 마치 영화에서 이런 것들이 그 위에 화면으로 투사되어 움직이는 스크린과 같습니다. 그 **절대적 의식**이 우리의 진정한 성품입니다.

헌: 이 대상들은 어디서 일어납니까?

마: 바로 그대가 일어나는 곳에서입니다. 먼저 주체를 알고, 그런 다음 대상에 대해 물으십시오.

헌: 그것은 질문의 한 측면일 뿐입니다.

마: 주체는 대상도 이해합니다. 그 한 측면은 일체를 포함하는 측면입니다. 먼저 그대 자신을 보고, 그런 다음 대상들을 보십시오. 그대 안에 없는 것은 밖에서 나타날 수 없습니다.

헌: 저는 만족스럽지 않습니다.

마: 그대가 근원에 도달할 때만 만족이 있을 수 있습니다. 그렇지 않으면 들뜸이 존재합니다.

헌: **지고의 존재**에게는 속성들이 있습니까, 없습니까?

마: 먼저 그대에게 속성들이 있는지 없는지를 아십시오.

헌: 삼매란 무엇입니까?

마: 그대 자신의 참된 성품입니다.

헌: 그렇다면 그것을 성취하는 데 노력이 왜 필요합니까?

마: 그 노력이 누구의 것입니까?

헌: 마하르쉬께서는 제가 무지하다는 것을 아십니다.

마: 그대는 자신이 무지하다는 것을 압니까? 무지를 아는 것은 무지가 아닙니다.

모든 경전은 두 의식이 있는지를 탐구할 목적으로 있을 뿐입니다. 단 하나의 의식만 존재한다는 것은 모든 사람의 경험이 증명합니다. 그 하나가 자신을 둘로 나눌 수 있습니까? **자기** 안에서 어떤 나눔이 느껴집니까? 잠에서 깨어나면 우리는 잠의 상태에서는 물론이고 생시 상태에서도 자신이 동일하다는 것을 발견합니다. 그것은 각자가 경험하는 것입니다. 차이는 추구에, 소견에 있습니다. 그대 자신을 그 경험과 별개의 '보는 자'라고 상상하기 때문에 그런 차이가 생겨납니다. 그대의 존재가 내내 동일하다는 것은 경험이 보여줍니다.

**헌:** 무지는 어디서 왔습니까?

**마:** 무지 같은 것은 없습니다. 그것은 결코 일어나지 않습니다. 누구나 지知 그 자체입니다. 다만 지知가 쉽게 빛나지 않습니다. 무지를 몰아내는 것이 지혜인데 그것은 늘 존재합니다. 예를 들면, 잃어버렸다고 생각했는데 실은 목에 걸려 있는 목걸이나, 자기를 빼고 남들만 센 열 명의 바보처럼 말입니다. 지知나 무지가 누구에게 있습니까?

**헌:** 우리는 외부에서 내부로 나아갈 수 없습니까?

**마:** 그와 같은 어떤 차이가 있습니까? 그대는 잠 속에서 외부와 내부의 그런 차이를 느낍니까? 그 차이는 몸과 관련해서만 있고, 몸-의식['나'라는 생각]과 함께 일어납니다. 이른바 생시 상태 자체가 하나의 환幻입니다.

그대의 시선을 내면으로 돌리십시오. 그러면 전 세계가 **지고의 영**靈(Supreme Spirit)으로 가득 차게 될 것입니다. 세계는 환幻이라고 합니다. 환도 실제로는 **진리입니다**. 물질과학들조차도 우주의 기원을 어떤 하나의 원초적 물질―미세한, 극히 미세한 어떤 물질까지 소급시킵니다.

세계가 실재한다고 말하는 사람들에게나 그 반대론자들에게나 신은 동일합니다. 그들의 소견이 서로 다른 것입니다. 그런 논쟁에 말려들 필요가 없습니다. 모두에게 목표는 똑같은 하나입니다. 그것을 유념하십시오.

### 1936년 6월 14일

**대담 200**

코헨 씨는 폴 브런튼의 『비밀 인도에서의 탐색』 마지막 장에 나오는 '작열하는 빛(blazing light)'[111]이라는 용어에 대한 설명을 듣고 싶어 했다.

**마:** 그 체험은 마음을 통해서만 일어나기 때문에 처음에는 그것이 하나의 불길처럼 보입니다. 마음의 습이 아직 소멸되지 않은 것입니다. 그래도 이 체험 속에서 마음은 무한한 능력을 가지고 작용합니다.

---

111) *T.* "나는 작열하는 빛의 바다 한가운데 있다." ―《*A Search in Secret India*》, p.310.

무상삼매無相三昧, 즉 차별상 없는 삼매에 대해서 보자면, 그것은 지知나 무지를 비출 수 있는 순수한 의식으로 이루어져 있습니다. 그것은 또한 빛이나 어둠을 넘어서 있습니다. 그것이 어둠이 아니라는 것은 확실하지만, 그렇다고 그것이 빛이 아니라고 말할 수 있습니까? 지금은 대상들이 빛 속에서만 보입니다. 우리의 진아를 깨닫는 데 어떤 빛이 필요하다고 말하면 잘못일까요? 여기서 빛이란 진아로서만 드러나는 의식을 뜻하겠지요.

요기들은 요가 수행으로 진아 깨달음의 전단계인 색과 빛의 환시幻視를 본다고 합니다.

예전에 한때 여신 빠르바띠가 지고자를 깨닫기 위해 고행을 했지요. 그녀는 몇 종류의 빛을 보았습니다. 그것들은 진아에서 방사되었고, 진아는 이전에 늘 그랬던 것과 같은 상태로 있었기 때문에, 그녀는 그것을 물리쳤습니다. 그것은 지고한 것이 아니라고 판단한 것입니다. 그녀는 고행을 계속하여 무한한 빛을 체험했지만, 이 또한 하나의 현상일 뿐 지고의 실재가 아니라고 판단했습니다. 그래도 그녀는 고행을 계속하여 마침내 초월적인 평안을 얻었습니다. 그녀는 그것이 지고자이며, 진아가 유일한 실재임을 깨달았습니다.

『따이띠리야 우파니샤드』에서는 "고행을 통해 브라만을 찾으라" 하고, 나중에는 "고행이 브라만이다"라고 합니다.112) 다른 우파니샤드에서는 "그것 자체가 고행이며, 이 고행은 지혜로만 이루어진다." "거기서는 해도, 달도, 별도, 불도 빛나지 않는다. 이 모든 것은 그것의 빛에 의해 빛난다"고 합니다.113)

### 대담 201

그 파르시 여성들이, 진아는 항상 존재하고 더없이 친밀한데도 왜 우리가 그것을 깨닫지 못하는지 비유로 설명해 달라고 청했다.

마하르쉬님은 이런 이야기들을 드셨다.

(1) 자기 목에 걸려 있는 줄 모른 목걸이(*svakanthabharanam katha*) 이야기.
(2) 각자 자신은 빼고 아홉 명밖에 세지 못한 열 명의 바보(*Dasama*) 이야기.
(3) 염소 무리에서 자라난 사자 새끼 이야기(자신이 사자인 줄 모른 경우).

---

112) T. 『따이띠리야 우파니샤드』, 3.2.1-3.5.1.
113) T. 앞 인용문은 『문다까 우파니샤드』, 2.1.10("그 자신이 이 모든 것이고, …고행이며…")과 1.1.9("…그의 고행이 지혜로 구성되는 자…")에서 따왔고, 뒤 인용문은 2.2.11에 나온다.

(4) 자신의 친부모를 몰랐던 까르나(Karna)의 이야기.114)

(5) 하층민 가정에서 길러진 왕자의 이야기.

그들은 또 스리 오로빈도의 요가와, 자신이 베다의 리쉬들이 한 체험들 너머까지 탐색했다는 그의 주장, 그리고 (오로빈도 아쉬람의) '마더'가 자기 제자들은 우파니샤드에 나오는 리쉬들의 깨달음을 가지고 수행을 시작할 만한 근기라고 한 견해에 대하여 마하르쉬님의 견해를 여쭈었다.

**마**: 오로빈도는 완전한 순복을 조언합니다. 먼저 그것을 하고 결과를 기다려 본 다음, 만약 필요하다면 지금이 아니라 나중에 더 논의해 봅시다. 한계들이 벗겨지지 않은 사람들의 초월적 체험들을 논의해 봐야 아무 소용없습니다. 순복(내맡김)이 무엇인지를 배우십시오. 그것은 에고의 근원에 합일되는 것입니다. 에고가 **진아**에 내맡겨집니다. 일체가 우리에게 사랑스러운 것은 (우리의) **진아**에 대한 사랑 때문입니다.115) **진아**로 말하면, 우리가 에고를 그것에 내맡겨서 그 **지고의 힘**, 즉 **진아**가 자기 좋을 대로 하게 하는 것입니다. 에고는 이미 **진아**의 것입니다. 우리는 지금 이대로도 에고에 대해 아무 권리가 없습니다. 그러나 우리는 그런 권리가 있다고 생각하면서, 그것을 순복시켜야 합니다.

**헌**: (오로빈도가) 신적인 의식을 위에서 끌어내린다는 것은 어떻습니까?

**마**: 마치 그것이 이미 **심장** 안에 있지 않기라도 한 것처럼 말입니까? "아르주나여, 나는 **심장**의 광대한 공간 안에 있다"116)고 **스리 크리슈나**는 말합니다. 우파니샤드의 한 진언은 "태양 안에 있는 자가 이 사람 안에도 있다"고 합니다.117) 성경에서는 "하느님의 나라는 내면에 있다"118)고 합니다. 이처럼 모두 신이 내면에 있다는 데 동의합니다. 무엇이 끌어내려집니까? 어디에서 말입니까? 누가 무엇을, 왜 가져옵니까?

깨달음은 영원하고 내재적인 **실재**에 대한 인식을 가로막는 장애물들을 제거하는 것일 뿐입니다. **실재**는 있습니다. 여기서 저기로 그것을 가져갈 필요가 없습니다.

---

114) *T.* 『마하바라타』에서 아르주나의 어머니 꾼띠(Kunti)는 결혼 전에 태양신과의 사이에서 낳은 아들 까르나를 바구니에 담아 강물에 떠내려 보냈는데, 한 마차꾼 부부가 그를 건져내어 키웠다.
115) *T.* 『브리하다라니야까 우파니샤드(*Brihadaranyaka Upanishad*)』, 2.4.5 및 4.5.6.
116) *T.* 『기타』, 10.20의 표현을 약간 달리한 것이다. (133쪽의 주 64)와 725쪽 참조.)
117) *T.* 47쪽의 주 14) 참조.
118) *T.* 성경, 「누가복음」, 17.21.

헌: 진아 깨달음에서 시작하여 더 발전해 나간다는 오로빈도의 주장은 어떻습니까?

마: 먼저 깨닫고 나서 봅시다.

그런 다음 마하르쉬님은 비슷한 이론들에 대해 말씀하시기 시작했다: 한정비이원론자들(*Visishtadvaitins*)은 먼저 **진아를 깨닫고 나면** 그 깨달은 개인적 영혼이 우주적 영혼에 맡겨진다고 말합니다. 그럴 때만 깨달음이 완전하다는 것입니다. 부분이 전체에게 넘겨집니다. 그것이 해탈이고 결합(*sayujya*)이며, 단순한 **진아 깨달음**은 순수한 진아를 고립시키는 데 그친다고 한정비이원론자들은 말합니다.

싯다들(요기들)은 자기 몸을 시신으로 남기는 사람은 해탈을 성취할 수 없다고 말합니다. 그런 사람들은 다시 태어난다는 것입니다. 몸이 허공으로, 빛으로 해체되거나, 시야에서 사라지는 사람들만 해탈을 성취한다고 합니다. 샹까라 학파의 비이원론자들은 **진아 깨달음**에 못 미치며 그것은 끝이 아니라고, 싯다들은 말합니다.

자신이 애용하는 이론이 최고라고 찬양하는 사람들도 있습니다. 예컨대 꿈바꼬남의 고故 벤까스와미 라오, 쭈답빠(Cuddappah-안드라프라데시 주의 도시 Kadapa)의 브라마난다 요기 같은 이들입니다.

사실은, 실재가 있습니다. 그것은 어떤 논의에도 영향을 받지 않습니다. 실재로서 안주하고, 그것의 성품 등에 대한 무익한 논의들을 하지 맙시다.

### 1936년 6월 15일

**대담 202**

슬픈 표정의 한 펀자브인 신사가 마하르쉬님께 말하기를, 자신은 까마꼬띠삐땀(Kamakotipeetam)의 스리 샹까라짜리야가 당신을 찾아가 보라고 해서 뿌리(Puri), 자간나트(Jagannath) 근처의 잘레스와르에서 왔다고 했다.[119] 그는 세계여행가이다. 그는 하타 요가와 "나는 브라만이다"의 노선에 따른 명상을 좀 해 왔는데, 몇 분 안에 어떤 공백 상태가 지배하면서 뇌에 열이 나고 죽음이 두려워진다고 한다. 그는 마하르쉬님으로부터 지도 받기를 원한다.

---

[119] T. 까마꼬띠삐땀은 타밀나두 주 Kanchi에 있는 샹까라짜리야 사원이다. 뿌리는 오디샤 주의 도시로, 힌두 순례지인 자간나트 사원이 있다. 잘레스와르는 북동쪽으로 300여 km 떨어져 있다.

마: 그 공백 상태를 누가 봅니까?

헌: 제가 본다는 것을 압니다.

마: 그 공백 상태를 바라보는 의식이 진아입니다.

헌: 그 말씀으로는 제가 만족하지 못합니다. 저는 그것을 깨닫지 못합니다.

마: 죽음의 공포는 '나'라는 생각이 일어난 뒤에야 있습니다. 누구의 죽음을 두려워합니까? 누구에게 그 두려움이 있습니까? 자기와 몸의 동일시가 있습니다. 그것이 있는 한 두려움이 있겠지요.

헌: 그러나 저는 제 몸을 자각하지 못합니다.

마: 자신은 자각하지 못한다고 누가 말합니까?

헌: 잘 모르겠습니다.

    이때 그에게 그가 하는 명상법이 정확히 어떤 것이냐고 묻자, 그가 말했다: "아함 브라마스미(Aham Brahmasmi)"["나는 브라만이다"]입니다.

마: "나는 브라만이다"는 하나의 생각일 뿐입니다. 누가 그 말을 합니까? 브라만 자체는 그렇게 말하지 않습니다. 그 말을 할 필요가 뭐가 있습니까? 진정한 '나'도 그렇게 말할 수 없습니다. 왜냐하면 '나'는 늘 브라만으로 안주하기 때문입니다. 그 말을 하고 있다는 것은 하나의 생각일 뿐입니다. 그것은 누구의 생각입니까? 모든 생각은 실재하지 않는 '나', 즉 '나'라는 생각에서 나옵니다. 생각함이 없이 머무르십시오. 생각이 있는 한 두려움이 있을 것입니다.

헌: 그것을 계속 생각하다 보면 망각이 있고, 두뇌가 뜨거워지며, 저는 두려워집니다.

마: 그렇습니다. 마음이 두뇌에 집중되어 있기 때문에 거기서 열감을 느끼는 것입니다. 그것은 '나'라는 생각 때문입니다. 생각이 있는 한 망각도 있게 마련입니다. "나는 브라만이다" 하는 생각이 있고, 망각이 뒤를 따릅니다. 그럴 때 '나'라는 생각이 일어나고 동시에 죽음의 공포도 일어납니다. 망각과 생각은 '나'라는 생각에게만 있습니다. 그것('나'라는 생각)을 붙으십시오. 그러면 그것은 허깨비처럼 사라질 것입니다. 남는 것은 진정한 '나'입니다. 그것이 진아입니다. "나는 브라만이다"는 집중의 한 보조수단입니다. 그것이 다른 생각들을 막아줍니다. 그 한 생각만 지속됩니다. 그 생각이 누구의 것인지 살펴보십시오. 그것이 '나'에게서 나온다는 것을 알 것입니다. '나'라는 생각은 어디서 옵니까? 그것을 탐색해 들어가십시오. '나'라는 생각이 사라질 것입니다. 지고의

진아가 저절로 빛을 발할 것입니다. 더 이상의 노력은 필요 없습니다.

하나의 진정한 '나'가 홀로 남을 때, 그것은 "나는 브라만이다"라고 말하지 않을 것입니다. 사람이 "나는 사람이다"라고 계속 말합니까? 누가 시비하지 않는다면, 왜 자신이 사람이라고 선언해야 합니까? 누가 그 자신을 짐승으로 착각하기에 "아니야, 나는 짐승이 아니고 사람이야"라고 말해야 합니까? 마찬가지로 브라만, 곧 '나'는 홀로 있으므로 그것을 시비할 자가 아무도 없고, 따라서 "나는 브라만이다"라고 되뇔 필요가 없습니다.

### 1936년 6월 17일

**대담 203**

델리의 우편전신국 재무부장 바르마 씨는 폴 브런튼의 『비밀 인도에서의 탐색』과 『비밀의 길』을 읽은 사람이었다. 그는 11~12년간 함께 행복한 삶을 살았던 아내를 잃었다. 슬픔에 잠긴 그는 위안을 찾는다. 책을 읽는 데서 위안을 찾지 못하기에 책들을 찢어버리고 싶어 한다. 그는 질문을 할 생각이 없다. 그저 여기 앉아서 마하르쉬님의 친존에서 자신이 얻을 수 있는 위안을 얻고자 한다.

마하르쉬님은 마치 생각들이 연이어 지나가는 것처럼, 이따금씩 다음과 같은 취지의 말씀들을 하셨다.

"아내는 몸의 절반"[120]이라고 합니다. 그래서 아내의 죽음은 매우 고통스럽습니다. 그러나 이 고통은 우리의 소견이 신체적인 데 기인합니다. 만일 그 소견이 진아의 소견이면 그 고통이 사라집니다. 『브리하다라니야까 우파니샤드(Brihadaranyaka Upanishad)』에서는 "아내가 사랑스러운 것은 진아에 대한 사랑 때문"이라고 합니다.[121] 아내와 남들을 자기와 동일시한다면, 고통이 어떻게 일어나겠습니까? 그렇기는 하나 그런 불행한 일들은 철학자들의 마음마저 흔들어 놓습니다.

깊은 잠 속에서 우리는 행복합니다. 그때는 우리가 순수한 진아로 남아 있습니다. 바로 지금도 우리는 그것입니다. 그런 잠 속에서는 아내도 없었고 남들도 없었고 '나'조차도 없었습니다. 지금은 그들이 나타나서 쾌락이나 고통을 야기합니다. 깊은 잠 속에서 지복스러웠던 진아가, 왜 바로 지금도 그 지복스

---

120) T. 『브리하다라니야까 우파니샤드』, 1.4.3. 참조.
121) T. 『브리하다라니야까 우파니샤드』, 2.4.5. 및 4.5.6.

러운 성품을 지속하지 않겠습니까? 그런 지속을 막는 유일한 장애물은 **자기와 몸의 그릇된 동일시**입니다.

『바가바드 기타』에서 말하기를 "비실재는 존재성이 없고, 실재는 존재하기를 결코 그치지 않는다. 이 양자에 관한 진리를, 사물들의 핵심을 통찰하는 현자들은 지각하고 있다."[122]고 했습니다. 또 "그는 태어나지도 않고 죽지도 않는다. 늘 존재해 왔기에 사라지지도 않는다. 불생이고 항구적이고 영원하며 태곳적인 그는, 몸이 살해될 때도 살해되지 않는다"[123]고 했습니다. 따라서 탄생도 없고 죽음도 없습니다. 생시가 탄생이고 잠이 죽음입니다.

그대가 사무실에 출근했을 때나 깊은 잠이 들었을 때, 아내가 그대와 함께 있었습니까? 그대와 떨어져 있었습니다. 그래도 아내가 어딘가에 있다고 생각했기 때문에 그대는 만족했습니다. 반면에 지금은 그녀가 없다고 생각합니다. 차이는 생각이 서로 다르다는 데 있습니다. 그것이 고통의 원인입니다. 그 고통은 아내가 없다는 생각 때문입니다. 이 모든 것은 마음의 장난입니다. 그 친구[즉, 마음]는 즐거움이 있을 때도 스스로에게 고통을 창조합니다. 그러나 쾌락과 고통은 마음의 창조물입니다.

또, 왜 죽은 사람들을 애도합니까? 그들은 속박에서 벗어났습니다. 애도는 마음이 자신을 죽은 사람들에게 붙들어 매기 위해 만들어낸 사슬입니다.

"누가 죽으면 어쩔 것인가? 누가 망하면 어쩔 것인가? 너 자신이 죽고, 너 자신이 망하라."[124] 그런 의미에서 우리가 죽고 나면 아무 고통이 없습니다. 이런 종류의 죽음은 무엇을 의미합니까? 몸은 살아 있다 해도 에고가 절멸되는 것입니다. 에고가 지속되면 그 사람은 죽음을 두려워합니다. 그 사람은 남의 죽음을 애도합니다. 만일 그가 (에고의 꿈에서 깨어남으로써, 즉 에고 의식을 죽임으로써) 그들보다 먼저 죽는다면 그럴 필요가 없지요. 깊은 잠의 경험은, 몸이 없는 데에 행복이 있다는 것을 분명히 가르쳐 줍니다. 현자들도 몸을 포기한 뒤의 해탈에 대해 이야기하면서 그 점을 확인해 줍니다. 그래서 진인은 몸을 벗어 버릴 때를 기다리는 것입니다. 품삯을 벌려고 머리 위에 짐을 이고 가는 인부는 그 짐을 인 것이 전혀 즐겁지 않다가, 목적지까지 이고 가

---

122) T. 『기타』, 2.16.
123) T. 『기타』, 2.20.
124) T. 출처 미상. '남의 죽음 등으로 고통받느니, 차라리 너의 에고를 죽게 하라'는 뜻이다.

서 마침내 짐을 벗으면 안도하고 기뻐합니다. 마찬가지로 진인은 이 몸을 감당하면서 그것을 버리기로 정해진 적당한 때를 기다립니다. 지금 그대가 그 짐의 절반, 즉 아내를 벗게 된다면, 그에 대해 고마워하고 즐거워해야 하지 않습니까?

그런데도 그렇게 하지 못하는 것은 그대의 신체적 소견 때문입니다.

사리를 알 만한, 그리고 사후해탈死後解脫(몸을 벗은 뒤의 해탈) 등에 대한 가르침을 알고 있는 사람들조차도 몸과 함께하는 해탈(有身解脫)을 칭송하면서, 그것을 '몸을 영원히 살아 있게 하는 어떤 신비한 힘'이라고 부릅니다!

신체적 소견을 포기하면, 그리고 그 사람이 진아로서 존재하게 되면, 아무 고통이 없을 것입니다. 애도는 참된 사랑의 지표가 아닙니다. 그것은 대상에 대한 사랑, 대상의 형상에 대한 사랑만을 드러낼 뿐입니다. 그것은 사랑이 아닙니다. 참된 사랑은 그 사랑의 대상이 진아 안에 있다는, 그리고 그것은 결코 없어질 수 없다는 확신에서 드러납니다. (마하르쉬님은 『요가 바쉬슈타』에 나오는 아할리야와 인드라의 이야기[125]를 인용하셨다.)

그렇기는 하나, 그런 경우의 고통은 현자들과의 친교에 의해서만 완화될 수 있다는 것도 사실입니다.

### 1936년 6월 18일

## 대담 204

자기비춤(Self-Illumination)에 대한 마하르쉬님의 말씀: '나'라는 개념은 에고입니다. '나'-비춤이 **진정한 자아의 깨달음**입니다. 그것은 지성껍질 안에서 항상 '나-나'로서 빛을 발하고 있습니다. 그것은 순수한 지知입니다. 상대적인 지知는 하나의 개념일 뿐입니다. '지복껍질'의 지복도 하나의 개념일 뿐입니다. 그것이 아무리 미세하다 해도, 그런 지복의 체험이 없다면 사람이 "나는 행복하게 잤다"고 말할 수 없습니다. 그는 지성에 근거하여 자신의 지복껍질에 대해 이야기합니다. 그 사람에게 잠의 지복은 하나의 개념에 불과하며, 지성과 동일합니다. 그러나 체험이라는 개념이 잠 속에서는 극히 미세합니다. 그것에 대한 동시적인 지知[즉, 상대적인 지知]가 없이는 체험이 불가능합니다.

---

125) *T.* 아할리야는 왕비였는데, 인드라라는 청년을 만나 사랑에 빠졌다. 분노한 왕은 두 사람에게 갖은 고초를 가했으나, 서로에게 오롯이 몰입한 그들의 사랑은 흔들림이 없었다.

진아의 내재적 성품은 **지복**입니다. 지고의 **지복**을 깨달았을 때조차 모종의 지知가 있음을 인정해야 합니다. 그것은 가장 미세한 것보다도 더 미세하다고 말할 수 있겠지요.

**명지**明知(*vijnana*)[명료한 지知]란 단어는 **진아의 깨달음**이라는 뜻과 대상들을 안다는 뜻의 두 가지 의미로 쓰입니다.126) **진아**는 지혜인데, 그것은 두 가지 방식으로 작용합니다. 에고와 연관되었을 때는 그 지知가 대상적입니다[명지]. 에고를 탈피하여 **보편적 자아**를 깨달았을 때도 그것을 명지(*vijnana*)라고 합니다. 이 단어는 하나의 심적 개념을 불러일으킵니다. 그래서 우리는, **진아를 깨달은 현자**는 그의 마음으로 (사물을) 알지만 그의 마음은 순수하다고 말합니다. 또 우리는, 동요하는 마음은 순수하지 않고 평온한 마음은 순수하다고 말합니다. 순수한 마음은 그 자체가 **브라만**입니다. 따라서 **브라만**은 진인의 마음에 다름 아니라는 결론이 나옵니다.

『문다까 우파니샤드』에서는 이렇게 말합니다. "**브라만**을 아는 자는 **브라만의 진아**가 된다."127) 우습지 않습니까? 그를 알고 그가 된다? 그것은 그냥 말일 뿐입니다. 진인은 **브라만**이다—그것뿐입니다. 진인이 자신의 체험을 전달하려면 마음의 작용이 필요합니다. 그는 끊어짐 없는 무변제無邊際(광대무변한 실재)를 내관하고 있다고 합니다. 창조주(브라마), 수까(Suka) 여타의 진인들은 그런 내관에서 결코 벗어나지 않는다고도 합니다.

> 깨달은 자는 한 순간도 **브라만**에 대한 내관에서 벗어나지 않으니,
> 브라마, 사나까, 수까 등도 그와 같이 벗어나지 않았다.
> *nimisardham na tisthanti vritti bhrahmayom vina*
> *yatha tisthanti brahmadyah sanakadyah sukadayam.*
> —『떼조 빈두 우파니샤드(Tejo Bindu Upanishad)』, 1.47.

그 '내관' 역시 하나의 말일 뿐입니다. 그것이 (내관자와 내관되는 것으로) 나누어지지 않는다면 그것을 어떻게 내관할 수 있겠습니까? 나누어지지 않았는데 내관이 어떻게 가능합니까? **무한성**이 어떤 작용을 할 수 있습니까? 강이 바다에 들어가고 나면 우리는 그 강이 '바다 같은 강'이 되었다고 말합니까?

---

126) T. 또한 **대담 389**(432쪽)를 보라.
127) T. 『문다까 우파니샤드』, 3.2.9.

그런데 왜 우리는 끊어짐이 없는 내관을 끊어짐이 없는 **무한성**에 대한 내관이라고 이야기합니까? 그런 진술은 그 말을 한 취지에 비추어 이해해야 합니다. 그것은 **무한자** 속에 합일되었음을 의미합니다.

 **자기비춤**이나 **진아 깨달음**도 그와 비슷합니다. 진아는 항상 빛나고 있습니다. 그렇다면 이 '나-비춤'이 무엇을 의미합니까? 그 표현은 마음 작용에 대한 어떤 암묵적 인정입니다.

 **신들과 진인들**은 **무한자**를 지속적으로 그리고 영원히 체험하며, 그들의 시각은 한 순간도 흐려지지 않습니다. 그들에게도 마음이 작용한다고 관찰자들은 추측하지만, 사실은 그렇지 않습니다. 그런 추측은 추론을 하는 사람들이 가진 개인성의 느낌에서 비롯됩니다. 개인성이 없으면 어떤 마음 작용도 없습니다. 개인성과 마음 작용은 동시에 존재합니다. 하나가 없으면 다른 하나도 있을 수 없습니다.

 진아의 빛은 지성껍질 안에서만 우리가 체험할 수 있습니다. 따라서 (대상이나 **진아**에 대한) 어떤 종류의 명지明知도 진아가 순수한 지知라는 데 의존합니다.

## 대담 205

코헨 씨는 심장의 본질에 대해서, 즉 '영적인 심장'도 박동하는지, 만약 그렇다면 어떻게 박동하며, 박동하지 않는다면 그것을 어떻게 느낄 수 있는지를 숙고해 왔다고 한다.

**마:** 이 심장은 신체적 심장과 다르며, 박동은 후자의 기능입니다. 전자는 영적인 체험의 자리입니다. 그것이 그에 대해 할 수 있는 말의 전부입니다.

 마치 발전기가 전등·선풍기 등 전체 시스템에 원동력을 공급하듯이, 본래의 **원초적 힘**(Primal Force)이 심장 박동, 호흡 등에 에너지를 공급합니다.

**헌:** '나-나' 의식은 어떻게 느껴집니까?

**마:** '나'에 대한 끊임없는 자각으로서입니다. 그것은 그냥 의식입니다.

**헌:** 그것이 떠오를 때는 우리가 그것을 알 수 있습니까?

**마:** 예, 의식으로서요. 바로 지금도 그대는 그것입니다. 그것이 순수할 때는 그것을 잘못 보는 일이 없을 것입니다.

**헌:** 왜 우리는 명상을 위한 '**심장**과 같은 그런 장소를 갖습니까?

마: 그대가 의식을 추구하기 때문입니다. 어디서 그대가 그것을 찾을 수 있습니까? 외적으로 그것에 도달할 수 있습니까? 그것은 내적으로 발견해야 합니다. 그래서 내면으로 향하라는 것입니다. 또 '심장'은 의식의 자리 혹은 의식 그 자체일 뿐입니다.
헌: 우리는 무엇에 대해 명상해야 합니까?
마: 명상하는 자가 누구입니까? 먼저 그 질문을 하십시오. 명상하는 자로 머무르십시오. (그러면) 명상할 필요가 없습니다.

## 대담 206

알라하바드 대학교의 물리학 강사인 B. C. 다스 씨가 질문했다: 지성은 그 사람과 함께 일어나고 가라앉지 않습니까?
마: 그 지성은 누구의 것입니까? 사람의 것입니다. 지성은 하나의 도구일 뿐입니다.
헌: 그렇습니다. 그것은 사람이 죽은 뒤에도 살아남습니까?
마: 왜 죽음에 대해 생각합니까? 그대의 잠 속에서 무슨 일이 일어나는지 보십시오. 그때 그대가 경험하는 것은 무엇입니까?
헌: 그러나 잠은 일시적인 반면 죽음은 그렇지 않습니다.
마: 잠이 두 생시의 상태 사이에 있듯이, 죽음도 연속되는 두 생生 사이에 있습니다. 둘 다 일시적입니다.
헌: 제 말은, 영靈이 몸을 떠날 때 지성을 가지고 가느냐는 것입니다.
마: 영은 몸을 떠나지 않습니다. 몸들은 서로 다릅니다. 그것은 거친 몸이 아닐 수도 있습니다. 그럴 때 그것은 잠, 꿈 혹은 백일몽 속에서처럼 미세한 몸이겠지요. 지성은 변하지 않지만, 몸들은 상황에 따라 달라질 수 있습니다.
헌: 그러면 영체靈體(spirit-body)는 아스트랄체입니까?
마: 그 지성이 지금 아스트랄체입니다.
헌: 어떻게 그럴 수 있습니까?
마: 왜 아니겠습니까? 그대는 지성이 하나의 몸처럼 한정될 수 없다고 생각하는 것 같군요. 그것은 특정한 요인들의 한 집합체일 뿐입니다. 달리 무엇이 아스트랄체입니까?
헌: 그러나 지성은 하나의 껍질인데요?

마: 그렇지요. 지성 없이는 어떤 껍질도 인식되지 않습니다. 다섯 껍질이 있다고 말하는 것은 누구입니까? 그렇게 선언하는 것은 지성 아닙니까?

### 대담 207

깊은 잠은 비이원성의 상태일 뿐입니다. 거기서 개인적 영혼과 **우주적** 영혼의 차이가 지속될 수 있습니까? 잠은 모든 차별상의 망각을 뜻합니다. 바로 이것이 (잠 속의) 행복을 이룹니다. 그 행복을 얻기 위해 사람들이 얼마나 세심하게 잠자리를 준비하는지 보십시오. 부드러운 쿠션, 베개, 기타 모든 것이 잠을 푹 자기 위한, 다시 말해서 생시를 끝내기 위한 것입니다. 그럼에도 그 부드러운 침상 등이 깊은 잠의 상태 그 자체에서는 아무 쓸모가 없습니다. 여기에 함축된 의미는, 모든 노력들(수행)은 무지를 끝내기 위한 것일 뿐이라는 것입니다. 깨닫고 나면 그런 것들이 아무 쓸모가 없습니다.

### 대담 208

자기 자신을 내맡기면 그걸로 충분합니다. 순복이란 자기 존재의 근본 원인에게 자기 자신을 내맡기는 것입니다. 그러한 근원이 그대의 밖에 있는 어떤 **신**이라고 상상하여 미혹되지 마십시오. 그대의 근원은 그대 안에 있습니다. 거기에 그대 자신을 내주십시오. 그것은 그대가 그 근원을 찾아서 그 안에 합일되어야 한다는 뜻입니다. 그대는 자신이 그것의 바깥에 있다고 생각하기 때문에 "그 근원이 어디에 있느냐?"고 묻습니다. 혹자는 이렇게 주장합니다. "설탕은 그 자신의 단맛을 맛볼 수 없으므로 맛을 보는 사람이 그것을 맛보고 즐겨야 한다. 마찬가지로, 개인이 **지고자**이면서 그 상태의 **지복**을 즐길 수는 없다. 따라서 그것을 즐기려면 한편으로는 개인성이, 다른 한편으로는 신성神性이 유지되어야 한다!" 신이 설탕처럼 지각력이 없습니까? 어떻게 자기 자신을 내맡기지도 않고 자신의 개인성을 유지하면서 지고의 **지복**을 즐길 수 있습니까? 더욱이 그들은 영혼이 신적 영역에 도달하면 거기에 머무르면서 **지고의 존재**에게 봉사한다고도 말합니다. '봉사'라는 말소리가 **하느님**을 속일 수 있습니까? 그가 모릅니까? 그가 이런 사람들의 봉사를 기다리고 있습니까? 순수한 의식인 그가 이렇게 반문하지 않겠습니까? "감히 나에게 봉사하는 그대는 나와 별개로 누구인가?"

뿐만 아니라 그들은 개인적 영혼이 에고를 탈피하면 순수해져서 **하느님**의 몸이 되기에 적합해진다고 생각합니다. 그래서 **하느님**은 **영**靈(Spirit)이고, 순수해진 영혼들이 그의 몸과 수족이 된다는 것입니다! 영혼들을 위한 영혼이 있을 수 있습니까? 얼마나 많은 영혼들이 있습니까? 그 답은 "많은 개인적 영혼들과, **하나의 지고한 영혼**이 있다"일 수밖에 없습니다. 그 경우 영혼이 무엇입니까? 몸 따위일 수는 없습니다. 이 모든 것이 제거된 뒤에 남아 있는 것을 영혼이라고 해야겠지요. 그래서 내버릴 수 없는 것으로서의 영혼을 깨닫고 난 뒤라 해도 **지고의 영혼**이 존재한다는 것을 알아야 합니다. 그 경우에, 그 영혼이 어떻게 자신에게 낯선 모든 것을 내버린 뒤에 (자신이) 궁극적 실재임을 깨달았습니까? 만일 그것이 옳다면, 그 양도 불가능한 실재로 묘사되는 영혼은 참된 영혼이 아닙니다. 그런 모든 혼동은 '영혼(*atma*)'이라는 단어에서 비롯됩니다. 같은 *atma*(자기)라는 단어가 몸・감각기관・마음・생명원리(생기)・개인적 영혼 그리고 **지고의 존재**를 뜻하는 말로 사용됩니다. 그 단어가 이렇게 폭넓게 사용되면서 개인아(*jivatma*)가 **지고아**(*Paramatma*)의 몸을 구성하게 된다는 관념이 생겨났습니다. "오 아르주나여, 나는 모든 존재들의 심장 안에 자리 잡은 **진아**이다…"[『기타』, 10.20]. 이 구절은 **하느님**이 모든 존재들의 **진아**(*Atma*)라는 것을 보여줍니다. 거기서 "자아들의 **진아**"라고 말합니까? 오히려 그대가 진아에 합일되면 어떤 개인성도 남지 않을 것입니다. 그대는 그 근원 자체가 될 것입니다. 그 경우에 순복(내맡김)이 무엇입니까? 누가 누구에게, 무엇을 내맡깁니까? 이것이 헌신이고, 지혜이며, 탐구입니다.

비슈누파 사람들 중에서도 성자 남말와르(Saint Nammalvar)[128]는 이렇게 말합니다. "저는 '나'와 '내 것'에 집착하여 미로를 헤매었고, 저의 **진아**를 모른 채 방황했습니다. 저의 **진아**를 깨달으니 저 자신이 곧 **당신**이며, '내 것'[내 소유물]이 곧 **당신**일 뿐임을 이해합니다."

그래서—보세요—**헌신**이란 자기 자신을 아는 것에 지나지 않습니다. 한정일원론(한정비이원론) 파에서도 그것을 인정합니다. 그러면서도 그들은 자신들의 전통적 교의에 집착하여, 개인들은 **지고자의 부분**, 말하자면 그의 수족이라고 계속 단언합니다. 그들의 전통적인 교의는 또한 개인적 영혼이 순수해진 뒤에

---

[128] *T.* 9세기 후반 남인도의 성자. '알와르(*alwar*)'로 불리는 12명의 남인도 비슈누파 성자들 중에서 으뜸이며, 그가 지은 1,352수의 영적인 시가 전해진다.

지고자에게 내맡겨져야 한다고 말합니다. 그러면 에고가 사라지고 우리는 죽은 뒤에 **비슈누**의 세계로 가게 되며, 그러면 마침내 **지고자**[곧, 무한자]를 즐기게 된다는 거지요!

사람이 **원초적 근원**(Primal Source)과 별개라고 말하는 것 자체가 하나의 가장假裝이고, 그가 에고를 탈피하면 순수해지지만 단지 **지고자**를 즐기거나 그에게 봉사하기 위해 여전히 개인성을 보유한다고 덧붙이는 것은 기만적 책략입니다. 실제로는 그의 것을 자기 것인 양 하다가, 나중에 그를 체험하거나 그에게 봉사하는 척하는 이것은 대체 어떤 이중성입니까! 이 모든 것을 그가 이미 알고 있지 않습니까?

### 1936년 6월 19일

**대담 209**

물리학 강사 B. C. 다스 씨가 자유의지와 운명에 대해서 질문했다.

**마**: 그것은 누구의 의지입니까? "제 의지입니다"라고 그대는 말할지 모릅니다. 그대는 의지와 운명을 넘어서 있습니다. 그것으로 안주하십시오. 그러면 그 두 가지를 초월합니다. 그것이 의지로 운명을 정복한다는 말의 의미입니다. 운명은 정복할 수 있습니다. 운명은 과거 행위들의 결과입니다. 진인들과 친교하면 나쁜 습이 정복됩니다. 그러면 그대의 경험들을 적절한 관점에서 보게 됩니다.

"나는 지금 존재한다. 나는 향유자다. 나는 행위의 열매를 향유한다. 나는 과거에도 있었고, 미래에도 있을 것이다." 이 '나'가 누구입니까? 이 '나'가 행위와 향유를 넘어선 순수한 의식임을 발견하면, 자유와 행복을 얻습니다. 그때는 어떤 노력도 없습니다. 진아는 완전하고, 더 얻을 것이 아무것도 남아 있지 않기 때문입니다.

개인성이 있는 한 그대는 향유자이고 행위자입니다. 그러나 그것이 상실되면 신적인 **의지**가 지배하면서 사건들의 진행을 이끕니다. 그 개인은 신적인 힘을 지각할 수 없는 남들에게 지각됩니다. 제약과 **규율**은 다른 개인들을 위한 것이지, 해탈자들을 위한 것이 아닙니다.

자유의지는 선하게 살라는 경전 계명誡命에도 내포되어 있습니다. 그것은 운명을 극복하라는 의미입니다. 그것이 지혜에 의해 이루어집니다. 지혜의 불은 모든 행위를 태워버립니다.129) 지혜는 진인들과의 친교에 의해, 아니 오히려 그 정신적 분위기에 의해 얻어집니다.

## 대담 210

인간은 다른 힘 덕분에 움직일 수 있는데도, 자신이 직접 모든 것을 한다고 생각합니다. 마치 불구자가 만약 자기를 일으켜 세워주면 적과 싸워서 적을 격퇴하겠다고 큰소리치는 것과 같습니다. 행위는 욕망에 의해 추동되고, 욕망은 에고가 일어난 뒤에야 일어납니다. 그리고 이 에고는 더 **높은 힘**에 그 기원을 두고, 거기에 자신의 존재성을 의존합니다. 그것은 (그 힘과) 별개로 남아 있을 수 없습니다. 그러면서 왜 "내가 한다, 내가 행위한다, 내가 움직인다"고 주절거립니까?

진아를 깨달은 존재는 세상을 이롭게 하지 않을 수가 없습니다. 그의 존재 자체가 최고의 선입니다.

## 대담 211

물리학 강사 B. C. 다스 씨가 질문했다: 요가는 결합을 뜻합니다. 저는 무엇과 무엇이 결합한다는 건지 모르겠습니다.

마: 바로 그겁니다. 요가는 먼저 분리가 있다는 뜻이고, 그것은 나중에 하나가 다른 하나와 결합한다는 것을 의미합니다. 누가 누구와 결합해야 합니까? 그대는 추구자이고, 어떤 것과의 결합을 추구하고 있습니다. 그 어떤 것은 그대와 별개입니다. 그대의 **진아**는 그대에게 친밀합니다. 그대는 **진아**(자기)를 자각합니다. 그것을 추구하여 그것이 되십시오. 그것이 **무한자**로 확장될 것입니다. 그러면 결합(yoga) 등의 문제가 없을 것입니다. 그 분리(viyoga)가 누구의 것입니까? 알아내십시오.

헌: 돌 등은 늘 그렇게 있어야 할 운명입니까?

마: 누가 돌을 봅니까? 그것들은 그대의 감각기관에 의해 지각되고, 그 감각기관들은 다시 그대의 마음에 의해 작동됩니다. 그러니 그것들은 그대의 마음 안에 있습니다. 그것은 누구의 마음입니까? 질문자 자신이 그것을 발견해야

---

129) T. "타는 불이 연료를 재로 만들듯이, 지혜의 불은 모든 행위를 재로 만든다." ―『기타』, 4.37.

합니다. 진아를 발견하면 이런 질문이 일어나지 않을 것입니다.

　진아(자기)는 대상들보다 더 친근합니다. 주체를 발견하십시오. 그러면 대상들은 스스로 알아서 하겠지요. 그 대상들을 서로 다른 사람들이 각자의 소견에 따라서 보면, 그런 이론들이 전개됩니다. 그러나 보는 자, 그 이론들을 인식하는 자가 누구입니까? 그것은 그대입니다. 그대의 진아를 발견하십시오. 그러면 마음의 그런 변덕들이 종식됩니다.

**헌:** 이 마음이란 무엇입니까?
**마:** 생각들의 다발입니다.
**헌:** 그것은 어디에 기원을 두고 있습니까?
**마:** 진아의 의식입니다.
**헌:** 그렇다면 생각들은 실재하지 않는군요.
**마:** 실재하지 않지요. 유일한 실재는 진아입니다.

## 대담 212

마하르쉬님이 말씀하셨다: 오른돌이(*pradakshina*)[숭배 대상 주위를 오른쪽으로 도는 것]는 "일체가 내 안에 있다"는 것입니다. **아루나찰라를 도는 행위의 참된 의미는** 세계를 도는 것만큼이나 효험이 있다고 합니다. 그것은 전 세계가 이 산 안에 응축되어 있다는 뜻입니다. 아루나찰라 사원을 도는 것도 똑같이 좋습니다. 그리고 자기돌이(self-circuit)[제자리에서 빙빙 도는 것]도 사원을 도는 것만큼이나 좋습니다. 그래서 일체가 진아 안에 들어 있습니다. 『리부 기타(*Ribhu Gita*)』에서는 이렇게 말합니다. "나는 고정되어 있는 반면, 무수한 우주들은 내 마음 속의 개념이 되어 내 안에서 돌아간다. 이 명상이 최고의 오른돌이이다."

### 1936년 6월 20일

## 대담 213

B. C. 다스 씨는, 거듭해서 노력하는데도 왜 마음을 내면으로 향해지지 않느냐고 질문했다.

**마:** 그것은 수행과 무욕에 의해 이루어지며, 점진적으로만 성공합니다. 마음은 너무 오랫동안 남의 농장에서 몰래 풀을 뜯어먹는 데 익숙해진 소와 같아서 자기 우리 안에 쉽사리 갇히지 않습니다. 주인이 아무리 맛난 풀과 좋은 꼴로

꾀어도 처음에는 소가 말을 듣지 않습니다. 그러다가 조금 먹어 보지만, 돌아다니는 타고난 습이 발동하여 슬그머니 빠져 나갑니다. 그래도 주인이 계속해서 꾀면 소도 우리에 익숙해지고, 마침내 풀어 놓아도 돌아다니지 않습니다. 마음도 그와 마찬가지입니다. 그것이 일단 자기 내면의 행복을 발견하면 밖으로 헤매지 않을 것입니다.

## 대담 214

자주 오는 방문객 에까나타 라오 씨가 질문했다: 주변 상황에 따라서 명상에 변화가 있지 않습니까?

마: 예, 있지요. 어떤 때는 비춤이 있고 그럴 때는 내관이 쉽습니다. 어떤 때는 거듭 시도해 봐도 내관이 안 됩니다. 이것은 세 가지 구나(Gunas)[자연의 성질들]의 작용 때문입니다.

헌: 우리의 행위와 주변 상황에 의해서도 영향을 받습니까?

마: 그런 것들은 영향을 줄 수 없습니다. 장애가 되는 것은 행위자라는 느낌 — 행위자 관념(kartrutva buddhi)— 입니다.

### 1936년 6월 22일

## 대담 215

마하르쉬님은 G. U. 포우프(Pope)130)의 『띠루바짜감』 번역본을 읽다가, 강렬한 헌신의 감정은 온몸이 전율하고 살과 뼈들이 녹아내리는 것과 같다고 묘사한 구절들을 만나셨다. 당신은 이렇게 말씀하셨다: 마니까바짜가르는 그의 몸이 결국 찬란한 빛으로 해소되어 시신을 뒤에 남기지 않은 사람들 중 한 분입니다.

다른 헌신자가 어떻게 그럴 수 있었느냐고 여쭈었다.

마하르쉬님이 말씀하셨다: 거친 몸은 미세한 물질, 곧 마음의 구체적인 형상일 뿐입니다. 마음이 녹아서 빛으로 타오를 때는 몸도 그 과정에서 소진됩니다. 난다나르(Nandanar)131)도 몸이 찬란한 빛 속에서 사라진 분이지요.

채드윅 소령이 엘리사(구약성서의 예언자)도 그와 같이 사라졌다고 말했다. 그는

---

130) T. 남인도에서 오랜 일한 19세기의 영국인 신부. 옥스퍼드 대학교 타밀어 교수를 지냈다.
131) T. 찌담바람(Chidambaram)의 시바 사원에서 주 나따라자(Lord Nataraja-시바)를 숭배하다가 황홀경 속에서 찬란한 빛으로 화하여 사라져 버린 남인도의 성자(연대 미상).

그리스도의 몸이 무덤에서 사라진 것도 그와 같은 것인지 알고 싶어 했다.

마: 아니지요. 그리스도의 몸은 처음 무덤에 안치했을 때 하나의 시신으로 남아 있었습니다. 반면에 다른 사람들은 시신을 뒤에 남기지 않았지요.

대화 도중에 마하르쉬님은, 미세한 몸(미세신)은 빛과 소리로 이루어져 있고, 거친 몸(조대신粗大身)은 그것의 구체적인 형태라고 말씀하셨다.

물리학 강사가 그 빛과 소리를 감각기관으로 인식할 수 있느냐고 질문했다.

마: 아닙니다. 그것들은 초감각적입니다. 그것을 설명하면 이렇습니다.

|  | 이스와라(보편적) | 개아(개인적) |
| --- | --- | --- |
| 거친 몸 | 우주 | 몸 |
| 미세한 몸 | 소리와 빛(Nada와 Bindu) | 마음과 생기 |
| 원초적 몸 | 진아, 초월자(Param) | 진아, 초월자 |

그것들은 궁극적으로 동일합니다.

**창조주**의 미세한 몸은 신비음音 **쁘라나바**(Pranava)인데, 이것이 소리와 빛입니다. 우주는 소리와 빛으로 해소된 다음, **초월자**(Param) 속으로 해소됩니다.

## 대담 216

마하르쉬님은 아루나찰라의 의미를 이렇게 말씀하셨다:

아루나(Aruna)는 불처럼 붉다, 밝다는 뜻입니다. 그 불은 뜨겁기만 한 보통의 불이 아닙니다. 이것은 뜨겁지도 않고 서늘하지도 않은 **지화**知火(Jnanagni) [지혜의 불]입니다.

아찰라(Achala)는 산입니다. 그래서 그것은 **지혜의 산**을 뜻합니다.

### 1936년 6월 29일

## 대담 217

봄베이에서 온 엔지니어인 A. 보스(Bose) 씨가 질문했다: 바가반께서는 저희들에게 연민을 느끼고 은총을 보여주십니까?

마: 그대는 목까지 물에 잠긴 채 물을 달라고 소리칩니다. 그것은 목까지 물

에 잠긴 사람이 목이 마르다고 말하는 것과 같고, 물속의 고기가 목말라 하거나, 물이 목말라 하는 것과 같습니다.

**헌:** 마음을 어떻게 소멸할 수 있습니까?

**마:** 애당초 마음이란 것이 있습니까? 이른바 마음이라는 것은 하나의 환幻입니다. 그것은 '나'라는 생각에서 시발합니다. 거칠거나 미세한 감각기관들 없이는 그대가 몸이나 마음을 인식할 수 없습니다. 하지만 그대는 그런 감각기관 없이도 있을 수 있습니다. 그런 상태에서는 그대가 잠이 들어 있거나 아니면 진아만을 자각합니다. 진아의 자각은 항상 있습니다. 참으로 그대인 그것으로 머무르십시오. 그러면 그런 질문이 일어나지 않을 것입니다.

**헌:** 몸-의식은 깨달음에 장애입니까?

**마:** 우리는 늘 몸이나 마음을 넘어서 있습니다. 그러나 만일 그대가 몸을 자기라고 느낀다면, 물론 그것은 하나의 장애입니다.

**헌:** 몸이나 마음이 진아에게 어떤 쓸모가 있기는 합니까?

**마:** 예, 그것이 진아 깨달음에 도움이 되는 한에서는 말입니다.

### 1936년 6월 30일

**대담 218**

마하르쉬님은 오늘 『시바 뿌라나(*Siva Purana*)』를 들여다보고 계셨다. 당신이 말씀하셨다: 시바는 그의 보이지 않는 초월적 존재성과 (가시적인) 링가(*linga*)132)라는 측면으로 각기 대표되는, 초월적 측면과 내재적 측면을 가지고 있습니다. 원래 **아루나찰라**로 나타난 링가는 오늘날까지도 서 있습니다. 이 나툼은 12월에 달이 오리온자리(*Ardra*)에 있을 때 일어났습니다. 그러나 그것은 시바라뜨리(*Sivaratri*)133) 날에 처음 숭배되었고, 이 날은 지금도 신성하게 여겨집니다.

언어의 영역에서는 쁘라나바(*Pranava*)[신비음 '옴']가 초월적 측면(*nirguna*)을 나타내고, 빤짜악샤리(*Panchakshari*)[5음절 진언]134)가 내재적 측면(*saguna*)을 나타냅니다.

---

132) *T.* 시바의 상징인 둥근 돌기둥.
133) *T.* '시바의 밤.' 옛날 이곳에 빛의 기둥으로 나타났던 시바가 브라마와 비슈누의 요청에 따라 아루나찰라 산으로 화현한 것을 기념하는 축제일(대략 2월 중순~3월 중순).
134) *T.* 빤짜는 '다섯', 악샤리는 '음절'이다. 이는 힌두교도들이 흔히 염송하는 진언인 '옴 나마 시바야(*Om Namah Sivaya*-'시바께 귀의합니다') 중에서 '나마 시바야'의 다섯 음절을 말한다.

또 스리 바가반은 빠르바띠가 라마를 시험한 일화를 다시 들려주셨다. 그 이야기는 다음과 같다:

라마와 락슈마나는 시따를 찾아서 숲 속을 헤매고 있었지요. 라마는 슬픔에 잠겨 있었습니다. 바로 그때 **시바**와 빠르바띠가 우연히 곁을 지나갔는데, **시바**는 **라마**에게 인사를 하고 지나갔습니다. 빠르바띠는 놀라서 **시바**에게 물었습니다. 왜 모든 존재들로부터 숭배받는 우주의 하느님인 그가 발길을 멈춰, 자신의 배우자를 잃고 슬픔에 젖어 황야를 헤매는, 어찌할 바를 몰라 보이는 보통 인간인 **라마**에게 인사를 했느냐고 말입니다. 이때 **시바**가 말했습니다. "라마는 한 사람의 인간이 그런 상황에서 행동할 방식대로 행동하고 있을 뿐이오. 그렇기는 해도 그는 **비슈누**의 화신이니 인사를 받을 자격이 있소. 만일 그러고 싶으면 당신이 그를 시험해 보시오."

빠르바띠는 그 문제를 생각해 본 다음, 시따의 모습을 하고 **라마** 앞에 나타났습니다. 이때 **라마**는 큰 고뇌 속에서 시따의 이름을 외쳐 부르고 있었습니다. 그는 시따의 모습을 하고 나타난 빠르바띠를 보자 미소를 띠고 물었습니다. "아니, 빠르바띠, 여기는 어떻게 오셨소? 샴부(Sambhu-시바)는 어디 계시오? 왜 시따의 모습을 했소?" 빠르바띠는 부끄러움을 느끼며 자신이 그를 시험하려고 했던 경위를 설명하고, **시바**가 그에게 인사를 한 이유를 설명해 달라고 했습니다.

**라마**가 대답했습니다. "우리는 모두 **시바**의 어떤 측면들에 불과해서, 그가 보일 때는 그를 숭배하고, 보이지 않을 때는 그를 기억한다오."

## 대담 219

오랜 상주常住 제자인 라마크리슈나 스와미가 마하르쉬님께 『다섯 찬가』에 나오는 "당신 안에서, 오 아루나찰라, 일체가(Twaiyarunachala Sarvam)" 하는 구절[135]의 의미가 무엇이냐고 여쭈었다.

마하르쉬님은 그것을 자세히 설명하면서 이렇게 말씀하셨다: 우주는 스크린에 그려진 하나의 그림과 같은데, 그 스크린이 **붉은 산 아루나찰라**입니다. 일어나고 가라앉는 것은 그것이 일어나는 원천으로 만들어집니다. 우주의 종국

---

135) T. "당신 안에서, 오 아루나찰라, 일체가 이루어지고 머무르다가 해체됩니다." - 「아루나찰라 5 보송(Sri Arunachala Pancharatna)」, 제2송 앞부분.

이 신 **아루나찰라**(God Arunachala)입니다. 그에 대해, 혹은 보는 자인 **진아**에 대해 명상하면 모든 것이 그것으로 환원되는 어떤 심적인 기운(vibration) '나'가 있습니다. '나'의 근원을 추적하면 원초적인 '나-나'만이 남는데, 그것은 표현할 수 없습니다. 깨달음의 자리는 내면에 있고, 구도자는 그것을 자기 외부의 한 대상으로 발견할 수 없습니다. 그 자리는 **지복**이며 모든 존재들의 핵심입니다. 그래서 그것을 **심장**이라고 합니다. 이번 생의 단 하나 유용한 목적은 내면으로 돌아서서 그것을 깨닫는 것입니다. 달리 할 일은 아무것도 없습니다.

**헌:** 원습의 절멸을 어떻게 성취합니까?

**마:** 그대는 그 상태에, 깨달음 안에 있습니다.

**헌:** 그것은 우리가 **진아**를 꽉 붙들고 있으면, 그 습들이 나타나자마자 불태워질 거라는 뜻입니까?

**마:** 그대가 참으로 있는 그대로 머무르기만 하면, 그것들은 스스로 불태워질 것입니다.

### 1936년 7월 1일

**대담 220**

물리학 강사 B. C. 다스 씨가 질문했다: 내관은 마음의 제어가 있어야 가능하고, 제어는 내관에 의해서만 성취됩니다. 이것은 하나의 순환논법 아닙니까?

**마:** 예, 그것들은 상호 의존적입니다. 나란히 가야 합니다. 수행과 무욕이 점진적으로 그 결과를 가져옵니다. 무욕을 닦는 것은 마음이 바깥으로 투사되는 것을 억제하기 위해서이고, 수행은 마음이 계속 내면을 향하게 하기 위한 것입니다. 제어와 내관 사이에 하나의 투쟁이 있습니다. 그것이 내면에서 부단히 계속됩니다. 때가 되면 내관이 성공할 것입니다.

**헌:** 어떻게 시작합니까? 그것을 위해 당신의 은총이 필요합니다.

**마:** 은총은 늘 있습니다. "스승의 은총 없이는 무욕을 얻을 수 없고, 진리의 깨달음도, 진아에 내재함도 얻을 수 없다"고 했습니다.

수행이 필요합니다. 그것은 우리 안에 갇혀 있는 못된 황소를 맛난 풀로 꾀어 달아나지 못하게 훈련시키는 것과 같습니다.

그런 다음 스승님은 『띠루바짜감』에서 한 구절을 낭독하셨는데, 그것은 마음에게 이렇게 말하는 것이었다: "오, 잉잉거리는 벌[마음]이여! 너는 왜 무수한 꽃에서 작은 꿀방울들을 수집하는 수고를 하는가? 그를 생각하거나, 보거나, 그에게 말을 걸기만 해도 꿀 창고를 통째로 가질 수 있는 그런 분이 계신데 말이다. 내면으로 들어가서 그에게 잉잉거려 보아라(hrimkara)."

헌: 명상을 할 때는 우리의 마음속에 어떤 형상을 간직하고, 신의 이름을 독송하거나 창송唱誦하는 것으로써 보완해야 합니까?
마: 심적인 개념이 곧 명상이 아니고 무엇입니까?
헌: 진언을 염하거나 신적인 속성들에 대해 생각하는 것으로써 그 형상을 보완해야 합니까?
마: 염송(japa)이 지배적 경향이 되면 구두염송이 결국 내심염송으로 되는데, 그것은 명상과 같은 것입니다.

## 대담 221

보스 씨: 형상은 이원성을 의미합니다. 그게 좋은 겁니까?
마: 그 같은 질문을 하는 사람은 탐구의 길을 택하는 것이 더 낫습니다. 형상은 그에게 맞지 않습니다.
헌: 저의 명상에서는 어떤 공백 상태가 끼어듭니다. 어떤 모습도 보이지 않습니다.
마: 물론 보이지 않지요.
헌: 공백 상태는 어떻습니까?
마: 그 공백 상태를 누가 봅니까? (그것을 보는) 그대가 있어야 합니다. 그 공백 상태를 주시하는 의식이 있습니다.
헌: 그것은 제가 점점 더 깊이 들어가야 한다는 뜻입니까?
마: 그렇지요. 그대가 없는 순간은 없습니다.

### 1936년 7월 2일

## 대담 222

방문객인 뽀빠뜰랄 로하라 박사는 「가르침의 핵심(Upadesa Sara)」을 포함한 몇 권의 책을 공부했고, 여러 명의 성자·사두·요기들을 찾아갔는데, 그가 꼽기로는 아마 천 오백 명쯤 될 거라고 했다. 뜨림바끄(Trimbak)의 한 사두는 그에게 말하기를, 그(박사)는 아직도 갚아야 할 빚이 있는데 그것을 갚으면 깨달음을 얻을 수 있을 거라고 했다. 그가 생각하기에 자신의 유일한 빚은 아들을 결혼시키는 것이었다. 그 이후 혼사를 치렀고, 이제 업의 빚에서 벗어났다고 느낀다. 그래서 그는 빚이 없는데도 불구하고 지속되는 '마음의 불행'에서 벗어나기 위해, 스리 바가반의 인도를 구한다.

**마:** 「가르침의 핵심」의 어떤 판본을 읽었습니까?

**헌:** 산스크리트본입니다.

**마:** 거기에 그대의 질문에 대한 답변이 들어 있습니다.

**헌:** 아무리 많이 노력해도 제 마음을 안정시킬 수 없습니다. 1918년부터 애써 왔는데 말입니다.

　스승님은 「가르침의 핵심」에서 한 연을 인용하셨다: "마음을 **심장** 속에 합일시키는 것은 **행위**(*karma*)·**헌신**(*bhakti*)·**요가**·**지혜**(*jnana*)를 포함한다네."(제10연) 그것이 전체 진리의 요체입니다.

**헌:** 그것은 행복에 대한 저의 추구를 만족시키지 못합니다. 저는 마음을 안정되게 유지하지 못합니다.

　스승님은 다시 같은 책에서 다시 인용하셨다: "마음이 무엇인지를 끊임없이 탐색하면 그것은 결국 사라진다네. 이것이 직접적인 길이라네."(제17연)

**헌:** 그러면 마음을 어떻게 탐색합니까?

**마:** 마음이란 생각들의 다발일 뿐입니다. 그 생각들은 '나'라는 생각에 뿌리를 두고 있습니다. (당신은 또 인용하셨다.) "누구든지 '나'라는 생각의 기원을 탐구하는 사람에게는 에고가 사멸되네. 이것이 진정한 탐구라네."(제19연) 그러다 보면 참 '나'가 스스로 빛나는 것을 발견합니다.

**헌:** 이 '나'라는 생각은 저에게서 일어납니다. 그러나 **진아**는 모르겠습니다.

**마:** 그런 것은 모두 마음의 개념일 뿐입니다. 그대는 지금 자신을 그릇된 '나', 즉 '나'라는 생각과 동일시하고 있습니다. 이 '나'라는 생각은 일어나고 가라앉는 반면, '나'의 참된 의미는 그 둘을 넘어서 있습니다. 그대의 존재에는 단절이 있을 수 없습니다. 잠을 잔 그대가 지금은 깨어 있습니다. 그대의 깊은 잠 속에서는 불행이 없었습니다. 반면에 지금은 그것이 존재합니다. 지금 무슨 일이 일어났기에 이런 차이를 경험합니까? 그대가 잠들어 있을 때는 '나'라는 생각이 없었던 반면, 지금은 그것이 존재합니다. 참 '나'는 드러나지 않고 거짓 '나'가 활개치고 있습니다. 이 거짓 '나'가 그대의 올바른 앎을 가로막는 장

애물입니다. 이 거짓 '나'가 어디서 일어나는지 알아내십시오. 그러면 그것이 사라질 것입니다. 그대는 단지 본래의 그대—즉, **절대적 존재**일 것입니다.

**헌:** 그것을 어떻게 합니까? 저는 지금까지 성공하지 못했습니다.

**마:** '나'라는 생각의 근원을 탐색하십시오. 그대가 해야 할 일은 그것뿐입니다. 우주는 '나'라는 생각 때문에 존재합니다. 그것이 끝나면 불행도 끝이 납니다. 거짓 '나'는 그것의 근원을 추구할 때만 끝이 날 것입니다.

로하라 박사는 「가르침의 핵심」에 있는 한 연의 의미를 설명해 달라고 했다.

**마:** 그때 잠들어 있던 사람이 지금은 깨어 있습니다. 잠 속에서는 행복이 있었지만, 생시에는 불행이 있습니다. 잠 속에서는 '나'라는 생각이 없었지만, 깨어 있는 지금은 그것이 있습니다. 잠 속에서의 그 행복의 상태와 '나'라는 생각이 없는 상태는 애씀이 없습니다. 목표는 바로 지금 그 상태를 이루어내는 것이어야 합니다. 그것은 노력을 요합니다.

| 잠 | 생시 | 생시의 상태에서도 잠이 일어나게 하는 것이 깨달음입니다. 노력은 '나'라는 생각을 소멸하는 데로 향해지지, 참 '나'를 데려오기 위한 것이 아닙니다. 왜냐하면 참 '나'는 영원하며, 그대의 어떤 노력도 요하지 않기 때문입니다. |
|---|---|---|
| 애씀 없음 | — | |
| 행복 | 행복 없음 | |
| '나'라는 생각 없음 | '나'라는 생각 | |

## 대담 223

**로하라 박사:** 명상하고 있는데도 왜 마음이 **심장** 속으로 가라앉지 않습니까?

**마:** 물에 뜨는 물체는 그것을 가라앉힐 무슨 수단을 쓰지 않으면 쉽게 가라앉지 않습니다. 호흡 제어가 마음을 고요하게 합니다. 마음이 깨어 있어야 하고, 마음이 평안할 때도 쉴 새 없이 명상을 해나가야 합니다. 그러면 그것이 **심장** 속으로 가라앉습니다. 아니면 그 뜨는 물체에 추를 달아서 가라앉힐 수도 있겠지요. 진인과의 친교도 마음을 **심장** 속으로 가라앉게 해줄 것입니다.

그러한 친교는 정신적이기도 하고 신체적이기도 합니다. (그 **스승**의) 외적으로 눈에 보이는 존재는 마음을 내면으로 밀어 넣습니다. 그는 또한 그 구도자의 **심장** 속에도 있고, 그래서 구도자의 안으로 향하는 마음을 **심장** 속으로 끌어당깁니다.

　이런 질문은 그 사람이 명상을 시작하고 나서 그것이 어렵다고 느낄 때만 나옵니다. 그에게 호흡 제어를 조금만 해보게 하면 마음이 정화될 것입니다. 그것이 지금 **심장** 속으로 가라앉지 않는 것은 잠재적인 습이 장애물로 가로막기 때문입니다. 그것이 호흡 제어나 진인과의 친교에 의해 제거됩니다. 사실 마음은 늘 **심장** 안에 있습니다. 그러나 잠재적인 습 때문에 가만히 있지 못하고 돌아다닙니다. 그 습이 무력화되면 마음이 쉬어지고 평안해질 것입니다.

　호흡 제어에 의해서는 마음이 일시적으로만 고요해질 것입니다. 왜냐하면 습들이 아직 남아 있기 때문입니다. 마음이 **진아**로 변환되면 그것이 더 이상 문제를 야기하지 않을 것입니다. 명상을 하면 그렇게 됩니다.

### 대담 224

한 제자가, 어떻게 하면 자신의 본래적인 원초적 상태를 인식할 수 있느냐고 여쭈었다.

**마**: 생각에서 절대적으로 벗어난 것이 그런 인식을 얻기에 좋은 상태입니다.

〔시자의 노트에서〕

### 대담 225

스리 바가반과 시자인 랑가스와미가 바위 위에 앉아 있을 때, 바가반은 아스라맘에 있던 어떤 사람이 흔들의자에 앉아 흔들거리는 것을 보시고 시자에게 말씀하셨다: 시바는 자신의 소유물을 비슈누에게 모두 넘겨주고 숲과 황야와 묘지를 방랑하면서 자신이 탁발한 음식으로 살아갔지. 그가 보기에는 무소유가 사물을 소유하는 것보다 행복의 등급이 더 높은 거야.

**헌**: 그 더 높은 행복이 무엇입니까?

**마**: 걱정에서 벗어나는 것이지. 소유물은 그것을 지키기, 그것을 사용하기 등의 걱정을 유발해. 무소유는 어떤 걱정도 수반하지 않아. 그래서 **시바**는 일체를 **비슈누**에게 넘겨주고 그 자신은 즐겁게 떠난 거야.

　소유물을 벗어버리는 것이 최고의 행복이지.

## 1936년 7월 3일

**대담 226**

띠루꼬일루르에서 온 한 방문객이, 신성한 책(경전과 그 주석서)들을 공부하면 진리가 드러나는지를 질문했다.

**마:** 그것으로는 충분하지 않겠지요.

**헌:** 왜 그렇습니까?

**마:** 삼매만이 그것을 드러낼 수 있습니다. 생각들이 실재 위에 베일을 드리우고 있기 때문에, 삼매 아닌 상태에서는 그것이 명료할 수가 없습니다.

**헌:** 삼매 속에서는 생각이 있습니까? 아니면 없습니까?

**마:** '내가 있다'는 느낌만 있고, 다른 어떤 생각도 없을 것입니다.

**헌:** '내가 있다'도 하나의 생각 아닙니까?

**마:** 에고가 없는 '내가 있다'는 생각이 아닙니다. 그것은 깨달음입니다. '나'의 의미 혹은 의의는 신입니다. '내가 있다'의 체험이 "고요히 있으라"입니다.

## 1936년 7월 4일

**대담 227**

스승님이 말씀하셨다: 우리는 **지복의 성품**으로 이루어져 있는데 왜 계속 행복을 갈망합니까? 그 갈망을 없애는 것 자체가 구원입니다. 경전에서는 "그대가 그것이다"라고 합니다. 그 지知를 전해주는 것이 경전들의 목적입니다. 그 깨달음은 그대가 자신이 누구인지를 발견하고 **그것**, 즉 그대의 **진아**로서 안주하는 것이어야 합니다. "내가 **그것이다**"라거나 "이건 아니다"라고 되뇌는 것은 시간 낭비일 뿐입니다. 상근기 제자에게는 그 작업이 밖에서가 아니라 그 자신의 안에서 이루어집니다.

바가반이 산을 내려오실 때, 아스라맘 바로 밖에 있던 일꾼들 중 한 명이 일을 멈추고 스승님 앞에 엎드려 절을 하려고 했다.

그때 스승님이 말씀하셨다: 그대가 할 일을 하는 것이 참된 절이라오.

스승님의 시자가 여쭈었다: 어째서 그렇습니까?

**마:** 자신의 임무를 주의 깊게 수행하는 것이 신에 대한 최대의 봉사지. (그런 다음 당신은 미소를 지으며 회당으로 들어가셨다.)

## 대담 228

점심 때, 넬로르에서 온 한 방문객이 마하르쉬님께 당신이 드시는 음식에서 약간의 음식[쁘라사드]을 덜어달라고 요청했다.

**마:** 에고가 하는 생각 없이 드십시오. 그러면 그대가 드는 것이 바가반의 쁘라사드(*prasad*)가 됩니다.

점심을 드시고 나서 스승님이 유머러스하게 말씀을 이어가셨다: 만일 그대에게 제 식반食盤에서 한 줌을 드렸다면, 다들 한 줌씩 달라고 하겠지요. 남들에게 음식을 다 나누어주면 저에게 뭐가 남겠습니까? 그러니 그것은 헌신이 아니라는 것을 아시겠지요. 제 식반의 것을 한 줌 드셔 봤자 아무 의미가 없습니다. 참된 헌신자가 되십시오.

### 1936년 7월 8일

## 대담 229

오전 8시에 애완 다람쥐가 밖으로 달려 나갈 기회를 엿보고 있었다. 스승님이 말씀하셨다: 다들 달려 나가고 싶어 하지요. 밖으로 나가기로 하면 한이 없습니다. 행복은 안에 있지 밖에 있지 않습니다.

### 1936년 7월 20일

## 대담 230

**한 방문객:** 경전을 배우고 책을 공부하면 진리를 깨달을 수 있습니까?

**마:** 아닙니다. 마음 속에 원습原習이 잠복해 있는 한 깨달음을 성취할 수 없습니다. 경전 학습은 그 자체 하나의 원습(*vasana*)입니다. 깨달음은 삼매 속에만 있습니다.

## 대담 231

한 방문객이 질문했다: 침묵(*mouna*)이 무엇입니까?

**마:** 침묵은 입을 닫는 것이 아닙니다. 그것은 영원한 말입니다.

**헌:** 잘 모르겠습니다.

**마:** 말과 생각을 초월하는 그 상태가 침묵입니다.

**헌:** 그것을 어떻게 성취합니까?

마: 어떤 개념을 꽉 붙들고 그것을 되짚어 올라가십시오. 그런 집중에 의해서 침묵(mouna)이 나옵니다. 수행이 자연스러워지면 그것이 침묵으로 끝날 것입니다. 마음 활동이 없는 명상이 침묵입니다. 마음을 조복調伏받는 것이 명상입니다. 깊은 명상은 영원한 말입니다.

헌: 만일 우리가 침묵을 지킨다면 세간의 일들이 어떻게 돌아가겠습니까?

마: 여자들이 물동이를 머리에 이고 가면서 동무들과 잡담을 할 때는, 머리 위의 짐에 생각을 집중하면서 아주 조심합니다. 마찬가지로, 진인이 활동을 할 때는 그의 마음이 브라만에 안주해 있기 때문에, 그런 활동이 그를 방해하지 않습니다.

## 대담 232

스승님은 또 언젠가 이렇게 말씀하셨다: 진인이야말로 참된 헌신자입니다.

## 대담 233

헌: '라마 염송(Rama Japa)'[라마의 이름을 염하는 것]의 결과는 무엇입니까?

마: '라(Ra)'는 실재이고 '마(Ma)'는 마음입니다. 그것들의 결합이 '라마 염송'의 결실입니다. 단어들을 염하는 것으로는 충분치 않습니다. 생각들을 제거하는 것이 지혜입니다. 그것은 절대적 존재입니다.

## 대담 234

한 무슬림 방문객이 아사나(asana)[신체적 자세]에 대해서 질문했다.

마: 신 안에 안주하는 것이 단 하나의 참된 자세입니다.

## 대담 235

제자인 T. K. S. 아이어는 읍내의 어떤 사람이 스승님에 대해 비방하는 말을 했기 때문에 흥분했다. 그는 그 말을 반박하지 않고 흥분되어서 왔다. 그래서 스승님께 자신이 당신을 방어하지 못한 데 대해 어떤 벌을 받아야 하느냐고 여쭈었다.

마: 인내, 더 많은 인내. 관용, 더 많은 관용!

## 대담 236

(영국의) 조지 5세 왕이 서거하자 헌신자 두 명이 회당에서 그 문제를 논의했다. 그들은 마음이 아주 편치 않았다. 스승님이 그들에게 말씀하셨다: 누가 죽든 사라지든 그것이 그대들과 무슨 상관 있습니까? 그대들 자신이 죽고 그대들 자신을 잃어버려서 사랑과 하나가 되십시오.

## 대담 237

어떤 사람이 은제 수브라마니아(Subramya) 상像 하나와 구리로 만든 발리(Valli)와 데바야나이(Devayanai)의 상들을 가지고 왔다.136) 그가 스리 바가반께 말했다: 저는 지난 10년간 그들을 숭배했지만, 그 보상으로는 재난을 당했을 뿐입니다. 이것들을 어떻게 해야 합니까?

다른 사람들에게 물어 보니, 그들은 이 상들의 제작 과정상 어떤 결함이 있어서 제가 우환을 겪었다고 합니다. 예컨대 그것을 구성하는 금속들의 배합이 잘못되었다는 것입니다. 그렇습니까?

마: 그들이, 숭배하는 것이 잘못이라고 하던가요?

## 대담 238

어떤 질문에 대해 마하르쉬님이 말씀하셨다: 말이 그치고 침묵이 지배하는 상태가 있습니다.

헌: 서로 간에 생각을 어떻게 소통합니까?

마: 그것은 둘이라는 관념이 있을 때만 그렇지요.

헌: 평안을 어떻게 얻습니까?

마: 그것은 본래적 상태(natural state)입니다. 마음이 그 타고난 평안을 방해합니다. 우리의 탐구는 마음속에 있을 뿐입니다. 마음을 탐구하십시오. 그것이 사라질 것입니다.

마음이란 이름의 어떤 개체도 없습니다. 생각이 일어나기 때문에 우리는 그 생각들의 시발점인 뭔가가 있다고 추측합니다. 그것을 우리는 마음이라고 부릅니다. 그것이 무엇인지를 우리가 탐색해 보면, 그런 것은 아예 없습니다. 그

---

136) T. 수브라마니아는 시바의 둘째 아들인 신으로 스깐다(Skanda) 혹은 무루간(Murugan)이라고도 불린다. 발리와 데바야나이는 수브라마니아의 배우자들이라고 한다.

것이 사라지고 나면 **평안**이 영원히 남아 있다는 것을 발견할 것입니다.

**헌:** 붓디(*buddhi*)[지성]란 무엇입니까?

**마:** 사고하거나 분별하는 기능입니다. 그런 것들은 이름에 불과합니다. 에고든 마음이든 지성이든, 다 같습니다. 누구의 마음입니까? 누구의 지성입니까? 에고의 것입니다. 에고가 실재합니까? 아닙니다. 우리는 에고를 (다른 기능들과) 혼동하여 그것을 지성이나 마음이라고 부릅니다.

**헌:** 에머슨이 말하기를, "영혼이 스스로 영혼에 답하지, 묘사나 언어에 의해서가 아니다"라고 했습니다.

**마:** 정말 그렇지요. 그대가 아무리 많이 배워도 앎에는 한계가 없을 것입니다. 그대는 의심하는 자는 젖혀두고 의심들을 풀려고 합니다. 오히려 그 의심하는 자를 꽉 붙드십시오. 그러면 의심들이 사라질 것입니다.

**헌:** 그러면 질문이 스스로 해소되고 **진아**를 알게 됩니다.

**마:** 정말 그렇지요.

**헌:** 진아를 어떻게 압니까?

**마: 자기**가 무엇인지를 보십시오. 그대가 **자기**라고 여기는 것은 실은 마음이나 지성 아니면 '나'라는 생각입니다. 다른 생각들은 '나'라는 생각이 일어난 뒤에야 일어납니다. 그러니 그것을 꽉 붙드십시오. 다른 것들은 **진아**를 잔여물로 남겨두고 사라질 것입니다.

**헌:** 거기에 도달하는 것이 어렵습니다.

**마:** 거기에 도달하는 일은 전혀 없습니다. 그것은 지금 여기서 영원하기 때문입니다. 만일 **진아**가 새로 얻어지는 것이라면 그것은 영구적이지 않겠지요.

**헌:** 마음의 평정, 평안 혹은 평형을 어떻게 얻을 수 있습니까? 최선의 길은 무엇입니까?

**마:** 그것은 이미 답변했습니다. 마음을 탐구하십시오. 그것이 제거되면 그대가 남습니다. "그대의 관점(소견)을 지혜의 관점이 되게 하라. 그러면 세계가 **신**임을 발견하게 될 것이다(*dristin jnanamayim kritva, pasyet brahmamayam jagat*)"137)라고 했습니다.

그래서 문제는 소견의 문제입니다. 그대는 모든 것에 편재합니다. 그대 자

---

137) T. 샹까라, 『아빠록샤 아누부띠』(695쪽 참조), v.116. "소견을 지知의 소견으로 만들면 세계가 브라만 자체임을 보게 될 것이다. 그것이 가장 높은 소견이며, 코끝을 보는 것은 그렇지 않다."

신을 보십시오. 그러면 모든 것이 이해됩니다. 그러나 그대는 지금 그대의 **진 아**를 놓쳐버리고 다른 것들을 의심하고 있습니다.

**헌**: 진아를 어떻게 압니까?

**마**: 두 개의 '나'가 있습니까? 그대는 자신이 존재함을 어떻게 압니까? 그 눈으로 그대 자신을 봅니까? 스스로에게 물어 보십시오. 그 질문은 어떻게 일어납니까? 내가 남아 있어서 그것을 묻는 것 아닙니까? 거울에서 보듯이 나의 **진아**를 발견할 수 있습니까?

그대의 소견이 밖으로 쏠려 있기 때문에 **자기**를 보지 못하게 되었고, 그대의 시각이 외부적입니다. **진아**는 외적인 대상들 속에서 발견되지 않습니다. 시선을 안으로 돌려 뛰어드십시오. 그대가 **진아**가 될 것입니다.

**헌**: 진아의 발견은 카스트 규칙을 준수하는 데 의존합니까? 아니면 우리는 그것을 무시해야 합니까?

**마**: 처음에는 아니지요. 시작할 때는 그것을 준수하십시오. 카스트 규칙은 마음의 변덕을 제어하는 역할을 합니다. 그렇게 하여 마음이 정화됩니다.

**헌**: '알 수 없는 것'은 '알 수 없는 것'의 은총에 의해서만 성취될 수 있습니다.

**마**: 그는 그 성취를 도와줍니다. 그것이 **은총**입니다.

**헌**: 마음을 어떻게 제어합니까?

**마**: 도둑이 자기 자신을 배반하겠습니까? 마음이 그 자신을 발견하겠습니까? 마음은 마음을 추구할 수 없습니다. 그대는 실재하는 것을 무시한 채 실재하지 않는 마음을 붙들고 있고, 그러면서도 그것이 무엇인지 알려고 애씁니다. 그대의 잠 속에 마음이 있었습니까? 없었습니다. 그것은 지금 여기 있습니다. 따라서 그것은 영구적이지 않습니다. 마음이 그대에게 발견될 수 있습니까? 마음은 그대가 아닙니다. 그대는 자신이 마음이라고 생각하고, 그래서 그것을 어떻게 제어하느냐고 묻습니다. 마음이 있다면 그것을 제어할 수 있겠지요. 그러나 마음은 없습니다. 찾아보고 이 진리를 이해하십시오. 비실재에 대한 탐색은 무익합니다. 따라서 **실재**, 즉 **진아**를 추구하십시오. 그것이 마음을 다스리는 방도입니다. 단 하나 **실재하는** 것이 있지요!

**헌**: 그 하나 **실재하는** 것이 무엇입니까?

**마**: 그것은 '있는 것'입니다. 다른 것들은 겉모습일 뿐입니다. 다양성은 그것의 본성이 아닙니다. 우리는 종이 위에 인쇄된 글자들을 읽지만, 그 배경인 종이

는 무시합니다. 마찬가지로 그대는 마음의 화현물들에 사로잡혀 그 배경을 놓아버립니다. 그것이 누구의 잘못입니까?

**헌:** 진아에 한계가 있습니까?

**마:** 진아가 무엇입니까?

**헌:** 개인적 영혼이 진아입니다.

**마:** 개인적 영혼이 무엇입니까? 그 둘 사이에 어떤 차이가 있습니까, 아니면 두 가지가 동일합니까?

　새로 나타나는 어떤 것도 사라지게 되어 있습니다. 창조된 그 어떤 것도 분명히 파괴될 것입니다. 영원한 것은 태어나지도 않고 죽지도 않습니다. 우리는 지금 겉모습을 **실재**와 혼동하고 있습니다. 겉모습은 자체 내에 자신의 종말을 내포하고 있습니다. 새로 나타나는 것이 무엇입니까? 만약 그것을 발견할 수 없다면, 겉모습들의 바탕(실재)에 거리낌 없이 순복하십시오. 그러면 실재가 잔여물로서 남게 될 것입니다.

**헌:** 사람이 죽으면 그에게 어떤 일이 일어납니까?

**마:** 살아 있는 현재에 전념하십시오. 미래는 스스로 알아서 하겠지요. 미래에 대해 걱정하지 마십시오. 창조 이전의 상태와 창조의 과정을 경전에서 다루는 것은 그대가 현재를 알도록 하기 위해서입니다. 그대가 자신이 태어난다고 말하기 때문에, 경전들은 '그렇다'고 하면서 **신**이 그대를 창조했다고 덧붙이는 것입니다.

　그러나 그대는 잠이 들었을 때 **신**이나 다른 어떤 것을 봅니까? 만일 **신**이 실재한다면 왜 그가 그대의 잠 속에서는 빛을 발하지 않습니까? **그대는 늘 있습니다**—지금도 잠들어 있을 때의 그대와 같습니다. 그대는 잠들어 있던 그 사람과 다르지 않습니다. 그런데 왜 두 가지 상태에 대한 느낌이나 경험에 차이가 있어야 합니까?

　그대는 잠들어 있을 때 그대의 탄생에 대해서, 혹은 "저는 죽고 나면 어디로 갑니까?"라는 질문을 했습니까? 왜 지금 생시 상태에서 그런 모든 것을 생각합니까? 태어나는 것(개인적 영혼)에게 자신의 탄생과 그 치유법, 그 원인과 궁극적 결과에 대해 생각해 보라고 하십시오.

　탄생이 무엇입니까? 그것은 '나'라는 생각의 탄생입니까, 몸의 탄생입니까? '나'는 몸과 별개입니까, 몸과 동일합니까? 이 '나'라는 생각이 어떻게 일어났습니까? '나'라는 생각은 그대의 성품입니까, 아니면 그대의 성품과 다른 어떤 것입니까?

**헌:** 누가 이런 질문들을 하는 것입니까?

**마:** 맞습니다. 바로 그거지요. 그 모든 것에는 끝이 없습니다.

**헌:** 그러면 우리는 침묵을 지켜야 합니까?

**마:** 혼동(*moha*-미혹)을 넘어서면 의심들이 더 이상 괴롭히지 않습니다.

**헌:** 당신의 말씀은 탐구를 중단하라는 것과 같습니다.

**마:** 자기탐구(*atma-vichara*)가 그치면 세간탐구(*loka-vichara*)가 그 자리에 들어서지요. (회당에서 웃음이 터져 나옴.)

진아 탐구에 전념하십시오. 그러면 비아非我는 사라질 것입니다. 진아가 남을 것입니다. 이것이 진아에 대한 자기탐구입니다. 진아라는 한 단어는 마음·몸·인간·개인·지고자 기타 모든 것에 상당합니다.

## 대담 239

**M. 프리드먼 씨:** 우리는 사물들을 상상하고, 상상의 힘으로 그것들을 즐깁니다. 그런 창조들이 **창조주 브라마**에게 가능합니다. 같은 말이 **그의** 피조물인 인간에게도 해당됩니까?

**마:** 그것도 그대의 생각입니다.

**헌:** 크리슈나무르티는, 인간은 '나'를 알아내야 한다고 말합니다. 그러면 '나'는 해소되고, 상황들의 한 다발로만 있게 됩니다. '나' 뒤에는 아무것도 없습니다. 그의 가르침은 붓다의 가르침과 아주 유사한 것 같습니다.

**마:** 예—예, 표현을 넘어선 거지요.

# 제2권

### 1936년 8월 23일

**대담 240**

**헌:** 세상은 물질주의적입니다. 그에 대한 치유책은 무엇입니까?

**마:** 물질적이냐 영적이냐는 그대의 소견 나름입니다. "소견을 지知의 성품으로 하면, 세계가 브라만의 성품으로 되어 있음을 본다(Drishtim jnanamayim kritva, brahmamayam pasyet jagat)"고 했습니다. 그대의 소견을 올바르게 하십시오. 창조주는 자신의 창조계를 돌보는 법을 알고 있습니다.

**헌:** 미래를 보장하기 위해서 할 수 있는 최선은 무엇입니까?

**마:** 현재를 돌보십시오. 미래는 스스로 알아서 하겠지요.

**헌:** 미래는 현재의 결과입니다. 그러니 그것을 좋게 만들려면 어떻게 해야 합니까? 아니면 가만히 있어야 합니까?

**마:** 그 의문은 누구의 것입니까? 어떤 행동 노선을 원하는 것은 누구입니까? 그 의문자를 발견하십시오. 의문자를 붙들면 그 의문들은 사라질 것입니다. 자기를 놓쳤으니 생각들이 그대를 괴롭힙니다. 세계가 보이고, 의문들이 일어나고, 미래에 대한 걱정도 일어납니다.

　자기를 꽉 붙들면 그런 것들은 사라질 것입니다.

**헌:** 그것을 어떻게 합니까?

**마:** 그 질문은 비아의 문제들에만 관련되지, 진아와는 관련되지 않습니다. 그대는 자신의 진아가 존재한다는 것을 의심합니까?

**헌:** 아니요. 그렇지만 저는 진아를 어떻게 깨달을 수 있는지 알고 싶습니다. 그것에 이르는 어떤 방법이 있습니까?

**마:** 노력하십시오. 우물을 파서 물을 얻듯이, 탐구에 의해 진아를 깨닫습니다.

헌: 예. 그러나 어떤 사람들은 물을 쉽게 발견하고 어떤 사람들은 어렵게 발견합니다.

마: 그러나 그대는 이미 표면의 습기를 봅니다. 어렴풋이 진아를 자각하고 있습니다. 그것을 따라가십시오. 그 노력이 그칠 때 진아가 빛을 발합니다.

헌: 마음이 내면을 보도록 어떻게 훈련시킵니까?

마: 수행에 의해서입니다. 마음은 (수행의) 지성적 국면이며, 그 자신의 소멸로 이어져 진아가 드러나게 합니다.

헌: 마음을 어떻게 소멸합니까?

마: 물을 물기 없는 물로 만들 수는 없습니다. 진아를 추구하십시오. 그러면 마음이 소멸될 것입니다.

### 1936년 8월 29일

**대담 241**

헌: 불행을 어떻게 피할 수 있습니까?

마: 불행에 어떤 모양이 있습니까? 불행이란 원치 않는 생각일 뿐입니다. 마음이 그것에 저항할 만큼 강하지 않은 것입니다.

헌: 마음의 그런 힘을 어떻게 얻습니까?

마: 신을 숭배해서입니다.

헌: 내재하는 신에 대한 명상은 이해하기가 어렵습니다.

마: 신은 상관하지 마십시오. 그대의 진아를 붙드십시오.

헌: 염송(*japa*)[진언 염하기]은 어떻게 합니까?

마: 거기에는 거칠고 미세한 두 종류가 있습니다. 후자는 그 염송에 대한 명상인데, 그것이 마음에 힘을 줍니다.

헌: 그러나 마음이 명상을 할 만큼 안정되지 않습니다.

마: 그것은 힘이 부족하기 때문입니다.

헌: 산디야(*sandhya*)[1]는 보통 기계적으로 하게 됩니다. 다른 종교적 책무들도 마찬가지입니다. 그것이 쓸모 있습니까? 그것의 의미를 알면서 염송 등을 하는 것이 더 낫지 않습니까?

---

1) *T.* 물을 마셔 가면서 기도와 진언, 특히 가야뜨리(*gayatri*) 진언을 외는 의식. 가야뜨리 진언은 『리그베다』 시대부터 내려오는 것으로, 태양신에 대한 기도문이다.

마: 음, 음.

**대담 242**
구자라트인 신사가 스리 바가반께 질문했다: 우리가 죽은 뒤에는 선업이나 악업의 과보를 향유할 선택권이 주어진다고 합니다. 어느 것이 먼저 오느냐는 우리의 선택 나름이라는 것입니다. 그렇습니까?
마: 죽은 뒤에 일어날 일에 관한 이런 질문을 왜 합니까? "내가 태어났는가? 나는 내 과거업의 열매를 거두고 있는가?" 따위를 왜 묻습니까? 그대가 잠이 들면 한동안 그런 질문을 하지 않겠지요. 왜입니까? 그대가 지금 잠들어 있던 그 사람과 다릅니까? 그렇지 않지요. 잠 속에서는 그렇지 않은데, 지금은 왜 이런 질문들이 일어납니까? 알아내십시오.

**대담 243**
중년의 약하게 보이는 한 남자가 손에 지팡이를 들고 와서 그것을 바가반 앞에 놓고 깊이 절을 한 뒤에 마하르쉬님 가까이 앉았다. 그는 일어서서 아주 겸손하게 그 지팡이를 바가반께 드리면서 그것이 백단목이라고 말했다. 스리 바가반은 그에게 그것은 본인이 가지고 있으라고 말씀하셨다. 왜냐하면 바가반의 물건은 어느 것도 안전하게 간수할 수 없기 때문이라는 것이었다. 공동재산이어서 누군가 탐을 내면 바가반의 허락이 있든 없든 어느 방문객이 가져가 버릴 터였다. 그러면 기증한 사람이 좋아하지 않을 수 있었다.

그러나 그 사람은 그래도 겸손하게 고집했다. 스리 바가반은 그의 간청에 못 이겨 이렇게 말씀하셨다. "그것을 바가반의 쁘라사드로 간직하십시오." 그러자 그 사람은, 스리 바가반께서 지팡이를 먼저 잡으셨다가 축복과 함께 자신에게 주시라고 부탁드렸다. 스리 바가반은 그것을 받아서 향기를 맡아보고, 훌륭하다고 하면서 고개를 끄덕인 다음 그것을 그 사람에게 돌려주며 이렇게 말씀하셨다. "간직하세요. 이것이 그대에게 늘 저를 기억하게 해줄 것입니다."

**대담 244**
사헤바(Saheba)라는 마하라니(마하라자의 비妃)가 부드럽고 낮은 목소리로, 그러나 상당히 또렷이 들리게 이렇게 말했다.

헌: 마하라지님(Maharajji), 저는 당신을 뵈올 행운을 가졌습니다. 제 눈은 당신을 바라보는 즐거움을, 제 귀는 당신의 목소리를 듣는 즐거움을 가졌습니다. 저는 인간이 갖고 싶어 하는 모든 복을 받았습니다.

마하라니 예하의 목소리가 메었다. 그녀는 마음의 힘을 잔뜩 끌어 모아 천천히 말을 이어갔다: 저는 제가 바라는, 인간이 바랄 수 있는 모든 것을 가졌습니다…. 그러나… 그러나… 저는… 저는… 마음의 평안이 없고… 뭔가가 그것을 가로막습니다. 아마 제 운명이….

몇 분 동안 침묵이 있었다. 그러자 마하르쉬님이 예의 그 부드러운 태도로 말씀하셨다.

마: 좋습니다. 말해야 할 것은 말해졌습니다. 그런데, 운명이 무엇입니까? 운명은 없습니다. 순복하십시오. 그러면 모든 일이 잘 될 것입니다. 모든 책임을 신에게 던져버리십시오. 스스로 그 짐을 지지 마십시오. 그러면 운명인들 그대를 어떻게 하겠습니까?

헌: 순복이 불가능합니다.

마: 예. 처음에는 완전한 순복이 불가능하지요. 그러나 부분적인 순복은 확실히 누구에게나 가능합니다. 때가 되면 그것이 완전한 순복에 이릅니다. 그런데 만약 순복이 불가능하다면 무엇을 할 수 있습니까? 마음의 평안이 없습니다. 그대는 그것을 생겨나게 할 힘이 없습니다. 순복에 의해서만 그렇게 될 수 있습니다.

헌: 부분적인 순복이라고요—글쎄요—그것이 운명을 바꿀 수 있습니까?

마: 아, 예! 그럴 수 있지요.

헌: 운명은 과거의 업 때문에 있는 것 아닙니까?

마: 그대가 신에게 순복하면 신이 그것을 보살펴 줄 것입니다.

헌: 이것은 신의 처분인데, 어떻게 신이 그것을 바꿉니까?

마: 모든 것이 그의 안에 있을 뿐입니다.

헌: 어떻게 하면 신을 볼 수 있습니까?

마: 안에서입니다. 마음이 내면으로 향해지면 신이 내적인 의식으로서 나타납니다.

헌: 신은 모든 것 안에, 우리가 주위에서 보는 모든 대상들 안에 있습니다. 우리는 그 모든 것 안에서 신을 보아야 한다고 합니다.

마: 신은 모든 것 안에 있고 보는 자 안에도 있습니다. 달리 어디서 신을 볼 수 있습니까? 밖에서는 그를 발견할 수 없습니다. 안에서 그를 느껴야 합니다. 대상들을 보려면 마음이 필요합니다. 그것들 안의 신을 생각하는 것은 마음의 한 작용입니다. 그러나 그것은 실재하지 않습니다. 마음이 제거된 내면의 의식이 신으로서 느껴집니다.

헌: 이를테면 아름다운 색채들이 있습니다. 그것을 바라보면 즐겁습니다. 우리는 거기서 신을 볼 수 있습니다.

마: 그런 것은 모두 심적인 관념입니다.

헌: 색채 말고도 많이 있습니다. 색채는 하나의 예로써만 언급한 것입니다.

마: 그런 것들도 마찬가지로 심적입니다.

헌: 몸도 있고, 감각기관과 마음이 있습니다. 영혼은 사물들을 아는 데 이 모든 것을 사용합니다.

마: 대상들이나 감정이나 생각은 모두 심적인 관념입니다. 마음은 '나'라는 생각, 곧 에고가 일어난 뒤에 일어납니다. 에고는 어디서 일어납니까? 추상적 의식, 즉 순수한 지성에서 일어납니다.

헌: 그것이 영혼입니까?

마: 영혼, 마음 혹은 에고는 말에 불과합니다. 그런 유의 어떤 개체도 없습니다. 의식이 유일한 진리입니다.

헌: 그러면 그 의식은 어떤 쾌락도 줄 수 없습니다.

마: 의식의 성품은 지복입니다. 지복만이 있습니다. 쾌락을 즐길 어떤 향유자도 없습니다.

　향유자와 즐거움―둘 다 그 안에 합일됩니다.

헌: 보통의 삶에는 쾌락과 고통이 있습니다. 우리는 쾌락만 가지고 있어야 하지 않습니까?

마: 쾌락은 마음을 안으로 돌려서 붙들어두는 데 있고, 고통은 마음을 밖으로 내보내는 데 있습니다. 쾌락만이 있습니다. 쾌락이 없는 것을 고통이라고 합니다. 우리의 성품은 쾌락, 곧 지복(Ananda)입니다.

헌: 그것이 영혼입니까?

마: 영혼과 신은 심적인 관념일 뿐입니다.

헌: 신이 심적인 관념일 뿐이라고요?

**마:** 예. 그대는 잠 속에서 신을 생각합니까?

**헌:** 그러나 잠은 둔한 상태입니다.

**마:** 만약 신이 실재한다면 그는 늘 그대로 있어야 합니다. 그대는 잠 속에서나 생시에서나 그대로 있습니다—똑같이 말입니다. 만일 신이 그대의 진아만큼 참되다면, 신은 진아와 마찬가지로 잠 속에도 있어야 합니다. 이 신에 대한 생각은 생시의 상태에서만 일어납니다. 지금 누가 생각합니까?

**헌:** 제가 생각합니다.

**마:** 이 '나'가 누구입니까? 누가 그렇게 말합니까? 몸입니까?

**헌:** 몸이 말합니다.

**마:** 몸은 말을 하지 않습니다. 만일 그렇다면 그것이 잠 속에서 말을 했습니까? 이 '나'가 누구입니까?

**헌:** 몸 안의 저입니다.

**마:** 그대는 몸 안에 있습니까, 밖에 있습니까?

**헌:** 저는 확실히 몸 안에 있습니다.

**마:** 그렇다는 것을 잠 속에서도 압니까?

**헌:** 저는 잠 속에서도 제 몸 안에 머물러 있습니다.

**마:** 잠 속에서 그대가 몸 안에 있다는 것을 자각합니까?

**헌:** 잠은 둔한 상태입니다.

**마:** 사실은, 그대는 안에 있지도 않고 밖에 있지도 않습니다. 잠은 본래적인 존재의 상태입니다.

**헌:** 그렇다면 잠은 이것(생시)보다 더 나은 상태여야 합니다.

**마:** 더 낫거나 못한 상태란 없습니다. 잠 속에서나 꿈 속에서나 생시 상태에서나 그대는 똑같습니다. 잠은 행복의 상태이고, 어떤 불행도 없습니다. 결핍·고통 등의 느낌은 생시 상태에서만 일어납니다. 일어난 변화가 무엇입니까? 그대는 두 상태에서 동일하지만 행복에서 차이가 있습니다. 왜입니까? 지금은 마음이 일어났기 때문입니다. 이 마음은 '나'라는 생각이 일어난 뒤에 일어납니다. 그 생각은 의식에서 일어납니다. 그 안에 안주하면 늘 행복합니다.

**헌:** 잠의 상태는 마음이 고요할 때의 상태입니다. 저는 그것이 더 나쁜 상태라고 봅니다.

**마:** 만일 그렇다면, 왜 모두 잠을 자고 싶어 합니까?

헌: 피곤할 때 잠이 드는 것은 몸입니다.
마: 몸이 잠을 잡니까?
헌: 예. 그것은 몸이 소모되거나 손상된 것이 수리되는 상태입니다.
마: 그렇다고 합시다. 그러나 몸 자체가 잠을 자거나 깨어납니까? 그대 자신이 조금 전에 마음은 잠 속에서 고요하다고 했습니다. 세 가지 상태는 마음의 상태입니다.
헌: 그것은 감각기관 등을 통해서 작용하는 영혼의 상태들 아닙니까?
마: 그 상태들은 영혼의 것이나 몸의 것이 아닙니다. 영혼은 늘 오염되지 않은 상태로 있습니다. 그것은 이 세 가지 상태 모두를 관통해 흐르는 바탕입니다. 생시가 지나가도 내가 있고, 꿈의 상태가 지나가도 내가 있고, 잠의 상태가 지나가도 내가 있습니다. 그것들은 되풀이되지만 그래도 내가 있습니다. 그 상태들은 영화에서 스크린 위를 움직이는 화면과 같습니다. 그 화면들은 스크린에 영향을 주지 않습니다. 그와 마찬가지로, 이 상태들이 지나가도 나는 영향을 받지 않은 상태로 남습니다. 만약 그것이 몸의 상태들이라면, 그대는 잠 속에서 몸을 자각합니까?
헌: 아니요.
마: 몸이 있는 것을 모르면서 어떻게 잠 속에 몸이 있다고 말할 수 있습니까?
헌: 깨어나 보면 여전히 몸이 있기 때문입니다.
마: 몸의 느낌은 하나의 생각입니다. 그 생각은 마음의 것이고, 마음은 '나'라는 생각이 일어난 뒤에 일어나니, '나'라는 생각이 그 뿌리생각입니다. 그것을 붙들면 다른 생각들은 사라질 것입니다. 그러면 몸도 없고, 마음도 없고, 에고조차도 없을 것입니다.
헌: 그럴 때는 무엇이 남겠습니까?
마: 순수한 상태의 **진아**지요.
헌: 어떻게 하면 마음이 사라지게 할 수 있습니까?
마: 그것을 소멸하려는 어떤 시도도 하지 않습니다. 그것을 생각하거나 바라는 것 자체가 하나의 생각입니다. 그 생각하는 자를 찾아보면 그 생각들은 사라질 것입니다.
헌: 생각들이 저절로 사라질까요? 그것이 너무 어려워 보입니다.
마: 사라질 것입니다. 왜냐하면 그것들이 실재하지 않기 때문입니다. 어렵다는

관념 자체가 깨달음에 하나의 장애물입니다. 그것을 극복해야 합니다. 자기로서 머무르는 것은 어렵지 않습니다.

헌: 바깥세상에서 신을 생각하기는 쉬운 것 같은데, 생각 없이 머무르기는 어려운 것 같습니다.

마: 그것은 말이 안 되지요. 다른 것들을 바라보기는 쉽고 내면을 보기는 어렵다는 것은! 그 반대여야 합니다.

헌: 그러나 저는 잘 모르겠습니다. 어렵습니다.

마: 이 어렵다는 생각이 주된 장애물입니다. 조금만 수행하면 달리 생각하게 될 것입니다.

헌: 그 수행은 어떤 것입니까?

마: '나'의 근원을 알아내는 것입니다.

헌: 그것은 제가 태어나기 전의 상태였습니다.

마: 왜 탄생과 죽음에 대해 생각해야 합니까? 그대가 정말 태어납니까? 마음이 일어나는 것을 탄생이라고 합니다. 마음이 일어난 뒤에 몸-생각이 일어나고, 몸이 보입니다. 그런 다음 탄생, 탄생 이전의 상태, 죽음, 죽음 뒤의 상태에 대한 생각이 일어나는데, 이 모든 것이 마음의 생각일 뿐입니다. 그 탄생이 누구의 것입니까?

헌: 제가 지금 태어나 있지 않습니까?

마: 몸에 관한 한 탄생은 현실입니다. 그러나 몸은 '나'가 아닙니다. 진아는 태어나지 않고 죽지도 않습니다. 새로운 것은 아무것도 없습니다. 진인들은 일체를 진아 안에서, 진아의 것으로 봅니다. 그 안에는 어떤 다양성도 없습니다. 따라서 탄생도 없고 죽음도 없습니다.

헌: 잠이 그렇게 좋은 상태라면, 왜 우리는 늘 잠 속에 있고 싶어 하지 않습니까?

마: 그대는 늘 잠 속에 있을 뿐입니다. 현재의 생시 상태는 하나의 꿈에 지나지 않습니다. 꿈은 잠 속에서만 일어날 수 있습니다. 잠이 이 세 가지 상태의 저변에 있습니다. 이 세 가지 상태의 나툼도 하나의 꿈이고, 그것은 또 하나의 잠 속에 있습니다. 이런 식으로 이 꿈과 잠의 상태들은 끝이 없습니다.

이 상태들과 마찬가지로 탄생과 죽음도 하나의 잠 속에서 꾸는 꿈들입니다. 실제로 말하자면, 탄생도 없고 죽음도 없습니다.

## 1936년 9월 8일

**대담 245**

파르시 여성들인 굴바이 바이람지와 쉬린바이 바이람지 양이 하나의 중심점을 둘러싼 질문들을 했다. 그들의 모든 질문은 하나로 집약되었다: 저는 진아가 에고를 넘어서 있다는 것을 이해합니다. 제가 아는 것은 이론적이지 실제적이지는 않습니다. 어떻게 하면 제가 실제적인 **진아 깨달음**을 얻겠습니까?

**마:** 깨달음은 새로 얻어야 할 그 무엇도 아닙니다. 그것은 이미 있습니다. 필요한 것은 "나는 깨닫지 못했다"는 생각을 없애는 것뿐입니다.

**헌:** 그러면 그것을 얻으려고 노력할 필요가 없군요.

**마:** 아닙니다. 마음의 고요함 또는 평안이 깨달음입니다. **진아**가 없는 순간은 없습니다.

깨닫지 못했다는 의심이나 느낌이 있는 한 그런 생각을 없애기 위해 노력해야 합니다.

그런 생각들은 **진아**(자기)를 비아非我와 동일시하는 데서 옵니다. 비아가 사라지면 **진아**만 남습니다. 어디에 공간을 만들려면 거기서 물건들을 치우기만 하면 됩니다. 공간을 새로 들여오지 않습니다. 뿐만 아니라, (물건들이) 비좁게 들어차 있을 때조차도 공간이 있습니다.

생각이 없는 것이 공백 상태를 뜻하지는 않습니다. (공백 상태가 있으려면) 그 공백 상태를 아는 자가 있어야 합니다. 지知와 무지는 마음에 속합니다. 그것들은 이원성에서 태어납니다. 그러나 **진아**는 지知와 무지를 넘어서 있습니다. 그것은 빛 그 자체입니다. 다른 **자기**(진아)를 가지고 **자기**를 볼 필요가 없습니다. 두 개의 자아란 없습니다. **진아**가 아닌 것은 비아입니다. 비아는 **진아**를 볼 수 없습니다. **진아**에게는 봄이나 들음이 없습니다. **진아**는 그런 것들을 넘어서 있고, 순수한 의식으로서 **오로지 홀로**입니다.

한 여자가 자기 목에 목걸이가 걸려 있는데도 그것을 잃어버렸다고 생각하고 계속 찾다가 결국 한 친구가 일러주어서 그것을 발견합니다. 그녀는 그것을 잃어버렸다는 느낌, 찾아야 한다는 걱정, 그리고 다시 찾았다는 즐거움을 스스로 만들어냈습니다. 마찬가지로, **진아**는 그대가 그것을 찾든 찾지 않든 줄곧 있습니다. 또 그 여자가 마치 잃어버렸던 목걸이를 되찾은 것처럼 느끼듯이, 무지가 제거되고 그릇된 동일시가 그치면 지금 여기 늘 존재하는 **진아**가 드러납니다. 이것을 깨달음이라고 합니다. 그것은 새로운 것이 아닙니다. 그것은 무지의 제거에 해당하고 그 이상 아무것도 아닙니다.

공백 상태는 마음 탐색의 나쁜 결과입니다. 마음은 뿌리와 가지를 다 잘라 버려야 합니다. 생각하는 자가 누구인지, 찾는 자가 누구인지를 보십시오. 생각하는 자, 찾는 자로서 안주하십시오. 그러면 모든 생각이 사라질 것입니다.

**헌**: 그러면 에고가 있겠군요. 생각하는 자 말입니다.
**마**: 그 에고는 생각이 추방된 순수한 에고입니다. 그것은 **진아**와 같은 것입니다. 그릇된 동일시가 지속되는 한 의심들이 지속될 것이고 질문들이 일어날 것이며, 그런 것이 끝이 없을 것입니다. 비아가 종식될 때만 의심이 사라질 것입니다. 그것이 **진아 깨달음**을 가져올 것입니다. 의심하거나 질문할 다른 누구도 남지 않을 것입니다. 그런 모든 의심은 그대 자신 안에서 해결되어야 합니다. (그렇지 않으면) 아무리 많은 말을 해 주어도 만족스럽지 않을 것입니다. 그 생각하는 자를 붙드십시오. 생각하는 자를 붙들지 않을 때에만, 밖에서 대상들이 나타나거나 마음 속에서 의심들이 일어납니다.

## 대담 246

언어는 자신의 생각을 다른 사람에게 전달하는 하나의 매개체일 뿐입니다. 생각들이 일어난 뒤에야 그것을 불러들이게 되는데, 다른 생각들은 '나'라는 생각이 일어난 뒤에 일어나니, '나'라는 생각이 모든 대화의 뿌리입니다. 우리가 생각함이 없이 머무를 때는 **침묵**이라는 보편적 언어로써 남을 이해합니다.

**침묵**은 늘 말을 하고 있습니다. 그것은 언어의 영속적인 흐름인데 말하기에 의해 중단됩니다. 이런 말들이 그 무언의 언어를 방해합니다. 전선에 전기가 흐르고 있습니다. 그 통로에 저항이 있으면 그것이 전등으로 밝게 빛나거나 선풍기로 돌아갑니다. 전선 안에서는 전기 에너지로 남아 있습니다. 마찬가지로, **침묵**은 언어의 영원한 흐름인데 말에 의해 방해받습니다.

대화에 의해서는 몇 해가 걸려도 알지 못하는 것을 **침묵** 속에서는, 혹은 **침묵** 앞에서는 일순간에 알 수 있습니다. 예를 들어 다끄쉬나무르띠와 그의 네 제자가 그랬습니다.

그것은 최고의, 가장 효과적인 언어입니다.

**대담 247**

'나-나' 의식이 무상삼매와 동일한가, 아니면 그 뒤에 오는 것인가 하는 의문이 제기되었다.

　스리 바가반이 말씀하셨다: 심장 속의 작은 구멍은 늘 닫혀 있지만 자기탐구에 의해 그것이 열리고, 그 결과 '나-나' 의식이 빛을 발합니다. 그것은 삼매와 같습니다.

**헌**: 기절과 잠의 차이는 무엇입니까?
**마**: 잠은 갑작스럽게 찾아오고 그 사람을 강제로 압도합니다. 기절은 그보다 느리고 어떤 짜릿한 저항감이 유지됩니다. 깨달음은 기절 상태에서는 가능하지만 잠 속에서는 불가능합니다.
**헌**: 죽기 직전의 상태는 어떤 것입니까?
**마**: 어떤 사람이 숨을 가쁘게 몰아쉴 때 그것은 그 사람이 그 몸을 의식하지 못하고 있다는 것을 말해줍니다. 이때 그는 다른 몸을 붙든 상태이고, 그 두 몸 사이에서 왔다 갔다 합니다. 숨을 몰아쉬는 도중에 간간이 더 격렬하게 몰아쉴 때가 있는데, 그것은 현재의 몸에 대한 집착 때문에 두 몸 사이에서의 동요가 완전히 끊어지지 않았다는 것을 말해줍니다. 저는 제 어머니와 빨라니 스와미의 경우에 그것을 관찰했습니다.
**헌**: 그 상태에서 그 새 몸은 그 사람의 다음 번 환생을 나타냅니까?
**마**: 그렇지요. 숨을 몰아쉬는 동안 그 사람은 꿈과 같은 어떤 상태에 있고, 현재의 환경을 인식하지 못합니다.

　(스리 바가반은 어머니가 돌아가실 때 오전 8시부터 오후 8시까지 그녀와 함께 있었다는 것을 기억해야 한다. 당신은 내내 한 손으로 그녀의 머리를 받치고, 한 손은 그녀의 가슴 위에 놓고 있었다. 그것은 무엇을 뜻하는가? 나중에 당신 자신이, 당신과 어머니 사이에서 그녀의 영이 **심장**에 도달할 때까지 어떤 싸움이 벌어지고 있었다고 말씀하셨다.

　분명 그 영혼은 일련의 미묘한 경험을 하는데, 스리 바가반의 접촉이 어떤 흐름을 만들어내고 그것이 헤매는 영혼을 되돌려 **심장** 속으로 들어가게 한다.

　그러나 상습(*samskaras*)이 지속되고 당신의 접촉이 확립한 영적인 힘과 그 타고난 상습 간에 싸움이 계속되다가, 마침내 상습이 완전히 소멸되고 그 영혼은 **심장** 속으로 인도되어 영원한 **평안** 속에서 안식한다. 이것은 해탈과 동일하다.

그것이 **심장** 속으로 들어갔다는 것은 **마하트마**가 감지할 수 있는 어떤 특이한 느낌으로 나타나며, 그것은 종이 울리는 것과 비슷하다.

마하르쉬님이 빨라니스와미의 임종을 지킬 때는 위에서 말한 그 신호가 나타나자 당신의 손을 거두었다. 그러자 빨라니스와미의 두 눈이 즉시 열렸는데, 이는 그 영靈이 눈을 통해 빠져나갔음을 의미했다. 그것은 그가 **해탈한** 것이 아니라 더 높은 세계에 환생함을 말해주는 것이었다. 빨라니스와미에게서 그것을 한번 관찰한 마하르쉬님은 당신 어머니의 경우 그 영혼이 **심장** 속으로 들어가는 신호가 있고 난 뒤에도 접촉을 몇 분간 더 계속했고, 그렇게 하여 그녀가 확실히 **해탈을** 얻게 했다. 이것은 그녀의 얼굴 모습에서 보인 완전한 평안과 안정의 표정으로 확인할 수 있었다.)

### 1936년 9월 15일

**대담 248**

스리 바가반이 말씀하셨다: 진인도 "나는 몸이다"라고 말하고, 무지인도 "나는 몸이다"라고 말합니다. 그 차이가 무엇입니까? "내가 있다(I am)"가 진리입니다. 몸은 한계입니다. 무지인은 '나'를 몸에 한정합니다. 잠 속에서는 '나'가 몸과 독립해 있습니다. 같은 '나'가 지금은 생시의 상태에 있습니다. 그것이 몸 안에 있다고 생각되기는 하지만, '나'는 몸 없이 있습니다. 잘못된 관념은 "나는 몸이다"가 아닙니다. '나'가 그렇게 말합니다. 몸은 지각력이 없어 그렇게 말할 수 없습니다. 잘못은 '나'를 '나' 아닌 것(몸·마음 등)으로 생각하는 것입니다. '나'는 지각력이 없지 않습니다. '나'는 지각력 없는 몸일 수 없습니다. 몸의 움직임을 '나'와 혼동하면 불행이 따라옵니다. 몸이 작동하든 않든, '나'는 자유롭고 행복한 상태로 있습니다. 무지인의 '나'는 몸일 뿐입니다. 오류는 그게 전부입니다. 진인의 '나'는 몸과 기타 모든 것을 포함합니다. 분명히 어떤 중간적 개체(에고)가 일어나서 그 혼동을 야기합니다.

법률가인 바이디야나타 아이어 씨가 질문했다: 만일 진인이 "나는 몸이다"라고 말한다면, 그가 죽을 때는 어떻게 됩니까?

**마**: 그는 바로 지금도 자신을 몸과 동일시하지 않습니다.

**헌**: 그러나 방금 당신께서 진인도 "나는 몸이다"라고 말한다고 하셨습니다.

마: 예, 그의 '나'는 몸을 포함합니다. 그에게는 '나'와 별개의 어떤 것도 있을 수 없기 때문입니다. 설사 몸이 떨어져 나간다 해도 그 '나'에게는 아무 손실이 없습니다. '나'는 똑같은 것으로 남습니다. 만약 몸이 (자신이) 죽었다고 느낀다면 그 질문을 하라 하십시오. 그것은 지각력이 없어 그러지 못합니다. '나'는 결코 죽지 않고, 그런 질문도 하지 않습니다. 그렇다면 누가 죽습니까? 누가 질문들을 합니까?

헌: 그러면 그 모든 경전들은 누구를 위한 것입니까? 그것들은 실재하는 '나'를 위해 있는 것일 리가 없습니다. 실재하지 않는 '나'를 위한 것일 수밖에 없습니다. 실재하는 '나'는 그런 것을 필요로 하지 않습니다. 실재하지 않는 것이 자신을 위해 수많은 경전을 가지고 있다는 것은 이상합니다.

마: 예, 정말 그렇지요. 죽음이란 하나의 생각일 뿐 그 이상은 아닙니다. 생각하는 자는 문제를 야기합니다. 그 생각하는 자에게, 그가 죽을 때 어떤 일이 일어나는지 말해 보라 하십시오. 진정한 '나'는 말이 없습니다. "나는 이것이다 ─나는 저것이 아니다"라고 생각해서는 안 됩니다. '이것'이나 '저것'이라고 말하는 것은 잘못입니다. 그런 것들도 한계입니다. "내가 있다"만이 진리입니다. **침묵**이 '나'입니다. 만일 한 사람이 "나는 이것이다"라고 생각하면, 다른 사람은 "나는 이것이다"라는 식으로 생각하여 생각들 간의 투쟁이 벌어지는데, 수많은 종교들이 그 결과입니다. 진리는 있는 그대로 남아 있으며, 상충되거나 되지 않는 어떤 언설에 의해서도 영향을 받지 않습니다.

헌: 죽음이란 무엇입니까? 그것은 몸이 떨어져 나가는 것 아닙니까?

마: 그대는 잠 속에서 그것을 원하지 않습니까? 그때 뭐가 잘못됩니까?

헌: 그러나 저는 깨어날 것이라는 것을 압니다.

마: 예─다시 생각이 일어나지요. "나는 깨어날 것이다" 하는 생각이 먼저 있습니다. 생각들이 삶을 지배합니다. 생각에서 벗어나 있음이 그대의 참된 성품, 곧 **지복**입니다.

### 1936년 9월 24일

## 대담 249

마: 무지(ajnana)에 두 종류가 있는데,
   (1) 진아에 대한 망각,

(2) 진아지를 가로막는 장애물이 그것입니다.

(수행의) 보조수단들은 생각을 뿌리 뽑기 위한 것입니다. 이 생각들은 종자 형태로 남아 있는 원습이 다시 나타나는 것인데, 이 생각들이 다양성을 낳고, 거기서 다시 온갖 문제들이 일어납니다. 이러한 보조수단에는 스승으로부터 진리를 듣는 청문(sravana) 등이 있습니다.

청문의 효과가 즉각적이어서 제자가 단박에 진리를 깨달을 수도 있습니다. 그러나 이런 일은 아주 진보한 제자에게서만 일어날 수 있습니다.

그렇지 않으면 제자는 진리를 여러 번 듣고 나서도 자신은 진리를 깨달을 수 없다고 느낍니다. 그것은 무엇 때문입니까? 그의 마음 속에 있는 불순물, 즉 무지·의심·그릇된 동일시가 제거되어야 할 장애물입니다.

(1) 무지를 완전히 제거하려면 진리를 반복해서 들어야 합니다. 그 주제에 대한 앎이 완벽해질 때까지 말입니다.

(2) 의심을 제거하려면, 자신이 들은 것에 대해서 성찰해야 합니다. 그러다 보면 마침내 그의 앎이 모든 종류의 의심에서 벗어나게 됩니다.

(3) (몸·감각기관·마음·지성과 같은) 비아非我와 진아의 그릇된 동일시를 제거하려면, 그의 마음이 일념으로 되어야 합니다.

이 모든 것이 성취되면 장애들이 종식되고 삼매가 나타납니다. 즉, 평안이 지배합니다.

어떤 분들은 말하기를, 구도자는 청문·성찰·일념집중(일여내관)을 하는 것을 결코 그치면 안 된다고 합니다. 이런 것들은 책을 읽는 것으로는 되지 않고, 마음이 안으로 물러나 있도록 계속 수행함으로써만 성취됩니다.

구도자는 기旣수행자(kritopasaka)일 수도 있고 미未수행자(akritopasaka)일 수도 있습니다. 전자의 사람은 약간의 자극만으로도 진아를 깨달을 수 있습니다. 얼마간의 적은 의심만이 그를 방해하고 있어, 스승에게서 진리를 한 번 들으면 그 의심이 쉽게 제거됩니다. 그는 곧바로 삼매의 상태를 얻습니다. 전생에 이미 청문·성찰 등을 끝냈기 때문에, 그에게는 더 이상 그런 것이 필요 없다고 볼 수 있습니다.

후자의 사람에게는 그런 보조수단들이 다 필요합니다. (진리를) 반복해서 듣고 나서도 그에게는 의심들이 솟아오릅니다. 따라서 그는 삼매의 상태를 얻을 때까지 보조수단들을 포기하면 안 됩니다.

청문은 자기가 몸 등과 하나라는 환상을 제거해 줍니다. 성찰은 지$_{知}$가 곧 진아라는 것을 분명하게 해줍니다. 일념집중은 진아가 무한하고 지복스러움을 드러내 줍니다.

### 1936년 9월 27일

**대담 250**

한 헌신자가 마하르쉬님께, 당신도 잘 아시는 어떤 이(뻬루말스와미)가 한 몇 마디 유쾌하지 못한 말[2]에 대해 여쭈었다.

당신이 말씀하셨다: 저는 그가 그러도록 내버려둡니다. 이미 내버려두고 있기도 하지만, 그가 더 많이 그렇게 하라 하고, 남들도 따라하라 하지요. 저를 혼자 내버려둬 달라고만 하십시오. 이런 소문 때문에 아무도 저를 찾아오지 않는다면, 저는 그것을 저에 대한 큰 봉사로 여기겠습니다. 더욱이 그가 저에 대한 추문을 담은 책을 출간하고, 그것을 팔아서 돈까지 번다면 정말 좋습니다. 그런 책들은 다른 책들보다도 더 빨리, 더 많이 팔리겠지요. 메이요 양(Miss Mayo)[3]의 책을 보십시오. 그 사람이라고 그러지 말라는 법이 있습니까? 그는 저에게 아주 좋은 일을 해주고 있는 셈입니다.

그렇게 말하면서 당신은 웃으셨다.

### 1936년 9월 29일

마하르쉬님이 혼자 계실 때 누가 같은 주제를 다시 거론했다. 그 중상모략자가 자신의 무분별한 소행 때문에 곤경에 빠져들고 있는 것 같다는 것이었다. 그 이야기를 하자, 마하르쉬님은 그 사람의 안위를 걱정하시는 듯했다. 당신은 누가 보기에도 연민에 차서 이렇게 말씀하셨다: 설사 자기 마음대로 돈을 벌게 해준다 해도 그 사람은 문제에 봉착할 것입니다. 그가 만일 우리의 너그러움을 이용하여 분별 있게 행동했다면, 잘 해나갈 수 있었겠지요. 그러나 우리가 어떻게 할 수 있습니까?

---

2) *T.* 바가반의 헌신자였던 뻬루말스와미는 자신이 아쉬람의 운영권을 갖지 못하자 불만을 품고 바가반에 대한 헛소문을 퍼뜨리고 그런 내용의 책까지 냈다. 『바가반의 말씀을 따른 삶』, 6장 참조.
3) *T.* 인도를 폄하하는 내용의 책을 썼던 영국의 작가.

대담 251

사색적이기는 해도 아주 지성적으로 보이는 한 귀족 여사가 질문했다: 마하라지 님, 저희는 당신께서 가장 친절하고 고상하신 분이라는 이야기를 들었습니다. 그래서 오랫동안 당신을 친견하기를 원했습니다. 저는 저번에, 지난달 14일에 여기 한 번 왔지만, 제가 바라는 만큼 오래 당신의 성스러운 친존에 머무르지 못했습니다. 저는 여자인데다가 젊어서, 주위 사람들을 견딜 수 없었습니다. 그래서 한두 가지 간단한 질문을 드린 뒤 급히 떠났습니다. 저희들이 사는 지역에는 당신 같은 성자가 한 분도 안 계십니다. 저는 원하는 것은 뭐든 가질 수 있고 행복합니다. 그러나 행복을 가져다주는 마음의 평안이 없습니다. 이제 그것을 얻을 수 있도록 당신의 은총을 구하여 여기 왔습니다.

마: 헌신이 그대의 바람을 충족시켜 줍니다.

헌: 어떻게 하면 그런 마음의 평안을 얻을 수 있는지 알고 싶습니다. 부디 저에게 조언을 해 주십시오.

마: 예—헌신과 순복이지요.

헌: 제가 헌신자가 될 만합니까?

마: 누구나 헌신자가 될 수 있습니다. (헌신자로서 받을 수 있는) 영적인 몫은 모두에게 공통되며, 남녀노소를 막론하고 누구도 배제되지 않습니다.

헌: 바로 그것이 제가 알고 싶은 것입니다. 저는 젊고 가정주부(*grihini*)입니다. 가주기家住期 규범(*grihastha dharma*)의 의무들이 있습니다. 헌신이 그런 지위와 양립합니까?

마: 물론이지요. 그대가 무엇입니까? 그대는 그 몸이 아닙니다. 그대는 **순수한 의식**입니다. 가주기 규범과 세계는 그 **순수한 의식** 위에 나타나는 현상들일 뿐입니다. 그것은 영향을 받지 않고 남습니다. 그대가 자신의 **진아**가 되는 것을 무엇이 가로막습니까?

헌: 예, 저는 마하르쉬님의 가르침이 어떤 것인지를 이미 알고 있습니다. 그것은 **진아**에 대한 탐구입니다. 그러나 그런 탐구가 가주기의 삶과 병행될 수 있을까 하는 의문이 떠나지 않습니다.

마: **진아**는 늘 있습니다. 그것이 그대입니다. 그대 외에는 아무것도 없습니다. 그 어떤 것도 그대와 별개일 수 없지요. 병행될 수 있느냐 없느냐의 문제는 일어나지 않습니다.

헌: 더 구체적으로 말씀드리겠습니다. 방문객이기는 하지만 제 걱정의 원인을 고백해야겠습니다. 저는 자식들이 있습니다. 그런데 아들 하나가—착한 브라마짜리였는데—2월에 죽었습니다. 저는 슬픔에 북받쳤습니다. 이런 삶에 염증을 느꼈습니다. 저는 영적인 삶에 전념하고 싶습니다. 하지만 가정주부로서 제가 해야 할 임무가 있어 은퇴 생활을 할 수 없습니다. 그래서 그런 의문을 가진 것입니다.

마: 은퇴란 **진아**에 안주함을 뜻합니다. 그 이상 아무것도 아닙니다. 그것은 어떤 환경을 떠나 다른 환경에 말려드는 것이 아니고, 구체적인 세계를 떠나서 어떤 정신적 세계에 관여하는 것도 아닙니다.

아들이 태어나고 죽는 등의 일은 **진아** 안에서 보일 뿐입니다.

잠의 상태를 기억해 보십시오. 그대는 (바깥세상에서) 어떤 일이 일어나는 것을 알았습니까? 만일 아들이나 세상이 실재한다면, 잠 속에서도 그들이 그대와 함께 존재해야 하지 않습니까? 그대는 잠 속에서 그대가 존재했음을 부인하지 못합니다. 그때 그대가 행복했다는 것도 부인하지 못합니다. 지금 이야기를 하고 의문을 제기하는 그대는 같은 사람입니다. 그대의 말에 따르면, 그대는 (지금) 행복하지 않습니다. 그러나 잠 속에서는 그대가 행복했습니다. 그 사이 무슨 일이 일어났기에 그 잠의 행복이 와해되었습니까? 그것은 에고의 출현입니다. 그것이 생시의 상태에 새로 나타난 것입니다. 잠 속에서는 어떤 에고도 없었습니다. 에고의 탄생을 그 사람의 탄생이라고 합니다. 다른 어떤 종류의 탄생도 없습니다. 뭐든 태어나는 것은 죽게 되어 있습니다. 에고를 죽이십시오. 일단 죽은 것에게는 반복되는 죽음에 대한 두려움이 없습니다. 에고가 죽은 뒤에도 **진아**는 남습니다. 그것이 **지복**이고, 그것이 **불멸**입니다.

헌: 그것을 어떻게 해냅니까?

마: 그런 의심들이 누구에게 존재하는지 살펴보십시오. 의심하는 자가 누구입니까? 생각하는 자가 누구입니까? 그것이 에고입니다. 그것을 붙드십시오. 다른 생각들이 점차 사라질 것입니다. 에고가 순수하게 남습니다. 그 에고가 어디서 일어나는지를 보십시오. 그것이 순수한 의식입니다.

헌: 그건 어려워 보입니다. 헌신의 길(bhakti marga)로도 진보할 수 있습니까?

마: 그것은 개인적인 기질과 자질 나름입니다. 헌신은 탐구와 동일합니다.

헌: 저는 명상 등을 두고 하는 말입니다.

**마:** 예. 명상은 어떤 형상에 대한 것입니다. 그것이 다른 생각들을 몰아내줄 것입니다. **신**에 대한 그 한 생각이 다른 생각들을 지배할 것입니다. 그것이 집중입니다. 그래서 명상의 목적은 탐구의 그것과 같습니다.

**헌:** 우리는 **신**을 구체적인 형상으로 보지 않습니까?

**마:** 예. **신**은 마음 안에서 보입니다. 구체적인 형상이 보일 수도 있습니다. 하지만 그것은 그 헌신자의 마음 안에서 보일 뿐입니다. **신** 현신의 그 형상과 모습은 헌신자의 마음에 좌우됩니다. 그러나 그것은 궁극이 아닙니다. 이원성의 느낌이 있습니다.

그것은 꿈에서 보는 모습과 같습니다. 신을 지각한 뒤에, 탐구(*vichara*)가 시작됩니다. 그것이 **진아 깨달음**으로 끝납니다. 탐구가 궁극적인 길입니다.

물론 탐구가 닦을 만하다고 느끼는 사람은 소수입니다. 다른 사람들은 헌신이 더 쉽다고 느낍니다.

**헌:** 브런튼 씨는 런던에서 당신을 발견하지 않았습니까? 그것은 하나의 꿈일 뿐이었습니까?

**마:** 예, 환영을 본 것입니다. 그는 자기 마음 안에서 저를 보았습니다.

**헌:** 그가 이 구체적인 형상(바가반의 몸)을 본 것 아닙니까?

**마:** 예, 하지만 그의 마음 안에서였지요.

**헌:** 어떻게 하면 제가 **진아**에 도달하겠습니까?

**마:** **진아**에 도달한다는 것은 없습니다. 만일 **진아**에 도달할 수 있다고 하면, 그것은 **진아**가 지금 여기에 없고, 그것을 새로 얻어야 한다는 의미가 되겠지요. 새롭게 얻은 것은 또한 상실될 것입니다. 따라서 그것은 영구적이지 않겠지요. 영구적이지 않은 것은 노력하여 얻을 가치가 없습니다. 그래서 저는, **진아**에는 도달하는 것이 아니라고 말합니다. 그대가 **진아**입니다. 그대가 이미 그것입니다. 실은 그대는 자신의 지복스러운 상태를 모르고 있습니다. 무지가 잇따라 일어나서 그 순수한 **지복** 위에 하나의 막을 드리웁니다. 노력은 이 무지를 제거하는 데로만 향해집니다. 이 무지는 그릇된 앎으로 이루어지고, 그릇된 앎은 **자기**와 몸·마음 등의 거짓된 동일시로 이루어집니다. 이 거짓된 정체성이 사라져야 하며, 그러면 **진아**만이 남습니다.

**헌:** 어떻게 하면 그렇게 됩니까?

**마:** **진아**에 대한 탐구에 의해서지요.

헌: 그것이 어렵습니다. 제가 **진아**를 깨달을 수 있습니까, 마하라지님? 부디 말씀해 주십시오. 그것이 너무 어렵게 보입니다.

마: 그대가 이미 **진아**입니다. 따라서 깨달음은 누구나 공히 가지고 있습니다. 깨달음은 구도자들 간에 차이를 두지 않습니다. "내가 깨달을 수 있을까?" 하는 바로 그 의심이나 "나는 깨닫지 못했다"는 느낌이 장애물입니다. 그런 것들로부터도 벗어나십시오.

헌: 그러나 그 체험이 있어야 합니다. 저에게 그 체험이 없다면 어떻게 이 괴로운 생각들에서 벗어날 수 있겠습니까?

마: 그런 생각들도 마음 안에 있습니다. 그대가 자신을 몸과 동일시해 왔기 때문에 그런 것들이 있습니다. 이 거짓된 정체성이 떨어져 나가면, 무지가 사라지고 **진리**가 드러납니다.

헌: 예, 저는 그것이 어렵다고 느낍니다. 바가반의 제자분들 중에는 **당신의 은총**을 받아 별 어려움 없이 깨달은 분들이 있습니다. 저도 그런 **은총**을 받고 싶습니다. 저는 여자이고 먼 곳에 살기 때문에 제가 바라는 만큼 많이, 그리고 자주 마하르쉬님의 성스러운 친존에 같이 있을 수 없습니다. 어쩌면 다시 오지 못할지도 모릅니다. 바가반의 **은총**을 간청합니다. 집에 돌아가서도 바가반을 기억하고 싶습니다. 바가반께서는 부디 저의 기원을 들어주십시오!

마: 그대가 어디로 갑니까? 어디로도 가지 않습니다. 그대가 몸이라고 생각한다 해도, 그대의 몸이 러크나우에서 띠루반나말라이로 왔습니까? 그대는 그냥 차 안에 앉아 있었고, 이런저런 교통수단이 움직였습니다. 그리고 마침내 그대는 자신이 여기에 왔다고 말합니다. 실은 그대는 몸이 아닙니다. **진아**는 움직이지 않습니다. 세계가 그 안에서 움직입니다. 그대는 본래의 그대일 뿐입니다. 그대 안에는 아무 변화도 없습니다. 그렇다면 그대가 외관상 이곳을 떠난 뒤에도, 그대는 여기저기 도처에 있습니다. 이 장면들이 바뀝니다.

**은총**으로 말하면, **은총**은 그대의 안에 있습니다. 만약 외적인 것이라면 그것은 쓸모가 없습니다. **은총**은 곧 **진아**입니다. 그대는 결코 그 작용의 바깥에 있지 않습니다. **은총**은 늘 있습니다.

헌: 제 말은, 제가 당신의 형상을 기억할 때 제 마음이 강해져야 하고, 당신 쪽에서도 반응이 와야 한다는 것입니다. 저의 개인적인 노력에만 맡겨져서는 안 됩니다. 그것은 아무래도 약하기만 하니까요.

마: 은총은 곧 **진아**입니다. 제가 이미 말했지요. "만일 그대가 바가반을 기억한다면, 그것은 **진아**가 그렇게 하도록 그대를 자극하기 때문"이라고. 이미 은총이 있지 않습니까? 은총이 그대 안에서 작용하지 않는 순간이 있습니까? 그대가 기억한다는 것이 **은총**의 징표입니다. 그것이 반응이고, 그것이 자극이며, 그것이 **진아**이고, 그것이 **은총**입니다. 걱정할 필요가 없습니다.

헌: 세간(*samsara*)에 남아 있으면서도 제가 수행을 할 수 있습니까?

마: 예, 물론이지요. 그렇게 해야 합니다.

헌: 세간은 하나의 장애 아닙니까? 모든 성스러운 책에서 출가를 권장하지 않습니까?

마: 세간은 마음속에 있을 뿐입니다. 세계는 "내가 세계다"라고 소리치지 않습니다. 그게 아니라면 그것은 항상 있어야 하고, 그대의 잠 속에서도 예외가 아닙니다. 잠 속에는 세계가 없기 때문에 그것은 영구적이지 않습니다. 영구적이지 않기에 그것은 아무 활력이 없습니다. 활력이 없으니 그것은 **진아**에 의해 쉽게 정복됩니다. **진아**만이 영구적입니다. 출가란 **진아**를 비아와 동일시하지 않는 것입니다. 무지가 사라지면 비아도 존재하지 않게 됩니다. 그것이 참된 출가입니다.

헌: 그러면 당신께서는 청년기에 왜 집을 떠나셨습니까?

마: 그것이 저의 발현업(*prarabdha*)[운명]이지요. 금생에 우리의 행위 노선은 우리의 발현업에 의해 정해집니다. 저의 발현업은 이런 식이고, 그대의 발현업은 저런 식입니다.

헌: 저도 출가해야 하지 않습니까?

마: 만약 그것이 그대의 발현업이었다면, 그 질문이 일어나지 않았겠지요.

헌: 따라서 저는 세간에 남아 있으면서 수행해야 하는군요. 그런데 제가 금생에 깨달음을 얻을 수 있습니까?

마: 그것은 이미 답변해 드렸습니다. 그대는 늘 **진아**입니다. 진지한 노력은 결코 실패하지 않습니다. 반드시 성공하게 되어 있습니다.

헌: 마하르쉬님께서 부디 저에게도 **은총**을 내려주시기 바랍니다!

마하르쉬님은 미소를 짓고 "음! 음!" 하셨다. 축복과 절하기로 접견은 끝났고, 일행은 바로 떠났다.

## 1936년 9월 30일

**대담 252**

헌: 스리 라마크리슈나가 비베카난다에게 손을 대자 비베카난다가 지복을 깨달았습니다. 그것이 가능합니까?

마: 스리 라마크리슈나는 그 목적으로 모두에게 손을 대지는 않았지요. 그는 아뜨마(진아)를 창조하지 않았습니다. 깨달음을 창조하지 않았습니다. 비베카난다는 성숙되어 있었고, 깨닫기를 열망했습니다. 그는 전생에 예비적 과정을 다 마쳤을 것이 분명합니다. 그런 일은 성숙된 사람들에게만 가능합니다.

헌: 같은 기적이 모두에게 작용할 수 있습니까?

마: 그들이 그럴 만한 근기라면 그럴 수 있겠지요. 근기가 핵심입니다. 강한 사람은 약한 사람을 제어합니다. 강한 마음은 약한 마음을 제어합니다. 그것이 앞서 말한 경우에 일어난 일입니다. 그 효과는 일시적일 뿐이었습니다. 왜 비베카난다는 가만히 앉아 있지 않았습니까? 그런 기적이 있은 뒤에 왜 돌아다녔습니까? 왜냐하면 그 효과가 일시적일 뿐이었기 때문입니다.

헌: 어떻게 해야 마음이 심장 속으로 뛰어듭니까?

마: 마음은 지금 자신이 우주로 다양화되는 것을 봅니다. 다양성이 나타나지 않으면 마음은 그 자신의 본질, 즉 심장 안에 남아 있습니다. 심장 속으로 들어간다는 것은 (마음이) 한눈파는 일 없이 머물러 있는 것을 의미합니다.

심장이 유일한 실재입니다. 마음은 하나의 일시적 국면일 뿐입니다. 자신의 진아로 머무르는 것이 심장 속으로 들어가는 것입니다.

인간은 자신을 몸과 동일시하기 때문에 세계를 자신과 별개로 봅니다. 이 그릇된 동일시가 일어나는 것은, 그가 정박지를 잃고 자신의 본래적 상태에서 벗어났기 때문입니다. 그에게 이제 그런 모든 그릇된 관념들을 포기하고 자신의 근원을 추적해 올라가서 진아로 머무르라고 조언해 줍니다. 그 상태에서는 아무 차별상이 없습니다. 어떤 질문도 일어나지 않을 것입니다.

모든 경전(sastras)은 인간이 자신의 발걸음을 되짚어 본래의 근원으로 돌아가도록 하기 위해 있는 것일 뿐입니다. 새로운 무엇을 얻을 필요가 없습니다. 자신의 그릇된 관념과 쓸데없는 증식물들을 포기하기만 하면 됩니다. 그런데 그러지 않고 뭔가 이상하고 신비로운 것을 붙들려고 합니다. 자신의 행복이 다른 어딘가에 있다고 믿기 때문입니다. 그것이 잘못입니다.

사람이 진아로 머무르면 지복이 있습니다. 아마 그는 고요히 있는 것으로는 지복의 상태가 생겨나지 않는다고 생각하겠지요. 그것은 그의 무지 때문입니다. (그가 해야 할) 유일한 수행은 "이런 질문들이 누구에게 일어나는가?"를 알아내는 것입니다.

헌: 정욕·분노 등을 어떻게 제어합니까?

마: 그 정념들은 누구의 것입니까? 알아내십시오. 만일 그대가 진아로 머무르면, 진아와 별개의 것은 아무것도 없다는 것을 알게 될 것입니다. 그러면 제어 등을 할 필요가 없을 것입니다.

헌: 우리가 사랑하는 사람이 죽으면 슬픔이 일어납니다. 모두를 똑같이 사랑하거나 전혀 아무도 사랑하지 않으면 그런 슬픔을 피하게 될까요?

마: 누가 죽으면 살아 있는 다른 사람에게 슬픔이 있습니다. 슬픔을 없애는 길은 살아 있지 않는 것입니다. 슬퍼하는 자를 죽이십시오. 그러면 괴로워할 자가 누가 남아 있겠습니까? 에고가 죽어야 합니다. 그것이 유일한 길입니다.

(그대가 말하는) 그 두 가지 대안은 같은 상태나 마찬가지입니다. 모두가 하나의 진아가 되었는데, 사랑하거나 미워할 사람이 누가 있습니까?

헌: 해의 길이 무엇입니까? 달의 길은 무엇입니까? 어느 쪽이 더 쉽습니까?

마: 해의 길(ravi marga)은 지知입니다. 달의 길은 요가입니다.[4] 그들(요기들)은 몸 안의 72,000개 영맥을 정화하고 나면 수슘나로 들어가고, 마음이 사하스라라로 올라가며, 그곳에서는 감로甘露가 뚝뚝 떨어진다고 생각합니다.

그런 것들은 모두 마음의 개념입니다. 인간은 이미 세계의 개념들에 압도되어 있습니다. 이제 다른 개념들이 이 요가라는 형태로 덧붙여집니다. 이 모든 것들의 목적은 인간에게서 개념들을 제거하여 그가 순수한 진아, 즉 생각들이 소멸한 절대적 의식으로서 내재하게 하는 것이지요! 왜 곧장 거기로 나아가지 않습니까? 이미 존재하는 장애물에 왜 새로운 장애물들을 덧붙입니까?

### 1936년 10월 1일

**대담 253**

괄리오르(Gwalior)의 신디아학교(Scindia School) 교장 F. G. 피어스 씨: 바가반께

---

4) T. '해의 길'과 '달의 길'은 『기타』, 8.24-26과 『브리하다라니야까 우파니샤드』, 6.2.15-16, 『찬도갸 우파니샤드』, 5.10.1-2를 참조하라.

서는 "진아 탐구에 의해 에고가 소멸되지 않는 유식한 사람들보다는 무식한 사람들이 확실히 더 낫다"[「실재사십송 보유(Sad Vidya Anubandham)」, 제36송]고 하셨습니다. 그렇다면 바가반께서는 (그것이 참되다고 생각하는) 한 학교장에게, 교육을 어떻게 해나가야 글공부와 지적인 앎에 대한 욕구가 진아에 대한 탐색이라는 더 중요한 과제를 가리지 않도록 할 수 있는지, 조언해 주실 수 있습니까? 그 두 가지는 양립될 수 없습니까? 만약 안 된다면, 몇 살 때부터 어떤 방법으로 교육해야 청소년들이 내면의 진정한 진리를 탐색하는 쪽으로 향하도록 자극을 가장 잘 줄 수 있습니까?

**마:** 학식이 있다는 자부심과 인정받고 싶어 하는 욕망이 비난받는 것이지, 학식 자체는 그렇지 않습니다. 진리에 대한 탐색과 겸허함으로 이끌어주는 학식은 좋습니다.

위 질문자는 바가반 마하르쉬의 곁에서 귀중한 이틀간을 보냈다(그는 바가반이 산 위에 사실 때 잠시 찾아뵌 이후로 17년간 당신을 뵙지 못했다). 이제는 맡은 소임 때문에 그의 몸이 북쪽으로 멀리 가야 하는데, 다시 오려면 몇 년이 걸릴지도 모른다. 그는 바가반께 자신과의 강한 유대를 형성해 주시고, 자신이 진아를 탐구하는 데 있어 당신의 은총으로 자신을 도와주시라고 겸손히 청한다. 마하르쉬님은 이에 대해 부드럽게 미소를 지으셨다.

## 대담 254

던컨 그린레이스 씨가 『스리마드 바가바땀』에서 몇 구절을 인용했는데, 다음과 같은 취지였다.

"그대 자신 안의 **진아**를, 안팎의 모든 존재들 안의 순수한 허공처럼 보라."
"부끄러워하지 말고, 계급외인이나 소나 나귀에게도 엎드려 절하라."
"모두의 안에 있는 '나'를 알지 못하는 한, 몸과 마음으로 모두를 숭배하라."
"올바른 지식으로 모두를 **브라만**으로 보라. 이것이 일단 분명해지면, 모든 의문이 종식되고 그대는 **진아** 안에 물러나 있게 될 것이다."

그런 다음 그는 다음과 같은 질문들을 던졌다.

**헌:** 이것은 단 하나인 진아에 대한 깨달음으로 이끄는 **참된** 길입니까? 어떤 이들에게는, "나는 누구인가?" 하는 정신적 탐구를 통해 초정신적인 것을 추구하기보다 이처럼 마음이 접하는 모든 것에서 바가반을 보는 법을 닦는 것이

더 쉽지 않습니까?

**마**: 예. 하지만 모든 것 안에서 신을 볼 때 그대는 신을 생각합니까, 생각하지 않습니까? 그대 주위의 모든 것을 신으로 보려면 마음속에 확실히 신을 간직해야 합니다. 마음속에 신을 간직하는 것은 명상이 됩니다. 명상은 깨달음의 전단계입니다. 깨달음은 진아 안에 있을 뿐입니다. 명상이 그에 선행해야 합니다. 신에 대해서 명상하느냐 진아에 대해서 명상하느냐는 중요하지 않습니다. 목표는 동일합니다.

그러나 그대는 진아를 벗어날 수 없습니다. 그대는 모든 것 안에서 신을 보려고 하지만, 그대 자신 속에서는 보지 않습니까? 모든 것이 신이라면, 그대도 그 모든 것 안에 포함되지 않습니까? 그대 자신이 신인데 모든 것이 신이라고 해서 놀랄 것이 있습니까? 그런 수행을 하려고 해도 보는 자와 생각하는 자가 있어야 합니다. 그는 누구입니까?

**헌**: 시·음악·염송·바잔(*bhajan*)·아름다운 경치·영적인 영웅들의 생애담 읽기 등을 통해서 우리는 이따금 모든 것이 하나라는 참된 느낌을 체험하기도 합니다. (개인적 자아는 들어설 자리가 없는) 그 깊고 지복스러운 고요함의 느낌이 바가반께서 말씀하시는 "심장 속으로 들어가는 것"입니까? 그것을 수행하면 더 깊은 삼매에 이르고, 궁극적으로 실재를 온전히 보게 됩니까?

**마**: 이 경우에도, 기분 좋은 광경 등을 보면 행복감이 있습니다. 그것은 진아에 내재한 행복입니다. 그 행복은 낯설고 멀리 있는 것이 아닙니다. 그대가 즐겁다고 생각하는 그런 경우들에도 그대는 순수한 진아 속으로 뛰어들고 있는 것입니다. 그렇게 뛰어들면 '스스로 실재하는 지복'이 드러납니다. 그러나 관념의 연상으로 인해, 이 지복이 다른 사물이나 사건들에서 온다고 생각하게 됩니다. 사실 그것은 그대 안에 있습니다. 이러한 경우들에서도 그대는—비록 무의식적이기는 하나—진아 속으로 뛰어드는 것입니다. 만일 의식적으로 그렇게 하면, 그것을 깨달음이라고 합니다. 저는 그대가 의식적으로 진아 속으로, 즉 심장 속으로 뛰어들기를 바랍니다.

## 대담 255

**헌**: 진아가 늘 깨달아져 있다면, 우리는 가만히 있기만 해야 합니다. 그렇습니까?

마: 그대가 다른 어떤 것도 추구하지 않고 가만히 있을 수 있다면 그건 아주 좋습니다. 만일 그럴 수 없다면, 깨달음에 관한 한 조용히 있는 것이 소용 있습니까? 사람이 활동하지 않을 수 없다면, 진아를 깨달으려는 노력을 포기하지 말아야 합니다.

## 대담 256

사물의 질서상 진지眞知가 약한 사람의 위치에 대한 질문 하나가 제기되었다. 그 의문은, 아둔한 진인(manda jnani)은 합일무상삼매에 미치지 못한 것이냐 하는 것이었다.

마: 합일무상삼매는 박심지薄心地 단계에서도 일어납니다.
헌: 범용한 진인과 뛰어난 진인이 모두 생전해탈자라고 말해집니다. 합일무상삼매는 박심지에서 일어나는군요. 진지가 약한 사람은 어디에 들어갑니까?
마: 그는 입상지入常地[깨달음]에 들어갑니다. 반면에 범용한 진인과 뛰어난 진인은 각기 무착지無着地와 불각지不覺地에 들어갑니다. 아둔한 진인, 범용한 진인, 뛰어난 진인이라는 이 구분은 발현업의 작용력에 따른 것입니다. 그것이 강하면 그가 약하고, 그것이 중간 정도면 그도 범용하며, 발현업이 약하면 그가 뛰어납니다. 만일 그것이 아주 약하다면 그는 초월지超越地입니다.

그 진인들의 삼매 상태나 진지(jnana)에는 아무 차이가 없습니다. 그 분류는 관찰자의 관점에서 볼 때 있는 것일 뿐입니다.
헌: 박심지는 해탈희구希求(mumukshutva)와 같습니까?
마: 아니지요. 분별·무욕·해탈희구 등 6가지 자질은 열망지熱望地(subheccha)에 선행합니다. 이 첫째 단계는 해탈희구 다음이고, 이어서 탐구지(vicharana), 그 다음에 박심지가 옵니다. 직접지각은 입상지에서 일어납니다.

비슷한 점들을 (비교하며) 따질 필요가 없습니다. 생전해탈(jivanmukti)과 무신해탈(videhamukti)도 전거들마다 다르게 묘사됩니다. 어떤 때는 사람이 몸을 가진 것으로 보일 때도 무신해탈이라고 합니다. 실은, 해탈은 아함(Aham)['나']의 다른 이름일 뿐입니다.

지知의 7단계(jnana bhumikas)는, (1) 열망지熱望地(subhechcha)[깨달음에 대한 열망], (2) 탐구지探究地(vicharana)[청문과 성찰], (3) 박심지薄心地(tanumanasa)[마음이 엷어진 단계], (4) 입상지入常地(sattvapatti)[진아 깨달음], (5) 무착지無着地(asamsakti)[무집착],

(6) 불각지不覺地(padarthabhavani)[대상에 대한 지각이 전혀 없음], (7) 초월지超越地(turyaga)[언어를 넘어섬]입니다.

마지막 네 단계를 성취한 이들을 각기 브라미비드(Brahmavid), 브라마비드바라(Brahmavidvara), 브라마비드바리야(Brahmavidvarya), 브라마비드바리쉬타(Brahmavidvarishtha)라고 합니다.

## 대담 257

딘디걸(Dindigul-마두라이 북쪽의 도시)에서 온 한 청년이 스리 바가반께 말씀드리기를, 자기는 며칠 머무르면서 자신에게 필요한 것이 "나는 누구인가?"를 탐구하는 것뿐이라는 것을 배웠다고 했다. 그는 어떤 규율을 지켜야 하는지 알고 싶다면서 "탐구는 어디서 해야 합니까?" 하는 질문부터 시작했는데, 그것은 탐구를 스승의 친존(Guru sannidhi)에서 해야 하느냐는 뜻이었다.

**마:** 탐구는 '나'가 있는 곳에서 나와야 합니다.

**헌:** 사람들은 삶의 최고선(summum bonum)을 얻으려고 애씁니다. 그들은 올바른 길을 가지 않고 있다고 생각됩니다. 스리 바가반께서는 상당한 따빠스를 하신 뒤에 목표를 성취하셨습니다. 스리 바가반께서는 또한 모두가 그 목표에 도달하기를 바라시고, 그 때문에 그들을 기꺼이 도우려고 하십니다. 당신의 대리 따빠스 덕분에 남들은 아주 쉽게 목표에 도달할 수 있을 것이 분명합니다. 그들은 스리 바가반께서 이미 겪으신 그 모든 고생을 겪을 필요가 없습니다. 스리 바가반에 의해 그들의 길이 수월해졌습니다. 제 말이 맞습니까?

마하르쉬님은 미소를 지으며 말씀하셨다: 만일 그렇다면 누구나 목표에 쉽게 도달하겠지요. 그러나 각자가 스스로 노력해야 합니다.

## 대담 258

마이소르에서 온 한 청년은 스리 바가반께 종이쪽지 하나를 드리고 답변을 기다렸다. 그는 스리 바가반께 자신이 가르침을 얻기 위해 찾아가 볼 수 있는 다른 마하트마들을 어디 가면 뵐 수 있는지 말씀해 달라고 청한 바 있었다. 그는 마하트마들을 통해서 신을 찾기 위해 웃어른들에게 말하지 않고 집을 떠났다고 고백했다. 사실 자신은 신에 대해서나 신에 대한 탐색에 대해서 아무것도 모르며, 그래서 마하트마들을 만나보고 싶어 한다는 것이었다.

스리 바가반은 그 쪽지를 그냥 돌려주며 이렇게 말씀하셨다: 나는 누가 하는 질문마다 다 대답해야 하는군. 그렇게 하지 않으면 위대하지 않은 것이니까.

청년은 그 쪽지를 찢어버리고 다른 쪽지에 이렇게 썼다: 당신께서는 다람쥐와 토끼들에게 친절하십니다. 그들이 당신에게서 달아나려고 애쓸 때 그들을 쓰다듬어 주십니다. 하지만 인간들에게는 무관심하십니다. 예컨대 저는 집을 떠나 2주일째 여기서 기다리고 있습니다. 며칠간은 아무것도 먹지 않았습니다. 저는 분투하고 있습니다. 그런데도 당신께서는 저를 돌봐주지 않으십니다.

**마:** 이 보시게. 나는 천리안이 없네. 신은 나에게 그런 능력은 주지 않았어. 난들 어떻게 하나? 자네 질문에 어떻게 답변하지? 사람들은 나를 마하르쉬라고 부르면서 나를 이와 같이 대하지만, 나는 자신을 마하르쉬라고 보지 않네. 오히려 나에게는 모두가 마하르쉬지. 자네가 그런 젊은 나이에 신을 찾는다는 것은 좋은 일이지. 그에게 집중하게. 거기서 열매(선행에 따른 보상)를 바라지 말고 자네 일을 하게. 자네가 해야 할 일은 그뿐이네.

## 대담 259

나다(nada)·빈두(bindu)·깔라(kala)는 생기·마음·지성에 상응합니다.

이스와라는 나다[소리]를 넘어서 있습니다.

나다, 죠띠(jyoti)[빛] 등이 요가 문헌에서 언급되지만, 신은 이런 것들을 넘어서 있습니다.

혈액 순환, 공기 호흡, 기타 몸의 기능들은 소리가 나게 되어 있습니다. 그 소리는 자연적이며 지속적입니다. 그것이 나다(nada)입니다.

## 대담 260

『히말라야의 은자(A Hermit in the Himalayas)』(폴 브런튼의 책)에서 발췌한 글 한 편이 「선데이타임스」에 실린 것을 알게 되었다. 그것은 과거생들을 다시 들려주는 것에 대해 이야기했다. 거기서 폴 브런튼은 그런 능력을 얻는 불교적 방법들을 언급하고 있었다. 스리 바가반이 말씀하셨다: 자신의 미래나 과거에 대한 모든 것을 알고 싶어 하는 부류의 사람들이 있지요. 그들은 현재를 무시합니다. 과거의 짐(업)이 현재의 불행을 형성합니다. 과거를 회상하려 하는 것은 시간 낭비일 뿐입니다.

## 대담 261

누가 환생에 대해서 이야기했다: 샨띠 데비(라마크리슈나의 부인)의 환생은 인간의 시간 기준에 부합합니다. 반면에 최근에 알려진 일곱 살짜리 소년의 경우는 다릅니다. 이 소년은 지금 일곱 살인데, 자신의 전생들을 기억합니다. 아이에게 물어보니 자기는 전생의 몸을 10달 전에 떠났다고 합니다.

그러면 먼저 몸이 죽기 전 6년 2개월의 기간이라는 문제는 어떻게 되느냐 하는 의문이 일어납니다. 그 영혼이 두 개의 몸을 동시에 점유했습니까?

스리 바가반이 지적하셨다: 7년은 그 소년의 입장에서 그런 것이고, 열 달은 제3자의 입장에서 그런 것입니다. 그런 차이가 나는 것은 이 두 개의 서로 다른 부가물(upadhis-두 개의 몸) 때문입니다. 7년에 걸친 그 소년의 경험이 제3자 자신의 시간으로는 10달로밖에 계산되지 않는 것입니다.

스리 바가반은 또 『요가 바쉬슈타』에 나오는 릴라의 이야기를 언급하셨다.

## 대담 262

무슬림 교수인 사이에드 박사가 지금 여기 와 있다. 회의론자인 그의 친구가 그에게 "자네의 마하르쉬는 어떤 기적을 행하시나?" 하는 질문을 들이밀었다고 한다. 그는, 보통 사람들은 동물들보다 전혀 나을 것이 없지만 사람이 된 것이고, 우리는 당신의 자식들이므로 마하르쉬님에 의해 힘을 부여받는다고 대답했다. 그는 친구에게 "내면의 싱그러운 평안이 최고의 기적이지. 마하르쉬님은 그것을 가지고 계시다네"라고 대답한 것이 옳았는지 알고 싶어 했다:

"그게 우리에게 무슨 상관인가?"라고 그 친구가 물었습니다. 저는 이렇게 대답했습니다. "바로 그 **평안**이 모든 방문객들에게 하사되고 그들이 그것을 공유한다네. 폴 브런튼도 책에서 그런 이야기를 하고 있지. 마하르쉬님의 친존에서는 누구나 매일 그것을 느낀다네."

그는 이 대화 전체를 스리 바가반께 말씀드린 뒤 다음과 같은 말을 덧붙였다: 빠라슈라마(Parasurama)는 자신이 도중에 삼브리따(Sambritta)를 만났을 때 내면에서 싱그러운 평안을 느꼈다고 말했습니다.5) 그래서 그는 삼브리따가 큰

---

5) T. 빠라슈라마는 부모의 원수인 크샤트리아들에 대한 복수심으로 많은 크샤트리아들을 죽인 뒤 숲 속으로 들어가 선인이 되었다. 훗날 그는 라마의 명성을 듣고 다시 분노하여 라마에게 도전했으나 패배하고 돌아가다가, 도중에 진인 삼브리따-혹은 삼바르따(Samvarta)-를 만났다.

성자임을 알았던 것입니다. 그런 평안이 마하트마의 친존(깨달음)에 대한 유일한 기준 아닙니까? 달리 어떤 것이 있습니까?

스리 바가반이 말씀하셨다: 마드와(Madhva) 파派의 성자 따뜨와로야르(Tatvaroyar)가 자기 스승 스와루빠난드(Swarupanand)에 대한 바라니(*bharani*-타밀시의 한 형식) 한 수를 지었습니다. 학자들은 그 시에 반대하면서, 그것은 전쟁에서 1천 마리 이상의 코끼리를 죽인 사람에게나 어울리는데, 스와루빠난드는 사람들이 모르는 곳에 하릴없이 앉아 있는 사람이니 그런 찬가를 받을 자격이 없다고 했습니다. 따뜨와로야르는 그들 모두에게, 자기 스승 앞에 모여서 그가 한 번에 1천 마리의 코끼리를 죽일 수 있겠는지 직접 보자고 했습니다. 그들은 그렇게 했습니다. 스승 앞에 나타나자마자 그들은 말문이 막혔고, 며칠 동안 미동도 없이 그대로 지복스러운 평안에 잠겨 있었습니다. 그들은 의식을 되찾았을 때, 스승과 제자 두 사람에게 절을 하면서 자기들은 더없이 만족한다고 말했습니다. 스와루빠난드는 에고들을 조복調伏받을 수 있었다는 점에서 전사戰士들을 능가했는데, 그것은 코끼리 천 마리를 죽이는 것보다 훨씬 더 만만찮은 과제입니다.

마하르쉬님은 그 교훈이 분명하다고 말씀하셨다: 평안이 마하트마의 친존에 대한 유일한 기준입니다.

### 1936년 10월 20일

**대담 263**

사이에드 박사: 스리 바가반께서는 심장이 진아라고 말씀하셨습니다. 심리학에서는 악의·시기·질투 등 모든 정념들은 심장에 그 자리를 갖는다고 합니다. 이 두 가지 진술은 어떻게 조화될 수 있습니까?

마: 전 우주가 심장 속의 바늘구멍 하나 안에 들어 있습니다. 그런 정념들은 그 우주의 일부입니다. 그것들은 무지(*avidya*)입니다.

헌: 무지는 어떻게 일어났습니까?

마: 무지는 마야(*Maya*)와 같습니다['없는 것'이 마야(환)이다]. 마찬가지로 '없는 것'이 무지입니다. 따라서 그 질문은 일어나지 않습니다. 그런데도 그 질문이 나옵니다. 그럴 때는 "그 무지가 누구의 것인가?" 하고 물으십시오. 무지는 모른다는 것입니다. 그것은 주체와 대상을 함축합니다. 주체가 되십시오. 그러면

어떤 대상도 없을 것입니다.

헌: 무지가 무엇입니까?

마: 진아에 대한 무지입니다. 누가 진아에 대해 무지합니까? 자아가 진아에 대해 무지할 수밖에 없습니다. 그러나 두 개의 자아가 있습니까?

## 대담 264

헌: 바가반께서는 세계를 당신 자신의 핵심적 부분으로 보십니까? 당신께서는 세계를 어떻게 보십니까?

마: 진아만이 있고 달리 아무것도 없습니다. 그러나 무지로 인해 차별이 생깁니다. 차별은 세 가지인데, (1) 동류同類(자기와 같은 부류), (2) 이류異類(자기와 다른 부류), (3) 자류自類(자기의 일부)가 그것입니다. 세계는 자기(self)와 비슷한 다른 자기가 아닙니다. 그것은 자기와 다르지도 않고, 자기의 일부분도 아닙니다.

헌: 세계는 진아 위에서 반사되지 않습니까?

마: 반사가 있으려면 하나의 대상과 하나의 상像이 있어야 합니다. 그러나 진아는 그런 다름을 용납하지 않습니다.

헌: 그러면 바가반께서는 세계를 보지 않으십니까?

마: 바가반이란 누구를 말합니까?

헌: 저보다 진보된 한 개아를 말합니다.

마: 그대의 개아를 이해하면, 다른 개아도 이해됩니다.

헌: 저는 토론하고 싶지 않고, 배우고 싶습니다. 부디 저를 가르쳐 주십시오.

마: 그대가 배우고 싶어 하기 때문에 토론이 불가피합니다. 이 모든 것은 젖혀두십시오. 그대의 잠을 생각해 보십시오. 그때 그대가 속박을 자각하거나 (그 속박에서) 벗어날 수단을 강구합니까? 그때 몸 자체를 자각합니까? 속박의 느낌은 몸과 연관됩니다. 그렇지 않으면 속박도 없고, 속박할 재료도, 속박될 사람도 없습니다. 그러나 그대의 생시 상태에서는 그런 것들이 나타납니다. 그것들이 누구에게 나타나는지 살펴보십시오.

헌: 마음에게 나타납니다.

마: 그 마음을 지켜보십시오. 그것과 거리를 두고 떨어져 있어야 합니다. 그대는 마음이 아닙니다. 그러면 진아가 영원히 남을 것입니다.

헌: 스리 바가반께서는 진화를 믿으십니까?

마: 진화는 한 상태에서 다른 상태로 되는 것일 수밖에 없습니다. 어떤 차별상도 인정되지 않는데, 어떻게 진화가 일어날 수 있습니까?

헌: 왜 스리 크리슈나는 "여러 생이 지나면 그 구도자는 지知를 얻고, 그리하여 나를 알게 된다"고 말합니까? 단계적으로 나아가는 진화가 있음이 분명합니다.

마: 『바가바드 기타』가 어떻게 시작합니까? "나도 그대도 이 우두머리들도 있지 않았던 적이 없었다"라든가, "그것은 태어나지도 않고, 죽지도 않는다"라고 합니다. 따라서 탄생도 죽음도 없고, 그대가 바라보는 현재도 없습니다. **실재**는 있었고, 있고, 있을 것입니다. 그것은 불변입니다. 나중에 아르주나는 **스리 크리슈나**에게 어떻게 당신이 아디띠야(Aditya)보다 먼저 살았을 수 있느냐고 물었습니다. 그러자 크리슈나는 아르주나가 **자신**을 거친 몸과 혼동하고 있는 것을 보고 그에 따라 그에게 이야기했습니다. 그 가르침은 다양성을 보는 사람을 위한 것입니다. 실은 진인의 관점에서 보자면, 그 자신에게나 남들에게나 속박도 없고 해탈도 없습니다.

헌: 모두가 해탈 속에 있습니까?

마: '모두'가 어디 있습니까? 어떤 해탈도 없습니다. 속박이 있어야 해탈이 있을 수 있겠지요. 실제로 어떤 속박도 없었고, 그래서 어떤 해탈도 없다는 결론이 나옵니다.

헌: 그러나 다생에 걸쳐 진화하려면 다년간의 수행(abhyasa)이 있어야 합니다.

마: 수행은 내재적 평안에 대한 어떤 방해도 막기 위한 것일 뿐입니다. 다년간이라는 문제는 없습니다. 지금 이 순간 그 생각을 막으십시오. 수행을 하든 않든, 그대는 자신의 본래적 상태에 있을 뿐입니다.

다른 사람이 질문했다: 그렇다면 왜 모두가 **진아**를 깨닫지는 못합니까?

마: 그것은 또 다른 형태의 같은 질문입니다. 왜 그런 질문을 합니까? 수행에 대한 그런 질문을 하는 한, 그것은 그대에게 수행이 필요하다는 것을 말해줍니다. 그것을 하십시오.

그러나 아무 질문이나 의심 없이 있는 것이 본래적 상태입니다.

신은 인간을 창조했고, 인간은 신을 창조했습니다. 그들은 공히 형상과 이름들의 창조자일 뿐입니다. 사실은 신도 인간도 창조되지 않았습니다.

## 1936년 10월 21일

**대담 265**

그 귀족 여사(대담 251의 질문자)가 며칠 뒤 다시 와서, 바가반께 곧장 다가가 절을 한 뒤에 말했다: 저번에 남편과 아이들과 함께 왔습니다. 그들의 끼니 생각을 하다 보니 시간이 촉박했고, 그래서 제가 원하는 만큼 여기 머무를 수가 없었습니다. 그러나 나중에는 너무 급하게 돌아온 것이 마음에 걸렸습니다. 지금 다시 온 것은 조용히 앉아 스리 바가반의 **은총**을 흡수하기 위해서입니다. 저에게 마음의 힘을 주시기 바랍니다!

회당은 이미 사람들이 나가고 없었다. 그녀는 스리 바가반 앞의 거친 카펫 위에 앉았다. 스리 바가반은 미소를 지으며 말씀하셨다: 예. 침묵은 영원한 말하기입니다. 보통의 말이 그 심장 대 심장의 대화를 가로막습니다.

그녀는 동의하고 조용히 앉아 있었다. 스리 바가반은 소파에 비스듬히 기대어 계셨다. 당신의 시선은 그녀 쪽으로 고정되고, 입가에는 자애로운 미소가 감돌고 있었다. 두 사람은 말없이 꼼짝 않고 약 한 시간 동안 그러고 있었다.

쁘라사드가 분배되었다. 여사가 말했다: 이제 돌아가고 싶습니다. 방갈로르와 이곳 사이의 강이 범람하고 있습니다. 여기 오는 도중에 버스 한 대가 홍수에 전복되었더군요. 제 차는 나중에 왔는데, 저도 그 안타까운 사고를 목격했습니다. 그래도 강을 건너는 것이 두렵지 않았습니다. 제 차는 무사히 빠져 나왔습니다. 저는 낮 시간에 돌아가고 싶습니다.

이번에는 먼젓번처럼 "이번이 제가 마지막으로 오는 것"이라는 말씀은 드리지 않겠습니다. 잘 모르지만, 그렇게 될 수도 있겠지요. 하지만 마하르쉬님께서는 저에게 마음의 힘을 주셔야 합니다.

저는 헌신을 열망합니다. 이런 열망을 더 많이 갖고 싶습니다. 깨달음조차도 저에게는 중요하지 않습니다. 저의 이 열망이 강해지도록 해 주십시오.

**마:** 그런 열망이 있다면, 설사 그대가 원치 않아도 **깨달음**이 그대에게 강제될 것입니다. 열망(subhechcha)은 깨달음으로 나아가는 문입니다.

**헌:** 그렇게 되겠지요. 그러나 저는 열망하는 것으로 만족합니다. 제가 이곳에서 멀리 떨어져 있을 때도 저의 헌신이 해이해지면 안 되겠습니다. 스리 바가반께서 저에게 필요한 힘을 주십시오. 그런 열망은 **당신의 은총**을 통해서만 지속될 수 있습니다. 저는 개인적으로 너무 약합니다.

또 저번에 여기 왔을 때는 몇 가지 질문을 드렸지만 스리 바가반의 답변을 미처 따라가지 못했습니다. 저는 더 이상 어떤 질문도 하지 않고 그냥 당신의 **친존**에 가만히 앉아서 저에게도 올 수 있는 **은총**을 흡수해야겠다고 생각했습니다. 그래서 이번에는 마하르쉬님께 더 질문을 드리지 않는 것입니다. 그저 **당신의 은총**만 받게 해 주십시오.

**마:** 그대가 이곳을 계속 찾아온다는 것은 **은총**이 가고 있음을 말해줍니다.

그녀는 놀라면서 이렇게 말했다: 저는 마하르쉬님께 **당신께서** 저를 부르셨느냐고 여쭈려 했습니다. 제 남편이 오늘 아침에 느닷없이 "이틀은 쉬어도 돼. 만일 당신이 원하면 마하르쉬님을 찾아뵙고 와도 좋아" 하는 것이었습니다.

저는 아주 기분 좋게 놀랐고, 기뻤습니다. 저는 그것이 마하르쉬님의 부르심이라고 생각했습니다.

그녀는 마하르쉬님 가까이 살고 싶다면서 은총을 청했다. 마하르쉬님이 말씀하셨다: 더 높은 힘이 그대를 이끌고 있습니다. 그 힘의 인도를 받으십시오.

**헌:** 그러나 저는 그것을 자각하지 못합니다. 부디 제가 그것을 자각하게 해주십시오.

**마:** 더 높은 힘은 무엇을 할지, 그리고 어떻게 해야 할지를 알고 있습니다. 그것을 믿으십시오.

## 대담 266

그 무슬림 교수가 질문했다: 우리는 욕망을 포기해야 한다고 합니다. 그러나 억누를 수 없는 몸의 욕구가 있습니다. 어떻게 해야 합니까?

**마:** 구도자는 세 가지 요건을 갖춰야 하는데, (1) 욕망(*ichcha*), (2) 헌신(*bhakti*), (3) 믿음(*sraddha*)이 그것입니다.6) 욕망은 (허기·갈증·배설과 같은) 신체적 욕구를 몸에 대한 집착 없이 충족함을 뜻합니다. 그렇게 하지 않으면 명상이 진보할 수 없습니다. 헌신과 믿음은 사람들이 이미 알고 있는 것입니다.

**헌:** 두 종류의 욕망, 즉 저급한 욕망과 고상한 욕망이 있습니다. 저급한 욕망을 고상한 욕망으로 변환시키는 것이 우리가 해야 할 일입니까?

**마:** 그렇지요.

---

6) *T.* 정욕(*raga*)을 위시한 '16가지 마음의 양태'를 논하는 문헌들이 있는데, 마지막 세 가지가 욕망·헌신·믿음이다. 앞 13가지는 불순수한 것, 헌신과 믿음은 순수한 것이고, 욕망은 그 중간이다.

**헌**: 그러면 바가반, 당신께서 세 가지 요건을 말씀하셨는데, 그 중에서 욕망은 자연적 욕구를 몸 등에 대한 집착 없이 충족하는 거라고 하셨습니다. 저는 하루에 서너 번씩 식사를 하고 신체적 욕구를 하도 잘 들어주어서, 몸뚱이에 억압당합니다. 제가 몸을 떠나 신체적 욕구라는 형벌에서 벗어나게 되는 어떤 상태가 있습니까?

**마**: 해로운 것은 집착[사랑(raga)·미움(dwesha)]입니다. 행위는 그 자체로는 나쁘지 않습니다. (하루에) 서너 번씩 먹어서 해로울 것은 없습니다. 다만 "나는 이런 음식을 원하고 저런 음식은 원치 않는다"는 식으로 말하지는 마십시오.

더욱이 그대는 그런 식사를 생시 상태의 12시간 중에 하지, 잠자는 시간에는 하지 않습니다. 잠이 그대를 해탈로 이끌어 줍니까? 단순히 활동하지 않고 있는 것이 해탈을 가져다 줄 거라고 생각하면 잘못입니다.

**헌**: 유신有身해탈자(sadeha mukta)와 무신無身해탈자(videha mukta)가 있다고 합니다.

**마**: 해탈이 없는데, 해탈자들이 어디 있습니까?

**헌**: 힌두 경전에서 해탈에 대해 이야기하지 않습니까?

**마**: 해탈은 진아와 동의어입니다. 생전해탈(jivan mukti)[몸을 가지고 있을 때의 해탈]과 무신해탈(videha mukti)[몸이 떨어져 나간 뒤의 해탈]은 모두 무지한 사람들을 위한 것입니다. 진인은 해탈이나 속박(bandha)을 의식하지 않습니다. 속박·해탈과 해탈의 등급을 말하는 것은 모두 무지인이 그 무지를 떨쳐내도록 하기 위해서입니다. 해탈만 있고 달리 아무것도 없습니다.

**헌**: 바가반의 관점에서는 모두 맞는 말씀이지만, 저희는 어떻게 합니까?

**마**: '그'와 '나'라는 구별이 진지(jnana)에 장애물입니다.

**헌**: 그러나 바가반께서는 높은 수준이신 반면, 저희는 제한되어 있다는 것을 부인할 수 없습니다. 바가반께서 저를 당신과 하나로 만들어 주시겠습니까?

**마**: 그대의 잠 속에서 그대는 한계들을 자각했습니까?

**헌**: 현재의 상태에서 저의 잠의 상태를 끌어내려 제가 그에 대해 이야기하지는 못합니다.

**마**: 그럴 필요가 없습니다. 이 세 가지 상태는 불변의 진아 앞에서 번갈아듭니다. 그대는 잠의 상태를 기억할 수 있습니다. 그것이 그대의 진정한 상태입니다. 그때는 아무런 한계가 없었지요. '나'라는 생각이 일어난 뒤에 그 한계들이 일어났습니다.

헌: 진아를 어떻게 성취합니까?
마: 진아는 성취되는 것이 아닙니다. 왜냐하면 그대가 진아이기 때문입니다.
헌: 예. 불변의 진아가 있고, 제 안의 변하는 자아가 있습니다. 두 개의 자아가 있습니다.
마: 그 변화무쌍함은 생각일 뿐입니다. 모든 생각은 '나'라는 생각이 일어난 뒤에 일어납니다. 그 생각들이 누구에게 일어나는지를 보십시오. 그러면 그대는 그 생각들을 초월하고, 그것들은 가라앉습니다. 다시 말해서, '나'라는 생각의 근원을 추적하면 완전한 '나-나'를 깨닫습니다. '나'는 진아의 이름입니다.
헌: 저는 "나는 브라만이다(Aham Brahmasmi)"를 명상할까요?
마: 그 문구는 "나는 브라만이다"라고 생각하라는 것이 아닙니다. '나(Aham)'는 누구나 아는 것입니다. 브라만은 모든 사람 안에 '나'로서 안주하고 있습니다. 그 '나'를 알아내십시오. 그 '나'가 이미 브라만입니다. 그렇게("나는 브라만이다"라고) 생각할 필요가 없습니다. 그냥 그 '나'만 알아내십시오.
헌: 경전에서는 껍질들(sheaths)의 버림을 말하고 있지 않습니까?
마: '나'라는 생각이 일어난 뒤에 '나'와 몸·감각기관·마음 등과의 거짓된 동일시가 있습니다. '나'가 그런 것들과 잘못 연관되면서 참 '나'가 시야에서 사라집니다. 순수한 '나'를 오염된 '나'로부터 걸러내기 위해 그런 버림을 말하는 것입니다. 그러나 그것은 정확히는 비아非我의 버림을 뜻하는 것이 아니라 진정한 자아의 발견을 뜻합니다.

　진정한 자아는 무한한 '나-나'입니다. 즉, '나'는 완전함입니다. 그것은 영원합니다. 시작도 없고 끝도 없습니다. 다른 '나'는 태어나고 죽습니다. 그것은 영구적이지 않습니다. 그 변하는 생각들이 누구에게 있는지를 보십시오. 그것들이 '나'라는 생각 이후에 일어난다는 것을 알 것입니다. '나'라는 생각을 붙드십시오. 그 생각들은 가라앉습니다. (이때) '나'라는 생각의 근원을 추적해 올라가십시오. 진아만이 남을 것입니다.
헌: 말씀을 따라가기 어렵습니다. 이론은 이해됩니다만, 수행법은 무엇입니까?
마: 다른 방법들은 진아에 대한 탐구를 할 수 없는 사람들을 위한 것입니다. "나는 브라만이다"를 염하거나 그것을 생각하기 위해서도 행위자가 필요합니다. 그것이 누구입니까? 그것은 '나'입니다. 그 '나'가 되십시오. 그것이 직접적인 방법입니다. 다른 방법들도 궁극적으로 모든 사람을 이 진아에 대한 탐구

의 방법으로 이끌어줄 것입니다.

**헌:** 저는 '나'를 자각합니다. 하지만 저의 문제들은 끝나지 않습니다.

**마:** 이 '나'라는 생각은 순수하지 않습니다. 그것은 몸·감각기관들과의 연관으로 오염됩니다. 누구에게 그 문제가 있는지를 보십시오. 그것은 '나'라는 생각에게 있습니다. 그것을 붙드십시오. 그러면 다른 생각들은 사라집니다.

**헌:** 예. 그것을 어떻게 합니까? 문제라면 그게 문제입니다.

**마:** "나, 나, 나"를 생각하면서, 다른 모든 생각을 배제하고 그 한 생각을 붙드십시오.

### 1936년 10월 23일

**대담 267**

스리 바가반은 회당 안의 동물 친구들에 대해 말씀하시면서 압바이(Avvai)[7]가 지은 타밀시 한 구절을 인용하셨다.

한번은 이 노여사가 길을 가다가 어떤 사람이 깜바르(Kambar)[8]를 칭찬하는 말을 들었다. 그녀는 시구 하나로 대답했는데, 이런 의미였다.

"각자가 그 나름대로 위대하네. 둥지를 아주 멋지게 짓는 새나, 랙(lac-니스나 물감의 원료인 진딧물의 분비물)을 분비하는 벌레들, 벌집을 짓는 꿀벌과 도시를 건설하는 개미들, 거미줄을 치는 거미에 비해 깜바르가 뭐가 위대하단 말인가?"

그런 다음 바가반은 이런 동물들의 활동을 묘사하기 시작하셨다.

당신이 산 위에 사실 때 돌과 흙으로 짓고 짚으로 지붕을 한 오두막 하나를 보신 적이 있었다. 이 오두막은 흰개미들 때문에 늘 곤란을 겪었다. 그래서 개미들이 사는 흙을 없애려고 지붕을 걷어내고 벽을 허물었다. 스리 바가반이 보니 돌로 보호된 공간들이 개미들의 도시로 만들어져 있었다. 이 마을들은 검게 회를 바른 벽들로 둘러싸여 있었고, 이웃 마을로 가는 길들이 있었는데, 그 마을들도 마찬가지로 검은 회를 바른 벽들에 둘러싸여 있었다. 이 벽들이 그 길들이 어디로 나 있는지 보여주었다. 도시 내부에는 구멍들이 있어서 개미들이 그 안에 살고 있었다. 이렇게 벽 전체에 흰개미들이 세 들어 사는 바람에 위의 지붕 재료들이 망가진 것이었다.

---

7) *T*. 남인도의 여류 시인-성자.
8) *T*. 『라마야나』의 타밀어판인 『깜바 라마야나』의 저자(1180경-1250).

스리 바가반은 거미가 거미줄을 치는 것도 보셨고, 그것을 묘사하셨다: 그 거미가 여기서 보였다가 저기서 보이더니, 다시 제3의 장소에서도 보입니다. 이 세 지점에 모두 거미줄이 고정됩니다. 거미는 그 줄을 따라 내려갔다 올라갔다 하고 빙빙 돌기도 하는데, 그러면 거미줄이 완성됩니다. 기하학적이지요. 아침에는 그 그물이 펼쳐지고, 저녁에는 거두어들여집니다.

마찬가지로, 말벌들은 랙으로 둥지들을 짓고, 뭐 그렇게 합니다.

그렇다면 동물마다 어떤 놀라운 본능을 가진 것입니다. 깜바르의 학식에 놀랄 일이 아닌 것이, 다른 경우도 그렇듯이 그것은 신의 의지이기 때문입니다.

### 대담 268

사이에드 박사: 구원이 무엇입니까? 그리스도가 구원이라고 한 것은 무슨 의미였습니까?

마: 누구를 위한 구원이며, 무엇으로부터의 구원입니까?

헌: 개인을 위한 구원이고, 세상의 슬픔과 괴로움으로부터의 구원입니다.

마: 그 슬픔 등은 누구의 것입니까?

헌: 마음의 것입니다.

마: 그대가 마음입니까?

헌: 이 질문이 어떻게 일어났는지 지금 설명 드리겠습니다. 저는 명상을 하고 있었습니다. 그리스도가 구원을 얻은 일부 헌신자들에게 보여준 은총에 대해 성찰하기 시작했습니다. 저는 스리 바가반께서도 그와 비슷하다고 생각합니다. 구원은 비슷한 은총의 결과 아닙니까? 그것이 제가 드린 질문의 의미입니다.

마: 예. 맞습니다.

헌: 소책자 「나는 누구인가?」에서는 견성見性(swarupa drishti)[자기 성품을 보는 것]을 이야기합니다. 그렇다면 보는 자와 보이는 것이 있어야 합니다. 이것은 **궁극적 단일성**과 어떻게 조화될 수 있습니까?

마: 구원, 슬픔에서의 해방 등에 대해 왜 묻습니까? 그런 것을 묻는 사람이 그런 것도 봅니다. 사실은 이렇습니다. 견見(drishti)은 의식입니다. 그것이 주체와 대상을 구성합니다. 진아와 별개의 견見이 있을 수 있습니까? 진아는 견 등의 모든 것입니다.

헌: 에고를 완전한 '나-나'로부터 어떻게 식별합니까?

**마:** 일어나고 가라앉는 것은 일시적인 '나'입니다. 시작도 없고 끝도 없는 것은 영구적인 '나-나' 의식입니다.

**헌:** 진아에 대해 끊임없이 생각하면 마음이 더욱 더 정밀해져서, **지고자** 외에는 아무것도 생각하지 않게 되겠습니까?

**마:** 평화로운 마음이 있는데 그것이 **지고자**입니다. 그 마음이 동요할 때는 생각들의 괴롭힘을 당합니다. 마음은 **진아**의 동적인 힘(sakti)일 뿐입니다.

**헌:** 껍질들(sheaths)은 물질적이어서 **진아**와 다릅니까?

**마:** 물질과 정신 간에는 아무 차이가 없습니다. 현대 과학은 모든 물질이 에너지라는 것을 인정합니다. 에너지는 힘(sakti)입니다. 따라서 모든 것은 **시바**(Siva)와 **샥띠**(Sakti), 즉 **진아**와 마음 안에서 해소됩니다.

껍질들은 겉모습에 불과합니다. 그것들 자체에는 아무 실재성이 없습니다.

**헌:** 하루에 몇 시간이나 명상을 해야 합니까?

**마:** 그대의 성품 자체가 명상입니다.

**헌:** 성숙했을 때는 그렇겠지만 지금은 아닙니다.

**마:** 그대는 그것을 나중에 의식하게 됩니다. 그렇다고 해서 지금 그대의 성품이 명상과 다르다는 것은 아닙니다.

**헌:** 수행은 어떻습니까?

**마:** 명상을 늘 닦아야 합니다.

**헌:** 한 페르시아 신비가는 "**신** 외에는 아무것도 없다"고 합니다. 꾸란(코란)에서는 "신은 만물에 내재해 있다"고 합니다.

**마:** 신과 별개로는, 그가 편재하는 어떤 '만물'도 없습니다. 그만이 있습니다.

**헌:** 사람이 자신의 최고의 임무는 진아명상(Atma-chintana)[진아에 대한 지속적 일념]임을 깨달을 때, 그의 가정적 임무를 포기하는 것이 도덕적으로 옳습니까?

**마:** 사물들을 포기하려는 그 욕망이 장애입니다. **진아**는 단순한 포기입니다. **진아**는 모든 것을 포기했습니다.

**헌:** 바가반의 관점에서는 그 말씀이 맞습니다. 그러나 저희들에게는… 제가 하는 일은 저의 시간과 기력 대부분을 요구합니다. 저는 너무 지쳐서 진아명상에 몰두할 수 없는 때가 많습니다.

**마:** "내가 일한다"는 느낌이 장애입니다. "누가 일하는가?" 하고 물으십시오. "나는 누구인가?"를 기억하십시오. 그 일이 그대를 속박하지 않을 것입니다.

그것이 자동적으로 진행될 것입니다. 일하려고 애쓰지도 말고 일을 포기하려고 하지도 마십시오. 그대의 노력이 속박입니다. 일어나게 되어 있는 일은 일어나겠지요.

만일 그대가 일을 그만둘 운명이라면 그것을 찾아서 하려 해도 할 수 없을 것입니다. 만일 일을 할 운명이라면 그 일을 떠날 수 없을 것이고, 그 일을 하지 않을 수 없게 될 것입니다. 그러니 그것은 더 높은 힘에 맡겨두십시오. 그대가 원하는 대로 포기하거나 보유할 수가 없습니다.

### 대담 269

**헌:** 만물에 내재한 신이 어떻게 **심장공간**(*daharakasa*) 안에 거주한다고 이야기됩니까?

**마:** 우리는 한 곳에 거주하지 않습니까? 그대는 자신이 그대의 몸 안에 있다고 말하지 않습니까? 마찬가지로, **신**은 **심장연꽃**(*Hritpundarika*) 안에 거주한다고 이야기됩니다. **심장연꽃**은 하나의 장소가 아닙니다. 신의 처소로 어떤 이름이 거론되는 것은 우리가 자신이 몸 안에 있다고 생각하기 때문입니다. 이런 식의 가르침은 상대적인 지知만 평가할 수 있는 사람들을 위한 것입니다.

신은 도처에 내재하여 그에게 어떤 특정한 장소도 없습니다. 우리는 자신이 몸 안에 있다고 생각하기 때문에, 우리가 태어난다고 믿습니다. 그러나 깊은 잠 속에서는 우리가 몸이나 신이나 깨달음의 방법에 대해 생각하지 않습니다. 하지만 생시 상태에서는 몸에 집착하고, 우리가 그 안에 있다고 생각합니다.

지고의 존재는 거기서 몸이 태어나고, 그 안에서 몸이 살아가고, 그 속으로 몸이 해소되는 그것입니다. 그러나 우리는 우리가 몸 안에 거주한다고 생각합니다. 그래서 그런 가르침을 주는 것입니다. 그 가르침의 의미는 "내면을 보라"는 것입니다.

### 대담 270

넬로르의 영어 조교수 G. V. 숩바라마이야 씨가 여쭈었다: 브라만은 '이 모든 것에 편재해 있는 자(*yena sarvam idam tatam*)'[9]입니다. 그런데 어떻게 스리 크

---

9) *T.* "이 모든 것에 편재해 있는 자는 파괴 불능임을 알라." -『기타』, 2.17. "그의 안에 모든 존재가 살고 있고, 이 모든 것에 편재해 있는 자." -『기타』, 8.22.

리슈나는 『바가바드 기타』 제10장(19-40절)에서 신의 영광된 면모들(vibhutis)을 명시할 수 있습니까?

마: 그런 명시는 숭배의 편의(upasana soukaryam)를 위해 하느님의 영광된 면모들을 알고 싶어 한 아르주나의 한정된 질문에 대한 대답으로 한 것입니다. 사실 신은 모든 것입니다. 그와 별개의 것은 아무것도 없습니다.

헌: 개인은 헌 몸(jirnani sarirani)을 버리고 새 몸(navani)을 받는다고 합니다. 이 말은 어린 아기의 죽음에도 해당됩니까?

마: 그대는 첫째, 무엇이 헌 것이고 무엇이 새 것인지 모릅니다. 둘째, 헌 것과 새 것은 상대적 용어입니다. 왕에게 헌 것이 거지에게는 새 것일지 모릅니다. 실은 개인성이란, 해탈할 때까지 몸을 가지고 있는 상태를 뜻합니다.

## 대담 271

사이에드 박사: 은총은 어떻게 얻을 수 있습니까?

마: 진아를 얻는 것과 비슷합니다.

헌: 실제적으로, 그것이 우리에게 어떻게 옵니까?

마: 자기순복(self-surrender)에 의해서입니다.

헌: 은총은 진아라고 하셨습니다. 그러면 저는 저 자신의 진아에 순복해야 합니까?

마: 그렇지요. 은총의 원천인 자에게 말입니다. 신, 스승, 진아는 같은 것의 다른 이름들일 뿐입니다.

헌: 부디 제가 이해할 수 있도록 설명해 주십시오.

마: 그대가 자신을 개인이라고 생각하는 한 그대는 신을 믿습니다. 신을 숭배하면 신이 스승으로서 그대에게 나타납니다. 스승을 섬기면 그가 진아로서 나타납니다. 이것이 그에 대한 설명입니다.

## 대담 272

헌: 세계에 참화慘禍를 확산시키는 광범위한 재난들, 예를 들어 기근과 전염병이 있습니다. 이러한 사태의 원인은 무엇입니까?

마: 그 모든 것이 누구에게 나타납니까?

헌: 그 말씀으로는 안 됩니다. 저는 주위에서 불행을 봅니다.

마: 잠 속에서는 그대가 세계나 세계의 고통들을 지각하지 못했는데, 생시의 상태에서는 그것을 의식합니다. 그대가 그런 것들에 시달리지 않던 그 상태에 계속 있으십시오. 다시 말해서 그대가 세계를 지각하지 못할 때는 세계의 고통들이 그대에게 영향을 주지 않습니다. 잠 속에서와 같이 그대가 **진아**로 머물러 있을 때는 세계와 그 고통들이 그대에게 영향을 주지 않을 것입니다. 따라서 내면을 보십시오. **진아**를 보십시오! 그러면 세계와 그 불행들이 끝이 날 것입니다.

헌: 그러나 그것은 이기적인 것입니다.

마: 세계는 외적인 것이 아닙니다. 그대는 자신을 몸과 그릇되게 동일시하기 때문에 바깥 세계를 보는데, 그러면 세계의 고통이 그대에게 나타납니다. 그러나 그것은 실재하지 않습니다. **실재**를 추구하여 이 실재하지 않는 느낌을 없애십시오.

헌: 위대한 사람들도 있고 사회사업가들도 있지만 그들은 세계의 불행이라는 문제를 해결하지 못합니다.

마: 그들은 에고 중심적이고, 그래서 그럴 능력이 없습니다. 만약 그들이 **진아** 안에 머무른다면 그들도 달라질 것입니다.

헌: 마하트마들은 왜 도와주지 않습니까?

마: 그들이 돕지 않는지 그대가 어떻게 압니까? 대중 연설, 신체적 활동과 물질적 도움은 모두 **마하트마들**의 침묵에 미치지 못합니다. 그들은 남들보다 더 많은 것을 이루어냅니다.

헌: 세상의 조건을 개선하기 위해 우리는 무엇을 해야 합니까?

마: 만일 **그대가** 고통에서 벗어나 있으면 어디에도 고통은 없을 것입니다. 지금 문제는 그대가 세계를 외부에 있는 것으로 보고, 그 세계에 고통이 있다고 생각하는 데서 비롯됩니다. 그러나 세계와 그 고통은 그대 안에 있습니다. 만일 그대가 내면을 보면 어떠한 고통도 없을 것입니다.

헌: 신은 완전합니다. 그런데 **그가** 왜 불완전한 세계를 창조했습니까? 작품은 그것을 만든 이의 본질을 공유합니다. 그러나 여기서는 그렇지 않습니다.

마: 그 질문을 하는 것은 누구입니까?

헌: 저, 개인입니다.

마: 이 질문을 하는 것은 그대가 **신**과 별개여서입니까?

그대 자신을 몸으로 여기는 한, 세계를 외적인 것으로 보게 됩니다. 그 불완전함이 그대에게 나타나 보입니다. 신은 완전함이고, 그의 작품도 완전함입니다. 그러나 그대는 그릇된 동일시 때문에 그것을 불완전함으로 봅니다.

**헌:** 진아가 왜 이 비참한 세계로 현현했습니까?

**마:** 그대가 진아를 추구하도록 하기 위해서입니다. 그대의 눈들은 스스로를 보지 못합니다. 거울을 앞에 두면 눈이 스스로를 볼 수 있습니다. 창조계도 마찬가지입니다.

"먼저 그대 자신을 보고, 그런 다음 전 세계를 진아로 보라"는 것입니다.

**헌:** 그러니까 이런 말씀이군요—제가 늘 내면을 보아야 한다는.

**마:** 그렇지요.

**헌:** 세계를 전혀 보아서는 안 됩니까?

**마:** 세계에 대해 눈을 감으라는 것은 아닙니다. 단지 "먼저 그대 자신을 보고, 그런 다음 전 세계를 진아로 보라"는 것입니다. 그대 자신을 몸으로 여기면 세계는 외적인 것으로 보입니다. 그대가 진아면 세계가 브라만으로 나타납니다.

## 대담 273

사이에드 박사가 질문했다: 저는 「다섯 찬가(Five Hymns)」를 읽고 있습니다. 제가 보니 그 찬가들은 당신께서 아루나찰라께 말씀하시는 것이더군요. 그러나 당신께서는 비이원론자(Advaitin)이십니다. 그런데 어떻게 별개의 한 존재로서의 신에게 말씀하실 수 있습니까?

**마:** 헌신자, 신 그리고 그 찬가들 모두가 진아입니다.

**헌:** 그러나 당신께서는 신에게 말씀하시고 계십니다. 당신께서는 이 아루나찰라 산을 신이라고 명시하고 계십니다.

**마:** 그대는 진아를 몸과 동일시할 수 있습니다. 헌신자가 진아를 아루나찰라와 동일시하면 안 됩니까?

**헌:** 만약 아루나찰라가 진아라면, 왜 수많은 다른 산들 가운데서 그것을 특별히 골라내야 합니까? 신은 도처에 있습니다. 왜 그를 아루나찰라로 명시하십니까?

**마:** 무엇이 그대를 알라하바드(Allahabad)에서 이곳으로 끌어당겼습니까? 무엇이 주위의 이 모든 사람들을 끌어당겼습니까?

**헌:** 스리 바가반이십니다.

**마:** 저는 어떻게 여기에 이끌렸습니까? **아루나찰라**에 의해서지요. 그 힘을 부정할 수 없습니다. 또 **아루나찰라**는 안에 있지, 밖에 있지 않습니다. **진아**가 곧 **아루나찰라**입니다.

**헌:** 성스러운 책들(경전)에서는 **아뜨만·빠라마뜨만·빠라**(Para) 등 몇 가지 용어가 사용됩니다. 그것들 간의 층차는 무엇입니까?

**마:** 그 단어들을 사용하는 사람에게는 같은 것을 의미합니다. 그러나 사람마다 발전 정도에 따라 그것을 다르게 이해합니다.

**헌:** 그러면 그들은 왜 같은 것을 의미하는 그 많은 단어들을 사용합니까?

**마:** 상황 나름이지요. 그 단어들은 모두 **진아**를 뜻합니다. **빠라**는 '상대적이지 않은' 혹은 '상대적인 것을 넘어선' 것, 다시 말해서 **절대자**를 의미합니다.

**헌:** 제가 **심장**에 대해서 명상하려면 가슴 오른쪽을 명상해야 합니까?

**마:** **심장**은 신체적인 것이 아닙니다. 명상은 오른쪽이나 왼쪽에 대해서 하면 안 됩니다. 명상은 **진아**에 대해서 해야 합니다. 누구나 "내가 있다"는 것을 압니다. 그 '나'가 누구입니까? 그것은 안도 아니고 밖도 아니고, 오른쪽도 아니고 왼쪽도 아닐 것입니다. "내가 있다"—그뿐입니다.

  **심장**은 일체가 거기서 솟아나는 중심입니다. 그대가 세계·몸 등을 보기 때문에 그것들에게 중심이 있다고 말해지는데, 그것을 **심장**이라고 합니다. 그대가 **심장** 안에 있을 때는 **심장**이 중심도 아니고 주변도 아님을 알게 됩니다. 달리 아무것도 없습니다. 그것이 누구의 중심일 수 있겠습니까?

**헌:** **진아**와 비아는 실체와 그 그림자와 같다고 여겨도 되겠습니까?

**마:** 실체와 그림자는, 그림자만 보면서 그것을 실체로 착각하고 그것의 그림자도 보는 사람들에게 해당됩니다. 그러나 **실재만**을 아는 사람에게는 실체도 없고 그림자도 없습니다.

**헌:** **붓다**는 에고가 있느냐는 질문을 받았을 때 침묵했고, 에고가 없느냐는 질문을 받았을 때도 침묵했습니다. 신이 있느냐는 질문을 받았을 때도 침묵했고, 신이 없느냐는 질문을 받았을 때도 침묵했습니다. 침묵이 이런 모든 질문에 대한 그의 답변이었습니다. 대승大乘과 소승小乘 양파가 공히 그의 침묵을 잘못 해석했습니다. 왜냐하면 그들은 **붓다**가 무신론자라고 말하기 때문입니다.

  만약 **붓다**가 무신론자였다면, 왜 열반에 대해, 탄생과 죽음에 대해, 업과 환생과 다르마(dharma-진리)에 대해 이야기했겠습니까? 그의 해석자들이 틀렸습니다. 그렇지 않습니까?

**마**: 맞습니다.

### 1936년 10월 27일

**대담 274**

그 무슬림 교수는 비슈누교(Vaishnavaism-힌두교의 일파)가 비이원론주의(Advaitism)와 어떻게 조화될 수 있느냐고 질문했다.

**마**: 비슈누교도들은 자신들을 한정비이원론자(Visishtadvaitins)라고 부릅니다. 이것도 비이원론입니다. 개인의 몸이 영혼·에고·거친 몸을 포함하듯이, 신도 지고아(Paramatma)·세계·개인들을 포함합니다.

**헌**: 헌신(bhakti)은 이원성을 함축하지 않습니까?

**마**: "자신의 참된 성품에 대한 내관을 헌신이라 한다(Swa swarupanusandhanam bhaktir ity abhideeyate)".[10] 헌신과 자기탐구는 같은 하나입니다. 비이원론자들의 진아가 헌신가들의 신입니다.

**헌**: 인간들의 영적인 복지를 지켜보는, 모든 종교의 원래 창시자들의 어떤 영적인 위계구조가 있습니까?

**마**: 그들이 그러든 그렇지 않든 상관없지요. 그것은 기껏해야 하나의 추측일 뿐입니다. 아뜨마(Atma)는 자명합니다(pratyaksha). 그것을 알고 사변을 끝내십시오. 어떤 사람은 그런 위계구조를 인정할 수도 있고, 어떤 사람은 인정하지 않을 수도 있습니다. 그러나 누구도 아뜨마는 부인하지 못합니다.

**헌**: 스리 바가반께서는 행위(pravritti)의 길과 무위(nivritti)의 길을 어떻게 생각하십니까?

**마**: 예, 둘 다 이야기되지요. 그게 어떻다는 겁니까?

**헌**: 그 두 가지 중 어느 것이 더 낫습니까?

**마**: 그대가 순수하고 단순한 진아를 보면 그것은 무위이고, 세계와 함께 진아를 보면 그것은 행위입니다. 바꾸어 말해, 안으로 향한 마음(antarmukhi manas)은 무위이고, 밖으로 향하는 마음(bahirmukhi manas)은 행위입니다. 여하튼 진아

---

10) T. 『분별정보』, v.31. (『저작 전집』, 304쪽 참조.)

와 별개의 것은 아무것도 없습니다. 둘 다 같습니다.

영적인 위계질서도 그와 마찬가지입니다. 그들은 진아와 별개로 존재할 수 없습니다. 그들은 진아 안에 있을 뿐이고, 진아로서 머무릅니다. 진아 깨달음이 모두의 단 하나인 **목표**입니다.

### 1936년 11월 5일

**대담 275**

대화 도중 어떤 사람이, 폴 브런튼과 한 여사가 밤에 집으로 걸어가다가 산 중턱에서 밝은 빛 하나가 천천히 그리고 부드럽게 북쪽에서 남쪽으로 이동하는 것을 본 일에 대해 언급했다.

스리 바가반이 말씀하셨다: 이 산은 가시적인 형태의 지혜라고 말해집니다.

**헌**: 그것이 어떻게 육안으로 보일 수 있습니까?

**마**: 삼반다르(Sambandar-6세기의 타밀 성자)가 노래하기를, "내 심장을 매혹시키신 분, 곧 내 심장을 사로잡으신 분, **그**분을 내 마음 안에서 노래하네"라고 했습니다. 심장이 사로잡히니 결국 마음은 **심장** 속으로 가라앉았을 것이 분명합니다. 그런데도 이 성자는 그 기억이 남아 있어서 나중에 신에 대해 노래할 수 있었던 것입니다.

이때 누가 한 젊은 제자의 경험담을 이야기했다: 이 젊은이는 좋은 환경에서 교육 받았고, 건강도 좋았고, 명료한 마음을 지니고 있었습니다. 한번은 자기 집에서 스리 바가반의 사진을 앞에 놓고 그 모습을 명상하고 있었는데, 그 모습이 갑자기 살아서 움직이는 것처럼 보였습니다. 젊은이는 공포에 질려 어머니를 소리쳐 불렀고, 어머니가 와서 무슨 일이냐고 물었습니다. 그는 가족들에 둘러싸였는데, 그들은 그의 모습을 보고 무슨 영문인지 몰라 했습니다. 그는 그들이 와 있는 줄 알았지만 여전히 어떤 신비한 힘에 압도되어 있었고, 그에 저항하려고 애썼습니다. 그러다가 잠시 무의식 상태가 되었습니다. 의식을 되찾자 공포가 그를 사로잡았습니다. 사람들은 걱정이 되어, 약을 먹여서 그가 정신을 차리게 하려고 애썼습니다.

나중에 그가 띠루반나말라이에 왔을 때도 비슷한 체험의 어떤 전조가 있었습니다. 스리 바가반 가까이에 있으면 어떤 거북한 일도 일어나지 않았지만, 회당을 벗어나 딴 데로 가기만 하면 그 힘에 거의 저항할 수 없다고 느꼈고,

그는 공포에 사로잡혔습니다.

스리 바가반이 말씀하셨다: 그래요? 이 이야기는 아무도 해준 적이 없는데.

한 헌신자가 그것은 신력하강神力下降(saktipata)[신의 힘이 내려온 것]이 아니냐고 여쭈었다.

**마**: 예, 맞습니다. 광인은 상습에 매달리지만, 진인은 그렇지 않습니다. 그것이 양인 간의 유일한 차이입니다. 진지(jnana)는 일종의 광기입니다.

**헌**: 그러나 신력하강은 업력평등(karmasamya), 즉 선업과 악업이 동등할 때 일어난다고 합니다.

**마**: 그렇지요. 오염전소汚染全消(malaparipaka)·업력평등·신력하강은 같은 의미입니다. 어떤 사람이 그의 상습의 행로를 달려가고 있습니다. 그러다가 자신이 **진아**라는 가르침을 들으면 그 가르침이 그의 마음에 영향을 주어 상상력이 날뜁니다. 쇄도하는 힘 앞에서 무력감을 느낍니다. 그의 체험들은 "나는 **진아**다" 상태에 대한 그의 상상에 따른 것일 뿐입니다. 그것을 그가 어떤 것이라고 생각하든 간에 말입니다. 신력하강만이 참되고 올바른 체험을 안겨줍니다.

그 사람이 가르침을 받아들일 만큼 성숙되어 마음이 **심장** 속으로 가라앉으려고 할 때는, 그 받은 가르침이 순식간에 작용하여 그가 **진아**를 올바르게 깨닫습니다. 그렇지 않으면 늘 투쟁이 있습니다.

심멸心滅(manonasa)·진지·일념집중(chittaikagrata)은 모두 같은 뜻입니다.

# 대담 276

우타르프라데시 주의 그 여사(대담 251, 265번)가 형제 한 명, 여자 동행인 한 명, 그리고 건장한 경호인 한 명과 함께 도착했다.

그녀는 회당에 들어와 마하르쉬님께 큰 존경심과 감정으로 절을 한 다음 스리 바가반 앞의 모직 담요 위에 앉았다. 스리 바가반은 이때 환생한 한 소년에 대한 이야기인, 텔루구어로 된 『뜨릴링가(Trilinga)』란 책을 읽고 계셨다.

그 소년은 이제 열세 살이며, 러크나우 근처에 있는 한 마을의 관립 고등학교에서 공부하고 있었다. 세 살 때 여기저기 땅을 파곤 했는데, 뭐 하느냐고 물으면 자신이 땅에 묻어 둔 것을 찾으려고 그런다는 것이었다. 그가 네 살 때에는 그의 집에서 어떤 결혼식이 있었다. 손님들이 떠나면서 장난스럽게 말하기를, 이 아이가 결혼하게 되면 다시 오겠다고 했다. 그러나 아이는 돌아보면서 이렇게 말했다. "나는 이미 결혼했어. 아내가 둘이야." 그러면 누가 네 아내냐고 묻자, 아이는 자기를 어떤 마을로 데려다 달라는 것이었다. 그리고 그 마을에서 두 여자를 자기 아내라고 지목했다. 알고 보니 그녀들의 남편이 죽은 때와 이 아이가 태어난 때 사이에 열 달이 경과했던 것이다.

(바가반) 이 이야기를 그녀에게 해주자, 그녀는 한 개인이 죽은 뒤의 상태를 아는 것이 가능한지를 여쭈었다.

스리 바가반이 말씀하셨다: 어떤 사람들은 그 직후에, 어떤 사람들은 시간이 좀 지난 뒤 태어나며, 소수의 사람은 이 지구상에 태어나지 않고 결국 더 높은 천상에서 구원을 얻고, 극소수의 사람들은 지금 여기서 해탈합니다.

그녀: 제 말은 그런 뜻이 아닙니다. 한 개인이 죽은 뒤의 상태를 아는 것이 가능합니까?

마: 가능하지요. 그런데 그것을 왜 알려고 합니까? 모든 사실들은 그것을 추구하는 사람만큼만 참됩니다.

그녀: 한 사람의 탄생, 그의 존재와 죽음은 우리에게 실제적입니다.

마: 그대는 자신의 자아를 몸과 그릇되게 동일시하기 때문에, 다른 사람을 몸의 견지에서 생각합니다. 그대도 그 다른 사람도 몸이 아닙니다.

그녀: 그러나 저 자신의 이해 수준에서는, 제가 저 자신과 저의 아들이 실재한다고 여깁니다.

마: '나'라는 생각의 탄생이 우리 자신의 탄생이고, 그것의 죽음이 그 사람의 죽음입니다. '나'라는 생각이 일어난 뒤에 몸과의 그릇된 동일시가 일어납니다. 그대는 자신을 몸이라고 생각하여 남들에게 거짓된 가치를 부여하고, 그들을 그들의 몸과 동일시합니다. 그대는 자신의 몸이 태어났고 자라고 사멸할 것이듯이 그 다른 사람도 태어났고 자랐고 죽었다고 생각합니다. 그대는 아들이 태어나기 전에 그를 생각했습니까? 그 생각은 그가 태어난 뒤에 왔고, 그가 죽은 뒤에도 지속됩니다. 그대가 아들을 생각하고 있는 한에서 그가 그대의 아들입니다. 그는 어디로 갔습니까? 그가 솟아났던 근원으로 갔습니다. 그는 그대와 하나입니다. 그대가 있는 한, 그도 있습니다. 만일 그대 자신을 몸과 동일시하기를 그치고 진정한 **자아**를 보게 되면, 그런 혼동이 사라질 것입니다. 그대는 영원합니다. 남들도 마찬가지로 영원하다는 것을 알게 될 것입니다. 이 진리를 깨달을 때까지는, 그릇된 지(知)와 그릇된 정체성에서 일어나는 거짓

된 가치들로 인한 이런 슬픔이 늘 있을 것입니다.

**그녀:** 스리 바가반의 은총으로 제가 참된 지知를 얻게 해 주십시오.

**마:** '나'라는 생각을 없애십시오. '나'가 살아 있는 한 슬픔이 있습니다. '나'가 사라지면 어떤 슬픔도 없습니다. 잠의 상태를 생각해 보십시오!

**그녀:** 예. 그러나 '나'라는 생각을 잡아 보면, 다른 생각들이 일어나서 저를 방해합니다.

**마:** 그것이 누구의 생각인지를 보십시오. 그것들이 사라질 것입니다. 그 생각들은 단 하나 '나'라는 생각에 뿌리를 두고 있습니다. 그것을 꽉 붙들면 그 생각들은 사라질 것입니다.

또한 스승님은 『요가 바쉬슈타』 제5권 제20장에 나오는 뿌냐와 빠빠의 이야기를 지적하셨다. 여기서 뿌냐는 그들의 부모가 죽은 데 대해 빠빠를 위로하고 그가 진아를 깨닫는 데로 향하게 한다. 나아가, 창조는 신의 창조(Isvara srishti)와 개인의 창조(jiva srishti)라는 두 측면에서 고려해 봐야 합니다. 이 두 가지 중에서 우주는 전자이고, 그것과 개인의 관계는 후자입니다. 전자와 무관하게 고통과 쾌락을 야기하는 것은 후자입니다.

『빤짜다시(Panchadasi)』에 나오는 이야기도 들려주셨다: 남인도의 한 마을에 두 젊은이가 있었습니다. 그들은 북인도로 순례를 떠났는데, 그 중 한 명이 죽었습니다. 살아남은 사람은 돈을 좀 벌다가 몇 달이 지난 뒤에야 돌아가기로 했습니다. 그 사이 그는 방랑하는 순례자 한 사람을 만나, 남인도의 고향에 가거든 자신과 죽은 친구에 관한 정보를 전해달라고 부탁했습니다. 방랑 순례자는 그렇게 했지만, 실수로 두 사람의 이름을 바꾸어 말했습니다. 그 결과 죽은 사람의 부모는 그가 무사하다는 말에 기뻐했고, 살아 있는 사람의 부모는 슬픔에 잠겼습니다. 그래서 보세요, 이처럼 고통이나 쾌락은 사실과 무관하고 마음의 개념과 관계됩니다. 개아가 창조된 것이 그 원인입니다. 개아를 죽이십시오. 그러면 고통도 쾌락도 없고, 마음의 지복이 영원히 지속됩니다. 개아를 죽인다는 것은 진아에 안주하는 것입니다.

**그녀:** 말씀은 잘 들었습니다만, 저의 이해력을 넘어섭니다. 부디 스리 바가반께서는 제가 그것을 다 이해할 수 있게 도와주십시오.

저는 마이소르의 한 폭포를 보러 간 적이 있습니다. 그 폭포는 아주 장관이었습니다. 물줄기가 바위를 움켜쥐려는 손가락 모양으로 흘러내렸지만, 물길에 의해 아래쪽 깊은 데로 쏟아졌습니다. 저는 이것이 자신들의 현재 환경에 매달리는 개인들의 상태라고 상상했습니다. 그러나 저는 매달리지 않을 수 없습니다.

저는 우리가 철따라 피는 꽃·과일·나뭇잎들이나 별반 나을 게 없다고는 생각할 수 없습니다. 저는 꽃을 사랑하지만 그래도 그런 관념은 저를 사로잡지 못합니다.

몇 분 뒤에 그녀는 자신이 마하르쉬님께 죽음에 대해, 그리고 그와 관련되는 문제들에 대해 여쭐 생각이었으나 그러지 않았다고 말했다. 하지만 마하르쉬님은 신문에서 그와 관계되는 문제를 읽고 계셨고, 같은 주제가 등장하여 그녀의 의문을 풀어주셨다. 그녀는 암소 락슈미를 보고 나서 떠났다.

### 1936년 11월 9일

**대담 277**

**코헨 씨:** 의지意志란 무엇입니까? 제 말은, 그것이 다섯 껍질(kosas) 중 어디에 들어가느냐는 것입니다.

**마:** '나'라는 생각이 먼저 일어나고 그런 다음 다른 모든 생각이 일어납니다. 그것들이 마음을 구성합니다. 마음은 대상이고, '나'는 주체입니다. '나' 없이 의지가 있을 수 있습니까? 그것은 '나' 안에 포함되어 있습니다. '나'라는 생각이 지성껍질(vijnanamayakosa)입니다. 의지는 그 안에 포함됩니다.

스리 바가반은 나아가 이렇게 말씀하셨다: 음식껍질(annamayakosa)은 조대신粗大身(거친 몸) 껍질입니다. 생기를 가진 감각기관과 운동기관들(karmendriyas)은 생기껍질(pranamayakosa)[감각 껍질]을 형성합니다. 마음을 가진 감각기관들은 마음껍질(manomayakosa)을 형성합니다. 그것들은 지각기관(jnanendriyas)입니다. 마음은 생각들로만 이루어집니다. 이담(idam)[이것]은 대상이고 아함(aham)['나']은 주체인데, 이 둘이 함께 지성껍질을 형성합니다.

### 1936년 11월 10일

**대담 278**

폴란드 여성인 W. 우마데비 양은 힌두교 개종자인데, 카슈미르를 여행했고 카슈미르 풍경 사진들을 가지고 와서 우리가 그것을 보고 있었다. 스리 바가반이 유머러스하게 말씀하셨다: 우리는 여행하는 수고 없이도 (사진을 통해) 저런 곳들을 구경해 왔지요.

헌: 저는 카일라스에 가보고 싶습니다.

마: 그럴 운명이어야 그런 곳들을 볼 수 있지요. 그렇지 않으면 못 봅니다. 모든 것을 보고 나도 여전히 (볼 것이) 더 남아 있겠지요. 지구 이쪽 편이 아니면 저쪽 편에서라도 말입니다. 지식은 알려진 것 너머에 대해서는 무지하다는 의미를 내포합니다. 지식은 늘 한정되어 있습니다.

얼마 후에 스리 바가반이 말씀을 계속하셨다: 아빠르(Appar-6세기의 타밀 성자)는 늙고 쇠약했지만 카일라스를 향해 길을 떠났습니다. 도중에 한 노인이 나타나 그곳은 가기가 너무 어렵다면서 그를 만류하려고 했습니다. 그러나 아빠르는 목숨의 위험을 무릅쓰고 가겠다고 고집했습니다. 그 낯선 이는 그에게 근처에 있는 성수지聖水池(저수지)에 몸을 담가 보라고 했습니다. 아빠르는 그렇게 했고, 바로 그 자리에서 카일라스를 발견했습니다. 이 모든 일이 어디서 일어났습니까? 딴조르(Tanjore)에서 9마일 떨어진 띠루바이야르(Tiruvayyar)에서 일어난 일입니다. 그럴 때 카일라스는 어디 있습니까? 마음 안에 있습니까, 밖에 있습니까? 만일 띠루바이야르가 참으로 카일라스라면, (그곳의) 다른 사람들에게도 나타나야 합니다. 그러나 아빠르만 그것을 그렇게 발견했습니다.

마찬가지로, 남부의 다른 순례지들에 대해서도 그곳이 **시바**의 거주지라고 말해지며, 헌신자들은 그렇다는 것을 발견했습니다. 그들의 입장에서는 그것이 진실입니다. 일체가 안에 있습니다. 밖에는 아무것도 없습니다.

## 대담 279

헌: 사람이 죽은 뒤 다시 태어나는 데는 시간이 얼마나 걸립니까? 죽은 뒤 즉시입니까, 아니면 얼마쯤 뒤입니까?

마: 그대는 태어나기 전에 그대가 무엇이었는지도 모르면서 죽은 뒤에 무엇이 될지를 알고 싶어 합니다. 지금 그대가 무엇인지는 알고 있습니까? 탄생과 환생은 몸에 속합니다. 그대는 **자기**를 몸과 동일시하고 있습니다. 그것은 그릇된 동일시입니다. 그대는 그 몸이 태어났고 언젠가 죽을 거라고 믿으면서, 몸과 관계되는 현상을 **자기**와 혼동합니다. 그대의 진정한 존재를 아십시오. 그러면 이런 질문들은 일어나지 않을 것입니다.

탄생과 환생을 이야기하는 것은 그대가 그 문제를 탐구하여 탄생도 환생도 없다는 것을 알아내도록 하기 위해서일 뿐입니다. 그것들은 몸과 관계되지, 진아와는 무관합니다. 진아를 알고, 의문에 동요되지 마십시오.

## 대담 280

헌: 제가 **마야**를 없앨 수 있도록 저를 도와주실 수 있습니까?
마: 마야가 무엇입니까?
헌: 세계에 대한 집착입니다.
마: 그대의 깊은 잠 속에 세계가 있었습니까? 그에 대한 집착이 있었습니까?
헌: 없었습니다.
마: 그대는 있지 않았습니까?
헌: 어쩌면요.
마: 그러면 그대는 잠 속에서 존재했다는 것을 부인합니까?
헌: 부인하지 않습니다.
마: 따라서 그대는 지금 "잠 속에 있던 사람과 같은 사람"입니다.
헌: 예.

| 잠 | 생시 |
| --- | --- |
| 무세계 | 세계 |
| 무집착 | 집착 |
| 진아 | 진아 |

마: 그러면 바로 지금 **마야**에 대한 질문을 하는 그것은 무엇입니까?
헌: 마음은 잠 속에서 없었습니다. 세계와 그에 대한 집착은 마음의 것입니다.
마: 그거지요. 세계와 그에 대한 집착은 마음의 것이지 **진아**의 것이 아닙니다.
헌: 잠 속에서는 제가 무지했습니다.
마: 자기가 무지했다고 말하는 것은 누구입니까? 그가 지금은 무지하지 않습니까? 그는 진인입니까?

지금 무지를 이야기하는 것은 여기서 오염되어 있는 **진아**입니다.
헌: 그러면 잠 속에서는 **진아**가 순수했습니까?

**마:** (그때는) 그것이 아무 질문도 제기하지 않았지요. 그것은 불완전하다거나 불순수하다고 느끼지 않았습니다.

**헌:** 그런 진아는 모두에게 공통됩니다. 심지어 시신 속에서도 말입니다.

**마:** 그러나 잠들어 있거나 시신 속의 사람은 질문을 하지 않습니다. 누가 질문을 하는지 생각해 보십시오. 그것은 그대입니다. 잠 속에서 그대는 없었습니까? (그때는) 왜 불완전함이 없었습니까? 순수한 진아는 단순한 존재입니다. 그것은 생시 상태에서처럼 스스로 대상들과 연관되어 의식하게 되지는 않습니다. 그대가 지금 현재의 상태에서 의식이라고 부르는 것은 의지할 두뇌·마음·몸 등이 필요한 연관된 의식입니다. 그러나 잠 속에서는 그런 것 없이도 의식이 존속합니다.

**헌:** 그러나 저는 잠 속의 의식을 모릅니다.

**마:** 누가 그것을 인식하지 못합니까? 그대는 "내가 있다"고 시인합니다. 잠 속에 "내가 있었다"고 시인합니다. 그 있음의 상태가 그대의 진아입니다.

**헌:** 잠이 진아 깨달음이라는 뜻으로 하시는 말씀입니까?

**마:** 그것이 진아입니다. 그대는 왜 깨달음을 이야기합니까? 진아를 깨닫지 못하고 있는 순간이 있습니까? 만약 그런 순간이 있다면, 다른 순간은 깨달음의 순간이라고 말할 수 있겠지요. 진아가 없는 순간은 없고, 진아를 깨닫지 못하고 있는 순간도 없습니다. 왜 그에 대해 잠을 따로 구분합니까? 바로 지금도 그대는 진아를 깨닫고 있습니다.

**헌:** 그러나 저는 잘 모르겠습니다.

**마:** 왜냐하면 그대가 자기를 몸과 동일시하고 있기 때문입니다. 그 그릇된 정체성을 포기하십시오. 그러면 진아가 드러납니다.

**헌:** 그러나 이런 말씀은 제가 마야, 즉 집착을 없애는 데 도움이 되어 달라는 저의 질문에 대한 답변이 되지 않습니다.

**마:** 그 집착은 잠 속에서는 발견되지 않습니다. 그것은 지금 지각되고 느껴집니다. 그것은 그대의 진정한 성품이 아닙니다. 이 부가물이 누구에게 있습니까? 진정한 성품을 알면 그런 것들은 존재하지 않습니다. 그대가 진아를 깨달으면 소유물들은 지각되지 않습니다. 그것이 곧 마야를 없애는 것입니다. 마야는 다른 어떤 방식으로 없앨 수 있는 대상이 아닙니다.

## 1936년 11월 15일
〔모루에서 일어나는 섬광─Ⅰ〕

### 대담 281

스리 마하르쉬님의 예전 제자였다고 주장하는 어떤 사람이, 자신이 아스라맘의 적법한 도감都監(Sarvadhikari-운영책임자)임을 선언해 달라는 소송을 법원에 냈다.

　스리 마하르쉬님은 수탁신문受託訊問(지역 법률가가 법원의 위탁을 받아서 하는 증인신문)을 받으셨다. 군중이 모여 있었지만 신문 절차는 북동쪽의 방에서 원만히 진행되었다. 다음은 거기서 나온 몇 가지 단편적인 문답이다. 스리 바가반의 답변은 아주 자연발로적이었고 부드러웠다.

**질문자**: 스리 바가반께서는 어느 인생단계(asramam)[11]에 속하십니까?
**마**: 초월단계(atiasramam)입니다.
**질**: 그것이 무엇입니까?
**마**: 그것은 흔히 알려진 네 가지 인생단계를 넘어서 있습니다.
**질**: 경전에 나오는 것입니까?
**마**: 예. 경전에서 언급됩니다.
**질**: 당신 자신 외에 같은 유형의 다른 사람들이 있습니까?
**마**: 있겠지요.
**질**: 어떤 사람이 있기는 했습니까?
**마**: 수까, 리샤바(Rishabha-고대의 진인), 자다 바라따 등등입니다.
**질**: 당신께서는 집과 재산에 집착이 없었기 때문에 초년에 출가하셨습니다. 그러나 여기서는 아스라맘 내에 재산이 있습니다. 어째서 그렇습니까?
**마**: 저는 그것을 추구하지 않습니다. 재산은 저에게 떠맡겨집니다. 저는 그것을 좋아하지도 않고 싫어하지도 않습니다.
**질**: 재산들이 당신께 주어진다고요?
**마**: 스와미에게 주어지지요─그가 누구든 간에 말입니다. 그러나 세상에서는 그 몸을 스와미라고 여깁니다. 그 몸이 이것입니다. 그것이 저 자신으로 환원됩니다.
**질**: 그렇다면 재산에 대한 집착이 이제 새로 생기는군요. 그렇습니까?

---

11) T. 인도의 전통적인 인생단계는, 경전을 배우는 '범행기梵行期', 가정을 꾸리고 자녀를 키우는 '가주기家住期', 숲 속으로 물러나는 '임서기林棲期', 유랑 승려가 되는 '유행기遊行期'의 넷이다.

마: 저는 그것을 싫어하지 않는다는 것—제가 한 말은 그것뿐입니다.
질: 실생활에서는 그것이 제가 한 말과 다를 바 없습니다.
마: 우리가 실제 문제들 안에서 살아가고 움직이듯이 말이지요.
질: 가르침(upadesh)을 베푸십니까? 그래 보신 적이 있습니까?
마: 방문객들이 질문을 합니다. 저는 아는 대로 성심껏 답변합니다. 제가 한 말을 어떻게 취급하든 그것은 그들 마음입니다.
질: 그것이 가르침입니까?
마: 남들이 그것을 어떻게 받아들이는지 제가 뭐라고 하겠습니까?
질: 제자들이 있습니까?
마: 저는 의식儀式의 방식으로 가르침을 주지 않습니다. 예컨대 항아리(kumbha)를 두고, 거기에 뿌자(puja-예공)를 하고, 그 사람에게 귓속말을 하지 않습니다.

그 사람은 자신을 저의 제자나 헌신자라고 칭할지 모릅니다. 저는 누구도 저의 제자라고 생각하지 않습니다. 저는 누구에게도 가르침을 청한 적이 없고, 의식儀式을 통한 가르침을 주지도 않습니다. 사람들이 자신을 저의 제자로 칭해도 저는 그것을 승인도 부인도 하지 않습니다. 저의 견지에서는 모두가 동등합니다. 그들이 자신은 제자로 불릴 만하다고 생각하는 것입니다. 제가 그들에게 뭐라고 할 수 있습니까? 저는 저 자신을 제자나 스승이라고 부르지 않습니다.
질: 사원 땅인 산 위에, 어떻게 사전에 당국의 허가도 받지 않고 스칸다스라맘을 짓는 것을 승인하셨습니까?
마: 제가 여기 와서 산 위에 살게 한 바로 그 힘이 인도한 것입니다.
질: 당신께서 이곳에 당도한 지 한 시간 안에 (지니고 있던) 현금 따위를 내버리신 것은 소유물들을 원치 않으셨기 때문입니다. 당신께서는 돈을 결코 만지지 않으십니다. 당신께서 여기 오신 뒤 여러 해 동안은 어떤 소유물도 없었습니다. 어떻게 해서 지금은 아스라맘이 시주를 받습니까?
마: 이런 관행은 후기 단계에 생겨난 것인데, 왜냐하면 몇 명의 측근들이 제 명의를 사용하여 자금을 모으기 시작했기 때문입니다. 저는 그들의 행위를 승인하지도 않았고 제지하지도 않았습니다. 그래서 그것이 계속되고 있습니다. 한 사람이 떠나면 다른 사람이 들어오지만, 그 과정은 계속됩니다. 저는 시주금 받는 것을 바라지 않습니다. 그러나 사람들은 그런 충고에 주의를 기울이

지 않습니다. 저는 효과 없는 충고를 해주고 싶지 않습니다. 따라서 그들을 제지하지 않습니다. 돈이 들어오니 재산이 자연히 불어납니다.

질: 당신께서는 왜 서명을 하지 않으십니까?

마: 『진아 깨달음』의 저자가 이 질문에 대한 자신의 답변을 내놓고 있지요. 더욱이 제가 어떤 이름으로 알려져야 합니까? 저 자신은 모릅니다. 제가 여기 온 뒤로 사람들은 이따금 저에게 몇 가지 이름을 붙여주었습니다. 만일 제가 한 가지 이름으로 서명하면 다들 그것을 이해하지 못할 것입니다. 그래서 저는 사인을 해달라는 사람들에게 말하곤 하지요. 설사 그들이 저의 서명을 보여주어도 일반 사람들은 그것을 사실로 믿지 않을 거라고 말입니다.

질: 당신께서는 돈도 만지지 않고 다른 공양물에도 손대지 않으시는 걸로 저는 믿습니다.

마: 사람들이 가끔 제 손에 과일을 놓아줍니다. 그것에는 손을 대지요.

질: 한 종류의 공양물은 받으신다면, 왜 돈도 받으시면 안 됩니까?

마: 돈은 먹을 수가 없지요. 제가 그것을 어떻게 하겠습니까? 어떻게 해야 할지 모르는 것을 왜 받아야 합니까?

질: 방문객들은 왜 아스라맘에 묵습니까?

마: 그 이유야 본인들이 알겠지요.

질: 여기 와서 머무르는 누구에게도 반대하지 않으시는가 보군요.

마: 그렇지요.

질: 마찬가지로 그들이 아무리 오래 머물러도 반대하지 않으시고요.

마: 그렇지요. 만일 그것이 마음에 들지 않으면 제가 떠나 버릴 것입니다. 그뿐입니다.

한 법률가 헌신자가 스리 바가반께 전날의 수탁신문으로 많이 힘들지 않으셨느냐고 여쭈었다.

마: 저는 마음을 사용하지 않았기 때문에 어떤 힘듦도 없었습니다. 1천 날이라도 신문하라 하십시오. 상관하지 않으니.

### 1936년 11월 16일

### 대담 282

헌: 탄트라 수행(Tantrik sadhana)은 진아 깨달음을 가져다줍니까?

마: 예.

헌: 탄트라 중에서 어떤 숭배가 가장 좋습니까?

마: 그것은 (그 사람의) 기질 여하에 달렸습니다.

헌: 진아 깨달음을 일으킴에 있어 꾼달리니는 어떤 역할을 합니까?

마: 꾼달리니는 그대가 가진 어떤 주시처注視處(lakshya)에서도 일어납니다. 꾼달리니는 생기의 힘(prana-sakti)입니다.

헌: 차크라(chakras)마다 다른 신들이 살고 있다고 합니다.12) 우리는 수행 과정에서 그들을 보게 됩니까?

마: 원한다면 볼 수 있지요.

헌: 진아 깨달음에 이르는 길은 삼매를 통과합니까?

마: 그런 말들은 동의어입니다.

헌: 스승은 자신의 힘 중 일부를 제자에게 전해줌으로써 제자가 **진아를 깨닫**게 할 수 있다고 하는데, 그게 사실입니까?

마: 예. 그러나 스승이 진아 깨달음을 일으켜 주지는 않습니다. 그는 단지 깨달음의 장애를 제거해 줄 뿐입니다. 진아는 늘 깨달아져 있습니다.

헌: 진아 깨달음을 위해서는 스승이 절대적으로 필요합니까?

마: 그대가 진아 깨달음을 추구하는 한 스승이 필요합니다. 스승은 진아입니다. 스승을 진정한 자아로 보고, 그대의 자아를 개인적 자아로 보십시오. 이 이원성의 느낌이 사라지는 것이 무지의 제거입니다. 그대에게 이원성이 지속되는 한 스승이 필요합니다. 그대는 자신을 몸과 동일시하기 때문에, 스승도 어떤 몸이라고 생각합니다. 그대는 몸이 아니고 스승도 몸이 아닙니다. 그대는 진아이고 스승도 진아입니다. 이런 지知는 소위 진아 깨달음에 의해 얻어집니다.

헌: 특정인이 유능한 스승인지 여부를 우리가 어떻게 알 수 있습니까?

마: 그의 친존에서 발견되는 마음의 평안과, 그대가 그에 대해서 느끼는 존경심에 의해서지요.

헌: 만약 그 스승이 능력 없는 것으로 밝혀진다면, 그에게 암묵적인 믿음을 가졌던 제자들의 운명은 어떻게 됩니까?

마: 그것은 각자의 복력福力 나름입니다.

---

12) T. 일곱 군데의 차크라에는 맨 밑의 물라다라 차크라부터 순서대로 가네샤, 브라마, 비슈누, 시바, 지바(jiva-개아), 아그니(불의 신), 그리고 스승(Guru)이 살고 있다고 말해진다.

헌: 사회개혁에 대한 당신의 견해는 어떻습니까?

마: 자기개혁(self-reform)이 자동적으로 사회개혁을 가져옵니다. 그대 자신을 자기개혁에 국한하십시오. 사회개혁은 스스로 알아서 하겠지요.

헌: 간디지(Gandhiji)의 하리잔 운동(불가촉천민 지위 향상 운동)에 대한 당신의 견해는 어떻습니까?

마: 그분에게 물어보십시오.

헌: 만일 우리가 시신에 접촉하면 목욕을 해야 합니까?

마: 몸은 하나의 시신입니다. 그대가 그것과 접촉하고 있는 한, 진아의 물에서 목욕을 해야 합니다.

헌: 만약 비이원론이 최종적이라면, 왜 마다바짜리야(Madhavacharya)는 이원론을 가르쳤습니까?

마: 그대의 진아는 이원적입니까, 비이원적입니까? 모든 체계(철학 체계)는 **자기순복**(Self-surrender)에 동의합니다. 그것을 먼저 성취하십시오. 그러면 누구의 견해가 옳은지 그른지 판단할 충분한 시간이 있겠지요.

헌: 당신께서는 왜 사람들에게 올바른 길을 걷도록 설법하지 않으십니까?

마: 그대는 제가 설법하지 않는다고 혼자서 이미 단정했군요. 그대는 제가 누구인지, 그리고 설법이 무엇인지 압니까?

헌: 브라민 과부들을 삭발하게 하는 것은 잔인하지 않습니까?

마: 그것은 다르마 학자들(Dharma Sastris)이나 개혁가들에게 물으십시오. 먼저 그대 자신을 개혁하십시오. 그런 다음 그 나머지에 대해 생각해 봅시다.

### 1936년 11월 17일

**대담 283**

헌: 우리는 어떻게 '세속친교世俗親交의 오염(jitasangadoshah)'에서 벗어나게 됩니까?

마: 사뜨상가(satsanga)[진인들과의 친교]에 의해서입니다.

> 진인과의 친교로 무착無着을 얻고, 무착으로 불혹不惑을 얻으며,
> 불혹으로 부동不動을 얻고, 부동으로 생전해탈을 얻는다."[13]

---

13) T. 이것은 바가반의 저작인 「실재사십송 보유」 제1송에 도입된 옛 문헌의 글귀이다.

*satsangatve nissangatvam, nissangatve nirmohatvam,*
*nirmohatve nischalatatvam, nischalatatve jivanmuktih.*

사뜨상가는 사뜨(*Sat*)와의 친교(*sanga*)를 뜻합니다. 사뜨는 진아일 뿐입니다. 진아가 사뜨라는 것을 지금 이해하지 못하기 때문에, 그것을 이해한 진인과 친교하려는 것입니다. 이것이 **사뜨**상가입니다. 그러면 내면으로 향하게 되고, 사뜨가 드러납니다. 누구에게 친교가 있습니까? 누구에게 오염이 있습니까?

헌: 진아에게요.

마: 아니지요. 진아는 순수하고 영향을 받지 않습니다. 불순물들은 에고에만 영향을 미칩니다.

헌: 영혼이 몸 없이 남아 있을 수 있습니까?

마: 앞으로 짧은 시간 동안—깊은 잠 속에서 그럴 것입니다. 진아는 몸이 없습니다. 바로 지금도 그렇습니다.

헌: 출가자(*sanyasi*)가 세간연(*samsara*) 가운데 머물러 있을 수도 있습니까?

마: 자신이 출가자라고 생각하는 한 그는 출가자가 아닙니다. 세간연世間緣에 대해 생각하지 않는 한 그는 세간인(*samsari*)이 아니고, 오히려 한 사람의 출가자입니다.

### 1936년 11월 18일

**대담 284**

헌: 『스리마드 바가바드 기타』(4.34)에서는 "순수 지성으로써, 또한 **스승**에 대한 봉사와 탐구로써 진아를 깨달으라"고 합니다. 그것들을 어떻게 조화시킬 수 있습니까?

마: "이스와라, 스승, 진아는 같다(*Iswaro gururatmeti*)"고 했습니다. 그대에게 이원성의 느낌이 지속되는 한, 스승이 별개로 존재한다고 보고 그를 찾습니다. 그러나 스승은 그대에게 진리를 가르치고, 그대는 지견知見을 얻습니다.

헌: 부디 이것을 설명해 주십시오.

나는 홀로 있다. 무엇도 내 것이 아니고, 나는 무엇의 소유도 아니다.
나는 내가 그의 것인 그 누구도, 그가 내 것인 그 누구도 보지 않는다.
*Ahameko name kascit nahamanyasya kasyacit,*
*Naham pasyami yasyaham tam na pasyami yo mama.*

마: 이 구절은 여러 경전과 성스러운 책들, 예컨대 『바가바땀』, 『마하바라타』 등에 나옵니다. 『진아 깨달음』 제11장의 도입구이기도 하지요.

'아함'—'나'는 단 하나입니다. 에고들은 여럿이고, 이들은 단 하나인 진아 안에 있습니다. 진아는 에고들에 의해 영향을 받지 않습니다. '나'는 오직 하나입니다. '나'가 진리입니다. 그 뒤에 나오는 말들은 모두 이원성의 느낌을 배척하기 위한 것입니다.

**대담 285**
헌: 진아 자체가 자각하고 있다면, 왜 저는 바로 지금 그것을 자각하지 못합니까?
마: 어떤 이원성도 없습니다. 그대가 현재 가진 지知는 에고에 기인하며 상대적일 뿐입니다. 상대적인 지知는 하나의 주체와 하나의 대상을 필요로 합니다. 반면에 진아의 자각은 절대적이며 어떤 대상도 요하지 않습니다.

기억도 마찬가지로 상대적이며, 기억되는 하나의 대상과 기억하는 하나의 주체를 요합니다. 이원성이 없을 때는 누가 누구를 기억합니까?
헌: 몸이 죽을 때, 창조된 에고는 어떻게 됩니까?
마: 에고는 '나'라는 생각입니다. 미세한 형태로는 그것이 하나의 생각으로 머무르지만, 거친 측면에서는 그것이 마음·감각기관·몸을 아우릅니다. 깊은 잠 속에서는 그것들이 에고와 함께 사라집니다. 그래도 진아는 있습니다. 마찬가지로, 죽음 속에서도 그것이 있을 것입니다.

에고는 진아와 독립된 개체가 아니기 때문에, 저 홀로 창조되거나 소멸되어야 하는 것이 아닙니다. 그것은 진아의 한 도구 구실을 하며, 주기적으로 작동을 멈춥니다. 다시 말해서 그것은 나타나고 사라집니다. 이것을 탄생과 죽음으로 볼 수 있겠지요.

상대적인 지知는 마음에 속하지 진아에 속하지 않습니다. 따라서 그것은 환幻적이고, 영구적이지 않습니다. 과학자를 예로 들어봅시다. 그는 지구가 둥글다는 이론을 구성하고 그것을 증명하여, 논쟁의 여지가 없는 기초 위에 그 이론을 확립합니다. 그런 그가 잠이 들면 그 관념 전체가 사라지고, 그의 마음은 공백으로 남습니다. 그가 잠들어 있을 때 세계가 둥글든 평평하든 무슨 상관 있습니까? 그러니 그런 상대적인 지知는 다 덧없다는 것을 알겠지요.

우리는 그런 상대적인 지知를 넘어서 진아에 안주해야 합니다. 진정한 지知는 그러한 체험이지, 마음에 의한 이해가 아닙니다.

**헌:** 왜 스리 바가반께서는 돌아다니면서 일반 사람들에게 진리를 설하지 않으십니까?

**마:** 제가 그러지 않는지 그대가 어떻게 압니까? 연단에 올라가서 주위 사람들에게 장광설을 늘어놓는 것이 설법입니까? 설법은 지知의 단순한 소통입니다. 그것은 침묵 속에서도 이루어질 수 있습니다.

한 시간 동안 장광설을 듣고 나서 자기 삶을 바꿀 만큼 감명을 받지 못하고 돌아가는 사람을 그대는 어떻게 생각합니까? 그런 사람과, 성스러운 친존에 앉아 있다가 얼마 후 인생관이 완전히 바뀌어서 돌아가는 사람을 비교해 보십시오. 효과 없이 큰 소리로 설법하는 것과, 말없이 앉아 직관력을 방출하여 남들에게 작용하게 하는 것, 어느 쪽이 더 낫습니까?

또 말은 어떻게 일어납니까? (드러나지 않은) 추상적인 지知가 있습니다. 거기서 에고가 일어나고, 에고가 생각과 말을 순차적으로 일으킵니다. 그러니까 이렇습니다.

추상적인 지知 → 에고 → 생각들 → 말

따라서 말은 원래 근원의 증손자뻘입니다. 말이 효과를 낼 수 있다면 침묵을 통한 설법은 얼마나 더 강력하겠습니까? 스스로 판단해 보십시오.

## 대담 286

**헌:** 왜 우리는 깊은 잠(sushupti) 속에 우리가 원하는 만큼 오래 머무르지 못하고, 또한 생시에 우리가 그렇듯이 그 속에 임의로 있지 못합니까?

**마:** 깊은 잠은 이 상태에서도 계속됩니다. 우리는 늘 깊은 잠 속에 있습니다. 의식하면서 그 속으로 들어가야 하고, 바로 이 상태에서 그것을 깨달아야 합니다. 실은 그 속으로 들어감도 없고 거기서 나옴도 없습니다. 그것을 자각하는 것이 삼매(samadhi)입니다. 무지한 사람이 깊은 잠 속에 오래 머물러 있을 수 없는 것은, 성품상 거기서 나오지 않을 수 없기 때문입니다. 그의 에고가 죽지 않았으니 그것은 다시 일어날 것입니다. 그러나 지혜로운 사람은 에고를 그 근원에서 분쇄하려 노력합니다. 그에게도 그것이 성품, 곧 발현업에 의해 촉발되어 거듭거듭 일어납니다. 즉, 진인에게나 무지인에게나 에고는 솟아

나오지만 이런 차이가 있습니다. 무지인의 에고는 그것이 일어날 때 자신의 근원을 전혀 모릅니다. 즉, 그는 꿈의 상태와 생시의 상태에서 자신의 깊은 잠을 자각하지 못합니다. 반면에 진인은 에고가 솟아오를 때, 이 에고가 그의 주시처(*lakshya*)[목표]를 늘 그 근원에 두게 하면서 초월적 체험을 즐깁니다. 이 에고는 위험하지 않습니다. 그것은 불에 타버린 밧줄의 잔해와 같이, 그 형상으로는 힘을 쓰지 못합니다. 목표를 우리의 근원에 부단히 두고 있으면, 우리의 에고는 바다 속의 소금인형처럼 그 근원에서 해소됩니다.

**헌**: 스리 라마크리슈나가 말하기를, 무상삼매는 21일 이상 지속될 수 없다고 합니다. 만일 지속되면 그 사람이 죽는다는 것입니다. 그렇습니까?

**마**: 발현업이 소진되면 그 에고는 아무 흔적도 남기지 않고 완전히 해체됩니다. 이것이 최종적 해탈입니다. 만일 발현업이 완전히 소진되지 않았으면, 생전해탈자들(*jivanmuktas*)에게서조차도 에고가 순수한 형태로 일어날 것입니다. 저는 무상삼매가 최대 21일간 지속된다는 말을 여전히 의심합니다. 사람들이 30일이나 40일간 단식을 하면 살 수 없다고 합니다. 그러나 더 오래, 예컨대 백일 동안 단식을 한 사람들도 있습니다. 그것은 그들에게 발현업이 아직 남아 있다는 것을 뜻합니다.

**헌**: 깨달음은 어떻게 해서 가능해집니까?

**마**: 절대적인 진아가 있는데, 마치 불에서 불꽃이 일어나듯 여기서 하나의 불꽃이 일어납니다. 그 불꽃을 에고라고 합니다. 무지한 사람의 경우에는 그것이 일어남과 동시에 자신을 하나의 대상과 동일시합니다. 그것은 대상들과의 그런 연관에서 독립하여 남아 있지 못합니다. 이 연관이 무지(*ajnana*)이고, 그것을 파괴하는 것이 우리가 노력하는 목표입니다. 에고의 대상화하는 습習을 죽이면 그것은 순수한 상태로 남고, 또한 그 근원에 합일됩니다. 몸과의 그릇된 동일시가 육체아 관념(*dehatmabuddhi*)['나는 몸이다'라는 관념]입니다. 이것이 사라져야 좋은 결과가 나옵니다.

**헌**: 그것을 어떻게 뿌리 뽑습니까?

**마**: 깊은 잠 속에서 우리는 몸·마음과 연관됨이 없이 존재합니다. 그러나 다른 두 가지 상태에서는 그것들과 연관됩니다. 만약 몸과 하나라면, 어떻게 우리가 깊은 잠 속에서는 몸 없이 존재할 수 있습니까? 우리는 우리에게 외적인 것으로부터 우리 자신을 분리할 수 있지만, 우리와 하나인 것으로부터는

그럴 수 없습니다. 그래서 에고는 몸과 하나가 아닙니다. 생시의 상태에서 이것을 깨달아야 합니다. 세 가지 상태(*avasthatraya*)[생시·꿈·깊은 잠]는 이런 소견을 얻기 위해서만 공부해야 합니다.

　순수한 상태의 에고는 두 가지 상태 혹은 두 가지 생각 사이의 틈새에서 경험됩니다. 에고는 다른 것을 붙든 뒤에야 먼저 붙들었던 것을 놓는 모충毛蟲과 같습니다. 그것의 참된 성품은 대상이나 생각들과의 접촉에서 벗어났을 때 발견할 수 있습니다. 세 가지 상태를 공부하여 얻은 확신을 가지고 이 틈새를 깨달으십시오.

**헌:** 우리는 어떻게 잠이 들고 어떻게 깨어납니까?

**마:** 해가 지자마자 암탉이 꼬꼬댁거리면 병아리들이 어미의 날개 밑으로 숨어듭니다. 그러면 암탉은 자신이 보호하는 병아리들과 함께 둥지에서 잠을 잡니다. 새벽에는 병아리들이 나오고 암탉도 나옵니다. 여기서 어미닭은 모든 생각을 거두어 잠자리에 드는 에고를 나타냅니다. 해가 뜨면 햇살이 퍼져 나오고 해가 지면 거두어들여집니다. 마찬가지로 에고가 자신을 드러낼 때는 그것의 온갖 부수물들과 함께 그렇게 합니다. 그것이 가라앉을 때는 일체가 그것과 함께 사라집니다.

**헌:** 깊은 잠은 무엇처럼 보입니까?

**마:** 구름 낀 어두운 밤에는, 보는 자가 눈을 활짝 뜨고 있어도 대상들을 하나하나 식별하는 것이 불가능하고 짙은 어둠만 있습니다. 마찬가지로, 깊은 잠 속에서는 보는 자가 단순한 무지만을 자각합니다.

　스리 바가반은 꼬치꼬치 캐묻는 어떤 사람에게 이렇게 말씀하셨다고 한다: 그 자체가 거짓인 이 세계에서 참이니 거짓이니 하는 이야기가 무슨 의미가 있습니까?

## 1936년 11월 27일

**대담 287**

직업이 의사인 펀자브인 신사가 부인과 함께 스리 바가반을 뵈러 왔다. 그가 회당에 있는데 스리 바가반이 점심을 드신 뒤에 들어오셨다. 이때 그가 질문했다: 명상을 어떻게 해야 합니까? 저는 마음의 평안이 없습니다.

**마:** 평안은 우리의 진정한 성품입니다. 그것을 성취할 필요는 없습니다. 우리

의 생각을 말살해야 합니다.

**헌:** 생각을 말살하려고 해 왔지만 성공하지 못하고 있습니다.

**마:** 『기타』에서 말하는 방법이 그것을 위한 유일한 방법입니다. 마음이 헤맬 때마다 그것을 거두어들여 명상을 향하게 하십시오.

**헌:** 제 마음을 되돌려 명상하게 할 수가 없습니다.

**다른 헌신자:** 코끼리를 풀어주면 코를 이리저리 놀리면서 조바심을 냅니다. 그러나 사슬 하나를 쥐어주면 코가 그것을 붙들고 있느라고 더 이상 들뜨지 않습니다. 마찬가지로, 목표가 없는 마음은 들떠서 요동하지만, 목표가 있으면 평안히 머무릅니다.

**헌:** 아니, 아닙니다, 그것은 다 이론입니다. 저는 책을 많이 읽었습니다. 그러나 소용이 없습니다. 마음을 집중하게 하는 것이 실제로 불가능합니다.

**마:** 원습이 있는 한 집중이 불가능합니다. 원습이 헌신도 가로막습니다.

통역자는 질문자에게 「나는 누구인가?」를 공부해 보라고 권했으나, 의사는 항변할 태세가 되어 있었다: 그것도 읽었습니다. 그래도 제 마음을 집중하게 할 수가 없습니다.

**마:** 수행(abhyasa)과 무욕(vairagyabhyam)에 의해서14)지요.

**헌:** 무욕이 필요한 것은….

**마:** 수행과 무욕이 필요합니다. 무욕은 산란한 생각이 없는 것이고, 수행은 한 생각에만 집중하는 것입니다. 수행은 명상의 적극적 측면이고 무욕은 소극적 측면입니다.

**헌:** 저 혼자서는 그렇게 할 수가 없습니다. 저는 저를 도와줄 어떤 힘을 찾고 있습니다.

**마:** 예, 소위 **은총**이라는 거지요. 개인적으로 우리는 그것을 못하는데, 왜냐하면 마음이 약하기 때문입니다. **은총**이 필요합니다. 사두 시봉(侍奉)(sadhu seva)15)은 그것을 얻기 위한 것일 뿐입니다. 그러나 새로 얻는 것은 아무것도 없습니다. 약한 사람이 강한 사람의 통제를 받듯이, 사람의 약한 마음은 강한 마음을 가진 사두들의 친존에서 쉽게 제어됩니다. '있는 것'은 **은총**뿐입니다. 달리 아무것도 없습니다.

---

14) T. 원 출처는 419쪽의 『기타』, 6.35이다.
15) T. 깨달은 스승을 곁에서 모시며 갖가지 시중을 드는 것.

질문자가 말했다: 저 자신의 이익을 위해서 당신의 축복을 청합니다.

바가반이 말씀하셨다: 예—예.

그는 부인과 함께 떠났다.

### 1936년 11월 29일

**대담 288**

베단타의 마야와 인식파認識派(Pratyabhijna)의 스와탄트라(swatantra)[인식의 독립]를 설명하면서 스리 바가반이 말씀하셨다:

베단타파派는 마야가 시바에게 있는 것으로 전제된 환幻의 힘(샥띠)이라고 말합니다. 마야는 독립적 존재성이 없습니다. 그녀16)는 세계라는 환幻을 실재하는 것처럼 펼쳐 놓은 다음, 계속 그 희생자들의 무지를 이용합니다. 그녀의 실재성이 **없다**는 것을 발견하면 그녀는 사라집니다. 인식파에서는 **샥띠**(Sakti)[힘]가 시바와 동시에 존재한다고 말합니다. (그들에 따르면) 시바는 샥띠 없이 존재하지 않습니다. 시바는 드러나 있지 않은 반면, 샥띠는 그녀의 독립된 의지인 스와탄트라(swatantra)로 인해 드러나 있습니다. 그녀의 현현이 곧 순수한 의식 위에서 거울 속의 상像처럼 현출되는 우주입니다. 그러나 이 상像들은 거울 없이 머물러 있을 수 없습니다. 마찬가지로, 세계는 독립된 존재성을 가질 수 없습니다. 스와탄트라는 결국 **지고자**의 한 속성이 됩니다. 스리 샹까라는 **절대자**가 속성이 없으며, **마야**는 (본래) **없고** 아무런 실제적 존재성이 **없다**고 말합니다. 두 견해 간의 차이는 무엇입니까? 양파兩派가 공히 그 현출은 실재하지 않는다는 데 동의합니다. 거울의 상像들은 결코 실재할 수 없습니다. 세계는 실제로는 존재하지 않습니다. 두 파가 말하고자 하는 바는 동일합니다. 그들의 궁극적 목표는 **절대적 의식**을 깨닫는 것입니다. 인식파에서는 우주의 비실재성이 암시적인 반면, 베단타에서는 그것이 명시적입니다. 만일 세계를 찌뜨(chit)[의식]로 간주하면, 그것은 늘 실재합니다. 베단타에서는 어떤 다양성(nana)도 없다고 말하는데, 이는 그것(다양성, 곧 세계)이 모두 같은 **실재**라는 뜻입니다. 말과 표현 방법상의 차이 외에는 모든 점에서 의견이 일치합니다.

---

16) T. 현상계를 일으키는 힘(샥띠)과 그 힘의 현현(마야)은 동일하며, 시바의 반려인 여신 '샥띠'로서 인격화된다.

제2권 **309**

## 1936년 11월 30일

**대담 289**

까르마(Karma-행위)에 대해 논하면서 스리 바가반이 말씀하셨다: 까르마에는 그 열매(phala-과보)가 있습니다. 그것은 '원인과 결과'와 같습니다. 하나의 원인과 그 결과의 상관관계는 우리가 신이라고 부르는 샥띠에 기인합니다. 신이 곧 열매 수여자(phala data)입니다.

한 방문객이 자신의 참된 성품을 잊어버린 진아에 대해 이야기하고 있었다. 스리 바가반이 얼마 뒤에 말씀하셨다: 사람들은 진아의 충만함에 대한 기억과 망각을 이야기합니다. 망각과 기억은 생각의 형상들(thought-forms)일 뿐입니다. 생각이 있는 한 그것들이 번갈아들겠지요. 그러나 **실재**는 그것들 너머에 있습니다. 기억이나 망각은 어떤 것에 의존해야 합니다. 그 어떤 것은 (진아에게) 낯선 것일 수밖에 없는데, 그렇지 않다면 망각이 있을 수 없습니다. 그것을 누구나 '나'(에고)라고 부릅니다. 우리가 그것을 찾아보면 발견되지 않습니다. 왜냐하면 그것이 실재하지 않기 때문입니다. 따라서 '나'는 환幻이나 무지(avidya, ajnana)와 동의어입니다. 무지란 결코 존재하지 않았다는 것을 아는 것이 모든 영적인 가르침의 목표입니다. 무지는 자각하는 자의 무지일 수밖에 없습니다. 자각(awareness)이 진지眞知입니다. 진지는 영원하고 본래적입니다. 무지는 비본래적이고 실재하지 않습니다.

**헌**: 이 진리를 듣고도 왜 저는 흡족하지 않습니까?

**마**: 상습(samskaras)이 소멸되지 않았기 때문입니다. 상습이 사라지지 않으면 늘 의심(sandeha)과 혼동(viparita)이 있을 것입니다. 모든 노력은 의심과 혼동을 소멸하는 데로 향해집니다. 그러기 위해서면 그 뿌리들을 잘라버려야 합니다. 그 뿌리가 곧 상습입니다. 상습은 스승의 가르침에 따른 수행에 의해 무력해집니다. **스승**은 그 구도자가 수행을 많이 하게 하여, 무지가 존재하지 않는다는 것을 스스로 알아내게 합니다. 여기서 말하는 진리는 '**진리**의 청문(sravana)' 단계에 있습니다. 그것은 확고하지(dridha) 않습니다. 그것이 흔들리지 않게 하려면 성찰(manana)과 일여내관(nididhyasana)을 닦아야 합니다. 이 두 과정이 원습의 씨앗들을 불태워 그것들이 무력해집니다.

일부 비범한 사람들은 '진리를 단 한 번 듣기만 해도(sakrchhravana matrena)' 부동지不動知(dridha jnana)를 얻습니다. 왜냐하면 그들은 기旣수행자(kritopasaka)

[진보된 구도자]이기 때문입니다. 반면 미未수행자(akritopasaka)[초심 구도자]들은 부동지를 얻는 데 더 오랜 시간이 걸립니다. 사람들은 묻습니다. "무지가 애당초 어떻게 일어났습니까?" 우리는 그들에게 이렇게 말할 수밖에 없습니다. "무지는 결코 일어나지 않았습니다. 그것은 아무런 실제적 존재성이 없습니다. 존재하는 것은 지知뿐입니다."

헌: 그러면 왜 저는 그것을 깨닫지 못합니까?

마: 상습 때문입니다. 그러나 누가 깨닫지 못하며, 그가 무엇을 깨닫지 못하는지 알아내십시오. 그러면 무지란 없다는 것이 분명해질 것입니다.

## 대담 290

봄베이에서 온 면화상棉花商인 마르와르인(Marwari- 라자스탄 조드푸르 지역 출신) 신사 사가르물 씨는 『스리마드 바가바드 기타』에 조예가 있는 듯하다. 그가 질문했다: 『스리마드 바가바드 기타』는 "나와 다른 것은 아무것도 없다(mattah parataram na'nyat kimcid)"고 한 다음 "실에 꿰인 보석염주같이(sutre manigana iva)"라고 합니다.17) 스리 크리슈나 외에 아무것도 없다면, 어떻게 세계가 '실에 꿰인 염주' 같다고 할 수 있습니까?

마: 그것은 실(sutra)과 보석(mani)이 나와 별개가 아니라는 뜻입니다. 실과 별개의 보석염주(manigana)도 없고, 나와 별개의 실도 없습니다. 그 구절은 단일성을 강조한 것이지, 표면상으로만 있는 다수성을 말한 것이 아닙니다.

헌: 단일성은 바가반(크리슈나)에게 합일한 뒤에만 있을 수 있습니다. (그 말씀도) 맞습니다. 그러나 그때까지는 다양성이 있을 수밖에 없습니다. 그것이 윤회계(samsara)입니다.

마: 우리는 지금 어디 있습니까? 우리가 바가반과 별개입니까? 그 윤회계와 우리는 모두 바가반 안에 있습니다.

헌: 그러나 그것이 진인들의 체험입니다. 진지가 밝아올 때까지는 차별상이 지속됩니다. 그래서 저에게는 윤회계가 있습니다.

마: 상습(samskara)이 윤회계입니다.

헌: 맞습니다. "이 모든 것이 바수데바(Vasudeva)이다."18) 이 진리를 저희들이

---

17) T. "실에 꿰인 염주와 같이 이 모든 세계는 나에게 꿰어져 있다." —『기타』, 7.7.
18) T. 'vasudeva sarvam iti.' —『기타』, 7.19. 여기서 바수데바는 크리슈나를 가리킨다.

잊어버렸습니다. 그래서 저희가 자신을 신과 동일시하지 못합니다.

**마:** 망각이 어디 있습니까?

**헌:** 꿈(*svapna*)과 같습니다.

**마:** 누구의 꿈입니까?

**헌:** 개아의 꿈입니다.

**마:** 누가 개아입니까?

**헌:** 그것은 **빠라마뜨마**(*Paramatma*)의 것입니다.

**마:** 그러면 **빠라마뜨마**에게 물으라고 하십시오.

**헌:** 비유를 들어 말씀해 주시면 제 의문이 해소되겠습니다.

**마:** 비유로써 그런 의심을 해소하고 싶어 하는 것은 도대체 누구입니까? 직접체험(*pratyaksha*)은 설명을 위한 예들을 요하지 않습니다.

**헌:** 직접체험도 있고, 망각도 있습니다.

**마:** 무엇을 잊어버리며, 누가 잊어버립니까?

**헌:** 제 말씀을 들어 보십시오. 우리가 꿈을 꾸는데, 깨어나면 꿈 세계가 사라집니다.

**마:** 현재의 꿈에서도 그처럼 깨어나십시오.

**헌:** **쁘라끄리띠**(*Prakrti*)[자연]가 너무나 강합니다.

**마:** **뿌루샤**(*Purusha*)[하느님]도 보십시오. 그러면 **쁘라끄리띠**인들 어떻게 할 수 있겠습니까?19)

**헌:** 그것들 사이에 하나의 매듭(*granthi*)이 있습니다.

**마:** 그 매듭이 누구의 것입니까? 하느님의 것입니까, 자연의 것입니까, 아니면 양자 모두의 것입니까?

**헌:** 브라만 때문입니다.

**마:** 그러면 브라만이 묻거나 질문을 받아야지요. 누구에게 꿈이 있습니까? 아니면 매듭은? 그대는 늘 "내가 묻는다"고 말합니다. 그 '나'가 누구입니까?

**헌:** 저는 지각하지 못합니다.

**마:** '나'는 영원합니다. 그것이 어떤 특별한 것이라면 (언젠가) 사라지겠지요. 그것은 **완전함**입니다. 따라서 그것은 하나의 대상으로 발견되지 않습니다.

---

19) *T.* **쁘라끄리띠**는 우주를 구성하는 원질原質 혹은 물질계 전체, **뿌루샤**는 절대적 의식이다.

헌: 그러나 저는 불완전합니다.
마: 불완전함을 왜 도입합니까? 그대는 왜 완전하지 않습니까? 잠 속에서도 불완전함을 느꼈습니까? 왜 바로 지금 그렇게 있지 않습니까? 생시의 상태에 잠을 도입하십시오[생시-잠(jagrat sushupti)]. 그러면 아무 문제가 없을 것입니다. "무지한 자에게 밤인 것이 현자에게는 낮이다(ya nisa sarva bhutanam … pasyato muneh)"[20]라고 했습니다.
헌: 예, 만일 그가 무니(muni)[진인]라면 말입니다.
마: 누가 무니입니까? 그는 인간이 아닙니까?
헌: 누가 당신을 때리면 아픔을 느끼지 않으십니까? 아무 차이가 없습니까? 그것이 진지(jnana)입니까?
마: 클로로포름으로 마취당했거나 술에 취한 사람은 그것을 느끼지 못합니다. 그가 진인입니까? 진지는 그런 느낌과 어울리지 않는 것입니까?
헌: 보는 자, 보이는 것, 봄이 있습니다. 그것들은 진지의 특징이 아닙니다.
마: 잠·황홀경·멍한 상태에서는 아무런 차별상이 없습니다. 그것을 진지라고 하겠습니까? 그런 상태에서 무슨 일이 일어났습니까? 그때 있었던 것이 지금은 없습니까? '있는 것'은 영원히 존재합니다. 그 차이는 마음에서 비롯됩니다. 마음은 어떤 때는 있고 어떤 때는 없습니다. 실재 안에서는 어떤 변화도 없습니다. 실재는 늘 지복(Ananda)입니다.
헌: 지복은 수행의 결과입니다. 그 수행법은 무엇입니까?
마: 수행은 그런 모든 의문이 누구에게 일어나는지를 알아내는 탐구입니다.
헌: 그것은 에고(ahamkara-我相)에 대한 것입니다.
마: 에고는 어디서 일어납니까?
헌: 저에게 길을 보여줄 (당신의) 인도가 필요합니다.
마: 내면으로 들어가서 그 경로를 발견하십시오. 바깥에서는 찾지 못합니다. 외적으로 그것을 추구해서도 안 됩니다.
헌: 탐구로는 에고를 발견할 수 없습니다. 거기서 멈춰 버립니다.
마: 그것을 어떻게 얻을 수 있겠습니까? 그것은 그대와 별개가 아닙니다. 발견하지 못해도 내버려두십시오. 그대가 지금 어디 있습니까? "나는 없다"고

---

20) T. 『기타』, 2.69.

말할 작정입니까?

헌: 제가 무엇입니까? 아니면 어떻게 있습니까?

마: 그것은 신경 쓰지 마십시오. 그것은 그대로 두십시오. 왜 상관합니까? 그대의 잠 속에서 전체(*samashti*)나 부분(*vyashti*)에 관심을 두었습니까? 같은 사람이 지금도 존재합니다. 잠 속에서나 생시에서나 그대는 동일합니다.

헌: 잠과 생시는 서로 다른 상태로서 서로 다른 효과를 가지며….

마: 그것이 그대에게 왜 중요합니까? 진아는 내내 똑같습니다.

헌: 명상 중에 마음이 안정되지 않습니다.

마: 마음이 헤맬 때마다 그것을 거듭거듭 내면으로 돌리십시오.

헌: 불행(*duhkha*)이 저를 엄습해 오면 탐구를 할 수 없습니다.

마: 마음이 너무 약하기 때문입니다. 그것을 강하게 만드십시오.

헌: 어떤 방법으로 말입니까?

마: **사뜨상가**, 신에 대한 숭배(*Ishvara aradhana*), 조식調息 등이지요.

헌: 그러면 어떻게 됩니까?

마: 불행이 없어집니다. 우리의 목표는 불행을 없애는 것입니다. 행복을 얻지는 않습니다. 그대의 성품 자체가 행복입니다. **지복**은 새로 얻어지지 않습니다. 하는 일은 불행을 없애는 것뿐입니다. 이런 방법들이 그렇게 합니다.

헌: 진인들과의 친교는 마음을 강하게 해줄지 모릅니다. 그러나 수행도 해야 합니다. 어떤 수행을 해야 합니까?

마: 예. 수행도 필요하지요. 수행은 원습을 없애는 것을 의미합니다. 수행은 어떤 것을 새로 얻기 위한 것이 아니라 원습을 죽이기 위한 것입니다.

헌: 수행이 저에게 그런 힘을 주어야 합니다.

마: 수행이 곧 힘입니다. 만일 생각들이 단 하나의 생각으로 모아지면 그 마음은 강해졌다고 이야기됩니다. 수행이 부동으로 머무를 때, 그것은 자연스러워집니다(*sahaja*).

헌: 어떤 것이 그런 수행법입니까?

마: **진아**를 탐구하는 것. 그뿐입니다. "마음을 자기에게 고정하라…(*atmanyeva vasam nayet* …)"는 것입니다.

헌: 시야에 두어야 하는 목표는 무엇입니까? 수행은 목표가 있어야 합니다.

마: **아뜨만**이 그 목표입니다. 달리 무엇이 있을 수 있습니까? 다른 모든 목표

는 자기주시(*atmalakshya*)를 할 수 없는 사람들을 위한 것입니다. 그것들도 궁극적으로는 그대를 자기탐구로 이끌어줍니다. 일념집중(one-pointedness)이 모든 수행의 결실입니다. 어떤 사람은 그것을 금방 얻을 수 있고, 어떤 사람은 오랜 시간이 지난 뒤에 얻습니다. 모든 것이 수행에 달렸습니다.

헌: 다른 무엇보다도 평안이 높게 평가됩니다. 어떻게 해야 우리가 그것을 얻겠습니까?

마: 그것은 바로 그대의 성품입니다. 망각은 결코 **진아**를 따라잡지 못합니다. **진아**가 지금 비아와 혼동되고 있고, 그래서 그대가 **진아·평안** 등에 대한 망각을 이야기하게 됩니다. 이 혼동이 종식되면 망각이 결코 고개를 치켜들지 못할 것입니다.

헌: 어떻게 해야 그렇게 됩니까?

마: **진아**에 대한 탐구지요. 일념집중이란 마음 활동의 지멸止滅을 의미합니다. 망각은 자아에 대한 망각일 수밖에 없지만, 글쎄요, 무엇에 대한 망각입니까? **진아**에 대한? ⋯ 그러면 두 개의 자아가 있습니까? 수행을 하면 상습들이 제거됩니다.

헌: 그러나 상습들은 무한하고 영원합니다 — 시작 없는 옛적부터요.

마: 그것 자체가 하나의 상습입니다. 그 관념을 포기하십시오. 그러면 모든 상습이 단박에 사라질 것입니다. 그것이 안식(*visranti*)이고 평안(*santi*)입니다. **평안**은 항상 존재합니다. 그러나 그대는 그것을 억누른 뒤 그 위로 올라가고, 그렇게 그것을 어지럽힙니다. 그런 다음 "나는 **평안**을 원한다"고 말합니다.

헌: 평안은 점차적으로 오겠습니까?

마: 그렇지요. 마음을 "차츰차츰 고요하게(*sanaih-sanair uparamed*)" 하라고 『바가바드 기타』에서 말하고 있습니다.

　얼마 후 이 방문객은 G. 씨라는 분이 20일 경 이곳에 왔는지 여쭈었다. 자신은 그에게서 마하르쉬님 이야기를 들었고, G. 씨는 이곳을 다녀간 뒤로 기쁨에 넘쳐 있다는 것이었다.

마: 모든 방문객들의 이름을 제가 어떻게 다 알 수 있습니까? 그도 아마 여기 왔겠지요. 모두가 기쁨에 넘쳐 있습니다. 이름도 없고 형상도 없고⋯. 그러나 세상살이(*vyavahara*)[경험적인 삶]를 위해서는 이름이 필요하지요.

## 1936년 12월 5일
〔모루에서 일어나는 섬광 — Ⅱ〕

**대담 291**

**질문자(신문자):** 저번에 초월단계(atyasrama)를 말씀하셨습니다. 거기에는 어떤 전거典據가 있습니까? 어디에 그런 이야기가 나옵니까?

**마:** 예, 우파니샤드, 『수따 상히따(Suta Samhita)』『스깐다 뿌라나』, 『바가바따』, 『바라타』(『마하바라타』) 기타 저작들에 나옵니다.[21]

**질:** 그 상태에 대한 어떤 제약이나 규율이 있습니까?

**마:** 그것의 특색들을 언급한 것이 있습니다.

**질:** 각 인생단계마다 스승들이 있습니다. 초월단계에도 스승이 있습니까?

**마:** 예.

**질:** 그러나 당신께서는 누구를 스승으로 인정하지 않으십니다.

**마:** 누구에게나 스승이 있지요. 저에게도 스승이 있음을 인정합니다.

**질:** 당신의 스승은 누구입니까?

**마:** 진아입니다.

**질:** 누구에게 말입니까?

**마:** 저 자신에게지요. 스승은 내적일 수도 있고 외적일 수도 있습니다. 그는 내적으로 자신을 드러낼 수도 있고, 외적으로 소통할 수도 있습니다.

**질:** 초월단계인들(atyasramis)도 재산을 소유할 수 있습니까?

**마:** 그들에게는 아무 제약이 없습니다. 자기 좋을 대로 할 수 있지요. 수까(Suka)는 결혼하여 자식들을 낳기도 했습니다.

**질:** 그렇다면 초월단계인은 재가자와 같군요?

**마:** 그는 공인된 네 가지 인생단계를 넘어서 있다고 제가 이미 말했습니다.

**질:** 결혼도 할 수 있고 재산도 소유할 수 있다면, 그들은 재가자일 뿐입니다.

**마:** 그것은 당신의 견해일 수 있습니다.

**질:** 그들이 재산을 소유하고 그것을 남에게 양도할 수도 있습니까?

---

21) 초월단계에 관해서는 『나라다 빠리브라자까 우파니샤드(Narada Parivrajaka Upanishad)』, v.1-15. 『슈베따슈바따라 우파니샤드(Svetasvatara Upanishad)』, 5.21.; 『떼조빈두 우파니샤드(Tejobindu Upanishad)』, 1.47-48.; 『수따 상히따(Suta Samhita)』의 '해탈장(Mukti Khanda)', 5.9.14-43과 '시바의 위대함장章(Siva-mahatmya Khanda)』, 5.32, 37-55 등을 참조하라.

**마:** 그럴 수도 있고 그렇지 않을 수도 있지요. 모두 그들의 발현업에 달렸습니다.

**질:** 그들에게 어떤 업(Karma)이 있습니까?

**마:** 그들의 행동은 어떤 규칙이나 규범에 따라 규제되지 않습니다.

**질:** 방문객들이 이곳에 이를테면 이삼일 간 머무르고 싶을 때는, 당신의 허락을 받습니까?

**마:** 운영진의 허락이 저의 허락입니다. 방문객들은 저를 보러 여기 오고, 운영진은 저를 위해 있습니다. 쌍방합의가 있으면 저는 간섭하지 않습니다. 방문객들이 여기 오고 제가 그들을 받아들이는데, 남들이 감히 제 뜻을 거스르겠습니까? 상호간의 선의로 일어나는 행위에는 저의 동의가 내포되어 있습니다.

스리 바가반께 당신의 필적으로 당신 자신을 수브라마니아(Subramanya)로 찬양하는 시 한 수가 제시되었다.

스리 바가반은 그 필적은 당신 자신의 것이지만, 그 관념은 뻬루말스와미의 것이라고 말씀하셨다.22)

**질:** 그런데 이 시에서 말하는 내용에 동의하지 않으십니까?

**마:** 어떤 신상神像을 수브라마니아로 찬양하는 것과 같은 방식이지요.

### 1936년 12월 13일

**대담 292**

미세원소들(tanmatras)이 꿈속의 작용 요인(꿈 세계의 구성요소)이냐는 질문에 대한 답변으로 스리 바가반이 말씀하셨다: 아닙니다. 미세원소들은 그보다 더 미세합니다(sukshma). 꿈의 창조물들은 생시 상태의 거친 세계에 비해 미세하지만, 미세원소들에 비하면 거칩니다. 미세원소들은 5원소 결합(panchikarana)을 거친 뒤 내적기관들(antahkaranas)[마음]의 형상을 일으킵니다.23) 거기서도 작용 원인들의 상이한 조합에 의해 그렇게 합니다. 사뜨와(satva)의 영향으로 허공(akasa)이 우세하면 그것이 지知(jnana)를 일으키는데, 그 자리는 두뇌입니다.

---

22) T. 시를 잘 짓지 못하는 뻬루말스와미가 바가반을 찬양하는 시를 짓고 싶어 했을 때, 바가반이 그를 위해 시 한 수를 지어주었다. 자세한 내용은 『바가반의 말씀을 따른 삶』, 196쪽 참조.

23) T. 미세원소는 우주를 구성하는 다섯 가지 미세한 요소로, 소리·접촉·색깔·맛·냄새 원소이다. 마하뜨에서 미세원소가 나오고, 미세원소들이 절반씩 나뉘고 다시 각기 4등분된 후 서로 다양한 비율로 결합하여 내적기관을 형성한다는 것이 샹까라에게서 시작된 *panchikarana* 이론이다.

공기(vayu)는 마음(manas)을 낳고, 빛(tejas)은 지성(buddhi)을 낳으며, 물(jala)은 기억(chitta)을, 흙(prthvi)은 에고(ahankara)를 낳습니다.

이것들은 집합적(samashti)인데, 그 이유는 그것들이 감각기관이나 다른 기관들 중 일부나 그 전부와 집합적으로나 개별적으로 작용할 수 있기 때문입니다. 라조구나(rajoguna-라자스)에 의해서는 그것들이 개인(vyashti) 안에서 지각기관(jnanendriyas)로 변하고, 따모구나(tamoguna-따마스)에 의해서는 개인 안에서 운동기관(karmendriyas)으로 변합니다. 외부 세계와 개인 간의 관계는 이제 쉬워집니다. 왜냐하면 미세원소들이 양자에 공통되기 때문입니다.

미세원소들은 쁘라끄리띠에서 나옵니다. 창조에 관한 언설들은 서로 상당히 다릅니다. 동시창조론(yugapatsrshti)도 있고 점진창조론(kramasrshti)도 있습니다. 그 의미는 창조보다도 그 원래의 근원을 강조하는 데 있습니다.

## 대담 293

**K. K. V. 아이어 씨**: 명상을 해서는 내면으로 들어갈 길을 못 찾겠습니다.

**마**: 우리가 지금 달리 어디에 있습니까? 우리의 존재 자체가 그것입니다.

**헌**: 그러면서도 우리는 그것을 모릅니다.

**마**: 무엇을 모르며, 그 무지는 누구의 것입니까? 만일 **자기**(진아)를 모른다면, 두 개의 자아가 있습니까?

**헌**: 두 개의 자아는 없습니다. 그러나 한계가 있다는 느낌은 부정할 수 없습니다. 한계들 때문에….

**마**: 한계는 마음 안에 있을 뿐입니다. 깊은 잠 속에서도 그것을 느꼈습니까? 그대는 잠 속에서도 존재합니다. 그때 그대가 존재함을 그대는 부인하지 않습니다. 같은 **자기**가 지금 여기 생시의 상태에 있습니다. 그대는 지금 한계들이 있다고 말합니다. 지금 일어난 일은 그 두 상태 간에 이런 차이가 있다는 것입니다. 그 차이는 마음에 기인합니다. 잠 속에서는 마음이 없었지만, 지금은 그것이 활동하고 있습니다. **진아**는 마음이 없을 때도 존재합니다.

**헌**: 이해는 됩니다만, 그것을 깨닫지는 못합니다.

**마**: 명상을 하면 오래지 않아 그렇게 될 것입니다.

**헌**: 명상은 마음으로 하는 것인데, 어떻게 그것이 마음을 죽여서 **진아**를 드러나게 할 수 있습니까?

**마:** 명상은 한 생각을 고수하는 것입니다. 그 단 한 생각이 다른 생각들을 물리쳐 줍니다. 마음이 딴 데로 흐르는 것은 그것이 약하다는 징표입니다. 부단히 명상하면 그것이 힘을 얻습니다. 다시 말해서 생각이 잘 달아난다는 마음의 약점이, 생각을 벗어난 지속적 배경(자기자각)에 자리를 내줍니다. 생각이 없는 이 무변제無邊際가 진아입니다. 순수한 상태의 마음이 진아입니다.

스리 바가반은 앞서 질문한 사람에 대한 답변을 계속하셨다: 누구나 "나는 몸이다"라고 말합니다. 그것은 무지인들의 경험인 것만큼이나 진인들의 경험이기도 합니다. 무지한 사람은 자기가 그 몸에만 한정되어 있다고 믿는 반면, 진인은 몸이 진아와 별개로 머무를 수 없다고 믿습니다. 그에게 진아는 무한하고, 몸도 포함합니다.

보스 씨는, 자신이 당신의 친존에서 평안을 느끼며, 그것은 얼마 후까지도 지속된다고 말했다. 그는 이렇게 덧붙였다: 왜 그것이 오래 가지 않습니까?

**마:** 그 평안이 진정한 성품입니다. 그 반대 관념들은 덧씌움(superimpositions)[24]일 뿐입니다. 이것이 참된 헌신이요, 참된 요가며, 참된 지知입니다. 그대는 이 평안이 수행으로 얻어진다고 말할지 모릅니다. 그 그릇된 관념들이 수행에 의해 포기됩니다. 그것이 전부지요. 그대의 참된 성품은 늘 지속됩니다. 그런 섬광들은 나중에 진아가 드러날 거라는 징후들에 불과합니다.

처음 질문자에 대한 답변으로 바가반은 이렇게 말씀하셨다: 심장이 진아입니다. 그것은 안도 아니고 밖도 아닙니다. 마음은 그것의 힘(sakti)입니다. 마음이 일어난 뒤에 우주가 나타나고, 몸이 그 안에 들어 있는 것으로 보입니다. 그 반대로 이 모든 것은 진아 안에 들어 있고, 진아와 별개로는 존재할 수 없습니다.

### 1936년 12월 14일

**대담 294**

**빠르키(Parkhi) 씨:** 명상은 어떻게 닦아야 합니까?

**마:** 명상이란 진실로 말해서, 진아안주(Atmanishta)[진아로서 고정되는 것]입니다. 그러나 생각들이 마음을 지나가고 그것을 없애기 위한 노력을 할 때는, 그 노력

---

24) T. 어두운 곳에 둘둘 사려진 밧줄을 뱀으로 착각하는 경우, 실재하지 않는 뱀은 실재하는 밧줄 위에 마음이 '덧씌운' 것이다. 이처럼 실재 위에 비실재가 그릇되게 부가되는 것이 '덧씌움'이다.

을 보통 명상이라고 합니다. 진아안주는 그대의 진정한 성품입니다. 있는 그대로 머무르십시오(Remain as you are). 그것이 목표입니다.

헌: 그러나 생각들이 올라옵니다. 우리의 노력은 생각들을 제거하기 위한 것일 뿐입니까?

마: 그렇지요. 명상이 한 가지 생각 위에 있으면, 다른 생각들이 들어오지 못합니다. 생각들이 들어오지 못하게 하는 한에서 명상은 소극적인 효과가 있을 뿐입니다.

헌: "진아에 마음을 고정하라(atma samstham manah krtva)"25)고 합니다. 그러나 진아는 생각할 수 없습니다.

마: 그대는 대체 왜 명상을 하고 싶어 합니까? 그것을 하고 싶어 하기 때문에 "진아 안에 마음을 고정하라"는 말을 듣는 것입니다. 명상할 것 없이, 왜 있는 그대로 머무르지 않습니까? 그 '마음(manah)'이 무엇입니까? 모든 생각이 제거될 때, 그것은 '진아에 고정될(atma samstha)' 것입니다.

헌: 어떤 형상이 주어지면 저는 그것에 대해 명상할 수 있고, 다른 생각들이 제거됩니다. 그러나 진아는 형상이 없습니다.

마: 형상이나 구체적인 대상들에 대한 명상을 디야나(dhyana-명상)라고 합니다. 반면 진아에 대한 탐구는 자기탐구(vichara) 혹은 일여내관입니다.

스리 바가반은 '덧씌움과 그 제거(adhyaropapavadabhyam)'를 설명하면서 이렇게 말씀하셨다: 전자는 그대를 진아가 있는 내면으로 향하게 합니다. 그런 다음 후자에 따라 그대는 세계가 진아와 별개가 아니라는 것을 압니다.

### 1936년 12월 16일

**대담 295**

바로다(Baroda-서북인도에 있던 토후국) 대표의 한 사람으로 국제종교회의에 참석했던 구자라트 신사 나트베를랄 빠레크 씨가 이곳을 방문했다. 그는 차림새가 단정하고 주의 깊으며, 자신의 잘 가꾼 미덕을 상당히 의식하는 젊은이이다. 그는 스리 바가반께 몇 가지 질문을 적은 쪽지 하나를 건네 드렸다.

헌: 부디 제가 아뜨마―빠라마뜨마―삿찌다난다(Satchidananda)를 깨닫도록 도

---

25) T. 『기타』, 6.25.(419쪽 참조).

와주십시오.

마: 아뜨마―빠라마뜨마―삿찌다난다는 같은 하나, 즉 **진아**를 뜻합니다. 진아는 영원히 깨달아져 있습니다. 그렇지 않다면 그 안에 아무 즐거움이 없겠지요. 만일 그것이 영원하지 않다면, 그것은 어떤 시작이 있어야 합니다. 시작이 있는 것은 끝도 있을 것입니다. 따라서 그것은 일시적일 뿐입니다. 일시적인 상태를 추구해 봐야 아무 소용이 없습니다. 실은 그것은, 애씀 없고 항상 깨어 있는 **평안**의 상태입니다. 자각하고 있으면서도 애씀 없는 것이 **지복**의 상태이며, 그것이 깨달음입니다.

헌: 지적인 답변들은 원치 않습니다. 저는 그것이 실제적이기를 원합니다.

마: 예. 직접지는 지적인 담화를 요하지 않지요. **자기**는 누구나 직접 체험하는 것이기 때문에, 그런 담화는 전혀 필요 없습니다. 누구나 "내가 있다"고 말합니다. 더 깨달아야 할 어떤 것이 있습니까?

헌: 저에게는 분명하게 이해되지 않습니다.

마: 그대는 존재합니다. 그대는 "내가 있다"고 말합니다. 그것은 존재(existence)를 뜻합니다.

헌: 그러나 저는 그것을, 즉 저의 존재를 확신하지 못합니다.

마: 오! 그러면 지금 말하고 있는 것은 누구입니까?

헌: 저입니다, 분명히. 그러나 제가 존재하는지 않는지는 확신할 수 없습니다. 더욱이 저의 존재를 인정한다 해도 제가 얻는 게 없습니다.

마: 그 존재성을 부인하기 위해서라도 누군가가 있어야 하지요. 만일 그대가 존재하지 않는다면, 질문자도 없고 어떤 질문도 일어날 수 없습니다.

헌: 제가 존재한다고 해 보죠.

마: 그대가 존재한다는 것은 어떻게 압니까?

헌: 제가 생각하고, 느끼고, 보고, 하니까요.

마: 그러니까 그런 것에서 그대의 존재성이 추론된다는 말이군요. 더욱이 잠 속에서는 느끼고 생각하는 일 등이 없지만, 그래도 그 존재(사람)는 있습니다.

헌: 그러나 아니죠. 제가 깊은 잠 속에서 있었다고는 말할 수 없습니다.

마: 잠 속에서의 그대의 존재성을 부인하는 것입니까?

헌: 제가 잠 속에 있을 수도 있고 없을 수도 있습니다. 신은 압니다.

마: 잠에서 깨어나면 그대는 잠들기 전에 했던 일을 기억합니다.

헌: 잠들기 전과 후에 제가 있다고는 말할 수 있지만, 잠 속에서 제가 있었는지는 말할 수 없습니다.

마: 그대는 지금 그대가 잠들어 있었다고 말합니까?

헌: 예.

마: 잠의 상태를 기억하지 못한다면 그것을 어떻게 압니까?

헌: 그렇다고 해서 제가 잠 속에서 존재했다는 결론이 나오지는 않습니다. 그런 존재성을 인정한다고 해서 얻는 것은 없습니다.

마: 그러면 사람은 잠이 엄습해 올 때마다 죽었다가, 깨어나면서 다시 소생한다는 말입니까?

헌: 그럴지도 모르죠. 신만이 아시겠지요.

마: 그러면 신이 와서 이런 수수께끼의 해답을 발견하라 하십시오. 만일 그대가 잠 속에서 죽는다면, 잠을 겁내야 합니다. 마치 죽음을 겁내듯이 말입니다. 반대로 그대는 잠을 자고 싶어 합니다. 잠 속에 즐거움이 없다면 왜 잠을 자고 싶어 하겠습니까?

헌: 잠 속에 적극적인 즐거움은 없습니다. 잠을 자고 싶어 하는 것은 신체적 피로를 없애기 위해서일 뿐입니다.

마: 물론, 그 말은 맞습니다. '피로에서 벗어나기 위해서'지요. 피로에서 벗어나는 사람이 있군요.

헌: 예.

마: 그래서 그대는 잠 속에서도 있었고 지금도 있습니다. 그대가 잠들어 있을 때는 느끼거나 생각하는 일 없이 행복했습니다. 같은 사람이 지금도 계속 있는데, 왜 그대는 행복하지 않습니까?

헌: (잠 속에) 행복이 있다고 어떻게 말씀하실 수 있습니까?

마: 누구나 "나는 행복하게 잠을 잤다(sukhamahamasvapsam)"고 말하지요.

헌: 그들이 옳다고 보지 않습니다. (잠 속에는) 어떤 행복(sukha)도 없습니다. 그것은 슬픔이 없는 것일 뿐입니다.

마: 그대의 존재 자체가 지복입니다. 그래서 누구나 "나는 행복하게 잠을 잤다"고 말합니다. 그것은 우리가 잠 속에서는 원초적인 무無오염 상태에 머무른다는 것을 뜻합니다. 슬픔으로 말하면, 어떤 슬픔도 없습니다. 그것이 어디 있기에 그대는 그것이 잠 속에는 없다고 말합니까? 지금 그대가 **자기를 몸과**

그릇되게 동일시하는 것이 모든 오류를 야기하고 있습니다.

헌: 제가 원하는 것은 깨달음입니다. 저는 저에게 내재된 행복한 성품을 느끼지 못합니다.

마: 왜냐하면 진아가 지금 비아와 동일시되기 때문입니다. 그 비아도 진아와 별개는 아닙니다. 그러나 몸이 별개라는 그릇된 관념이 있고, 진아가 그 몸과 혼동됩니다. 이 그릇된 정체성이 끝나야 행복이 드러납니다.

헌: 저는 스스로 어떻게 하지 못합니다.

엔지니어 양반(모리스 프리드먼)이 스승에 대한 순복을 권유했다.

헌: 동의합니다.

마: 그대의 성품은 행복입니다. 그대는 그것이 분명하지 않다고 하는데, 무엇이 그대의 참된 존재를 보지 못하게 가로막는지 보십시오. 그 장애물은 그릇된 정체성이라고 제가 말했습니다. 그 오류를 제거하십시오. 환자는 의사가 처방해 준 약을 스스로 먹어야 그 병이 치유될 수 있습니다.

헌: 그 환자는 스스로 어떻게 해보고, 의사의 손에 자신을 무조건적으로 맡기기에 너무 약합니다.

마: 의사가 재량껏 할 수 있어야 하고, 환자는 아무 말 없이 가만히 있어야 합니다. 마찬가지로, 침묵을 지키십시오. 그것이 애씀 없음입니다.

헌: 그것이 가장 효과적인 약이기도 합니다.

그가 적어낸 다른 질문들은 이러했다.

헌: 저에게 신의 존재를 납득시켜 주십시오.

마: 진아 깨달음이 그런 확신에 해당합니다.

헌: 발현업은 인간행人間行(purushakara)[자기 자신의 노력]과 어떻게 관계됩니까?

마: 발현업은 행위(karma)입니다. 거기에는 행위자(karta)가 있어야 합니다. 그 행위자가 누구인지 보십시오. 인간행은 노력입니다. 누가 노력하는지 보십시오. 확립된 정체성('나')이 있습니다. 그것들의 관계를 알려고 하는 그 사람 자신이 그 연결고리입니다.

헌: 업과 환생이 무엇입니까?

마: 행위자를 보십시오. 그러면 행위가 분명해집니다. 그대가 지금 태어난다면 환생이 뒤따를 수 있습니다. 그대가 지금 과연 태어나는지를 보십시오.

헌: 제가 빛 친견親見(jyotidarsana)[빛을 보는 것]을 갖도록 도와주십시오.

**마:** 친견(*darsana*)[봄]은 친견자(*drashta*)[보는 자]를 내포하고 있습니다. 그를 발견하십시오. 그러면 친견은 그에게 포함되어 있습니다.

### 대담 296

목동 뿌반은 30년 전인 비루팍샤 산굴 시절부터 스리 바가반을 안다고 한다. 당시에 그는 이따금 (바가반을 찾아온) 방문객들에게 우유를 공급해주곤 했다.

약 6년 전 그는 양 한 마리를 잃어버리고 사흘이나 찾아 헤맨 적이 있었다. 그 양은 새끼를 배고 있었고, 그는 양을 되찾으리라는 모든 희망을 잃은 상태였다. 양이 야생동물들의 습격을 받았을 거라고 생각했기 때문이다. 하루는 그가 아스라맘을 지나갈 때, 스리 바가반이 그를 보시고 어떻게 지내느냐고 물으셨다. 이 사내는 잃어버린 양을 찾고 있다고 대답했다. 스리 바가반은 평소와 같이 침묵을 지키셨다. 그러더니 당신은 목동에게 바위 몇 개를 드는 것을 좀 도와달라고 하셨고, 그는 아주 기뻐하며 그렇게 했다. 일이 끝난 뒤에 스리 바가반이 읍내 쪽으로 난 길을 가리키며 그에게 말씀하셨다. "이쪽으로 가시게. 도중에 잃어버린 양을 찾게 될 테니." 그래서 그는 그 길로 가다가 잃었던 양을 찾았다. 양은 어린 새끼 두 마리를 데리고 있었다.

그는 이제 말한다. "이 바가반이 어떤 분입니까! 당신이 하시는 말씀의 힘을 보세요. 위대하신 분입니다! 저같이 가난한 사람도 결코 잊지 않으시고, 제 아들 마니깜도 친절하게 기억해 주시지요. 위대한 분들이 그렇습니다! 당신을 위해서라면, 암소들이 발정 났을 때 그들을 돌보는 것과 같이 아무리 하찮은 일을 해도 즐거워요."

1936년 12월 18일

### 대담 297

코헨 씨가 여쭈었다: 명상은 생시 상태에서 마음을 가지고 합니다. 꿈 속에서도 마음이 있습니다. 왜 꿈 속에서는 명상이 없습니까? 그것이 불가능합니까?

**마:** 꿈 속에서 그렇게 물으십시오.

잠시 침묵하신 뒤 스리 바가반이 말씀을 계속하셨다: 그대는 '지금 명상을 하여 그대가 누구인지를 발견하라'는 말을 듣습니다. 그렇게 하지 않고 그대는 "왜 꿈 속이나 잠 속에서는 명상이 없느냐?"고 묻습니다. 누구에게 생시가 있는지를 알아내면, 꿈과 잠도 같은 사람에게 있다는 것이 분명해질 것입니다. 그대는 생시(*jagrat*)·꿈(*svapna*)·잠(*sushupti*)의 주시자입니다. 오히려 그것들이 그대 앞을 지나갑니다. 그대가 지금 명상에서 나와 있기 때문에 그런 질문들이 일어납니다. 명상을 고수하고 그런 질문이 일어나는지를 보십시오.

### 1936년 12월 23일

**대담 298**

어떤 방문객이 질문을 하면서 명상이 탐구보다 더 직접적이라고 말했다. 왜냐하면 명상은 진리를 붙드는 데 반해, 탐구는 비진리로부터 진리를 걸러내기 때문이라는 것이었다.

**마:** 초심자에게는 어떤 형상에 대한 명상이 더 쉽고 편합니다. 그것을 닦다 보면 비실재에서 실재를 걸러내는 자기탐구(*Atmavichara*)로 들어오게 됩니다.

그대가 서로 대립하는 요인들로 가득 차 있는데, 진리를 붙드는 것이 무슨 소용 있습니까?

자기탐구는 그대가 아직 **진아**를 깨닫지 못하고 있다고 생각하게 만드는 장애들을 제거함으로써 곧바로 **진아** 깨달음에 이르게 합니다.

### 1936년 12월 24일

**대담 299**

T. K. S. 아이어 씨가 스리 바가반께 소리의 근원에 대해서 여쭈었다.

**마:** 일반적 견해는 빠라(*para*)[소리]가 척추의 맨 밑에 있는 물라다라(*Muladhara*)에서 나온다는 것입니다. 바이카리(*vaikhari*)[26]를 위시한 모든 소리들은 꾼달리니에서 나오는 빠라 안에 들어 있고, 꾼달리니는 **심장**과 다르지 않습니다. 사실 '여섯 중심(*shadadhara*)' 전체가 **심장** 안에 들어 있습니다.

수슘나는 그것의 근원인 꾼달리니와 함께 **심장** 안에 들어 있습니다.

한 방문객이 "오목한 천장 안이 인드라요니다(*antarena taluke sendrayonih*)"[27]라는 구절에 대해서 질문했다.

---

26) *T.* 444쪽의 주 82) 참조.
27) *T.* "(심장 속 공간의⋯) 오목한 천장 안에 젖꼭지처럼 매달린 것이 인드라요니이다(*antarena taluke, ya esa stana ivavalambate, sendrayonih*)." —『따이띠리야 우파니샤드』, 1.6.1.

마: 인드라요니(*indrayoni*-인드라가 태어난 곳)는 수슘나 나디(*sushumna nadi*)와 함께 빠라(빠라나디) 안에 들어 있습니다.

### 1936년 12월 25일

### 대담 300

이학부를 졸업한 한 브라마짜리 청년이 지난 네댓 달간 여기서 은총을 기다려 왔는데, 그것은 나무에서 익은 열매 떨어지듯이 어떤 일자리가 자신에게 떨어지기를 바라서이다. 그는 일자리를 잡으려는 다른 어떤 노력도 하지 않았다. 어제 그의 형이 여기 와서 그를 부모님에게 데려가려 했지만, 이 젊은이는 가지 않겠다고 했다. 그 문제로 스리 바가반께 호소한 사람이 있었다.

스리 바가반이 말씀하셨다: 저는 누구에게도 오라거나 가 달라고 하지 않습니다. 여기는 누구나 자기 좋을 대로 합니다. 그는 회당에서 평안을 발견한다면서 일자리도 구하고 싶어 합니다. 분명 그 일자리가 이 회당에서 발견되어야만 그의 평안이 방해받지 않겠지요. 평안은 회당 안에 있지 않습니다. 그것은 진아의 안식 속에 있습니다. 어디서나 그것을 얻을 수 있지요.

며칠 뒤 그 젊은이는 자신의 성사聖絲(sacred thread-브라민이 몸에 두르는 실)를 내버리고 팔다리를 떨면서 스리 바가반 앞에 나타났다. 나중에 이 젊은이는 그것을 자신의 지복으로 묘사했다. 스리 바가반은 그에게 회당에서 당신 앞에 앉는 습관을 들이지 말라면서 그에게 나가라고 명령하셨다. 뿐만 아니라 당신은 이렇게 말씀하셨다: 어린 새도 날개가 자랄 때까지만 어미 새들의 보호를 받는다. 언제까지나 보호해 주지는 않아. 헌신자들도 마찬가지야. 나는 길을 보여주었어. 자네는 이제 그 길을 끝까지 따라가서, 자네가 어디에 있든 평안을 발견할 수 있어야지.

### 대담 301

한 신사가 스리 바가반의 가르침을 따른 끝에 자신이 체험한 것에 대해 열렬히 이야기하다가, 우연히 자신과 스리 바가반이 같은 요일에 태어났고, 이름도 같다는 등의 말을 했다.

스리 바가반은 "같은 진아가 두 사람에게 다 있지요"라고 그의 말을 마무리해 주셨다.

## 대담 302

뜨리찌(Trichy-띠루찌라빨리)에서 온 청년이 스리 바가반께 『영적인 가르침(Upadesa Manjari)』에서 성숙된 제자의 자격으로 언급하는 '전적인 무욕(atyanta vairagya)'이라는 말에 대해 질문했다. 그가 계속 질문했다: 무욕이 무엇입니까? 세속적인 추구에서 초연하고 구원을 욕망하는 것입니다. 그렇지 않습니까?

**마:** 누군들 그것을 가지고 있지 않습니까?

각자가 행복을 추구하지만 쾌락과 연관된 고통을 행복이라고 착각합니다. 그런 행복은 일시적입니다. 그의 오인된 활동이 그에게 얼마 가지 않는 쾌락을 줍니다. 고통과 쾌락은 세상 속에서 번갈아듭니다. 고통을 낳는 일과 쾌락을 낳은 일을 구분하여, 행복을 낳는 일에만 자신의 추구를 국한시키는 것이 무욕입니다. 고통이 따르지 않을 일이 뭐가 있습니까? 인간은 고통을 추구하고 거기에 관여합니다. 그렇지 않으면 (어느 분야에서도 만족스럽게 진보하지 못한 채) 한 발은 세상에, 한 발은 영적인 추구에 디디고 있습니다.

스승의 역할에 대한 질문이 다시 제기되었다.

**마:** 인간이 자신은 너무 약해서 스스로 어떻게 해볼 수 없다고 생각하기 때문에, 스승의 형상에서 더 강한 힘을 추구하는 것입니다.

## 대담 303

K. R. V. 아이어 씨가 나다(nada)[소리]에 대해 좀 더 설명해 달라고 청했다.

**마:** 그것을 명상하는 사람은 그것을 느낍니다. 나다에 열 가지가 있는데, 마지막의 천둥소리 같은 나다가 있은 뒤에는 그 사람이 라야(laya)를 얻습니다. 그것이 그의 본래적이고 영원한 상태입니다. 소리·빛(jyoti) 혹은 탐구는 이처럼 우리를 같은 지점에 이르게 합니다[전자는 간접적이고 후자는 직접적이다].

**헌:** 마음이 잠시 동안 평화로워졌다가 다시 일어납니다. 어떻게 해야 합니까?

**마:** 종종 얻는 그 평안을 다른 때에도 기억해야 합니다. 그 평안이 그대의 본래적이고 영구적인 상태입니다. 꾸준히 수행하면 그것이 자연스러워질 것입니다. 그것을 '흐름'이라고 합니다. 그것이 그대의 참된 성품입니다.

나다·환시幻視 등은 3요소(triputi)[아는 자, 앎, 알려지는 것]가 있다는 것을 의미합니다. 진아에 대한 탐구에서 나오는 흐름은 순수 3요소(suddha triputi), 다시 말해서 차별상 없는 3요소입니다.

## 1936년 12월 26일

**대담 304**

한 스위스 여성이 자신이 본 환시幻視를 스리 바가반께 묘사했다. 그녀가 눈을 활짝 뜬 채 앉아 있는데, 스리 바가반의 얼굴이 포동포동한 아기 얼굴같이 되더니 눈부신 꽃들에 둘러싸였다. 그녀는 그 아기 같은 얼굴에 사랑을 느꼈다는 것이다.

**마:** 그 환영幻影은 그대의 마음 속에 있습니다. 그대의 사랑이 그 원인입니다. 폴 브런튼은 저를 거대한 모습으로 보았는데, 그대는 저를 어린아이같이 보았군요. 둘 다 환영입니다.

그 여성이 말했다: 폴 브런튼이 저에게 어떤 영적인 체험을 해 보았느냐고 묻기에 저는 아니라고 했는데, 이제 그것이 일어나는군요.

**마:** 환영에 속지 마십시오.

**헌:** 만일 제가 멀리 유럽에 있으면서 당신의 도움을 기원한다면….

**마:** 유럽이 어디 있습니까? 그것은 그대 안에 있습니다.

**헌:** 제가 여기 와 있거든요. 저는 마하르쉬님께서 거기로 오시면 좋겠습니다. (이렇게 말하면서 그녀는 부드럽게 웃었다. 몇 분간 침묵.)

**마:** 그대는 육신을 보고, 그래서 한계를 발견합니다. 이 차원에서는 시간과 공간이 작용합니다. 그대가 거친 몸을 생각하는 한 서로 다른 몸들이라는 차별상을 보게 되겠지요. 반대로, 실재하는 마하르쉬를 알게 되면 모든 의문이 쉬어질 것입니다.

그대가 지금 인도에 있습니까? 아니면 인도가 그대 안에 있습니까? 바로 지금도 그대가 인도에 있다는 그 관념이 사라져야 합니다. 인도가 그대 안에 있습니다. 그것을 입증하려면 그대의 잠을 살펴보십시오. 잠들어 있을 때 그대가 유럽이나 인도에 있다고 느꼈습니까? 그런데도 그대는 그때도 지금과 같이 존재했습니다.

공간은 그대 안에 있습니다. 육신은 공간 안에 있지만 그대는 그렇지 않지요.

폴 브런튼은 그 환영을 볼 때 눈을 감고 있었는데, 그대는 눈을 뜨고 있었다고 말하는군요.

**헌:** 예. 그러나 저는 환영을 한 번도 본 적이 없지만, 그는 심령가입니다.

몇 분 뒤 그녀는 이 같은 환영을 보는 것이 이로운지 해로운지를 여쭈었다.

마: 이로운 거지요.

　스리 바가반이 계속 말씀하셨다: 아마 그대는 그전에 어떤 아기를 생각하고 있었는데, 그것이 환영에 나타난 거겠지요.

헌: 예, **시바**만 생각했습니다. 그의 아기 같은 얼굴을….

마: 바로 그거지요.

헌: 그러나 **시바**는 파괴자인데…[아기가 아니라는 뜻임].

마: 그렇지요―슬픔의.

　몇 분 뒤에 바가반이 말씀을 계속하셨다: 그대는 곧 잠자리에 들겠지요. 그리고 아침에 깨어나면 "행복하게 잘 잤다"고 말할 것입니다. 잠 속에서 일어난 일이 그대의 진정한 성품입니다. 그것이 지금도 지속되고 있습니다. 그렇지 않다면 그것은 그대의 진정한 성품일 수 없습니다. 바로 지금도 그 잠의 상태를 얻으십시오. 그것이 **시바**입니다.

　우리가 하나의 형상을 얻었습니까? **시바**의 형상을 생각하기 전에, 그것을 알아내십시오. 잠 속에서 그대는 존재하지 않았습니까? 그때 어떤 형상을 알고 있었습니까? 잠 속에서 그대는 형상을 가지고 있었습니까? 그대는 줄곧 존재했습니다. 잠 속에 있던 그 '나'가 지금도 존재합니다. 그대의 잠 경험에 따르면 그대는 그 몸이 아니었습니다. 지금 그대는 동일합니다―즉, 몸이 없습니다. 몸이 없기에 그대는 잠 속에서도 행복했습니다. 지금도 그대는 동일합니다. 지속되는 것이야말로 진정한 성품임이 분명합니다. 잠 속에서는 어떤 몸도 없었고 행복의 경험만 있었습니다. 그것이 지금도 지속됩니다. **진아**는 몸이 없습니다. 이처럼 그대가 몸이 없다면, 어떻게 **시바**가 몸이 있을 수 있습니까? 만일 그대가 몸이 있다면 **시바**도 몸이 있습니다. 그대가 없으면 **시바**도 없습니다.

헌: 그렇다면 왜 그가 **시바**입니까?

마: **시바**는 행복의 화신―'상서로움의 화신'이란 뜻입니다.

　그녀는 아주 기뻐했다. 얼마 후 그녀는 떠났다.

## 대담 305

방문객들이 자기들끼리 이야기하다가 그 중 한 사람이 말했다: 저희는 우리의 전통적 가르침에 친숙하기는 합니다만, 이런 가르침[스리 바가반의 가르침을 뜻함]

은 따라갈 수가 없습니다. 우리의 방식에 익숙하지 않은 외국인들은 어떻게 그리 쉽게 스리 바가반의 가르침을 따를 수 있습니까?

그는 외국인들이 불리한 조건에도 불구하고 우리를 이해하려고 노력하는 것에 공감하는 듯했고, 그들이 적절한 준비가 부족한 것을 동정하는 듯도 했다.

스리 바가반이 마침내 말씀하셨다: 환영을 보는 것이 아무 환영도 없는 것보다 낫지요. 그래야 그들이 관심을 갖습니다. 그들은 낯선 관념에 잘 끌리지 않지만, 일단 끌리게 되면 계속 고수합니다. 그들의 장점은 그런 정도입니다.

스리 바가반은 나중에 시바쁘라까샴 삘라이(Sivaprakasam Pillai)가 보았던 환영[28]을 언급하셨다: 환영은 외적인 것이 아닙니다. 그것은 내적으로 나타날 뿐입니다. 만일 환영이 외적인 것이라면 '보는 자'가 없어도 그것이 스스로 나타나야 합니다. 그럴 경우에 그 환영이 존재함을 보증하는 것은 무엇입니까? '보는 자'일 뿐입니다.

## 대담 306

**헌:** 명상을 하려면 뭔가 구체적인 것이 필요합니다. '나'에 대해서는 우리가 어떻게 명상해야 합니까?

**마:** 우리는 형상들에 뿌리 내려지게 되었고, 그래서 명상할 어떤 구체적 형상을 필요로 합니다. 마지막에는 우리가 내관하는 그것만 남게 될 것입니다. 명상을 하면 다른 생각들이 사라집니다. 내관을 할 필요가 있는 한, 다른 생각들이 있는 것입니다. 그대는 어디 있습니까? 그대가 내관을 하는 것은 그대가 존재하기 때문입니다. 왜냐하면 내관자가 내관을 해야 하니까요. 내관은 그가 있는 곳에서만 있을 수 있습니다. 내관은 다른 모든 생각을 물리쳐 줍니다. 그대 자신을 그 근원에 합일시켜야 합니다. 우리는 잠·죽음·기절 등의 경우와 같이, 때로는 무의식적으로 그 근원에 합일됩니다. 내관이 무엇입니까? **의식적으로** 그 근원에 합일되는 것입니다. 그러면 죽음·기절 등에 대한 공포는 사라질 것입니다. 그대가 그 근원에 **의식적으로** 합일할 수 있기 때문입니다.

죽음을 왜 겁냅니까? 죽음은 부존재(non-being)를 뜻하지 않습니다. 왜 그대는 잠은 사랑하면서 죽음은 사랑하지 않습니까? 그대는 지금 생각하지 않습니

---

28) *T.* 삘라이가 1900년에 당시 비루빡샤 산굴에 살고 있던 바가반을 찾아가서 보았던 바가반의 불가사의한 모습들. 『라마나 마하르쉬와 진아지의 길』, 제10장 참조.

까? 그대는 지금 존재하고 있지 않습니까? 잠 속에서는 그대가 존재하지 않았습니까? 어린아이조차도 행복하게 잘 잤다고 말합니다. 무의식적으로 그러기는 하지만, 아이는 잠 속에 자신이 존재함을 인정합니다. 그래서 의식이 우리의 참된 성품입니다. 우리는 무의식으로 남아 있을 수 없습니다. 그러나 우리는, 잠 속에서는 우리가 무의식이었다고 말합니다. 왜냐하면 (의식이라고 할 때) 우리는 한정된 의식을 이야기하기 때문입니다. 세계·몸 등이 우리 안에 워낙 뿌리박혀 있기 때문에, 이 상대적인 의식이 자기로 여겨지는 것입니다. 어느 누가 잠 속에서 자신이 무의식이라고 말합니까? (깨고 나서) 지금 그렇게 말합니다. 이것이 상대적인 의식의 상태입니다. 따라서 그는 상대적인 의식을 이야기하는 것이지 추상적인 의식을 말하는 것이 아닙니다. 의식은 상대적인 의식이나 무의식을 넘어서 있습니다.

또 스리 바가반은 『띠루바짜감(Tiruvachagam)』으로 화제를 돌려서 이렇게 말씀하셨다: 네 분의 가장 뛰어난 성자[29] 모두 그들의 체험을 바로 첫 시구에서 이야기하고 있습니다. (1) 차별상 없는 숭배, (2) 결코 잊어버리지 않는 기억, (3) 일어나지 않은 생각, (4) 에고는 없고 진아는 있다는 것. 모두 같은 의미입니다.

**헌:** 그러나 이 진리가 깨달아지지 않습니다.

**마:** 때가 되면 깨달아지겠지요. 그때까지는 헌신이 있습니다. "한 순간도 당신은 제 마음을 떠나지 않습니다"라는. 그가 어느 순간이라도 그대를 떠납니까? 그대의 마음이 헤매도록 내버려둔 것은 그대입니다. 그는 늘 안정되게 머무릅니다. 그대의 마음이 고정될 때, 그대는 "그는 한 순간도 내 마음을 떠나지 않는다"고 말합니다. 얼마나 우스운 일입니까!

### 1936년 12월 27일

**대담 307**

마이소르에서 온 샤만나 씨가 스리 바가반께 청했다: 부디 '아한 스푸라나(Aham Sphurana)'['나-나의 빛]를 설명해 주십시오.

**마:** 잠 속에서는 '나'를 알지 못합니다. 깨어나면 몸, 세계, 비아非我 일반과 연

---

[29] T. 예전 타밀 지방의 '가장 뛰어난 네 성자'는 냐나삼반다르(Jnanasambandar), 아빠르(Appar), 순다라르(Sundarar) 및 마니까바짜가르를 가리킨다.

관되어 '나'가 지각됩니다. 그렇게 연관된 '나'가 아함 브리띠(*Aham vritti*-我相)입니다. 아함(*aham*-我)이 **진아**만을 나타낼 때, 그것이 **아한 스푸라나**입니다. 진인에게는 이것이 자연스러운데, 지知 수행자들은 그것 자체를 지知(*jnana*)라 하고, 헌신가들은 헌신(*bhakti*)이라고 합니다. 그것은 잠의 상태를 포함하여 (어느 상태에서나) 항상 존재하지만, (보통은) 지각되지 않습니다. 잠 속에서는 그것을 곧바로 알 수 없습니다. 그것은 먼저 생시의 상태에서 깨달아야 합니다. 왜냐하면 그것은 세 가지 상태 모두의 저변에 있는 우리의 참된 성품이기 때문입니다. 오직 생시의 상태에서 노력하여 지금 여기에서 **진아**를 깨달아야 합니다. 나중에는 그것이 생시·꿈·깊은 잠에 의해 방해받지 않고 지속되는 **진아**임을 이해하고 깨닫게 될 것입니다. 이처럼 그것은 부절상不絶相(*akhandakara vritti*)[끊어짐 없는 체험]입니다. 상相(*vritti*-마음의 한 형상)이라는 말을 쓰는 것은 더 좋은 표현이 없기 때문입니다. 그것을 문자 그대로 상相으로 이해하면 안 됩니다. 그럴 경우 상相은 '바다 같은 강'과 마찬가지로 말이 되지 않습니다.30) 상相은 잠시 존속하는 것인데, 그것은 한정되어 있고 대상을 향하는 의식입니다. 혹은 **절대적 의식**이 생각·감각 등의 인식에 의해 분할된 것입니다. 상相은 마음의 기능인 반면, 지속적인 의식은 마음을 초월합니다. 이것은 **진인**, 곧 해탈한 존재의 본래적이고 원초적인 상태입니다. 그것이 곧 끊어짐 없는 체험입니다. 이것은 상대적 의식이 가라앉을 때 나타납니다. 아함 브리띠['나'라는 생각]가 끊어지면 **아한 스푸라나**['나'의 빛]가 끊어짐 없이 지속됩니다. 생각들이 가라앉고 나면 그 빛이 쏟아집니다.

### 1936년 12월 31일

**대담 308**

**불가촉성**不可觸性(untouchability)에 대한 질문 하나가 제기되었다.

　스리 바가반이 말씀하셨다: 비아非我가 불가촉입니다. 사회적 불가촉성은 인위적인 것이지만, 저 불가촉성은 본래적이고 신적입니다.

**헌:** 불가촉천민들이 우리의 사원에 들어오는 것을 허용해야 합니까?

**마:** 그것을 결정할 사람들은 따로 있습니다.

---

30) *T*. '바다 같은 강' 혹은 '바다가 된 강'은, 바다로 들어가서 더 이상 강이 아니지만 편의상 그렇게 부르는 것이다. '부절상不絶相'도 더 이상 '마음의 형상'이 아니지만 편의상 그렇게 부르는 것이다.

비슈누의 화신들(avatars)에 대한 질문 하나가 제기되었다.

**마:** 우리 자신의 화신을 알도록 합시다. 그러면 다른 화신들에 대한 앎이 따라올 것입니다.

다시 이스와라에 대한 질문이 있었다.

**마:** 이스와라의 존재는 이스와라에 대한 우리의 개념에서 따라 나옵니다. 먼저 그가 누구의 개념인지를 압시다. 그 개념은 인식하는 그 사람에 따라 있을 뿐입니다. 그대가 누구인지를 알아내십시오. 그러면 그 문제는 저절로 풀릴 것입니다.

### 1937년 1월 1일

**대담 309**

**헌:** "나는 브라만이다(Aham Brahmasmi)"와 "브라만이야말로 나다(Brahmaivaham)" 간의 차이는 무엇입니까?

**마:** 전자는 직접체험상相(pratyaksha vritti)이지만, 후자는 간접지(paroksha jnana)입니다. 전자는 아함['나']에 대한 깨달음으로 시작하는 반면, 후자는 브라만이라는 '들은 지식'을 가지고 시작하는데, 그 브라만은 만일 그것을 깨달았다면 진아와 별개일 수 없는 것입니다.

**대담 310**

**그린레이스 씨:** 10월에 아스라맘을 떠난 뒤로 저는 바가반의 평안이 근 열흘간이나 저를 감싸고 있는 것을 자각했습니다. 일을 하면서 바쁜 가운데서도 그 단일성의 평안이라는 저변이 흐름이 있었습니다. 그것은 지루한 강의를 들으면서 반쯤 자고 있을 때의 이중 의식과 거의 같았습니다. 그러다가 그것이 완전히 사라지고, 대신 예전의 어리석은 것들이 들어왔습니다.

일을 하다 보면 따로 명상할 시간이 없습니다. "내가 있다"를 부단히 상기하면서, 실제로 일을 하는 동안 그것을 느끼려고 애쓰는 것으로 충분합니까?

**마:** 마음이 강해지면 그것이 계속 이어질 것입니다. 수행을 거듭하면 마음이 강해지며, 그런 마음은 그 흐름을 꽉 붙들 수 있습니다. 그렇게 되면, 일을 하든 하지 않든 그 흐름은 영향 받거나 방해 받지 않는 상태로 남습니다.

**헌:** 따로 명상할 필요가 없군요?

**마:** 명상은 지금 그대의 참된 성품입니다. 그대가 그것을 명상이라고 부르는 것은, 다른 생각들이 그대를 한눈팔게 하기 때문입니다. 그런 생각들을 몰아내면 그대가 홀로, 즉 생각을 벗어난 명상의 상태에 머무르게 됩니다. 그것이 그대가 지금 다른 생각들을 멀리하여 얻으려고 하는 그대의 진정한 성품입니다. 이처럼 다른 생각들을 멀리하는 것을 지금 명상이라고 합니다. 그 수행이 확고해지면 진정한 성품이 참된 명상으로서 스스로 드러납니다.

그대가 명상을 하려고 할 때는 다른 생각들이 더 강하게 일어납니다.

그러자 즉시 다른 사람 몇이 일제히 질문을 했다.

스리 마하르쉬님이 계속 말씀하셨다: 예, 명상 중에는 온갖 생각들이 일어납니다. 그것은 당연합니다. 그대들 안에 숨어 있던 것이 나오는 것입니다. 만일 그것들이 일어나지 않으면 그것이 어떻게 소멸될 수 있겠습니까? 따라서 그것들은 때가 되어 소멸되기 위해 자연발생적으로 일어나고, 그리하여 마음의 힘을 강화해 줍니다.

**한 방문객:** 모든 것이 브라만이라고 합니다.

**마:** 예, 그렇지요. 그러나 그대가 그것들을 별개로 생각하는 한, 그것들을 피해야 합니다. 반면에 그것들이 **진아**라는 것을 발견하면 '모든 것'이라고 말할 필요가 없습니다. 존재하는 모든 것이 **브라만**일 뿐이니까요. **브라만** 외에는 아무것도 없습니다.

**헌:** 『리부 기타』에서는 수많은 대상들이 실재하지 않는다고 이야기하면서, 끝에 덧붙이기를 그것들이 모두 **브라만**이고, 따라서 실재한다고 합니다.

**마:** 그렇지요. 그것들을 수많은 것으로 보면 그것은 아사뜨(*asat*), 즉 비실재입니다. 반면에 그것을 **브라만**으로 보면 그것들은 실재하는데, 그 실재성은 그것들의 바탕인 **브라만**에서 나옵니다.

**헌:** 그러면 왜 「가르침의 핵심」에서는 몸 등을 지각력이 없다(*jada*)고 이야기합니까?

**마:** 그대가 몸 등을 **진아**와 별개라고 말하는 한에서 그렇지요. 그러나 **진아**를 발견하면, 이 몸 등도 그 안에 들어 있다는 것을 알게 됩니다. 나중에는 아무도 그 질문을 하지 않을 것이고, 아무도 그것들이 지각력 없다고 말하지 않을 것입니다.

**헌:** 비베까(*viveka*)는 **진아**와 비아 간의 분별이라고 합니다. 비아가 무엇입니까?

마: 사실 어떤 비아도 없습니다. 비아도 진아 안에 존재합니다. 비아를 이야기하는 것은 진아인데, 왜냐하면 그것이 그 자신을 잊어버렸기 때문입니다. 그 자신을 놓쳐버리고 어떤 것을 비아라고 생각하지만, 그것은 결국 그 자신에 지나지 않습니다.

그러자 다양한 이론의 주장자들 간에 논의가 고조되었다.

## 1937년 1월 2일

**대담 311**

일어나는 '나'는 또한 가라앉겠지요. 그것이 개인적인 '나', 곧 '나'라는 개념입니다. 일어나지 않는 것은 가라앉지 않겠지요. 그것은 있고, 영원히 있을 것입니다. 그것이 보편적인 '나', 완전한 '나', 혹은 진아 깨달음입니다.

오후 5시 30분에 그 스위스 여성이 스리 바가반께, 자신은 명상이 한동안 이어지면 두통이 생긴다고 하소연했다.

마: 명상자와 명상이 같은 것이라는 것을 이해하면 두통이나 그 비슷한 불편이 없을 것입니다.

헌: 그러나 그 둘은 다릅니다. 어떻게 우리가 그들을 같다고 보겠습니까?

마: 그것은 그대의 소견 때문입니다. 오직 하나가 있고, 어떤 차별상도 없습니다. 명상을 하면 그 상대적 의식이 사라질 것입니다. 그것은 단멸斷滅(일체가 소멸하고 아무것도 없는 것)이 아닙니다. 왜냐하면 절대적 의식이 일어나기 때문입니다. 성경 자체가 "하늘나라는 너희 안에 있다…"고 말합니다. 그대 자신을 몸이라고 생각하면 이 말을 이해하는 데 다소 어려움이 있습니다. 반면에 그대가 실제로 누구인지를 알면, 하늘나라와 모든 것이 그대의 참된 자아 안에 포함됩니다. 그런 것들은 에고가 일어난 뒤에 일어나는 개념입니다. "그대의 소견을 지혜의 소견으로 만들면 세계가 브라만으로 충만하다(dristin jnanamayim kritva, pasyet brahmamayam jagat)"고 했습니다. 그 절대적 자각을 깨닫고 바깥을 보면, 우주가 그 깨달은 절대자와 별개가 아니라는 것을 깨닫게 될 것입니다.

그대의 소견이 밖으로 향해 있기 때문에 그대는 어떤 바깥을 이야기합니다. 그 상태에서 그대는 안을 바라보라는 조언을 듣습니다. 이 안은 그대가 추구하고 있는 바깥에 대해 상대적입니다. 사실 진아는 밖에 있지도 않고 안에 있지도 않습니다.

천국을 이야기하자면, 그대는 그것이 위나 아래, 밖이나 안에 있다고 생각합니다. 왜냐하면 상대적인 지(知)에 익숙해져 있기 때문입니다. 그대는 대상적인 지(知)만 추구하며, 그래서 그런 관념을 갖습니다.

실제로 말하면 위도 아래도 없고, 안도 밖도 없습니다. 만약 그런 것이 실재한다면 그것이 꿈 없는 잠 속에서도 있어야 합니다. 실재하는 것은 지속적이고 영구적이어야 하기 때문입니다. 그대는 잠 속에서 '안'이나 '밖'을 느꼈습니까? 물론 그렇지 않지요.

**헌:** 저는 기억하지 못합니다.

**마:** 만일 잠 속에 뭔가가 있었다면 기억할 수 있었겠지요. 그러나 그대는 그때도 자신이 존재했다는 것을 인정합니다. 같은 **진아**가 지금 말을 하고 있습니다. 잠 속에서 차별상이 없었던 **진아**가 현재의 상태에서는 차별화되어 다양성을 봅니다. **실재하는 존재**는 대상적인 지(知)가 없는 오직 **하나**입니다. 그것이 **절대적 의식**입니다. 그것이 우리 모두가 인정하는 행복의 상태입니다. 그 상태가 이 생시의 상태에서도 일어나야 합니다. 그것이 생시-잠(*jagrat sushupti*)입니다. 그것이 해탈입니다.

**헌:** 그 에고가 곧 환생하는 자입니다.

**마:** 그렇지요. 그러나 환생이 무엇입니까? 에고는 똑같이 머물러 있습니다. 새 몸들이 나타나서 그것을 붙듭니다. 에고는 변하지 않습니다. 그것은 한 몸을 떠나 다른 몸을 찾고 발견하지 않습니다. 그대의 거친 몸에 어떤 일이 일어나는지만 한 번 보십시오. 그대가 런던에 간다고 합시다. 어떻게 갑니까? 그대는 어떤 교통수단을 타고 부두로 가서 기선에 올라, 며칠 만에 런던에 당도합니다. 어떤 일이 일어났습니까? 교통수단들이 움직였지 그대의 몸은 움직이지 않았습니다. 그래도 그대는 자신이 지구의 한쪽에서 다른 쪽으로 이동했다고 말합니다. 교통수단의 움직임이 그대의 몸 위에 덧씌워졌습니다. 그대의 에고도 그와 마찬가지입니다. 환생들은 '덧씌움'입니다. 예를 들어 꿈 속에서는 어떤 일이 일어납니까? 그대가 그 꿈의 세계로 들어갑니까, 아니면 그것이 그대 안에서 일어납니까? 분명히 후자입니다. 환생도 그와 마찬가지입니다. 에고는 내내 변함없이 그대로 있습니다.

또 그대의 잠 속에는 시간과 공간이 없습니다. 그것들은 '나'라는 생각이 일어난 뒤에 일어나는 개념입니다. '나'라는 생각이 일어나기 전에는 그 개념들이 없었습니다. 따라서 그대는 시간과 공간을 넘어서 있습니다. '나'라는 생각은 제한된 '나'일 뿐입니다. 진정한 '나'는 무제한이고 보편적이며, 시공을 넘어서 있습니다. 시간과 공간은 잠 속에는 없습니다. 잠에서 막 깨어나 대상 세계를 보기 전에 어떤 자각의 상태가 있는데, 그것이 그대의 순수한 진아입니다. 그것을 알아야 합니다.

**헌:** 그러나 저는 그것을 깨닫지 못합니다.

**마:** 그것은 깨달아야 할 대상이 아닙니다. 그대가 그것입니다. 깨달을 누가 있으며, 무엇을 깨닫습니까?

## 대담 312

**뿌나의 V. K. 쫄까르 씨:** "너 자신을 알라"거나, "네 안의 '나'가 누구인지를 보라"고 합니다. 그렇게 하는 방법은 무엇입니까? 단순히 그 진언을 기계적으로 계속 반복하는 것입니까, 아니면 매 순간 자신이 그 진언을 왜 반복하는지 기억하면서 그렇게 해야 합니까?

**마:** 그대는 그 진언을 자동적으로 늘 반복하고 있습니다. 영원히 계속되고 있는 그 무염송無念誦(ajapa)을 자각하지 못한다면, 염송(japa)을 해야 합니다. 염송은 노력으로 하는 것인데, 그 노력은 다른 생각들을 막으려는 것입니다. 그러다 보면 그 염송은 마음속으로 하는 내적인 염송이 됩니다. 결국 그것의 무염송과 영원한 성품을 깨닫게 될 것입니다. 그대가 노력을 하지 않아도 그것이 계속된다는 것을 발견할 것이기 때문입니다. 그 노력 없는 상태가 깨달음의 상태입니다.

쫄까르 씨는 다시 실제적 관점에서의 가르침, 즉 자신에게 맞는 가르침을 청했다.

**마:** 그것은 외적인 것이 아니고, 따라서 다른 데서 찾을 필요가 없습니다. 그것은 내적이기도 하고 외적이기도 합니다. 그것은 늘 깨달아집니다. 그러나 그대는 그것을 모른다고 말합니다. 그것은 그 자체에 대한 부단한 주시를 요합니다. 다른 어떤 노력도 필요 없습니다. 그대의 노력은, 그대 자신이 다른 생각들에 의해 한눈이 팔리지 않게 하려는 것일 뿐입니다.

그 사람은 만족해했다.

제2권 **337**

대담 313

**그린레이스 씨:** 바가반께서는 어제, 우리가 '내면의 신'을 찾고 있는 동안에도 외적인 일은 자동적으로 진행될 거라고 말씀하셨습니다. 스리 짜이따니야(Sri Chaitanya)의 생애담에서 설명하기를, 그는 제자들에게 설법을 하면서도 크리슈나를 찾았고, 자신의 몸이 어디 있는지도 잊은 채 계속 크리슈나에 대해 이야기했다고 합니다. 이런 이야기를 들으면, 과연 일을 내버려두어도 괜찮을까 하는 의심이 듭니다. 신체적인 일에 부분적 주의라도 기울여야 합니까?

**마:** 진아는 모든 것입니다. 이제 그대에게 묻겠습니다. 그대는 진아와 별개입니까? 일이 진아와 별개로 진행될 수 있습니까? 아니면 몸이 진아와 별개입니까? 그 어느 것도 진아와 별개일 수 없겠지요. 진아는 없는 곳이 없습니다. 따라서 모든 행위는 그대가 거기에 의도적으로 관여하든 않든 진행될 것입니다. 그 일은 자동적으로 진행됩니다. 진아를 돌보는 것이 일을 돌보는 것을 포함합니다.

**헌:** 제가 주의를 기울이지 않으면 그 일이 잘 되지 않을지도 모릅니다.

**마:** 그대는 자신을 몸과 동일시하기 때문에 그 일을 그대가 한다고 생각합니다. 그러나 몸과 그것의 활동—그 일을 포함한—은 진아와 별개가 아닙니다.

그대가 일에 주의를 기울이든 기울이지 않든 무슨 상관 있습니까? 그대가 한 장소에서 다른 장소로 걸어간다고 생각해 보십시오. 그대가 딛는 매 걸음에 주의하지는 않습니다. 그러나 얼마 후 그대는 목적지에 도착해 있습니다. 그대가 주의를 기울이지 않아도 그 일이, 즉 걷는 일이 어떻게 진행되는지 보십시오. 다른 종류의 일들도 그와 마찬가지입니다.

**헌:** 그러면 그것은 몽유병이나 같습니다.

**마:** 정말 그렇지요. 아이가 깊이 잠들었을 때 엄마가 잠에 빠진 아이에게 밥을 먹입니다. 아이는 완전히 깨어 있을 때나 마찬가지로 음식을 잘 먹습니다. 그러나 다음날 아침 아이는 엄마에게 말합니다. "엄마, 나 어젯밤에 밥 안 먹었어." 엄마나 다른 사람들은 아이가 밥을 먹었다는 것을 알지만, 아이는 먹지 않았다고 합니다. 아이는 의식하지 못했지만 밥 먹는 행위는 진행되었습니다. 몽유병은 이런 유의 작업에는 실로 훌륭한 비유입니다.

다른 예를 들어봅시다. 어떤 승객이 달구지에서 잠이 들었습니다. 황소들은 여행 도중 움직이기도 하고, 가만히 서 있기도 하며, 멍에가 끌러지기도 합니다. 그는 이런 일들이 일어나는 것을 알지 못했으나, 깨어나 보면 자신이 다른 장소에 와 있습니다. 행복한 잠에 빠져 도중에 일어난 일들은 몰랐지만, 그의 여행은 끝나 있습니다.

그 사람의 **진아**도 마찬가지입니다. 그는 몸 안에서 잠들어 있습니다. 그의 생시 상태는 황소들이 움직이는 것이고, 그의 삼매는 황소들이 가만히 서 있는 것[왜냐하면 삼매는 곧 생시-잠이므로], 다시 말해서 자각하고는 있으나 행위들에 집착하지 않는 것입니다. 그래서 황소들이 멍에를 지고 있지만 움직이지 않고 있습니다. 그의 잠은 황소들의 멍에를 끄르는 것입니다. 왜냐하면 황소들을 멍에에서 풀려나게 함과 동시에 활동이 완전 정지하기 때문입니다.

또 다른 예를 들어봅시다. 영화에서 스크린 위에 장면들이 영사됩니다. 그러나 그 움직이는 화면들은 스크린에 영향을 주거나 그것을 변화시키지 못합니다. 보는 자(관객)는 화면에 주목하고 스크린은 무시합니다. 화면들은 스크린과 별개로 남아 있을 수 없습니다. 그러나 스크린의 존재는 무시됩니다. 마찬가지로 **진아**는 그 위에서 화면들, 즉 행위들이 전개되는 스크린입니다. 사람은 후자는 알면서 전자는 무시합니다. 그럼에도 불구하고 그는 **진아**와 별개가 아닙니다. 그가 의식하든 않든, 행위들은 계속될 것입니다.

**헌:** 영화에는 작동자(상영자)가 있습니다.

**마:** 영화는 지각력 없는 물질들로 만들어집니다. 스크린·화면·불빛 등은 지각력이 없기 때문에 작동자, 곧 지각력 있는 행위자를 필요로 합니다. **진아**의 경우 그것은 의식 자체이고, 따라서 (작동자를) 스스로 포함하고 있습니다. 별개의 작동자가 있을 수 없습니다.

질문자는 위의 답변이 함축하는 것처럼 자신이 몸을 작동자와 혼동하지는 않았다고 항변했다.

**마:** 작동자의 필요성을 포함한 몸의 기능들을 염두에 둔 거지요. 지각력 없는 물건인 몸이 있기 때문에, 지각력 있는 행위자인 작동자가 필요합니다.

사람들이 자신을 개아(*jivas*)로 여기기 때문에, **스리 크리슈나**는 신이 개아들의 작동자로서 **심장** 안에 거주한다고 말한 것입니다.31) 사실은 개아들도 없고 작동자도 없습니다. 진아는 일체를 포함합니다. 그것이 스크린이고 화면이며,

---

31) *T.* "모든 존재들의 심장 안에, 오 아르주나여, 하느님이 거주한다. 마치 기계 위에 태운 듯이 모든 존재들을 환력(幻力)으로 빙빙 돌리면서." -『기타』, 18.61.

보는 자·행위자·작동자이고, 빛 기타 모든 것입니다. 그대가 **진아**를 몸과 혼동하여 그대 자신을 행위자라고 여기는 것은, 보는 자(관객)가 영화 속의 배우로 표현되는 것과 같습니다. 영화 속의 배우가 스크린 없이도 어떤 장면을 연기할 수 있는지 묻는다고 상상해 보십시오. 자신의 행위가 **진아**와 별개라고 생각하는 사람의 경우가 그와 같습니다.

**헌:** 그것은 관객에게 영화 화면 속에서 연기하라고 하는 것과 같습니다. 몽유병이 바람직한 것 같습니다.

**마:** 까마귀는 하나뿐인 홍채를 어느 한쪽 눈 속에 굴려 넣어 어떤 대상을 본다는 (세인들의) 믿음이 있습니다. 홍채는 하나뿐이지만 눈구멍은 두 개라는 것입니다. 그것은 자기가 보고 싶은 대로 눈을 놀려서 본다고 합니다.

또한 코끼리는 코가 하나지만, 그것으로 숨도 쉬고 물을 마시는 등의 일도 합니다. 또 뱀들은 같은 기관(눈)으로 보기도 하고 듣기도 한다고 합니다.

마찬가지로, 행위와 상태들은 사람의 관점에 따릅니다. 잠-생시, 생시-잠, 꿈-잠, 꿈-생시는 거의 같은 것입니다.[32]

**헌:** 우리는 하나의 물리적인 생시의 세계에서 하나의 육신을 다루어야 합니다. 만일 우리가 일이 진행되는 동안 잠을 자거나 잠이 엄습할 때 일을 하면, 그 일은 잘못될 것입니다.

**마:** 잠은 무지가 아닙니다. 그것은 그대의 순수한 상태입니다. 생시는 지知가 아닙니다. 그것은 무지입니다. 잠 속에서도 완전한 자각이 있고, 생시에도 완전한 무지가 있습니다. 그대의 진정한 성품은 둘 다를 포괄하며, 그 너머까지 미칩니다. **진아**는 지知와 무지를 넘어서 있습니다.

잠·꿈·생시는 **진아** 앞을 지나가는 양상일 뿐입니다. 그대가 의식하든 못하든 그것들은 진행됩니다. 그것이 진인의 상태이며, 그의 안에서 생시·삼매·깊은 잠과 꿈의 상태들이 지나갑니다. 앞에서 말한 승객이 잠들어 있을 때 황소들이 움직이거나 서 있거나 멍에가 끌려지듯이 말입니다. 그런 질문들은 무지인의 관점에서 나온 것입니다. 그렇지 않다면 그런 질문들이 일어나지 않지요.

---

32) T. '잠-생시'는 깊은 잠 속에서도 완전히 자각하는 것, '생시-잠'은 깨어 있으면서도 잠에 빠진 듯이 진아에 몰입한 것, '꿈-잠'이나 '꿈-생시'는 꿈 속에서도 진아에 완전히 몰입해 있거나 활짝 깨어 있는 것으로 본다. 모든 상태에서 자기를 자각하는 진인에게는 이 네 가지 상태가 동일하다.

**헌:** 물론 진아에게는 그런 질문들이 일어날 수 없습니다. 질문할 자가 누가 있겠습니까? 그러나 불행히도 저는 아직 진아를 깨닫지 못했습니다.
**마:** 그것이 바로 그대를 가로막는 장애물입니다. 그대가 아직 진아를 깨닫지 못한 무지인이라는 그 관념을 없애야 합니다. 그대가 진아입니다. 그대가 자기와 별개였던 때가 한 번이라도 있었습니까?
**헌:** 그러니까 그것은 몽유병… 아니 백일몽을 실험해 보는 거로군요?
바가반은 웃으셨다.

### 1937년 1월 3일
〔감로의 방울들〕

**대담 314**
어제의 답변에서 스리 바가반은 진아가 깊은 잠 속에서는 순수한 의식이라고 말씀하셨다. 또 당신은 잠에서 생시 상태로 넘어 올 때의 진아가 깨달음을 얻기에 이상적이라고 하셨다. 여기에 대해 누가 설명을 요청했다.

스리 바가반이 자비롭게 답변하셨다: 잠 속에서 진아는 순수한 의식입니다. 그것이 (잠에서 생시로 넘어오는) 과도적 단계에서는 '이담(*idam*)'[이것]이 없는 '아함(*aham*)'[나]으로 발전하고, 생시에는 '아함'과 '이담'으로 나타납니다. 개인의 경험은 '아함'에 의해서만 이루어집니다. 그래서 그는 제가 말한 방법으로[즉, 과도적인 '나'로써] 깨달음을 목표해야 하는 것입니다. 그렇지 않다면 잠의 경험이 그에게 중요하지 않습니다. 그 과도적인 '나'를 깨달으면 그 바탕이 발견되고, 그러면 목표에 이르게 됩니다.

또 잠은 무지라고 하는데, 그것은 생시 상태를 지배하는 그릇된 지知와의 관계에서만 그렇습니다. 생시 상태는 실은 무지이며, 잠의 상태가 완전지完全知(*prajnana*)[온전한 知]입니다. "완전지가 **브라만이다**"33)라고 경전에서 말합니다. **브라만**은 영원합니다. 잠의 경험자를 쁘라냐(*prajna*)라고 하는데, 그는 세 가지 상태 모두에서 완전지입니다. 잠의 상태에서 그것이 특별히 갖는 의미는 **그가 완전지로 충만해 있다**(*prajnanaghana*)는 것입니다. '충만(*ghana*)'이 무엇입니까? 지知(*jnana*)와 명지明知(*vijnana*)가 있습니다. 둘 다 모든 지각에서 작용합니다.

---
33) T. '*prajnanam brahma.*' —『아이따레야 우파니샤드(*Aitareya Upanishad*)』, 3.1.3.

생시의 명지는 전도지顚倒知(viparita jnana)[그릇된 지知], 즉 무지입니다. 그것은 늘 개인과 공존합니다. 이것이 명료지明瞭知(vispashta jnana)[명료한 지知]가 되면 그것이 브라만입니다. 잠 속에서처럼 그릇된 지知가 전혀 없으면 그는 순수한 완전지로만 남습니다. 그것이 완전지-충만입니다.『아이따레야 우파니샤드』에서는 완전지·명지·무지(ajnana)·각지覺知(samjnana)가 모두 브라만의 이름이라고 말합니다.34) 지知만으로 이루어진 존재인 그를 어떻게 체험할 수 있습니까? 체험은 늘 명지와 함께 합니다. 따라서 과도적인 단계의 순수한 '나'를 붙잡아야 완전지-충만을 체험할 수 있습니다. 생시 상태의 '나'는 불순수하며, 그런 체험을 얻는 데 쓸모가 없습니다. 그래서 과도적인 '나', 순수한 '나'가 쓸모가 있습니다. 이 순수한 '나'를 어떻게 깨닫습니까?『분별정보』에서는, "그는 지성껍질 안에서 늘 빛나고 있다(vijnanakose vilasatyajasram)"고 합니다.35)『뜨리뿌라 라하시야(Tripura Rahasya)』와 여타 저작들에서는 연속하는 두 산깔빠(sankalpas)[관념·생각] 사이의 틈이 순수한 '아함'을 나타낸다고 지적합니다. 따라서 그 순수한 '나'를 꽉 붙들면서 완전지-충만을 목표로 해야 합니다. 그러면 그런 노력 속에 그 상相(vritti)이 있게 됩니다. 이 모든 것들은 제각기 적절한 자기 자리가 있으며, 동시에 깨달음으로 이끌어줍니다.

또『분별정보』에서는, 순수한 진아는 비실재(asat)를 넘어서 있다고, 즉 비실재와 다르다고 말합니다.36) 여기서 비실재는 오염된 생시의 '나'입니다. '비실재와 다르다(asadvilakshana)'는 것은 사뜨(sat), 즉 잠 속의 진아를 뜻합니다. 그는 존재나 비존재와 다르다고 묘사되기도 합니다. 둘 다 같은 의미입니다. 그는 일체의 주시자(asesha sakshi)이기도 합니다.

만약 그가 순수하다면, 불순한 '나'로써 어떻게 그를 체험할 수 있겠습니까? 어떤 사람이 "나는 행복하게 잤다"고 말합니다. 행복은 그의 체험이었습니다. 그렇지 않다면 어떻게 자신이 체험하지 않은 것에 대해 이야기할 수 있겠습니까? 만일 진아가 순수했다면, 그는 잠 속에서 어떻게 행복을 체험했습니까? 지금 그 체험을 말하는 것은 누구입니까? 그 화자는 '명지아明知我(vijnanatma)' [무지한 자아]이고, 그는 '완전지아完全知我(prajnanatma)'[순수한 진아]에 대해서 이야

---

34) T.『아이따레야 우파니샤드』, 3.1.2.
35) T.『분별정보』, v.380(『저작 전집』, 303쪽 참조).
36) T.『분별정보』, v.351(『저작 전집』, 299쪽 참조).

기합니다. 어떻게 그럴 수 있습니까? 이 명지아가 잠 속에 존재했습니까? 그가 지금 잠 속에서 행복을 체험했다고 말하므로, 우리는 그가 잠 속에서도 존재했다고 추론할 수 있습니다. 그때 그는 어떻게 있었습니까? 분명히 생시 상태에서처럼 있지는 않았습니다. 잠 속에서는 그가 아주 미세했습니다. 극히 미세한 명지아가 마야의 양상으로 행복한 완전지아完全知我를 체험합니다. 그것은 나무의 크고 작은 가지와 잎들 사이로 보이는 희미한 달빛과 같습니다.

이 미세한 명지아明知我는 외관상, 현재 순간의 명백한 명지아에게 이방인처럼 보입니다. 왜 우리는 그가 잠 속에서도 존재했다고 추론해야 합니까? 그 행복의 체험을 부정하고 이런 추론을 그만두어야 하지 않습니까? 아닙니다. 그 행복을 체험했다는 사실은 부정할 수 없습니다. 왜냐하면 누구나 잠을 자고 싶어 하고, 숙면을 즐기기 위해 좋은 잠자리를 마련하기 때문입니다.

이렇게 볼 때 우리는 인식자·인식·인식 대상이 (잠·꿈·생시의) 세 가지 상태에 모두 있다는 결론을 얻게 됩니다. 세부적인 점에서는 차이가 나지만 말입니다. 과도적인 상태에서는 '아함'[나]이 순수합니다(suddha). 왜냐하면 '이담' [이것]이 억제되고 '아함'이 지배하기 때문입니다.

왜 우리는 저 순수한 '나'를 지금 깨닫지 못하고, 기억조차도 못합니까? 그것과의 친숙성(parichaya)이 없기 때문입니다. 그것을 의식적으로 성취할 때만 그것을 인지할 수 있습니다. 따라서 노력하여 의식적으로 그것을 얻으십시오.

## 대담 315

시자 한 사람이 여쭈었다: 스리 바가반께서 "실재와 신화(환幻)는 동일하다"고 말씀하셨습니다. 어째서 그렇습니까?

**마:** 탄트라파派(tantriks)와 그런 부류의 다른 사람들은 스리 샹까라를 올바르게 이해하지 못하고 그의 철학을 마야론(maya vada)이라고 비난합니다. 그는 뭐라고 합니까? 이렇게 말합니다. (1) **브라만**은 실재한다. (2) 우주는 하나의 신화이다. (3) **브라만**이 우주이다. 그는 두 번째 진술에서 멈추지 않고, 계속하여 그것을 세 번째 진술로써 보완합니다. 그것은 무엇을 의미합니까? **우주**를 **브라만**과 별개로 인식하면 그 지각은 그릇되었다는 것입니다. 반대론자들은 그의 '밧줄과 뱀(rajju sarpa)'의 비유를 지적합니다. 이것은 무조건적인 덧씌움입니다. 밧줄의 진상을 알고 나면 뱀이란 환상은 단번에 아주 사라집니다.

그러나 그들은 조건적인 덧씌움도 고려해야 합니다. 예컨대 사막의 신기루(*maru marichika*)나 신기루의 물(*mriga trishna*)이 그것입니다.

신기루는 그것이 신기루인 줄 안 뒤에도 사라지지 않습니다. 그 환영은 있지만 그 사람은 물을 찾아 거기로 달려가지 않습니다. 스리 샹까라는 두 가지 비유 모두의 견지에서 이해해야 합니다. 세계는 하나의 신화입니다. 그것을 안 뒤에도 세계는 계속 나타나 보입니다. 세계가 **브라만**이며, 별개가 아니라는 것을 알아야 합니다.

"세계가 나타난다면 그것은 누구에게 나타나는가?"라고 샹까라는 묻습니다. 그대의 답변은 무엇입니까? **자기**(진아)라고 말해야 합니다. 그렇지 않다면, 세계가 그것을 인식하는 **자기**가 없는 데서 나타나겠습니까? 따라서 **진아**가 **실재**입니다. 그것이 그의 결론입니다. 현상들은 **진아**로서는 실재하고, **진아**와 별개로는 신화입니다.

그런데 탄트라파 등은 뭐라고 말합니까? 현상들이 실재하는 것은 그것이 실재의 일부이기 때문이고, 그 안에서 현상들이 나타난다고 말합니다.

이 두 가지 진술이 동일하지 않습니까? 제가 **실재**와 거짓은 같은 하나라고 말한 것은 그런 의미에서입니다.

반대론자들이 계속 말합니다. "무조건적인 환幻은 물론이고 조건적인 환도 고려한다면, 신기루의 물이라는 현상이 순전히 환인 것은 그것을 어떤 용도에도 쓸 수 없기 때문이다. 반면에 세계라는 현상은 여러 용도에 쓰일 수 있기 때문에 그와 다르다. 그렇다면 어떻게 후자가 전자와 대등하겠는가?"

어떤 현상이 단순히 한 가지 용도나 여러 용도에 쓰인다고 해서 실재일 수는 없습니다. 꿈을 예로 들어봅시다. 꿈의 창조물들은 목적성이 있습니다. 즉, 꿈속의 목적에 이바지합니다. 꿈속의 물은 꿈속의 갈증을 해소해 줍니다. 그러나 꿈속의 창조물은 생시 상태와 모순됩니다. 생시의 창조물은 다른 두 상태와 모순됩니다. 지속되지 않는 것은 실재할 수 없습니다. 만일 어떤 사물이 실재한다면 그것은 늘 실재해야지, 잠시 실재하다가 다른 때에는 실재하지 않는 것이어서는 안 됩니다.

마법의 창조물들도 그와 마찬가지입니다. 그것들은 실재하는 것처럼 보이지만 그래도 환입니다. 마찬가지로 우주도 그 자체로는—다시 말해서, 저변의 **실재**와 별개로는—실재할 수 없습니다.

## 대담 316

영화의 스크린 상에서 불이 났습니다. 그것이 스크린을 태웁니까? 폭포수가 쏟아집니다. 그것이 스크린을 적십니까? 연장들(칼 등)이 있습니다. 그것이 스크린을 손상합니까?

그래서 "이것은 베어지지도 않고, 타지도 않고, 젖지도 않는다(*achchedyoyam, adahyoyam, akledhyoyam*)"37)는 등으로 말하는 것입니다. 불·물 따위는 **브라만** [진아]이라는 스크린 위의 현상이며, 그것들은 그것에 영향을 주지 않습니다.

### 1937년 1월 6일

## 대담 317

**빠르키 씨:** 이곳의 많은 방문객들이 저에게 말하기를, 그들은 당신으로부터 오는 환영이나 상념의 흐름(thought-currents)을 받는다고 합니다. 저는 지난 한 달 반 동안 여기 머무르고 있지만 그런 체험을 조금도 해보지 못했습니다. 그것은 제가 당신의 은총을 받을 만한 근기가 아니기 때문입니까? 만약 그렇다면, 멀리 있는 외국인들은 받는데 바쉬슈타 계파의 일원(*Vasishtakulotpanna*)인 제가 그것을 받지 못한다는 것이 수치스럽습니다. 이런 수치를 없앨 어떤 속죄법(*prayaschitta*)을 부디 일러 주시겠습니까?

**마:** 환영과 상념의 흐름은 마음의 상태에 따라서 얻어집니다. 그것은 그 개인에게 달렸지 **보편적 친존**(Universal Presence-스승의 힘)에 달린 것이 아닙니다. 더욱이 그런 것들은 중요하지 않습니다. 중요한 것은 **마음의 평안**입니다.

**헌:** 마음의 평안은 황홀경의 결과입니다. 황홀경은 어떻게 얻습니까?

**마:** 황홀경은 생각이 없는 것일 뿐입니다. 그런 상태는 잠 속에 얼마든지 있습니다. 그렇다고 해서 그대가 (잠 속에서) 지속적인 마음의 평안을 갖습니까?

**헌:** 아스라맘에서 기록하는 일기에서는 황홀경이 필요하다고 합니다.

**마:** 황홀경은 새로 얻어야 할 어떤 별개의 것이 아닙니다. 그대의 본래적 상태가 곧 황홀경의 상태입니다.

**헌:** 그러나 저는 그것을 느끼지 못합니다.

**마:** 그렇게 반대로 믿고 있다는 사실이 곧 장애물입니다.

---

37) *T.* 그는 베어질 수도 없고, 태워질 수도 없고, 적셔질 수도 없고, (바람에) 말려질 수도 없다 (*acchedyo'yam adahyo'yam akledyo'sosya eva ca*)." —『기타』, 2.24.

헌: 제가 **진아**를 깨닫지 못했기 때문에, 제가 가진 영구적인 황홀경의 상태를 이해하지 못한다고 말씀드리는 것입니다.

마: 그것은 같은 말의 반복일 뿐입니다. 그것이 장애물입니다. 그것은 그대가 비아를 자신이라고 생각하기 때문에 일어납니다. 그것이 과오입니다. 비아를 **진아**로 여기지 마십시오. 그러면 **진아**가 그대에게 분명해질 것입니다.

헌: 이론적으로는 이해합니다만, 실제적으로는 그렇지 못합니다.

마: 두 개의 자아는 없습니다—자아가 **진아**를 깨닫지 못했다고 이야기할.

헌: 그래도 저에게는 이론적입니다. 어떻게 해야 제가 황홀경을 얻겠습니까?

마: 황홀경은 그 효과에서 일시적일 뿐입니다. 그것이 지속되는 동안만 행복이 있습니다. 거기서 일어난 뒤에는 예전의 원습이 돌아옵니다. 그 원습들이 본연삼매(sahaja samadhi) 안에서 소멸되지 않으면, 황홀경도 아무 이익이 없습니다.

헌: 그러나 황홀경이 본연삼매보다 먼저 와야 하는데요?

마: 황홀경은 본래적 상태입니다. (그 상태에서) 활동도 있고 현상계도 있지만, 그것이 황홀경에 영향을 주지는 않습니다. 그것들이 **진아**와 별개가 아니라는 것을 깨달으면, **진아**를 깨달은 것입니다. 황홀경이 지속적인 마음의 평안을 주지 않는다면 그것이 무슨 소용 있습니까? 무슨 일이 일어나든, 바로 지금도 그대는 황홀경 속에 있다는 것을 아십시오. (그대가 알아야 할 것은) 그뿐입니다.

헌: 그러나 그것을 어떻게 해야 합니까?

한 학자가 말했다: "언어가 마음과 함께 도달하지 못하는 곳(yato vacho nivartante aprapya manasa saha)"38)이지요.

질문자가 응수했다: "마음으로써만 깨닫는다(manasaiva aptavyam)"고도 합니다.

마: 그렇지요. **순수한 마음**, 즉 생각에서 벗어난 마음이 **진아**입니다. 그 순수한 마음은 불순수한 마음(생각들로 오염된 마음)을 넘어서 있습니다.

헌: 미세한 관찰자가 미세한 중에서도 가장 미세한 지성으로 본 것입니다.

마: 마음에 대해서 한 말은 여기에도 해당됩니다.

헌: 황홀경이 저의 본래적 상태라면, 왜 **깨달음** 이전에 황홀경을 얻는 것이 필요하다고들 합니까?

---

38) *T*. 혹은 "말이 마음과 함께 돌아 나오는 곳." —『따이띠리야 우파니샤드』, 2.4.1. 및 3.9.1.

마: 그것은 사람이 자신의 영원한 황홀경 상태를 자각해야 한다는 뜻입니다. 그것에 대해 부주의한 것이 무지입니다. "부주의가 죽음(pramado vai mrtyuh)"39) 이라고 했습니다.

헌: 황홀경을 미리 얻지 않고 어떻게 주의 깊을 수 있겠습니까?

마: 좋습니다. 그렇게 황홀경을 얻고 싶다면, 아무 마약이나 먹어도 그것이 일어날 것입니다. 그 결과는 마약 습관이 드는 것이지 해탈은 아닙니다. 황홀경 속에도 잠재적인 상태의 원습들이 있습니다. 그 원습이 소멸되어야 합니다.

**다른 헌신자**: 원습이 완전히 소멸되기 전에 **진아 깨달음**이 있을 수 있습니까?

마: 두 종류의 원습이 있습니다. (1) 속박인束縛因(bandha hetuh)은 무지인에게 속박을 초래하는 것이고, (2) 향유인享有因(bhoga hetuh)은 현자에게 즐거움을 주는 것입니다. 후자는 깨달음을 장애하지 않습니다.

헌: 진아를 깨달은 사람도 다시 태어납니까? 예를 들어 바마데바(Vamadeva), 자다 바라따 등과 같이 말입니다.

마: 깨달은 사람들은 다시 태어날 수 없습니다. 환생은 속박하는 원습 때문에 있습니다. 그러나 **진아 깨달음** 상태에서는 원습들이 소멸됩니다.

헌: 그들(바마데바, 자다 바라따 등)은 본연무상삼매(sahaja nirvikalpa)가 아니라 합일 무상삼매(sahaja nirvikalpa)의 단계에 가 있었다고 보면 됩니까?

마: 그렇지요.

헌: 향유원습만이 깨달음의 상태를 장애하지 않는다면, 그리고 사람이 자신의 지복 상태가 동요되지 않으면서 세상의 사건들은 바라볼 수 있다면, 그것은 집착이야말로 속박이라는 것을 뜻합니다. 맞습니까?

마: 정말 그렇지요. 집착이 속박입니다. 에고가 제거되면 집착은 사라집니다.

헌: 깨달음은 스승의 은총의 도움을 받는다고 합니다.

마: 스승은 다름 아닌 **진아**입니다.

헌: 크리슈나에게는 스승으로 산디삐니(Sandipini)가 있었고, 라마에게는 바쉬슈타(Vasishta)가 있었습니다.

마: 스승은 구도자의 밖에 있다고 말해집니다. 마음이 내면으로 향하는 것은 스승에 의해서 이루어집니다. 구도자가 밖으로 향하고 있기 때문에 스승에게

---

39) T. "브라만 안주를 소홀히 하면 안 된다. 소홀함이 곧 죽음이기 때문이다." -『분별정보』, v.321.

서 배우라는 조언을 듣는 것이고, 때가 되면 그는 스승이 곧 진아라는 것을 알게 됩니다.

헌: 제가 스승의 은총을 받을 수 있겠습니까?

마: 은총은 늘 있습니다.

헌: 그러나 저는 그것을 느끼지 못했습니다.

마: 순복하면 그 은총을 이해하게 될 것입니다.

헌: 저는 온 마음을 다해 순복해 왔습니다. 저는 저의 내심을 누구보다도 잘 판단합니다. 그런데도 은총을 느끼지 못합니다.

마: 만약 순복했다면 그런 의문들이 일어나지 않겠지요.

헌: 순복해 왔습니다. 그런데도 그런 의문이 일어납니다.

마: 은총은 변함이 없습니다. 그대의 판단이 가변적인 것입니다. 달리 어디에 허물이 있겠습니까?

헌: 저 자신을 내맡길 수 있게 되어야 합니다.

마: 따유마나바르는 이렇게 말했습니다. "지금까지 수많은 논의를 하고 당신의 말씀을 따를 수 있게 해 주신 당신께 영광이 있으시기를!"

## 1937년 1월 7일

**대담 318**

한 힌디 신사가 죽음의 공포를 어떻게 극복할 수 있는지 여쭈었다.

마: 죽음을 생각하기 전에 그대가 과연 태어났는지를 알아내십시오. 태어나는 자만이 죽을 수 있습니다. 그대는 잠 속에서도 죽은 거나 마찬가지입니다. 그 때 무슨 죽음의 공포가 있습니까?

헌: 잠 속에서 우리는 어떻게 있습니까?

마: 잠 속에서 그 질문을 하십시오. 그대는 깨어 있을 때만 잠의 경험을 회상합니다. 그 상태를 회상하면서 "나는 행복하게 잤다"고 말하지요.

헌: 우리가 그것을 가지고 그 상태를 경험하는 도구는 무엇입니까?

마: 우리는 그것을 마야기관(Mayakarana)이라고 부르는데, 이것은 다른 상태들에서 우리에게 익숙한 내적기관(antahkarana)에 상대됩니다. 같은 도구가 다른 상태에서는 다르게 불리는 것입니다. 잠의 지복아至福我(anandatman)조차도 생시 상태의 명지아明知我(vijnanatman)로 불리니 말입니다.

헌: 지복을 경험하는 마야기관에 대해 부디 어떤 비유로 설명해 주십시오.

마: 그대는 어떻게 "나는 행복하게 잤다"고 말할 수 있습니까? 그대의 행복을 증명해 줄 그 경험이 있습니다. 잠의 상태 속의 그 경험이 없는 생시의 상태에서는 그런 기억이 있을 수 없습니다.

헌: 동의합니다. 그러나 부디 어떤 비유를 말씀해 주십시오.

마: 그것을 어떻게 묘사할 수 있겠습니까? 만일 그대가 잃어버린 물건을 찾기 위해 물속으로 뛰어들면, 물에서 솟구쳐 나온 뒤에야 그것을 찾았노라고 말할 수 있습니다. 물속에 잠겨 있을 때는 아무 말도 하지 않지요.

헌: 잠 속에서는 두려움이 없는 반면, 지금은 두려움이 있습니다.

마: "두 번째 것이 있기에 두려움이 생긴다(*dwiteeyadvai bhayam bhavati*)"[40]고 했습니다. 그대는 무엇을 두려워합니까?

헌: 몸·감각기관·세계·**이스와라**·행위자·향유 등을 지각하기 때문입니다.

마: 그런 것들이 두려움을 야기한다면 그것들을 왜 봅니까?

헌: 피할 수 없으니까요.

마: 그러나 그것들을 보는 것은 그대입니다. 그 두려움이 누구에게 있습니까? 그것들에게 있습니까?

헌: 아니요, 저에게 있습니다.

마: 그대가 그것들을 보기 때문에 그것을 두려워합니다. 그것들을 보지 마십시오. 그러면 두려움이 없을 것입니다.

헌: 그러면 생시의 상태에서는 어떻게 해야 합니까?

마: **진아**가 되십시오. 그러면 그대에게 두려움을 야기할 어떤 두 번째 것도 없을 것입니다.

헌: 예, 이제 이해됩니다. 만일 저의 **진아**를 보면 비아를 보지 않게 되고, 행복이 있습니다. 하지만 죽음에 대한 두려움이 있습니다.

마: 태어나는 사람만이 죽게 됩니다. 죽음이 그대를 위협한다면, 그대가 과연 태어났는지를 살펴보십시오.

---

40) *T.* 『브리하다라니야까 우파니샤드』, 1.4.2. 또한 비슷한 구절로, "그러나 이 영혼이 하나 안에서 아무리 작은 틈이라도 만들면, 그에게 두려움이 생긴다." -『따이띠리야 우파니샤드』, 2.7.1.

**대담 319**

고아에서 온 힌두교도 스리다르 씨가 질문했다: "요가는 행위의 기술이다(*yogah karmasu kousalam*)"에서 기술(*kousalam*)이 무엇입니까? 그것을 어떻게 얻습니까?

**마**: 결과에 연연하지 말고 행위를 하십시오. 자신이 행위자라고 생각하지 마십시오. 그 일을 신에게 바치십시오. 그것이 그 기술이고, 그것을 얻는 방법이기도 합니다.

**헌**: "평정심平靜心을 요가라고 한다." 그 평정심이 무엇입니까?

**마**: 그것은 다양성 속의 단일성입니다. 우주는 지금 다양하게 보입니다. 모든 대상들 속의 공통인자를 보십시오. 그렇게 하면 상대물의 쌍들(*dwandwani*) 속의 평등성이 자연히 따라 나옵니다. 그러나 보통 이 평등성을 평정심이라고 이야기합니다.

**헌**: 다양성 속에서 그 공통인자를 어떻게 지각합니까?

**마**: 보는 자는 단 하나입니다. 그것(다양한 대상)들은 보는 자 없이 나타나지 않습니다. 다른 것들이 아무리 많이 변해도, 보는 자에게는 변화가 없습니다.

"요가는 행위의 기술이다(*yogah karmasu kousalam*)".41)
"평정심을 요가라고 한다(*samatvam yoga uchyate*)".42)
"나에게만 귀의하라(*mamekam saranam vraja*)".43)
"두 번째가 없는 오직 하나(*ekamevadwiteeyam*)".44)

이것은 행위(Karma)·요가·헌신(Bhakti)·지知(Jnana)를 나타내며, 같은 의미를 전달합니다. 단 하나의 **진리**가 여러 측면에서 표현된 것입니다.

**에까나타 라오 씨**: 그것을 위해 **은총**이 필요합니까?

**마**: 그렇지요.

**헌**: 신의 은총은 어떻게 얻습니까?

**마**: 순복하면 됩니다.

**헌**: 그래도 저는 **은총**을 느끼지 못합니다.

**마**: 진지함이 부족합니다. 순복은 말로 하는 것이어서는 안 되고, 조건을 달

---

41) *T.* 『기타』, 2.50.
42) *T.* 『기타』, 2.48.
43) *T.* 『기타』, 18.66. **대담 58**에서도 나왔다(93쪽).
44) *T.* 『찬도갸 우파니샤드』, 6.2.1-2.

아서도 안 됩니다.

이런 말씀들을 예증하기 위해 성 유스티니아누스(6세기 비잔틴제국 황제)의 책에서 몇 구절이 낭독되었다.

기도는 말로 하는 것이 아닙니다. 그것은 **심장**에서 나옵니다. **심장** 안에 합일하는 것이 기도입니다. 그것이 은총이기도 합니다.

알와르(Alwar)45)는 이렇게 말합니다. "저는 줄곧 **당신**을 찾았습니다. 그러나 **진아**를 깨닫자, 당신이 곧 진아임을 알겠습니다. 진아가 저의 모든 것이니, 당신도 저의 모든 것입니다."

**헌:** 한정·무지·욕망(anava, mayika, kamya)이라는 불순물들46)이, 명상의 길에 장애물을 설치합니다. 그런 것들을 어떻게 정복합니까?
**마:** 그런 것에 휘둘리지 마십시오.
**헌:** 은총이 필요합니다.
**마:** 그렇지요. 은총은 시작이자 끝입니다. 내면으로 향하는 것은 **은총** 때문입니다. 감내가 **은총**이고, **깨달음**이 **은총**입니다. "나에게만 귀의하라"고 말하는 이유도 그것입니다. 만일 어떤 사람이 완전히 자신을 내맡긴다면, **은총**을 구할 어떤 부분이 남아 있겠습니까? 그는 은총에 의해 삼켜지고 맙니다.
**헌:** 그 장애물들이 강력해서 명상을 방해합니다.
**마:** 만일 더 높은 힘을 인식하고 거기에 순복한다면, 그것들이 어떻게 그대를 장애하겠습니까? "그것들이 강력하다"고 한다면, 그들의 힘의 근원을 붙들어 그것들이 그대를 방해하지 못하게 하십시오.

## 대담 320

비공식적인 대화에서 스리 바가반이 지적하셨다: **진아 깨달음**은 그럴 만한 근기根機가 되는 사람에게만 일어날 수 있습니다. 원습이 제거된 뒤에 진지眞知가 밝아옵니다. 진지가 밝아오려면 우리가 자나까(Janaka) 같아야 합니다. 진리를 위해서라면 일체를 희생할 준비가 되어 있어야 합니다.47) 완전한 포기가 근기의 지표입니다.

---

45) T. 이 알와르는 남말와르를 가리킨다. **대담 208**에 나오는 같은 인용문 참조(225쪽).
46) T. '불순물'은 마음의 때(mala)이다. '한정(anava)'는 자신이 한 개인이라는 '에고성'을 의미한다.
47) T. 자나까는 스승인 아쉬따바끄라(Ashtavakra)에게 일체를 내맡긴 뒤에 진아를 깨달았다.

대담 321

헌: 생시에는 불행들이 나타납니다. 그것이 왜 나타납니까?
마: 그대가 자신의 진아를 보면, 그것이 나타나지 않을 것입니다.
헌: 제가 누구인지를 돌아보면 아무것도 발견할 수 없습니다.
마: 잠 속에서 그대는 어떻게 있었습니까? 거기서는 '나'라는 생각이 없었고, 그대는 행복했습니다. 반면에 생시에는 '나'라는 뿌리생각을 뒤따라 변성하는 생각들이 있고, 그것들이 본래의 행복을 숨깁니다. 행복에 장애가 되는 이 생각들을 없애십시오. 그대의 본래적 상태는 — 그대의 잠 속에서 분명히 드러났듯이 — 행복의 상태입니다.
헌: 저는 제 잠의 경험에 대해 아무것도 모릅니다.
마: 그러나 그대는 그것이 행복이었다는 것을 압니다. 그렇지 않다면 "나는 행복하게 잤다"고 말하지 않겠지요. 생각이 없고, '나'가 없고, 그대 자신 외에 사실상 아무것도 없을 때, 그대는 행복합니다. 그것이 진리의 전부입니다.

이것이 정확히 "그대가 그것이다(*Tattvamasi*)"라는 큰 말씀(*Mahavakya*)이 전달하는 의미입니다. 그대의 진아를 발견하십시오. 그러면 '그것'을 알게 됩니다.
헌: 저 브라만은 어떻습니까?
마: 왜 자신과 별개의 브라만을 알고 싶어 합니까? 경전에서는 "그대가 그것이다"라고 합니다. 진아는 그대에게 친밀하며, 그대는 실로 진아 없이 있을 수 없습니다. 그것을 깨달으십시오. 그것이 브라만에 대한 깨달음이기도 합니다.
헌: 그러나 저는 그것을 못합니다. 저의 진아를 깨닫기에는 너무 약합니다.
마: 그렇다면 그대 자신을 거리낌 없이 내맡기십시오. 그러면 더 높은 힘이 그 자신을 드러낼 것입니다.
헌: 무조건적 순복이란 어떤 것입니까?
마: 그대 자신을 내맡기면 질문을 하는 자나 생각하는 대상이 없을 것입니다. 생각들은 뿌리생각인 '나'를 꽉 붙들거나, 그대 자신을 더 높은 힘에 무조건 맡김으로써 제거됩니다. 이것이 깨달음에 이르는 데 단 두 가지 길입니다.

대담 322

마드라스의 저명한 변호사의 딸인 교양 있는 한 여성이 여쭈었다: 당신께서 일러주신 대로 생각에서 벗어나 있기 위해서는 무엇을 해야 합니까? "나는 누구인가?" 하는 탐구뿐입니까?

마: 고요히 있기만 하십시오. 그렇게 하고 나서 어떻게 되는지 보십시오.

헌: 그것은 불가능합니다.

마: 맞습니다. 바로 그 때문에 "나는 누구인가?"의 탐구를 하라는 것입니다.

헌: 그 질문을 던져도 내면에서 아무 반응이 나오지 않습니다.

마: 어떤 반응을 기대합니까? 그대가 있지 않습니까? 더 이상 뭘 바랍니까?

헌: 생각들이 더욱 더 많이 일어납니다.

마: 바로 그 즉시 같은 질문을 던지십시오. "나는 누구인가?"라고.

헌: 생각이 하나 일어날 때마다 그렇게 해야 합니까? 좋습니다. 세계는 우리의 생각일 뿐입니까?

마: 그 물음은 세계에 맡겨두십시오. 세계에게 "나는 어떻게 해서 생겨났나?" 하고 물으라 하십시오.

헌: 세계가 저와 무관하다는 말씀이십니까?

마: 깊은 잠 속에서는 아무것도 지각되지 않습니다. 이 모든 것은 깨어난 뒤에만 보입니다. 생각들이 일어난 뒤에야 세계가 생겨납니다. 그러니 그것이 생각 아니고 무엇이겠습니까?

　다른 방문객이 질문했다: 마음을 고요하게 하려면 어떻게 해야 합니까?

마: 먼저 그 마음을 붙잡아 여기 가져오십시오. 그런 다음 그것을 고요하게 하는 수단과 방법을 우리가 연구해 봅시다.

헌: 제 말은, 그것이 늘 변하고 있다는 뜻입니다. 우리의 염송(japa)을 하고 있을 때도 말입니다.

마: 염송은 마음을 고요하게 하기 위한 것일 뿐입니다.

헌: 그러자면 어떤 염송이 좋습니까?

마: 뭐든 맞는 것이면 됩니다. 예컨대 가야뜨리(Gayatri)도 있지요.

헌: 가야뜨리면 되겠습니까?

마: 어떤 것이 그것을 능가할 수 있습니까? 그것을 할 수 없는 사람들만이 다른 것을 찾습니다. 그것은 그 안에 진리의 전 범위를 포함하고 있습니다. 염송을 하다 보면 명상에 이르는데, 명상이 진아를 깨닫기 위한 수단입니다.

헌: 그것을 하는 데 하루에 반시간이면 되겠습니까?

마: 그것은 늘, 혹은 가능한 한 오래 해야 합니다.

**대담 323**

스리 바가반은 「아루나찰라 8연시」의 제6연을 설명하면서 다음과 같이 말씀하셨다.

전연前聯의 마지막에서는 "어떤 것이 있습니까?" 하고 물었고, 본 연의 첫 마디는 "예, 하나가 있는데…" 하고 대답합니다. 계속해서 이렇게 말합니다. "그것은 단 **하나**이기는 하지만, 놀라운 힘에 의해 '나'[에고]라는 작은 점—다른 말로 무지 혹은 잠재적 습의 덩어리라고도 하는—위에서 반사되는데, 이 반사된 빛이 상대적인 앎입니다. 이것은 우리의 발현업[지금 열매를 맺는 과거업] 에 따라 내적인 잠재적 습들을 거친 외부 세계로 나타내고, 거친 외부 세계를 미세한 내적 습으로서 거둬들입니다. 그런 힘을 미세한 차원에서는 마음이라고 부르고, 물리적 차원에서는 뇌라고 부릅니다. 이 마음 혹은 뇌는 저 **영원한 하나인 존재**에게 확대경으로 작용하여, **그것**을 확장된 우주로서 드러냅니다. 생시와 꿈의 상태에서는 마음이 바깥으로 향하고 잠 속에서는 안으로 향하는데, 저 하나인 **지고의 존재**는 마음을 매체로 하여 생시와 꿈의 상태에서는 다양화되어 보이고, 잠이나 기절 등의 상태에서는 거둬들여져 있습니다. 따라서 당신은 오직 **그것**이며 다른 것일 수 없습니다. 어떤 변화가 있든 같은 하나인 **존재**는 당신 자신으로 남아 있으며, 당신 자신 외에는 아무것도 없습니다."

전연에서는 이렇게 말합니다. "(사진의) 감광판은 햇빛에 일단 노출되면 이미지를 받아들일 수 없습니다. 마찬가지로, 마음도 **당신의 빛**에 노출된 뒤에는 더 이상 세계를 반사할 수 없습니다. 더욱이 해는 **당신의** 것일 뿐입니다. 그의 빛도 너무 강해서 이미지들이 생기지 못하는데, **당신의 빛**은 얼마나 더 강하겠습니까? 그래서 **유일한 존재이신 당신 자신**과 별개로는 아무것도 없다고 하는 것입니다."

본 연에서 그 작은 점은 에고입니다. 어둠으로 구성된 작은 점은 잠재적인 습들로 이루어진 에고입니다. 보는 자인 주체 혹은 에고가 일어나면, 그것은 보이는 것인 대상 혹은 내적기관들로 확대됩니다. 에고가 일어날 수 있으려면 빛이 희미해야 합니다. 밝은 대낮에는 밧줄이 뱀으로 보이지 않습니다. 짙은 어둠 속에서는 밧줄 자체가 보이지 않고, 따라서 그것을 뱀으로 착각할 여지가 없습니다. 희미한 빛 속에서, 어스름 속에서, 그림자로 어두워진 빛 속에서, 혹은 희미한 빛이 비치는 어둠 속에서만 밧줄을 뱀으로 보는 착각이 일어납니다. 마찬가지로 **빛나는 순수한 존재**가 에고로서 일어나는 것도, 어둠을 통해 분산되는 그것의 빛 속에서만 가능합니다. 이 어둠을 다른 말로 원초적 무지[원죄]라고 하며, 그것을 통과하는 빛은 **반사된 빛**이라고 합니다. 이 반사된 빛은 그 나름대로 순수한 마음, 이스와라 혹은 신이라고 합니다. 이스와라는 마야와 통일되는 것으로 잘 알려져 있습니다. 바꾸어 말해서, **반사된 빛**이 곧 이스와라입니다.

그 다른 이름—순수한 **마음**—은 불순수한 마음도 함축합니다. 그것은 라자스적인(*rajasic*), 즉 활동적인 마음 혹은 에고인데, 이것도 앞의 순수한 마음에서 투사되어 나오지만 다만 다른 반사를 통할 뿐입니다. 그래서 에고는 그 두 번째 어둠[무지]의 소산입니다. 그 다음에는 따마스적인(*tamasic*) 마음, 곧 둔한 마음이 내적기관이라는 형태로 나오는데, 이것이 세계로서 나타납니다.

거친 몸의 관점에서 보자면, 그것이 뇌에 의해 외적으로는 세계로 빛난다고 말할 수 있겠지요.

그러나 거친 몸은 마음의 것일 뿐입니다. (넓은 의미의) 마음은 네 가지 내적 기관으로 구성된다고, 혹은 생각들, 곧 여섯 번째 감각으로 구성되는 원리라고 말할 수 있을지 모릅니다. 아니면 지성은 에고와 결합하고 찌따(*chitta*)는 (좁은 의미의) 마음[기억과 사고 기능]과 결합한다 하여, 두 부분[에고와 마음]으로 구성된다고 볼 수도 있겠지요. 후자의 경우, 명지아(*vijnanatma*)[지적인 자아] 혹은 에고—보는 자—는 주체를 형성하고, 마음껍질(mental sheath)—보이는 것—은 대상을 구성합니다.

생시·꿈·잠의 상태는 **원초적 어둠**[근본무지(*mula avidya*)]에 그 기원을 둡니다. 마음이 생시와 꿈의 상태에서 밖으로 나가 자신의 상相들로부터 경험을 끌어내고, 잠 속에서는 안으로 들어가 **마야**의 상相들을 경험하는데, 이 **마야**는 개인들과 우주의 모든 활동을 규율하는 독특한 힘입니다. 이 모든 것은 **스스로 빛나는 존재**라는 바탕 위에서 **반사된 빛**을 통과하는 현상들일 뿐입니다.

밝은 대낮에는 밧줄 상의 뱀이 보이지 않고 짙은 어둠 속에서는 밧줄 자체가 보이지 않듯이, 세계도 **스스로 빛나는 순수한 존재**의 삼매 상태나 깊은 잠, 기절 등의 상태에서는 나타나지 않습니다. 그 근원에서 독립해 있지 않은 세계는, **반사된 빛**[어둠이 섞인 빛이나 무지에 의해 오염된 지知] 안에서만 일어나고, 번성하고, 해소되는 것처럼 보입니다. 그것의 다양성도 **실재**, 곧 본래의 **근원**을 배제할 수 없습니다. 여기서는 **하나인 단일한 존재**가 다양해져서 대상화되었다가 다시 거둬들여지는 유희가 진행 중입니다. 그렇게 하는 **샥띠**[힘]가, 그것도 놀라운 **샥띠**가 있어야 합니다! 그녀도 자신의 근원에서 독립될 수 없습니다. **스스로 빛나는 순수한 존재** 안에서는 이 **샥띠**가 보이지 않습니다. 그렇기는 하나 그녀의 행위들은 너무나 잘 알려져 있지요. 얼마나 고상한지!

그녀의 고상한 원초적 활동[진동하는 힘]으로부터 사뜨와로 가득 찬 반사가 나오고, 거기서 라자스적인 에고가 나옵니다. 그런 다음 따마스적인 사고 형태들이 나오는데, 이것이 보통 지知라고 하는 것입니다. 곧 확대경에 상응하는 빛입니다. 인공적 빛이 렌즈를 통해 스크린에 투사되듯이, **반사된 빛**은 생각[확대경]을 통과하여 그 너머의 세계로 확대됩니다. 더욱이 그 자체 씨앗 형태의 세계인 생각이 광대한 외부 세계로 보이게 됩니다. 그 비상한 힘이 이와 같습니다! 이와 같이 **이스와라·개인·세계**는 **반사된 빛**에서 나온 것일 뿐이고, 스스로 빛나는 단일한 존재를 그 바탕으로 가지고 있습니다.

그러면 이 '나'라는 생각[에고]이 무엇입니까? 전체 구조 안에서 그것은 주체입니까, 대상입니까?

그것이 생시와 꿈의 상태에서 다른 모든 대상들을 주시하는 한, 혹은 좌우간 그것이 그렇다고 우리가 생각하는 한, 그것은 주체라고 보아야 합니다. 그러나 **순수한 진아**를 깨닫고 나면 그것은 하나의 대상일 뿐일 것입니다.

이 '나'라는 생각[에고]은 누구의 것인가? 이 탐색이 자기탐구(*vichara*)입니다.

'나'라는 생각과 '이것'이라는 생각[대상적 인식]은 공히 같은 빛에서 방사되는 것인데, 각기 라조구나(*rajoguna*)와 따모구나(*tamoguna*)에 관계됩니다. 라자스와 따마스에서 벗어난 **반사된 빛**[순수한 사뜨와]을 갖기 위해서는, 그것이 '이것'이라는 생각에 의해 단절되지 않고 '나-나'로서 빛을 발해야 합니다. 이 순수한 상태가 잠과 생시 사이에 잠시 존재합니다. 그것이 연장되면 곧 우주 의식이며, 심지어 **이스와라**이기도 합니다. 이것이 **스스로 빛나는 지고의 존재**를 깨닫는 유일한 통로입니다.

또 깨어난 뒤 기억되는 깊은 잠 속의 경험에 두 종류가 있습니다. 즉, "나는 아무것도 **모른 채, 행복하게 잤다**"는 것입니다. 행복과 무지가 그 두 가지 경험입니다. 그래서 우리는 그 힘이 (1) 은폐[어둠]와, (2) 투사投射[다양성]로 변용되는 것을 봅니다. 마음은 투사의 결과입니다.

## 1937년 1월 10일
〔몇 가지 회고담〕

**대담 324**

(1) 스리 바가반이 스깐다쉬라맘에 계실 때, 흰 두꺼비 한 마리를 보셨다. 작고 긴 이 두꺼비는 당신으로부터 3미터쯤 거리에 있었다. 스리 바가반은 두꺼비를 응시했고, 두꺼비도 당신을 응시했다. 그러더니 갑자기 그것이 멀리 도약하여 정확히 스리 바가반의 한쪽 눈으로 돌진했다. 당신은 얼른 그 눈을 감아 눈이 다치지는 않았다.

(2) 깃털을 부채처럼 활짝 편 채 뽐내면서 다니곤 하는 공작 두 마리가 있었다. 코브라 한 마리도 그 한가한 놀이에 동참하여, 두건을 일으켜 세우고 그들 사이를 돌아다니곤 했다.

(3) 스리 바가반은, 공작이 녹색 도마뱀을 보면 곧장 달려가 도마뱀 앞에서 유순히 목을 내려놓는데, 도마뱀은 그 목을 물어뜯어 공작을 죽인다고 말씀하신다.

(4) 랑가스와미 아이엥가르가 한번은 (아루나찰라) 산 위에 있었다. 표범 한 마리가 근처에 있었다. 그는 돌멩이를 하나 던졌다. 표범이 그를 향해 돌아섰다. 그는 살기 위해서 급히 도망쳤다. 스리 바가반이 도중에 그를 만나 무슨 일이냐고 물으셨다. 아이엥가는 뛰어가면서 그냥 "표범요"라고만 했다. 스리 바가반은 그 짐승이 있던 곳으로 가셨고, 표범은 이내 저쪽으로 가 버렸다. 이 모든 일은 전염병이 돌던 무렵에 일어났다. 표범들은 가끔 두세 마리씩 무리를 지어 사원 곁을 자유롭게 어슬렁거리곤 했다.

(5) 스리 바가반이 말씀하셨다: 개구리는 종종 요기에 비유됩니다. 그것은 오랜 시간 조용히 있는데, 살아 있다는 표시는 목 밑의 살갗이 리드미컬하게 움직이는 것뿐입니다.

또 개구리들은 생명 활동을 중지하고 굉장히 오랜 기간 동안 그대로 있을 수 있습니다. 그들은 자신의 혀를 삼킨다고 합니다. 혀를 삼키는 것은 요가적 행법인데, 그러면 생명 활동이 중지됩니다. (혀를 삼켜도) 요기가 죽지는 않지만, 다른 사람이 혀를 꺼내주어야 생명 활동이 재개됩니다. 개구리가 일단 삼켰던 혀를 어떻게 끄집어내어 활동을 재개하는지 놀랍습니다.

## 1937년 1월 11일

(6) 『라구비란(*Raguveeran*)』[평이한 말라얄람어 산문으로 된 『라마야나』]을 읽으시던 도중, 하누만(Hanuman)이 랑카(스리랑카)에 몸으로 건너가기 전에 어떻게 마음으로 그 섬에 도착했는지 이야기하는 구절이 있었다. 스리 바가반은 마음으로 다가가는 것이 신체적 행동보다 먼저 목적을 달성한다는 점을 강조하셨다.

(7) 스리 바가반은 다음과 같은 재미있는 일화를 들려주셨다: 위대한 말라얄람 성자이자 저자인 엘루타짠(Ezhuthachan)이 한번은 사원에 들어갈 때 물고기 몇 마리를 숨겨 가지고 있었습니다. 몇 사람의 적들이 사원 안의 예배자들에게 그 사실을 알렸습니다. 이 사람은 몸을 수색당하고 왕에게 끌려갔습니다. 왕이 그에게 물었습니다. "왜 물고기를 사원에 가지고 들어갔소?" 그가 대답했습니다. "제 잘못은 아닙니다. 저는 그것을 옷 속에 숨겼는데, 사람들이 사원 안에서 물고기를 들춰낸 것입니다. 들춰낸 것이 잘못입니다. 몸 안에 있는 똥은 더럽게 여겨지지 않습니다. 그러나 똥을 누고 나면 그것이 더럽게 여겨집니다. 이것도 그와 마찬가지입니다."

## 1937년 1월 12일

**대담 325**

군뚜르 군郡(Guntur District)에서 온 라마 샤스뜨리 씨가 스리 바가반에 대한 시 8수를 지어, 감정을 실어 그것을 낭독했다.

그런 다음 샤스뜨리가 가르침을 간청했다: 저는 지知의 길을 따를 만한 근기가 안 되는 세속인입니다. 세간사가 저를 한눈팔게 합니다. 제가 무엇을 해야 할지 부디 가르쳐 주십시오.

**마:** 바가반을 생각해 보십시오. 세간사가 어떻게 그를 한눈팔게 하겠습니까? 그대와 세간사들은 그의 안에 있습니다.

**헌:** 명호名號염송(*nama smarana*)을 해도 됩니까? 저는 어떤 명호를 택해야 합니까?

**마:** 그대는 라마 샤스뜨리지요. 그 이름을 의미 있게 하십시오. **라마와 하나가 되십시오.**

## 1937년 1월 13일

**대담 326**

오랜 상주 시자 한 사람의 질문에 대한 답변에서 스리 바가반이 말씀하셨다: 누구나 마음의 요동에 대해 하소연합니다. 마음을 발견하라 하십시오. 그러면 알 것입니다. 사실 사람이 앉아서 명상을 하면 수십 가지 생각이 몰려옵니다. 마음은 생각들의 다발일 뿐입니다. 쇄도해 오는 생각들을 뚫고 나가려 해봐야 성공하지 못합니다. 무슨 수를 쓰든 진아 안에 안주할 수 있다면 그것이 좋습니다. 그렇게 할 수 없는 사람들에게는 염송이나 명상을 하라고 합니다. 그것은 코끼리에게 사슬 한 토막을 주어서 코로 쥐고 있게 하는 것과 같습니다. 코끼리의 코는 보통 가만히 있지 못합니다. 코끼리를 읍내 거리로 데리고 나오면 코를 사방으로 내밉니다. 가지고 다닐 사슬 하나를 주면 그 요동이 제어됩니다. 요동하는 마음도 마찬가지입니다. 염송이나 명상을 하도록 하면 다른 생각들이 막아지고, 마음이 단 하나의 생각에 집중됩니다. 그렇게 해서 마음이 평화로워집니다. 이것은 오랜 분투 없이 평안이 얻어진다는 의미는 아닙니다. 그 다른 생각들과 싸워서 이겨내야 합니다.

여기 다른 비유가 있습니다. 어떤 소가 이웃집 밭에 슬며시 들어가서 풀을 뜯어먹는 못된 짓을 한다 합시다. 이 은밀한 습관을 끊게 만들기가 쉽지 않습니다. 소를 외양간에 어떻게 붙들어 둘 수 있을지 생각해 보십시오. 만일 외양간에 강제로 묶어두면 소는 못된 짓을 할 때만 기다립니다. 외양간 안에서 맛난 풀로 꾀어 보면, 첫날 한 입 먹어본 다음 또 달아날 기회를 엿봅니다. 다음날은 두 입을 먹습니다. 그래서 하루하루 갈수록 점점 더 많이 먹다가 마침내 자신의 삿된 습을 끊습니다. 소가 나쁜 습에서 완전히 벗어나면, 안심하고 풀어주어도 이웃집 목초지로 슬며시 들어가지 않을 것입니다. 설사 외양간에서 매를 맞아도 소는 그 후 이곳을 떠나지 않습니다. 마음도 마찬가지입니다. 마음은 생각들로 나타나는 잠재적인 습의 힘에 의해 밖으로 슬며시 나가는 데 익숙합니다. 내면에 원습(vasanas)이 들어 있는 한, 그것들은 밖으로 나와서 소진되어야 합니다. 생각들이 마음을 구성합니다. 마음이 무엇인지 찾아보면 생각들은 움찔할 것이고, 구도자는 그것이 진아에서 일어난다는 것을 알 것입니다. 우리가 '마음'이라고 부르는 것은 이 생각들의 덩어리입니다. 그 생각들이 진아에서 일어난다는 것을 깨달아 그것들의 근원에 안주하면 마음이 사라질 것입니다. 마음이 사라지고 평안의 지복을 깨닫고 나면, 그때는 한 생각을 끄집어내는 것이 마치 지금 모든 생각을 몰아내기 어렵다고 느끼는 것만큼이나 어렵다고 느낄 것입니다. 여기서는 마음이 못된 짓을 하는 소이고, 생각들이 이웃의 목장입니다. 생각에서 벗어난 우리 자신의 원초적 존재가 그 외양간입니다.

평안의 지복은 동요되기에는 너무나 좋은 것입니다. 푹 잠든 사람은 누가 깨워서 할 일을 하라고 명령하는 것을 싫어합니다. 잠의 지복은, 생각에서 나온 일을 위해서 희생시키기에는 너무나 매혹적입니다. 그 무념의 상태가 우리의 원초적 상태이며, 지복으로 가득 차 있습니다. 그런 상태를 버리고 생각으로 찌든 불행한 상태를 갖는다는 것은 비참한 일 아닙니까?

만일 우리가 무념의 상태에 안주하고 싶다면, 투쟁이 불가피합니다. 싸워서 길을 열어 나가야만 우리의 본래적인 원초적 상태를 되찾습니다. 그 싸움에서 성공하여 목표에 도달하면 적敵—즉, 생각들—은 모두 **진아** 안에 가라앉아 완전히 사라집니다. 생각들이 적입니다. 그것들이 곧 우주의 창조에 해당합니다. 그것들이 없으면 세계도 없고 **창조주**인 신도 없습니다. **진아**의 **지복**이 유일한 **존재**일 뿐입니다.

쁘랄라다(Prahlada)48)가 삼매에 들어 있을 때 **비슈누**가 속으로 생각했습니다. "이 아수라(asura)가 삼매에 들어 있으니 모든 아수라들이 평안하구나. 싸움도 없고, 힘을 시험해 보는 일도 없고, 힘의 추구도 없고, 힘을 얻기 위한 수단도 없다. 그런 힘의 수단들—희생(yaga)·예배(yajna) 등—이 없으니, 신들(천신들)이 번성하지 않는구나. 새로운 창조도 없고, 심지어 어떤 존재도 정당화되지 못하는구나. 그러니 그를 깨워야겠다. 그러면 아수라들이 일어날 것이고, 그들의 타고난 성품이 발현되겠지. 그러면 신들이 그들에게 도전할 것이고, 아수라 등은 힘을 추구하여 그 힘을 얻기 위한 수단들을 택할 것이다. 희생제 등이 번성할 것이고, 신들도 번성할 것이며, 더 많은 창조, 더 많은 싸움이 있게 될 것이니 나도 할 일이 많을 것이다."

그래서 **비슈누**는 쁘랄라다를 깨워 영원한 삶과 생전해탈을 베풀면서 그를 축복해 주었습니다. 그러자 신들과 아수라들의 싸움이 다시 시작되었고, 예전

---

48) T. 비슈누에 적대한 아수라왕 히라냐까시뿌의 아들로 태어났으나, 비슈누에게 지극히 헌신한 뒤에 진아를 깨달은 고대 아수라 세계의 진인. 그의 이야기는 『바가바땀』에 나온다.

사물들의 질서가 회복되어 우주는 그 영원한 성품을 지속하게 되었습니다.
**헌:** 어떻게 신 자신이 아수라 요소를 깨워서 부단한 전쟁을 초래할 수 있습니까? 순수한 선善이 신의 성품 아닙니까?
**마:** 선이란 상대적일 뿐입니다. 선은 늘 악이 있다는 것을 의미하며, 그것들은 늘 공존합니다. 하나가 다른 하나의 이면이지요.

## 대담 327

회당에 있던 청중은 모두 주의 깊게 경청하고 있었다. 그 중의 한 사람은 스리 바가반의 진지한 헌신자인데, 말씀에 워낙 감명을 받아 곧 의식을 잃어버렸다. 그는 나중에 자신의 체험을 다음과 같이 묘사했다: 저는 오랫동안 그 '흐름'이 어디서 시발하는가, 몸 안에서인가 아니면 다른 데서인가 하는 의문을 가지고 있었습니다. 그런데 갑자기 제 몸이 희박해지더니 사라져 버리더군요. "나는 누구인가?" 하는 탐구가 아주 분명하고 힘 있게 진행되었고, "나-나-나" 하는 소리만 지속되었습니다. 하나의 광대한 무변제無邊際 외에는 아무것도 없었습니다. 회당 안에서 일어나는 일들에 대한 어렴풋한 지각은 있었습니다. 베다 찬송이 끝나 사람들이 절을 하려고 일어선 것을 알았습니다. 저도 일어나고 싶었는데, 그 생각이 곧 저를 떠나버렸습니다. 저는 다시 하나의 무변제 안에 몰입되었습니다. 그 체험이 계속되다가 스리 바가반의 음성을 들었습니다. 그래서 정신을 차렸고, 그런 다음 일어나서 절을 했습니다. 그런데 어떤 이상한 느낌이 반시간 이상 계속되더군요. 그것을 잊을 수 없습니다. 여전히 그것이 저를 사로잡고 있으니까요.

스리 바가반은 그의 말을 경청하시고는 몇 분 동안 말씀이 없으셨다. 그리고 몇 마디 말씀이 당신의 입술에서 떨어졌다:

그대는 몸 밖으로 나가는 것처럼 보일지 모릅니다. 그러나 몸 자체가 우리의 생각 이상은 아닙니다. 생각이 없으면 어떤 몸도 있을 수 없습니다. 몸이 없으면 나감이나 들어옴이 없습니다. 그러나 (마음의) 습 때문에 밖으로 나간다는 느낌이 일어납니다.

싸락눈 알갱이가 바다 표면에 떨어지면 녹아서 바다의 물·파도·거품 등이 됩니다. 마찬가지로, 미세한 지성도 작은 점[에고]으로 **심장**에서 일어나서 부풀어 올랐다가 마침내 **심장** 속으로 들어가서 **심장**과 하나가 됩니다.

우유가 바다같이 넓게 남아 있다 한들 그것을 바다같이 넓은 입으로 마실 수 있습니까? 젖꼭지의 작은 모세관들을 통해 (젖을) 빨 수 있을 뿐입니다.

비슈누파 성자인 남말와르는 "저의 진아만이 당신입니다"라고 했습니다. 그것은 무슨 뜻입니까? "저의 진아를 깨닫기 전에는 당신을 찾아 헤맸지만, 이제 저의 진아를 깨닫고 나니 당신이 저의 진아임을 알겠군요"라는 것입니다. 이것은 한정일원론과 어떻게 부합할까요? 이렇게 설명해야겠지요. "당신은 저의 진아에 편재하면서 내재자(內在者)(antaryamin)[내재하는 존재]로 머물러 계십니다. 그래서 저는 당신 몸의 일부이고, 당신은 이 몸의 주인(sariri)이십니다"라고.

자신의 몸을 자기 자신 아니라고 포기했는데 왜 남의[신의] 몸이 되어야 합니까? 만일 자신의 몸이 진아가 아니면 다른 몸들도 비아입니다. 한정일원론의 주장자들(비슈누파)은 지복을 경험하기 위해서는 개인성이 필요하다고 생각합니다. 개인성, 즉 '나'임(I-ness)이 상실되면 안 된다는 것입니다. 아하! 진아가 몸은 아니지만 여러분의 진아가 신의 몸이 되는군요! 불합리하지 않습니까?

혹은 여러분이 신에게 자기순복(prapatti)을 하면 여러분 자신을 그에게 넘겨준 것이고, 여러분은 그의 것이지 더 이상 여러분의 것이 아닙니다. 만일 신에게 어떤 몸이 필요하다면 그에게 그 자신을 찾아보라지요. 그가 한 몸의 주인이라고 말할 필요가 없습니다.

### 1937년 1월 17일

**대담 328**

한 유럽인 신사가 차분한 어조로 또렷하게 천천히 말을 시작했다: 왜 개인들은 이 세상일에 말려들어 있고, 그 결과로 문제들을 얻습니까? 벗어나야 하지 않습니까? 그들이 영적인 세계 안에 있으면 더 큰 자유를 얻을 것입니다.

**마**: 세계는 영적일 뿐입니다. 그대는 자신을 그 육신과 동일시하고 있기 때문에, 이 세상은 물적이고 다른 세상은 영적이라고 말합니다. 반면에 '있는 것'은 영적일 뿐입니다.

**헌**: 몸을 떠난 영혼, 즉 영들은 더 깊은 통찰을 갖고 더 큰 자유를 누립니까?

**마**: 그대가 자신을 그 몸과 동일시하기 때문에, 몸을 떠난 영혼들을 영靈이라고 이야기합니다. 이런 한계들(몸 등)을 토대로 그대는 그들의 한계를 이야기하고, 그들의 능력을 알려고 합니다. 몸을 떠난 영혼들조차 미세한 몸을 가지고

있습니다. 그렇지 않다면 그대가 "몸을 떠난 영혼"이라고 말하지 않겠지요. 몸을 떠난다는 것은 '이 거친 몸을 벗는다'는 뜻입니다. 그대가 그들에게 개인성을 부여하는 한, 그들은 자신의 미세한 몸 안에 자리 잡고 있습니다. 그들의 한계는 그들 자신의 상태에 따를 것입니다. 그대가 자신의 한계를 부담으로 느끼듯이, 그들도 자신들의 한계를 부담으로 느낍니다. 제가 영靈이나 영적인 세계라고 한 것은 절대적인 영靈을 뜻하지, 상대적인 영靈을 뜻하지 않습니다. 영靈으로서의 그대 자신을 깨달으면, 이 세계가 영적일 뿐이지 물적이지 않다는 것을 알게 될 것입니다.

헌: 그들의 몸도 우리의 몸처럼 일시적입니까? 그들이 환생합니까?

마: 이런 질문들은 그대가 자신을 몸과 동일시하기 때문에 일어납니다. 이 몸은 탄생과 죽음을 가지고 있고, 이 몸이 넘어지면 다른 몸이 일어나는데 그것을 환생이라고 합니다. 그러나 그대가 몸입니까? 만일 그대가 그 몸이 아니라 영靈이라는 것을 발견하면 거친 몸이나 미세한 몸에서 벗어날 것이고, 그러면 아무 한계가 없을 것입니다. 어떤 한계도 없는 곳에 물적이거나 영적인 세계가 어디 있습니까? 환생이란 문제가 어떻게 일어나겠습니까?

또, 다른 관점에서 그것을 살펴보십시오. 그대는 꿈속에서 자신을 위해 꿈 몸(dream-body)을 창조하고 그 꿈 몸을 가지고 행위합니다. 그 몸은 생시 상태에서는 거짓임이 판명됩니다. 현재 그대는 자신이 이 몸이지 꿈 몸이 아니라고 생각합니다. 꿈속에서는 꿈 몸에 의해 이 몸이 거짓으로 됩니다. 그러니 보세요, 이들 중 어떤 몸도 실재하지 않습니다. 어느 몸이나 한때는 참이고 다른 때에는 거짓이기 때문입니다. 실재하는 것은 영원히 실재해야 합니다. 그러나 그대는 '나'라고 말합니다. 이 '나'-의식(I-consciousness)은 세 가지 상태 모두에 줄곧 존재합니다. 거기에는 어떤 변화도 없습니다. 그것이야말로 실재합니다. 세 가지 상태는 거짓입니다. 그것들은 마음에게만 있습니다. 그대가 자신의 참된 성품을 보지 못하게 가로막는 것은 마음입니다. 그대의 참된 성품은 무한한 영靈의 성품입니다. 그대는 잠 속에서 그러했습니다. 다른 두 가지 상태에서는 그대가 한계를 인식합니다. 그 차이는 무엇 때문입니까? 잠 속에서는 마음이 없었지만 꿈과 생시의 상태에서는 그것이 존재합니다. 한계가 있다는 느낌은 마음의 작용입니다. 마음이 무엇입니까? 찾아내십시오. 그것을 찾아보면, 그것은 스스로 사라질 것입니다. 왜냐하면 그것은 아무런 실제적 존재성을 가지고 있지 않기 때문입니다. 마음은 생각들로 이루어집니다. 생각들이 그치면 그것은 사라집니다.

**헌**: 그때도 제가 남아 있습니까?

**마**: 잠 속에서 그대가 하는 경험은 무엇입니까? 아무 생각도 없고 아무 마음도 없었지만, 그때도 그대는 남아 있었습니다.

**헌**: 명상을 하려고 해도 제 마음이 헤매기 때문에 그렇게 할 수가 없습니다. 저는 어떻게 해야 합니까?

**마**: 그대의 질문이 그 답변을 제공합니다. 먼저 그 질문의 앞부분에 대해 보자면, 그대는 자신이 집중을 하지만 성공하지 못한다고 말합니다. '그대'는 '**진아**'를 뜻합니다. 그대는 무엇에 집중합니까? 어디서 실패합니까? 두 개의 자아가 있어서, 한 자아가 다른 자아에 집중합니까? 지금 실패한다고 불평하는 것은 어느 자아입니까? 두 개의 자아란 있을 수 없습니다. 단 하나의 **진아**가 있을 뿐입니다. 그것은 집중을 필요로 하지 않습니다.

그대는 "그렇다면 왜 아무 행복이 없느냐?"고 묻습니다. 그대가 잠 속에서 그랬던 것과 같이 영靈으로 머물러 있지 못하게 막는 것은 무엇입니까? 그것은 헤매는 마음이라고 그대 자신이 시인합니다. 그 마음을 찾아내십시오. 그것의 '헤맴'이 그치면 그것이 **진아**, 즉 영원한 영靈인 그대의 '나'-의식이라는 것을 알 것입니다. 그것은 지知와 무지를 넘어서 있습니다.

**헌**: 저는 일을 열심히 하고 있어 집중할 시간이 거의 나지 않습니다. 그에 대해 어떤 보조수단이 있습니까? 호흡 제어는 좋은 보조수단입니까?

**마**: 쁘라나(*prana*)와 마음은 같은 근원에서 일어납니다. 그 근원에는 호흡을 억제하거나 마음을 추적하여 도달할 수 있습니다. 만약 마음을 추적할 수 없다면 호흡 억제가 분명히 도움이 되겠지요. 호흡조절은 호흡의 움직임을 지켜봄으로써 얻어집니다.

마음을 지켜보면 생각들이 그칩니다. 그리고 **평안**이 생기는데, 그것이 그대의 참된 성품입니다. 자나까 왕이 말했습니다. "나에게서 '나'임을 훔쳐가던 도둑[마음]을 이제 발견했다. 이 도둑을 즉시 죽여 버리겠다." 생각에 기인하는 그 번뇌가 **진아**에게서 평안을 훔치는 것처럼 보입니다. 그 번뇌가 마음입니다. 그것이 그치면 마음이 도망친다고 하는 것입니다. 그러면 **진아**가 번뇌 없는 바탕으로서 남습니다.

다른 사람이 끼어들었다: 마음이 마음을 죽여야 합니다.

**마**: 예, 마음이 있다면 말이지요. 그러나 마음을 찾아보면 그것이 존재하지 않음이 드러납니다. 존재하지 않는 것을 어떻게 죽일 수 있습니까?

**헌**: 내심염송內心念誦이 구두염송口頭念誦보다 낫지 않습니까?

**마**: 구두염송은 소리들로 이루어집니다. 그 소리는 생각에서 일어납니다. 왜냐하면 생각을 말로 표현하기 전에 먼저 생각을 해야 하기 때문입니다. 그 생각들은 마음에서 일어납니다. 따라서 내심염송이 구두염송보다 낫습니다.

**헌**: 염송을 내관하면서 입으로도 그것을 염하면 안 됩니까?

**마**: 염송이 마음속으로 되면 소리를 낼 필요가 어디 있습니까? 염송이 마음속으로 되면 그것은 내관內觀이 됩니다. 명상·내관·내심염송은 같은 것입니다. 잡다한 생각들이 그치고 한 생각이 지속되면서 다른 모든 것을 몰아내면 그것을 내관이라고 합니다. 염송이나 명상의 목적은 여러 생각을 몰아내고 자기 자신을 단 한 가지 생각에 국한시키는 것입니다. 그리고 나면 그 생각도 그것의 근원, 즉 절대적 의식인 진아 속으로 사라집니다. 마음이 염송을 하다가 그 자신의 근원 속으로 가라앉는 것입니다.

**헌**: 마음은 두뇌에서 나온다고 합니다.

**마**: 두뇌는 어디 있습니까? 그것은 몸 안에 있습니다. 저는 몸 자체가 마음의 한 투사물이라고 말합니다. 그대가 두뇌를 이야기하는 것은 몸에 대해 생각할 때입니다. 그러나 몸과 그 몸의 두뇌를 만들어내고, 두뇌가 자기 자리라고 말하는 것은 마음입니다.

**헌**: 스리 바가반께서는 저작들 중 하나에서 염송을 그 근원까지 추적해 가야 한다고 말씀하셨습니다. 그것은 마음을 가리켜 하신 말씀입니까?

**마**: 그런 생각들은 모두 마음의 작용일 뿐입니다. 염송은 마음을 단 한 가지 생각에 고정하는 데 도움이 됩니다. 다른 모든 생각들은 먼저 조복調伏된 뒤에 사라집니다. 염송이 마음속으로 될 때 그것을 명상(*dhyana*)이라고 합니다. 명상은 그대의 참된 성품입니다. 그러나 그것을 명상이라고 하는 것은, 그것이 노력으로 이루어지기 때문입니다. 잡다한 생각들이 있는 한 노력이 필요합니다. 그대에게 다른 생각들이 있기 때문에, 한 생각만 지속되는 것을 그대는 명상이라고 부릅니다. 그 명상이 애씀 없이 자연스러워지면, 그것이 그대의 진정한 성품임을 알게 될 것입니다.

대담 329

오전에 스리 바가반은 타밀어판 「라마크리슈나 비자얌」49)에 실린 성 에스텔라(St. Estella)50)의 짧은 글귀 하나를 낭독하셨다. 그 취지는 이렇다: "당신의 적은 욕정·정념 등입니다. 만약 당신이 상처를 입었다고 느끼면, 내면으로 돌아서서 그 상처의 원인을 발견하십시오. 그것은 당신에게 외적인 것이 아닙니다. 외적인 원인들은 덧씌움일 뿐입니다. 당신이 자신을 다치게 할 수 없다면, 일체에 자비로우신 하느님이 어떻게 당신을 다치게 하겠습니까?"

스리 바가반은 나아가 성 에스텔라는 훌륭한 성자이며, 그의 가르침은 상당히 건전하다고 말씀하셨다.

대담 330

스리 바가반은 천식 증세가 있어 목이 잠기셨다. 공양물로 오렌지가 들어왔다. 평소처럼 그 조각들이 분배되었다. 스리 바가반은 목청을 틔우셨고, 입 안의 오렌지를 뱉어내셔야 했다. 당신은 그것을 뱉어낼 수밖에 없었다고 말씀하셨다. 한 신사가 말했다: 아마 그것이 스리 바가반의 건강에 맞지 않겠지요.
마: 딴 사람이 아니라 그대가 그 과일을 가져왔다면 그렇게 말하겠습니까?

### 1937년 1월 18일

대담 331

국제평화연맹의 미국인 여성인 루르나 제닝스 부인이 스리 바가반께 세계에 평화가 확산되는 일에 대해 질문했다. 스리 바가반이 대답하셨다: 만약 사람이 진아의 평안을 얻으면 그 개인이 아무 노력을 하지 않아도 그것이 저절로 퍼져나갈 것입니다. 우리 자신이 평화롭지 않다면, 어떻게 우리가 세계에 평화를 확산시킬 수 있습니까?

그녀는 동양이 진아 깨달음에 이르는 과학적 접근방법을 가지고 있는 것은 사실 아니냐고 여쭈었다.
마: 그대가 이미 진아입니다. 그것을 확립하는 데는 어떤 정교한 과학도 필요하지 않습니다.

---

49) T. 라마크리슈나 교단(Ramakrishna Order)에서 1921년에 창간한 타밀어판 정기 간행물.
50) T. 프랑스의 성자인 마리-외스텔 아르뺑(Marie-Eustelle Harpain, 1814-1842)을 말한다.

헌: 그 말씀의 일반적 진리는 이해합니다. 그러나 그러자면 제가 '과학'이라고 부르는 어떤 실제적 방법이 있어야 합니다.

마: 그런 생각들이 사라지는 것이 진아의 깨달음입니다. 비유를 들자면, 잃어버렸다고 생각한 목걸이와 같습니다. (깨달음의 상태에서) 우리는 세계나 우리 자신의 몸을 진아와 별개로 보지 않습니다. 늘 그 진아이면서도 우리는 다른 모든 것을 봅니다. 신과 세계는 모두 심장 안에 있습니다. 보는 자를 보십시오. 그러면 일체가 진아임을 발견할 것입니다. 그대의 소견을 바꾸십시오. 내면을 보십시오. 진아를 발견하십시오. 주체와 대상의 바탕은 누구입니까? 그것을 발견하십시오. 그러면 모든 문제가 해결됩니다.

그런 다음 여사에게 소책자 「나는 누구인가?」를 읽어보라고 말씀하셨다. 그녀는 읽어보겠다고 한 뒤에 스리 바가반께 몇 가지 질문을 더 했다.

## 대담 332

헌: 타밀어로 뭅빨(*Muppazh*)[세 가지 공空]이 무엇입니까?

마: (1) 땃뜨(*Tat*)는 이스와라 뚜리야(*Isvara turiya*-신의 네 번째 상태)이고,

　(2) 뜨왐(*tvam*)은 지바 뚜리야(*jiva turiya*-개인의 네 번째 상태)이며,

　(3) 아시(*asi*)는 아시 뚜리야(*asi turiya*-존재의 네 번째 상태)입니다.51)

　뚜리야(네 번째 상태)는 생시·꿈·잠 상태들의 바탕입니다.

헌: 앞의 두 가지는 됐습니다. 세 번째 것은 무엇입니까?

마: 일체에 편재함을 생시라 하고, 일체에 빛남을 꿈이라 하며, 완전함(*ananta*)을 잠이라 합니다. 이들의 저변에 있는 것이 아시 뚜리야입니다.

헌: (이런 이야기는) 정말 생소하군요!

마: 그게 전부입니까? 논변에는 한이 없습니다. 들어보십시오. 사람들은 말하기를, 큰 말씀 "땃 뜨왐 아시(*Tattvamasi*-'그대가 그것이다')"는 평범한 것이고, "땃 뜨왐 아시 아띠 니잠"(*Tat tvam asi ati nijam*-'그대가 그것이다' 너머의 본연적 상태)의 다섯 단어를 포함한 것이 다끄쉬나무르띠가 침묵 속에서 가르친 가장 비밀스런 것이라고 합니다. 이 다섯 단어에 상응하여 그들은 다섯 가지 상태(대담 617 참조)를 정식화합니다.

---

51) T. '뭅빨'(空)은 생시에 의해 꿈이 공으로 되고, 잠에 의해 생시가 공으로 되며, 뚜리야(*turiya*)에 의해 잠이 공으로 되는 '세 가지 공'을 의미한다고 하나, 여기서는 철학적으로 해석되었다.

또 『탐구의 바다』를 보십시오. 그 저자(니스짤다스)는 지지물(adhara)을 바탕(adhishthana)과 구별합니다. 그에 따르면 밧줄은 그것이 뱀으로 보일 때와 그렇지 않을 때 공히 늘 지지물입니다. 밧줄이 바탕인 것은 그것이 실제와 달리 (뱀으로) 보일 때입니다.52) 그것이 일반적 바탕(samanya adhishthana)입니다. 또 그것이 뱀 자체로 나타나는 것은 특수한 바탕(visesha adhishthana)입니다. 이때 이런 질문이 제기됩니다. "개아의 바탕과 이스와라의 바탕은 별개다. 이 두 바탕이 어떻게 하나가 될 수 있는가?" 그는 "두 바탕 모두에 대해 동일한 지지물이 있다"고 대답합니다. 더욱이 그는 몇 가지 이론(khyatis)을 이야기합니다.

(1) 비실재론(asat-khyati): 밧줄이 존재하고, 그곳에 **존재하지 않는** 뱀이 거기에 나타난다.

(2) 실재론(sat-khyati): 밧줄 자체가 뱀처럼 보인다.

(3) 자아론(atma-khyati): 밧줄은 식별되지 않고 있고, 이전에 어디선가 본 뱀의 기억이 그 환상을 창조한다.

(4) 무론無論(akhyati): 전체가 실재하지 않는다.

(5) 불확실론(anayatha-khyati): 뱀이라는 심상心像이 투사되어, 마치 그것이 자신의 눈앞에 있는 듯이 보인다.

(6) 설명불가론(anirvachaniya-khyati): 설명할 수 없다.

여기서 반론자가 문제를 제기합니다. "그것이 환이든 비실재든 세계가 이것들 중의 어느 하나라면, 그것은 이전 경험의 결과일 수밖에 없다. 그 당시에는 그것이 실재했음이 틀림없고, 한 번 실재했으니 늘 실재해야 한다."

그가 여기에 답합니다. "그 경험은 반드시 실제 경험일 필요가 없다. 사람이 진짜 뱀을 보지는 못했고 그 그림(심상)을 보고 인상을 얻었을 뿐이기 때문에, 밧줄을 뱀으로 착각할 수 있다. 따라서 세계는 실재할 필요가 없다"고 말입니다.

이런 논변에 왜 시간을 낭비합니까? 그대의 마음을 내면으로 돌려서 그 시간을 유용하게 쓰십시오. 개인과 **지고자**의 결합에 있어서, **지고자**는 전해들은 말이고 개인은 직접적으로 경험됩니다. 그대는 직접적 경험만 이용할 수 있습니다. 따라서 그대가 누구인지를 보십시오.

---

52) *T.* 여기서 '지지물'은 밧줄을 밧줄이나 뱀으로 인식할 수 있게 하는 밧줄의 일반적 존재성이고, '바탕'은 환幻인 '뱀'의 개념이 의지하고 있는 실재로서의 '밧줄'이라는 구체적 존재성이다.

그렇다면 왜 **이스와라**를 이야기합니까?

왜냐하면 그대가 세계를 보면서 그것이 어떻게 생겨났는지 알고 싶어 하기 때문입니다. 사람들은 세계가 **신**에 의해 창조되었다고 합니다. 신이 그대와 기타 모든 것을 창조했다는 것을 알면, 그대의 마음은 만족하여 그것을 모를 때보다 덜 요동합니다. 그러나 그것은 깨달음이 아닙니다. 그대 자신을 깨달아야만 깨달음일 수 있습니다. 이것이 **완성**이요, **깨달음**입니다.

다시 논변에 대해 이야기하자면, 『브리띠 쁘라바까라(Vritti Prabhakara)』53)의 저자는 이 책을 쓰기 전에 35만 권의 책을 연구했다고 주장합니다. 그게 무슨 소용 있습니까? 그 책들이 **진아** 깨달음을 가져다줄 수 있습니까? 『탐구의 바다』는 논리와 전문용어들로 가득 차 있습니다. 이 둔중한 책들이 실제적으로 무슨 도움이 될 수 있습니까? 그러나 어떤 사람들은 이런 책을 읽고 나서, 단지 진인들이 자신의 질문에 대답할 수 있는지를 보려고 그들을 찾아갑니다. 그런 책들을 읽고, 새로운 의문을 발견하고, 그것을 해결하는 것이 그들에게는 하나의 낙樂입니다. 그것이 순전한 낭비임을 아는 진인들은 그런 사람들을 격려하지 않습니다. 한번 격려해 주면 끝이 없겠지요.

**진아**에 대한 탐구만이 쓸모가 있습니다.

논리학, 『브리띠 쁘라바까라』, 『탐구의 바다』, 『경소經疏(Sutra Bhashya)』54)나 그 비슷한 큰 저작들에 친숙한 이들은 **진아**만을 다루는—그것도 핵심적으로 다루는—「드러난 진리(Truth Revealed)」 같은 작은 저작들을 즐길 줄 모릅니다. 왜냐하면 그들은 원습(경전습)을 축적했기 때문입니다. 마음이 덜 혼란스러운, 혹은 순수한 사람들만이 작아도 목적에 부합하는 저작들을 즐길 수 있습니다.

## 대담 333

쁘라띠야비냐(Pratyabhijna)는 쁘라띠(Prati)와 아비냐(abhijna)를 합친 말인데, 아비냐는 직접지각이고, 쁘라띠는 이미 알려진 것을 상기하는 것입니다.

"이것은 코끼리다"는 직접지각이고, "이것이 그 코끼리다"는 쁘라띠야비냐입니다. 전문적인 저작들에서 쁘라띠야비냐는, 항상 존재하는 **실재**를 깨닫고 그것을 인식하는 데 사용됩니다.

---

53) *T.* 니쌀다스가 지은 베단타에 관한 저작들 중 하나.
54) *T.* 이것은 『브라마경소疏(Brahma-Sutra Bhashya)』의 약칭이며 샹까라의 저작이다.

수냐(sunya)[공空], 아띠수냐(atisunya)[공을 넘어선], 마하수냐(mahasunya)[광대한 공] 등은 모두 같은 것, 즉 진정한 존재를 뜻할 뿐입니다.

### 1937년 1월 20일

**대담 334**

스리 바가반은 다리에 마사지를 받을 때 아무 감각도 못 느낀다고 말씀하셨다. "다리가 걷기 위해 있는 것이라면, 감각을 상실한다고 해서 무슨 상관 있습니까?" 하고 당신은 반문하셨다. 그런 다음 대화 도중에 당신은 이런 이야기를 들려주셨다: 빛 한 줄기가 발견되었는데, 그 빛이 투사되면 그 작동자는 드러나지 않지만 그가 그 장면을 목격할 수 있습니다. 싯다들(siddhas)도 그와 마찬가지입니다. 그들은 순수한 빛일 뿐이어서, 그들은 남을 볼 수 있지만 남들은 그들을 보지 못합니다. 예를 들어 쁘라부링가(Prabhulinga-12세기 성자)는 북쪽을 여행하다가 고라끄나트(Goraknath)55)를 만났습니다. 고라끄나트는 자신의 요가적 능력을 과시했습니다. 예컨대 칼로 팔을 잘라도 칼이 무뎌졌지 그에게는 상처를 내지 못했습니다. 이것은 몸을 상해傷害 불가능한 것으로 만드는 것(kayasiddhi-몸 초능력)입니다. 쁘라부링가는 자신의 몸도 칼로 베어보라고 했습니다. 칼로 그를 치자 칼은 마치 허공을 지나듯이 그의 몸을 통과했고, 그 몸에 아무 상처도 없었습니다. 고라끄는 놀라서 쁘라부링가의 제자가 되겠다고 자청했습니다.

또 카일라스(Kailas)에서 **시바**와 **빠르바띠**가 주고받은 대화가 있습니다. **시바**는 알라마(Allama-알라부, 곧 쁘라부링가)가 **빠르바띠**의 부추김에도 영향을 받지 않을 거라고 말했습니다. 그녀는 그것을 시험해 보고 싶었고, 그래서 자신의 따마스적인 성질을 보내어 지상의 한 공주로 화현하게 했습니다. 공주가 알라마를 유혹하도록 하기 위해서였지요. 공주는 자라서 뛰어난 성취를 보인 처녀가 되었습니다. 그녀는 사원에서 자주 노래를 불렀습니다. 알라마는 그 사원에 가서 북을 두드리곤 했습니다. 그녀는 그 북소리에 몰입되었고, 그에게 반해 버렸습니다. 그들은 그녀의 침실에서 만났는데, 그녀가 껴안자 그는 형체가 없어졌습니다. 그녀는 상사병이 들었습니다. 그러자 한 천녀가 내려와

---

55) T. 마뜨시엔드라나트(Matsyendranath)의 제자(11세기)로, 나바나트(Navanath) 계열의 구루이다.

서 그녀가 지상에 태어난 목적을 상기시켜 주었습니다. 그녀는 알라마를 무너뜨리겠다고 다짐했지만 성공하지 못했지요. 마침내 그녀는 카일라스로 올라갔습니다. 그런 다음 빠르바띠는 자신의 사뜨와적 성질을 보내어 공주를 한 브라만 산야시니(sanyasini-여성 출가수행자)로 태어나게 했습니다. 그녀는 알라마에게 순복하고 그의 참된 위대성을 깨달았습니다.

스리 바가반은 약 한 시간 동안 나야나(Nayana), 즉 까비야깐타 가나빠띠 무니를 높이 평가하면서, 그가 「우마 사하스람(Uma Sahasram)」[56]과 「하라 사하스람(Hara Sahasram)」을 어떻게 지었고, 자기 제자들을 어떻게 가르쳤으며, 바따스리 나라야나 샤스뜨리(Bhattasri Narayana Sastri)와 어떻게 논쟁을 했는지, 그가 그렇게 유식하고 유능한데도 얼마나 유순하고 겸손한지 등을 이야기하셨다.

또 스리 바가반은 상감 시대의 시인(Sanga Pulavar)[57]인 낙끼라르(Nakkirar)가 타밀어로 된 시바의 시 몇 수를 문제 삼았다가 어떻게 시바의 분노를 샀고, 어떻게 한 영靈에 의해 포로가 되었다가 풀려났는지를 이야기해 주셨다.

낙끼라르는 어느 성수지(tirtha)의 둑에서 따빠스를 하고 있었습니다. 이때 나무에서 잎 하나가 떨어졌는데, 그 잎의 반은 물에 닿고 나머지 반은 땅에 걸쳐졌습니다. 홀연히 물에 잠긴 반은 물고기가 되고, 땅에 있던 반은 새가 되었습니다. 이 둘은 그 잎으로 결합되어 있어, 각자 자신의 영역으로 들어가거나 날아가려고 서로 싸웠습니다. 낙끼라르가 의아해하며 그것을 지켜보고 있을 때, 갑자기 어떤 영靈(천마天魔)이 위에서 내려와 그를 (낚아채어) 한 동굴로 데려갔습니다. 그곳에는 이미 999명의 포로가 있었는데, 모두 따빠스 낙오자(tapo bhrashta)[고행을 하다가 낙오한 자]들이었습니다.

헌: 낙끼라르가 따빠스 낙오자였습니까?

마: 예. 내관을 잘 하고 있다가 왜 그는 내관에서 전락하여 자기 앞에서 벌어지는 불가사의한 현상을 지켜보았습니까?

당신은 계속해서 낙끼라르가 어떻게 「띠루무루하뜨룹빠다이」(Tirumuruhatruppadai)를 지어, 1천 명의 죄수 전원이 석방되게 했는지를 말씀해 주셨다.

---

56) T. 가나빠띠 무니가 1907년에 여신 우마(빠르바띠)를 찬양하여 산스크리트로 지은 1천 연의 시 작품. 뒤의 「하라 사하스람」은 같은 해에 그보다 앞서 지은 작품으로 시바를 찬양한 것이다.

57) T. 남인도 빤디야(Pandya) 왕국의 학술원 시인/학자들이 활동한 때를 상감(Sangam) 시대(기원전 2세기~기원후 4세기)라고 한다. 고대 타밀어 문학이 번성한 시기이다.

## 1937년 1월 21일

**대담 335**

헌: 어떻게 해야 성적인 충동이 사라지겠습니까?

마: 차별상이 사라질 때 그것도 사라집니다.

헌: 그것을 어떻게 이뤄낼 수 있습니까?

마: 이성과 이성 관계는 심적인 개념일 뿐입니다. 우파니샤드에서 말하기를, "모든 것이 사랑스러운 것은 진아가 모두에게 사랑스럽기 때문"이라고 했습니다. 우리의 행복은 내면에 있습니다. 그 사랑은 진아에 대한 사랑일 뿐입니다. 그것은 내면에만 있습니다. 그것이 바깥에 있다고 생각하지 마십시오. 그러면 차별상이 작동하지 않게 됩니다.

## 1937년 1월 22일

**대담 336**

우파니샤드와 『스리마드 바가바드 기타』를 공부한 것으로 보이는 어떤 비슈누파 교도가 몇 가지 질문을 했다:

헌: 진아를 어떻게 깨닫습니까?

마: 진아는 늘 직접 지각됩니다. 한 순간도 그렇지 않은 때가 없습니다. 그러면 그것을 어떻게 확인할 수 있습니까? 진아를 발견하십시오. 그대가 그것입니다.

헌: 그러나 지고자를 발견할 때는 심장의 매듭들이 끊어지고 모든 의심이 종식된다고 합니다. (이때) '본다(drishti)'는 단어가 사용됩니다.58)

마: 진아가 되는 것은 진아를 보는 것과 같습니다. 두 개의 자아가 있어서 하나가 다른 하나를 보는 것이 아닙니다.

나중에 그는 진아 탐구에 관한 동일한 질문을 계속했다.

헌: 진아를 어떻게 깨닫습니까?

마: 그것은 이미 깨달아져 있습니다. 이 단순한 사실을 알아야 합니다. 그것이 전부입니다.

헌: 그러나 모르겠습니다. 어떻게 해야 제가 그것을 알겠습니까?

---

58) T. "더 높은 자기이기도 하고 더 낮은 자기이기도 한 지고자를 볼(drishte) 때, 심장의 매듭은 끊어지고 모든 의심이 소멸되며, 그의 행위가 끝이 난다." — 『문다까 우파니샤드』, 2.2.9.

마: 그대는 자신의 존재를 부인합니까?

헌: 아니요. (다만) 어떻게 해야 그것을 할 수 있습니까?

마: 그렇다면 진리를 인정한 셈입니다.

헌: 하지만 저는 보지 못합니다. 어떻게 해야 제가 **진아**를 깨닫겠습니까?

마: 누가 '나'라고 말하는지를 알아내십시오.

헌: 예, 제가 '나'라고 말합니다.

마: 이 '나'가 누구입니까? 몸입니까, 아니면 몸 외의 어떤 사람입니까?

헌: 몸은 아닙니다. 그 안에 있는 어떤 사람입니다.

마: 그것을 찾아내십시오.

헌: 그게 안 됩니다. 어떻게 해야 제가 그것을 찾겠습니까?

마: 그대는 지금 몸을 자각하고 있습니다. 깊은 잠 속에서는 몸을 자각하지 못했습니다. 그래도 잠 속에 그대가 있었습니다. 깨어난 뒤 그대는 몸을 붙들고 "나는 **진아**를 깨닫지 못한다"고 말합니다. 잠 속에서도 그렇게 말했습니까? 그때는 그대가 나뉘어 있지 않았기(akhanda) 때문에 그런 말을 하지 않았지요. 이제는 몸의 한계 내로 줄어들었기 때문에 "나는 깨닫지 못했다"고 말하는 것입니다. 왜 그대의 **진아**를 제한하고 나서 비참하다고 느낍니까? 그대의 참된 성품으로 존재하면서 행복하십시오. 잠 속에서는 그대가 '나'라고 말하지 않았습니다. 지금 그렇게 말합니다. 왜입니까? 그대가 몸을 붙들기 때문입니다. 이 '나'가 어디서 오는지 알아내십시오. 그러면 **진아**를 깨닫게 됩니다.

몸은 지각력이 없어 '나'라고 말할 수 없습니다. 무한한 **진아**도 '나'라고 말할 수 없습니다. 그러면 누가 '나'라고 말합니까?

헌: 아직도 이해가 안 됩니다. 그 '나'를 어떻게 발견합니까?

마: 이 '나'가 어디서 일어나는지 알아내십시오. 그러면 이 '나'는 사라지고 무한한 **진아**가 남을 것입니다. 이 '나'(에고)는 지각력 있는 것(진아)과 지각력 없는 것(몸) 사이의 매듭에 불과합니다. 몸은 '나'가 아니고, **진아**도 '나'가 아닙니다. 그러면 그 '나'는 누구입니까? 그것은 어디서 일어납니까?

헌: 그것이 **과연** 어디서 일어납니까?

마: 알아내십시오.

헌: 모르겠습니다. 부디 깨우쳐 주십시오.

마: 바깥에서는 아닙니다. 내면에서입니다. 그것이 어디서 옵니까? 만일 다른

데서라면 그대를 거기로 이끌어줄 수 있겠지요. 그것은 내면에서 오니, 그대 자신이 그것을 발견해야 합니다.

**헌**: 머리에서 옵니까?

**마**: '머리'란 개념이 '나' 뒤에 일어납니까, 아니면 '나'가 머리에서 옵니까? 만일 '나'가 머리 안에 있다면 왜 잠이 엄습하면 머리가 숙여집니까? '나'는 항상 변치 않습니다. 따라서 그것의 자리도 그러해야 합니다. 한때는 머리가 숙여지고 한때는 꼿꼿하다면 어떻게 그것이 '나'의 자리가 될 수 있겠습니까? 잠 속에서는 그대의 머리가 평평하게 뉘어집니다. 깨어나면 일으켜 세워집니다. 그것이 '나'일 수 있습니까?

**헌**: 그러면 그것은 어디입니까?

**마**: '나'는 내면에서 옵니다. 잠이 들었을 때는 '나'가 없습니다. 깨어나기 바로 전에 '나'라는 생각이 있습니다.

**헌**: 심장의 매듭은 양미간에 있다고 합니다.

**마**: 어떤 이들은 '양미간'이라 하고, 어떤 이들은 '미저골'이라는 식이지요. 이런 것들은 모두 몸의 견지에서 나온 이야기입니다.

　몸은 '나'라는 생각의 뒤에 옵니다.

**헌**: 그러나 저는 몸을 벗어버릴 수 없습니다.

**마**: 그러니까 그대는 자신이 몸이 아니라는 것을 시인하는군요.

**헌**: 이 몸에 고통이 있으면 제가 그것을 느낍니다. 그러나 다른 몸이 다치면 그렇지 않습니다. 저는 이 몸을 넘어설 수 없습니다.

**마**: 그 정체성이 그런 느낌의 원인입니다. 그것이 심장의 매듭(hridaya granthi)입니다.

**헌**: 어떻게 하면 이 매듭이 사라집니까?

**마**: 누구에게 그 매듭이 있습니까? 왜 그것이 사라지기를 바랍니까? 그것이 묻습니까, 그대가 묻습니까?

**헌**: 그것은 물을 수 없습니다. 제가 묻습니다.

**마**: 그 '나'가 누굽니까? 그것을 발견하면 그 매듭은 남아 있지 않을 것입니다.

**헌**: 그 매듭은 몸과 공존합니다. 몸은 탄생에서 비롯됩니다. 어떻게 해야 환생이 그칩니까?

**마**: 누가 태어납니까? 진아가 태어납니까, 아니면 그게 몸입니까?

헌: 몸입니다.

마: 그러면 몸에게 어떻게 하면 자신의 탄생이 그치겠는지 물으라 하십시오.

헌: 그것은 묻지 않겠지요. 그래서 제가 여쭈고 있습니다.

마: 그 몸은 누구의 것입니까? 깊은 잠 속에서 그대는 몸을 가지고 있지 않았습니다. '나'라는 생각이 일어난 뒤에 몸이 일어났지요. 최초의 탄생은 '나'라는 생각의 탄생입니다. 몸은 '나'라는 생각에 이어서 탄생합니다. 그래서 몸의 탄생은 2차적입니다. 1차적인 원인을 제거하십시오. 그러면 2차적 원인은 저절로 사라질 것입니다.

헌: 어떻게 하면 그 '나'라는 생각이 일어나는 것을 막을 수 있습니까?

마: 자기탐구(Self-quest)를 하면 됩니다.

헌: 이해하려고 애쓰지만 성공하지 못하고 있습니다. 염송(japa)을 하면 제가 진아를 발견할 수 있습니까? 만약 그렇다면, 부디 방법을 일러주십시오.

마: 어떤 염송 말입니까? 왜 인위적인 염송을 해야 합니까? 영원하고 본래적인 염송이 늘 그대의 내면에서 진행되고 있다는 것을 그대가 알아낼 수 있는데 말입니다.

헌: 어떤 가르침(upadesh)을 주시면 아마 저에게 도움이 될 겁니다.

마: 그대처럼 책들을 애써 읽어 보지 않은 사람에게 제가 "라마, 라마를 하십시오" 하면, 그는 그것을 계속 붙들고서 하겠지요. 그러나 그대처럼 책을 많이 읽고 사물을 탐색하는 사람에게 그렇게 말하면, 그것을 오래 하지 않을 것입니다. 왜냐하면 "내가 이걸 왜 해야 하지? 무엇보다도 이 진언을 염하는 나는 누구지? 이걸 더 계속하기 전에 내가 누구인지를 알아야겠다"고 생각할 것이고, 그래서 염송을 그만두고 탐구를 시작할 것이기 때문입니다.

헌: "감관들은 밖으로 나가니(paranchikhani), 안으로 돌린 눈(avrittachakshuh)으로"라고 합니다.59) '안으로 돌린 눈'이 무엇입니까?

마: 그것은 안구를 반대방향으로 돌려놓는다는 뜻이 아닙니다. '짝슈(chakshuh)'가 무엇입니까?

헌: 눈입니다.

마: 눈이 봅니까, 아니면 보는 것은 눈 이면의 어떤 사람입니까? 만약 눈이

---

59) T. "감관을 밖으로 나가게 신이 창조하여, 인간은 밖을 보며 내면의 진아를 보지 않는다. 실로 불멸을 원하는 영웅들만이, 안으로 돌린 눈으로 내면의 진아를 본다." —『까타 우파니샤드』, 2.4.1.

볼 수 있다고 하면 시체도 봅니까? 눈 이면에 있는 자가 눈을 통해서 봅니다. 짝슈란 단어는 그 '보는 자'를 뜻합니다.

헌: 신의 영광된 모습을 보려면 신안神眼(*divya chakshuh*)이 있어야 합니다. 이 육안은 평범한 눈입니다.

마: 오! 알겠습니다. 그대는 백만 개의 해와 같은 찬란함이나 뭐 그런 것을 보고 싶어 하는군요!

헌: 우리는 백만 개의 해 같은 찬란함의 그 영광된 모습을 볼 수 없습니까?

마: 단 하나인 해는 그대가 볼 수 있습니까? 왜 백만 개의 해를 요구합니까?

헌: 신적 시각(神眼)이 있으면 그렇게 할 수 있을 것이 분명합니다. "해가 빛나지 않는 곳…. 그곳이 나의 지고한 거소이다"60)라고 했습니다. 따라서 이 해가 힘이 없는 상태가 있습니다. 그 상태는 신의 상태입니다.

마: 좋습니다. 크리슈나를 발견하십시오. 그러면 문제는 해결됩니다.

헌: 크리슈나는 살아 있지 않습니다.

마: 그대가 『기타』에서 배운 게 그겁니까? 크리슈나는 그가 영원하다고 말하지 않습니까? (크리슈나라고 할 때) 그대는 무엇을 생각합니까? 그의 몸인가요?

헌: 그는 살아 있는 동안 남들을 가르쳤습니다. 그의 주위에 있던 사람들은 깨달았을 것이 분명합니다. 저도 그와 같이 살아 있는 스승을 찾습니다.

마: 그러면 그가 자신의 몸을 거두어들인 뒤에는 『기타』가 쓸모가 없습니까? 그가 자신의 몸을 크리슈나라고 했습니까?

"내가 존재하지 않은 적이 일찍이 없었고 …(*natveva'ham jatu na'sam* …)".

헌: 그러나 저는 그 진리를 직접 말할 수 있는 살아 있는 스승을 원합니다.

마: 그 스승의 운명은 크리슈나의 운명과 비슷하겠지요.

질문자는 물러갔다. 나중에 스리 바가반이 말씀하셨다: 신적 시각이란 자기광명(Self-luminosity)을 뜻합니다. '신적(*divya*)'이라는 단어가 그것을 보여줍니다. 그 완전한 단어는 진아를 뜻합니다. 신안神眼을 누가 하사합니까? 그리고 누가 봅니까? 또, 사람들은 책에서 "청문·성찰·일념집중이 필요하다"는 것을 읽습니다. 그들은 자신이 유상삼매(*savikalpa samadhi*)와 무상삼매(*nirvikalpa samadhi*)를 통과한 뒤에야 깨달음을 얻는다고 생각합니다. 그래서 이런 온갖 질문이

---

60) *T.* 『기타』, 15.6.

나옵니다. 왜 그런 미로에서 헤맵니까? 결국 그들이 무엇을 얻습니까? 추구의 수고로움이 그치는 것뿐입니다. (그럴 때) 그들은 **진아**가 영원하고도 자명하다는 것을 발견합니다. 왜 바로 이 순간에 그런 안식을 얻지 않습니까?

배우지 못한 단순한 사람은 염송이나 숭배로 만족합니다. 진인은 물론 만족하고 있습니다. 문제는 책벌레들에게 있습니다. 그래요 그래, 그들도 나아지겠지요.

## 대담 337

**K. R. V. 아이어 씨**: 어떻게 해야 마음을 정화할 수 있습니까?

**마**: 경전에서는 "행위·헌신 등에 의해서"라고 이야기합니다. 저의 시자가 전에 한번 같은 질문을 한 적이 있는데, 그에게는 "신에게 바친 행위에 의해서"라고 말해주었지요. 그 행위를 하는 동안 **신**을 생각하는 것으로는 충분치 않고, 그를 계속 끊임없이 생각해야 합니다. 그럴 때만 마음이 순수해집니다.

그 시자는 그것을 자신에게 적용하여 이렇게 말한다: 제가 스리 바가반께 신체적으로 봉사하는 걸로는 충분치 않지요. 당신을 끊임없이 기억해야 합니다.

같은 질문을 한 다른 사람에게 바가반이 말씀하셨다: **진아** 탐구지요. 그것은 '나는 몸이다'라는 관념이 사라져야 한다는 뜻입니다[자기탐구=육체아 관념의 소멸].

### 1937년 1월 23일

## 대담 338

미국인인 제닝스 부인이 몇 가지 질문을 했다.

**헌**: 신에 대한 긍정이 "나는 누구인가?" 하는 탐구보다 효과적이지 않습니까? 긍정은 적극적으로 인정하는 것인데, 이것은 부정입니다. 더욱이 그것은 분리성을 말해줍니다.

**마**: 그대가 깨닫는 법을 알고자 하는 한, 그대의 **진아**를 발견하도록 이 조언을 드리지요. 방법을 추구한다는 것은 그대의 분리성을 의미합니다.

**헌**: "나는 누구인가?"라고 묻기보다 "나는 **지고의 존재다**"라고 말하는 것이 더 낫지 않습니까?

**마**: 누가 긍정합니까? 그렇게 하는 사람이 있어야 합니다. 그 사람을 발견하십시오.

헌: 명상이 탐구보다 낫지 않습니까?

마: 명상은 심적 형상화(mental imagery)를 의미하는 반면, 탐구는 **실재**에 대한 것입니다. 전자는 객관적인 반면 후자는 주관적입니다.

헌: 이 주제에 대한 과학적인 접근방법이 있어야 합니다.

마: 비실재를 회피하고 **실재**를 추구하는 것은 과학적입니다.

헌: 제 말은 어떤 점진적 제거 과정이 있어야 한다는 것입니다. 먼저 마음을, 그 다음에는 지성을, 그 다음에는 에고를 말입니다.

마: **진아**만이 **실재**합니다. 다른 모든 것은 실재하지 않습니다. 마음과 지성은 그대와 별개로 존재하지 않습니다.

　성경에서 "고요히 있으라, 그리고 내가 **신**임을 알라"고 합니다. 고요함이 신으로서의 **진아**를 깨닫는 데 필요한 유일한 필수조건입니다.

헌: 서양도 이 가르침을 이해할 날이 있겠습니까?

마: 시간과 공간이란 문제는 없습니다. 이해는 마음의 성숙도에 달렸습니다. 누가 동양에 살든 서양에 살든 그것이 무슨 상관 있습니까?

　스리 바가반은 그 여사에게 「드러난 진리」 몇 연과 따유마나바르를 읽어보라고 하셨다. 그녀는 물러갔다.

　나중에 스리 바가반은 베단타 전체가 "나는 내가 있다는 것이다"와 "고요히 있으라, 그리고 내가 신임을 알라"는 두 성경 구절에 다 들어 있다고 말씀하셨다.

　철도공무원 K. S. N. 아이어 씨가 스리 바가반께 말씀드리기를, 『우주 의식』(Cosmic Consciousness)[61]의 편집자는 깨달음이 개인적 삶의 일정한 연령 범위 안에서만 가능하다고 여긴다고 했다.

마: 누가 "나는 어떤 나이 이전이나 이후에 생겨나야겠다"고 말하는 사람이 있습니까? 그는 지금 여기 있습니다. (그 편집자의) 그런 말들은 사람들을 오도합니다. 왜냐하면 사람들이, 금생에는 **진아**를 깨달을 수 없으니 다음 생에나 기회를 보아야겠다고 믿게 될 테니 말입니다. 모두 터무니없는 말입니다.

---

61) T. 캐나다의 정신병학자 리처드 모리스 버크(Richard Maurice Bucke, 1837-1902)가 편집한 책. 붓다, 그리스도, 모하메드를 비롯한 몇몇 성자들과 우주 의식을 체험했다고 여겨지는 단테, 프랜시스 베이컨, 월트 휘트먼 등 많은 저명인사들을 열거하고 있다.

## 대담 339

시바파 한정비이원론(*Siva Visishtadvaita*)[샤이바 싯단타(*Saiva Siddanta*)]과 관련하여 스리 바가반이 말씀하셨다: "'나는 가루다(Garuda)다' 하는 관념이 사람을 가루다로 만들어주지는 않는다. 그럼에도 뱀에 물린 유독有毒 효과는 치유된다.62) '나는 **시바**다' 하는 관념(*Sivoham bhavana*)도 마찬가지다. 사람이 **시바**로 변하는 것은 아니지만 에고의 해악害惡 효과는 끝이 난다. 아니면 그 사람이 개인성을 지니고 있다 해도 순수한 상태, 즉 **시바**의 몸 일부가 되기에 적합한 상태로 남게 된다. 그렇게 되면 그는 **지고의 지복**을 즐길 수 있다. 그것이 해탈이다." ─샤이바 싯단타 사람들은 이렇게 말합니다. 이는 단순히 개인성에 대한 그들의 사랑을 드러내는 것일 뿐, 결코 참된 해탈의 체험이 아닙니다.

## 대담 340

보스 씨가 말을 시작했다: 몸-의식이 돌아온 뒤에는….

**마:** 몸-의식이 무엇입니까? 우리에게 그것을 먼저 말하십시오. 의식과 별개인 그대는 누구입니까? 몸이 보이는 것은 "나'-의식에서 일어나는 몸-의식이 있기 때문인데, '나'-의식은 다시 의식에서 일어납니다.

의식 → '나'-의식 → 몸-의식 → 몸

늘 의식이 있고, 그 외에는 아무것도 없습니다. 그대가 지금 몸-의식이라고 생각하는 것은 덧씌움에서 비롯됩니다. 의식만이 있고 그 외에 아무것도 없다면, 경전에서 "모든 것이 사랑스러운 것은 **진아**에 대한 사랑 때문이다(*atmanas tu kamaya sarvam priyam bhavati*)"63)라고 하는 의미도 분명해집니다.

그렇다면 자살을 왜 하느냐는 의문이 일어납니다. 사람이 왜 자살을 합니까? 그것은 그가 불행하니까 자신의 불행을 끝내고 싶기 때문입니다. 실제로는 모든 불행을 대표하는 그 몸과의 연관을 끝냄으로써 자살을 합니다. 왜냐하면 몸을 죽이려면 죽이는 자가 있어야 하기 때문입니다. 그는 자살을 한 뒤에도 살아남습니다. 그것이 **진아**입니다.

---

62) *T.* 『브리하다라니야까 우파니샤드』, 2.4.5.
63) *T.* 가루다는 천상계에 사는 큰 새로, 용을 잡아먹기 때문에 뱀 무리의 천적이다. 예전에는 뱀에 물린 사람이 '나는 가루다다' 하는 관념만으로도 뱀독을 치료할 수 있었다는 것이다.

**대담 341**

**제닝스 부인:** 스리 바가반께서는, 깨달음의 상태는 생각들의 횡포에서 벗어나는 것이라고 말씀하십니다. 생각들이 큰 틀 안에서 한 자리를 차지하고 있지 않습니까? 어쩌면 보다 낮은 차원에서 말입니다.

**마:** 생각들은 '나'라는 생각으로부터 일어나는데, 이 생각은 다시 진아에서 일어납니다. 따라서 진아가 '나'와 기타 생각들로 나타납니다. 생각들이 있든 없든 그게 뭐가 중요합니까?

**헌:** 좋은 생각들은 깨달음에 도움이 됩니까? 그런 생각들은 깨달음에 이르는 진정한 '방편(via media)', 곧 사다리의 낮은 계단 아닙니까?

**마:** 예, 이렇게 말입니다—그것들이 나쁜 생각들을 몰아내 줍니다. 그 생각들 자체도 사라져야 깨달음의 상태에 이르게 됩니다.

**헌:** 그러나 창조적인 생각들은 깨달음의 한 측면이고, 따라서 도움이 되지 않습니까?

**마:** 방금 말한 점에서만 도움이 되지요. 진아 안에서는 그런 생각들이 모두 사라져야 합니다. 좋든 나쁘든 생각들은 그대를 더 멀리 데려가지, 더 가까이 데려오지는 않습니다. 왜냐하면 진아는 생각들보다 더 친밀하기 때문입니다. 그대가 곧 진아인 반면, 생각들은 진아에게 낯섭니다.

**헌:** 그러니까 진아는 결국 자신의 깨달음을 도와준 자신의 창조물을 흡수하는군요. 반면에 문명은 (숭배하지 않아야 할 것들을) 잘못 숭배하고, 그래서 자신의 진보를 도와준 자신의 창조물들을 분리하고 '단절'시킵니다.

**마:** 그대는 생각들과 별개 아닙니까? 그 생각들 없이 존재하지 않습니까? 그러나 그 생각들이 그대 없이 존재할 수 있습니까?

**헌:** 문명은 일반적으로, 천천히 그러나 확실히, 이 진아 깨달음을 향해 올바른 방향으로 나아가고 있습니까?

**마:** 문명은 사물들의 질서 속에 있습니다. 그것은 결국 다른 모든 것과 마찬가지로 진아 깨달음 안에서 해소될 것입니다.

**헌:** 어떤 멋진 원시적 인간형이, 지성과 사고에 지배되는 문명인보다 깨달음에 더 가까이 있습니까?

**마:** 깨달은 사람은 야만인처럼 보일지 모르지만, 야만인이 곧 깨달은 사람은 아니지요.

헌: 우리에게 일어나는 모든 일은 신이 예정한 것이고, 따라서 선善일 뿐이라고 생각해도 됩니까?

마: 물론 그렇지요. 하지만 다른 모든 것과 신은 진아와 별개가 아닙니다. 그대가 진아로 머무를 때, 그런 것들에 대한 생각이 어떻게 일어날 수 있습니까?

헌: '순복(surrender)'은 개미·모기·뱀 등과 같이 물리적으로 성가신 모든 것들을 받아들이고, 또 받아들일 때는 그런 것들에 의해 진짜로 해를 입는 것도 기꺼워하는 것입니까, 아니면 그러지는 않는 것입니까?

마: 그게 무엇이든, 그것이 그대, 즉 보는 자나 생각하는 자와 별개입니까?

청중 가운데서 한 파르시 여성이 끼어들었다: 만일 그들이 별개가 아니라면, 우리는 개미들이 무는 것도 느끼지 않습니까?

마: 그 개미가 누구를 뭅니까? 그것은 몸입니다. 그대는 몸이 아닙니다. 그대가 자신을 몸과 동일시하는 한, 개미·식물 등을 보게 됩니다. 만일 그대가 진아로서 머무르면 진아와 별개의 남들은 없습니다.

헌: 몸은 쏘인 아픔을 느낍니다.

마: 몸이 그렇게 느낀다면 그것이 물으라 하십시오. 몸이 알아서 하게 하십시오. 어떻게 그것이 그대에게 문제가 됩니까?

미국인 여사가 다시 말했다: 완전한 순복이란, 심지어 명상을 하고 있을 때에도 우리의 환경 속에 있는 모든 소음과 방해 요인을 받아들여야 한다는 뜻입니까? 아니면 홀로 있기 위해 산 속의 동굴을 찾아야 합니까? 바가반께서 그렇게 하지 않으셨습니까?

마: 감도 없고 돌아옴도 없습니다. 진아는 원소들에 의해 영향을 받지 않고, 무한하고 영원하다고 합니다. 그것은 움직일 수 없습니다. 진아에게는 옮겨갈 어떤 자리도 없습니다.

헌: 그러나 진아를 발견하는 과정에서 외적인 도움을 이렇게 추구하는 것은 영적으로 타당합니까?

마: 잘못은 자기를 몸과 동일시하는 데 있습니다. 만약 바가반이 몸이라면 그 몸에게 물어도 무방하겠지요. 그러나 그대가 바가반이라고 부르는 사람을 이해하십시오. 그는 몸이 아닙니다. 그는 진아입니다.

이때 그녀가「하리잔」(*Harijan*) 지誌의 한 기고문을 언급했는데, 거기서는 일체가 신이며, 어떤 것도 개인에게 속하지 않는다는 식으로 말하고 있었다.

마: 일체·개인·신 그리고 모든 것이 진아일 뿐입니다.

그때 그녀가 셸리(Shelly-영국 시인)의 시 몇 줄을 읽고 나서 셸리가 깨달은 영혼이 아닌지 여쭈었다.

> 인간의 자취 없는 영靈의 동굴 안에
> 대단히 아름다운 어떤 모습(Image)이 옥좌에 앉았네.
> 그것을 그 근처를 배회하는 모험적인 생각들이
> 숭배하는데, 그것들은 무릎을 꿇으면서 떨고 두려워하네.
> 그 존재의 광휘와 그 빛이
> 그 생각들의 꿈 같은 형체를 투과하면,
> 결국 그것들은 불길의 그 힘으로 충전된다네.

마: 예. 시구들이 탁월하군요. 그는 자신이 쓴 바를 깨달았음이 분명합니다.

그러자 여사는 스리 바가반께 감사드리고 물러났다.

## 대담 342

밤 11시에 일단의 안드라 사람들이 군뚜르에서 왔는데, 슬퍼 보이면서도 확고한 표정의 중년 여자와 그녀의 어머니, 그리고 두 명의 남자였다. 그들은 스리 바가반을 뵙고 싶다고 했다.

그 여자가 스리 바가반께 말했다: 제 아들이 뱃속에 있을 때 남편이 죽었습니다. 아들은 유복자로 태어났습니다. 이 아이는 5년 동안 잘 자랐습니다. 그러다가 소아마비에 걸렸습니다. 아홉 살 때 자리보전을 했습니다. 그래도 아이는 밝고 명랑했습니다. 2년 동안 그런 상태로 있었는데, 이제 아이가 죽었다고 합니다. 저는 아이가 자고 있을 뿐이고 곧 깨어날 것이라는 것을 압니다. 사람들이 아이가 넘어졌다고 하는 말에 저는 충격을 받았습니다. 저는 환영 속에서 한 사두를 보았는데, 그는 손을 아이의 몸 위로 쓸어내리는 것 같았고, 아이는 원기를 회복해 깨어났습니다. 저는 그 사두가 바로 당신이시라고 믿습니다. 제발 오셔서 아이가 일어날 수 있게 손을 대 주십시오.

그녀가 간청했다. 스리 바가반은 의사가 무슨 말을 했는지를 물으셨다.

그녀가 대답했다: 그들은 아이가 죽었다고 합니다. 그러나 그들이 뭘 압니까? 저는 그 아이를 군뚜르에서 이곳까지 데려왔습니다.

어떤 사람이 물었다: 뭐라고요? 시신을 여기 데려왔습니까?

그녀: 시신은 1마일당 2분의 1루피의 특별요금을 내야 싣고 갈 거라고 하더군요. 저희는 150루피를 내고 그것을 화물로 싣고 왔습니다.
마: 만약 그대의 환영이 옳다면 아이는 내일 깨어나겠지요.
그녀: 제발 아이에게 손을 대 주십시오. 그를 경내로 데려와도 되겠습니까?

다른 사람들이 항의하고, 그들을 설득하여 떠나도록 했다. 그들은 다음날 아침에 떠났고, 시신은 화장되었다고 한다.

사람들이 여쭈어 보자, 스리 바가반이 말씀하셨다: 어떤 성자들은 죽은 자를 살려냈다고 합니다. 그들도 죽은 자를 모두 살려내지는 못했습니다. 만약 그럴 수 있다면 세계도 없고, 죽음도 없고, 묘지도 무엇도 없겠지요.

어떤 사람이 여쭈었다: 그 어머니의 믿음은 아주 대단했습니다. 어떻게 그런 희망적인 환영을 볼 수 있었고, 그런데도 낙담했습니까? 그것은 그녀의 자식사랑에 수반되는 덧씌움일 수 있습니까?
마: 그녀도 아이도 실재하지 않는데 어떻게 그 환영만 덧씌움일 수 있습니까?
헌: 그러면 그것을 어떻게 설명해야 합니까?

아무 답변이 없었다.

## 대담 343

헌: 설사 손이 잘린다 해도 우리는 그것을 모르는 상태로 있어야 합니다. 왜냐하면 『바가바드 기타』에서 진아는 몸과 다르다고 선언하니까요.
마: 부상의 고통을 모르는 것이 진지(*jnana*)입니까?
헌: 고통을 몰라야 하지 않습니까?
마: 큰 수술들은 마취하고 하여 환자가 고통을 모르게 합니다. 그러면 환자가 동시에 진지도 얻습니까? 고통에 무감각한 것이 진지일 수는 없습니다.
헌: 진인은 고통에 무감각해야 하지 않습니까?
마: 신체적 고통은 몸-의식에 뒤따라 올 뿐입니다. 몸-의식이 없으면 고통이 있을 수 없습니다. 마음이 몸을 자각하지 못하면 자신의 고통이나 쾌락을 알 수 없습니다. 『요가 바쉬슈타』에 나오는 인드라와 아할리야의 이야기를 읽어 보십시오. 거기서는 죽음 자체가 마음의 한 행위라고 합니다.

고통은 에고에 의존합니다. 그것은 '나' 없이는 있을 수 없지만, '나'는 고통 없이도 남아 있을 수 있습니다.

대담 344

헌: 『탐구의 바다』에서는 진아 깨달음의 네 가지 장애를 말하고 있습니다.

마: 왜 네 가지뿐입니까? 어떤 이들은 아홉 가지를 말하는데, 잠도 그 중의 하나입니다. 잠이 무엇입니까? 생시의 반면일 뿐입니다. 그것은 생시에서 독립될 수 없습니다. 잠은 오롯한 진아입니다. 그대가 깨어 있다고 생각하지 마십시오. (진아 안에서는) 잠이 있을 수 없고, 세 가지 상태도 있을 수 없습니다. 그대는 진아를 잊어버리기 때문에 꿈을 꾸었다고 말합니다. 진아 없이 어떤 것이 존재할 수 있습니까? 왜 진아는 놔두고 비아를 붙듭니까?

마음은 밖으로 나가는 경향이 있으니 바로 그 자리에서 안으로 돌리십시오. 마음이 밖으로 나가는 것은 바깥에서 행복을 찾는 습쭵 때문입니다. 그러나 바깥 대상들은 행복의 원인이 아니라는 것을 알면 마음이 제어될 것입니다. 이것이 무욕(vairagya)입니다. 완전한 무욕이 된 뒤에야 마음이 안정됩니다.

마음은 지知와 무지, 혹은 잠과 생시의 혼합물일 뿐입니다. 그것은 다섯 가지 방식으로 작용하는데, (1) 활동적으로(kshipta), (2) 둔하게(mudha), (3) 산만하게(vikshipta), (4) 잠재적으로(kashaya), (5) 일념으로(ekagrya)가 그것입니다.

이 중에서 잠재적이라는 것은 습쭵의 잠재성일 뿐, 집착·거부 등 그 습쭵 자체를 말하는 것이 아닙니다.

그대 자신이 지복(ananda)인데, 왜 "아! 얼마나 지복스러운가!" 하면서 그것을 즐겨야 합니까? 그것은 (행복 그 자체가 아닌) 행복 맛보기(rasasvada)입니다.

결혼식 도중에 처녀는 남자의 포옹을 경험해 보지 않고서도 신부로서 행복감을 느낍니다. 이것이 행복 맛보기입니다.

헌: 생전해탈 그 자체가 지복인데….

스리 바가반이 그 말을 자르셨다: 경전을 찾지 마십시오. 생전해탈이 무엇입니까? 지복이 무엇입니까? 해탈 자체가 (과연 있는지) 의문시됩니다. 이런 말들이 다 무엇입니까? 그것들이 진아와 독립해 있을 수 있습니까?

헌: 저희들은 이런 것을 다 체험해 보지 못했다는 것뿐입니다.

마: '있지 않은 것'은 늘 상실됩니다. '있는 것'은 지금 여기, 항상 존재합니다. 이것이 사물들의 영원한 질서입니다. (늘 있는 것의) 예로서, 목에 두른 목걸이가 있습니다.

대담 345

스리 바가반은 잠시 멈추었다가 말씀을 계속하셨다: 마음을 찾아서 마음의 힘을 소멸하십시오. 마음을 조사해 보면 그것의 활동이 자동적으로 그칩니다.

마음의 근원을 찾는 것이 또 하나의 방법입니다. 그 근원은 신, 진아 혹은 의식이라고 말할 수 있겠지요.

한 가지 생각에 집중하면 다른 모든 생각이 사라지고, 마지막에는 그 한 생각도 사라집니다. 생각들을 제어하면서 **자각할** 필요가 있습니다. 그렇지 않으면 잠에 떨어지고 맙니다.

**헌:** 마음을 어떻게 찾습니까?

**마:** 호흡 제어는 하나의 보조수단일 수 있지만 그것으로는 결코 목표 자체에 이르지 못합니다. 그것을 기계적으로 하는 동안에도 마음속으로 경각심을 유지하려고 주의하고, '나'라는 생각을 기억하고 그것의 근원을 찾으십시오. 그러면 호흡이 가라앉는 그곳에서 '나'라는 생각이 일어난다는 것을 발견할 것입니다. 그것들은 함께 가라앉고 일어납니다. '나'라는 생각도 호흡과 함께 가라앉을 것입니다. 그와 동시에 빛나는, 그리고 무한한 다른 '나-나'가 드러날 것이고, 그것이 지속되면서 끊어지지 않을 것입니다. 그것은 다른 이름으로도 불리는데 신·진아·꾼달리니 샥띠(*Kundalini Sakti*)·의식 등이 그것입니다.

대담 346

자유의지와 운명은 몸이 지속되는 동안 지속됩니다. 그러나 지혜는 둘 다를 초월합니다. 왜냐하면 **진아**는 지知와 무지를 넘어서 있기 때문입니다.

대담 347

마음은 생각들의 다발입니다. 생각이 일어나는 것은 생각하는 자가 있기 때문입니다. 그 생각하는 자가 에고입니다. 에고를 찾아보면 그것이 자동적으로 사라질 것입니다. 에고와 마음은 동일합니다. 에고는 다른 모든 생각이 거기서 일어나는 뿌리생각입니다.

대담 348

**헌:** 사람과 사물들이 마치 꿈속에서처럼 희미하게, 거의 투명한 형태로 보일

때가 더러 있습니다. 저는 더 이상 그들을 밖에서 바라보지 않지만 그들의 존재를 수동적으로 의식하는데, 이때 어떤 종류의 자아성(selfhood)을 능동적으로 의식하지는 않습니다. 마음속에는 깊은 고요함이 있습니다. 그럴 때 그 마음은 진아 속으로 뛰어들 준비가 된 것입니까? 아니면 이런 상태는 불건강한, 자기최면의 결과입니까? 일시적 평안을 얻는 수단으로서 그것이 권장되어야 합니까?

**마:** 마음속의 고요함과 함께 의식이 있습니다. 이것이 정확히 그대가 목표해야 할 상태입니다. 그러나 그것이 진아인 것을 깨닫지 못하고 이 점에 대해 질문을 한다는 사실 자체가, 그 상태는 안정되어 있지 않고 우발적이라는 것을 보여줍니다.

'뛰어들기(diving)'란 말은, 마음을 돌려서 내면으로 향하게 하여 외적인 것들의 표면 아래로 잠수해야 할 때, 외향적인 습習의 상태에 적합한 표현입니다. 그러나 의식을 방해함이 없이 깊은 고요함이 지배한다면, 뛰어들 필요가 어디 있습니까? 만약 그 상태가 진아라는 것을 깨닫지 못한다면, 그렇게 하려는 노력을 '뛰어들기'라고 부를 수 있겠지요. 그런 점에서 그 상태는 깨달음이나 '뛰어들기'에 적합하다고 할 수도 있습니다. 그래서 그 말 가운데 마지막 두 가지 질문은 불필요합니다.

**헌:** 마음이 계속 아이들 쪽으로 치우친다고 느껴지는데, 아마 그들의 형상이 이상理想을 인격화하는 데 이따금 사용되기 때문인 것 같습니다. 어떻게 하면 이러한 선호를 넘어갈 수 있습니까?

**마:** 진아를 붙드십시오. 왜 아이들과, 그들에 대한 그대의 반응을 생각합니까?

**헌:** 이번에 세 번째로 띠루반나말라이를 찾아와 보니 제 안의 에고 의식이 더 강해졌고, 명상은 더 어려워진 것 같습니다. 이것은 대수롭지 않은, 지나가는 국면입니까, 아니면 제가 앞으로는 그런 곳들(다른 방문지들)을 피해야 한다는 징표입니까?

**마:** 그것은 상상입니다. 이곳이나 다른 곳은 그대 안에 있습니다. 그런 상상들이 끝나야 그런 장소들이 마음의 활동과 무관하게 됩니다. 그대의 주위 환경조차도 그대의 뜻대로 있는 것이 아닙니다. 그것은 당연한 것으로서 있습니다. 그것들을 넘어서서 거기에 말려들지 않아야 합니다.

대담 349

〔스리 샹까라의 '분별을 통한 구원의 길'〕

스리 마하르쉬 찬撰

(「비전」 최신호에 스리 샹까라의 『분별정보(Viveka Chudamani)』, 즉 『분별의 정수리 보석』에 붙인 스리 라마나 마하르쉬의 서문에 대한 미술학 석사 S. 크리슈나 씨의 다음과 같은 영역문英譯文이 간행되었다.)

세간의 모든 존재는 늘 행복하고 슬픔의 오염에서 벗어나기를 갈망하며, 그의 참된 성품이 아닌 신체적 질병이 없기를 바란다. 더욱이 누구나 자기 자신에 대해서 가장 큰 사랑을 품고 있고, 이 사랑은 행복이 없으면 가능하지 않다. 깊은 잠 속에서는 일체가 없는데도 우리가 행복하다는 경험을 갖는다. 하지만 행복 그 자체인 자기 존재의 진정한 성품에 대한 무지 때문에, 사람들은 행복에 이르는 바른 길을 버리고 물질적 존재(삶)의 광대한 바다에서 허우적거리면서, 행복하기 위한 방도는 이승과 저승에서 쾌락을 얻는 데 있다는 그릇된 믿음 하에 행동한다.

**안전한 안내자**: 그러나 아아, 슬픔의 오염이 없는 그런 행복을 사람들은 깨닫지 못한다. 시바 신이 스리 샹까라짜리야의 겉모습을 띠고 이런 지복의 수승秀勝함을 찬양하는 베단타의 3전범三典範(Prasthana Traya)64)에 대한 주석서를 짓고, 당신 자신의 삶의 모범으로 그것을 보여준 것은, 바로 그 참된 행복에 이르는 곧은길을 가리켜 보이기 위함이다. 그러나 이 주석서들은, 해탈의 지복을 깨닫고 싶은 열망이 있지만 그것을 공부할 만한 학식을 갖지 못한 구도자들에게는 별 소용이 없다.

그런 사람들을 위하여 스리 샹까라는 『분별의 정수리 보석』이라는 이 짧은 논설에서 그 주석서들의 핵심을 드러내어, 해탈을 추구하는 사람들이 이해해야 할 요점들을 상세히 설명하고, 그럼으로써 그들에게 참되고 직접적인 길을 가리키고 있다.

**학식만으로는 안 됨**: 스리 샹까라는 우리가 사람으로 태어나기가 실로 어려우며, (사람으로 태어났으면) 진실로 자기 존재의 성품인 해탈의 지복을 얻기 위해 노력해야 한다는 말로써 주제를 연다. 냐나(jnana), 곧 지知에 의해서만

---

64) T. 베단타의 세 가지 전범典範, 곧 우파니샤드, 『브라마경』, 『바가바드 기타』의 세 경전.

이 지복이 깨달아지며, 나나는 비짜라(vichara), 곧 안정된 탐구를 통해서만 성취된다. 이 탐구의 방법을 알기 위해서는 스승의 은총을 구해야 한다고 스리 샹까라는 말하며, 이어서 스승과 그 제자의 자질, 그리고 제자는 어떻게 스승에게 다가가서 그에게 봉사해야 하는지를 묘사한다. 그는 나아가 해탈의 지복을 깨닫기 위해서는 우리 자신의 개인적 노력이 필수요소임을 강조한다. 책에서 배운 것만으로는 결코 이 지복이 산출되지 않고, 그것은 탐구(vichara)를 통해서만 깨달을 수 있는데, 이는 청문(sravana), 곧 스승의 가르침에 대한 오롯한 경청과, 성찰(manana), 곧 깊은 내관, 그리고 일여내관(nididhyasana), 즉 진아 안에 부단히 자리 잡는 것을 계발하는 것으로 이루어진다.

**세 가지 길:** 세 가지 몸—육신·미세신·원인신—은 비아非我이며 실재하지 않는다. 진아, 즉 '나'는 그것들과 사뭇 다르다. 진아의 느낌, 즉 '나'라는 관념이 비진아에 잘못 부가되는 것은 무지 때문이며, 실로 이것이 속박이다. 무지로부터 속박이 일어나므로, 지知에 이어 해탈이 온다. 스승에게서 이것을 배우는 것이 청문이다.

다섯 껍질(five sheaths)[음식껍질·생기껍질·마음껍질·지성껍질·지복껍질]로 이루어진 세 가지 몸을 '나' 아닌 것으로 배제하고, "나는 누구인가?" 하는 미세한 탐구를 통해—마치 풀의 중심 잎을 그 나선형 대궁에서 세심하게 뽑아내듯이—세 가지 몸 모두와 다르고, 심장 안에서 아함(Aham), 곧 '나'로서 단 하나 보편적으로 존재하며 ("그대가 그것이다(Tat-tvam-asi)"라는 경전 문구의) '그대(tvam)'라는 단어가 의미하는 그것을 추출하는 것—이 미세한 탐구의 과정이 성찰(manana), 곧 깊은 내관이다.

**지극한 행복:** 이름과 형상의 세계는 사뜨(Sat), 곧 브라만의 부가물일 뿐 그것과 다르지 않으므로 그런 것으로서 배제되며, 브라만 외의 달리 무엇도 아닌 것으로 확언된다. 스승이 제자에게 진아와 지고자가 동일함을 선언하는 큰 말씀인 "그대가 그것이다"를 가르치는 것이 가르침(upadesa)이다. 그런 다음 제자에게 아함-브라만(Aham-Brahman)의 지극한 행복 안에 머무르도록 권한다. 그럼에도 불구하고 마음의 오랜 습들이 두텁고 강하게 솟아올라 (그 지복의 상태에) 장애를 이룬다. 이런 습들은 세 겹(세간습·육신습·경전습)이며, 그것들의 뿌리인 에고는 (라자스에 기인하는) 투사력과 (따마스에 기인하는) 은폐력으로 인해 외부화되고 차별화하는 의식 안에서 번성한다.

**마음을 휘젓기**: 이런 힘들이 소멸될 때까지 마음을 심장 안에 확고히 자리 잡게 하고 흔들림 없는 부단한 경각심으로 **아뜨만**의 특징이자 "나는 **브라만**이다(Aham Brahmasmi)"와 "**브라만**이 나다(Brahmaivaham)"라는 말로 표현되는, 같은 근원의 참된 자기 형상의 상相65)을 일깨우는 것을 일여내관 혹은 진아집중(atmanusandhana-진아주시)이라고 하는데, 곧 진아안주이다. 이것을 다른 말로 **헌신**, **요가** 그리고 **명상**(Dhyana)이라고 한다.

진아집중은 버터를 뽑아내기 위해 응유를 휘젓는 것에 비유되어 왔다. 즉, 마음을 휘젓는 막대에, 심장을 응유에, **진아**에 안주하는 수행을 휘젓기에 비유한 것이다. 응유를 휘저으면 버터가 추출되고, 마찰에 의해 불이 일어나듯이, 끊임없이 흘러내리는 기름 줄기처럼 부단하며, 한눈팔지 않고 깨어 있는 진아안주에 의해 본연무상삼매가 생겨난다. 이것은 쉽게 자연발생적으로, 직접적이고 즉각적이며 걸림 없고 보편적인 **브라만**에 대한 지각을 낳는데, 이는 **지**知이자 **체험**이며, 시공을 초월한다.

**무한한 지복**: 이것이 **진아 깨달음**이며, 이로써 심장의 매듭(hridaya-granthi)이 끊어진다. 이 매듭을 구성하는 무지의 거짓된 망상, 즉 삿되고 오래된 마음의 습은 소멸된다. 모든 의심이 불식되고 업業의 속박이 단절된다.

그리하여 스리 샹까라는 이『분별의 정수리 보석』에서, 의심과 이원성을 넘어서 있는 무한한 해탈의 지복인 삼매[영적인 황홀경]를 기술하고, 동시에 그것을 성취하기 위한 수단을 제시하였다. 이원성에서 벗어난 이 상태를 성취하는 것이 삶의 최고선이다. 그것을 얻은 사람만이 생전해탈자(jivanmukta)이며, 인간 목적(purushartha-인간이 추구하는 목표, 특히 해탈)의 내용을 단순히 이론적으로 이해하는 사람은 생전해탈자가 아니다.

**최종적 자유**: 이와 같이 생전해탈자를 정의하면, 그는 세 가지 업業[누적업·미래업·발현업]의 속박에서 벗어났다고 선언된다. 제자는 이 상태를 성취한 다음 자신의 개인적 체험을 이야기한다. (살아서) 해탈한 자는 실로 자기 하고 싶은 대로 행위할 수 있고, 육신을 떠나면 (몸 없는) 해탈에 안주하여, 이 '사실상 죽음인 삶'으로 돌아오지 않는다.

스리 샹까라는 이처럼 해탈을 뜻하는 **깨달음**을 앞서 말한 두 가지, 즉 생전

---

65) T. 영역문의 '아뜨만의 특징인, 참된 같은 근원의 습'은 의미가 분명치 않아 여기서는 바가반의 타밀 원문을 따랐다. 이것은 진아와 같은 근원인 '진아에 대한 내적인 느낌'이란 뜻이다.

해탈과 무신해탈로 묘사한다. 게다가 그는 스승과 제자간의 대화 형식으로 된 이 짧은 저작에서 많은 관련 논점들을 고려하고 있다.

### 1937년 2월 6일

**대담 350**

바가반은 아주 진지한 법률가 헌신자인 G. 샨무감 씨에게 이야기하면서 이렇게 말씀하셨다: 경전에서는 우리가 **진아 깨달음**을 얻으려면 한 **스승**을 12년간 모셔야 한다고 말합니다. **스승**이 무엇을 합니까? 그가 제자에게 깨달음을 건네줍니까? **진아**는 늘 깨달아져 있지 않습니까? 그러면 (스승을 모셔야 한다는) 그 일반적인 믿음은 무엇을 뜻합니까? 인간은 늘 **진아**인데도 그것을 모르고 있습니다. 그는 그것을 비아, 즉 몸 따위와 혼동합니다. 그러한 혼동은 무지 때문입니다. 무지가 쓸려 나가면 그 혼동은 사라지고 참된 지知가 드러날 것입니다. 깨달은 진인들과 접촉을 유지하면 그 사람은 점차 무지를 상실하고, 결국 그것이 완전히 제거됩니다. 영원한 **진아**가 그렇게 해서 드러납니다.

이것이 아쉬따바끄라(Ashtavakra)와 자나까(Janaka)의 이야기가 전달하는 의미입니다. 그 일화들은 책마다 다릅니다. 우리는 그 이름들과 장식적 문장에는 관심이 없습니다. 그 **따뜨와**(tattva-핵심), 즉 교훈을 놓치면 안 됩니다. 제자가 **스승**에게 그 자신을 내맡깁니다. 그것은 그 제자가 개인성의 어떤 자취도 지니고 있지 않다는 것을 뜻합니다. 만약 그 순복이 완전하면 모든 개인성의 느낌이 상실됩니다. 그래서 불행의 원인이 없습니다. 영원한 존재야말로 행복입니다. 그것이 드러납니다.

사람들은 그것을 올바르게 이해하지 못한 채, **스승**이 제자에게 "**땃 뜨왐 아시**" 같은 것을 가르치면 제자가 "나는 **브라만**이다"를 깨닫는다고 생각합니다. 그들은 무지한 가운데, **브라만**을 다른 어떤 것보다 더 거대하고 강력한 어떤 것이라고 상상합니다. 인간은 한정된 '나'를 가지고도 너무 우쭐대고 거칩니다. 만일 그 '나'가 엄청나게 자라나면 어떻게 되겠습니까? 그는 엄청나게 무지하고 어리석겠지요! 이 거짓 '나'가 죽어야 합니다. 그것이 절멸되는 것이 **스승 시봉**(Guru seva)의 열매입니다. **깨달음**은 영원하며, **스승**이 새로 일으켜 주는 것이 아닙니다. **스승**은 무지를 제거하는 데서 도움을 줍니다. 그뿐입니다.

## 1937년 2월 7일

**대담 351**

살렘의 은퇴한 보건관인 수브라마니아 아이어 박사가 어떤 구절을 낭독했는데, 거기에는 세계가 찰나적이라는 것, 세간의 향락은 쓸모없다는 것, 따라서 우리는 그것을 혐오하고 돌아서서 감각기관을 제어하고, 진아를 깨닫기 위해 진아에 대해 명상해야 한다는 것을 알아야 한다는 가르침들이 들어 있었다.

스리 바가반이 말씀하셨다: 세계가 찰나적이라는 것을 우리는 어떻게 알 수 있습니까? 영구적인 어떤 것을 붙들지 않으면 세계의 찰나적 성품을 이해할 수 없습니다. 인간이 이미 진아이고 진아는 영원한 실재이기 때문에 그의 주의가 거기로 끌리는 것이고, 그는 주의를 그 영원한 실재, 곧 진아에 고정하라는 가르침을 받게 됩니다.

〔여러 가지 교리들〕

**대담 352**

생각은 주체와 대상으로서 일어납니다. '나'만을 붙잡으면 다른 모든 생각은 사라집니다. 그것으로 충분하지만, 능력 있는 소수에게만 그렇습니다.

다른 사람들은 이렇게 따집니다. "정말 그렇지요. 그러나 제가 잠잘 때 존재하는 세계는 제가 태어나기 전에도 존재했고 제가 죽은 뒤에도 존재할 것입니다. 남들이 그것을 보지 않습니까? 어떻게 저의 에고가 나타나지 않으면 세계가 사라질 수 있습니까?"라고. 세계의 기원과 (그에 대한) 여러 사상 학파들이 있는 것은 그런 사람들을 만족시키기 위한 것입니다.

**헌:** 그렇기는 하나, 그런 것들은 지성의 산물일 뿐이기 때문에 마음을 내면으로 돌려주지 못합니다.

**마:** 바로 그 때문에 경전에서 "안으로 향한 시선", "일념의 시선" 등을 말하고 있지요.

진아는 늘 자가인데, 왜 대장부(*dhira*)만 깨쳐야 합니까? 그것은 용기 있는 사람을 뜻합니까? 아닙니다. *dhih*는 '지성'이고, *rah*는 '지켜봄, 보호'를 뜻합니다. 그래서 (진정한) 대장부는 마음이 늘 내면을 향하고 있게 하면서 그것을 놓치지 않는 사람입니다.

## 1937년 2월 8일

### 대담 353

헌: 뚜리야(turiya)가 무엇입니까?

마: 생시·꿈·잠의 세 가지 상태밖에 없습니다. 뚜리야는 '네 번째' 상태가 아닙니다. 그것은 이 세 가지 상태의 저변을 이룹니다. 그러나 사람들은 그것을 쉽게 이해하지 못합니다. 그래서 그것을 네 번째 상태라고도 하고 유일한 실재라고도 합니다. 사실 그것은 어떤 것과도 별개가 아닙니다. 왜냐하면 그것은 모든 사건들의 바탕을 이루기 때문입니다. 그것은 유일한 **진리**이며, 그대의 **존재** 자체입니다. 세 가지 상태는 그 위에 일시적 현상으로 나타났다가 오직 그 속으로 가라앉을 뿐입니다. 따라서 그 상태들은 실재하지 않습니다.

영화에서 화면들은 스크린 위를 지나가는 그림자일 뿐입니다. 화면들은 (스크린 위에) 나타나서 앞뒤로 움직이고, 한 화면에서 다른 화면으로 변합니다. 따라서 그것들은 실재하지 않는 반면 스크린은 내내 변함없이 남아 있습니다. 그림들도 마찬가지입니다. 그 모습들은 실재하지 않고 캔버스가 실재합니다. 우리도 그와 마찬가지입니다. 안팎의 세계 현상(world-phenomena)은 우리의 **진아**에서 독립되지 않은, 지나가는 현상들일 뿐입니다. 그것이 실재하며 우리 자신들의 바깥에 존재한다고 여기는 습習이, 우리의 참된 존재를 가리고 타자他者들을 현출하는 원인입니다. 항상 존재하는 유일한 **실재**, 곧 **진아**를 발견하면 실재하지 않는 다른 모든 것들이 사라질 것이고, 그것들은 **진아**에 다름 아니라는 지知가 남을 것입니다.

뚜리야는 **진아**의 다른 이름일 뿐입니다. 우리는 생시·꿈·잠의 상태를 알면서도 우리 자신의 **진아**를 모르고 있습니다. 그럼에도 불구하고 **진아**는 지금 여기 있고, 그것이 유일한 **실재**입니다. 달리 아무것도 없습니다. 몸과의 동일시가 지속되는 한, 세계는 우리의 바깥에 있는 것처럼 보입니다. **진아**를 깨닫기만 하십시오. 그러면 그런 것들은 없습니다.

### 대담 354

신지학도인 미국인 여성이 질문했다: 제가 저의 스승님께 더 가까이 다가갈 수 있는 수단은 무엇입니까?

마: 그대는 지금 그분에게서 얼마나 멀리 떨어져 있습니까?

헌: 저는 그분과 떨어져 있습니다. 그러나 그분께 더 가까이 가고 싶습니다.
마: 먼저 그대의 **진아**를 알면, 그분이 얼마나 멀리 떨어져 있는지 알게 될지도 모릅니다. 지금 그대는 누구입니까? 그 인격입니까?
헌: 예, 저는 이 인격입니다.
마: 그 인격은 **진아**에서 독립해 있습니까?
헌: 어떤 때는요.
마: 어떤 때입니까?
헌: 저는 가끔 실재의 섬광을 볼 때가 있는데, 다른 때에는 보지 못한다는 뜻입니다.
마: 누가 그러한 섬광들을 인식합니까?
헌: 저입니다. 제 말은, 저의 인격이라는 뜻입니다.
마: 그 인격은 자신이 **자아**와 별개라고 인식합니까?
헌: 어느 **자아** 말입니까?
마: 그대는 그 인격이 어느 쪽이라고 봅니까?
헌: 낮은 자아입니다.
마: 그러면 제가 물으려고 하는 것은, 그 낮은 자아가 **높은 자아**와 독립하여 인식하느냐는 것입니다.
헌: 예, 때로는요.
마: 바로 지금, 자신이 스승과 떨어져 있다고 느끼는 것은 누구입니까?
헌: **높은 자아**입니다.
마: 그 **높은 자아**에게 하나의 몸이 있어서, 그것이 스승과 떨어져 있다고 말합니까? 그것이 그대의 입을 통해서 말합니까? 그대는 그것과 별개입니까?
헌: 어떻게 저 자신을 훈련시켜야 잠 속에서와 같이 몸이 없을 때에도 제가 하는 일을 자각할 수 있겠는지, 부디 조언해 주실 수 있습니까?
마: 자각은 그대의 성품입니다. 깊은 잠 속에서나 생시에서나 그것은 동일합니다. 어떻게 그것이 새로 얻어질 수 있겠습니까?
헌: 그러나 저는 잠 속에서 제가 무엇을 어떻게 했는지 기억하지 못합니다.
마: 누가 "나는 기억하지 못한다"고 말합니까?
헌: 제가 지금 말합니다.
마: 그대는 그때도 동일했습니다. 왜 잠 속에서는 그렇게 말하지 않습니까?

헌: 잠 속에서 하는 말은 제가 기억하지 못합니다.
마: 그대는 생시 상태에서 "나는 안다, 나는 기억한다"고 말합니다. 같은 그 인격이 "저는 몰랐습니다. 잠 속에서는 기억하지 못했습니다"라고 말하는군요. 잠 속에서는 왜 그런 질문이 일어나지 않습니까?
헌: 잠 속에서 무슨 일이 일어나는지 저는 모릅니다. 그것이 제가 지금 여쭤는 이유입니다.
마: 그 질문은 잠자는 국면에 영향을 주니 잠 속에서 제기해야 합니다. 생시의 국면에는 그것이 영향을 주지 않으니 그 질문을 할 이유가 없어 보입니다.
 실은 잠 속에서는 그대에게 아무 한계가 없기 때문에 어떤 질문도 일어나지 않습니다. 반면에 지금은 그대가 한계를 설정하고 자신을 몸과 동일시하기 때문에 그런 식의 질문들이 일어납니다.
헌: 이해는 됩니다만, 제가 그것을[다양성 속의 단일성을] 깨닫지는 못합니다.
마: 그대는 다양성 속에 있기 때문에, 자신이 단일성을 이해한다고 말합니다. 즉, 섬광 등을 보고 사물들을 기억한다는 등으로 말합니다. 그대는 그런 다양성이 실재한다고 여깁니다. 다른 한편 **단일성**이 실재이고 다양성은 거짓입니다. 다양성이 사라져야 **단일성**이 그 자신을—그것의 실재성을 드러냅니다. 그것은 늘 실재합니다. 그것은 이 거짓된 다양성 속에서 자기 존재의 섬광들을 발하지 않습니다. 오히려 이 다양성은 진리를 가립니다.
 그때 다른 사람 몇이 그 대화를 계속했다.
마: 수행의 목표는 무지를 없애는 것이지 **깨달음**을 얻는 것이 아닙니다. **깨달음**은 지금 여기 항상 존재합니다. 만일 그것이 새로 얻어지는 것이라면, **깨달음**은 한때는 없고 다른 때에는 있는 것이라고 이해해야 되겠지요. 그렇다면 그것은 영구적이지 않고, 따라서 추구할 가치가 없습니다. 그러나 **깨달음**은 영구적이고 영원하며, 지금 여기 있습니다.
헌: 무지를 없애기 위해서는 **은총**이 필요합니다.
마: 물론이지요. 그러나 **은총**은 늘 있습니다. **은총**은 곧 **진아**입니다. 그것은 얻어야 할 어떤 것이 아닙니다. 그것이 존재한다는 것을 아는 것이 필요한 전부입니다. 예를 들어, 해는 밝음일 뿐입니다. 그것은 어둠을 보지 않습니다. 반면에 다른 사람들은 해가 다가오면 어둠이 달아난다고 이야기합니다. 마찬가지로, 무지도 허깨비이며 실재하지 않습니다. 그것이 실재하지 않기 때문에,

그 실재하지 않는 성품이 발견되면 그것이 제거된다고 말하는 것입니다.

또, 해가 있는데 밝기도 합니다. 그대가 햇빛에 둘러싸입니다. 하지만 해를 알고자 한다면, 눈을 해 쪽으로 돌려서 해를 바라보아야 합니다. 그와 마찬가지로 은총은 지금 여기 있지만, 수행에 의해서만 발견됩니다.

헌: 부단히 순복하려는 욕망에 의해, 증가하는 은총을 체험했으면 합니다.

마: 단번에 완전히 순복하여 그런 욕망을 없애 버리십시오. (자기가) 행위자라는 느낌이 유지되는 한, 욕망이 있습니다. 그것이 성격이기도 합니다. 이것이 사라지면 진아가 순수하게 빛을 발하는 것을 발견하게 됩니다.

행위자라는 느낌이 속박이지, 행위들 자체는 속박이 아닙니다.

"고요히 있으라, 그리고 내가 신임을 알라." 여기서 고요함은 개인성의 자취가 없는 완전한 순복입니다. (완전히 순복하면) 고요함이 지배할 것이고, 마음의 요동이 전혀 없을 것입니다. 마음의 요동이 욕망, 행위자라는 느낌, 그리고 성격의 원인입니다. 그것이 멈추어지면 고요함이 있습니다. 거기서 '앎(Knowing)'은 '있음(Being)'을 뜻합니다. 그것은 앎과 (아는) 주체 그리고 대상의 세 가지 요소가 있는 상대적인 지知가 아닙니다.

헌: "나는 신이다"나 "나는 지고의 존재다" 하는 생각이 도움이 됩니까?

마: "나는 내가 있다는 것이다(I am that I am)." "내가 있다"가 신이지, "나는 신이다"라고 생각하는 것은 (신이) 아닙니다. "내가 있다"를 깨달을 일이지 "내가 있다"라고 생각하지 마십시오. "내가 신임을 알라"고 하지 "내가 신임을 생각하라"고 하지 않습니다.

나중에 스리 바가반이 말씀을 계속하셨다: "나는 내가 있다는 것이다"라고 합니다. 그것은 사람이 '나'로서 안주해야 한다는 뜻입니다. 그는 늘 '나'일 뿐입니다. 달리 아무것도 아닙니다. 하지만 그는 "나는 누구인가?" 하고 묻습니다. 환幻의 제물(무지인)은 "나는 누구인가?" 하고 묻겠지만, 자신을 완전히 자각하고 있는 사람은 그러지 않습니다. 진아와 비아의 그릇된 동일시로 인해 그대가 "나는 누구인가?" 하고 묻게 됩니다.

더 나중에 말씀하셨다: 띠루반나말라이로 오는 여러 길이 있지만, 어느 길로 오든 띠루반나말라이는 동일합니다. 마찬가지로, 이 주제에 접근하는 방법은 (사람의) 성격에 따라 다릅니다. 하지만 진아는 동일합니다. 그런데 띠루반나말라이에 있으면서 거기로 가는 길을 묻는다면 우스운 일입니다. 마찬가지로,

자신이 **진아**이면서 어떻게 **진아**를 깨닫느냐고 묻는다면 터무니없어 보입니다. 그대가 **진아**입니다. 진아로 머무르십시오. 그뿐입니다. 질문들이 일어나는 것은 **자기**와 몸의 그릇된 동일시 때문입니다. 그것이 무지입니다. 이것이 사라져야 합니다. 그것이 제거되면 **진아**만이 있습니다.

### 대담 355

**헌:** 진인이 교육을 받으면 일자무식인 것보다 세상에 더 유용하지 않습니까?
**마:** 유식한 사람도 일자무식인 진인 앞에서 절을 해야 합니다.

  일자무식은 무지이고, 교육은 배운 무지입니다. 그들은 공히 자신들의 참된 목표를 모릅니다. 반면에 진인은 무지하지 않습니다. 그에게는 목표가 없기 때문입니다.

### 대담 356

**헌:** 세상에 잠이 왜 있어야 합니까?
**마:** 죄가 있기 때문일 뿐입니다.
**헌:** 그것이 소멸될 수도 있습니까?
**마:** 예.
**헌:** 그것은 그 자체가 느껴지게 한 뒤에야 끝난다고 합니다.
**마:** 그렇다면 신에 대한 헌신은 왜 합니까?
**헌:** 잠을 어떻게 소멸할 수 있습니까?
**마:** 그것의 활동과 효과들을 인식하지 마십시오.
**헌:** 그것을 어떻게 할 수 있습니까?
**마:** 오직 진아 탐구에 의해서지요.

〔회고담〕

### 대담 357

스리 바가반은 당신이 띠루반나말라이 읍내에 머무르고 계실 때 있었던 몇 가지 사건들을 이야기하고 계셨다.

  (1) 하루는 누가 당신에게 한 장의 잎사귀 위에 어떤 물질을 조금 놓아 드리면서 핥아 드시라고 했다. 그것이 소화에 좋다는 것이었다. 당신은 그것을

핥아 드셨다. 나중에 당신은 식사를 하셨다. 얼마 후 모여 있던 사람들이 빛으로 둘러싸인(*tejomaya*) 것처럼 보였다. 그 체험은 얼마 뒤에 사라졌다.

(2) 당신이 빠발라꾼루(Pavalakunru)에 살고 계실 때였다. 당신은 산허리의 한 개천에서 목욕을 하실 생각이었다. 빨라니스와미에게 그 이야기를 하셨다. 산 위에 살고 있던 자다 빠드마나바스와미(Jada Padmanabhaswami)가 빨라니스와미와 함께 스리 바가반을 자기 오두막 근처의 언덕 위로 모셔 가기로 했다는 소식이 퍼졌다. 빨라니스와미는 스리 바가반께 알리지 않고 용케 당신을 그곳으로 모시고 갔다. 그러자 굉장한 대접이 당신을 기다리고 있었다. 당신을 위해 자리가 마련되어 있었고, 우유와 과일도 나왔으며, 자다 빠드마나바스와미가 매우 친절하게 당신의 시중을 들었다.

(3) 자다 빠드마나바스와미는 『진아 깨달음(*Self-Realization*)』 책에서 스리 바가반을 상해하려고 한 것으로 묘사되어 있기는 하지만, 실제로는 당신에게 친절했다. 그의 장난들이 악의의 행동으로 오해받은 것이다. 그의 유일한 약점은 스리 바가반을 이용하여 돈을 모으고 싶어 한 것이었다. 물론 마하르쉬님은 그것을 좋아하지 않으셨다. 자다 스와미에게 잘못된 점은 없었다.

(4) 시자인 마다바스와미가 스리 바가반께, 사원(아루나찰레스와라 사원)의 지하실에서 몇 달간 계실 때 음식을 들지 않으셨느냐고 여쭈었다.

마: 음! 음! 음식이 오기는 왔지. 우유, 과일 같은 것. 그러나 누가 음식 생각을 하기나 했나.

(5) 망고나무 산굴에 머무르고 계실 때, 스리 바가반은 사원에 있는 신상들을 장식하는 데 쓰기 위해 연꽃, 노란꽃(*sarakonnai*-황금카시아 꽃), 푸른 잎 등으로 화만華鬘(꽃들을 실에 길게 꿴 것)을 엮곤 하셨다.

(6) 깔리야나만따빰(Kalyanamantapam-큰사원 내 건물의 하나)이 완공된 뒤, 스리 바가반은 변장을 하고 하룻밤 동안 거기에 머무르셨다.

(7) 사원 경내의 한 나무 밑에 앉아 계실 때, 당신은 목욕을 전혀 하지 않았기 때문에 몸에 때가 덮여 있었다. 12월의 추운 밤에는 두 다리를 오그려 그 사이에 머리를 박고 꼼짝 않고 계시곤 했다. 이른 아침에 당신 몸의 때가 이슬과 안개에 젖어 하얗게 보였다. 햇볕에 마르고 나면 그것이 검게 보였다.

(8) 산 위에 사실 때, 스리 바가반은 자다 빠드마나바스와미가 예공(*puja*)을 할 때 종을 치거나 그릇을 닦는 등의 일을 도와주었는데, 그러면서 내내 침묵

을 지키셨다. 당신은 (거기서) 의학 서적, 예컨대 말라얄람어로 된 『아쉬땅가 흐리다얌(Ashtanga Hridayam)』같은 책을 읽기도 했고, 그 사두(자다 스와미)의 도움을 얻으려고 찾아온 환자들을 위해 그 책에 있는 치료법을 일러주시기도 했다. 그 사두는 이런 책들을 읽어내지 못했다.

### 1937년 2월 12일
〔회당에서의 한 장면〕

**대담 358**

오후 8시 20분이다. 스리 바가반이 저녁식사 후에 돌아오셔서 소파 위에 몸을 뻗으신다. 빛은 희미하고, 바닥에는 남자 세 사람이 앉아 있다. 한 사람은 어떤 저널에서 뭔가를 베끼느라 바쁘고, 또 한 사람은 명상에 잠겨 있으며, 세 번째 사람은 아무 하는 일 없이 주위를 둘러보고 있다. 회당은 고요하지만 이따금 스리 바가반이 목구멍을 틔우는 소리를 내고 계시다.

시자인 마다바스와미가 손에 베텔(betel)을 한 움큼 들고 소리 없이 살짝 들어온다. 그가 탁자 쪽으로 간다. 소파에 기대고 계시던 스리 바가반이 그를 보시고 소리 내어, 그러나 친절하게 부르신다. "쉬, 쉬. 뭘 하고 있지?"

시자가 가만히 중얼거린다. "아무것도 아닙니다." 그러면서 베텔을 거기 놓고 주저하는 듯이 더듬거린다.

**마:** 나는 그런 거 원치 않아. (시자는 가만히 바닥에 앉는다.)

스리 바가반: "까스뚜리 환丸(Kasturi Pill)—매일 하나씩이야. 병은 비워지겠지. 그러면 또 주문하고. 나는 그런 거 원치 않아."

한 헌신자가, 점심 때 나오는 올라 뽀드리다(olla podrida)[아비얄-매콤한 음식] 때문에 스리 바가반의 건강이 그저 그런 거라고 솜씨 좋게 탓한다.

**마:** 아냐, 아냐. 그건 잘 만들었어. 좋았어.

당신이 가래를 올리고 트림하시는 것 외에는 침묵이 지배한다. 몇 분 뒤에 시자가 빠져나갔다가 손에 병 하나를 들고 들어와 스리 바가반 곁으로 가서 환약 하나를 내밀면서 말한다. "커민 씨앗(cumin seed) 환丸입니다."

스리 바가반은 가만히 중얼거리신다. "라임 즙이 들어 있어. 라임 즙은 이것(바가반의 몸)에 좋지 않아."

헌신자 랑가스와미 아이엥가르가 그 사이 명상에서 완전히 깨어나 지켜본다.

시자는 아직도 환약을 손에 든 채 내밀고 있다. 스리 바가반이 계속 말씀하신다. "누가 그걸 씹어 먹어?"

랑가스와미 아이엥가르: "씹으실 필요는 없습니다. 입 안에 넣고 녹여 드시면 됩니다." 시자가 급히 맞장구친다. "예, 예. 녹여 드시기만 하면 됩니다."

마: (랑가스와미 아이엥가르를 가리키며) "그에게 주게. 그가 씹든지 녹여 먹든지 하라지. 나는 원치 않아."

시자는 실망하고 돌아서서 바닥에 앉는다. 그랬다가 다시 일어선다.

마: "어! 어! 뭐 하는 거지? 원하지 않는다니까."

시자는 약함藥函 쪽으로 가면서 "까스뚜리 환이라, 효험이 있을 텐데" 하고 중얼거린다.

스리 바가반: "그거 먹지 않아도 곧 좋아질 거야. 그거 꺼내지 마. 어! 어! 거기 두라니까. 안 먹겠어. 자네 좋을 대로 하게." 시자는 다시 앉고, 모두 말없이 있다가 물러가서 잠자리에 든다.

### 1937년 2월 13일

## 대담 359

오전 7시 30분경, 스리 바가반은 아침을 드신 뒤 산으로 올라가고 계셨다. 빠다난다(Padananda)가 따라가서 엎드려 절을 한 뒤에 일어나서 말했다: 좋습니다. 친견을 얻었습니다…. 저는 돌아가겠습니다.

스리 바가반은 미소를 지으며 말씀하셨다: 누구의 친견이오? 왜 그대가 나에게 친견을 베풀었다고는 말하지 않소?

오전 9시경, 뿌나(뿌네)에서 온 헌신자[바르키 씨]가 스리 바가반께 절을 하고는, 스리 바가반의 은총을 기원하는 자신의 8연시를 낭독했다. 그 시는 빠른 해탈(*jhatiti mukti*)을 얻게 해 달라는 기도로 끝났고, 이 헌신자는 그것을 강조했다.

마: 묵띠(*mukti*), 즉 해탈은 나중에 얻어지는 것이 아닙니다. 그것은 영원히, 지금 여기에 있습니다.

헌: 동의합니다만, 저는 그것을 체험하지 못하고 있습니다.

마: 그 체험은 지금 여기 있습니다. 그대는 자신의 자아를 부정할 수 없습니다.

헌: 그것은 존재(existence)를 의미하지 행복을 의미하지는 않습니다.

마: 존재가 행복이고, 행복이 존재(Being)입니다. 해탈이란 단어는 너무 도발적

입니다. 왜 사람이 그것을 추구해야 합니까? 그는 속박이 있다고 믿고, 그래서 해탈을 추구합니다. 그러나 실은 어떤 속박도 없고 해탈만 있습니다. 왜 그것을 어떤 이름으로 부르면서 그것을 추구합니까?

헌: 맞습니다. 그러나 저희들은 무지합니다.

마: 무지만 제거하십시오. 해야 할 일은 그것뿐입니다.

### 1937년 2월 14일

**대담 360**

러크나우에서 왔던 그 귀족 신사가 폴 브런튼 씨에게 편지를 보내어, 자기 아내는 스리 바가반을 찾아뵙고 얻었던 마음의 평안을 그 후 잃어버렸다고 했다. 그래서 스리 바가반께서 부디 그 평안을 회복시켜 주시기를 바란다고 했다.

그의 청을 대신 드리자 스리 바가반이 말씀하셨다: 한번 얻은 마음의 평안을 나중에 잃어버리는 것은 마음의 힘이 약하기 때문입니다.

**대담 361**

매일 스리 바가반께 공양供養(bhiksha)을 가져오는 여사의 아들인 무달라이아 스와미가 다음과 같은 흥미로운 사건을 들려주었다.

스리 바가반이 비루팍샤 산굴에 살고 계실 때, 스리 바가반과 무달라이아 스와미는 스깐다스라맘 부지 뒤를 함께 걷고 있었다. 약 4.5미터 높이의 거대한 바위가 있었는데 거기에 틈이 하나 있었고, 그곳에 한 소녀[목동]가 서서 울고 있었다. 스리 바가반이 소녀에게 왜 슬퍼하느냐고 물으셨다. 소녀가 말했다. "제 양 한 마리가 이 틈새로 빠져버렸어요. 그래서 울고 있습니다." 스리 바가반은 그 틈새로 내려가서 그 양을 어깨 위에 올리고 바깥으로 올라와 양을 소녀에게 건네주셨다. 무달라이아르 스와미는 그것이 어떤 인간도 하기 어려운 아주 놀라운 솜씨였다고 말한다.

**대담 362**

넬로르의 대학 교수인 숩바라마이야 씨가 해탈에 대해서 여쭈었다.

마: 해탈에 관한 모든 질문은 수용 불가능합니다. 왜냐하면 해탈이란 속박에서 벗어난다는 뜻이고, 그것은 현재 속박이 존재한다는 의미입니다. 어떤 속

박도 없고, 따라서 어떤 해탈도 없습니다.

**헌:** 경전에서는 해탈과 그 등급에 대해서 이야기합니다.

**마:** 경전은 현자들을 위한 것이 아닙니다. 왜냐하면 그들에게는 경전이 필요 없기 때문입니다. 그리고 무지한 이들은 경전을 원치 않습니다. 해탈희구자(*mumukshus*)들만이 경전을 찾습니다. 그것은 경전이 지혜를 위한 것도 아니고 무지를 위한 것도 아니라는 것을 뜻합니다.

**헌:** 바쉬슈타는 생전해탈자(*jivanmukta*)라고 말해지는 반면, 자나까는 무신해탈자(*videhamukta*)였습니다.

**마:** 왜 바쉬슈타나 자나까를 이야기합니까? 그대 자신은 어떻습니까?

오늘은 새로 온 방문객들이 많았다. 그들 중 두 사람이 스리 바가반의 친존에서 가나빠띠 무니에 대해 이야기하고 있었다. 스리 바가반은 그들의 이야기 가운데 몇 마디 끼어드셨다.

(1) 어떤 이들은 지知와 수행(*upasana*-숭배나 명상)이, 우리가 그것으로 해탈을 향해 날아가는 양 날개라고 합니다. 지知가 무엇입니까? 수행이 무엇입니까? 지知는 항상 존재합니다. 그것은 궁극의 목표이기도 합니다. 노력을 할 때는 그 노력을 수행이라고 합니다. 그것이 애씀이 없을 때가 지知인데, 그것은 해탈과 같습니다.

(2) 자기들끼리 얼마간 논의를 하더니, 한 방문객이 말했다: 저희들이 외부 현상들을 떨쳐버릴 수 있도록 어떤 **우월한 힘**이 도와주어야 합니다.

스리 바가반이 말씀하셨다: 누가 그 외부 현상들을 봅니까? 아니면 그 현상들이, 자기들이 존재한다고 말합니까? 만약 그렇다면 세계에게 자기가 존재한다고 말하라고 하십시오.

또 만일 세계가 내부에서 나온 하나의 투사물이라면, 그것은 '나'라는 생각과 동시에 투사된다는 것을 알아야 합니다.

좌우간 그 '나'가 근본 토대이며, 그것을 알면 다른 모든 것을 알게 됩니다.

(3) 다른 사람이 말했다: 가나빠띠 무니는 자신이 인드라 세계(Indra-loka-인드라 신의 천상계)에도 가서 인드라가 무엇을 하는지 말할 수 있지만, 내면으로 들어가서 '나'를 발견하지는 못했다고 말하곤 했습니다.

스리 바가반이 덧붙이셨다: 가나빠띠 무니는 앞으로 나가기는 쉬워도 뒤로 물러나는 것은 불가능하다고 말하곤 했지요.

그런 다음 스리 바가반이 말씀하셨다: 사람이 아무리 멀리 나간다 해도 그는 거기에 있습니다. 뒤로 물러남이 어디 있습니까? 같은 진리가 『이샤 우파니샤드』에 나오는 진언에 들어 있습니다.66)

(4) 가나빠띠 무니가 어떻게 해서 천재 시인(*asu kavi*)이 되었느냐는 질문에 대한 답변으로 스리 바가반이 말씀하셨다: 그가 따빠시야(*tapasya*-따빠스)를 하고 있을 때 **시바**가 나타나서 그에게 우유인가 꿀인가를 마시라고 주었는데, 그 뒤로 천재 시인이 되었지요.

### 1937년 2월 20일

**대담 363**

유럽 민간인으로, 마드라스 정부 재무차관인 도드웰 씨가 부인과 함께 오후 1시 전에 도착하여 오후 3시 30분경까지 회당에 머물렀다.

그 부인이 질문했다: 서양의 영적 지도자들은 영적인 중심이 인도에 있다고 합니다. 인도의 영적 지도자들 간에 어떤 접촉이 있습니까? 혹은 동양과 서양의 지도자들 간에는 접촉이 가능합니까?

**마:** 영적인 중심이라고 한 것은 어떤 의미입니까?

**헌:** 영적인 중심이란 영적 지도자들이 있는 곳입니다.

**마:** 그대는 '영적 지도자들'이란 말을 어떻게 이해합니까?

**헌:** 서양에는 어떤 위기가 있습니다. 과학 지식은 많이 진보했습니다. 그런 지식이 파괴적 힘들을 산출하는 데 사용되고 있습니다. 그런 힘들을 건설적으로 만들기 위한 하나의 운동이 있습니다. 그렇게 전환되면 그것은 세상에 이익이 될 것입니다. 이 운동의 지도자들이 복구자들(redeemers)입니다.

**마:** '영적 지도자들'이란 말을 우리는 '물적인' 것과 반대인 '영적인' 사람들로 이해합니다. 영靈은 한계가 없고 형상이 없습니다. 영적인 중심도 그와 같습니다. 그런 단 하나의 중심이 있습니다. 서양이든 동양이든 그 중심은 다를 수 없고, 그것은 어떤 장소도 없습니다. 그것은 한계가 없기 때문에 지도자들, 인간들, 세계, 파괴와 건설의 힘들을 포함합니다. 어떤 차별상도 없습니다. 그대가 접촉을 이야기하는 것은 몸을 가진 존재들을 영적 지도자들이라고 생각하

---

66) *T.* "그것(아뜨만)은 마음보다도 빠르고, 감각기관보다도 먼저 가 있다… 그것은 움직이기도 하고 움직이지 않기도 한다. 그것은 멀고도 가깝다." -『이샤 우파니샤드(*Isa Upanishad*)』, 1.4-5.

기 때문입니다. 영적인 사람들은 몸이 아닙니다. 그들은 자신의 몸을 인식하지 못합니다. 그들은 무한하고 무無형상인 영靈일 뿐입니다. 그들과 다른 모든 이들 간에는 늘 단일성이 있습니다. 아니, 그들은 모든 것을 포괄합니다.

그 영靈이 진아입니다. 진아를 깨달으면 그런 질문이 전혀 일어날 수 없지요.

아디야르(Adyar-신지학회 본부가 있는 첸나이 교외)에서 온 지나라자다샤 부인: 진아 깨달음은 아주 쉽게 들리지만, 실제로는 아주 어렵습니다.

마: 뭐가 그보다 더 쉬울 수 있지요? 진아는 다른 어떤 것보다도 친밀합니다. 그것을 깨달을 수 없다면, 별개이고 더 멀리 있는 것을 깨닫는 게 쉽습니까?

헌: 진아 깨달음이 너무 환적입니다. 어떻게 하면 그것을 영구적인 것으로 만들 수 있습니까?

마: 진아는 결코 환적일 수 없습니다. 그것은 유일한 실재입니다. 나타나는 것은 또한 사라질 것이고, 따라서 비영구적입니다. 진아는 결코 나타나거나 사라지지 않으며, 따라서 영구적입니다.

헌: 예, 맞습니다. 아시겠지만, 신지학회 사람들은 그들을 인도해 줄 스승들을 찾기 위해 명상을 합니다.

마: 스승은 안에 있습니다. 명상은 무지, 즉 스승이 밖에 있다는 그릇된 관념을 없애기 위한 것입니다. 만일 스승이, 그대가 기다리면서 나타나 주기를 바라는 어떤 낯선 사람이라면, 그는 또한 사라질 수밖에 없습니다. 그와 같이 일시적인 존재가 무슨 소용 있습니까?

그러나 그대가 자신을 한 개인이라고, 혹은 자신을 몸이라고 생각하는 한에서는 스승이 필요하고, 그는 하나의 몸을 가지고 나타날 것입니다. 그 그릇된 동일시가 그치면 스승이 곧 진아임을 발견할 것입니다.

『해탈정수(Kaivalya)』에 이런 구절이 있습니다.

"저의 주님이시여! 당신은 제 내면의 진아로 머무르시면서, 저의 모든 전생 동안 저를 보호해 주셨습니다. 이제 당신의 은총으로, 당신께서는 저의 스승으로서 당신 자신을 나투셨고, 진아로서 당신 자신을 드러내셨습니다."

잠 속에서 어떤 일이 일어나는지 한번 보십시오. 에고도 없고, 인도(India)도 없고, 구도자도 없고, 스승 등도 없지만, 그대는 있습니다─그것도 행복하게.

에고·인도·구도자 등은 지금 나타납니다. 그러나 그것들은 그대와 별개가 아니며, 그대와 독립해 있지도 않습니다.

선거를 하는 공휴일이어서 방문객들이 대거 와 있었는데, 그들 중 일부도 논의에 가담했다. 그 중의 한 사람이 환생에 대해서 질문했다.

**마:** 환생은 무지가 있는 한에서만 있을 수 있습니다. 어떤 탄생도 없습니다. 지금도 없고, 이전에도 없었고, 앞으로도 없을 것입니다. 이것이 진리입니다.

**헌:** 에고 자아(ego-self)란 무엇입니까?

**마:** 에고 자아는 나타나고 사라지며 일시적인 반면, 진정한 **자아**는 늘 영구적으로 머무릅니다. 그대는 실은 참된 **자아**인데도, 그 진정한 **자아**를 에고 자아와 그릇되게 동일시합니다.

**헌:** 그 잘못이 어떻게 일어납니까?

**마:** 그것이 과연 일어났는지 살펴보십시오.

**헌:** 우리는 에고 자아를 참된 **자아**로 승화시켜야 합니다.

**마:** 에고 자아는 전혀 존재하지 않습니다.

**헌:** 그것이 왜 우리에게 괴로움을 안겨줍니까?

**마:** 누구에게 괴로움이 있습니까? 그 괴로움도 상상된 것입니다. 괴로움과 즐거움은 에고에게만 있습니다.

**헌:** 세계는 왜 그렇게 무지에 휩싸여 있습니까?

**마:** 그대 자신을 돌보십시오. 세계는 스스로 알아서 하라 하십시오. 그대의 진아를 보십시오. 그대가 몸이면 거친 세계(현상계)도 있습니다. 그대가 영靈이면 모든 것이 영靈일 뿐입니다.

**헌:** 그것은 그 개인에게는 타당하겠지만, 나머지 사람들은 어떻습니까?

**마:** 먼저 그렇게 하고 나서 그 질문이 나중에 일어나는지 보십시오.

**헌:** 무지(avidya)가 있습니까?

**마:** 그것이 누구에게 있습니까?

**헌:** 에고 자아에게요.

**마:** 예, 에고에게 있지요. 그 에고를 제거하십시오. 무지가 사라집니다. 에고를 찾아보면 그것은 사라집니다. 진정한 **자아**만이 남습니다. 무지를 공언하던 에고가 보이지 않습니다. **실재** 안에 무지란 없습니다. 모든 경전들은 무지의 존재를 부인하기 위한 것입니다.

**헌:** 에고는 어떻게 일어났습니까?

**마:** 에고는 없습니다. 그렇지 않으면 그대는 두 개의 자아를 인정합니까? 에

고가 없는데 무지가 어떻게 있을 수 있습니까? 그대가 탐구하기 시작하면, 이미 존재하지 않던 그 무지가 없다는 것을 알게 되거나, 아니면 그것이 도망가 버렸다고 말하게 될 것입니다.

무지는 에고에 속합니다. 왜 에고를 생각하고 고통까지 받습니까? 또 무지란 무엇입니까? 그것은 '존재하지 않는 것'(마야)입니다. 그러나 세간적 삶은 무지라는 가정假定을 필요로 합니다. 무지란 우리의 무지일 뿐, 그 이상 아무것도 아닙니다. 그것은 진아를 모르거나 잊어버린 것입니다. 태양 앞에 어둠이 있을 수 있습니까? 마찬가지로, 스스로 분명하고 스스로 빛나는 진아 앞에 무지가 있을 수 있습니까? 만일 그대가 진아를 알면, 어둠도 없고, 무지도 없고, 불행도 없을 것입니다.

문제·불행 등을 느끼는 것은 마음입니다. 어둠은 결코 오지도 않고 가지도 않습니다. 해를 보십시오. 그러면 어둠은 없습니다. 마찬가지로, 진아를 보십시오. 그러면 무지는 존재하지 않는다는 것을 알게 될 것입니다.

헌: 스리 라마크리슈나 같은 분들은 집중을 수련했습니다.

마: 집중과 여타 모든 행법은 무지의 없음, 즉 부존재를 인식하기 위한 것입니다. 누구도 자신의 '있음(being)'을 부인할 수 없습니다. 있음이 앎, 즉 자각입니다. 그 자각은 무지가 없음을 뜻합니다. 따라서 누구나 자연스럽게 무지의 부존재를 인정합니다. 그런데 왜 고통받습니까? 왜냐하면 자신이 이것이나 저것이라고 생각하기 때문입니다. 그것이 그릇되었습니다. "내가 있다"만 있지 "나는 아무개다"나 "나는 이러저러하다"는 없습니다. 존재(existence)가 절대적일 때는 옳지만, 그것이 특수화되면 그릇된 것입니다. 그것이 진리 전부입니다.

각자 자기가 있다는 것을 어떻게 시인하는지 보십시오. 그가 자신의 '있음'을 알기 위해서 거울을 들여다봅니까? 그의 자각이 있기 때문에 자신의 존재, 곧 있음을 시인하게 됩니다. 그러나 그는 그것을 몸 따위와 혼동합니다. 왜 그래야 합니까? 잠 속에서 그가 자기 몸을 자각합니까? 아니지요. 하지만 그 자신은 잠 속에서도 없어지지 않습니다. 그는 몸 없이도 잠 속에서 존재합니다. 잠 속에서 자신이 존재한다는 것을 그는 어떻게 압니까? 지금 그가 그 자신의 '있음'을 드러내려면 거울이 필요합니까? 자각하기만 하십시오. 그러면 그대의 있음이 그 자각 속에서 분명합니다.

헌: 어떻게 하면 우리가 진아를 알 수 있습니까?

마: '진아를 아는 것'은 '진아가 되는 것'을 의미합니다. 그대는 진아를 모른다고 말할 수 있습니까? 그대가 그대의 눈을 볼 수 없고, 들여다볼 거울이 없다고 해서 그대의 눈이 존재하는 것을 부인합니까? 마찬가지로, 비록 진아가 대상화되지는 않는다 해도 그대는 진아를 알고 있습니다. 아니면 그것이 대상화되지 않는다고 해서 그대가 진아를 부인합니까? 그대가 "나는 진아를 알 수 없다"고 말할 때, 그것은 상대적인 앎의 견지에서 (그 앎이) 없다는 뜻입니다. 그대가 상대적인 앎에 워낙 익숙해져 있어 자신을 그것과 동일시하기 때문입니다. 그런 그릇된 정체성이 이 분명한 진아를 모른다는 어려움을 만들어냈는데, 이는 그것이 대상화될 수 없기 때문입니다. 그런데 그대는 "어떻게 하면 우리가 진아를 아느냐?"고 묻습니다. 그대의 어려움은 "어떻게?"에 집중되어 있습니다. 누가 있어 진아를 압니까? 몸이 그것을 알 수 있습니까?

몸에게 답하라 하십시오. 지금 몸이 지각된다고 말하는 것은 누구입니까?

이런 유의 무지에 대응하기 위해 경전에서 신의 릴라(*leela*)나 끄리다(*krida*), 즉 유희遊戱라는 이론을 설정합니다. 신이 마음, 감각기관 그리고 몸으로서 방사되어 나와 유희를 한다는 것입니다. 그대가 누구이기에 이 유희가 그대에게 문제가 된다고 말합니까? 그대가 누구기에 신의 행위들을 문제 삼습니까?

그대가 해야 할 일은 **존재하는 것**이지, **이것이나 저것이 되는 것**이 아닙니다. "**나는 내가 있다는 것이다**(I AM THAT I AM)"가 진리 전체를 요약해 줍니다. 그 방법은 "**고요히 있으라**(BE STILL)"로 요약됩니다. '고요함'이 무엇을 의미합니까? "그대 자신을 소멸하라"는 뜻입니다. 왜냐하면 어떤 형상이나 모양이 문제의 원인이기 때문입니다. "나는 아무개이다"라는 관념을 포기하십시오. 우리의 경전들은, "그것은 '나'로서 빛난다(*ahamiti sphurati*)"고 말합니다.

헌: 스푸라나(*sphurana*)[빛남]란 무엇입니까?

마: '아함, 아함(*aham, aham*)', 곧 '나-나'가 진아입니다. '아함 이담(*aham idam*)', 곧 "나는 이것이다" 또는 "나는 저것이다"는 에고입니다. 빛남은 늘 있습니다. 에고는 일시적입니다. '나'가 '나'로서만 유지될 때, 그것이 진아입니다. 그것이 옆길로 벗어나서 "이것"이라고 말할 때, 그것이 에고입니다.

헌: 신은 진아와 별개입니까?

마: 진아가 신입니다. "**내가 있다**"가 신입니다. (『기타』에서) "나는 진아다, 구다께샤여!(*ahamatma gudakesa*)"라고 했습니다.

그런 질문은 그대가 에고 자아를 붙들고 있기 때문에 일어납니다. 만일 **참된 자아**를 붙들면 그 질문은 일어나지 않을 것입니다. 왜냐하면 **진정한 자아**는 어떤 것도 묻지 않을 것이고 물을 수도 없기 때문입니다. 만일 신이 **진아**(자기)와 별개라면 그는 **자기 없는 신**이어야 하는데, 이는 어불성설입니다.

**헌:** 절(*namaskara*)[엎드리는 절]이 무엇입니까?

**마:** 절이란 '에고의 가라앉음'을 뜻합니다. '가라앉음'이 무엇입니까? 그것이 일어난 근원에 합일되는 것입니다. 외적인 무릎 꿇기, 허리 굽히기, 엎드려 절하기로 신을 속일 수는 없습니다. 그는 개인성이 있는지 없는지를 봅니다.

**샤만나 씨:** "내가 있다"를 느끼는 여섯 번째 감각기관이 있습니까?

**마:** 잠 속에서 그대에게 그것이 있습니까? 오관을 통해서 기능하는 단 하나의 존재가 있습니다. 아니면 그대의 말은 각 감각기관이 **진아**와 독립해 있고, 다섯 자아가 있어서 그들을 통제하는 여섯 번째 자아를 인정한다는 뜻입니까? 이 오관을 통해서 작용하는 하나의 힘이 있습니다. 그러한 **힘**의 존재를 그대가 어떻게 부인할 수 있습니까? 그대는 자신의 존재를 부인합니까? 몸이 지각되지 않는 잠 속에서도 그대는 남아 있지 않습니까? 같은 '나'가 지금도 계속 있습니다. 그래서 우리는 몸이 있든 없든 우리의 존재를 인정합니다. 감각기관들은 주기적으로 작용합니다. 그것들의 작용은 시작과 끝이 있습니다. 그것들의 활동이 의존하는 하나의 바탕이 있어야 합니다. 그것들은 어디서 나타나고 어디로 합일됩니까? 단 하나의 바탕이 있어야 합니다. 만일 그대가 그 단 하나의 단위가 지각되지 않는다고 말하면, 그것이 단 하나라는 것을 인정하는 셈입니다. 그대도 그것을 아는 두 번째 사람은 없다고 하니까 말입니다.

이런 모든 논의는 무지를 없애기 위한 것일 뿐입니다. 그것이 이루어질 때, 일체가 분명해질 것입니다. 그것은 능력 혹은 성숙도의 문제입니다.

**헌:** 은총이 구도자의 그러한 능력을 촉진해 줄 수 있지 않습니까?

**마:** 그것은 그에게 맡겨두십시오. 망설임 없이 순복하십시오. 두 가지 중 하나를 해야 합니다. 그대가 자신의 무능력을 인정하고 또한 그대를 도와줄 더 **높은 힘**이 필요하기 때문에 순복하든지, 아니면 불행의 원인을 탐구하여 근원으로 들어가 **진아**에 합일되는 것입니다. 어느 쪽이든 그대는 불행에서 벗어날 것입니다. 신은 순복한 사람을 결코 저버리지 않습니다. "나에게만 귀의하라(*mamekam saranam vraja*)"고 했습니다.

헌: 순복한 뒤에도 마음이 딴 데로 흐르는 것은 무엇입니까?
마: 그 질문을 하는 것은 순복한 마음입니까? (웃음.)

## 대담 364

넬로르의 교수(숨바라마이야)가 '보편상普遍相 친견親見(visvarupa darshana)'67)에 대해서 질문했다.

마: '보편아普遍我 친견'(visvatma darshana)이 보편상 친견입니다. 즉, 우주적 자아 혹은 보편적 자아가 우주입니다. 스리 크리슈나는 (『바가바드 기타』) 제2장에서 "나는 형상이 없다"는 말로 법문을 시작했는데, 제11장에서는 "우주인 내 형상을 보라"고 합니다. 앞뒤가 맞습니까? 또 그는 "나는 삼계三界68)를 초월한다"고 하지만, 아르주나는 삼계가 그의 안에 있는 것을 봅니다. 스리 크리슈나는 "인간이나 신들은 나를 보지 못한다"고 합니다. 하지만 아르주나는 그의 안에서 그 자신과 신들을 봅니다. 누구도 (우주적 형상을 한 크리슈나를) 볼 수 없었지만, 아르주나는 그를 보는 신안神眼을 부여받았습니다. 그것은 모순들의 미로처럼 보이지 않습니까?

그 답은 그런 이해가 잘못되었다는 것입니다. 물리적 차원에서의 거친 견見(sthula drishti-육안으로 보는 것)으로는 어림도 없습니다. 지견知見(jnana drishti)[미세한 이해]이 필요합니다. 아르주나에게 신안神眼(divya chakshuh)이 주어졌던 것도 그 때문입니다. 그런 견見이 거칠 수 있겠습니까? 그런 해석이 그대를 올바른 이해로 이끌어주겠습니까?

스리 크리슈나는 "나는 시간이다(Kalosmi)"라고 합니다. 시간에 형태가 있습니까?

또 만약 우주가 그의 형상이라면, 그것은 하나이고 불변이어야 하지 않습니까? 왜 그는 아르주나에게 "내 안에서 그대가 보고 싶은 무엇이든지 보라"고 합니까? 그것은 그의 형상이 '보는 자'가 욕망하는 대로 보인다는 것을 뜻합니다. 그들은 '신안'을 이야기하지만, 각자 자기 나름의 견해에 따라서 그 모습

---

67) T. 힌두교에서 '삼계'는 지계地界(bhu-지구), 공계空界(bhuvar-중간계), 천계天界(svar-천상계)의 세 세계를 말한다. 가야뜨리 만트라는 이 세 단어로 시작된다.
68) T. 일체의 존재들과 그들의 생멸변화를 포함한 삼라만상 전체로서의 신의 모습을 보는 것. 아르주나가 크리슈나의 보편상을 친견하는 이야기는 『바가바드 기타』, 제11장에 나온다.

을 그려냅니다. '보이는 것' 안에 '보는 자'도 있습니다. 이것이 다 무엇입니까? 최면술사도 그대에게 이상한 장면들을 보게 할 수 있습니다. 그대는 이것은 눈속임이라고 하면서, 저것은 신적이라고 합니다. 왜 그런 차이를 둡니까? 눈에 보이는 어떤 것도 실재할 수 없습니다. 그것이 진리입니다.

### 대담 365

스리 바가반이 같은 취지의 말씀을 계속하고 있을 때, 한 방문객이 자기와 몸의 동일시를 어떻게 극복할 수 있느냐고 질문했다.

**마:** 잠은 어떻습니까?
**헌:** 무지가 지배하고 있습니다.
**마:** 잠 속에서 그대가 무지하다는 것을 어떻게 압니까? 잠 속에서 그대는 존재했습니까, 하지 않았습니까?
**헌:** 모르겠습니다.
**마:** 잠 속에서 그대가 존재함을 부인합니까?
**헌:** 저의 추론으로 그것을 인정해야겠지요.
**마:** 그대의 존재성을 어떻게 추론합니까?
**헌:** 추론과 경험에 의해서요.
**마:** 경험에 추론이 필요합니까? (웃음)
**헌:** 명상은 분석적입니까, 종합적입니까?
**마:** 분석이나 종합은 지성(intellect)의 영역 내에 있습니다. 진아는 지성을 초월합니다.

### 대담 366

도드웰 부인이 오후 3시 30분에 떠나기 앞서 두 번째 질문을 했는데, 그것은 '네띠-네띠'(*neti-neti*)가 무엇을 뜻하느냐는 것이었다.

**마:** 지금 자기를 몸·감각기관 등으로 아는 그릇된 동일시가 있습니다. 이런 것들을 계속 버려 나가면, 그것이 네띠(*neti*-'이건 아니다')입니다. 이것은 버릴래야 버릴 수 없는 하나('나')를 붙듦으로써 이루어집니다. 그것은 이띠(*iti*-'이것')일 뿐입니다.

## 1937년 2월 21일

**대담 367**

가볍게 들렀다가 이때 작별을 고하던 한 마라티(Marathi-마하라슈트라 지역 사람) 여성은 거의 눈물을 쏟기 직전이었다. 그녀가 질문했다: 저는 해탈이 한 생에는 불가능하다는 것을 압니다. 그래도 금생에 제가 마음의 평안을 얻을 수는 없겠는지요?

　스승님은 아주 친절하게 그녀를 바라보고 부드럽게 미소를 지으며 말씀하셨다: 생명 기타 모든 것은 브라만 안에 있을 뿐입니다. 브라만은 지금 여기 있습니다. 탐구해 보십시오.

헌: 저는 다년간 명상을 해 오고 있습니다. 하지만 제 마음이 안정되지 않고, 명상에 집중하지 못합니다.

마: (다시 그녀를 찬찬히 바라보며 말씀하셨다.) 지금 그것을 하십시오. 그러면 모든 일이 잘 될 것입니다.

**대담 368**

아홉 살이나 열 살쯤 된 한 소녀는 어머니가 마드라스 대학교 산스크리트 연구교수인데, 모리스 프리드먼 씨와 동행하여 낮 12시경에 빨라꼬뚜에서 스리 바가반을 만나 뵈었다. 스리 바가반은 늘 그러시듯이 아이에게 친절하게 미소를 지어주셨다.

　아이가 스리 바가반께 여쭈었다: 지구상에는 왜 불행이 있습니까?

마: 업(Karma) 때문이지.

헌: 누가 업이 열매를 맺게 합니까?

마: 신이지.

헌: 신께서 우리에게 업을 짓게 하고 나쁜 업에 대해 나쁜 열매를 주십니다. 그것이 옳은 일입니까?

　스리 바가반은 거의 웃으실 뻔했고, 아이에 대해 매우 즐거워하셨다. 나중에 당신은 아이에게 회당에 돌아가면 뭘 좀 읽어보라고 권하셨다. 그때부터 당신은 아이를 지켜보고 계시다.

### 1937년 2월 22일

### 대담 369

중년을 넘긴 마라티인 부부가 이곳을 방문하고 있다. 그들은 조용하고 단순하다. 두 사람 다 눈물을 글썽이며 작별인사를 했고, 남자는 스리 바가반의 은총을 구하는 기도를 흐느끼면서 말했다. 스리 바가반은 흰 치아가 가지런히 드러나게 입술을 벌린 채 그들을 응시하셨다. 당신의 두 눈에도 눈물이 한 방울씩 맺혔다.

### 대담 370

스리 바가반은 우사牛舍에 계셨다. 사람들이 일을 하고 있었고, 당신은 잠시 그들이 일하는 것을 지켜보셨다. 그때 한 사람이 와서 많은 방문객들이 회당에서 기다리고 있다고 말씀드렸다. 스리 바가반은 차분한 어조로 말씀하셨다: 그래요, 그래. 여러분은 자기 일을 해요. 나는 가서 내 일을 하고. 사람들이 나를 기다리고 있군. 나는 가야겠지.

　그런 다음 당신은 그곳을 떠나셨다.

### 1937년 2월 23일

### 대담 371

중년의 안드라인 일행 세 명이 스리 바가반을 뵈러 왔다. 그 중 한 사람이 무릎을 꿇고 여쭈었다: 저는 하타 요가를 하고 있습니다. 즉, 바스띠(basti)·다우띠(dhauti)[요기들이 몸을 정화하는 법식들]·네띠(neti) 등을 합니다. 그러다가 발목의 혈관이 굳어지는 것을 알았습니다. 그것은 요가를 한 결과입니까?"

마: 혈관이야 어떤 상황에서도 굳어졌겠지요. 그러지 않았으면 더 힘들었을 텐데, 지금은 그 정도로 힘들지는 않은 것입니다. 하타 요가는 하나의 정화 과정입니다. 그것은 그대를 조식調息으로 이끌어준 다음, 마음의 평안에도 도움을 줍니다.

헌: 제가 조식을 해도 되겠습니까? 그것은 유용합니까?

마: 조식은 마음의 제어를 위한 보조수단입니다. 다만 조식에 그쳐서는 안 됩니다. 계속해서 제감制感(pratyahara)·응념凝念(dharana)·명상(dhyana)·삼매로 나아가야 합니다. 결국 온전한 결과를 거두게 됩니다.

그 일행의 다른 사람이 질문했다: 욕정·분노·탐욕·미혹·자만과 질투심은 어떻게 극복합니까?

**마:** 명상에 의해서지요.

**헌:** 명상이 무엇입니까?

**마:** 명상은 단 하나의 생각을 붙들어서 다른 모든 생각을 배제하는 것입니다.

**헌:** 무엇에 대해서 명상해야 합니까?

**마:** 그대가 선호하는 뭐든 좋습니다.

**헌:** 시바·비슈누·가야뜨리(Gayatri)는 동등한 효과가 있다고 합니다. 어느 것을 명상해야 합니까?

**마:** 그대가 가장 좋아하는 어느 것이든 하십시오. 그것들은 효과 면에서 모두 동등합니다. 그러나 하나만 고수해야 합니다.

**헌:** 어떻게 명상합니까?

**마:** 그대가 가장 좋아하는 것에 집중하십시오. 단 하나의 생각이 지배하면 다른 모든 생각들은 배제되고 결국 뿌리 뽑힙니다. 다양성이 지배하는 한 나쁜 생각들이 있습니다. 사랑하는 대상이 지배할 때는 좋은 생각들만이 대세를 이룹니다. 따라서 한 생각만 붙드십시오. 명상이 주된 수행법입니다.

조금 후 스리 바가반이 계속 말씀하셨다:

명상은 싸움을 의미합니다. 그대가 명상을 시작하자마자 다른 생각들이 함께 몰려들어 힘을 모아서, 그대가 붙들려고 하는 그 단 하나의 생각을 침몰시키려 합니다. 좋은 생각은 거듭된 수행으로 점차 힘을 얻어야 합니다. 그것이 강해지고 나면 다른 생각들은 패주할 것입니다. 이것은 명상에서 늘 벌어지는 일대 싸움입니다.

사람은 불행을 없애고 싶어 합니다. 그러자면 마음의 평안이 필요한데, 그것은 온갖 생각으로 인한 번뇌가 없다는 것을 뜻합니다. 마음의 평안은 명상에 의해서만 생겨납니다.

**헌:** 그러면 조식을 할 필요가 어디 있습니까?

**마:** 조식은 생각을 직접 제어할 수 없는 사람들을 위한 것입니다. 그것은 자동차의 브레이크와 같은 기능을 합니다. 그러나 앞에서도 말했듯이 거기서 그쳐서는 안 되고 제감·응념·명상으로 나아가야 합니다. 명상의 결실이 있고 나면 마음은 조식을 하지 않아도 제어될 것입니다. 아사나(*asanas*)[자세]는 조식

에 도움이 되고, 조식은 명상에 도움이 되며, 그 결과 마음의 평안을 얻게 됩니다. 여기에 하타 요가의 목적이 있습니다.

나중에 스리 바가반이 계속 말씀하셨다:

명상이 잘 자리 잡히고 나면 그것을 놓아버릴 수가 없습니다. 명상이 자동적으로 계속될 것이고, 심지어 그대가 일을 하거나, 놀거나, 즐기고 있을 때에도 그럴 것입니다. 잠 속에서도 그것이 지속될 것입니다. 명상은 그것이 우리에게 자연스러워질 만큼 아주 깊이 뿌리를 내려야 합니다.

**헌:** 명상을 계발하려면 어떤 의식儀式이나 행위가 필요합니까?

**마:** 명상 그 자체가 행위요 의식이며 노력입니다. 그것이 모든 것 중에서 가장 강렬하고 강력한 것입니다. 다른 어떤 노력도 필요 없습니다.

**헌:** 염송(japa)은 필요하지 않습니까?

**마:** 명상이 말(vak) 아닙니까? 거기에 염송이 왜 필요합니까? 명상을 얻게 되면 달리 어떤 것도 필요 없습니다.

**헌:** 묵언의 맹세는 도움이 되지 않습니까?

**마:** 맹세는 맹세일 뿐입니다. 그것이 명상에 어느 정도 도움은 될지 모릅니다. 그러나 입을 닫은 채 마음을 날뛰게 하는 것이 무슨 소용 있습니까? 마음이 명상에 몰두해 있다면 말을 할 필요가 어디 있습니까?

명상만큼 좋은 것은 없습니다. 사람이 묵언의 맹세를 하고도 행위에 나선다면, 그 맹세의 효용이 어디 있습니까?

**헌:** 지知의 길(jnana-marga)이 무엇입니까?

**마:** 저는 그것을 오랫동안 이야기해 왔습니다. 지知(jnana)가 무엇입니까? 지知란 진리의 깨달음을 뜻합니다. 그것은 명상에 의해 이루어집니다. 명상은 그대가 모든 생각을 배제하고 진리를 꽉 붙드는 것을 돕습니다.

**헌:** 왜 수많은 신들이 이야기됩니까?

**마:** 몸은 하나뿐입니다. 하지만 그것이 얼마나 많은 기능을 합니까? 그 모든 기능의 근원은 단 하나입니다. 신들도 그와 마찬가지입니다.

**헌:** 인간은 왜 불행을 겪습니까?

**마:** 불행은 갖가지 생각들에 기인합니다. 만일 생각들이 통일되어 단 한 가지 사항에 집중되면 불행은 없고 행복이 따라옵니다. 그때는 '내가 무엇을 한다'는 생각조차 없고, 행위의 열매에 대한 관심도 없을 것입니다.

**대담 372**

**헌:** 머리털이 곤두서기, 울먹이는 목소리, 기쁨의 눈물 등이 『아뜨마 비디야 빌라사(Atma Vidya Vilasa)』[69] 등 저작들에서 이야기됩니다. 이런 것들은 삼매 속에서 나타납니까, 아니면 앞이나 뒤에 나타납니까?

**마:** 그런 것은 모두 극히 미세한 마음의 상相들이 있다는 징후입니다. 이원성이 없으면 그런 것이 남아 있을 수 없지요. 삼매는 그런 것이 설 자리가 없는 **완전한 평안**입니다. 삼매에서 나온 뒤 그 상태를 기억해 보면 그런 징후들이 일어납니다. 헌신의 길에서는 그런 것이 삼매에 선행하는 현상입니다.

**헌:** 지知의 길에서는 그렇지 않습니까?

**마:** 그럴 수도 있지요. 거기에 딱히 정해진 것은 없습니다. 그것은 그 개인의 성품 나름입니다. 개인성이 완전히 상실되면 그런 것은 설 자리가 없습니다. 개인성의 자취가 조금이라도 있으면 그런 징후들이 드러납니다.

마니까바짜가르 등 성자들이 그런 징후들을 이야기하고 있습니다. 그들은 말하기를, 눈물이 저절로 걷잡을 수 없이 쏟아진다고 합니다. 눈물이 흐르는 것을 알지만 그것을 억제할 수 없다는 것입니다. 저도 비루팍샤 산굴에 머무를 때 같은 경험을 한 적이 있습니다.

**헌:** 잠의 상태는 **지복**의 체험이라고 합니다만, 그것을 기억해 보아도 머리털이 곤두서지 않습니다. 삼매의 상태를 회상할 때는 왜 그렇게 됩니까?

**마:** 삼매는 생시 상태의 잠(*jagrat sushupti*)을 의미합니다. **지복**이 압도적이고, 그 체험은 아주 명료합니다. 반면에 잠 속에서는 다릅니다.

**헌:** 잠 속에서는 불행도 없고 행복도 없다고, 즉 그 체험은 소극적 체험이지 적극적 체험이 아니라고 표현할 수 있습니까?

**마:** 그러나 그 기억은 적극적이지요— "나는 행복하게 잤다"고, 그 사람은 말합니다. 그래서 잠 속에는 행복의 체험이 있는 것이 분명합니다.

**헌:** 지복은 불행이 없는 것일 뿐입니까, 아니면 적극적인 어떤 것입니까?

**마:** 적극적이지요. 불행의 상실과 행복의 일어남은 동시적입니다.

**헌:** 잠 속에서의 행복에 대한 기억은 분명치 않고, 그래서 머리털이 곤두서는 등의 일이 없는 것일까요?

---

[69] *T.* 18세기 타밀 성자인 사다시바 브라멘드라 사라스와띠(Sadasiva Brahmendra Saraswathi)가 지은 책. 비이원론의 한 교본이다.

**마:** 삼매의 지복은 완벽하게 명료한 체험이며, 그 기억도 그와 비슷합니다. 그러나 잠의 체험은 그렇지 않지요.

### 1937년 2월 28일

**대담 373**

마이소르의 마하라자(Maharaja) 예하隸下가 오전 9시 15분에서 30분까지, 새로 지어진 욕실에서 스리 바가반을 사적으로 면담했다. 예하는 자신의 머리를 스리 바가반의 발 위에 얹으며 당신께 절을 하고 이렇게 말했다: 저는 스리 바가반의 생애담을 읽고 오랫동안 당신을 만나 뵙고 싶었지만, 제 형편상 이런 의도가 쉽게 실행에 옮겨질 수가 없습니다. 또 저의 모든 한계를 고려할 때, 다른 제자들처럼 이곳에 체류할 수도 없습니다. 제가 15분 정도 여기 머무르는 동안은 이제 당신의 은총만 기원하겠습니다. (출발할 때 예하는 앞서와 같이 스리 바가반께 절을 했고, 좋은 숄 두 개와 얼마간의 돈을 사무실에 내고 나서 떠났다.)

### 1937년 3월 13일

**대담 374**

뜨라반꼬르(Travancore)의 마하라자 예하가 오후 4시 30분부터 5시 15분까지 (스리 바가반을) 면담했다.

뜨라반꼬르의 마하라자와 마하라니 부처 예하는 오전 8시 기차로 띠루반나말라이에 도착하여 오후 4시 15분에 아쉬람을 방문했다. 대중은 바가반이 앉아 계신 회당에 들어가지 못했다. 매일 회당에 들르던 헌신자들도 (집행부의) 딱한 실책으로 인해 접견이 금지되었다. 은퇴한 한 군수郡守가 왕실 일행을 스리 바가반께 소개했다. 두 명의 시종무관, 마하라자 예하의 개인 비서, 뜨라반꼬르 주의 관리 몇 명과 밀라뽀르(Mylapore)의 변호사 한 명이 있었다. 군수가 시작한 논의는 마나스(*manas*)·집중·깨달음·창조의 목적 등에 대해서 계속 이어졌다. 영부인(마하라니)은 자신의 몇 가지 의문에 대해 질문을 했고, 스리 바가반은 그에 대해 모두 설명해 주셨다. 마하라자 예하도 그 논의에 가담했다. 모든 대화는 타밀어와 말라얄람어로 이루어졌다.

뜨라반꼬르 왕실 일가가 방문하고 있는 동안 영부인은 아주 교양 있고 활기

찼으며, 말라얄람어·타밀어·영어에 능통했다. 대부분의 질문들은 영부인이 했는데, 그 질문 중의 하나는 이러했다.

**헌:** 창조의 목적은 무엇입니까?

**마:** 이런 질문이 일어나게 하기 위한 것입니다. 이 질문에 대한 답을 탐구해 보십시오. 그리고 마침내 자기를 포함한 모든 것의 지고한, 더 정확히는 원초적인 근원 안에 안주하십시오. 그 탐구는 진아에 대한 탐구로 융합될 것이고, 비아가 걸러지고 진아가 그 순수하고 찬란한 모습으로 깨달아진 뒤에야 그치게 될 것입니다.

**헌:** 그 탐구는 어떻게 시작합니까?

**마:** 진아는 모두에게 분명하며, 그 시작도 마찬가지로 분명합니다.

**헌:** 저의 발전 단계에서 그 탐구의 출발점은 무엇입니까?

**마:** 각자가 어떤 명상이나 염송법을 가지고 있습니다. 어려움을 감내하며 그것을 아주 진지하게 해나가면, 자동적으로 진아 탐구에 이르게 될 것입니다.

(이 노트의 필자는 현장에 없었고, 위 문답은 스리 마하르쉬님의 시자들 중 한 사람에게서 수집한 것이다.)

## 1937년 3월 21일

**대담 375**

중년의 까나라인 방문객이 무無행위(akarma)[행위 없는 행위]에 대해 질문했다.

**마:** 에고가 사라진 뒤에 그대가 하는 그 어떤 일도 무행위입니다.

**대담 376**

스리 바가반을 찬양하는 노래를 하나 지었던 학식 있는 텔루구인 방문객이 그것을 낭독한 뒤, 그것을 바가반의 발 곁에 놓고 절을 했다. 얼마 후 그는 가르침(upadesa)을 청했다.

**마:** 그 가르침은 「가르침의 핵심(Upadesa Saram)」에 들어 있습니다.

**헌:** 그러나 구두로 말씀해 주시는 개인적 가르침이 귀중합니다.

**마:** 만일 지금까지 알려지지 않은 어떤 새로운 것이 있다면 가르침을 주는 것이 적절하겠지요. 여기서는 그것이 마음을 고요히 하여 생각에서 벗어나라는 것입니다.

**헌:** 그것이 불가능해 보입니다.

**마:** 그러나 그것이 바로 모두의 원초적이고 영원한 상태입니다.

**헌:** 그것은 우리가 활동하는 일상적 삶에서는 지각되지 않습니다.

**마:** 나날의 삶은 그 영원한 상태와 분리되어 있지 않습니다. 일상생활이 영적인 삶과 다를 거라고 상상하는 한 그런 어려움이 일어납니다. 영적인 삶을 올바르게 이해하면, 활동적 삶도 그것과 다르지 않다는 것을 발견할 것입니다.

마음이 그것을 하나의 대상으로 찾는 마음에 의해 얻어질 수 있겠습니까? 마음 작용들의 근원을 찾아서 그것을 얻어야 합니다. 그것이 **실재**입니다.

그대는 생각들의 간섭 때문에 **진아**를 모릅니다. **진아**는 생각들이 가라앉을 때 깨달아집니다.

**헌:** "백만 명에 한 명이 수행하여 완성에 이른다"[『바가바드 기타』, 7.3]고 합니다.

**마:** "어지러운 마음이 동요할 때마다, 바로 그 자리에서 그것을 돌이켜 조복 받으라"[『바가바드 기타』, 6.26]고 했습니다. 우파니샤드에서는 "마음으로써 마음을 보라(manasa mana alokya)"고 선언합니다.

**헌:** 마음은 하나의 한정자(upadhi)[한정하는 부가물]입니까?

**마:** 예.

**헌:** 눈에 보이는 세계(drisya)가 실재합니까?

**마:** 그것은 보는 자(drashta)와 같은 정도로 참됩니다. 주체·대상·지각이 3요소(triputi)를 이룹니다. 이 세 가지 너머에 어떤 실재가 있습니다. 이것들은 나타나고 사라지는 반면, 진리는 영원합니다.

**헌:** 이 3요소의 결합(triputi sambhava)은 찰나적일 뿐입니다.

**마:** 그렇지요. 만일 그대가 찰나적인 일들 속에서도 **자기**를 인식하면, 그런 것들이 존재하지 않는다는 것을, 더 정확히는 **진아**와 별개가 아니라는 것을 알게 될 것입니다. 그러면서도 동시에 그 일들은 진행될 것입니다.

### 1937년 3월 22일

**대담 377**

중년의 안드라인 방문객: 인간은 신적이라고 합니다. 그렇다면 그가 왜 후회를 합니까?

**마:** 신성神性은 본질적 성품을 가리킵니다. 그 후회는 **쁘라끄리띠**의 것입니다.

제2권 **417**

헌: 어떻게 하면 우리가 후회를 극복합니까?
마: 자기 내면의 신성을 깨달으면 됩니다.
헌: 어떻게 말입니까?
마: 수행에 의해서지요.
헌: 어떤 종류의 수행입니까?
마: 명상입니다.
헌: 명상을 하는 동안 마음이 안정되지 않습니다.
마: 수행을 하다 보면 괜찮아질 것입니다.
헌: 어떻게 하면 마음이 안정됩니까?
마: 마음을 강화하면 됩니다.
헌: 마음을 어떻게 강화합니까?
마: 사뜨상가(*satsanga*)[진인과의 친교]에 의해 마음이 강해지지요.
헌: 기도 등을 덧붙여도 됩니까?
마: 예.
헌: 아무 후회가 없는 사람은 어떻습니까?
마: 그런 사람은 성취한 요기입니다. 그런 이에게는 어떤 문제도 없지요.
헌: 사람들은 재난, 예컨대 지진·기근 등을 들면서 신을 부인합니다. 그들의 주장에는 우리가 어떻게 대응할까요?
마: 그들은 어디서 왔습니까? 그렇게 주장하는 사람들은?
헌: 그들은 '자연'이라고 말합니다.
마: 어떤 이들은 그것을 '자연'이라 하고, 어떤 이들은 '신'이라고 하지요.
헌: 우리는 어려운 때를 대비하여 뭔가를 저축해야 합니까, 아니면 영적인 성취를 위해서는 위태로운 삶을 살아야 합니까?
마: 신이 일체를 돌봅니다.

### 1937년 3월 27일

**대담 378**

스리 바가반은 안드라인 방문객과의 대화 도중 다음 구절을 인용하셨다.

의심할 바 없이, 팔이 강한 영웅이여, 마음은 들떠서 제어하기 어렵다.
그러나 꾼띠의 아들이여, 부단한 노력과 무욕으로 그것을 제어할 수 있다.

*Asamsayam mahabaho mano durnigraham chalam*
*Abhyasena tu kaunteya vairagyena cha grhyate.*

— 『바가바드 기타』, 6.35

무욕을 설명하기 위해 스리 바가반은 다시 한 구절을 인용하셨다.

자아에 대한 생각에서 나온 모든 갈망을 남김없이 내버리고,
마음만으로 감각기관들의 무리를 모든 방면에서 거두어들여,
*Sankalpaprabhavan kamams tyaktva sarvan aseshatah*
*Manasaivendriyagramam viniyamya samantatah.*

— 『기타』, 6.24

수행(*abhyasa*)에 관해서는,

차츰차츰, 꾸준하고 굳센 의지로 그가 고요함을 얻게 하고,
마음을 진아에 고정하여, 달리 무엇도 생각하지 않게 하라.
*Sanaih-sanair uparamed buddhya dhritigrhitaya*
*Atmasamstham manah krtva na kinchidapi chintayet.*

— 『기타』, 6.25

또 진지(*jnana*)에 관해서는 다음 구절을 인용하셨다.

흔들리고 불안정한 마음을 그 무엇이 헤매게 할지라도,
그 사람이 그것을 제어하여 오직 진아에 복종하게 하라.
*Yato yato nischarati manas chanchalam asthiram*
*Tatastato niyamyaitad atmanyeva vasam nayet.*

— 『기타』, 6.26

### 1937년 4월 2일

**대담 379**

말라얄람인 신사인 닐람부르(Nilambur)의 띠루말빠드라는 사람이 스리 바가반께 「진아지(*Atma Vidya*)」에 대해 설명해 달라고 청했다.

스리 바가반은 5연으로 된 이 짧은 작품을 다음과 같이 설명하셨다: 찌담바람은 진아지가 더없이 얻기 어려운 것이라고 노래했던 난다나르(Nandanar)와

관련되는 유명한 순례지입니다. 그러나 무루가나르(Muruganar)[스리 바가반의 오랜 헌신자]는 진아지가 가장 얻기 쉬운 거라는 말로 시작했습니다. "아이예! 아띠 술라밤(Ayye athisulabam-'보라, 아주 쉽다네')"이 이 노래의 후렴입니다. 그는 이 비상한 연구를 설명하면서, 진아(Atma)는 바로 자기이기 때문에 가장 하찮은 사람에게조차도 영원히 분명하다고 주장했습니다. 원래 한 말과 그에 이어지는 추론은 양립할 수 없습니다. 왜냐하면 만약 진아가 모든 자아들의 바탕이고 그토록 분명한 것이라면, 어떤 얻음도 필요하지 않기 때문입니다.

당연히 그는 그 주제를 더 밀고 나갈 수 없었고, 자기가 지은 첫 4행을 완성시켜 달라고 스리 바가반께 제출했던 것이다.

스리 바가반은 그 제자의 말에 담긴 진리성을 인정하고, 그 분명한 진아가 왜 아직 숨겨져 있는지를 지적하셨다. 그것은 자기와 몸 등과의 그릇된 동일시 때문이었다.

**헌:** 그 그릇된 동일시가 어떻게 일어났습니까?

**마:** 생각들 때문입니다. 만일 이 생각들이 종식되면 진정한 자아가 스스로 빛을 발할 것입니다.

**헌:** 어떻게 하면 그런 생각들이 끝이 납니까?

**마:** 그것들의 토대를 발견하십시오. 그 생각 모두는 단 하나의 '나'라는 생각에 꿰어져 있습니다. 그것을 진압하십시오. 그러면 다른 모든 생각이 진압됩니다. 더욱이 진아 외의 모든 것은 알아도 소용이 없습니다. 진아를 알면 다른 모든 것을 알게 됩니다. 그래서 진아 깨달음이 인간의 1차적이고 유일한 임무인 것입니다.

**헌:** '나'라는 생각을 어떻게 진압합니까?

**마:** 그 근원을 추구하면 그것이 일어나지 않고, 그리하여 그것이 진압됩니다.

**헌:** 어디서 그리고 어떻게 그것을 발견합니까?

**마:** 그것은 사실 개인들이 서로 다르게 움직일 수 있게 하는 의식입니다. 순수한 의식이 진아입니다. 진아를 깨닫기 위해 필요한 것은 "고요히 있으라"가 전부입니다.

**헌:** 어떤 것이 그보다 더 쉬울 수 있겠습니까?

**마:** 그래서 진아지가 가장 얻기 쉽다는 것입니다.

대담 380

한 유럽인 신사가 질문했다: 당신께서는 "당신은 누구십니까?"라는 질문에 어떻게 답하십니까?

**마:** 그대 자신에게 "나는 누구인가?" 하는 질문을 던지십시오.

**헌:** 당신께서 그것을 어떻게 발견하셨는지 부디 말씀해 주십시오. 저 자신은 그것을 발견할 수 없을 겁니다. 그 '나'는 생물학적 힘들의 결과입니다. 그것은 침묵으로 끝납니다. 저는 스승님께서 그것을 어떻게 발견하셨는지 알고 싶습니다.

**마:** 논리로써만 그것이 발견됩니까? 그런 과학적 분석은 지성에 기인합니다.

**헌:** J. C. 보스(Bose)[70]의 말에 따르면 자연은 벌레와 인간 사이에 어떤 구별도 하지 않는다고 합니다.

**마:** 자연이 무엇입니까?

**헌:** 그것은 존재하는 것입니다.

**마:** 그 존재를 그대는 어떻게 압니까?

**헌:** 저의 감각기관으로 압니다.

**마:** '저의'라는 말은 그대가 존재한다는 것을 의미합니다. 그러나 그대는 다른 사람의 존재에 대해 이야기하고 있습니다. '저의 감각기관'을 이야기하려면 그대가 존재해야 합니다. '나' 없이는 '나의'가 있을 수 없지요.

**헌:** 저는 가여운 한 피조물입니다. 당신께서는 큰 스승이시기 때문에, 제가 당신께 와서 이 존재가 무엇인지를 여쭙니다. 존재(existence)라는 말에는 아무 특별한 의미가 없습니다. 당신께서 존재하시고, 제가 존재하고, 남들이 존재합니다. 그것이 어떻다는 것입니까?

**마:** 누군가의 존재를 사실로 가정한다는 것은 그대 자신이 존재함을 보여줍니다. "존재는 그대의 성품"입니다.

**헌:** 존재하는 어떤 것에도 이상한 점이라고는 없습니다.

**마:** 그대는 그것의 존재를 어떻게 압니까―그대 자신의 존재보다도?

**헌:** 어떤 것이 존재한다는 데 새로운 것이 뭐가 있습니까? 제가 당신의 책을 집어 거기서, 사람이 그 자신에게 던져야 하는 단 하나의 물음은 "나는 누구

---

70) *T.* 인도의 물리학자·생물학자·식물학자였던 자가디시 찬드라 보스(Jagadish Chandra Bose, 1858-1937).

인가?"라는 것임을 읽습니다. 저는 "당신은 누구십니까?"를 알고 싶습니다. 저는 저 나름의 답을 가지고 있습니다. 만일 다른 사람이 같은 이야기를 하고 수백만의 다른 사람들도 마찬가지라면, 진아가 존재할 개연성이 있습니다. 저는 그 질문에 대한 적극적인 답변을 원하지, 말장난은 원하지 않습니다.

**마:** 이런 식으로 그대는 고작해야 개연성의 영역에 있군요.

**헌:** 예. 어떤 확실성도 없습니다. 신조차도 절대적으로 확실한 존재라는 것은 증명할 수 없습니다.

**마:** 신은 당분간 논외로 합시다. 그대 자신은 어떻습니까?

**헌:** 저는 진아에 대한 확증을 원합니다.

**마:** 그대는 남들에게서 그 확증을 구합니다. 각자가 '너'라고 불리기는 하지만, 그 자신은 '나'라고 지칭합니다. 그 확증은 '나'로부터만 옵니다. 어떤 '너'도 전혀 없습니다. 모두가 '나' 안에 포함됩니다. 자기가 있다는 것을 가정할 때만 남이 있다는 것을 알 수 있습니다. 주체 없이는 남들이 존재하지 않습니다.

**헌:** 또 이것은 전혀 새로운 것이 아닙니다. 제가 C. V. 라만(Raman) 경卿[71]과 같이 있을 때 그가 말하기를, 냄새의 이론은 자신이 말하는 빛의 이론에서 설명될 수 있다고 했습니다. 냄새를 더 이상 화학의 견지에서 설명할 필요가 없다는 것입니다. 자, 어떤 새로운 것이 있습니다. 그것이 진보입니다. 제가 지금 듣는 모든 말씀에 새로운 것이 아무것도 없다고 말할 때, 그것은 그런 의미에서 하는 말입니다.

**마:** '나'는 결코 새롭지 않습니다. 그것은 영원히 똑같습니다.

**헌:** 어떤 진보도 없다는 뜻으로 하시는 말씀입니까?

**마:** 진보는 외향적인 마음에 의해서만 지각됩니다. 마음이 안으로 향하고 진아를 추구할 때는 일체가 고요합니다.

**헌:** 과학들—그것은 어떻게 됩니까?

**마:** 그것들은 모두 진아 안에서 끝납니다. 진아가 그것들의 종국(종착지, 또는 최종 결론)입니다.

 (오후 5시였다. 스리 바가반은 회당을 나가셨고, 그 신사도 역으로 떠났다.)

---

71) *T.* 인도의 물리학자(1888-1970). 빛의 산란 연구로 1930년에 노벨 물리학상을 수상했다.

## 대담 381

벵골인 엔지니어 보스 씨가 「진아지」 마지막 연의 의미를 여쭈었다. 스리 바가반은 다음과 같이 설명하셨다:

지각되는 세계가 있는데, 그 지각은 외관상의 것일 뿐입니다. 그것은 존재하기 위한 장소와 (지각을 가능케 하는) 빛을 필요로 합니다. 그러한 **존재**와 **빛**은 마음이 일어남과 동시에 있습니다. 그래서 그 물리적 존재와 비춤은 심적인 존재와 비춤의 일부입니다. 후자는 절대적이지 않습니다. 마음은 일어나고 가라앉기 때문입니다. 마음은 **진아** 안에 그 바탕을 두고 있는데, 이 **진아**는 자명합니다. 즉, 그것의 존재와 자기광명(self-luminosity)은 명백합니다. 그것은 잠·생시·꿈의 상태에서도 지속되는 **절대적 존재**입니다.

세계는 다양성으로 구성되는데, 그것이 마음의 작용입니다. 마음은 반사된 빛, 즉 **진아**에서 반사되는 빛에 의해 빛납니다. 영화에서 화면들이 산란된 빛, 즉 인공적 빛 속에서만 보일 뿐 강한 광채나 짙은 어둠 속에서 보이지 않듯이, 세계라는 화면들도 산란된 빛, 곧 무지의 어둠을 통해 반사된 **진아**의 빛 안에서만 지각 가능합니다. 세계는 잠 속에서와 같은 순수한 무지나, **진아 깨달음**과 같은 순수한 빛 속에서는 보일 수 없습니다. 무지가 다양성의 원인입니다.

그 엔지니어는, 자신은 지적으로만 그것을 이해한다고 말했다.

**마:** 왜냐하면 지성이 그대를 현재에 붙들어두고 있기 때문입니다. 즉, 그대는 생시에 이런 문제들을 논의할 때, 지성에 장악되어 있습니다.

나중에 당신은 깨달음을 위해서는 은총이 필요하다는 말씀을 덧붙이셨다. 엔지니어는 은총을 어떻게 얻어야 하느냐고 여쭈었다.

**마:** 은총은 곧 진아입니다. 그것이 드러나지 않는 것은 무지가 지배하기 때문입니다. 믿음(sraddha)이 있으면 그것이 드러날 것입니다.

믿음·은총·빛·영靈은 모두 **진아**와 동의어입니다.

### 1937년 4월 5일

## 대담 382

표정이 차분하지만 철학에 조예가 있는 텔루구인 신사가 스리 바가반께 심잠心潛(manolaya)에 대해서 질문했다.

스리 바가반은 일체가 「가르침의 핵심」에 들어 있다고 말씀하셨는데, 이 사람은 그 책 한 권을 손에 들고 있었다.

헌: 마음이 무엇입니까?

마: 그것이 무엇인지 살펴보십시오.

헌: 그것은 생각의 변상變相(sankalpa vikalpatmaka)[생각과 그것이 변화된 것들]입니다.

마: 누구의 생각(sankalpa)입니까?

헌: 생각은 마음의 성품입니다.

마: 그 생각은 무엇에 대한 것입니까?

헌: 외부 현상들에 대한 것입니다.

마: 정말 그렇지요. 그것이 그대의 성품입니까?

헌: 그것은 마음의 것입니다.

마: 그대의 성품은 무엇입니까?

헌: 순수한 의식의 빛(Suddha Chaitanya)입니다.

마: 그러면 왜 생각 기타의 것을 걱정합니까?

헌: 마음이 늘 변하고(chanchala) 불안정하다(asthira)는 것을 인정합니다.

마: 같은 곳에서 또 말하기를, 마음을 내면으로 돌려 진아에 합일시켜야 하며, 그 수행은 느리기 때문에 오래 해야 하고, 마음이 진아에 완전히 합일될 때까지 그것을 계속해야 된다고 합니다.

헌: 저는 그것을 위한 쁘라사드(prasad), 즉 은총을 원합니다.

마: 그것은 늘 그대와 함께합니다. 그대에게 필요한 것은 자신을 외향적 마음과 혼동하지 말고 진아로 안주하는 것이 전부입니다. 그것이 쁘라사드입니다.

신사는 절을 하고 물러갔다.

**대담 383**

산야시인 스와미 로께샤난다가 스리 바가반께 질문했다: 생전해탈자에게 발현업이 있습니까?

마: 질문자는 누구입니까? 그 질문은 누구에게서 나옵니까? 질문하는 이는 생전해탈자입니까?

헌: 아니요, 저는 아직 해탈자(mukta)가 아닙니다.

마: 그러면 생전해탈자 자신이 그 질문을 하게 하지 그럽니까?

헌: 그 의문은 저에게 있습니다.

마: 물론 그렇지요. 무지인이 의문을 가졌지, 진인은 그렇지 않습니다.

헌: 창조란 없다는 교의[불생론]에 따르면, 스리 바가반의 설명은 흠잡을 데 없습니다. 그러나 그런 설명이 다른 학파들에서도 용납되겠습니까?

마: 비이원론(Advaita vada)에는 세 가지 접근방법이 있습니다.

(1) **불생론**不生論(Ajatavada)은 '상실(우주의 해체)도 없고, 창조도 없고, 속박된 자도 없으며, 수행자도 없고, 해탈을 열망하는 자도, 해탈도 없다. 이것이 지고의 진리다'[『만두끼야 주석송(Mandukya Karika)』,[72] 2.32]라는 것입니다.

이에 따르면 오직 하나가 있고, 그것은 어떤 논의도 허용하지 않습니다.

(2) **견현론**見現論(Drishti Srishti vada)[동시창조론(simultaneous creation)]은 이런 비유로 설명됩니다. 두 친구가 나란히 누워 잠이 들었습니다. 그 중 한 사람은 친구와 함께 베나레스로 갔다가 돌아오는 꿈을 꿉니다. 그가 (깨어나서) 친구에게 자기들 둘이 베나레스에 갔다 왔다고 이야기합니다. 친구는 그것을 부인합니다. 한 사람의 견지에서는 갔다 왔다는 말이 맞고, 다른 사람의 견지에서는 부인한 것이 맞습니다.

(3) **현견론**現見論(Srishti Drishti vada)[점진적 창조와 그에 대한 앎]은 쉽습니다.

업業(Karma)은 과거의 행위로 가정되는데, 발현업(prarabdha) · 미래업(agami) · 누적업(sanchita) 등이 있습니다. 그것을 위해서는 행위자 관념(kartritva)과 행위자(karta)가 있어야 합니다. 업[행위]이 몸에게 있을 수는 없습니다. 왜냐하면 몸은 지각력이 없기 때문입니다. 업은 육체아 관념(dehatma buddhi)이 지속되는 한에서만 있습니다. 육체아 관념을 초월한 뒤에는 우리가 진인이 됩니다. 그 관념이 없으면 행위자 관념도, 행위자도 있을 수 없습니다. 그래서 진인에게는 업이 없습니다. 그것이 그의 체험입니다. 그렇지 않다면 진인이 아니지요. 그러나 무지인은 진인을 그의 몸과 동일시하는데, 진인은 그러지 않습니다. 무지인은 진인의 몸이 활동하고 있기 때문에 그가 행위를 한다고 보고, 따라서 진인이 발현업에 영향을 받지 않느냐고 묻습니다.

경전에서, 진지(jnana)는 "모든 업(sarvakarmani)을 태워버리는 불"(『기타』, 4.37)이라고 합니다. '모든(sarva)'은 두 가지 방식으로 해석됩니다. 즉, (1) 발현업을

---

72) T. 샹까라의 스승의 스승인 가우다빠다(Gaudapada)가 지은 『만두끼야 우파니샤드』 주석서.

포함하는 것으로, (2) 그것을 배제하는 것으로 해석하는 것입니다. 첫 번째 방식에서는, 만일 아내가 셋인 남자가 죽으면 "세 명의 아내 중 두 사람은 과부이고 한 사람은 아니라고 할 수 있겠는가?"라고 묻습니다. 모두 다 과부입니다. 발현업·미래업·누적업도 그와 마찬가지입니다. 행위자가 없으면 그 셋 중 어느 것도 더 이상 존속할 수 없습니다.

그러나 두 번째 설명은 질문자를 만족시키기 위해서 해주는 것일 뿐입니다. (사람이 진지를 얻으면) 발현업만 남겨 놓고 모든 업이 타버린다고 합니다. 그리고 (진인의) 몸은 그것이 태어나서 하기로 되어 있는 기능들을 계속한다고 합니다. 그것이 발현업입니다. 그러나 진인의 견지에서는 그러한 다양성으로 나타나는 진아가 있을 뿐입니다. 진아와 별개로는 어떤 몸도 없고 어떤 업도 없습니다. 그래서 그 행위들은 그에게 영향을 주지 않습니다.

**헌:** 진인에게는 육체아 관념이 없습니까? 예컨대 스리 바가반께서는 벌레에게 물려도 아무 감각이 없습니까?

**마:** 그 감각이 있고 육체아 관념도 있습니다. 후자는 진인과 무지인에게 공통되지만 이런 차이가 있습니다. 즉, 무지인은 '몸이야말로 자기(dehaiva Atma)'라고 생각하는 반면, 진인은 '모든 것이 진아의 것(Atmamayam sarvam)' 혹은 "이 모든 것이 브라만이다(sarvam khalvidam Brahma)"[73]라는 것을 압니다. 설사 고통이 있어도 내버려둡니다. 그것도 진아의 일부입니다. 진아는 완전합니다.

이제 진인의 행위에 관해서 보자면, 그것이 행위로 불리는 것은 그것들이 효력이 없기 때문일 뿐입니다. 일반적으로 행위들은 개인 안에 상습(常習)으로 내장됩니다. 그것은 무지인의 경우와 같이 마음이 비옥한 한에서만 그럴 수 있습니다. 사람들은 진인에게도 마음이 있을 거라고 추측하지만, 그는 이미 마음을 초월해 있습니다. 외관상 활동이 있기 때문에 진인의 경우에도 마음이 있을 것으로 추론해야겠으나, 그 마음은 무지인의 마음처럼 비옥하지 않습니다. 그래서 진인의 마음은 브라만이라고 하는 것입니다. 브라만은 확실히 진인의 마음과 다르지 않습니다. 그 토양에서는 원습이 열매를 맺을 수 없습니다. 그의 마음은 척박하고, 원습 등에서 벗어나 있습니다.

그러나 진인의 경우에도 발현업이 있다고 해주기 때문에, 원습도 존재하는

---

73) T. 『찬도갸 우파니샤드』, 3.14.1.

것으로 가정할 수밖에 없습니다. 설사 원습이 존재한다 해도 그것은 향유享有를 위해서만(bhogahetu-향유인因) 있습니다. 다시 말해서 행위는 두 가지 열매를 맺는데, 하나는 행위들의 열매를 향유하기 위한 것이고, 다른 하나는 내생에 계속 (행위의 열매를) 나투기 위한 상습의 형태로 마음에 인상을 남깁니다. 진인의 마음은 척박하므로 업의 씨앗들을 품을 수 없습니다. 그의 원습은 향유로만 끝나는 활동들(bhogahetuka karma)에 의해 그냥 소진됩니다. 사실 그의 업은 무지인의 견지에서만 업으로 보입니다. 진인은 무위無爲로 남아 있을 뿐입니다. 그는 몸을 진아와 별개의 것으로 알지 않습니다. 그런 그에게 어떻게 해탈이나 속박이 있을 수 있습니까? 진인은 둘 다를 넘어서 있습니다. 지금이든 그 어느 때든, 그는 업에 구속되지 않습니다. 그에 따르면 생전해탈자도 없고 무신해탈자도 없습니다.

**헌:** 이런 모든 말씀을 놓고 보면 모든 원습을 태워버린 진인이 최상이고, 그는 나무 그루터기나 바위같이 꼼짝하지 않고 있을 것 같습니다.

**마:** 아니, 꼭 그렇지는 않지요. 원습은 그에게 영향을 주지 않습니다. 사람이 나무 그루터기나 바위같이 있다는 것 자체가 하나의 원습 아닙니까? 본연상태(sahaja)가 진인의 상태입니다.

## 대담 384

대화는 원습으로 넘어갔다. 스리 바가반이 말씀하셨다: 좋은 원습(suvasana)과 나쁜 원습(kuvasana)은 공존합니다. 즉, 하나 없이는 다른 하나도 있을 수 없습니다. 어쩌면 그 중 하나가 우세하겠지요. 좋은 원습은 계발되지만, 결국에는 그것도 진지에 의해 소멸되어야 합니다.

한 젊은 천재 이야기가 나왔다. 스리 바가반이 말씀하시기를, 그에게는 전생의 잠재적 인상(purva janma samskara)이 강한 것이라고 하셨다.

**헌:** 어떻게 해서 그것이 유명한 성자들의 말씀을 줄줄 인용하는 능력으로 나타납니까? 그것은 하나의 씨앗 형태로만 있는 원습입니까?

**마:** 예. 상습은 후천적 지식인데, 저장되어 있습니다. 그것이 적합한 환경에서 드러납니다. 강한 상습을 가진 사람이 어떤 사물을 만나면, 아무 상습이 없거나 약한 상습을 가진 사람보다 그것을 훨씬 빨리 이해합니다.

**헌:** 그것은 발명가들에게도 타당합니까?

마: "태양 아래 새로운 것은 없다"고 했습니다. 소위 발명이니 발견이니 하는 것들은 그들이 관심 가진 방향으로 강한 상습을 가진 유능한 사람들이 그것을 재발견한 것에 지나지 않습니다.

헌: 뉴턴이나 아인슈타인도 마찬가지입니까?

마: 예, 물론입니다. 그러나 아무리 강한 상습이라 해도 차분하고 고요한 마음 속에서가 아니면 드러나지 않을 것입니다. 기억을 되살려 보려고 해도 안 되다가, 차분하고 고요할 때 어떤 것이 마음 속에 언뜻 떠오르기도 하는 것은 누구나 경험하는 일입니다. 잊어버린 것들을 기억하는 데도 마음의 고요함이 필요합니다. 소위 천재란 여러 전생에 열심히 노력하여 지식을 얻고, 그것을 상습으로 저장해 두었던 사람입니다. 그런 사람이 이제 마음을 집중하다 보면 마음이 그 주제에 합일됩니다. 그 고요함 속에서, 가라앉아 있던 관념들이 번뜩입니다. 그렇게 되려면 유리한 조건들도 필요합니다.

### 1937년 4월 6일

**대담 385**

안드라 신사인 벤까따 라오 씨는 스리 바가반과의 대화 도중 이런 말씀을 들었다: 진지를 얻기 전에는 진인의 상태를 이해할 수 없습니다. **이스와라**가 하는 일 등에 대해 질문하는 것은 아무 소용 없습니다. 어떤 사람들은 왜 **시바가** 다루까 숲(Daruka forest)에 벌거벗고 가서 리쉬들의 부인들이 지녔던 정숙함을 무너뜨렸느냐고 묻습니다.74) 이 사건을 기록하고 있는 뿌라나들은 **시바가** 그에 앞서 우유의 바다가 휘저어질 때 할라할라(halahala) 독을 마셔 천신들과 우주를 구했다고도 말합니다.75) 치명적인 독으로부터 세계를 구하고 현자들을 해탈로 이끌 수 있는 분이, 리쉬들의 부인들 사이를 벌거벗고 다니기도 한 것입니다. 그들의 행위는 보통의 지성으로는 이해할 수 없습니다. 진인이나 **이스와라**를 이해하려면 그대가 진인이 되어야 합니다.

헌: 우리는 진인의 방식들을 배우고 그것을 모방해야 하지 않습니까?

---

74) *T*. 이 사건에 대해서는 『저작 전집』, 158쪽 참조.
75) *T*. 힌두 신화에서, 먼 옛날 천신들이 우유의 바다를 휘저어 불로장생의 감로를 만들고 있을 때, 일이 잘못되어 이 우유가 독으로 오염되고 이로 인해 삼계의 중생들이 모두 죽게 되었다. 이에 시바가 나서서 이 독을 들이마셔 천신들과 우주를 구했다고 한다.

마: 아무 소용이 없습니다. 원습에 네 가지가 있는데, (1) 순수한(*suddha*) 원습, (2) 덜 순수한(*malina*) 원습, (3) 혼합된(*madhya*) 원습, (4) 좋은(*sat*) 원습입니다. 이는 진인들이 최고(*varishta*)・최우수(*variya*)・우수(*vara*)・양호(*vit*)의 네 부류로 나뉘는 데 따른 것입니다. 그 열매를 거두는 방식은 세 가지로, (1) 우리 자신의 의지로(*swechha*), (2) 남들의 의지로(*parechha*), (3) 저절로(*anichha*) 거두는 것입니다. 가우따마(Gautama-고대의 진인), 비야사(Vyasa-베다의 정리자), 수까, 자나까 같은 진인들이 있었지요.

헌: 비야사도 진인이었습니까?

마: 예, 물론이지요.

헌: 그러면 왜 목욕하던 천녀들이 그가 앞에 나타났을 때는 옷을 입었는데, 수까가 지나갈 때는 그러지 않았습니까?

마: 바로 그 비야사가 수까를 자나까에게 보내어 가르침을 받게 했지요. 수까는 자나까에게 시험받았고, 마침내 비야사의 위대함을 납득하고 돌아갔습니다.

헌: 진지(*jñana*)는 성취(*arudha*)와 같습니까?

마: 그렇지요.

헌: 헌신(*bhakti*)과 지知(*jnana*)의 관계는 무엇입니까?

마: 영원하고, 끊임없고, 본래적인 상태가 지知입니다. 그것은 진아에 대한 사랑을 의미하지 않습니까? 그것이 바로 헌신 아닙니까?

헌: 신상神像 숭배는 좋지 않은 것 같습니다. 이슬람에서는 무형상의 신을 숭배합니다.

마: 신에 대한 그들의 관념은 무엇입니까?

헌: 내재성으로서의 신 등입니다.

마: 바로 그럴 때도 신은 속성을 부여받지 않습니까? 형상은 속성의 한 종류일 뿐입니다. 어떤 관념들 없이는 신을 숭배할 수 없습니다. 그리고 어떤 관념(*bhavana*)도 속성을 가진(*saguna*) 어떤 신을 전제합니다. 더욱이 신의 형상이나 형상 없음을 논하는 것이 무슨 소용 있습니까? 그대에게 형상이 있는지를 알아내십시오. 그러면 신을 이해할 수 있습니다.

헌: 저에게 형상이 없다는 것을 인정합니다.

마: 좋습니다. 그대는 잠 속에서 형상이 없지만, 생시의 상태에서는 자신을 하나의 형상과 동일시합니다. 어느 것이 그대의 진정한 상태인지를 보십시오.

탐구해 보면 그것이 형상이 없다는 것이 이해됩니다. 그대의 지知로써 그대의 진아가 형상이 없다는 것을 안다면, 신에게도 같은 정도의 지知는 있다고 보고, 그도 형상이 없다는 것을 인정해야 하지 않습니까?

헌: 그러나 신에게는 세계가 있습니다.

마: 세계는 어떻게 나타납니까? 우리는 어떻게 있습니까? 이것을 알면 그대가 신을 압니다. 그가 시바인지, 비슈누인지, 어떤 다른 신인지, 아니면 모두를 합친 것인지 알게 될 것입니다.

헌: 바이꾼타(Vaikuntha)는 빠라마빠다(Paramapada) 안에, 즉 초월적 진아 안에 있습니까?

마: 그대의 안에 있지 않으면 빠람빠다나 바이꾼타가 어디 있습니까?

헌: 바이꾼타 등은 뜻하지 않게 나타납니다.

마: 이 세계는 뜻하는 대로 나타납니까?

　질문자는 아무 대답을 하지 않았다.

마: 자명한 '나'가 진아를 등한시한 채, 비아를 알려고 애쓰며 돌아다닙니다. 얼마나 우스운 일입니까!

헌: 이것은 상키야 요가(Samkhya Yoga)입니다. 그것은 다른 모든 요가의 정점인데, 무엇보다 그것을 어떻게 이해할 수 있겠습니까? 헌신이 그에 선행하지 않습니까?

마: 스리 크리슈나는 상키야로써 『기타』를 시작하지 않았습니까?

헌: 예. 이제 그것을 이해하겠습니다.

## 대담 386

헌: 스리 라마크리슈나의 『생애』에서는 하나의 신상神像인 람랄(Ramlal)이 살아 움직였다고 합니다. 그게 사실입니까?

마: (그대의) 그 몸이 살아 움직이는 것은 그대가 설명할 수 있습니까? 그 신상의 움직임이 그 몸의 움직임보다 더 신비롭습니까?

헌: 금속은 스스로 움직이지 않습니다.

마: 몸은 하나의 송장 아닙니까? 송장이 움직이면 그대는 아마 그것을 불가사의라고 하겠군요. 그렇습니까?

## 대담 387

세 사람이 잠시 방문했다. 그 중 가장 나이 많은 사람이 질문했다: 우파니샤드에서는 창조의 과정이 이렇다고 하고, 뿌라나에서는 저렇다고 합니다. 그 중 어느 것이 참됩니까?

**마**: 그런 설명은 많은데, 그것은 창조에는 원인이 있으며, 우리가 그 원인을 추구하려면 하나의 창조주를 가정해야 한다는 것을 말해주기 위한 것입니다. 강조점은 그 이론의 목적에 있지, 창조의 과정에 있는 것이 아닙니다. 더욱이 그 창조는 누군가에 의해 지각됩니다. 주체 없이는 어떤 대상도 없습니다. 즉, 대상들이 그대에게 와서 자기들이 있다고 말하는 것이 아니라, 그대가 대상들이 있다고 말하는 것입니다. 따라서 대상들은 보는 자가 그것을 이해하는 대로입니다. 그것들은 주체와 독립된 어떤 존재성도 없습니다. 그대가 무엇인지를 아십시오. 그러면 세계가 무엇인지 이해합니다. 그것이 그 이론의 목적입니다.

**헌**: 영혼은 하나의 작은 입자일 뿐인 반면, 창조계는 아주 거대합니다. 어떻게 우리가 그것을 헤아려 볼 수 있습니까?

**마**: 그 입자가 거대한 창조계에 대해 이야기합니다. 모순이 어디 있습니까?

## 대담 388

나중에 스리 바가반이 계속 말씀하셨다: 경전 이론, 과학 이론, 수많은 이론이 있습니다. 그 이론들이 어떤 종국(최종 결론)에 도달했습니까? 그럴 수 없습니다. 브라만은 가장 미세한 것보다도 미세하고, 가장 넓은 것보다도 넓다고 합니다. 아누(anu)는 극미한 하나의 원자입니다. 그것은 미세한 지각으로 끝납니다. 그 미세함은 미세신微細身(sukshuma body), 즉 마음이 가진 것입니다. 그 마음 너머에 진아가 있습니다. 사물들 중에서 가장 큰 것들도 개념인데, 그 개념들은 마음이 가진 것입니다. 그 마음 너머에 진아가 있습니다. 그래서 진아가 가장 미세한 것보다도 더 미세합니다.

　수많은 창조 이론이 있을 수 있습니다. 그 모두가 바깥으로 뻗어나갑니다. 그런 이론에는 한이 없을 것입니다. 왜냐하면 시간과 공간이 무한하기 때문입니다. 그러나 시간과 공간은 마음 안에 있을 뿐입니다. 마음을 보십시오. 시공을 초월하여 진아를 깨닫게 됩니다.

창조는 우리 자신이 만족할 수 있도록 과학적으로나 논리적으로 설명됩니다. 그러나 거기에 어떤 결말이 있습니까? 그런 설명들을 점현론漸現論(*krama srishti*)[점진창조론]이라 합니다. 반대로 견현론見現論(*drishti srishti*)[동시창조론]은 즉현론卽現論(*yugapad srishti*)[돌연창조론]입니다. 보는 자 없이는 보이는 대상도 없습니다. 보는 자를 발견하십시오. 그러면 창조계는 그의 안에 포함됩니다. 왜 바깥을 보면서 끝도 없는 현상들을 계속 설명합니까?

**대담 389**
스리 바가반께 가져오는 선물들에 관해 당신이 말씀하셨다: 그들은 왜 선물을 가져옵니까? 제가 그런 것을 원합니까? 제가 마다해도 그들은 선물을 저에게 떠안깁니다. 무엇 때문입니까? 그것을 받으면 제가 그들의 바람에 굴복해야 합니다. 그것은 고기를 잡기 위한 미끼와 같습니다. 낚시꾼이 고기를 먹이고 싶어 합니까? 아니지요. 자기가 그 고기를 먹고 싶은 것입니다.

산야시, 스와미 로께샤난다: 지知(*jnana*)와 명지明知(*vijnana*)가 무슨 뜻입니까?
마: 그런 말들은 문맥에 따라 다른 의미를 가질 수 있습니다. 지知는 일반지知(*samanya jnana*), 곧 순수한 의식이고, 명지는 특수지知(*visesha jnana*)입니다. 특수지는 세간적[상대적인 지知]일 수도 있고, 초월적[진아 깨달음]일 수도 있습니다.

특수지(*visesha*)에게는 마음이 필요한데, 그것이 절대적 의식의 순수성을 변용시킵니다. 그래서 명지는 지성과, 그것을 구성하는 껍질(지성껍질), 즉 상대적인 지知를 나타냅니다. 그 경우 지知는 명지(*vijnana*)・각지覺知(*samjnana*)・완전지(*prajnana*)・분별지(*ajnana*)・사고력(*mati*)・확고함(*dhriti*) 같은 지知의 여러 양상에 두루 걸쳐 있는 일반지(*samanya*)이거나[『아이따레야 우파니샤드』, 제3장 참조], 아니면 "지知와 명지로 완전히 만족하여(*jnana vijnana triptatma*)"76)라고 할 때처럼, 지知는 간접지(*paroksha*)이고 명지는 직접지(*aparoksha*)입니다.
헌: 브라만과 이스와라 간의 관계는 무엇입니까?
마: 브라만이 세계와 관련해서는 이스와라라고 불립니다.
헌: 스리 라마크리슈나가 그랬듯이, 이스와라와 이야기하는 것도 가능합니까?
마: 우리가 서로 이야기를 할 수 있다면 이스와라와 같은 방법으로 왜 이야기

---

76) *T*. 『바가바드 기타』, 8.6. "지知와 명지로 완전히 만족해 있을 때 그런 사람을 요기라고 한다. 그런 이는 초월 속에 있고, 자기를 제어하며, 일체를 평등하게 본다."

를 하지 못하겠습니까?

헌: 그러면 왜 그런 일이 저희들에게는 일어나지 않습니까?

마: 그러자면 마음이 순수하고 강해야 하며, 명상 수행을 해야 합니다.

헌: 만약 그런 조건들이 존재하면 신이 나타납니까?

마: 그런 나툼은 그대 자신이 실재하는 만큼이나 실재합니다. 바꾸어 말해서, 그대가 생시에서와 같이 자신을 몸과 동일시할 때는 거친 대상들을 보고, 꿈속에서와 같이 미세신으로, 곧 멘탈 차원(mental plane)에 있을 때는 똑같이 미세한 대상들을 보며, 잠 속에서와 같이 동일시가 없을 때는 아무것도 보지 않습니다. 보이는 대상들은 그것을 보는 자의 상태와 관계가 있습니다. 신의 환영을 볼 때도 마찬가지입니다.

오래 수행하면 신의 모습이 우리가 명상하던 대로 꿈속에 나타나며, 나중에는 생시에도 나타날 수 있습니다.

헌: 그것이 신 깨달음(God-realization)입니까?

마: 오래 전에 일어났던 이야기를 한 번 들어보십시오.

남데브(Namdev)라는 성자가 있었습니다. 그는 마치 우리가 서로 그렇게 하듯이 비토바(Vithoba-크리슈나)와 서로 보고, 이야기하고, 함께 놀 수도 있었습니다. 그는 대부분의 시간을 사원에서 비토바와 놀면서 보냈습니다.

한번은 성자들이 한데 모였는데, 그 중에는 명성과 탁월함이 널리 알려진 냔데브(Jnandev)라는 분이 있었습니다. 냔데브는 고라 꿈바르(Gora Kumbhar)[옹기장이 성자]에게, 구운 항아리들이 단단한지 점검하는 솜씨를 발휘하여 거기 모인 성자들 중에서 누가 제대로 구워진 점토인지 알아봐 달라고 했습니다. 그래서 고라 꿈바르는 자신의 막대기를 꺼내어 마치 점검하듯이 장난으로 한 사람 한 사람의 머리를 부드럽게 두드렸지요. 그가 남데브에게 왔을 때 남데브는 화를 내며 항의했습니다. 모두가 웃으면서 그를 야유했습니다. 남데브는 격분하여 사원의 비토바를 찾아갔는데, 비토바는 그 성자들이 누구보다 잘 안다고 말했습니다. 이 예상치 못한 답변에 남데브는 더욱 속이 상했습니다.

그가 말했습니다. "당신은 신이십니다. 저는 당신과 대화하고 놀기도 합니다. 인간으로서 더 이상 얻어야 할 것이 있습니까?"

비토바는 물러서지 않았습니다. "그 성자들은 알지."

남데브: 만일 당신보다 더 실재하는 것이 있다면 부디 말씀해 주십시오.

**비토바**: 우리는 서로 너무 친하게 지내 와서, 내 조언이 자네에게 소기의 효과가 없겠지. 숲 속의 거지 성자를 찾아가서 진리를 알도록 하게.

그에 따라 남데브는 **비토바**가 말한 성자를 찾아갔습니다. 그러나 남데브는 그 사람의 성스러움에 인상을 받지 못했습니다. 왜냐하면 그는 벌거벗은 더러운 몸으로 자신의 두 발을 한 링가(linga) 위에 걸치고 땅바닥에 누워 있었기 때문입니다. 남데브는 이런 사람이 어떻게 성자일 수 있을까 하고 의아해했습니다. 반면에 성자는 남데브에게 미소를 지으며 말했습니다. "**비토바**가 자네를 여기로 보냈나?" 이 말에 깜짝 놀란 남데브는 비로소 그 사람이 대단하다는 것을 믿고 싶은 마음이 났습니다. 그래서 남데브가 그에게 물었지요. "사람들은 당신을 성자라고 하는데, 왜 링가를 모독하십니까?" 성자가 대답했습니다. "사실 나는 너무 늙고 약해서 올바른 일을 하지 못한다네. 부디 내 발을 들어서 링가가 없는 곳에 놓아주게." 그래서 남데브는 성자의 두 발을 들어 다른 곳에 놓았습니다. 그러나 그 발 밑에도 링가가 있었습니다. 발을 어디에 놓아도 바로 그 자리에서 그 밑에 링가가 나타났습니다. 마침내 남데브는 그 발들을 자기 자신에게 놓았고 그는 링가가 되어 버렸습니다. 그제야 남데브는 신이 내면에 있다는 것을 이해했고, 진리를 배워 그 자리를 떠났습니다. 그는 집으로 돌아갔고, 여러 날 동안 사원에 가지 않았습니다. **비토바**가 이제 집으로 그를 찾아와서 왜 신을 보러 사원에 오지 않느냐고 물었습니다. 남데브가 말했습니다. "그가 없는 곳이 있습니까?"

이 이야기의 교훈은 분명합니다. 신의 환영을 보는 것은 **진아 깨달음**의 차원보다 아래에 있다는 것입니다.

## 대담 390

**헌**: 제가 스리 바가반의 저작들을 읽어보니 탐구가 **깨달음**에 이르는 한 방법으로 이야기된다는 것을 알겠습니다.

**마**: 예, 그것이 자기탐구입니다.

**헌**: 그것은 어떻게 하는 것입니까?

**마**: 질문자는 자신의 자아가 존재함을 인정해야겠지요. "**내가 있다**"가 그 **깨달음**입니다. **깨달음**에 이르기까지 그 단서를 추구하는 것이 자기탐구입니다. 자기탐구와 **깨달음**은 동일합니다.

헌: 알 듯 말 듯합니다. 저는 무엇에 대해서 명상할까요?
마: 명상은 명상하는 대상이 필요한 반면, 자기탐구에서는 주체만 있고 대상이 없습니다. 명상은 이 점에서 자기탐구와 다릅니다.
헌: 명상은 깨달음에 이르는 효율적인 과정 중의 하나 아닙니까?
마: 명상은 어떤 대상에 대한 집중입니다. 그것은 잡다한 생각들이 들어오지 못하게 하고 마음을 단 한 가지 생각에 고정하는 목적을 달성시켜 주지만, 그 한 생각마저 사라져야 깨달음에 이릅니다. 그러나 깨달음은 새로 얻어지는 것이 전혀 아닙니다. 그것은 이미 있지만, 생각들의 막에 가려집니다. 우리의 모든 노력은 이 막을 걷는 데로 향해지며, 그러다가 깨달음이 드러납니다.

　참된 구도자에게 명상을 하라고 조언하면 많은 사람들은 그 조언에 만족하여 돌아가겠지요. 그러나 그 중의 어떤 사람은 돌아와서, "어떤 대상에 대해 명상하는 저는 누구입니까?" 하고 물을지 모릅니다. 그런 사람에게는 진아를 발견하라고 말해주어야 합니다. 그것이 종국입니다. 그것이 자기탐구입니다.
헌: 명상을 하지 않고 자기탐구만 해도 되겠습니까?
마: 자기탐구는 과정이자 목표입니다. "내가 있다"가 목표이자 최종적 실재입니다. 노력으로 그것을 붙드는 것이 자기탐구입니다. 그것이 자연발로적이고 자연스러울 때, 그것이 깨달음입니다.

## 대담 391

앞에 나온 산야시 방문객인 스와미 로께샤난다가 삼매에 대해서 질문했다.
마: (1) 실재를 꽉 붙드는 것이 삼매입니다.
　　(2) 노력으로 실재를 꽉 붙드는 것이 유상삼매입니다.
　　(3) 실재에 합일되어 세계를 인식하지 못하는 것이 무상삼매입니다.[77]
　　(4) 무지에 합일되어 세계를 인식하지 못하는 것이 잠입니다[이때는 고개가 앞으로 숙여지지만 삼매에서는 그렇지 않다].
　　(5) 원초적이고 순수한 본래적 상태에 애씀 없이 머무르는 것이 본연무상삼매(*sahaja nirvikalpa samadhi*)입니다.
헌: 무상삼매에 21일간 머무르는 사람은 필히 육신을 버려야 한다고 합니다.

---

[77] 436쪽의 도표 참조.

마: 삼매는 육체아 관념['나는 몸이다'라는 관념]을 넘어서는 것을 의미하며, (그 상태에서) 몸을 **자기**와 동일시하지 않는다는 것은 두말할 필요가 없습니다.

천 년 이상 무상삼매에 잠겨 있는 분들도 있다고 합니다.

(위 (3)에서) 유상삼매와 무상삼매는 다음과 같이 나눠질 수 있습니다.

| 유상삼매 | | 무상삼매 | |
|---|---|---|---|
| 외적(Bahya) | 내적(Antar) | 외적(Bahya) | 내적(Antar) |
| 1) **보이는 대상과 연관되는 것** : 마음이 한 대상에서 다른 대상으로 뛰어 다닙니다. 마음을 안정시켜 대상들 이면의 **실재**에 고정하십시오. | 마음이 욕망·분노 등에 시달립니다. 그것들이 어디서 일어나며, 어떻게 존재성을 갖는지를 보십시오. 그것들의 근원을 꽉 붙드십시오. | (이 상태에서는) 모든 현상들의 저변에 있는 그 하나인 **실재**에 합일되어, 찰나적인 나툼들(현상계)을 의식하지 못합니다. | (이 상태에서는) 모든 생각 등을 낳는 단일한 실재인 가장 내적인 존재에 합일되어, 다른 어떤 것도 의식하지 못합니다. |
| 2) **들리는 소리와 연관되는 것** : 단일한 실재에 기원을 두고 있다고 하는 외적 현상들이 있습니다. 그것을 찾아내어 꽉 붙드십시오. | 2) 내면의 **실재**에서 일어나 스스로를 나투는 온갖 생각들이 있습니다. 그 **실재**를 꽉 붙드십시오. | 이 상태는 물결이 고요하고 평온한, 파도 없는 바다에 비유됩니다. | 이 상태는 공기의 흐름에 동요되지 않고 아주 안정되게 타고 있는 불길에 비유됩니다. |
| 이 네 가지 유상삼매는 모두 (의식적인) 노력으로 유지해야 합니다. | | 이러한 무상삼매들이 노력을 수반하지 않고, 외적인 삼매의 파도 없는 바다와 내적인 삼매의 안정된 불길이 동일하다는 것을 깨달을 때, 그 상태를 본연무상삼매라고 합니다. | |

## 대담 392

스와미 로께샤난다가 일련의 다른 질문을 계속했다.

**헌**: 깨달음을 얻기 전에 꾼달리니를 일깨워야 하며, 그것이 깨어나면 몸이 뜨겁게 느껴진다고 합니다. 그렇습니까?

**마**: 요기들은 그것을 **꾼달리니 샥띠**(*Kundalini Sakti*)라고 부릅니다. 그것은 헌신가들의 '신 형상의 상相(*Bhagavatakara vritti*)'이나 지知 수행자의 '브라만 형상의 상相(*Brahmakara vritti*)'과 같은 것입니다. 그것이 깨달음의 예비적 단계일 수밖에 없습니다. 거기서 일어나는 느낌은 뜨겁다고 말할 수도 있겠지요.

**헌**: 꾼달리니는 뱀의 형태를 하고 있다고 하지만, 상相들은 그럴 수 없습니다.

**마**: 지知의 길에서 꾼달리니는 **심장**이라고 하는데, 그 또한 영맥(*nadis*)들의 한 그물망이라거나, 뱀 모양을 하고 있다, 연꽃 봉오리 모양을 하고 있다는 등 다양하게 묘사됩니다.

**헌**: 이 **심장**은 생리학적 심장과 같은 것입니까?

**마**: 아니지요. 『스리 라마나 기타』에서는 그것을 '나'라는 생각의 근원으로 정의하고 있습니다.

**헌**: 그러나 저는 그것이 가슴 오른쪽에 있다고 하는 것을 읽었습니다.

**마**: 그것은 관법觀法(*bhavana*)[이미지 관상법觀像法]을 돕기 위한 것입니다. 여섯 중심(*shadchakra*-여섯 군데의 차크라)과 안팎의 다른 많은 주시처(*lakshyas*)를 다룬 책들이 있습니다. 심장에 대한 묘사는 수많은 주시처들 중의 하나입니다. 그러나 그것은 불필요합니다. 심장은 '나'라는 생각의 근원일 뿐입니다. 그것이 궁극적 진리입니다.

**헌**: 우리는 그것을 내적기관들(*antahkaranas*)의 근원으로 여겨도 됩니까?

**마**: 내적기관은 다섯 가지로 분류되는데, (1) 지知(*Jnana*), (2) 마음(*Manas*), (3) 지성(*Buddhi*), (4) 기억(*Chitta*), (5) 에고(*Ahankara*)가 그것입니다. 어떤 이들은 뒤의 네 가지만 이야기하고, 어떤 이들은 두 가지, 즉 마음과 에고만 이야기합니다. 또 어떤 이들은, 내적기관은 단 하나인데 그 기능들이 서로 달라서 그것이 서로 달리 보이고, 그래서 서로 다른 이름들이 있는 것이라고 말합니다. 그래서 **심장**이 내적기관들의 근원입니다.

    지각력 없는 몸이 있고, 영원하고 스스로 빛나는 **진아**가 있습니다. 그 둘 사이에서 하나의 현상, 즉 에고가 일어났는데, 이것은 마음·지성·기억·에고·힘(sakti)·생기(prana) 등 여러 가지 이름으로 불립니다. 그대의 근원을 추구하십시오. 그 추구가 그대를 **심장**까지 자동적으로 데려갑니다. 내적기관들은 미세신(sukshma sarira)을 설명하기 위한 관념(kalpana)일 뿐입니다. 육신은 지·수·화·풍·공의 원소들로 이루어져 있고, 지각력이 없습니다. **진아는 순수하고 스스로 빛나며**, 따라서 자명합니다. 그 둘 사이의 관계를 확립하려 하다 보니, 한편으로 5대 원소의 미세한 측면들로 이루어지고, 또 한편으로는 **진아의 반사광**으로 이루어진 어떤 미세신을 가정한 것입니다. 그래서 마음과 동의어인 이 미세신은 지각력이 있기도 하고 없기도 합니다. 즉, 반사광(abhasa)입니다. 또 원소들에 대한 사뜨와 구나(satva guna)의 작용으로 그것들의 밝음[사뜨와 측면]이 마음(manas)과 감각기관들(jnanendriyas)로 나타나고, 라자스(rajas)의 작용으로 그 활동적 측면이 생기와 사지四肢(karmendriyas-운동기관)로 나타나며, 따마스(tamas)의 작용으로 그 어두운(둔한) 측면이 몸 등 거친 현상들로 나타납니다.

**헌:** 그러나 마음은 그런 세 가지 성질도 가지고 있다고 합니다.

**마:** 예. 사뜨와[순수성] 안에 사뜨와가 있지요. 그 안에 라자스[활동성]가 있고, 따마스[둔감성]도 있고, 그런 식입니다. 숫다 사뜨와(suddha sattva)는 아주 순수하고, 미슈라(misra)[혼합된 사뜨와]는 사뜨와와 다른 성질들의 혼합입니다. 사뜨와라는 성질은 그것이 다른 두 가지 성질에 비해 우세하다는 것을 의미할 뿐입니다.

나중에 스리 바가반이 말씀을 계속하셨다: 여러 학파의 복잡한 미로 같은 철학이 문제들을 해명해 주고 **진리**를 드러낸다고 합니다. 그러나 사실 그 철학들은 어떤 혼란도 존재할 필요가 없는 곳에서 혼란을 야기합니다. 무엇을 이해하려면 **진아**(자기)가 있어야 합니다. 진아는 명백합니다. 왜 **진아**로 머무르지 않습니까? 비아를 설명할 필요가 뭐가 있습니까?

베단타를 예로 들어봅시다. 그들은 15가지 생기(prana)가 있다고 말합니다. 학인學人(student)에게는 그 이름은 물론이고 기능들까지 암기하게 합니다. 생기가 위로 올라가면 쁘라나(prana), 밑으로 내려가면 아빠나(apana)라 하고, 기관들(indriyas)을 작동시키면 또 무엇이라고 부릅니다. 왜 이런 걸 다 합니까? 왜 분류하고, 이름을 붙이고, 기능을 열거하는 등을 합니까? 하나의 생기가 전체 일을 한다고 알면 충분하지 않습니까?

내적기관은 생각하고, 욕망하고, 의지하고, 추리하는 등의 기능을 하며, 각 기능은 마음·지성 등 한 가지 이름에 귀속됩니다. 생기나 내적기관을 본 사람이 있습니까? 그것들이 어떤 실제적 존재성을 갖습니까? 그런 것들은 개념에 불과합니다. 그런 개념들이 언제 어디서 끝이 나겠습니까?

다음과 같은 경우를 생각해 보십시오.

어떤 사람이 잠을 잡니다. 깨어나면 자신이 잠을 잤다고 말합니다. 이런 질문을 해봅시다. "왜 그는 잠 속에서는 자신이 자고 있다고 말하지 않는가?" 그 답은, 그가 **진아** 안에 잠겨 있어서 말을 할 수 없다는 것입니다. 마치 물 밑에서 뭔가를 건져내려고 물속으로 잠수한 사람처럼 말입니다. 그 잠수부는 물 밑에서는 말을 하지 못합니다. 그 물건들을 실제로 건져내어 밖으로 나왔을 때 말을 합니다. 자, 그에 대한 설명은 무엇입니까?

물속에 있으면서 말을 하려고 입을 벌리면 물이 입으로 흘러들어갈 거라는 것입니다. 간단하지 않습니까? 그러나 철학자는 이런 간단한 사실에 만족하지 않습니다. 그의 설명인즉, 불은 말을 관장하는 **신**인데 그것은 물과 상극이고, 그래서 그것이 기능하지 못한다고 합니다! 이것을 철학이라 하고, 배우는 이들은 이런 모든 것을 배우기 위해 애를 쓰고 있습니다! 이거 순전히 시간 낭비 아닙니까? 또 **신**들이 개인(*vyashti*)의 사지와 감각기관들을 관장하고 있다고 합니다. 그들은 **비라뜨**(*Virat*)[전체성(*samashiti*)]78)의 수족과 감각기관들이라는 것입니다. 그렇게 그들은 **히라냐가르바**(*Hiranyagarbha*)79) 등을 계속 설명해 나갑니다. 왜 혼란을 야기하고 나서 그것을 설명해야 합니까? 아! 이런 미로에 말려들지 않는 사람은 복이 있습니다!

저는 실로 다행스럽게도 결코 그런 것에 끌리지 않았습니다. 거기에 끌렸다면 아마 아무것도 이루지 못하고, 늘 혼란에 빠져 있었겠지요. 저의 전습前習(*purva vasanas*)은 저를 곧장 "나는 누구인가?" 하는 탐구로 이끌었습니다. 실로 다행한 일이었지요!

---

78) *T*. 전 우주의 모든 몸들의 총합 안에 들어 있다고 생각된 지고의 지성. 말하자면 전 우주를 하나의 사람처럼 인식한 개념이며, 따라서 **신**들은 그의 사지나 감관으로 이해된다. 비라뜨·히라냐가르바에 대한 설명은 또한 『빠잉갈라 우파니샤드(*Paingala Upanishad*)』, 1.4-6 참조.
79) *T*. '황금빛 자궁(혹은 알).' 마누 법전에 따르면 형상 없는 브라만은 우주가 생겨나기 전의 혼돈의 물 속에 하나의 '씨'를 심었는데, 이 씨가 하나의 황금알이 되었고 여기서 **창조주 브라마**와 모든 피조물들이 나왔다고 한다. 따라서 우주 전체는 이 원초적인 알 속에 들어 있었다는 것이다.

## 1937년 4월 11일

**대담 393**

헌: 「쁘라붓다 바라따(Prabuddha Bharata)」 3월호에 성녀 테레사[80]의 영적 체험에 관한 짤막한 이야기가 실려 있습니다. 그녀는 한 마돈나(성모 마리아) 상像에 헌신하고 있었는데, 그 상이 그녀의 눈앞에서 살아 움직였고 그녀는 깊은 지복에 잠겼다고 합니다. 그것은 신력하강(Saktipata)과 같은 것입니까?

마: 그 살아 움직인 모습은 명상의 깊이(dhyana bala)를 말해줍니다. 신력하강은 마음을 내면으로 향하게 준비시켜 줍니다. 마음을 자기 자신의 그림자에 집중하면, 그것이 나중에 살아 움직이면서 거기에 던진 물음에 응답하는 그러한 과정이 있습니다. 그것은 마음의 힘 또는 명상의 깊이에서 옵니다. 뭐든 외부적인 것은 또한 일시적입니다. 그런 현상들은 한동안 기쁨을 줄지 모르지만, 지속적인 평안, 즉 샨띠(santi)를 가져오지는 않습니다. 그것은 무지를 제거해야만 얻어집니다.

**대담 394**

헌: 어떻게 하면 마음을 고요하게 할 수 있습니까?

마: 마음을 가지고 마음을 바라보거나 마음을 **진아** 안에 고정하여, 마음을 진아의 통제 하에 두십시오.

헌: 그것을 위한 어떤 요가, 즉 과정이 있습니까?

마: 탐구(vichara)만 해도 그렇게 될 것입니다.

**대담 395**

헌: 어떻게 해야 **뿌르나 브라만**(Poorna Brahman)이 성취됩니까? 재가자에게 가장 잘 맞는 수행법은 무엇입니까?

마: 그대는 이미 뿌르나(poorna), 즉 완전함을 말했습니다. 그대가 **뿌르나**와 별개입니까? 만일 그것과 별개라면 그것이 완전(poorna)하겠습니까? 만일 별개가 아니라면 그 질문이 어떻게 일어납니까? **브라만**은 완전하고, 그대가 그것과 별개가 아니라는 것을 아는 것이 종국입니다. 그것을 보십시오. 그러면 그대

---

80) T. 스페인 아빌라(Avila)의 한 가르멜파 수도원에서 살았던 수녀, 신비가(1515-1582).

는 재가자도 아니고, 어떤 유한한 존재도 아니라는 것을 알게 될 것입니다.

**헌:** 범주(*tattvas*-세계를 구성하는 근본 원리들)가 무엇입니까?

**마:** 뿌르나 브라만에 대한 앎이 다른 문제들을 자동적으로 밝혀줄 것입니다.

### 1937년 4월 12일

## 대담 396

열렬한 신지학도인 네덜란드 여성 공그레이프(Gongrijp) 부인은 자바에서 오랫동안 일했고 지금은 아디야르에 살고 있는데, 이곳(아쉬람)을 잠시 방문하고 있다. 그녀가 질문했다: 신지학에서는 (환생의 원인으로) 갈애渴愛(*tanha*)를 이야기하는데, 이것은 환생에 대한 갈망을 뜻합니다. 그것의 원인은 무엇입니까?

**마:** 환생에 대한 갈망은, 연속되는 탄생들을 끝내기 위해 다시 태어나고 싶어 하는 욕망입니다. 그 영靈이 지금은 빈사 상태에 있는데, 그것을 되살려야만 현재의 외관상 죽음에 이은 환생이 일어날 수 있습니다. 그대의 진정한 성품을 망각하는 것이 현재의 죽음이고, 그것을 기억하는 것이 환생입니다. 그것이 연속적인 탄생을 종식시킵니다. 그대의 삶은 영원한 삶입니다.

**헌:** 저는 갈애가 '생명에 매달리는 것'을 뜻한다고 봅니다. 영원한 삶에 대한 욕망 말입니다.

**마:** 분명히 그렇지요. 그 욕망은 어떻게 일어납니까? 현재의 상태가 견딜 수 없기 때문입니다. 왜입니까? 그것이 그대의 참된 성품이 아니기 때문입니다. 그것이 그대의 진정한 성품이었다면 어떤 욕망도 그대를 어지럽히지 않겠지요. 현재의 상태는 그대의 진정한 성품과 어떻게 다릅니까? 그대는 실은 영靈입니다. 그러나 그 영이 자신을 거친 몸과 그릇되게 동일시하고 있습니다. 그 몸은 마음이 투사한 것이고, 마음 자체는 영靈에서 나왔습니다. 그 그릇된 동일시가 그치면 평안과, 영구적이고 말할 수 없는 **지복**이 있을 것입니다.

**헌:** 생명은 몸이 가진 것이고, 환생은 다른 몸을 받아 오는 것입니다.

**마:** 단순히 몸을 바꾸는 것만으로는 아무 효과가 없습니다. 이 몸과 연관되는 에고가 다른 몸으로 옮겨갑니다. 그것이 누구를 만족시킬 수 있겠습니까?
 더욱이 생명이 무엇입니까? 생명은 **존재**, 곧 그대의 **진아**입니다. 그것이 영원한 삶입니다. 그렇지 않다면, 그대는 그대가 없는 때를 상상할 수 있습니까? 그 생명이 지금 몸에 의해 조건지워져 있고, 그대는 자신의 존재를 몸의 존

재와 그릇되게 동일시합니다. 그대는 조건지워지지 않은 생명입니다. 이 몸들이 마음의 투사물로서 그대에게 들러붙고, 그대는 지금 '나는 몸이다'라는 관념에 시달립니다. 이 관념이 그치면 그대는 그대의 진아입니다.

태어나기 전에 그대는 어디에 어떻게 있었습니까? 잠들어 있었습니까? 어떻게 있었습니까? 그때도 그대는 몸 없이 존재했습니다. 그러다가 에고가 일어나고, 그런 다음 마음이 일어나는데 이 마음이 몸을 투사합니다. '나는 몸이다'라는 관념이 그 결과입니다. 몸이 존재하기 때문에 그대는 그것이 태어났다고, 그리고 죽을 것이라고 말합니다. 그리고 그 관념을 자기에게 전이하여 그대가 태어난다고, 그리고 죽을 것이라고 말합니다. 사실 그대는 잠 속에서 몸 없이 있지만 지금은 몸을 가지고 있습니다. 진아는 몸 없이도 있을 수 있으나, 몸은 진아와 별개로 존재할 수 없습니다.

"나는 몸이다"라는 생각은 무지입니다. 몸은 진아와 별개가 아니라는 것이 지知입니다. 그것이 지知와 무지의 차이입니다.

몸은 마음의 한 투사물이고 마음은 곧 에고인데, 이 에고는 진아에서 일어납니다. 그래서 그 몸-생각이 한눈을 팔면서 진아를 벗어나 헤맵니다. 누구에게 그 몸이나 탄생이 있습니까? 진아, 곧 영靈에게 있지는 않습니다. 그것은 자신을 별개라고 상상하는 비아非我에게 있습니다. 분리감이 있는 한 그대를 괴롭히는 생각들이 있을 것입니다. 그러나 본래의 근원을 되찾으면, 분리감이 종식되고 평안이 있습니다.

돌을 위로 던질 때 어떤 일이 일어나는지 생각해 보십시오. 돌은 자신의 근원을 떠나 위로 치솟지만, 내려오려고 하면서 계속 운동하여 마침내 그 근원으로 돌아와 거기서 휴식합니다. 마찬가지로, 바닷물이 증발하면 구름이 되고, 구름은 바람에 실려 다니다가 응결하여 물이 되고 비로 내리며, 그 물은 언덕을 흘러내려 개천이 되고 강이 되어 마침내 본래의 근원인 바다에 도달하는데, 바다에 도달하면 평안해집니다. 그러니 보세요, 근원에서 분리되어 있다는 느낌이 있는 곳에는 어디든지 요동과 움직임이 있지만 결국 그 분리감이 상실됩니다. 그대 자신도 마찬가지입니다. 지금 그대가 자신을 몸과 동일시하기 때문에, 자신이 영靈, 곧 참된 자아와 분리되어 있다고 생각합니다. 그대의 근원을 회복해야 그 그릇된 정체성이 그치고 그대가 행복해집니다.

금은 하나의 장신구가 아니지만 (금으로 만든) 장신구는 금에 지나지 않습니다. 그 장신구가 어떤 형태를 취하든, 장신구들이 아무리 다양하든, 단 하나의 실재, 즉 금이 있을 뿐입니다. 몸들과 진아도 그와 마찬가지입니다. 유일한 실재는 **진아**입니다. 자신을 몸과 동일시하면서 행복을 찾는 것은, 악어의 등에 타서 강을 건너려는 것과 같습니다. 몸 정체성(body identity-몸을 자기로 아는 것)은 마음이 밖으로 나가 헤매기 때문입니다. 그 상태에 계속 있게 되면 끝없는 얽힘 속에 붙들려 있게 될 뿐이고 평안이 없을 것입니다. 그대의 근원을 추구하여 **진아**에 합일되고, 오로지 홀로 머무르십시오.

환생은 현재의 상태에 대한 불만족과, 불만족이 없을 곳에 다시 태어나고 싶다는 욕망을 의미합니다. 탄생은 몸의 탄생이기에, 진아에 영향을 주지 못합니다. **진아**는 몸이 사멸한 뒤에도 그대로 남습니다. 그런 불만족은 **영원한 진아**를 사멸될 몸과 그릇되게 동일시하는 데서 비롯됩니다. 몸은 에고에게 필요한 하나의 부가물입니다. 그 에고가 살해되면 영원한 **진아**가 온통 찬란하게 드러납니다.

몸이 십자가입니다. 사람의 아들 예수는 에고, 즉 '나는 몸이다'라는 관념입니다. 그가 십자가에 못 박힐 때는 **영광스러운 진아**, 곧 **하느님의 아들**인 예수로 부활합니다. "살고 싶거든 이 삶을 포기하라"[81]고 했습니다.

## 대담 397

**헌**: 두려움은 자신이 존재하지 않게 될 수 있다는 데서 나옵니다. 그것은 몸에 속합니다. 잠 속에서는 우리가 몸을 자각하지 못합니다. 그래도 우리는 잠을 두려워하지 않고 오히려 잠을 자고 싶어 하는 반면, 죽음은 두려워합니다. 이 두 가지 소견 사이에 왜 이런 차이가 있습니까?

**마**: 잠에 대한 욕망이나 죽음에 대한 두려움은, 마음이 활동하고 있으나 (잠과 죽음의) 그 각각의 상태 자체 안에 있지 않을 때 있습니다. 마음은 몸이라는 개체가 지속되며 잠을 자고난 뒤에는 다시 나타난다는 것을 압니다. 그래서 잠에는 두려움이 수반되지 않고, (오히려) 몸 없는 존재의 즐거움이 추구됩니다. 반면에 소위 죽음이 일어난 뒤에는 몸이 다시 나타나리라는 것을 마음이 확신하지 못하기 때문에, 그것을 두려워하는 것입니다.

---

[81] T. 이것은 B. P. 블라바츠키의 『침묵의 음성(The Voice of the Silence)』에 나오는 말이다. 블라바츠키의 원문: "Give up thy life, if thou wouldst live."

## 1937년 4월 14일

**대담 398**

지금 북인도를 여행 중인 상주헌신자 단다빠니(Dandapani)가 「현대 심리학 리뷰(*Modern Psychological Review*)」지誌에서 발췌한 것을 보내왔는데, 거기서 말하기를 심장이라는 동적인 중심은 왼쪽이 아니라 오른쪽에 있는 반면, 그 신체적 기관은 왼쪽에 있다고 했다.

그 주제에 관한 대화가 이어졌다.

**마:** 요가의 길에서는 여섯 군데의 중심(차크라)을 이야기하는데, 수행에 의해서 하나하나 도달해야 한다고 합니다. 그리하여 마침내 사하스라라(sahasrara)에 도달하면 거기서 불사不死의 감로甘露를 발견하고 불멸을 성취한다는 것입니다. 요기들은 우리가 엉치신경총(sacral plexus-미저골의 신경 밀집 부위)에서 시작되는 빠라나디(paranadi)로 들어간다고 말하는 반면, 지知 수행자들(jnanis)은 그 나디가 심장에서 시작된다고 말합니다. 외관상 모순되는 이 두 가지 주장 간의 조화는, 요가의 빠라나디는 물라다라(muladhara)에서 시작되고, 지知의 빠라나디는 심장에서 시작된다고 명확히 말하는 비밀스런 교의에서 이루어집니다. 진실은, (깨달음을 얻으려면) 빠라나디 속으로 들어가야 한다는 것입니다. 요가적 수행으로는 내려갔다 올라갔다 하면서 줄곧 헤매다가 결국 목표에 도달하지만, 지知 수행으로는 우리가 중심(심장) 안에 곧장 자리 잡습니다.

**헌:** 빠라 다음에는 빠시얀띠 등이 따라오지 않습니까?

**마:** 그대는 말(Vak)이 빠라(para)·빠시얀띠(pasyanti)·마드햐마(madhyama)·바이카리(vaikhari)로 나뉘는 것을 이야기하는군요.[82] 말은 '생기의 힘(prana sakti)'인 반면, 마음은 '빛의 형상(tejorupa)' 혹은 '의식의 힘(chit sakti)'입니다. 샥띠는 드러나지 않은 근원의 현현입니다.

요기들은 사하스라라, 즉 '천 개의 꽃잎으로 된 연꽃'이라고도 하는 뇌의 중심으로 올라가는 데 최고의 중요성을 부여합니다. 어떤 요기들은 더 높은 곳에 더 복잡한 구성을 가진, 예컨대 십만 개 혹은 1억 개의 꽃잎으로 된 다른

---

82) T. 인도의 언어철학자 바르뜨리하리(Bhartrihari, 5세기?)가 그의 책 『어문론(*Vakyapadiya*)』에서 언어 산출 과정을 빠시얀띠, 마드햐마, 바이카리의 3단계로 제시한 후 널리 전파된 개념이다. 후대의 문법철학자 Srikantha에 따르면, 1) *para*는 모든 언어와 의미의 총합, 2) *pasyanti*는 특정한 단어와 의미의 단일체, 3) *madhyama*는 내면에서 문자화된 언어, 4) *vaikhari*는 여기에 생기(*prana*)가 가담하여 입 밖으로 나온 언어로서 분명한 음절의 형태를 갖춘 것이라고 한다.

중심들이 있다고 말합니다. 지금은 그런 것들은 생략합시다. 그들은 생기의 흐름이 (정수리의) 숨구멍을 통해서 들어온다고 한 경전 말씀을 지적하면서, 분리(*viyoga*)가 그 방향으로 일어났기 때문에 결합(*yoga*)은 그 역방향으로 이루어져야 한다고 주장합니다. 따라서 요가의 완성을 이루려면 우리가 요가 수행으로 생기를 끌어 모아 숨구멍(사하스라라)으로 들어가야 한다는 것입니다. 지知 수행자들은, 요기들이 몸의 존재와 몸과 진아의 분리를 가정하고 있고, 그래서 재결합을 위한 요가 수행에 힘쓸 것을 권하는 것이라고 지적합니다.

사실 몸은 마음 안에 있고 마음은 뇌를 자기 자리로 삼는데, 뇌는 다시 — 요기 자신들이 그들의 숨구멍 이론에서 시인하듯이 — 다른 근원에서 빌려온 빛에 의해 작동합니다. 지知 수행자는 나아가, 만약 그 빛이 빌려온 것이라면 그것은 그 본래의 근원에서 와야 한다고 주장합니다. 그 근원으로 바로 가라, 빌려온 자원에 의존하지 말라는 것입니다. 쇳덩어리를 불 속에서 달구어 분리시키면 쇠공이 생겨나고 나중에 불기운을 내놓으며 식지만, 원래의 덩어리와 재결합시키려면 다시 달구어야 하듯이, 분리의 원인은 재결합의 요인도 될 수밖에 없습니다.

또 어떤 반사된 상像이 있다면, 해와 같은 근원(원물)과 반사가 일어날 수 있는 한 단지의 물과 같은 부수적 요인들이 있을 수밖에 없습니다. 반사를 없애려면 수면을 덮거나 — 이것은 요기들이 말하는 숨구멍에 도달하는 것에 상응하고 — 아니면 물을 빼 버리면 되는데, 이것을 따빠스(고행)라고 합니다["따빠스가 브라만이다(*Tapo Brahmeti*)"].[83] 다시 말해서 생각, 곧 두뇌 활동이 그쳐야 합니다. 이것이 지知의 길입니다.

그러나 이 모든 것은 개아가 진아, 곧 브라만과 별개라는 가정에 기초해 있습니다. 그러나 우리가 별개입니까? "아니다"라고 지知 수행자는 말합니다. 에고란 단지 진아(자기)를 비아와 그릇되게 동일시하는 것입니다. 마치 무색의 수정과 색깔 있는 배경의 경우에, 수정은 무색이지만 그 배경 때문에 붉게 보이듯이 말입니다. 그 배경을 치워버리면 수정은 원래의 순수함으로 빛납니다. 진아와 내적기관들도 그와 마찬가지입니다.

그렇기는 하나 이 비유도 그다지 적절하지 않습니다. 왜냐하면 에고는 진아

---

[83] T. "물을 뺀다"는 것은 '마음을 없앤다'는 뜻이다. '따빠스'는 여기서 마음을 소멸하기 위한 지知 수행자의 자기탐구를 의미한다. (꺾쇠표 안의 인용문은 『따이띠리야 우파니샤드』, 3.3 참조.)

에 그 근원을 두고 있고, 수정과 배경처럼 분리되어 있지 않기 때문입니다. 에고가 **진아**에 근원을 두고 있기 때문에, 그것이 그 근원에 합일되게 하려면 에고를 추적해 올라가는 수밖에 없습니다.

에고의 중심이자 중핵을 **심장**이라고 하며, 이는 **진아**와 동일합니다.

한 신사가, 지知 수행자들이 다른 방식으로 그렇게 하듯이 요기들도 아나하따(anahata-가슴에 있는 차크라)에 도달하여 심장중심을 깨닫는지 여쭈었다.

**마:** 아나하따는 **심장중심**(Heart-centre)과 같지 않습니다. 만일 같다면 왜 그들이 사하스라라까지 더 헤매고 올라가야 합니까? 더욱이 그런 질문이 일어나는 것은 우리의 안에서 분리감이 지속되기 때문입니다. 우리는 **심장중심**에서 결코 떨어져 있지 않습니다. 아나하따에 도달하기 전이든 거기를 지나간 뒤든, 그대는 그 **중심** 안에 있을 뿐입니다. 그것을 이해하든 못하든, 그대는 그 **중심**에서 떨어져 있지 않습니다. 요가 수행이나 자기탐구는 (그대가) 늘 그 **중심**에만 머물러 있는 가운데 이루어집니다.

**헌:** 어떤 것이 우리의 수행(sadhana)이 되어야 합니까?

**마:** 수행자(sadhaka)에게 수행인 것이 성취자(siddha)에게는 본연상태(sahaja)입니다. 본연상태는 본래의 상태이고, 그래서 수행은 이 항존하는 진리의 깨달음에 대한 장애물을 제거하는 것이라고 할 수 있습니다.

**헌:** 마음의 집중도 수행법 중의 하나입니까?

**마:** 집중은 한 가지를 생각하는 것이 아닙니다. 오히려 그것은 우리의 참된 성품을 보지 못하게 가로막는 다른 모든 생각을 물리치는 것입니다. 우리의 모든 노력은 무지의 베일을 걷는 데로 향해질 뿐입니다. 지금은 생각들을 제압하기가 어려운 것처럼 보입니다. 거듭난 상태(진아를 깨달은 상태)에서는 생각을 불러들이기가 더 어렵다는 것을 알 것입니다. 그도 그럴 것이, 생각할 것들이 있습니까? **진아**밖에 없습니다. 생각은 대상들이 있을 때만 작용할 수 있습니다. 그러나 대상이 없습니다. 생각이 대체 어떻게 일어날 수 있겠습니까?

습관으로 인해 우리는 생각을 그치기가 어렵다고 믿습니다. 그 오류를 발견하면, 어리석게도 생각을 일으켜 불필요하게 애쓰는 일이 없을 것입니다.

**헌:** 은총이 수행보다 더 효과적이지 않습니까?

**마:** 스승(Guru)은 단지 그대가 무지를 뿌리 뽑는 것을 도와줄 뿐입니다. 스승이 그대에게 **깨달음**을 건네줍니까?

**헌:** 저희들은 무지합니다.

**마:** 자신이 무지하다고 말하는 만큼은 그대가 지혜롭습니다. 자신이 미쳤다고 말하는 사람이 미친 사람입니까?

스승의 **은총**은 그대를 물 밖으로 꺼내주려고 뻗어온 손길과 같습니다. 즉, 그것은 그대의 길이 무지를 더 쉽게 제거하도록 만듭니다.

**헌:** 그것은 무지라는 병을 치유하는 약 같은 것 아닙니까?

**마:** 약은 무엇에 씁니까? 그것은 환자를 본래의 건강 상태로 회복시켜 줄뿐입니다. 스승·은총·신 등의 이런 이야기가 다 무엇입니까? 스승이 그대의 손을 잡고 귀에다 무엇을 속삭여 줍니까? 그대는 스승이 그대 자신과 같을 거라고 상상합니다. 그대가 하나의 몸과 함께하기 때문에, 스승도 하나의 몸이어서 그대에게 뭔가 구체적인 것을 해준다고 생각합니다. (그러나) 그의 작업은 내면에서 이루어집니다. 스승은 어떻게 얻어집니까? 내면에 있는 **신**이 자신을 사랑하는 헌신자에게 **은총** 속에서 연민을 느끼고, 그 헌신자의 수준에 따라 그 자신을 어떤 존재로 나툽니다. 헌신자는 그를 한 인간으로 생각하고 몸들 간의 관계를 기대합니다. 그러나 **신** 곧 **진아**의 화신인 **스승**은 내면에서 작업하여, 그 사람이 자기 방식의 오류를 발견하게 돕고 그를 올바른 길로 인도합니다. 결국 그는 내면의 **진아**를 깨닫습니다.

그런 깨달음을 얻은 뒤에 제자는 이렇게 느낍니다. "전에는 내가 너무 걱정을 했다. 나는 결국 전과 같은 **진아**이지만 (이제는) 어떤 것에도 영향을 받지 않는다. 비참했던 그 사람은 어디 있지? 어디서도 찾아볼 수가 없구나."

우리는 지금 어떻게 해야 합니까? 오로지 **스승**의 말씀대로 행하고, 내면에서 작업하십시오. **스승**은 안에도 있고 밖에도 있습니다. 그래서 그는 그대를 내면으로 몰아넣기 위한 조건들을 창출하고, 그대를 중심으로 끌어당기기 위해 내면을 준비시킵니다. 이처럼 그는 밖에서 밀고 안에서 끌어당겨 그대가 중심에 고정될 수 있도록 합니다.

잠 속에서는 그대가 내면에 집중됩니다. 깨어남과 동시에 그대의 마음은 밖으로 달려 나가 이것저것, 기타 모든 것을 생각합니다. 이것을 제어해야 합니다. 그것은 안과 밖에서 모두 작업할 수 있는 행위자에게만 가능합니다. 그를 하나의 몸과 동일시할 수 있습니까? 우리는 우리의 노력으로 세계를 정복할 수 있다고 생각합니다. 바깥에서 좌절당해 내면으로 들어가지 않을 수 없을 때, 우리는 "오, 오! 인간보다 더 높은 힘이 있구나!" 하는 것을 느낍니다. 더 높은 힘의 존재를 인정하고 인식해야 합니다. 에고는 아주 힘이 센 코끼리여서 사자가 아니면 누구도 제어할 수 없습니다. 이 경우에 그 사자는 다름 아닌 스승입니다. 그가 바라보기만 해도 코끼리는 벌벌 떨다가 죽습니다. 우리는 때가 되면, 우리(에고)가 더 이상 존재하지 않는 곳에 우리의 영광이 있다는 것을 알게 될 것입니다. 그 상태를 얻기 위해서는 "**주님**! 당신이 저의 **피난처**이십니다!" 하면서 우리 자신을 내맡겨야 합니다. 그러면 **스승**이 "이 사람은 인도를 받기에 적합한 상태에 있다"고 보고, 그를 인도합니다.

**헌:** 자기순복(self-surrender)이 무엇입니까?

**마:** 그것은 자기제어와 같습니다. 제어는 에고의 작용을 의미하는 상습을 제거함으로써 이루어집니다. 에고는 **더 높은 힘**을 인식할 때만 (자신을) 내맡깁니다. 그런 인식이 순복이나 내맡김, 혹은 자기제어입니다. 그렇지 않으면, 에고는 긴장된 표정과 자세로 마치 자기가 어깨 위에 탑을 받치고 있는 듯한 모습을 하고 있는 탑의 조각상처럼 오만한 상태로 있게 됩니다. 에고는 그 **힘** 없이는 존재할 수 없는데도, 자기 스스로 행위한다고 생각합니다.

**헌:** 어떻게 하면 말 안 듣는 마음이 제어될 수 있겠습니까?

**마:** 그 근원을 추구하여 그것이 사라지게 하든지, 아니면 순복하여 (스승에 의해) 그것이 파괴되게 하십시오.

**헌:** 그러나 마음은 우리의 통제를 빠져나갑니다.

**마:** 그러라고 하지요. 그에 대해 생각하지 마십시오. 다시 차분해졌을 때, 마음을 되돌려서 내면으로 향하게 하십시오. 그거면 충분합니다.

노력 없이는 누구도 성공하지 못합니다. 마음 제어는 그대의 타고난 권리가 아닙니다. 성공하는 소수는 꾸준히 노력해서 성공하는 것입니다.

기차 안의 어떤 승객이 자신의 어리석음 때문에 자기 짐을 머리에 계속 이고 있습니다. 그것을 내려놓으라 하십시오. 그래도 그 짐이 목적지에 도착한다는 것을 알게 될 것입니다. 마찬가지로, 우리도 행위자인 척하지 말고 인도하는 **힘**에 우리 자신을 내맡깁시다.

**헌:** 스와미 비베카난다는, 영적인 **스승**은 제자에게 영성(spirituality)을 실체적으로 전수해 줄 수 있다고 말합니다.

**마:** 전수되는 어떤 실체가 있습니까? 전수(transfer)란, 제자라는 느낌을 뿌리

뽑아 주는 것을 의미합니다. 스승은 그렇게 합니다. 그 사람이 한때는 무엇이 었다가 나중에 다른 무엇으로 변신하는 것이 아닙니다.

**헌:** 은총은 스승의 선물 아닙니까?

**마:** 신·은총·스승은 모두 동의어이며, 또한 영원하고 내재적입니다. 진아는 이미 내면에 있지 않습니까? 스승이 바라보아 줌으로써 그것을 하사하는 것입니까? 만일 스승이 그렇게 생각한다면 그는 그 이름에 걸맞지 않습니다.

책에서는 수많은 종류의 전수傳授(diksha)가 있다고 합니다[안수전수按手傳授·접촉전수接觸傳授·친안전수親眼傳授·심적전수心의 傳授 등].[84] 책에서는 또 스승이 불·물·염송·진언 등으로 어떤 의식을 하며, 그런 환상적인 행사들을 전수라고 부른다고 합니다. 마치 스승에 의해 그런 과정들을 다 거친 뒤에야 그 제자(sishya)가 성숙하는 것처럼 말입니다.

그 개인을 찾아보면 그는 어디서도 발견되지 않습니다. 스승이란 그와 같습니다. 다끄쉬나무르띠(Dakshinamurti)가 그러했습니다. 그는 어떻게 했습니까? 그는 침묵했고, 제자들이 그의 앞에 나타났습니다. 그는 침묵을 유지했고, 제자들의 의문은 사라졌습니다. 그것은 그들이 개인적 정체성을 상실했다는 것을 의미합니다. 그것이 지知(jnana)이며, 보통 그 말에서 연상되는 온갖 장황한 말들이 아닙니다.

침묵은 가장 강력한 작업 형태입니다. 경전들이 아무리 방대하고 공감력이 있다 해도 효과 면에서 떨어집니다. 스승이 고요하면 모두에게 평안이 지배합니다. 그의 침묵은 모든 경전을 합친 것보다 더 방대하고 더 공감력이 있습니다. 이런 질문들은 그대가 여기 그렇게 오래 있었고, 그렇게 많은 이야기를 듣고 그렇게 열심히 노력했는데도 아무것도 얻지 못했다는 느낌 때문에 일어납니다. 내면에서 진행되는 작업은 잘 드러나지 않습니다. 사실 스승은 늘 그대 안에 있습니다.

따유마나바르가 말합니다. "오, 주님! 여러 생에 걸쳐 줄곧 저와 함께하시면서, 결코 저를 버리지 않고 마침내 저를 구해주셨군요!" 깨달음의 체험이 그와 같습니다.

---

84) T. 안수전수(hasta diksha)는 제자의 머리 위에 손을 얹는 것, 접촉전수(sparsa diksha)는 손이나 발 등으로 제자의 몸에 접촉하는 것, 친안전수(chakshu diksha)는 눈으로 바라보아 주는 것, 심적전수(mano diksha)는 마음 속으로 은총을 전해주는 것이다.

『스리마드 바가바드 기타』에서는 같은 것을 다르게 말합니다. "우리 두 사람은 지금 있을 뿐만 아니라, 항상 그렇게 있어 왔다."
헌: 스승은 어떤 구체적인 형상을 취하지 않습니까?
마: '구체적'이라는 것은 무슨 뜻입니까? 그대는 자신의 존재를 그대의 몸과 동일시하기 때문에 그런 질문을 합니다. 그대가 과연 몸인지 알아내십시오.

『기타』에서 "나의 드높은 성품을 알지 못하고(param bhavan ajananto)"[『기타』, 9.11.][85])라고 했습니다. 즉, (스리 크리슈나의) 초월적 성품을 이해하지 못하는 사람들은 무지에 의해 미혹된 바보라는 것입니다.

스승은 그 무지를 몰아내기 위해 나타납니다. 따유마나바르가 표현한 대로, 그는 마치 야생 사슴을 잡기 위해 사슴을 미끼로 쓰듯이 한 인간의 무지를 몰아내려고 인간으로 나타납니다. "나는 몸이다"라는 우리의 무지한 관념을 뿌리 뽑기 위해서는 스승이 하나의 몸을 가지고 나타나야 합니다.

### 1937년 4월 15일

#### 대담 399

벵골인 엔지니어 보스 씨는 먼젓번 이후로 『가우다빠다 주석송註釋頌(Gaudapada Karika)』[86])과 스리 S. 라다크리슈난의 『인도철학』을 읽었고, 그래서 다음과 같은 질문을 했다.
헌: 꿈의 경험과 생시의 상태 사이에 어떤 진정한 차이가 있습니까?
마: 그대는 꿈속의 창조물들을 생시의 상태와 관련하여 찰나적이라고 보기 때문에 어떤 차이가 있다고 하는 것입니다. 그 차이는 외관상의 것일 뿐 실재하지 않습니다.
헌: 생시 상태는 존재하는 대상들과 독립해 있습니까?
마: 만약 그렇다면 그 대상들이 보는 자 없이도 존재해야 되겠지요. 다시 말해서, 그 대상이 그대에게 자기가 존재한다고 말해야 합니다. 그것이 그렇게 합니까? 예를 들어, 그대 앞에서 움직이는 소가 자기가 움직인다고 말합니까? 아니면 그대가 스스로 "소 한 마리가 움직이고 있다"고 말합니까? 대상들이

---

85) T. "미혹된 자들은 만물의 하느님인 나의 드높은 성품을 알지 못하고, 인간의 몸을 입은 나를 우습게 여긴다."
86) T. 가우다빠다의 『만두끼야 주석송』을 알기 쉽게 칭하는 제목.

존재하는 것은 보는 자가 그것들을 인식하기 때문입니다.

**헌:** 가우다빠다는 『만두끼야 주석송(Mandukya Karika)』에서 **실재-절대**의 관점에서는 두 상태 간에 아무 차이도 없다고 말합니다.

**마:** 물론 없지요.

**헌:** 저는 바가반께서도 그렇게 말씀하신다고 믿습니다. 라다크리슈난 교수는 『인도철학』에서, 스리 샹까라는 그의 『브라마경소疏(Brahma Sutra Commentary)』에서 두 상태를 구별하고 있다고 말합니다. 그것이 사실입니까? 만일 그렇다면, 그것은 어떤 것입니까? 실재의 관점에서 보자면 어떻게 구별이 있을 수 있습니까? 어떤 형태로든 마음이 존재하는 한 구별이 있겠지요. 그러나 **아뜨만**, 곧 비이원적 브라만의 관점에서도 어떤 구별이 있을 수 있습니까?

**마:** 꿈은 자신이 깨어 있다고 말하는 사람에게 있습니다. 사실 **절대자**의 관점에서 보자면, 생시와 꿈은 똑같이 실재하지 않습니다.

**헌:** 순수한 비이원론에서 진화, 창조 혹은 현현은 어떤 위치를 점할 수 있습니까? 브라만이 자신의 본질적 성품을 잊어버리지 않고, 마치 밧줄이 뱀으로 보이듯이 세계로서 나타난다고 하는 가현설假現說은 어떻습니까?

**마:** 우주의 비실재성을 증명하기 위한 여러 가지 접근방법이 있습니다. 꿈의 비유가 그 중의 하나입니다. 경전에서 생시·꿈·잠이 모두 정교하게 다루어지는 것은 그것들 이면의 **실재**가 드러날 수 있게 하기 위해서입니다. 세 가지 상태 간의 차이점을 강조하려는 것이 아닙니다. 그 목적을 분명하게 염두에 두어야 합니다.

지금 그들은 세계가 실재하지 않는다고 말합니다. 그것은 어느 정도의 비실재성입니까? 그것은 '석녀石女의 아들'이나 '허공의 꽃'의 실재성처럼, 사실과 아무 관련이 없는 말에 불과합니까? 반면에 세계는 하나의 사실이지 단순한 말이 아닙니다. 그 답은, 그것이 하나인 **실재** 위의 한 덧씌움(superimposition)이라는 것입니다. 마치 어슴푸레한 곳에 둘둘 사려진 밧줄이 뱀으로 보이는 것과 같이 말입니다.

그러나 여기서도, 친구가 그것은 밧줄이라고 일러주자마자 그 그릇된 동일시가 사라지는 반면, 세계라는 문제에서는 그것이 실재하지 않는다는 것을 알고 난 뒤에도 세계가 지속됩니다. 어째서 그렇습니까? 또 신기루에서의 물은 그것이 신기루라는 것을 안 뒤에도 지속됩니다. 세계도 그와 마찬가지입니다.

그것이 실재하지 않는다는 것을 알아도 그것은 계속 나타나 보입니다.

그러나 우리가 갈증을 해소하기 위해 그 신기루의 물을 추구하지는 않습니다. 그것이 신기루인 줄 알자마자 우리는 그것을 소용없다고 단념하고, 물을 얻겠다고 그것을 쫓아가지 않습니다.

헌: 세계의 나타남은 그렇지 않습니다. 그것이 거짓이라고 누차 선언된 뒤에도 우리는 그 세계에서 자신의 욕구를 충족하는 것을 피하지 못합니다. 세계가 어떻게 거짓일 수 있습니까?

마: 그것은 우리가 꿈속의 창조물로써 우리의 꿈을 충족시키는 것과 같습니다. 대상들이 있고, 욕구가 있고, 만족이 있습니다. 꿈속의 창조계도 생시 세계만큼이나 목적에 부합하지만, 우리는 그것을 실재한다고 여기지 않습니다.

그래서 이런 비유들은 각기 비실재성의 단계들을 확립한다는 뚜렷한 목적에 이바지한다는 것을 알 수 있습니다. 깨달은 진인은 최종적으로 선언합니다. 거듭난 상태에서는 이 생시의 세계도 우리가 생시의 상태에서 발견하는 꿈의 세계가 실재하지 않는 것만큼이나 실재하지 않는다고 말입니다.

이런 비유는 각기 적합한 문맥에서 이해해야지, 그것을 하나의 고립된 진술로 연구하면 안 됩니다. 그것은 사슬의 한 연결고리와 같습니다. 이 모든 비유들의 목적은 구도자의 마음을 그 모든 것의 이면에 있는 하나인 **실재** 쪽으로 향하게 하려는 것입니다.

헌: 샹까라와 가우다빠다의 철학에는 이 학식 있는 교수(라다크리슈난)가 우리에게 납득시키고 싶어 했던 그런 차이가 있습니까?

마: 그 차이는 우리의 상상 속에 있을 뿐입니다.

헌: S. 라다크리슈난 경卿은 이렇게 쓰고 있습니다.

"가우다빠다의 저작을 지배하는 일반적 관념은 속박과 해탈, 개인적 영혼과 세계는 모두 실재하지 않는다고 하는 것인데, 신랄한 비판자는 여기에 대해 '실재하지 않는 어떤 영혼이 실재하지 않는 **지고선**에서 벗어나려고 애쓰고 있다고 말하는 것이나 매한가지인 이 이론은 그 자체가 비실재일 수 있다'고 말하게 된다. 불변의 **실재**가 변화하는 우주 안에서 자신을 표현하되 자신의 성품을 잃지 않는다는 것은 하나의 불가사의라고 말하는 것과, 변화하는 우주 전체를 하나의 신기루에 불과한 것으로 치부하는 것은 별개이다. 우리가 삶이라는 게임을 벌여야 한다면, 그 놀이가 하나의 쇼이고 거기서 주는 모든 상은 빈껍데기일 뿐이라는 확신을 가지고서는 그 게임을 할 수가 없다. 어떤 철학도 그런 이론을 일관되게 유지하면서 스스로 느긋해할 수는 없다. 그러한 이론에 대한 최대의 비난은, 우리가 이론상 그 존재성과 가치를 계속 부인하는 대상들에 몰두하지 않을 수 없다는 것이다. 그것은 세계를 포함하면서 초월하는 다른 뭔가가 있다는 것을 보여줄 뿐, 세계가 하나의 꿈이라는 것을 의미하지는 않는다."

**마:** 이미 말했듯이 모든 철학의 목적은 그것이 생시·꿈·잠의 상태건, 개인적 영혼·세계·신이든, 그 저변의 **실재**를 가리켜 보이려는 것입니다.

우리가 가질 수 있는 세 가지 소견이 있습니다.

(1) **경험론**(*vyavaharika*) : 인간은 다양하기 그지없는 세계를 보면서, 그 창조주가 있을 거라고 추측하고 주체로서의 자신을 믿습니다. 그래서 이 모든 것은 세 가지 근본 요소, 곧 세계(*jagat*)·개아(*jiva*)·신(*Isvara*)으로 귀결됩니다. 그는 창조주가 존재한다는 것을 배우고, 불멸을 얻기 위해 그에게 도달하려고 합니다. 이렇게 해서 누가 속박에서 벗어난다면, 이전처럼 존재하는 다른 모든 개인들도 그들 자신의 구원을 성취해 내야 합니다. 그는 이 모든 현상들의 저변에 있는 **단 하나의 실재**를 어느 정도 인정합니다. 그 현상들은 마야의 유희로 인한 것입니다. 마야는 **이스와라**의 힘, 곧 실재의 활동입니다. 그래서 서로 다른 영혼들, 대상들 등의 존재는 비이원론적 관점과 충돌하지 않습니다.

(2) **가상론**假像論(*pratibhasika*): 세계·개아·신은 모두 보는 자에 의해 인식될 뿐입니다. 그들은 그 보는 자와 독립해서는 어떤 존재성도 갖지 않습니다. 그래서 그것이 개인이든 신이든, 오직 하나의 개아가 있을 뿐입니다. 다른 모든 것은 단지 하나의 신화에 지나지 않습니다.

(3) **궁극적 진리론**, 즉 **불생론**不生論(*ajatavada*): 이것은 어떤 '두 번째 것'도 인정하지 않습니다. 어떤 **실재**도 없고 그것의 없음도 없으며, 구함도 없고 얻음도 없고, 속박이나 해탈 등도 없습니다.

"그러면 왜 모든 경전에서는 창조주로서의 **신**에 대해서 이야기하는가? 피조물인 그대가 어떻게 창조주를 창조하며, 어떻게 세계·개아·신이 마음의 개념일 뿐이라고 주장할 수 있는가?" 하는 의문이 일어납니다.

그 답변은 다음과 같습니다.

그대는 이 생시 상태의 아버지가 돌아가셨고, 돌아가신 지 몇 년이 지났다는 것을 압니다. 그러나 꿈에서는 그를 보고, 그가 그대를 낳아주고 그대에게 유산을 물려준 아버지인 줄 알아봅니다. 여기서 창조자는 피조물 안에 있습니다. 또 그대는 어느 왕에게 봉사하면서 그대가 그 왕국의 행정 기구에 참여하고 있는 꿈을 꿉니다. 그러나 깨어나자마자 그 모두는 단 한 사람의 개인인 그대를 뒤에 남겨둔 채 사라졌습니다. 그들이 모두 어디 있었습니까? 그대 자신 안에 있었을 뿐입니다. 앞서의 경우(창조주로서의 신의 경우)에도 같은 비유가 해당됩니다.

헌: 위에서 말씀하신 경험론에서, 마야는 어떻게 들어옵니까?

마: 마야는 신의 힘(Isvara Sakti), 즉 실재의 활동일 뿐입니다.

헌: 왜 그것이 활동하게 됩니까?

마: 그 질문이 어떻게 일어날 수 있습니까? 그대 자신이 그것(마야)의 범위 안에 있습니다. 그대는 그 우주적 활동과 별개로 존재하기에 그런 질문을 합니까? 모든 의문들이 최종적으로 사라지도록 하기 위하여, 같은 힘이 그 의문을 제기하고 있습니다.

헌: 꿈의 세계는 생시 세계만큼 목적에 부합하지 않습니다. 왜냐하면 우리의 욕구가 충족된다고 느끼지 못하기 때문입니다.

마: 그 말은 맞지 않습니다. 꿈속에서도 갈증과 허기가 있습니다. 그대는 (생시에) 배불리 먹고 나서 남은 음식을 다음날을 위해 보관해 두었을 수 있습니다. 그런데도 꿈속에서는 배고픔을 느낍니다. 그 음식은 (꿈속의) 그대에게 도움이 되지 않습니다. 꿈속의 허기는 꿈속의 음식을 먹는 것으로만 충족될 수 있습니다. 꿈속의 욕구는 꿈속의 창조물로만 충족됩니다.

헌: 생시에는 우리가 꾼 꿈을 기억해 내지만, 그 반대로는 되지 않습니다.

마: 그 말도 맞지 않습니다. 꿈 속에서도 그대는 자신을 지금 이야기하고 있는 그 사람과 동일시합니다.

헌: 그러나 (꿈속에서는) 지금 우리가 그렇게 알듯이 우리가 생시와 별개로 꿈을 꾸고 있다는 것을 모릅니다.

마: 꿈은 생시와 깊은 잠이 결합된 것입니다. 그것은 생시 상태의 상습에 기인합니다. 그래서 우리가 지금 꿈들을 기억하는 것입니다. 상습은 그 반대로 형성되지는 않습니다. 그래서 우리는 꿈과 생시를 동시에 자각하지 못합니다. 하지만 누구나 꿈속에서의 이상한 혼란스러움을 기억할 것입니다. 자신이 꿈

을 꾸는지 깨어 있는지 의아한데, 그는 자신이 깨어 있을 뿐이라고 주장하고 그렇게 판단합니다. 그러나 실제로 깨어나면 그것이 모두 꿈이었을 뿐이라는 것을 발견합니다.

## 대담 400
다른 대화 도중에 스리 바가반이 말씀하셨다: 환영을 보는 것은 명상에 대한 열의를 북돋워 줄 뿐, 그 이상 아무것도 아닙니다.

### 1937년 4월 16일

## 대담 401
안드라 신사인 크리슈나무르티 씨가 다음과 같이 질문했다: 우리가 따빠스를 할 때는 어떤 대상에 시선을 고정해야 합니까? 우리의 마음은 우리가 말하는 것에 고정됩니다.

마: 따빠스는 왜 합니까?

헌: 진아 깨달음을 위해서입니다.

마: 정말 그렇지요. 따빠스는 개인의 능력에 달렸습니다. 그대는 내관할 어떤 형상을 필요로 합니다. 그러나 그것으로 충분치 않습니다. 누가 어떤 형상을 늘 바라볼 수 있겠습니까? 그래서 그 상像(image)은 염송에 의해 보완되어야 합니다. 눈으로 보는 데 염송을 덧붙이면, 마음을 그 상에 고정하는 데 도움이 됩니다. 이러한 노력의 결과는 마음의 집중이고, 결국 목표에 도달합니다. 그는 자신이 생각하는 그것이 됩니다. 어떤 이들은 그 상의 이름에 만족합니다. 형상은 각기 하나의 이름을 가질 수밖에 없습니다. 그 이름은 신의 모든 성질을 함축합니다. 부단한 염송은 다른 모든 생각을 몰아내고 마음을 고정시켜 줍니다. 그것이 따빠스입니다. 일념집중이 그가 원하던 따빠스입니다.

따빠스가 무엇이냐는 질문은 그것이 어떤 목적에 이바지하는지를 알기 위한 것이었습니다. 그것은 그 목적에 필요한 형태를 취하게 될 것입니다.

헌: 신체적 고행도 따빠스 아닙니까?

마: 그 한 형태일 수 있겠지요. 그런 것들은 무욕(vairagya)에서 비롯됩니다.

헌: 저는 평생 동안 팔 하나를 치켜들고 있는 사람을 본 적이 있습니다.

마: 그것이 무욕입니다.

헌: 그 목적을 위해 왜 자기 몸에 고통을 가해야 합니까?
마: 그대는 그것을 고통이라고 생각하지만 그것은 하나의 맹세이고, 그 사람으로서는 그렇게 하는 것이 하나의 성취이자 즐거움입니다.

　명상은 외적일 수도 있고, 내적일 수도 있고, 둘 다일 수도 있습니다. 염송이 외적인 형상보다 중요합니다. 그것은 자연스럽게 될 때까지 해야 합니다. 노력으로 시작하지만 계속하다 보면 저절로 진행됩니다. 자연스럽게 될 때 그것을 **깨달음**이라고 합니다.

　염송은 다른 일을 하면서도 할 수 있습니다. 존재하는 것은 단 **하나의 실재**입니다. 그것은 어떤 형상·염송·진언·탐구 혹은 어떤 종류의 노력으로도 나타날 수 있습니다. 그 모든 것은 결국 저 **하나인 단일한 실재** 속으로 녹아듭니다. 헌신·탐구·염송은 비실재를 배제하기 위해 우리가 하는 노력의 여러 가지 형태일 뿐입니다. 지금은 우리가 비실재에 온통 사로잡혀 있습니다. 실재가 우리의 참된 성품입니다. 우리는 비실재, 즉 생각들과 세간적 활동을 잘못 고집하고 있습니다. 그런 것들을 그치면 **진리**가 드러날 것입니다. 우리의 노력들은 그것들을 배제하는 데로 향해집니다. **실재**만을 생각하면 그렇게 됩니다. **실재**는 우리의 참된 성품인데도 마치 우리가 그것을 생각하고 있는 것처럼 보입니다. 우리가 실제로 하는 일은, 우리의 참된 **존재**가 드러나는 것을 가로막는 장애물을 제거하는 것과 같습니다. 명상이나 탐구는 이처럼 우리의 참된 성품으로 되돌아가는 일입니다.

헌: 우리의 노력은 반드시 성공하겠습니까?
마: **깨달음**은 우리의 성품입니다. 그것은 전혀 새로 얻는 것이 아닙니다. 새로운 것은 영원할 수 없습니다. 따라서 **진아**를 잃을지 얻을지를 의심할 필요는 없습니다.

## 대담 402

스리 바가반은 **두뇌**와 **심장**에 대해 이야기하시다가 예전에 일어난 한 사건을 다음과 같이 회상하셨다.

　까비야깐타 가나빠띠 무니가 한번은 두뇌가 가장 중요한 중심이라고 주장했고, 스리 바가반은 **심장**이 더 중요하다고 주장하셨다. 그 대화를 지켜보는 사람들이 있었다. 며칠 뒤에 스리 바가반은 그 대화에 관해 N. S. 아루나짤람이라는 소년이 영어로 쓴 짤막한 시 한 수가 들어 있는 편지 한 통을 받으셨다. 이 소년은 아직 대학 입시도 치르지 않은 아이였다.

그 시는 시적 상상력이 놀라운 것이었다. 스리 바가반과 까비야깐타, 그리고 모여 있던 다른 사람들은 각기 **심장·두뇌·몸**을 대표하고, 또 **해·달·지구**를 대표하는 등으로 묘사되어 있었다. 해에서 나온 빛이 달에서 반사되면 지구를 밝혀준다. 마찬가지로 두뇌는 **심장**에서 나온 의식에 의해 움직이며, 이렇게 해서 몸이 보호받는다. 스리 바가반의 이런 가르침은 『라마나 기타』에도 나온다. **심장**은 가장 중요한 중심이며, 여기서 활력과 빛이 두뇌로 방사되고 그리하여 두뇌가 기능할 수 있게 한다. 원습들은 가장 미세한 형태로 **심장** 속에 에워싸여 있다가 나중에 두뇌로 흘러가는데, 두뇌는 그것을 각 단계마다 영화를 상영하듯 크게 확대하여 반사한다. 그래서 세계는 하나의 영화에 지나지 않는다고 하는 것이다.

스리 바가반은 또 이렇게 덧붙이셨다:

만일 원습이 **심장**이 아니라 두뇌 안에 있다고 하면, 사람의 머리가 잘리면 그것도 소멸되어 환생이 끝나야 할 것입니다. 그러나 그렇지 않지요. 진아는 명백히 원습을 가장 가까운 곳에서, 즉 그 자신 안인 **심장** 속에서 보호합니다. 마치 구두쇠가 가장 아끼는 소유물[보물]을 자신이 지니고 한시도 몸에서 떼어놓지 않듯이 말입니다. 그래서 원습이 있는 장소는 **진아**, 곧 **심장**이지 두뇌가 아닙니다[두뇌는 심장이라는 온실에서 나온 원습이 연극을 벌이는 무대일 뿐이다].

### 1937년 4월 17일

**대담 403**

「현대 심리학 리뷰」지誌의 발췌본에 대해 얼마간의 이야기가 오고갔는데, 심장중심을 탐지하는 데 혹시 어떤 도구들이 사용될 수 있겠는가, 그리고 영적인 세계의 달인들이 체험한 것을 기록하는 데 적합한 주제들이 있는가 하는 등의 이야기였다. 다른 사람들은 이야기를 하고 있었고, 스리 바가반은 이렇게 말씀하셨다: 『진아 깨달음』 책에서 제가 의식을 잃고 죽음의 징후들이 닥쳐왔다고 이야기하는 그 사건에서, 저는 줄곧 자각하고 있었지요. 저는 신체적 심장의 활동이 멈추는 것을 느낄 수 있었고, **심장중심**의 활동이 손상되지 않고 있는 것도 똑같이 느낄 수 있었습니다. 이 상태가 약 15분 정도 갔습니다.

우리는 스리 바가반께, 몇 명의 제자가 당신의 가슴에 손을 대어 당신의 심장중심이 오른쪽에 있다는 것을 느껴보는 특권을 가졌다는데 사실이냐고 여쭈어 보았다. 스리 바가반은 "그랬지요" 하고 대답하셨다. (비스와나타 아이어, 나라야나 레디 등 몇 사람은 스리 바가반의 가슴에 손을 대어 당신의 심장중심이 오른쪽에 있다는 것을 느꼈다고 말한 바 있다.)

한 헌신자는, 만일 손으로 심장중심을 느끼고 그 위치를 확인할 수 있다면 정교한 과학적 도구로 그것을 분명히 확인할 수 있을 거라고 했는데, 옳은 말이었다.

**헌**: 심장은 오른쪽에 있다, 왼쪽에 있다, 혹은 중앙에 있다고 이야기됩니다. 그런 견해차가 있는데 우리는 **심장**(Hridaya)에 대해 어떻게 명상해야 합니까?

**마**: 그대가 있고, 그것은 하나의 사실입니다. 명상은 그대에 의한, 그대의, 그대 안의 것입니다. 그것은 그대가 있는 곳에서 계속되어야 합니다. 그것은 그대의 밖에 있을 수 없습니다. 그래서 그대가 명상의 중심이고, 그것이 **심장**입니다.

그러나 몸과 관련해서는 그것(심장)에 하나의 위치가 부여됩니다. 그대는 그대가 있다는 것을 압니다. 그대는 어디 있습니까? 몸 안에 있지 밖에 있지는 않습니다. 하지만 몸 전체는 아니지요. 그대가 전신에 편재하기는 하지만, 그대는 자신의 모든 생각이 거기서 시작되고 거기로 가라앉는 하나의 중심이 있다는 것을 인정합니다. 심지어 팔다리가 절단되어도 그대는 있는데, 다만 감각에 결함이 있을 뿐입니다. 그래서 하나의 중심이 있다고 인정할 수밖에 없습니다. 그것을 **심장**이라고 합니다. **심장**은 단지 중심일 뿐만 아니라 **진아**이기도 합니다. **심장**은 **진아**의 다른 이름일 뿐입니다.

그런 의심들이 일어나는 것은 그대가 그것을 어떤 구체적이고 물리적인 것과 동일시할 때뿐입니다. 경전들이 그것을 101개의 영맥(nadis)의 근원 등으로 묘사한다는 것은 분명합니다.[87] 『요가 바쉬슈타』에서는 쭈달라가 꾼달리니는 101개의 영맥으로 이루어져 있다고 하면서, 그것을 **심장**과 동일시합니다.

**심장**은 개념이 아니고 명상의 대상도 아닙니다. 오히려 그것은 명상이 이루어지는 자리이며, **진아**는 오롯이 홀로 남아 있습니다. 그대는 **심장** 안에서 몸

---

87) T. "101개의 영맥은 심장의 것이니, 그 중의 하나는 정수리로 올라간다." -『까타 우파니샤드』, 2.3.16, 『찬도갸 우파니샤드』, 8.7.2.

을 보고, 심장 안에서 세계를 봅니다. 그것과 별개인 것은 아무것도 없습니다. 그래서 갖가지 노력은 거기에 자리 잡고 있을 뿐입니다.

### 1937년 4월 18일

**대담 404**
그냥 들러본 한 방문객이 질문했다:
 안주安住(*nishta*-진아안주)가 무엇입니까? 양미간에 시선을 어떻게 두어야 합니까?
**마**: 우리는 이런 사물들을 어떻게 봅니까? 그런 것들을 보게 하는 어떤 빛이 있습니다. 그대의 질문은 그 빛을 어떻게 보느냐고 묻는 것과 같습니다.
**헌**: 양미간의 부위는 어떤 의미를 가지고 있습니까?
**마**: 마치 "그대의 눈으로는 보지 말라"고 하듯이 (경전에서는) 그런 것이 언급되지요.
**헌**: 호흡 제어는 무엇 때문에 합니까?
**마**: 마음을 제어하기 위해서 할 뿐입니다.
 다시 몇 분 뒤에 스리 바가반이 말씀을 계속하셨다: 마음은 빛으로도 기능하고 대상들로도 기능합니다. 만약 (마음에서) 사물이 제거되면 빛만 남겠지요.
**헌**: 그러나 우리는 그런 빛이 있다는 것을 알아야 합니다.
**마**: 그런 빛 없이는 보거나 인식하는 것이 불가능합니다. 잠 속에서 그대는 사물을 어떻게 인식합니까? 우리의 인식은 현재의 상태에 속합니다. 왜냐하면 (생시 상태에서는) 빛이 있기 때문입니다. 빛은 사물을 보는 데 필수요건입니다. 그것은 우리의 일상생활 속에서도 쉽게 알 수 있습니다. 빛들 중에서도 햇빛이 가장 중요합니다. 그래서 (깨달음을 두고) 수백만 개의 해와 같은 찬란함을 이야기하는 것입니다.
**헌**: 손가락으로 눈꺼풀을 누르면 빛이 보입니다.
**다른 질문자**: 그런 빛을 보는 것이 무슨 소용 있습니까?
**마**: 그렇게 하는 것은 우리가 목표를 잊지 않기 위해서입니다. 그런 행법은 우리의 주의를 다른 데 팔지 않도록 도와줍니다.
 대상이 보이거나 빛이 인식되는 것은 그렇게 하는 주체가 있기 때문입니다. 대상들이 보이든 보이지 않든, 그것이 주체에게 어떻게 영향을 줍니까? 만일

그 빛, 즉 그 인식자 혹은 의식을 보게 되면 어떤 대상도 보이지 않게 될 것입니다. 순수한 빛, 곧 의식만이 홀로 남게 됩니다.

**헌**: 그렇다면 호흡 조절이 왜 필요합니까?

**마**: 호흡의 제어나 조절은 마음을 제어하여 그 마음이 헤매지 않도록 하기 위한 것일 뿐입니다.

**헌**: 마음 제어를 위한 것일 뿐입니까?

**마**: 빛이 보이는 것만으로는 충분치 않습니다. 마음이 단 한 가지 활동만 하게 하는 것도 필요하지요. 예컨대 코끼리의 코와 사슬처럼 말입니다.

**헌**: 우리가 소원성취석(*Chintamani*)[그것을 가진 사람의 소원을 들어준다는 천상의 보석]을 얻는 데는 얼마나 오랜 시간이 걸리겠습니까?

**마**: 소원성취석의 예는 『요가 바쉬슈타』에 나옵니다. 소원성취석은 **진아**의 진정한 성품을 의미합니다. 그 이야기는 다음과 같습니다.

어떤 사람이 소원성취석을 얻기 위해 따빠시야(*tapasya*-따빠스)를 하고 있었는데, 신비롭게도 보석 하나가 그의 손 안에 떨어졌습니다. 그는 그것이 소원성취석일 리가 없다고 생각했습니다. 그 보석을 얻기에는 자기가 한 노력이 너무 짧았고 너무 적었기 때문입니다. 그는 그것을 내버리고 따빠스를 계속했습니다. 나중에 한 사두가 그의 앞에 보석처럼 깎은 찬란한 조약돌 하나를 놓아주었습니다. 그 사람은 그 겉모습에 속았지만, 그것은 애초에 생각했던 대로 그의 소원들을 이루어줄 수 없었습니다. 마찬가지로, 우리에게 내재해 있는 **진아**를 다른 데서 찾아서는 안 됩니다.

또 코끼리 한 마리가 있었는데, 그 주인이 코끼리를 자주 괴롭혔습니다. 그가 한번은 사고를 당해 (코끼리 등에서) 떨어졌습니다. 코끼리는 바로 그 자리에서 그를 죽일 수 있었지만 그렇게 하지 않았습니다. 그러나 나중에 주인은 숲속에 큰 함정을 하나 파서 코끼리를 죽였습니다.

쭈달라는 이 이야기로 시키드와자의 오류를 일깨워주었습니다. 시키드와자는 자기 나라를 다스리고 있을 때도 무욕을 지니고 있었는데, 에고를 죽이는 지점까지 무욕을 밀고 나가기만 했으면 **진아**를 깨달을 수 있었을 것입니다. 그는 그렇게 하지 않았고, 숲으로 들어가서 시간표를 짜고 따빠스를 했지만 18년이나 따빠스를 했는데도 진보하지 못했습니다. 그는 자신이 만들어낸 것에 스스로 걸려들고 만 것입니다. 쭈달라는 그에게 에고를 포기하고 **진아**를 깨달으라고 조언했습니다. 그는 그렇게 하고 해탈했습니다.

쭈달라의 이야기에서 분명한 것은, 에고가 수반되는 무욕은 아무 가치가 없는 반면, 에고가 없으면 모든 소유물이 문제가 되지 않는다는 것입니다.

### 1937년 4월 19일

**대담 405**

한 점잖은 전통고수파派(orthodox) 신사가 스리 차크라(Sri Chakra)[88]에 대해서 여쭈었다.

**마:** 그것은 깊은 의미가 있습니다. 그 속에는 신성한 음절들이 새겨진 43개의 구역이 있습니다. 그것을 숭배하는 것은 마음을 집중하기 위한 한 방법입니다. 마음은 밖으로 나가는 버릇이 있습니다. 그것을 제어하여 안으로 향하게 해야 합니다. 마음의 습은 이름과 형상들 위에 머무르는 것입니다. 모든 외적인 대상들은 이름과 형상을 가지고 있기 때문입니다. 그런 이름과 형상들이 (스리 차크라로 표현되는 것과 같은) 상징적인 심적 관념들로 만들어지는 것은, 마음을 외부의 대상에서 벗어나게 하여 그 자신 안에 머무르게 하기 위해서입니다. 신상神像·진언(mantra)·얀뜨라(yantras)[89]는 모두 마음이 내면으로 향하는 상태에 음식을 공급하여, 나중에 그것에 집중할 수 있게 하기 위한 것입니다. 그런 뒤에는 최고의 상태에 자동적으로 도달합니다.

### 1937년 4월 20일

**대담 406**

상주 제자인 코헨 씨는 지난 며칠간 저명한 신지학자가 쓴 『열반(Nirvana)』[90]이라는 책에 대해서 생각해 왔는데, 그 저자는 이 책에서 자신이 매일 밤 잠자리에 들고 난 뒤 열반에 도달한다고 주장하고 있다. 그는 자신의 스승과 신지학회의 다른 스승들을 빛의 바다 안에 있는 밝은 빛들로 보며, 그 빛의 바다가 열반이라고 주장한다. 코헨 씨는 스리 바가반께, 열반적 체험은 존재(Being)라는 순

---

88) T. 신의 창조력 샥띠를 상징하는 성물聖物. 정사각형 바탕에 둥근 원들을 그리고 그 안에 크고 작은 삼각형들을 서로 겹치게 그린 기단과, 그 위에 세운 원추형 돌로 되어 있다. 라마나스라맘의 '어머니 사원'에도 이런 스리 차크라가 봉안되었다. 이를 숭배하는 것은 탄트라적 전통의 하나이다.
89) T. 탄트라에서 사용하는 기하학적 도형들. 단순한 형태인데도 신비한 힘을 발휘한다고 한다.
90) T. 이 책을 쓴 사람은 George S. Arundale이라는 신지학 저술가이다.

수한 의식의 체험과 같다는 비이원론의 가르침을 놓고 볼 때, 어떻게 그것이 가능하겠느냐고 여쭈었다.

마: 열반은 **완전함**입니다. 그 **완전한 상태**에서는 주체도 없고 대상도 없습니다. 보아야 할 것도 없고, 느껴야 할 것도 없고, 알아야 할 것도 없습니다. 보는 것과 아는 것은 마음의 기능입니다. 열반 안에는 "내가 있다"는 지복스러운 순수한 의식 외에는 아무것도 없습니다.

헌: 그렇다면 어떻게 높은 수준의 투시력을 가졌다고 주장하는 신지학회의 저명한 지도자가, 열반에 대해 정확하고 생생하게 묘사했다고 이 저자를 칭찬할 수 있으며, 신지학회는 왜 '**봉사**'의 관념에 그토록 사로잡혀 있습니까?

마: 글쎄요, 신지학이나 그 밖에 유사한 운동들은 인간을 비이기적으로 만들어서 최고의 진리를 추구할 수 있도록 준비시켜 주는 한에서는 훌륭합니다. 봉사는 기도나 염송, 심지어 **신**의 이름으로 하는 사업과 마찬가지로, 최고의 목표인 **진아 깨달음**에 이르게 해 줍니다.

헌: 그러나 얼마나 오랜 시간이 지난 뒤이겠습니까? 그리고 **절대적인 지**知를 얻을 준비가 되어 있는 사람이, 왜 **상대적인 것**에 대한 지知에 집착합니까?

마: 모든 일은 때가 되어야 일어납니다. 절대지를 얻을 준비가 된 사람은 어떤 식으로든 그에 대한 이야기를 듣게 될 것이고, 그것을 추구하겠지요. 그는 **진아지**(Atmavidya)가 모든 덕 중에서 최고이며, (영적인) 여정의 종착지라는 것을 깨닫게 될 것입니다.

그런 다음 외적인 무상삼매와 내적인 무상삼매의 차이에 대한 질문을 받자, 스승님은 위 **대담 391**의 설명을 언급하면서 이렇게 말씀하셨다:

외적인 삼매는 세계를 주시하면서도 내면에서 그에 반응함이 없이 **실재를** 꽉 붙드는 것입니다. (이때는) 파도 없는 바다의 고요함이 있습니다. 내적인 삼매는 몸-의식(body-consciousness)의 상실과 관계됩니다.

헌: 몸-의식의 상실은 본연삼매를 성취하기 위한 필수요건입니까?

마: 몸-의식이 무엇입니까? 그것을 분석해 보십시오. 하나의 몸과 거기에 한정된 의식이 있어야 하는데, 이것들이 함께 몸-의식을 구성합니다. 이들은 절대적이고 영향을 받지 않는 또 하나의 **의식** 안에 있을 수밖에 없습니다. 그것을 붙드십시오. 그것이 삼매입니다. 그것은 몸-의식이 없을 때도 존재합니다. 왜냐하면 그것은 몸-의식을 초월하기 때문입니다. 그것은 몸-의식이 있을 때

도 존재합니다. 그래서 그것은 늘 있습니다. 몸-의식이 상실되든 유지되든, 그것이 뭐가 중요합니까? (몸-의식이) 상실되었을 때 그것이 내적인 삼매이고, 유지될 때 그것이 외적인 삼매입니다. 그뿐입니다.

사람이 그 여섯 가지 삼매 중의 하나에 머물러 있어야 본연삼매가 쉽게 이루어질 수 있습니다.

**헌:** 마음이 그 상태 속으로 단 1초도 가라앉지 않습니다.

**마:** "나는 마음과 현상들을 초월한 진아다"라는 강한 확신이 필요합니다.

**헌:** 그렇게 해보지만, 마음은 코르크처럼 아무리 가라앉히려고 해도 잘 가라앉지 않습니다.

**마:** 마음이 활동하고 있다고 해서 무슨 상관 있습니까? 그것은 진아라는 바탕 위에서만 그렇습니다. 마음이 활동하고 있는 동안에도 진아를 붙드십시오.

**헌:** 저는 내면으로 충분히 깊이 들어가지 못합니다.

**마:** 그렇게 말하는 것은 잘못입니다. 진아 안에 있지 않으면 그대가 지금 어디 있습니까? 그대가 어디로 가야 합니까? 그대가 진아라는 단호한 확신이 필요한 전부입니다. 차라리 다른 활동들이 그대에게 하나의 막을 드리우고 있다고 말하십시오.

**헌:** 예, 그렇습니다.

**마:** 그것은 그 확신이 약하다는 것을 뜻합니다.

**헌:** 저는 '나'가 인위적(krtrima)일 뿐이고, 진정한 '나'를 깨달으려는 저의 노력은 아무 소용이 없다고 봅니다. 왜냐하면 인위적인 '나'가 진정한 '나'를 깨달으려고 나선 것이니까요.

**마:** 『분별정보』에서는 지성껍질(vijnana kosa)이라는 인위적인 '나'가 하나의 투사물이며, 우리는 그것을 통해 '나'의 의미(vachya), 곧 참된 원리를 살펴야 한다는 점을 분명히 하고 있습니다.

## 대담 407

**헌:** 성녀 테레사 등은 마돈나(성모 마리아)의 상像이 살아 움직이는 것을 보았습니다. 그것은 외적이었습니다. 또 어떤 사람들은 자기들이 헌신하던 상들을 마음의 눈 안에서 보았습니다. 이것은 내적입니다. 이 두 가지 경우에 정도에서 어떤 차이가 있습니까?

**마:** 두 경우 모두 그 사람이 명상을 강력하게 계발해 왔음을 말해줍니다. 둘 다 훌륭하고 진보적입니다. 정도에서 아무 차이가 없습니다.

후자는 신에 대한 어떤 개념을 가지고 있어, (그에 대한) 심적인 상(像)들을 그리고 그것을 느낍니다. 전자는 그 상(像)에서 신에 대한 개념을 가지고 있다가 그것을 그 상에서 느낍니다. 두 경우 모두 그 느낌은 내면에 있습니다.

### 1937년 4월 21일

**대담 408**

사람 몸의 오른쪽에 있는 심장중심의 위치에 관하여 스리 바가반은 이렇게 말씀하셨다: 저는 줄곧 심장중심이 오른쪽에 있다고 말해 왔습니다. 몇몇 배운 이들이 생리학에서는 그와 달리 가르치고 있다고 반론을 제기하기는 했지만, 저는 체험을 토대로 이야기합니다. 저는 집에서 황홀경에 잠길 때부터 그것을 알았습니다. 또 『진아 깨달음』 책에서 이야기하는 그 사건이 일어났을 때도 아주 명료하게 그것을 보고 체험했습니다. 별안간 어떤 빛이 한쪽에서 나와 비치는 곳마다 세계의 모습을 지워 나가더니 마침내 그것이 사방으로 확산되자 세계의 모습이 완전히 끊어졌지요. 저는 왼쪽의 근육성 기관(신체적 심장)이 작동을 멈추는 것을 느꼈습니다. 몸이 하나의 시체 같다는 것, 혈액 순환이 멈추었고, 몸이 시퍼래져서 움직이지 않는다는 것을 알았습니다. 바수데바 샤스뜨리가 그 몸뚱이를 끌어안고 제가 죽었다고 울었지만 저는 말을 할 수 없었지요. 그러는 동안 저는 계속 오른쪽의 심장중심이 여느 때와 같이 잘 작동하고 있다는 것을 느끼고 있었습니다. 이 상태가 15분 내지 20분쯤 지속되었습니다. 그러다가 갑자기 오른쪽에서 왼쪽으로, 마치 공중으로 발사된 로켓 같은 것이 튀어나갔습니다. 혈액 순환이 다시 시작되고 정상적인 상태가 회복되었습니다. 그때 저는 바수데바 샤스뜨리에게 저와 함께 가자고 했고, 우리의 거처로 돌아왔습니다.91)

우파니샤드에서는 101개의 영맥들이 심장 안에서 끝나며, 여기에서 나온 72,000개의 영맥이 몸을 가로지른다고 말합니다.92) 이처럼 심장은 몸의 중심입니다. 그것이 하나의 중심일 수 있는 것은, 우리가 자신을 몸 안에 있다고

---

91) *T.* 이 사건에 대해서는 『라마나 마하르쉬와 진아지의 길』, 제6장을 참조하라.
92) *T.* 『쁘라쉬나 우파니샤드(*Prasna Upanishad*)』, 3.6.

생각하는 데 익숙해져 있기 때문입니다. 사실은 몸과 그 밖의 모든 것이 그 중심 안에 있을 뿐입니다.

〔회상〕

**대담 409**
한 중년 남자가 스리 바가반 앞에서 엎드려 절을 했는데, 바가반은 그에게 잘 지내고 있는지 물으셨다. 몇 분 뒤에 스리 바가반은 이 사람이 바로 당신이 유일하게 때린 적이 있는 사람이라고 하면서 한 사건을 회상하셨다. 그것은 약 30년 전에 일어난 일이었다.

스리 바가반은 당시 물라이빨 띠르타(Mulaippal Tirtha) 산굴에 살고 계셨다. 이웃[마마라뚜 산굴(Mamarathu Guhai)]에는 자다 스와미(Jada Swami)가 살고 있었다. 그 당시 8살가량이던 지금 이 사람은 스리 바가반을 포함한 누구에게나 장난을 치곤 했다. 하루는 그가 마하르쉬님께 가서 자다 스와미가 양동이를 빌렸으면 한다고 말했다. 그리고 허락을 기다리지도 않고 양동이를 가지고 가 버렸다. 시자인 빨라니스와미는 마침 거기 없었다. 그래서 스리 바가반은 소년을 따라 자다 스와미의 산굴로 가 보았다. 바가반이 그곳에 도착하기 전에 소년은 그 스와미에게 브라마나스와미(Brahmanaswami-바가반이 초기에 불리던 이름)가 양동이를 보냈다고 말했다. 자다 스와미는 왜 그랬을까 하고 의아해했다! 몇 분 안에 마하르쉬님이 그곳에 도착했고, 어떻게 된 일인지를 아셨다. 그래서 당신은 소년을 한 번 때리려고 손을 들었지만, 마음이 이에 따르려고 하지 않았다. 그러나 당신은 자신의 내면에서 논쟁을 한 뒤에 이 악동은 맞아야 한다고 결정했고, 그래서 그렇게 하셨던 것이다.

**대담 410**
압바이(Avvai)가 지은 타밀시 한 수가 있다. 그것은 쁘라나(prana)가 위장에게 한 말이었는데, 그 의미는 이러했다:

"오, 위장아! 너와 사이좋게 지내기가 얼마나 어려운지 몰라! 너는 음식이 없을 때는 굶지도 못하고, 음식이 넉넉할 때는 더 받아서 여분을 간직하지도 못하는구나! 너는 네가 원하는 것만 네가 원할 때 받을 것이고, 그래서 나를 쉬지도 못하게 하는 너는 나에게 정말 골칫거리다."

스리 바가반은 그것을 위장이 쁘라나에게 말하는 식으로 이렇게 바꾸셨다. "오, **쁘라나야!** 너는 나에게 얼마나 골칫거리인지 몰라! 나를 한시도 쉬지 못하게 하면서 나를 음식으로 채웠다 말았다 하는구나. 너와는 잘 지내기가 너무 어렵다."

이렇게 말씀하시고 스리 바가반은 웃으셨다. 스리 바가반은, 사람들이 당신에게 적당한 양 이상의 음식을 먹게 한다고 종종 말씀하신다.

### 1937년 5월 21일

**대담 411**

스리 바가반은 브라민들 간의 결혼식에 대해 이야기하다가 이렇게 말씀하셨다: 까시 순례巡禮(Kasiyatra)93)는 신랑이 무욕인無慾人(vairagi-purusha)이 되는 것을 나타냅니다. 따라서 그에게는 재가자의 삶을 살도록 처녀(kanya)를 주는 것이 옳습니다. 그것은 무욕인만이 좋은 재가자가 될 수 있다는 이야기가 됩니다.

**대담 412**

한번은 어느 추운 날 스리 바가반이 추위를 막기 위해 두 손을 가슴에 모으고 산 위의 한 동굴에 앉아 계셨다. 이때 어떤 안드라 방문객이 와 있었는데, 그가 코코넛 하나를 깨트려 그 차가운 즙을 스리 바가반의 머리에 관정灌頂(abhisheka)이랍시고 들이부었다. 스리 바가반은 깜짝 놀라셨다.

**대담 413**

한 방문객이 질문했다: 저는 명호염송名號念誦(nama-japa)을 할 때 그것을 한 시간이나 그 이상 계속하면 잠 비슷한 상태에 떨어집니다. 깨어나면 제 염송이 중단되어 있다는 것을 상기합니다. 그래서 다시 해나갑니다.

마: '잠 비슷하다', 맞습니다. 그것이 본래적 상태입니다. 그대는 지금 에고와 연관되어 있기 때문에, 그 본래적 상태를 그대의 공부에 방해가 되는 것으로 여깁니다. 그것이 그대의 본래적 상태라는 것을 깨달을 때까지 그 체험을 거듭해야 합니다. 그러면 염송 등은 밖에서 온 것이라는 것을 알게 될 것입니다.

---

93) *T.* 이것은 브라민들의 결혼식 절차 중 하나이다. Kasi는 순례지 바라나시(베나레스)를 뜻하는 다른 이름이다.

그런데도 그것은 자동적으로 계속될 것입니다. 그대의 지금 의문은 거짓된 정체성(동일시)에 기인합니다.

염송이란 한 생각을 고수하여 다른 모든 생각을 물리치는 것을 뜻합니다. 그것이 염송의 목적입니다. 염송은 명상으로 이어지고, 명상은 **진아 깨달음**으로 끝납니다.

## 대담 414

헌신자 G. V. 숩바라마이야 씨가 짧은 시를 몇 편 지었는데, 내용이 흥미롭다. 그 중의 일부는 한 어린아이를 두고 읊은 것이다. 스리 바가반이 말씀하셨다: 신이 어린아이가 되고, 그 반대로도 됩니다. 그것은 어린아이에게는 상습이 아직 잠재되어 있고, 따라서 아이의 천진함이 완전하다는 것을 뜻합니다. 상습이 뿌리 뽑히면 어른도 다시 한 번 어린아이가 되고, 그리하여 신으로 남게 됩니다.

그 지은이가 말했다: 어린아이는 '집(home)'의 분위기를 만들어냅니다.

스리 바가반: 예. 어린아이들은 늘 '집' 안에 있지요. 우리도 집 안에 있지만, 꿈을 꾸면서 우리가 집 밖에 나와 있다고 상상하고 있습니다.

스리 바가반이 덧붙이셨다: 저는 「다끄쉬나무르띠 송찬(*Dakshinamurti Stotra*)」에서 '청년(*yuva*)'이라는 단어를 '아이(*bala*)'로 옮겼습니다. 이것이 더 적절해 보입니다.

다시 태어난다는 것은 다시 한 번 아이가 된다는 것입니다. 사람이 진지를 얻으려면, 즉 본래적 상태를 회복하려면 다시 태어나야 합니다.

## 대담 415

스리 바가반이 한 타밀 국어사전의 서문에서 타밀어의 위대함을 기리는 시구 몇 편을 낭독하신 뒤 거기서 말하는 내용들을 아주 재미있게 설명해 주셨다. 시바교가 자이나교보다 우수함을 확정해준 세 가지 시험 가운데 첫 번째는 띠루냐나삼반다르(Tirujnanasambandar)가 병환이 난 빤디야(Pandya) 왕을 치료하기 위해 왕의 어전에 들어간 것과 관계된다. 왕비는 그가 12세의 어린 나이인 것을 걱정했는데, 띠루냐나삼반다르는 자신이 비록 나이는 어려도 무수한 자이나교도들의 강대한 무리를 상대하고도 남음이 있다고 하는 시를 지어 왕비의 의심을 사라지게 했다.94) 그 시를 읊으면서 스리 바가반은 목이 메어 말씀을 계속하지 못했다.

두 번째 시험은 야자수 잎이 불에 타지 않고 남은 것이었고, 세 번째 시험은 야자수 잎이 강물의 흐름을 거스른 것이었다[띠루베다감(Tiruvedakam)].95)

스리 바가반은 또 신 이스와라가 한 노인으로 변장하고 음식을 탁발하고, 한 젊은이로서 음식을 받으며, 한 아이로서 헌신자인 여자를 구원하는 일을 모두 한꺼번에 해낸 이야기도 들려주셨다.

당신은 또 진인들의 상태를 묘사한 "어린아이같이, 미친 사람같이, 귀신같이(balonmattapisachavat)"라는 구절을 지적하셨다. 거기서 '어린아이(bala)'가 다른 것보다 우선시되고 있다.96)

## 대담 416

스리 바가반이 말씀하셨다: 『깜바 라마야나(Kamba Ramayana)』는 발미끼(Valmiki)의 24,000송에 대해 12,000송으로 이루어져 있습니다.97) 깜바의 것은 식자들만 이해할 수 있지 누구나 이해하지는 못합니다. 똘라시다스(Tulasidas)는 어느 타밀 성자가 힌디어로 『깜바 라마야나』를 자기에게 암송하는 것을 듣고 나서 그의 유명한 『라마야나』를 썼습니다.98)

## 대담 417

『완전한 스승(The Perfect Master)』은 1937년에 나온 메허 바바(Meher Baba)99)에 관한 책이다. 여기에는 한 배의 간부 선원이, 주저하는 입국 심사관에게 바바와

---

94) T. 띠루냐나삼반다르(6세기, '띠루'는 존칭)는 어릴 때 깨달음을 얻었다. 그는 빤디야 국(남인도 고대 왕국)의 왕궁에 들어가 열병이 난 왕을 치유했으나, 자이나 교도들은 왕을 치유하지 못했다.
95) T. 냐나삼반다르와 자이나교도들의 두 번째 대결에서는 각기 야자수 잎에 성스러운 글귀를 써서 불 속에 던져 어느 것이 타지 않는지를 시험했다. 자이나교도들의 것은 타 버렸고 냐나삼반다르의 것은 타지 않았다. 세 번째 대결에서는 야자수 잎에 글을 써서 강물에 띄웠는데, 자이나 교도들의 것은 떠내려갔으나 냐나삼반다르의 것은 물을 거슬러 올라갔다(『뻬리야뿌라남』, 제28장, 『시바박따빌라삼』, 제55장 참조). 그 강이 띠루베다감(마두라이 인근 마을)의 바이가이(Vaigai) 강이다.
96) T. 바가반은 샹까라의 『분별정보』, v.540의 "때로는 미친 사람같이, 때로는 어린아이같이, 때로는 귀신같이." 부분을 타밀어로 옮기면서 '어린아이'를 맨 앞에 두었다. (『저작 전집』, 357쪽 참조.)
97) T. 깜바르(Kambar, 1180경-1250)가 번안한 타밀어판 『깜바 라마야나』(원제: 『라마바따람』)는 타밀 문학에서 중요한 작품으로 평가된다.
98) T. 똘라시다스가 힌디어로 번안한 것은 『람짜리뜨마나스(Ramcaritmanas)』라는 제목의 것이다.
99) T. 인도의 성자(1894-1969).

그의 일행을 미국 뉴욕에 상륙시키도록 지시한 사건이 나온다. 일행의 한 사람이 그에게 감사하려고 가보니 그 사람은 종적을 감추어 버린 뒤였다.

이 사건은 바바를 위해 일어난 하나의 기적이라는 인상을 주게 기록되어 있다. 이 구절을 스리 바가반께 읽어드렸다.

바가반이 말씀하셨다: 예, 예, 그게 어떻다는 겁니까?

**헌:** 그것은 기적입니까?

**마:** 그럴 수도 있지요. 그러나 입국 심사관은 그 사람을 자기가 명령에 복종해야 하는 상관인 줄 안 것 아닙니까? 그런 일의 어떤 목적이 있습니다. 바바 일행 중의 한 사람이 그를 찾지 못했다면, 글쎄요, 몇 가지 이유가 있을 수 있겠지요.

## 대담 418

스리 바가반께서는 『깜바 라마야나』를 읽어 보셨느냐는 질문을 받고 스리 바가반이 말씀하셨다: 아니요. 아무것도 읽지 않았습니다. 제가 배운 것은 14학년 (고교 1학년) 이전에 배운 것에 국한됩니다. 그 이후로는 무엇을 읽거나 배우고 싶은 마음이 전혀 없었습니다. 사람들은 제가 어떻게 『바가바드 기타』 등에 대해 이야기하는지 놀라워합니다. 그것은 들은풍월 때문입니다. 저는 『기타』를 읽지도 않았고, 그 의미에 대한 주석서들을 힘들게 독파하지도 않았습니다. (그러나) 제가 한 연을 들으면 그 의미가 분명하다고 생각하고 그것을 이야기합니다. 그게 전부이고 더 이상은 없습니다. 다른 책에서 인용하는 것도 마찬가지입니다. 그런 것들은 자연스럽게 나옵니다. 저는 **진리**가 언어와 지성을 넘어서 있다는 것을 압니다. 그런데 왜 마음을 투사하여 책을 읽고, 이해하고, 시구들을 암송하는 것 등을 해야 합니까? 그런 것들의 목적은 **진리**를 알기 위한 것입니다. 그 목적을 달성했으니 공부를 한들 쓸모가 없지요.

어떤 사람이 말했다: 만약 스리 바가반께서 공부를 하고 싶으셨다면 오늘날 성자 한 분은 계시지 않았을 겁니다.

**마:** 아마 전생에 저의 공부가 다 끝났고, 제가 (그런 공부에) 식상해 있었겠지요. 그래서 지금은 그 방향으로 작용하는 상습이 전혀 없습니다.

## 대담 419

마하뿌자(Mahapuja)[1937.6.3][100]의 전주前週에 많은 방문객들이 왔는데, 스리 바가반의 친척들도 몇 있다. 그들 중에는 한 노여사가 있는데, 스리 바가반이 1896년 8월에 살다가 그의 집을 떠났던 (숙부) 숩바이어(Subbier)의 미망인이다.

그녀를 보자 스리 바가반은 옛 추억이 되살아나셨다.

축제가 있을 때 한 번은 숙모가 모다까(modakas)[과자]를 만들면서 좀 도와달라고 했지만, 그는 망설이다가 결국 거절했다. 숙모를 도와주려면 옷을 갈아입어야 했는데 샅가리개(koupina)만 착용할 수 있었고, 그것을 입기는 부끄러웠기 때문이다. 그래서 숙부와 이 숙모에게서 야단을 맞았다.

이 숙모님이 겸손하고 부드럽게 말했다: 아무렴요. 이런 높은 경지에 도달하시게 되어 있는 분이 당시에 그런 하찮은 일을 하실 수는 없었지요.

그러자 스리 바가반이 말씀하셨다: 그때 한 번 샅가리개 입기를 거부했더니, 이제 늘 그것을 입고 있어야 하는 곤욕을 치르게 되었습니다.

여사는 스리 라마나께서 여러 날 계속 두통으로 고생하셨던 것을 회상했다.

스리 바가반이 말씀하셨다: 예, 예! 그건 제가 마두라를 떠나기 전달이었습니다. 두통이 아니라 어떤 형언할 수 없는 고통이었는데, 당시에는 그것을 억눌렀지요. 그러나 그것은 제가 두통 때문이라고 했던 것의 외적인 증상이었습니다. 저의 두통 때문에 당신께서 얼마나 걱정을 하셨는지를 기억합니다. 제 이마에 매일 무슨 연고를 발라 주시곤 했지요. 저의 고통은 제가 마두라를 떠나 이곳에 도착할 때까지 계속되었습니다.

### 1937년 6월 4일

## 대담 420

쭈달로르에서 온 한 법률가가 "거기에는 해도, 달도, 별도, 번개도 빛나지 않는다. 거기서 어떻게 불이 빛날 수 있겠는가? 이 모든 발광체들은 그의 빛 안에서만 빛난다. 그의 빛이 있기에 이 모든 것이 빛난다!"[101]는 구절을 인용한 뒤에 이렇게 질문했다: 여기서 "그의 빛이 있기에"란 무엇을 뜻합니까? 다른 모든 것은 그 때문에 빛납니까, 아니면 그의 빛 안에서 빛납니까?

---

100) T. 라마나스라맘에서 매년 바가반의 어머니가 입적한 날에 올리는 예공. 또, 그 기념일.
101) T. 214쪽의 주 112) 참조.

마: 오직 그만이 있습니다. 그와 그의 빛은 동일합니다. 다른 사물들을 지각하는 어떤 개인도 없습니다. 왜냐하면 지각하는 자와 지각되는 것이 그일 뿐이기 때문입니다. 해·달 등이 빛납니다. 어떻게 말입니까? 그것들이 와서 그대에게 자기들이 빛난다고 말합니까, 아니면 그것들과 별개인 다른 사람이 그것들이 빛난다고 말합니까?

헌: 물론 제가 그것들이 빛난다고 말합니다.

마: 따라서 그것들은 그대로 인해 빛납니다. 또 그것들이 빛난다는 것을 알려면 의식이 필요합니다. 그 의식이 그대의 진아, 곧 그대입니다. 그렇다면 그대 혹은 그대의 의식은, 다른 모든 것을 빛나게 하는 그나 그의 빛과 동일한 것입니다.

헌: 그 빛은 햇빛과 같습니까?

마: 아니지요. 햇빛은 지각력이 없습니다(jada). 그대가 그것을 지각합니다. 햇빛은 사물들이 지각될 수 있게 하고 어둠을 몰아내지만, 의식은 빛뿐만이 아니라 어둠도 지각될 수 있게 하는 그 빛입니다. 어둠은 햇빛 앞에서 존재할 수 없으나 의식의 빛 안에서는 머무를 수 있습니다. 마찬가지로, 이 의식은 그 안에서 지知와 무지가 빛나는 순수한 지知입니다.

헌: 만일 신이 모든 것이라면 왜 개인이 자신의 행위로 고통을 받습니까? 그 행위들은 그에 의해 유발되는 것이고, 그에 대해 개인이 고통받는 것 아닙니까?

마: 자신이 행위자라고 생각하는 사람은 고통받는 자이기도 합니다.

헌: 그러나 그 행위들은 신이 유발한 것이고, 개인은 그의 도구일 뿐입니다.

마: 그 논리는 그대가 고통받을 때만 적용되고, 그대가 즐거워할 때는 적용되지 않지요. 만일 그런 확신이 늘 지배한다면 어떤 고통도 없을 것입니다.

헌: 그 고통은 언제 끝나겠습니까?

마: 개인성이 사라질 때까지는 끝나지 않습니다. 만약 좋은 행위와 나쁜 행위가 공히 그의 것이라면, 왜 쾌락과 고통만 그대의 것이라고 생각합니까? 좋거나 나쁜 일을 하는 사람은 쾌락도 즐기고 고통도 맛보게 됩니다. 그것은 그냥 내버려두고 그대 자신에게 고통을 덧씌우지 마십시오.

**대담 421**

상주 헌신자인 꾼주 스와미(Kunju Swami)가 1923년 아스라맘에 강도가 든 뒤에 스리 마하르쉬님이 말씀하신 것을 들려주었다.

(당시에) 어떤 제자들은 왜 강도들이 사두들까지 괴롭히는 것을 놔뒀으며, 왜 사두들은 자신들과 자신의 권속들을 보호하려 들지 않느냐고 질문했다.

스리 바가반이 말씀하셨다: 비슈와미뜨라처럼 원하면 우주를 하나 더 만들어낼 수 있는 진인들이 있었습니다. 그들은 라바나(Ravana)가 살던 시대에 살았는데, 라바나는 누구보다도 시따와 라마에게까지 고통을 안겨주었습니다. 비슈와미뜨라는 그의 신비한 능력으로 라바나를 죽일 수 없었을까요? 그럴 수 있었음에도 가만히 있었습니다. 왜입니까? 진인들은 사건이 일어나는 것을 알지만, 그 사건들은 그들의 마음에 어떤 인상을 남기지 않고 지나갑니다. 홍수조차도 그들에게는 하찮은 일로 보일 것입니다. 그들은 어떤 것에도 상관하지 않습니다.

### 1937년 6월 7일

**대담 422**

군뚜르에서 온 방문객인 벤까따 라오 박사가 질문했다: 한 스승이 자기 제자에게 윤리적 원리에 어긋나는 일을 하라고 요구합니다. 그러나 제자는 그 사람을 스승으로 받아들였기 때문에 스승을 기쁘게 해 드리고 싶지만, 그의 도덕의식이 그를 가로막습니다. 그런 상황에서는 어떻게 해야 합니까?

**마:** (답변 없음).

**헌:** 제 말 뜻을 분명히 하겠습니다. 스승이 제자에게 도둑질을 하라고 했는데, 제자는 그렇게 하지 않았습니다. 그러자 스승이 말했습니다. "나는 네가 너 자신을 완전히 내맡겼는지, 아니면 너의 개인성을 가지고 있는지 시험하고 싶었다. 이제 그것이 어떠한지 분명하구나." 스승이 제자에게 그런 식으로 명령하는 것이 옳습니까?

**마:** (여전히 답변 없음).

다른 사람이 말했다: 제가 판단하고 싶지 않은 사람들이 있습니다. 하지만 그들이 스승이라는 칭호에 값할까 하는 느낌이 드는 것은 어쩔 수가 없습니다. 그들은 사이비 같습니다. 만일 그들이 정말 그만한 자격이 있다면 제자들

에게 그런 식으로 명령하지는 않겠지요.
마: 그러나 그 사람은 "그것은 시험이다"라고 말하지요.
　그 질문자가 말을 계속했다: 그 도둑질을 해야 합니까?
마: 그대가 원래 한 말에 그대의 질문에 대한 답변이 포함되어 있습니다.
　두 질문자가 함께 여쭈었다: 그런 행위는 좋지 않습니다. 그런 짓을 할 수 있습니까?
마: 그 질문은 그 사람 자신, 즉 그 **스승**에게 해볼 수 있겠지요. 그가 그 상황에 책임이 있으니 말입니다.

## 대담 423

한 젊은이가 질문했다: 저는 의지력을 계발해 보려 하지만 잘 안 됩니다. 그것을 어떻게 해야 합니까?
마: (답변 없음).
헌: 저는 3년 전에 여기 왔는데, 스리 바가반께서 마음의 힘을 얻으려면 의지력이 필요하다고 말씀하셨습니다. 그때부터 그것을 계발하고 싶었지만 잘 되지 않습니다.
마: (답변 없음).
헌: 그 몇 년간 네댓 번이나 실패를 맛보았습니다. 그 때문에 상당히 속이 상합니다. 시도할 때마다 실패에 대한 두려움이 늘 따라다닙니다. 그 결과 저는 저 자신에 대한 믿음이 부족하고, 그것이 확실히 저의 노력을 실패로 돌아가게 만듭니다. 사실 성공만큼 우리를 성공시켜 주는 것은 없습니다. 그리고 실패만큼 우리의 시도를 좌절시키는 것도 없습니다. 그래서 이런 질문을 드리는 것입니다.
마: (답변 없음).
헌: 성공하기 위해서는 의지력이 필요하지 않습니까? 그것이 성공을 보장해 주고, 실패를 막아줄 것입니다.
마: (답변 없음).
헌: 저는 의지력을 얻으려고 애씁니다. 몇 년이 지나서도 저는 시작하던 지점에 머물러 있을 뿐입니다. 아무 진보가 없습니다.
마: (답변 없음).

헌: 의지력을 얻기 위한 수단은 무엇입니까?

마: 의지력을 얻겠다는 그대의 생각이 성공을 담보합니다. 의지력이란 성공이나 실패를 담담하게 받아들일 수 있게 해주는 마음의 힘이라는 것을 알아야 합니다. 그것은 어떤 성공과 동의어가 아닙니다. 그대의 시도가 왜 늘 성공을 거두어야 합니까? 성공은 오만을 키우고, 그리하여 그 사람의 영적인 진보가 저지됩니다. 반면에 실패는 그 사람이 자신의 한계에 눈뜨게 하고 자신을 내맡길 수 있게 준비시켜 주는 한에서는 오히려 이롭습니다. 자기순복은 영원한 행복과 동의어입니다. 따라서 모든 상황에서 마음의 균형을 얻을 수 있도록 노력해야 합니다. 그것이 의지력입니다. 또 성공과 실패는 발현업의 결과이지 의지력의 결과가 아닙니다. 어떤 사람은 선하고 고상한 행위만 하는데도 실패자가 될 수 있고, 어떤 사람은 그렇게 하지 않는데도 어김없이 성공할 수도 있습니다. 그렇다고 해서 이 사람에게는 의지력이 있고 저 사람에게는 그것이 없는 것이 아닙니다.

헌: 「드러난 진리」[「실재사십송」] 책에서, 세계는 마음의 산물이라고 하지 않습니까?

마: 그렇지요.

헌: 그렇다면 강해진 마음은 세계를 제어할 수 있다는 이야기가 되지 않습니까?

마: 마음은 외적인 활동 속에서 세계를 생겨나게 합니다. 그런 활동이 마음의 힘을 조금씩 소진시킵니다. 마음의 힘은, 마음이 그 자신에게 국한되어 있고 외적인 활동이 억제되어 있을 때 나옵니다.

헌: 열까지 세지 못하는 백치가 있습니다. 그의 마음은 분명히 사상가의 그것만큼 헤매지 않습니다. 그러면 백치가 사상가보다 더 낫습니까?

마: 그를 백치라고 말하는 것은 누구입니까? 그대의 마음이 헤매는 가운데서 그렇게 말합니다.

헌: 저 자신에게서 생각들을 빼앗아 버리면 의지력을 얻습니까?

마: 오히려 그대 자신을 단 한 가지 생각에 한정해서요. 궁극적으로는 그것도 사라지고 **순수한 의식**이 남을 것입니다. 집중은 그대가 거기에 이르는 데 도움이 됩니다.

헌: 그러니까 그것은 마음을 거기로 돌려 집중함으로써 얻어지는군요. 인격은

그것과 무관하고 말입니다.

마: 인격이 외부적 활동의 근본원인입니다. 최고선을 얻으려면 그것이 (심장 속으로) 가라앉아야 합니다.

## 대담 424

뿌루샤(Purusha)와 쁘라끄리띠(Prakriti)에 관해 질문한 한 학식 있는 사람과의 대화 도중에, 스리 바가반이 말씀하셨다:

**뿌루샤와 쁘라끄리띠는 단 하나의 지고자가 두 갈래로 나뉜 것일 뿐입니다.** 학인學人이 깊이 뿌리박힌 이원성의 느낌을 가지고 있기 때문에 그런 것들을 상정하는 것입니다. 같은 『기타』에서, **뿌루쇼따마**(Purushottama-'위없는 인간')는 뿌루샤와 쁘라끄리띠를 넘어서 있다고 말하기도 합니다.102)

헌: 빠라나디, 수슘나 나디(sushumna nadi)와 **심장**이 무엇입니까?

마: 그러나 수슘나는 빠라 속으로 해소됩니다["수슘나는 빠라에 합일된다(sushumna tu pare leena)"]. **심장**은 보통 가슴 왼쪽의 근육성 기관으로 이해됩니다. 「현대 심리학 리뷰」 지誌에서는 신체적 기관은 왼쪽에 있고 **심장중심**은 오른쪽에 있다고 이야기합니다. 성경에서도 우자愚者의 심장은 왼쪽에 있고, 현자의 심장은 오른쪽에 있다고 합니다.103) 『요가 바쉬슈타』에서는 두 개의 심장이 있다고 하면서, 하나는 의식(samvit)이고 또 하나는 혈관이라고 하지요.104)

헌: 아나하따(Anahata)가 무엇입니까?

마: 아나하따는 심장 뒤에 있는 차크라지요. 그것은 의식(samvit)이 아닙니다. 『랄리따 사하스라나마(Lalita Sahasranama)』105)에서는 "아나하따에 자리 잡고 있는 중심에 경배합니다(Anahata chakrasthayai namo namah)"라고 하면서, 그 다음 진언을 '흐리뜨(Hrit)'['심장 안에서']라고 합니다. 그래서 아나하따는 흐리뜨(심장)와 같지 않다는 것이 분명합니다.

---

102) *T.* "나는 소멸하는 것을 능가하고 불멸하는 것보다도 높으므로, 세상에서나 베다에서는 나를 뿌루쇼따마라고 찬양한다." - 『기타』, 15.18.
103) *T.* 성경, 「전도서」, 10.2.
104) *T.* 바가반의 「실재사십송 보유」, 제21~23송 참조.
105) *T.* '지고의 어머니'인 여신 랄리따(Lalita)를 부르는 '1천 명호집'. 『브라만다 뿌라나(Brahmanda Purana)』의 일부이며, 라마나스라맘의 어머니 사원에서 하는 마하뿌자(Maha Puja) 예공 때 이것을 찬송한다.

제2권 **475**

## 대담 425

**마:** 의지력이든 무엇이든 수행(abhyasa)에 의해서 얻어집니다.

**헌:** 성공은 스승의 은총에 달려 있지 않습니까?

**마:** 예, 그렇습니다. 그대의 수행 자체가 그런 은총 때문 아닙니까? 그 열매는 수행의 결과이며, 거기서 자동적으로 따라 나옵니다. 『해탈정수』에 이런 구절이 있습니다. "오, 스승님! 당신은 늘 저와 함께하면서 여러 생에 걸쳐 저를 지켜보셨고, 제가 해탈할 때까지 저의 길을 정해 주셨습니다." 진아는 적당한 때가 되면 스승으로서 외적으로 나타나고, 그렇지 않으면 그는 늘 내면에 있으면서 필요한 일을 합니다.

### 1937년 6월 12일

## 대담 426

**알라하바드 대학교의 다스(Das) 씨:** 우리가 보통 먹는 음식이 우리가 가진 영성靈性(내면의 영적인 힘)의 증감과 어떤 관계가 있습니까? 즉, 그것이 영성에 좋은 영향이나 나쁜 영향을 미칩니까?

**마:** 예. 적당량의 순수성 식품은 영적인 진보에 도움이 됩니다.

**헌:** 재가자(grihi), 즉 세간인에게는 삶 속에서 하는 어떤 행위가 영적으로 가장 도움이 되겠습니까?

**마:** 명상이나 헌신인데, 이것은 같은 것을 의미합니다.

**헌:** 신의 이름을 지닌다는 것은 무슨 뜻입니까? 다음 두 가지 관념은 어떻게 조화시킵니까?

성경에서는 "하느님의 이름을 함부로 부르지 말라"(출애굽기, 20.7)고 합니다.

힌두 경전에서는 늘 신의 이름을 지니는 것을 권장합니다.

**마:** 신의 이름을 감정 없이 인위적으로, 피상적으로 사용해서는 안 됩니다. 신의 이름을 사용하려면 그를 부르면서 그에게 무조건 순복해야 합니다. 그런 순복을 하고 나면 신의 이름이 부단히 그 사람과 함께 합니다.

**헌:** 위대한 영성을 가진 사람들을 발견하기 위한 근본적 기준은 무엇입니까? 왜냐하면 어떤 분들은 미친 사람처럼 행동한다고 하니 말입니다.

**마:** 진인의 마음은 진인만이 압니다. 다른 진인을 이해하기 위해서는 자신이 진인이 되어야 합니다. 그러나 (기준을 말한다면) 그 성자의 주변에 충만한 마음

의 평안이 구도자가 그 성자의 위대성을 이해하는 유일한 수단입니다.

　말이나 행동, 혹은 겉모습은 그의 위대성을 말해주는 표지가 아닙니다. 왜냐하면 그들은 대개 보통 사람들의 이해 수준을 넘어서 있기 때문입니다.

**헌:** 인간이 어떤 **자유의지**를 가지고 있습니까, 아니면 그의 삶 속의 모든 일은 미리 운명 지워져 있거나 미리 정해져 있습니까?

**마:** 자유의지는 개인성과 연관되어 지위를 유지합니다. 개인성이 지속되는 한 **자유의지**도 지속됩니다. 모든 경전들은 이 사실에 기초해 있고, 그 **자유의지**를 올바른 통로(channel)로 이끌도록 조언합니다.

　자유의지나 운명이 누구에게 문제되는지를 발견하십시오. 그 안에 안주하십시오. 그러면 둘 다를 초월하게 됩니다. 그것이 이런 질문들을 논의하는 유일한 목적입니다. 이런 질문이 누구에게 일어납니까? 그것을 발견하고 평안하게 있으십시오.

**헌:** 지성과 감성은 육신처럼 인간의 탄생과 함께 오는 생성물입니까? 그리고 그가 죽은 뒤에는 그것들이 해체됩니까, 아니면 살아남습니까?

**마:** 죽은 뒤에 어떤 일이 일어나는지를 생각해 보기 전에, 그대의 잠 속에서는 어떤 일이 일어나는지를 한 번 생각해 보십시오. 잠은 두 생시 상태 사이의 간격입니다. 그것들이 그 간격을 넘어 살아남습니까?

**헌:** 예, 살아남습니다.

**마:** 그것은 죽음에도 해당됩니다. 그것들은 몸-의식을 나타내며, 그 이상 아무것도 아닙니다. 만일 그대가 몸이면 그것들이 늘 그대에게 붙어 다닙니다. 그대가 몸이 아니면 그것들이 그대에게 영향을 주지 못합니다. 잠들어 있던 사람이 지금은 생시 상태에 있으면서 방금 이야기를 하고 있습니다. 잠 속에서 그대는 몸이 아니었습니다. 지금은 그 몸입니까? 그것을 알아내십시오. 그러면 전체 문제가 해결됩니다.

　마찬가지로, 태어나는 것은 죽을 수밖에 없습니다. 그 탄생은 누구의 탄생입니까? 그대는 태어났습니까? 만약 태어났다고 말한다면, 그대는 누구의 탄생을 이야기하고 있습니까? 태어난 것은 몸이고, 죽게 될 것도 몸입니다. 탄생과 죽음이 어떻게 영원한 **진아**에게 영향을 줄 수 있습니까?

　그 질문들이 누구에게 일어나는지 생각해 보고 말하십시오. 그러면 알게 됩니다.

**대담 427**

**헌:** 우주는 빛과 소리로 구성된다고 합니다. 빛과 소리 같은 이 두 가지 구성 요소는 물리적 세계 안에 있습니까? 신체적 기관, 즉 눈과 귀로 그것을 보고 들을 수 있습니까? 아니면 그것들은 주관적으로만 체험될 수 있습니까?

**마:** 빛과 소리는 탄트라 용어로는 빈두(bindu)와 나다(nada)에 해당되며, 베단타 용어로는 마음과 생명기운에 해당합니다. 그 중에는 거친 것, 미세한 것, 초월적인 것이 있습니다. 기관들은 거친 측면을 지각할 수 있지만 다른 측면들은 그다지 잘 지각되지 않습니다. 미세한 것은 추론할 수 있고, 초월적인 것은 그냥 초월적일 뿐입니다.

**헌:** 힌두교에서는 개아(jiva)의 환생을 규정합니다. 한 몸의 죽음과 다음 몸의 탄생 사이의 기간에는 어떤 일이 일어납니까?

**마:** 잠의 상태를 참고하여 이 문제를 푸십시오. 잠 속에서 그대에게 어떤 일이 일어납니까?

**헌:** 모르겠습니다.

**마:** 하지만 그대는 존재합니다. 따라서 지知와 무지를 넘어선 존재가 있다는 것을 알 수 있습니다. 그대가 현재 가진 관념에 따르면 (잠 속에서는) 무지가 지배했지만, 잠 속에서 그렇게 말하지는 않았지요. 어쨌든 그대는 계속 존재했습니다. 단지 모른다고 해서 그대가 존재한다는 사실이 배제되지는 않습니다.

**헌:** 명상 수행에서, 주관적 체험의 본질 혹은 기타 면에서 구도자가 **진아 깨달음**을 향해 진보하고 있다는 것을 보여주는 어떤 표지標識가 있습니까?

**마:** 원하지 않는 생각들에서 벗어난 정도와, 단 한 가지 생각에 집중하는 정도가 진보를 가늠하는 척도입니다.

**헌:** 진아 깨달음을 얻기 위해서는 출가하는 것이 필요합니까?

**마:** 출가(sanyasa)란 자신의 개인성을 포기하는 것입니다. 이것은 삭발을 하고 황색 옷을 입는 것과는 같지 않습니다. 어떤 사람이 재가자(grihi)라 하더라도, 만일 자신을 재가자로 생각하지 않는다면 그는 출가자(sanyasi)입니다. 반대로 어떤 사람이 황색 옷을 입고 있고 방랑한다 하더라도, 만일 자신을 출가자라고 생각한다면 그는 출가자가 아닙니다. 출가에 대해 생각한다는 것은 그 자체의 목적에 어긋나는 것입니다.

스리 바가반이 말씀하셨다: 사람들은 세계를 봅니다. 그 지각은 '보는 자'와

'보이는 것'이 존재함을 의미합니다. 그 대상들은 보는 자에게 낯섭니다. 보는 자는 **자기**여서 친밀합니다. 그러나 사람들은 그 분명한 '보는 자'를 알아내는 데 주의를 돌리지 않고, '보이는 것'을 분석하느라고 분주합니다. 마음이 확장 되면 될수록 그것은 더 멀리 나가서, **진아 깨달음**을 더 어렵고 복잡한 것으로 만듭니다. 인간은 '보는 자'를 직접 보고 **진아**를 깨달아야 합니다.

**헌:** 그렇다면 그것은 현상들을 종합하여 그 이면의 단 하나인 **실재**를 발견하는 것과 마찬가지입니다.

**마:** 왜 아직도 현상들을 생각합니까? 보는 자가 누구인지를 보십시오. 종합이란, 마음이 다른 것들을 추구하게 하는 것을 뜻합니다. 그것은 **깨달음**에 이르는 길이 아닙니다.

**헌:** 저는 **진아**를 깨달을 수 있도록 비아를 제거하고 싶습니다. 그것을 어떻게 해야 합니까? 비아의 특징들은 무엇입니까?

**마:** 비아가 제거되어야 한다고 말하는 사람이 있군요. 그는 누구입니까?

**헌:** 저는 이 사람을 뜻합니다. 제가 캘커타에서 마드라스로 여행할 때, 뭘 모르고 중간 역에서 내리지 않기 위해서는 제가 마드라스를 알아야 합니다. 저의 여행에서는 저를 안내하는 표지판들과 시간표가 있습니다. 그러나 **진아**에 대한 저의 탐구에서는 무엇이 표지입니까?

**마:** 여행이라면 문제가 없지요. 그대가 마드라스에서 얼마나 떨어져 있는지를 그대가 압니다. 그대가 **자기**로부터 얼마나 멀리 떨어져 있기에, **진아**(자기)를 찾아야 한다는 것인지 말해줄 수 있습니까?

**헌:** 모르겠습니다.

**마:** 그대가 언제 **자기**와 헤어진 적이 있습니까? 헤어지는 것이 가능합니까? 이 모든 것은 그대에게 낯설지만, **자기**는 가장 친근하지 않습니까? 왜 **진아**를 얻으러 가야 합니까?

**헌:** 저는 지금 **진아**에서 떨어져 있습니다. 그것을 되찾기 위해서는 온 길을 되돌아가야 합니다.

**마:** 얼마나 멀리 떨어져 있습니까? 자신이 떨어져 있다고 누가 말합니까? 두 개의 자아가 있을 수 있습니까?

**헌:** 개아들은 **진아**의 변상變相(modifications)이라고 합니다. 마치 금 장신구들이 금으로 되어 있듯이 말입니다.

마: 어떤 사람이 장신구들의 바탕인 금을 도외시하고 장신구의 견지에서 이야기할 때, 그에게는 장신구들이 금이라고 말해줍니다. 그러나 여기서는 그 사람이 곧 의식인데 자신을 그것의 변상이라고 말합니다. 그대가 진아와 별개로 남아 있기에 자신을 그것의 변상이라고 이야기합니까?

헌: 금이 자기는 장식품이 되었다고 말한다고 생각할 수 있지 않습니까?

마: 그것은 지각력이 없기 때문에 그렇게 말하지 않지요. 그러나 개인은 지각력이 있고, 의식과 별개로는 기능할 수 없습니다. 진아는 순수한 의식입니다. 하지만 인간은 자신을, 그 자체 지각력이 없고 스스로 "나는 몸이다"라고 말하지도 않는 몸과 동일시합니다. 다른 누군가가 그렇게 말합니다. 무한한 진아는 그러지 않습니다. 그렇게 말하는 그가 달리 누구입니까? 순수한 의식과 지각력 없는 몸 사이에서 가짜 '나'가 일어나 자신을 몸에 한정되어 있다고 상상합니다. 그것을 찾아보십시오. 그러면 그것은 유령처럼 사라질 것입니다. 그 유령이 에고, 혹은 마음, 혹은 개인성입니다.

모든 경전은 이 유령의 일어남에 기초해 있고, 그것을 제거하는 것이 경전들의 목적입니다. 현재의 상태는 환幻에 불과합니다. 환멸幻滅(환의 소멸)이 목표이며, 더 이상 무엇도 아닙니다.

헌: 마음은 생각들의 다발이라고 합니다.

마: 그것은 단 하나의 뿌리인 '나'라는 생각으로 인해 기능하기 때문입니다.

"마음이 자신의 성품을 부단히 살펴보면 마음 같은 것은 없으니, 이것이 직접적인 길이라네(Manasantu kim margane krte naiva manasam marga arjavat)."106)

그것은 별개의 한 실체로서는 아무런 실제적 존재성이 없습니다.

헌: 생각들은 마음에서 나온 투사물 아닙니까?

마: 그 경우 마음은 '나'라는 생각, 곧 에고와 동의어로 간주됩니다.

### 1937년 12월 15일

**대담 428**

스리 바가반은 스리 샹까라의 유명한 작품 『시바난다 라하리(Sivananda Lahari)』('시바 지복의 파도')에서 헌신을 묘사하는 10개 연을 골라내셨다.

---

106) T. 「가르침의 핵심」, v.17.

(1) 헌신이란 무엇인가?

나무에서 떨어진 안꼴라(*ankola*-약용나무의 일종) 열매가 그 나무에 다시 들러붙고 쇳조각이 자석에 끌리듯이, 일어난 생각들도 그 본래의 근원 속에서 스스로를 상실한다. 이것이 헌신이다. 생각들의 그 본래적 근원은 **하느님**, 곧 **이스와라**의 두 발이다. 그의 두 발에 대한 사랑이 헌신을 이룬다. [제61연].

(2) 헌신의 열매

하느님의 두 발이라는 초월적 허공에서 생긴 헌신의 두터운 구름장이 **지복**(*ananda*)의 비를 쏟아 부어 마음의 호수를 채우고 넘친다. 늘 부질없이 환생하던 개아가 그제야 자신의 진정한 (삶의) 목적을 성취한 것이다. [제76연].

(3) 헌신을 어디에 둘 것인가?

그들 자신도 시작과 끝이 있는 신들에 대한 헌신은, 마찬가지로 시작과 끝이 있는 열매를 낳는다. 영원한 **지복** 안에 머무르기 위해서는 우리의 헌신이 그것의 근원, 즉 항상 지복스러운 **하느님의 두 발**을 향해야 한다. [제83연].

(4) 헌신은 체험의 문제일 뿐, 말의 문제가 아니다.

논리학이나 여타 논변술이 어떻게 실제적인 쓸모가 있겠는가? 항아리와 천(*ghatapatas*)[논리학자들이 즐겨 드는 예]107)이 위기에서 그대를 구해 줄 수 있는가? 그렇다면 왜 그런 것을 생각하고 논쟁을 하느라고 자신을 낭비하는가? 발성기관을 연습시키고 고통스럽게 하는 것을 그만두라. **하느님의 두 발**을 생각하고 감로수를 마셔라! [제6연].

(5) 불멸이 헌신의 열매이다.

자기 심장 속에 **하느님의 두 발**을 고정한 사람을 보면, **죽음**은 예전에 마르깐데야(Markandeya)와 맞닥뜨렸다가 크게 실패한 것을 상기하고 도망친다.108)

다른 모든 신들은 **시바**만을 숭배하여, 왕관 쓴 그들의 머리를 그의 두 발 아래 놓는다. 그런 자발적 숭배는 **시바**에게 지극히 당연한 것이다.

그의 반려자인 **해탈 여신**은 늘 그의 일부로 남아 있다. [제65연].

(6) 헌신만 있다면—개아의 (삶의) 조건들은 그에게 영향을 줄 수 없다.

(여러 생에서 받는) 몸들이 아무리 다르다 해도, 마음이 홀로 **하느님의 두 발** 안에서 사라진다. **지복**이 흘러넘친다! [제10연].

---

107) *T*. '항아리냐, 진흙이냐, 원자냐' 혹은 '천이냐, 실이냐' 하는 등의 논쟁을 가리킨다.
108) *T*. 고대의 진인 마르깐데야는 16세까지 살 운명이었으나, 따빠스로 힘을 얻어 죽음을 물리쳤다.

(7) 헌신은 늘 손상됨이 없다.

그것이 어디에 어떻게 있건, 마음이 **지고자** 안에서 상실되게만 하라. 그것이 **요가**이다! 그것이 **지복**이다! 또는 요기, 곧 **지복**의 화신이다! [제12연].

(8) 행위 요가도 헌신이다.

꽃 등의 외적인 사물을 가지고 신을 숭배하는 것은 문제가 있다. 단 한 송이 꽃, 곧 심장을 **시바**의 발에 놓고 **평안** 속에 머무르라. 이 간단한 도리를 모르고 헤매다니! 얼마나 어리석은지! 무슨 불행인가! [제9연].

(9) 이 행위 요가는 사람의 윤회를 종식시킨다.

그 헌신자가 어떤 인생단계에 있든, 단 한 번만 **시바**를 생각해도 그는 그 헌신자가 진 윤회의 짐을 덜어 그 **자신이** 그것을 감당한다. [제11연].

(10) 헌신이 지知이다.

마음이 **시바**의 두 발 안에서 **스스로**를 잃어버리는 것이 헌신이다. 무지가 사라졌다! 지知이다! 해탈이다! [제91연].

### 1937년 12월 16일

**대담 429**

몇 명의 여성이 방갈로르(벵갈루루)에서 와 있었다. 그 중의 한 사람이 질문했다: 저희들의 관점에서 볼 때 세계는 차별상으로 이루어져 있습니다. 어떻게 하면 이 차별상을 극복하고 만물의 단 하나인 본질을 이해할 수 있겠습니까?

**마**: 그 차별상은 행위자 의식(*kartritva*)의 결과입니다. 그 뿌리가 파괴되면 그 열매도 파괴될 것입니다. 그러니 행위자 의식을 포기하십시오. 그러면 차별상이 사라지고 그 본질적 실재가 스스로 드러날 것입니다.

행위자 의식을 포기하려면 행위자가 누구인지를 알아내려고 해야 합니다. 내면을 탐구하십시오. 그러면 행위자 의식이 사라질 것입니다. 탐구(*vichara*)가 그 방법입니다.

### 1937년 12월 22일

**대담 430**

한 마라티 신사가 질문했다: 저는 진아 깨달음에 관한 책을 많이 읽었습니다. 저는 염송·예공 등을 하지만, 아무것도 저를 만족시키지 못하는 것 같습니다.

스리 바가반께서 부디 저를 인도해 주실 수 있겠습니까?

마: 그대가 얻고자 하는 것이 무엇입니까? 모두가 행복을 추구합니다. 행복은 매일 자는 잠 속에서 누구나 갖는 것입니다. 생시 상태에서도 그 행복의 상태를 일으키십시오. 그것이 전부입니다.

헌: 잘 이해하지 못했습니다. 그것은 어떻게 해야 합니까?

마: 자기탐구가 그 방법입니다.

헌: 그것은 워낙 손에 잡히지 않아서, 하기가 너무 어려워 보입니다. 제가 이 탐구의 방법에 맞는 근기가 아니라고 느껴지면 어떻게 해야 합니까?

마: (스승의) 인도가 있지요. 그것을 이용하는 것은 각자에게 달렸습니다.

### 1937년 12월 25일

**대담 431**

한 텔루구인 신사가 일어나서 질문했다: 마음의 모든 원습이 제거되면 마음이 순수해진다고 합니다. 그것은 또 최종적 상태입니다. 뭔가를 얻을 것이 있다면 그것은 이원성 아닙니까?

마: 먼저 마음을 순수하게 하십시오. 그런 뒤에도 같은 질문이 일어난다면 그때 답변을 구해도 됩니다.

### 1937년 12월 26일

**대담 432**

한 안드라 방문객이 질문했다: 잠이 무엇입니까?

마: 아니, 그대는 매일 그것을 경험하지 않습니까?

헌: 저는 잠이 정확히 무엇인지를 알아서, 그것을 삼매와 구별하고 싶습니다.

마: 깨어 있으면서 그대가 잠을 어떻게 알 수 있습니까? 그 답은 잠자리에 들어서 그것이 무엇인지를 알아내는 것입니다.

헌: 그러나 그렇게 해서는 제가 그것을 알 수 없습니다.

마: 이 질문은 잠 속에서 해야 합니다.

헌: 그러나 그때는 제가 그 질문을 못합니다.

마: 그래서 그것이 잠이지요.

 스리 바가반은 몇 분 동안 밖으로 나가셨다. 당신이 돌아오시자 그 사람이

질문했다: **진아**를 깨달은 진인들도 남들처럼 식사를 하고 행위를 하는 것을 볼 수 있습니다. 그분들도 남들처럼 꿈과 잠의 상태를 경험합니까?
**마**: 그게 진인들이라 해도, 왜 남들의 상태를 알려고 합니까? 남들에 대해 알아본들 무엇을 얻습니까? 그대 자신의 진정한 성품을 알려고 해야 합니다.

그대가 자기라고 생각하는 것은 누구입니까? 분명히 그 몸이지요.
**헌**: 예.
**마**: 마찬가지로, 그대는 진인이 눈에 보이는 그의 몸이라고 여기면서 그 몸에 행위들을 덧씌웁니다. 그래서 그런 질문을 합니다. 진인 자신은 자기에게 꿈이나 잠의 상태가 있는지 묻지 않습니다. 그 자신은 아무 의심이 없습니다. 그런 의문들은 그대 안에 있습니다. 그러니 그대가 그릇된 전제들을 확신할 수밖에 없지요. 진인은 그 몸이 아닙니다. 그는 모두의 **진아**입니다.

잠·꿈·삼매 등은 모두 무지인들의 상태입니다. **진아**는 이런 모든 상태에서 벗어나 있습니다. 여기에, 앞에서 한 질문에 대한 답도 있습니다.
**헌**: 저는 완전지 안주(sthita prajnata)[부동지知]의 상태를 알고자 했습니다.
**마**: 경전은 진인을 위한 것이 아닙니다. 그는 해결해야 할 어떤 의심도 없습니다. 수수께끼는 무지인들에게만 있습니다. 경전은 그들만을 위한 것입니다.
**헌**: 잠은 무지의 상태이고, 삼매도 그렇다고 합니다.
**마**: 진지(jnana)는 지知와 무지를 넘어서 있습니다. 그 상태에 대해서는 어떤 의문도 있을 수 없습니다. 그것이 **진아**입니다.

## 대담 433

옥스퍼드 대학교 산스크리트어 교수인 토머스 씨는 뜨리반드룸(Trivandrum-께랄라 주 띠루바난따뿌람)에서 열린 동양회의(Oriental Conference)를 주재하고 캘커타로 가는 길에 스리 바가반을 방문했다. 이마가 널찍하고 거동이 조용한 노신사인 그는 천천히 부드럽게 말한다. 그는 동양 문헌, 특히 산스크리트 문헌들에 지대한 관심을 보인다. 타밀어의 풍요로움에 대해서도 들은 적이 있다고 했다. 그는 『스리마드 바가바드 기타』의 영역본 중에서 어느 것이 제일 나은지 알고 싶어 했다. 회당에 사람들이 가득했는데, 그 중 몇 사람이 티보(Thibaut) 본本, 마하데바 샤스뜨리(Mahadeva Sastri) 본, 텔랑(Telang) 본 등을 나름의 의견과 함께 거론했다. 스리 바가반은 F. T. 브룩스(Brooks) 본을 말씀하셨다. 토머스 씨는 운문체

형식으로 된 번역본을 원한다. 왜냐하면 그런 형식이라야 원전에 담겨져 있는 라싸(rasa)[본질·정수]를 잘 담아낼 수 있기 때문이라는 것이었다. 그는 라싸가 평안을 뜻하기도 한다고 말했다.

**마:** 그렇지요. 브라만은 라싸일 뿐입니다.

**헌:** 라싸는 지복이기도 합니다.

**마:** 라싸·아난다·평안은 모두 같은 지복에 대한 이름들일 뿐입니다.

파리에서 열린 철학회의에서 그란트 더프 씨가 한 연설문을 교수에게 보여주었다. 나중에 G. H. 메이스 박사의 『다르마』란 책도 그의 손에 쥐어주었는데, 그것을 본 그는 스리 바가반께 카스트를 어떻게 생각하시느냐고 질문했다.

**마:** 카스트는 몸들과 관계되고 진아와는 무관합니다. 진아가 곧 지복입니다. 지복을 깨닫기 위해 우리가 진아를 깨닫습니다. 카스트 등에 대해서는 걱정할 필요가 없습니다.

**헌:** 아항까르(ahamkar-에고)도 자아라고 불립니다.

**마:** 아항까르는 제한되어 있는 반면, 진아는 그것을 넘어서 있습니다.

**헌:** 동양의 철학과 종교에 관한 영어 문헌들이 많습니다. 서로 다른 학설의 주창자들이 있습니다. 라마누자의 체계는 설명이 잘 되어 있습니다. 라다크리슈난 교수는 비이원론적 체계를 설합니다. 그는 증거보다 체험을 더 강조합니다. 샹까라는 고도로 계발된 마음을 보여줍니다.

직접지각에 대한 논의가 이어졌다. 교수는 심적인 지각도 감각 지각과 다르다고 이야기했다.

**마:** 자신의 존재를 추론하는 데는 다른 어떤 증거도 필요 없습니다. 에고에서 일어나는 기관들(indriyas)[감각기관들]과 마음은 진아에 대한 증거 구실을 할 수 없습니다. 진아가 그것들의 토대입니다. 그것들은 진아와 독립하여 존재하지 않습니다. 그대 자신의 존재는 자명합니다. 지복이 곧 진아입니다. 일체가 사랑스러워지는 것은 진아에 대한 사랑 때문일 뿐입니다.

**헌:** 사랑은 이원성을 전제합니다. 진아가 어떻게 사랑의 대상이 될 수 있습니까?

**마:** 사랑은 진아와 다르지 않습니다. 어떤 대상에 대한 사랑은 낮은 수준의 것이고, 오래갈 수 없습니다. 반면에 진아는 사랑입니다. 다른 말로, 신은 곧 사랑입니다.

헌: 그것은 기독교적 관념이기도 합니다.
그는 또 스리 바가반께 이렇게 질문했다: 그 목표를 성취하는 데 어떤 방법이 제일 낫습니까? 빠딴잘리의 방법(라자 요가)이 제일 낫지 않습니까?

마: "요가란 마음의 상相을 제어하는 것이다(*Yogas chitta vritti nirodah*)"—이것은 모두가 받아들일 수 있습니다. 그것은 또한 모두의 목표이기도 합니다. 방법은 사람의 근기에 따라서 선택됩니다. 모든 사람에게 목표는 동일합니다. 하지만 그 목표에 서로 다른 이름을 붙이는 것은, 그 목표에 도달하기 이전의 과정에 맞추기 위해서일 뿐입니다. 헌신·요가·지知는 모두 동일합니다. "자신의 참된 성품에 대한 내관을 헌신이라고 한다(*Svasvarupanusandhanam bhaktir ity abhidheeyate*)"고 했습니다.

헌: 스리 바가반께서는 비이원론을 옹호하십니까?

마: 이원론과 비이원론은 상대적인 용어입니다. 그것들은 이원성의 느낌에 기초해 있습니다. 진아는 있는 그대로입니다. 이원론도 없고 비이원론도 없습니다. "나는 내가 있다는 것이다." 단순한 있음이 진아입니다.

헌: 이것은 마야론(*mayavada*)이 아니군요.

마: 마음이 마야입니다. 실재는 마음을 넘어서 있습니다. 마음이 기능하는 한 이원성·마야 등이 있습니다. 일단 그것을 초월하면 실재가 빛을 발합니다. 그것이 빛을 발한다고 말하기는 하지만, 자기광휘(Self-effulgence)가 곧 진아입니다.

헌: 그것이 바로 사뜨-찌뜨-아난다(*Sat-chit-ananda*)로군요.

마: 사뜨-찌뜨-아난다를 말하는 것은 지고자가 비존재(*asat*)가 아니고, 비非의식(*achit*)이 아니며, 비非지복(*anananda*)이 아니라는 것을 지적하기 위해서입니다. 우리가 현상 세계 안에 있기 때문에, 진아를 삿찌다난다(*Sacchidananda*)라고 이야기하는 것입니다.

헌: 아함(*aham*)['나']은 개인에게도 해당되고, 브라만에게도 해당됩니다. 그것은 좀 유감스러운 일입니다.

마: 그것은 한정자 차별(*upadhi bheda*)[한정자들이 서로 다른 것] 때문입니다. 신체적 한계들은 개아의 아함['나']에 속하는 반면, 보편적 한계들은 브라만의 아함['나']에 속합니다. 한정자를 벗어 버리십시오. '나'는 순수하고 단일합니다.

헌: 바가반께서는 전수傳授(*diksha*-입문)를 해 주십니까?

마: 침묵(*mowna*)이 가장 좋고 가장 강력한 전수입니다. 그것을 스리 다끄쉬나

무르띠가 실천했습니다. 접촉·바라봄 등은 모두 그보다 낮은 등급입니다. 침묵[침묵전수(*mowna diksha*)]은 모두의 심장을 변화시킵니다. 스승도 없고 제자도 없습니다. 무지인(*ajnani*)은 자신의 몸을 자기로 혼동하므로, 다른 사람의 몸을 스승이라고 여깁니다. 그러나 스승이 그의 몸을 자기라고 말합니까? 그는 몸을 초월해 있습니다. 그에게는 어떤 차별상도 없습니다. 그래서 무지인은 스승의 관점과 제자의 관점을 구분하지 못합니다.

**헌:** 그러면 스승과 제자 사이에 아무 차이가 없습니까?

**마:** 현상 세계의 관점에서는 차이가 있지만, 실재의 관점에서는 없습니다.

교수는 감사하다고 했다. 그는 스리 바가반을 만나 뵙고 당신과 대화를 나누었으니, 자신이 당신의 저작들을 더 잘 평가할 수 있기를 바란다고 했다.

대화 도중 스리 바가반이 말씀하셨다: 우빠사나(*upasana*)와 디야나(*dhyana*)는 마음이 있는 한에서 가능하며, 마음이 지멸止滅되면 그것들도 그칠 수밖에 없습니다. 그런 것들은 생각의 최종적 근절과 마음의 고요함에 이르기 위한 준비 과정에 불과합니다.

**헌:** 샤이바 싯단타(*Saiva Siddhanta*)는 세 가지 근본 요소가 영원하다고 가정합니다. 그것은 베단타에 반대됩니까?

**마:** 그 세 가지 개체는 개아, 신 그리고 속박입니다. 이런 3요소들은 모든 종교에 공통됩니다. 마음이 작용하는 한 그것들은 참됩니다. 그러나 그것은 마음의 창조물에 불과합니다. 우리는 마음이 일어난 뒤에야 신을 가정할 수 있습니다. 신은 진아와 다르지 않습니다. 진아가 신으로 객관화됩니다. 스승도 마찬가지입니다.

교수는 저녁에 돌아와서 선행善行에 대해 몇 가지를 질문했다. 그는 또 왜 브라만을 신이라 하지 않고 삿찌다난다라고 하는지 궁금해 했다.

**마:** 사뜨(*Sat*)는 존재(*sat*)와 비존재(*asat*)를 넘어서 있음을 의미합니다.

찌뜨(*Chit*)는 의식(*chit*)과 비의식(*achit*)을,

아난다(*Ananda*)는 지복과 비지복을 넘어서 있다는 뜻입니다.

그러면 그것이 무엇입니까? 존재도 아니고 비존재도 아니지만, 그것은 존재일 뿐이라고 해야 합니다. 그것을 진지(*jnana*)라는 용어와 비교해 보십시오. 진지는 지知와 무지를 넘어선 상태이지만, 그것이 무지가 아니라 지知입니다. 사뜨-찌뜨-아난다도 그와 마찬가지입니다.

**헌:** 그것은 그 한 측면을 선호합니다.

그는 자기탐구에 대해 한 마디 한 뒤에, 해결해야 할 의문이 몇 가지 더 있지만 더 이상 스리 마하르쉬님을 번거롭게 해 드리지 않겠으며, 지금까지 들은 것에 대해 일여내관을 해보고 싶다고 하면서 작별을 고했다.

마이소르에서 온 한 판사가 질문했다: 우빠사나(숭배)와 디야나(명상)는 마음의 활동 때문이라고 말씀하셨습니다. 또 활동의 지멸止滅이 깨달음이라고 하셨습니다. 그렇다면, 우빠사나나 디야나 없이 어떻게 깨닫습니까?

**마:** 그런 것들은 예비 과정입니다. 그런 행위가 그대가 바라던 무행위無行爲로 이어질 것입니다.

**헌:** 심장은 오른쪽에서 체험된다고 합니다. 생리적으로는 왼쪽에 있는데요.

**마:** 그것은 영적인 체험을 이야기하는 것입니다.

**헌:** 그것이 영적인 심장입니까?

**마:** 그렇지요.

**헌:** 그것이 오른쪽에 있다는 것을 어떻게 압니까?

**마:** 체험으로 압니다.

**헌:** 그것을 말해주는 어떤 표지가 있습니까?

**마:** 그대 자신을 (손가락으로) 한 번 가리켜 보십시오.

### 1937년 12월 28일

**대담 434**

크리스마스 연휴여서 원근 각지에서 엄청난 방문객들이 몰려들었다. 그들 중의 한 그룹이 앉아 있었는데 그 중의 두 사람이 다음과 같이 질문했다.

**헌:** 영어를 아십니까?

질문할 것이 있으면 해 보라고 하자 그가 계속했다.

**헌:** 당신께서는 진아를 깨달으셨습니까?

스리 바가반은 미소를 짓고 말씀하셨다: 계속 하시지요. 말씀하세요.

**헌:** 당신께서는 무상삼매를 체험하셨습니까?

그에게 질문할 것을 마저 다 해 보라고 했다.

**헌:** 당신께서는 무상삼매에 마음대로 들어가실 수 있습니까? 진인들은 자신들의 주위 환경에 영향을 미칠 필요가 있지 않습니까?

또 한 사람이 질문했다: 스리 바가반께서는 저희가 **진리**를 깨닫도록 도와주실 수 있습니까?

마: 도움은 늘 있습니다.

헌: 그러면 질문을 할 필요가 없군요. 항상 존재하는 그 도움을 저는 느끼지 못합니다.

마: 순복하십시오. 그러면 그것을 발견할 것입니다.

헌: 저는 늘 당신께 귀의합니다. 바가반께서는 저희들이 따를 우빠데샤(가르침)를 좀 주시겠습니까? 그렇지 않으면 600마일이나 멀리 떨어져 사는 제가 어떻게 도움을 받을 수 있겠습니까?

마: 그 참스승(*Sadguru*)은 내면에 있습니다.

헌: 제가 그것을 이해할 수 있게 인도해 줄 참스승이 필요합니다.

마: 참스승은 내면에 있습니다.

헌: 저는 눈에 보이는 스승을 원합니다.

마: 그 눈에 보이는 스승이 자신은 내면에 있다고 말합니다.

헌: 저는 참스승의 자비에 저 자신을 던질 수 있습니까?

마: 예. 가르침은 그대가 자신을 내맡기지 않은 한에서만 필요합니다.

헌: 명상을 하기 위한 어떤 특정한 시간도 필요하지 않습니까?

마: 명상은 마음의 힘에 달려 있습니다. 그대가 일을 하고 있을 때도 그것은 끊임이 없어야 합니다. 특정한 시간은 초심자들을 위한 것입니다.

헌: 참스승께서 제 머리 위에 **당신의** 손을 얹어 **당신의** 도움을 저에게 보증해 주시겠습니까? 저는 **당신의** 약속이 성취될 거라는 위안을 얻을 것입니다.

마: 그 다음에는 보증서를 요구할 것이고, 만일 아무 도움도 오지 않는다고 생각되면 소송을 제기하겠지요. (웃음).

헌: (은총을 받으러) 제가 가까이 가도 되겠습니까, 선생님?

마: 그런 의심들이 그대 안에서 일어나면 안 됩니다. 그 의심들은 순복한다는 그대의 말과 모순됩니다. 참스승은 늘 그대의 머리 위에 있습니다.

헌: 순복은 노력을 한 뒤에 옵니다.

마: 예, 때가 되면 그것이 완전해집니다.

헌: 가르침을 받기 위해서 선생님이 필요합니까?

마: 그렇지요. 그대가 뭔가 새로운 것을 배우고 싶다면 말입니다. 그러나 여

기서는 배운 것을 버려야 합니다.

헌: 하지만 어떤 선생님이 필요합니다.

마: 그대는 다른 데서 찾던 것을 (여기서) 이미 얻었습니다. 그래서 어떤 선생님도 필요 없습니다.

헌: 깨달음을 얻은 사람이 구도자에게 무슨 쓸모가 있기는 합니까?

마: 예. 그는 그대가 자신은 깨닫지 못했다고 생각하는 미혹을 없애는 데 도움을 줍니다.

헌: 그러면 그 방법을 말씀해 주십시오.

마: 그 길들은 그 개인의 최면 상태를 풀어주기 위한 것일 뿐입니다.

헌: 저의 최면을 풀어준다고요. 어떤 방법을 따라야 하는지 말씀해 주십시오.

마: 그대는 지금 어디 있습니까? 그대가 어디로 가야 합니까?

헌: 저는 "내가 있다"는 것을 압니다. 그러나 제가 무엇인지는 모릅니다.

마: 그러면 두 개의 '나'가 있습니까?

헌: 그것은 논점을 회피하시는 겁니다.

마: 누가 그 말을 합니까? 그것은 '있는' 사람입니까, 아니면 자기가 무엇인지 모르는 다른 사람입니까?

헌: 제가 있습니다만, '무엇이냐'나 '어떻게'는 모릅니다.

마: '나'는 늘 있지요.

헌: 그 '나'는 예컨대 죽음 속에서, 어떤 변형을 겪습니까?

마: 그 변형을 누가 지켜봅니까?

헌: 당신께서는 지知 요가(jnana yoga)를 말씀하시는 것 같습니다. 이것은 지知 요가로군요.

마: 예, 그렇습니다.

헌: 그러나 순복은 헌신 요가(bhakti yoga)입니다.

마: 둘 다 같은 것입니다.

    얼마 후 그 사람이 질문을 계속했다: 그러면 저는, 제가 의식이고 저의 현존에 의하지 않고는 아무것도 일어나지 않는다고 결론 내려야 하겠습니다.

마: 추론으로 그것을 결론짓는 것과 그것을 납득하는 것은 별개입니다.

    먼젓번 사람이 질문을 계속했다: 저는 도움이 오는지 석 달을 기다려 보겠습니다. 이제 제가 보증을 받아도 되겠습니까?

마: 이것이 순복했다는 사람이 하는 질문입니까?

네 사람의 방문객이 물러갔다. 질문하던 사람이 계속 이렇게 말했다: 당신의 약속을 지켜 주십시오. (웃음).

그는 이런 말도 했다: 신께서 저에게 충분한 생계를 마련해 주셨고, 저는 행복합니다. 덧붙여 저는 마음의 평안을 원합니다. 그래서 이런 부탁을 드리는 것입니다.

### 1937년 12월 29일

## 대담 435

두 숙녀와 두 신사가 실론에서 왔다.

헌: 당신께서는 신을 깨달으셨습니까? 만일 깨달으셨다면 어떤 형태였습니까?

마: 신을 볼 사람이 누가 남아 있습니까? 만일 그대 자신을 알고 있다면 그런 질문을 해도 무방하겠지요.

헌: 저는 저 자신을 알고 있습니다.

마: 그 '나'가 자기와 달라서 그대는 자기를 알고 있다고 말합니까?

헌: 저는 자기가 몸과 동일하다고 알고 있습니다. 만일 자기가 몸과 다르다면, 바가반께서는 몸과 분리된 그 자기를 보는 법을 저에게 말씀해 주십시오. 당신께서는 신을 깨달으셨습니다. 저를 가르치실 수 있습니다.

마: 왜 진아가 몸과 분리되어야 합니까? 몸은 있는 그대로 있게 하십시오.

헌: 영혼은 몸을 떠나면 모든 몸들을 꿰뚫어볼 수 있습니다.

마: 그때 남들이 있습니까? 아니면 그대 자신의 몸이라도 있습니까? 그대의 잠을 생각해 보십시오. 그때 그대는 자신의 몸을 모릅니다. 그런데도 그대는 있습니다. 그때 그대가 이런저런 몸들을 통해 세계를 지각했습니까? (아니지요.) 그럼에도 불구하고 이때 그대는 자신의 존재를 부인하지 못합니다. 세계를 보려면 어떤 주체가 있어야 하고, 그 주체는 또한 제한되어 있어야 합니다. 만일 무제한이라면, 무제한의 진아 외에 남들이 어떻게 있을 수 있습니까?

헌: 신이 어떤 한계를 가지고 있습니까?

마: 신은 내버려 두십시오. 잠 속에서 그대의 진아에게는 어떤 한계가 있었습니까?

헌: 그러면 죽음이 최고의 상태여야 합니다.

마: 그렇지요. 우리는 지금 **죽음** 속에서 살고 있습니다. 무제한의 **진아**를 제한해 온 사람들은 그런 한계들을 부가함으로써 자살죄를 범해 온 것입니다.
헌: **진아**에 집중하라고 당신께서는 말씀하십니다. 그것을 어떻게 합니까?
마: 그것이 풀리면 모든 것이 풀립니다.
헌: "그대 자신을 알라"고 말씀하십니다. **자기**를 어떻게 알 수 있습니까?
마: 그대는 지금 자신이 몸이라는 것을 압니다.
헌: 라자 요가(Raja Yoga)는 몸·감각기관 등을 통해서 깨닫는데, 스리 바가반께서는 생각하기에 의한 깨달음을 조언하십니다. 이것은 지知 요가입니다.
마: 몸 없이 그대가 어떻게 생각을 할 수 있습니까?
헌: 신은 생각을 하지 않습니다.
마: 그러면 그대는 왜 "당신은 어떤 형태로 신을 깨달았습니까?" 하고 묻기 시작했습니까?
헌: 신은 감각기관들을 통해서 느껴져야 합니다.
마: 그대는 신을 느끼고 있지 않습니까?
헌: 누구나 늘 신을 느끼고 있습니까?
마: 예.
헌: 그러면 깨달음이 무엇입니까?
마: 깨달음은 그대가 깨닫지 못했다고 하는 망상을 제거하는 것입니다.
헌: 말씀하시는 취지를 잘 모르겠습니다.

　그들은 스냅 사진을 한 장 찍고 떠났다.

## 대담 436

헌: 보편상普遍相(visvarupa)이란 무엇입니까?
마: 그것은 세계를 신의 **진아**로 보는 것입니다. 『바가바드 기타』에서 신은 온갖 사물과 존재들이고, 또한 전 우주라고 말해집니다. 어떻게 그것을 깨닫고, 그렇게 볼 수 있습니까? 그대는 자신의 **진아**를 볼 수 있습니까? 보이지 않는다고 해서 **자기**를 부인할 수 있습니까? 진리가 무엇입니까?
헌: 그러면 어떤 사람들이 그것을 보았다고 말하면 틀린 것입니까?
마: 그것은 그대가 있는 것과 같은 정도로 참됩니다. 『기타』는 아무도 태어나지 않았다는 말로 시작하는데, 제4장에서는 "그대와 나의 무수한 환생이 일어

났다. 나는 그것을 알지만 그대는 모른다"고 합니다. 이 두 가지 말 중 어느 것이 진실입니까? 가르침은 듣는 이의 이해력에 따라 다릅니다. 만약 제2장이 전체 **진리**를 담고 있다면, 왜 그 많은 장들이 따라 나와야 했습니까?

성경에서 신은 "아브라함이 있기 전에 **내가 있다**"고 말합니다. "내가 있었다"가 아니라 "**내가 있다**"고 합니다.

## 대담 437

**마:** 사람들은 비베카난다가 스리 라마크리슈나에게 "당신께서는 신을 보셨습니까?" 하고 물었다는 것을 책에서 읽고, 이제 그를 흉내 냅니다. 그들도 "당신께서는 신을 보셨습니까?" 하고 묻습니다.

저는 **깨달음**이 무엇이냐고 묻습니다.

깨달음은 완전함을 의미합니다. 여러분이 제한되어 있을 때는 여러분의 지각도 제한적입니다. 여러분의 앎은 이처럼 불완전합니다. 그런 불완전한 앎이 무슨 가치가 있습니까?

보편상 친견(*visvarupa darshan*)을 할 때 **크리슈나**는 아르주나에게, 그의 앞에 나타난 것 말고 뭐든지 그가 보고 싶은 것을 보라고 말합니다. 그런 친견이 어떻게 진짜일 수 있습니까?

### 1937년 12월 30일

## 대담 438

한 방문객이 질문했다: 저 같은 초심자에게는 어떤 것이 가장 적합합니까? 제한적인 신을 숭배해야 합니까, "나는 **브라만**이다"라는 내관을 해야 합니까?

**마:** 그 답은 그 질문 안에 들어 있습니다. 질문 자체가 그것은 제한적인 신에 대한 숭배임을 보여줍니다.

**헌:** 생시와 꿈의 상태에서는 '나'가 느껴지지만 깊은 잠 속에서는 느껴지지 않습니다. 왜 그렇습니까?

**마:** 만일 그렇다면, 깊은 잠 속에서는 그것이 존재하지 않습니까?

**헌:** 이 두 가지 상태에서는 마음의 상相들이 있고, 깊은 잠 속에서는 그런 상相이 없기 때문입니다.

# 제3권

**1938년 1월 3일**

## 대담 439

**헌:** (『요가 바쉬슈타』에서) 라마가 묻습니다. "브라만은 순수한데 어떻게 그에게서 마야가 일어나서 그를 가리기까지 할 수 있습니까?" 바쉬슈타가 대답합니다. "강한 무욕과 연관되어 있는 순수한 마음 속에서는 이런 질문이 일어나지 않을 것이다." 물론 비이원론 철학에서는 개아·이스와라·마야가 들어설 자리가 없습니다. 우리 자신이 진아 안에 가라앉으면 원습들이 완전히 사라질 것이고, 그런 질문이 일어날 여지가 전혀 없을 것입니다.

**마:** 그 답변들은 그 구도자의 근기에 따라 나오겠지요. 『기타』 제2장에서는 누구도 태어나거나 죽지 않는다고 말합니다. 그러나 제4장에서 스리 크리슈나는 그와 아르주나의 무수한 환생이 일어났으며, 그는 그것을 다 알지만 아르주나는 모른다고 말합니다. 이런 말들 중에서 어느 것이 참됩니까? 두 진술 모두 참되지만, 서로 다른 관점에서 이야기한 것입니다. 이제 "개아가 어떻게 진아에서 일어날 수 있는가?"라는 질문이 제기됩니다. 저는 이렇게 대답할 수밖에 없습니다. "그대의 진정한 존재를 알기만 하십시오. 그러면 이런 질문을 제기하지 않게 될 것입니다."

인간은 왜 자신을 별개라고 여깁니까? 태어나기 전에 그는 어떠했고, 죽은 뒤에는 어떠하겠습니까? 왜 그런 논의에 시간을 낭비합니까? 깊은 잠 속에서 그대의 형상은 무엇이었습니까? 왜 그대 자신을 한 개인으로 여깁니까?

**헌:** 깊은 잠 속에서는 저의 형상이 미세하게 남아 있습니다.

**마:** 결과가 있으면 원인도 있습니다. 나무가 있으면 씨앗이 있습니다. 나무 한 그루 전체가 그 씨앗 안에 들어 있는데, 그것이 나중에 나무로 나타납니다.

그 확장된 나무는 어떤 바탕이 있어야 하는데, 그것을 우리는 마야라고 합니다. 진실을 말하자면 씨앗도 없고 나무도 없습니다. 존재만이 있습니다.

헌: 원습소멸(vasanakshaya)·심멸心滅(manonasa)[마음 소멸]·진아직각眞我直覺(atma-sakshatkara)[진아 깨달음]—이것들은 상호의존적인 것으로 보입니다.

마: 표현은 서로 다르지만 의미는 단 하나입니다. 그것들은 개인의 진보 단계에 따라 다릅니다. 무욕·깨달음, 모두 같은 것을 뜻합니다. 또 '수행과 무욕'이라는 말도 합니다. 왜 수행합니까? 마음의 상들이 한 번 가라앉았다가 다시 일어나고, 또 가라앉았다가 일어나기를 반복하기 때문입니다.

헌: 시작 없는 원습 때문에 우리가 잘못을 합니다. 진지眞知 없이는 이 원습이 사라질 수 없습니다. 그러나 진지는 거의 불가능해 보입니다. 속죄만으로는 모든 업을 해소할 수 없습니다. 그러자면 얼마나 많은 속죄가 필요하겠습니까! 저희가 뜻하는 데를 보십시오! 일체가 어려워 보이고, 불가능하게 보이기까지 합니다. 진인들과의 친교가 모든 우환의 유일한 치유책인 것 같습니다.

마: 어떻게 해야 하겠습니까? 실재는 단 하나입니다. (일체와 둘이 아닌) 그것이 어떻게 깨달아지겠습니까? 그래서 깨달음은 하나의 환상입니다. 수행이 필요한 것처럼 보입니다. 누가 수행해야 합니까? 그 행위자를 찾아보면 그 행위와 부수물들은 사라집니다.

더욱이 만약 깨달음이 지금 여기 없다면, 새로 그것을 얻은들 무슨 소용이 있겠습니까? 영구적인 것은 영원히 존재해야 합니다. 그것이 새로 얻어질 수 있겠으며, 영구적일 수나 있겠습니까?

지금 여기 존재하는 것을 깨달으십시오. 현자들은 이전에 그렇게 했고, 지금도 그렇게 할 뿐입니다. 그래서 그들이 그것이 마치 새로 얻어진 것처럼 보인다고 말하는 것입니다. 실재가 일단 무지에 가려졌다가 나중에 드러나기에 마치 새로 깨달아지는 것처럼 보입니다. 그러나 그것은 새롭지 않습니다.

헌: 행위·헌신·요가·지知와 그 하위 체계들은 마음만 혼란시킵니다. 웃어른들의 말씀을 따르는 것만이 옳은 길인 것 같습니다. 저는 어느 것을 붙들어야 합니까? 부디 말씀해 주십시오. 저는 스루띠(srutis-베다)와 스므리띠(smritis-베다 외의 경전)를 걸러내지 못하겠습니다. 너무 방대합니다. 그러니 부디 조언해 주십시오.

(답변 없음).

대담 440

헌: 논리로 따짐 없이, 유식한 용어 없이, 부디 저에게 **진아의 지복**에 이르는 길을 가르쳐 주십시오. 그것이 **스승의 은총**으로만 이루어지게 해 주십시오.

마: 그대의 요구 사항에 대해 분명한 인식을 가지십시오. 누가 무엇을 얻으려고 합니까? 그런 다음에 방법을 물으십시오.

헌: 가끔 **지복**이 나타나지만 그것을 묘사하지는 못하겠습니다. 때로는 비춤도 있습니다. 그러나 그것이 **실재**입니까? 만약 그렇다면 그것을 어떻게 영구적인 것으로 만듭니까? 방법은 단순해야 합니다. 부디 논리를 따지거나, 유식한 논변 혹은 신비스러운 언어를 사용하지 마시고 그것을 분명히 말씀해 주십시오.

(답변 없음).

다른 방문객이 질문했다: 신에 대한 기도, 스승의 은총(Guru anugraha), 마음의 집중 등 모든 방법 중에서 어느 것이 가장 효율적인지 부디 말씀해 주십시오.

마: 뒤의 것이 앞의 것의 결과입니다. 그 방법들은 각기 다음 단계로 이끌어 줍니다. 그것들이 하나의 연속적인 전체를 이룹니다. 신·스승·진아는 다르지 않습니다. 그것들은 같은 하나입니다. 따라서 그 방법들 간에 선택할 것이 없습니다.

대담 441

알라하바드에서 온 고위 정부관리인 문관文官 빤날랄 씨가 매우 교양 있는 그의 부인과 퇴역판사 브리즈나라얀 씨와 함께 와서 일주일간 머물렀다. 떠나기 전날 밤 그들은 자신들의 의문들을 해소하고 싶었다. 그들의 의문은 이런 것이었다: 저희들은 대단한 진인 한 분을 **스승**으로 모셨습니다. 그분은 저희들에게 "하리(Hari-크리슈나)의 이름을 염하라"고 하면서 그것이 무엇보다 중요한 거라고 했습니다. 마음을 집중할 필요가 전혀 없고, 하리남(Harinam-'하리의 이름')을 계속하면 집중이 저절로 될 거라고 했습니다. 그래서 저희는 그것을 하고 있습니다. 그런데 이 **스승**님이 돌아가셨습니다. 저희는 바다 한가운데 뜬 키 없는 배와 같은 심정이었습니다. 안전한 인도자를 찾아야 한다고 걱정하던 중, 당신에 대한 이야기를 읽고 듣게 되어 여기 오고 싶었습니다. 저희들의 바람은 2년이 지나서 이루어졌습니다. 여기 와서 스리 바가반의 말씀을 듣고 저희는,

스승님(바가반)께서 자기탐구를 가르치신다는 것을 알았습니다. 이것은 지知의 방법[길]이지만, 먼저 스승님은 저희들에게 헌신의 길을 가르쳤습니다. 저희는 이제 어떻게 해야 합니까? 먼저 방법을 그만두고 이 새로운 방법을 해야 합니까? 한번 바꾸게 되면 저희들이 만나는 스승들에 따라 여러 번 바꾸게 되지 않겠습니까? 그렇게 자주 바꿔서야 무슨 진보를 할 수 있겠습니까? 부디 이 의심을 없애 주시고 저희들을 축복해 주십시오.

스승님은 그 신사에게 깐한가드(Kanhangad)의 아난다쉬람(스와미 람다스의 아쉬람)에서 간행하는 월간지 「비전」지誌 9월호에 실린 다음 글 한 편을 읽어 보라고 하셨다.

〔성자 남데브에 따른 신의 이름의 철학〕

그 이름은 전 우주에 빽빽이 편재해 있다. 그것이 하계下界의 어느 깊이까지, 그리고 천상의 어느 높이까지 미치는지 누가 알겠는가?

무지한 바보들은 사물들의 본질을 알지 못한 채 8억 4천만 종의 생을 겪는다. 그 이름은 불멸이다. 형상들은 무수하지만 이름은 그 모든 것이다.

그 이름 자체가 형상이며, 형상 자체가 이름이다. 이름과 형상 간에는 아무 구분이 없다. 신이 현현하여 이름과 형상을 취하였다. 그래서 그 이름을 베다에서 확립한 것이다. 그 이름을 넘어선 어떤 진언(mantram)도 없다는 것을 유념하라. 달리 말하는 이들은 무지한 바보들이다. 이름은 께샤바(Keshava-비슈누/크리슈나) 그 자신이다. 이것은 하느님을 사랑하는 헌신자들만이 안다.

일체에 편재한 그 이름의 성품은 우리가 자신의 '나'를 인식할 때만 이해될 수 있다. 우리 자신의 이름을 인식하지 못하면, 일체에 편재한 이름을 이해하기란 불가능하다. 사람이 그 자신을 알 때는 도처에서 그 이름을 발견한다.

지식, 명상 혹은 고행의 수행으로는 누구도 그 이름을 깨달을 수 없다. 먼저 그대 자신을 스승의 발아래 내맡기고, 그대 안의 '나'가 누구인지 알도록 하라. 그 '나'의 근원을 발견한 뒤, 그대의 개인성을 저 단일성에 합일시켜라. 스스로 존재하고 모든 이원성이 없는 그것이 삼계三界에 편재한 그 이름이다.

그 이름은 빠라마뜨만(Paramatman) 그 자체이니, 거기서는 이원성에서 일어나는 어떤 행위(업)도 없다.

## 1938년 1월 8일

**대담 442**

당신이 지으신 시구 하나를 설명하다가 스리 바가반이 말씀하셨다: 해는 우주를 비추는 반면, **아루나찰라**라는 해는 너무나 눈부셔서 우주도 희미해지고 끊임없는 광휘가 남습니다. 그러나 현재의 상태에서는 그것을 깨달을 수 없고, 그것은 심장의 연꽃이 개화해야만 깨달을 수 있습니다. 보통의 연꽃은 눈에 보이는 해의 빛 속에서 피어나지만, 미묘한 **심장**은 해들 중의 **해**(아루나찰라) 앞에서 피어납니다. "아루나찰라시여, 제 심장이 피어나게 하시어 **당신의** 끊임없는 광휘가 오롯이 빛나게 하소서!"

이어서 스리 바가반은 계속 이렇게 말씀하셨다: 거울은 대상들을 반사하지만, 그 (반사된) 대상들은 실재하지 않습니다. 왜냐하면 거울과 별개로 남아 있을 수 없기 때문입니다. 마찬가지로, 세계는 마음 속의 한 반사물이라고 이야기됩니다. 마음이 없으면 그것이 머무르지 않기 때문입니다. 그러면 이런 질문이 나옵니다. "만일 우주가 하나의 반사물이라면, 우주라고 하는 실물이 있어야 그것이 마음 속에서 반사될 수 있다." 이것은 객관적 우주의 존재성을 인정하는 것과 마찬가지인데, 진실로 말해서 그것은 그렇지 않습니다.

그래서 꿈의 비유가 설해집니다. 꿈의 세계는 전혀 객관적 존재성이 없습니다. 그러면 그것은 어떻게 창조됩니까? 어떤 마음의 인상들이 남아 있었다고 보아야 합니다. 그것을 원습(*vasanas*)이라고 합니다. 원습은 마음 속에 어떻게 있었습니까? 그 답은, 원습은 미세하다는 것입니다. 나무 전체가 하나의 씨앗 속에 잠재적으로 들어 있듯이, 세계도 마음 속에 들어 있습니다.

그러면 이런 질문이 나옵니다. "씨앗은 나무의 산물인데 그것이 다시 산출되려면 일단 나무가 존재했어야 한다. 그래서 세계도 어느 땐가 존재했어야 한다." 그 답은 "아니오!"입니다. 현재의 모습으로 다시 나타나는 인상들을 수집했던 여러 번의 환생이 있었음은 분명합니다. 나는 지금 존재하듯이 이전에도 존재했음이 틀림없습니다. 해답을 곧장 발견하는 길은 세계가 과연 있는지를 살펴보는 것입니다. 세계의 존재성을 인정하면 나 자신 아닌 어떤 '보는 자'를 내가 인정해야 합니다. 내가 나 자신을 발견하여 세계와 '보는 자' 간의 관계를 알 수 있게 하십시오. 내가 **진아**를 추구하여 **진아**로 머무르면 어떤 세계도 보이지 않습니다. 그러면 **실재**는 무엇입니까? '보는 자'일 뿐, 확실히 세계는 아닙니다.

　진실이 이러한데도 인간은 세계의 실재성에 기초하여 계속 논쟁을 벌입니다. 누가 그에게 세계를 변호하라고 했습니까?

　『요가 바쉬슈타』에서는 해탈을 '거짓을 버리고 존재로 머무르는 것'으로 명확히 정의합니다.

## 대담 443

한 방문객이 질문했다: 거울의 비유는 시각에만 관계됩니다. 세계는 다른 감각기관으로도 지각됩니다. 다른 감각기관들과 관련해서도 그 비실재성이 확립될 수 있습니까?

**마:** 영화에서 스크린 상의 한 인물이 전 세계를 바라보는 것처럼 보입니다. 그 영화에서 그 주체와 대상 이면의 실체는 무엇입니까? 환적인 한 존재가 환적인 세계를 바라보는 것입니다.

**헌:** 그러나 저는 그 영화를 지켜보는 자입니다.

**마:** 분명히 그렇지요. 그대와 세계는 영화 인물과 영화 세계만큼 실재합니다.

## 대담 444

한 변호사 방문객: 마음은 감각기관을 통해 세계를 인식합니다. 감각기관들이 활동하고 있을 때 우리는 세계의 존재를 느끼지 않을 수 없습니다. 어떻게 하면 행위 요가가 순수한 자각을 얻는 데 어떤 소용이 될 수 있습니까?

**마:** 세계는 감각기관을 통해서 마음에 의해 지각됩니다. 그것은 마음의 것입니다. 보는 자는 마음과 감각기관을 **자기** 안에 있는 것으로 보지, **자기**와 별개의 것으로는 보지 않습니다. 그 행위자는 그 행위들에 영향을 받지 않고 있으면서 더욱 순수해지고, 결국 진아를 깨닫습니다.

### 1938년 1월 9일

## 대담 445

스리 바가반은 「문자혼인화만(*Aksharamanamalai*)」의 한 연을 설명하면서 침묵이 최고 형태의 가르침(*upadesa*)이라고 말씀하셨다. 그것은 스승·제자·수행자로서의 '침묵'을 의미한다는 것이었다.

스리 바가반을 찾아온 세 명의 산야신이 토론을 시작했다.

헌: 만약 우리가 침묵하고 있으면 행위가 어떻게 진행되겠습니까? 행위 요가를 할 여지가 어디 있습니까?

마: 먼저 행위가 무엇이고, 그것이 누구의 행위이며, 누가 그 행위자인지 이해하도록 합시다. 그것을 분석하고 그것의 진리를 탐구하면, 우리가 진아로서 평안 속에 머무르지 않을 수 없습니다. 그래도 행위들은 진행될 것입니다.

헌: 제가 행위하지 않으면 행위들이 어떻게 진행되겠습니까?

마: 누가 이 질문을 합니까? 진아입니까, 다른 누구입니까? 진아가 행위에 상관합니까?

헌: 아니요, 진아는 아닙니다. 그것은 진아와는 다른, 어느 누구입니다.

마: 그래서 진아는 행위에 상관하지 않는 것이 분명하고, 그런 질문은 일어나지 않습니다.

헌: 동의합니다.

다른 사람이 질문했다: 깨달은 사람의 상태는 어떤 것입니까? 그는 행위하지 않습니까?

마: 그 질문은, 깨달은 사람은 그런 질문을 하는 자가 아니라는 것을 말해줍니다. 왜 다른 사람의 일에 상관합니까? 그대가 해야 할 일은 그대 자신을 보살피는 것이지, 남들에 대해 묻는 것이 아닙니다.

헌: 경전들은 깨달은 사람을 이상理想으로 들고 있습니다.

마: 물론이지요. 그는 이상理想입니다. 그대가 진아를 깨달아야 합니다. 지금 그의 상태를 묘사한다 해도, 그것에 대한 그대의 이해는 그대의 역량에 따를 뿐입니다. 그대는 자신의 역량이 제한적이라는 것을 인정합니다. 경전에서 말하기를, 깨달은 상태에는 아무 제한이 없다고 합니다. 그렇다면 그의 상태를 이해하는 유일한 길은 진아를 깨달아 그 상태를 체험하는 것입니다. 그런 뒤에도 그 질문이 일어난다면, 그 답을 발견하게 될 것입니다.

다른 방문객이 질문했다: 「가르침의 핵심」 서두의 연에서는 지각력 있는 것(chit)과 지각력 없는 것(jada)을 구분하고 있습니다.

마: 그 가르침은 듣는 이의 관점에서 나온 것입니다. 지각력 없는 것에는 진리가 없습니다. 하나의 전체적인 의식(chit)만이 홀로 지배합니다.

## 1938년 1월 24일

**대담 446**

그란트 더프 씨가 회당에 있었다. 스리 바가반은 몇 가지 새로 나온 출판물, 무엇보다도 『마하 요가(Maha Yoga)』를 언급하고 계셨다. 당신은 또 그란트 더프 씨가 『실재직견소實在直見疏(Sat Darshana Bhashya)』를 읽었으니 그와 다른 『마하 요가』의 견해에 놀라게 될 거라고 말씀하셨다. 두 책 모두 스리 바가반의 철학을 대변한다고 주장하지만, 견해가 너무 달라 『마하 요가』는 사실상 『실재직견소』를 비난하고 있다는 것이었다.

어떤 사람이 『실재직견소』에서는 에고가 소멸된 뒤에도 개인성이 보유된다고 하는 이상한 주장을 하고 있다고 말했다.

스리 바가반이 말씀하셨다: 어떡합니까? 우파니샤드에서는 "브라만을 아는 자는 **브라만이 된다**(Brahmavid Brahmaiva bhavati)"고 합니다. 같은 때에 **브라만**을 아는 자가 한 명 이상 존재합니다. "그들이 다 똑같습니까? 별개 아닙니까?"라고 어떤 사람들은 묻습니다. 그들은 그 몸들만 봅니다. 그 깨달음을 보지 않습니다. 브라만을 아는 자들의 깨달음에는 아무 차이가 없습니다. 그것이 **진리입니다**. 그러나 몸의 관점에서 그런 질문이 나오면, 그 답변은 필시 "예, 다릅니다"가 될 수밖에 없지요. 이것이 혼란의 원인입니다.

**그란트 더프 씨:** 불교도들은 세계를 부정합니다. 힌두 철학은 세계의 존재를 인정하지만, 그것이 실재하지 않는다고 말합니다. 제가 맞습니까?

**마:** 그 견해 차이는 보는 각도의 차이에 따른 것입니다.

**헌:** 사람들은 **샥띠**(Shakti)가 세계를 창조한다고 말합니다. 비실재에 대한 앎은 마야(maya)의 은폐가 걷히기 때문입니까?

**마:** 모두가 **샥띠**의 창조를 인정합니다. 그 **창조자**(샥띠)의 본질은 무엇입니까? 그것은 그 창조계의 본질과 일치할 수밖에 없습니다. 그 **창조자**는 **그녀**의 창조계와 같은 본질로 되어 있습니다.

**헌:** 환幻에 차등이 있습니까?

**마:** 환幻 그 자체가 환적입니다. 환은 그것을 넘어선 누군가가 그것을 보아야 합니다. 그런 '보는 자'가 환에 구속될 수 있습니까? 그렇다면 어떻게 그가 환의 차등을 말할 수 있습니까?

영화에서 스크린 위를 떠가는 장면들이 있습니다. 불이 건물들을 태워버리는 것처럼 보이기도 하고, 물이 배를 난파시키는 것처럼 보이기도 합니다. 그러나 그 화면들이 투사되는 스크린은 타지도 않고 젖지도 않은 채 그대로 있습니다. 왜입니까?

화면들은 실재하지 않고 스크린은 실재하기 때문입니다.

또 반사된 상像들이 거울을 지나가지만, 거울은 그 위에서 반사되는 상들의 질이나 양에 조금도 영향을 받지 않습니다.

그래서 세계는 단일한 **실재** 위의 한 현상인데, 이 **실재**는 어떤 식으로도 영향을 받지 않습니다. **실재**는 오직 하나입니다.

환幻에 대한 논의는 시각의 차이에 기인합니다. 그대의 시각을 지知(*jnana*)의 그것으로 바꾸십시오. 그런 다음 우주는 **브라만**일 뿐임을 발견하십시오. 그대는 지금 세계 안에 있기 때문에 세계를 하나의 세계로 보고 있습니다. 그것을 넘어가십시오. 그러면 세계는 사라지고 **실재**만이 빛날 것입니다.

## 대담 447

스리 바가반이 말씀하셨다: 예전에 **아루나찰라**에 살았던 성자 (구하이) 나마 시바야(Namah Sivaya)는 상당한 어려움을 겪었을 것이 분명합니다. 왜냐하면 이런 노래를 불렀으니까요. "신은 심한 시련을 주어서 헌신자를 검증하네. 세탁부가 옷을 돌판에 내려치는 것은 그것을 찢기 위해서가 아니라 때를 없애기 위해서일 뿐이라네."

### 1938년 1월 25일

## 대담 448

〔남데브의 "신의 이름의 철학"에 대한 문자역文字譯〕

1. 그 이름은 하늘과 가장 낮은 세계, 그리고 전 우주에 빽빽이 편재해 있다. 그것이 하계의 어느 깊이까지, 그리고 천상의 어느 높이까지 퍼져 있는지 누가 알겠는가? 무지한 이들은 사물들의 본질을 모른 채 8억 4천만 종의 탄생을 겪는다. 남데브는 말한다. 그 이름은 불멸이라고. 형상들은 무수하지만 그 이름은 그 모두이다.

2. 그 이름 자체가 형상이고 형상 자체가 이름이다. 이름과 형상 간에는 아무 구별도 없다. 신이 모습을 나투면서 이름과 형상을 취하였다. 그래서 그 이

름을 베다에서 확립한 것이다. 그 이름을 넘어서는 **어떤 진언도 없다는** 것을 유념하라. 그와 달리 말하는 이들은 무지한 자들이다. 남데브는 말한다. 그 이름이 께샤바 그 자신이라고. 이것은 하느님을 사랑하는 헌신자들만이 안다.

3. 일체에 편재한 그 이름의 성품은 우리가 자신의 '나'를 인식할 때만 이해될 수 있다. 우리 자신의 이름을 인식하지 못하면 일체에 편재한 그 이름을 이해하기란 불가능하다. 우리가 자신을 알 때, 우리는 도처에서 그 이름을 발견한다. 그 이름을 그 이름 가진 것과 다르게 보는 것이 환을 창조한다. 남데브는 말한다. "성자들에게 물어보라"고.

4. 지知, 명상 혹은 고행의 수행으로는 누구도 그 이름을 깨달을 수 없다. 먼저 그대 자신을 스승의 발아래 내맡기고 '나' 자신이 그 이름이라는 것을 알도록 하라. 그 '나'의 근원을 발견하고 나면 그대의 개인성을 그 단일성, 곧 스스로 존재하며 일체의 이원성이 없는 그것에 합일시켜라. 드와이따(*dwaita*-이원성)와 드와이따띠따(*dwaitatita*-이원성을 넘어선 것) 너머에 편재하는 것, 그 이름이 삼계三界에 들어온 것이다. 그 이름은 빠라브라만 그 자체이며, 거기에는 이원성에서 일어나는 어떤 행위도 없다.

스리 바가반이 이것을 낭독했을 때 어떤 음악가가 회당에 들어와서 텔루구 어로 띠야가라자(Tyagaraja)[1)]의 '찬가(*Kirtanas*)'를 노래하기 시작했다. 그 노래 중의 하나는 이러했다. "진주를 캐러 잠수하는 진주조개 잠수부처럼 깊이 뛰어들어, 초월적인 소리(*mooladhara sabda*)의 근원을 발견하라." 그런 다음 또 한 곡은 이러했다. "자기 마음을 조복받은 사람에게 따빠스가 무슨 소용 있으랴? '나는 몸이다'라는 관념을 포기하고, '저는 없습니다. 당신이 전부이십니다'를 깨달으라."

이 노래를 회당에 있던 그란트 더프 씨에게 통역해 주었다.

**그란트 더프 씨:** 우리의 호흡을 제어할 필요가 있습니까? 호흡 제어를 수련하지 않은 사람은 어떻게 됩니까?

**마:** 호흡 제어는 (내면으로) 깊이 잠수하기 위한 하나의 보조수단일 뿐입니다. 마음 제어로써 잠수하는 것이 더 낫습니다. 마음이 제어되면 호흡은 자동적으

---

1) *T.* 타밀 출신의 인도 고전음악가(1767-1847). 텔루구어로 주主 라마에게 바치는 24,000송의 찬가를 지었고, 그 중 약 500송이 후대에까지 전해진다.

로 제어됩니다. 호흡 제어를 시도할 필요는 없고 마음 제어로 충분합니다. 호흡 제어는 곧바로 자기 마음을 제어할 수 없는 사람에게 권장됩니다.

**나함**(*Naham*)—"나는 이것이 아니다"—은 내쉼(*rechaka*)에 상응하고,
**꼬함**(*Koham*)—"나는 누구인가?"['나' 찾기]—은 들이쉼(*puraka*)에 상응하며,
**소함**(*Soham*)—"그가 나다"[진아만이 있다]—은 멈춤(*kumbhaka*)에 상응합니다.
그래서 이런 것들이 조식(*pranayama*)의 기능입니다.

또 이 세 가지 공식은,
'나—**아함**(*Na—Aham*)'[아니다—내가],
'까—**아함**(*Ka—Aham*)'[누구인가—나는],
'사—**아함**(*Sa—Aham*)'[그다—나는]입니다.

여기서 접두사들을 소거하고 이 모두의 공통인수를 꽉 붙드십시오. 그것이 바로 '나'(*Aham*), 즉 문제 전체의 골자입니다.

나중에 스리 바가반은 그 노래들을 언급하면서 이렇게 말씀하셨다: 띠야가라자는 말을 잘하는군요. 마음을 제어해야 한다고. "마음이 무엇이냐?"는 질문이 나오는데, 그 자신이 다음 절에서 그것은 "나는 몸이다"라는 관념이라고 대답합니다. 그 다음 질문은 그것을 어떻게 제어할 것이냐입니다. 그는 다시, "완전한 순복에 의해서네. 나는 없고, 모든 것이 그분임을 깨달으라"고 대답합니다. 노래가 멋지고 간결하군요. 그는 다른 방법, 즉 호흡 제어도 언급합니다.

### 1938년 1월 31일

**대담 449**

그란트 더프 씨가 떠난 뒤 그의 아스라맘 방문에 대해 몇 마디 말이 오고갔다. 스리 바가반이 말씀하셨다. "어떤 **샥띠**(*Shakti*)가 세계 도처에서 사람들을 이 중심으로 끌어당깁니다." 한 헌신자가 적절하게 말했다. "그 샥띠는 스리 바가반과 다르지 않습니다." 스리 바가반이 즉시 말씀하셨다. "어떤 샥띠가 처음에 저를 이리로 끌어당겼습니까? 같은 샥띠가 다른 모든 사람도 끌어당깁니다."

스리 바가반은 즐거이 다음과 같은 이야기를 들려주실 기분이 되어 있었다.

I. 헌신적인 왕비를 둔 왕이 있었습니다. 왕비는 스리 라마의 헌신자였는데, 자기 남편도 자신처럼 헌신자가 되기를 바랐습니다. 어느 날 밤 그녀는 왕이 잠결에 뭐라고 중얼거리는 것을 발견했습니다. 그래서 귀를 그의 입술 가까이

가져갔더니, '라마'라는 단어가 염송(japa)을 할 때처럼 계속 반복되는 것이었습니다. 그녀는 기뻐했고, 다음날 대신에게 잔치를 열라고 명했습니다. 잔치에 참석한 왕은 아내에게 무슨 일이냐고 물었습니다. 그녀는 자초지종을 들려주면서 그 잔치는 자신의 오랜 숙원을 들어준 신에 대한 고마움의 표시라고 말했습니다. 그러나 왕은 자신의 헌신이 드러난 것이 화가 났습니다. 어떤 사람들은 말하기를, 이 왕은 자신이 신을 배신했으니 신을 섬길 자격이 없다고 생각하고 자살을 했다고도 합니다. 그것은 우리가 자신의 신심을 공공연히 드러내서는 안 된다는 것을 의미합니다. 우리는 그 왕이 왕비에게 자신의 신심에 대해 야단하지 말라고 했고, 그런 다음 함께 행복하게 살았다고 보아도 무방합니다.

II. **똔다라디뽀디 알와르**(Thondaradipodi Alwar): 똔다라디뽀디는 '헌신자들의 발에 묻은 먼지를 기뻐하는 사람(Bhaktanghrirenu)'입니다. (이런 이름의) 한 헌신자가 땅 한 뙈기를 가지고 있었는데, 그는 여기에 툴라시(tulasi-약용식물 툴시)를 심어 그것으로 화만華鬘을 만들어서 사원에 있는 신에게 공양 올렸습니다. 그는 독신으로 살았고, 그의 삶과 품행으로 존경받았습니다. 어느 날 창녀로 살아가던 두 자매가 그 정원 근처를 걷다가 한 나무 밑에 앉았습니다. 그 중의 한 명이 말했습니다. "몸과 마음을 매일 더럽혀야 하니 내 인생은 얼마나 혐오스러운지 몰라. 이분같이 사는 것이 더없이 바람직해." 다른 여자가 대꾸했습니다. "그의 마음을 네가 어떻게 알아? 어쩌면 겉보기보다 그렇게 훌륭하지 않을지도 몰라. 신체 기능들을 억지로 제어할 수도 있고, 마음은 날뛰는 생각들을 즐기고 있는지도 모르지. 사람은 육신을 다스리듯이 쉽게 자신의 원숭을 다스리지 못해."

앞서의 여자가 말했습니다. "행위는 마음이 어떤지를 보여주는 표지일 뿐이야. 그의 삶은 그의 마음이 순수하다는 것을 보여준다고."

나중 여자가 말했습니다. "꼭 그렇지는 않아. 그의 마음은 아직 검증되지 않았어."

첫 번째 여자는 그녀에게 그러면 그의 마음을 검증해 보라고 했고, 그녀는 그러마고 했습니다. 두 번째 여자는 몸에 옷을 겨우 약간만 걸치고 혼자 남아 있겠다고 했습니다. 첫 번째 자매는 옷을 제대로 입지 않은 여자를 혼자 남겨두고 집으로 돌아갔습니다. 나중 여자는 나무 밑에 계속 앉아 있었는데, 참회

하는 듯이 그리고 겸손한 듯이 보였지요. 얼마 후 성자가 그녀를 발견하고 가까이 다가가서, 무슨 일이 있기에 그렇게 우울해 보이느냐고 물었습니다. 그녀는 자신의 과거를 참회한다면서 더 순수하고 고상한 삶을 살고 싶다고 말하고, 마지막으로 그에게 자신이 그 정원에서 겸손하게 봉사하거나 그의 시중을 들고 싶으니 받아들여 달라고 간청했습니다. 성자는 그녀에게 집으로 돌아가서 정상적인 삶을 영위하라고 조언했습니다. 그러나 그녀는 우겼습니다. 그래서 그는 그녀에게 툴라시 식물들에 물을 주며 머물러 있게 했습니다. 그녀는 기쁘게 그 소임을 받아들였고, 정원에서 일을 하기 시작했습니다.

　비가 오는 어느 날 밤 성자는 자기가 사는 초가 오두막의 처마 밑에 이 여자가 서 있는 것을 발견했습니다. 옷에서는 물이 뚝뚝 떨어지고 있었고, 그녀는 추위로 몸을 떨고 있었습니다. 주인은 왜 그렇게 초라한 상태로 있느냐고 물었습니다. 그녀는 자기 방에 비가 들이쳐 그 처마 밑에서 비를 피하고 있으며, 비가 그치는 대로 돌아가겠다고 했습니다. 그는 그녀에게 오두막으로 들어오라고 했고, 나중에는 젖은 옷을 갈아입으라고 했습니다. 그러나 그녀는 입을 마른 옷이 없었습니다. 그래서 그가 자기 옷 하나를 입어 보라고 했습니다. 그녀는 그것을 입었고, 나중에는 그의 발을 안마해 드리겠다고 했습니다. 그는 그러라고 했지요. 결국 그들은 서로 끌어안게 되었습니다.

　다음날 그녀는 집으로 돌아가서 좋은 음식을 먹고 좋은 옷을 입었습니다. 그러고 나서도 그녀는 여전히 그 정원에서 일을 했습니다.

　가끔 그녀는 자기 집에 오래 있기도 했습니다. 그러자 이 남자가 그녀를 찾아가기 시작했고, 그러다가 마침내 그녀와 함께 살게 되었습니다. 그럼에도 그는 그 정원을 소홀히 하지 않았고, 신에게 매일 화만을 바치는 것도 게을리 하지 않았습니다. 그의 삶이 바뀐 것을 두고 다들 말이 많았습니다. 그러자 신은 그가 예전의 생활 방식으로 돌아가도록 해야겠다고 마음먹었습니다. 그래서 몸소 그 성스러운 헌신자의 모습을 하고 그 창녀(*dasi*)에게 나타났습니다. 그리고 값비싼 선물 하나를 그녀에게 몰래 주었는데, 그것은 (사원에 모셔진) **신의 발찌**였습니다.

　그녀는 그것을 받고 아주 기뻐하며 그것을 자기 베개 밑에 숨겨두었습니다. 그러고 나서 신은 사라졌습니다. 그 집의 한 하녀가 이 모든 과정을 몰래 지켜보고 있었습니다.

사원에서는 한 신도가 그 장식품이 없어진 것을 발견하고, 관계 당국에 분실 신고를 했습니다. 당국에서는 누구든지 그 분실된 재산을 찾을 수 있는 단서를 제공하는 사람에게는 상당한 보상금을 주겠다고 했습니다. 그 하녀가 단서를 제공하고 보상금을 청구했습니다. 경찰은 그 장식품을 회수했고, 그 창녀를 체포했습니다. 그녀는 그 헌신자(성자)가 그것을 자기에게 주었다고 했습니다. 그러자 경찰은 그를 거칠게 다루었습니다. 이때 어떤 초자연적 음성이 들려왔습니다. "내가 그랬느니라. 그를 놓아주어라."

왕 이하 모든 사람이 놀랐습니다. 그들은 그 사람의 발 앞에 엎드려 절하고 그를 풀어주었습니다. 그리고 나서 그는 더 나은 고상한 삶을 살았습니다.

III. 까두벨리 싯다르(Kaduveli Siddhar)는 아주 엄격한 은둔자로 유명했습니다. 그는 나무에서 떨어진 마른 낙엽들을 먹고 살았습니다. 그 나라 왕이 소문을 듣고 그를 만나본 뒤, 누구든지 이 사람의 가치를 검증하는 사람에게는 상금을 내리겠다고 했습니다. 한 부유한 창녀가 그렇게 하겠다고 했습니다. 그녀는 이 은둔자 근처에 가서 살면서 그의 시중을 드는 척했습니다. 그녀는 그가 집어먹는 마른 낙엽들과 함께 빱빠담(pappadam-바삭하게 굽는 남인도 음식) 조각들을 가만히 남겨두었습니다. 그가 그것을 먹고 나자 그녀는 마른 낙엽들과 함께 다른 맛있는 음식들을 놓아두기 시작했습니다. 결국 그는 그녀가 준 맛있는 음식들을 다 먹었습니다. 그들은 친밀한 관계가 되었고, 그들 사이에서 자식도 하나 태어났습니다. 그녀는 그 사실을 왕에게 알렸습니다.

왕은 그녀가 그들의 상호 관계를 일반 대중들에게 입증할 수 있는지 알고 싶어 했습니다. 그녀는 동의하고 한 가지 실행 계획을 제안했습니다. 그에 따라 왕은 그 창녀의 공개적인 춤 공연을 발표하고, 사람들을 그 공연에 초대했습니다. 사람들이 거기 모여 들었고 그녀도 나타났지만, 그러기 전에 그녀는 아기에게 어떤 약을 좀 먹이고, 집에 있는 성자에게 아기를 봐달라고 맡겼습니다.

춤이 한창일 때 집에서 아기가 엄마를 찾으면서 울었습니다. 아비는 아기를 안고 춤 공연장으로 갔습니다. 그녀는 신명나게 춤을 추고 있었습니다. 그는 아기를 데리고 그녀에게 다가갈 수 없었습니다. 그녀가 남자와 아기가 온 것을 보았습니다. 그녀는 춤을 추면서 성자가 있는 곳으로 다가가, 다리를 교묘히 차올려 발찌 하나가 빠져나오게 했습니다. 그리고 살짝 발을 들어 올렸고,

남자가 발찌를 묶어 주었습니다. 대중이 소리를 지르며 웃었습니다. 그러나 그는 태연히 그대로 있었습니다. 다만 자신의 가치를 증명하기 위해 이런 취지의 타밀 노래를 불렀습니다.

"승리를 위해 내 분노를 놓아버리네! 내 마음이 달려 나가면 나는 그것을 놓아준다네. 만일 내가 밤낮으로 잠을 자면서도 내 진아를 정말 자각하고 있는 것이 사실이라면, 이 돌이 둘로 쪼개져 대공大空이 되리라!"

그러자 즉시 그 돌[신상]이 큰 소리를 내며 쪼개졌고,[2] 사람들은 깜짝 놀랐습니다.

스리 바가반은 계속해서 이렇게 말씀하셨다: 이처럼 그는 자신이 진아에서 벗어나지 않는 진인임을 증명했지요. 우리는 진인의 겉모습에 속으면 안 됩니다. 그래서 『베단타 쭈다마니(Vedantachudamani)』 제181연이 있습니다.[3]

그 의미는 다음과 같습니다.

몸을 가지고 있다고 생각되는 생전해탈자가 발현업에 따라 무지나 지혜에 빠져드는 것처럼 보여도, 그는 마치 허공이 짙은 구름장에 가려지든 바람에 구름장이 벗겨지든 그 자체로 늘 청명하듯이, 순수하기만 합니다. 그는 늘 진아 안에서만 즐거워합니다. 마치 남편을 사랑하는 아내가 (자신의 발현업에 따라 정해진 운수대로) 남들에게서 얻은 것을 가지고 남편의 시중을 들면서도 남편하고만 즐거움을 갖듯이 말입니다. 그가 무식한 사람처럼 침묵하고 있다 해도, 그의 무관심함은 베다에서 말하는 '입말(vaikhari vak)'의 암묵적 이원성 때문입니다. 그의 침묵은 자신이 깨달은 비이원성— 이것이 결국 베다의 참된 내용이지만—에 대한 최고의 표현입니다. 그는 제자들을 가르친다 해도 스승으로 자처하지 않습니다. 스승과 제자란 환幻에서 나온 관습적 관계에 불과하다는 것을 완전히 확신하고 있기 때문입니다. 그래서 그는 (허공에서 들리는 소리(akasavani)처럼) 계속 말을 합니다. 반면에 그가 미친 사람처럼 앞뒤가 안 맞는 말을 한다면, 그것은 마치 서로 부둥켜안고 있는 연인들의 말처럼 그의 체험이 표현 불가능하기 때문입니다. 만일 그가 웅변가처럼 유창하게 많은 말

---

2) T. 다른 버전에서는 까두벨리 싯다르가 사원의 신상 앞에서 노래를 불렀고, 이 돌은 링감이었다고 한다. 이 사건은 뽄디체리 인근 이름바이라는 마을에서 일어났고, 그곳에 지금도 그 사원이 있다.
3) T. 『베단타 쭈다마니』는 니자구나 시바요기(Nijaguna Shivayogi, 15세기)가 깐나다어로 쓴 백과사전적 저작인 『비베까 찐따마니(Viveka Chintamani)』의 타밀어 번역본이다. 현재의 판본에서 관련 내용은 제178연인데, 진인의 어떤 행위도 은총의 작용이므로 그를 믿어야 한다는 내용이라고 한다.

을 한다면, 그 말들은 그의 체험에 대한 회상을 나타냅니다. 왜냐하면 그는 성취를 기다리는 어떤 욕망도 없는 부동의 비이원적 **하나**이기 때문입니다. 그가 가족을 잃은 여느 사람처럼 슬픔에 잠긴 듯이 보인다 해도, 그것은 그가 그 감각기관들에 대해 그냥 적절한 사랑과 연민을 표출하는 것일 뿐입니다. 그는 감각기관들이 **지고한 존재**의 도구이자 나툼일 뿐이라는 것을 깨닫기 전에 이미 그 감각기관들을 제어하고 있었습니다. 그가 세간의 놀라운 일들에 대해 예리한 관심을 가진 것처럼 보일 때에도, 그는 덧씌움에서 나온 무지를 비웃고 있을 뿐입니다. 설사 그가 성적인 쾌락에 탐닉하는 것처럼 보인다 해도, 그는 항상 내재해 있는 **진아**의 **지복**을 즐기는 데 빠져 있음이 분명합니다. **진아**가 그 자신을 개인적 **자아**와 보편적 **자아**로 나누었다가, 그 본래적 **성품**을 회복하려는 그들의 재결합을 즐거워하는 것입니다. 또 그가 화를 내는 것처럼 보인다 해도, 그것은 잘못한 사람들이 잘 되라고 그러는 것입니다. 그의 모든 행위는 인류의 차원 위에 나타난 **신**의 현현일 뿐이라고 보아야 합니다. 그가 아직 살아 있는 동안 해탈했다는 것에 대해 조금도 의심이 일어나지 않아야 합니다. 그는 세상 사람들의 이익을 위해 살고 있을 뿐입니다.

스리 바가반은 이제 청문자들에게, 외관상 행위를 가지고 진인을 비방하는 과오를 범하지 말라고 경고하면서, 다시 빠리끄쉬뜨(Parikshit)[4]의 이야기를 들려주셨다: 그는 사산아死産兒였습니다. 여자들은 울면서 스리 크리슈나에게 이 아기를 살려달라고 애원했습니다. 주위에 있던 진인들은 이 아기가 아슈와따마(Asvatthama)의 화살(apandavastra)을 맞았는데[5] 스리 크리슈나가 어떻게 살려낼 것인가 하면서 궁금해 했습니다. 크리슈나가 말했습니다. "만일 영원한 독신(nityabrahmachari)이 이 아기에게 손을 대면 아기가 소생할 것이오." 그러나 수까(Suka)조차도 감히 아기에게 손을 대지 못했습니다. 이름난 성자들 중에서 아무도 과감하게 아기에게 손을 대지 못하자, 크리슈나가 가서 손을 대며 말했습니다. "만일 내가 영원한 독신이라면 이 아이가 소생하기를." 그러자 아기가 숨을 쉬기 시작했고, 나중에 자라서 빠리끄쉬뜨가 되었습니다.

---

4) T. 아르주나의 손자. 아르주나 형제들이 은퇴할 때 왕국을 물려받아 왕이 되었다.
5) T. 아르주나 진영의 적이었던 아슈와따마는 아르주나 형제들의 다섯 아들들을 죽인 뒤에, 아직 태아로서 그 어머니(아르주나의 며느리)의 뱃속에 들어 있던 빠리끄쉬뜨를 향해 아스뜨라(astra, 진언의 힘이 실린 에너지 미사일)를 탑재한 강력한 화살을 날렸다.

만 6천 명의 목녀牧女(gopis)들에 둘러싸여 있던 **크리슈나**가 어째서 독신인지 한 번 생각해 보십시오! 생전해탈의 신비가 그러합니다! 생전해탈자는 그 어떤 것도 **진아**와 별개로 보지 않는 사람입니다.

그러나 만일 어떤 사람이 의식적으로 싯디를 과시하려 들면, 배척당하기만 할 것입니다.

### 1938년 2월 3일

**대담 450**

힌두교로 개종한 폴란드 여성인 우마 데비 양이 스리 바가반께 질문했다: 전에 한번 스리 바가반께, 제가 힌두교로 개종할 무렵 **시바**의 환영幻影을 본 경위를 말씀드린 적이 있습니다. 비슷한 체험이 꾸르딸람(Courtallam)에서 다시 일어났습니다. 이런 환영들은 일시적입니다. 그러나 지복스럽습니다. 어떻게 해야 그것이 영구적이고 지속적인 것이 될 수 있는지 알고 싶습니다. **시바** 없이는 제가 주위에서 보는 것들에 아무 생기가 없습니다. 저는 그를 생각하면 너무 행복합니다. 어떻게 하면 그의 환영이 저에게 영속적인 것이 되겠는지 부디 말씀해 주십시오.

**마**: 그대는 **시바**의 환영을 이야기하는데, 환영은 늘 하나의 대상입니다. 그것은 어떤 주체가 존재함을 의미합니다. 환영의 가치는 그것을 보는 자의 가치와 동일합니다. (다시 말해서, 환영의 본질은 보는 자의 그것과 같은 차원이다.) 나타남은 사라짐도 의미합니다. 나타난 것은 뭐든지 사라질 수밖에 없습니다. 환영은 결코 영원할 수 없습니다. 그러나 **시바**는 영원합니다.

눈으로 보는 **시바**의 직접체험(pratyaksha)[환영]은 보는 눈, 그 봄[見] 이면의 지성(buddhi), 그 지성과 봄 이면의 '보는 자'가 있다는 것, 그리고 마지막으로 보는 자의 저변에 **의식**이 있다는 의미를 함축합니다. 이 직접체험[환영]은 그대가 생각하는 것만큼 그렇게 실재하지는 않습니다. 왜냐하면 그것은 (**진아**만큼 그대에게) 친밀하지도 않고 내재적이지도 않기 때문입니다. 그것은 직접적이지 않습니다. 그것은 **의식**의 몇 가지 연속적 국면들의 결과입니다. 이것들 중에서 **의식**만이 변치 않습니다. 그것은 영원합니다. 그것이 **시바**입니다. 그것이 **진아**입니다.

환영은 '보는 자'가 있다는 것을 의미합니다. 그 보는 자는 자기의 존재를 부인할 수 없습니다. 의식으로서의 **진아**가 존재하지 않는 순간은 없고, 보는 자가 **의식**과 별개로 남아 있을 수도 없습니다. 이 **의식**이 영원한 **존재**(Being)이며 유일한 **존재**입니다. 보는 자는 그 자신(의 얼굴)을 볼 수 없습니다. 그러나 그가 직접체험[환영]처럼 눈으로 그 자신을 보지 못한다고 해서 자신의 존재를 부인합니까? 아니지요! 그래서 직접체험이란 '보는 것'을 뜻하는 것이 아니라, '**존재함**(BE-ing)'을 뜻합니다.

'**존재하는 것**(TO BE)'이 깨닫는 것이고, 그래서 "나는 내가 있다는 것이다"라고 했습니다. "**내가 있다**(I AM)"가 **시바**입니다. 그가 없이는 달리 그 무엇도 있을 수 없습니다. 일체가 그것의 존재를 **시바** 안에서, 그리고 **시바**로 인해 갖습니다.

따라서 "나는 누구인가?"를 탐구하십시오. 내면으로 깊이 가라앉아 **진아**로 안주하십시오. 그것이 '**존재함**'으로서의 **시바**입니다. 그의 환영이 되풀이되기를 기대하지 마십시오. 그대가 보는 대상들과 **시바** 간의 차이가 무엇입니까? 그는 주체이자 대상입니다. 그대는 **시바** 없이 있을 수 없습니다. **시바**는 지금 여기서 늘 깨달아져 있습니다. 그대가 아직 그를 깨닫지 못했다고 생각한다면 그것은 잘못입니다. 이것이 **시바**를 깨닫는 데 있어 장애입니다. 그 생각마저 놓아 버리면 거기에 깨달음이 있습니다.

**헌:** 예. 그러나 어떻게 하면 제가 그것을 가능한 한 빨리 해낼 수 있겠습니까?

**마:** 그것이 깨달음의 장애입니다. **시바** 없이 개인이 있을 수 있습니까? 바로 지금도 그는 그대입니다. 시간은 문제되지 않습니다. 만일 비非깨달음의 순간이 있다면, 깨달음의 문제도 일어날 수 있겠지요. 그러나 실은 그대는 **시바** 없이 있을 수 없습니다. 그는 이미 깨달아져 있고, 늘 깨달아져 있으며, 결코 깨달아져 있지 않은 적이 없습니다.

그에게 순복하고, 그가 나타나든 사라지든 그의 뜻에 따르십시오. 그가 기뻐하기를 기다리십시오. 만약 그대의 뜻대로 그에게 해달라고 요구한다면, 그것은 순복하는 것이 아니라 그에게 명령하는 것입니다. 그를 그대의 뜻에 따르게 할 수 없는데도, 그대는 자신이 순복했다고 생각합니다. 그는 무엇이 최선인지, 언제 어떻게 그것을 해야 할지를 알고 있습니다. 일체를 그에게 전적으로 맡기십시오. 그러면 짐은 **그의 것**이고, 그대는 더 이상 아무 근심이 없습니다. 그대의 모든 근심은 **그의** 것입니다. 순복이란 그런 것입니다. 이것이 헌신입니다.

아니면 그런 질문들이 누구에게 일어나는지 탐구하십시오. **심장** 속으로 깊이 잠수하여 **진아**로 머무르십시오. 이 두 가지 길 중 하나가 구도자에게 열려 있습니다.

스리 바가반은 또 이렇게 덧붙이셨다: 의식하지 못하는, 따라서 **시바**가 아닌 존재는 없습니다. 그가 **시바**일 뿐 아니라, 그가 알거나 알지 못하는 다른 모든 것도 **시바**입니다. 하지만 그는 순전한 무지 속에서 자신이 다양한 형상들을 가진 우주를 본다고 생각합니다. 그러나 만일 자신의 **진아**를 보게 되면, 자신이 우주와 분리되어 있다고 여기지 않습니다. 사실 그의 개인성과 다른 개체들은 사라집니다. 다만 그들이 (외관상) 다양한 형상으로 존속하기는 하겠지만 말입니다. 그리고 **시바**가 우주로 보입니다. 그러나 (보통의 경우) 보는 자는 그 배경 자체를 보지 않습니다. 무명천만 보고 그 천을 이루는 무명실을 보지 못하는 사람이나, 영화에서 스크린 위를 움직이는 화면들을 보면서도 배경인 스크린 자체를 보지 못하는 사람을 생각해 보십시오. 또 아니면 글자들을 읽으면서 그 글자가 쓰인 종이를 보지 못하는 사람을 생각해 보십시오. 그래서 그 대상들은 **의식**이자 형상입니다. 그러나 보통 사람은 우주 안의 대상들을 보면서도, 이런 형상들 안의 **시바**는 보지 못합니다. **시바**는 이런 형상들을 취하는 **존재**이자 그것들을 보는 **의식**이기도 합니다. 다시 말해서 **시바**는 주체와 대상 양자의, 그리고 **휴식하는 시바**와 **행위하는 시바**, 또는 **시바**와 **샥띠**, 또는 **하느님**과 **우주** 양자의 저변에 있는 배경입니다. 그것을 무엇이라고 하든, 그것이 휴식하고 있든 행위하고 있든, 그것은 **의식**일 뿐입니다. 의식하지 못하는 사람이 누가 있습니까? 그러니 누가 깨닫지 못하고 있습니까? 그렇다면 깨달음을 의심하거나 그것을 바란다는 문제가 어떻게 일어날 수 있습니까? 만일 '나'가 나에게 직접체험이 아니라면, **시바**가 직접체험이 아니라고 말할 수도 있겠지요.

그런 질문들은 그대가 **자기**를 몸에 한정해 왔기 때문에 일어납니다. 그럴 때에만 안과 밖, 주체와 대상이라는 관념이 일어납니다. 대상적인 환영들은 고유한 가치가 없습니다. 설사 그것들이 지속된다 하더라도 그 사람을 만족시킬 수 없습니다. **우마**(Uma-빠르바띠)는 늘 **시바**와 함께 있습니다. 두 분은 함께

반합신半合神(Ardhanariswara)6)을 이룹니다. 하지만 그녀는 그의 참된 성품에서의 **시바**를 알고 싶었습니다. 그래서 따빠스를 했습니다. 명상 중에 그녀는 밝은 빛을 보고 이렇게 생각했습니다. "이것은 **시바**일 수 없다. 왜냐하면 그것은 내 시각의 범위 안에 있으니까. 나는 이 빛보다 더 크다." 그래서 그녀는 따빠스를 재개했습니다. 생각들이 사라졌습니다. 고요함이 지배했습니다. 이때 그녀는 **존재함**이, 그의 참된 성품에서의 **시바**라는 것을 깨달았습니다.

무루가나르가 아빠르(Appar)의 이런 시구를 인용했다.

"저의 어둠을 없애고 저에게 빛을 주시니, **당신**의 은총은 저를 통해서만 작용함이 분명합니다."

스리 바가반은 마니까바짜가르의 이 시를 언급하셨다.

"**우리**는 **헌가**獻歌(bhajana) 등 온갖 것을 합니다. 그러나 우리는 **당신**을 보았다는 사람을 본 적도 없고, 그런 이들이 있다는 말도 들은 적이 없습니다."

신을 보면서도 개인성을 유지할 수는 없습니다. 보는 자와 보이는 것은 단 하나의 **존재** 속으로 합쳐집니다. 인식자도 없고, 인식도 없고, 인식되는 것도 없습니다. 모두가 단 하나의 지고한 **시바** 안으로 합일될 뿐입니다!

### 1938년 2월 4일

**대담 451**

마드라스 대학교 철학 조교수인 S. S. 수리야나라야나 샤스뜨리 씨가 오늘밤에 도착했다. 그는 한 가지 의문이 있었는데 '진아지'에 대한 샤르마의 주석을 읽고 그것이 해소되었다고 말했다. 그 의문은 이런 것이었다: "세계가 어떻게 하나의 상상이나 생각일 수 있겠는가? 생각은 마음의 한 기능이다. 마음은 뇌 안에 있다. 뇌는 인간의 두개골 안에 있고, 인간은 우주의 극히 작은 일부일 뿐이다. 그렇다면 어떻게 우주가 뇌 세포들 안에 들어갈 수 있겠는가?"

스리 바가반은 답변으로 이렇게 말씀하셨다: 마음을 지금 묘사한 그런 종류의 실체로 여기는 한 그런 의심은 지속됩니다. 그러나 마음이 무엇입니까? 생각해 봅시다. 세계는 그 사람이 잠에서 깨어나면 보입니다. 그것은 '나'라는 생각이 있고 난 뒤에 옵니다. 머리가 일어납니다. 그래서 마음이 활동하게 되

---

6) *T.* 절반씩 둘이 합쳐져 하나가 된 신. **시바**와 **빠르바띠**는 지고자의 불가분한 양 측면을 나타내며, 둘이 합쳐 하나의 완전한 **절대자**를 이룬다(아루나찰라 산은 그들의 몸이 합쳐진 것이라고 한다).

었습니다. 세계란 무엇입니까? 그것은 공간 안에 펼쳐진 대상들입니다. 누가 그것을 파악합니까? 마음입니다. 공간을 파악하는 마음 자체가 공간(*akasa*-허공) 아닙니까? 그 공간은 물적 허공(*bhootakasa*)입니다. 마음은 심적 허공(*manakasa*)인데, 이것은 초월적 허공(*chidakasa*) 안에 들어 있습니다. 그래서 마음은 허공 원리(*akasa tattva*)7)입니다. 그것은 지知 원리(*jnana tattva*)이기 때문에 형이상학에서는 허공과 동일시됩니다. 그것을 허공으로 보면, 그 질문의 외관상 모순을 조화시키는 데 아무 어려움이 없을 것입니다. 순수한 마음(*suddha sattva*)은 허공입니다. 동적 측면(*rajas*)과 둔한 측면(*tamas*)은 거친(물질적) 대상 등으로 작용합니다. 그래서 전 우주가 심적 현상일 뿐입니다.

또 꿈을 꾸는 사람을 생각해 보십시오. 그는 어느 방에 들어가, 자신이 잠든 동안 아무도 방해하지 못하도록 문을 잠그고 잠자리에 듭니다. 그리고 자고 있을 때 어떤 대상도 보지 않기 위해 눈을 감습니다. 하지만 꿈을 꿀 때는 하나의 온전한 경계(꿈 세계)를 보는데, 그 속에서는 사람들이 살면서 움직이고 있고, 자신도 그들 중의 하나입니다. 이 파노라마가 문을 통해 들어왔습니까? 그것은 그냥 그의 뇌에 의해 자기 앞에 전개된 것입니다. 그것은 그 잠자는 사람의 뇌입니까, 아니면 그 꿈속 개인의 뇌입니까? 잠자는 사람의 뇌입니다. 그것이 어떻게 그 작은 세포들 안에 이 방대한 나라를 가지고 있습니까? 이로써 전 우주는 하나의 생각 혹은 일련의 생각들에 불과하다는, 반복적으로 자주 설해지는 이야기가 분명히 설명될 것입니다.

한 스와미가 질문했다: 저는 치통을 느낍니다. 이것도 하나의 생각일 뿐입니까?

마: 예.

헌: 왜 저는 치통이 없다고 생각하고 스스로를 치유할 수 없습니까?

마: 그대가 다른 생각에 몰두해 있을 때는 그 치통을 느끼지 못하지요. 그대가 잠을 잘 때도 치통이 느껴지지 않습니다.

헌: 하지만 그럼에도 불구하고 치통은 남아 있습니다.

마: 세계가 실재한다는 확신도 그처럼 확고하기 때문에 쉽게 떨쳐지지 않습니다. 그렇다고 해서 세계가 그 개인 자신보다 더 실재적으로 되지는 않습니다.

---

7) T. '원리(*tattvas*)'는 힌두철학에서 말하는 현상계(우주)를 구성하는 범주들이다. 여기에는 물적인 범주들과 심적인 범주(허공 원리)들이 있다.

헌: 지금 중일전쟁이 벌어지고 있습니다. 만약 그것이 상상 속에 있을 뿐이라면, 스리 바가반께서는 그 반대로 생각하여 그것을 종식시킬 수 있으신지, 혹은 그럴 의향이 있으신지요?
마: 질문자의 바가반은 중일전쟁이 그런 만큼이나 하나의 생각입니다. (웃음.)

### 1938년 2월 7일

**대담 452**

고위 관리인 문관 다르 씨와 그 부인이 이곳을 방문하고 있는데, 두 사람 다 젊고 아주 교양 있고 지성적이다. 그러나 그들은 여기 오고 나서 병이 났다. 그녀는 어떻게 하면 명상을 안정적으로 해나갈 수 있는지 알고 싶어 했다.

마: 명상이 무엇입니까? 그것은 생각들을 몰아내는 것입니다. 현재의 모든 문제들은 생각에 기인하고, 그 문제들 자체가 생각입니다. 생각을 포기하십시오. 그것이 행복이고 또한 명상입니다.

헌: 어떻게 하면 생각들이 포기됩니까?

마: 그 생각들은 생각하는 자에게 있습니다. 그 생각하는 자의 진아로 머무르십시오. 그러면 생각들은 끝이 납니다.

다르 씨는 스리 바가반께, 완전함인 브라마(Brahma-창조주)가 왜 창조를 하여 우리에게 그를 되찾기 위한 시련을 겪게 했느냐고 질문했다.

마: 이 질문을 하는 개인은 어디 있습니까? 그는 우주 안에 있고 창조계 안에 포함됩니다. 창조계 안에 속박되어 있으면서 어떻게 이 질문을 할 수 있습니까? 창조계를 넘어가야 합니다. 그런 다음 어떤 질문이 일어나는지 보십시오.

### 1938년 2월 8일

**대담 453**

세 명의 여성이 여기를 잠시 방문하고 있는데, 뉴질랜드에서 온 허스트 부인, 런던에서 온 크레이그 부인과 앨리슨 부인이다.

한 사람이 질문했다: 세계 평화를 위해서 일하는 최선의 길은 무엇입니까?

마: 세계란 무엇입니까? 평화는 무엇이며, 일하는 자는 누구입니까? 세계는 그대의 잠 속에는 없고, 생시에 그대 마음의 한 투사물을 구성합니다. 따라서 그것은 하나의 관념이지 달리 아무것도 아닙니다. 평화란 번뇌(disturbance)가

없는 것입니다. 그 번뇌는 개인 안에서 생각들이 일어나는 데서 비롯되는데, 그 개인은 순수한 의식에서 일어나는 에고일 뿐입니다.

평화를 가져온다는 것은 생각에서 벗어나 순수한 의식으로 안주하는 것을 뜻합니다. 만일 그대 자신이 평화로운 상태에 있으면, 어디에나 평화만이 있을 것입니다.

헌: 만일 그것이, 자기가 생각하기에는 잘못된 행위를 하는 것이지만 그럼으로써 다른 누군가를 큰 잘못에서 구해내는 경우라면, 그 행위를 해야 합니까 하지 말아야 합니까?

마: 무엇이 옳고 그릅니까? 어떤 것은 옳고 어떤 것은 그르다고 판단할 수 있는 어떤 기준도 없습니다. 의견들은 개인의 성품에 따라, 그리고 주변 여건에 따라 달라집니다. 또 의견들은 관념이고 그 이상 아무것도 아닙니다. 그런 것들에 대해 마음을 쓰지 말고 생각을 없애십시오. 만일 그대가 늘 옳음에 머무르면 세상에 옳음이 지배할 것입니다.

헌: 명상할 때는 무엇을 생각해야 합니까?

마: 명상이 무엇입니까? 생각을 물리치는 것입니다. 그대는 연달아 내달리는 생각들에 의해 동요됩니다. 한 생각을 꽉 붙들어 다른 생각들을 몰아내십시오. 지속적으로 수행하면 명상을 하는 데 필요한 마음의 힘을 얻습니다.

명상은 구도자가 진보한 정도에 따라 다릅니다. 만일 그대가 명상을 할 만한 근기라면 '생각하는 자'를 바로 붙들어도 됩니다. 그러면 그 '생각하는 자'가 자신의 근원, 즉 순수한 의식 속으로 자동적으로 가라앉을 것입니다.

만일 '생각하는 자'를 곧바로 붙들 수 없다면 신에 대해서 명상해야 합니다. 때가 되면 그 사람이 충분히 순수해져서, '생각하는 자'를 붙잡고 절대적 존재 속으로 가라앉게 될 것입니다.

여사들 중 한 사람은 이 답변에 만족하지 못하고 더 설명해 주시라고 청했다.

그러자 스리 바가반은 남에게서 잘못을 보는 것은 자기 자신의 잘못일 뿐이라고 지적하셨다: 옳고 그름의 분별이 죄의 시초입니다. 자기 자신의 죄가 바깥에서 반사되는데, 무지한 개인은 그것을 남에게 덧씌웁니다. 우리에게 최선의 길은 그런 분별이 일어나지 않는 상태에 도달하는 것입니다. 그대는 잠 속에서 옳음이나 그름을 봅니까? 잠 속에서는 그대가 존재하지 않았습니까? 생시의 상태에서도 잠들어 있으십시오. **진아**로 안주하여, 주위에서 일어나는 일들에 오염되지 않는 상태로 있으십시오.

더욱이 그대가 남들에게 아무리 충고를 많이 해도, 그대의 말을 듣는 사람들이 자신을 바로잡지 않을지도 모릅니다. 그대 자신이 올바르게 살면서 침묵하십시오. 그대의 침묵이 말이나 행위보다 더 효과가 있을 것입니다. 그것이 의지력의 계발입니다. 그러면 세계가 **하늘나라**가 되는데, 그 **하늘나라**는 그대 안에 있습니다.

**헌:** 만일 우리가 스스로 물러나야 한다면, 세계는 왜 있습니까?

**마:** 세계가 어디에 있으며, 그대는 스스로 물러나서 어디로 갑니까? 비행기를 타고 허공을 넘어갑니까? 그것이 물러남입니까?

사실은 이렇지요—세계는 하나의 관념일 뿐이라는 것입니다. 그대는 어떻게 생각합니까, 그대가 세계 안에 있습니까, 세계가 그대 안에 있습니까?

**헌:** 제가 세계 안에 있습니다. 저는 세계의 일부입니다.

**마:** 그것이 오류입니다. 만일 세계가 그대와 별개로 존재한다면, 그것이 그대에게 와서 자기가 존재한다고 말합니까? 아니지요. 그대가 그것이 존재하는 것을 봅니다. 그대는 깨어 있을 때 세계를 보지, 잠잘 때는 보지 못합니다. 만일 세계가 그대와 별개로 존재한다면 그것이 그대에게 그렇다고 말해야 하며, 잠 속에서도 그대가 세계를 지각해야 합니다.

**헌:** 저는 생시에 그것을 지각하게 되었습니다.

**마:** 그대 자신을 자각하게 된 다음 세계를 지각합니까? 아니면 세계를 지각하게 된 다음 자신을 자각합니까? 아니면 둘 다를 동시에 자각하게 됩니까?

**헌:** 동시라고 말해야겠지요.

**마:** 그대 자신을 자각하기 전에는 그대가 있었습니까, 없었습니까? 그대는 그대가 세계를 지각하기 전이나 세계를 지각할 때, 자신이 계속 존재함을 인정합니까?

**헌:** 예.

**마:** 그대 자신이 늘 존재한다면, 왜 잠 속에서는 세계를 지각하지 못합니까? 세계가 **자기**와 별개로 존재한다면서 말입니다.

**헌:** (잠에서 깨어나면) 저는 저 자신도 자각하고 세계도 지각하게 됩니다.

**마:** 그러니까 그대가 그대 자신을 자각하게 되는군요. 누가 누구를 자각하게

됩니까? 두 개의 자아가 있습니까?

**헌:** 아닙니다.

**마:** 그래서 그 자각에 (그것이 있기도 하고 없기도 하는) '지나가는 국면들'이 있다고 생각하는 것은 잘못임을 알 것입니다. 진아는 늘 자각하고 있습니다. 진아가 자신을 '보는 자'와 동일시할 때 그것이 대상들을 봅니다. 주체와 대상의 창조가 곧 세계의 창조입니다. 주체와 대상들은 순수한 의식의 창조물입니다. 그대는 영화에서 스크린 위를 움직이는 화면들을 봅니다. 화면에 몰두해 있을 때는 스크린을 지각하지 못합니다. 그러나 화면들은 그 이면의 스크린 없이는 눈에 보일 수 없습니다. 세계는 화면들을 나타내고, 의식은 스크린을 나타냅니다. 그 의식은 순수합니다. 그것은 영원불변인 진아와 동일합니다. 주체와 대상을 없애버리십시오. 그러면 순수한 의식만이 남을 것입니다.

**헌:** 그러나 만일 그렇게 의도하지 않았다면, 순수한 브라만이 왜 이스와라가 되어 우주를 현출했습니까?

**마:** 브라만이나 이스와라가 그대에게 그렇게 말했습니까? 그대는 브라만이 이스와라가 되었다는 등으로 말합니다. 이 말도 잠 속에서는 그대가 하지 않았습니다. 생시 상태에서만 그대가 브라만·이스와라·우주를 이야기합니다. 생시 상태는 주체와 대상의 이원성인데, 이것은 생각들이 일어나기 때문입니다. 따라서 그것들은 그대의 생각이 창조한 것입니다.

**헌:** 그러나 세계는 저의 잠 속에서도 존재합니다. 제가 그것을 지각하지는 못하지만 말입니다.

**마:** 세계가 존재한다는 증거는 무엇입니까?

**헌:** 남들이 그것을 지각합니다.

**마:** 그대가 잠들어 있을 때 그들이 그렇게 말합니까? 아니면 그대는 잠 속에서도 (생시의) 세계를 보는 남들을 지각합니까?

**헌:** 아닙니다. 그러나 신은 늘 지각하고 있습니다.

**마:** 신은 상관하지 마십시오. 그대 자신의 이야기를 하십시오. 그대는 신을 모릅니다. 그는 그대가 생각하는 신일 뿐입니다. 신이 그대와 별개입니까? 그는 그 안에서 모든 관념들이 형성되는 순수한 의식입니다. 그대가 그 의식입니다.

## 1938년 2월 10일

**대담 454**

**다르 부인:** 스리 바가반께서는 우리가 외부적 활동을 할 때도 탐구의 수행을 하라고 조언하십니다. 그런 탐구의 귀결점은 진아에 대한 깨달음이고, 그 결과 호흡이 멈출 수밖에 없습니다. 만약 호흡이 멈추면 어떻게 일이 진행되겠습니까? 바꾸어 말해, 우리가 일하고 있을 때 호흡이 어떻게 멈추겠습니까?

**마:** 수단(sadhana)과 목적(sadhya) 간에 혼동이 있습니다. 그 탐구자는 누구입니까? 구도자이지 싯다가 아닙니다. 탐구는 탐구자가 자신을 탐구와 별개로 생각한다는 것을 뜻합니다.

이 이원성이 지속되는 한, 즉 개인성이 사라지고 **자기가** (탐구와 탐구자를 포함한) 영원한 '**존재함**'이라는 것을 깨달을 때까지는 탐구를 계속해야 합니다.

진리는 **진아**가 항상적이고 단절 없는 **자각**(Awareness)이라는 것입니다. 탐구의 목적은 **자각**으로서의 **진아**의 참된 성품을 발견하는 것입니다. 별개성이 지각되는 한 탐구를 닦으십시오.

일단 깨달음이 일어나면 탐구는 더 이상 필요 없습니다. 그 물음도 일어나지 않을 것입니다. **자각**이, 누가 자각하고 있는지 물을 생각이나 할 수 있겠습니까? **자각**이 순수하고 단순하게 남습니다.

탐구자는 자신의 개인성을 자각합니다. 탐구는 그의 개인적 자각을 방해하지 않고, 외부적인 일도 그런 자각을 방해하지 않습니다. 겉보기에 외부적인 일이 개인적 자각을 방해하지 않는다면, 그것이 **진아**와 별개가 아님을 알고 하는 일이 그 단절 없는 **진아**의 **자각**을 방해하겠습니까? 두 번째가 없는 **하나**(One without a second)이고, 일과 별개의 한 개인이 아닌 **진아**인데도?

**대담 455**

**다르 부인:** 저는 창조계의 일부를 이루고, 따라서 의존적인 상태로 있습니다. 제가 독립할 때까지는 그 수수께끼를 풀 수 없습니다. 하지만 스리 바가반께 여쭙니다. 당신께서 저를 위해 이 의문에 답변해 주셔야 하지 않습니까?

**마:** 예. 바가반은 이렇게 말합니다. "독립하여 그 수수께끼를 스스로 푸십시오. 그렇게 해야 할 사람은 그대입니다." 또 그대는 지금 어디 있기에 그런 질문을 합니까? 그대가 세계 안에 있습니까, 세계가 그대 안에 있습니까? 그

대의 잠 속에서는 세계가 지각되지 않는다는 것을 그대는 인정해야 합니다. 그때에도 그대의 존재성은 부인할 수 없지만 말입니다. 세계는 그대가 깨어나면 나타납니다. 그러니 그것이 어디 있습니까? 분명히 세계는 그대의 생각입니다. 생각들은 그대의 투사물입니다. '나'가 먼저 창조되고, 그 다음에 세계가 창조됩니다. 세계는 '나'에 의해 창조되는데, 그 '나'는 진아에서 일어납니다. 세계 창조의 수수께끼는 이처럼 그대가 그 '나'의 창조를 풀면 풀립니다. 그래서 그대의 진아를 발견하라는 것입니다.

또 세계가 와서 그대에게 "왜 '나'는 존재하는가? '나'는 어떻게 창조되었는가?" 하고 묻습니까? 그 질문을 하는 것은 그대입니다. 질문자는 세계와 자신의 관계를 확립해야 합니다. 세계가 그 자신의 상상물임을 인정해야 합니다. 그것을 누가 상상합니까? 그가 다시 그 '나'를 발견하고, 그런 다음 진아를 발견하게 하십시오.

더욱이 모든 과학적 설명과 신학적 설명들은 서로 조화되지 않습니다. 그런 이론들이 다양하다는 것 자체가 그런 설명을 추구해 봐야 쓸데없다는 것을 분명히 보여줍니다. 그런 설명들은 순전히 심적이거나 지적이며, 그 이상 아무것도 아닙니다. 하지만 그런 설명도 개인의 관점에 따라서는 모두 참됩니다. 깨달음의 상태에서 창조란 없습니다. 그대가 세계를 볼 때, 그대는 자신을 보지 않습니다. 그대가 진아를 볼 때, 세계는 보이지 않습니다. 그러니 진아를 보고, 어떤 창조도 존재한 적이 없다는 것을 깨달으십시오.

여사는 몸져누워 회당에 갈 수 없어, 가까이 있으면서도 회당에 갈 수 없다는 데 속이 상한다. 누가 이 이야기를 스리 바가반께 하자, 당신이 말씀하셨다: 뭐, 그렇게 생각하면 그녀가 늘 친존에 있게 되는 거지요. 회당 안에 있으면서 딴 것을 생각하는 것보다는 그게 낫습니다.

### 1938년 2월 11일
〔성자들과의 접촉〕

**대담 456**

스와미 람다스는 「비전」 지誌에 기고한 글에서 이렇게 쓰고 있다.

**한 가지 위험**: "무슨 수를 쓰든 성자들과 친교하려 하되, 그들 곁에 무한정 머무르지 마십시오. 친하면 얕보게 된다는 격언은 이 경우에도 해당됩니다."

"영적인 성장이 대개 적절한 친교에 의존한다는 것은 의문의 여지가 없습니다. 따라서 성자들과의 어울림은 진리 추구자에게 필수적이라고 생각됩니다. 그러나 성자들과의 친교를, 구도자가 그들 곁에 언제까지나 붙어 있는 것으로 이해하면 안 됩니다."

"그는 짧은 기간 동안 성자들과 접촉하면서 영감과 지도를 받아, 내거內居하는 실재(indwelling Reality)의 의식을 스스로 철저히 깨달을 수도 있습니다. 자신이 받은 그 빛과 영감이 줄어들거나 사라지지 전에 성자들을 떠나는 것이 그에게 좋을 것입니다."

**비웃는 자가 될 수도 있음**: "필자가 알고 있거나 남에게서 듣거나 책에서 읽은 바로는, 구도자가 성자들과 어울리며 그렇게 오래 같이 살다가 그 열의와 열망이 식어 버린 것은 물론, 비웃는 자나 회의론자가 된 경우도 많습니다. 수행자가 믿음·순수성·열망에서 타락하는 것은 그에게 헤아릴 수 없는 해害가 됩니다."

"어린 나무가 다 자란 큰 나무의 그늘 밑에 있으면 힘과 키가 자라지 않습니다. 성장이 저해되어 볼품없게 되고 병이 들 것입니다. 반면에 같은 나무가 노지에서 비바람·더위·추위 등 변화무쌍하고 가혹한 기후조건에 직접 노출되면, 아래위에서 모두 지지를 받는 강한 나무로 자라나게 되어 있습니다."

**질식된 성장**: "이 나무의 비유는 한 성자의 외적 인격에만 끌려 그와 가까이 친교하며 세월을 다 보내는 구도자의 제대로 크지 못한 삶을 말해줍니다. 여기서는 자신의 독특한 영적인 가능성을 자유롭게 표현할 수 있는 주도권이 억압됩니다. 그런 사람은 무외성無畏性·독립성·인내심 등 자신의 진보에 필요한 근본적 자질들을 계발하지 못합니다. 그의 마음·말·몸을 지배해야 할 단 하나의 큰 인도자는 그의 내면에 있는 전능한 영靈이어야 합니다. 이 영靈에 순복하고 바로 그것의 화신이 되는 것이 그의 목표입니다. 자신의 두 발로 서서, 자신의 힘과 경험으로 싸우고 성장하며, 마지막으로 자신의 노력으로 그 자신을 신에게 넘겨주는 것이 참된 해탈과 평안을 가져다줍니다."

"이렇게 말했다고 해서, 신을 깨달은 영혼들과 어울리는 일이 별로 대단할 것도 없고 효과도 적다고 해석해서는 안 됩니다. 그런 접촉은 그 영혼의 신속한 영적 진보를 위한 가장 효과적인 수단입니다. 사실 성자들의 은총은 수행에 더 없이 귀중한 보조수단이며, 그것이 없다면 그 구도자의 상태는 마치 자유를 얻으려고 헛되이 자기 날개로 새장의 살대를 치는 새와 같습니다. 성자들은 구원자이자 해방자입니다. 성자에 대한 힌두적 관념은, 그가 신의 화신이라는 것입니다. 그러니 그를 존경하고, 그와 친교하는 희유한 이익을 얻으십시오. 솔직하고 순수한 마음으로 그에게 봉사하고, 그가 조언해 주는 말을 귀담아 들으며, 그것을 실천하는 데 힘써서 그대가 탐구하는 그 진리에 대한 최대한의 지知를 성취하십시오. 그의 일신에 집착하다가 그와의 첫 접촉에서 얻은 영적인 선물을 잃어버리지 않도록 하십시오."

잡지에서 오려낸 이 글을 스리 바가반께 읽어드렸다. 당신은 경청한 다음 침묵하셨다. 성자들과의 접촉이 위험할 수도 있는지 말씀해 달라고 청하자, 스리 바가반은 '무신해탈을 얻을 때까지는 스승과의 접촉을 유지해야 한다'고 말하는 타밀 시구를 인용하셨다. 또 당신이 반문하셨다: **사뜨뿌루샤**(*Satpurusha*-참된 영靈, 신)가 어디 있습니까? 그는 내면에 있습니다.

그런 다음 당신은 또 하나의 시구를 인용하셨다: "오 스승님, 당신께서는 저의 모든 전생 동안 저의 내면에 계셨고, 제가 아는 언어로 말씀하시면서 저를 이끌어주시기 위해 인간의 모습을 나투셨습니다."

### 1938년 2월 12일

**대담 457**
로시타 포브스 부인(영국 출신의 모험여행가)이 인도에 와 있다고 했다. 스리 바가반이 말씀하셨다: 모험가들은 신기한 것을 찾아내고, 새로운 땅을 발견하고, 위험을 겪으며 모험하는 속에서 행복을 추구합니다. 그런 것은 스릴이 있지요. 그러나 즐거움은 어디서 발견됩니까? 내면에서 발견될 뿐입니다. 즐거움을 외부 세계에서 찾으면 안 됩니다.

### 1938년 2월 13일

**대담 458**
스리 바가반이 말씀하셨다: 비이원적 관념은 권장되지만, 비이원성을 행동으로 옮기면 안 된다고 했습니다(「실재사십송 보유」, 제39송 참조). 만약 스승을 발견하여 가르침을 받지 못한다면 비이원성을 어떻게 배우겠습니까? 그렇다면 이원성이 있지 않습니까? 그것은 그런 뜻입니다.

## 1938년 2월 14일

**대담 459**

스리 바가반이 알렉산더 셀커크(로빈슨 크루소의 실제 모델)의 독백을 인용하면서 말씀하셨다: 홀로 있음의 행복은 은둔지에서 발견되는 것이 아닙니다. 그것은 번잡한 곳에서도 얻을 수 있습니다. 행복은 홀로 있음이나 번잡한 곳에서 구할 것이 아닙니다. 그것은 진아 안에 있습니다.

## 1938년 2월 17일

**대담 460**

떠오르는 해 앞의 달을 바라보면서 스리 바가반이 말씀하셨다: 달을 보면서 하늘의 구름도 보십시오. 그 찬연함에 아무 차이가 없습니다. 달은 한 점의 구름처럼 보일 뿐입니다. 진인의 마음이 햇빛 앞의 이 달과 같습니다. 존재하기는 하지만 스스로 빛나지는 않지요.

## 1938년 2월 18일

**대담 461**

스리 바가반은 오늘 온 편지들을 훑어보다가 그 중의 하나를 다음과 같이 낭독하셨다.

"어느 가정에서 일하는 한 브라민 소년이 평소처럼 잠자리에 들었는데, 잠을 자다가 소리를 질렀습니다. 깨어나서 말하기를 자신의 생기(*prana*)가 입과 콧구멍을 통해 빠져나가는 것을 느꼈고, 그래서 소리를 질렀다고 했습니다. 이윽고 그는 자신이 죽어서 영혼이 **바이꾼타**(Vaikuntha)에 올라가 있고, 그곳에는 **비슈누** 신이 다른 천신들과 헌신자들에 둘러싸여 있었는데, 이 헌신자들은 이마에 선명한 비슈누파 표식들이 있었다고 합니다. 비슈누가 말했습니다. '이 사람은 내일 2시에 여기 와야 하는데, 왜 지금 왔지?' 그때 소년은 깨어났고, 자신이 겪은 일을 이야기했습니다. 다음날 2시에 그는 세상을 떠났습니다."

## 1938년 2월 19일

**대담 462**

다르 부인은 몇 가지 질문을 해서 스리 바가반의 도움을 얻기를 간절히 바라고 있었다. 그녀는 몹시 주저하면서 당신께 다가가 자신의 문제들을 가만히 이야기 했다: 저는 집중하려고 하면 갑자기 심장이 뛰고 그와 함께 숨이 힘들고, 가쁘고, 빨라져서 집중을 못합니다. 그러면 생각들도 쏟아져 나와 마음을 걷잡을 수 없게 됩니다. 건강한 상태에서는 좀 잘 되는 편이라 깊은 집중과 함께 호흡이 정지합니다. 저는 오래 전부터 스리 바가반의 곁에서 정진하여 제 명상이 성공적인 정점에 도달하기를 갈망해 왔고, 그래서 상당한 노력 끝에 여기 왔습니다. 그런데 여기서 병이 났습니다. 명상을 할 수 없었고, 그래서 마음이 우울했습니다. 숨이 가쁘고 빨라 힘들기는 했지만 마음을 집중하려고 다부지게 노력했습니다. 부분적으로 성공하기는 했지만 만족스럽지는 않습니다. 제가 이곳을 떠나야 할 때가 가까워지고 있습니다. 여기를 떠날 생각을 하니 한층 더 우울해집니다. 여기 계신 분들은 회당에서 명상하여 평안을 얻고 있는 반면, 저는 그런 평안을 누리지 못하고 있습니다. 이 자체가 저를 더 우울하게 합니다."

**마**: "나는 집중할 수 없다"는 그 생각 자체가 하나의 장애입니다. 그 생각이 왜 일어나야 합니까?

**헌**: 하루 24시간 내내 생각들이 일어나지 않고 있을 수 있습니까? 명상도 하지 않고 있어야 합니까?

**마**: 그런데 '시간'이 무엇입니까? 그것은 하나의 개념입니다. 그대가 하는 각각의 질문은 하나의 생각에 의해 유발됩니다.

　그대의 성품은 **평안**과 **행복**입니다. 생각들이 깨달음에 장애입니다. 우리의 명상이나 집중은 장애들을 제거하기 위한 것이지 **진아**를 얻기 위한 것이 아닙니다. 어느 누가 **자기**와 별개로 남아 있습니까? 아니지요! **진아**의 참된 성품은 **평안**이라고 선언됩니다. 그 평안이 발견되지 않는다 해도, 그것이 발견되지 않는다는 것은 **진아**에게 낯선 하나의 생각일 뿐입니다. 우리가 명상을 하는 것은 이런 낯선 상상들을 없애기 위해서일 뿐입니다. 그렇다면 한 생각이 일어나자마자 그것을 진압해야 합니다. 한 생각이 일어날 때마다 그것에 끌려가지 않게 하십시오. **자기**를 잊어버릴 때 그대는 몸을 지각합니다. 그러나 **자기**를 잊어버릴 수 있습니까? 그대가 **자기**이면서 어떻게 그것을 잊을 수 있습니까? 하나가 다른 하나를 잊어버리려면 두 개의 자아가 있어야 합니다. 그것은 말이 안 됩니다. 그래서 **진아**는 우울하지 않습니다. 불완전하지 않습니다. 그것은 항상 행복합니다. 그 반대의 느낌은 하나의 생각에 불과하며, 실제로 그 안에 어떤 활력도 없습니다. 생각들에서 벗어나십시오. 왜 명상을 하려고 애써야 합니까? 그대는 **진아**이기에 늘 깨달아 있습니다. 생각에서 벗어나기만 하십시오.

그대는 자신의 건강이 명상을 허락하지 않는다고 생각합니다. 그 우울함을 그것의 근원까지 추적해야 합니다. 그 근원은 몸과 **자기**의 그릇된 동일시입니다. 그 병은 **진아**의 것이 아닙니다. 그것은 몸의 병입니다. 그러나 몸이 와서 그대에게 자신이 병에 걸렸다고 말하지 않습니다. 그렇게 말하는 것은 그대입니다. 왜입니까? 그대가 자신을 몸과 그릇되게 동일시해 왔기 때문입니다.

몸 자체가 하나의 생각입니다. 그대가 실제 있는 그대로 있으십시오. 우울해할 이유가 없습니다.

누가 이 여사를 불러냈고, 그녀는 물러갔다. 그러나 다른 사람이 그 질문을 다음과 같이 이어갔다.

**헌:** 스리 바가반의 답변은 저희가 더 이상 질문을 할 수 없게 만듭니다. 저희들의 마음이 평안해서가 아니라, 저희가 그 논점을 다툴 수 없기 때문입니다. 저희들의 불만이 종식된 것은 아닙니다. 신체적 질환이 사라지려면 심적인 질환이 없어져야 합니다. 생각들이 사라지면 둘 다 사라집니다. 생각들은 노력 없이는 사라지지 않습니다. 현재와 같이 약한 마음을 가지고는 노력하는 것이 불가능합니다. 마음이 힘을 얻으려면 은총이 필요합니다. 은총은 순복한 뒤에야 나타날 것이 분명합니다. 그래서 모든 질문은 의도적이든 아니든, 스리 바가반의 은총을 구하는 셈이 됩니다.

**마:** (미소를 지으며) 그렇지요.

**헌:** 순복이 곧 헌신(*bhakti*)이라고 합니다. 그러나 스리 바가반께서는 **진아**에 대한 탐구를 선호하시는 것으로 알려져 있습니다. 그래서 듣는 이가 혼란을 느낍니다.

**마:** 순복은 온전한 지知를 가지고 있을 때만 효과를 발휘할 수 있습니다. 그런 지知는 탐구를 한 뒤에 옵니다. 그것이 순복으로 끝납니다.

**헌:** 지고의 존재에 대한 지知는 개인적 자아를 초월한 뒤에 옵니다. 이것이 진지(*jnana*)입니다. 순복을 할 필요가 어디 있습니까?

**마:** 정말 그렇지요. 진지와 순복 간에 차이가 없습니다. (미소를 지으심).

헌: 그렇다면 질문자가 어떻게 만족하겠습니까? 유일하게 남은 대안은 진인들과의 친교(satsanga)나 신에 대한 헌신(Isvara bhakti)입니다.

마: (미소를 지으며) 그렇지요.

### 1938년 2월 21일

**대담 463**

대화 도중 스리 바가반은 예전 시자였던 빨라니스와미와 아이야사미(Ayyasami)의 시봉侍奉을 좋게 평가하여 이야기하셨다.

당신이 말씀하시기를, 그들은 정원에 거친 좌대座臺(걸터앉을 수 있게 돋운 대) 두 개를 쌓아 당신 자신과 빨라니스와미가 그것을 하나씩 사용했다. 그 좌대들은 더없이 편안했다. 그것은 짚과 대자리들로 만들어졌는데, 여기 있는 소파보다도 더 편안했다. 빨라니스와미는 매일 밤 낄나뚜르(Kizhnathoor)에서 탁발한 음식을 들고, 선인장들이 줄지은 곳 사이로 난 오솔길을 지나오곤 했다. 스리 바가반이 만류했음에도, 빨라니스와미는 그러기를 계속했다. 그는 어떤 탐욕이나 집착에서도 벗어나 있었다. 그는 해협식민지(Straits Settlements)[8]에서 일하면서 돈을 좀 벌어둔 게 있었는데, 얼마 안 되는 그 저축금을 읍내의 어떤 사람에게 맡겨두고 급할 때는 찾아 쓰곤 했다. 고향에서는 그만 내려와서 편안하게 살라고 권했지만, 그는 그것을 거절하고 끝까지 계속 스리 바가반과 함께 살았다.

아이야사미는 남아프리카에서 한 유럽인 밑에서 일했던 사람인데, 청결하고 활동적이며 유능했다. 심지어 한꺼번에 열 군데의 아스라맘을 관리해 낼 정도였다. 그 역시 어떤 집착이나 탐욕에서도 벗어나 있었다. 그는 빨라니스와미에게 충실했고 그를 좋아하기까지 했다. 그가 빨라니스와미보다 더 유능했다.

안나말라이(Annamalai)는 비루팍샤 산굴에 계신 마하르쉬님을 처음 찾아왔다. 나중에 그는 꼬빌루르(Kovilur)로 가서 몇 가지 타밀 경전을 공부했고, 그 뒤 스깐다스라맘으로 다시 돌아왔다. 그는 29세이던 1922년 1월에 죽었다. 그 사이에 그는 의미가 풍부하고 열의로 가득 찬 36수의 타밀어 시를 지어두었다.

---

8) *T.* 말레이반도 남서부의 페낭·딘딩·믈라카·싱가포르의 네 지역으로 이루어진 옛 영국의 직할식민지(1826-1942). 19세기 말경에 중국인과 인도 타밀인들이 이곳으로 많이 이주하였다.

스리 바가반은 그 시들을 낭독하게 하신 다음 그 의미를 간략히 설명해 주셨다.

### 1938년 3월 5일

**대담 464**

『아루나찰라 마하뜨미야(Arunachala Mahatmya)』["아루나찰라의 영광"9)]의 한 구절이 낭독되었다. 그것은 스리 아루나찰라의 은총으로 두 다리가 온전해졌던 빤군니(Pangunni)[절름발이 진인]와 관계되는 것이었다. 그런 다음 스리 바가반은 당신이 구루무르땀(Gurumurtham)에 계실 때 보았던 한 남자의 이야기를 들려주셨다: 그 사람은 꾸뿌 아이어(Kuppu Iyer)라는 사람이었는데, 두 다리를 쓰지 못해 걷지를 못했습니다. 한번은 그가 엉덩이를 땅에 끌면서 베따발람(Vettavalam)으로 가고 있는데, 갑자기 한 노인이 앞에 나타나서 말했습니다. "일어나서 걸어. 왜 엉덩이를 끌고 가고 있어?" 꾸뿌 아이어는 흥분하여 제정신이 아니었고, 자기도 모르게 벌떡 일어나서 자유롭게 걸어갔습니다. 짧은 거리를 간 뒤에 자신을 걷게 한 사람을 보려고 뒤를 돌아보았지만, 아무도 발견할 수 없었지요. 그는 자기가 걷는 것을 보고 놀라는 모든 사람에게 이 사건을 들려주었습니다. 읍내의 나이든 사람은 누구나 다 꾸뿌 아이어가 다리를 다시 쓰게 되었다는 것을 증언해 줄 수 있습니다.

또 여학교를 다니던 한 소녀가 꾀임에 빠져 지니고 있던 패물들을 빼앗기고 있었습니다. 이때 갑자기 한 노인이 그 자리에 나타나, 소녀를 구해서 그녀의 집으로 데려다 준 뒤에 사라졌지요.

띠루반나말라이에서는 그런 불가사의한 일들이 종종 일어납니다.

### 1938년 3월 6일

**대담 465**

스리 바가반이 은퇴한 한 고등법원 판사에게 「가르침의 핵심」에 나오는 몇 가지 사항을 다음과 같이 설명해 주셨다.

(1) 명상은 하나의 흐름처럼 끊어짐 없이 이어져야 합니다. 끊어짐이 없으

---

9) T. 뿌라나 경전의 하나인 『스깐다 뿌라나(Skanda Purana)』의 일부.

면 그것을 삼매(samadhi) 혹은 꾼달리니 샥띠라고 합니다.

(2) 마음은 **진아** 안에 합일되어 잠재해 있을 수 있습니다. 그것은 반드시 다시 일어납니다. 그것이 일어나고 나면 자신이 그전과 다를 바 없다는 것을 발견합니다. 왜냐하면 이 상태에서는 마음의 습이 잠재된 형태로 존재하고 있어, 유리한 조건에서는 다시 발현되기 때문입니다.

(3) 또 마음 활동이 완전히 소멸될 수도 있습니다. 이것은 앞서의 마음과는 다릅니다. 여기서는 집착이 소멸되어 다시는 나타나지 않기 때문입니다. 그 사람이 삼매의 상태에 들어 있다가 나온 뒤에 세계를 본다 하더라도, 그 세계는 오로지 있는 그대로, 다시 말해서 **단 하나인 실재**의 현상들로 받아들여질 것입니다. 삼매 속에서만 **참된 존재**를 깨달을 수 있습니다. 그때 있었던 것이 지금도 있습니다. 그렇지 않으면 그것은 **실재**, 곧 **항존하는 존재**(Ever-present Being)일 수 없습니다. 삼매 속에 있던 것이 지금 여기에도 있습니다. 그것을 붙드십시오. 그러면 그것이 그대의 본래적인 **존재**의 상태입니다. 삼매 수행을 하면 거기에 이르게 되어 있습니다. 그렇지 않다면 사람이 하나의 나무토막같이 머물러 있는 무상삼매가 무슨 소용 있습니까? 그는 언젠가 반드시 거기서 일어나 세계를 대면해야 합니다. 그러나 본연삼매(sahaja samadhi)에서는 세계의 영향을 받지 않고 남아 있습니다.

수많은 화면이 영화의 스크린 위를 지나갑니다. 불이 일체를 태워버리기도 하고, 물이 모든 것을 적시기도 합니다. 그러나 스크린은 영향을 받지 않고 남아 있습니다. 그 장면들은 지나가는 현상일 뿐, 스크린은 원래대로 남습니다. 마찬가지로 세계 현상들은 **진인**(Jnani)의 앞을 그냥 지나갈 뿐이고, 그는 영향을 받지 않습니다.

그대는 사람들이 세간적 현상들 속에서 고통과 쾌락을 발견한다고 말할지 모르지만, 그것은 덧씌움 때문입니다. 이 덧씌움이 일어나면 안 됩니다. 이 목적을 염두에 두고 수행을 해야 합니다.

수행은 두 가지 길, 즉 헌신이나 지知 중에서 한 가지를 하는 데 있습니다. 그러나 이런 것들이 목표는 아닙니다. 삼매를 얻어야 합니다. 그것을 지속적으로 닦아서 마침내 본연삼매에 이르러야 합니다. 그러고 나면 더 이상 할 일이 아무것도 남지 않습니다.

대담 466

국립은행의 직원인 바이디야링감 씨: 명상을 하면 현상계가 사라지고, 이어서 지복이 일어납니다. 그러나 얼마 가지 않습니다. 어떻게 하면 그것이 항상 머무르게 할 수 있습니까?

마: 원습들을 태워버리면 됩니다.

헌: 진아는 '주시자일 뿐(sakshimatra)' 아닙니까?

마: '주시자'는 볼 대상이 있을 때 해당됩니다. 그렇다면 그것은 이원성입니다. 진리는 그 둘 다를 넘어섭니다. "주시자는 의식일 뿐 성질이 없다(sakshi cheta kevalo nirgunascha)"10)는 진언에서, 주시자(sakshi)는 친존親存(sannidhi)11)으로 이해해야 하는데, 그것이 없으면 아무것도 있을 수 없습니다. 일상생활에 해가 얼마나 필요한지 생각해 보십시오. 그(해)는 세상에서 벌어지는 행위들의 일부가 되지 않습니다. 그렇지만 해 없이는 그 행위들이 일어날 수 없습니다. 그는 그 행위들의 주시자입니다. 진아도 그와 마찬가지입니다.

### 1938년 3월 7일

대담 467

요기 라마이아: 모든 행위는 샥띠로 인해 일어납니다. 샥띠는 어디까지 개입합니까? 그녀는 우리 자신의 노력 없이도 어떤 것을 일으킬 수 있습니까?

마: 그 질문에 대한 답은 뿌루샤(Purusha)를 어떻게 이해하느냐에 달려 있습니다.12) 그는 에고입니까, 진아입니까?

헌: 뿌루샤는 스와루빠(svarupa-참된 형상 또는 성품)입니다.

마: 그러나 그는 어떤 노력(prayatna)도 할 수 없지요.

헌: 개아는 노력을 하는 자입니다.

마: 에고성이 지속되는 한 노력이 필요합니다. 에고성이 사라지면 행위는 자연발로적인 것이 됩니다. 에고는 진아의 친존에서 활동합니다. 에고는 진아 없이 존재할 수 없습니다.

---

10) T. 『슈베따슈바따라 우파니샤드』, 6.11.
11) T. '뿌루샤'는 형이상학에서 우주의 정신적 원리를 뜻하지만, '인간'이라는 뜻도 있다.
12) T. 'sannidhi'는 '스승의 친존', 곧 스승의 현존 또는 스승이 있는 곳이지만, 여기서는 '진아의 현존', 곧 '자기자각'을 의미하는 것으로 해석한다.

진아는 그의 **샥띠**에 의해 지금과 같은 우주를 만들어냅니다. 그러면서도 그 자신은 행위하지 않습니다. 스리 크리슈나는 『바가바드 기타』에서 "나는 행위자가 아니지만, 행위들은 진행된다"고 말합니다. 『마하바라타』를 놓고 보면 그가 아주 훌륭한 행위들을 했다는 것이 분명합니다. 그런데도 그는 자신이 행위자가 아니라고 말합니다. 그것은 해와 세상의 행위들과 같습니다.

**헌:** 그는 집착(*abhimana*)이 없지만, 개아는 집착이 있습니다.

**마:** 그렇지요. 개아는 집착하기 때문에 행위도 하고 그 열매도 거둡니다. 만일 그 열매가 자신이 욕망한 대로이면 그는 행복하고, 그렇지 않으면 불행합니다. 행복과 불행은 그의 집착 때문에 있습니다. 만일 집착 없이 행위들이 일어난다면 열매에 대한 어떤 기대도 없겠지요.

**헌:** 개인적인 노력 없이도 행위들이 자연발생적으로 일어날 수 있습니까? 나중에 음식을 먹으려면 우리가 음식을 요리해야 하지 않습니까?

**마:** 아뜨만이 에고를 통해서 행위합니다. 모든 행위는 노력 때문에 있습니다. 잠자는 아이에게 그 어머니가 음식을 먹입니다. 아이는 잠이 덜 깬 채로 음식을 먹고 나서, 나중에 자다가 음식을 먹은 일이 없다고 말합니다. 그러나 어머니는 아이가 음식을 먹었다는 것을 압니다. 마찬가지로 진인은 자기도 모르게 행위합니다. 남들은 그가 행위하는 것을 보지만 그 자신은 그것을 모릅니다. 그에 대한 두려움으로 바람이 부는 등의 일이 일어납니다.[13] 그것이 사물의 질서입니다. 그가 일체를 명하며, 우주는 그에 따라 행위합니다. 그런데도 그는 모릅니다. 그래서 그를 큰 **행위자**(great Doer)라고 합니다. 몸을 가진 모든 존재(*ahankari*)는 권계勸戒(*niyama*-권장되는 행위규범)에 의해 구속됩니다. 브라마조차도 그것을 위반할 수 없습니다.

(이 헌신자는 나중에 자신이 한 질문의 의미를 설명했다. 자기가 듣기에 스리 바가반은 세상이 계속 돌아가고, 개인이 필요로 하는 것들은 신의 의지에 의해 충족된다고 말씀하신다지만, 자신이 보기에는 스리 바가반이 아스라맘 상주자들을 새벽 4시경에 깨워 그날의 커리에 쓸 채소를 썰게 하신다는 것이다. 그는 자신의 이익을 위해 그 의문을 해소하고 싶었던 것이며, 그 질문이 토론을 하기 위한 것은 아니었다고 했다.)

---

13) T. "그에 대한 두려움으로 바람이 불고, 그에 대한 두려움으로 해가 뜨고, 그에 대한 두려움으로 불이 타오르고 천둥이 치며, 죽음도 달아난다." -『따이띠리야 우파니샤드』, 2.8.1.

## 1938년 3월 10일

### 대담 468

스리 바가반이 밖으로 나가실 때, 한 오두막에서 다음과 같은 베다 찬송이 들렸다.

"마음을 내면으로 돌리면 거기에 **브라만**이 빛나고 있다(Antaraditya manasa jvalantam—Brahmana vindat)". 스리 바가반은 우리에게 그것을 잘 들어보라고 하시더니 이렇게 말씀하셨다:

『따이띠리야 우파니샤드』에서도 그는 금 등으로 만들어져 있다고 합니다.14) 그런 것이 다 무엇을 뜻합니까? 해를 위시한 발광체들이 스스로 빛난다고는 하지만, 그들 스스로 빛나는 것이 아니라 **지고한 존재**의 빛에 의해 빛나는 것입니다["거기서는 해도,… 빛나지 않는다(na tatra suryo … vibhati)"]. 그것들이 **브라만**과 별개라고 말하는 한, 그것들의 '스스로 빛남'은 **브라만**의 빛남입니다. 해 등을 언급하는 이런 모든 진언들은 **브라만**을 이야기하는 것일 뿐입니다.

### 대담 469

요기 라마이아가 질문했다: 구도자는 깨달음을 얻기 위해 스승에게 다가갑니다. 스승은 **브라만**이 아무 성질도 없고, 오염도 없고, 움직임도 없다는 등의 말을 합니다. 이때 그는 한 개인으로서 말하는 것 아닙니까? 스승이 그렇게 말하지 않는다면 구도자의 무지가 어떻게 제거될 수 있겠습니까? 개인으로서 스승의 말씀이 진리에 상당합니까?

**마**: 스승이 누구에게 말해야 합니까? 그가 누구를 가르칩니까? 그가 **진아**와 다른 어떤 사람을 봅니까?

**헌**: 그러나 제자는 스승에게 (의문에 대한) 설명을 요청합니다.

**마**: 맞습니다. 그러나 스승이 그를 다르게 봅니까? 제자의 무지는 모두가 **진아**를 깨닫고 있다는 것을 모른다는 데 있습니다. 어느 누가 **자기**와 별개로 존재할 수 있습니까? 스승은 다만 거기에 무지가 있다는 것, 따라서 제자가 한 개인으로서 별개로 있지는 않다는 것을 지적해 줄 뿐입니다.

깨달음이 무엇입니까? 그것은 손이 네 개인 신이 소라고둥·바퀴·곤봉 등

---

14) T. "심장 속의 이 공간에, 마음으로 이루어진, 불멸의 금으로 이루어진 **뿌루샤**가 있다." —『따이띠리야 우파니샤드』, 1.6.1.

을 들고 있는 것을 보는 것입니까?15) 설사 신이 그런 형상으로 나타난다 하더라도 제자의 무지가 어떻게 제거되겠습니까? 진리는 영원한 깨달음이어야 합니다. ("내가 있다"는) 직접지각은 항상 존재하는 체험입니다. 신 자신이 직접지각되어 알려집니다. 그것은 그가 앞에서 말한 것과 같은 모습으로 헌신자 앞에 나타난다는 의미가 아닙니다. 만일 그 깨달음이 영원하지 않다면 그것은 아무 쓸모가 없습니다. 손이 네 개인 신이 나타나는 것이 영원한 깨달음일 수 있겠습니까? 그것은 현상적이고 환적입니다. (그것을 보려면) 보는 자가 있어야 합니다. '보는 자'만이 실재하며 영원합니다.

신이 백만 개의 해의 빛으로 나타난다 합니다. 그것이 직접지각(pratyaksha)입니까? 그것을 보려면 눈·마음 등이 필요합니다. 그것은 간접지인 반면, '보는 자'는 직접적인 체험입니다. '보는 자'만이 직접지각인 것입니다. 다른 모든 지각은 2차적 지知일 뿐입니다. 지금 몸을 '나'라고 여기는 덧씌움이 워낙 뿌리 깊어서, 눈앞에 보이는 것이 직접지각이고 보는 자 자신은 직접지각이 아니라고 여겨집니다. 깨달음을 원하는 사람은 아무도 없습니다. 왜냐하면 깨달아 있지 않은 사람이 없기 때문입니다. 누가 자신은 아직 깨닫지 못했다거나 자신은 자기와 별개라고 말할 수 있습니까? 아니지요. 분명히 모두가 깨달아 있습니다. 그를 불행하게 만드는 것은 초능력을 행사하고 싶은 욕망입니다. 그는 자신이 그렇게 할 수 없다는 것을 압니다. 따라서 신이 자기 앞에 나타나 그의 모든 능력을 하사해 주고 그 자신은 뒷전에 물러나 있기를 바라는 것입니다. 요컨대, 신이 그 사람을 위해 그 자신의 능력들을 포기해야 합니다.

헌: 스리 바가반 같은 마하트마들께서는 그렇게 쉽게 말씀하셔도 무방합니다. 왜냐하면 진리가 당신을 벗어나지 않고, 당신께서는 그것이 다른 모든 사람에게 쉽다고 보시니까요. 그렇지만 보통 사람들에게는 정말 어려움이 있습니다.

마: 그러면 어떤 사람이 자신은 자기가 아니라고 말합니까?

헌: 제 말은, 달리 누구도 마하르쉬님처럼 사물을 직설적으로 표현할 용기가 없다는 뜻입니다.

마: 있는 그대로의 사물을 말하는 데 용기가 어디 있습니까?

---

15) T. 이것은 비슈누의 모습이다(『기타』, 11:46 참조). 소라고둥은 전장戰場에서 부는 것이고, 바퀴(혹은 원반)는 무기이며, 곤봉은 권위를 상징하는 홀笏이다. 다른 한 손에는 연꽃을 들고 있다.

대담 470

한 유럽 백작부인이 오늘밤 유럽으로 떠나면서, 바가반께 자신과 자신의 가족을 축복해 달라고 청했다.

마: 그대는 그대가 상상하는 그 **친존**(바가반이 있는 곳)을 떠나 어디에도 가지 않습니다. **친존**은 도처에 있습니다. 몸은 여기저기 움직이지만, 그 단 하나의 친존을 떠나지 않습니다. 그래서 누구도 그 **지고한 친존**의 시야를 벗어날 수 없습니다. 그대는 한 몸을 스리 바가반과 동일시하고 다른 한 몸을 그대 자신과 동일시하기 때문에, 별개의 두 개체를 인식하고 여기를 떠난다는 이야기를 합니다. 그대가 어디에 있든 그대는 나(진아)를 떠날 수 없습니다.

비유로 말해 보겠습니다. 영화에서 화면들이 스크린 위를 움직입니다. 그러나 스크린 자체가 움직입니까? 아니지요. **친존**이 곧 스크린입니다. 그대, 저, 그리고 남들은 화면들입니다. 개인들은 움직일지 모르지만 **진아**는 움직이지 않습니다.

대담 471

헌: 화신들(*avatars*)은 **진아**를 깨달은 진인들보다 더 찬연하다고 합니다. 그들은 태어날 때부터 **마야**의 영향을 받지 않습니다. (그들에게서는) 신적인 능력이 나타나고, 새로운 종교들이 시작되며, 그런 식으로 됩니다.

마: (1) "진인을 나는 나 자신으로 여긴다(*Jnani tvatmaiva me matam*)".16)

(2) "이 모든 것이 **브라만**이다(*Sarvam khalvidam brahma*)".

화신이 진인과 어떻게 다릅니까? 우주와 별개의 화신이 어떻게 있을 수 있습니까?

헌: 눈(*chakshu*)은 모든 형상들의 저장소(*ayatana*)라고 합니다. 그리고 귀(*srotra*)는 모든 소리의 저장소이고, 나머지도 그런 식입니다. 하나의 **의식**(*Chaitanya*)이 그 모든 것으로서 작용합니다. 감각기관의 도움 없이는 어떤 기적도 가능하지 않습니다. 기적이 도대체 어떻게 있을 수 있습니까? 만일 기적이 인간의 이해를 넘어선다고 하면, 꿈속의 창조물들도 마찬가지입니다. 그렇다면 기적이 어디 있습니까?

---

16) *T.* 『기타』, 7.18.

화신과 진인의 구분은 말도 안 됩니다. 그렇지 않으면 "브라만을 아는 자는 브라만이 될 뿐이다"라는 말도 모순입니다.
**마**: 정말 그렇지요.

### 1938년 3월 15일

**대담 472**

한 무리의 많은 펀자브인들이 특별 성지순례차 여기 도착했다. 그들은 오전 8시 45분경에 라마나스라맘에 와서 오랫동안 말없이 앉아 있었다. 9시 20분경에 그들 중 한 사람이 말했다. "펀자브에 당신의 명성이 퍼졌습니다. 저희들은 당신을 친견하기 위해 먼 거리를 왔습니다. 부디 저희들에게 어떤 가르침의 말씀을 좀 해주십시오." 스리 바가반은 미소를 지으며 응시하기만 하셨다. 얼마 후 그 방문객이 질문했다. "요가, 헌신 혹은 지知의 길 중 어느 것이 가장 낫습니까?" 스리 바가반은 여전히 종전처럼 미소를 지으며 응시하기만 하셨다. 스리 바가반이 몇 분간 회당을 떠나셨다. 방문객들은 흩어지기 시작했다. 하지만 몇몇 사람은 회당에 계속 앉아 있었다. 오래된 상주 제자 한 사람이 그 방문객에게, 스리 바가반은 당신의 침묵으로써 그의 질문에 답변하신 것이며, 그 침묵은 말보다 훨씬 더 웅변적이라고 말해주었다. 스리 바가반이 돌아오신 뒤 그 방문객은 말을 조금 하기 시작했다. 말하는 과정에서 그는 이렇게 질문했다.

**헌**: 신을 믿는 사람들은 문제가 없습니다. 다른 사람들은 묻습니다. 신이 있느냐고 말입니다.

**마**: 그대는 있습니까?

**헌**: 정말 그렇습니다. 그것이 문제입니다. 제 눈앞에 세포이들(sepoys-영국 육군에 소속된 인도병들)의 1개 대대가 지나갑니다. 따라서 저는 있습니다. 세계는 신이 창조한 것이 틀림없습니다. 어떻게 하면 **창조주**를 볼 수 있습니까?

**마**: 그런 것들을 보는 그대 자신을 보십시오. 그러면 그 문제는 해결됩니다.

**헌**: 그것은 가만히 앉아 있는 것입니까, 경전을 읽는 것입니까, 아니면 마음을 집중하는 것입니까? 헌신(bhakti)은 집중을 도와줍니다. 사람들은 헌신가의 발 앞에 절을 합니다. 그러나 집중이 안 되면 실망하게 되고, 그의 헌신은 시들해집니다.

**마**: 행복에 대한 열망은 결코 시들해지지 않습니다. 그것이 헌신입니다.

헌: 어떻게 하면 그것을 더 빨리 얻을 수 있습니까? 제가 오늘 두 시간을 집중한다고 할 때, 다음날 그 시간을 늘리려 하면 일로 피곤해져 있기 때문에 잠이 들고 맙니다.

마: 잠 속에서는 피곤해지지 않습니다. 같은 사람이 지금 여기에 있습니다. 왜 지금은 피곤해집니까? 그대의 마음이 들떠 있고 헤매기 때문에 그것이 피곤해지는 것이지, 그대가 그런 것은 아닙니다.

헌: 저는 사업가입니다. 어떻게 하면 사업을 해 나가면서 마음의 평안도 얻겠습니까?

마: 그것도 하나의 생각입니다. 그 생각도 포기하고 그대의 참된 **자아**로 머무르십시오.

헌: '결과에 대한 어떤 기대도 없이 너의 임무를 수행하라'고 합니다. 그런 마음 자세를 어떻게 얻을 수 있습니까?

마: 어떤 새로운 상태를 열망하거나 얻을 필요가 없습니다. 현재의 생각들을 없애버리십시오. 그뿐입니다.

헌: 거기에 필요한 헌신을 어떻게 얻을 수 있습니까?

마: 그대[즉, 진아]에게 낯설기만 한 생각들을 없애는 것이 헌신입니다.

헌: 생각의 힘, 최면 등이 무엇입니까? 파리에는 쿠에 박사(Dr. Coue)라고 하는 의사가 있었습니다. 그는 일자무식이었지만 의지력으로 많은 불치병을 고칠 수 있었습니다. 그는 이렇게 말하곤 했습니다. "그대 자신을 치유하는 힘을 일으키십시오. 그 힘은 그대의 내면에 있습니다."

마: 같은 의지력을 통해, 모든 질병의 소재지인 몸이 일어났습니다.

헌: 그래서 생각이 대상들로 나타난다고 하는 거로군요.

마: 그런 생각을 해탈(*mukti*)에 대해서 해야 합니다.

헌: 신께서 우리가 다른 생각들을 없앨 수 있도록 해 주셔야 합니다.

마: 그것 역시 하나의 생각입니다. 몸을 받은 것이 그 질문을 하게 하십시오. 그대는 그것이 아닙니다. 왜냐하면 그대는 생각에서 벗어나 있기 때문입니다.

라왈삔디(Rawalpindi)에서 온 다른 방문객이 질문했다: 아뜨만은 형상이 없습니다. 그것에 대해서는 어떻게 집중해야 합니까?

마: 그대의 말처럼 형상이 없거나 붙잡을 수 없는 **아뜨만**은 내버려 두십시오. 마음은 그대가 붙잡을 수 있습니다. 마음을 붙드십시오. 그러면 됩니다.

헌: 마음 자체가 아주 미세하고, 또 그것은 **아뜨만**과 동일합니다. 어떻게 하면 우리가 마음의 성품을 우리가 알게 됩니까? 당신께서는 모든 지지물들이 아무 소용없다고 말씀하셨습니다. 그러면 우리는 무엇을 디디고 서야 합니까?

마: 그대의 마음은 어디에 서 있습니까?

헌: 그것이 어디에 서 있습니까?

마: 마음 자체에게 물어보십시오.

헌: 제가 지금 당신께 여쭙니다. 그러면 우리는 마음에 집중해야 합니까?

마: 음!

헌: 그런데 마음의 성품이 무엇입니까? 그것은 형상이 없습니다. 이 문제는 당혹스럽습니다.

마: 왜 당혹해합니까?

헌: 경전들은 우리가 집중하기를 바라지만, 저는 그렇게 안 됩니다.

마: 무슨 경전을 통해서 우리가 우리의 존재성을 알았습니까?

헌: 그것은 경험의 문제입니다. 그러나 저는 집중하고 싶습니다.

마: 생각에서 벗어나십시오. 어떤 것도 붙들지 마십시오. 그것들이 그대를 붙들지는 않습니다. 그대 자신이 되십시오.

헌: 제가 어디에 서 있고 어디에 집중하는 것을 아직 모르겠습니다. 제 마음에 대해서 명상해도 되겠습니까?

마: 누구의 마음입니까?

헌: 저 자신의 마음인가요?

마: 그대는 누구입니까? 그 질문이 이제 제대로 풀리고 있습니다.

　모두 점심식사를 위해 물러갔다. 그 방문객이 오후 2시 30분에 돌아와 같은 질문을 이어갔다.

　그가 말했다: 마하르쉬께서는 구도자에게 생각을 없애라고 조언하십니다. 무엇에 마음을 집중해야 그 모든 생각이 추방되겠습니까? 그럴 때 제가 어디에 서 있는지, 그리고 무엇에 집중해야 하는지 모르겠습니다.

마: 그 집중은 누구에게 있습니까?

헌: 마음에게 있습니다.

마: 그러면 마음을 집중하십시오.

헌: 무엇에 대해서 말입니까?

마: 스스로 그 질문에 답하십시오. 마음이 무엇입니까? 왜 집중해야 합니까?
헌: 저는 마음이 무엇인지 모릅니다. 제가 마하르쉬님께 여쭙니다.
마: 마하르쉬는 마음을 알려고 하지 않습니다. 질문자가 마음 자체에게 마음이 무엇인지 물어야 합니다.
헌: 마하르쉬께서는 마음에서 생각들을 빼앗아 버리라고 조언하십니다.
마: 그것 자체도 하나의 생각입니다.
헌: 모든 생각이 사라지면 무엇이 남습니까?
마: 마음이 생각과 다릅니까?
헌: 아니요. 마음은 생각들로 이루어집니다. 저의 요지는 이겁니다. 모든 생각이 제거되면 마음을 어떻게 집중할 것이냐 하는 것입니다.
마: 그것도 하나의 생각 아닙니까?
헌: 맞습니다. 그러나 저는 집중하라는 조언을 듣고 있습니다.
마: 왜 집중해야 합니까? 왜 생각들이 마음대로 놀게 내버려 두지 않습니까?
헌: 경전들은 그렇게 마음대로 노는 생각들이 우리를 딴 길로 이끈다고 말합니다. 즉, 실재하지 않고 가변적인 것들로 이끈다는 것입니다.
마: 그러니까 그대는 비실재적이고 가변적인 사물들에 이끌리지 않기를 바라는군요. 그대가 하는 생각들은 비실재적이고 가변적입니다. 그대는 실재를 붙잡고 싶어 합니다. 제가 하는 말이 정확히 그거지요. 생각들은 실재하지 않으니, 그것을 놓아버리십시오.
헌: 이제 이해됩니다. 하지만 한 가지 의심이 있습니다. (『바가바드 기타』에서는) "한 순간도 그대는 행위하지 않을 수 없다"17)고 합니다. 어떻게 하면 제가 생각에서 벗어날 수 있겠습니까?
마: 같은 『기타』에서 "모든 행위가 일어나기는 해도, 나는 그 행위자가 아니다"18)라고 합니다. 그것은 해가 세상의 행위들을 보는 것과 같습니다. 진아는 늘 행위 없이 남아 있는 반면, 생각들은 일어나고 가라앉습니다. 진아는 완전함입니다. 그것은 불변입니다. 그러나 마음은 유한하고 가변적입니다. 그대의 한계들을 벗어버리기만 하면 됩니다. 그대의 완전함이 그렇게 하여 드러나게 됩니다.

---

17) *T.* 『기타』, 3.5.
18) *T.* 『기타』, 4.13.

헌: 그러기 위해서는 은총이 필요합니다.

마: 은총은 항상 존재합니다. 그것에 순복하는 것이 필요한 전부입니다.

헌: 저는 순복하고 설사 제가 잘못 가더라도 강제로 그것 쪽으로 이끌리기를 기원합니다.

마: 그것이 순복입니까? 순복이 완전하려면 묻지 않아야 합니다.

헌: 예, 순복합니다. 당신께서는 제가 마치 진주조개 잠수부가 바다 속으로 잠수하듯이 진아의 바다 속으로 잠수해야 한다고 말씀하십니다.

마: 그대가 지금 자신은 그 의식의 바다 밖에 있다고 생각하기 때문입니다.

헌: 저는 조식을 닦습니다. 그것은 몸 안에서 열이 나게 합니다. 어떻게 해야 합니까?

마: 마음이 고요함을 얻으면 그 열은 사라질 것입니다.

헌: 맞는 말씀이지만 더없이 어렵습니다.

마: 그 또한 하나의 장애 되는 생각이지요.

## 대담 473

어떤 사람이 말했다: 아루나찰라 주위의 반경 30마일 안에서 살거나 죽는 사람은 달라고 하지 않아도 해탈을 얻는다고 합니다. 또 지知에 의해서만 해탈이 얻어진다고도 합니다. 그 뿌라나에서는 또 베단타 명지明知(Vedanta Vijnana)는 얻기 어렵다고 합니다.19) 그래서 해탈은 어렵습니다. 그러나 이 산 주위에서 살거나 죽으면 해탈이 그토록 쉽습니다. 어떻게 그럴 수 있습니까?

마: 시바는 "나의 명命에 의해서"라고 합니다. 여기 사는 사람들은 입문·전수 등을 받을 필요도 없이 해탈을 얻습니다. 시바의 명이 그와 같습니다.

헌: 그 뿌라나에서는 또 여기서 태어나는 사람들은 귀신·정령·몸 없는 존재들과 같은 시바의 권속이라고 합니다.

마: 다른 지역(kshetras), 예컨대 띠루바루르(Tiruvarur)나 찌담바람(Chidambaram)에 대해서도 그렇게 이야기되지요.

헌: 어떻게 단순히 여기서 살거나 죽는 것만으로 해탈을 얻습니까? 이해하기 어렵습니다.

---

19) T. 여기서 말하는 뿌라나는 『스깐다 뿌라나』이다.

마: "다르샤나드 아브라사다시, 자나나뜨 까말랄라예, 까시얀뚜 마라남 묵띠히 스마라나드 아루나짤레(*Darsanad Abhrasadasi jananat Kamalalaye, Kasyantu maranam muktih smaranad Arunachale*)"["찌담바람을 보는 것, 띠루바루르에 태어나는 것, 베나레스에서 죽는 것, 아루나찰라를 기억하는 것만으로도 해탈이 보증된다네."].20)

'자나나뜨 까말랄라예(*jananat Kamalalaye*)'는 '까말랄라야(*Kamalalaya*)에 태어남으로써'란 뜻입니다. 까말랄라야('연꽃 집')가 무엇입니까? 그것은 **심장**입니다.

마찬가지로 아브라사다스(*Abhrasadas*)는 의식의 자리입니다. 또 까시(*Kasi*)는 **깨달음의 빛**입니다. '아루나찰라를 기억하는 것'으로 이 시는 끝나는데, 그것도 같은 의미로 이해해야 합니다.

헌: 그래서 헌신이 필요하군요.

마: 모든 것은 (그 사람의) 소견 나름입니다. 어떤 사람은 띠루바루르에서 태어나거나, 찌담바람을 찾아가거나, 베나레스에서 죽거나, **아루나찰라에서 명상을 하는 모든 이들이 해탈자**(*muktas*)라고 여깁니다.

헌: 저는 **아루나찰라**를 생각하지만, 그래도 해탈자가 아닙니다.

마: 소견을 바꾸는 것이 (그대에게) 필요한 전부입니다. 그런 변화가 아르주나를 어떻게 만들었는지 보십시오. 그는 **우주적 자아**에 대한 환영幻影을 보았습니다. 스리 크리슈나가 말합니다. "신들과 성자들은 나의 **우주적 형상**을 보고 싶어 한다. 나는 그들의 바람을 이루어 주지 않았다. 하지만 그대에게는 그 형상을 볼 수 있는 신견神見을 부여한다." 그런데 그렇게 말했다고 해서 그가 자신의 진면목을 보여줍니까? 아니지요. 그는 아르주나에게 자기가 보고 싶은 모든 것을 그의 안에서 보라고 합니다. 만일 그것이 그의 진정한 형상이라면 그것은 불변이어야 하고, 그 진정한 가치대로 알려져야 합니다. 그러나 그는 아르주나에게 그가 보고 싶은 것이면 무엇이든 보라고 명합니다. 그러니 **우주적 형상**이 어디에 있습니까? 아르주나 안에 있을 수밖에 없지요.

더욱이 아르주나는 그 형상 안에서 **신들과 성자들**이 **하느님**(크리슈나)을 찬양하고 있는 것을 발견합니다. 만일 **크리슈나**가 말한 대로 그 형상을 신들과 성자들에게 보여주지 않았다면, 아르주나의 환영에서 보인 그들은 누구입니까?

헌: 그들은 그의 상상 속에 있을 수밖에 없습니다.

---

20) *T.* 이 시구는 남인도에서 널리 알려져 있다. 여기서 Abhrasadas, Kamalalaya, Kasi는 각기 찌담바람, 띠루바루르, 베나레스(바라나시)의 다른 이름이다.

마: 그들이 있는 것은 아르주나의 소견 때문입니다.

헌: 그렇다면 그 소견이 신의 은총에 의해 바뀌어야 하는군요.

마: 예. 헌신가들에게는 그런 일이 일어납니다.

헌: 어떤 사람이 호랑이 꿈을 꾸고는 겁을 먹고 깨어납니다. 꿈속의 호랑이는 그 꿈속의 에고에게 나타나는데, 그 에고가 겁도 먹습니다. 깨어나면 어째서 그 에고가 사라지고 그 사람은 생시의 에고로서 깨어납니까?

마: 그것을 보더라도 그 에고가 같다는 것을 알 수 있습니다. 꿈·생시·잠은 같은 에고에게 나타나는 '지나가는 국면들'입니다.

헌: 마음을 포착하기가 너무 어렵습니다. 그 어려움을 모두가 공유합니다.

마: 마음을 통해서는 결코 마음을 발견하지 못합니다. 그것이 존재하지 않음을 발견하려면 그것을 넘어가십시오.

헌: 그러면 우리는 바로 에고를 찾으러 나서야 하는군요. 그렇습니까?

마: 바로 그거지요.

　마음·에고·지성은 모두 단 하나의 내적기관(antahkarana)에 대한 서로 다른 이름입니다. 마음은 생각들의 총합일 뿐입니다. 생각들은 에고 없이는 존재할 수 없습니다. 그래서 모든 생각에 에고(aham-'나')가 편재한다고 하는 것입니다. 그 '나'가 어디서 일어나는지 찾아보십시오. 그러면 다른 생각들은 사라질 것입니다.

헌: 그 뒤에 남는 것은 '나'일 수 없고, 순수한 의식입니다.

마: 정말 그렇지요. 그대가 행복을 추구하기 시작합니다. (불행의 원인을) 분석한 끝에 불행이 생각에서 비롯된다는 것을 발견합니다. 그 생각들을 마음이라고 합니다. 그대는 마음을 제어하려고 애쓰면서 그 '나'를 추구하고, 존재-지知-지복(Being-Knowledge-Bliss) 안에 고정됩니다.

다른 헌신자: 그러면 마음이란 무엇입니까?

마: 마음은 한계들을 부과해 온 의식입니다. 그대는 본래 무한하고 완전합니다. 나중에 한계들을 받아들이고 마음이 됩니다.

헌: 그러면 그것이 은폐(avarana)로군요. 그것은 어떻게 일어납니까?

마: 누구에게 은폐가 있습니까? 그것은 무지, 에고 혹은 마음과 동일합니다.

헌: 은폐는 시야를 흐리게 하는 것을 의미합니다. 누구의 시야가 흐려집니까? 그것은 어떻게 일어납니까?

마: 한계 그 자체가 시야를 흐리는 것입니다. 한계들을 초월하면 어떤 질문도 일어나지 않을 것입니다.

### 1938년 3월 16일

## 대담 474

심장에 관해 몇 마디 말이 오갔다. 스리 바가반이 말씀하셨다: 요가 경전들은 72,000개, 101개의 영맥靈脈 등을 이야기합니다. 다른 경전들은 그것을 조화시켜 101개는 주된 영맥이고, 그것이 세분되면 72,000개라고 합니다. 어떤 경전들은 이 영맥들이 뇌에서부터 퍼져나간다고 보고, 어떤 경전들은 심장에서 퍼져 나간다고 하며, 또 어떤 경전들은 미저골尾骶骨에서 퍼져나간다고 합니다. 그 경전들은 빠라나디(*paranadi*)를 이야기하는데, 이것은 미저골에서부터 수슘나(*Sushumna*)를 통해 뇌로 올라갔다가 심장으로 내려온다고 합니다. 다른 경전들은 수슘나가 빠라(빠라나디)에서 끝난다고 합니다.

소수의 경전은 머리[사하스라라]에서 깨달음을 구하라고 조언하고, 소수의 경전은 양미간에서, 소수의 경전은 심장에서 구하라고 하며, 또 다른 경전들은 태양신경총(명치)에서 구하라고 합니다. 만일 깨달음이 빠라나디를 얻는 것과 같다면, 누구든지 심장에서 거기로 들어갈 수 있습니다. 그러나 요기는 영맥들을 청소하는 데 몰두합니다. 그리고 나면 꾼달리니가 깨어나는데, 이것이 미저골에서 머리로 올라간다고 합니다. 요기에게는 나중에 최종 단계로 (머리에서) 심장으로 내려가라고 조언해 주게 됩니다.

베다(우파니샤드)에서는 이렇게 말합니다.

"**심장**은 거꾸로 선 연꽃 혹은 바나나 꽃봉오리와 같다."

"원자 같은 밝은 점이 하나 있는데, 마치 벼 낱알의 끝과 같다."

"그 점은 하나의 불꽃과 같고, 그 중심에 초월적 **브라만**이 자리 잡고 있다."

그 **심장**이 무엇입니까? 생리학자들이 말하는 심장입니까? 만약 그렇다면 생리학자들이 가장 잘 알겠지요.

우파니샤드에서 말하는 **심장**은 흐리다얌(*Hridayam*)으로 해석되는데, 그것은 '이것이 중심이다'는 뜻입니다. 즉, 그것은 마음이 일어나고 가라앉는 곳입니다. 그것이 **깨달음**의 자리입니다. 제가 그것을 **진아**라고 말하면 사람들은 그것이 몸 안에 있다고 상상합니다. 우리의 잠 속에서는 **진아**가 어디에 머무르느냐고 물어보면, 그들은 그것이 몸 안에 있지만 마치 어두운 방에 갇힌 사람처럼 몸과 주위 환경을 지각하지 못한다고 생각하는 것 같습니다. 그런 사람들에게는 깨달음의 자리가 몸 안의 어딘가에 있다고 말해줄 필요가 있습니다. 그 중심의 이름이 심장이지만, 그것을 사람들은 심장 기관과 혼동합니다.

사람은 꿈을 꿀 때 그 자신[즉, 보는 자인 에고]과 주위 환경을 창조합니다. 그 모든 것은 나중에 그 자신 속으로 회수됩니다. 하나인 것이 (꿈속에서는) '보는 자'와 함께 다수가 되었습니다. 마찬가지로, 생시의 상태에서도 하나인 것이 다수로 됩니다. 객관적 세계는 실제로는 주관적 세계입니다. 천문학자가 헤아릴 수 없는 거리에 있는 새 별 하나를 발견하여, 그 빛이 지구에 도달하는 데 몇 천 광년이 걸린다고 발표합니다. 그럼, 그 별이 사실 어디에 있습니까? 그것은 그 관찰자 안에 있지 않습니까? 그러나 사람들은 어떻게 태양보다 더 크고 그렇게 멀리 있는 거대한 천체가 사람의 두뇌 세포 안에 들어 있을 수 있을지 의아해합니다. 그 공간, 그 크기와 그 역설은 모두 마음 속에 있을 뿐입니다. 그런 것들이 어떻게 마음 속에 존재합니까? 그대가 그것들을 지각하는 한, 그것을 비추어주는 어떤 빛이 있다는 것을 인정해야 합니다. 그런 생각들은 잠 속에서는 없고, 깨어나면 일어납니다. 그래서 이 빛은 일시적이며, 시작과 끝이 있습니다. '나'라는 의식은 영구적이고 지속적입니다. 그래서 이것은 앞에서 말한 빛일 수 없습니다. 그 빛은 (의식과는) 다르지만, 아무런 독립적 존재성이 없습니다. 따라서 그것은 반사광(abhasa)일 수밖에 없습니다. 그래서 뇌 속의 그 빛은 반사된 지知(abhasa samvit) 혹은 반사된 존재(abhasa sat)입니다. 참된 지知(Samvit)나 존재(Sat)는 심장(Hridaya)이라고 하는 중심 안에 있습니다. 사람이 잠에서 깨어나면 그것이 머리 안에서 반사되고, 그래서 머리는 더 이상 드러누워 있지 않고 일어납니다. 머리에서부터 전신으로 의식이 퍼져 나가고, 이렇게 덧씌워진 '나'가 생시의 개체로 기능하는 것입니다.

뇌 안에 있는 순수한 빛은 청정심淸淨心(suddha manas)인데, 이것이 나중에 오염되어 우리가 흔히 보는 오염심汚染心(malina manas)이 됩니다.

그러나 이 모든 것은 진아 안에 들어 있습니다. 몸과 그 대응물들(마음, 세계)은 진아 안에 있습니다. 진아는 사람들이 보통 생각하듯이 몸 안에 국한되지 않습니다.

## 1938년 3월 16일

**대담 475**

스리 마하르쉬님이 한 신문에서 다음과 같은 취지의 뉴스 기사를 낭독하셨다.

"총으로 무장한 산림 감시관 한 사람이 밀림 속을 걷다가 덤불 속의 밝은 점 두 개를 발견했다. 그것이 무엇인지 살펴보려고 가까이 갔다가, 그는 불과 몇 미터 거리 안에서 거대한 호랑이 한 마리와 마주하게 되었다. 그는 총을 내던지고 그 밀림의 왕에게 기도하는 자세를 취했다. 호랑이는 일어나더니 그를 해치지 않고 천천히 다른 데로 가 버렸다."

## 1938년 3월 21일

**대담 476**

기독교 선교사인 스탠리 존스 박사가 마하르쉬님을 방문했다. 그는 책도 쓰고 강연도 하는데, 북인도에 자신이 관할하는 아쉬람 둘을 가지고 있다. 다른 신사 한 명과 여성 두 명이 그와 함께 왔다. 그는 현재 『인도의 길 위에서』라는 책을 쓰고 있고, 그 책의 자료를 수집하기 위해 인도 내의 영적으로 위대한 분들을 만나보기를 원한다. 인도의 진인들이 어떻게 수행했고, 신성神性에 대한 체험으로 그들이 무엇을 발견했는지 알고 싶다는 것이었다. 그래서 그가 질문을 했다. (이것은 그가 한 면담의 간략한 스케치일 뿐이다).

헌: 당신께서 탐구하시는 것은 무엇입니까? 당신의 목표는 무엇입니까? 얼마나 멀리 나가셨습니까?

마: 그 목표는 모두에게 동일합니다. 그러나 왜 그대가 목표를 추구해야 하는지 말해 주십시오. 왜 현재의 상태에 만족하지 못합니까?

헌: 그러면 아무 목표도 없습니까?

마: 그렇지 않지요. 무엇이 그대에게 어떤 목표를 추구하게 만듭니까? 이것은 하나의 반문인데, 그대가 답변해야 합니다.

헌: 저는 이런 주제에 대한 저 나름의 생각이 있습니다. 저는 마하르쉬께서 무슨 말씀을 하시는지 알고 싶습니다.

마: 마하르쉬에게는 해소해야 할 의문이 없습니다.

헌: 글쎄요, 저는 그 목표가, 저급한 마음이 고상한 마음을 깨달아서 **하늘나라**가 여기 지상에서도 지속될 수 있게 하는 것이라고 봅니다. 저급한 마음은 불

완전하며, 고상한 마음을 깨달음으로써 완전해집니다.

**마:** 그러니까 그대는, 불완전하기 때문에 고상한 마음을 깨달아 완전해지고 싶어 하는 어떤 저급한 마음이 있다는 것을 인정하는군요. 그 저급한 마음은 고상한 마음과 별개입니까? 그것과 독립해 있습니까?

**헌:** 하늘나라가 예수 그리스도에 의해 지상으로 끌어내려졌습니다. 저는 그분이 곧 인격화된 그 나라라고 봅니다. 저는 모든 사람이 그것을 깨달았으면 합니다. 그분은 "나는 다른 사람들의 배고픔으로 배가 고프다" 등의 말씀을 했습니다. 쾌락과 고통을 서로 함께하는 것이 하늘나라입니다. 만일 그 나라가 보편화되면 누구나 나머지 사람들과 하나임을 느낄 것입니다.

**마:** 그대는 저급한 마음과 고상한 마음, 쾌락과 고통 간의 차별상에 대해 이야기합니다. 그대의 잠 속에서는 그 차별상이 어떻게 됩니까?

**헌:** 그러나 저는 활짝 깨어있고 싶습니다.

**마:** 이것은 그대가 활짝 깨어난 상태입니까? 그렇지 않습니다. 이것은 그대의 긴 잠 속의 한 꿈일 뿐입니다. 모두가 잠 속에서, 세계와 사물과 행위들을 꿈꾸고 있습니다.

**헌:** 그것은 모두 베단타적 말씀인데, 저는 거기에 아무 소용이 없습니다. 그 존재하는 차별상들은 상상이 아닙니다. 그것은 실증적입니다. 그러나 그 진정한 깨어남이 무엇입니까? 마하르쉬께서는 당신께서 발견하신 것이 무엇인지 저희에게 말씀해 주실 수 있습니까?

**마:** 진정한 깨어남은 생시·꿈·잠의 세 가지 상태를 넘어서 있습니다.

**헌:** 저는 진짜로 깨어 있고, 제가 잠들어 있지 않다는 것을 압니다.

**마:** 진정한 깨어남은 차별상의 차원을 넘어서 있습니다.

**헌:** 그러면 이 세계의 상태는 무엇입니까?

**마:** 세계가 그대에게 와서 "나는 존재한다"고 말합니까?

**헌:** 아닙니다. 그러나 세상 사람들은 저에게 세계가 영적·사회적·도덕적 갱생을 필요로 한다고 말합니다.

**마:** 그대는 세계와 그 세계 안의 사람들을 봅니다. 그들은 그대의 생각입니다. 그 세계가 그대와 별개일 수 있습니까?

**헌:** 저는 사랑을 가지고 그 속으로 들어갑니다.

**마:** 그렇게 들어가기 전에는 그대가 동떨어져 있습니까?

**헌:** 제가 그것과 동일시되기는 하지만 그래도 저는 별개로 있습니다. 지금 제가 여기 온 것은 마하르쉬께 질문을 드려 말씀을 듣기 위해서입니다. 왜 저에게 질문을 하십니까?

**마:** 마하르쉬는 답변을 하고 있습니다. 그의 답변은 결국, 진정한 깨어남은 차별상과 무관하다는 것입니다.

**헌:** 그런 깨달음이 보편화될 수 있습니까?

**마:** 차별상이 어디 있습니까? 그 안에는 어떤 개인도 없습니다.

**헌:** 그 목표에 도달하셨습니까?

**마:** 그 목표는 **자기**와 별개인 어떤 것일 수도 없고, 새로 얻어지는 어떤 것일 수도 없습니다. 만일 그런 것이라면 그런 목표는 지속적이지 않고 영구적일 수도 없습니다. 새로워 보이는 것도 (언젠가) 사라질 것입니다. 목표는 영원해야 하고 내면적이어야 합니다. 그대 자신의 내면에서 그것을 발견하십시오.

**헌:** 저는 당신의 체험을 알고 싶습니다.

**마:** 마하르쉬는 깨달음을 추구하지 않습니다. 그 질문은 질문자에게 아무 쓸데없습니다. 제가 깨달았든 못 깨달았든, 그것이 질문자에게 어떻게 영향을 미치겠습니까?

**헌:** 그렇지 않습니다. 각자의 체험은 그 안에 인간적 가치를 가지고 있으며, 다른 사람들이 공유할 수 있습니다.

**마:** 그 문제는 질문자 자신이 풀어야 합니다. 그 질문을 자기 자신에게 되돌리는 것이 최선입니다.

**헌:** 저는 그 질문에 대한 답을 압니다.

**마:** 그 답을 들어봅시다.

**헌:** 저는 20년 전에 하늘나라를 보았습니다. 그것은 오로지 **하느님**의 은총에 의해서였습니다. 그것을 위한 노력은 전혀 하지 않았습니다. 저는 행복했습니다. 그것을 보편화하고, 도덕화하고, 사회화하고 싶습니다. 동시에 저는 **신**에 대한 마하르쉬님의 체험을 알고 싶습니다.

지나라자다사(Jinarajadasa) 부인이 끼어들어 부드럽게 말했다: 우리는 모두 마하르쉬님께서 지상에 하늘나라를 가져오셨다는 데 동의합니다. 왜 당신은 이분의 깨달음에 대한 당신의 질문에 답변을 채근합니까? 그것은 당신이 추구해서 얻어야지요.

질문자는 그녀의 말을 경청하고 가볍게 항변한 뒤에 마하르쉬님에 대한 질문을 계속했다. 한두 가지 가벼운 질문이 있고 나자 채드윅 소령이 엄하게 말했다: "하늘나라는 너희 안에 있다"고 성경에서 말합니다.

헌: 그것을 제가 어떻게 깨닫습니까?

**채드윅 소령:** 왜 마하르쉬께 당신을 위해 그것을 깨달아 달라고 합니까?

헌: 그러지는 않습니다.

**채드윅 소령:** 그 나라는 당신의 내면에 있습니다. 당신이 그것을 깨달아야 합니다.

헌: 그것은 그 복음을 듣는 사람들의 **내면**에만 있습니다.

**채드윅 소령:** 성경은 **너희** 안에 있다고만 하지, 아무 조건도 달지 않습니다.

질문자는 자신의 대화가 이미 너무 길어진 탓에 피곤하다는 것을 느끼고, 마하르쉬님과 다른 사람들에게 감사한 뒤에 물러갔다.

## 대담 477

**지나라자다샤 부인:** 꿈속에서 경험하는 진리를 우리는 어떻게 기억할 수 있습니까?

**마:** 그대의 현재 생시 상태, 그대의 꿈, 그리고 기억하고 싶다는 그대의 바람은 모두 생각입니다. 그런 생각들은 마음이 일어난 뒤에야 일어납니다. 마음이 없을 때도 그대는 존재하고 있지 않았습니까?

헌: 예, 존재했습니다.

**마:** 그대가 존재한다는 사실은 또한 그대의 깨달음입니다.

헌: 지적으로는 그것을 이해합니다. 그 진리는 찰나적인 섬광으로 느껴질 뿐입니다. 그것은 지속되지 않습니다.

**마:** 그런 생각들이 그대의 영원한 깨달음의 상태를 덮어 버립니다.

헌: 마구 어지럽게 돌아가는 도시 생활은 깨달음에 유리한 여건이 아닙니다. 밀림의 은거지들은 우리에게 필요한 고요함과 홀로 있음을 제공해 주지만요.

**마:** 도시에서도 자유로울 수 있고, 밀림 속에서도 속박될 수 있지요. 그것은 모두 마음 속에 있습니다.

헌: 마음은 또 마야(maya)이기도 하다고 저는 생각합니다.

**마:** 마야가 무엇입니까? 마음이 **실재**에서 분리되어 있다고 아는 것이 마야입

니다. 마음은 **실재** 안에 있을 뿐이고 별개가 아닙니다. 이것을 아는 것이 마야를 없애는 것입니다.

계속된 대화는 마음이 두뇌와 같은가 하는 질문으로 이어졌다.

스리 바가반이 말씀하셨다: 마음은 두뇌 위에서 작용하는 하나의 힘일 뿐입니다. 그대는 지금 여기서 깨어 있습니다. 세계와 주위 환경에 대한 생각들은 몸 속의 두뇌 안에 있습니다. 꿈을 꿀 때 그대는 다른 자아를 창조하고, 이 자아가 꿈의 창조물인 세계와 주위 환경을 봅니다. 마치 지금 그대가 그렇게 하듯이 말입니다. 꿈에서 보는 그 모습들은 꿈속의 두뇌 안에 있고, 그것은 다시 꿈속의 몸 안에 있습니다. 그것은 그대의 현재 몸과 다릅니다. 그대는 그 꿈을 지금 기억합니다. 그러나 꿈의 두뇌와 생시의 두뇌는 다릅니다. 하지만 (꿈속의) 그 모습들이 마음 속에 나타납니다. 따라서 마음은 두뇌와 같지 않습니다. 생시·꿈·잠은 마음에게만 있습니다.

**헌:** 그것을 지성으로 이해합니다.

**마:** 지성이라. 누구의 지성입니까? 문제가 그 질문 주위를 맴도는군요.

그대는 지성이 없을 때도—예컨대 잠이 들었을 때도—그대가 존재한다는 것을 인정합니다. 그대의 존재성을 깨닫고 있지 않았다면, 그대가 존재한다는 것을 어떻게 압니까? 그대가 존재하는 것 자체가 깨달음입니다. 그대는 그대가 존재하지 않는 어떤 시점도 상상할 수 없습니다. 그래서 깨달음이 없는 시간은 없습니다.

### 1938년 3월 22일

**대담 478**

마두라이에서 온 어떤 사람이 질문했다: 어떻게 하면 신의 힘을 압니까?

**마:** 그대는 "내가 있다"고 말합니다. 바로 그거지요. 다른 어떤 것이 "내가 있다"고 말할 수 있습니까?

그대 자신의 존재가 곧 그의 힘입니다. 그대가 "나는 이것 또는 저것이다, 이러저러하다"고 말할 때만 문제가 일어납니다. 그렇게 하지 말고, 그대 자신이 되십시오. 그뿐입니다.

**헌:** 어떻게 해야 **지복**을 체험합니까?

**마:** "나는 지금 **지복**의 바깥에 있다"고 생각하는 데서 벗어나면 됩니다.

헌: 다시 말해서 마음의 상相에서 벗어나라는 것이군요.
마: 다른 상相들을 배제하고 단 한 가지 마음의 상과 함께하는 것입니다.
헌: 그러나 **지복**을 체험해야 합니다.
마: **지복**은 그대의 존재를 잊어버리지 않는 데 있습니다. 그대가 어떻게 실제로의 그대 아닌 다른 것일 수 있습니까? 그것은 **사랑의 자리**이기도 합니다. 사랑이 곧 **지복**입니다. 여기서 그 **자리**는 **사랑**과 다르지 않습니다.
헌: 저는 어떻게 일체에 편재遍在하겠습니까?
마: "나는 지금 일체에 편재하지 않고 있다"는 생각을 포기하십시오.
헌: 어떻게 하면 별개의 대상들에 편재합니까?
마: 그것들이 '나'와 독립하여 존재합니까? 그것들이 "우리가 있다"고 그대에게 말합니까? 그대가 그것들을 봅니다. 그대가 있고, 그런 다음 대상들도 보입니다. "내가 없으면 이런 것들이 존재하지 않는다." 이것을 아는 것이 편재입니다. "나는 몸이다. 내 안에 어떤 것이 있다"는 관념 때문에 별개의 대상들이 마치 바깥에 놓여 있는 것처럼 보입니다. 그것들은 모두 그대 자신의 안에 있다는 것을 아십시오. 천 한 조각이 실과 독립해 있습니까? 그 대상들이 나 없이 남아 있을 수 있습니까?

## 대담 479

헌: 모든 종교 중에서 가장 좋은 것은 무엇입니까? 바가반의 방법(가르치는 행법)은 무엇입니까?
마: 모든 종교와 방법들은 똑같은 하나입니다.
헌: (종교마다) 해탈을 얻기 위한 여러 가지 방법들을 가르치고 있습니다.
마: 그대가 왜 해탈해야 합니까? 왜 지금 있는 그대로 머무르지 않습니까?
헌: 저는 고통을 없애고 싶습니다. 거기서 벗어나는 것을 해탈이라고 합니다.
마: 그것이 모든 종교들이 가르치는 것이지요.
헌: 그런데 그 방법은 무엇입니까?
마: 그대가 온 길을 되짚어 가십시오.
헌: 제가 어디서 왔습니까?
마: 그것이 바로 그대가 알아야 할 것입니다. 그대의 잠 속에서도 그런 질문들이 일어났습니까? 그때는 그대가 존재하지 않았습니까? 그대는 지금도 같은

존재 아닙니까?

헌: 예, 저는 잠 속에 있었고, 마음도 마찬가지였습니다. 그러나 감각기관들이 가라앉아 있었고, 그래서 말을 할 수 없었습니다.

마: 그대가 개아(jiva)입니까? 그대가 마음입니까? 잠 속에서 마음이 그대에게 그렇게 선언했습니까?

헌: 아니요. 그러나 윗분들이 개아는 이스와라와 다르다고 합니다.

마: 이스와라는 내버려 두십시오. 그대 자신의 이야기를 하십시오.

헌: 저 자신은 어떻습니까? 저는 누구입니까?

마: 바로 그거지요. 그것을 아십시오. 그럴 때 모든 것을 알게 됩니다. 만약 모르면 그때 가서 물으십시오.

헌: 깨어나면 세계를 보는데, 잠을 잤어도 저는 변해 있지 않습니다.

마: 그러나 잠 속에서는 그것을 모릅니다. 지금이나 그때나 같은 그대가 남아 있습니다. 지금 누가 변했습니까? 그대의 성품은 변하겠습니까, 변함없이 남아 있겠습니까?

헌: 그 증거는 무엇입니까?

마: 우리 자신의 존재에 대해 증거가 필요합니까? 그대 자신의 자아를 자각하고 있기만 하십시오. 그러면 다른 모든 것을 알게 됩니다.

헌: 그러면 이원론자들과 비이원론자들은 왜 자기들끼리 서로 다툽니까?

마: 각자 자기 일만 상관한다면 아무 다툼이 없겠지요.

## 대담 480

유럽 여성인 가스크(Gasque) 부인이 이런 글을 쓴 종이쪽지 하나를 드렸다:

"저희는 저희들 가운데 당신이 계시게 해준 자연과 무한한 지성에 감사드립니다. 저희는 당신의 지혜가 순수한 진리에, 그리고 생명과 영원성이라는 기본 원리에 기초해 있다는 것을 높이 평가합니다. 당신께서 '고요히 있으라. 그리고 그것을 알라'고 상기시켜 주셔서 저희는 행복합니다."

그리고 이렇게 질문했다: 이 지구의 미래를 어떻게 보십니까?

마: 그 질문에 대한 답변은 다른 종이에 쓰여 있군요. "고요히 있으라. 그리고 내가 신임을 알라"고 말입니다.

'고요함'은 여기서 '생각에서 벗어남'을 뜻합니다.

제3권 **549**

헌: 그것은 그 질문에 대한 답변이 되지 않습니다. 이 행성에는 미래가 있습니다. 그것이 어떻게 되겠습니까?
마: 시간과 공간은 생각의 기능들입니다. 생각이 일어나지 않으면, 어떤 미래도 없고 지구도 없을 것입니다.
헌: 시간과 공간은 우리가 그것을 생각하지 않는다 해도 그대로 있겠지요.
마: 그것들이 그대에게 와서 자기들이 있다고 말합니까? 그대의 잠 속에서 그대는 그것들을 느낍니까?
헌: 잠 속에서는 제가 의식이 없었습니다.
마: 그런데도 그대는 잠 속에서 존재하고 있었습니다.
헌: 제 몸 안에 있지는 않았습니다. 어디론가 나가 있다가 깨어나기 바로 전에 여기로 뛰어들었습니다.
마: 잠 속에서는 다른 데 있다가 지금 뛰어든다는 것은 관념일 뿐입니다. 잠 속에서 그대는 어디 있었습니까? (잠 속에서도) 그대는 본래의 그대일 뿐이었지만 이런 차이가 있습니다. 즉, 잠 속에서는 그대가 생각에서 벗어나 있었다는 것입니다.
헌: 세계 안에서 전쟁들이 일어나고 있습니다. 우리가 생각을 하지 않으면 그 전쟁들이 그칩니까?
마: 그대가 그 전쟁들을 멈추게 할 수 있습니까? 세계를 만든 이가 세계를 돌보겠지요.
헌: 신이 세계를 만들었지만 그는 세계의 현재 상태에 책임이 없습니다. 현재의 상태에 책임이 있는 것은 우리입니다.
마: 그대가 그 전쟁들을 멈추게 하거나 세상을 개혁할 수 있습니까?
헌: 아닙니다.
마: 그러면 왜 그대가 할 수 없는 일에 대해 걱정합니까? 그대 자신을 돌보십시오. 그러면 세계는 스스로 알아서 할 것입니다.
헌: 저희들은 평화주의자입니다. 저희는 **평화**를 가져오고 싶습니다.
마: **평화**는 늘 존재합니다. **평화**에 대한 방해요인들을 없애십시오. 이 **평화**가 곧 **진아**입니다.
　생각들이 그 방해요인입니다. 그것들로부터 벗어날 때, 그대는 **무한한 지성**, 곧 **진아**입니다. 완전함과 평안이 있습니다.

헌: 세계에는 어떤 미래가 있어야 합니다.
마: 현재에는 세계가 무엇인지 압니까? 세계와 기타 모두는 미래에나 지금이나 동일합니다.
헌: 세계는 지성이 에테르와 원자들에 작용하여 만들어졌습니다.
마: 그 모든 것은 이스와라와 샥띠로 귀결됩니다. 그대는 지금 그들과 별개가 아닙니다. 그들과 그대는 똑같은 하나의 지성입니다.

　몇 분 뒤에 한 여성이 질문했다: 미국에 한번 가 보실 의향은 없으십니까?
마: 미국은 바로 인도가 있는 곳에[생각의 차원 안에] 있지요.
　다른 (스페인) 여성: 히말라야에는 한 사당이 있는데, 거기에 들어가면 어떤 이상한 기운을 받아 만병이 치유된다고 합니다. 그것이 가능합니까?
마: 사람들은 네팔이나 히말라야의 다른 지역에 있는 어떤 사당들을 이야기하는데, 거기에 들어가면 사람들이 의식을 잃는다고 하지요.

## 대담 481

무루가나르는 완전지(prajnana)가 무엇인지를 여쭈었다.
마: 완전지[절대적 지知]는 거기서 명지(vijnana)[상대적 지知]가 나오는 것입니다.
헌: 명지의 상태에서 우리는 의식(samvit)[우주적 지성]을 자각하게 됩니다. 그러나 순수한 의식(suddha samvit)은 내적기관들의 도움 없이도 스스로 자각합니까?
마: 그렇지요, 논리적으로도.
헌: 생시에 명지에 의해 의식을 자각하게 되어도 완전지가 스스로 빛나지 않습니다. 만일 스스로 빛난다면 잠 속에서 그것이 발견되어야 합니다.
마: 그 자각은 현재 내적기관들을 통해서 있습니다. 완전지는 잠 속에서도 늘 빛나고 있습니다. 만일 생시에도 지속적으로 자각하면 그 자각이 잠 속에서도 계속될 것입니다.
　더욱이, 비유로는 이렇게 설명됩니다. 어떤 왕이 회당에 들어와 거기 앉아 있다가 그곳을 떠납니다.
　그는 주방에 들어가지 않았습니다. 그랬다고 해서 주방에 있는 사람이 "왕께서 여기는 안 오셨어"라고 말할 수 있습니까? 생시에 자각을 발견한다면 그것은 잠 속에도 있을 것이 분명합니다.

## 1938년 4월 29일

**대담 482**

인도르(Indore)의 빤데 박사(Dr. Pande)가 이곳을 방문하고 있다. 그는 자신의 의문을 해소할 수 있도록 질문을 드려도 되겠느냐고 바가반의 허락을 구했다. 그는 진아를 깨닫기 위한 어떤 실용적인 길을 제시받기를 원했다.

**마:** 어떤 사람이 눈이 가려진 채 숲 속에 내버려졌습니다. 그러자 그는 도중에 만나는 사람마다 간다라(Gandhara)로 가는 길을 물어 마침내 그곳에 도착했습니다. 진아 깨달음에 이르는 모든 길도 마찬가지입니다. 그런 길들은 공통의 목표에 도달하는 보조수단입니다.

**헌:** 어떤 상징물(pratikam)이 있으면 명상을 하기가 쉬울 것입니다. 그러나 진아에 대한 탐구는 어떤 상징물도 보여주지 않습니다.

**마:** 그대는 자기의 존재를 인정합니다. 그대는 그런 상징물을 가리키며 그것이 자기라고 말합니까? 어쩌면 그대는 몸을 자기라고 생각할지 모릅니다. 그러나 그대의 깊은 잠을 생각해 보십시오. 그때도 그대는 존재합니다. 거기서 상징물이 무엇입니까? 그래서 진아는 상징물 없이도 깨달을 수 있습니다.

**헌:** 정말 맞는 말씀입니다. 그 말씀의 힘을 알겠습니다. 그렇기는 하나, 진언 등은 도움이 되지 않습니까?

**마:** 도움이 되지요. 진언이 무엇입니까? 그대는 진언의 단순한 소리들을 생각하고 있습니다. 그 진언을 염하면 다른 모든 생각을 물리치게 됩니다. 그리고 진언염송에 대한 한 가지 생각만 남습니다. 그것도 떨어져 나가면 **무한한 진아**가 드러나는데, 그것은 곧 그 진언 자체입니다.

명상·진언·헌신 등은 모두 보조수단이고, 결국 **스와루빠**(Swarupa), 곧 **진아**에 이어지는데, 그러면 **진아**가 바로 그것들 자체입니다.

몇 분 뒤에 마하르쉬님이 말씀을 계속하셨다:

누구나 **진아**이고, 실로 무한합니다. 하지만 각자가 몸을 **자기**로 착각합니다. 어떤 것을 알려면 비춤이 필요합니다. 그런 '비추는 자'는 빛의 형상으로만 있을 수 있습니다. 그러나 그것은 물리적 빛과 물리적 어둠 둘 다를 밝혀줍니다. 그래서 그 다른 빛은 외관상의 빛과 어둠을 넘어서 있습니다. 그것은 빛도 아니고 어둠도 아니지만, 그 둘 다를 비추기 때문에 그것을 빛이라고 하는 것입니다. 그것은 또한 무한하고, **의식**으로서 남아 있습니다. 의식이 곧 누구나 알고 있는 자기입니다. 누구도 자기와 떨어져 있지 않습니다. 그래서 각자가 진아를 깨닫고 있습니다. 하지만 누구도 이 근본적 사실을 모른 채 진아를 깨닫고 싶어 한다는 것은 얼마나 불가사의한 일입니까? 이 무지는 몸을 자기로 착각하는 데 기인합니다. 깨달음은 이제, 자신이 깨닫지 못했다는 그릇된 관념을 제거하는 데 있습니다. 깨달음은 새롭게 얻어지는 것이 아닙니다. 그것이 영구적이기 위해서는 그것이 이미 존재하고 있어야 합니다. 그렇지 않다면 깨달음은 우리가 추구할 만한 것이 못 됩니다.

"나는 몸이다"나 "나는 깨닫지 못했다"는 거짓 관념이 제거되고 나면 지고의 의식, 곧 진아만이 남지만, 현재의 지知의 상태에서는 이것을 깨달음이라고 합니다. 그러나 진실은, 깨달음은 영원하며 지금 여기 이미 있다는 것입니다.

결국 깨달음은 무지를 없애는 것과 같고, 그 이상도 이하도 아닙니다.

헌: 저는 직업상 제가 사는 곳에 머물러 있어야 합니다. 사두들의 가까이에 머무를 수가 없습니다. 제 형편상 어쩔 수 없지만, 사뜨상가(sat sanga) 없이도 제가 깨달음을 얻을 수 있겠습니까?

마: 사뜨(sat)란 '나'라는 관념의 핵심(aham pratyaya saram), 즉 자아들의 진아입니다. 사두가 그 자아들의 진아입니다. 그는 모두에게 내재해 있습니다. 누가 자기 없이 있을 수 있습니까? 아니지요. 그래서 누구도 사뜨상가에서 떨어져 있지 않습니다.

### 1938년 4월 30일

**대담 483**

방문객 시따라마이아 씨: 빠딴잘리의 『요가수트라』에서 총제總制(samyamana)가 무엇을 의미합니까?

마: 마음의 일념집중입니다.

헌: 심장 안에서 그런 총제를 하면, 심지心知(chitta samvit)를 얻는다고 합니다. 그것이 무슨 뜻입니까?

마: 심지란 곧 진아지(Atma jnana)입니다.

**대담 484**

헌: 재가자라 할지라도 자기탐구에서 성공하기 위해서는 독신 생활을 하고 전

수를 받는 것이 전제조건이라고 생각합니다. 맞습니까? 아니면 재가자는 독신을 지키면서 인연이 닿을 때만 어떤 스승에게서 전수를 받아도 됩니까?

**마:** 먼저 그 아내와 남편이 누구인지 확인하십시오. 그러면 그런 질문들은 일어나지 않을 것입니다.

**헌:** 다른 일을 하고 있을 때도 마음 활동을 억제하고 "나는 누구인가?" 하는 탐구를 할 수 있습니까? 그 두 가지는 서로 반대되지 않습니까?

**마:** 그런 질문들은 마음의 힘이 없을 때만 일어납니다. 마음 활동이 줄어들수록 그 힘은 늘어납니다.

**헌:** 업業 이론은 세계가 행위와 그 반작용의 결과라는 것을 뜻합니까? 만약 그렇다면 무엇에 대한 행위와 반작용입니까?

**마:** 깨달음을 얻을 때까지는 업(karma), 즉 행위와 반작용이 있겠지요. 깨달음을 얻고 나면 업도 없고 세계도 없을 것입니다.

## 대담 485

**헌:** 자기탐구(Atma vichara)를 하다 보면 저는 잠이 듭니다. 그에 대한 치유책은 무엇입니까?

**마:** 명호찬송名號讚頌(nama sankirtana)[신의 이름 노래하기]을 하십시오.

**헌:** 잠 속에서는 그것이 배제됩니다.

**마:** 맞습니다. 깨어 있는 동안 그 수행을 계속해야 합니다. 잠에서 깨어나면 곧바로 다시 시작해야 합니다. 잠자는 자는 **자기탐구**에 상관하지 않습니다. 그래서 그는 아무것도 닦을 필요가 없습니다. 생시의 자아가 그것을 원하니, 그가 그것을 해야 합니다.

    대화 도중 스리 바가반이 말씀을 계속하셨다: 마음은 불가사의한 것입니다. 그것은 사뜨와·라자스·따마스로 이루어져 있습니다. 뒤의 두 가지는 투사投射(vikshepa)를 일으킵니다. 사뜨와 측면에서는 마음이 순수하고 오염되지 않은 상태로 있습니다. 그래서 어떤 생각도 없고, 그것은 **진아**와 동일합니다. 마음은 허공(akasa)과 같습니다. 허공 안에 대상들이 있듯이, 마음 안에 생각들이 있습니다. 허공은 마음에 상응하는 것이고, 대상들은 생각에 상응합니다. 우리는 우주를 가늠하고 현상계를 연구하는 것을 바랄 수 없습니다. 그것은 불가능합니다. 왜냐하면 대상들은 마음의 창조물이기 때문입니다. 그것을 가늠한다는 것은 자기가 드리운 그림자의 머리를 자기 발로 밟아보려 하는 것과 같습니다. 우리가 멀리 움직이면 움직일수록 그림자도 멀리 움직입니다. 그래서 우리는 자기 발을 그림자의 머리 위에 놓을 수 없습니다. (여기서 스리 바가반은 원숭이들의 장난과 거울의 이야기를 포함한, 그림자와 관련되는 몇 가지 사건들을 들려주셨다.) 어린아이가 자기 그림자를 보고 그림자의 머리를 잡아보려고 합니다. 아이가 몸을 굽혀 팔을 뻗치면 그 머리는 더 멀리 이동합니다. 아이는 더 애를 씁니다. 엄마가 그 애쓰는 모습을 보고 어린 것을 가엾게 여겨, 그 어린 손을 잡아서 자기 머리 위에 올려놓아 줍니다. 그리고 아이에게 그림자의 머리가 손에 잡힌 것을 보라고 말해줍니다. 무지한 수행자가 우주를 연구하려는 것도 마찬가지입니다. 우주는 마음이 창조한 하나의 대상일 뿐이고, 마음 안에서 그 존재성을 갖습니다. 그것을 하나의 외적인 실체로 가늠해볼 수가 없습니다. 우주에 도달하려면 진아에 도달해야 합니다.

또 사람들은 어떻게 하면 마음이 제어되느냐고 자주 묻습니다. 저는 이렇게 말해줍니다. "마음을 보여주십시오. 그러고 나면 어떻게 해야 할지를 알 것입니다." 사실 마음은 생각들의 다발일 뿐입니다. 그것을 소멸하려는 생각이나 어떤 욕망으로 그것을 어떻게 소멸할 수 있겠습니까? 그대의 생각과 욕망들이 마음의 핵심 부분입니다. 새로운 생각들이 일어나면 마음은 살만 더 찝니다. 따라서 마음을 가지고 마음을 죽이려는 것은 어리석은 짓입니다. 마음을 죽이는 유일한 길은 그 근원을 발견하여 그것을 꽉 붙드는 것입니다. 그러면 마음은 저절로 사라질 것입니다. 요가에서는 '심상제어心相制御(chitta vritti nirodha)' [마음 활동의 제어]를 가르칩니다. 그러나 저는 **자기탐구**를 말합니다. 이것이 실제적인 방법입니다. 심상제어는 잠·기절 혹은 굶주림 상태에서도 일어납니다. 그러나 그 원인이 사라지자마자 생각들이 다시 일어납니다. 그렇다면 그것이 무슨 소용 있습니까? 무감각 상태에서도 평안이 있고 불행은 없습니다. 그러나 무감각 상태가 사라지면 불행이 돌아옵니다. 그래서 제어(nirodha)는 쓸모가 없고, 지속적인 이익이 있을 수 없습니다.

그러면 어떻게 해야 그 이익이 지속될 수 있습니까? 불행의 원인을 발견하면 됩니다. 불행은 대상들 때문에 생깁니다. 대상들이 없으면 그에 수반되는 생각이 없을 것이고, 불행이 불식됩니다. "어떻게 하면 대상들이 사라질 것인가?"가 그 다음 문제입니다. 베다와 진인들은 대상이 마음의 창조물에 불과하다고 말합니다. 그것들은 어떤 실체적 존재성도 없습니다. 그 문제를 탐구하여, 그 말의 진리성을 확인하십시오. 결국 객관적 세계는 주관적 의식 안에 있다는 결론이 나올 것입니다. 이처럼 진아는 세계에 편재하고 또한 그것을 감싸는 실재입니다. 어떤 이원성도 없으므로, 어떤 생각도 일어나서 그대의 평안을 방해하지 않을 것입니다. 이것이 진아 깨달음입니다. 진아는 영원하며, 그것의 깨달음도 마찬가지입니다.

대화 도중 스리 바가반은 또 몇 가지 점을 더 분명히 하셨다:

수행(abhyasa)은 그대가 생각에 의해 방해받을 때마다 진아 안으로 물러나는 것으로 이루어집니다. 그것은 마음의 집중이나 파괴가 아니라 진아 안으로 물러나는 것입니다.

명상·헌신·염송 등은 갖가지 생각을 몰아내기 위한 보조수단입니다. (그것을 하면) 단 한 가지 생각이 지배하다가 결국 그것도 진아 안에서 해소됩니다.

질문자는 관념을 (공급받지 못해) 굶은 마음은 깨달음과 같다는 말을 인용하고, 그 상태에서의 체험은 어떤 것이냐고 질문했다. 바가반은 브런튼 씨의 책에서 그것은 표현 불가능하다고 한 구절을 직접 낭독하셨다: 답이 여기에 있군요. 그(폴 브런튼)는 또 과감하게 말하기를, 현재의 체험이 뒷면에 은을 바른 거울을 보는 것과 같은 데 비해, 그것은 은을 칠하지 않은 거울을 통해 보는 것과 같을 것이 분명하다고 했습니다.

스리 바가반은, 그것은 한 거울이 다른 투명한 거울과 대면하는 것이라고, 즉 어떤 반사도 없다고 말씀하셨다.

## 1938년 5월 2일

**대담 486**

**가나빠뜨람 씨:** 어떻게 하면 제가 "나는 누구인가?"를 발견하겠습니까?

**마:** 두 개의 자아가 있어서 한 자아가 다른 자아를 발견합니까?

**헌:** 진아는 '나'와 욕망(sankalpa)[즉, 생각하는 자와 생각]이라는 두 측면으로 이루어진 단 하나일 것 분명합니다.

얼마 후에 그가 질문을 계속했다: 어떻게 해야 제가 '나'를 깨닫게 될지 부디 말씀해 주십시오. "나는 누구인가?"의 염송을 해야 합니까?

**마:** 그런 식의 염송을 하라는 것이 아닙니다.

헌: "나는 누구인가?" 하고 생각해야 합니까?

마: 그대는 '나'라는 생각이 솟아난다는 것을 알고 있습니다. 그 '나'라는 생각을 붙들고 그것의 뿌리(moola)[근원]를 찾으십시오.

헌: 그 방법을 제가 알 수 있겠습니까?

마: 지금 일러드린 대로 해 보십시오.

헌: 어떻게 해야 할지 잘 모르겠습니다.

마: 만약 그것이 객관적인 어떤 것이라면 그 방법을 객관적으로 보여드릴 수 있겠지요. 이것은 주관적입니다.

헌: 그러나 저는 모르겠습니다.

마: 아니! 그대가 있다는 것을 모른단 말입니까?

헌: 부디 그 방법을 일러주십시오.

마: 그대 자신의 집 안에서 (집으로 가는) 길을 보여줄 필요가 있습니까? 이것은 그대 안에 있습니다.

헌: 저에게 어떻게 하라고 조언하시는 겁니까?

마: 왜 뭔가를 해야 하며, 무엇을 해야 합니까? 그저 침묵을 지키십시오. 왜 그러지 않지요? 각자 자신의 상태에 따라서 해야 합니다.

헌: 어떤 것이 저에게 적합한지 부디 말씀해 주십시오. 당신의 말씀을 직접 듣고 싶습니다.

(답변이 없음.)

## 대담 487

영국인인 한 젊은 여성이 무슬림 사리를 입고 여기 왔다. 그녀는 북인도에 있었고 G. H. 메이스 박사를 만났음이 분명하다.

스리 바가반은 「비전」 기념호(아난다쉬람 창건 7주년 기념호)에 실린 스와미 바라따난다가 쓴 "검은 태양"이라는 시 한 수를 낭독하셨다.

몇 분 뒤 J. 양이 질문했다: 그 시에서 저는, 우리가 의식의 상태에 합일될 때까지는 계속 명상을 해야 한다는 것을 알겠습니다. 맞다고 보십니까?

마: 예.

헌: 더 나아가 여쭙겠습니다. 우리는 의식적인 의지로, 돌아올 수 없는 그 상태로 들어가야 하는 것이 맞습니까?

(답변이 없음.) —점심식사 종이 울림.

### 오후

헌: 진아 깨달음의 목적은 무엇입니까?

마: 진아 깨달음은 최종 목표이며, 그것은 그 자체로 목적입니다.

헌: 제 말은, 진아 깨달음이 무슨 소용이 있느냐 하는 것입니다.

마: 왜 진아 깨달음을 추구해야 합니까? 왜 그대는 현재의 상태에 만족하고 있지 않습니까? 그대는 현재의 상태에 만족하지 못하고 있음이 분명합니다. 진아를 깨달으면 그 불만족은 끝납니다.

헌: 불만족을 없애주는 그 진아 깨달음이 무엇입니까? 저는 세계 안에 있고, 세계 안에서 전쟁들이 벌어지고 있습니다. 진아 깨달음이 전쟁도 끝내줍니까?

마: 그대가 세계 안에 있습니까? 아니면 세계가 그대 안에 있습니까?

헌: 잘 이해가 안 됩니다. 세계는 확실히 저의 주위에 있습니다.

마: 그대는 세계와 그 안에서 일어나는 일들에 대해 이야기하는데, 그것들은 그대 안의 관념들에 불과합니다. 그 관념들은 마음 안에 있습니다. 마음은 그대 안에 있습니다. 그래서 세계는 그대 안에 있습니다.

헌: 말씀을 따라가지 못하겠습니다. 설사 제가 세계를 생각하지 않는다 하더라도 세계는 여전히 있습니다.

마: 세계가 마음과 별개여서 마음이 없을 때도 그것이 존재할 수 있다는 뜻으로 하는 말입니까?

헌: 예.

마: 그대의 깊은 잠 속에서도 세계가 존재합니까?

헌: 존재합니다.

마: 잠 속에서 그대가 세계를 봅니까?

헌: 아니요, 보지 않습니다. 그러나 남들, 즉 깨어 있는 사람들이 봅니다.

마: 그대의 잠 속에서 그렇게 인식합니까? 아니면 남들이 그것을 안다는 것을 지금 알게 됩니까?

헌: 저의 생시 상태에서입니다.

마: 그러니까 그대는 잠 속에서의 경험이 아니라 생시의 앎을 이야기하는 것입니다. 그대의 생시와 꿈의 상태에서 세계가 존재하는 것을 인정하게 되는

것은 그 상태들이 마음의 산물이기 때문입니다. 잠 속에서는 마음이 회수되고 세계는 하나의 씨앗 상태로 있습니다. 그대가 깨어나면 그것이 다시 나타납니다. 에고가 솟아올라 그 자신을 몸과 동일시하면서 세계를 봅니다. 따라서 세계는 마음의 창조물입니다.

**헌:** 어떻게 그럴 수 있습니까?

**마:** 그대는 꿈속에서 하나의 세계를 창조하지 않습니까? 생시 상태도 하나의 긴 꿈입니다. 생시와 꿈의 경험들 이면에는 어떤 '보는 자'가 있어야 합니다. 그 '보는 자'가 누구입니까? 그 몸입니까?

**헌:** 그럴 리는 없습니다.

**마:** 마음입니까?

**헌:** 그럴 수밖에 없겠지요.

**마:** 그러나 그대는 마음이 없을 때도 존재합니다.

**헌:** 어떻게 말입니까?

**마:** 깊은 잠 속에서지요.

**헌:** 그때 제가 있는지는 모르겠습니다.

**마:** 만일 그대가 없었다면 어떻게 어제 경험한 일들을 기억합니까? 잠자는 동안 그 '나'의 연속성에 단절이 있었다는 것이 가능합니까?

**헌:** 그럴지도 모르죠.

**마:** 만일 그렇다면 존슨이 벤슨으로 깨어날 수도 있겠군요. 그 개인의 동일성이 어떻게 확립되겠습니까?

**헌:** 모르겠습니다.

**마:** 이 논변이 분명히 이해되지 않는다면 다른 이야기를 해 봅시다. 그대는 "잘 잤다," "푹 자고 났더니 기운이 새롭다"고 시인합니다. 그래서 잠은 그대가 경험한 것입니다. 그 경험자가 지금 자신을, 그 말하는 이의 '나'와 동일시합니다. 그래서 이 '나'는 잠 속에서도 있었음이 분명합니다.

**헌:** 예.

**마:** 그래서 '나'는 잠 속에 있었는데, 만일 그때 세계도 있었다면 그것이 (잠 속에서) 자기가 존재한다고 말했습니까?

**헌:** 아뇨. 그러나 세계는 지금 자신이 존재한다고 저에게 말합니다. 설사 제가 그것의 존재성을 부정한다 해도, 돌을 걷어차면 제 발이 아픕니다. 발의

부상은 그 돌의 존재를 증명하고, 그래서 세계의 존재도 증명합니다.

마: 정말 그렇지요. 그 돌은 발을 아프게 합니다. 그러면 그 발이, 돌이 있다고 말합니까?

헌: 아니요. '저'입니다.

마: 그 '나'는 누구입니까? 우리가 앞에서 보았듯이, 그것은 몸일 수도 없고 마음일 수도 없습니다. 그 '나'는 생시·꿈·잠의 상태들을 경험하는 자입니다. 세 가지 상태는 변하지만 그것은 그 개인에게 영향을 주지 못합니다. 그 경험들은 영화에서 스크린 위를 지나가는 화면들과 같습니다. 화면들이 나타나고 사라지는 것은 스크린에 영향을 주지 못합니다. 마찬가지로, 세 가지 상태는 서로 번갈아들지만 진아는 영향을 받지 않고 남습니다. 생시와 꿈의 상태는 마음의 창조물입니다. 그래서 진아가 그 모두를 포괄합니다. 진아는 완전한 모습으로 행복하게 남아 있다는 것을 아는 것이 진아 깨달음입니다. 그것은 **완전함**을 깨닫는 것이고, 따라서 **행복**을 깨닫는 것이라는 점에서 쓸모가 있습니다.

헌: 세상 사람들의 행복에 기여하지 않는다면, 진아를 깨닫고 있는 것이 완전한 행복일 수 있겠습니까? 스페인에서 전쟁이 벌어지고 있고 중국에서 전쟁이 벌어지고 있는데, 어떻게 우리가 그렇게 행복할 수 있습니까? 세상을 돕지 않고 진아를 깨닫고 있는 것은 이기주의 아닙니까?

마: 진아는 우주를 포괄하면서 그것을 초월한다고 그대에게 이야기했습니다. 세계는 진아와 별개로 남아 있을 수 없습니다. 그런 진아의 깨달음을 만약 이기주의라고 한다면, 그 이기주의는 세계도 포괄할 것이 틀림없습니다. 그것은 결코 우습게 볼 것이 아닙니다.

헌: 깨달은 사람도 깨닫지 못한 존재와 똑같이 계속 살아가지 않습니까?

마: 그렇지요. 그러나 깨달은 존재는 세계를 자기와 별개로 보지 않는다는 차이가 있습니다. 그는 참된 지知와, (자신이) 완전하다는 내적 행복을 소유하고 있는 반면, 깨닫지 못한 사람은 세계를 별개로 보고, 불완전함을 느끼며, 불행합니다. 그 점을 제외하면 그들의 신체적 행위는 비슷하지요.

헌: 깨달은 존재도 깨닫지 못한 사람과 똑같이, 세계 안에서 전쟁들이 벌어지고 있다는 것을 압니다.

마: 그렇지요.

헌: 그렇다면 그가 어떻게 행복할 수 있습니까?

마: 영화의 스크린이 불이 타는 장면이나 바닷물이 불어나는 장면에 영향을 받습니까? 진아도 그와 마찬가지입니다.

그대는 '나는 몸 또는 마음이다'라는 관념이 워낙 깊어서, 설사 그렇지 않다고 확신한다 해도 그것을 극복하지 못합니다. 그대는 꿈을 경험하는데, 깨어나면 그것이 실재하지 않는다는 것을 압니다. 생시의 경험은 다른 상태(잠과 꿈)에서는 실재하지 않습니다. 그래서 각 상태가 서로 모순됩니다. 따라서 그 상태들은 '보는 자' 안에서 일어나는 변화, 혹은 진아 안에서 나타나는 현상들에 불과한데, 이 진아는 끊어짐이 없고 그런 것들에 영향을 받지 않습니다. 생시·꿈·잠의 상태들이 현상이듯이, 탄생·성장·죽음도 진아 안의 현상입니다. 이 진아는 계속 끊어짐이 없고 영향을 받지 않습니다. 탄생과 죽음은 관념일 뿐입니다. 그것은 몸이나 마음에 속합니다. 진아는 그 몸이 태어나기 전에 존재하고, 그 몸이 죽은 뒤에도 남아 있을 것입니다. 그래서 그것은 그대가 연달아 받아오는 일련의 몸들과 함께합니다. 진아는 불멸입니다. 현상들은 변화무쌍하고, 언젠가 사멸할 것으로 보입니다. 죽음의 공포는 몸의 것입니다. 그것은 진아에는 해당되지 않습니다. 그런 공포는 무지에서 비롯됩니다. 깨달음이란 진아의 완전성과 불멸성에 대한 참된 지知를 의미합니다. 언젠가 죽는다는 것은 하나의 관념일 뿐인데, 이것이 불행의 원인입니다. 진아의 불멸하는 성품을 깨달아 그 관념을 제거하십시오.

### 1938년 5월 3일

같은 여성이 계속 질문했다: 만약 세계가 하나의 꿈일 뿐이라면, 그것을 **영원한 실재**와 어떻게 조화시켜야 합니까?

마: 그 조화는 그것이 진아와 분리되어 있지 않다는 것을 깨닫는 데 있습니다.

헌: 그러나 꿈은 찰나적이며 실재하지 않습니다. 그것은 생시 상태와도 모순됩니다.

마: 생시의 경험들도 비슷하지요.

헌: 우리가 50년을 살아도 생시의 경험에는 하나의 연속성이 있는데, 꿈들은 그런 것이 없습니다.

마: 그대는 잠자리에 들어서, 50년 세월이 그 꿈을 꾸는 짧은 시간, 예컨대 5분 안에 집약되는 꿈을 꾸기도 합니다. 그 꿈속에서도 하나의 연속성이 있습

니다. 이제 어느 것이 실재합니까? 생시 상태에서의 50년에 걸친 기간이 실재합니까, 아니면 그 꿈을 꾼 5분이라는 짧은 시간이 실재합니까? 시간의 기준은 두 가지 상태에서 서로 다릅니다. (차이는) 그게 전부입니다. 그 경험들 간에는 다른 어떤 차이도 없습니다.

헌: 영靈은 지나가는 현상들과, 거듭되는 생生의 연속되는 몸들에 의해 영향을 받지 않고 남습니다. 각각의 몸은 그것을 움직이게 하는 생명을 어떻게 얻습니까?

마: 영靈은 물질과 구분되는데, 생명으로 가득 차 있습니다. 몸은 그 생명에 의해 살아 움직입니다.

헌: 그러면 깨달은 존재는 영靈이어서 세계를 지각하지 못하겠습니다.

마: 그는 세계를 보지만 자기와 별개로는 보지 않습니다.

헌: 만일 세계가 고통으로 가득 차 있다면, 왜 그가 세계 관념(world-idea)을 계속 이어가야 합니까?

마: 깨달은 존재가 그대에게 세계는 고통으로 가득 차 있다고 말합니까? 세계가 고통스럽다고 말하는 것은 자신이 고통을 느끼면서 현자들의 도움을 구하는 그 사람입니다. 그러면 현자는 자신의 체험을 바탕으로, 그대가 진아 안으로 물러나면 고통이 끝난다고 설명해 줍니다. 고통은 그 대상이 자신과 다른 한에서 느껴집니다. 그러나 진아는 나뉘지 않은 전체라는 것을 발견할 때, 느끼는 누가 있고, 느낄 무엇이 있습니까? 깨달은 마음이 성령이고, 그렇지 못한 마음은 악마의 집입니다. 깨달은 존재에게는 이것이 바로 하늘나라입니다. "하늘나라는 너희 안에 있다." 그 나라는 지금 여기에 있습니다.

## 대담 488

젊은이들의 한 그룹이 질문했다: 건강한 마음은 건강한 몸 안에만 깃들 수 있다고 합니다. 우리는 몸을 늘 강하고 건강하게 유지하려고 노력해야 하지 않습니까?

마: 그런 식으로 하면 몸의 건강을 돌보는 데 끝이 없겠지요.

헌: 현재 경험하는 것들은 과거 업의 결과입니다. 만일 우리가 과거에 저지른 잘못을 안다면 그것을 교정할 수도 있습니다.

마: 한 가지 잘못을 교정한다 해도 전체 누적업累積業(sanchita)은 남아 있고,

그것이 그대에게 무수한 탄생을 안겨줄 것입니다. 그래서 그것은 올바른 방법이 아닙니다. 나무의 가지를 치면 칠수록 나무는 더 왕성하게 자랍니다. 그대가 자신의 업을 교정하면 할수록 그것은 더 많이 쌓입니다. 업의 뿌리를 발견하여 그것을 잘라버리십시오.

## 1938년 5월 4일

**대담 489**
다른 방문객들 그룹이 깨달음의 방법을 질문하고 있었다. 답변 도중 스리 바가반이 말씀하셨다: 초심자에게는 마음을 붙들고 그것을 탐구하라고 일러줍니다. 그러나 결국 마음이 무엇입니까? 그것은 **진아**의 한 투사물입니다. 누구에게 그것이 나타나며, 어디서 그것이 일어나는지 살펴보십시오. '나'라는 생각이 그 근본 원인이라는 것을 알 것입니다. 더 깊이 들어가십시오. 그러면 '나'라는 생각이 사라지고, 무한히 확장된 '나'-의식('I'-consciousness)이 있습니다. 그것을 다른 말로 **히라냐가르바**(*Hiranyagarbha*)라고 합니다. 그것이 한계들을 걸쳐 입을 때, 그것이 개인들로 나타납니다.

**대담 490**
그 영국 여성은 스리 바가반과 사적인 대담을 하고 싶어 했다. 그녀가 말을 시작했다: 저는 영국으로 돌아갑니다. 오늘 저녁에 이곳을 떠납니다. 저는 제 집에서 **진아** 깨달음의 행복을 갖고 싶습니다. 물론 서양에서는 그것이 쉽지 않습니다. 그러나 노력해 보겠습니다. 그렇게 하는 방법은 무엇입니까?"
**마**: 깨달음이 그대의 바깥에 있는 것이라면 길을 가르쳐 줄 수도 있겠지요. 그 개인에게 안전하고 그의 능력 등에 부합하는 길을 말입니다. 그럴 때, 그것이 과연 깨달을 수 있는 것인가, 그리고 만약 그럴 수 있는 거라면 언제 깨닫게 되는가 하는 질문들이 일어날 것입니다. 그러나 여기서 **깨달음**은 **자기**를 깨닫는 것입니다. 그대는 **자기** 없이 남아 있을 수 없습니다. **진아**는 늘 깨달아져 있습니다. 다만 그대가 그 사실을 인식하지 못할 뿐입니다. 그 **깨달음**이 지금 그대가 가진 세계 관념에 의해 가려집니다. 세계는 지금 그대의 밖에 있는 것으로 보이고, 그것과 연관되는 관념이 그대의 진정한 성품을 가립니다. 이 무지를 극복하는 것이 필요한 전부이며, 그러면 **진아**가 드러납니다. **진아**를

깨닫기 위한 어떤 특별한 노력도 필요 없습니다. 모든 노력은 현재의 그 **진리** 가림을 없애기 위한 것입니다.

한 여인이 목에 목걸이를 두르고 있습니다. 그러다가 그것을 잊어버린 채, 그것을 잃어버렸다고 생각하고 여기저기 도처에서 닥치는 대로 그것을 찾습니다. 찾지 못하자 그녀는 친구들에게 어디서 그것을 본 적이 없느냐고 묻습니다. 결국 친절한 한 친구가 그녀의 목을 가리키면서 목에 걸린 목걸이를 만져보라고 합니다. 찾던 사람은 목을 만져 목걸이를 발견하고 즐거워합니다. 또 그녀가 다른 친구들을 만나자, 그들은 잃어버린 목걸이를 찾았느냐고 묻습니다. 그녀는 마치 그것을 잃어버렸다가 나중에 찾은 것처럼 "그래"라고 말합니다. 목걸이가 목에 걸려 있는 것을 재발견한 행복은, 마치 잃어버린 재물을 되찾은 것과도 같습니다. 사실 그녀는 그것을 결코 잃어버리지 않았고 되찾지도 않았습니다. 그런데도 한때 슬펐다가 이제 즐거워합니다. **진아**에 대한 깨달음도 마찬가지입니다. **진아**는 늘 깨달아져 있습니다. 그 깨달음이 지금 가려져 있습니다. 그 베일이 제거되면 그 사람은 항상 깨달아져 있는 **진아**를 재발견하고 즐거워합니다. 그 항존하는 **깨달음**이 마치 하나의 새로운 **깨달음**처럼 보이는 것입니다.

자, 그대가 현재의 무지를 극복하려면 어떻게 해야 합니까? 참된 지知를 얻도록 열심히 노력하십시오. 이 열의가 성장하면 그릇된 지知는 힘이 줄어들다가 결국 사라집니다.

**헌**: 일전에, 깊은 잠 속에는 어떤 자각도 없다고 말씀하셨습니다. 그러나 저는 가끔 드물게 그 상태에서도 잠을 자각하게 됩니다.

**마**: 그런데 자각·잠·그것에 대한 지知—이 세 가지 요소 중에서, 첫째 것은 불변입니다. 잠을 하나의 상태로 인식하는 그 자각이 지금 생시의 상태에서는 세계도 봅니다. 세계의 부정이 잠의 상태입니다. 세계는 나타날 수도 있고 사라질 수도 있지만—다시 말해서 그대는 깨어 있을 수도 있고 잠들어 있을 수도 있지만—자각은 영향을 받지 않습니다. 그것은 그 위로 생시·꿈·잠의 세 가지 상태가 지나가는 하나의 연속적 전체입니다. 바로 지금 그 자각이 되십시오. 그것이 **진아**이고, 그것이 **깨달음**이며, **평안**이 있고, **행복**이 있습니다.

그 여성은 마하르쉬님께 감사드리고 물러갔다.

## 1938년 5월 7일

**대담 491**

간디봉사단(Gandhi Seva Sangh) 단장인 끼쇼렐랄 마쉬루왈라 씨가 질문했다: 브라마짜리야의 이상에 성공적으로 부합하려면 그것을 어떻게 실천해야 합니까?

**마**: 그것은 의지력의 문제입니다. 순수성 식품, 기도 등이 유용한 보조수단이지요.

**헌**: 젊은이들이 나쁜 습관에 빠져들고 있습니다. 그들은 그것을 극복하려고 저희에게 조언을 구합니다.

**마**: 마음의 개혁이 필요합니다.

**헌**: 그들에게 어떤 특별한 음식·운동 등을 처방해도 되겠습니까?

**마**: 몇 가지 약품이 있지요. 요가 자세들과 순수성 식품도 유용합니다.

**헌**: 어떤 젊은이들은 브라마짜리야의 맹세를 했습니다. 그들은 10년이나 12년이 지나면 그 맹세를 후회합니다. 이런 상황에서 저희들이 젊은 사람들에게 브라마짜리야의 맹세를 하라고 권해야 합니까?

**마**: 참된 브라마짜리야의 경우에는 이런 질문이 일어나지 않겠지요.

**헌**: 어떤 젊은이들은 거기에 어떤 의미가 내포되어 있는지 잘 모르면서 브라마짜리야의 맹세를 합니다. 그것을 실행해 내기 어렵다는 것을 알게 되면 저희들의 조언을 구합니다.

**마**: 그들은 맹세를 할 필요는 없고, 맹세 없이 그것을 해볼 수 있겠지요.

**헌**: 평생독신(naishthika brahmacharya)은 진아 깨달음을 위한 하나의 수행으로서 필수적입니까?

**마**: 깨달음 자체가 평생독신입니다. 그 맹세가 브라마짜리야는 아닙니다. 브라만 안에서 사는 것이 '브라마짜리야'인데, 그것은 억지로 하려고 해서 되는 것이 아닙니다.

**헌**: 정욕(kama)·분노(krodha) 등은 참스승의 친존에서 사라진다고 합니다. 그렇습니까?

**마**: 맞습니다. 정욕과 분노는 진아 깨달음을 얻기 전에 사라져야 합니다.

**헌**: 그러나 한 스승의 모든 제자가 같은 정도로 진보해 있지는 않습니다. 일부 경우에는 일탈이 발견됩니다. 그런 일탈에는 누가 책임이 있습니까?

**마**: 진아 깨달음과 개인적 상습 간에는 연관성이 없습니다. (제자들이) 스승의

이상에 부응하는 것이 늘 가능하지는 않지요.

**헌:** 정욕은 깨달음에 영향을 주지 않습니까?

**마:** 자기 자신을 깨끗이 하려는 노력은 자동적으로 이루어질 것입니다.

**헌:** 깨달음을 얻기 전에 모든 불순물을 씻어낼 필요가 있지 않습니까?

**마:** 진지眞知(Jnana)가 그것을 씻어내 줄 것입니다.

**헌:** 간디지(Gandhiji)는 친밀한 제자들이 잘못되는 것을 발견하고 당혹해하신 적이 많습니다. 그분은 어떻게 그런 일이 있을 수 있는지 의아해하면서, 그것이 당신 자신의 허물 때문이라고 생각하십니다. 과연 그렇습니까?

**마:** (스리 바가반은 미소를 짓고 나서 몇 분 뒤에 대답하셨다.) 간디지는 자신을 완성하기 위해 아주 오랫동안 분투해 왔습니다. 다른 모든 사람들도 때가 되면 올바르게 되겠지요.

**헌:** 환생에 대한 힌두적 견해는 옳습니까?

**마:** 이 질문에는 어떤 명확한 답변도 해드릴 수 없습니다. 그 견해에는 찬반 양론이 있습니다. 현생조차도 "우리는 결코 태어난 적이 없다(natvevaham jatu nasam ···)"[『기타』]는 등으로 부인되고 있습니다.

**헌:** 개인성은 시작이 없지(anadi) 않습니까?

**마:** 어떤 개인성이 애당초 존재하는지를 탐구하고 살펴보십시오. 그 문제를 해결한 다음 이 질문을 하십시오. 남말와르는 말합니다. "제가 무지할 때는 에고를 저 자신으로 알았으나, 바른 앎을 얻으니 에고는 어디에도 없고 당신만 **진아**로 남아 계십니다." 일원론자와 이원론자들 모두 **진아 깨달음**이 필요하다는 데 동의합니다. 먼저 그것을 하고 나서 지엽적 문제들을 논의합시다. 비이원론이나 이원론은 이론적 고려사항들만으로는 판단할 수 없습니다. **진아**를 깨달으면 그 질문은 애당초 일어나지도 않을 것입니다. 수까(Suka)조차도 자신의 독신성(brahmacharya)을 전혀 확신하지 못했던 반면, **스리 크리슈나**는 자신의 독신성을 확신했습니다. **진아 깨달음**은 사띠야(satya-진리), 브라마짜리야 등 수많은 다른 이름들로 불립니다. **진아 깨달음**의 상태에 본래적인 것이, 깨닫지 못한 상태에서의 규율 노선을 형성합니다. "나는 몸이다"라는 관념은 **진아 깨달음**을 얻어야만 소멸될 것입니다. 그것이 소멸되면 원습들이 소멸되고, 모든 덕이 항상 머무르게 될 것입니다.

**헌:** 상습은 진인에게서도 지속된다고 합니다.

마: 예. 그 상습은 향유인享有因(bhoga hetu)이지 속박인束縛因(bandha hetu)이 아닙니다.

헌: 사두인 척하면서 삿된 삶을 살아가는 가짜들은 종종 그 사실을 오용합니다. 그들은 그것이 발현업이라고 합니다. 어떻게 하면 이런 가짜들을 진짜 사두들로부터 구별할 수 있습니까?

마: 행위자라는 관념을 포기해 버린 사람들은 "이것은 내 발현업이다"는 말을 되풀이할 수 없습니다. (그들이) "진인들은 좀 다른 삶을 산다"고 말하는 것은 다른 사람들의 이익을 위해서입니다. 진인들은 자신의 삶과 행동을 설명하면서 그것을 이용할 수 없습니다.

(몇 분 뒤 스리 바가반은 끼쇼렐랄 씨의 약한 몸에 대해 말씀하셨다.)

끼쇼렐랄 씨: 저는 천식환자입니다. 한시도 건강했던 적이 없습니다. 갓난아기일 때도 어머니 젖을 먹지 못했습니다.

마: 그대는 마음은 강한데 몸은 약하군요.

헌: 라자 요가를 하고 싶었습니다. 그러나 몸이 그에 맞지 않아서 할 수 없었습니다. 몸이 움직이면 제 마음도 헤매기 시작했습니다.

마: 마음을 움직이지 않게 붙들어 놓게 되면, 몸이야 저 좋을 대로 얼마든지 변하라고 하십시오.

헌: 그것은 초심자에게 하나의 핸디캡 아닙니까?

마: 핸디캡에도 불구하고 노력해야 합니다.

헌: 물론이죠. 그러나 그 노력은 일시적일 것입니다.

마: '일시적'이라는 관념은 수많은 다른 관념들 중 하나입니다. 생각들이 지속되는 한 그 관념도 다시 일어나겠지요. 집중은 우리 자신의 성품['있음']입니다. 지금은 그 노력이 있습니다. 그러나 **진아 깨달음** 이후에는 그것이 그칩니다.

헌: 그것은 마음이 날뛰는 사이의 간격이라고 합니다.

마: 그런 생각도 마음의 활동 때문입니다.

　이 헌신자는 자신이 뭔가 독창적인 것을 발견했다고 생각할 때마다, 나중에 보니 누가 이미 자기보다 앞서 발견했더라고 말했다.

　스리 바가반은 일체가 이미 맹아적 형태로 존재하고 있으며, 따라서 어떤 새로운 것도 있을 수 없다고 지적하셨다.

## 1938년 5월 8일

**대담 492**

성산聖山의 소유권에 관하여 (아루나찰레스와라) 사원이 정부를 상대로 제기한 소송에서 스리 바가반이 증인으로 채택되셨다. 당신은 한 위원회의 수탁신문受託訊問을 받으셨다. 주신문主訊問 도중에 스리 바가반이 말씀하셨다: 시바는 늘 세 가지 형상으로, 즉 (1) 빠라브라만(Parabrahman)으로, (2) 링가(Linga)[여기서는 아루나찰라 산]로, (3) 싯다(Siddha)로 머무릅니다.

이 산 위에 띠르타(Tirtha-빗물 저수지)가 몇 군데 있는데, 예를 들어 물라이빨 띠르타(Mulaipal Tirtha)와 빠다 띠르타(Pada Tirtha)는 비루팍쉬 데바르(Virupakshi Devar)와 구하 나마시바야르(Guha Namassivayar)[21]를 위해, 혹은 그들에 의해 생겨났다고 합니다. 리샤바 띠르타(Rshabha Tirtha)도 있지요. 모두 양호한 상태입니다.

시바는 원래 빛의 기둥으로 나타났습니다. (브라마와 비슈누가) 그 빛에게 기도하자 그 빛이 산 속으로 사라지고 **링가**로 나타났습니다.[22] 둘 다 **시바**입니다.

마하르쉬님이 말씀하셨다: 이 건물들이나 아스라맘들은 저의 주위에서 성장합니다. 저는 그런 것들을 원하지 않습니다. 그런 것들을 요구하지도 않고, 그것들이 생겨나는 것을 막지도 않습니다. 저는 그런 일이 일어나기를 원치 않아도 그 행위들이 이루어진다는 것을 알고 있습니다. 그래서 저는 그런 것들이 일어날 수밖에 없다고 결론짓고, 따라서 "안 된다"고 말하지 않습니다.

**질문:** 현재의 도감(Sarvadhikari)은 당신의 계승자입니까?

**마:** 예. 운영만 합니다[즉, 여기서 계승이란 단순한 운영 감독을 뜻한다].

**질:** 그러면 지금 (아스라맘의) 일은 그가 하는 것입니까?

**마:** 그는 단순히 일을 감독하기만 합니다. 일은 다른 사람들도 같이 하고 있지요.

---

21) *T.* 비루팍쉬 데바르는 15세기 아루나찰라의 성자 구하 나마시바야르(=구하이 나마시바야)의 제자이다. 아루나찰라 산자락에 그들의 이름을 딴 산굴들이 있고, 그 근처에 이 띠르타들이 있다.

22) *T.* 아루나찰라가 생겨난 배경 이야기는 『라마나 마하르쉬와 진아지의 길』, 제6장 참조. 링가는 둥근 원기둥 모양의 돌이지만, 여기서 바가반은 **아루나찰라 자체가 시바-링가**라는 점을 강조하고 있다. 바가반은 또한 법원이 판단자료로 삼도록 하기 위해 『스깐다 뿌라나(*Skanda Purana*)』와 『시바 뿌라나(*Siva Purana*)』에서 발췌한 구절들로 한 권의 노트를 만들어 주었고, 법원은 바가반의 증언과 자료를 바탕으로 "이 산 자체가 링가이므로 산의 소유권은 사원에 있다"는 취지로 판결했다(왜냐하면 시바를 모시는 사원의 내전에는 항상 링가가 있으므로).

## 1938년 5월 18일

### 대담 493

한 안드라 방문객: 제가 당신의 **성스러운 발** 아래 주의를 늘 고정하려면 어떤 것이 도움이 되겠습니까?

마: '내가 언제 그 발에서 떨어진 적이 있는가?'라는 생각입니다.

헌: 그 생각을 어떻게 고정합니까?

마: 그에 반대되는 다른 생각들을 몰아내면 됩니다.

### 대담 494

스리 바가반은 『동쪽으로 향하라(*Turn Eastwards*)』라는 파스칼린 말레(Pascaline Mallet) 양의 책 전체를 다 훑어보신 다음 그 책에 관해 한 시간가량 말씀하셨다. 당신은 그 저술이 감동으로 가득 차 있고, 필자가 진지하다고 하셨다. 이 책은 단순한 문체로 쓰여졌는데, 당신에 대한 회상으로 끝난다. 여기저기 있는 몇 가지 오류는 후속판에서 바로잡도록 지적해 줄 수 있을 것이다. 난다나르 생애담(Nandanar Charitra)23)은 같은 일이 서로 다른 때 일어났다고 착각한 탓에 두 번 반복되었고, 흙(*Prithvi*)·물(*Ap*) 등의 링가들은 위치가 잘못되었다.24) 스리 바가반은 잘 쓴 책이라고 여기신다. 당신은 "동쪽으로 향하라"를 "빛의 근원으로 향하라"로 해석하신다. 이 책은 브런튼 씨의 책에 대한 좋은 보충서이다.

## 1938년 5월 29일

### 대담 495

코친에서 온 한 브라민은 에르나꿀람 대학(Ernakulam College)의 교수인데 스리 바가반과 흥미로운 대화를 나누었다. 스리 바가반은 신에 대한 순복을 조언하셨다. 이 방문객은 어떤 문관文官의 이야기를 잠시 했다. 그 신사는 대학생일 때 무신론자 아니면 불가지론자였는데 이제 아주 경건해졌고, 전부터 그가 알던 사람들은 그 변화에 모두 놀라고 있다고 했다.

---

23) T. Nandanar는 남인도의 시인-성자들 중 한 사람이다(7-8세기?). 그의 생애를 고빨라크리슈나 바라티(Gopalakrishna Bharati, 19세기)가 노래로 읊은 작품이 *Nandanar Charitram*이다.

24) T. 인도에 5대 원소를 상징하는 다섯 곳의 링가가 있다고 한다. 흙 링가는 Kanchipuram, 물 링가는 Trichy, 불 링가는 Arunachala, 바람 링가는 Kalahasti, 허공 링가는 Chidambaram이다.

계속된 대화에서 다음 사항들이 특기할 만했다.

이 방문객이 말했다: 우리는 욕망의 충족에 신물이 나야 그것을 포기합니다.

스리 바가반이 웃으며 끼어드셨다: 불에 알코올을 끼얹으면 불이 잘 꺼지겠군요. (모두 웃는다.) 욕망을 충족하면 할수록 상습은 더 깊어집니다. 그것이 더 약해져야 나타나기를 그치겠지요. 욕망에 매몰되지 않고 자신을 제어하면 그것을 약화시키게 됩니다.

헌: 어떻게 하면 그것을 더 약화시킬 수 있습니까?

마: 앎에 의해서입니다. 그대는 자신이 마음이 아니라는 것을 압니다. 욕망은 마음 안에 있습니다. 그런 앎은 그대가 그것을 제어하는 데 도움이 됩니다.

헌: 그러나 우리의 실제 생활에서는 그것이 제어되지 않습니다.

마: 그대가 어떤 욕망을 충족하려고 들 때마다, 그것을 그만두는 것이 더 낫다는 앎이 옵니다. 이런 식으로 거듭거듭 상기시켜 나가면, 어느 땐가 욕망들이 약해집니다. 그대의 참된 성품은 무엇입니까? 그것을 어떻게 한시라도 잊어버릴 수 있습니까? 생시·꿈·잠은 마음의 국면들에 불과합니다. 진아의 것이 아닙니다. 그대는 이 세 가지 상태의 주시자입니다. 그대의 참된 성품은 잠 속에서 발견됩니다.

헌: 그러나 우리는 명상 도중 잠에 떨어지지 말라는 조언을 듣습니다.

마: 그것은 조심해야 할 무감각 상태입니다. 생시와 번갈아드는 저 잠은 참된 잠이 아닙니다. 잠과 번갈아드는 저 생시는 참된 생시가 아닙니다. 그대는 지금 깨어 있습니까? 깨어 있지 않습니다. 그대의 진정한 상태로 깨어나야 합니다. 거짓된 잠에 떨어져도 안 되고 거짓되게 깨어 있어도 안 됩니다. 그래서, "마음이 혼침에 빠지면 깨워주고, 산란하게 흩어지면 고요하게 하라(Laye sambodhayeccittam vikshiptam samayet punah)"25)고 했습니다.

그것이 무슨 뜻입니까? 그런 어떤 상태에도 떨어지지 말고, 그 상태들 가운데서도 그대의 오염되지 않은 참된 성품 속에 머물러야 한다는 뜻입니다.

헌: 그 상태들은 우리 마음의 상태일 뿐입니다.

마: 누구의 마음입니까? 그것을 붙들고 살펴보십시오.

헌: 마음을 붙들 수는 없습니다. 이 모든 것을 창조하는 것이 마음입니다. 마

---

25) *T.* 가우다빠다의 『만두끼야 주석송(*Mandukya Karika*)』, 3:44. 이어지는 구절은, "마음 안에 욕망들이 잠재된 형태로 있음을 알고, 그 마음이 평형 상태를 얻으면 다시 그것을 어지럽히지 말라."

음은 그 효과들에 의해서만 알 수 있지, 그 참된 성품으로는 알 수 없습니다.
마: 정말 그렇지요. 우리가 스펙트럼의 빛깔들을 봅니다. 그것들은 함께 백색광을 이루지만, 프리즘을 통해서는 일곱 가지 색으로 보입니다. 마찬가지로, 단 하나의 진아가 마음·세계·몸 등 무수한 국면들로 분해됩니다. 진아가 바로 마음·몸 혹은 세계로 보이는 것입니다. 다시 말해서, 그것은 그대가 지각하는 그 어떤 것도 됩니다.
헌: 이런 말씀들은 실제로 따르기가 어렵습니다. 저는 신을 고수하면서 순복하겠습니다.
마: 그것이 최선이지요.
헌: 어떻게 하면 집착 없이 저의 임무를 할 수 있습니까? 제 처가 있고 자식들이 있습니다. 그들에 대한 제 임무를 다해야 합니다. 애정이 필요합니다. 맞습니까?
마: 대학에서는 그대의 일을 어떻게 합니까?
헌: (웃으면서) 봉급 때문입니다.
마: 집착 때문에 하지 말고, 그저 그대가 해야 할 일로서 하십시오.
헌: 그러나 저의 학생들은 제가 그들을 사랑해 주기를 기대합니다.
마: "안으로는 무집착, 겉으로는 집착"을 가지라고 『요가 바쉬슈타』에서 말합니다.

### 1938년 6월 9일

## 대담 496

스리 라마크리슈나 포교원 소속의 한 스와미가 스리 바가반과 매우 흥미로운 대화를 나누었는데, 대화 도중 스리 바가반이 말씀하셨다:
마: 무지(*Avidya*)가 지금 이 순간에도 그대의 참된 성품을 알지 못하게 가로막는 장애물입니다.
헌: 어떻게 하면 우리가 무지를 극복합니까?
마: "없는 것, 그것이 무지이다(*Ya na vidyate sa avidya*)." 그래서 무지는 그 자체 하나의 신화입니다. 그것이 정말로 있다면 어떻게 그것이 소멸될 수 있겠습니까? 그것의 존재성은 가짜이고, 그래서 그것은 사라집니다.
헌: 지적으로는 제가 그것을 이해합니다만, 진아를 깨닫지는 못합니다.

마: 왜 그런 생각이 현재 그대의 깨달음 상태를 방해해야 합니까?
헌: 진아는 하나입니다. 하지만 저 자신이 현재의 문제에서 벗어나는 것을 보지 못합니다.
마: 누가 그 말을 합니까? 단 하나인 진아입니까? 그 질문은 자가당착입니다.
헌: 깨달음을 위해서는 은총이 필요합니다.
마: 그대가 한 인간으로서, 그대를 인도하는 더 높은 힘이 있다는 것을 이해한다면, 그것은 은총 때문입니다. 은총은 그대의 내면에 있습니다. "이스와라, 스승, 진아는 같다"고 했습니다.
헌: 저는 그 은총을 기원합니다.
마: 예, 예.

### 1938년 6월 10일

### 대담 497

다른 대화 도중 스리 바가반이 말씀하셨다:

 사뜨와는 빛, 라자스는 주체, 따마스는 대상입니다.

 사뜨와 빛조차도 반사된 빛일 뿐입니다. 만일 그것이 순수한 원초적 빛이라면 그 안에 어떤 변상變相도 없겠지요. 마음-허공(*manokasa*)이 원소-허공(*bhoota-kasa*-물리적 우주)으로서 반사되고, 대상들이 주체와 별개로 보입니다.

 삼매는 실생활(*vyavaharadasa*) 속에도 있습니다. 우리의 활동(*vyavahara*)은 삼매를 떠나서는 아무 존재성이 없습니다. 스크린은 화면들이 그 위를 지나갈 때도 존재하고, 화면들이 투사되지 않을 때도 존재합니다. 마찬가지로, 진아는 활동이나 평안(*shanti*) 속에 늘 있습니다.

### 대담 498

사람들은 흔히, 해탈존자尊者(*mukta purusha*)는 밖으로 나가서 자신의 메시지를 사람들에게 설해야 한다고 말합니다. 자기 곁에 불행이 있는데 어떻게 해탈자가 될 수 있느냐는 것입니다. 맞는 말입니다. 그러나 해탈자가 누구입니까? 그가 자기 곁에서 불행을 봅니까? 그들은 자신들이 그 상태를 깨닫지도 못한 채 해탈자의 상태를 판정하고 싶어 합니다. 해탈자의 견지에서 보자면, 그들의 주장은 어떤 사람이 꿈 속에서 여러 사람을 보다가 깨어나서 "꿈속의 그 사람들도 깨어났을까?" 하고 묻는 거나 마찬가지입니다. 우스운 일이지요.

또 어떤 착한 사람은 이렇게 말합니다. "내가 해탈을 얻지 않아도 상관없다. 아니면 다른 모든 사람이 나보다 먼저 해탈자가 되도록 돕기 위해 나는 마지막으로 해탈을 얻는 사람이 되겠다." 다 아주 좋습니다. 그러나 꿈을 꾸는 사람이 "이 모든 사람들이 나보다 먼저 깨어나기를" 하고 말한다고 생각해 보십시오. 그런 꿈을 꾸는 사람이 터무니없는 것은, 앞서 말한 친절한 도덕군자나 매한가지입니다.

## 대담 499

스리 라마크리슈나 포교원의 스와미는 질문할 것이 더 있었다: 스와미님, 저는 산에 올라가 당신께서 젊은 시절에 사셨던 아스라맘들을 보았습니다. 당신의 생애담도 읽었습니다. 당시 당신께서는 기도해야 할 신이 있다거나, 이 상태에 도달하기 위해 무슨 수행을 해야겠다고 느끼지는 않으셨는지 여쭤 봐도 되겠습니까?

마: 생애담을 읽어보면 이해할 것입니다. 지知와 무지는 같은 정도의 진리성이 있습니다. 즉, 둘 다 무지한 사람들이 상상한 것입니다. 진인의 견지에서는 그렇지 않습니다.

헌: 진인도 죄를 지을 수 있습니까? 혹은 그럴 가능성이 있습니까?

마: 무지인은 어떤 사람을 진인으로 보고 그를 그 몸과 동일시합니다. 그는 **진아**를 모르기 때문에 자신의 몸을 **진아**로 착각하고, 같은 오류를 진인의 상태에까지 연장합니다. 그래서 진인을 그 몸의 형상으로 여깁니다.

또 무지인은 행위자가 아닌데도 자신이 행위자라고 상상하고 그 몸이 하는 행위들을 그 자신의 행위로 여기기 때문에, 진인의 몸이 활동할 때는 마찬가지로 진인도 행위하는 것이라고 생각합니다. 그러나 진인 자신은 **진리**를 알고 있고, 혼동하지 않습니다. 진인의 상태는 무지인이 판정할 수 없고, 따라서 그 질문은 무지인에게만 문제될 뿐 진인에게는 결코 일어나지 않습니다. 만약 그가 행위자라면 그 행위들의 본질을 판정해야 합니다. **진아**는 행위자일 수 없습니다. 누가 행위자인지 알아내십시오. 그러면 **진아**가 드러납니다.

헌: 행위에서는 비이원성이 있을 수 없습니다. 그러다 보니 그런 질문들이 일어납니다.

**마:** 그러나 그 구절26)은 (비이원성이) 있어야 한다고 말하지요. 이 '하라'는 것은 수행자에게만 해당되며, 성취한 이들에게는 해당되지 않습니다.

**헌:** 예, 제가 봐도 그렇습니다. 게다가 비이원성은 **스승**과의 관계에서는 행할 수가 없습니다. 왜냐하면, 그 원리대로라면 가르침을 받을 수 없으니까요.

**마:** 그렇지요. **스승**은 안에 있지 밖에 있는 것이 아닙니다. 어느 타밀 성자가 말했습니다. "오 **스승**님! 늘 제 안에 계시지만, 오직 저를 인도하고 보호하시기 위해 이제 인간의 형상을 나투고 계십니다!" **진아**로서 내면에 있는 것이, 때가 되면 인간의 형상을 한 **스승**으로 나타납니다.

**헌:** 그러니까 그건 이런 말이군요. '진인을 보는 것은 그를 이해하는 것이 아니다. 진인의 몸을 보는 것이지 그의 지知(*jnanam*)를 보는 것이 아니다. 따라서 우리가 진인을 알려면 진인이 되어야 한다'고요.

**마:** 진인은 어떤 사람도 무지인으로 보지 않습니다. 그의 견지에서는 모두가 진인일 뿐입니다. 무지한 상태에서는 우리가 자신의 무지를 진인에게 덧씌워 그를 한 사람의 행위자로 착각합니다. 진지(*jnana*)의 상태에서는 진인이 **진아**와 별개의 어떤 것도 보지 않습니다. **진아**는 온통 빛을 발하며, 오로지 순수한 지知입니다. 그래서 그의 견지에서는 어떤 무지도 없습니다. 그런 식의 말이나 덧씌움에 대해서는 한 가지 비유가 있습니다. 친구인 두 사람이 나란히 잠이 들었습니다. 그 중 한 사람은 둘이 같이 먼 여행을 떠나 이상한 경험을 하는 꿈을 꾸었습니다. 깨어나자 그는 친구에게 그 이야기를 들려주면서 그렇지 않았느냐고 물었습니다. 친구는 그냥 그를 조롱하면서 그것은 그의 꿈일 뿐 자기에게는 영향이 없다고 했습니다.

자신의 환적인 관념들을 남에게 덧씌우는 무지인도 그와 마찬가지입니다.

당신의 소년 시절의 무지와 현재의 진지에 관해 스리 바가반이 말씀하셨다: 흔히 이해하는 그런 어떤 지知도 없습니다. 지知와 무지에 대한 보통의 관념은 상대적일 뿐이며 거짓입니다. 그것은 실재하지 않고, 따라서 지속되지 않습니다. 참된 상태는 비이원적 **진아**입니다. 그것은 영원하며, 우리가 그것을 알든 모르든 지속됩니다. 그것은 '목에 걸린 목걸이(*kanthabharana*)'나 '열 번째 사람'과 같습니다.

---

26) *T.* "마음속으로는 비이원성을 간직하되, 결코 행동으로 옮기지는 말라." —「실재사십송 보유」, 제39송. (**대담 458** 참조.)

헌: 다른 사람이 그것을 지적해 줍니다.

마: 그 사람은 외부에 있지 않습니다. 그대는 그 몸을 스승으로 오인합니다. 그러나 스승은 자신을 그렇게 여기지 않습니다. 그는 형상 없는 진아입니다. 그것은 그대의 내면에 있습니다. 그가 밖에서 나타나는 것은 그대를 인도하기 위해서일 뿐입니다.

## 대담 500

헌: 모든 생각이 추방되어 마음이 고요하거나 무無나 공空의 상태에 들어갈 때, '추구자'가 그 '추구 대상'에 대한 직접지각(pratyakshabhava)[예컨대, 망고를 망고로 보는 것]을 얻는 데 필요한 노력의 본질은 무엇입니까?

마: 무無나 공空을 보는 것은 누구입니까? 직접지각(pratyaksha)이 무엇입니까? 망고에 대한 지각을 그대는 직접지각이라고 부릅니까? 그것은 행위(karma)·행위자(karta)·피행위물(karya)의 작용과 관계됩니다. 그래서 그것은 상대적이며, 절대적이지 않습니다. 그대가 지금 한 사물을 보기 때문에, 나중에는[즉, 그것을 더 이상 보지 않을 때는] 아무것도 없다고 말합니다. 그 둘 다 마음의 기능입니다. 그 두 가지 주장의 이면에 있는 것이 직접지각입니다. 감각기관에 의한 직접지각(indriya pratyaksha), 마음에 의한 직접지각(manasa pratyaksha), 그리고 직각直覺에 의한 직접지각(sakshat pratyaksha)[존재 자체를 깨닫는 것]이 있습니다. 마지막 것만이 참됩니다. 다른 지각들은 상대적이며 참되지 않습니다.

헌: 만일 어떤 노력도 필요 없다면, 마음이 공空인 상태가 지속되는 것을 깨달음의 상태라고 할 수 있습니까?

마: 마음이 있는 한 노력이 필요합니다. 공空의 상태는 모든 철학에서 논쟁의 초점이 되어 왔습니다.

헌: 깨달음의 상태 안에 직접지각 같은 것이 있습니까, 아니면 깨달음은 단지 그 영혼의 존재(Sthiti) 자체로서 느껴지거나 체험될 뿐입니까?

마: 직접지각은 존재 자체이지, 느낌 따위가 아닙니다.

헌: 추구자가 자신이 그 추구하던 대상이라는 것을 깨달을 때까지는, 앞에서와 같은 의문들이 그에게 일어납니다.

마: 맞습니다. 그대가 추구자인지 살펴보십시오. 진아는 흔히 '아는 자'로 오인됩니다. 깊은 잠, 즉 무지 속에도 자기가 있지 않습니까? 따라서 진아는 아는

자와 앎을 넘어서 있습니다. 그런 의문들은 마음의 영역 안에 있습니다. 이런 관점에서 이야기할 때의 조언은, 마음을 깨끗이 하라는 것입니다. 라자스와 따마스가 불식되면 사뜨와의 마음만 존재합니다. 그래서 '나'는 사뜨와 안에서 사라집니다(oonadhal kan).27)

지知의 눈(jnana chakshus)은 그것이 여느 감각기관과 같은 하나의 지각기관이라는 의미가 아닙니다. 지知가 곧 눈입니다(Jnanameva chakshuh). 천리안 따위는 지知의 눈이 갖는 기능이 아닙니다. 주체와 대상이 있는 한 그것은 상대적인 앎일 뿐입니다. 진지(jnana)는 상대적인 앎을 넘어서 있습니다. 그것은 절대적입니다.

진아는 주체와 대상의 근원입니다. 지금은 무지가 지배하고 있기에, 주체가 근원으로 여겨집니다. 주체는 아는 자이고 (앎의) 3요소 중 하나인데, 이 3요소의 구성 부분들은 서로 독립하여 존재할 수 없습니다. 따라서 주체, 즉 아는 자는 궁극적 실재일 수 없습니다. 실재는 주체와 대상을 넘어서 있습니다. 깨달았을 때는 아무런 의심의 여지가 없을 것입니다.

"심장의 매듭이 끊어지면 모든 의심이 쉬어진다."

*Bhidyate hridayagranthih, chidyante sarvasamsayah.*28)

그것을 직접지각이라고 하며, 그대가 생각하는 그런 것은 직접지각이 아닙니다. 무지소멸(*avidya nasa*)만이 진아 깨달음입니다. 진아 깨달음은 비유적 표현(*aupacharika*)에 불과합니다. 진아 깨달음은 무지의 제거를 멋있게 표현한 말일 뿐입니다.

### 1938년 7월 12일

**대담 501**

한 젊은 마이소르 사람이 여쭈었다.

**헌:** 저는 어떻게 해서 이 몸을 얻었습니까?

**마:** 그대는 '저'와 '몸'을 이야기합니다. 그 둘 사이에는 관계가 있습니다. 따라서 그대는 그 몸이 아닙니다. 그 질문은 몸에게는 일어나지 않습니다. 몸은

---

27) T. 「실재사십송」, 제21송의 마지막 구절은 "(그를) 본다는 것은 (그에 의해) 먹혀지는 것이라네(*kanaleva noonadhal kan*)."이다. '먹혀지다'가 여기서는 '사라지다'로 옮겨졌다.
28) T. 『문다까 우파니샤드』, 2.2.9.

지각력이 없기 때문입니다. 그대가 몸을 지각하지 못할 때—즉, 깊은 잠이 있습니다. 그때는 그런 질문이 일어나지 않습니다. 그렇기는 하나 그대는 잠 속에서도 있습니다. 지금 그 질문은 누구에게 일어납니까?

헌: 에고입니다.

마: 그렇지요. 몸과 에고는 함께 일어나고 함께 가라앉습니다. 그대가 에고와 연관되지 않을 때가 있는데, 깊은 잠 속에서입니다. 지금은 에고와 연관됩니다. 이 두 상태 중 어느 것이 그대의 진정한 상태입니까? 그대는 잠 속에서도 존재하고, 같은 '그대'가 지금도 존재합니다. 그 의문이 왜 지금은 일어나고, 그때는 일어나지 않습니까? 그것이 에고에게 일어난다는 말은 맞습니다. 그대는 에고가 아닙니다. 에고는 진아와 몸 사이의 매개물입니다. 그대는 진아입니다. 에고의 기원을 찾아내어, 그 질문이 과연 일어나는지 보십시오.

몇 분 뒤에 스리 바가반이 이렇게 덧붙이셨다:

그대의 질문에 대한 답변은—경전에 따르면—몸은 업 때문에 생긴다는 것입니다. 그러면 업은 어떻게 일어났느냐 하는 질문이 나오겠지요. 그것은 "그 이전의 몸에서"라고 말해야 하고, 그런 식으로 끝없이 이어지게 됩니다. 직접적인 공략 방법은, 눈에 보이지 않는 가정에 의존하지 않고 "그것은 누구의 업인가? 혹은 누구의 몸인가?" 하고 묻는 것입니다. 그래서 그런 식으로 제가 답변한 것입니다. 이것이 목적에 더 부합합니다.

## 1938년 8월 14일

**대담 502**

라젠드라 쁘라사드(Rajendra Prasad) 씨와 잠날랄 바자지(Jamnalal Bajaj) 씨가 다른 사람들과 함께 스리 마하르쉬님을 찾아뵈러 왔다.

8월 16일—잠날랄 바자지 씨가 질문했다:

헌: 어떻게 하면 (참된 지성으로) 마음을 꾸준히 올바르게 유지할 수 있습니까?

마: 모든 살아 있는 존재들은 자신의 주위 환경을 의식하며, 따라서 그들 모두에게 지성이 있다고 추정해야 합니다. 그런 한편 인간의 지성과 다른 동물들의 지성 간에는 차이가 있습니다. 왜냐하면 인간은 세계를 있는 그대로 보고 그에 따라 행위할 뿐 아니라, 욕망을 충족하려 하면서 기존의 상황에 만족하지 않기 때문입니다. 인간은 자신의 욕망을 이루려고 애쓰는 가운데 시야를

멀리 폭넓게 확대하지만, 그래도 만족하지 못한 채 돌아섭니다. 그리고 이제 생각하고 추리하기 시작합니다.

행복과 평안이 영구적이기를 바란다는 것은 그런 영구성이 그 자신의 성품 안에 있다는 것을 말해줍니다. 따라서 그는 자신의 성품, 즉 자신의 **진아**를 발견하여 되찾으려고 합니다. 그것을 발견하면 일체를 발견합니다.

그러한 내면적 추구는 인간의 지성으로 얻을 수 있는 길입니다. 지성 그 자체는 부단한 수행 끝에, 자신이 작동될 수 있는 것은 더 **높은 힘**이 있기 때문임을 깨닫습니다. 지성 자체가 그 힘에 도달할 수는 없습니다. 그래서 그것은 어느 단계에 도달한 뒤 작동하기를 그칩니다. 지성이 이처럼 작동하기를 그칠 때, **지고의 힘**은 여전히 홀로 남아 있습니다. 그것이 **깨달음**입니다. 그것이 종국이고, 그것이 목표입니다.

그래서 지성의 목적은 그 자신이 더 **높은 힘**에 의존하고 있다는 것과, 자신은 그 힘에 도달할 수 없다는 것을 깨닫는 것임이 분명합니다. 따라서 지성이 스스로를 절멸시켜야 그 목표가 성취됩니다.

**헌:** 시구 하나를 인용하자면, 이런 의미입니다. "왕국 따위는 원치 않습니다. 오직 제가 **당신**께 영원히 봉사하게 해 주십시오. 거기에 저의 위없는 기쁨이 있습니다." 그게 맞습니까?

**마:** 예. 주체와 별개의 대상[즉, 이원성]이 있는 한 욕망(*kama*)이 일어날 여지가 있습니다. 대상이 없으면 어떤 욕망도 있을 수 없습니다. 무욕의 상태가 해탈(*moksha*)입니다. 잠 속에는 이원성이 없고, 욕망도 없습니다. 반면에 생시의 상태에서는 이원성이 있고 욕망도 있습니다. 이원성 때문에 대상을 얻기 위해 욕망이 일어납니다. 그것이 외향심外向心인데, 이것이 이원성과 욕망의 기초입니다. **지복**이 다름 아닌 **진아**라는 것을 알면 마음이 내면으로 향하게 됩니다. 진아를 얻으면 모든 욕망이 성취됩니다. 그것이 『브리하다라니야까 우파니샤드』에서 말하는 "욕망들이 성취되고, 욕망들이 자기가 되며, 욕망이 없다(*apta kamah atma kamah akamascha*)"[29]는 것입니다. 그것이 해탈입니다.

여기서 잠날랄 바자지가 자신이 (첫 번째 질문에서) 사드붓디(*sadbuddhi*-참된 지성)라고 한 것은 붓디(*buddhi*-지성)와 같은 의미로 한 말이 아님을 분명히 하려고

---

29) *T.* 『브리하다라니야까 우파니샤드』, 4.3.21. "실로 그것이 그의 형상이니, 거기서는 그의 욕망들이 성취되고, 욕망들이 자기가 되며, 그가 욕망에서 벗어나 슬픔이 없다."

했다. 그것은 선한 것, 옳은 것, 그리고 자기가 선택한 길을 고수한다는 의미라는 것이었다. 그는 어떻게 하면 그런 꾸준함을 얻을 수 있는지 알고 싶어 했다.

마: 최고의 목표를 얻는 데 필요한 것은 개인성의 상실입니다. 지성은 개인성과 같은 차원에 있습니다. 개인성의 상실은 좋은 붓디든 나쁜 붓디든 붓디가 사라진 뒤에만 있을 수 있습니다. 따라서 그런 질문은 일어나지 않습니다.

헌: 하지만 우리는 올바른 것을 알고, 올바른 길을 선택하고, 올바른 다르마(의무)를 행하고 그것을 고수해야 합니다. 그렇지 않으면 길을 잃습니다.

마: 올바른 방향을 견지하면서 거기서 벗어나지 않으면 참된 힘이 생깁니다.

헌: 그래도 어려움에 봉착합니다. 어떻게 하면 우리의 길에 가로놓인 장애들을 극복하는 데 필요한 힘을 얻습니까?

마: 헌신과 '진인들과의 친교'에 의해서입니다.

헌: 조금 전에는 개인성의 상실을 해탈의 전제조건이라고 하시더니, 지금은 헌신과 진인들과의 친교(사뜨상가)를 그 방법으로 조언하시는군요. 그런 방법들, 예컨대 "나는 헌신가(bhakta)다", "나는 진인 친교자(satsangi)다"라고 하는 것에는 개인성이 내포되어 있지 않습니까?

마: 그런 방법은 구도자에게 일러주는 것입니다. 그 구도자는 분명히 자신의 개인성을 아직 상실하지 못했습니다. 그렇지 않다면 그 질문이 일어나지 않겠지요. 그 길을 제시하는 것은 그 구도자의 개인성 상실이 일어나게 하기 위한 것입니다. 그래서 그것은 적절합니다.

헌: 스와라지(swaraj-자치, 독립)에 대한 욕망은 올바른 것입니까?

마: 그런 욕망은 분명 자기잇속에서 시작됩니다. 하지만 그 목표를 향한 실천 작업은 점차 시야를 넓혀주어 그 개인이 나라에 합일됩니다. 그러한 개인성의 합일은 바람직하며, 그에 따른 업은 비이기적(nishkama)입니다.

헌: 만약 스와라지가 오랜 투쟁과 끔찍한 희생 끝에 얻어진다면, 그 사람이 그 결과에 기뻐하고 신나하는 것은 온당하지 않은 것입니까?

마: 그는 자기 일을 해나가는 동안 그 자신을 더 높은 힘에 내맡겨야 하고, 그 힘을 명심하여 결코 놓쳐버리지 않아야 합니다. 그러면 어떻게 신나할 수 있겠습니까? 그는 자기 행위의 결과에 상관조차 하지 말아야 합니다. 그럴 때만 그 업이 비이기적인 것이 됩니다.

헌: 어떻게 하면 그 일꾼이 과오를 범하지 않는 올바름을 확보하겠습니까?

마: 만일 그가 자신을 신이나 스승에게 내맡겼다면, 그가 순복한 그 힘이 그를 올바른 길로 데려갈 것입니다. 그 일꾼은 더 이상 그 길의 올바르고 올바르지 않음에 상관할 필요가 없습니다. 그런 의심은 그가 세세한 모든 점까지 스승에게 복종하지 않을 때만 일어나겠지요.

헌: 지구상에는 그것의 헌신자들에게 은총을 하사함으로써, 그들이 강해져서 나라를 위해 일하고 스와라지를 얻을 수 있게 해줄 수 있는 어떤 힘이 있지 않습니까?

(스리 마하르쉬님은 침묵을 지키셨다. 이것은 사실이 그렇다는 것을 의미한다고 당신이 나중에 말씀하셨다.)

헌: 이 땅에 사셨던 고대의 마하트마들이 한 따빠시야(tapasya)가 현 시대의 후예들에게 이익이 되게 작용하지는 않습니까?

마: 작용하지요. 그러나 어느 누구도 자기만이 그 수혜자라고 주장할 수 없다는 사실을 간과하면 안 됩니다. 그 이익은 모두가 똑같이 공유합니다. (말씀을 멈추었다가) 그런 구원의 은총 없이 오늘날의 (정치적) 각성이 일어났겠습니까? (여기서 스리 바가반은 당신이 1896년에 띠루반나말라이에 오기 전에는 인도에 어떤 분명한 정치사상이 없었다고 말씀하셨다. 고작 다다바이 나오로지(Dadabhai Naoroji)가 (식민지 인도의) 의회 의원이 된 것뿐이었다.)

잠시 멈추었다가 잠날랄 바자지가 말했다: 스리 라젠드라 쁘라사드는 이 일을 위해 아주 돈 잘 버는 직업도 희생했을 만큼 나라를 위해 일하는 정말 고귀하고 사심 없는 일꾼입니다. 이 나라는 그를 필요로 합니다. 그런데도 그는 건강이 좋지 않아 늘 몸이 약하고 아픕니다. 이 나라의 이런 고귀한 아들에게 왜 그런 모진 고통이 있어야 합니까?

(스리 마하르쉬님은 자애로운 미소를 지으실 뿐이었다.)

### 1938년 8월 17일

**대담 503**

미국인 신사 J. M. 로리(Lorey) 씨가 아스라맘에 두 달가량 머물렀다. 그가 질문했다: 저는 오늘 밤 떠납니다. 이곳을 억지로 떠나려니 고통스럽습니다. 그러나 미국으로 가야 합니다. 스승님의 메시지를 청합니다. 스승님께서는 저 자신보다도 저를 더 잘 이해하십니다. 그래서 제가 스승님으로부터 떨어져 있을 때 저를 지탱해 줄 어떤 메시지를 주시기를 기원합니다.

**마:** 스승은 그대가 상상하듯이 그대의 밖에 있지 않습니다. 그는 **내면**에 있고, 실은 (그대의) **진아**입니다. 이 진리를 인식하십시오. 그대의 내면을 추구하여 거기서 **그**를 발견하십시오. 그러면 **그**와 부단한 연결을 갖게 될 것입니다. 메시지는 늘 있습니다. 그것은 결코 침묵하지 않습니다. 그것은 결코 그대를 저버릴 수 없습니다. 또한 그대도 결코 **스승**을 벗어날 수 없습니다.

그대의 마음이 밖으로 나가고 있습니다. 그 습 때문에 마음은 대상들을 밖에 있다고 보고, 스승도 그 가운데 하나라고 봅니다. 그러나 **진리**는 다릅니다. 스승은 곧 **진아**입니다. 마음을 내면으로 돌리십시오. 그러면 대상들을 내면에서 발견할 것입니다. 또 **스승**은 바로 그대의 **진아**이고, 그 외에는 아무것도 없다는 것을 깨닫게 될 것입니다.

그대는 자신을 그 몸과 동일시하기 때문에 대상들을 그대의 밖에 있는 것으로 받아들여 왔습니다. 그러나 그대가 몸입니까? 아니지요. 그대는 **진아**입니다. 거기에 모든 대상들과 전 우주가 있습니다. 그 무엇도 **진아**를 벗어날 수 없습니다. 그렇다면 바로 그대의 **진아**인 **스승**에게서 그대가 어떻게 벗어날 수 있습니까? 그대의 몸이 여기저기 옮겨 다닌다고 합시다. 그 몸이 그대 **자신**으로부터 조금이라도 벗어납니까? 마찬가지로, 그대는 결코 **스승** 없이 있을 수 없습니다.

로리 씨는 스승님의 방식에 이미 익숙해져 있었음에도, 그 답변에 놀랐다. 그는 눈에 띄게 감동을 받기까지 했다. 그는 스승님의 은총이 항상 자신과 함께하기를 기원했다.

**스리 바가반:** 스승이 **진아**이므로, 은총은 **진아**와 분리될 수 없습니다.

로리 씨는 뜨거운 열의로 스리 마하르쉬님께 절을 하면서, 자신이 진리를 깨달을 수 있으면 좋겠다고 말했다.

**마:** 그대가 **진아**를 깨닫지 못하고 있는 어떤 순간이 있습니까? 그대가 **진아**와 별개인 때가 있기는 합니까? 그대는 늘 **그것**입니다.

**헌:** 당신께서는 세상에 기쁨과 지복을 발하시는 큰 **스승**이십니다. 당신의 사랑이 실로 무한하여, 당신께서 인간의 형상으로 세상에 머무르시기로 하셨습니다! 그러나 저는, 우리가 반드시 자신의 **진아**를 깨달아야 나라에 도움이 되고 사람들의 지도자가 되는 것인지 알고 싶습니다.

마: 먼저 진아를 깨달으십시오. 그러면 나머지는 따라올 것입니다.

헌: 미국은 지금 산업 분야, 기계공학, 과학적 진보 기타 세간사에서 으뜸가는 나라입니다. 미국이 영적인 삶에서도 같은 수준에 이르겠습니까?

마: 물론이지요. 그렇게 되게 되어 있습니다.

헌: 그렇게 될 거라니 실로 감사한 일입니다! 저는 한 엔지니어링 회사의 파트너입니다. 그러나 그것은 저에게 중대한 관심사가 아닙니다. 저는 영적인 이상을 회사의 일상 업무생활에 도입하려고 애씁니다.

마: 그건 좋습니다. 그대 자신을 더 높은 힘에 내맡기면 모든 일이 잘 될 것입니다. 그 힘이 그대의 일들을 처리해 줍니다. 그대가 일하는 자라고 생각하는 한, 그대는 자신이 한 행위들의 열매를 거두어야 합니다. 반면에 그대 자신을 내맡기고 그대의 개인적 자아를 더 높은 힘의 한 도구로만 인식하면, 그 힘이 그대의 일들을 그 행위의 열매들과 함께 떠맡아 줄 것입니다. 그대는 더 이상 그 행위들에 의해 영향을 받지 않게 되고, 일은 방해받지 않고 진행됩니다. 그대가 그 힘을 인식하든 못하든, 전체 틀은 변하지 않습니다. 단지 (그대의) 소견에 변화가 있을 뿐입니다. 기차를 타고 여행하면서 왜 머리에 짐을 이고 있어야 합니까? 그 짐이 그대의 머리 위에 있든 기차 바닥에 놓여 있든, 기차는 그대와 그 짐을 날라줍니다. 그것을 머리에 이고 있다고 해서 기차의 부담을 덜어주는 것은 아니고, 그대 자신만 불필요하게 힘들어집니다. 개인들이 세상 속의 행위자라는 느낌도 그와 마찬가지입니다.

헌: 저는 20년 넘게 형이상학(상키야 철학, 베단타 철학 등)에 관심을 기울여 왔습니다. 그러나 수많은 사람들이 체험한다고 주장하는 어떤 신기한 체험도 얻지 못했습니다. 저는 투시력·투청력透聽力 등의 어떤 능력도 없습니다. 저는 이 몸 안에 갇혀 있고, 그 이상 아무것도 아니라고 느껴집니다.

마: 맞습니다. 실재는 오직 하나인데 그것이 곧 진아입니다. 그 나머지 모든 것은 그것 안의, 그것의, 그것에 의한 현상들에 불과합니다. 보는 자, 보이는 대상 그리고 봄이 모두 진아일 뿐입니다. 누가 진아를 젖혀두고 보거나 들을 수 있습니까? 어떤 사람을 가까이에서 보거나 듣는 것과, 아주 먼 거리에서 보거나 듣는 것이 무슨 차이가 있습니까? 두 경우 다 시각과 청각 기관이 필요하고, 마찬가지로 마음도 필요합니다. 어느 경우나 그 중의 하나라도 없어서는 안 됩니다. 어떤 식으로든 의존하는 것이 있습니다. 그렇다면 투시력이

나 투청력에 왜 매력을 느껴야 합니까?

　더욱이 얻은 것은 때가 되면 또 잃게 됩니다. 그런 것들은 결코 영구적일 수 없습니다.

　유일하게 영구적인 것은 **실재**입니다. 그리고 **그것**이 **진아**입니다. 그대는 "내가 있다", "내가 가고 있다", "내가 말하고 있다", "내가 일하고 있다" 등으로 말합니다. 그 모두에서 "내가 있다"에 하이픈을 붙여 보십시오. 그러면 "**내가—있다**"입니다. 그것이 상주하는 근본적 **실재**입니다. 이 진리를 신이 모세에게 가르쳤습니다. "나는 **내가 있다**는 것이다." "고요히 있으라. 그리고 **내가—**(있음이) 신임을 알라"고 말입니다. 그래서 "**내가—있다**"가 신입니다.

　그대는 그대가 있다는 것을 압니다. 어느 순간도 그대의 존재성을 부인할 수 없습니다. 그것을 부인하기 위해서는 그대가 있어야 하기 때문입니다. 이것[순수한 존재]은 그대의 마음을 고요히 하면 이해됩니다. 마음은 개인의 외향적 기능입니다. 그것이 내면으로 향해지면, 시간이 가면서 고요해집니다. 그리고 저 "**내가—있다**"만이 지배합니다. "**내가—있다**"가 **진리** 전체입니다.

헌: 답변 전체를 감사하게 생각합니다.
마: 무엇을 감사히 생각할 누가 있습니까?

　심장에 대한 질문이 하나 있었다. 스리 바가반이 말씀하셨다: 오른쪽이니 왼쪽이니 하는 생각은 접어두십시오. 그런 것들은 몸에 속합니다. 심장은 **진아**입니다. 그것을 깨달으십시오. 그러면 그대 스스로 보게 될 것입니다.

　(로리 씨는 스리 바가반께 감사드리고 절을 한 뒤에 물러갔다.)

### 1938년 8월 18일

**대담 504**
한 방문객이 스리 바가반께 스리 오로빈도의 용어인 '상위심上位心(over-mind)'·'초월심(super-mind)'·영靈(Psyche)·신에 대해서 질문했다.
마: 진아, 곧 신을 깨달으십시오. 그런 모든 차별상이 사라질 것입니다.

**대담 505**
바부 라젠드라 쁘라사드가 말했다: 저는 마하트마 간디지의 허락을 얻어 여기 왔는데, 곧 그분께 돌아가야 합니다. 스리 바가반께서는 그분을 위한 어떤 메

제3권　583

시지를 저에게 주실 수 있으신지요?

**마:** 진아의 힘(*adhyatma sakti*)이 그분의 내면에서 작용하여 그분을 이끌어 가고 있습니다. 그걸로 족하지요. 더 이상 무엇이 필요합니까?

### 1938년 8월 19일

**대담 506**

「실재지(*Sad Vidya*)」(「실재사십송」의 한 번역본)의 서두 연을 설명하면서 스리 바가반이 말씀하셨다: **사뜨**(*Sat*)[존재]가 **찌뜨**(*Chit*)[절대지]이고, **찌뜨**가 **사뜨**입니다. 존재하는 것은 오직 하나입니다. 그렇지 않으면 세계에 대한 지知와 자기 자신의 존재에 대한 지知가 불가능하겠지요. 그것은 존재와 앎 둘 다를 의미합니다. 그러나 그 둘 다 똑같은 하나입니다. 반면에 그것이 **사뜨**일 뿐이고 **찌뜨**가 아니라면, 그런 **사뜨**는 지각력 없는 것(*jada*)에 불과하겠지요. 그것을 알기 위해서는 다른 **찌뜨**가 필요할 것입니다. **사뜨** 아닌 그런 **찌뜨**는 있을 수 없지만, 그런 것이 있어야 합니다. 이제 (그런) **찌뜨**를 **사뜨**에게 가져가면, **사뜨**가 지각력이 없으므로 **찌뜨**도 지각력이 없게 되는데, 이것은 말이 안 됩니다. 또 그것을 알려면 다른 **찌뜨**가 필요하고, 그것도 말이 되지 않습니다.

따라서 **사뜨**와 **찌뜨**는 똑같은 하나일 뿐입니다.

### 1938년 8월 22일

**대담 507**

동료 한 사람과 함께 방갈로르에서 온 한 아리야 사마즈 회원(Arya Samajist)[30]이 스리 마하르쉬님을 방문했다. 그가 질문했다: 요가 수행은 어떤 효용이 있습니까? 그것은 개인적 효용을 위한 것입니까, 아니면 보편적 이익을 위한 것입니까?

**마:** 요가는 두 개체의 결합을 뜻합니다. 그 개체들이 무엇입니까? 탐구해 보십시오. 효용이나 이익은 어떤 중심과 관련하여 있습니다. 그것이 무엇입니까? 탐구해 보십시오.

**헌:** 카스트의 구별이 있어야 합니까?

---

[30] *T.* Arya Samaj('귀족회')는 인도에 대한 서구적 영향에 반발하여 북인도에서 일어난 힌두 사회 개혁 운동으로, 스와미 다야난다(Swami Dayananda, 1824-1883)가 창설했다.

마: 그런 구별을 보는 것이 누구입니까? 그것을 찾아내십시오.

헌: 제가 보기에 이 아스라맘에서는 그것(카스트 구별)이 지켜집니다. 아마 여기서는 스리 바가반의 승인 없이 다른 사람들이 그것을 준수하겠지요.

마: 다른 사람들 등을 이야기하는 그대는 누구입니까? 그대는 깊은 잠 속에서 다른 사람들을 보았습니까?

헌: 저는 여기에서(생시의 상태에서) 개인성입니다. 잠 속에서는 제가 남들을 보지 못할지 모르지만, 지금은 그들을 봅니다.

마: 분명히 보지요. 그러나 지금 보는 자와 잠 속에서 보지 못한 자는 그대일 뿐입니다. 같은 개인입니다. 왜 지금은 차별상을 보면서 문제를 느낍니까? 잠들어 있을 때처럼 있으십시오.

헌: 그럴 수가 없습니다. 지금은 제가 그것을 보지만 잠 속에서는 보지 못합니다. 그렇다고 해서 존재하는 상황이 달라지지는 않습니다.

마: 그 대상들은 그 주체 없이도 존재합니까?

헌: 그것들의 존재성은 그 주체와 독립되어 있습니다.

마: 그대가 그것들이 존재한다고 말합니까, 아니면 그것들이 와서 그대에게 자기들이 존재한다고 선언합니까?

헌: 제가 그것들이 존재한다는 것을 압니다.

마: 따라서 그것은 그것들에 대한 그대의 앎일 뿐입니다. 그것들의 존재성은 절대적이지 않습니다.

헌: 설사 제가 모른다 해도 그것들은 계속 존재할 것입니다.

마: 그대가 그것들을 모르는데 그것들이 존재한다고 주장합니까? (웃음).

헌: 브라만은 모두에게 평등합니다. 거기서는 어떤 구별도 있을 수 없습니다. 카스트 구별은 최고의 원리에 배치됩니다.

마: 왜 브라만을 끌어들입니까? 그는 아무 불만이 없습니다. 불만이 있는 자에게 그 문제를 추구하라 하십시오.

헌: 당신께서는 **마하트마**이십니다. 카스트를 인정하실 리가 없습니다. 그러나 여기 사람들은 왜 그런 구별을 강제합니까?

마: 제가 언제 진인이나 **마하트마**라고 했습니까? 그대 자신이 그런 말을 하고 있지요. 저는 이 카스트 문제에 대해서도 불평하지 않았습니다.

헌: **지고아**(*Paramatma*)는 모두에게서 동일합니다.

마: 왜 그런 온갖 이름들을 도입합니까? 그런 것들은 스스로 알아서 할 수 있습니다. 그대의 도움을 필요로 하지 않습니다.
헌: 마하트마 간디께서도 평등을 인정하시고 ….
마: 간디는 여기 없습니다.
헌: 오로빈도는 카스트를 승인하지 않습니다. 당신께서는 승인하십니까?
마: 오로빈도로 말하면, 그에게 물어보십시오. 제 의견으로 말하면, 그것이 왜 그대에게 중요합니까? 그것이 그대에게 무슨 소용 있겠습니까? 그대는 그 문제에 대해 어떤 의견을 가졌습니까? 그 의견만이 그대에게 영향을 주지, 남들의 의견은 그렇지 않지요.
헌: 저는 카스트 제도를 승인하지 않습니다. **마하트마**의 의견은 하나의 지침으로서 가치가 있습니다. 저는 제 노력에 당신의 축복을 원합니다.
마: **마하트마**가 그대의 **진아**를 찾으라고 말했습니다. 그대는 그렇게 하지 않을 거면서 그의 축복을 바라는군요.
헌: 저는 그 가르침을 따르려고 노력하고 있습니다. 그러나 카스트 구별이 고통스럽습니다. 그것은 사라져야 합니다.
마: 그것이 누구에게 고통을 야기합니까?
헌: 사회의 구성원들은 ….
마: 그 말을 하는 것은 그대입니다. 그런 카스트 구별이 없는 나라들이 있습니다. 그런 나라들은 문제가 없습니까? 전쟁·동족상잔 등이 있습니다. 왜 그대는 그런 나라에서 악을 바로잡지 않습니까?
헌: 여기(인도)에도 문제들이 있습니다.
마: 차별상은 늘 있습니다. 인간들만 있는 것이 아니라 동물·식물 등도 있습니다. 그런 상황은 피할 수 없습니다.
헌: 현재로서는 저희가 동물 등은 신경 쓰지 않습니다.
마: 왜 안 씁니까? 만일 그들이 말을 할 수 있다면 그대와 평등하다고 주장할 것이고, 인간들 못지않게 강력히 그대의 주장들을 논박할 것입니다.
헌: 그러나 어쩔 수 없습니다. 그것은 신의 일입니다.
마: 그것이 신의 일이라면 나머지 부분은 그대의 일이군요. 그렇습니까?
헌: 그것(카스트 구별)은 인위적인 구별입니다.
마: 그런 구별에 주목할 필요가 없습니다. 세계에는 다양성이 있습니다. 하나

의 단일성이 그 다양성을 관통합니다. 진아는 모두에게서 동일합니다. 영靈에서는 아무 차별이 없습니다. 모든 차별상은 외부적이고 피상적입니다. 그 단일성을 알아내어 행복해지십시오.

다양성의 고통은 단일성을 지각하는 기쁨에 의해 극복됩니다. 더욱이 왕이 하인으로 변장할 수도 있습니다. 그러나 그 사람에게는 아무 차이가 없습니다.
헌: 차별상에는 반대하지 않습니다. 그러나 우월하다는 주장은 잘못입니다.
마: 우리 몸의 팔다리는 차별이 있습니다. 손이 발을 만진다고 손이 더러워지지 않습니다. 팔다리는 각기 제 기능을 수행합니다. 차별상에 왜 반대합니까?
헌: 사람들은 카스트 구별이 불의라고 느낍니다. 그것은 근절되어야 합니다.
마: 그대는 그런 구별이 지각되지 않는 행복한 상태에 개인적으로 도달할 수 있습니다. 어떻게 그대가 세상을 개혁하기를 바랄 수 있습니까? 설사 애를 쓴다 해도 성공하지 못합니다. 까비야깐타 가나빠띠 샤스뜨리(가나빠띠 무니)는 하리잔(Harijans-불가촉천민)들에게 진언을 전수하여 그들을 브라민으로 만들어 주겠다고 했습니다. 그러나 하리잔들이 그 제안을 선뜻 받아들이지 않았습니다. 그것은 그들 자신이 열등감에 시달리고 있다는 것을 보여줍니다. 먼저 그 열등감을 없앤 뒤에 남들을 개혁해 보십시오.

더욱이 왜 그대는 그런 구별을 준수하는 곳들을 다니면서 고통을 자초합니까? 왜 그런 것을 준수하지 않는 데로 가서 거기서 행복해지지 않습니까?

간디지도 평등을 실현하려고 애쓰고 있습니다. 그분도 하층 계급을 사로잡고 있는 열등감의 장벽에 맞서고 있습니다. 그분도 자신의 견해를 남들에게 강요하지는 못합니다. 그분은 비폭력을 준수합니다. 그래서 문제는 그대로 남아 있습니다.
헌: 저희는 카스트 구별을 말소하기 위해 일해야 합니다.
마: 그러면 그렇게 하십시오. 만일 세상에서 성공하면, 이곳(아스람)에서도 그 구별이 지속되는지 보십시오.
헌: 이곳이 제가 그 개혁을 실현하고 싶은 첫 번째 장소입니다.
마: 개혁을 실현하려고 왜 그렇게 애를 많이 씁니까? 잠이 들어서 차별상이 있는지 보십시오. 거기서는 아무 애씀 없이 차별상을 말소하지요. (웃음.)

## 1938년 8월 24일

**대담 508**

한 인도인 문관 공무원이 몇 시간 동안 회당에 있었다. 그가 질문했다: 비폭력(*ahimsa*)이 세상의 전쟁들을 종식시킬 수 있습니까?

   스리 바가반은 답변하지 않으셨고, 저녁 산책을 나가실 시간이 되었다. 다음 날 다른 사람이 그 질문을 되풀이하자, 스리 바가반이 말씀하셨다: 그 질문은 답변을 내포하고 있습니다. 완전한 비폭력 상태에서는 어떤 전쟁도 있을 수 없다는 것이 분명합니다.

## 1938년 8월 26일

**대담 509**

맥키버 씨가 스리 바가반과 면담하고 전수(*diksha*)에 대해서 이야기했다.

   스리 바가반이 물으셨다: 이 전수가 무엇입니까?

   잠시 멈추었다가 당신이 말씀을 계속하셨다: 전수에는 말로 하는 것, 바라보는 것, 접촉하는 것 등 여러 가지가 있습니다.

**헌**: 바가반의 전수는 침묵전수(*mowna diksha*)입니다. 그렇지 않습니까?

**마**: 그렇지요. 이것은 최고 형태의 전수입니다.

**헌**: 그것은 탐구의 길(*vichara marga*)에만 해당됩니까?

**마**: 모든 길이 탐구의 길 안에 포함됩니다.

**헌**: 예, 그러나 우리가 그 길들이 별개라고 여기기를 원하면, 그 말씀이 해당되지 않을 것입니다. 해당될까요?

**마**: 안 되지요.

**헌**: 가령 우리가 깨달음에 이르는 보조수단들이 필요하다고 느낀다면, 그런 것은 부수적인 길들에 속한다고 봐야 할 것입니다. 그렇지 않습니까?

**마**: 그렇지요.

**헌**: 그리고 그런 길들에는 다른 전수 방법이 필요할 것입니다.

**마**: 그렇지요.

**헌**: 여기서 또 다른 질문이 일어납니다. 제가 바가반의 발아래 있는 한, 저는 충실한 기독교인이라고 할 수 없습니다.

   스리 바가반이 말을 자르면서, 그것이 바로 기독교의 핵심이라고 말씀하셨다.

헌: 예, 그러나 현재의 교회 대표자들이 보기에는 그렇지 않습니다. 따라서 저는 더 이상 교회 쪽의 도움을 바랄 수 없습니다. 제가 (기독교 아닌) 다른 쪽을 바라봐도 된다고 바가반께서 허락해 주시는 겁니까?

마: 그것은 그대에게 달렸습니다.

잠시 멈추었다가 스리 바가반은, 이곳에 오는 사람들은 어떤 불가사의한 힘에 이끌려 오는데, 그 힘이 그들에게 필요한 것을 돌봐줄 것이라는 취지의 말씀을 하셨다. 대화는 사실상 이것으로 끝났다.

## 1938년 9월 7일

**대담 510**

T. K. S. 아이어 씨가 내적기관을 다음과 같이 다섯 가지로 나눈 어느 책의 한 구절을 낭독했다. (1) 울람(*Ullam*-심장 또는 의식), (2) 마음(*manas*), (3) 지성(*buddhi*), (4) 기억(*chittam*), (5) 에고(*ahankar*).

스리 바가반이 말씀하셨다: 네 가지로 나누는 것이 보통이지요. 다섯 번째 항목인 울람은 다섯 가지 원리(*tattvas*)에 상응하여 도입된 것입니다. 그래서,

(1) 울람[의식]은 두개골에서 이마에 이르는 허공 원리(*akasa tattva*)이고,

(2) 마나스[마음]는 이마에서 목에 이르는 공기 원리(*vayu tattva*)입니다.

(3) 붓디[지성]는 목에서 심장에 이르는 불 원리(*agni tattva*)이고,

(4) 찌따[기억]는 심장에서 배꼽에 이르는 물 원리(*jala tattva*)이며,

(5) 아항까르[에고]는 배꼽에서 미저골에 이르는 흙 원리(*prithvi tattva*)입니다.

울람은 이처럼 순수한 마음 혹은 순수한 존재 상태의 마음, 즉 모든 생각이 탈각된 마음입니다. 그것은 생각이 들끓지 않는 마음의 무변제無邊際에 상응하는 마음의 허공입니다. 사람이 잠에서 깨어나면 머리가 일으켜지고, 자각의 빛이 있습니다. 이 빛은 심장 안에 이미 있던 것으로, 나중에 두뇌 안에서 반사되어 의식으로 나타납니다. 그러나 아항까르가 개입할 때까지는 이것이 특정화되지 않습니다. 차별화되지 않은 상태의 그것은 우주적입니다[우주적 마음 혹은 우주적 의식]. 이 상태는 보통 미세한 시간 간격 동안 지속되며 알아차리지 못하는 사이에 지나갑니다. 그것이 에고의 개입에 의해 특정화되거나 차별화되면 그 사람이 '나'라고 말하는데, 이 '나'는 늘 하나의 개체[여기서는 몸]와 연관됩니다. 그래서 몸이 '나'로 인식되고, 다른 모든 것이 뒤따릅니다.

울람은 반사된 빛일 뿐이기 때문에 그것을 달이라고 합니다. 원래의 빛은 심장 안에 있는데, 그것은 해라고 합니다.

## 1938년 9월 9일

### 대담 511

채드윅 소령이 "나 까르마나 나 쁘라자야 …(*Na karmana na prajaya*…)" 구절을 영어로 옮겨 둔 것이 있었다. 스리 바가반은 그 의미를 이렇게 설명해 주셨다: '브라마 세계(*Brahmaloka*)'는 주관적으로 해석할 수도 있고 객관적으로 해석할 수도 있습니다. 후자의 의미는 그런 세계(*lokas*)를 이야기하는 경전들에 대한 믿음을 요하는 반면, 전자의 의미는 순전히 체험적이며 어떤 외부적 권위도 요하지 않습니다. (이 경우) 브라마 세계는 브라만에 대한 지知(*Brahma jnana*), 곧 진아 깨달음(*Atma-Sakshatkara*)를 뜻하겠지요. '빠라안따깔라(*parantakala*-최종적인 해체의 때)'는 '아빠라안따깔라(*aparantakala*-최종적이지 않은 해체의 때)에 반대됩니다. 후자에서는 개아들이 망각에 빠져 다른 몸을 받습니다. 그들의 망각은 무지에 싸여 있습니다. 빠라(*Para*)는 몸을 넘어선 것입니다. 빠라안따깔라는 몸 등을 넘어선 초월 상태, 즉 지知(*jnana*)입니다. '빠라암리따뜨(*paramritat*)'는 '쁘라끄리 떼히(*prakriteh*)', 곧 '쁘라끄리띠를 넘어서'입니다. '싸르웨(*sarve*-모두)'는 모두가 지知와 해탈을 얻을 자격이 있다는 의미를 내포하고, '야따야하(*yatayah*)'는 '규율이 잘 잡혀 있는 선한 사람들(*yama niyama sametah sat purushah*)'이라는 뜻입니다. 이 구절 전체는 비실재를 넘어서 실재 속으로 들어간다는 의미를 갖습니다.

*Na karmana na prajaya dhanena tyagenaike amrita tvamanasuh*
   *parena nakam nihitam guhayam, vibhrajate yadyatayo visanti.*
*Vedanta vijnana sunishchitarthah sanyasa yogadyatayah shuddha satvah*
   *te brahmaloke tu parantakale paramritat parimuchyanti sarve.*
*Dahram vipapam paravesmabhutum yat pundarikam puramadhya samstham*
   *tatrapi dahram gaganam visokastasmin yad antas tad upasitavyam.*
*Yo vedadau svarah prokto vedante cha pratishtitah*
   *tasya prakritilinasya yah parah sa Mahesvarah.*

"행위나 자식 보기 혹은 부富를 통해서는 불멸을 얻을 수 없다. 그것은 포기를 통해서만 얻는다. 천상보다도 높고 심장 안에서 홀로 빛나는 그 사뜨(Sat)를 (감각 기관을 정복한) 현자들은 성취한다.

베단타에서 선언하는 특별한 지知로써 진리의 확실성을 알았고, 포기와 일념 집중이 결합되어 가슴이 순수해진 사람들은, 몸이 해체될 때 브라마 세계 안에서 원인적인 마야로부터 완전히 해방된다.

연꽃심장 안에서, 곧 몸의 (내적인) 중핵 안에 있는 오점 없는 지고자의 작은 자리에서, 슬픔 없는 작은 허공(Akasa)으로서 빛나는 그것이야말로 숭배할 가치가 있다.

'베다의 시작이자 끝이며, 그 안으로 창조의 원인이 합일되는' 원초적 말씀을 넘어서 있는, 그분만이 지고의 하느님이시다."31)

T. K. S. 아이어 씨가 나중에 '해탈자들의 세계(muktaloka)'에 대해 뭔가를 여쭈었다. 스리 바가반은 그것이 브라마 세계와 같은 의미라고 말씀하셨다.

헌: 그런 세계를 얻으려면 원초신原初身(pranava tanu)이나 청정신淸淨身(suddha tanu)과 같은 어떤 미세한 몸(sukshma tanu)이 필요합니까?32)

마: 쁘라나바(pranava-'옴')는 진정한 염송을 뜻합니다. 그러나 그것은 아(A)·우(U)·음(M), 나다(Nada-소리)와 빈두(Bindu)로 해석됩니다. 이 중에서 처음 세 가지는 비슈와(Visva)·따이자사(Taijasa)·쁘라냐(Prajna) 그리고 비라뜨(Virat)·히라냐가르바(Hiranyagarbha)·이스와라(Isvara)에 상응하고, 나다와 빈두는 생기(prana)와 마음(manas)에 상응합니다.33)

『만두끼야 우파니샤드』에서는 이 세 가지 마뜨라(matras-음절)와 네 번째 마뜨라(turiya matra)를 이야기합니다.34) 그 최종적 의미는 그것이 실재하는 상태

---

31) T. '나 까르마냐'는 라마나스라맘의 베다 빠라야나(Veda Parayana) 때 맨 끝에 찬송하는 것이다. 그 출처는 『마하나라야나 우파니샤드(Mahanarayana Upanishad)』, 12.14-17이다.
32) T. 원초신은 몸 형상이 일순간 지수화풍의 기본 원소 상태로 돌아가서 보이지 않게 되는 몸이며, 청정신은 거친 물질의 차원을 넘어선 극히 순수한 상태의 몸이다.
33) T. 비슈와·따이자사·쁘라냐는 의식의 세 가지 상태(생시·꿈·깊은 잠) 혹은 그런 상태의 자아를 뜻한다. 비라뜨와 히라냐가르바는 439쪽의 주 78), 79) 참조. 이스와라는 여기서 절대자, 곧 빠라 브라만을 나타낸다. 나다와 빈두는 대담 70 참조.
34) T. 세 가지 음(matra) 'A', 'U', 'M'은 한데 모여 '옴'(Aum)이 된다. 『만두끼야 우파니샤드』에서는 이것을 비슈와·따이자사·쁘라냐와 함께 생시·꿈·잠의 상태에 대응시킨다. 가우다빠다의 주석에 따르면 네 번째 음절은 소리 없는 '옴'이며, 세 가지 상태를 넘어선 비이원적 실재(아뜨만)이다.

를 나타낸다는 것입니다.

계속된 질문에 대해 스리 바가반은 이렇게 답변하셨다: 다섯 단어로 된 큰 말씀들(*panchapada mahavakyani*)이 있다고 합니다. 예를 들면 "땃 뜨왐 아시 아띠 니잠(*tat tvam asi ati nijam*)"["'그대가 그것이다'는 위대한 진리다"]이 있습니다. 첫 세 단어는 각기 함축된 의미(*lakshya artha*)가 있는데, 그 모두는 단 하나의 진리를 의미할 뿐입니다. 존재하지도 않는 무지를 뿌리 뽑기 위해 많은 노력과 수많은 규율이 필요하다고 하지요!

### 1938년 9월 11일

### 대담 512

스리 바가반이 말씀하셨다: 다들 심의식心意識(mind-consciousness-의식으로서의 마음)을 진아의식(Self-consciousness)으로 착각합니다. 깊은 잠 속에서는 마음이 없지만, 누구도 자신이 잠 속에 존재함을 부인하지 않습니다. 어린아이도 깨어나면 "잘 잤다"고 말하고, 자신의 존재성을 부인하지 않습니다. '나'가 일어나면 마음이 오관을 통해 바깥을 향하고 대상들을 지각하는데, 이것을 그들은 직접지각이라고 부릅니다. (대상들이 아니라) '나'가 직접 지각되는 것 아니냐고 물으면 그들은 헷갈려합니다. 왜냐하면 '나'는 하나의 대상으로 앞에 나서지 않는데, 그들은 감각기관에 의한 지각만을 앎이라고 인식하기 때문입니다. 그들에게는 이런 습관이 아주 강합니다. 『떼바람(*Thevaram*)』35)에 이런 시구가 있습니다. "오, 모든 불행을 극복하는 데 열심인 현자들은 추론과 실례들36)에 대해서는 걱정하지 않는다네! 우리의 빛은 내면에서 항상 빛을 발하고 있다네! 명료한 마음으로 신 안에서 살아가라!"

이것이 직접지각입니다. 보통 사람들이 그것을 인정하겠습니까? 그들은 신이 황소를 탄 어떤 밝은 존재로 자기 앞에 나타나기를 원합니다.37) 그런 환영은 한 번 일어났다 해도 끝이 있을 수밖에 없습니다. 따라서 그것은 일시적입니다. 『떼바람』에서는 **영원하고 항상 체험되는 존재**를 이야기합니다. 이 『떼바람』은 우리를 실재로 곧장 데려갑니다.

---

35) T. 성자 아빠르의 시바에 대한 찬가를 모은 책. 12권으로 된 『띠루무라이』의 4~6권에 해당한다.
36) T. 추론과 그것을 뒷받침하는 사례들. 즉, 철학적 논변을 가리킨다.
37) T. 시바는 황소 난디(Nandi)를 타고 다니는 것으로 알려져 있다.

## 1938년 9월 16일

**대담 513**

채드윅 소령은 그 진언('나 까르마나')을 자신이 운문체로 옮긴 것을 다시 스리 바가반께 읽어보시라고 드렸다. 스리 바가반은 논주論主(Bhashyakara-주석자, 곧 채드윅 소령)의 해석에 대해 부드럽게 이야기하셨고, 그것을 더 설명해 주셨다: 브라마 세계를 하나의 영역으로 보는 것도 용납될 수 있지요. 그것이 바로 뿌라나 학자들이 말하는 것이고, 다른 많은 학파들도 점진해탈漸進解脫(kramamukti)을 설하면서 그런 의미를 내포시킵니다. 그러나 우파니샤드에서는 즉시해탈卽時解脫(sadyomukti)을 이야기합니다. "쁘라나는 올라가지 않는다. 그것은 여기서 사라진다(Na tasya prana utkramanti; ihaiva praliyante)"[38]처럼 말입니다. 그래서 브라마 세계란 곧 브라만 깨달음(Brahmasakshatkara)이 되겠지요. 그것은 하나의 상태이지 영역이 아닙니다. 후자의 경우 빠라암리따뜨(paramritat)를 제대로 이해해야 합니다. 아비야끄리따(avyakrita)[39]가 우주를 초월하는 원인적 에너지인 암리따(amrita-불사의 감로)인 한, 그것은 빠라입니다. 왜냐하면 진아를 깨달을 때까지는 그것이 지속되기 때문입니다. 그래서 빠라암리따뜨는 아비야끄리따를 의미할 것입니다. 점진해탈파는 말하기를, 명상자는 (죽어서) 자신의 애호신(Ishta Devata)의 영역으로 가는데, 그에게는 그것이 브라마 세계라고 합니다. 다른 모든 세계(lokas)로 가는 영혼들은 돌아와 다시 태어나지만, 브라마 세계를 얻은 영혼들은 그렇지 않다고 합니다. 더욱이 어떤 특정한 세계를 욕망하는 이들은 적절한 방법으로 그 세계를 얻을 수 있다고 합니다. 반면에 그 사람에게 어떤 욕망이 남아 있는 한 브라마 세계는 얻지 못합니다. 무욕만이 그 세계를 안겨줄 것입니다. 무욕이란, 그에게 환생의 유인誘因이 없다는 의미입니다.

　브라마의 나이는 사실상 한량없습니다. (그러나) 그 세계를 주재하는 신(인격신 브라마)은 유한한 수명을 가지고 있다고 합니다. 그가 죽으면 그의 세계도 해체되는데, 그와 동시에 함께 살던 중생들은 진아 깨달음 이전에 가지고 있던 개인적 의식의 성품들이 서로 달라도 그에 관계없이 해탈합니다.

　점진해탈파는 즉시해탈이라는 관념에 반대합니다. 왜냐하면 진인은 저 무지가 사라짐과 동시에 몸-의식을 상실한다고 생각되지만, 그 몸 안에서 계속 살

---

38) T. 『수발라 우파니샤드(Subala Upanishad)』, 3.1. 쁘라나는 위로 올라가는 생명기운이다.
39) T. 만물이 여기서 창조되어 나오는 원초적 본체. 창조주 브라마의 본체와 하나로 간주된다.

아가기 때문입니다. 그들은 "마음 없이 그 몸이 어떻게 기능한단 말인가?" 하고 묻습니다. 그 답변은 다소 정교한데, 이렇습니다.

"지知는 무지와 양립 불가능한 것이 아니다. 왜냐하면 순수한 상태의 **진아**는 잠 속에서 무지의 씨앗(ajnana bija)과 함께 남아 있기 때문이다. 그러나 그 양립 불가능은 생시와 꿈의 상태에서만 일어난다. 무지에는 두 측면이 있는데, 은폐(avarana)와 투사(vikshepa)가 그것이다. 이 중에서 은폐는 **진리**를 가리는 베일을 의미한다. 잠 속에서 그것이 지배한다. 투사는 다른 시간대(생시와 꿈)의 활동이다. 이것이 다양성을 일으키고 생시의 꿈의 상태를 지배한다. 만일 그 베일, 즉 은폐가 걷히면 **진리**가 지각된다. 진인에게서는 그것이 걷히고, 그래서 그의 원인신原因身(karana sarira)도 사라진다. 그에게는 투사만 지속된다. 그렇기는 하나 진인에게는 그것이 무지인의 경우와 다르다. 무지인은 온갖 종류의 원습, 즉 행위자 관념(kartritva)과 향유자 관념(bhoktritva)을 가지고 있는 반면, 진인은 더 이상 행위자(karta)가 아니다. 그래서 그에게는 단 한 가지 원습만 존재하고, 그것도 아주 약해서 그를 압도하지 못한다. 왜냐하면 그는 늘 **진아**의 **사뜨-찌뜨-아난다**(Sat-Chit-Ananda)인 성품을 자각하고 있기 때문이다. 진인의 마음에 남아 있는 것은 엷은 향유자 관념의 습(bhoktritva vasana)뿐이고, 그래서 그가 몸 안에서 살아 있는 것처럼 보이는 것이다."

이 설명을 그 진언에 적용시키면 이렇게 됩니다. "한 진인이 그의 원인신을 소멸시키면, 조대신粗大身(sthula sarira-거친 몸)은 그에게 아무 영향을 줄 수 없고 실제적인 모든 면에서도 소멸된다. 미세신(sukshma sarira)만 남는다. 그것을 다른 말로 경과신經過身(ativahika sarira-과도적으로 거쳐 가는 몸)이라고 한다. 모든 사람이 육신을 포기한 뒤에 붙드는 것이 바로 이것이다. 그리고 그들은 이것을 가지고 다른 세계들로 옮겨가서 결국 또 다른 적합한 육신을 얻게 된다. 진인은 이 미세신을 가지고 **브라마 세계** 안을 다닌다고 생각된다. 그러다가 그것도 해체되면 그는 최종적 **해탈**로 들어간다."

이런 설명 전체가 그렇게 보는 사람을 위한 것일 뿐입니다. 진인 자신은 결코 그런 물음을 제기하지 않습니다. 그는 자신이 어떤 한계에 의해서도 속박되지 않는다는 것을 자신의 체험으로 압니다.

헌: 앞의 설명에 따를 때, '최종적 해탈'이란 무엇입니까?

마: 경과신 혹은 미세신은 사람이 막 잠에서 깨어난 뒤 에고가 일어나기 전에

경험하는 그 순수한 빛에 상응합니다. 그것이 우주 의식입니다. 그것은 **심장**에서 반사된 **빛**에 지나지 않습니다. 그 반사가 그치고 **심장** 안에서 그 **원래의 빛**으로 안주할 때, 그것이 최종적 해탈입니다.

**헌**: 그러나 『요가 바쉬슈타』에서는 생전해탈자의 마음(chitta)은 부동不動(achala)이라고 합니다.

**마**: 그야 그렇지요. 부동심(achala chitta)은 청정심(suddha manas)과 같습니다. 진인의 마음은 청정심이라고 합니다. 『요가 바쉬슈타』는 또한 브라만이 진인의 마음과 다르지 않다고 합니다. 따라서 브라만은 청정심일 뿐입니다.

**헌**: 브라만을 사뜨-찌뜨-아난다로 묘사하는 것은 이 청정심과 어울리겠습니까? 왜냐하면 이것(청정심)도 최종적 해탈에서는 소멸될 테니까 말입니다.

**마**: 만약 청정심을 인정한다면, 진인이 체험하는 **지복**도 반사된다는 것을 인정해야 합니다. 이 반사는 최종적으로 그 **원물**에 합일되어야 합니다. 따라서 생전해탈의 상태는 티끌 하나 없는 거울이 역시 티끌 하나 없는 다른 거울에 반사되는 것에 비유됩니다. 그런 반사에서는 무엇이 발견되겠습니까? 순수한 **허공**입니다. 마찬가지로, 진인의 반사된 **지복**은 참된 **지복**을 나타낼 뿐입니다.

이런 것은 말에 지나지 않습니다. 사람이 내향화(antarmukhi)되는 것으로 족합니다. 안으로 향한 마음에게는 경전이 필요치 않습니다. 경전은 그 나머지 마음들을 위한 것입니다.

## 대담 514

상주 헌신자인 맥키버 씨가 스리 바가반께, 어떤 스승이 스위스에서 자신을 초청하는데 가도 되겠느냐고 여쭈었다. 스리 바가반이 말씀하셨다: 어떤 힘이 그를 여기로 오게 했고, 같은 **힘**이 그를 유럽으로 데려가는군요. 세계란 마음의 한 투사물일 뿐이며, 마음은 **진아** 안에 있다는 것을 늘 기억하라 하십시오. 몸이 어디로 움직이든 마음이 제어되고 있어야 합니다. 몸은 움직여도 **진아**는 움직이지 않습니다. 세계는 **진아** 안에 있다, 그게 전부지요.

1938년 9월 17일

## 대담 515

**헌**: 어제 해주신 설명에서, 은폐를 제거하면 원인신이 절멸된다고 하셨습니다.

그것은 분명합니다. 그런데 어떻게 조대신이 떨어져 나간다고 봐야 합니까?

마: 원습에는 두 가지가 있는데 속박인因과 향유인因이 그것입니다. 진인은 에고를 초월했고, 따라서 속박의 모든 원인이 작동하지 않습니다. 이처럼 속박인은 종식되었고, 발현업은 향유원습(bhoga vasana)으로서만 남아 있습니다. 그래서 진지를 얻은 뒤에는 미세신만 살아남는다고 한 것입니다. 『해탈정수』에서는 진지가 일어남과 동시에 누적업(sanchita karma)이 소멸되고, 속박의 느낌이 없기 때문에 미래업이 작동하지 않으며, 발현업은 향유에 의해서만 소진될 거라고 합니다. 그래서 발현업은 때가 되면 끝이 날 것이고, 그때는 조대신도 그와 함께 떨어져 나갑니다.

세 가지 몸(sarira traya)과 세 가지 업(karma traya)은 논쟁자들의 구미에 맞추기 위한 어구들에 불과합니다. 진인은 그 어느 것에도 영향을 받지 않습니다.

구도자는 자신이 누구인지 발견하라는 가르침을 듣습니다. 만약 그렇게 하면 앞에서와 같은 문제들을 논의하는 데 관심을 갖지 않게 될 것입니다. **진아**를 발견하고 **평안** 속에서 쉬십시오.

### 1938년 9월 22일

**대담 516**

"세계는 실재합니까, 실재하지 않습니까? 왜냐하면 비이원론자들 자신들이 둘 다를 주장하니까요"라는 질문이 나왔다. 스리 바가반은 세계를 진아와 별개로 보면 실재하지 않고, 진아로 보면 실재한다고 말씀하셨다.

### 1938년 9월 25일

**대담 517**

『요가 바쉬슈타』의 두 연(slokas)에서 심령술을 낯선 땅(mlechcha desa-異邦)이라고 한다는 이야기가 좀 오고 갔다. 맥키버 씨가 말하기를, 서양에서는 관측자들이 보통 알고 있는 것보다 흑마술(abhichara prayoga)이 더 만연해 있다고 했다. 이때 본 필자는 폴 브런튼 씨가 언젠가 한 여자가 흑마술과 연관되어 있어 그가 실제로 두려워했다고 말한 적이 있다는 것을 기억했다.

스리 바가반은 맥키버 씨에게 「데비깔롯따람(Devikalottaram)」을 읽은 적이 있느냐고 물으시고, 거기서 흑마술(abhichara prayoga)이 비난 받는다고 말씀하셨다.

또 이렇게 덧붙이셨다: 그런 수련을 하면 스스로 자신을 망치게 됩니다. 무지 자체가 나쁘고, 사람을 자살하게 만듭니다. 왜 거기에 흑마술까지 보탭니까?

헌: 흑마술의 피해자가 쓸 수 있는 치유책(*pratikriya*)은 무엇입니까?

마: 박띠(*bhakti*)[신에 대한 헌신]입니다.

헌: 무저항이 중상모략 같은 온갖 종류의 악에 대한 유일한 치유책인 것 같습니다.

마: 정말 그렇지요. 만일 누가 다른 사람을 욕하거나 상해(傷害)한다면, 그 치유책은 응수나 저항이 아닙니다. 그냥 침묵을 지키십시오. 이 침묵은 피해자에게 평안을 가져다주겠지만, 가해자는 피해 당사자에게 자신의 과오를 인정할 때까지 마음이 불안하게 됩니다.

이 흑마술은 아득한 옛적부터 인도의 가장 위대한 성자들에 대해서까지 사용되었다고 합니다. 다루까 숲의 고행자들(*tapasvis*)은 시바에게까지 그것을 사용했지요.

그런 다음 대화는 브라마 세계로 옮겨갔다.

스리 바가반이 말씀하셨다: 브라마 세계는 진아 세계(*Atmaloka*)와 같습니다. 또 "브라만이 세계다(*Brahmaiva lokah*)"는 "브라만 자신이 세계다(*Brahmalokah*)", "브라만이 진아다"라는 뜻입니다. 따라서 브라마 세계란 진아일 뿐입니다.

세계(*loka*) · 비세계(*aloka*)는 둘 다 같은 의미입니다. 그것은 「실재사십송」에 나오는 "무한한 눈(*andamillak kan*)"과 같습니다.40) "보이는 그것이 세계(*Lokyate iti lokah*)"라는 것입니다.

### 1938년 9월 27일

**대담 518**

텔루구인 빤디뜨인 V. 굽타 씨가 이곳을 방문하고 있다. 스리 바가반은 대화 도중 이렇게 말씀하셨다: 아항끄리띠(*ahamkriti*-에고)는 아함(*aham*-나)과 같지 않습니다. 후자는 지고의 실재인 반면 전자는 에고입니다. 그것을 극복한 뒤에 진리를 깨닫습니다. 지고의 존재는 미현현 상태로 있는데, 현현의 첫 징후는 아한 스푸라나(*Aham Sphurana*)['나'의 빛]입니다. 『브리하다라니야까 우파니샤드』에

---

40) T. '*andamillak kan*'(타밀어)은 「실재사십송」 제4송의 마지막 구절에 나온다. "그 눈인 진아는 무한한 눈이라네." (『저작 전집』, 168쪽 참조.)

서는 "그가 '나'라는 이름이 되었다(Aham nama abhavat)"[41]고 합니다. 그것이 실재의 본래 이름입니다.

빤디뜨는 은총의 작용에 대해서 질문했다: 그것은 스승의 마음이 제자의 마음에 작용하는 것입니까, 아니면 다른 어떤 것입니까?

**마:** 은총의 최고 형태는 **침묵**(mowna)입니다. 그것은 또한 최고의 가르침이기도 합니다.

**헌:** 비베카난다도 침묵은 가장 우렁찬 형태의 기도라고 말했습니다.

**마:** 구도자의 침묵은 그렇지요. 스승의 침묵은 가장 우렁찬 가르침입니다. 그것은 또한 최고 형태의 은총입니다. 다른 모든 전수(dikshas), 예컨대 접촉전수(sparsa)·친안親眼전수(chakshus) 등은 침묵에서 파생됩니다. 따라서 그것들은 2차적입니다. 침묵이 1차적 형태입니다. 스승이 침묵하면 구도자의 마음은 저절로 정화됩니다.

**헌:** 우리가 세간적 우환에 시달릴 때 신이나 스승께 기도하는 것은 적절합니까?

**마:** 두말할 나위가 없지요.

## 대담 519

**마:** 큰 말씀들(mahavakyas)과 그 해석은 끝없는 토론을 가져오고, 구도자들의 마음을 밖으로 향하게 합니다. 마음을 안으로 돌리려면 그 사람이 '나' 안에 곧바로 자리 잡아야 합니다. 그러면 외부적 활동들이 끝나고 완전한 **평안**이 지배합니다.

나중에 누가 바라봄에 의한 전수와 접촉에 의한 전수를 이야기하는 『요가 바쉬슈타』의 한 구절을 스리 바가반 앞에서 낭독했다.

스리 바가반이 말씀하셨다: 다끄쉬나무르띠는 제자들이 그에게 다가갔을 때 침묵을 지켰습니다. 그것이 최고 형태의 전수입니다. 그것은 다른 형태들을 포함합니다. 다른 전수에서는 주체-대상 관계가 확립되어 있어야 합니다. 먼저 주체가 나오고 그런 다음 대상이 나와야 합니다. 이 두 가지가 없으면 한

---

41) T. "처음에는 사람의 모습을 한 아뜨만밖에 없었다. 주위를 둘러보니 자기 외에는 아무도 없었으므로, 그는 먼저 '내가 있다'고 말했다. 이렇게 해서 '나'라는 말이 생겨났다." —『브리하다라니야까 우파니샤드』, 1.4.1.

사람이 어떻게 다른 사람을 바라보거나 만져줄 수 있습니까? 침묵전수(*mowna diksha*)는 가장 완벽합니다. 그것은 바라봄, 접촉 그리고 가르침을 포함합니다. 그것은 모든 면에서 그 개인을 정화하여 그를 **실재** 안에 자리 잡게 할 것입니다.

### 대담 520
한 호주 신사(로우먼 씨)가 이곳을 방문하고 있다. 그는 힌두 철학 체계를 공부하고 있는 듯하다. 그는 단일성을 믿고 있다면서, 그런데도 그 개아는 아직도 환幻에 빠져 있다는 등의 말을 시작했다.

**마:** 그대가 믿는 단일성은 무엇입니까? 개아가 어떻게 그 안에서 자리를 발견할 수 있습니까?

**헌:** 그 단일성은 절대자입니다.

**마:** 개아는 단일성 안에서 자리를 발견할 수 없습니다.

**헌:** 그러나 그 개아는 **절대자**를 깨닫지 못했고, 자신을 별개라고 생각합니다.

**마:** 개아는 별개지요. 왜냐하면 그것이 무엇을 생각하기 위해서는 그것이 존재해야 하기 때문입니다.

**헌:** 그러나 그것은 실재하지 않습니다.

**마:** 실재하지 않는 그 어떤 것도 결과를 산출할 수 없습니다. 그것은 그대가 토끼의 뿔을 가지고 어떤 동물을 죽였다고 말하는 것과 같습니다. 토끼는 뿔이 나지 않지요.

**헌:** 그것이 말이 안 된다는 것은 알겠습니다. 그러나 저는 물리적 차원에서 이야기합니다.

**마:** 그대는 '나'라고 말합니다. 그 '나'가 누구입니까? 만일 그것을 발견하면, 나중에 그것이 누구의 환幻인지 말할 수 있겠지요.

조금 후 스리 바가반이 물으셨다: 그대는 지금 자신이 물리적 차원 안에 있다고 말합니다. 꿈 없는 잠 속에서는 어떤 차원 안에 있습니까?

**헌:** 역시 물리적 차원 안이라고 저는 생각합니다.

**마:** 그대는 "나는 생각한다"고 말합니다. 그것은 그대가 지금 깨어 있을 때 그 말을 하고 있다는 것을 뜻합니다. 어쨌든 그대는 깊은 잠 속에서 그대가 존재한다는 것을 인정합니다. 그렇지 않습니까?

헌: 예, 그러나 그때는 제가 운신하지 않았습니다.
마: 그렇다면, 그대는 깊은 잠 속에서도 존재했습니다. 그대는 같은 사람으로서 계속 존재합니다. 그렇지 않습니까?
헌: 그렇습니다.
마: 이런 차이가 있지요—잠 속에서는 그대가 운신하지 않았다는. 오히려 그대는 생시의 상태에서는 사고 기능과 연관되고, 잠 속에서는 그 연관이 끊어진다고 해야겠지요. 그렇지 않습니까?
헌: 그렇습니다.
마: 그러면 어느 쪽이 그대의 진정한 성품입니까? 사고(생각하기)와 연관되는 것입니까, 연관되지 않는 것입니까?
헌: 이제 알겠습니다. 그러나 잠 속에서는 제가 저의 존재를 알지 못했습니다.
마: 그대는 지금 그렇게 말하지요. 잠들었을 때는 그렇게 말하지 않습니다. 아니면 그대는 (잠 속에서의) 자신의 존재(being)를 부인합니까?
헌: 아니요.
마: 결국 그대는 두 가지 상태 모두에서 존재한다는 것이 됩니다. 그 **절대적 존재가 진아**입니다. 그대는 또한 그 **존재**를 의식합니다. 그 **존재**는 의식(Chit)이기도 합니다. 그것이 그대의 진정한 성품입니다.
헌: 그러나 깨달음을 위해서조차도 생각하기가 필요합니다.
마: 그 생각하기는 모든 생각을 없애기 위한 것입니다.
헌: 저의 무지로 인해 그 절대적 존재-의식을 깨닫지 못하고 있습니다.
마: 그 '나'가 누구입니까? 그 무지가 누구의 것입니까! 이런 물음들에 답변하는 것만으로도 그대가 이미 깨달아 있다는 것을 입증하는 데 충분합니다. 자신의 존재를 부인하는 사람이 누가 있습니까? 아니면, 누가 잠 속에서는 자신이 존재하지 않았다고 말할 수 있습니까? 이렇게 해서 **순수한 존재**가 인정됩니다. 그 인정 또한 의식을 함축합니다. 그래서 모든 사람은 깨달아 있습니다. 무지한 사람이라고는 전혀 없습니다.
헌: 예, 알겠습니다. 그러나 작은 질문을 하나 여쭐 게 있습니다. 깨달음의 상태는 무욕의 상태입니다. 만일 인간이 욕망이 없다면 그는 더 이상 인간이 아닙니다.
마: 그대는 잠 속에서 그대가 존재함을 인정합니다. 그때는 그대가 운신하지

않았습니다. 그때는 어떤 거친 몸도 알지 못했고, 그대 자신을 그 몸에 한정하지 않았습니다. 따라서 그대의 **진아**와 별개인 그 무엇도 발견할 수 없었습니다.

지금 생시의 상태에서도 그대는 계속해서 같은 **존재**이지만 몸의 한계들이 덧붙여져 있습니다. 이 한계들로 인해 그대가 다른 대상들을 봅니다. 그래서 욕망이 일어납니다. 그러나 잠 속에서의 무욕의 상태도 지금 못지않게 그대를 행복하게 해주었습니다. 어떤 결핍도 느끼지 않았지요. 욕망을 품지 않았기에 스스로 비참해하지도 않았습니다. 그러나 지금은 그 인간 형상에 제한되어 있기 때문에 그대가 욕망을 품습니다. 왜 그런 한계들을 유지하기를 원하면서, 계속 욕망을 품습니까?

스리 바가반이 말씀을 계속하셨다:

몸이 그대에게 자기가 있다고 말합니까? 자각하고 있는 것은 확실히 그 몸과 별개의 어떤 것입니다. 그것이 무엇입니까?

그대는 그것이 '나'라고, 즉 그 개인이 잠에서 깨어남과 동시에 일어나는 에고라고 말하겠습니까? 그러라지요. 몸은 지각력이 없습니다. **절대자**는 말을 하지 않습니다. 에고가 말을 합니다. 잠 속에서는 그대가 해탈을 열망하지 않습니다. 그 열망은 생시의 상태에서만 일어납니다. 생시 상태에서의 기능들은 그 '나'와 동의어인 에고의 기능들입니다. 이 '나'가 누구인지 알아내십시오. 그렇게 하여 '나'로서 안주하면, 그런 모든 의심이 해소될 것입니다.

### 1938년 9월 28일

**대담 521**

몇 명의 국민회의 사람들이 다음과 같은 질문을 마하르쉬님께 건네 드렸다.

1. 인도는 언제까지 속박의 고통을 받게 운명 지워져 있습니까?
2. 인도의 아들들은 조국의 독립을 위해 충분한 희생을 하지 않았습니까?
3. 인도는 마하트마 간디의 생존 중에 자유를 얻겠습니까?

스리 바가반은 위의 질문들에 대해 일절 답변하지 않으셨다. 단지 이렇게만 말씀하셨다:

간디지는 자신을 신에게 내맡겼고, 그에 따라 아무 자기잇속 없이 일하고 있습니다. 그분은 결과에 상관하지 않으면서 어떤 결과든 나타나는 대로 받아들입니다. 나라를 위해 일하는 사람들의 태도는 그래야 합니다.
**질문자:** 그러면 그 일이 결국 성공으로 귀결되겠습니까?
**마:** 이런 질문은 질문자가 자신을 내맡기지 않았기 때문에 일어납니다.
**질:** 그러면 우리는 나라의 복리에 대해 생각하지도 말고, 그것을 위해 일하지도 말아야 합니까?
**마:** 먼저 그대 자신을 돌보십시오. 그러면 나머지는 자연히 따라올 것입니다.
**질:** 제가 드리는 말씀은 개인적인 것이 아니라 나라를 위한 것입니다.
**마:** 먼저 순복하고 나서 보십시오. 순복이 없기 때문에 그런 의문들이 일어납니다. 순복으로 힘을 얻으십시오. 그러면 그대가 얻은 힘의 정도만큼 그대의 환경이 개선되었다는 것을 발견할 것입니다.
**질:** 우리의 행위가 가치가 있겠는지를 알아서는 안 됩니까?
**마:** 국민적 대의를 위해 일할 때는 간디지의 모범을 따르십시오. '순복'이 핵심 단어입니다.

다음 쪽지도 스리 바가반께 건네졌다.
"저희 네 사람은 꾸르그(Coorg-마이수루 서쪽의 Kodagu)에서 왔는데, 대표단으로 델리에 가서 인도국민회의 집행위원회를 예방禮訪하고 이제 돌아가는 길입니다. 저희는 꾸르그 국민회의 위원회에서 파견되었습니다. 꾸르그군郡 국민회의 위원회와 꾸르그의 일반 주민들을 위한 메시지로 부디 몇 말씀 해 주시기 바랍니다."

이 쪽지를 건네 드리자 스리 바가반이 말씀하셨다: 같은 답변이 이 경우에도 해당됩니다. '순복'이라는 말 안에 그 메시지가 들어 있습니다.

### 1938년 9월 29일

**대담 522**
한 방문객이 스리 바가반께 질문했다: 저는 지知를 원합니다.
**마:** 누가 지知를 원합니까?
**헌:** 제가 원합니다.
**마:** 그 '나'가 누구입니까? 그 '나'를 발견하고 나서, 나중에 어떤 지知가 더 필요한지 보십시오.

## 1938년 10월 2일

**대담 523**

순례자 특별열차를 타고 벵골에서 몇 사람의 방문객이 왔다. 그 중의 한 사람은 자신이 폴 브런튼의 책을 읽었고, 그때 이후로 스리 바가반을 뵙고 싶었노라고 말했다. 그는 또 이렇게 질문했다: 저는 정념들을 어떻게 극복해야 합니까?

**마:** 정념의 뿌리를 발견하십시오. 그러면 쉬울 것입니다. (나중에.) 정념이 무엇입니까? 정욕(kama)·분노(krodha) 같은 것이지요. 그런 것들이 왜 일어납니까? 보이는 대상들에 대한 좋아함과 싫어함 때문입니다. 그 대상들은 그대의 시야 속으로 어떻게 자신들을 투사합니까? 그대의 무지(avidya) 때문입니다. 무엇에 대한 무지입니까? 진아에 대한 무지입니다. 그래서 만약 그대가 **진아**를 발견하고 그 안에 안주하면, 정념으로 인한 어떤 문제도 없을 것입니다.

(나중에.) 또, 정념의 원인이 무엇입니까? 행복해지고 싶다거나 쾌락을 즐기고 싶다는 욕망입니다. 행복에 대한 욕망이 왜 일어납니까? 그대의 성품이 행복 자체이기 때문에, 그대가 자신의 행복 속으로 들어가는 것이 당연합니다. 이 행복은 **진아** 외의 어디에서도 발견되지 않습니다. 그것을 다른 데서 찾지 마십시오. **진아**를 추구하여 그 안에 안주하십시오.

또한, 본래적인 그 행복이 단지 재발견되는 것일 뿐이고, 그래서 그것을 잃어버릴 수가 없습니다. 반면에 다른 대상들에서 일어나는 행복은 외적인데, 그래서 잃어버리기 쉽습니다. 따라서 그것은 영구적일 수 없고, 그래서 추구할 만한 가치가 없습니다.

더욱이 쾌락에 대한 갈망을 부추겨서는 안 됩니다. 타오르는 불에 석유를 들이부어서는 불을 끌 수 없습니다. 나중에 정념을 억누를 수 있게 하려고 당분간 자신의 갈망을 충족하려 드는 것은 어리석은 짓일 뿐입니다.

당연히, 정념을 억누르는 다른 방법들도 있지요. 그것은 (1) 음식 조절, (2) 단식, (3) 요가 수행, (4) 약품입니다. 그러나 그것들의 효과는 일시적입니다. 그런 제어가 없어지자마자 정념들이 더 강력한 힘으로 다시 나타납니다. 정념을 극복하는 유일한 방도는 그것을 뿌리 뽑는 것입니다. 앞에서 말했듯이, 정념의 근원(**진아**)을 발견하는 것이 그렇게 하는 방법입니다.

**대담 524**

다른 순례자가 질문했다: 저는 가족이 있는 사람입니다. 가족 안에 있는 사람들도 해탈을 얻을 수 있습니까? 그럴 수 있다면 어떻게 얻을 수 있습니까?

**마:** 그런데 가족이 무엇입니까? 그것이 누구의 가족입니까? 이런 질문들에 대한 답변을 발견하면, 다른 의문들도 저절로 풀립니다.

말해 보십시오. 그대가 가족 안에 있습니까, 가족이 그대 안에 있습니까?

방문객은 대답하지 않았다. 그러자 스리 바가반의 답변이 계속되었다: 그대는 누구입니까? 그대는 삶의 세 가지 측면, 즉 생시·꿈·잠의 상태들을 포함합니다. 그대는 잠 속에서 가족과 가족 인연을 자각하지 못했고, 그래서 그런 질문도 일어나지 않았습니다. 그러나 지금은 가족과 가족 인연을 자각하고, 그래서 해탈을 추구합니다. 그러나 그대는 내내 같은 사람입니다.

**헌:** 저는 지금 제가 가족 안에 있다고 느끼기 때문에, 해탈을 추구하는 것이 옳습니다.

**마:** 맞습니다. 그러나 생각해 보고 말하십시오. 그대가 가족 안에 있습니까, 가족이 그대 안에 있습니까?

다른 방문객이 끼어들었다: 가족이 무엇입니까?

**마:** 바로 그거지요. 그것을 알아야 합니다.

**헌:** 제 처가 있고 자식들도 있습니다. 그들은 저에게 의지하고 있습니다. 그것이 가족입니다.

**마:** 그 가족 구성원들이 그대의 마음을 속박합니까? 아니면 그대가 자신을 그들에게 묶어놓습니까? 그들이 와서 그대에게 "우리는 당신의 가족입니다. 우리와 함께 있어 주세요" 합니까? 아니면 그대가 그들을 가족으로 여기고, 그들에게 속박되어 있다고 생각합니까?

**헌:** 제가 그들을 저의 가족으로 여기고 그들에게 속박되어 있다고 느낍니다.

**마:** 정말 그렇지요. 아무개가 그대의 아내이고 아무개가 그대의 자식들이라고 생각하기 때문에, 또한 그들에게 속박되었다고 느끼는 것입니다.

그런 생각들은 그대의 것입니다. 그 생각들의 존재성은 그대에게 달렸습니다. 그런 생각을 계속 품을 수도 있고 그것을 포기할 수도 있습니다. 전자는 속박이고, 후자는 해탈입니다.

**헌:** 그리 분명하게 이해되지는 않습니다.

마: 그대가 생각을 하기 위해서는 그대가 존재해야 합니다. 그대는 이런 저런 생각을 할 수 있는데, 그 생각들은 변하지만 그대는 변치 않습니다. 지나가는 생각들은 가게 하고, 불변의 진아를 꽉 붙드십시오. 그런 생각들이 그대의 속박을 이룹니다. 그것을 포기하면 해탈이 있습니다. 속박은 외적인 것이 아닙니다. 그래서 해탈을 위해 어떤 외적인 치유책도 찾을 필요가 없습니다. 생각을 하고 그래서 속박될 것인가, 아니면 생각을 그치고 자유로워질 것인가는 그대의 능력 범위 내에 있는 일입니다.

헌: 그러나 생각하지 않고 있기가 쉽지 않습니다.

마: 생각을 그칠 필요는 없습니다. 그 생각들의 뿌리만 생각하십시오. 그것을 찾아서 발견하십시오. 그러면 진아가 스스로 빛납니다. 그것을 발견하면 생각들은 저절로 그칩니다. 그것이 속박으로부터의 자유입니다.

헌: 예, 이제 이해됩니다. 이제 그것을 배웠습니다. 스승이 필요합니까?

마: 그대 자신을 한 개인으로 여기는 한, 스승이 필요하지요. 그대가 한계들에 의해 속박되어 있지 않다는 것, 그대의 성품은 한계들에서 벗어나 있다는 것을 그대에게 보여주기 위한 스승 말입니다.

**대담 525**

다른 방문객이 질문했다: 행위들은 속박입니다. 우리는 어떤 종류의 활동을 하지 않고 있을 수 없습니다. 그래서 속박은 계속 늘어갑니다. 그런 상황에서 우리는 어떻게 해야 합니까?

마: 그 속박이 강화되지 않고 약화되도록 행위해야 합니다. 그것이 무아적 행위(selfless action)입니다.

### 1938년 10월 3일

**대담 526**

한 방문객이 스리 바가반께 질문했다: 사람들은 신에게 어떤 이름들을 부여하고는, 그 이름이 신성하며 그 이름을 염하면 그 사람이 복을 받는다고 합니다. 그것이 사실일 수 있습니까?

마: 왜 아니겠습니까? 그대도 누가 부르면 대답하는 이름이 있습니다. 그러나 그대의 몸은 그 이름이 써진 채 태어나지 않았고, 그 몸이 누구에게 자신은

이러이러한 이름이 있다고 말하지도 않았습니다. 그런데도 하나의 이름이 주어졌고, 그 이름을 부르면 그대가 대답합니다. 왜냐하면 그 이름과 그대 자신을 동일시하기 때문입니다. 따라서 그 이름은 뭔가를 의미하며, 단순한 허구가 아닙니다. 마찬가지로 신의 이름도 효험이 있습니다. 그 이름을 염하는 것은 그것이 의미하는 것(신)을 기억하는 것입니다. 그래서 복도 받게 됩니다.

그러나 그 사람은 만족하지 못한 표정이었다. 마침내 그는 물러가기를 원했고, 스리 바가반의 은총을 기원했다.

스리 바가반은 이제, 만일 그에게 믿음이 없다면 은총을 보증하는 단순한 소리들이 어떻게 그를 만족시킬 수 있겠느냐고 물으셨다.

두 사람 다 웃었고, 방문객은 물러갔다.

### 1938년 10월 4일

**대담 527**

일단의 점잖은 꾸르그(Coorg) 여성들이 회당 안에 있었다.

그들 중 한 사람이 질문했다: 저는 진언(*mantra*)을 하나 받았습니다. 사람들은 제가 그것을 염하면 예견하지 못한 결과가 초래될 수 있다면서 겁을 줍니다. 그것은 그냥 **쁘라나바**(옴)입니다. 그래서 조언을 구합니다. 제가 그것을 염해도 됩니까? 저는 그것에 상당한 믿음을 가지고 있습니다.

**마:** 물론입니다. 그것은 믿음을 가지고 염해야 합니다.

**헌:** 그것만으로 되겠습니까? 아니면 더 나아간 어떤 가르침을 저에게 베풀어 주실 수 있는지요?

**마:** 진언염송(*mantra japa*)의 목적은, 그 염송이 아무 애씀 없이 이미 자신의 내면에서 진행되고 있다는 것을 깨닫기 위한 것입니다. 구두염송이 내심염송이 되고, 내심염송은 마침내 영원한 것으로서 자신을 드러냅니다. 그 진언은 그 사람의 진정한 성품입니다. 그것이 또한 깨달음의 상태이기도 합니다.

**헌:** 그렇게 해서 삼매의 지복을 얻을 수 있습니까?

**마:** 그 염송이 내심염송이 되고, 결국 그 자신을 **진아**로서 드러냅니다. 그것이 삼매입니다.

**헌:** 부디 저에게 은총을 베푸셔서 저의 노력이 힘을 더 얻게 해 주십시오!

## 1938년 10월 13일

**대담 528**

중년의 한 안드라 사람이 질문했다: 우리의 시선을 고정하는 데[마음을 일념으로 만드는 데] 신에 대한 생각이 필요합니까?

마: 그것은 무슨 수행법입니까?

헌: 시선을 고정하는 것입니다.

마: 무엇 때문입니까?

헌: 집중을 얻기 위해서입니다.

마: 그런 수행을 하면 눈은 충분히 할 일이 있지만, 그 과정에서 마음이 할 일은 어디 있습니까?

헌: 그러자면 무엇을 해야 합니까?

마: 물론 신에 대한 생각을 해야지요.

헌: 그런 수행을 하면 병이 납니까?

마: 그럴 수도 있겠지요. 그러나 모두 저절로 올바르게 조정될 것입니다.

헌: 저는 하루에 네 시간씩 명상을 하고 두 시간씩 시선을 고정합니다. 그러다가 병이 났습니다. 그러자 남들은 그것이 제가 한 수행 때문이라고 했습니다. 그래서 명상을 그만두었습니다.

마: 문제들은 스스로 조정될 것입니다.

헌: 눈의 응시가 자연스럽게 고정되는 것이 더 낫지 않습니까?

마: 무슨 뜻입니까?

헌: 응시를 고정하는 수행이 필요합니까, 아니면 그것이 저절로 일어나게 내버려 두는 것이 더 낫습니까?

마: 수행이 무엇을 자연스럽게 만들려고 하는 것이 아니면 무엇입니까? 오래 수행하고 나면 자연스럽게 될 것입니다.

헌: 조식(*pranayama*)이 필요합니까?

마: 예. 그것은 유용합니다.

헌: 저는 그것을 닦지 않았습니다. 그러면 그것을 해야 할까요?

마: 충분한 마음의 힘이 있으면 모든 것이 다 잘 되겠지요.

헌: 어떻게 하면 제가 마음의 힘을 얻겠습니까?

마: 조식을 하면 됩니다.

헌: 음식 조절도 필요합니까?

마: 그것은 확실히 유용하지요.

헌: 명상을 무한자에 대해서 해야 합니까, 유한한 존재에 대해 해야 합니까?

마: 무슨 뜻입니까?

헌: 스리 크리슈나 스리 라마에 대해 번갈아가며 관해도 됩니까?

마: 관법(bhavana)은 분리(khanda)의 의미를 내포합니다.

### 1938년 10월 15일

**대담 529**

대화 도중 스리 바가반은 띠루냐나삼반다르가 스리 아루나찰라를 찬양하는 노래를 불렀다고 말씀하셨다. 당신은 또 그 이야기를 다음과 같이 간략하게 들려주셨다:

냐나삼반다르는 천오백 년 전 어느 전통 브라민 가정에서 태어났습니다. 세 살이 되었을 때 그의 아버지가 그를 쉬얄리(Shiyali)에 있는 사원에 데리고 갔습니다. 그는 아이를 성수지 둑에 남겨두고 목욕을 하러 물로 들어갔습니다. 그가 물에 몸을 담글 때 아이는 아버지가 보이지 않자 소리 내어 울기 시작했습니다. 그러자 금방 **시바**와 **빠르바띠**가 비마나(vimana-신들의 탈것, 이 경우 황소)를 타고 나타났습니다. **시바**는 빠르바띠에게 아이에게 젖을 좀 주라고 말했습니다. 그래서 그녀는 컵에 젖을 짜내어 아이에게 주었고, 아이는 그것을 마시고 즐거워했습니다.42)

물에서 나온 아버지가 보니 아이가 입가에 우유 자국을 묻힌 채 웃고 있었습니다. 그래서 아이에게 어떻게 된 거냐고 물었지만 아이는 대답을 하지 않았습니다. 아버지는 아이를 을러멨고, 아이는 노래를 불렀습니다. 그것은 자기 앞에 나타났던 **시바**를 찬양하는 노래였습니다. 아이는 이렇게 노래했습니다. "귀고리를 하신 분… 빼앗는 분, 내 마음을 빼앗은 분…"

이렇게 해서 그는 가장 유명한 헌신가의 한 사람이 되었고, 많은 사람들이 그를 보려고 모여들었습니다. 그는 정력적이고 활동적인 삶을 살았고, 남인도의 여러 곳을 순례했습니다. 열여섯 살 때는 결혼을 했습니다. 신랑 신부는

---

42) *T.* 냐나삼반다르의 출생지인 Shiyali는 현재의 시르깔리(Sirkazhi-찌담바람 남쪽의 소도시)이다. 이곳의 오래된 사원 Sattainathar Temple에는 지금도 그가 젖을 먹은 그 성수지가 있다.

결혼식이 끝나자마자 현지의 사원에 모셔진 신을 친견하러 갔습니다. 많은 일행이 그들과 함께 갔습니다. 그들이 사원에 당도하자 그곳에는 찬란한 빛만 있고 사원은 보이지 않았습니다. 그러나 그 찬란한 빛 속에 통로가 하나 보였습니다. 냐나삼반다르는 사람들에게 그 통로로 들어가라고 했습니다. 사람들은 그렇게 했습니다. 그 자신은 어린 아내와 함께 그 빛을 한 바퀴 돈 뒤에 앞서 다른 사람들처럼 그 통로로 들어갔습니다. 그러자 빛은 사라졌고, 들어간 사람들은 아무 흔적도 없었습니다. 사원은 다시 여느 때와 같이 눈에 보였습니다. 이 진인의 짧지만 아주 파란만장했던 삶이 이와 같았습니다.

한번은 그가 (성지순례) 여행을 하다가 띠루반나말라이에서 18마일 떨어진 아리야나이날루르(Ariyanainallur), 곧 띠루꼬일루르(Tirukoilur)에 이르렀습니다. 이곳은 여기에 있는 한 시바 사원으로 유명합니다. (스리 바가반이 열일곱 살 때 띠루반나말라이로 오다가 빛의 환영을 보신 곳이 바로 여기다. 스리 바가반은 당시 이곳이 약 15세기 전에 띠루냐나삼반다르의 발길로 성스러워졌다는 것을 모르고 계셨다.)

이 고대의 진인이 아리야나이날루르에 머무르고 있을 때, 꽃바구니를 든 한 노인이 다가왔습니다. 어린 진인은 노인에게 누구시냐고 물었습니다. 노인은 자신이 여기(띠루반나말라이) 산으로 살고 계신 신, 스리 아루나찰라(Sri Arunachala)의 한 봉사자라고 대답했습니다.

진인: 그곳은 여기서 얼마나 멉니까?

노인: 나는 일상 예배에 쓸 꽃을 모으러 거기서 여기까지 매일 온다네. 그러니 아주 가깝지.

진인: 그러면 당신과 함께 그곳으로 가겠습니다.

노인: 그러면 나로서는 실로 드문 즐거움이지!

그들은 진인을 따르는 많은 군중과 함께 갔습니다. 얼마의 거리를 간 뒤에 진인은 거기까지 얼마나 더 남았느냐고 물어보고 싶었습니다. 그러나 노인은 그 사이에 사라지고 없었습니다. 이윽고 한 떼의 강도들이 갑자기 나타나서 순례자들이 가지고 있던 물건들을 전부 빼앗아 갔고, 그들은 터벅터벅 걸어서 목적지에 도착했습니다. 젊은 진인은 내관(삼매)에 빠져들었습니다. 신이 나타나서, 그 강도들은 당신의 추종자들일 뿐이며 그(냐나삼반다르)에게 필요한 것은 충족될 거라고 말했습니다. 그에 따라 순례자들의 무리는 그들이 원하는 것을 모두 발견했습니다. 진인은 스리 아루나찰라를 찬양하는 노래를 불렀습니다. 그 시구들 중의 하나에서 그는 이렇게 말합니다.

"당신은 헌신자들에게서 '나는 몸이다'라는 관념을 없애주실 수 있는, 지(知)의 꽉 찬 덩어리시군요! 영양·멧돼지·곰의 무리들이 밤중에 먹이를 찾아 당신의 산비탈에서 들판으로 내려옵니다. 코끼리 무리들은 쉴 곳을 찾아 들판에서 당신의 산비탈로 올라갑니다. 그래서 온갖 동물들의 무리가 당신의 산비탈에서 만납니다."

스리 바가반이 말씀을 계속하셨다: 그래서 이 산은 1,500년 전에는 짙은 밀림이었던 것이 분명합니다. 그러던 것이 지난 수백 년에 걸쳐 나무꾼 등에 의해 숲이 헐벗게 된 것입니다.

신비한 노인이 냐나삼반다르에게 들려준 스리 아루나찰라의 이야기는 우빠마뉴(Upamanyu)의 『박따 짜리따(Bhakta Charita)』(『시바박따빌라삼』)에 나오는 300수의 시구에 들어 있다.43) (아루나찰레스와라) 사원의 숭배자 중 한 사람이 그것을 가지고 있다가, 지난 몇 달 간 사원의 소송이 벌어지고 있을 때 그것을 스리 바가반께 보여드렸다. 스리 바가반은 그 시구들을 베껴 두셨다.

## 대담 530

다음은 스리 바가반의 좋은 헌신자이자 스리 라마나스라맘의 상주자였던 안나말라이 스와미(Annamalai Swami)의 일기에서 가져온 것이다.

〔스리 라마나 바가반의 가르침〕

(1) 세간에서 활동하면서도 그 자신의 본질적 성품을 시야에서 놓치지 않고, 무욕의 상태로 남아 있는 사람만이 참된 사람이다.

이것은 명상을 닦기 위해 어떤 산굴로 들어가고 싶어 하던 이 스와미에게 하신 답변이다.

(2) 그가 출가수행(sannyas)에 대해 질문했다: 사람이 해탈을 얻기 위해서는 일체를 포기해야 하지 않습니까?

마: "나는 일체를 포기했다"고 생각하는 사람보다, 자신이 할 일을 하면서도 "나는 이것이다"나 "나는 행위자다"라고 생각하지 않는 사람이 더 낫지. "나는

---

43) *T.* 우빠마뉴(연대 미상)가 지은 『박따 짜리따』는 지금의 『시바박따빌라삼(Sivabhaktavilasam)』(라마나스라맘, 2013년 3판)이라는 책이다.

출가자(sannyasi)다"라고 생각하는 출가자는 참된 출가자가 아니야. 오히려 "나는 재가자다"라고 생각하지 않는 재가자가 참으로 출가자라네.

## 대담 531

**헌:** 어떤 사람은 어떤 것을 이렇게 말하고, 또 어떤 사람은 같은 것을 다르게 말합니다. 진실을 어떻게 확인합니까?

**마:** 각자가 늘 어디서나 자신의 **진아**만을 볼 뿐입니다. 자신의 그릇대로 세계와 신을 발견하는 것입니다.

한 나야나르(Nayanar-헌신가)는 **신**을 친견하러 깔라하스띠(Kalahasti)에 갔는데, 그곳의 모든 사람이 **시바와 샥띠**로 보였습니다. 왜냐하면 그 자신이 그러했기 때문입니다. 또 다르마뿌뜨라(Dharmaputra)는 전 세계가 이런저런 공덕을 가진 사람들로 이루어져 있고, 그들이 각각 이런저런 이유로 자기보다 낫다고 생각했습니다. 반면에 듀로다나(Durodhana)는 세상에서 단 한 사람의 선한 사람도 발견할 수 없었습니다. (그들은) 각기 자신의 성품을 반영하고 있습니다.44)

## 대담 532

**헌:** 세상의 불행을 피할 길은 없습니까?

**마:** 오직 한 길이 있는데, 그것은 어떤 상황에서도 자신의 **진아**를 시야에서 놓치지 않는 것입니다.

"나는 누구인가?"를 탐구하는 것이 세상의 모든 우환에 대한 유일한 치유책입니다. 그것은 완전한 **지복**이기도 합니다.

## 대담 533

간디지가 예르와다(Yerwada) 감옥에서 21일간 단식에 돌입한다는 발표가 신문에 난 직후, 젊은이 두 명이 스리 바가반을 찾아왔다. 그들은 아주 흥분해 있었다. 그들이 말했다: 마하트마께서 지금 21일 단식을 하고 계십니다. 저희들은 스리 바가반의 허락을 얻어 예르와다로 쫓아가서 그분이 하시는 기간 동안 같이 단식을 할까 합니다. 부디 허락해 주십시오. 저희들은 급히 가야 합니다.

---

44) *T.* 여기서 나야나르는 냐나삼반다르를 말한다(『시바박따빌라삼』, 제57장 참조). 다르마뿌뜨라와 듀로다나는 『마하바라타』에 나오는 인물들이다.

그렇게 말하면서 그들은 금방이라도 달려 나갈 기세였다. 스리 바가반이 미소를 짓고 말씀하셨다: 그런 감정을 가지고 있다는 것은 좋은 징후지. 그러나 자네들이 지금 무엇을 할 수 있나? 자네들도 간디지가 따빠시야를 해서 얻은 그런 힘을 얻도록 하게. 나중에는 자네들도 성공할 것이야.

## 대담 534

스리 바가반은 종종 이렇게 말씀하셨다: 침묵은 으뜸가는 웅변입니다. 평안은 으뜸가는 활동입니다. 왜 그렇습니까? 그 사람이 자신의 본질적 성품 안에 머무르고 있고, 따라서 그는 **진아**의 모든 심처深處에 편재하기 때문입니다. 그래서 그는 언제 어디서든 필요할 때는 어떤 힘도 발휘할 수 있습니다. 그것이 최고의 싯디입니다.

안나말라이가 여쭈었다: 나마데바, 뚜까람(Tukaram),45) 뚤시다스(Tulsidas)46) 등은 **마하 비슈누**(Maha Vishnu-위대한 비슈누)를 보았다고 합니다. 그들은 어떻게 그를 보았습니까?

**마**: 어떻게 보았느냐고? 자네가 지금 나를 보고 내가 여기서 자네를 보는 것과 똑같지. 그들도 비슈누를 이런 방식으로만 보았을 것이야.

(그는 그 말씀을 듣고 나서 머리칼이 곤두섰으며, 강렬한 기쁨이 자신을 압도했다고 기록하고 있다.)

## 대담 535

한번은 안나말라이가 여쭈었다: 일상의 일을 하면서 어떻게 숭배의 마음을 낼 수 있습니까?

스리 바가반은 대답하지 않으셨다. 10분이 지났다. 몇 명의 소녀가 스리 바가반을 친견하러 왔다. 그들은 노래를 부르고 춤을 추기 시작했다. 그들의 노래는 이런 취지였다. "우리는 크리슈나에 대한 생각을 놓치지 않으면서 우유를 저으리."

스리 바가반은 스와미를 돌아보면서 거기에 그의 질문에 대한 답변이 있다고 말씀하셨다: 이 상태를 헌신, 요가 그리고 **행위**(Karma)라고 하지.

---

45) T. 마하라슈트라 지방의 시인-성자(1608-1649).
46) T. 『라마짜리따마나스』를 지은 북인도의 성자(1532?-1623). 뚤라시다스라고도 한다.

대담 536

"나는 몸이다"라는 관념에 잠겨 있는 사람은 가장 큰 죄인이며, 자살자이기도 합니다. "나는 진아다"라는 체험이 최상의 덕입니다. 그런 정신으로 하는 단 한 순간의 명상도 모든 누적업을 소멸하기에 충분합니다. 그것은 그 앞에서 어둠이 사라지는 해처럼 작용합니다. 만일 사람이 늘 명상에 들어 있다면, 아무리 극악한 어떤 죄라 한들 그의 명상 앞에서 살아남을 수 있겠습니까?

대담 537

한번은 스리 바가반이 말씀하셨다: 욕망은 마야(maya)를 이루고, 무욕은 신을 이룹니다.

대담 538

안나말라이가 여쭈었다: 세간적 활동과 명상의 차이는 정확히 무엇입니까?
마: 아무 차이가 없습니다. 그것은 같은 사물을 서로 다른 두 가지 언어의 두 가지 단어로 이름붙이는 것과 같습니다. 까마귀는 눈이 둘이지만 홍채는 하나여서, 그것이 자기 좋을 대로 어느 쪽 눈으로도 굴러들어가지요. 코끼리의 코는 숨쉬기와 물마시기에 다 쓰이고, 뱀은 같은 기관(눈)으로 보고 듣습니다.47)

대담 539

스리 바가반이 산을 올라가실 때, 스와미가 여쭈었다: 명상 중에 눈을 감거나 뜨는 것에 따라 어떤 차이가 납니까?
마: 만약 자네가 고무공을 벽에 던지는데 어느 정도 거리를 두고 서 있으면 공은 튀어나와 자네에게 도로 오지. 그러나 벽 가까이 서 있으면 공이 튀어나와 자네를 비껴 달아나. 설사 눈이 감겨져 있어도 마음은 생각들을 따라가는 법이네.

대담 540

한번은 안나말라이가 여쭈었다: 관능적 향락보다는 명상에 더 많은 즐거움이

---

47) T. 까마귀는 눈알이 하나라거나, 뱀은 눈 하나로 보기도 하고 듣기도 한다는 이런 이야기는 남인도 사람들이 예로부터 믿어 온 관념이라고 한다. 340쪽에서도 한 번 언급되었다.

있습니다. 그러나 마음은 향락을 추구하지 명상을 하려 들지 않습니다. 왜 그렇습니까?

마: 쾌락과 고통은 마음의 겉모습일 뿐, 우리의 본질적 성품은 행복입니다. 그러나 우리는 **자기**를 잊어버리고 나서 몸이나 마음이 **자기**라고 생각합니다. 이 그릇된 동일시가 불행을 야기합니다. 어떻게 해야 합니까? 이 원습은 아주 뿌리 깊은 것이고, 수많은 과거 생 동안 계속되어 왔기 때문에 강해져 있습니다. 그것이 사라져야 본질적 성품, 즉 행복이 당당히 드러납니다.

## 대담 541

어떤 방문객이 스리 바가반께 질문했다: 세상에는 너무나 많은 불행이 있습니다. 왜냐하면 세상에는 사악한 사람들이 많기 때문입니다. 여기서 어떻게 행복을 발견할 수 있습니까?

마: 모두가 우리에게 스승입니다. 사악한 사람들은 그들이 하는 나쁜 행위로써 "내 가까이 오지 마라"고 말합니다. 선한 사람들은 늘 선합니다. 그렇다면 모든 사람이 우리에게 똑같이 스승입니다.

## 대담 542

안나말라이가 여쭈었다: 저는 저에게 필요한 것을 쉽게 얻을 수 있는 곳에 혼자 살면서, 모든 시간을 명상에만 바치고 싶은 욕망을 자주 느낍니다. 그런 욕망은 좋습니까, 나쁩니까?

마: 그런 생각들을 성취하려면 한 생(*janma*)을 더 와야 합니다. 그대가 어디에 어떻게 있든 무슨 상관입니까? 핵심 사항은 마음이 항상 그 근원에 머물러 있어야 한다는 것입니다. 외부에 있는 것으로서 내면에도 있지 않은 것은 없습니다. 마음이 곧 모든 것입니다. 만일 마음이 활동하고 있으면 홀로 있다 해도 시장 바닥같이 되고 맙니다. 눈을 감아도 아무 소용없습니다. 마음의 눈을 감으십시오. 그러면 모든 일이 잘 될 것입니다. 세상은 그대의 밖에 있는 것이 아닙니다. 훌륭한 사람들은 행위하기 전에 구태여 계획 같은 것을 세우지 않습니다. 왜입니까? 우리를 이 세상에 보내신 신께서 **그분** 나름의 계획을 세워두셨고, 그것은 확실히 실현될 것이기 때문입니다.

대담 543

한번은 많은 방문객들이 와서 모두 스리 바가반께 절을 하면서 "저를 헌신자로 만들어 주십시오. 저에게 해탈을 주십시오" 하는 단 한 가지 기원을 했다.

그들이 떠난 뒤에 스리 바가반이 혼잣말로 이렇게 말씀하셨다: 모두 헌신과 해탈을 원하는군. 만일 내가 그들에게 "당신 자신을 나에게 주시오" 하면 주지 않겠지. 그러면서 어떻게 자기들이 원하는 것을 얻을 수 있나?

대담 544

한번은 몇 명의 헌신자들이 자기들끼리 어떤 유명한 헌신가들을 놓고 누가 어떤 점에서 나은지 토론하고 있었다. 그러다가 서로 의견이 맞지 않자 그 문제를 스리 바가반께 말씀드렸다. 당신은 침묵하셨다. 그러자 토론은 열기를 더해갔다.

마침내 스리 바가반이 말씀하셨다: 우리는 남에 대해 알 수도 없고, 남에게 속박이나 해탈을 안겨줄 수도 없습니다. 누구나 세상에서 유명해지고 싶어 하지요. 그것은 인지상정입니다. 그러나 그렇게 바란다고 해서 뜻하는 그 목적이 이루어지는 것은 아닙니다. 신이 받아들이지 않는 사람은 분명 수모를 겪습니다. 자기 자신을 신에게 전적으로 내맡긴 사람은 전 세계에 걸쳐 유명해집니다.

대담 545

안나말라이가 한번은 성적인 생각들로 마음이 몹시 산란했다.

그는 그런 생각들과 싸우면서 3일 동안 단식했고, 신에게 자신이 그런 생각들에서 벗어나게 해 달라고 기도했다. 마침내 그는 스리 바가반께 그 점에 대해 여쭈어 보기로 했다.

스리 바가반은 그의 이야기를 경청하고 약 2분간 침묵하셨다. 그런 다음 이렇게 말씀하셨다: 그러니까 그런 생각들이 자네를 산란하게 해서 그 생각들과 싸웠다 그거군. 그건 좋네. 그런데 왜 지금 그런 생각을 계속하나? 그런 생각이 일어날 때마다 그것이 누구에게 일어나는지 살펴보면 그 생각들은 자네에게서 도망갈 것이네.

## 대담 546

안나말라이가 여쭈었다: 어떤 사람은 선한 일을 하지만 때로는 올바른 행위를 하는 가운데서도 고통을 겪습니다. 또 어떤 사람은 악한 일을 하지만 그러면서도 행복합니다. 왜 그래야 합니까?

**마**: 고통이나 쾌락은 과거업의 결과이지 현재업의 결과는 아닙니다. 고통과 쾌락은 서로 번갈아듭니다. 그런 것에 마음을 뺏기지 말고 인내심 있게 고통을 참거나 쾌락을 즐겨야 합니다. 늘 **진아**를 꽉 붙들려고 노력해야지요. 활동하고 있을 때는 그 결과에 신경 쓰지 말아야 하고, 이따금 찾아오는 고통이나 쾌락에 휘둘려서는 안 됩니다. 고통이나 쾌락에 무관심한 사람만이 행복할 수 있습니다.

## 대담 547

**헌**: 해탈을 성취하는 데 있어 **스승의 은총**은 어떤 의미가 있습니까?

**마**: 해탈은 그대 밖의 어디에도 없습니다. 그것은 내면에 있을 뿐입니다. 어떤 사람이 해탈을 얻고자 열망하면, 내면의 스승은 그를 **진아** 안으로 끌어당기고, 외부의 스승은 그를 **진아** 안으로 밀어 넣습니다. 이것이 스승의 은총입니다.

## 대담 548

한 방문객이 스리 바가반께 (글로 써서) 다음과 같은 질문을 했다.

  (1) 세계 속의 차별상들은 창조와 동시에 있었습니까, 아니면 나중에 발전해 나온 것입니까?

  (2) **창조주**는 불편부당합니까? 만일 그렇다면 왜 어떤 사람은 절름발이, 어떤 사람은 장님, 이런 식으로 태어납니까?

  (3) 여덟 방위의 수호신(*Dikpalas*)과 3억 3천만의 천신들, 그리고 일곱 분의 리쉬들은 오늘날도 존재합니까?

**마**: 이런 질문들을 그대 자신에게 하십시오. 그러면 그 답을 발견할 것입니다.

  잠시 멈추었다가 스리 바가반이 계속 말씀하셨다: 먼저 우리의 **진아**를 알면 다른 모든 문제들이 우리에게 분명해질 것입니다. 우리의 **진아**를 알고 나서 **창조주**와 창조에 관해 묻도록 합시다. 먼저 진아를 알지 않고 신 등에 대해서 알려고 하는 것은 무지입니다. 황달에 걸린 사람은 일체를 노랗게 봅니다. 그가 남들에게 모든 것이 노랗다고 말하면, 누가 그 말을 받아들이겠습니까?

창조계는 하나의 기원이 있다고 합니다. 어떻게 말입니까? 나무가 하나의 씨앗에서 자라나온 것과 같다고 합니다. 그 씨앗은 어떻게 나왔습니까? 비슷한 나무에서 나왔다고 합니다. 이런 의문의 연쇄에 끝이 어디 있습니까? 따라서 우리는 세계를 알기 전에 먼저 자신의 진아를 알아야 합니다.

## 대담 549

스리 바가반은 종종 다음과 같은 취지로 절(*namaskar*)[엎드리는 절]에 대해 이야기 하신다: 이 절이란 것은 원래 고대의 진인들이 신에 대한 순복의 방편으로 삼기 위해 만든 것입니다. 그 행위는 지금도 널리 행해지지만 그 이면의 정신은 그렇지 못합니다. 절을 하는 사람은 그 행위로 숭배의 대상을 속이려고 합니다. 대개는 불성실하고 기만적인데, 그것은 절을 함으로써 무수한 죄를 은폐하려는 것입니다. 그러나 신이 속을 수 있습니까? 그 사람은 신이 자신의 절을 받아주니 자기는 늘 하던 식대로 마음대로 계속 살아도 된다고 생각합니다. 그들은 저를 찾아올 필요가 없습니다. 저는 그런 절을 달갑게 여기지 않습니다. 사람들은 저의 앞에서 허리를 굽히거나 엎드려 절을 하기보다는 자신의 마음을 깨끗하게 유지해야 합니다. 저는 그런 행위에 속지 않습니다.

## 대담 550

유명한 영국인 작가 서머싯 몸(Somerset Maugham)이 스리 바가반을 찾아왔다. 그는 채드윅 소령의 방으로 그를 만나러 가기도 했는데, 거기서 그가 갑자기 의식을 잃었다. 채드윅 소령이 스리 바가반께 그를 좀 살펴봐 주시라고 청했다. 스리 바가반은 그 방에 들어가서 자리에 앉으신 다음 몸 씨를 응시하셨다. 그는 의식을 되찾아 스리 바가반께 절을 했다. 그들은 말없이 앉아서 서로의 얼굴을 한 시간 가까이 바라보았다. 이 작가는 질문을 하려고 했지만 말을 꺼내지 않았다. 채드윅 소령이 질문을 해보라고 권했다. 스리 바가반이 말씀하셨다. "다 끝났어. 심장 대화가 모든 대화야. 모든 이야기는 침묵 속에서만 끝나게 되어 있지." 그들은 미소를 지었고 스리 바가반은 방을 나가셨다.

대담 551

어떤 사람이 스리 바가반께 질문했다: 어째서 진아지가 가장 쉽다고 합니까?

마: 다른 어떤 지知도 아는 자·앎·알려지는 대상이 필요한 반면, 이것은 그 어느 것도 요하지 않습니다. 그것은 곧 자기입니다. 어떤 것이 그것만큼 분명할 수 있습니까? 그래서 그것이 가장 쉽다고 하는 것입니다. 그대가 해야 할 일은 "나는 누구인가?" 하고 탐구하는 것이 전부입니다.

인간의 참된 이름은 해탈입니다.

대담 552

아스라맘에는 건물이 몇 채 있다. 이 건물들은 어떤 계획(설계도)에 따라 지어졌지만, 하다 보니 전적으로 그에 따를 수가 없었다. 그래서 (공사감독을 맡은) 안나말라이 스와미와 도감都監(Sarvadhikari)은 많은 세부사항에서 의견이 맞지 않았고 그들 간에 분쟁도 있었다. 안나말라이 스와미는 한때 이런 상황에 몹시 염증이 났다. 그는 스리 바가반께 이럴 경우 어떻게 해야 하는지 여쭈었다.

스리 바가반이 말씀하셨다: 건물들 중에서 어느 것이 여기 이 사람들이 만든 계획에 따라 지어졌나? 신에게는 그분 자신의 계획이 있고 이 모든 것은 그에 따라 진행되고 있네. 무슨 일이 일어나든 누구도 걱정할 필요가 없어.

대담 553

아쉬람 상주자들이 한번은 스리 바가반께 여쭈었다: 저희들의 전생은 모두 어떠했습니까? 왜 저희들은 저희 자신의 과거를 모릅니까?

마: 신은 자비심에서 사람들이 그것을 모르게 해 두었습니다. 만약 그들이 (전생에) 덕 있는 사람이었다는 것을 알면 자만하게 될 것이고, 그 반대였다면 기가 죽겠지요. 둘 다 좋지 않습니다. 우리가 진아를 알면 족합니다.

대담 554

마: 강이 바다로 들어간 뒤에는 그 흐름을 지속하지 않듯이, 사람도 진아에 합일된 뒤에는 모든 움직임을 상실합니다.

**대담 555**

스리 바가반이 한때 들려주신 이야기로, 언젠가 까비야깐타 가나빠띠 무니가 당신께 이렇게 질문했다: 제 의견으로 사람은 한 달에 3루피로 살 수 있습니다. 이 문제에 대한 스리 바가반의 의견은 어떻습니까?

**마:** 사람은 자기가 가지고 살 것이 아무것도 필요 없다는 것을 알 때만 행복하게 살 수 있습니다.

**대담 556**

채드윅 소령이 어느 날 밤 스리 바가반께 여쭈었다: 세계는 마음이 나타난 뒤에 나타나게 된다고 합니다. 제가 잠잘 때는 마음이 없습니다. 그때 다른 사람들에게는 세계가 존재하지 않습니까? (만약 존재한다면) 그것은 세계가 어떤 보편적 마음의 산물이라는 것을 보여주지 않습니까? 그렇다면 어떻게 우리가, 세계는 물질적이지 않고 꿈과 같을 뿐이라고 말하겠습니까?

**마:** 세계는 그대에게 자신이 개인적 마음의 산물이라거나 보편적 마음의 산물이라고 말하지 않습니다. 세계를 보는 것은 그 개인적 마음일 뿐입니다. 이 마음이 사라지면 세계도 사라집니다.

30년 전에 죽은 아버지를 꿈에서 본 사람이 있었지요. 게다가 그 꿈에서는 자기에게 형제 네 명이 더 있었는데, 아버지가 재산을 그들에게 나누어 주었습니다. 분쟁이 일어났고, 다른 형제들이 이 사람을 폭행하자 그는 겁에 질려 깨어났습니다. 이때 그는 자기 혼자밖에 없고, 자기에게 형제가 없으며, 아버지도 오래 전에 죽었다는 것을 기억했습니다. 그의 무서움이 행복감으로 바뀌었습니다. 그러니 보십시오. 우리가 자신의 **진아**를 볼 때는 세계가 없고, 우리가 **진아**를 시야에서 놓칠 때는 세계 안에 자신을 속박합니다.

**대담 557**

한 방문객이 질문했다: 우리는 양미간의 이마에 있는 부위(제3의 눈)에 집중하라는 말을 듣습니다. 그것은 올바른 것입니까?

**마:** 누구나 "내가 있다"를 자각합니다. 그 자각을 젖혀두고 그대는 신을 찾아 헤맵니다. 그대의 주의를 양미간에 고정하는 것이 무슨 소용이 있습니까? 신이 양미간에 있다고 말하는 것은 그냥 어리석은 것입니다. 그런 조언을 하는

목적은 마음의 집중을 돕기 위해서입니다. 그것은 마음을 제어하여 흩어지지 않게 하는 강제적인 방법 중 하나입니다. 마음이 하나의 통로로만 들어가게 강제됩니다. 그것은 집중의 한 보조수단입니다.

그러나 깨달음에 이르는 최선의 수단은 "나는 누구인가?" 하는 탐구입니다. 이 문제는 마음에게 있는데, 그것은 마음에 의해 제거될 수밖에 없습니다.

헌: 음식에서 준수해야 할 제한 사항이 있습니까?
마: 순수성 식품(sattva food)을 적당량 섭취하는 것입니다.
헌: 몇 가지 아사나(asanas)가 이야기됩니다. 그 중 어느 것이 가장 좋습니까?
마: 일여내관(nididhyasana)[마음의 일념집중]이 최선입니다.

## 대담 558

한 방문객이 질문했다: 스리 바가반! 저는 당신의 이야기를 들었을 때, 마음속에서 당신을 뵙고 싶은 강한 욕망이 일어났습니다. 왜 그런 것입니까?
마: 그 욕망이 일어난 것은 그 몸이 진아에게 일어나는 것과 마찬가지입니다.
헌: 삶의 목적은 무엇입니까?
마: 삶의 의미를 알려고 하는 것 자체가 전생에 쌓은 선업의 결과입니다. 그런 앎을 추구하지 않는 사람들은 인생을 그냥 허비하는 것입니다.

## 대담 559

어떤 사람이 스리 바가반께 질문했다: 스리 바가반께서는 제가 언제 진인이 될 것인지 아실 수 있습니다. 언제 그렇게 되겠는지 부디 말씀해 주십시오.
마: 만일 제가 바가반(신)이라면, 진지가 일어나야 할 사람이나 제가 이야기를 해야 할 사람으로서 저와 별개인 사람이 아무도 없습니다. 반면에 제가 남들과 같은 보통 사람이라면, 저도 여느 사람과 같이 무지합니다. 어느 쪽이든 그대의 질문에는 답변해 드릴 수 없습니다.

## 대담 560

스리 바가반이 목욕을 하고 계실 때 몇 명의 헌신자들이 당신 주위에서 자기들끼리 이야기를 하고 있었다. 그러다가 그들은 간자(ganja)[대마초]의 효용에 대해 당신께 여쭈었다. 그때는 스리 바가반이 이미 목욕을 끝내셨을 때였다.

당신이 말씀하셨다. "오, 간자 말인가! 그것을 사용하는 사람들은 그 약효를 받는 동안 굉장히 행복하다고 느끼지. 그들의 행복감을 내가 어떻게 묘사할 수 있을까! 그들은 그냥 '아난다! 아난다!…' 하고 외치지." 그렇게 말하면서 당신은 마치 취한 것처럼 걸으셨다. 헌신자들이 웃었다. 당신은 마치 넘어지는 것처럼 하면서 두 손으로 안나말라이 스와미를 끌어안고 "아난다! 아난다!" 하고 외치셨다.

안나말라이 스와미는 그때부터 자신의 존재 자체가 변환되었다고 기록하고 있다. 그는 지난 8년간 (아스라맘의) 상주자였다. 그는 또 말하기를, 지금은 자신의 마음이 평안에 머무르고 있다고 한다.

**대담 561**
**헌:** 마음의 자기형상(*svarupa*)과 무형상(*arupa*)이란 무엇입니까?
**마:** 그대가 잠에서 깨어나면 어떤 빛이 나타나는데, 그것은 **마하뜨** 원리(*Mahat tattva*)[48]를 통과한 **진아**의 빛입니다. 그것을 우주 의식이라고 합니다. 그것이 '무형상'입니다. 그 빛이 에고 위에 비치고, 거기서 반사됩니다. 그러면 몸과 세계가 보입니다. 이 마음이 '자기형상'입니다. 대상들은 이 반사된 의식의 빛 안에서 나타납니다. 이 빛을 죠띠(*jyoti*)라고 합니다.

### 1938년 10월 21일

**대담 562**
「탐구의 요지(*Vichara Sangraha*)」(「자기탐구」) 책에, 사람이 한 번 진아를 깨달았다 하더라도 단순히 그 이유만으로 해탈자가 될 수는 없다는 말이 있다. 그는 계속 원습에 시달리는 사람으로 남아 있다는 것이다. 어떤 사람이 스리 바가반께, 여기서 말하는 깨달음이 진인의 깨달음과 같은 것인지, 만약 같은 것이라면 왜 그 깨달음의 효과 간에 차이가 있어야 하는지를 여쭈었다.
**마:** 그 체험은 동일합니다. 누구나 의식적으로든 무의식적으로든 **진아**를 체험합니다. 무지인의 체험은 그의 원습에 가려지는 반면, 진인의 체험은 그렇지

---
48) *T*. '마하뜨'는 상키야 철학에서 말하는 25가지 범주(*tattvas*-우주의 구성 원리) 중 두 번째 것이며 대지성大知性으로 번역된다. 여기서 에고(*ahankara*)가 나오고, 에고에서 5가지 감각기관과 5가지 행위기관, 5가지 미세원소 그리고 마음이 나온다고 설명된다.

않습니다. 따라서 진인의 **진아** 체험은 또렷하고 영구적입니다.

수행자는 오랜 수행을 통해 **실재**에 대한 일견-見을 얻을 수 있습니다. 이 체험은 한 동안 생생할 수도 있습니다. 그러나 예전의 원습에 의해 주의가 분산될 것이고, 그래서 그 체험도 별 소용이 없게 됩니다. 그런 사람은 자신이 하던 성찰과 일여내관을 계속하여 모든 장애를 소멸해야 합니다. 그러고 나면 실재하는 상태 안에 영구적으로 머무를 수 있게 됩니다.

헌: 아무 노력도 하지 않아 무지인으로 남아 있는 사람과, 일견을 얻고 나서도 무지로 돌아가는 사람 간의 차이는 무엇입니까?

마: 후자의 경우에는 어떤 자극이 늘 남아 있어서 그가 더 노력하도록 부추기게 되고, 그러다 보면 그 깨달음이 완전해집니다.

헌: 스루띠(우파니샤드)에서 말하기를, "브라만에 대한 이 지知는 한 번에 영원히 빛을 발한다(Sakrit vibhatoyam brahmaloka)"고 합니다.

마: 그것은 영구적인 깨달음을 말하는 것이지 일견을 말하는 것이 아닙니다.

헌: 사람이 어떻게 바로 자신의 체험을 잊어버리고 도로 무지에 빠질 수 있습니까?

스리 바가반은 다음과 같은 이야기로 그것을 알기 쉽게 설명해 주셨다:

백성들을 잘 대우하는 왕이 있었습니다. 그런데 대신들 중 한 명이 왕의 신임을 얻어 그 영향력을 남용했습니다. 다른 모든 대신과 관리들은 자기들이 불리한 영향을 받게 되자 그를 제거할 한 가지 방안을 떠올렸습니다. 그들은 경비원들에게 그 대신을 궁에 들여보내지 말라고 지시했습니다. 왕이 그가 없는 것을 알고 그에 대해 물었습니다. 사람들은 그가 병이 나서 입궁할 수 없다고 아뢰었습니다. 왕은 어의御醫를 보내서 그 대신을 돌보게 했습니다. 그 대신이 어떤 때는 호전되다가 어떤 때는 악화된다는 거짓 보고들이 왕에게 전해졌습니다. 왕은 환자를 보고 싶어 했습니다. 학자들은 그런 행동이 다르마(dharma)에 위배된다고 말했습니다. 나중에 그 대신이 죽었다는 보고가 들어왔습니다. 왕은 그 소식을 듣고 아주 상심했지요.

그 오만한 대신은 자신의 첩자들에 의해 모든 내막을 알고 있었고, 다른 대신들의 책략을 무산시키려고 애썼습니다. 그는 왕이 궁에서 나오기를 기다려 자신이 직접 왕에게 아뢰기로 했습니다. 한번은 그가 나무에 올라가서 가지 사이에 몸을 감추고 왕을 기다렸습니다. 왕이 밤에 가마를 타고 나오자 숨어 있던 사람이 가마 앞에 뛰어내려 자신이 누구라고 소리쳤습니다. 그러나 왕을 수행隨行하던 대신도 그에 못지않게 책략이 풍부했습니다. 그는 즉시 한 줌의 비부띠(vibhuti-성스러운 재)를 호주머니에서 꺼내어 공중에 뿌렸고, 그래서 왕은 눈을 감지 않을 수 없었지요. 수행 대신은 왕에게 '자이(jai)'[승리]를 외치고 악대에게 연주를 명했습니다. 그래서 그 소리에 상대방의 외침이 묻혀 버렸습니다. 그는 또한 가마꾼들에게 얼른 움직이라고 명령하고, 자신은 악령을 쫓는 주문을 읊었습니다. 그래서 왕은 죽은 사람의 유령이 자신에게 장난을 친 것이라고 생각하게 되었습니다.

낙담한 신하는 절망한 나머지 고행(tapasya)을 하기 위해 숲으로 들어갔습니다. 오랜 세월이 지난 뒤 왕은 우연히 사냥을 나갔다가, 깊은 명상에 잠겨 있는 전임 대신을 만났습니다. 그러나 그는 그 유령이 자신을 괴롭히지 못하도록 얼른 그 자리를 떠나고 말았습니다.

이 이야기가 말하고자 하는 교훈은, 그 사람이 피와 살로 된 몸을 가지고 있음을 보고도, 왕은 그가 유령이라고 하는 그릇된 관념 때문에 올바른 가치를 받아들이지 못했다는 것입니다. 진아에 대한 억지 깨달음도 그와 마찬가지입니다.

### 1938년 10월 22일

**대담 563**

일단의 사람들이 스리 바가반을 찾아왔다. 그 중의 한 사람이 질문했다: 어떻게 하면 제 마음을 바르게 유지할 수 있습니까?

마: 말을 안 듣는 황소를 풀로 유인하여 우리에 가둡니다. 마찬가지로 마음은 좋은 생각들로 유인해야 합니다.

헌: 그러나 마음이 안정되게 머무르지 않습니다.

마: 밖으로 나다니는 습이 든 황소는 나돌아 다니는 것을 좋아합니다. 그러나 향긋한 풀로 이 소를 유인하여 우리에 가둬야 합니다. 그래도 황소는 이웃집 밭으로 계속 들어가겠지요. 그 소가 자기 우리에도 똑같이 좋은 풀이 있다는 것을 점차 깨닫게 해야 합니다. 얼마 지나면 나다니지 않고 우리 안에 남아 있게 될 것입니다. 나중에는 우리에서 몰아내도 이웃집 밭에 들어가지 않고 우리로 돌아올 때가 있을 것입니다. 마찬가지로, 마음도 올바른 길에 습관이

들게 훈련시켜야 합니다. 그러면 점차 좋은 길들에 습이 들어 나쁜 길로 돌아가지 않게 될 것입니다.

**헌:** 마음에게 보여주어야 할 좋은 길들은 어떤 것입니까?

**마:** 신에 대한 생각입니다.

1938년 10월 23-26일

### 대담 564

카슈미르 출신의 지주地主(*jagirdar*)인 빤디뜨 발라 까끄 다르(Bala Kak Dhar)가 디빠발리(Deepavali) 날에 스리 바가반을 친견하려고 멀리 스리나가르에서 와 있었다. 그가 자신의 삶과 입장을 설명하는 글이 들어 있는 종이 한 뭉치를 스리 바가반께 드렸다. 그와 스리 바가반의 대화는 모두 개인적인 것이었다.

그의 질문 중 하나는 이러했다: 이제 저는 스리 바가반을 친견했고 그걸로 저에게는 충분하니, 모든 부적과 탄트라와 예공(*pujas*)을 강물 속에 던져 버려도 되겠습니까?

**마:** 다르마 경전(*Dharma sastras*)에서 규정한 일상적 예공은 늘 좋습니다. 그것은 마음을 정화하기 위한 것이니까요. 설사 자신이 그런 예공을 하기에 너무 진보했다고 생각되더라도, 남들을 위해서 그것을 해야 합니다. 그런 행위는 자식들이나 다른 권속들에게도 좋은 모범이 될 것입니다.

### 대담 565

마이소르에서 온 한 신사가 질문했다: 어떻게 하면 마음을 올바른 길로 유지할 수 있습니까?

**마:** 수행을 하면 됩니다. 마음에게 좋은 생각들을 안겨주십시오. 마음을 좋은 길로 훈련시켜야 합니다.

**헌:** 그러나 그것이 안정되지 않습니다.

**마:** 『바가바드 기타』에서는 "점차 마음을 안정시켜야 한다(*Sanaissanair uparamet*)", "마음을 진아 안에 고정하고(*Atma samstham manah krtva*)", "수행과 무욕에 의해서(*Abhyasa-vairagyabhyam*)"라고 합니다.

수행이 필요합니다. 진보는 느리겠지요.

**헌:** "진아 안에 고정하고(*Atma samstham*)"라고 할 때 그 진아가 무엇입니까?

**마:** 그대의 **진아**를 모릅니까? 그대는 확실히 존재합니다. 아니면 그대는 자신의 존재성을 부인합니까? 그대가 존재하지 않는다면야 "이 **진아**는 누구지?" 하는 의문이 일어날 수도 있겠지만, 또 한편 그대가 존재하지 않으면 아무것도 물을 수 없습니다. 그 질문은 그대가 존재한다는 것을 말해줍니다. 그대가 누구인지 알아내십시오. 그것이 전부입니다.

**헌:** 저는 많은 책을 읽었습니다. 그러나 제 마음이 **진아**로 돌아가지 않습니다.

**마:** **진아**는 책 속에 있는 것이 아니라 그대 안에 있기 때문입니다. 책을 읽으면 사람이 유식해집니다. 그것이 책을 읽는 목적이고, 그것은 (책을 읽으면) 성취됩니다.

**헌:** **아뜨마 사끄샤뜨까라**(Atma sakshatkara)[진아 깨달음]가 무엇입니까?

**마:** 그대는 **아뜨마**[진아]이고, 저 **사끄샤뜨**(sakshat)[지금과 여기]이기도 합니다. 거기에 **까라**(kara)[성취]가 들어설 자리가 어디 있습니까? 그런 질문은 그대가 자신을 비진아로 생각한다는 것을 보여줍니다. 아니면 그대는 두 개의 자아가 있어서, 하나가 다른 하나를 깨닫는다고 생각하는 것입니다. 그것은 말이 되지 않습니다.

    그대가 자신을 그 거친 몸과 동일시한다는 것이 그 질문의 근저에 있습니다. 그런데 그 질문은 지금 일어납니다. 그대의 잠 속에서 그것이 일어났습니까? 그때는 그대가 존재하지 않았습니까? 분명히 잠 속에서도 존재했습니다. 이 두 상태 간의 차이가 무엇이기에 지금은 그 질문이 일어나는데 잠 속에서는 일어나지 않습니까? 지금 그대는 자신이 몸이라고 생각합니다. 그대는 주위의 사물들을 보면서 비슷한 방식으로 **진아**를 보고 싶어 합니다. 습(習)의 힘이 그와 같습니다. 감각기관들은 지각의 도구에 불과합니다. 그대가 '보는 자'입니다. 보는 자로만 머물러 있으십시오. 달리 '보아야 할 것'이 무엇입니까? 깊은 잠 속의 상태가 그렇습니다. 따라서 그때는 그런 질문이 일어나지 않습니다.

    그래서 **아뜨마 사끄샤뜨까라**는 아나뜨마 니라사나(anatma nirasana)[비아의 포기]일 뿐입니다.

**헌:** 단 하나의 **자아**가 있습니까, 아니면 더 많은 자아들이 있습니까?

**마:** 이 역시 혼동에서 비롯됩니다. 그대는 몸을 **자기**와 동일시합니다. 그대는 "여기 내가 있다. 여기 그가 있다. 남이 있다. 뭐가 있다"는 식으로 생각합니

다. 다수의 몸들을 보면서 수많은 자아들이 있다고 생각합니다. 그러나 그대의 잠 속에서 "나는 여기서 자고 있는데, 깨어 있는 사람은 얼마나 많지?" 하고 물었습니까? 그 문제에 관해 어떤 질문이 일어나기는 했습니까? 왜 질문이 일어나지 않습니까? 그대가 오직 하나이지 여럿이 아니기 때문입니다.

**헌:** 저의 따뜨와(*tattva*)[진리]는 무엇입니까?

**마:** 그대 자신이 따뜨와입니다. 다른 사람의 따뜨와를 아는 어떤 사람이 있습니까? 그대가 어떻게 따뜨와와 별개로 존재할 수 있습니까? 그대가 존재한다는 사실 자체가 그대로 하여금 그 질문을 하게 합니다. 그대가 존재한다는 것 자체가 따뜨와입니다. 따뜨와가 걸친 옷들을 포기하고 그대의 본질적 성품으로 머무르십시오. 모든 경전들은 비진리에, 곧 비非따뜨와에 그대의 시간을 낭비하지 말라고 말해줄 뿐입니다. 비非따뜨와를 포기하십시오. 그러면 따뜨와가 늘 순수하고 단일하게 빛나면서 머무릅니다.

**헌:** 저의 따뜨와와 저의 임무를 알고 싶습니다.

**마:** 먼저 그대의 따뜨와를 아십시오. 그러고 나서 그대의 임무가 무엇인지 물어도 됩니다. 그대의 임무를 알고 그것을 행하기 위해서는 그대가 존재해야 합니다. 그대의 존재성을 깨닫고 나서 임무에 대해 물으십시오.

### 1938년 10월 26일

## 대담 566

「아리야 다르맘(*Arya Dharmam*)」이라는 타밀 신문이 있다. 무욕(*Vairagyam*)에 관한 글 한 편이 거기에 실렸다. 스리 바가반은 한 질문에 대한 답변으로 그것을 낭독하셨다. 그 글은 간략히 다음과 같았다:

*vairagya* = *vi*(~에서 떨어져) + *raga*(집착) = *vigataraga*[무집착].

무욕은 현자들에게만 가능하다. 그러나 보통 사람들은 그 말을 잘못 쓸 때가 많다. 예컨대 어떤 사람은 종종 "나는 영화를 보러 가지 않기로 했다"고 말한다. 그는 그것을 무욕이라고 부른다. 글귀와 옛 격언들에 대한 그런 잘못된 해석이 드물지 않다. 또 우리는 흔히 "개를 보면 돌이 안 보이고, 돌을 보면 개가 안 보인다"는 말을 듣는다. 사람들은 이 말을 보통 '떠돌이 개에게 던질 돌멩이를 찾지 못한다'는 의미로 이해한다. 그러나 이 항간의 격언은 훨씬 더 깊은 의미가 있다. 그것은 이런 이야기에 근거한다. 한 부잣집에서는 경비를 철저히 했다. 그 집 대문 기둥에는 사나운 개가 한 마리 사슬에 매여져 있었다. 그러나 그 개와 사슬은 아주 솜씨 좋게 만든 공예품들이었다. 돌로 조각되었지만 실물 같아 보였다. 길을 가던 행인이 한번은 이 사납게 생긴 짐승을 보고 소스라치게 놀라 개를 피하려다가 다치고 말았다. 친절한 이웃 사람은 그런 그가 안쓰러워서, 그것이 살아 있는 개가 아닌 것을 그에게 보여 주었다. 다음번에 그 사람이 그곳을 지나갈 때는 그것을 조각한 사람의 솜씨에 감탄하면서 앞서 경험한 일은 잊어버렸다. 그래서 그것을 개로 보았을 때는 그것을 만든 돌을 보지 못했지만, 그것이 조각품임을 발견했을 때는 그를 다치게 한 어떤 개도 보이지 않았던 것이다. 그래서 이 속담이 나왔다. 이것을 "코끼리는 나무를 숨기고, 나무는 코끼리를 숨긴다"와 비교해 보라. 여기서 그것은 나무로 만든 코끼리이다.

 아뜨마는 늘 사뜨-찌뜨-아난다이다. 이 셋 가운데 처음 두 가지는 모든 상태에서 경험되는 반면, 마지막 것은 잠 속에서만 경험된다고 한다. 그러면 생시와 꿈의 상태에서는 어떻게 우리가 진아의 참된 성품을 잃어버릴 수 있는가 하는 의문이 생긴다. 실제로 말하면, 그것을 잃어버린 것은 아니다. 잠 속에서는 마음이 없고 진아가 그것 자체로 빛나는 반면, 다른 두 가지 상태에서 빛을 발하는 것은 진아의 반사된 빛이다. 아난다는 잠 속에서 생각들이 그친 뒤에 느껴진다. 그것은 사랑·기쁨 등과 같은 다른 경우에도 희열(priya)·환희(moda)·대환희(pramoda)로 나타난다. 그러나 그것들은 모두 마음의 상相(chitta manas)이다.

 사람이 거리를 걸어갈 때 그의 마음은 지나가는 생각들로 가득하다. 그가 좋은 망고들을 팔고 있는 시장을 지나간다고 생각해 보라. 그는 망고가 마음에 들어 그것을 몇 개 산다. 그 다음에는 그것을 먹고 싶은 마음이 굴뚝같다. 그래서 급히 집으로 가서 그것을 먹고 행복감을 느낀다. 지나가던 생각들이 망고를 본 즐거움으로 바뀌었을 때, 그것이 희열이다. 그가 망고를 자기 것으로 했을 때, 그 즐거움이 환희이다. 마지막으로, 그가 그것을 먹을 때, 그 즐거움이 대환희이다. 이 세 가지 즐거움은 모두 다른 생각들이 사라진 데서 온다.

## 1938년 11월 3-6일

### 대담 567

스리 바가반은 맥키버 씨에게 「실재지(*Sad Vidya*)」의 처음 몇 연을 다음과 같이 설명해 주셨다:

**1.** 첫째 연(기원문 제1연)은 상서로운 시작입니다. 왜 이 작품의 주제가 여기에 들어와야 합니까? 지知가 **존재** 아닐 수 있습니까? **존재**는 핵심—곧, **심장**입니다. 그러면 우리는 **지고의 존재**를 어떻게 내관하고 찬미할 수 있습니까? **순수한 진아**로 머무르는 것만이 상서로운 시작입니다. 이것은 지知의 길에 따라서 '속성 없는 **브라만**'을 이야기합니다.

**2.** 둘째 연(기원문 제2연)은 속성을 가진 **신**을 찬미합니다. 앞에서는 하나인 **진아**가 되는 것을 이야기했는데, 본 연에서는 만물의 **하느님**에 대한 순복을 이야기합니다. 더욱이 두 번째 연은 (1) 적합한 독자, (2) 주제, (3) 관계, (4) 결실을 보여줍니다.49) 적합한 독자는 그렇게 할 능력이 있는 사람입니다. 그 능력이란 세간에 대한 무집착과 해탈하려는 열망입니다.

모두가 자신이 언젠가는 죽어야 한다는 것을 알지만 그 문제를 깊이 생각하지는 않습니다. 모두가 죽음에 대한 두려움을 가지고 있으나 그 두려움은 일시적입니다. 죽음을 왜 두려워합니까? "나는 몸이다"라는 관념 때문입니다. 모두가 몸이 죽는다는 것과 그것이 화장된다는 것을 압니다. 죽으면 몸이 상실된다는 것은 잘 알려진 사실입니다. "나는 몸이다"라는 관념 때문에 사람들은 죽음을 **자기 자신**의 상실로 여겨 두려워합니다. 탄생과 죽음은 몸에 속할 뿐이지만, 그것이 **진아**에 덧씌워져 탄생과 죽음이 **자기**와 관계된다는 망상을 야기합니다.

인간은 탄생과 죽음을 극복하려고 노력하는 가운데서 자신을 구원해 줄 **지고의 존재**를 우러러 봅니다. 그래서 **하느님**에 대한 믿음과 헌신이 생겨납니다. 그를 어떻게 숭배합니까? 피조물은 무력하고 **창조주**는 전능합니다. 그에게 어떻게 접근합니까? 자기 자신을 그의 보살핌에 맡겨버리는 것이 사람이 할 수 있는 전부입니다. 완전한 순복이 유일한 길입니다. 따라서 그는 **신**에게 자신을 내맡깁니다. 순복(내맡김)은 자기 자신과 자신의 소유물을 **자비의 하느님**에게

---

49) *T.* 경전의 특정한 주제를 상론하는 '논論(*prakarana*)'은 전통적으로 '적합한 독자 명시', '주제', '그 논과 주제 간의 관계' 및 '그 논이 달성하려는 목적'이라는 네 가지 필수 요건을 갖춘다.

넘겨주는 것입니다. 그러면 그 사람에게는 뭐가 남습니까? 아무것도 남지 않습니다. 그 자신도, 그의 소유물도 없습니다. 태어나고 죽게 되어 있는 몸이 **하느님**에게 인계되었으므로, 그 사람은 더 이상 그것에 대해 걱정할 필요가 없습니다. 그러면 탄생과 죽음이 공포를 안겨줄 수 없습니다. 두려움의 원인은 몸이었는데, 그것은 더 이상 그의 것이 아닙니다. 그러니 이제 왜 두려워하겠습니까? 그리고 겁을 먹을 그 개인의 정체성이 어디 있습니까?

그래서 **진아**를 깨닫게 되고 **지복**이 일어납니다. 그렇다면 이것이 '주제'입니다. 즉, 불행에서 벗어나 **행복**을 얻는 것입니다. 이것이 얻어야 할 최고선입니다. 그래서 순복은 **지복** 자체와 동의어입니다. 이것이 '관계'입니다.

'결실'은 그 주제를 성찰하여 지금 여기 항상 존재하는 **지**知를 얻는 것입니다. 이 연은 "불멸인 이들"로 끝납니다.

**3.** (본문 제6연에서) 오관五官은 미세기능(*tanmatras*-唯), 즉 듣고, 접촉하고, 보고, 맛보고, 냄새 맡는 것을 의미합니다. 이것들의 변화된 모습이 전 우주를 형성합니다. 이들은 세 가지 구나(*gunas*)에 따라 다음과 같이 변화합니다.

따마스에 의해 거친 원소들이 생기고,
라자스에 의해 대상들을 알기 위한 도구들이 생기며,
사뜨와에 의해 감각기관들의 여러 가지 앎이 생깁니다. 또한,
따마스에 의해 거친 대상들, 즉 세계가 생기고,
라자스에 의해 생명기운들과 운동기관들(*karmendriyas*)이 생기며,
사뜨와에 의해 지각기관들(*jnanendriyas*)이 생깁니다.

운동기관은 붙잡고, 걷고, 말하고, 배설하고, 생식하는 기관들입니다.

자, 종이 울리는 경우를 생각해 보십시오. 그 소리는 듣는 것과 관계됩니다. 종은 대상, 곧 따모구나(*tamoguna*-따마스)의 변상變相입니다. 라자스적 미세기능들은 소리의 진동으로서 변하면서 종 주위로 퍼지고, 그런 다음 그것이 에테르(ether)로서 귀와 연결되어야 그 소리가 느껴집니다. 그것을 소리로 인식하는 얇은 사뜨와 미세기능(*sattva tanmatra*)입니다.

다른 감각기관들도 마찬가지입니다. 접촉은 공기 미세기능(air *tanmatra*-風唯), 형상은 불 미세기능(*tejas tanmatra*-火唯), 맛은 물 미세기능(water *tanmatra*-水唯), 냄새는 흙 미세기능(earth *tanmatra*-地唯)입니다.

미세기능들을 물질의 가장 미세한 입자들로 이해하는 것은 올바르지 않습

니다. 그것은 완전하지 않기 때문입니다. 그것은 소리·접촉·봄·맛·냄새의 미세한 형상들일 뿐인데, 그것이 우주의 구성 요소들 전체를 이룹니다. 세계 창조가 이와 같습니다.

적절한 용어가 없어 외국어로는 이런 관념들을 제대로 표현할 수 없습니다.

**4.** 이 시에서는 누구나 한 가지 점에 동의한다고 말합니다. 그것이 무엇입니까? 이원성과 비이원성, 주체와 대상, 개아와 신, 요컨대 모든 차별상을 넘어선 상태입니다. 그것은 에고에서 벗어나 있습니다. "그것에 어떻게 도달하는가?"가 질문사항인데, 세계를 포기하면 된다고 이 시에서는 말합니다. 여기서 '세계'는 그것과 관계되는 생각들을 나타냅니다. 그런 생각들이 일어나지 않으면 에고가 일어나지 않습니다. 그러면 주체도 없고 대상도 없을 것입니다. 그 상태가 이와 같습니다.

### 대담 568

V. G. 샤스뜨리 씨가 스리 바가반께 오려 낸 글 하나를 보여드렸다. 거기에는 인도가 1950년이 되기 전에 예전 영광의 완전한 극점까지 도달할 것이라는 스리 라마 띠르타(Sri Rama Tirtha)[50]의 예언 몇 마디가 들어 있었다.

스리 바가반이 말씀하셨다: 왜 인도는 이미 영광의 극점에 도달해 있다고 우리가 생각하면 안 됩니까? 그 영광은 그대의 생각 속에 있습니다.

### 1938년 11월 7일

### 대담 569

스리 K. L. 샤르마에 대한 답변에서, 스리 바가반은 「다끄쉬나무르띠 송찬」에 대해 다음과 같이 말씀하셨다:

저는 원래 그에 대한 주석을 하나 쓰려고 했지요. 그런데 랑가나타 아이어 씨가 제가 지은 그 송찬의 타밀어본을 가져가서 「압빨람의 노래(Appalapattu)」와 함께 출판했습니다. 나중에는 저에게 그것을 늘려달라고 하더군요. 저는 머리말을 준비해 두고 있었습니다. 아이어 씨는 그것을 보자 출판하기 위해 가져가 버렸습니다. 그 작품은 더 이상 진행하지 않았지요.

---

50) *T.* 북인도의 성자(1873-1906).

「송찬」에 대하여:

창조주 **브라마**는 자기 마음으로부터 아들 네 명을 창조했는데, 그들은 사나까(Sanaka), 사난다나(Sanandana), 사나뜨꾸마라(Sanatkumara) 그리고 사나뜨수자따(Sanatsujata)였습니다. 그들이 자신들의 창조주에게 자기들이 왜 생겨났는지 묻자 **브라마**가 말했습니다. "나는 우주를 창조해야 한다. 그러나 나는 **진아**를 깨닫기 위해 따빠스를 하러 가고 싶다. 너희가 생겨난 것은 너희들이 우주를 창조할 수 있도록 하기 위해서이다. 그것은 너희 자신을 늘려나가면 되는 일이다." 그들은 그런 구상에 찬동하지 않았고, 왜 자기들이 그런 귀찮은 일을 떠맡아야 하는지 의아해했습니다. 누구나 근원을 추구하는 것이 당연합니다. 따라서 그들은 자신들의 근원을 되찾아 행복해지고 싶었습니다. 그래서 **브라마**의 명령에 따르지 않고 그를 떠났습니다. 그들은 **진아 깨달음**을 얻기 위해 누군가의 가르침을 원했습니다. 이들은 **진아 깨달음**을 얻기 위한 최상의 조건을 갖춘 사람들이었고, 따라서 가르침은 **스승들** 중 최고인 분으로부터 와야 했습니다. 그것이 **요기왕**(yogiraja) **시바** 아니고 누구겠습니까? **시바**는 신성한 반얀나무 아래 앉아 있는 (다끄쉬나무르띠의) 모습으로 그들 앞에 나타났습니다. 요기왕인 그가 요가를 닦겠습니까? 그는 앉아서 삼매에 들었고, 완전한 안식의 상태에 있었습니다. **침묵**이 지배했지요. 그들이 그를 보았습니다. 그 효과는 즉각적이었습니다. 그들은 삼매에 들었고, 그들의 의심은 끝이 났습니다.

**침묵**이 참된 가르침(upadesa)입니다. 그것은 완전한 가르침입니다. 그것은 가장 진보된 구도자들에게만 적합합니다. 그렇지 않은 사람들은 거기서 충분한 영감을 얻을 수 없습니다. 따라서 그들에게는 **진리**를 설명하는 말이 필요합니다. 그러나 **진리**는 말을 넘어서 있습니다. 설명을 용납하지 않습니다. 그것을 가리켜 보이는 것이 할 수 있는 전부입니다. 그것은 어떻게 이루어집니까?

사람들은 환幻에 사로잡혀 있습니다. 그 미혹이 제거되면 그들이 **진리**를 깨달을 것입니다. 그들은 환幻의 허구성을 깨달으라는 말을 들어야 합니다. 그러면 환의 덫에서 벗어나려고 애쓸 것이고, 무욕을 얻게 됩니다. 그리고 **진리**를 탐구하게 될 것입니다. 즉, **진아**를 추구하게 됩니다. 그러다 보면 **진아**로서 안주하게 됩니다. **시바**의 화신(avatar)인 스리 샹까라는 타락한 존재들에 대한 자비심으로 가득 차 있었습니다. 그는 그들이 모두 자신들의 지복스러운 **진아**를 깨닫기 바랐지만, 그의 **침묵**을 가지고 그들 모두에게 다가갈 수는 없었습니다.

그래서 하나의 찬가 형태로 「다끄쉬나무르띠 송찬」을 지어 사람들이 그것을 읽고 진리를 이해할 수 있도록 한 것입니다.

환幻의 본질이 무엇입니까? 모두가 즐김―즉, 향유자(bhokta)·향유물(bhogya)·향유(bhoga)―에 지배되고 있습니다. 이는 향유 대상들(bhogya vastu)이 실재한다는 그릇된 관념에 기인합니다. 에고·세계·창조주는 환幻의 근저에 놓여 있는 근본 요소들입니다. 그것들이 자기와 별개가 아니라는 것을 알면 더 이상 환幻은 없을 것입니다.

처음 네 연은 세계를 다룹니다. 여기서 세계는 그의 진아가 구도자의 진아이기도 한 그런 스승, 혹은 그 구도자가 자신을 내맡기는 그런 스승과 같다는 것을 보여줍니다. 그 다음의 네 연은 개인을 다루는데, 그의 진아가 곧 스승의 진아라는 것을 보여줍니다. 아홉 번째 연은 이스와라를, 그리고 열 번째 연은 싯디 혹은 깨달음을 다루고 있습니다.

이 「송찬」의 틀이 이와 같습니다.

여기서 거울(darpana)이 무엇입니까?51) 거울은 우리가 알다시피 빛을 반사하는 하나의 지각력 없는 물건입니다. 개인에게서 거울에 상응하는 것은 무엇입니까? 스스로 빛나는 진아의 빛이 대지성(Mahatattva) 위에서 반사됩니다. 이 반사된 빛이 마음-허공(mind-ether), 곧 순수한 마음입니다. 이것이 그 개인의 원숨들을 비추고, 그래서 '나'와 '이것'이라는 느낌이 일어납니다.

또 이 시구들을 피상적으로 읽으면, 속박·해탈 등이 모두 그 스승, 즉 다끄쉬나무르띠와 관계된다고 믿게 됩니다. 그것은 말이 되지 않습니다. 여기서는 그에게 순복하라는 의미입니다.

## 대담 570

**한 방문객**: 무성명상無性冥想(nirguna upasana-성질 없는 실재에 대한 명상)은 어렵고 위험하다고 합니다.

그는 『스리마드 바가바드 기타』에서 "왜냐하면 미현현자未顯現者라는(avyakta hi)" 등의 구절을 인용했다.52)

---

51) T. "우주는 마치 거울에 비치는 도시처럼 당신의 안에 있으면서도…." ―「송찬」, 제2연.
52) T. "(미현현자를 생각하는 이들의 어려움은 더 크다.) 왜냐하면 미현현자라는 목표에 도달하기는 육신 존재들에게 어려우므로(avyakta hi gatir duhkham dehavadbhir avapyate)."―『기타』, 12.5.

**마:** 현현자顯現者(드러난 세계)를 미현현자(드러나지 않은 브라만)로 여기니까 의심이 일어납니다. 자기보다 더 맞닿아 있고 친밀한 것이 있을 수 있습니까? 어떤 것이 (그보다) 더 분명할 수 있습니까?

**헌:** 유성명상有性冥想(saguna upasana)이 더 쉬워 보입니다.

**마:** 그대에게 쉬운 것을 하십시오.

## 대담 571

개인들의 다수성은 대다수 사람들에게 하나의 쟁점입니다. 개아라는 것은 에고 위에서 반사되는 빛일 뿐입니다. 그 사람은 자신을 에고와 동일시하고, 자기와 같은 사람들이 더 존재하는 것이 틀림없다고 주장합니다. 이런 사람에게는 그의 입장이 어불성설이라는 것을 쉽게 납득시킬 수 없습니다. 꿈 속에서 많은 개인들을 보는 사람이, 깨어났을 때도 그들이 실재한다고 계속 믿으면서 그들에 대해 묻습니까?

이 논변도, 따지고 드는 사람을 납득시키지는 못합니다.

또, 달이 있습니다. 누가 어느 때 어느 장소에서 달을 보든, 달은 같은 달입니다. 누구나 그것을 압니다. 이제 달을 반사하는 물그릇이 몇 개 있다 합시다. 물에 비친 모습들은 서로 다 다르고, 달 자체와도 다릅니다. 만일 그릇들 중 하나가 산산조각나면 그 반사도 사라집니다. 그러나 그것이 사라진다 해도 실제의 달이나 반사된 다른 달들에는 영향이 없습니다. 해탈을 얻는 개인도 그와 비슷합니다. 그 사람만 해탈하는 것입니다.

다수성을 주장하는 교파 사람은 비이원론에 대항해 이런 논변을 내세웁니다. "만약 진아가 단일하다면, 한 사람이 해탈하면 모든 영혼이 해탈한다는 의미가 된다. 실제로는 그렇지 않다. 따라서 비이원론은 옳지 않다."

이 논변의 약점은 **진아**의 반사광을 **진아**의 본래 **빛**으로 착각한다는 것입니다. 에고·세계·개인들은 모두 그 사람의 원습에 기인합니다. 원습이 사라지면 그 사람의 환각도 사라집니다. 다시 말해서, 주전자 하나가 깨지면 그 상대적인 반사도 끝이 납니다.

사실은, **진아**는 결코 속박되지 않는다는 것입니다. 따라서 **진아**에게는 어떤 **해탈**도 있을 수 없습니다. 모든 문제는 에고에게 있을 뿐입니다.

### 1938년 11월 10일

다수의 개아들(jivas)이 있다고 말하는 것이 왜 잘못이냐고 누가 질문했다: 개아들은 확실히 많습니다. 왜냐하면 개아는 에고일 뿐이고, 진아의 (무수한) 반사광을 이루기 때문입니다. 자아들이 다수라는 것은 잘못일지 모르지만, 개아들이 다수라는 것은 그렇지 않습니다.

마: 개아를 개아라고 부르는 것은 그가 세계를 보기 때문입니다. 꿈을 꾸는 사람은 꿈 속에서 많은 개아들을 보지만 그들은 모두 실재하지 않습니다. 꿈을 꾸는 사람만 존재하고 그가 모두를 봅니다. 개인과 세계도 그와 마찬가지입니다. 단 하나의 자아만 있다는 교의가 있는데, 이것을 유일 개아의 교의라고도 합니다. 거기서는 말하기를, 개아는 단 하나인데 그가 전 세계와 그 세계 안의 개아들을 본다고 합니다.

헌: 그러면 여기서 개아는 진아를 뜻합니다.

마: 그렇지요. 그러나 진아는 보는 자가 아닙니다. 그런데 여기서는 그가 세계를 본다고 이야기됩니다. 그래서 그를 개아로 분별하는 것입니다.

## 대담 572

헌: 누구나 가지고 있는 죽음의 공포는 무슨 쓸모가 있습니까?

마: 맞습니다. 그것은 누구나 가지고 있지요. 그런 공포는 어떤 유용한 목적에도 이바지하지 않습니다. 왜냐하면 그 사람은 마음의 잠재적인 습習에 압도되어 자연사하기 때문입니다. 그런 공포는 사람을 무집착에 이르게 하지 못하며, 그 사람은 그 문제를 탐구할 수 없습니다.

헌: 그러면 당신께서는 어떻게 방문객들을 구별하지 않고 똑같은 가르침을 주십니까?

마: 제가 뭐라고 합니까? 각자의 에고가 죽어야 합니다. 그 에고에게 그 점에 대해 성찰해 보라 하십시오. '이 에고는 있는가, 없는가?' 거듭 성찰해 나가면 점점 더 나은 근기가 됩니다.

### 1938년 11월 11일

## 대담 573

14년째 헌신자인 랑가나타 아이야르 씨가 이곳을 방문하고 있다. 그가 질문했

다: 우리의 죽음과 환생 사이의 시간 간격은 얼마나 됩니까?
마: 그것은 길 수도 있고 짧을 수도 있지요. 그러나 진인은 그런 어떤 변화도 겪지 않고 보편적 존재 속으로 합일된다고 『브리하다라니야까 우파니샤드』에서 말하고 있습니다. 어떤 이들은, 죽은 뒤에 빛의 길 속으로 들어가는 사람들은 다시 태어나지 않는 반면, 죽은 뒤에 어둠의 길을 밟는 사람들은 미세신으로 업의 열매를 즐긴 뒤에 다시 태어난다고 합니다.53)

만약 사람의 선업과 악업이 동등하면 그는 여기에 바로 다시 태어납니다. 선업이 악업을 능가하면 미세신들이 먼저 천상으로 갔다가 여기에 다시 태어나며, 악업이 선업을 능가하면 미세신들이 먼저 지옥으로 갔다가 나중에 여기에 다시 태어납니다.

요가 낙오자(yogabrashta)도 같은 과정을 밟는다고 합니다.54) 이 모든 것들이 경전에서 묘사됩니다. 그러나 사실, 탄생도 없고 죽음도 없습니다. 우리는 참으로 우리인 것(진아)으로서 남아 있을 뿐입니다. 이것이 유일한 진리입니다.

## 대담 574

헌: 아사나(asanas)[자세 혹은 자리]란 무엇입니까? 그런 것이 필요합니까?
마: 요가 경전에서는 많은 아사나와 그 효과들이 언급됩니다. 자리에는 호랑이 가죽·풀 등이 있고, 자세에는 '연화좌蓮華坐(결가부좌)', '쉬운 자세(반가부좌)' 등이 있습니다. 단지 자기 자신을 알기 위해, 이런 것들이 왜 있습니까? '나는 몸이다. 몸에게는 자리가 필요하다. 여기는 땅이다' 하면서 사람은 자리를 찾습니다. 그러나 잠 속에서 그가 지지물이나 침대를 생각했습니까? 침대는 침상 위에 있고, 침상은 땅 위에 있는데도? 잠 속에서도 그는 존재하지 않았습니까? 그때는 어떻게 있었습니까?

진실은 이렇습니다. 즉, 그는 진아인데 에고가 일어나서 자신을 몸과 혼동하고, 세계가 실재한다고 착각하여 대상들을 구별하며, 아만我慢('I'-conceit)의 무지에 덮인 채 터무니없는 생각을 하면서 자리까지 찾습니다. 그는 자신이 곧 만물의 중심이고, 따라서 만물의 기초가 된다는 것을 이해하지 못합니다.

---

53) T. 『기타』, 8.24-26 참조.
54) T. 『기타』, 6.41-43 참조. '요가 낙오자'란 수행을 열심히 하여 진아를 체험한 뒤에 타락 또는 퇴보한 사람을 가리킨다.

만일 그에 대해 물어보면 그는 중력·자기력 등의 면에서 자리와 신발의 효과를 이야기합니다. 그런 것이 없으면 자신이 하는 고행의 힘이 감소될 거라고 생각합니다.

그런 것들은 모두 그 힘을 어디서 가져옵니까? 그는 효과를 바라고 그 원인을 찾아, 그것이 자리와 신발의 힘이라고 생각합니다. "위로 던진 돌은 땅으로 도로 떨어진다. 왜냐? 중력 때문이다."—그는 이렇게 말합니다. 그러면, 그런 것이 모두 그의 생각과 별개입니까? 돌·지구·중력이 그의 생각과 별개인지 생각해 보고 말하라 하십시오. 그런 것들은 모두 그의 마음 안에 있을 뿐입니다. 그가 그 힘이고 그 힘을 휘두르는 자입니다. 그가 만물의 **중심**이며 그들의 지지물입니다. 그가 또한 그 **자리**이기도 합니다.

자리란 사람이 확고하게 앉도록 하기 위한 것입니다. 그가 자신의 진정한 상태 안에 앉는 것 외에, 어디에 어떻게 확고히 머무를 수 있습니까? 이것이 그 **자리**입니다.

## 대담 575

**헌**: 욕망·분노 등을 어떻게 정복합니까?
**마**: 욕망이나 욕정·분노 등은 그대에게 고통을 안겨줍니다. 왜 그렇습니까? 아만我慢 때문입니다. 이 아만은 무지에서 나오고, 무지는 분별(differentiation)에서 나오며, 분별은 세계가 실재한다는 관념에서 나오고, 이것은 다시 "나는 몸이다"라는 관념에서 나옵니다. 마지막 것은 에고가 일어난 뒤에야 있을 수 있습니다. 에고가 일어나지 않으면 불운한 사건들의 연쇄 전체가 사라집니다. 따라서 에고가 일어나지 못하게 하십시오. 이것은 그대 자신의 진정한 성품 안에 머무르면 되는 일입니다. 그러면 욕정·분노 등은 정복됩니다.
**헌**: 그렇다면 이런 것들은 모두 무지에 뿌리를 두고 있군요.
**마**: 정말 그렇지요. 무지가 착각을 낳고, 착각이 자만 등을 낳습니다. 무지가 무엇입니까? 그것이 **순수한 브라만**의 것일 수 있습니까? **순수한 브라만**은 **진아** 혹은 순수한 지知일 뿐입니다. 그 질문자에게 자신의 **진아**를 알라고 하십시오. 즉, 그 지知가 되라고 하십시오. 그러면 그런 질문은 일어나지 않을 것입니다. 무지 때문에 그가 그런 질문을 하지만, 그런 무지는 질문자(에고)의 것이지 진아의 것이 아닙니다. 해를 보게 되면 어떤 어둠도 지속되지 않습니다.

철제 금고 안에 감춰둔 재물이 있습니다. 그 사람은 그것이 자기 것이라고 합니다. 금고는 그렇게 말하지 않습니다. 자신이 소유자라는 자만심이 그런 주장을 하게 되는 원인입니다.

그 무엇도, 심지어 무지조차도 진아에서 독립해 있지 않습니다. 왜냐하면 무지는, 진아에 영향을 주지 않으면서 거기에 남아 있는 진아의 힘일 뿐이기 때문입니다. 그러나 그것은 아만, 즉 개아에게는 영향을 줍니다. 따라서 무지는 개아의 것입니다.

어째서 그렇습니까? 그 사람은 "나는 나 자신을 모른다"고 말합니다. 그러면 두 개의 자아가 있어서, 하나는 주체이고 하나는 대상입니까? 그는 그렇다고 말하지 못합니다. 그러면 그에게서 무지가 끝이 납니까? 아니지요. 에고의 일어남 자체가 무지이고, 그 이상 아무것도 아닙니다.

**대담 576**

경전 주석(Sutra Bhashya): 경전들(sutras)은 텍스트의 의미를 명료하게 확립하기 위한 것입니다. 주석들은 반대자의 견해를 끌어들여 그것을 논박하고, 긴 논의 끝에 결론에 도달함으로써 그렇게 하려는 것입니다. 같은 학파 내에서도 의견 차이가 있고, 찬성론자와 반대론자들이 있습니다. 또 학파들마다 같은 텍스트를 서로 다르게 해석하여 서로 반대되는 다른 결론에 도달합니다.

그러니 경전들의 목적이 어떻게 달성되겠습니까?

### 1938년 11월 15일

**대담 577**

　　순수한 존재　→　지고의 존재(이것이 빛을 발함)
　　　　　　　　　　↓
　　　　　　순수한 마음(Satva mind) ─ 이스와라
　　　　　　┌──────┴──────┐
　　　　　라자스　　　　　따마스
　　　　에고(Aham)[나]　세계(Idam)[이것]

이런 것은 모두 베단타 용어들입니다.

## 대담 578

어떤 사람들은 여기 와서 자기 자신에 대해서는 묻지 않고, 이렇게 묻습니다. "생존 중에 해탈한 진인[생전해탈자]도 세계를 봅니까? 그도 업의 영향을 받습니까? 몸을 벗은 뒤의 해탈(무신해탈)은 어떤 것입니까? 몸을 벗은 뒤에야 해탈합니까, 아니면 몸 안에 살아 있으면서도 해탈합니까? 진인의 몸은 빛 속으로 녹아듭니까, 아니면 다른 어떤 방식으로 시야에서 사라집니까? 몸이 시신으로 뒤에 남아 있는데도 해탈할 수 있습니까?" 하는 등입니다.

그들의 질문은 끝이 없습니다. 왜 그렇게 많은 걱정을 합니까? 그런 것을 안다고 해탈을 얻습니까?

그래서 저는 그들에게 이렇게 말합니다. "해탈은 내버려 두십시오. 속박이 있습니까? 이것을 아십시오. 무엇보다 먼저 그대 자신을 보십시오."

## 대담 579

은폐(*avarana*)가 개아 전체를 숨기지는 않습니다. 개아는 자기가 있다는 것을 압니다. 다만 자기가 누구인지 모를 뿐입니다. 그는 세계를 보지만, 그것이 브라만일 뿐이라는 것은 보지 못합니다. 그것은 어둠 속의 빛[혹은 무지 속의 지知]입니다.

영화에서는 방을 먼저 어둡게 하고 나서 인공적인 빛을 비춥니다. 이 빛 안에서만 화면들이 투사됩니다.

이처럼 분별을 위해서는 반사된 빛이 필요합니다. 잠자는 사람이 꿈을 꾸는데, 그는 꿈의 밖에 있지 않습니다. 잠의 어둠 혹은 무지 속에서만 그가 실재하지 않는 꿈의 대상들을 볼 수 있습니다.

마찬가지로 무지의 어둠이 세계 지각이라는 앎을 낳습니다.

무지(*ajnana*)·어둠 → 은폐(*avarana*)

이 은폐는 무지의 한 특징이며, 진아의 특징은 아닙니다. 그것은 어떤 식으로도 진아에 영향을 줄 수 없고, 개아를 가릴 수 있을 뿐입니다. 에고는 지각력이 없지만, 그것이 진아에서 나온 빛과 결합하면 개아로 불립니다. 그러나 에고와 그 빛을 서로 별개로 볼 수 없습니다. 늘 한데 결합되어 있기 때문입니다. 그 혼합적 산물이 개아, 즉 모든 분별의 뿌리입니다. 이런 모든 이야기를 하는 것은 질문자들을 만족시키기 위해서입니다.

사하스라라(*Sahasrara*)[머리] : 에테르 = 지知(*jnana*)
깐탐(*Kantham*)[목]　　　 : 공기　 = 마음
흐리다야(*Hridaya*)[심장]　: 빛　　= 지성
나비(*Nabhi*)[배꼽]　　　 : 물　　= 기억

미세신을 표현하는 것이 이와 같습니다. 감각기관과 여타 기관들은 따로따로 작용하는 반면, 내적기관과 생명기운들은 한데 어울려서만 작용할 수 있습니다. 따라서 전자는 개별적(*vyashti*)이고, 후자는 집단적(*samashti*)입니다.

은폐는 두 가지 종류의 은폐를 야기합니다.

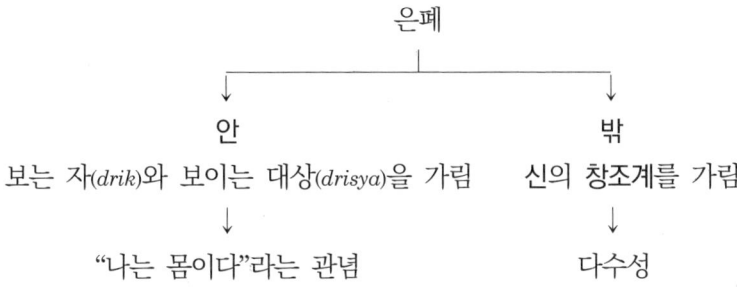

개아는 이스와라에서 독립해 있지 않고, 무지는 마야에서 독립해 있지 않습니다. 사람은 잠에서 깨어나야 몸과 세계를 지각하고, 잠 속에서는 지각하지 못합니다. 그러나 현재 가진 지식에 힘입어, 자신이 깊은 잠 속에서도 그대로 존재했다는 것을 압니다. 따라서 잠 속에서 개아는 몸과 세계가 지각되지 않는 순수한 상태에 있다고 결론지어야 할 것입니다.

헌: 개아는 반사된 빛, 곧 '나'라는 생각 아닙니까?

마: 사람은 개아이기도 하지요. 그 이전에도 그는 개아입니다. 그들 중의 하나가 '나'라는 생각과 원인과 결과로서 관계됩니다. 잠자는 사람의 개아는 이스와라에서 독립해 있을 수 없고, 깨어나면 "나는 몸이다"라고 말합니다. 만약 모든 세계가 함께 비라뜨(*virat*)를 이룬다면, 몸은 그 안의 작은 한 점입니다. 이처럼 몸은 비라뜨 안에 있고 비라뜨의 것입니다. 그러면 무엇이 개아에게 속합니까? 단지 아만 때문에 그는 그 몸이 자신이고, 다른 몸들은 자신이 아니라고 주장합니다. 그는 비라뜨에서 독립해 있을 수 없습니다. 마찬가지로,

(1) 이스와라(*Isvara*)[우주적인 원인적 존재]
     → 쁘라냐(*Prajna*)[깊은 잠 속의 개인적 존재]
  (2) 히라냐가르바(*Hiranyagarbha*)[미세한 원인적 존재]
     → 따이자사(*Taijasa*)[미세한 개인적 존재]
  (3) 비라뜨(*Virat*)[거친 원인적 존재]
     → 비슈와(*Visva*)[거친 개인적 존재]
  (4) 마야(*Maya*)[이스와라에 부수된 원인적 무지]
     → 개아에 부수된 무지
  (5) 브라만(*Brahman*)[원인] → 개아[결과]

사람들은 이 다섯 가지 그룹이 통합되어야 한다고 말합니다. 이것을 그들은 '다섯 가지의 통일'이라고 부릅니다. 이런 것들은 다 이론일 뿐이지요!

### 1938년 11월 17일

**대담 580**

한 일행이 라지코트(Rajkot)에서 버스로 왔다. 시종들과 한 명의 경호원을 대동한 네 명의 족장과 네 명의 여성이었다. 오전 11시에 도착한 그들은 자기네 방에서 점심을 든 뒤, 오후 12시 45분에 짧은 대화를 나누고 1시 5분에 떠났다.

(도착 직후) 그 중의 한 사람이 말했다: 이분은 영주 나리(Thakore Saheb-토후국 영주의 한 호칭)의 모친입니다. 저희는 스리 마하르쉬님을 친견하려고 멀리서 왔습니다. 저희들에게 가르침을 좀 주시겠습니까?

스리 바가반은 웃음을 짓고 (통역자에게) 대답하셨다: 그들이 친견을 위해 그렇게 먼 거리를 왔다는 것은 좋은 일이지요. 그들이 그 말을 한 것으로 충분합니다. 제가 할 말이 뭐가 있습니까? (점심 식사 종이 울렸다.)

### 오후 12시 45분의 대화

**헌**: 진인은 요기와 다릅니까? 그 차이가 무엇입니까?
**마**: 『스리마드 바가바드 기타』에서는 진인이 참된 요기이자 참된 헌신가라고 합니다.55) 요가는 수행(*sadhana*)일 뿐이고, 진지(*jnana*)는 성취(*siddhi*)입니다.

---

55) *T.* 『기타』, 6.47 참조.

헌: 요가가 필요합니까?

마: 그것은 하나의 수행이지요. 진지를 성취하고 나면 그것이 필요 없을 것입니다. 모든 수행법이 요가로 불립니다. 예를 들어 행위 요가(Karma yoga), 헌신 요가(Bhakti yoga), 지知 요가(jnana yoga), 8지肢 요가(Ashtanga yoga-'라자 요가') 같은 것입니다. 요가가 무엇입니까? 요가란 '결합'을 뜻합니다. 요가는 '분리'가 있을 때만 가능합니다. 지금 그 사람이 분리의 망상 아래 있습니다. 이 망상이 제거되어야 합니다. 그것을 제거하는 방법을 요가라고 합니다.

헌: 어느 방법이 가장 좋습니까?

마: 그것은 개인의 기질에 달렸습니다. 사람은 누구나 전생의 상습(samskaras)을 가지고 태어납니다. 그 방법들 중에서 어떤 사람에게는 이것이 쉬울 것이고, 어떤 사람에게는 저것이 쉽겠지요. 그에 대해 딱히 정해진 것이 없습니다.

헌: 명상은 어떻게 해야 합니까?

마: 명상이 무엇입니까? 그것은 흔히 단 한 가지 생각에 집중하는 것으로 이해됩니다. 그럴 때 다른 생각들은 배제됩니다. 그 단 한 가지 생각도 적당한 때가 되면 사라질 수밖에 없습니다. 생각을 벗어난 의식이 목표입니다.

헌: 에고는 어떻게 없앨 수 있습니까?

마: 에고를 없애려면 그것을 붙들어야 합니다. 먼저 그것을 붙드십시오. 그러면 나머지는 쉬울 것입니다.

헌: 그것을 어떻게 붙듭니까?

마: 그것은 한 에고가 있어서 다른 에고를 붙들거나, 그 다른 에고를 없앤다는 뜻으로 하는 말입니까? 두 개의 에고가 있습니까?

헌: 저는 신에게 어떻게 기도해야 합니까?

마: 신에게 기도하는 '나'가 있을 수밖에 없습니다. '나'는 확실히 즉각적이고 친밀한 반면, 신은 그렇게 생각되지 않습니다. 더 친밀한 것을 알아내십시오. 그러면 신이 있는 것도 확인할 수 있고, 필요하면 기도도 할 수 있겠지요.

### 1938년 11월 19일

**대담 581**

한 아이는 그 부모가 스리 바가반께 올릴 공양물을 들고 있었는데, 그들이 아이에게 그것을 스리 바가반께 드리라고 부추겼다. 아이는 즐거이 그렇게 했다.

스리 바가반이 말씀하셨다: 이거 보세요! 아이가 신(*Jeja*)에게 무엇을 주어버릴 수 있다면 그게 바로 포기(*tyaga*)지요. 신이 아이들에게도 어떤 영향을 미치는지 보십시오! 모든 선물은 비이기성의 의미를 내포합니다. 그것이 무욕업(*nishkama Karma*)[비이기적 행위]의 내용 전체입니다. 그것은 참된 포기를 뜻합니다. 베푸는 성품을 계발하면 그것이 (발전하여) 포기(*tyaga*)가 됩니다. 무엇을 기꺼이 주어버리면 그것은 주는 자와 받는 자에게 기쁨이 됩니다. 만일 그것을 훔쳐 가면 두 사람 모두에게 불행입니다. 보시布施(*dana*), 다르마(*dharma*-의무 수행), 무욕업은 모두 포기일 뿐입니다. '내 것'이 포기될 때, 그것이 청정심(*chitta suddhi*)입니다. '나'가 포기될 때, 그것이 진지(*jnana*)입니다. 베푸는 성품을 계발하면 그것이 진지를 가져옵니다.

또 조금 뒤 한 사내아이가 부모의 보호 없이 혼자서 왔다. 이 아이는 쩽감(*Chengam*)에서 버스로 온 것이었다. 스리 바가반이 말씀하셨다: 이 아이는 자기 부모를 두고 여기 왔군요. 이것도 포기의 한 사례입니다.

### 1938년 11월 21, 22일

**대담 582**

한 안드라 신사에게 스리 바가반이 말씀하셨다: 사람이 계속 바라면, 그의 바람은 충족될 수 없습니다. 반면에 그가 무욕의 상태로 있으면 무엇이든 나타날 것입니다. 우리가 아내·자식·직업 등의 안에 있는 것이 아니라, 그들이 우리 안에 있습니다. 그들은 사람의 발현업에 따라 나타나고 사라집니다.

세계가 지각되든 지각되지 않든, 고요히 머물러 있는 마음이 삼매입니다.

환경·시간·대상들은 모두 내 안에 있습니다. 그것들이 어떻게 나와 독립해 있을 수 있습니까? 그것들은 변할 수 있어도 나는 변치 않고 늘 똑같이 남아 있습니다. 대상들은 그 이름과 형상에 의해 차별화될 수 있는 반면, 각자의 이름은 단 하나이고 그것이 곧 '나'입니다. 누구에게 물어도 그는 '나'라고 말하고, 자신을 '나'로서 이야기합니다. 그가 **이스와라**라 해도 그렇습니다. 그의 이름도 '나'일 뿐입니다.

어떤 장소도 마찬가지입니다. 내가 몸과 동일시되는 한 하나의 장소를 구분할 수 있지만, 그렇지 않으면 구분되지 않습니다. 내가 몸입니까? 몸이 자신을 '나'라고 선언합니까?

분명히 이 모든 것은 내 안에 있습니다. 이 모든 것이 모조리 쓸려나갔을 때, 남아 있는 평안이 '나'입니다. 이것이 삼매요, 이것이 '나'입니다.

### 대담 583

V. 가나빠띠 샤스뜨리 씨가 스리 바가반께 메르세데스 데 아꼬르따(Mercedes De Acorta)라는 스페인 여성에게서 온 편지를 보여드렸는데, 편지에는 그녀가 내일 여기에 온다고 되어 있었다. 스리 바가반이 말씀하셨다: 내가 여기 있다 보니 수많은 사람을 번거롭게 하는군.

### 1938년 11월 23일

### 대담 584

한 방문객이 화덕(*pankah*)을 끌어당기기 시작했다. 스리 바가반이 말씀하셨다: 추우니까 사람들이 제 곁에 불을 갖다 두었습니다. 화덕을 왜 끌어당깁니까?

그러고 나서 계속 말씀하셨다: 제가 비루팍샤 산굴에 있을 때 어느 추운 날 아침, 밖에 앉아 있었지요. 추위를 느꼈습니다. 사람들이 왔다가 저를 보고 돌아가곤 했습니다. 한 무리의 안드라 방문객들이 와 있었습니다. 저는 그들이 뭘 하는지 보지 못했습니다. 그들은 제 뒤에 있었는데, 갑자기 '탁' 하는 소리가 나더니 제 머리 위로 물이 쏟아졌습니다! 추워서 덜덜 떨었지요. 돌아보니 그들이 코코넛을 깨트려 그 물을 저에게 부은 거였습니다. 그것을 숭배라고 생각한 것입니다. 저를 하나의 석상쯤으로 여긴 거지요.

### 대담 585

스리 바가반은 이 읍이 철길 외에도 아홉 개의 진입로가 있다는 점에서 특이하다고 말씀하셨다. '몸 안의 아홉 문 도시(*navadware pure dehe*)'[56]처럼.

### 대담 586

한 안드라 방문객이 질문했다: 어떻게 해야 제가 고요해지겠습니까? 고요히 있기가 너무 어렵습니다. 그것을 위해 우리가 요가를 닦아야 합니까? 아니면

---

56) *T.* "마음의 모든 행위를 포기해 버리고 자신의 성품을 제어한 자는, 행위하지도 않고 행위가 이루어지게 하지도 않으면서, 몸 안의 아홉 문 도시 안에 편히 살고 있네." -『기타』, 5.13.

그것을 위한 다른 어떤 수단이 있습니까?
마: 어렵지 않은 것이 어렵게 보입니다. 사람은 헤매기 쉽지요. 집에 가만히 있으라고 해도 그러기가 어렵습니다. 왜냐하면 헤매고 싶기 때문입니다.
헌: 다른 것보다 더 효과적인 어떤 특정한 명상법(*upasana*)이 있습니까?
마: 모든 명상법들은 동등하게 효과적입니다. 그러나 각자 자신의 이전 원습에 맞는 한 가지 명상법을 더 쉽다고 여깁니다.

### 1938년 11월 24일

**대담 587**

그 스페인 여성과 그녀의 여성 친구가 왔다. 그들이 질문했다: 당신께서는 심장이 오른쪽에 있다고 말씀하십니다. 어째서 그런지 설명해 주실 수 있습니까?

스리 바가반은 필라델피아의 「심리학 리뷰」지 발췌본을 그녀에게 읽어보라고 주셨다. 또 이렇게 덧붙이셨다: 심장은 '나'라는 생각이 일어나는 곳입니다.
헌: 그러니까 영적인 심장은 신체적 심장과 구별된다는 말씀이시군요?
마: 예. 『스리 라마나 기타』 제5장에서 그것이 설명됩니다.
헌: 우리가 심장을 느낄 수 있는 그런 어떤 단계가 있습니까?
마: 그것은 모두가 경험하는 것입니다. 누구나 '나'라고 말할 때는 자신의 가슴 오른쪽에 손을 대지요.

두 여성은 차례로 스리 바가반 앞에 무릎을 꿇고 은총을 청했다. 그런 다음 그들은 콜롬보로 가기 위해 뽄디체리로 떠났다.

### 1938년 11월 25일

**대담 588**

한 안드라 구도자에게 스리 바가반이 말씀하셨다: 산야사(*sannyasa*-포기, 출가수행)는 그럴 만한 근기가 되는 사람을 위해 이야기됩니다. 그것은 물질적 대상의 포기가 아니라, 그에 대한 집착의 포기로 이루어집니다. 산야사는 누구나 자기 집에서도 실천할 수 있습니다. 다만 그럴 만한 근기가 되어야 합니다. 또,

(산야시들 중에서) 꾸띠짜까(*Kutichaka*)는 출가하여 은둔지에 사는 사람이고,
바후다까(*Bahudaka*)는 출가하여 순례지들을 다니는 사람이며,
한사(*Hamsa*)는 명상하는 산야시이고,

빠라마한사(Paramahamsa)는 깨달은 산야시입니다.

## 1938년 11월 27일

**대담 589**

오랜 헌신자인 소마순다라 스와미가 여쭈었다: 거울 안에는 허공(akasa)이 있고 그것은 상(像)을 반사합니다. 이것들이 어떻게 해서 거울 안에 있습니까?

**마:** 대상들은 공간 안에 머무르고, 대상들과 공간은 함께 거울 안에서 반사됩니다. 사물들은 공간 안에서 발견되듯이, 반사된 모습 안에도 있습니다. 거울 자체는 얇습니다. 그 대상들이 어떻게 그 범위 안에 들어갈 수 있겠습니까?

**헌:** 항아리 안의 허공은 이 점을 어떻게 설명해 줍니까?

**마:** 항아리의 허공 안에서는 어떤 반사도 없습니다. 반사는 그 안의 물에서만 일어납니다. 몇 개의 항아리에 물을 채워 저수지 안에 두면, 허공은 각 항아리 안에 든 물과 저수지의 물에서 똑같이 반사됩니다. 마찬가지로, 전 우주도 각 개인 안에서 (똑같이) 반사됩니다.

**헌:** 항아리들의 주둥이가 저수지의 수면보다 위에 있어야 합니다.

**마:** 예, 그래야겠지요. 그렇지 않고 저수지에 잠겨 있다면 항아리들을 어떻게 식별하겠습니까?

**헌:** 거기서 반사는 어떻게 일어납니까?

**마:** 순수한 허공은 반사를 일으킬 수 없습니다. 물의 허공(ether)만이 그렇게 할 수 있지요. 유리는 대상들을 반사하지 못하고, 뒷면에 불투명한 칠을 한 유리판만이 그 앞에 있는 대상들을 반사할 수 있습니다. 마찬가지로, **순수한 지(知)** 는 그 안에 대상을 포함하지도 않고 대상들을 반사하지도 않습니다. 한정하는 부가물, 곧 마음이 있어야만 그것이 세계를 반사합니다.

　세계는 삼매 속에도 머무르지 않고 깊은 잠 속에도 머무르지 않습니다. 밝은 빛 속이나 깜깜한 어둠 속에는 환(幻)이 있을 수 없습니다. 희미한 빛 속에서만 밧줄이 뱀으로 보입니다. 마찬가지로 순수한 의식은 빛으로만 머무릅니다. 그것은 **순수한 지(知)** 입니다. 거기서 일어나는 마음은 대상들이 별개로 있다고 착각하지요.

**헌:** 그렇다면 마음이 그 거울이군요.

**마:** 마음이라—마음이라는 그것이 무엇입니까? 그것은 **찌뜨**(Chit)[지성]와 산깔

빠(sankalpas)[생각]의 혼합물입니다. 따라서 그것이 거울·빛·어둠·반사된 모습들—이 모든 것을 형성합니다.

**헌:** 그러나 저는 그것을 보지 못합니다.

**마:** 찌다까샤(Chidakasa)[의식-허공]는 순수한 지知일 뿐입니다. 그것이 마음의 근원입니다. 마음은 일어나는 바로 그 순간 빛일 뿐이고, 나중에야 '나는 이것이다'라는 생각이 일어납니다. 이 '나'라는 생각이 개아와 세계를 형성합니다.

처음 일어나는 빛은 순수한 마음, 마음 허공 혹은 **이스와라**입니다. 그것의 양상이 대상들로 나타납니다. 그것이 이 모든 대상을 그 자체 안에 포함하기 때문에, 그것을 마음-허공이라고 합니다. 왜 허공입니까? 허공이 대상들을 포함하듯이 그것이 생각들을 포함하고 있고, 그래서 마음-허공이라고 합니다.

또 물리적 허공이 모든 거친 대상들[전 우주]을 수용하면서도 그 자체는 마음-허공의 내용이듯이, 마음-허공도 그 자체는 의식-허공(Chit-ether)의 내용입니다. 이 마지막 것은 찌뜨 그 자체입니다. 그 안에는 어떤 사물도 들어 있지 않습니다. 그것은 순수한 지知로서만 머물러 있습니다.

**헌:** 왜 그것을 허공이라고 합니까? 물리적 허공은 지각력이 없습니다.

**마:** 허공은 지각력 없는 물리적 허공뿐만 아니라 **순수한 지知**를 뜻하기도 합니다. 지知는 대상들을 아는 데 있지 않습니다. 그것은 상대적인 지知입니다. 순수한 형태의 지知는 홀로이고, **하나인**, 독특하고, 초월적인 **빛**이지요!

**헌:** 그러면, 우리는 명상을 할 때 그것을 상상해야 합니까?

**마:** 왜 상상합니까? 우리가 다른 것을 생각할 수 있는 것은 그것과 독립해 있을 때만 그런 반면, 여기서는 우리가 이 **순수한 지知**와 독립해 있을 수 없습니다. 오히려 **그것**만 있지요! 어떻게 **그것**을 어떠어떠하다거나 이러저러하다고 상상할 수 있겠습니까?

**헌:** 저희는 어떻게 나아가야 합니까?

**마:** 비아非我만 제거하십시오.

**헌:** 지금은 다 문제가 없어 보입니다. 그러나 나중에는 모두 잊어버립니다.

**마:** 잊어버린다는 것은 알고 있다는 의미를 내포합니다. 왜냐하면 자신이 잊어버렸다는 것을 알기 때문입니다. 그렇지 않으면 어떻게 그것을 잊어버린다고 말할 수 있겠습니까? 따라서 잊어버림도 찌다까샤일 뿐입니다.

**헌:** 그러면 어째서 그것이 저에게 분명하지 않습니까?

마: 찌뜨(Chit)는 지知이며, 순수하고 단순합니다. 마음은 거기서 일어나고, 이 마음은 생각들로 이루어집니다. 어둠, 곧 무지가 끼어들면 순수한 지知가 그것의 진정한 모습과 다르게 보입니다. 즉, 그것이 욕망·집착·증오 등으로 가득 찬 '나'와 '세계'로 보입니다. 그래서 욕망 등이 실재를 가린다는 것입니다.

헌: 생각들은 어떻게 제거합니까? 그것은 「진아지」에서 '마음 눈의 눈' 등으로 이야기하는 것과 같습니까?

마: 거기서 마음은 허공, 곧 존재(sat)를 나타내고, 눈은 지知(chit)를 나타냅니다. 사뜨와 찌뜨 둘이 함께 우주를 이룹니다.

헌: 그것을 어떻게 깨닫습니까?

마: 「진아지」(제5연)에서 지적한 대로 "마음 눈의 눈, 마음 허공의 허공인…"이라는 것은, 상대적인 지知 이면의 지知, 곧 마음 허공을 포함하는 의식-허공은 오직 하나로 머물러 있으면서 늘 밝게 빛난다는 뜻입니다.

헌: 그래도 아직 모르겠습니다. 어떻게 하면 제가 그것을 깨닫겠습니까?

마: 또 "생각에서 벗어나 있고", "그것은 안으로 향한 마음 속에서만 깨달아진다"고 했습니다. 따라서 생각에서 벗어나 심장 안에 합일된 마음은 찌뜨 그 자체입니다.

헌: 앞에서 말씀하신 마음 허공은 이스와라입니까, 히라냐가르바입니까?

마: 후자가 전자와 독립해 있을 수 있습니까? 그것은 이스와라이자 히라냐가르바입니다.

헌: 그것들은 서로 어떻게 다릅니까?

마: 내재적 존재(Immanent Being)를 이스와라라고 합니다.

헌: 내재적 존재는 찌다까샤일 뿐이지 않습니까?

마: 내재성은 마야와 함께만 있을 수 있습니다. 그것은 마야와 함께 있는 존재의 지知입니다. 여기서 미세한 자만심 히라냐가르바가 나오고, 거기서 거친 자만심 비라뜨가 나옵니다. 의식-자아(Chit-atma)는 순수한 존재일 뿐입니다.

### 1938년 12월 13일

대담 590

스위스인과 프랑스인인 두 여성이 마하르쉬님을 찾아왔다. 그들 중 젊은 사람이 몇 가지 질문을 했는데, 그 중에서 가장 중요한 질문은 이것이었다: 브라만은 개아와 같습니다. 만일 개아가 환幻 아래 있다면 그것은 **브라만**이 환幻 아래 있다고 말하는 것과 같습니다. 어떻게 그것이 가능합니까?

**마:** 만일 브라만이 환幻 아래 있어서 환멸幻滅(해탈)을 원한다면, 그에게 그 질문을 하라 하십시오.

### 1938년 12월 14일

**대담 591**

**헌:** 스승의 바로 곁에 있는 구도자들은 친견(*darsana*)·접촉(*sparsana*) 등으로 은총을 얻을 수 있습니다. 그러나 그 사람이 멀리 떨어져 있을 때는 그런 은총을 어떻게 얻습니까?

**마:** (스승의) 요가견見(*yoga drishti*)에 의해서입니다.

싱가포르에서 일하는 펀자브인 초프라(Chopra) 씨가 이곳을 방문하고 있는데, 그가 몇 가지 질문을 했다.

**헌:** 이름의 영험은 어떤 것입니까?

스리 바가반은 「비전」지에서 발췌한 것을 읽어 주셨는데, 그것은 남데브의 시구들을 번역한 것이었다.

**헌:** 이름이 어떻게 깨달음에 도움이 됩니까?

**마:** 그 원초적 이름은 그 개인이 아무 노력을 하지 않아도 자연발로적으로 늘 계속되고 있습니다. 그 이름이 아함(*aham*), 곧 '나'입니다. 그러나 그것이 드러날 때는 아항까라, 즉 에고로서 드러납니다. 이름(*nama*)을 구두로 염하다 보면 마음속으로 염하게 되고, 결국 그 영원한 진동(vibration) 속으로 녹아듭니다.

**헌:** 그러나 이런 것들은 모두 정신적이거나 신체적입니다.

**마:** 마음이나 입은 **진아** 없이 움직일 수 없습니다. 위대한 마하라슈트라 성자 뚜까람(Tukaram)은 낮 동안 삼매에 들어 있다가 밤에는 많은 군중과 함께 노래하며 춤추곤 했습니다. 그는 늘 **스리 라마**의 이름을 염했습니다. 한번은 용변을 보면서도 "람, 람" 하고 있었는데, 전통을 추종하던 한 승려가 그 신성한 이름이 성스럽지 않게 불리는 것을 보고 놀라 그를 질책하면서, 용변을 볼 때는 침묵하라고 명령했습니다. 뚜까람은 "좋습니다!" 하고는 침묵했지요. 그러자 즉시 **라마**의 이름이 뚜까람의 모든 모공毛孔을 통해 솟아나왔고, 승려는 그 시끄러운 소리에 소름이 끼쳤습니다. 그가 뚜까람에게 사죄하며 말했습니다.

"그러지 말라는 것은 보통 사람들에게만 해당되지, 당신 같은 성자들에게는 해당되지 않습니다."

**헌:** 스리 라마크리슈나는 그가 숭배하던 깔리(Kali) 여신의 상像에서 생기를 보았다고 합니다. 그것이 사실일 수 있습니까?

**마:** 그 생기는 스리 라마크리슈나만 감지할 수 있었지 모든 사람이 감지한 것은 아닙니다. 그 생명기운은 그 자신에게서 비롯된 것입니다. 마치 그것이 바깥에 있는 듯 현현하여 그를 끌어당긴 것은 그 자신의 생명기운이었습니다. 만일 그 상이 생기로 가득 차 있었다면 모두가 그것을 발견했겠지요. 그러나 일체가 생기로 가득 차 있습니다. 그것은 사실입니다. 많은 헌신자들이 스리 라마크리슈나와 비슷한 체험들을 하고 있습니다.

**헌:** 돌에 어떻게 생기가 있을 수 있습니까? 그것은 의식이 없습니다.

**마:** 전 우주가 생기로 가득 차 있습니다. 그대는 돌이 의식이 없다고 하지만, 지금 무의식을 이야기하는 것은 그대의 자아의식입니다. 어떤 사람이 어두운 방 안에 한 물건이 있는지 보고 싶으면 등불을 들고 그것을 찾습니다. 그 불빛은 그 사물이 있고 없음을 알아내는 데 유용합니다. 어떤 사물이 의식이 있는지 없는지 발견하는 데는 의식이 필요합니다. 그러나 어떤 사람이 어두운 방 안에 있으면 등불을 들고 그를 찾을 필요가 없습니다. 그를 부르면 대답하기 때문입니다. 그가 자신의 존재를 선언하는 데는 등불이 필요치 않습니다. 이처럼 의식은 스스로 빛납니다.

지금 그대는 잠 속에서는 그대가 의식이 없었고, 생시 상태에 자기를 의식한다고 말합니다. **실재**가 무엇입니까? **실재**는 지속적이고 영원해야 합니다. 현재의 무의식도 자아의식도 **실재**는 아닙니다. 그러나 그대는 내내 자신이 존재함을 인정합니다. 그 순수한 **존재**가 실재입니다. 다른 것들은 연관된 것들에 불과합니다. 순수한 **존재**는 의식 외의 다른 것일 수가 없습니다. 그렇지 않으면 그대는 자신이 존재한다고 말할 수 없습니다. 따라서 의식이 곧 **실재**입니다. 그 의식이 한정자(upadhis-몸, 마음 따위)와 연관될 때, 그대가 자아의식·무의식·잠재의식·초의식·인간 의식·개-의식·나무-의식 등등을 말하게 됩니다. 그 모두에서 불변의 공통 인자는 의식입니다.

따라서 그 돌은 그대가 잠들어 있을 때만큼 무의식입니다. 그것이 전적으로 의식이 없습니까?

헌: 그러나 개-의식은 저의 의식과는 다릅니다. 개에게는 성경을 읽어줄 수 없습니다. 또 나무는 움직이지 않지만 저는 움직이고 행위합니다.

마: 나무를 서 있는 사람이라 하고, 사람을 움직이는 나무라고 해 보십시오.

이 대화에 참여하고 있던 한 미국인 신사가 스리 바가반이 설명을 하시지 못하게 하려 했고, 그래서 대화는 여기서 중단되었다.

## 대담 592

그 펀자브인 신사가, 스리 바가반이 어제 대화 도중 여성들에게 말씀하셨던 단생單生 말벌의 속설(bhramarakita nyaya)[벌레가 말벌로 둔갑한다는 속설][57]을 거론했다. 스리 바가반은 몇 가지 흥미로운 추억담을 회상하셨다.

1. 그전에 이 단생 말벌의 속설에 대해 들은 적이 있지요. 제가 띠루반나말라이로 오고 나서 구루무르땀에 머무르고 있을 때 붉은 말벌 한 마리가 집을 짓는 것을 보았는데, 그 안에 애벌레 대여섯 마리를 넣어놓고 날아가 버리더군요. 저는 호기심이 일어나 흔히 이야기하는 그 속설의 진위 여부를 확인해 보고 싶었습니다. 그리고 며칠간, 아마 한 열흘 쯤 기다렸지요. 그런 다음 벌집을 툭 건드렸습니다. 그것이 부서졌고, 그 안에 대여섯 마리의 애벌레가 모두 한데 합쳐져 말벌 한 마리의 형상을 하고 있는 것을 발견했습니다. 그러나 그것은 색깔이 희었지요.

2. 나중에 제가 비루팍샤 산굴에 있을 때는 붉은 말벌 한 마리가 대여섯 개의 벌집을 짓더니 각각의 집 안에 애벌레 대여섯 마리씩을 넣고 날아가 버렸습니다. 열흘쯤 지나자 그 말벌보다 작은 검은 풍뎅이 한 마리가 나타나 벌집들 주변을 윙윙거리고 돌아다니면서 조그마한 검은 진흙으로 벌집들을 하나하나 막고 날아가 버렸습니다. 저는 풍뎅이가 말벌집에 개입한 것을 의아하게 여겼습니다. 며칠을 기다린 뒤에 그 벌집들 중 하나를 열어보았지요. 대여섯 개의 몸체가 나왔는데 하나같이 검은 풍뎅이였습니다. 저는 희한하다고 생각했습니다.

---

[57] *T.* 단생 말벌(solitary wasp)은 혼자 살면서 흙으로 집을 짓는 벌들로, 나방의 유충을 잡는 말벌도 그 중 하나이다. 이 벌이 나방의 애벌레를 잡아다 자기 집에 넣어두고 입구를 막아 놓으면, 그 안의 애벌레들은 증오의 대상인 그 벌을 일념으로 생각하다가 결국 그와 같은 벌이 되고 만다는 것이 '단생 말벌의 속설'이다. 이것은 생각의 힘, 곧 명상의 힘을 보여주는 하나의 사례이다.

3. 또 제가 빠짜이암만 사원에 있을 때는 붉은 말벌 한 마리가 대여섯 개의 벌집을 그 사원의 한 기둥 위에 짓고 있는 것을 보았습니다. 그 벌은 벌집마다 대여섯 마리의 애벌레를 집어넣고 날아가 버렸습니다. 며칠간 그것을 지켜보았지요. 말벌은 돌아오지 않았고, 검은 풍뎅이도 없었습니다. 보름쯤 지난 뒤에 벌집들 중 하나를 열어보았더니, 모든 애벌레가 결합하여 말벌 같은 형상의 흰 덩어리 하나를 이루고 있었습니다. 그것이 밑으로 떨어졌는데 떨어지자 깜짝 놀라더군요. 몇 분 뒤에 그것은 기어가기 시작했고, 색깔도 점점 변했습니다. 이내 옆구리에 작은 점이 두 개 생기더니 제가 지켜보는 사이에 그것이 자라 날개가 되었고, 다 자란 말벌이 땅에서 날아갔습니다.

  4. 제가 망고나무 산굴에 있을 때는 모충毛蟲같이 생긴 벌레 한 마리가 벽을 기어 올라가는 것을 보았습니다. 그것은 한 곳에서 멈추더니 두 개의 점을 고정했고, 나중에는 자기 몸에서 나온 가는 실로 그것을 연결했습니다. 그것은 입으로 실을 물고 꼬리 끝을 벽에 기댔습니다. 그렇게 며칠을 그대로 있었습니다. 저는 그것을 계속 지켜보았지요. 시간이 가면서 그것은 초췌해졌고, 저는 그 몸 안에 생명이 있을지 궁금했습니다. 그래서 가는 줄기로 그것을 살짝 건드려 보았는데, 그 안에 생명은 없었습니다. 저는 그것을 그대로 두었습니다. 그러나 며칠 후에 저는, 얇고 메마른 껍데기만 남아 있을 뿐 그 속에 있던 것은 날아가 버렸다는 것을 알았습니다.

  5. 저는 또 파리들이 아주 작은 애벌레들을 자기네 다리 위에 얹어 운반하여 고기 찌꺼기 위에 놓아두는 것을 본 적이 있습니다. 그 애벌레들은 나중에 파리가 되어 날아갔습니다.

**헌:** 그것은 그 파리들이 낳은 알들이었을 수도 있습니다.

**마:** 그러나 그것들은 움직이고 버둥거리더니 파리로 변해 날아가는 것이었습니다.

## 대담 593

스리 바가반은 또 다른 흥미로운 추억담 하나를 회상하셨다: 어릴 때 어부들이 물길을 돌려 고기를 잡는 것을 본 적이 있습니다. 그들은 큰 물길에서 돌려진 물이 항아리를 통과해 흐르도록 했는데, 그 인공 수로에는 담배 줄기를 펴 두었습니다. 이상하게도 큰 고기들은 늘 그 새 길로 들어가 항아리 속으로 떨어지는 것이었습니다. 어부들은 그냥 가만히 앉아 있다가 항아리에서 고기를 꺼내어 바구니에 던지곤 했습니다. 저는 당시에 그것을 희한하다고 생각했지요. 나중에 제가 여기 살고 있을 때 어떤 사람이 따유마나바르의 시 한 구절58)을 읽는 것을 들었는데, 거기서도 어부들의 이 방법을 말하고 있었습니다.

### 1938년 12월 15일

**대담 594**

스페인 여성 메르세데스 데 아꼬르따 여사가, 아스라맘에 지난 두 달간 임시 상주자로 머무르고 있는 미국인 광산기사 헤이그(Hague) 씨에게 편지를 보내왔다. 그녀는 편지에서 (바가반께 여쭈는) 몇 가지 질문을 했다: 만약 개인적 자아가 보편적 진아 안으로 합일된다면, 어떻게 우리가 인류의 향상을 위해 신께 기도할 수 있습니까? 이 물음은 서양의 사상가들 사이에서는 흔한 것으로 보인다.

스리 바가반이 말씀하셨다: 그들은 신에게 기도하면서 이렇게 끝맺습니다. "당신의 뜻이 이루어지게 하옵소서!" 만약 그의 뜻이 이루어질 것이라면, 기도는 왜 합니까? 신의 뜻이 언제나 어떤 상황에서도 관철될 거라는 것은 사실입니다. 개인들은 자기 뜻대로 행위할 수 없습니다. 신의 뜻이 가진 힘을 인정하고 침묵을 지키십시오. 한 사람 한 사람을 신이 돌보고 있습니다. 그가 모든 것을 창조했습니다. 그대는 20억 명 가운데 한 명에 불과합니다. 그가 수많은 사람을 돌보면서 그대를 빠뜨리겠습니까? 상식적으로도 우리는 그의 뜻에 따라야 한다는 것을 압니다.

또 그대에게 필요한 것들을 굳이 그에게 알려줄 필요가 없습니다. 그 자신이 그것을 알고 있고, 그것을 돌봐줄 것입니다.

더욱이 그대는 기도를 왜 합니까? 그대 자신이 무력하여 더 **높은 힘**이 그대를 도와주기를 바라기 때문입니다. 아니, 그대의 **창조자**이자 **보호자**가 그대의 약함을 모릅니까? 그에게 그것을 알게 하기 위해서 그대의 약함을 과시해야 합니까?

**헌:** 그러나 신은 스스로 돕는 자를 돕습니다.

**마:** 물론이지요. 스스로를 도우십시오. 그것 자체가 **신의 뜻**에 따른 것입니다.

---

58) *T.* 따유마나바르의 이 시는 『바가반과 함께 한 나날』, 45-11-25 오전 부분 참조.

행위 하나하나가 그에 의해서만 촉발됩니다. 남들을 위한 기도에 관해서 보자면, 그것은 표면적으로는 아주 비이기적으로 보입니다. 그러나 그 감정을 분석해 보면 거기에도 이기심이 있다는 것을 발견할 것입니다. 그대가 남들의 행복을 바라는 것은 그대 자신이 행복하기 위해서입니다. 아니면 그대가 남들의 이익을 위해 개입했다는 명예를 얻고 싶은 것입니다. 신은 매개자를 필요로 하지 않습니다. 그대의 일에 신경 쓰십시오. 그러면 모든 것이 잘 될 것입니다.

**헌:** 신은 어떤 선택 받은 사람을 통해서 그의 뜻을 이루지 않습니까?

**마:** 신은 모두의 안에 있고 모두를 통해서 일합니다. 그러나 그의 현존은 순수해진 마음들 안에서 더 잘 인지됩니다. 순수한 마음들은 순수하지 못한 마음들보다 신의 행위들을 더 명료하게 반영합니다. 그래서 사람들이 자기는 '선택 받은 자'라고 말하는 것입니다. 그러나 '선택 받은' 사람 자신은 그렇다고 말하지 않습니다. 만약 자신이 매개자라고 생각한다면, 그 사람은 개인성을 가지고 있고, (그에게는) 완전한 순복이 없다는 것이 분명합니다.

**헌:** 브라민들은 사제, 즉 신과 남들 사이의 매개자로 간주되지 않습니까?

**마:** 그렇지요. 그러나 누가 브라민입니까? 브라민이란 **브라만**을 깨달은 사람입니다. 그런 사람에게는 내면에 개인성의 느낌이 없습니다. 그는 자신이 매개자로 행위한다고 생각할 수가 없습니다.

또 기도에 관해서 보자면, 깨달은 사람은 남들을 자신과 다르다고 보지 않습니다. 도대체 그가 어떻게 기도를 할 수 있고, 누구에게 무엇을 위해 기도할 수 있습니까? 그의 존재 자체가 모든 이를 위한 행복의 극치입니다. 그대와 다른 남들이 있다고 생각하는 한, 그대는 그들을 위해서 기도를 합니다. 그러나 그 분리감은 무지입니다. 이 무지가 다시 무력감을 느끼는 원인이 됩니다. 그대는 자신이 약하고 무력하다는 것을 압니다. 그런데 어떻게 남들을 도울 수 있습니까? 그대는 "신에게 기도해서"라고 할지 모르지만, 신은 그가 해야 할 일을 알고 있고, 남들을 위한 그대의 개입을 필요로 하지 않습니다.

그대가 강해질 수 있도록 스스로를 도우십시오. 그것은 완전한 순복에 의해서 이루어집니다. 그것은 그대 자신을 그에게 내놓는 것을 의미합니다. 그래서 순복한 뒤에는 그대의 개인성을 보유할 수 없습니다. 그때는 **그의 뜻**을 따르게 됩니다. 그래서 **침묵**이 모든 성취 중에서 **최고**입니다.

침묵은 모든 종교라는 모든 강들이 흘러 들어가는 대양입니다. 따유마나바르가 그렇게 말합니다. 그는 또 베다적 종교(힌두교)가 철학과 종교를 결합한 유일한 종교라고 덧붙입니다.

### 1938년 12월 16일

**대담 595**
그 두 여성 방문객이 아침에 돌아왔는데, 젊은 여성이 질문했다: 최고의 상태에 대한 체험은 모두에게 동일합니까? 아니면 어떤 차이가 있습니까?
마: 최고의 상태는 동일하며 그 체험도 동일합니다.
헌: 그러나 제가 보기에는 최고의 진리에 붙는 해석들에서 어떤 차이점이 있습니다.
마: 그 해석들은 마음으로 만들어내는 것입니다. 마음이 서로 다르기 때문에 해석도 다릅니다.
헌: 제 말은 각자覺者들이 자신을 서로 다르게 표현하고 있는지 여쭈어 보려는 것입니다.
마: 그 표현들은 구도자들의 성품에 따라 다를 수 있습니다. 그것은 구도자들을 인도하기 위한 것입니다.
헌: 어떤 각자는 기독교의 용어로 말하고, 어떤 분은 이슬람 용어로, 또 어떤 분은 불교 용어로 말합니다. 그것은 그들이 그렇게 양성되었기 때문입니까?
마: 그들이 어떻게 양성되었든, 그들의 체험은 동일합니다. 그러나 표현 양식은 환경에 따라 다릅니다.

**대담 596**
어떤 방문객이 질문했다: 스리 바가반께서는 어젯밤에, 신이 우리를 인도하고 계시다고 말씀하셨습니다. 그렇다면 왜 우리는 무엇을 하려는 노력을 해야 합니까?
마: 누가 그대에게 그렇게 하라고 합니까? 만일 신의 인도에 대한 그런 믿음이 있다면 그 질문은 일어나지 않았겠지요.
헌: 사실은 신이 우리를 인도하고 있습니다. 그렇다면 사람들에게 베푸시는 이런 가르침은 어떤 소용이 있습니까?

마: 그것은 가르침을 구하는 사람들을 위한 것입니다. 만일 그대가 신의 인도에 대한 믿음이 확고하다면, 그것을 고수하고 그대 주위에서 무슨 일이 일어나든 상관하지 마십시오. 더욱이 행복도 있을 수 있고 불행도 있을 수 있습니다. 둘 다에 대해 똑같이 무관심한 채, 신에 대한 믿음에 안주하십시오. 신이 우리 모두를 돌봐준다는 믿음이 강할 때만 그렇게 될 것입니다.

초프라 씨가 질문했다: 저는 그 확고한 믿음을 어떻게 확보할까요?

마: 바로 그거지요. 그것은 가르침을 원하는 이와 같은 사람들을 위한 것입니다. 불행에서 벗어나려고 하는 사람들이 있습니다. 그런 이들에게, 신이 모두를 인도하고 있고, 따라서 일어나는 일에 대해 아무 걱정할 필요가 없다고 말해주는 것입니다. 만약 그들이 최상의 부류라면, 즉시 그것을 믿고 신에 대한 믿음을 확고히 견지합니다.

그러나 그 단순하기 그지없는 말의 진리성을 그리 쉽게 납득하지 못하는 사람들이 있습니다. 그들은 이런 식으로 묻습니다. "신은 누구입니까? 그의 본성은 무엇입니까? 그는 어디 있습니까? 그를 어떻게 깨달을 수 있습니까?" 그들을 만족시키려면 지적인 논의가 필요하다는 것을 알게 됩니다. 그래서 이런저런 말을 하게 되고, 찬반양론이 나옵니다. 그렇게 해서 진리가 그 지성에게 분명히 이해됩니다.

그 문제가 지적으로 이해되면, 진지한 구도자는 그것을 실천에 옮기기 시작합니다. 매 순간 그는 "이 생각들은 누구에게 있는가? 나는 누구인가?" 하는 등으로 따져 묻다가, 마침내 어떤 **더 높은 힘**이 우리를 인도한다는 확신 안에 잘 자리 잡게 됩니다. 그것이 믿음의 확고함입니다. 그러면 모든 의심이 해소되고, 그에게는 더 이상의 가르침이 필요 없습니다.

헌: 저희도 신에 대한 믿음을 가지고 있습니다.

마: 만일 그것이 확고했다면 어떤 질문도 일어나지 않았겠지요. 그런 사람은 **전능자**에 대한 그의 **믿음** 안에서 완벽하게 행복한 상태로 머무를 것입니다.

헌: 진아에 대한 탐구가 앞에서 말씀하신 믿음과 같습니까?

마: 진아에 대한 탐구는 모든 것—즉, 믿음·헌신·지知·요가 등 일체를 포함합니다.

헌: 사람은 때로 그 육신이 안정된 명상을 감당하기 어렵다는 것을 발견합니다. 그러면 그 목적을 위해 몸을 훈련하는 요가를 닦아야 합니까?

마: 그것은 그 사람의 상습(samskaras)에 달렸습니다. 어떤 사람은 자기 몸의 병을 치유하기 위해 하타 요가를 할 것이고, 어떤 사람은 신에게 그것을 치유해 달라고 맡길 것이며, 어떤 사람은 몸에 대해 자신의 의지력을 사용할 것이고, 또 어떤 사람은 그런 것에 전적으로 무관심할 수도 있습니다. 그러나 그 모두가 꾸준히 명상을 하겠지요. 진아에 대한 탐구가 핵심 요소이며, 그 나머지는 모두 부수사항일 뿐입니다.

어떤 사람은 베단타 철학에 통달했어도, 자신의 생각을 제어하지 못할 수도 있습니다. 그런 사람은 하타 요가를 닦게 될 전습前習(purva samskara)을 가지고 있을지 모릅니다. 그는 요가에 의해서만 마음이 제어될 수 있다고 믿을 것이고, 그것을 닦겠지요.

헌: 안정된 명상에 숙달되는 데 가장 적합한 것은 무엇입니까?

마: 그것은 사람의 상습 나름입니다. 어떤 사람은 하타 요가가 적합하다고 느낄 것이고, 어떤 사람은 명호염송(nama-japa)이, 또 누구는 무엇이 적합하다고 느끼겠지요. 핵심 사항은 자기탐구, 곧 진아에 대한 탐구입니다.

헌: 이 자기탐구를 위해서 아침에 얼마동안, 그리고 저녁에 얼마동안 시간을 쓰면 충분합니까? 아니면 늘—이를테면 글을 쓰거나 길을 걸을 때도—그것을 해야 합니까?

마: 그런데 그대의 진정한 성품은 무엇입니까? 글쓰기입니까, 걷기입니까, 아니면 존재하기(being)입니까? 변경할 수 없는 단 하나의 실재는 존재(Being)입니다. 그 순수한 존재의 상태를 깨달을 때까지는 탐구를 해나가야 합니다. 일단 그 안에 자리 잡게 되면 더 이상 걱정이 없을 것입니다.

생각이 일어나지 않는다면 누구도 생각들의 근원을 탐구하지 않겠지요. '나는 걷고 있다', '나는 글을 쓰고 있다'고 생각하는 한, 누가 그것을 하는지 탐구하십시오.

그렇지만 그대가 진아 안에 확고히 자리 잡아도 그런 행위들은 계속될 것입니다. 사람이 평생 매 순간마다 "나는 사람이다, 나는 사람이다, 나는 사람이다"라고 늘 말합니까? 그렇게 말하지 않아도 그의 모든 행위는 진행됩니다.

헌: 진리에 대한 지적인 이해가 필요합니까?

마: 예. 그렇지 않으면 왜 그 사람이 신이나 진아를 곧바로—즉, 신이 모든 것이라거나 진아가 모든 것이라는 말을 듣자마자—깨닫지 못합니까? 그것은

그에게 어떤 동요가 있다는 것을 보여줍니다. 그는 자신과 논쟁하여 점차 진리를 납득해 가야 하고, 그러다 보면 믿음이 확고해집니다.

### 1938년 12월 20일

**대담 597**

스위스 여성인 J. C. S. 힉 리딩(Hick Riddingh) 부인이 질문했다: 진아 깨달음은 신비한 능력들을 얻는 것도 의미합니까?

**마:** 진아는 가장 친밀하고 영원한 존재인 반면, 싯디(siddhis)는 낯섭니다. 싯디를 얻기 위해서는 노력이 필요하지만 진아는 그렇지 않지요.

그런 능력들은 마음이 추구하는 것이고 (그것을 얻으려면) 마음을 예리하게 깨워두어야 하는 반면, 진아는 마음이 소멸될 때 깨달아집니다. 그런 능력은 에고가 있을 때만 나타납니다. 에고가 있어 그대가 타인들을 인식하는데, 에고가 없으면 어떤 타인도 보이지 않습니다. 진아는 에고를 넘어서 있고, 에고가 제거된 뒤에 깨달아집니다. 에고를 없애면 타인들을 인식하지 않게 됩니다. 타인이라는 문제가 어떻게 일어날 수 있으며, 진아를 깨달은 존재에게 신비한 능력이 무슨 쓸모가 있습니까?

진아 깨달음은 신비한 능력을 수반할 수도 있고 그렇지 않을 수도 있습니다. 만일 그 사람이 깨달음을 얻기 전에 그런 능력들을 추구했다면 깨달음을 얻고 난 뒤에 그런 능력을 얻을 수도 있겠지요. 그런 능력을 추구하지 않고 진아 깨달음만 얻으려고 한 사람들도 있습니다. 그들은 그런 능력을 보여주지 않습니다.

진아 깨달음을 얻은 뒤라도 그런 능력을 추구하여 그것을 얻을 수는 있겠지요. 그러나 그때는 그런 능력들이 어떤 한정된 목적에, 즉 쭈달라(Chudala)의 경우처럼 남들의 이익을 위해 쓰이게 됩니다.

시키드와자(Sikhidvaja)는 신심 깊은 왕이었습니다. 그의 비妃가 쭈달라였습니다. 그들은 한 진인에게서 가르침을 받았습니다. 왕은 나라를 다스리느라고 바빠서 그 가르침을 실천에 옮기지 못한 반면, 쭈달라는 그것을 실천하여 진아 깨달음을 얻었습니다. 그 결과 그녀는 그전보다 더 매력적으로 보였습니다. 왕은 그녀가 더 매력적으로 되어 가는 데 놀라 연유를 물었습니다. 그녀는 모든 매력이 진아 때문이며, 자기 안의 진아 깨달음의 아름다움을 그가 발견하고 있는 것뿐이라고 말했습니다. 왕은 무슨 실없는 소리냐고 했습니다. 오랜 세월 따빠스(tapas)를 하고도 **진아**를 깨닫지 못한 위대한 고행자들(tapasvis)이 있는데, 계속 집안에만 있으면서 세속 생활을 하는 여인을 말해 무엇 하겠느냐는 것이었습니다. 그러나 쭈달라는 화를 내지 않았습니다. 왜냐하면 그녀는 **진아** 안에 확고히 자리 잡고 있었고, 남편이 **진아**를 깨달아서 행복하기만을 바랐기 때문입니다. 이때 그녀는 만일 자신이 어떤 비상한 능력을 드러내어 자신의 가치를 입증하지 못하면 왕이 납득하지 못할 거라고 생각하고, 신비한 능력을 추구하여 그것을 얻었습니다. 그러나 그때는 아직 그것을 드러내지 않았습니다. 왕은 부단히 쭈달라와 함께 지내다 보니 욕망이 없어져 세속 생활이 싫어지기 시작했고, 숲 속으로 물러나서 따빠스를 하고 싶었습니다. 그래서 아내에게 세간을 떠나 숲으로 들어가고 싶다고 말했습니다. 그녀는 일이 이렇게 되어 가는 것이 기뻤지만, 그의 무정한 결심에 아주 걱정을 많이 하는 척했습니다. 왕은 그녀를 고려하여 주저했습니다. 그러는 사이에 그의 무욕이 힘을 얻었고, 그는 그녀의 동의도 얻지 않고 출가하기로 결심했습니다.

　어느 날 밤 그는 왕비가 잠들어 있을 때 홀연히 몰래 궁궐을 빠져나가 숲으로 들어갔습니다. 그리고 따빠스를 할 수 있을 만한 한적한 곳을 찾았습니다. 왕비는 깨어나서 남편이 없는 것을 발견하자, 즉시 자신의 신비한 능력으로 실제로 무슨 일이 일어났는지 알아냈습니다. 그녀는 남편의 결의를 기뻐했습니다. 그리고 대신들을 불러 왕이 어떤 중요한 일로 어디로 떠났다고 하면서, 나라가 여느 때와 같이 효율적으로 다스려져야 한다고 말했습니다. 왕이 없는 동안 그녀가 직접 나라를 다스렸습니다.

　18년이 지나갔습니다. 이때 그녀는 왕이 **진아 깨달음**을 얻기 적합한 근기가 되었음을 알았습니다. 그래서 그녀는 꿈바(Kumbha)로 변장하여 그에게 나타나는 등의 방편을 썼습니다.59) 그리하여 왕은 **진아**를 깨달았고, 돌아와서 왕비와 함께 나라를 다스렸습니다.

　여기서 핵심은, **진아**를 깨달은 사람도 남들의 이익을 위해 신비한 능력을 추구하여 얻을 수 있다는 것입니다. 그러나 진인들은 그런 능력을 가지고 있어도 그에 속지 않습니다.

---

59) T. 꿈바는 브라마의 아들인 진인 나라다(Narada)의 아들이다. 쭈달라는 왕을 가르치기 위해 초능력으로 남자로 변신한 다음, 숲 속의 왕을 찾아가 꿈바로 자칭했다.

헌: 진인은 남들이 진아를 깨닫도록 하기 위해 신비한 능력을 사용합니까, 아니면 그의 진아 깨달음이라는 사실만으로도 그렇게 하는 데 충분합니까?
마: 그의 진아 깨달음의 힘은 다른 모든 능력을 사용하는 것보다 훨씬 더 강력합니다.

에고가 없는 만큼, 그에게는 남들이 없습니다. 남들에게 줄 수 있는 최고의 이익이 무엇입니까? 행복입니다. 행복은 평안에서 나옵니다. 평안은 어지러움(번뇌)이 없을 때만 지배할 수 있습니다. 어지러움은 생각에 기인하며, 이 생각들은 마음 안에서 일어납니다. 마음 자체가 없을 때, 완전한 평안이 있게 됩니다. 사람이 자신의 마음을 절멸하지 못했다면, 평안을 얻고 행복해질 수 없습니다. 그 자신이 행복하지 않다면 남들에게 행복을 줄 수 없습니다.

마음이 없을 때는 그가 남들을 인식할 수 없습니다. 따라서 그의 진아 깨달음이라는 사실 자체만으로도 모든 남들을 행복하게 만드는 데 충분합니다.

헌: 삼매가 오고갈 수 있습니까?
마: 삼매가 무엇입니까? 삼매는 그대의 본질적 성품입니다. 그렇다면 그것이 어떻게 오거나 갈 수 있겠습니까?

그대가 자신의 본질적 성품을 깨닫지 못하면, 그대의 시야가 장애물에 가려져 있습니다. 그 장애물이 무엇입니까? 그것을 발견하여 제거하십시오. 그래서 그대의 노력은 참된 시각을 숨기는 장애물들을 제거하기 위한 것일 뿐입니다. 진정한 성품은 똑같은 상태로 있습니다. 일단 그것을 깨달으면 그것은 영구적입니다.

헌: 그러나 브런튼 씨는 자기가 한 시간 동안 삼매에 들어 있었다고 합니다. 그래서 그 질문을 드린 것입니다.
마: 어떤 수행자가 마음의 평안을 얻어서 행복합니다. 그 평안은 그가 한 노력의 결과입니다. 그러나 진정한 상태는 애씀 없는 것이어야 합니다. 그 애씀 없는 삼매가 참된 삼매이고 완전한 상태입니다. 그것은 영구적입니다. 노력들은 산발적이고 그 결과도 마찬가지입니다.

실재하고, 애씀 없고, 영구적이고, 행복한 그 성품을 깨달으면, 그것이 삶의 일상적 활동과 어긋나지 않는다는 것을 발견할 것입니다. 노력 끝에 도달한 삼매는 외적인 활동과 동떨어진 것처럼 보입니다. 사람은 그렇게 동떨어져 있을 수도 있고, 자신의 평안과 행복에 손해가 없이 사람들 사이에서 자유롭게 살아갈 수도 있는데, 이는 그것이 그의 참된 성품, 곧 진아이기 때문입니다.

### 1938년 12월 21일

**대담 598**

스리 바가반은 이따금 대단한 유머를 보여주신다. 당신은 『우빠마뉴 박따 빌라스(*Upamanyu Bhakta Vilas*)』(『시바박따빌라삼』)에서, 아루나찰레스와라(아루나찰라의 주재신 시바)가 당신의 권속들(*bhutaganas*)을 강도들로 가장시켜 띠루냐나삼반다르와 그 추종자들의 무리에게서 그들의 소유물을 모두 빼앗아버렸다는 구절이 있는 대목을 읽으셨다. 스리 바가반이 말씀하셨다: 띠루부달 축제(*Tiruvudal Utsava*) 때는 시바 자신도 강도들을 만났는데,60) 당신도 헌신자들에게 같은 책략을 썼군요. 과연 그럴 수 있을까요?

**대담 599**

노자 『도덕경』에 나오는 "성인은 무위로써 일체를 처리한다"는 구절61)이 회당에서 낭독되었다.

스리 바가반이 말씀하셨다: 무위는 끊임없는 활동입니다. 진인은 영원하고 치열한 활동을 특징으로 합니다. 그의 고요함은 빨리 돌아가는 팽이[자이로스코프]의 외관상 고요함과 같습니다. 팽이의 빠른 속도를 눈이 따라잡지 못하고, 그래서 그것은 정지해 있는 듯이 보입니다. 하지만 그것은 돌고 있습니다. 진인의 외관상 무위도 그렇습니다. 이것을 설명해야 하는 까닭은, 사람들이 일반적으로 고요함을 아무 활동이 없는 것으로 오인하기 때문입니다. 그렇지 않습니다.

### 1938년 12월 24일

**대담 600**

한 젊은이가 서툰 타밀어로 질문했다: 진아 깨달음을 얻기까지는 얼마나 오래

---

60) T. 띠루반나말라이에서 매년 열리는 띠루부달 축제 때는 큰 사원에 모셔진 시바와 빠르바띠의 상(像)을 수레로 모셔내어 사원을 도는데, 옛날 빠르바띠를 무시한 진인 Brungi에게 시바가 해탈을 하사한 데 대한 복수의 장난으로, 빠르바띠의 시자들이 시바의 소유물을 강탈한다.
61) T. "그런 까닭에 성인은 함이 없이 일을 처리하고, 말하지 않고 가르친다(是以聖人 處無爲之事 行不言之敎)." -『도덕경』, 제2장.

걸리겠습니까?

**마:** 먼저 진아가 무엇을 의미하는지, 또 깨달음이 무엇을 의미하는지를 아십시오. 그러면 모든 것을 알게 됩니다.

**헌:** 마음이 심장 안에서 깨달아야 합니다.

**마:** 그러라고 하지요. 마음이 무엇입니까?

**헌:** 마음, 심장은 모두 **뻬루말**(Perumal)[화현한 신에 대한 비슈누파의 용어]의 화신들입니다.

**마:** 만일 그렇다면 우리 자신은 걱정할 필요가 없지요.

**헌:** 이 기초 위에서 우리는 어떻게 깨달을 수 있습니까?

**마:** 그 마음을 **뻬루말**[신]에게 내맡기십시오. 그의 화신은 그와 독립하여 남아 있을 수 없습니다. 그의 것을 그에게 돌려드리고 행복하십시오.

**헌:** 어떻게 해야 그렇게 합니까?

**마:** 마음이 있다는 것을 우리는 어떻게 압니까? 그것의 활동, 즉 생각들 때문입니다. 생각이 일어날 때마다, 그것은 모두 **뻬루말**의 모습들이고 달리 무엇일 수 없다는 것을 기억하십시오. 이것으로 족합니다. 이것이 마음을 내맡기는 것입니다. 어떤 것이 **뻬루말**과 독립하여 존재할 수 있습니까? 모든 것은 **뻬루말**일 뿐입니다. 그가 모든 것을 통해 행위합니다. 왜 우리 자신이 걱정합니까?

### 1938년 12월 27일

**대담 601**

안드라 헌신자인 G. V. 숩바라마이야가 시간에 대해 뭔가를 언급했다.

**마:** 시간이 무엇입니까? 그것은 하나의 상태, 그것에 대한 우리의 인식, 그리고 그것에 영향을 미치는 변화들을 전제합니다. 두 상태 사이의 간격을 시간이라고 합니다. 마음이 그것을 존재하게끔 불러들이지 않으면 어떤 상태가 생겨날 수 없습니다. 마음은 진아에 의해 보유될 수밖에 없습니다. 마음이 사용되지 않으면 어떤 시간 개념도 없습니다. 시간과 공간은 마음 안에 있지만, 우리의 참된 상태는 마음을 넘어서 있습니다. 자신의 참된 상태 안에 자리 잡고 있는 사람에게는 시간이란 문제가 전혀 일어나지 않습니다.

**나라야나 아이어 씨:** 스리 바가반의 말씀들은 듣기에 너무 즐겁지만, 그 의미는 저희들의 이해를 넘어서 있습니다. 깨닫기를 바라는 것조차도 저희에게는

너무 벅찬 일 같습니다.

**G. V. 숩바라마이야:** 저희들의 이해는 지적知的인 것일 뿐입니다. 스리 바가반께서 몇 가지 가르침으로 저희들을 기꺼이 지도해 주신다면, 저희가 큰 이익을 얻을 것입니다.

**마:** 열렬한 구도자에게 이래라 저래라 지시하는 사람은 참된 스승이 아닙니다. 구도자는 자신의 활동들로 이미 고통받고 있고, **평안과 안식**을 원합니다. 바꾸어 말해서 자신의 활동들이 그치기를 바랍니다. 그렇게 해주기는커녕 그의 다른 활동들에 덧붙여, 혹은 그것을 대신하여 무엇을 하라고 합니다. 그것이 그 구도자에게 도움이 될 수 있겠습니까?

활동은 창조입니다. 활동은 자신의 본래적 행복을 파괴하는 것입니다. 만일 활동을 옹호한다면 그런 조언자는 스승이 아니라 살인자입니다. **창조주**[브라마]나 **죽음의 신**[야마]이 그런 스승을 가장하고 온 것이라고 말할 수 있을지도 모릅니다. 그런 이는 구도자를 해탈시킬 수 없고, 그의 족쇄를 강화합니다.

**헌:** 우리가 활동을 그만두려고 시도할 때 그 시도 자체가 행위입니다. 그래서 활동은 피할 수 없는 것 같습니다.

**마:** 맞습니다. 따유마나바르도 그런 말을 했지요. 의사가 환자에게 단 한 가지 조건으로 약을 먹으라고 했는데, 그 조건은 약을 먹을 때 원숭이를 생각하지 말라는 것이었습니다. 환자가 약을 먹을 수 있기는 하겠습니까? 약을 먹으려고 할 때마다 원숭이를 생각하지 않겠습니까?

그와 마찬가지로, 사람들이 생각을 놓아버리려고 애쓸 때, 바로 그 시도에 의해 그들의 목적이 좌절됩니다.

**헌:** 그러면 그 상태를 어떻게 성취합니까?

**마:** 성취할 무엇이 있습니까? 어떤 것이 아직 성취되지 못했다면 그것은 성취할 것으로 남아 있습니다. 그러나 여기서는 우리의 존재 자체가 **그것**입니다.

**어떤 사람:** 그러면 왜 우리가 그것을 모릅니까?

**안나말라이 스와미:** 저라면 "내가 **그것이다**(I am That)"를 생각하려고 늘 애쓰겠습니다.

**마:** 왜 "내가 **그것이다**"라고 생각해야 합니까? 그가 **그것**일 뿐입니다. 사람이 자기가 사람이라고 계속 생각해야 합니까?

**아난따짜리**(Anantachari) **씨:** "나는 사람이다"라는 믿음이 너무 깊어서 우리는 그렇게 생각하지 않을 수 없습니다.

마: 왜 "나는 사람이다"라고 생각해야 합니까? 누가 시비해 온다면 "나는 사람이다"라고 말할 수 있겠지요. 그래서 다른 생각, 이를테면 "나는 짐승이다"가 튀어나올 때는 그 생각—"나는 사람이다"—이 소환됩니다. 마찬가지로, "나는 사람이다"라는 저 생각이 지속되는 동안에만 "**내가 그것이다**" 하는 생각이 필요합니다.

헌: "나는 사람이다"라는 생각이 워낙 확고해서 그것을 없앨 수가 없습니다.

마: 그대의 참된 **자아**가 되십시오. 왜 "나는 사람이다"라고 생각합니까?

헌: "나는 사람이다"라는 생각은 너무나 자연스럽습니다.

마: 그렇지 않지요. 오히려 "내가 있다"가 자연스럽습니다. 왜 그것을 '한 사람'으로 한정합니까?

헌: "나는 사람이다"는 아주 분명한 반면, "**내가 그것이다**"는 저희가 이해하지 못합니다.

마: 그대는 그것도 아니고 이것도 아닙니다. 진리는 "**내가 있다**"입니다. 성경에서도 "**나는 내가 있다는 것이다**"라고 합니다. 그저 **존재**만이 자연스럽습니다. 그것을 "한 사람이다"로 한정하는 것은 쓸데없는 짓입니다.

헌: (유머러스하게) 만약 투표를 한다면 대다수는 제 편일 겁니다. (웃음).

마: 저도 그대 편에 투표합니다. (웃음). 저도 "나는 사람이다"라고 말하니까요. 그러나 저는 몸에 한정되지 않습니다. 몸이 제 안에 있습니다. 그것이 차이점입니다.

**어떤 사람:** 한 사람이라는 한정(*upadhi*)을 없앨 수가 없습니다.

마: 깊은 잠 속에서 그대는 어떻게 있었습니까? 사람이라는 생각이 없었지요.

**다른 사람:** 그러니까, 우리가 깨어 있을 때도 잠의 상태를 이루어내야 하는 거로군요.

마: 예. 그것이 생시-잠(*jagrat-sushupti*)입니다.

스리 바가반이 계속 말씀하셨다: 어떤 사람들은 심지어 그들이 잠들어 있을 때는 몸 안의 어딘가에 싸여 있었다고 말합니다. 그들은 그런 관념이 잠 속에서는 지속되지 않았고 깨어나서만 일어난다는 것을 망각하고 있습니다. 그들은 자기들의 생시 상태를 잠에까지 덮어씌웁니다.

불이 꺼졌고 모두 물러갔다.

## 1939년 1월 1일

### 대담 602

꼬다이까날(Kodaikanal-타밀나두 주 서부 고원지대의 소도시) 셈바가누르의 성심대학聖心大學(Sacred Heart College) 철학교수인 S. J. 에밀 가티에(Emile Gathier) 박사가 질문했다: 부디 당신의 가르침을 요약해서 저에게 말씀해 주실 수 있습니까?

마: 그런 것은 소책자들, 특히 『나는 누구인가?』에 나와 있습니다.

헌: 그 책들을 읽어보겠습니다. 그러나 당신 가르침의 중심 요점(central point)을 당신으로부터 직접 들어볼 수 있겠습니까?

마: 그 중심점(central point)이 바로 그것입니다.

헌: 무슨 뜻인지 잘 모르겠습니다.

마: 그 중심을 발견하십시오.

헌: 저는 하느님으로부터 왔습니다. 하느님은 저와 별개 아닙니까?

마: 그 질문을 누가 합니까? 하느님은 그것을 묻지 않습니다. 그대가 묻습니다. 그러니 그대가 누구인지 발견하십시오. 그러면 하느님이 그대와 별개인지 알게 될 것입니다.

헌: 그러나 하느님은 완전하시지만 저는 불완전합니다. 어떻게 제가 그분을 완전히 알 수가 있겠습니까?

마: 하느님은 그렇게 말하지 않습니다. 그 질문은 그대에게 해당됩니다. 그대가 누구인지 발견하고 나면 하느님이 무엇인지 알 수도 있겠지요.

헌: 그러나 당신께서는 당신의 진아를 발견하셨습니다. 부디 저희에게 하느님이 당신과 별개인지를 알게 해 주십시오.

마: 그것은 체험의 문제입니다. 각자가 그것을 스스로 체험해야 합니다.

헌: 오! 알겠습니다. 그러나 하느님은 무한하시고 저는 유한합니다. 저는 하나의 인격을 가지고 있는데, 이것은 결코 하느님 안으로 합일될 수 없습니다. 그렇지 않습니까?

마: 무한성과 완전성은 부분들을 용납하지 않습니다. 만일 어떤 유한한 존재가 무한성에서 나온다면 무한성의 완전함이 손상됩니다. 따라서 그대의 말은 용어상의 모순입니다.

헌: 아닙니다. 저는 하느님과 창조계 둘 다를 봅니다.

마: 그대는 그대의 인격을 어떻게 인지합니까?

헌: 저에게는 영혼이 있습니다. 그것의 활동에 의해 제가 그것을 압니다.
마: 깊은 잠 속에서도 그것을 알았습니까?
헌: 그 활동들은 깊은 잠 속에서는 중지됩니다.
마: 그러나 그대는 잠 속에서도 존재합니다. 지금도 마찬가지입니다. 이 두 가지 중에서 어느 것이 그대의 진정한 상태입니까?
헌: 잠과 생시는 사건들에 불과합니다. 저는 그 사건들 이면의 본체입니다.
　(그는 시계를 쳐다보더니 이제 기차를 타러 갈 시간이 되었다고 말했다. 그는 스리 바가반께 감사한 뒤에 떠났다. 그래서 그 대화는 느닷없이 끝나 버렸다.)

## 1939년 1월 8일

**대담 603**

베이트먼 여사가 딸과 함께 스리 바가반을 찾아뵈러 이곳에 왔다. 그녀는 베르사유에 있는 파스칼린 말레 양이 보낸 편지 한 통을 가져왔다. 그것은 다음과 같은 내용이다:

"제가 당신 아쉬람의 문턱을 마지막으로 넘은 지 두 해가 지나갔지만, 그래도 정신적으로는 늘 그곳에 머무르고 있습니다."

"당신 친존의 은혜로운 **침묵** 안에서 드러났던 '실재의 견見'을 환幻이 아직도 종종 가리지만 말입니다."

"자기자각의 은빛 실을 변해가는 빛과 그림자들 속에서 종종 놓치기는 하지만, 진아를 깨닫고자 하는 내면의 충동이 여전히 있고, 은총과 탐구가 함께 나아감에 따라 그것이 점점 강해지고 더 꾸준해집니다."

"이따금 드물기는 해도 아무 뚜렷한 이유 없이 '나'에 대한 자연발로적 자각이 솟아오르고, 지복이 찬연한 온기로 심장을 가득 채우기도 합니다. 애씀 없는 집중이 이 상태와 함께 가면서, 모든 욕망들이 더없는 평안 속에서 성취되어 안식합니다. 그러다가 베일이 다시 한 번 드리워지고, 환幻이 **실재**의 견을 흐려 놓으려고 합니다."

"하지만 그 영혼이 체험했고 **진리**라고 되풀이해서 아는 것은, 부정할 수도 없고 한시도 잊을 수 없습니다. 그리고 '**존재하는 것**'(실재)이, 어려움을 감내할 부단한 힘을 줍니다."

"저의 **진아**에게 하듯 **당신**께, 늘 존재하는 것으로 제가 알고 있는 빛과 인도를 베풀어 주실 것을 기원하며, 변치 않는 사랑을 당신의 발아래 공양물로 놓습니다."

1938년 11월 21일, 베르사유
르쎄르부가街 11번지에서 파스칼린 올림.

### 1939년 1월 10일

**대담 604**
어떤 여성이 헌가를 부르고 있었는데, 무엇보다도 이런 내용이 있었다.
"당신은 저의 아버지시고,
당신은 저의 어머니시며,
당신은 저의 친족이시고,
저의 소유물이자 일체이십니다."
스리 바가반이 미소를 띠고 말씀하셨다: 예, 예. 그대는 이것이고, 저것이고, '나'만 빼고는 모든 것이군요. 왜 "제가 당신입니다" 하고 끝맺지 않습니까?

**대담 605**
어떤 안드라 방문객은 답변을 듣고 싶은 질문 몇 가지가 적힌 종이쪽지 하나를 스리 바가반께 드렸다. 스리 바가반은 그것을 손에 쥐고 질문들을 훑어보다가 말씀하셨다.
마: 이 모든 질문은 질문할 수 있는 사람이 있는 한에서 일어납니다. 만일 그 질문자를 추구하여 발견하면, 질문들이 저절로 끝날 것입니다.
  그 사람이 대답으로 말했다: 몇몇 사람이 그 의문점들을 제기하는데, 저는 그에 어떻게 대응해야 할지 모르겠습니다. 그래서 그 사실을 알고 싶은 것입니다('사실'이라는 말로는 비샤야(*vishaya*)가 사용되었다).
마: 비샤이(*vishayi*)[사실들의 기초]를 이해하면 비샤야[사실들]가 분명해집니다.

**대담 606**
법률가 헌신자인 벤까따크리슈나야 씨는 10년 전에 스리 바가반을 찾아와, 자신을 향상시키려면 무엇을 해야 하는지를 당신께 여쭈었다. 스리 바가반은 그에게 가야뜨리 염송(*Gayatri Japa*)을 하라고 하셨다. 이 젊은이는 만족해서 떠났다.

몇 해가 지나 다시 왔을 때 그는 이렇게 여쭈었다.

헌: 제가 가야뜨리 진언의 의미에 대해서 명상하면, 제 마음이 다시 헤맵니다. 어떻게 해야 합니까?

마: 그대에게 그 진언이나 그 의미에 대해서 명상하라고 했습니까? 그 진언을 염하는 그 사람에 대해서 생각해야지요.

또 이 사람은 다른 저명한 마하트마를 찾아간 적이 있는데, 마하트마는 그에게 "옴(OM)" 대신에 "옴 나마하(Om Namah)"를 하라고 했다. 순수한 '옴'은 산야시들이 하도록 되어 있고, 다른 사람들은 '옴 나마하'를 하면 되기 때문이라는 것이었다. 그가 여기 왔을 때 스리 바가반께 그 점에 대해 여쭈었다.

스리 바가반은 지나가는 말로 대답하셨다: 산야시 외의 남들은 진아를 탐구하여 그것을 깨달으면 안 된단 말인가?

### 1939년 1월 17일

## 대담 607

스리 바가반이 베이트먼 여사에게 말씀하셨다: 하나의 고정된 상태가 있는데, 잠·꿈·생시의 상태들은 그 안에서의 움직임들에 불과합니다. 그것은 영화에서 스크린 위를 움직이는 화면들과 같습니다.

누구나 화면과 함께 스크린을 보지만, 스크린은 무시하고 화면만 받아들입니다. 그러나 진인은 스크린만 고려할 뿐 화면들을 고려하지 않습니다. 화면들은 확실히 스크린 위를 움직이지만 스크린에 영향을 주지 않습니다. 스크린 자체는 움직이지 않고 정지해 있습니다.

마찬가지로, 어떤 사람이 기차로 여행하면서 자기가 움직인다고 생각합니다. 실제로 말하면 그는 자기 자리에 앉아서 휴식하는 것이고, 증기를 뿜으며 달리는 것은 기차입니다. 그러나 그는 기차의 움직임을 자신에게 덧씌웁니다. 왜냐하면 자신을 몸과 동일시하기 때문입니다. 그는 "한 역 지났군. 이제 다른 역이네. 또 다른 역이야" 하고 말합니다. 조금만 생각해 보면 자신은 가만히 앉아 있고 역들이 자신을 지나갔다는 것을 알 것입니다. 그러나 그는 마치 자신이 그 길을 매 걸음 힘들게 움직인 것처럼, 자기가 그 길을 다 지나왔다고 말합니다.

진인은 **존재**의 참된 상태는 고정되어 정지해 있으며, 모든 행위들이 자신의 주위에서 진행된다는 것을 온전히 자각하고 있습니다. 그의 성품은 변하지 않고, 그의 상태는 조금도 영향을 받지 않습니다. 그는 일체를 무관심하게 바라보면서 자신은 지복스러운 상태로 남아 있습니다.

그의 상태가 참된 상태이며, 또한 원초적이고 본래적인 존재의 상태입니다. 사람이 거기에 일단 도달하면 그곳에 고정됩니다. 일단 고정되면 그는 늘 고정되어 있게 됩니다. 따라서 (저의) 빠탈라 링가 지하실(Pathala Linga Cellar)[62] 시절을 지배했던 그 상태는 중단 없이 계속되지만, 단지 차이가 있다면 거기서는 몸이 움직이지 않고 있었으나 지금은 활동하고 있다는 것입니다.

행동 면에서는 진인과 무지인 간에 아무 차이가 없습니다. 차이는 그들의 시각에 있을 뿐입니다. 무지한 사람은 자신을 에고와 동일시하여 그것의 활동들을 자기의 활동으로 착각하는 반면, 진인은 에고가 사라졌기 때문에 자신을 이런 저런 몸, 이런 저런 사건 등에 한정하지 않습니다.

외관상의 무위 속에 행위가 있고, 또한 외관상의 행위 속에 무위가 있습니다. 다음 사례들에서 보듯이 말입니다.

1. 잠결의 아이에게 음식을 먹입니다. 다음날 아침에 깨어나면 아이는 자기가 먹지 않았다고 말합니다. 이것은 외관상의 행위 속에 무위가 있는 경우입니다. 왜냐하면 엄마는 아이가 음식을 먹는 것을 보았지만 아이 자신은 모르기 때문입니다.

2. 밤중에 마차가 길을 가고 있을 때 마부가 마차 안에서 잠을 잡니다. 그래도 목적지에 도착하면 자기가 마차를 몰고 왔다고 주장합니다. 이것은 외관상의 무위 속에 행위가 있는 경우입니다.

3. 어떤 이야기를 듣고 있는 것처럼 보이는 사람이 이야기하는 사람에게 고개를 끄덕이지만, 그의 마음은 딴 데 가 있고 실제로는 그 이야기를 따라가지 않습니다.

4. 두 명의 친구가 나란히 누워 잠을 잡니다. 한 사람은 그들 둘이서 지구를 일주하며 다양한 경험을 하는 꿈을 꿉니다. 깨어나자 그 꿈을 꾼 사람은 친구에게 자기들이 지구를 일주했다고 말합니다. 다른 친구는 그 이야기를 시답잖게 취급합니다.

---

62) *T.* 아루나찰라 큰 사원에 있는 작은 지하실. 바가반은 1896년 아루나찰라에 도착한 뒤 얼마 후 이곳에서 깊은 삼매에 들어 있곤 했다.

여사는 꿈과 잠은 자신에게 어떤 호소력도 없다고 항변했다. 바가반은 그녀에게, 만일 잠을 자고 싶어 하지 않는다면 잠자리는 왜 신경 써서 마련하느냐고 물으셨다.

그녀는 잠이 지친 사지四肢를 이완시키기 위한 것이며, 오히려 하나의 자기도취 상태라고 말했다: 잠의 상태는 정말 둔하지만, 생시의 상태는 아름답고 재미있는 것들로 가득 차 있습니다.

**마:** 그대가 아름답고 재미있는 것들로 가득 차 있다고 여기는 것이, 진인에 따르면 실로 둔하고 무지한 잠의 상태입니다. "남들에게 어둠이 지배하는 곳에서 현자는 활짝 깨어 있다(*Ya nisha sarva bhutanam tasyam jagrati samyami*)"63)는 것입니다.

그대는 현재 그대를 장악하고 있는 그 잠에서 확실히 깨어나야 합니다.

### 1939년 1월 18일

**대담 608**

힉 리딩 부인이 종이쪽지에 두 가지 질문을 써서 스리 바가반께 드리고 자신의 해석이 맞는지 여쭈었다.

**마:** 진아는 지知와 무지를 넘어서 있습니다. 그것은 **절대적**입니다. 진아에게는 이런 의문들이 일어나지 않습니다. 왜냐하면 그것은 순수한 의식이고, 캄캄한 무지를 인정할 수 없기 때문입니다.

**헌:** 저희들의 견지에서는 그런 의문들이 일어납니다.

**마:** 그 의문들이 누구에게 일어나는지 보십시오. 그것들의 뿌리로 들어가십시오. 그 근원에 도달하여 그것을 꽉 붙든 뒤에, 그런 의문이 일어나는지 보십시오.

**헌:** 그러나 현재의 순간에는 ….

**마:** 그런 논의들은 이론적이고, 거기에는 끝이 없을 것입니다. 실천적이어야 하고, 그 문제들은 제시 받은 방법으로 자신이 직접 풀려고 노력해야 합니다. 그 방법은 이미 일러드렸습니다. 그 질문들이 누구에게 일어나는지 알아내십시오. 그 문제들이 즉시 풀릴 것입니다.

---

63) *T.* 『기타』, 2.69.

**대담 609**

베이트먼 여사와 여타 사람들이 오후 3시 30분에 회당에 왔다. 몇 분 되지 않아 그녀가 글로 써서 질문하기를, 사람은 깊은 잠 속에서보다 생시의 상태에서 순수한 의식에 더 가까이 있느냐고 했다.

**마**: 잠·꿈·생시의 상태들은, 그 자체 정지해 있고 또한 단순한 자각의 상태인 **진아** 위에 나타나는 현상들에 불과합니다. 어느 누가 한 순간이라도 **자기**와 떨어져 있을 수 있습니까? 그것이 가능해야만 (그대의) 그 질문도 일어날 수 있습니다.

**헌**: 생시의 상태에서보다 깊은 잠 속에서 우리가 **순수한 의식**에 더 가까이 있다고 흔히 이야기되지 않습니까?

**마**: 그 질문은 "저는 생시의 상태에서보다 잠 속에서 저 자신에게 더 가까이 있습니까?"라고 할 수도 있겠지요.

　왜냐하면 **진아**는 **순수한 의식**이기 때문입니다. 누구도 **자기**로부터 한시도 떨어져 있을 수 없습니다. 이원성이 있어야만 그런 질문을 할 수 있겠지요. 그러나 **순수한 의식**의 상태 안에는 어떤 이원성도 없습니다.

　같은 사람이 잠을 자고, 꿈을 꾸고, 깨어납니다. 생시의 상태는 아름답고 재미있는 것들로 가득 차 있다고 여겨집니다. 잠 속에서는 그런 경험을 할 수 없으니 잠의 상태는 둔하다고 말하게 됩니다. 더 나아가기 전에 이 점을 분명히 합시다. 그대는 잠 속에서도 자신이 존재한다는 것을 인정하지 않습니까?

**헌**: 예, 인정합니다.

**마**: 지금 깨어 있는 사람도 같은 사람입니다. 그렇지 않습니까?

**헌**: 그렇습니다.

**마**: 그래서 잠의 상태와 생시의 상태 간에는 어떤 연속성이 있습니다. 그 연속성이 무엇입니까? 그것은 **순수한 존재**의 상태일 뿐입니다.

　그 두 상태 간에 어떤 차이가 있습니다. 그 차이가 무엇입니까? 생시의 상태에서는 사건들, 즉 몸·세계·대상들이 나타나지만 잠 속에서는 그것이 사라집니다.

**헌**: 그러나 잠 속에서는 제가 (그런 것들을) 자각하지 못합니다.

**마**: 맞습니다. 몸이나 세계에 대한 어떤 자각도 없습니다. 그러나 "잠 속에서는 제가 자각하지 못했습니다"라고 말하기 위해서는, 잠 속에서 그대가 존재

해야 합니다. 지금 누가 그렇게 말합니까? 그것은 깨어 있는 사람입니다. 잠자는 사람은 그렇게 말할 수 없습니다. 다시 말해서, 지금 자기를 몸과 동일시하고 있는 그 개인이, 잠 속에서는 그런 자각이 존재하지 않았다고 말하는 것입니다.

그대는 자신을 몸과 동일시하기 때문에, 주위의 세계를 보면서 생시의 상태는 아름답고 재미있는 것들로 가득 차 있다고 말합니다. 잠의 상태가 둔하게 보이는 것은, 거기서는 한 개인으로서의 그대가 없었고, 따라서 그런 것들이 없었기 때문입니다. 그러나 무엇이 사실입니까? 세 가지 상태 모두에 **존재의 연속성**이 있지만, 그 개인과 대상들의 연속성은 없다는 것입니다.

헌: 그렇습니다.

마: 연속적인 것은 또한 지속적입니다. 즉, 영구적입니다. 불연속적인 것은 일시적입니다.

헌: 그렇습니다.

마: 따라서 **존재**의 상태는 영구적이고, 몸과 세계는 그렇지 않습니다. 그것들은 영원하고 정지해 있는 **존재-의식**의 스크린 위를 지나가는 찰나적인 현상들입니다.

헌: 상대적으로 말해서, 잠의 상태가 생시의 상태보다 **순수한 의식**에 더 가깝지 않습니까?

마: 그렇지요. 이런 의미에서 말입니다. 즉, 잠에서 생시로 넘어올 때 '나'라는 생각이 시작되는 것이 분명하고, 마음이 활동을 개시하며, 생각들이 일어납니다. 그리고 이때 몸의 기능들도 작동을 시작합니다. 이 모든 것이 함께할 때 우리는 깨어 있다고 말하게 됩니다. 이 모든 과정이 없는 것이 잠의 특징이고, 따라서 그것은 생시의 상태보다 **순수한 의식**에 더 가깝습니다.

그러나 그렇다고 해서 우리가 늘 잠들어 있고 싶어 해서는 안 됩니다. 첫째로, 그것은 불가능한 일입니다. 왜냐하면 잠은 반드시 다른 상태들과 번갈아들 것이기 때문입니다. 둘째로, 그것은 진인이 들어 있는 지복의 상태일 수가 없습니다. 왜냐하면 그의 상태는 영구적이고, 번갈아들지 않기 때문입니다. 뿐만 아니라, 잠의 상태는 사람들이 자각의 상태로 인식하지 않지만, 진인은 늘 자각하고 있습니다. 이처럼 잠의 상태는 진인이 자리 잡고 있는 상태와는 다릅니다.

더욱이 잠의 상태는 생각과 그 생각들이 개인에게 주는 인상에서 벗어나 있습니다. 그것은 우리의 의지로 바꿔볼 수가 없습니다. 그 상태에서는 노력이 불가능하기 때문입니다. 그것은 **순수한 의식**에 더 가깝기는 하지만, **진아**를 깨닫고자 노력하기에는 적합하지 않습니다.

깨닫고자 하는 동기는 생시의 상태에서만 일어날 수 있고, 노력도 우리가 깨어 있을 때만 할 수 있습니다. 우리는 생시 상태의 생각들이 잠의 고요함을 얻는 데 장애가 된다는 것을 알게 됩니다. "고요히 있으라. 그리고 내가 신임을 알라." 그래서 고요함이 구도자의 목표입니다. 최소한 단 하나의 생각을 한 순간이라도 고요히 하려는 단 한 번의 노력조차도 침묵의 상태를 얻기 위해서는 중요합니다. 노력은 필요하며, 그것은 생시의 상태에서만 가능합니다. 여기에서(생시 상태에서) 노력이 있고, 자각도 있으며, 생각도 고요해집니다. 그래서 얻는 잠의 평안이 있습니다. 그것이 진인의 상태입니다. 그것은 잠도 아니고 생시도 아닌 그 둘의 중간입니다. 생시 상태의 자각과 잠의 고요함이 있습니다. 그것을 '생시-잠(*jagrat-sushupti*)'이라 합니다. 그것을 깨어 있는 잠, 잠자는 생시, 잠 없는 생시, 혹은 생시 없는 잠이라 해도 됩니다. 그것은 각기 따로 볼 때의 잠이나 생시와는 다릅니다. 그것이 '초월생시(*atijagrat*)' 혹은 '초월잠(*atisushupti*)'입니다.64) 그것은 완전한 자각의 상태와 완전한 고요함의 상태가 결합된 것입니다. 그것은 잠과 생시 사이에 있습니다. 그것은 연속하는 두 생각 사이의 간격이기도 합니다. 그것은 생각들이 솟아나는 근원인데, 우리는 잠에서 깨어날 때 그것을 봅니다. 달리 말해서 생각들은 잠의 고요함 속에 그 기원을 가지고 있습니다. 생각들이 잠의 고요함과 생시의 소란함 사이의 모든 차이를 만듭니다. 생각들의 뿌리로 나아가십시오. 그러면 잠의 고요함에 도달합니다. 그러나 왕성한 탐구의 활력 속에서, 즉 완전한 자각을 가지고 거기에 도달합니다.

그것이 역시나 앞에서 이야기한 생시-잠입니다. 그것은 둔한 상태가 아니라 **지복**입니다. 그것은 일시적이지 않고 영원합니다. 그것에서 생각들이 일어납니다. 우리의 모든 경험이 생각 아니고 무엇입니까? 쾌락과 고통은 생각에 불과합니다. 그것들은 우리 자신의 안에 있습니다. 생각에서 벗어나 있지만 자각

---

64) *atijagrat*는 '생시의 생시', *atisusupti*는 '잠의 잠'이다. 이것은 잠과 생시 안에 있으면서도 그것을 넘어서 있다.

하고 있다면, 그대가 곧 저 완전한 존재입니다.

　베이트먼 여사는 좋은 말씀을 들었다면서 스리 바가반께 감사드렸다. 나중에 그녀는 자신이 다음날 떠날 거라고 말했다.

　스리 바가반이 미소를 지으며 말씀하셨다: 그대는 한 장소를 떠나 다른 장소로 가지 않습니다. 그대는 늘 정지해 있습니다. 장면들이 그대를 지나갑니다. 보통의 관점에서 보더라도, 그대는 선실에 앉아 있고 배가 항해합니다. 그대는 움직이지 않습니다. 우리는 영화에서 사람이 먼 길을 달려가고 우리에게 달려오는 장면을 보지만, 스크린은 움직이지 않습니다. 계속 움직이며 변해가는 것은 화면입니다.

**헌:** 알겠습니다. 그러나 제가 **진아**를 깨닫고 나야 그것을 이해할 수 있습니다.

**마:** **진아**는 늘 깨달아져 있습니다. 깨달음이 앞으로 얻어질 어떤 것이라면 그것을 잃어버릴 가능성도 똑같이 있습니다. 따라서 그것은 일시적인 것일 뿐이겠지요. 일시적인 지복은 고통을 수반합니다. 그것은 영원한 해탈일 수 없습니다.

　그대가 나중에 그것을 깨닫는다는 것이 사실이라면, 지금은 그대가 깨달아 있지 않다는 의미가 됩니다. 현재의 순간에 **깨달음**이 없다면 미래의 어느 순간에도 그것이 없는 일이 되풀이될 수 있습니다. 왜냐하면 **시간**은 무한하니까요. 그래서도 그런 깨달음은 영구적이지 않습니다. 그러나 그것은 맞지 않습니다. 깨달음이 영구적이지 않다고 여기는 것은 잘못입니다. 그것은 변할 수 없는, **참되고 영원한 상태**입니다.

**헌:** 예, 저도 때가 되면 그것을 이해하겠지요.

**마:** 그대가 이미 **그것**입니다. 시간과 공간은 **진아**에 영향을 줄 수 없습니다. 그것들은 그대 안에 있습니다. 마찬가지로 그대가 주위에서 보는 모든 것이 그대 안에 있습니다. 이 점을 잘 보여주는 이야기가 있습니다.

　한 여성이 귀중한 목걸이를 목에 두르고 다녔습니다. 한번은 경황 중에 그것을 잊어버리고 그 목걸이를 잃어버렸다고 생각했습니다. 그녀는 걱정이 되어 집안을 뒤져보았지만 찾지 못했습니다. 친구와 이웃들에게도 목걸이를 본 적이 있느냐고 물어 보았으나, 그들도 보지 못했습니다. 마침내 한 친절한 벗이 그녀에게 목에 걸려 있는 목걸이를 만져보라고 했습니다. 그녀는 그것이 내내 자신의 목에 걸려 있었다는 것을 발견하고 기뻐했지요! 나중에 다른 사람들이 그 잃어버린 목걸이를 찾았느냐고 묻자, 그녀는 "예, 찾았어요"라고 대답했습니다. 그녀는 여전히 잃어버린 보물을 되찾았다고 느낀 것입니다.

그러면 그녀가 그것을 잃어버리기는 했습니까? 그것은 내내 그녀의 목에 걸려 있었습니다. 그러나 그녀의 심정을 헤아려 보십시오. 마치 잃어버린 보물을 되찾기나 한 듯이 기뻐합니다. 우리도 그와 마찬가지로 언젠가 우리가 **진아**를 깨달을 것이라고 상상하지만, 우리는 **진아** 외의 그 무엇도 결코 아닙니다.

**헌**: 저는 지구 아닌 다른 어떤 세계와 와 있는 듯한 느낌입니다.

스리 바가반은 무슨 편지들을 들여다보시다가 그 말을 듣고 미소를 지으며 말씀하셨다: 여기가 하늘나라입니다. 성경에서 말하는 하늘나라와 이 세계는 서로 다른 영역이 아닙니다. "그 **나라**는 너희의 안에 있다"고 성경에서 말합니다. 그렇지요. 깨달은 존재는 이것을 하늘나라로 보지만, 다른 사람들은 이것을 '이 세계'로 봅니다. 그 차이는 시각의 차이에 불과합니다.

**헌**: 세계와 그 안에 있는 사람들을 우리가 어떻게 부인할 수 있습니까? 제가 어떤 음악을 듣습니다. 그것은 감미롭고 웅장합니다. 저는 그것이 바그너의 음악이라는 것을 인식합니다. 그것이 제 것이라고 주장할 수는 없습니다.

**마**: 바그너나 그의 음악이 그대와 별개로 존재합니까? 그것이 바그너의 음악이라고 말하는 그대가 없다면, 그대가 그것을 알 수 있습니까? (그대가 없어) 그것을 모른다면 그것이 존재한다고 말할 수 있습니까? 더 분명히 하자면, 그대는 깊은 잠 속에서 바그너의 음악을 인식합니까? 그런데도 그대는 잠 속에서 그대가 존재한다는 것을 인정합니다. 그래서 바그너와 음악은 그대의 생각일 뿐인 것이 분명합니다. 그것들은 그대 안에 있지, 그대의 밖에 있지 않습니다.

**헌**: 아름답습니다.

[편자의 말: 누구나 때때로 미혹되는 경향이 있다. 진리를 듣고 이해해도 때로는 그것을 잊게 되고, 사실들과 직면할 때는 실수를 범하기도 한다. 지知가 무지에게 자리를 내줄 때 그 결과는 미혹이다. 그러나 진인만이 우리의 생각들을 때때로 바르게 돌려놓아줄 수 있다. 그래서 **사뜨상가**(*Satsanga*), 즉 진인과의 친교가 필요한 것이다.]

대담 610

한 헌신자가 이런 질문들을 가지고 왔다.
 1. 개인적 영혼들과 **브라만**은 하나인데, 이 창조계의 원인은 무엇입니까?
 2. 범지자梵知者(Brahma-*jnani*)가 신체적 고통과 환생을 겪습니까? 그는 자신의 수명을 늘이거나 줄일 수 있습니까?

**마:** 창조의 목적은 그대의 개인성이라는 미혹을 없애기 위한 것입니다. 그 질문은 그대가 자신을 그 몸과 동일시하고 있고, 그래서 그대 자신과 주위의 세계를 보고 있다는 것을 보여줍니다. 그대는 자신이 그 몸이라고 생각합니다. 그대의 마음과 지성이 그 그릇된 정체성(몸과의 동일시)의 요인입니다.
 잠 속에서 그대는 존재합니까?
**헌:** 존재합니다.
**마:** 같은 존재가 지금 깨어 있고 그런 질문들을 합니다. 그렇지 않습니까?
**헌:** 그렇습니다.
**마:** 그대의 잠 속에서는 그런 질문들이 일어나지 않았지요. 일어났습니까?
**헌:** 아닙니다.
**마:** 왜 일어나지 않았지요? 그것은 그대가 자신의 몸을 보지 않았고, 아무 생각도 일어나지 않았기 때문입니다. 그때는 그대 자신을 그 몸과 동일시하지 않았습니다. 따라서 그런 질문들이 일어나지 않았습니다.
 그 질문들이 지금 일어나는 것은 그 몸과의 동일시 때문입니다. 그렇지 않습니까?
**헌:** 그렇습니다.
**마:** 이제 어느 것이 그대의 진정한 성품인지를 보십시오. 그것은 생각들에서 벗어난 것입니까, 아니면 생각들로 가득 찬 것입니까?
 **존재**는 지속적입니다. 생각들은 비지속적입니다. 그러니 어느 것이 영구적입니까?
**헌:** 존재입니다.
**마:** 바로 그거지요. 그것을 깨달으십시오. 그것이 그대의 참된 성품입니다. 그대의 성품은 생각들에서 벗어난 단순한 **존재**입니다.
 그대는 자신을 몸과 동일시하기 때문에 창조계에 대해 알고 싶어 합니다. 세계와, 그대의 몸을 포함한 대상들은 생시의 상태에서 나타나지만 잠의 상태

에서는 사라집니다. 그대는 이런 상태들 내내 존재합니다. 그러면 이 모든 상태들 내내 지속되는 것이 무엇입니까? 그것을 알아내십시오. 그것이 그대의 진아입니다.

**헌:** 그것이 발견되었다고 하면, 그때는 어떻게 됩니까?

**마:** 그것을 발견하고 나서 보십시오. 가정적인 질문들을 해봐야 아무 쓸데없습니다.

**헌:** 그때는 제가 브라만과 하나입니까?

**마:** 브라만은 내버려두십시오. 그대가 누구인지 발견하십시오. 브라만은 그 자신이 알아서 할 수 있습니다.

그대 자신을 몸과 동일시하기를 그치면 창조·탄생·죽음 등에 관한 어떤 질문도 일어나지 않을 것입니다. 그대의 잠 속에서는 그런 것이 일어나지 않았습니다. 마찬가지로 진아의 참된 상태 안에서는 그런 질문이 일어나지 않을 것입니다.

따라서 창조의 목적은 분명합니다. 즉, 그대는 자신이 있는 곳에서 시작하여 그대의 참된 존재를 깨달아야 한다는 것입니다.

잠 속에서는 그대가 그 질문을 할 수 없었습니다. 잠 속에는 창조계가 없기 때문입니다. 지금 그 질문을 하는 것은, 그대의 생각들이 나타나고 창조계가 있기 때문입니다. 그래서 창조계는 그대의 생각일 뿐이라는 것을 알게 됩니다.

그대 자신을 돌보십시오. 그러면 범지자는 그 자신을 돌보겠지요. 그대의 참된 성품을 알면, 범지梵知(Brahma-jnana)의 상태를 이해할 것입니다. 지금 그것을 설명해 봐야 헛일입니다. 그대는 자기 앞에서 한 사람의 범지자를 본다고 생각하고, 그대 자신을 그대의 몸과 동일시했듯이 그를 하나의 몸과 동일시하기 때문에, 그도 그대처럼 고통과 쾌락을 느낄 거라고 생각합니다.

**헌:** 그러나 저는 그분이 진인인지 아닌지를 알아야 합니다. 왜냐하면 그분에게서 영감을 얻어야 하니까요.

**마:** 예, 그가 그대에게 말해주고, 영감을 줍니다. 그가 말해주는 대로 하십시오. 그대는 배우고 싶지 그를 시험하고 싶은 것은 아니니까요.

진지의 징표(jnana lakshanas-깨달음의 판별기준)들을 경전에서 이야기하는 것은 구도자가 불행을 떨치고 행복을 추구할 동기를 주기 위해서입니다. 그 방법들은 나와 있습니다. 그것을 따르면 그 결과는 그런 징표들을 갖는 진지일 것입니다. 그런 징표를 가지고 남들을 시험하라는 것이 아닙니다.

## 대담 611

**헌:** 저는 영혼이 내면의 빛이라고 생각합니다. 만일 죽은 뒤에 그것이 **브라만**과 하나가 된다면, 어떻게 영혼의 환생이 있을 수 있습니까?

**마:** 누구의 내면입니까? 누가 죽습니까?

**헌:** 그러면 제 질문을 좀 다르게 해 보겠습니다.

**마:** 논변을 하지 말기 바랍니다. 그 답변을 잘 생각해 보십시오.

**헌:** 어떻게 말입니까?

**마:** 지금 그대는 자신을 그 몸과 동일시하기 때문에, 영혼이 내면의 빛이라고 말합니다. 그 말은 그 몸 안에 빛이 있다는 뜻입니다.

조금 생각해 보고 그 몸이 어떤 질문을 할 수 있는지 말해 보십시오. 그것은 지각력이 없어 '나'라고 말하지 못합니다. 다른 어떤 것이 '나'라고 말합니다. 그것이 무엇입니까? 그것이 **진아**일 수 있습니까? **진아**는 순수하며 다른 어떤 것도 알지 못하기 때문에 '나'라고 말할 수가 없습니다. 그러면 누가 '나'라고 말합니까? 그것은 순수한 **찌뜨**(*Chit*)[진아]와 **자다**(*jada*)[몸] 사이의 연결고리입니다. 그것이 에고입니다. 그대는 지금 누구입니까? 태어나는 것은 무엇입니까? **진아**는 영원하며 태어날 수 없습니다. 몸이 나타나고 사라지는데, 그대는 자신을 그것과 동일시하기 때문에 탄생과 죽음을 이야기합니다. '나'의 참된 의미(진아)가 탄생을 할 수는 있겠는지 살펴보십시오. 환생은 누구에게 있습니까?

**헌:** 선생님, 저희가 여기 온 것은 의심을 해소하기 위해서입니다.

**마:** 물론이지요.

**헌:** 저희들의 의심은 저희가 질문을 할 때만 해소될 수 있습니다.

**마:** 예. 질문하는 것은 아무도 반대하지 않습니다.

**헌:** "거듭거듭 질문하고 봉사함으로써(*pariprasnena sevaya*)"라고 합니다. 그래서 저희는 질문을 해야 하고, 스승께서는 부디 저희들의 의심을 제거해 주셔야 합니다.

**마:** 그대의 인용구를 "그들은 진리의 가르침을 준다(*upadekshyanti tattvam*)"고

계속 이어가십시오.65)

헌: 예. 그러나 저희들의 의심이 해소되어야 합니다.

마: 아르주나도 그랬지요. 왜냐하면 그도 마지막에는 "무지가 소멸했고, 기억을 얻었다(nashto mohah smritir labdha)"고 했으니까요.66)

헌: 그것은 마지막에서였고, 그 전에는 그가 수많은 질문을 했습니다.

마: 진리는 시작 부분에서부터 드러났습니다. 왜냐하면 스리 크리슈나의 가르침이 시작되는 바로 첫 연에서 "탄생도 죽음도 없고, 변화도 없으며…"67)라고 하니까요.

헌: 스리 크리슈나는 "우리는 많은 환생을 했다. 나는 그것을 알지만 그대는 모른다"고도 말합니다.

마: 그것은 어떻게 스리 크리슈나가 영원한 진리를 아디띠야(Aditya-태양신)에게 가르쳤다고 주장할 수 있느냐는 질문이 나왔기 때문에 그런 것일 뿐입니다. 진리는 바로 처음부터 말해졌습니다. 아르주나가 그것을 이해하지 못한 거지요. 그래서 나중에 진인의 상태를 묘사하고 그것을 성취하는 방법도 말해준 것입니다. 내친 김에 스리 크리슈나는 진리는 영원하며, 당신이 원래 그것을 아디띠야에게 가르쳤다고 말했습니다. 아르주나는 계속 자신을 몸과 동일시했고, 따라서 스리 크리슈나도 자기 앞에 있는 그 몸이라고 생각했습니다. 그래서 그가 물었지요. "어떻게 그럴 수 있습니까? 당신[스리 크리슈나]은 데바끼(크리슈나의 어머니)님에게서 수십 년 전에 태어났습니다. 아디띠야는 창조를 시작한 분들 중 한 분입니다. 어떻게 당신께서 이 진리를 아디띠야에게 가르칠 수 있었단 말입니까?"

스리 크리슈나는 아르주나의 질문들에 대해 그런 취지로 계속 답변합니다. "우리는 많은 생을 태어났다. 나는 그것을 다 알지만 그대는 모른다"라는 식으로 말입니다.

헌: 저희도 진리를 알아야 합니다.

마: 그대는 진리를 배웠습니다. 가르침이 주어졌습니다. 그대가 누구인지를 보

---

65) T. "겸손한 존경과 질문과 봉사로써 그것을 배워라. 진리를 본 현자들이 그대에게 지知를 가르쳐 줄 것이다(Tad viddhi pranipatena, pariprasena sevaya, upadeksyanti te jnanam, jnaninas tattvadarshinah)." -『기타』, 4.34.
66) T. 『기타』, 18.73.
67) T. "그는 나지도 않고 죽지도 않으며, 온 적이 없으니 사라지지도 않을 것이다." -『기타』, 2.20.

십시오. 그것이 가르침의 전부입니다.

### 1939년 1월 19일

**대담 612**

힉 리딩 부인이 스리 바가반께 글로 써서 질문했다:
바가반께서 쓰신 글에, 스승의 자비로운 시선을 받거나 스승을 바라보는 것이 진아 깨달음을 성취하는 데 도움이 된다고 하셨는데, 그것을 정확히 어떻게 이해해야 합니까?

**마:** 스승이 누구입니까? 구도자는 누구입니까?

**헌:** 진아입니다.

**마:** 만약 진아가 스승이자 그 구도자이기도 하다면, 그런 질문들이 대체 어떻게 일어날 수 있습니까?

**헌:** 그것이 저의 어려움입니다. 저는 저 자신 안에서 진아를 찾아야 합니다. 그러면 앞에서 말씀드린 그 글의 의미는 무엇입니까? 그것은 (이 말씀과) 모순되는 것 같습니다.

**마:** 그렇지 않지요. 그 말을 올바르게 이해하지 못한 것입니다.

구도자가 스승이 곧 진아라는 것을 알면 다른 측면에서도 이원성을 보지 않고, 따라서 행복합니다. 그래서 그에게는 어떤 질문도 일어나지 않습니다.

그러나 구도자가 그 말의 진리성을 실천에 옮기지 않습니다. 그것은 그의 무지 때문입니다. 하지만 이 무지는 실재하지 않습니다. 그 구도자를 무지의 잠에서 깨워줄 스승이 필요합니다. 그래서 스승은 남들에게 실재가 분명히 이해될 수 있도록 하기 위해 그런 말들을 사용합니다.

유일하게 중요한 일은 그대가 진아를 보는 것입니다. 이것은 그대가 어디에 있다 하더라도 할 수 있는 일입니다. 진아는 내면에서 찾아야 합니다. 그 탐색이 꾸준해야 합니다. 그것을 얻으면 신체적 존재로서의 스승 곁에 머물러 있을 필요가 없습니다.

그런 '말'은 자신이 있는 곳에 머무르면서 진아를 발견할 수 없는 사람들을 위한 것입니다.

**와드 잭슨 씨:** 저 여사의 어려움은 실제적이고 저는 그녀의 말에 공감합니다. 그녀는 이렇게 묻습니다. "만일 저희가 저희들 내면의 진아를 볼 수 있다면,

왜 당신을 뵈러 그 먼 길을 와야 합니까? 저희는 아주 오랫동안 당신을 생각해 왔고, 여기 온 것은 어디까지나 잘한 일입니다. 그렇다면 그렇게 하는 것이 과연 불필요합니까?"라고 말입니다.

**마:** 온 것은 잘한 일입니다. "이스와라, 스승, 진아는 같다(*Isvaro gururatmeti*)"고 했습니다. 사람은 행복을 구하면서 신만이 자신을 행복하게 해줄 수 있다는 것을 알게 됩니다. 그래서 신에게 기도하고 그를 숭배합니다. 신은 그의 기도를 듣고 그 반응으로, 인간의 형상을 하고 한 사람의 스승으로서 나타납니다. 그 헌신자의 언어로 이야기하여 그가 실재를 이해하도록 해주기 위해서 말입니다. 그래서 스승은 인간으로 화현한 신입니다. 그는 자신의 체험을 들려주어 구도자도 그것을 얻을 수 있게 하는데, 그의 체험은 곧 진아로서 안주하는 것입니다. 진아는 내면에 있습니다. 따라서 신, 스승, 진아는 진리의 깨달음에 이르는 외관상의 단계들입니다. 그대는 책을 읽고 나서 의심을 가졌습니다. 그 의심을 풀기 위해 여기 왔지요. 그것은 어디까지나 잘한 일입니다.

**힉 리딩 부인:** 진아가 곧 진아이고, 그것은 내면에서 추구해야 한다는 것을 이해합니다. 그러니까 제가 사는 곳에서 그것을 할 수 있군요.

**마:** 그 이해가 이론적이었지요. 그것을 실천에 옮기면 어려움과 의심들이 일어납니다. 그대가 있는 곳에서 스승의 친존을 느낄 수 있으면 그런 의심들은 쉽게 극복됩니다. 왜냐하면 스승의 역할은 구도자의 의심을 없애주는 것이니까요.

만약 앞으로 그런 의심들이 일어나지 않는다면, 그리고 진아에 대한 탐색에 꾸준히 매진할 수 있다면, 그대가 찾아온 목적은 달성됩니다.

**헌:** 그것은 진작부터 이해하고 있습니다.

**마:** 좋습니다. 이 반론은 그대의 결론에 대한 것이 아니라 그대의 의심에 대한 것입니다.

**와드 잭슨 씨:** 저희들이 그런 것에 대한 책을 읽을 때는 지적으로 읽습니다. 그러나 그것이 너무나 아득합니다. 육신의 당신을 뵈면 저희들이 실재에 더 가까이 가게 되고, 그러면 저희가 아는 것을 일상생활 속으로 가져갈 용기를 얻습니다.

만일 우리가 진아를 깨달아 서양에서 그대로 행동한다면, 우리는 정신병원에 갇히게 될 것입니다. (웃음.)

**마:** 그대가 자신을 가두겠지요. 세상이 미쳐 있기 때문에 그대를 미친 것으로 간주합니다. 정신병원이 내면에 있지 않으면 어디 있습니까? 그대는 그 안에 있지 않겠지만, 그것은 그대 안에 있겠지요. (웃음.)

진아를 깨닫기 전까지는 누구에게나 불확신·의심·두려움이 있는 것이 당연합니다. 그런 것은 에고와 분리할 수가 없고, 오히려 그런 것들이 바로 에고입니다.

**헌:** 어떻게 해야 그것들이 사라지겠습니까?

**마:** 그것들이 바로 에고입니다. 에고가 사라지면 그것들도 함께 사라집니다. 에고 자체는 실재하지 않습니다. 에고가 무엇입니까? 탐구해 보십시오. 몸은 지각력이 없어 '나'라고 말할 수 없습니다. 진아는 순수한 의식이며 비이원적입니다. 그것은 '나'라고 말할 수 없습니다. 잠 속에서는 누구도 '나'라고 말하지 않습니다. 그러면 에고가 무엇입니까? 그것은 지각력 없는 몸과 진아 사이를 매개하는 어떤 것입니다. 그것은 정해진 처소(*locus standi*)를 가지고 있지 않습니다. 그것을 찾아보면 유령처럼 사라집니다. 보세요, 어떤 사람이 어두운 데서 자기 옆에 뭔가가 있다고 생각합니다. 그것이 어떤 시커먼 물체일 수도 있습니다. 자세히 살펴보면 유령은 없고, 어떤 시커먼 물체는 나무나 전신주 등이라는 것을 알 수 있습니다. 만일 자세히 살펴보지 않으면 유령이 그 사람을 겁에 질리게 합니다. 필요한 일이란 자세히 살펴보는 것뿐이고, 그러면 유령은 사라집니다. 유령은 결코 있지 않았습니다. 에고도 마찬가지입니다. 그것은 몸과 순수한 의식 간의 형체 없는 연결고리입니다. 그것은 실재하지 않습니다. 자세히 살펴보지 않는 한 그것이 계속 문제를 야기합니다. 그러나 그것을 찾아보면, 그것이 존재하지 않는다는 것을 알게 됩니다.

또 어떤 힌두식 결혼식에서는 잔치가 5, 6일간 계속됩니다. 신부 측에서 한 낯선 사내를 신랑의 들러리로 오인했고, 그래서 특별한 예우로 그를 대접했습니다. 그가 신부 측에서 특별한 예우로 대접받는 것을 본 신랑 측에서는 그가 신부 측과 관계가 있는 어떤 중요한 사람이라고 여겼고, 그래서 그들도 그에게 특별한 존경을 표했습니다. 이 사내는 이래저래 즐거운 시간을 보냈습니다. 물론 그도 줄곧 사태의 진상을 알고 있었지요. 한번은 신랑 측에서 그에게 어떤 점을 물어보고 싶어 그를 찾았습니다. 그는 안 되겠다 싶자 자취를 감춰 버렸습니다. 에고도 그와 마찬가지입니다. 찾아보면 그것은 사라집니다.

만약 찾아보지 않으면 그것이 계속 문제를 일으킵니다.

　그것을 찾는 방법은 이미 그렇게 한 사람들에게서 배우면 됩니다. 스승을 찾아가는 이유는 그 때문입니다.

**헌**: 그 탐색이 내면에서 이루어져야 한다면, 스승의 육신 곁에 있을 필요가 있습니까?

**마**: 모든 의심이 종식될 때까지는 그럴 필요가 있지요.

**헌**: 에고가 실재하지 않는데도 문제를 일으킨다면, 왜 우리는 그것을 계발하려고 그렇게 많은 공을 들입니까?

**마**: 그것의 성장과 그런 성장에 따라 생기는 문제로 인해서, 그대가 그 모든 문제의 원인을 찾게 됩니다. 에고의 계발은 그것 자신을 파괴하기 위한 것입니다.

**헌**: 우리가 어린아이 같아야 영적으로 진보한다고 하지 않습니까?

**마**: 그렇지요. 어린아이에게는 에고가 계발되지 않았으니까요.

**헌**: 제가 말씀드리려는 뜻이 바로 그겁니다. 우리가 에고를 계발하지 않고 어린아이처럼 남아 있을 수도 있었을 거라는 것입니다.

**마**: 그것은 어린아이의 상태를 두고 한 말입니다. 누구도 어린아이에게서는 **진아** 깨달음을 위한 가르침을 배우지 못하지요. **스승**의 상태는 어린아이의 상태와 같습니다. 그러나 두 사람 간에는 한 가지 차이가 있습니다. 어린아이에게는 에고가 잠재되어 있는 반면, 성자에게서는 그것이 완전히 소멸됩니다.

**헌**: 예, 알겠습니다. 이제 이해됩니다.

**마**: 실재는 홀로이며 영원합니다. 그것을 이해하는 것으로 족합니다. 그러나 예전의 무지가 다시 돌아오면 안 됩니다. **진리**에 대한 지금의 이해가 나중에 흐려지지 않도록 계속 잘 지켜보아야 합니다.

　어떤 제자가 스승을 오랫동안 시봉한 뒤에 **진아**를 깨달았습니다. 그는 **지복**에 잠겨 있었고, 스승에게 감사를 표하고 싶었습니다. 그가 기쁨의 눈물을 흘리면서 목이 메어 이렇게 말했습니다. "제가 그 많은 세월 동안 저 자신의 **진아**를 몰랐다는 것이 이렇게 놀라울 수 있습니까? 오랫동안 고통받았는데 당신께서 너무나 자비롭게도 제가 **진아**를 깨닫게 도와주셨습니다. 당신의 **은총**에 어떻게 보답해야 하겠습니까? 제 능력으로는 그렇게 할 수가 없군요!" 스승이 대답했습니다. "그래, 그래. 네가 할 수 있는 보답은, 다시는 무지에 떨어지지 않고 너의 진정한 자아의 상태에 계속 들어 있는 것이다."

[**편자의 말**: 진아는 스승이자 다른 모든 것이다. 진아 깨달음은 자기순복 혹은 스승에게 합일되는 것을 의미한다. 누가 더 이상 무엇을 할 수 있겠는가? 그것이 스승에 대한 최고 형태의 감사이다.]

## 1939년 1월 21일

**대담 613**

한 젊은이가 질문했다: 생각들은 물질에 불과합니까?

**마**: 무슨 뜻으로 하는 말입니까? 그대 주위에서 보는 사물들과 같은 '물질'을 말합니까?

**헌**: 예— 거친.

**마**: 누가 그 질문을 합니까? 그 생각하는 자가 누구입니까?

**헌**: 생각하는 자는 정신(spirit)입니다.

**마**: 그러면 정신이 물질을 산출한다는 뜻으로 하는 말입니까?

**헌**: 제가 알고 싶습니다.

**마**: 그대는 물질과 정신을 어떻게 구분합니까?

**헌**: 정신은 의식이고 물질은 그렇지 않습니다.

**마**: 의식이 비非의식을 산출할 수 있습니까? 아니면 빛이 어둠을?

## 1939년 1월 24일

**대담 614**

회당 안에 신분이 높은 분이 몇 사람 있었다. 스리 바가반은 그들이 오고 나서 한동안 그들에게 말씀을 하셨다: 과거를 기억하거나 미래를 알려고 애쓰는 것이 무슨 소용 있습니까? 중요한 것은 현재뿐입니다. 현재를 보살피십시오. 그러면 다른 것들은 스스로 알아서 할 것입니다.

**헌**: 뭔가를 욕망하는 것은 나쁩니까?

**마**: 자신의 욕망을 충족했을 때 의기양양해 하거나, 좌절당했을 때 낙담해서는 안 됩니다. 욕망의 충족에 의기양양해 하다가는 아주 속기 쉽습니다. 얻은 것은 궁극적으로 잃게 될 것이 확실합니다. 따라서 의기양양함은 미래의 어느 날 고통으로 끝날 수밖에 없습니다. 어떤 일이 닥쳐와도 쾌락이나 고통의 감

정을 용납하면 안 됩니다. 사건들이 어떻게 그 사람에게 영향을 줍니까? 무엇을 얻는다고 해서 그대가 성장하지도 않고, 그것을 잃는다고 해서 시들지도 않습니다. 그대는 늘 본래의 그대로서 남아 있습니다.

헌: 저희 세속인들은 욕망에 저항할 수 없습니다.

마: 욕망할 수도 있겠지만 어떤 최종 결과에도 대비하십시오. 노력은 하되 그 결과에 매몰되지 마십시오. 어떤 일이 일어나도 의연하게 받아들이십시오. 쾌락과 고통은 마음의 상相에 불과하니까요. 그것은 객관적 현실과 무관합니다.

헌: 어떻게 말입니까?

마: 남인도의 한 마을에 친구들인 두 명의 청년이 있었습니다. 그들은 학식이 있었고, 뭘 좀 벌어서 각기 자기 가족들에게 도움을 주고 싶었습니다. 그래서 부모들의 허락을 얻어 베나레스로 순례를 떠났습니다. 도중에 한 명이 죽고, 다른 한 명이 혼자 남겨졌습니다. 그는 한동안 떠돌았는데, 몇 달 사이에 좋은 평판을 얻고 돈도 좀 벌었습니다. 그는 돈을 더 벌어서 집으로 돌아가고 싶었습니다. 그러던 차에 남쪽으로 내려가는 순례자 한 사람을 만났는데, 이 청년 학자의 고향 마을을 지나갈 거라는 것이었습니다. 그는 이 새로 알게 된 사람에게, 자기 부모님을 만나면 자기는 몇 달 뒤에 돈을 좀 가지고 돌아갈 거라는 것과, 자기 친구는 도중에 죽었다는 말을 전해 달라고 부탁했습니다. 그 사람은 그 마을에 가서 그 부모들을 만났습니다. 그는 그 소식을 전했지만, 두 사람의 이름을 잘못 바꾸어 말했습니다. 결국 산 사람의 부모는 자식을 잃었다고 한탄했고, 죽은 사람의 부모는 아들이 돈을 많이 벌어서 돌아올 거라고 기대하며 기뻐했습니다.

그러니 보십시오. 쾌락과 고통은 실제 현실과는 무관한, 마음의 상에 지나지 않는 것입니다.

## 대담 615

그 일행의 다른 사람이 질문했다: 어떻게 하면 에고가 소멸됩니까?

마: 먼저 에고를 붙들고 나서 어떻게 하면 그것이 소멸되는지를 물으십시오. 누가 그 질문을 합니까? 그것은 에고입니다. 에고가 그 자신을 죽이는 데 동의할 수 있겠습니까? 그 질문은 에고를 죽이는 것이 아니라 그것을 소중히 간직하는 확실한 길입니다. 에고를 찾아보면 그것이 존재하지 않는다는 것을

발견할 것입니다. 그것이 에고를 소멸하는 방도입니다.

　이와 관련하여, 제가 마두라(마두라이)의 서西 찌쁘라이가街(West Chitrai Street)에 살고 있을 때 일어난 재미있는 한 사건이 종종 생각납니다. (하루는) 인접한 집에 사는 이웃이 자기 집에 도둑이 들 것을 예상했습니다. 그는 도둑을 잡으려고 예방책을 썼습니다. 사복 경찰관들을 골목길 양 끝과, 자기 집 입구와 뒷문에 배치한 것입니다. 예상한 대로 도둑이 왔고, 사람들이 그를 잡으려고 달려갔습니다. 도둑은 한눈에 상황을 파악한 뒤에 소리를 질렀습니다. "저놈 잡아라, 저놈 잡아라. 저기, 도망치네, 저기, 저기." 그러면서 멋지게 도망쳤습니다.

　에고도 그와 마찬가지입니다. 그것을 찾아보십시오. 그러면 발견되지 않을 것입니다. 그것이 에고를 없애는 방도입니다.

1939년 1월 23-28일

## 대담 616

**헌:** 지바나디(*Jivanadi*)는 하나의 실체입니까, 아니면 상상해낸 허구입니까?

**마:** 요기들은 지바나디, 아뜨마나디 혹은 빠라나디라고 불리는 하나의 영맥이 있다고 말합니다. 우파니샤드에서는 수천 개의 영맥들이 분기되어 나오는 한 중심을 이야기합니다. 어떤 이들은 그 중심이 뇌 안에 있다 하고, 어떤 이들은 다른 중심에 있다고 합니다. 『가르바 우파니샤드(*Garbhopanishad*)』는 자궁 안에서 태아가 형성되고 그 아이가 자라는 과정을 추적하는데, 개아(*jiva*)는 태아가 자란 지 일곱 달 만에 머리 정수리를 통해 그 아이에게 들어간다고 봅니다. 그 증거로는 아기의 정수리가 말랑말랑하고 거기서 맥이 팔딱팔딱 뛰는 것을 지적합니다. 그것이 단단한 뼈가 되는 데 몇 달이 걸립니다. 이처럼 개아는 위에서 내려와 정수리를 통해 (태아에게) 들어가고, 전신에 퍼져 있는 수천 개의 영맥을 통해서 작업한다고 하며, 따라서 **진리 추구자가 자신의 근원을 되찾기 위해서는 사하스라라, 즉 뇌에 집중해야 한다**는 것입니다. 조식은 요기가 태양신경총太陽神經叢에 사려져 있는 **꾼달리니 샥띠**(*Kundalini Sakti*)를 불러일으키는 데 도움이 된다고 합니다. 그 샥띠는 **수슘나**(*Sushumna*)라는 신경을 통해서 올라가는데, 이 **수슘나**는 척수의 핵심에 내장되어 있고 뇌까지 뻗어 있습니다.

사하스라라에 집중하면 삼매의 황홀경이 나타난다는 것은 의심할 바가 없습니다. 그러나 원습, 즉 잠재적 습은 소멸되지 않습니다. 따라서 요기는 그 삼매에서 깨어나게 되어 있습니다. 왜냐하면 속박에서의 해방이 아직 성취되지 않았기 때문입니다. 그는 자신에게 아직 내재해 있는 원습들이 삼매의 평안을 방해하지 않도록, 계속 그 습을 뿌리 뽑으려고 노력해야 합니다. 그래서 그는 **수슘나**의 연장延長일 뿐인 이른바 지바나디를 통해 사하스라라에서 심장까지 내려갑니다. **수슘나**는 이처럼 하나의 곡선입니다. 그것은 태양신경총에서 시작하여 척수를 통해 올라가서 뇌에 이르고, 거기서 아래로 휘어져 내려와 심장에서 끝납니다. 요기가 심장에 도달했을 때 그 삼매가 영구적인 것으로 됩니다. 그래서 우리는 심장을 최후의 중심으로 봅니다.

어떤 우파니샤드들은 또한 심장에서 뻗어나가는 101개의 영맥을 이야기하는데, 그 중의 하나가 중추적 영맥이라고 합니다.68) 요기들이 말하듯이 만약 개아가 위에서 내려와 뇌 안에서 반사된다면, 하나의 반사면이 작동하고 있어야 합니다. 그것은 또한 **무한한 의식**을 몸의 한계들 안에 한정할 수 있어야 합니다. 요컨대 **보편적 존재**가 하나의 개아(jiva)로 한정됩니다. 그러한 반사 매체는 그 개인의 원습들의 총합에 의해 제공됩니다. 그것은 어떤 물체의 상像을 반사하는 항아리 안의 물과 같이 작용합니다. 만일 항아리에서 물을 비워 버리면 어떤 반사도 없겠지요. 그 물체는 반사되지 않고 남을 것입니다. 여기서 그 물체는 **보편적 존재-의식**인데, 이것은 일체에 편재하고 따라서 모든 것 안에 내재해 있습니다. 그것이 반사에 의해서만 인식될 필요는 없습니다. 그것은 스스로 빛나기 때문입니다. 따라서 구도자의 목표는 심장에서 원습을 비워내고 어떤 반사도 그 **영원한 의식의 빛**을 방해하지 못하게 하는 것이어야 합니다. 에고의 기원을 탐색하고, 심장 속으로 뛰어듦으로써 이것을 성취할 수 있습니다. 이것이 **진아 깨달음**을 위한 직접적인 방법입니다. 이것을 택하는 사람은 영맥·뇌·**수슘나**·빠라나디·꾼달리니·조식 또는 여섯 중심(차크라)을 걱정할 필요가 없습니다.

**진아**는 어디 딴 데서 오지도 않고, 머리의 정수리를 통해서 몸 안으로 들어오지도 않습니다. 그것은 있는 그대로이고, 항상 찬연히 빛나고 항상 안정되

---

68) *T.* "심장의 영맥은 백 하고도 하나이니, 그 중의 하나는 머리의 정수리로 올라간다." ―『찬도갸 우파니샤드』, 8.6.6. 또한 『마이뜨리 우파니샤드(*Maitri Upanishad*)』, 6.30.

어 있으며, 움직이지 않고 변하지 않습니다. 우리 눈에 보이는 변화들은, **심장** 안에 안주하면서 태양처럼 스스로 빛나는 **진아** 안에 내재해 있지 않습니다. 그 변화들은 *그것의 빛* 안에서 보입니다. **진아**와 몸 혹은 마음과의 관계는 투명한 수정과 그 배경의 관계에 비유될 수 있습니다. 수정을 붉은 꽃 앞에 두면 그것이 붉게 빛날 것이고, 푸른 잎 앞에 두면 푸르게 빛납니다. 개인은 그 자신을 변화무쌍한 몸이나, 그 존재성을 불변의 **진아**에서 가져오는 마음이라는 한계에 국한하고 있습니다. 이 오인된 정체성을 포기하는 것이 우리에게 필요한 전부이며, 그렇게 하면 항상 빛나는 **진아**가 유일한 비이원적 **실재**임을 보게 될 것입니다.

의식의 반사는 미세신微細身 안에서 일어난다고 하는데, 이 미세신은 뇌와, 거기서 주로 척수와 태양신경총을 통해 몸통의 모든 부위로 퍼져나가는 신경들로 이루어진 것으로 보입니다.

제가 산 위에 살 때 나야나[까비야깐따 가나빠띠 무니]가 한번은 뇌가 원습의 자리라고 주장했습니다. 왜냐하면 뇌는 무수한 세포들로 이루어져 있는데, 그 안에 원습들이 들어 있어 심장에서 나오는 **진아**의 빛에 의해 빛나기 때문이라는 것이었습니다. 바로 이것이 사람을 일하거나 생각하게 한다고 말입니다.

그러나 저는 이렇게 말했습니다. "어떻게 그럴 수 있지요? 원습들은 우리의 **진아**와 함께 있어야지 결코 **진아**와 떨어져 있을 수 없습니다. 만약 당신이 말하는 대로 원습들이 뇌 안에 들어 있고 **심장**이 **진아**의 자리라면, 머리가 잘린 사람은 원습이 제거될 것이 분명하니 다시 태어나지 않아야 합니다. 그것이 말이 안 된다는 것에는 당신도 동의합니다. 자, 그렇다고 **진아**가 원습과 함께 뇌 안에 있다고 말할 수 있습니까? 만일 그렇다면 사람이 (앉아서) 잠이 들면 왜 머리가 앞으로 숙여집니까? 더욱이 사람은 자기 머리를 만지면서 '나'라고 말하지 않습니다. 따라서 **진아**는 **심장** 안에 있고, 원습들도 극히 미세한 형태로 그곳에 있다는 결론이 나옵니다."

"원습들이 **심장**에서 투사될 때 그것은 **진아**의 빛과 연관되고, 그 사람은 생각을 한다고 말해집니다. 원자적 상태로 내장되어 있는 원습들은 **심장**에서 뇌로 올라가면서 크기가 늘어납니다. 뇌는 원습들의 상像이 투사되는 스크린이고, 또한 그것들의 기능적 분배가 이루어지는 곳이기도 합니다. 뇌는 마음의 자리이고, 마음은 뇌를 통해 작용합니다."

그러니까 이때 일어나는 과정은 이렇습니다. 하나의 원습이 풀려나와 활동할 때는 그것이 **진아**의 빛과 연관됩니다. 그것은 **심장**에서 뇌로 이동하는데, 도중에 점점 커져서 마침내 혼자 대세를 장악하고, 그래서 다른 모든 원습들은 당분간 정지해 있습니다. 그 생각이 뇌 안에서 반사되면 어떤 스크린 위에 하나의 상像으로 나타납니다. 이때 그 사람은 사물들에 대한 어떤 분명한 지각을 갖는다고 말해집니다. 그런 사람이 위대한 사상가나 발견자입니다. 독창적이라고 찬양받는 그 생각도, 사물도, 새로 발견되었다고 하는 나라(신대륙 등)도 실제로는 독창적이거나 새로운 것이 아닙니다. 이미 마음 속에 있던 것이 아니고서는 그것이 나타날 수 없었습니다. 물론 그것은 아주 미세한 것이었고 감지할 수 없는 상태로 있었습니다. 왜냐하면 더 긴급하거나 더 집요한 생각, 즉 원습들에 의해 억압되어 있었기 때문입니다. 그런 원습들이 소모되고 나면 이 생각이 일어나고, **진아의 빛**이 집중되어 그것이 분명해지기 때문에, 탁월하고 독창적이고 혁명적인 것으로 보이게 됩니다. 사실 그것은 줄곧 내면에 있던 것일 뿐입니다.

이런 집중을 요가 경전들에서는 총제總制(*samyamana*)라고 합니다.69) 우리의 욕망들이 이런 과정에 의해 충족될 수 있는데, 그것을 하나의 싯디(성취)라고 합니다. 이렇게 해서 소위 새로운 발견들이 이루어집니다. 세계들조차도 이런 방식으로 창조됩니다. 총제가 온갖 싯디로 이어집니다. 그러나 에고가 지속되는 한 싯디들은 나타나지 않습니다. 요가에 따른 집중은 그 경험자[에고]·경험·세계의 소멸로 끝나고, 그러면 이전의 욕망들이 때가 되면 성취됩니다. 이 집중은 개인들에게 새로운 세계를 창조하는 능력을 주기까지 합니다. 이것은 『요가 바쉬슈타』의 '아인다바 일화(*Aindava Upakhyana*)'70)와 『뜨리뿌라 라하시야(*Tripura Rahasya*)』의 간다산山 나라(*Ganda Saila Loka*)에서 잘 나타납니다.71)

그런 힘들은 그것을 소유하고 있지 않는 이들에게 경이롭게 보이기는 하지만, 그것은 일시적인 것일 뿐입니다. 일시적인 것을 열망하는 것은 아무 쓸데 없습니다. 이런 모든 경이로운 일들이 단 하나의 변치 않는 **진아** 안에 들어

---

69) *T.* 예컨대 빠딴잘리의 『요가수트라』, 제3장에서는 '총제'를 통한 여러 가지 초능력의 성취를 논하고 있다.
70) *T.* 열 명의 아인다바 형제들이 집중의 힘으로 각기 하나씩 자신의 세계를 창조했다는 일화.
71) *T.* 간다산에서 삼매에 든 진인 가나(Gana)의 아들은 요가 수행으로 대단한 능력을 얻어 간다산 안에 하나의 세계를 창조해 두었다. 『*Tripura Rahasya*』(라마나스라맘, 2016), pp.101-106.

있습니다. 이처럼 세계는 안에 있지, 밖에 있지 않습니다. 이런 의미가 『스리 라마나 기타』의 제5장 11, 12절에 들어 있습니다. (11절에서는) "전 우주는 몸 안에 응축되어 있고, 몸 전체는 **심장** 안에 있다. 그래서 **심장**이 전 우주의 중핵이다"라고 했습니다. 따라서 총제는 여러 가지 싯디를 얻기 위해 몸의 여러 가지 부위에 집중하는 것과 관계됩니다. 또 **비슈와**(*Visva*)나 **비라뜨**(*Virat*)도 몸의 한계 안에 우주를 내포하고 있다고 합니다. 다시 (12절에서는) "세계는 마음에 다름 아니고, 마음은 **심장**에 다름 아니니, 그것이 **진리** 전체이다"라고 했습니다. 그래서 **심장**은 일체를 포함합니다. 이것이 바로 슈웨따께뚜(Svetaketu)에게 (그 아버지 웃달라까가) 무화과나무의 씨를 비유 삼아 가르친 내용입니다.[72] 그 근원은 어떤 크기도 없는 한 점입니다. 그것은 한편으로는 우주로서, 또 한편으로는 **무한한 지복**으로서 확장됩니다. 그 점이 중추입니다. 거기서 단 하나의 원습이 시발되어 경험자 '나', 경험, 그리고 세계로 늘어납니다. 그 경험자와 그 근원을 (우파니샤드의) 진언에서는 이렇게 지칭합니다. "정확히 닮은 두 마리 새가 동시에 일어난다."[73]

제가 스깐다쉬라맘에 머무르고 있을 때는 가끔 밖으로 나가 한 바위 위에 앉아 있곤 했습니다. 그러던 한번은 다른 사람 두세 명이 저와 함께 있었는데, 그 중에는 랑가스와미 아이엥가도 있었지요. 갑자기 우리는 그 바위의 갈라진 틈에서 작은 나방 같은 어떤 곤충 한 마리가 로켓처럼 공중으로 솟구쳐 올라가는 것을 보았습니다. 눈 깜짝할 사이에 그것은 수백만 마리의 나방으로 늘어나더니 하나의 구름을 형성하여 하늘을 시야에서 가려버렸습니다. 우리는 그걸 보고 놀라 그것이 솟아나온 곳을 살펴보았지요. 그것은 하나의 바늘구멍일 뿐이었고, 그렇게 짧은 시간에 그 수많은 곤충이 거기서 나올 수는 없다는 것을 알았습니다.

그것이 아항까라[에고]가 로켓처럼 솟구쳐 순간적으로 **우주**로서 확대되는 방식입니다.

---

[72] *T.* 웃달라까는 슈웨따께뚜에게 니야그로다(*nyagrodha*) 나무 열매를 쪼개서 그 안에 뭐가 있는지 보라고 한다. 아무것도 없다고 하자, 웃달라까가 말한다. '네가 지각할 수 없는 그 미세한 본질, 바로 그 본질에서 생긴 이 큰 니야그로다 나무가 존재한다.' -『찬도갸 우파니샤드』, 6.12.1-2.

[73] *T.* "항상 결합되어 있는 동반자들인 두 마리 새가 같은 나무에 계속 앉아 있다. 그 중 한 마리는 달콤한 열매를 먹고, 다른 한 마리는 먹지 않고 바라보기만 한다." -『문다까 우파니샤드』, 3.1.3 및 『슈베따슈바따라 우파니샤드』, 4.6.

따라서 **심장**이 중심입니다. 사람은 결코 거기서 떨어져 있을 수 없습니다. 만일 떨어져 있다면 그는 이미 죽은 것입니다. 다른 경우에는 개아가 다른 중심들을 통해서 기능한다고 우파니샤드에서 말하고 있지만, 그가 **심장**을 포기하지는 않습니다. 그 중심들은 단순히 업무장소들일 뿐입니다[『베단타 쭈다마니(*Vedanta Chudamani*)』를 보라]. **진아**는 소가 말뚝에 매여 있듯이 **심장**에 묶여 있습니다. 소의 움직임은 고삐의 길이에 의해 제어됩니다. 소가 이런저런 모든 동작이 말뚝을 중심으로 이루어집니다.

털벌레가 풀잎 위를 기어가다가 그 끝에 이르면 다른 지지물을 찾습니다. 그럴 때 그것은 뒷다리로 그 풀잎을 붙들고, 몸을 들어 앞뒤로 흔들다가 다른 잎을 붙들 수 있습니다. 진아도 그와 마찬가지입니다. 그것은 **심장** 안에 머물면서 상황에 따라 다른 중심들을 붙들기도 합니다. 그러나 그것의 활동은 늘 **심장**을 중심으로 이루어집니다.

## 대담 617

개인에게는 다섯 가지 상태가 있습니다. 그것은 (1) 자그라뜨(*Jagrat*), (2) 스와쁘나(*Swapna*), (3) 수슙띠(*Sushupti*), (4) 뚜리야(*Turiya*), (5) 뚜리야띠따(*Turiyatita*)입니다. 이 중에서 자그라뜨는 생시의 상태입니다.

그 상태에서는 **비슈와** 측면의 개아와 **비라뜨** 측면의 **하느님**이 **심장연꽃**의 여덟 장 꽃잎 안에 함께 머무르는데, 눈을 통해서 작용하고, 모든 감관·기관 등을 수단으로 다양한 대상들로부터 새로운 쾌락을 즐깁니다. 널리 퍼져 있는 다섯 가지 거친 원소, 열 가지 감각기관, 다섯 가지 생기, 네 가지 내적 기능74) 등 24가지 근본요소 모두가 합쳐져서 거친 몸(조대신)을 구성합니다. 자그라뜨 상태는, 문자 '아(*A*)'의 의미를 지녔고 **비슈누** 신이 주재하는 사뜨와 구나(*satva guna*)를 특징으로 합니다.

스와쁘나는 잠의 상태입니다. 이때는 **따이자사**(*Taijasa*) 측면의 개아와 **히라냐가르바**(*Hiranyagarbha*) 측면의 **하느님**이 **심장연꽃**의 꽃부리 안에 함께 머무르는데, 목 안에서 작용하고, 생시의 상태에서 수집한 인상들의 결과를 마음을 통

---

74) T. 열 가지 감각기관은 다섯 가지 지식기관과 다섯 가지 운동기관이고, 다섯 가지 생기는 쁘라나(*prana*)·아빠나(*apana*)·비야나(*vyana*)·사마나(*samana*)·우다나(*udana*)이다. 네 가지 내적 기능(기관)은 마음·지성·기억·에고이다.

해서 경험합니다. 모든 원리들(10가지 감각기관), 다섯 가지 거친 원소, 의지와 지성 등 도합 17가지가 합쳐져서 꿈 상태의 미세신을 구성합니다. 이 상태는 문자 '우(U)'의 의미를 지녔고 **브라마** 신이 주재하는 라조구나(*rajoguna*)를 특징으로 합니다. 현자들이 이렇게 말합니다.

수슙띠는 깊은 잠의 상태인데, 여기서는 **쁘라냐**(*Prajna*) 측면의 개아와 **이스와라** 측면의 **하느님**이 **심장연꽃**의 수술 안에 함께 머무르면서, 미세한 무지를 수단으로 **지고자**의 지복을 경험합니다. 암탉이 낮에는 돌아다니다가 밤에는 병아리들을 불러 날개 밑에 감싸고 자러 가듯이, 미세한 개인적 존재는 당분간 생시와 꿈의 경험들을 끝낸 뒤 그 두 상태에서 수집한 인상들을 가지고 원인신 속으로 들어갑니다. 이 원인신은 무지로 구성되며, 문자 '음(M)'의 의미를 지녔고 **루드라**(Rudra-시바) 신이 주재하는 따모구나(*tamoguna*)를 특징으로 합니다.

깊은 잠은 순수한 **존재**(being)의 체험 외에 아무것도 아닙니다. 세 가지 상태는 세 가지 영역, 세 가지 요새, 세 가지 신 등 여러 가지 이름으로 불립니다. 그 존재는 앞에서 말했듯이 **심장** 안에 늘 안주하고 있습니다. 만약 생시의 상태에서 **심장**을 포기하지(망각하지) 않으면 마음 활동이 고요해져서 **브라만**만을 내관하게 되는데, 그 상태를 **뚜리야**(*Turiya*)라고 합니다. 또 그 개인적 존재가 **지고자**에 합일될 때는 그것을 **뚜리야띠따**(*Turiyatita*)라고 합니다. 식물계는 늘 깊은 잠 속에 있고, 동물들은 (생시와 함께) 꿈과 깊은 잠 둘 다를 가지며, 신들[천신들]은 늘 생시 속에 있습니다. 인간은 세 가지 상태를 다 가지고 있지만, 안목이 또렷한 요기는 **뚜리야** 안에만 거주하고, 최고 수준의 요기는 **뚜리야띠따** 안에만 머무르고 있습니다.

보통 사람에게는 세 가지 상태가 의지와 무관하게 번갈아듭니다. 그러나 마지막 두 상태[뚜리야와 뚜리야띠따]는 수행의 결과이며, 해탈의 명료한 보조수단이 됩니다. 다른 세 가지 상태[생시·꿈·잠]는 각기 다른 둘을 배제하며, 시간과 공간이라는 조건에 의해 한정됩니다. 따라서 그것들은 실재하지 않습니다.

우리가 생시와 꿈의 상태를 경험한다는 것 자체가, **진아**로서의 **의식**이 다섯 가지 상태 모두의 저변을 이루고, 줄곧 완전한 상태로 남아 있으며, 그것들 모두를 주시한다는 것을 증명합니다. 그러나 깊은 잠 속의 그 비슷한 의식과 관련해서는 사람들이 누구나 "나는 아무것도 몰랐다. 행복하게 푹 잤다"고 말합니다. 그 말에서 두 가지 사실[아무것도 몰랐다는 것과 행복하게 푹 잤다는 것]이 등장합니다. 만일 잠 속에 이런 것이 존재하지 않고 경험되지 않는다면, 생시 상태에 있는 같은 사람이 그런 표현을 할 수 없겠지요. 추론으로도 같은 결론에 도달합니다. 눈이 모든 대상을 덮고 있는 어둠을 보듯이, 진아는 현상 세계를 덮고 있는 무지의 어둠을 봅니다.

우리가 이 어둠을 경험한 것은, 그것[진아]이—마치 흔들리는 나뭇잎들 사이로 언뜻 비치는 달빛처럼—아주 가늘고 미세하게 일순간 비쳤다가 금방 사라져 버린 지고한 지복의 점들로 나타났을 때였습니다. 그러나 그 경험은 (마음의 감각기관들과 같은) 어떤 매체를 통한 것은 아니었지만, 깊은 잠 속에서는 (대상을 지각하는) 의식이 존재하지 않는다는 사실을 말해줍니다. 그 무자각은 상대적인 앎이 없기 때문이고, 그 행복감은 (들끓는) 생각들이 없기 때문입니다.

깊은 잠 속에서의 그 지복 경험이 하나의 사실이라면, 모든 인간들 중에서 아무도 그것을 기억하지 못하는 것은 어째서입니까? 물 밑에서 원하던 것을 발견한 잠수부는 물에서 나오기 전까지는 물가에서 고대하고 있는 사람들에게 자신의 발견 소식을 알릴 수 없습니다. 마찬가지로 잠을 자는 사람이 자신의 경험을 표현할 수 없는 것은, 때가 되어 그의 원습이 그를 깨울 때까지는 표현기관과 접촉할 수 없기 때문입니다. 따라서 진아는 사뜨-찌뜨-아난다의 빛이라는 결론이 나옵니다.

비슈와·따이자사·쁘라냐는 각기 생시·꿈·잠의 상태에 있는 그 경험자에 대한 명칭입니다. 같은 개인이 그 모든 상태의 저변에 있습니다. 따라서 그것들은 순수한 사뜨-찌뜨-아난다인 참된 자아(True Self)를 나타내지 않습니다. 깊은 잠 속에서의 경험을 브라만의 지복이라고 했는데, 그것은 그런 지복의 소극적 측면일 뿐입니다. 왜냐하면 그것은 생각들이 존재하지 않는 결과이기 때문입니다. 더구나 그것은 일시적입니다. 그런 지복은 반사물(abhasa), 곧 지고한 지복의 위조물일 뿐입니다. 그것은 관능적 쾌락의 지복감과 다르지 않습니다. 깊은 잠 속에서는 쁘라냐가 진아와 결합한다고 합니다. 그래서 잠 속에서는 개인성이 잠재되어 있습니다.

진아가 모든 경험의 토대입니다. 그것은 그 경험들 모두의 주시자이자 지지물로 남아 있습니다. 그래서 실재는 생시·꿈·깊은 잠의 세 가지 상태와 다릅니다.

## 1939년 2월 1일

**대담 618**

**하르드와르에서 온 신사:** 저는 저 자신을 계속 분석해 보면 지성을 넘어서는데, 그러고 나서 아무 행복이 없습니다.

**마:** 지성은 진아의 한 도구일 뿐입니다. 그것 자체를 넘어서 있는 것을 아는 데는 그것이 그대에게 도움이 될 수 없지요.

**헌:** 그것은 이해됩니다. 그러나 그 너머에는 아무 행복이 없습니다.

**마:** 지성은 알려지지 않은 것을 알기 위한 도구입니다. 그러나 그대는 그 자체 앎인 진아이기 때문에 이미 알려져 있습니다. 그래서 그대는 앎의 대상이 되지 않습니다. 지성은 그대가 바깥의 것들을 보게 해주지, 그것 자체의 근원인 것을 보게 해주지는 않습니다.

**헌:** 그 질문을 되풀이하겠습니다.

**마:** 지성은 그대 자신을 분석할 수 있게 도와준다는 거기까지는 유용하지만 그 이상은 아닙니다. 그런 다음은 그것이 에고 속으로 합일되어야 하고, 그 에고의 근원을 찾아야 합니다. 그렇게 하면 에고는 사라집니다. 그 근원으로 머무르십시오. 그러면 에고는 일어나지 않습니다.

**헌:** 그 상태에서 아무 행복이 없습니다.

**마:** "아무 행복이 없다"는 것은 하나의 생각일 뿐입니다. 진아는 순수하고 단순한 지복입니다. 그대가 진아입니다. 그래서 그대는 지복이 아닐 수 없습니다. 그러니 여기에 아무 행복이 없다는 말은 할 수 없지요. 그렇게 말하는 것은 진아일 수 없습니다. 그것은 비진아이고, 진아의 지복을 깨닫기 위해서는 그것이 없어져야 합니다.

**헌:** 어떻게 해야 그렇게 됩니까?

**마:** 그 생각이 어디서 일어나는지 보십시오. 그것은 마음입니다. 그 마음이나 지성이 누구에게 작용하는지 보십시오. 에고에게입니다. 지성을 에고에 합일시키고 에고의 근원을 찾으십시오. 그러면 에고는 사라집니다. '나는 안다'와 '나는 모른다'는 하나의 주체와 하나의 대상이 있다는 것을 뜻합니다. 그것은 이원성에 기인합니다. 진아는 순수하고 절대적이며, 오직 하나입니다. 두 개의 자아가 있어서 하나가 다른 하나를 아는 것이 아닙니다. 그러면 이원성이 무엇입니까? 오직 하나인 진아일 수는 없습니다. 그것은 비진아일 수밖에 없습

니다. 이원성이 에고의 특징입니다. 생각들이 일어날 때는 이원성이 있습니다. 그것이 에고임을 알고, 그 근원을 찾으십시오.

생각이 없는 정도가 그대가 **진아 깨달음**을 향해 진보한 척도입니다. 그러나 **진아 깨달음** 자체는 진보를 용납하지 않습니다. 그것은 항상 똑같습니다. **진아**는 늘 깨달음 속에 머물러 있습니다. 장애물은 생각들입니다. 진보는 **진아**가 늘 깨달아져 있다고 하는 이해를 가로막는 장애물들이 제거된 정도에 의해 가늠됩니다. 그래서 생각이 누구에게 일어나는지 찾아서 그 생각들을 제어해야 합니다. 그러니 그대는 그런 생각들이 일어나지 않는, 그것들의 **근원**으로 나아가십시오.

헌: 의심들이 늘 일어납니다. 그래서 그런 질문을 드렸습니다.

마: 한 의심이 일어나서 해소되고, 또 한 의심이 일어나 그것이 해소되면, 또 다른 의심이 일어나고, 그런 식으로 계속됩니다. 그래서 모든 의심을 해소할 수 있는 가능성은 없습니다. 그 의심들이 **누구에게** 일어나는지 보십시오. 그것들의 근원으로 나아가 그 안에 안주하십시오. 그러면 의심이 일어나기를 그칩니다. 그것이 의심들을 해소하는 방법입니다. "마음을 **진아** 안에 고정하고, 다른 무엇도 생각하지 말라(Atma samstham manah krtva na kinchid api chintayet)"고 했습니다.

헌: 은총만이 제가 그러도록 도와줄 수 있습니다.

마: 은총은 바깥에 있지 않습니다. 사실 은총을 바란다는 그 자체가, 이미 그대 안에 있는 은총 때문입니다.

**대담 619**

한 안드라 신사가 『분별정보』에서 『브리하다라니야까 우파니샤드』 '마이뜨레이(Maitreyi) 장章'의 의미를 설명하는 구절 하나를 낭독하고, 거기에 나오는 아뜨마(atma)의 의미에 대해 질문했다.

마: 진아입니다.

헌: 사랑(prema)은 다른 어떤 것에 대한 것 아닙니까?

마: 행복에 대한 욕망(sukha prema)은 항상 존재하는 **진아**의 행복에 대한 하나의 증거입니다. 그렇지 않다면 어떻게 그에 대한 욕망이 그대 안에서 일어날 수 있습니까? 만약 두통이 인간들에게 본래적인 것이라면 아무도 그것을 없애

려고 하지 않겠지요. 그러나 두통이 있는 사람은 누구나 그것을 없애려고 합니다. 왜냐하면 두통이 없던 때를 알고 있기 때문입니다. 그는 자신에게 본래적인 것만 욕망합니다. 마찬가지로, 그가 행복을 욕망하는 것도 행복이 자신에게 본래적이기 때문입니다. 본래적이기 때문에, 그것은 얻어지지 않습니다. 인간의 노력은 불행을 없애는 것만 할 수 있습니다. 그러고 나면 항상 존재하는 지복을 느끼게 됩니다. 그 원초적 지복이 비아非我에 가려지는데, 이 비아非我는 비非지복, 곧 불행과 동의어입니다. "불행의 소멸이 행복의 성취(Duhkha nasam, sukha prapti)"입니다. 불행과 뒤섞인 행복은 불행일 뿐입니다. 불행이 제거되면 항상 존재하는 지복이 얻어진다고 합니다. 고통으로 끝나는 쾌락은 불행입니다. 인간은 그런 쾌락을 피하고 싶어 합니다. 쾌락에는 희열(priya)·환희(moda)·대환희(pra-moda)가 있습니다. 바라던 대상이 곁에 있으면 희열이 일어납니다. 그것을 소유하면 환희가 일어나고, 그것을 즐길 때는 대환희가 일어납니다. 이런 상태들이 즐거운 이유는 한 생각이 다른 모든 생각을 물리치고, 그런 다음 이 단 하나의 생각도 진아 속으로 합일되기 때문입니다. 이런 상태들은 지복껍질(Anandamaya kosa) 안에서만 향유됩니다. 생시에는 대체로 지성껍질(Vijnanamaya kosa)이 지배합니다. 깊은 잠 속에서는 모든 생각이 사라지는데, 그 어슴푸레한 상태도 지복의 상태입니다. 거기서 지배적인 몸은 지복껍질입니다. 이런 것들은 껍질이지 핵심이 아닌데, 핵심은 이 모든 것의 안에 있습니다. 그것은 생시·꿈·깊은 잠을 넘어서 있습니다. 그것이 실재이며, 참된 지복(nijananda)으로 이루어져 있습니다.

**헌:** 진아 탐구를 하기 위해서는 하타 요가가 필요하지 않습니까?

**마:** 각자 자신의 잠재적인 습(purva samskara-前習) 때문에 자기에게는 어떤 방법이 맞는다고 생각하지요.

**헌:** 제 나이에도 하타 요가를 성취할 수 있겠습니까?

**마:** 왜 그런 것을 다 생각합니까? 그대가 그것을 자신의 바깥에 있는 것으로 생각하기 때문에 그것을 바라고, 또 얻으려고 애씁니다. 그러나 그대는 줄곧 존재하지 않습니까? 왜 그대 자신을 떠나 외부의 어떤 것을 추구합니까?

**헌:** 『아빠록샤 아누부띠(Aparoksha-anubhuti)』[75]에서는 하타 요가가 진아 탐구

---

[75] *T.* 비이원적 진리와 그것을 깨닫기 위한 조건과 방법을 논하는 샹까라의 저작 중 하나. "나는 누구인가?"의 진아 탐구도 간략히 제시된다.

에 필요한 보조수단이라고 합니다.

마: 하타 요기들은 탐구가 장애 없이 이루어질 수 있도록 몸을 건강하게 유지할 것을 주장합니다. 그들은 또한 탐구를 끝까지 성공적으로 완수할 수 있도록 수명을 연장해야 한다고 말합니다. 더욱이 그 목적을 염두에 두고 어떤 약물(kayakalpa)을 사용하는 사람들도 있습니다. 그들이 즐겨 드는 예가, 그림 그리기를 시작하기 전에 화포畫布(screen)가 완전해야 한다는 것입니다. 그렇지요. 그러나 어느 것이 화포이고 어느 것이 그림입니까? 그들에 따르면 몸이 화포이고 진아 탐구가 그림입니다. 그러나 몸 자체도 진아라는 화포 위의 한 그림 아닙니까?

헌: 그러나 하타 요가는 하나의 방편으로서 아주 많이 이야기됩니다.

마: 그렇지요. 베단타에 정통한 대학자들도 그 수련을 계속합니다. 그러지 않으면 그들의 마음이 가라앉지 않을 것입니다. 그래서 그러지 않으면 마음을 안정시킬 수 없는 사람들에게는 그것이 유용하다고 말할 수도 있겠지요.

헌: 사구나 우빠사나(saguna upasana)[인격신에 대한 숭배]는 불완전하다고 합니다. 또 니르구나 우빠사나(nirguna upasana)[비인격적 실재에 대한 숭배]는 힘들고 위험하다 합니다. 저는 앞의 것만 할 수 있는 근기입니다. 어떻게 해야 합니까?

마: 사구나(유형상)는 결국 니르구나(무형상) 속으로 합일됩니다. 사구나는 마음을 정화하여 그대를 최종 목표로 데려갑니다. 고통당하는 자, 지知의 추구자, 이익 추구자 모두가 신에게는 소중합니다. 그러나 진인은 신의 진아(Self of God)입니다.

## 대담 620

헌: "이건 아니다―이건 아니다." 그것이 구도자에 대한 (경전의) 가르침입니다. 그는 진아가 지고자라는 말을 듣습니다. 어떻게 해야 그것이 발견됩니까?

마: 진아는 듣는 자·생각하는 자·아는 자 등으로 이야기됩니다. 그러나 그것이 전부는 아닙니다. 그것은 "귀의 귀, 마음의 마음"76) 등으로도 묘사되는데, 어떤 수단으로 그 '아는 자'를 알겠습니까?

헌: 그러나 그것은 진아가 무엇인지는 말해주지 않습니다.

---

76) T. "귀의 귀, 마음의 마음이므로, 말은 실로 말이고…" ―『께나 우빠니샤드』, 1.2. "생기의 생기, 눈의 눈, 귀의 귀, 마음의 마음을 아는 자들은…" ―『브리하다라니야까 우빠니샤드』, 4.4.18.

마: "이건 아니다—이건 아니다"지요.
헌: 그것은 부정할 뿐입니다.
마: (침묵).

그 헌신자는 진아가 무엇인지는 설명해 주시지 않는다고 불평한다.

마: 어떤 사람이 자기가 무엇인지 알고 싶어 합니다. 그가 자기 주위의 동물과 사물들을 봅니다. 그에게 이렇게 말해줍니다. "당신은 소가 아니고, 말이 아니고, 나무가 아니고, 이것이 아니고, 저것이 아니고, 무엇 무엇도 아닙니다." 만일 다시 그 사람이 "당신은 제가 무엇인지는 말하지 않았습니다"라면서 물으면, 그 대답은 "당신이 사람이 아니라고는 하지는 않았습니다"가 됩니다. 자신이 사람이라는 것은 그 자신이 알아내야 합니다. 그대서 그대가 무엇인지는 그대 자신이 알아내야 합니다.

그대는 이런 말을 듣습니다. "그대는 이 몸도 아니고, 마음도 아니고, 지성도 아니고, 에고도 아니고, 그대가 생각하는 그 무엇도 아니다. 그대가 참으로 무엇인지를 알아내라." 침묵은 질문자 자신이 바로 그가 발견해야 할 **진아**라는 의미를 함축합니다. 자기간택自己揀擇(svayamvara)[77])에서는 처녀가 한 사람 한 사람에게 계속 "아닙니다"라고 하다가 마침내 자기가 고른 사람을 마주하면 아래를 보며 침묵합니다.

**대담 621**

라지 크리슈나 씨가 오후 5시 30분경 스리 바가반이 산 위에 혼자 계신 것을 발견하고 당신께 기원했다: 저는 10학년(고교 졸업반) 때부터 **실재**를 한 번 보기를 갈망해 왔습니다. 저는 스리 바가반 같은 진인만이 이런 일에 도움을 주실 수 있다고 확고히 믿습니다. 그래서 **당신의** 도움을 기원합니다.

스리 바가반은 몇 분간 그를 바라보셨다. 이 헌신자가 그것을 중단시키면서 말했다: 설사 평생 제가 깨닫지 못한다 하더라도 최소한 죽을 때는 그것을 잊지 않게 해 주십시오. 최소한 죽음의 순간에는 언뜻 보기라도 해서 미래에 저에게 이익이 될 수 있게 해 주십시오.

마: 『바가바드 기타』 제8장에서 말하기를, 죽을 때 무슨 생각을 하든 그것이

---

77) *T.* 옛날, 왕실의 공주나 크샤트리아 집안의 처녀가 공개 석상에서 구혼자들의 무리 가운데 자신의 마음에 드는 남자를 스스로 고르던 일.

그 사람의 다음 생을 결정한다고 하지요. 죽을 때 **실재**를 체험할 수 있으려면, 지금 살아 있을 때 그것을 체험할 필요가 있습니다. 이 순간이 그 마지막 순간과 다른지 살펴보고, 그대가 바라는 그 상태에 있도록 애쓰십시오.

헌: 저는 한계가 있습니다. 그것을 잘 해낼 수가 없습니다. 은총은 저 자신이 이룰 수 없는 것을 저 대신 이루어줄 수 있습니다.

마: 맞습니다. 그러나 **은총**이 없이는 그런 욕망도 일어나지 않겠지요.

그들은 천천히 걸으면서 동시에 대화를 나누었다. 그 헌신자가 말했다: 라호르에 11살 난 소녀가 있습니다. 이 아이가 아주 대단합니다. 자기는 **크리슈나**를 두 번 부를 때까지는 의식이 있지만, 세 번째 부르면 의식을 잃고 열 시간씩이나 계속 황홀경에 잠긴다고 말합니다.

마: 크리슈나를 그대와 다르다고 생각하는 한, 그를 부르게 됩니다. 황홀경에 떨어진다는 것은 그 삼매가 일시적이라는 것을 뜻합니다. 그대는 늘 삼매 속에 있습니다. **그것을 깨달아야 합니다.**

헌: 신의 환영(God-vision)은 영광스럽습니다.

마: 신의 환영은 그대 자신이 믿는 신으로 대상화된 진아의 환영일 뿐입니다. 진아를 아십시오.

## 대담 622

스리 바가반은 손가락에 붕대를 감고 계시다. 어떤 사람이 여쭈었다. "그게 무엇입니까?" 바가반이 대답하셨다. "손가락이 칼에 가 닿았다오." (칼은 지각력이 없지만, 그에 비해 손가락은 의식하는 행위자이다.)

## 대담 623

스리 바가반이 다른 헌신자에게 다섯 가지 상태가 있다고 말씀하셨다:

(1) 잠, (2) 깨어나기 전에, 생각에서 벗어나 있는 상태, (3) 생각에서 벗어나 있는 그 상태의 행복감(rasasvada-즐거움의 지각), (4) 원습의 내적인 움직임(kashaya-세간적 대상에 대한 집착), 그리고 (5) 감각 대상(vikshepa)이 있는 완전한 생시입니다. 이 중에서 두 번째 것을 영구적으로 만들어야 합니다.

## 1939년 2월 4일

**대담 624**

한 헌신자가 스리 바가반께 질문했다: 생각 하나마다 주체와 대상이 나타나고 사라집니다. 이처럼 주체가 사라질 때 '나'는 사라지지 않습니까? 만약 사라진다면 '나'에 대한 탐구가 어떻게 진행될 수 있습니까?

**마:** 주체[아는 자]는 마음의 상相(vritti)일 뿐입니다. 그 상相이 지나가도 그 이면의 **실재**는 사라지지 않습니다. 그 상의 배경이 '나'인데, 그 안에서 마음의 상들이 일어나고 가라앉습니다.

**헌: 진아**를 '듣는 자(srota)', '생각하는 자(manta)', '아는 자(vijnata)' 등으로 묘사하고 나서, 다시 그것을 '듣지 않는 자(asrota)', '생각하지 않는 자(amanta)', '모르는 자(avijnata)'라고 묘사합니다. 왜 그렇습니까?

**마:** 바로 그거지요. 보통 사람은 지성[지성껍질] 안에서 변상變相(modifications-마음 활동)들이 일어날 때만 자신을 자각합니다. 이 변상들은 일시적이어서, 일어나고 가라앉습니다. 그래서 명지체明知體(vijnanamaya)[지성]를 하나의 껍질(kosa)이라고 합니다. 순수한 자각이 남아 있을 때 그것은 그 자체로 **찌뜨**[진아], 곧 **지고자**입니다. 생각들이 가라앉은 뒤 자신의 본래적 상태에 있는 것이 지복입니다. 만일 그 지복이 일시적이라면—일어나고 가라앉는다면—그것은 지복껍질(anandamaya kosa)일 뿐, 순수한 **진아**가 아닙니다. 모든 생각이 가라앉고 나면, 주의를 그 순수한 '나'에 고정하고 그것을 놓치지 않는 것이 필요합니다. 이것을 극히 미세한 하나의 생각으로 묘사해야겠지요. 그렇지 않으면 그것을 아예 이야기할 수가 없습니다. 그것은 다름 아닌 **진정한 자아**이기 때문입니다. 그것에 대해 누가, 누구에게, 어떻게 말할 수 있겠습니까?

『해탈정수』와 『분별정보』에서 이것이 잘 설명되고 있습니다. 이처럼 잠 속에서 **진아**의 자각은 상실되지 않지만, 개아의 무지는 그에 의해 영향을 받지 않습니다. 이 무지가 소멸되려면 이 미세한 마음의 상태(vrittijnanam-相知)가 필요합니다. 햇빛에는 솜이 타지 않지만 솜을 렌즈 밑에 두면 불이 붙고, 그 렌즈를 통과하는 햇빛에 다 타 버립니다. 마찬가지로, **진아**의 자각은 어느 때나 존재하지만 그것이 무지를 없애버리지는 않습니다. 명상에 의해 그 미세한 생각의 상태를 얻으면 무지가 소멸됩니다. 또 『분별정보』에서는 "극히 미세한 **지고아**는 거친 눈으로는 볼 수 없다(ativa sukshmam paramatma tattvam na sthoola drishtya)"고 하고, "이것은 스스로 빛나며 일체를 주시한다(esha svayam jyotir asesha sakshi)"고 합니다.78)

이 미세한 마음 상태는 브리띠(vritti-相)라고 하는 마음의 한 변상이 아닙니다. 왜냐하면 마음의 상태에는 두 종류가 있기 때문입니다. 하나는 **본래적 상태**이고, 다른 하나는 대상들의 형태로 변형된 것입니다. 전자는 진리이고, 후자는 그 행위자 나름(kartru-tantra)입니다. 후자가 사멸되면 '물 속의 세제 덩이처럼(jale kataka renuvat)' 전자만 남게 됩니다.79)

이 목적을 위한 수단이 명상입니다. 이것은 분별의 3요소(triputi-아는 자, 앎, 아는 대상)와 함께하기는 하나, 결국 순수한 자각(jnanam-眞知)으로 귀결될 것입니다. 명상은 노력이 필요하지만, 진지는 애씀이 없습니다. 명상은 될 수도 있고 안 될 수도 있고 잘못될 수도 있으나, 진지는 그렇지 않습니다. 명상은 행위자의 것(kartru-tantra)으로, 진지는 **지고자의 것**(vastu-tantra)으로 묘사됩니다.

### 1939년 2월 7일

**대담 625**

**영국인 방문객인 머스턴 부인:** 저는 『나는 누구인가?』를 읽어 보았습니다. 그런데 '나'가 누군지를 탐구하고 있으면 그것을 잠시도 붙들고 있지 못합니다. 둘째로, 저는 환경에 아무 관심이 없지만 그래도 삶에서 뭔가 흥미를 발견할 거라는 희망을 가지고 있습니다.

**마:** 아무 흥미가 없다면 좋지요. (통역자는 질문자가 삶에서 어떤 흥미를 발견하고 싶어 하는 거라고 말씀드린다.)

**마:** 그것은 그런 원습이 있다는 것을 뜻합니다. 꿈꾸는 사람이 어떤 꿈을 꿉니다. 그는 쾌락·고통 등이 있는 하나의 꿈 세계를 봅니다. 그러나 깨어나면 그 꿈 세계에 대한 모든 흥미를 잃어버립니다. 생시의 세계도 마찬가지입니다. 꿈 세계가 그대 자신의 일부일 뿐이고 그대와 다르지 않기 때문에 더 이상 그대의 흥미를 끌지 못하듯이, 현재의 세계도 만일 그대가 이 생시의 꿈[윤회계(samsara)]에서 깨어나, 그것이 그대 자신의 일부이지 하나의 객관적 실재가 아니라는 것을 깨달으면 더 이상 그대의 흥미를 끌지 못할 것입니다. 그대

---

78) *T.* 두 인용문은 『분별정보』, 제360연과 제380연이다(『저작 전집』, 340쪽 13-15행; 342쪽, 12행).
79) *T.* 예전에 빨래의 때를 빼기 위해 넣던 자연세제는 빨래의 때만 빼고 물 속에 남아 있게 된다.

는 자신을 주위의 대상들과 별개라고 생각하기 때문에 어떤 사물을 욕망합니다. 그러나 그 사물이 하나의 상념형상(thought-form)일 뿐이라는 것을 이해하면 더 이상 그것을 욕망하지 않게 됩니다.

　모든 사물은 물 위의 거품과 같습니다. 그대가 물이고 대상들은 거품입니다. 그것들은 물과 별개로 존재할 수 없지만, 물과 아주 같은 것은 아닙니다.

헌: 저는 제가 거품덩어리 같다고 느낍니다.

마: 비실재와의 그 동일시를 그만두고 그대의 진정한 정체성을 아십시오. 그러면 그대가 확고해질 것이고 어떤 의심도 일어날 수 없습니다.

헌: 그러나 저는 거품덩어리**입니다**.

마: 그렇게 생각하기 때문에 근심이 있습니다. 그것은 그릇된 상상입니다. 실재와 그대의 참된 정체성을 받아들이십시오. 물이 될 것이지 거품덩어리가 되지 마십시오. 그것은 안으로 뛰어들면 됩니다.

헌: 만약 안으로 뛰어들면, 제가 발견하게 될….

마: 그러나 안으로 뛰어들 것도 없이 **그대는 그것입니다**. 안과 밖이라는 관념은 그대의 진정한 정체성을 받아들이지 않는 한에서만 존재합니다.

헌: 그러나 저는 당신께서 제가 안으로 뛰어들기를 바라신다는 그 관념을 당신에게서 받았는데요.

마: 예, 아주 좋습니다. 제가 그 말을 한 것은 그대가 자신을 거품덩어리와 동일시하고, 물과 동일시하지 않기 때문입니다. 그 혼동 때문에, 그대가 그 혼동에 주목하게 하여 그것이 그대에게 분명하게 인식되도록 하기 위해 그 답변을 한 것입니다. 거기서 말하고자 한 의미는, **진아**는 그대가 보는 모든 것을 포함하여 무한하다는 것뿐입니다. **그것**을 넘어서거나 **그것**과 별개인 것은 아무것도 없습니다. 이것을 알면 어떤 것도 욕망하지 않게 될 것이고, 욕망하지 않으면 만족하게 될 것입니다.

　**진아**는 늘 깨달아져 있습니다. 이미—늘—깨달아져 있는 것을 깨달으려고 할 수는 없습니다. 왜냐하면 그대는 자신의 존재(existence)를 부인할 수 없기 때문입니다. 그 존재가 의식, 곧 **진아**입니다.

　만일 그대가 존재하지 않는다면 질문을 할 수 없습니다. 그러니 그대는 자신의 존재를 인정해야 합니다. 그 존재가 **진아**입니다. 그것은 이미 깨달아져 있습니다. 따라서 깨달으려는 노력은, 그대가 자신의 **진아**를 깨닫지 못했다고 여기는 현재의 착각을 깨닫는 결과가 될 뿐입니다. 새로운 깨달음이란 없습니다. **진아**는 (자연히) 드러납니다.

**헌:** 그렇게 되려면 상당한 세월이 걸리겠지요.

**마:** 왜 세월입니까? 시간관념은 그대의 마음 안에 있을 뿐, **진아** 안에는 없습니다. **진아**에게는 시간이 없습니다. 시간은 에고가 일어난 뒤에 하나의 관념으로서 일어납니다. 그러나 그대는 시간과 공간을 넘어선 **진아**입니다. 심지어 시간과 공간이 없을 때도 그대는 존재합니다.

### 1939년 2월 9일

### 대담 626

**다른 헌신자:** '나(aham)'는 '이것(idam)'과 관련해서만 존재하는 것 아닙니까?

**마:** '나', '이것'은 지금 함께 나타납니다. 그러나 '이것'은 '나' 안에 들어 있습니다. 그것들은 별개가 아닙니다. '이것'이 '나' 속으로 합일되어 '나'와 하나가 되어야 합니다. 그 뒤에 남아 있는 '나'가 참 '나'입니다.

### 대담 627

**헌:** 스승의 곁에 머무른다는 것은 어떤 것입니까?

**마:** 그것은 신성한 전승지傳承知(sacred lore)를 공부한다는 뜻입니다.

**헌:** 그러나 스승의 친존에는 특별한 공덕이 있습니다.

**마:** 그렇지요. 그것은 마음을 정화합니다.

**헌:** 그것이 그 효과, 곧 보상입니다. 저는 제자가 어떻게 행동해야 하는지에 대해 여쭈었습니다.

**마:** 그것은 제자의 유형에 따라 다릅니다. 학생이냐, 재가자냐, 그 자신의 타고난 마음의 습이 어떠하냐 등에 따라 다르지요.

**헌:** 만일 그러면 자연스럽게 좋은 결과가 나오겠습니까?

**마:** 예. 옛날에는 리쉬들이 자기 아들을 남에게 보내어 교육받게 했지요.

**헌:** 왜입니까?

**마:** 애정이 장애가 되었기 때문입니다.

**헌:** 진인들에게는 그럴 리가 없습니다. 그 제자들이 그랬다는 것입니까?

**마:** 그렇지요.

헌: 설사 그렇다 해도 그 장애는 (아버지인) 그 스승의 은총을 통해서 다른 모든 장애들과 함께 제거되지 않겠습니까?
마: 시간이 지체되겠지요. 그 제자에게 존경심이 부족하기 때문에, **은총**은 오랜 시간이 지난 뒤에야 효과를 볼지도 모릅니다.

무지에서 깨어나는 것은 무서운 짐승 꿈에서 깨어나는 것과 같다고 합니다. 그것은 그와 같습니다. 마음의 오염에 두 가지가 있는데, 은폐(*avarana*)와 들뜸(*vikshepa*)이 그것입니다. 이 두 가지 중에서 전자는 해악이지만, 후자는 그렇지 않습니다. 잠의 은폐 효과가 지속되는 동안은 무서운 꿈이 있고, 깨어나면 그 은폐는 사라집니다. 그리고 더 이상 공포는 없습니다. 들뜸은 행복에 장애가 아닙니다. 세계로 인해 야기된 들뜸을 제거하기 위해서 사람은 스승과 함께하는 들뜸[활동]을 추구하여, 경전을 공부하고 형상이 있는 신들을 숭배하고, 그런 것들을 통해 깨어남을 성취합니다.

결국 어떤 일이 일어납니까? 까르나(Karna)는 늘 꾼띠의 아들이었습니다.80) 열 번째 사람은 내내 열 번째였습니다. 라마는 언제나 비슈누였습니다.81) 진지(*jnanam*)란 그와 같습니다. 그것은 늘 있는 **그것**을 자각하는 것입니다.

### 1939년 2월 13일

**대담 628**

D. 씨가 유럽에서 돌아온 뒤, 스리 바가반과 몇 분간 사적인 면담을 가졌다. 그가 말하기를, 저번에 왔던 것이 다소 효과는 있었지만 자신이 원한 만큼은 아니었다고 했다. 다만 자신의 일에는 집중할 수 있었다면서, 집중이 영적인 진보에 필수불가결하지 않느냐고 했다. 그는 행위(Karma)에 마음이 끌렸는데, 왜냐하면 행위가 집중에 도움이 되었기 때문이다.

마: 행위자(*karta*) 없이는 행위가 없습니다. 행위자를 찾아보면 그는 사라집니다. 그러면 행위가 어디 있습니까?

D. 씨는 실제적인 가르침을 구했다.

마: 행위자를 찾으십시오. 그것이 수행입니다.

D. 씨의 부인은 자신의 자각에 단절이 있는데, 어떻게 하면 자각이 계속 이

---

80) *T.* 215쪽의 주 114) 참조.
81) *T.* 『라마야나』의 주인공인 라마는 비슈누의 7번째 화신으로 알려져 있다.

어질 수 있겠는지를 알고 싶어 했다.

**마:** 단절이 있는 것은 생각 때문입니다. 그렇게 생각하지 않으면 단절을 인식하지 못합니다. 그것은 하나의 생각일 뿐입니다. 늘 하던 "생각들이 누구에게 일어나는가?" 하는 수행을 하십시오. 그 수행을 계속하다 보면 단절이 없어집니다. 수행만이 자각의 연속을 가져올 것입니다.

### 1939년 2월 17일

**대담 629**

오늘은 시바라뜨리 날(Sivaratri Day)이다. 스리 바가반은 저녁에 은총으로 환히 웃음 짓고 계셨다. 한 수행자가 다음과 같은 질문을 했다.

**헌:** 진아에 대한 탐구는 우리를 미세신[경과신經過身, 팔상신八相身(puriashtakam)[82] 혹은 개인아(jivatma)] 속으로 데려가는 것 같습니다. 맞습니까?

**마:** 그런 것은 같은 상태에 대한 다른 이름들이지만, 관점에 따라 각기 달리 사용됩니다. 얼마 지나면 팔상신은 사라지고 '하나(Eka)'만 남게 될 것입니다.

　상지相知(vritti jnana)만이 '무지'를 소멸할 수 있습니다. 절대적인 지知는 무지를 소멸하지 않습니다. 상相에 두 종류가 있습니다. (1) 대상상對象相(vishaya vritti)[대상적 상相]과, (2) 자아상自我相(atma vritti)[주체적 상]이 그것입니다. 전자는 후자에게 자리를 내줄 수밖에 없습니다. 그것이 수행의 목표인데, 그것은 그대를 먼저 팔상신으로 이끈 다음 단 하나의 진아로 데려갑니다.

**대담 630**

대화 도중 한 헌신자가 지나가듯이 말했다: 시바쁘라까샴 벨라이는 그렇게 좋은 사람이고, 그렇게 열렬한 헌신자이자 오래된 제자인데도, 어느 시에서 쓰기를 자신은 스리 바가반의 가르침을 효과적으로 실천할 수 없었다고 했습니다. 그렇다면 다른 많은 사람들은 어떻겠습니까?

**마:** 스리 아짜리야(Sri Acharya-샹까라)도 어느 신을 찬양하는 노래를 지을 때는 그 비슷한 말을 합니다. 그러지 않고 어떻게 신을 찬양할 수 있습니까?

　이렇게 말하면서 스리 바가반은 미소를 지으셨다.

---

82) *T.* 지각기관, 행위기관, 다섯 생기, 5대 원소, 내적기관, 욕망, 행위 및 무지의 여덟 가지 요소로 이루어진 미세한 몸. 『빠잉갈라 우파니샤드』(2.6)에서는 이것을 *ashtapura*라고 했다.

## 대담 631

앞서의 수행자가 먼저 한 질문을 다른 방식으로 되풀이했다.

**헌:** 진아에 대한 탐구는 경과신, 팔상신 혹은 개인아로 이끌어주는 것 같습니다. 맞습니까?

**마:** 예. 그것을 '신身(sarira)'이라고 하는데, 관점에 따라서 몸도 되고 거소居所, 도시(puri) 혹은 개인(jiva)도 됩니다. 그것들은 같은 것입니다.

상지相知는 보통 대상적 현상들과 연관됩니다. 그것이 사라지면 자아상, 곧 주체의 상相이 남는데, 그것은 진지와 같습니다. 그것이 없이는 무지가 종식되지 않을 것입니다. (상지가 사라지면) 팔상신도 외부의 어떤 것과 연관되어 있지 않음을 알게 될 것이고, 진아가 균일하고 조화롭게 빛을 발할 것입니다.

### 1939년 2월 18일

## 대담 632

벨로르 마한뜨 스쿨(Vellore Mahant School) 교사인 사띠야나라야나 라오 씨는 스리 마하르쉬님의 잘 알려진 헌신자이다. 그는 식도암을 앓고 있는데, 의사들은 가망이 없다고 본다. 그는 아스라맘에서 방 하나를 배정받았고, 도감都監은 그에게 아주 친절하다. 이제 온 지 두 달쯤 되는 그는 몸이 아주 약하다.

오전 9시경에 스리 바가반은 우편물을 읽고 계셨다. 환자의 형제가 걱정스런 얼굴로 회당에 나타나 스리 바가반께, 환자가 숨을 헐떡이고 있다면서 그에 대해 여쭈었다. 도감도 환자가 걱정되어 회당에 들어왔다. 스리 바가반은 계속 우편물을 읽으셨다. 잠시 후 다른 헌신자 한 명도 같은 목적으로 왔다.

스리 바가반이 물으셨다: 의사를 불렀나?

**헌:** 예, 하지만 병원 일이 너무 바쁘다고 합니다.

**마:** 내가 어떡하나? (잠시 후에) 내가 가면 사람들이 기뻐하겠군.

이내 스리 바가반은 회당을 떠나 환자 곁으로 가셨다. 당신은 그를 부드럽게 안마한 뒤에 한 손은 (환자의) 심장에, 한 손은 머리에 놓으셨다. 환자는 혀가 쑥 나오고 입이 벌어졌으며 시선이 고정되어 있었는데, 안도하는 기색을 보이더니 약 20분 만에 이렇게 중얼거렸다. "오, 무력한 자를 도와주시는 분인 당신께 이런 폐를 끼치다니요! 이 자비에 제가 어떻게 보답할 수 있습니까?" 사람들은 안도감을 느꼈고, 스리 바가반은 회당으로 돌아오셨다. 누군가가 스리 바가반께

비누와 물을 드리며 손을 씻으시라고 했다. 그러나 당신은 그것을 거절하시고 손을 당신 몸에 대고 문지르셨다. 그러나 환자는 며칠 뒤에 죽었다.

한 저명한 헌신자가 말했다: 스리 바가반께서는 모든 상황에서 너무나 무관심하신 것처럼 보인다. 그러나 당신께서는 늘 자애롭고 자비로우시다.

### 1939년 2월 23일

**대담 633**

딘디걸에서 온 한 방문객이 말했다: 저는 마음과 몸이 다 고통받고 있습니다. 태어난 날부터 행복했던 적이 한 번도 없습니다. 제 어머니도 저를 배었을 때부터 고통받았다고 합니다. 저는 왜 이렇게 고통받습니까? 이번 생에는 죄를 짓지도 않았습니다. 이 모두 과거생에 지은 죄 때문입니까?

**마:** 완화되지 않는 고통이 늘 있다면 누가 행복을 추구하겠습니까? 즉, 고통이 본래적 상태라면, 행복해지고 싶다는 욕망이 일어날 수나 있겠습니까? 그러나 그 욕망이 일어납니다. 따라서 행복한 것은 본래적이고, 다른 모든 것은 비본래적입니다. 사람들이 고통을 원치 않는 것은, 단지 그것이 오고 가는 것이기 때문입니다.

질문자는 자신의 하소연을 되풀이했다.

**마:** 그대는 마음과 몸이 고통받는다고 말합니다. 그러나 그것들이 그 질문을 합니까? **누가 질문자입니까?** 그것은 마음과 몸 둘 다를 넘어서 있는 자 아닙니까?

그대는 몸이 **이번** 생에 고통을 받는다고 말하는데, 그 원인이 전생이면 그것의 원인은 그 앞 전생이고, 그런 식으로 계속되겠지요. 그래서 **씨앗과 싹**의 경우처럼 그 인과적 연쇄에는 끝이 없습니다. 모든 생의 제1원인은 무지에 있다고 해야 합니다. 같은 무지가 바로 지금도 존재하면서 이런 질문을 만들어 냅니다. 그 무지가 진지(*jnanam*)에 의해 제거되어야 합니다.

"왜, 그리고 누구에게 이 고통이 찾아왔나?" 이렇게 물어 들어가면 그 '나'가 마음과 몸과는 별개라는 것, **진아**가 단 하나의 영원한 존재라는 것, 그리고 그것이 영원한 지복이라는 것을 발견할 것입니다. 그것이 진지입니다.

**헌:** 그러나 왜 지금 고통이 있어야 합니까?

**마:** 만일 고통이 없다면 행복해지고 싶다는 욕망이 일어날 수 있겠습니까? 그

런 욕망이 일어나지 않는다면 **진아 탐구**가 어떻게 성공할 수 있겠습니까?
헌: 그러면 모든 고통은 좋은 것입니까?
마: 정말 그렇지요. 행복이 무엇입니까? 건강하고 잘 생긴 몸, 제 때에 하는 식사 같은 그런 것입니까? 황제조차도 끝없는 문제를 가지고 있습니다. 몸이 건강하다 해도 말입니다. 그래서 모든 고통은 "나는 몸이다"라는 거짓된 관념에서 비롯됩니다. 그것을 없애는 것이 진지입니다.

## 대담 634

공직에서 은퇴한 한 안드라 신사가 질문했다: 저는 오랫동안 옴 명상(*omkara upasana*)를 해 왔습니다. 그런데 왼쪽 귀에서 늘 어떤 소리가 들립니다. 그것은 나다스와람(*nadasvaram*)[남인도의 관악기]을 부는 소리 같습니다. 바로 지금도 그 소리가 들립니다. 어떤 빛나는 환영들이 보이기도 합니다. 어떻게 해야 할지 모르겠습니다.

마: 소리를 듣거나 환영을 보려면 어떤 사람이 있어야 합니다. 그 사람은 '나'입니다. "나는 누구인가?" 하고 물으면서 그것을 찾아보면 주체와 대상들이 한데 합쳐질 것입니다. 그러고 나면 어떤 탐구도 할 것이 없습니다. 그때까지는 생각이 일어날 것이고, 사물들도 나타나고 사라지겠지요. (그럴 때) 무슨 일이 일어났는지, 무슨 일이 일어날 것인지 그대 자신에게 물으십시오. 만일 주체를 알면 대상들은 주체 안에 합일될 것입니다. 그것을 모르면 마음을 대상들에 적용하게 됩니다. 왜냐하면 그런 대상들은 나타나고 사라지지만, 그대의 참된 성품은 **진아**로서 남아 있는 그것이라는 것을 모르기 때문입니다. 대상들이 사라지면 두려움이 일어납니다. 즉, 마음이 대상들에 속박되어 있어 그 대상들이 없을 때는 고통이 있습니다. 그러나 그것들은 일시적이고 **진아**는 영원합니다. 그 영원한 **진아**를 알면 주체와 대상이 하나로 합일되고, 두 번째가 없는 **하나**가 빛날 것입니다.

헌: 옴 소리(*Omkara*)의 합일이 있습니까?
마: 옴은 영원한 진리입니다. 대상들이 사라진 뒤에 남아 있는 것이 옴입니다. 그것은 어떤 것에도 합일되지 않습니다. 그것은 "다른 아무것도 보지 않고, 다른 아무것도 듣지 않고, 다른 아무것도 알지 못하는 곳, 그것이 **완전함**이다 (*yatra nanyat pasyati nanyac srunoti nanyad vijnati sa bhuma*)"라고 하는 그 **상태입**

니다.83) 모든 명상법(*upasanas*)은 그것을 얻기 위한 수단입니다. 그런 명상법에 고착되면 안 되고, "나는 누구인가?"를 탐구하여 진아를 발견해야 합니다.

헌: 저는 집에서 아무 낙이 없습니다. 가정에서 제가 할 일이 아무것도 없습니다. 제가 해야 할 일은 끝냈습니다. 이제는 손자와 손녀들이 있습니다. 제가 집에 남아 있어도 됩니까, 아니면 집을 떠나 어디로 가 버려야 합니까?

마: 그대가 지금 있는 바로 그곳에 있어야 합니다. 그러나 그대는 지금 어디 있습니까? 그대가 집 안에 있습니까, 집이 그대 안에 있습니까? 그대와 별개로 어떤 집이 있습니까? 만약 그대 자신의 처소에 고정되면, 모든 것이 그대 안으로 합일되는 것을 보게 될 것이고, 이러한 질문들이 일어날 이유가 없을 것입니다.

헌: 예. 그러면 저는 집에 머물러 있어도 될 것 같군요.

마: 그대의 진정한 상태 안에 머물러 있어야 합니다.

## 대담 635

호스뻬뜨(Hospet)에서 온 한 안드라 신사가 카일라스, 아마르나트(Amarnath) 등지를 순례하고 돌아왔다. 그는 그런 곳이 얼마나 멋지며 그 여행이 얼마나 힘든지를 이야기했다. 마지막으로 그는 자신이 마하르쉬님을 상기할 수 있는 어떤 것을 청했는데, 그것은 가르침을 좀 달라는 뜻이었다.

마: 카일라스 등지를 다녀왔다고요. 묵티나트(네팔 북부의 성지)는 가 보았습니까?

헌: 아니요. 그건 저에게 너무 힘든 여행이었습니다. 그러나 네팔은 가 보았습니다. 그런 곳들을 가보셨습니까?

마: 아니, 아닙니다. 묵티나트는 그냥 해본 말입니다.

그런 다음 스리 바가반이 말씀하셨다: 카일라스에 갔다 돌아오는 것은 바로 하나의 새로운 탄생입니다. 왜냐하면 거기서는 몸-관념이 떨어져 나가니까요.

## 대담 636

켈리 해크 부인이 생시와 꿈의 상태는 진아의 본래적 상태에서 소풍 나온 것이라고 상상할 수도 있겠는지 여쭈었다.

---

83) *T.* 이 인용문은 103쪽의 주 47) 참조.

마: 소풍 나올 어떤 장소가 있어야지요. 또 그 장소는 우리 자신의 바깥에 있어야 합니다. 진아의 참된 성품 안에서는 그것이 가능하지 않습니다.
헌: 그것은 그렇게 상상할 수도 있을지 모른다는 뜻으로 한 말입니다.
마: 진아의 참된 성품에 대해서 생각하는 것이 더 낫습니다.
헌: 스크린의 비유는 아주 아름답습니다.
마: 영화의 스크린은 지각력이 없고 그래서 어떤 '보는 자'를 필요로 하는 반면, 진아라는 스크린은 보는 자와 보이는 것을 포함합니다. 오히려 그것은 빛으로 가득하지요.

영화의 화면들은 어둠의 도움 없이는 보이지 않습니다. 백주 대낮에는 영화를 볼 수 없기 때문입니다. 마찬가지로, 마음은 저변의 무지 때문에 생각을 하고 대상들을 봅니다. 진아는 어떤 이원성도 없는 순수한 지知, 순수한 빛입니다. 이원성은 무지를 의미합니다. 진아의 지知는 상대적인 지知와 무지를 넘어서 있고, 진아의 빛은 보통의 빛과 어둠을 넘어서 있습니다. 진아는 오로지 홀로입니다.

## 대담 637

진보에 대한 몇 가지 질문이 있었다.

스리 바가반이 말씀하셨다: 진보는 마음에게 있지 진아에게는 없습니다. 진아는 항상 완벽합니다.

### 1939년 3월 2일

## 대담 638

지난 며칠간 방문객들은 12시에서 2시 30분 사이에 회당에 들어갈 수 없다는 규칙이 시행되고 있다. 오늘 그 시간대에 몇 명의 무슬림 방문객들이 아스라맘에 왔다. 시자는 즉시 그들에게 이 시간에는 스리 바가반의 휴식을 방해해서는 안 된다고 이야기했다. 스리 바가반은 조용히 소파에서 내려와 회당 밖으로 나오셨다. 그리고 벽에 인접한 돌 포장바닥에 앉아서 그 방문객들에게 당신 가까이 앉으라고 하셨다. 당신은 신문을 계속 읽으면서 당신 자신도 그 돌 위에 눕기도 하셨다. 결국 사람들이 당신에게 들어가실 것을 청했다.

**대담 639**

스리 바가반은 뿌두꼬따(Pudukotah)의 K. L. 샤르마 씨에게 이야기하시던 중 이렇게 말씀하셨다: 친밀하고 직접 접해 있는 것을 젖혀두고 왜 그 나머지를 추구합니까? 경전에서는 "그대가 그것이다"라고 합니다. 이 말에서 '그대'는 직접 체험됩니다. 그러나 그것을 젖혀두고 사람들은 계속 '그것'을 추구하지요!

**헌:** '그것'과 '그대'가 하나임을 발견하기 위해서입니다.

**마:** '그대'는 모두에게 내재해 있는 **내적인 진아**(Inner Self)입니다. 그것을 발견하기 위해 그 사람은 자신을 젖혀두고 세계를 대상적으로 봅니다. 세계가 무엇입니까? 그 안에 무엇이 **내재해** 있습니까? '**그것**'입니다. 그런 모든 관념은 자기 자신의 **진아**를 망각하면서 일어날 뿐입니다. 저는 그런 문제에 결코 상관하지 않았습니다. (깨닫고 나서) 얼마 지난 뒤에야 사람들이 그런 문제들을 탐색해 왔다는 생각이 떠올랐지요.

### 1939년 3월 3일

**대담 640**

오후 4시경에 뭔가를 골똘히 쓰고 계시던 스리 바가반은 눈을 천천히 북쪽 창문 쪽으로 돌리시더니, 만년필 뚜껑을 닫고 그것을 만년필 갑 속에 넣으셨다. 그리고 공책을 덮고 그것을 밀쳐 두셨다. 안경은 벗어서 접어 안경집에 넣고 옆에 밀어두셨다. 그리고 약간 뒤로 기대어 위쪽을 쳐다보시는데, 당신의 얼굴을 이쪽저쪽으로 돌리면서 여기저기를 바라보셨다. 당신은 손으로 얼굴을 쓰다듬더니 생각에 잠긴 표정을 하셨다. 그런 다음 회당 안의 어떤 사람을 돌아보고 부드럽게 말씀하셨다.

**마:** 저 참새 한 쌍이 방금 여기 와서 나에게 하소연하는데, 누가 자기들 둥지를 없애버렸다는군. 내가 쳐다보니 둥지가 없군.

그런 다음 당신은 시자인 마다바 스와미를 불러오게 하여 물으셨다: 마다바, 누군가가 참새 둥지를 없앴나?

한가롭게 걸어 들어온 시자가 무관심한 투로 대답했다: 둥지를 지을 때마다 제가 없애버렸습니다. 바로 오늘 오후에 마지막 둥지를 없앴습니다.

**마:** 그랬군. 그래서 참새들이 하소연을 했어. 가여운 녀석들! 그 작은 부리로 지푸라기와 가는 조각들을 물어다가 둥지를 짓느라고 얼마나 애를 쓸까!

**시자:** 하지만 왜 여기에, 우리 머리 위에다 지어야 합니까?
**마:** 저런, 저런. 결국 누가 성공하는지 두고 보세. (조금 뒤에 스리 바가반은 밖으로 나가셨다.)

## 대담 641

「실재지」의 서두(기원문) 연을 설명하면서 스리 바가반이 말씀하셨다: 세계는 누구에게나 늘 분명해 보입니다. 누구나 "나와 이 세계는 존재한다"는 것을 알 수밖에 없습니다. 그러나 "이들이 늘 존재하는가?", "만일 이들이 정말 실재한다면 시간·공간·분별과 관계없이도 남아 있어야 하는데, 과연 그런가?" 하고 탐구해 보면, 생시와 꿈의 상태에서만 이것들이 지각되고 깊은 잠 속에서는 지각되지 않는 것이 분명합니다. 따라서 '나'와 세계는 어떤 때는 나타나고 어떤 때는 사라지기도 합니다. 그것들은 창조되어 존재성을 가지고 있다가 나중에는 사라집니다. 그것들이 어디서 일어납니까? 어디에 머무릅니까? 그것들이 시야에서 사라질 때는 어디로 갑니까? 그런 현상들을 실재한다고 인정할 수 있습니까?

더욱이 나와 세계, 창조·유지·파괴의 대상들은 생시와 꿈의 상태에서만 지각되고 깊은 잠 속에서는 지각되지 않습니다. 깊은 잠은 다른 두 상태와 어떻게 다릅니까? 깊은 잠 속에서는 어떤 생각도 없는 반면, 다른 두 상태에서는 생각들이 있습니다. 거기서 그 생각들이 '나'와 세계의 기원일 수밖에 없습니다.

그러면 생각들은 어떻습니까? 그것은 본래적일 수 없습니다. 그렇지 않다면 그것들이 한 순간에는 나타나고 다른 한 순간에는 사라질 수가 없습니다. 생각은 어디서 일어납니까? 항상 존재하고 변화를 겪지 않는 그것들의 근원이 있다는 것을 인정해야 합니다. 그것은 영원한 상태여야 합니다. 우빠데샤 만트라(*upadesa mantra*)[84]에서 "모든 존재들이 거기서 나오고, 그 안에 머무르며, 그 속으로 해소되는 그것"이라고 하듯이 말입니다.

이 연(「실재지」의 기원문)은 **실재**를 찬양하거나 숭배하는 것이 아니라 **실재의 한 표현**일 뿐입니다.

---

84) T. 『요가 바쉬슈타』(제5장)에서 어떤 진인들이 자나까 왕을 깨우치기 위해 들려준 노래 중 하나. 이것은 나중에 바가반이 지은 「실재사십송 보유」의 기원문 시로 채용되었다.

대담 642

K. L. 샤르마 씨가 여쭈었다: "자기 자신의 진정한 성품을 내관하는 것, 이것을 헌신이라 한다(sva svarup'anusandhanam bhaktir ity abhidhiyate)"고 했고, 또 "자기 자신의 진아의 실상을 내관하는 것을 헌신이라고 규정할 수 있다(svatma tattv' anusandhanam bhaktir ity apare jaguh)"고 했습니다.85) 이 두 가지의 차이는 무엇입니까?

마: 전자는 탐구(vichara), 즉 "나는 누구인가?(Koham?)"입니다. 그것은 지知를 대표합니다. 후자는 명상(dhyana), 즉 "나는 어디서 오는가?(Kutoham?)"입니다. 이것은 지고아(Paramatma)를 추구하는 개인아(jivatma)를 인정합니다.

대담 643

나이 지긋한 학식 있는 안드라 사람이 질문했다: 행위의 길과 지知의 길은 서로 별개의 독립된 것입니까? 아니면 행위의 길은 하나의 예비단계로서, 그 수행에 성공한 뒤에는 목표 달성을 위해 지知의 길을 이어가야 합니까? 행위에서는 행위에 대한 무집착을 옹호하면서도 활동적 삶을 살아야 한다고 하는 반면, 지知는 포기를 의미합니다. 포기의 참된 의미는 무엇입니까? 욕정·정념·탐욕 등을 조복調伏받는 것은 모두에게 공통되고, 어떤 과정에서도 필수적 예비단계입니다. 정념에서 자유로워졌다는 것은 포기를 말해주지 않습니까? 아니면 포기는 그와 달리 활동적 삶을 그친 것을 의미합니까? 이런 물음들이 저를 떠나지 않는데, 부디 이 의문들에 빛을 던져 주시기 바랍니다.

바가반이 미소를 짓고 말씀하셨다: 그대가 다 말했군요. 그대의 질문에 그 답도 들어 있습니다. 정념에서 자유로워지는 것은 필수적 전제조건입니다. 그것이 성취되면 다른 모든 것이 성취됩니다.

헌: 스리 샹까라는 지知의 길을 강조하면서 포기를 그것의 예비단계라고 합니다. 그러나 『기타』에서는 분명히 두 가지 방법(dwividha)을 언급하고 있습니다. 그것이 행위와 지知입니다(Lokesmin dwividha nishtha …).86)

---

85) T. 앞의 문장은 『분별정보』, 제31연 후단, 뒤의 문장은 제32연 전단이다. 바가반이 이 부분을 타밀어로 번안할 때는 이 두 구절을 하나로 묶어서 옮겼다. 『저작 전집』, 304쪽 5-6행 참조.
86) T. "이 세상에는 예로부터 두 가지 길이 제시되어 있으니, 오, 흠 없는 이여, 성찰적인 사람에게는 지知의 요가, 활동적인 사람에게는 행위의 요가이다(loke'smin dvividha nistha pura prokta maya'nagha, jnanayogena samkhyanam karmayogena yoginam)." —『기타』, 3.3.

마: 스리 아짜리야(상까라)는 『기타』에 대해 주석하면서 그 구절에 대해서도 언급했지요.

헌: 『기타』는 행위를 강조하는 것 같습니다. 왜냐하면 아르주나에게 싸우라고 권하기 때문입니다. 스리 크리슈나 자신도 대단한 공훈을 세우는 활동적인 삶으로써 모범을 보였습니다.

마: 『기타』는 그대가 몸이 아니고, 따라서 행위자가 아니라는 말로 시작합니다.

헌: 그 의미는 무엇입니까?

마: 사람은 자신을 행위자로 생각함이 없이 행위해야 한다는 것입니다. 그에게 에고가 없어도 행위들은 진행됩니다. 그 사람이 몸을 받아 온 것은 어떤 목적을 위해서입니다. 그 목적은 그가 자신을 행위자로 여기든 않든 성취될 것입니다.

헌: 행위 요가가 무엇입니까? 행위나 그 열매(결과)에 집착하지 않는 것입니까?

마: 행위 요가는 그 사람이 행위자의 직분을 사칭하지 않는 그런 요가입니다. 행위들은 자동적으로 진행됩니다.

헌: 그것은 행위들의 열매에 집착하지 않는 것입니까?

마: 그 질문은 행위자가 있어야만 일어납니다. 줄곧 그대 자신을 행위자로 여겨서는 안 된다고 이야기하고 있습니다.

헌: 그러니까 행위 요가는 '행위자 의식 없는 행위(kartrtva buddhi rahita karma)'로군요.

마: 예. 정말 그렇지요.

헌: 『기타』는 처음부터 끝까지 활동적인 삶을 가르칩니다.

마: 예, 행위자 없는 행위지요.

헌: 그러면 집을 떠나서 포기의 삶을 사는 것이 필요합니까?

마: 집이 그대 안에 있습니까, 아니면 그대가 집 안에 있습니까?

헌: 집이 제 마음 안에 있습니다.

마: 그러면 그대가 물리적 환경을 떠날 때 그대는 어떻게 됩니까?

헌: 이제 알겠습니다. 포기는 행위자라는 의식이 없는 행위일 뿐입니다. 생전해탈자에게는 행위가 없습니까?

마: 누가 그 질문을 합니까? 생전해탈자입니까, 아니면 다른 사람입니까?

헌: 생전해탈자는 아닙니다.

마: 그 질문은 생전해탈을 얻고 난 뒤에도 그럴 필요가 있으면 하도록 하십시오. 해탈은 마음 활동에서 벗어나는 것임을 다들 인정합니다. 해탈자가 행위에 대해 생각할 수 있습니까?

헌: 설사 그가 행위를 포기한다 해도 그 행위는 그를 떠나지 않을 것입니다. 그렇지 않습니까?

마: 그가 자신을 무엇과 동일시해야 그 질문이 해당될 수 있겠습니까?

헌: 예, 잘 알겠습니다. 제 의문들이 이제 풀렸습니다.

## 대담 644

군郡 공무원인 한 무슬림: 환생의 필요성은 무엇입니까?

마: 우리가 환생에 대해 이야기하기 전에 먼저 탄생이 있는지 살펴봅시다.

헌: 어떻게 말입니까?

마: 그대가 환생에 대해서 이야기하는 것은 지금 탄생해 있기 때문입니까?

헌: 예, 물론입니다. 아메바가 더 고등한 유기체로 발전하여, 결국 인간이 진화되어 나왔습니다. 이것은 이제 발전의 완성입니다. 왜 계속 환생이 있어야 합니까?

마: 그 진화 이론에 누가 한계를 설정할 수 있습니까?

헌: 물리적으로는 그것이 완벽합니다. 그러나 영혼에게는 발전이 더 필요할 수 있고, 그것은 그 사람이 죽은 뒤에 일어나겠지요.

마: 그 사람이 누구입니까? 그 몸입니까, 그 영혼입니까?

헌: 그 둘을 합친 것입니다.

마: 그대는 몸이 없을 때도 존재하지 않습니까?

헌: 무슨 뜻으로 하시는 말씀입니까? 그것은 불가능합니다.

마: 깊은 잠 속에서 그대의 상태는 무엇이었습니까?

헌: 잠은 일시적인 죽음입니다. 저는 의식이 없었고, 따라서 그 상태가 무엇이었는지 말할 수 없습니다.

마: 그러나 그대는 잠 속에서 존재했습니다. 그렇지 않습니까?

헌: 잠 속에서는 영혼이 몸을 떠나 어디론가 갑니다. 그러다가 깨어나기 전에 몸으로 돌아옵니다. 따라서 그것은 일시적인 죽음입니다.

마: 죽은 사람은 결코 돌아와서 자신이 죽었다고 말하지 않는 반면, 잠을 잔

사람은 자신이 잠을 잤다고 말합니다.

**헌**: 이것은 일시적인 죽음이니까요.

**마**: 만일 죽음이 일시적이고 삶도 일시적이라면, 실재하는 것은 무엇입니까?

**헌**: 그 말씀은 무슨 뜻입니까?

**마**: 만일 삶과 죽음이 일시적이라면, 일시적이지 않은 뭔가 있어야 합니다. **실재**가 그 일시적이지 않은 것입니다.

**헌**: 실재하는 어떤 것도 없습니다. 일체가 일시적입니다. 일체가 마야입니다.

**마**: 마야는 무엇의 위에 나타납니까?

**헌**: 지금 제가 당신을 봅니다. 이것이 모두 마야입니다.

**마**: 만일 일체가 마야라면, 어떻게 무슨 질문이 일어날 수 있습니까?

**헌**: 환생이 왜 있어야 합니까?

**마**: 누구에게 말입니까?

**헌**: 완전한 인간에게 말입니다.

**마**: 만일 그대가 완전하다면 왜 다시 태어나는 것을 겁냅니까? 그것은 불완전함을 말해줍니다.

**헌**: 겁낸다는 것이 아닙니다. 그러나 당신께서 제가 다시 태어나야 한다고 말씀하시는군요.

**마**: 누가 그 말을 합니까? 그대가 그 질문을 하고 있지요.

**헌**: 제가 말씀드리려는 것은 이렇습니다. 당신께서는 **완전한 존재**이시고, 저는 죄인입니다. 당신께서는 제가 죄인이니 저 자신을 완성하기 위해서는 다시 태어나야 한다고 말씀하시는 겁니까?

**마**: 아니, 그렇게 말하지 않지요. 오히려 저는 그대에게 탄생이 없고, 따라서 죽음도 없다고 말합니다.

**헌**: 제가 태어나지 않았다는 뜻으로 하시는 말씀입니까?

**마**: 그렇지요. 그대는 지금 자신이 그 몸이라고 생각하고 있고, 그래서 그대 자신을 나고 죽음과 동일시합니다. 그러나 그대는 몸이 아니고, 그대에게 나고 죽음은 없습니다.

**헌**: 환생 이론을 지지하지 않으십니까?

**마**: 아니지요. 오히려 저는 그대가 다시 태어날 거라는 그대의 미혹을 없애드리고 싶습니다. 그대가 다시 태어날 거라고 생각하는 것은 그대입니다.

누구에게 그 질문이 일어나는지를 보십시오. 그 질문자를 발견하지 못하면 그런 질문들이 결코 쉬워질 수 없을 것입니다.

헌: 그것은 저의 질문에 대한 답변이 아닙니다.

마: 오히려 이것이 그 논점과 다른 모든 의문들까지 해명해 주는 답변입니다.

헌: 그것이 다른 모든 사람을 만족시키지는 않을 것입니다.

마: 남들은 상관하지 마십시오. 그대 자신을 보살피면, 남들은 스스로 알아서 할 수 있습니다.

침묵이 이어졌다. 그 사람은 그 대화가 불만인 듯했고, 몇 분 뒤에 떠났다.

스리 바가반이 몇 분 뒤에 말씀하셨다: 이것이 그의 내면에서 작용하겠지요. 이 대화는 효과가 있을 겁니다.

그는 어떤 **실재**도 인정하지 않지요. 그건 그렇고, 일체가 실재하지 않는다고 판정한 것은 누굽니까? 그렇지 않으면, 그 판정도 실재하지 않게 되지요.

진화론은 이런 상태에 있는 사람에 의해 더 상세히 논해집니다. 그의 마음 안에 있지 않다면, 그것이 어디 있습니까?

영혼이 죽고 나서 완성되어야 한다고 말하려면 그 영혼이 존재한다는 것을 인정해야 합니다. 따라서 몸은 그 사람이 아니지요. 그것은 영혼입니다.

진화론을 설명하기 위해 스리 바가반이 말씀을 계속하셨다: 사람이 꿈속에서 어떤 건물을 봅니다. 그것은 갑자기 솟아납니다. 그때 그는 그 건물이 어떻게 오랜 시간 동안 수많은 노동자들이 벽돌을 한 장 한 장 쌓은 끝에 이미 지어져 있는지를 생각하기 시작합니다. 하지만 그는 건축자들이 일하는 것은 보지 못합니다. 진화론도 마찬가지입니다. 자기가 볼 때 자신이 사람이니까, 자기가 아메바의 원시 상태에서 그 단계까지 발전해 왔다고 생각하는 것입니다.

**다른 헌신자:** 그것은 그가 "원인과 결과로 가득 찬 우주를 본다(*visvam pasyati karyakaranataya*)"[87]고 하는 말에 대한 하나의 비유적 설명이군요.

마: 그렇지요. 인간은 늘 원인과 결과를 추구하는데, 한 원인에는 또 그 원인이 있어야 하고, 그런 논의는 끝이 없게 됩니다. 결과를 한 원인과 관계시키다 보니 그 사람이 생각을 하게 됩니다. 그는 결국 자신이 누구인지 검토하지 않을 수 없게 됩니다. 그가 **진아**를 알게 되면 **완전한 평안**이 있습니다. 인간이

---

87) *T.* "원인과 결과, 주인과 하인, 제자와 스승, 아버지와 아들 등 분별分別이 있는 우주를 본다." - 「다끄쉬나무르띠 송찬(*Dakshinamurti Stotra*)」, 제8연.

진화하는 것은 그런 완성에 이르기 위해서입니다.

나중에 저녁에는 다른 헌신자가 스리 바가반께, 그 무슬림 관리가 시장에게 같은 주제에 대해 계속 이야기했다고 말씀드렸다.

그러자 스리 바가반이 말씀하셨다: 그는 몸과 영혼이 합쳐져서 인간을 이룬다고 합니다. 그러나 저는 깊은 잠 속에서 그 인간의 상태가 무엇이냐고 묻습니다. 몸은 자각하지 못하는 반면 그 사람은 내내 존재합니다.

**헌:** 그런데 그는 잠이 일시적인 죽음이라고 합니다.

**마:** 예, 그렇게 말하지요. 그러나 그는 일시적이라는 단어로 죽음이라는 단어를 한정하고, 그래서 인간은 몸으로 다시 돌아옵니다. 그는 몸을 어떻게 발견하여 그 속으로 다시 들어갑니까? 게다가 반드시 돌아오게 되어 있습니다. 그것은 인간이 몸으로 돌아오거나 몸을 자기 자신이라고 주장하려면, 그가 존재해야 한다는 것을 의미합니다.

그러나 경전에서는 잠 속에서는 생기(*prana*)가 몸을 보호한다고 말합니다.[88] 왜냐하면 몸이 바닥에 누워 있을 때 늑대나 호랑이가 그것을 먹을지도 모르기 때문입니다. 그 짐승은 냄새를 맡아보고 그 안에 생명이 있음을 느낍니다. 그래서 그것을 송장 먹듯이 먹지는 않습니다. 그 또한 깊은 잠 속에서는 몸을 보호하는 누군가가 있다는 것을 보여줍니다.

스리 바가반이 하신 일반적인 말씀들:

모든 앎은 그 사람을 **진아 깨달음**으로 이끌기 위한 것일 뿐입니다. 경전이나 종교들이 그 목적을 위해 있다는 것은 잘 알려진 사실입니다. 그것들은 모두 무엇을 의미합니까? 그들이 과거나 미래에 대해 이야기하는 것들은 상관하지 마십시오. 그것은 사변적인 것일 뿐이니까요. 그러나 (자기가) 현재 존재한다는 것은 누구나 체험하는 것입니다. 그 순수한 **존재**를 깨달으십시오. 모든 담론과 논쟁에는 끝이 있습니다.

그러나 인간의 지성은 이 길로 쉽게 들어오지 못합니다. 인간이 내면을 향하게 되는 일은 아주 드뭅니다. 지성은 과거와 미래를 탐색하는 데서 즐거움을 느끼지만, 현재를 보려고 하지 않습니다.

**헌:** 만일 그것이 **진아**를 탐구하여 내면으로 가라앉으면 그 자신을 잃을 수밖

---

88) T. 『수발라 우파니샤드』, 4.1. "⋯생기가 몸을 보호한다(*pranah sariram pariraksati*) ⋯."

에 없기 때문입니다. 그러나 다른 탐구는 지성의 수명을 연장해 줄 뿐 아니라 성장의 양식도 제공합니다.

마: 예, 정말 그렇지요. 지성은 왜 계발됩니까? 지성은 하나의 목적(존재이유)이 있습니다. 그 목적은 진아를 깨닫는 길을 그것이 보여주어야 한다는 것입니다. 지성은 그렇게 사용되어야 합니다.

### 1939년 3월 12일

**대담 645**

신수가 좋은 30세쯤 되는 남자가 몇 명의 동료와 함께 회당에 왔다. 그 사람이 느닷없이 질문을 시작했다: '나-나'라고 말하는 것은 누가 목표에 도달하는 데 도움이 되지 못합니다. 어떻게 하면 '나'를 가리켜 보일 수 있습니까?

마: 그것은 내면에서 발견해야 합니다. 그것은 누가 다른 사람에게 보여줄 수 있는 대상이 아닙니다.

헌: '나'를 발견하라는 가르침을 주실 때는, 그것이 무엇인지 보여주셔야 그 가르침이 완전해집니다.

마: 여기서 그 가르침은 지침에 해당할 뿐입니다. 그 지침을 이용하는 것은 구도자에게 달렸습니다.

헌: 그 구도자가 무지해서 가르침을 구합니다.

마: 그래서 진리를 발견하도록 그를 인도해 주는 것입니다.

헌: 그러나 그것은 충분치 않습니다. '나'를 특정하여 지적해 주셔야 합니다.

그 사람은 공격적인 태도를 취했고, 경청하지 않았다. 스리 바가반이 설명하려 했으나, 그는 스리 바가반이 그렇게 하는 것을 허용하지 않으려고 했다.

마침내 스리 바가반이 말씀하셨다: 그것은 구도자의 태도가 아닙니다. 누가 그 구도자에게 겸손을 가르쳐 주면 그가 그 길에 도달할 것이고, 그 전에는 안 됩니다.

베다 찬송이 시작되었다.

그 자리에 있던 한 헌신자가 가볍게 그 대화에 대해 언급했다.

스리 바가반이 다시 말씀하셨다: 구도자는 귀담아 듣고 이해하려고 해야 합니다. 반대로 저를 시험하고 싶으면 얼마든지 그렇게 하라지요. 저는 다투지 않습니다.

그 사람이 다시 시작했다: 저의 태도를 제대로 이해하지 못하셨습니다. 저는 '나'를 알고 싶습니다. 그것을 저에게 가리켜 보이셔야 합니다.

그러나 그는 상당한 적의를 드러냈다. 다른 사람들이 그것을 좋아하지 않았고, 그래서 그를 설득하려고 했다. 그는 더 나빠졌다.

스리 바가반이 마침내 말씀하셨다: 그대가 온 길로 돌아가십시오. 밖으로든 안으로든 그대가 편한 대로 그것을 하십시오.

그 사람은 흥분했고, 남들도 똑같이 흥분했다. 마침내 사람들은 그를 회당 밖으로 끌어내어 돌려보냈다.

나중에 그 사람은 요가에 집착해 있는 사람이며, 다른 모든 방법들을 욕해 왔다는 것이 알려졌다. 그는 지知(지知의 길)와 지知 수행자들을 비방하곤 했던 것이다.

저녁 식사를 한 뒤 밤에, 스리 바가반은 다소 명성이 있는 말라얄람인 브라민 학자 고빈다 요기라는 사람에 대해 이야기하셨다: 그는 요가를 찬양하면서 다른 방법들을 비방하곤 했는데, 늘 『기타』·우파니샤드 등을 인용해 자신의 주장을 뒷받침했지요. 다른 사람들, 예컨대 스리 나라야나 구루(Sri Narayana Guru)[89]는 같은 논거로 그를 논박하곤 했습니다.

나중에 스리 바가반은 암리따나타(Amritanatha)라는 사람의 온유함을 칭찬하여 말씀하셨다: 그는 대단한 고행자인데 염송을 상당히 많이 했지요. 여러 군데서 여러 차례 빈민들에게 음식을 베풀기도 했습니다. 그는 P. 라마나탄(Ramanathan) 경卿[90]이나 빤디뜨 말라비야(Pandit Malaviya)[91] 같은 위대한 분들을 포함한 여러 사람들의 호의를 쉽게 얻을 수 있었습니다.

### 1939년 3월 13일

### 대담 646

스리 바가반은 이달 11일 자 「하리잔」에 실린 간디지의 다음과 같은 구절에 대해 언급하셨다.

"신의 작업방식은 얼마나 불가사의한가! 라지코트(Rajkot)까지 오는 이 여행

---

89) T. 께랄라(Kerala) 지역의 유명한 베단타 학자, 성자이자, 사회 개혁가(1854-1928).
90) T. 실론(스리랑카)의 저명한 타밀계 법률가, 정치인(1851-1930).
91) T. 인도의 독립운동가, 교육가, 언론인(1861-1946). 바나라스힌두 대학교 설립자.

은 나에게조차 놀라운 일이었다. 내가 왜 가며, 어디로 가고 있는가? 무엇 때문에? 나는 이런 것들에 대해 전혀 생각하지 않았다. 그리고 만약 신께서 나를 인도하신다면, 내가 무엇을 생각해야 하며, 왜 생각해야 하겠는가? 그분께서 인도하시는 길에서는 생각조차도 장애일 수 있다."

"사실은, 생각을 멈추는 데는 아무 노력이 들지 않는다. 생각들이 오지 않는다. 실로 어떤 진공 상태도 없다. 그러나 내가 말하려는 것은, 이 임무에 대해서는 아무 생각이 없다는 것이다."

스리 바가반은 이 말들이 얼마나 진실하냐고 말씀하시고, 이 발췌문의 한 마디 한 마디를 강조하셨다. 그런 다음 당신은 생각에서 벗어난 그 상태를 지지하는 따유마나바르의 이러한 시구들을 인용하셨다.

"모든 스루띠(우파니샤드)에서 고요함의 상태는 **지복**의 상태이고, 온통 **지복**이라고 선언하는 것을 자주 들었음에도, 나는 계속 무지한 상태였네. 또 내 어리석음 때문에 나의 **주님** — 침묵하시는 스승님 — 의 조언을 따르지 않았네. 나는 환幻의 숲 속을 헤매었고, 슬프게도 그것이 내 운명이었다네!"

"우리가 고요하면 **지복**은 저절로 드러날 것이네. 그렇다면 이 환적인 요가 수행이 왜 있단 말인가? 지성을 특정한 쪽으로 향하게 해서 그것[지복]이 드러날 수 있겠는가? 그렇게 말하지 말라, 그런 수행에 빠져 있고, 따라서 순진한 어린애인 그대여."

"영원한 **존재**는 그대가 사라진 그 상태라네. 그대는 그 안에도 있지 않은가? 그에 대해 이야기를 할 수 없는 그대여, 당황하지 말게. 그대가 드러나지는 않아도 그대가 없어지는 것은 아니네. 왜냐하면 그대는 영원하면서도 고요하니까. 고통 속에 있지 말게. 여기 **지복**이 있네 — 어서 오게!"

### 1939년 3월 15일

**대담 647**

헌: 간디지가 묘사하는 것은 생각들 자체가 낯선 것이 되는 상태 아닙니까?
마: 그렇지요. 다른 모든 생각이 일어나는 것은 '나'라는 생각이 일어난 뒤일 뿐입니다. 세계는 그대가 "내가 있다"를 느낀 뒤에 눈에 보입니다. 그에게는 '나'라는 생각과 다른 모든 생각이 사라져 버렸던 것입니다.
헌: 그러면 그 상태에서는 몸-의식(body-sense)이 없을 것이 분명합니다.

마: 몸-의식도 하나의 생각인 반면, 그는 "생각들이 오지 않는" 상태를 묘사합니다.

헌: 그는 또 "생각을 멈추는 데는 아무 노력이 들지 않는다"고 합니다.

마: 물론 생각을 멈추는 데는 아무 노력이 필요 없지만, 생각을 일으키는 데는 노력이 필요합니다.

헌: 저희들은 생각을 멈추려고 애쓰고 있습니다. 간디지도 생각은 신의 인도를 받는 데 장애물이라고 말합니다. 그러니까 그것이 본래적 상태입니다. 본래적이기는 하나 깨닫기가 얼마나 어려운지요. 사람들은 수행(sadhanas)이 필요하다고 하면서 그것이 장애물이라고도 합니다. 저희는 헷갈립니다.

마: 그것을 깨닫지 못한 한 수행이 필요합니다. 수행은 장애들을 종식시키기 위한 것입니다. 결국 사람이, 수행에도 불구하고 자신이 무력하다는 것을 느끼는 단계가 옵니다. 그러면 그 소중히 여기던 수행도 할 수가 없습니다. 그럴 때 신의 힘을 깨닫습니다. 진아가 스스로 드러납니다.

헌: 만일 그 상태가 본래적이라면, 왜 그것이 비본래적 국면들을 극복하고 그 나머지들 너머로 스스로 드러나지 않습니까?

마: 그것 외에 어떤 것이 있습니까? 누가 진아 외에 무엇을 보기는 합니까? 그대는 늘 진아를 자각하고 있습니다. 그래서 그것은 늘 그것 자신입니다.

헌: 그것이 빛을 발하기 때문에 그것은 직접 지각된다고 합니다. 거기서 저는 그것이 (눈에 보이듯이) 직접 지각된다(pratyaksha)는 것을 알겠습니다. 왜냐하면 그것은 빛나니까요(pradeepta). 우리가 그것을 깨닫지 못하기 때문에, 저는 그것이 빛나지 않는다고 여깁니다. 그것은 (보통으로) 빛나는 것일 뿐이고, 그래서 장애들을 인정하고 그것들 밑으로 들어갑니다. 만일 아뜨마(atma)가 아주 빛나게(prakarshena deepta) 되면 그것이 그 나머지들 위로 빛날 것입니다. 그래서 그것을 더 빛나게 하는 것이 필요할 것 같습니다.

마: 어떻게 그럴 수 있습니까? 아뜨마는 한 순간은 흐릿하고 한 순간은 찬란할 수 없습니다. 그것은 불변이며 한결같습니다.

헌: 그러나 (『요가 바쉬슈타』에서) 쭈달라는 시키드와자에게 자신은 (등불의) 심지를 정리하는 것을 도왔을 뿐이라고 말합니다.

마: 그것은 일여내관—如內觀을 가리킵니다.

청문(sravana)에 의해 지知가 밝아옵니다. 그것이 불꽃입니다.

성찰(manana)에 의해 그 지知가 사라지지 않게 됩니다. 불꽃이 바람막이로 보호되듯이, 다른 생각들이 그 올바른 지知를 압도하지 못하게 됩니다.

일여내관(nididhyasana)에 의해 그 불꽃은 심지가 정리되어 계속 밝게 타오르게 됩니다. 다른 생각들이 일어날 때마다 마음은 참된 지知의 빛이 있는 내면으로 향합니다.

이것이 자연스럽게 될 때, 그것이 삼매입니다.

"나는 누구인가?" 하는 탐구가 청문입니다.

'나'의 참된 의미를 확인하는 것이 성찰입니다.

이것을 (일상 속의) 매 경우에 실제로 적용하는 것이 일여내관입니다.

'나'로서 존재함이 삼매입니다.

**헌:** 저희들은 그것을 그렇게 자주, 그렇게 부단히 들었음에도 그 가르침을 실천하여 성공하지 못합니다. 그것은 마음의 약함 때문인 것이 분명합니다. 우리의 나이가 하나의 장애일 수도 있습니까?

**마:** 보통은 맹렬하게 생각할 수 있으면 마음이 강하다고 말합니다. 그러나 여기서는 생각에서 벗어나 있으면 마음이 강한 것입니다. 요기들은 서른 살 이전에만 깨달음을 얻을 수 있다고 말하지만, 지知 수행자들은 그렇게 말하지 않습니다. 나이를 먹는다고 지知가 사라지는 것은 아니기 때문입니다.

『요가 바쉬슈타』의 '무욕장無慾章'에서, 바쉬슈타가 라마에게 "그대는 젊은데도 그런 무욕을 가졌소. 그것은 존경할 만하오"라고 말하는 것은 사실입니다. 그러나 그는 노년에는 지知를 가질 수 없다고 말하지는 않았습니다. 노년이라고 해서 지知를 가로막는 것은 아무것도 없습니다.

수행자는 진아로서 머물러 있어야 합니다. 만일 그럴 수 없다면, '나'의 참된 의미를 확인하고, 다른 생각들이 일어날 때마다 부단히 그것으로 돌아가야 합니다. 그것이 수행입니다.

어떤 이들은 우리가 '따뜨(tat-그것)'를 알아야 한다고 말합니다. 왜냐하면 세계에 대한 관념이 부단히 일어나서 마음을 빗나가게 하기 때문이라는 것입니다. 만일 세계 이면의 실재를 먼저 확인하면 그것이 브라만이라는 것을 발견할 거라고 합니다. '뜨왐(tvam-그대)'은 나중에 이해된다고 하는데, 그것이 개아(jiva)입니다. 결국 범아합일梵我合—(jivabrahmaikya)[개아와 브라만의 합일]이 있게 된다는 것입니다.

그러나 왜 이런 것을 다 이야기합니까? 세계가 **진아**와 별개로 존재할 수 있습니까? '나'는 늘 **브라만**입니다. 그것의 동일성을 논리와 실천으로 확립할 필요가 없습니다. **진아**를 깨달으면 충분합니다. 그것은 늘 **브라만**입니다.

그 학파에 따르면 일여내관은 "아함 브라마스미(*Aham Brahmasmi*)"["나는 브라만이다"]라는 생각이 되겠지요. 그것은 생각을 **브라만**에게 돌리는 것입니다. 어떤 돌림도 허용해서는 안 됩니다. **진아**를 아십시오. 그러면 돌림이 끝납니다.

**진아**를 아는 데는 오랜 과정이 필요치 않습니다. 남이 그것을 지적해 주어야 합니까? 누구나 자신이 존재한다는 것을 알지 않습니까? 자기 손도 보이지 않는 깜깜한 어둠 속에서도, 누가 부르면 대답하면서 "나 여기 있어" 하지 않습니까?

**헌**: 그러나 그 '나'는 에고 또는 '나'라는 생각이고, 그것은 남이 부를 때 대답하거나 그러지 않아도 자기 자신을 아는 **절대적 자아**가 아닙니다.

**마**: 에고조차도 빛·시각 등이 없을 때 그 자신을 자각할 수 있습니다. 하물며 **진아의 순수한 빛**이라면 더 말할 것이 없지요.

저는 **진아**가 자명하다고 말하고 있습니다. **진아**를 발견하려고 범주들(*tattvas*)을 논의할 필요는 없습니다. 어떤 이들은 24가지 범주가 있다고 하고, 어떤 이들은 더 많게 이야기합니다. **진아**의 존재를 인정하기 전에 우리가 범주들을 알아야 합니까? 경전들은 **진아**가 범주들의 영향을 받지 않는다는 것을 지적하기 위해 그것들을 장황하게 설명합니다. 그러나 구도자는 범주 연구에 의지할 것 없이, 곧바로 **진아**를 인정하고 **그것**이 되려고 노력할 수 있습니다.

**헌**: 간디지는 **사띠야**(*satya*)[진리]를 그렇게 오래 고수하더니 **진아**에 대한 깨달음을 얻었습니다.

**마**: 사띠야가 **진아** 아니고 무엇입니까? 사띠야는 **사뜨**(*sat*-존재)로 이루어지는 것입니다. 또 사뜨는 **진아** 외에 아무것도 아닙니다. 따라서 간디지의 사띠야는 **진아**일 뿐입니다.

누구나 **진아**를 알지만 그런데도 무지합니다. 그 사람은 '큰 말씀(*mahavakya*)'을 듣고 나서야 깨달을 수 있게 됩니다. 그래서 그 우파니샤드 문구(큰 말씀)는 깨달은 사람 누구나 자신이 그것 덕분에 체험을 얻었다고 말하는 영원한 **진리**입니다. 자기가 **브라만**이라는 것을 듣고 나면 그 사람은 **진아**의 참된 의미를 발견하고, 자신이 거기서 벗어날 때마다 거기로 돌아갑니다. 여기에 깨달음의 전 과정이 있습니다.

### 1939년 3월 17일

**대담 648**

스리 바가반은 따뜨와 라야르(Tatva Rayar)(274쪽의 따뜨와로야르)가 타밀어로 비이원론 철학을 해설한 최초의 인물[92]이라고 말씀하셨다: 그는 대지가 그의 침상이고, 자기 손은 음식을 받아먹는 식반이며, 샅가리개가 자신의 옷이라고, 따라서 자기에게는 부족한 것이 없다고 말했습니다.

『마하라자 뚜라부(Maharaja Turavu)』[왕의 포기][93]라는 책에서는 저자가 이렇게 말하지요. "그는 맨땅에 자리를 잡았으니, 대지가 그의 자리요, 마음은 총채(chamara-벌레 쫓는 도구)였으며, 하늘은 닫집이요, 포기는 그의 배우자였다."

그런 다음 스리 바가반이 말씀을 계속하셨다: 저는 초년 시절에 바닥에 깐 천이 하나도 없었습니다. 바닥에 앉고 땅에 눕곤 했지요. 그것이 자유입니다. 이 소파는 속박입니다. 이것은 저에게 하나의 감옥입니다. 저 좋을 대로 아무 데나 편하게 앉을 수가 없습니다. 그것은 속박 아닙니까? 사람은 자기 하고 싶은 대로 할 수 있어야지, 남들의 봉사를 받으면 안 됩니다.

'원하는 것이 없음'이 최대의 지복입니다. 그것은 체험으로만 깨달을 수 있습니다. 황제라 할지라도 원하는 것이 없는 사람에게는 필적할 수 없습니다. 황제는 신하들을 거느리고 있습니다. 그러나 원하는 것이 없는 사람은 **진아** 외에 누구도 알지 못합니다. 어느 쪽이 더 낫습니까?

### 1939년 3월 18일

**대담 649**

인도에 몇 년간 머무르면서 진지한 학도로서 힌두 철학을 공부하고 있는 아주 조용한 젊은 신사인 톰슨 씨가 질문했다: 『스리마드 바가바드 기타』에서는 "나는 **브라만**의 지지물이다"라고 합니다. (『기타』의) 다른 곳에서는 "나는 각자의 심장 안에 있다"고 합니다. 이와 같이 **궁극적 원리**의 상이한 측면들이 밝혀집니다. 저는 세 가지 측면이 있다고 봅니다. 즉, (1) 초월적 측면, (2) 내재적

---

[92] T. 따쁘와 라야르는 약 1,400연의 운문으로 된 베단타 철학서 『Kurundirattu』를 편찬했다.
[93] 저자는 꾸마라데바르(Kumaradevar)이다. T. 그는 까르나따까 지방의 왕이었다(16-7세기?).

측면, (3) 우주적 측면입니다. 깨달음은 이 세 가지 중 어느 하나 안에 있게 됩니까, 아니면 이 모두의 안에 있게 됩니까? 우주적인 것에서 초월적인 것으로 오면, 베단타는 이름과 형상들을 마야라고 내칩니다. 그러나 저는 그것을 쉽사리 인정할 수 없습니다. 왜냐하면 한 그루 나무란 줄기·가지·잎 등을 의미하기 때문입니다. 저는 잎을 마야라고 무시할 수 없습니다. 또 베단타에서도 전체가 **브라만**이라고 합니다. 금과 금 장식품들의 비유에서 보듯이 말입니다. 우리는 **진리**를 어떻게 이해해야 합니까?

**마:** 『기타』(14.27)에서 "나는 **브라만**의 토대이다(Brahmano hi pratishtaham)"라고 하지요. 그 '**나**(aham)'를 알면 전체를 알게 됩니다.

**헌:** 그것은 내재적 측면일 뿐입니다.

**마:** 그대는 지금 자신이 한 개인이고, 우주가 있으며, 그 우주 너머에 신이 있다고 생각합니다. 그래서 별개성의 관념이 있습니다. 그 관념이 사라져야 합니다. 왜냐하면 신은 그대나 우주와 별개가 아니기 때문입니다. 『기타』에서는 이런 말도 합니다.

> 나는, 오 잠의 주(아르주나의 별칭)여,
> 모든 존재들의 심장 안에 자리 잡고 있는 **진아**이다.
> 나는 모든 형상의 일어남이자 번성함이며
> 또한 그것의 최후 운명이다. —『바가바드 기타』, 10.20

이처럼 신은 모두의 심장 안에 있을 뿐 아니라 그가 모든 것의 지지물이고, 그가 모든 것의 근원이며, 그들의 거주지이고, 그들의 종말입니다. 모든 것이 그에게서 나오고, 그의 안에 머무르며, 결국 그의 안으로 해소됩니다. 따라서 그는 별개가 아닙니다.

**헌:** 『기타』에 나오는 "이 전 우주가 나의 한 티끌을 이룬다"[94]고 하는 말은 우리가 어떻게 이해해야 합니까?

**마:** 그것은 신의 작은 티끌 하나가 그에게서 분리되어 나와 우주를 이룬다는 의미가 아닙니다. 그의 **샥띠**가 작용하고 있고, 그런 활동의 한 국면의 결과로 우주가 나타났습니다. 마찬가지로 『**뿌루샤 수끄따**(Purusha Sukta)』[95]에서 "모든

---

94) T. "나는 우주에 나의 단 한 조각으로 편재하면서 전 우주를 지탱하고 있다." —『기타』, 10.42.
95) T. 『리그베다』에 나오는 원인原人 **뿌루샤**(Purusha)에 대한 찬가.

존재가 그의 한 발을 '이룬다(Padosya viswa bhutani)"고 하는 말도 브라만이 네 부분으로 이루어져 있다는 뜻이 아닙니다.

헌: 그것은 이해됩니다. 브라만은 분명히 나뉠 수 없습니다.

마: 그래서 사실은 저 브라만이 모든 것이며 나뉠 수 없는 것으로 남아 있다는 것입니다. 그는 항상 깨달아져 있습니다. 그러나 사람이 그것을 모릅니다. 사람은 그것을 알아야 합니다. 지(知)란 진아가 브라만과 동일하다는 영원한 진리의 드러남을 가로막는 장애물을 극복하는 것을 의미합니다. 그 장애물들이 한데 합쳐 그대가 한 개인이라는 별개성의 관념을 형성합니다. 따라서 현재 그대가 하는 노력은, 진아가 브라만과 별개가 아니라는 진리가 드러나는 결과를 가져옵니다.

### 1939년 3월 22일

**대담 650**

중년의 한 안드라 신사가 스리 바가반께, 자신이 하는 염송(japa)을 어떻게 해야 하는지 여쭈었다.

마: 그 염송은 '나마하(namah-'귀의합니다')라는 단어를 포함합니다. 그것은 마음이 진아와 별개로 나타나지 않는 그 상태를 뜻합니다. 그 상태를 성취하면 염송이 끝날 것입니다. 행위자(염송자)가 사라지고, 그 행위(염송)도 사라지기 때문입니다. 영원한 존재만이 남습니다. 염송은 그 상태에 도달할 때까지 해야 합니다. 진아로부터는 도피할 수 없습니다. 그 행위자는 자동적으로 그 속으로 이끌리게 됩니다. 일단 그렇게 되면 그 사람은 진아에 합일되어 있는 것 외에는 달리 아무것도 할 수 없습니다.

헌: 헌신(bhakti)이 해탈로 이어지겠습니까?

마: 헌신은 해탈과 다르지 않습니다. 헌신은 진아(Swarupa)로서 존재하는 것입니다. 사람은 항상 그것인데, 자신이 택하는 수단에 의해 그것을 깨닫습니다. 헌신이 무엇입니까? 신을 생각하는 것입니다. 그것은, 단 한 생각이 지배하여 다른 모든 생각을 몰아내는 것을 의미합니다. 그 생각은 신에 대한 생각인데, 신은 곧 진아입니다. 혹은 그것은 신에게 순복한 진아입니다. 신이 그대를 흡수하고 나면 그 무엇도 그대를 침범하지 못합니다. 생각이 없는 것이 헌신입니다. 그것이 해탈이기도 합니다.

지知의 방법은 탐구(*vichara*)라고 합니다. 그것은 '지고의 헌신(*parabhakti*)'에 지나지 않습니다. 그 차이는 말의 차이일 뿐입니다.

그대는 헌신이 지고의 존재에 대한 명상이라고 생각합니다. 비헌신(*vibhakti*)[분리감]이 있는 한 헌신[결합]을 추구하게 됩니다. 그 과정은 결국 『스리마드 바가바드 기타』에서 말하는 것과 같은 궁극적 목표로 이끌어 줄 것입니다.

> 괴로움을 겪는 자, 지知를 구하는 자, 재물을 구하는 자,
> 그리고 지혜로운 자들이다, 오 바라타족族의 주인이여.
> 이 중에서 지혜로운 이는 늘 신과 부단히 결합되어 있으니
> 그의 헌신은 일념헌신이며, 이것이 최선이다.
> *arto jijnasur artharthi jnani cha bharatarshabha*
> *tesham jnani nityayukta ekabhaktir visishyate.* ―『기타』, 7.16-7

어떤 종류의 명상도 좋습니다. 그러나 만일 분리감이 사라지고 그 명상의 대상 혹은 명상하는 주체만이 남은 채 달리 알아야 할 어떤 것도 없다면, 그것이 지知입니다. 지知를 일념헌신(*ekabhakti*)이라고도 합니다. 진인(*jnani*-知者)이 최종 상태입니다. 왜냐하면 그는 진아가 되어 버려서 더 이상 할 일이 아무것도 없기 때문입니다. 그는 또한 완전하고, 그래서 두려움이 없습니다. "두 번째 것이 존재할 때만 두려움이 일어난다(*dwitiyat vai bhayam bhavati*)". 이것이 해탈입니다. 그것이 헌신이기도 합니다.

### 1939년 3월 23일

**대담 651**

A. W. 채드윅은 타밀어판 『해탈정수』의 영어 번역문을 베껴 쓰고 있다. 그는 거기서 전문용어 몇 개를 접하고 그것을 이해하는 데 어려움을 좀 느끼자, 스리 바가반께 그에 대해 여쭈었다. 스리 바가반이 말씀하셨다: 그 부분은 창조 이론들을 다루는데, 그런 것은 중요하지 않습니다. 왜냐하면 스루띠(우파니샤드)는 그런 이론들을 설명하려는 것이 아니기 때문입니다. 지나가는 말로 그런 이론들을 언급하여, 질문자가 그럴 마음이 있다면 그가 즐거워하게 하려는 것입니다. 진실은, 세계는 빛의 홍수 속에서 지나가는 하나의 그림자라는 것입니다. 그 그림자를 보기 위해서도 빛이 필요합니다. 그림자는 특별히 주목하고 분석하거나 토론할 가치가 없습니다. 그 책은 진아를 다루는데, 그것이 그 책의

목적입니다. 창조에 관한 논의는 현재로서는 생략해도 됩니다.

나중에 스리 바가반이 계속 말씀하셨다: 베단타에서는 우주가 '보는 자'와 동시에 갑자기 나타난다고 합니다. 어떤 세부적 창조의 과정도 없다는 것입니다. 이것을 즉현론即現論(yugapat srishti)[순간창조론]이라고 합니다. 그것은 꿈속의 창조물들을 경험하는 사람이 그 경험의 대상들과 동시에 나타나는 것과 아주 흡사합니다. 이것을 이야기해주면 어떤 사람들은 만족해하지 않는데, 이는 그들이 대상적인 지知에 워낙 뿌리박혀 있기 때문입니다. 그들은 돌연한 창조가 어떻게 있을 수 있는지를 알고 싶어 합니다. 그리고 어떤 결과에는 어떤 원인이 선행해야 한다고 주장합니다. 요컨대 그들은 자기 주위에서 보는 이 세계가 존재한다는 설명을 듣고 싶은 것입니다. 그럴 때 스루띠는 그런 창조 이론으로써 그들의 호기심을 만족시켜 주려고 합니다. 창조의 문제를 이렇게 다루는 방법을 점현론漸現論(krama srishti)[점진창조론]이라고 합니다. 그러나 진정한 구도자는 즉현론, 즉 순간창조론으로 만족할 수 있습니다.

### 1939년 3월 24일

**대담 652**

어떤 사람이 스리 바가반을 찬양하는 시들을 지은 것이 있었다. 그 시들 가운데 아바르따뿌리(Avartapuri)라는 단어가 나온다. 스리 바가반은 그것이 당신의 출생지인 띠루쭐리(Tiruchuzhi)를 뜻한다고 말씀하셨다: 이곳은 여러 가지 다른 이름이 있습니다. 아바르따(avarta)와 쭐리(chuzhi)는 '소용돌이'입니다. 몇 번의 대홍수가 있었는데, **시바**는 세 번이나 이곳을 홍수에서 구해냈습니다. 한 번은 온 대지의 표면이 물에 잠겨 있을 때, **시바**가 당신의 창을 그곳에 꽂았습니다. 그렇지 않았으면 범람했을 물이 그 구멍으로 빨려들어 갔습니다. 그때 소용돌이 하나가 생겼지요. 그래서 그런 이름이 붙었습니다. 또 한 번의 홍수 때는 당신이 이곳을 창끝 위에 올려놓았습니다. 그래서 술라뿌리(Soolapuri-'창의 읍')라고도 합니다.

**어머니 대지**(대지의 여신)는 히라냐샤(Hiranyaksha-나찰왕의 이름)에 의해 물속으로 휩쓸려 들어갔습니다. **비슈누**가 그녀를 구해냈을 때, 그녀는 자신이 그 나찰(Rakshasa)에게 불순수한 접촉(papasparsa)을 당했다고 생각했습니다. 그 불순수한 접촉을 씻기 위해 그녀는 이곳에서 **시바**를 숭배했습니다. 그래서 부미나떼

스와라 끄쉐뜨라(Bhuminathesvara Kshetra-'대지의 여신이 숭배한 주님의 들판')라고 불리기도 합니다.

가우따마(Gautama)는 띠루쭐리에서는 물론이고 **아루나찰라**에서도 저명합니다. **시바**는 이 성자에게 춤추는 자세로 그 **자신**을 보여주었고, 가우리 샹까르(Gauri Sankar-빠르바띠와 시바)의 결혼식 장면을 재연해 보이기도 했습니다.

까운디니야(Kaundinya)는 또 다른 리쉬인데, 그 신성한 강이 그를 위해 그곳에서 흐르기 시작했습니다. 그 강이 이 리쉬의 이름을 딴 까운디니야 강인데, 타밀어에서 이것이 와전되어 꾼다루(Kundaru)가 되었습니다. 다른 이름으로는 빠빠하리(Papahari), 즉 죄의 소멸자라고 불립니다. 그 이면에 어떤 이야기가 있습니다. 한 왕의 따님이 히스테리가 있어[귀신에 씌어], 여러 성지와 성수지聖水池(tirthas)로 순례를 떠났습니다. 한번은 그 일행이 목욕을 하기 전에 어떤 고축문告祝文(sankalpa-의식을 시작할 때 그 목적을 말하는 문구)에서 빠빠하리라는 어느 성수지의 이름을 들었습니다. 그들은 그 성수지가 어디인지 물어서 띠루쭐리로 갔습니다. 처녀는 그 물에서 목욕했고, 그리하여 귀신에서 벗어났습니다.

빤디야 왕도 이곳에서 살범죄殺梵罪(brahmahatya-브라민을 죽인 죄)에서 벗어났지요. 이곳은 마침 마두라·람나드·띠루넬벨리 지역을 포함한 빤디야 왕국의 중심이기도 합니다.

이 마을(띠루쭐리)에는 사원(부미나떼스와라 사원) 앞에 성수지가 하나 있는데, 이곳은 **시바**의 창이 만들어낸 소용돌이가 일어났던 장소입니다. 지금도 이 성수지의 물은 타밀력으로 마시(Masi) 달 보름날(Maghasuddha Pournami) 이전 열흘 동안은 계속해서 매일 한 자씩 물이 차오른 다음, 다시 열흘 동안 점점 물이 내려갑니다. 이 현상은 매년 관찰할 수 있습니다. 동네 어린이들은 놀라워하면서 그것에 주목합니다. 이때가 되면 순례자들이 모여들어 그 물에 목욕을 하는데, 물에 유황 성분이 있어서 입욕자들이 여기서 목욕하고 나면 그들의 은 장신구들이 거무스름해집니다.

스리 바가반은 당신도 어릴 때 그 현상에 주목한 적이 있다고 말씀하셨다.

이 마을은 한쪽 편으로는 강이 흐르고 반대편에 큰 호수가 있습니다. 이 호수의 둑은 점토질인데 다 합치면 길이가 3마일(4.8킬로미터)쯤 됩니다. 이 호수는 이상하게도 마을보다 20자(6미터)나 높습니다. 그러나 호수가 가득 차 넘칠 때도 물이 다른 방향으로 빠져나가 마을에는 영향을 주지 않습니다.

## 1939년 4월 1일

**대담 653**

읍내의 교원길드(Teachers' Guild-교원노조의 일종) 회의에 참석했던 몇 명의 교사가 회당을 찾아왔다. 그 중의 한 사람이 스리 바가반께 질문했다: 저는 길을 찾지 못해서 숲 속을 헤매고 있는 것 같습니다.

**마:** 숲 속에 있다는 그 생각이 사라져야 합니다. 문제의 뿌리에 있는 것이 바로 그런 생각입니다.

**헌:** 그러나 저는 길을 못 찾겠습니다.

**마:** 그것이 그대의 안에 있지 않다면 숲이 어디 있고 길이 어디 있습니까? 그대는 있는 그대로인데도, 숲과 길을 이야기하는군요.

**헌:** 그러나 저는 사회 안에서 움직여야 합니다.

**마:** 사회도 숲에 대한 생각과 비슷한 하나의 생각입니다.

**헌:** 저는 집을 떠나 사회로 나가 사람들과 어울립니다.

**마:** 누가 그렇게 합니까?

**헌:** 몸뚱이가 움직이면서 모든 일을 합니다.

**마:** 정말 그렇지요. 지금 그대가 자신을 몸과 동일시하기 때문에 문제를 느낍니다. 그 문제는 그대의 마음 안에 있습니다. 그대는 자신이 몸이라고, 아니면 마음이라고 생각합니다. 그러나 그대가 그 둘 다에서 벗어나는 때가 있지요. 예를 들어 깊이 잠들었을 때, 그대는 꿈 속에서 하나의 몸과 하나의 세계를 창조합니다. 그것은 그대의 마음 활동을 나타냅니다. 생시의 상태에서는 자신이 그 몸이라고 생각하는데, 그런 다음 숲이라는 생각과 그 나머지 생각들이 일어납니다.

이제 상황을 살펴보십시오. 그대는 이 모든 상태에서 그대로 남아 있는 불변의 지속적 존재입니다. 그 상태들은 부단히 변하고 따라서 일시적입니다. 그러나 그대는 늘 있습니다. 그래서 이 찰나적 대상들은 마치 스크린 위를 움직이는 화면들처럼 그대의 존재 위에 나타나는 현상들에 불과하다는 결론이 나옵니다. 화면들이 움직일 때 스크린은 움직이지 않습니다. 마찬가지로, 몸이 집을 떠나 사회에서 사람들과 어울릴 때도 그대는 자신이 있는 곳에서 떠나지 않습니다.

그대의 몸·사회·숲과 길은 모두 그대 안에 있습니다. 그대가 그것들 안에 있지 않습니다. 그대는 몸이기도 하지만 그 몸만은 아닙니다. 그대의 순수한 진아로서 머무르면, 몸과 그 움직임이 그대에게 영향을 줄 일이 없습니다.

헌: 그것은 스승의 은총에 의해서만 깨달을 수 있습니다. 저는 『스리 바가바따』를 읽었는데, 거기서 말하기를 지복은 스승의 발에 묻은 먼지에 의해서만 얻을 수 있다고 합니다. 저는 은총을 기원합니다.

마: 그대 자신의 존재 말고 무엇이 지복입니까? 그대는 존재와 별개가 아닌데, 그 존재는 지복과 같습니다. 그대는 지금 자신이 마음이거나 몸이라고 생각하고 있지만, 둘 다 변하고 일시적입니다. 그러나 그대는 변치 않고 영원합니다. 그것이 그대가 알아야 할 것입니다.

헌: 그것은 어둠이고 저는 무지합니다.

마: 그 무지가 사라져야 합니다. 또 "나는 무지하다"고 말하는 것은 누구입니까? 그것은 무지의 주시자일 수밖에 없습니다. 그것이 본래의 그대입니다. 소크라테스는 "나는 내가 모른다는 것을 안다"고 했습니다. 그것이 무지일 수 있습니까? 그것은 지혜입니다.

헌: 그러면 왜 저는 벨로르에 있을 때는 불행을 느끼는데 당신의 친존에서는 평안을 느낍니까?

마: 이곳에서의 그 느낌이 지복일 수 있습니까? 그대는 이곳을 떠나면 불행하다고 말합니다. 따라서 그 평안은 영구적이지 않습니다. 아니 오히려 그것은 다른 곳에서 느끼는 불행감과 뒤섞입니다. 그래서 그대는 곳에 따라, 그리고 시간대에 따라 지복을 발견하지 못합니다. 그것이 쓸모가 있으려면 영구적이어야 합니다. 그런 영구적 존재는 바로 그대 자신입니다. 진아가 되십시오. 그러면 그것이 지복입니다. 그대는 늘 그것입니다.

그대는 자신이 벨로르를 떠나 기차로 여행하여 띠루반나말라이에 도착했고, 회당으로 들어와서 행복을 발견했다고 말합니다. 돌아가면 벨로르에서는 행복하지 않습니다. 자, 그대가 정말 여기서 저기로 이동합니까? 그대가 몸이라고 쳐도, 그 몸이 집 대문 앞에서 달구지에 앉으면 달구지가 기차역으로 움직여갑니다. 그 다음은 그 몸이 기차간에 타고, 기차는 벨로르에서 띠루반나말라이로 내달립니다. 거기서 그 몸은 다른 달구지를 타고, 달구지는 그것을 이곳으로 데려옵니다. 그렇지만 누가 물어보면 그대는 자신이 벨로르에서 그 먼 길을 왔다고 말합니다. 그대의 몸은 있던 곳에 그대로 있고, 그 모든 장소들이 몸을 지나쳐 갔는데도 말입니다.

그런 관념들은 거짓된 정체성에서 비롯되는데, 그 정체성이 아주 뿌리 깊습니다.

다른 사람이 질문했다: 우리는 세계를 일시적인(anitya) 것으로 이해해야 합니까?

마: 왜 그래야 하지요? 그대가 지금 그것을 영구적인(nitya) 것으로 여기고 있기 때문에, 경전들은 그대를 그릇된 관념에서 떼어놓기 위해 그것이 그렇지 않다고 말해주는 것입니다. 이것은 그대 자신이 영원하다는 것을 앎으로써 되는 것이지, 세계를 일시적이라고 낙인찍어서 될 일이 아닙니다.

헌: 우리는 무관심(audasina)을 닦으라는 말을 듣는데, 그것은 세계가 실재하지 않아야만 가능합니다.

마: 그렇지요. "무관심을 계발하라(audasinyam abhipsyatam)."96) (세간적 대상들에) 무관심하라고 합니다. 그러나 무관심이 무엇입니까? 사랑과 미움이 없는 것입니다. 이런 현상들이 그 위를 지나가는 바탕인 **진아**를 깨달으면, 그대가 그런 것들을 사랑하거나 미워하겠습니까? 그것이 무관심의 의미입니다.

헌: 그렇게 되면 우리의 일에 관심이 부족해질 것입니다. 우리의 임무를 다해야 하지 않습니까?

마: 예, 물론이지요. 설사 그대가 임무를 다하지 않으려 해도 강제로 그것을 하지 않을 수 없게 될 것입니다. 몸에게 그것을 하러 태어난 그 과업을 완수하게 하십시오.

스리 크리슈나도 『기타』에서, 아르주나가 좋든 싫든 싸우지 않을 수 없게 될 것이라고 말합니다. 그대가 해야 할 일이 있을 때는 피할 수 없습니다. 그리고 그대가 그것을 할 필요가 없을 때, 다시 말해서 그대에게 할당된 일이 끝났을 때는, 그 일을 계속할 수도 없습니다. 요컨대 그 일은 진행될 것이고, 그대는 거기서 자기 몫—그대에게 할당된 몫을 가져야 합니다.

헌: 그것은 어떻게 해야 합니까?

마: 드라마에서 자기 역을 연기하는 배우같이—사랑이나 미움에서 벗어나서 하십시오.

---

96) *T.* 샹까라, 「수행 5연시(*Sadhana Panchakam*)」, v.4: "… 무관심을 계발하고, 불필요한 연민을 피해야 한다(… *Audasinyam-abhipsyatam, janakripa-naishthuryam-utsrujyatam*)".

# 찾아보기

## 1. 가르침과 관계되는 사항, 어구

가르침 25, 38, 51, 54, 96, 120, 137, 139, 156, 199, 201, 211, 291, 299, 310, 388, 416, 489, 599, 655, 679; 가장 우렁찬 -, 598; 개인적 -, 54, 416; 참된[완전한] -, 631; 최고의[최고 형태의] -, 499, 598; 최선의 -, 186
가상론 453
가야뜨리 23, 353, 412, 667; - 염송, 666
가현설假現說 84, 451
각지覺知 342, 432
간다산 나라 688
간접지 91, 120, 333, 432, 532
갈애渴愛 441
개아個我 47, 57, 82, 98, 120, 127-30, 138, 143, 153, 155, 191, 196-7, 230, 275, 293, 312, 339, 445, 453, 478-9, 481, 487, 494, 530, 549, 599, 633-4, 637-40, 646, 648, 685-6, 690-1, 722
개인성 45, 73, 134, 138, 189, 222, 224-6, 285, 362-3, 390, 407, 414, 471, 477-8, 480, 512-3, 519, 566, 579, 653; -의 느낌, 222, 390, 653; -의 상실, 189-90, 579; -의 합일, 579
개인아個人我 146, 172, 197, 225, 704-5, 712 →개아
거듭난 상태 446, 452

견見 282; 거친 -, 408
견성見性 282
견현론見現論 155, 425, 432
경과신經過身 594, 704-5
경험론 453-4
경험적 존재성 58
고요함 102, 173, 211, 254, 269, 378, 386, 395, 406, 419, 428, 462, 487, 513, 538, 549, 660, 672, 720
"고요히 있으라. (그리고 내가 신임을 알라)" 109, 152, 378, 395, 406, 420, 549, 583, 672
고행 95, 214, 455, 497, 503, 623; -의 길, 115; "-이 브라만이다", 214; -자, 69, 597, 658 →따빠스
공空 106, 370, 575; 세 가지 -, 367
과보분果報分 132
관법觀法 159, 437, 608
관정灌頂 466
구나(gunas) 108, 229, 629
구나띠따 108
구루 110 →스승
구원 100, 149, 238, 282; -의 은총, 580
그것 64, 95, 148, 193, 195, 214, 226, 263, 352, 581, 646-7, 662, 673, 710
"그대가 그것이다" 238, 352, 388, 710

그리스도 의식 117-8
근원 73, 83, 111, 127, 136, 174, 187, 203, 206-10, 224-5, 305-6, 330, 355, 364-5, 385, 416, 438, 442-6, 516, 557, 576, 631, 689, 693-4, 725; 본래의[본래적] -, 266, 355, 442, 445, 481; 원초적 -, 226
기관(indriyas) 438, 478, 485
기억 37, 304, 318, 437, 589, 639
까르마 310 →업, 행위
까르뿌라 아라띠 118
까시 순례 466
깔라(kala) 106, 272
깨달음 25, 27-9, 57, 59-60, 64, 73, 90, 97, 104, 110-3, 123, 125, 167-8, 170-1, 174, 182-3, 188, 209, 215, 233, 236, 254-5, 264, 269-70, 297, 306, 321, 337, 341, 351, 369, 380, 390, 394, 434-5, 456, 492-3, 495, 511, 519-20, 531-2, 547, 553-4, 561, 563-6, 578, 621-2, 673; -의 불, 118; -의 빛, 539; -의 상태, 110, 337, 347, 380, 520, 546, 606; -의 자리, 157, 233, 541-2; -의 장애, 301, 511, 524; 영원한[영구적인] -, 532, 546, 622; 항존하는 -, 564 →신/진리/진아 깨달음
깨어남 703; 진정한 -, 544-5
꼬함(koham) 86, 504
꾸띠짜까 644
꿈 54, 253, 451, 454; -(의) 몸, 165, 363; -의 비유 451, 498
꿈-생시, 꿈-잠 340
꾼달리니 110, 152, 301, 325, 437, 458, 541, 686
꾼달리니 샥띠 206, 385, 437, 528, 685
끄리다 406

'나' 33, 45-6, 48, 50, 53, 57, 70, 75, 79-80, 83, 85, 98, 120, 141, 153-4, 160, 257-8, 270, 280, 293-4, 304, 312, 331-3, 335, 337, 341-3, 352, 373-5, 383, 388, 390, 401, 406-7, 421-2, 486, 490, 497, 504, 520, 642; -에 대한 자각, 222; -에 대한 탐구, 153, 175, 699; -와 '내 것', 53, 225; -의 근원, 49, 103, 208-9, 233, 253, 497, 503; -의 절멸, 160; -의 (참된) 의미, 235, 238, 463, 677, 722; -의 창조, 520; - 중심 45; 거짓된[그릇된] -, 73, 75, 102, 209-10, 235-6, 365; 보편적인/완전한 -, 335; 순수한 -, 33, 280, 342-3; 실재하는 -, 258; 직관적인 -, 160; 진정한 -, 73, 75, 102, 123, 181, 209, 217-8, 258, 337, 463; 참[참된] -, 167, 209, 235-6, 280, 702
나고 죽음 31, 61, 216, 715
'나-나' 79, 82, 85, 122, 147, 160, 206-7, 220, 280, 282, 356, 385, 406, 718; -의식, 222, 256, 283; 무한한 -, 280; 순수한 -, 207; 원초적인 -, 233
"나는 내가 있다는 것이다" 136, 146, 181, 199, 378, 395, 406, 486, 511, 583, 663
"나는 누구인가?" 33, 67, 72, 77, 83, 86, 97, 102-3, 107, 114, 152-3, 170, 173, 186, 208, 268, 271, 283, 353, 361, 377, 388, 395, 421-2, 439, 504, 511, 554, 556-7, 611, 618, 620, 655, 707-8, 712, 722
"나는 몸이다"라는 관념[생각/앎] 122-3, 306, 377, 436, 442-3, 450, 503-4, 548, 553, 566, 610, 613, 628, 636, 639, 707

"나는 브라만이다" 81, 85, 120, 136, 140, 160, 169, 186, 216-8, 280, 333, 389, 390, 493, 723
"나는 시바다" 169, 186; - 하는 관념, 379
"나는 진아다" 133, 291, 406
나다(nada) 106, 170, 272, 327, 478, 591
'나'라는 (거짓된) 느낌 123, 209
'나'라는 관념[개념], 57, 220, 335, 388; -의 핵심, 553
'나'라는 생각 48-9, 75, 120, 152, 167, 206-210, 217, 235-6, 280-1, 292-4, 356, 374-5, 385, 437, 480, 557, 639; -의 근원, 151-2, 236, 280, 437
'나'라는 의식 542 →'나'-의식
나야나르 611
'나'-의식 83, 363, 563
'나'임 85, 362, 364
나찰 728
나한 찐따[나함] 86, 504
"내가 그것이다" 134, 238, 662-3
"내가 그다" 86, 136, 173
"내가 있다" 85, 123, 141, 151, 209-10, 238, 257, 288, 297, 321, 333, 395, 405-6, 434-5, 462, 493, 511, 547, 583, 619, 663, 720
내관內觀 41, 67, 197-8, 207, 221-2, 229, 233, 289, 330, 365, 371; 깊은 -, 388; 자신의 성품에 대한 -, 289, 486, 712
내재성 429, 647
내재자 362
내적기관 128-9, 317, 348, 354-5, 437-9, 445, 540, 551, 589, 639
내향화 595
냐나(jnana) 31, 387-8 →지知
"너[그대] 자신을 알라" 155, 337, 492
네띠-네띠(neti, neti) 73, 152, 409

노력 53, 100, 102, 110, 162, 198, 203, 209, 224, 236, 320, 323, 337, 413, 418, 435-6, 456, 529-30, 575, 659, 672; - 없는 상태, 337
누적업 68, 389, 425-6, 526, 596, 613
능동성/수동성 199
니르구나 696, - 우빠사나, 696

다르마 92-3, 202, 289, 622, 642; - 경전, 624; 계급과 인생 단계 -, 92-3; 세간적 -, 93; 자기/남의 -, 92; 진아/비아 -, 93
다섯 가지 상태 690-1, 698
다섯 가지의 통일 640
다섯 껍질 46, 224, 294, 388 →껍질
다양성 83, 85, 141, 185, 259, 266, 309, 311, 350, 355-6, 394, 423, 586-7
단식 134, 185-6, 306, 603
단일성 50, 66, 98, 168, 174, 311, 350, 394, 403, 497, 503, 587, 599; - 의식, 146; 궁극적 -, 282; 진정한 -, 164
대상상對象相 704
대상 소멸 46
대자재大自在 57
대지성 632
더 높은 힘 51, 93-4, 98-9, 227, 278, 284, 351-2, 407, 448, 572, 578-9. 582, 652, 655
덧씌움 319, 336, 366, 379, 383, 451, 509, 528, 532, 574; -과 그 제거, 320
독신성 566 →브라마짜리야
동류同類/이류異類/자류自類 84, 275
동시창조론 155, 318, 425, 432 →즉현론
동일성 162, 723; 브라만과의 -, 162; 진아와 신의 -, 63
'두 번째 (것)' 93, 109, 168, 349, 453, 707, 727; -가 없는 하나, 350, 519, 707

찾아보기 735

둔감성 438 →따마스
드리끄/드리샤 46-7
드와이따/드와이따띠따 503
들뜸 212, 703
들숨/날숨/멈춤 86, 173, 207
디야나 82, 320, 487-8 →명상
따뜨(tat) 367, 722
따뜨와(tatva) 390, 626
따마스 82, 108, 128-9, 356, 438, 554, 572, 629, 637
따모구나 318, 356, 629, 691 →따마스
따빠스[따빠시야] 89, 132, 271, 371, 402, 445, 455, 460, 503, 513, 631, 658; - 낙오자, 371; '-가 브라만이다', 445
따이자사 591, 640, 690, 692
딴마야 171
땃 뜨왐 아시 367, 390
땃 뜨왐 아시 아띠 니잠 367, 592
뚜리야 367, 392, 690-1
뚜리야띠따 690-1
띠루부달 축제 660

라싸 485
라야 327
라자스 82, 108, 128-9, 356, 388, 438, 554, 572, 576, 629, 637; -적(인) 마음, 119, 355
라자 요가 41, 492, 567
라조구나 318, 356, 691
리쉬 35, 40, 95, 152, 182, 215, 428, 616, 702, 729
릴라 406
링가 231, 434, 568-9

마나스 106, 128, 190, 415, 589 →마음
마드와 파 274

마드하마 444
마뜨라 591; 네 번째 -, 591
마야 38-9, 55, 130, 147, 164, 274, 296-7, 309, 343, 355, 453-4, 486, 494-5, 501, 546, 613, 639-40, 647, 715; - 기관, 348-9; -론 343, 486
마음 28, 42-3, 45-50, 66-7, 73-80, 84, 86-7, 96-8, 103-9, 113-4, 119, 125-8, 150, 153, 167-8, 170, 193, 198-9, 203, 205-6, 211, 228-9, 231, 235-7, 241-3, 247, 266, 318-9, 359, 384-5, 437, 441, 513-4, 535-7, 540, 571, 645-7, 661; - 눈의 눈, 647; -의 근원, 126, 203, 385, 646; -의 마음, 696; -의 바탕, 80; -의 본성, 119, 126; -의 본질, 48, 198; -의 소멸, 109; -의 순수성, 142; -의 창조물, 21, 193, 219, 487, 554-5, 559-60; -의 투사물, 66, 133, 365, 442, 515, 595; -의 평안, 49, 249, 301, 307, 345-6, 400, 411-3, 477, 659; -의 허공, 589 →마음-허공; -의 힘, 42, 96, 119, 334, 385, 400, 440, 473-4, 489, 516, 554, 607; - 활동의 지멸, 203, 315; 불순수한 -, 346, 355; 안으로 향한 -, 289, 595, 647; 순수한 -, 105-6, 203, 221, 346, 355, 514, 522, 589, 632, 637, 646, 653; 우주적 -, 129, 183, 198-9, 589; 죽은 -, 127
마음껍질 45, 294, 355, 388
마음소멸 67
마음 제어 62, 173, 448, 460, 503-4
마음-허공 572, 632, 646
마하뜨 (원리) 190, 621 →대지성
마하 비슈누 612
마하트마 132, 174, 257, 271, 274, 286, 580, 585-6, 667

말 413, 444; 말하지 않은 -, 104, 195; 영원한 -, 239, 240

말씀 195; 경전 -, 85; 원초적 -, 591

망각 37, 121, 192-3, 217, 310, 312, 315

멘탈 차원 433

명료지明瞭知 342

명상 41, 82, 96-7, 104, 113-4, 151, 186-7, 223, 234, 236-7, 240, 263, 269, 283, 288, 307-8, 318-20, 324-5, 330, 333-5, 359, 365, 378, 389, 412-3, 435, 458, 516, 527, 640; -법, 644, 708; - 수행, 142, 153, 433; -의 깊이 440; -의 자리, 71 →진아명상

명지明知 221-2, 341-2, 432, 551

명지아我 342-3, 348, 355

명지체體 699

명호名號 358; -염송, 358, 466, 656; -찬송, 554 →이름

몸 22, 27, 30, 36, 45, 54, 60, 65, 78, 112, 123-4, 224, 251-2, 361-2, 373-5, 380, 441-3, 601, 730-1; -과의 동일시, 21, 67, 392; -에 대한 집착, 67, 256, 278; - 정체성, 443; "-이 나다" 86, 123; 심적인 -, 21 →세 가지 몸

몸-생각[관념] 181, 253, 442, 708

몸-의식 83, 123, 209, 212, 231, 379, 383, 462, 477, 593, 720-1

무無 65, 575

무념의 상태 168, 360

무변제無辨際 221, 319, 361; 마음의 -, 589; 심식의 -, 29; 의식의 -, 29

무상삼매 35, 86, 197, 214, 256, 306, 376, 435-6, 528; 외적인/내적인 -, 436, 462 →본연/합일무상삼매

무성명상 632

무소유 237

무신해탈 270, 279, 390, 522

무신해탈자 401, 427

무아적 행위 605

무無염송 337

무욕無欲 49, 52-3, 228, 270, 327, 384, 419, 455, 460-1, 494-5, 578, 593, 613, 626; -의 상태, 600-1, 610, 642; - 수행과 -, 228, 233, 308, 495, 624

무욕업 144, 151, 642

무욕인 466

무위無爲 69, 96, 289, 427, 660, 668; -의 길, 149, 289

무지 77-80, 100, 102, 121, 130-1, 134, 148, 153, 209-10, 212-4, 258-9, 263, 274-5, 306, 310-1, 341-2, 347, 388, 390, 404-7, 423, 435, 571, 603, 636-40, 699, 731; -소멸, 576; -의 씨앗, 594; -의 제거, 80, 255, 301, 576; 근본 -, 355 →원초적 무지

무지인 60, 79, 101-2, 136, 257, 305-6

무착지無着知 270

무한성 221-2, 664

무한자 56, 103, 154, 222, 226-7, 608

무無행위 416, 488 →행위

무형상 403, 621; - 숭배, 133

묵띠(Mukti) 399 →해탈

묵언 96; -의 맹세, 413

물라다라 195, 325, 444

뭅빨(Muppazh) 367

미래업 389, 425-6, 596

미세기능 629

미세신微細身/미세한 몸 47, 151, 223, 230, 362-3, 388, 431, 433, 438, 591, 594, 596, 635, 639, 687, 691, 704

미세원소 317-8

미현현자 632-3

믿음 51, 53, 61, 156, 278, 423, 521, 606, 655; 신에 대한 -, 61, 75, 628; 신의 인도에 대한 -, 654-5
바스띠/다우띠 411
바이꾼타 58, 430, 523
바이카리 325, 444
바탕 130, 368; 일반적[특수한] -, 368
바하이교 156
바후다까 644
박띠 597; - 요가, 151 →헌신
박심지薄心地 270
밖으로 향하는 마음 289 →외향심
반사광/반사된 빛 99, 126-9, 354, 423, 572, 590, 595, 627, 632, 638-9
반합신半合身 513
발현업 64, 68, 72, 90, 265, 270, 305-6, 323, 354, 424-6, 474, 574, 596
범아합일 722
범주 441, 723
범지梵智 676 →브라만에 대한 지知
범지자者 675-6
별개개아성 188
별개성의 관념 725-6
베단타 106, 113, 133, 156, 309, 378, 438, 487, 591, 656, 725; - 명지明知, 538; -의 3전범, 387; -파派, 309
보는 자 27, 36, 46, 60, 101, 163-4, 166, 178-80, 207-8, 330, 339-40, 354-5, 408-9, 417, 431-3, 450-1, 478-9, 510-3, 532, 561, 582, 625, 634, 639
보시布施 642
보편상 492; - 친견, 408, 493
본래면목 105-6, 115
본래적 상태 35, 91, 158-9, 241, 266, 276, 345-6, 352, 435, 466-7, 699, 700

본연(무상)삼매 35, 86, 114-5, 198, 346-7, 389, 435-6, 462-3, 528
부동不動 302
부동심 595
부동지 310-1, 484
부절상不絶相 332
부주의 30, 347
분리 32, 173, 180, 227, 445, 608, 641; -감, 442, 446, 653, 727; -성, 377
분별 57, 168, 205, 270, 636, 638, 711; -의 3요소, 700; 마야에 의한 -, 129; 실재[진아]와 비실재[비아] 간의 -, 56, 334
분별지 432
불각지不覺知 270-1
불멸 262, 444, 453, 481, 591
불멸자 56
불사의 감로 444
불살생 43
불생론 425, 453
불행 30, 33-4, 64, 77, 153, 199, 200, 235-6, 247, 251, 257, 272, 285-6, 314, 352, 379, 405, 407, 410, 412-4, 530, 540, 555, 572, 611, 614, 655, 695; - 소멸, 91; -의 원인, 46, 100, 123, 390, 407, 555, 561
붓디 106, 128, 242, 578-9, 589
브라마비드 105, 123, 271
브라마비드-바라/바리야/바리쉬타 123, 271
브라마 세계 193, 590-1, 593-4, 597
브라마짜리 33
브라마짜리야 33, 565-6; -의 맹세, 565
브라만 21, 33, 47, 55, 66, 84-5, 88-90, 105, 125, 129, 183, 217-8, 221, 287, 334, 341-2, 388-90, 410, 426, 431-2, 518, 595, 640, 723; - 관법, 140; -(에 대한) 깨달음, 352, 593; -에 대한 지知

[지각], 389, 590; -의 빛남, 531; -의 지지물[토대], 724-5; - 형상의 상相, 85, 105, 437; 속성 없는 -, 628; 순수한 -, 518, 636; →빠라브라만, 뿌르나 브라만
"브라만을 아는 자는 브라만이 된다" 90, 221, 501, 534
"브라만이 나다" 86, 136, 389
"브라만이 세계다" 597
비라뜨 439, 591, 639-40, 647, 689, 690
비부띠 118
비세샤 129
비슈누교 289
비슈와 591, 640, 689, 690, 692
비실재 46, 146-7, 161, 219, 243, 325, 334, 342, 378, 456, 701; -론, 368
비아非我 46, 110, 146, 180, 245-6, 254-5, 259, 315, 323, 331-2, 334-5, 388, 390, 442, 479, 646, 695; - 다르마, 93; -의 버림[포기] 280, 625
비非의식 104, 683
비이원론 63, 155-6, 289, 302, 425, 486, 494, 566, 833, 724; -자, 188, 216, 287; →한정비이원론
비이원성 67, 87, 508, 522, 573-4, 630
비진아 49, 148, 388, 625, 693 →비아
비짜라 388 →(자기)탐구
비춤 180, 229, 423, 552; -의 근원, 126; →'나'-비춤, 자기비춤
비非헌신 173, 727
빈두(bindu) 106, 272, 478, 591
빛 36, 64, 99, 106, 126, 128-9, 147, 190, 214, 254, 272, 318, 327, 332, 272, 318, 332, 355, 423, 459-60, 471, 542, 572, 621, 638-9, 645-6; -과 소리, 230, 478; -의 길, 635; - 응시, 51; -의 산, 163; -의 형상, 444, 552; - 친견,

323; 그것[그]의 -, 214, 355, 470-1, 687; 순수한 -, 370, 423, 460, 542, 595, 709, 723; 원래의 -, 99, 590; 초월적인 -, 646 →깨달음/의식/진아의 빛
빠라(Para) 55, 191, 288, 590; - 비부띠, 118
빠라(para) 325, 444
빠라 박띠 80
빠라(나디) 92, 115, 326, 444, 475, 541, 685-6
빠라마뜨만[빠라마뜨마] 146, 172, 197, 288, 312, 320-1, 497 →지고아
빠라마뜨마 사끄샤뜨까라 188
빠라마한사 645
빠라브라만 503, 568
빠람빠다 430
빠시얀띠 444
빤짜악샤리 231
뻬루말 661
뿌루샤 312, 475, 529
뿌루쇼따마 475
뿌르나 브라만 440-1
뿌리생각 206, 208, 252, 352, 385
쁘라끄리띠 55, 312, 318, 417, 475, 590
쁘라나 106, 364, 438, 465-6, 593 →생기
쁘라나바 195, 230-1, 591, 606 →옴 소리
쁘라냐 341, 591, 640, 691-2
쁘라띠야비냐 369
쁘라사드 239, 248, 277, 424
쁘랄라야 59

사구나 696; - 우빠사나, 696
사드붓디 578
사뜨 129, 130, 134-5, 137-8, 142, 149, 196, 303, 342, 388, 487, 553, 584, 591, 647, 723

사뜨뿌루샤 522
사뜨상가 149, 302-3, 314, 418, 553, 674
사뜨와 82, 129, 317, 356, 438, 554, 572, 629; -적[의] 마음, 119, 576; - 구나, 438, 690; - 미세기능, 629; 숫다/미슈라 -, 438
사뜨-찌뜨-아난다 46, 486-7, 594-5, 627, 692 →존재-의식-지복
사띠야 566, 723
사랑 86, 183, 241, 485, 548, 694; -의 자리, 548; 진아에 대한 -, 215, 218, 372, 429, 485; 참된 -, 220
사마쉬띠 141
사하스라라 92, 267, 444, 446, 541, 639, 685-6
사후해탈 220
산깔빠 342, 645
산디야 247
산란(함) 48, 52, 76, 104
산야사 644 →출가수행
삼매 41, 49, 58, 109, 114-5, 122, 140, 158, 161-2, 173-4, 184, 197-8, 204, 212, 214, 238-9, 256, 259, 305, 339, 360, 389, 414, 435-6, 462-3, 484, 528, 572, 606, 642-3, 659, 686, 698, 722; -의 달인, 67; 외적/내적인 -, 436, 462-3; 자연발로적[애씀 없는] -, 86, 659; 차별상 없는 -, 214
3요소 52, 82, 327, 417, 487, 576; -의 결합 417; 분별의 -, 700; 순수한 -, 327
삼위일체 118
삿찌다난다 320-1, 486-7
→사뜨-찌뜨-아난다
상相 105, 127-8, 332, 342, 355, 437, 704-5; 마음의 -, 85, 127-9, 414, 486, 493, 495, 548, 627, 684, 699; 참된 자

기 형상의 -, 389
상념형상 179, 701
상념의 흐름 345
상대적인[상대물의] 쌍들 47, 350
상습常習 64, 138, 159, 256, 291, 310-1, 315, 426-8, 454, 467, 565-7, 641, 656
상위심上位心 583
상지相知 704-5
상키야 요가 430
생각 27, 45, 47-8, 51-2, 59-60, 75, 80, 104, 112, 119, 125, 160, 179, 203-4, 206-7, 217, 235-6, 252-5, 280-1, 292-3, 319-20, 334, 359-60, 365, 380, 385, 412-3, 420, 446, 515-6, 524-5, 535, 537, 555-6, 604-5, 672, 693-4; -들의 다발[집합체/총합], 114, 206, 228, 235, 359, 385, 480, 540, 555; -들의 막, 435; -의 변상, 424; -의 형상들, 310; '이것'이라는 -, 356 →뿌리생각
생기 73, 106, 115, 139, 152, 198, 230, 272, 294, 438-9, 445, 523, 591, 649, 717; -의 힘, 301, 444; 다섯 가지 -, 690; 주된 -, 152
생기껍질 294, 388
생명 43, 51-2, 410, 441-2, 549, 562; -나툼, 46; - 원리, 225; - 흐름, 31, 119
생명기운 60, 478, 629, 639, 649 →생기
생시·꿈·잠[잠·꿈·생시] 26, 35, 47, 75, 101, 115, 340, 355, 367, 392, 451, 453, 544, 547, 560-1, 564, 570, 604, 667, 670, 691-2
생시-잠/생시 상태의 잠/생시 없는 잠 313, 336, 340, 414, 672
생전해탈 140, 270, 279, 302, 360, 384, 390, 510, 595, 714

생전해탈자 71-2, 105, 306, 389, 401, 424, 427, 508, 595, 638, 713
샤이바 싯단타 156, 379, 487
샥띠 85, 92, 118-9, 283, 309, 310, 356, 444, 501, 504, 512, 529-30, 551, 611, 685, 725 →꾼달리니 샥띠, 힘
샨띠 440 →평안
샹까라 학파 216
선善 381; -과 악, 136; 순수한 -, 361
선행善行 50, 487
성性 185
성령 118, 183, 562
성찰 91, 122, 259, 260, 270, 310, 376, 388, 622, 722
성취 402, 598; 최고의 -, 610
성취자 446 →싯다
성품 55, 67, 197, 200, 250, 314-5, 393, 421, 424, 456, 524, 567, 594; 본래적 -, 509; 본질적 -, 417, 451, 610, 612, 614, 626, 659; 참된[진정한] -, 53, 168, 195, 212, 258, 297, 307, 319-20, 334, 363-5, 441, 484, 513, 570-1, 600, 636, 659, 675-6, 712
세 가지 몸 388, 596
세 가지 상태 26, 45, 47, 115, 154, 158, 252-3, 279, 307, 332, 341, 343, 363, 384, 392, 451, 544, 560, 564, 570, 671, 691-2
세 가지 업 389, 596
세간 37-8, 100, 265; -의 괴로움, 137, 158; - 탐구, 197, 245
세간연 62, 303
세간적 다르마 93
세간적 일[활동] 77, 93, 108, 456, 613
세계 21, 47, 66, 83-4, 101, 109, 114, 126, 129, 172, 190-1, 275, 285-7, 296, 309, 344, 356, 423, 451-3, 498-9, 513-5, 517-20, 558-60, 593, 597, 611; - 관념 562-3; - 창조 520, 630
소리명상 170
소원성취석 460
소함(soham) 86, 504
속박 78, 123, 275-6, 279, 347, 388, 395, 400, 596, 604-5; -에서의 해방, 91, 686; -인因 144, 347, 567, 596
속죄법 345
수냐/아띠수냐/마하수냐 370
수슘나 (나디) 89, 92, 115, 267, 325-6, 475, 541, 685-6
수행修行 44, 54, 72-4, 119, 122, 151, 175, 233, 276, 308, 314-5, 394-5, 401, 419, 446, 476, 528, 556, 607, 640-1, 703-4, 721 →명상/요가 수행
수행법 33, 71, 120, 169, 280, 314, 641
수행자 42, 48, 57, 186, 425, 446; 기旣-/미未-, 122, 259, 310-1
순간창조론 728
순복順服 30, 53, 110, 130, 151, 215, 224-5, 249, 261, 350, 381, 448, 512, 525, 538, 602, 628-9; 무조건적 -, 352; 신[하느님]에 대한 -, 617, 628; 완전한 -, 249, 381, 395, 504, 628, 653
순수성 108, 438, 521; - 식품, 42, 62, 476, 565, 620; 영원한 -, 112; 청정[비청정/혼재] -, 108
순수한 의식 129, 207, 214, 224, 226, 254, 261-2, 309, 341, 420, 432, 474, 480, 516, 518, 551, 645, 669-72, 681; -의 빛, 424; -의 체험, 462
순수한 존재 78, 108, 121, 186, 355-6, 583, 600, 637, 647, 649, 691, 717; - 상태의 마음, 589; -의 상태, 656, 670

숨구멍 이론 445
숭배 62, 331, 377; -의 편의, 285; 신에 대한 -, 96, 314 →무형상/신상 숭배
스리 차크라 461
스므리띠 495
스승 25, 35, 43, 53, 63, 71, 118, 175, 182, 186, 199, 211, 285, 301, 316, 347-8, 390, 403, 446-50, 487, 489, 531, 574, 581, 616, 680; - 시봉, 390; -의 은총, 25-6, 43, 58, 113, 211, 233, 347-8, 388, 447, 476, 496, 616
스와탄트라 309
스와루빠 529, 552 →본래면목
스푸라나 97, 177, 406 →아한 스푸라나
습習 52, 124, 384, 392; -의 힘, 625; 대상화하는 -, 306; 마음의 -, 25, 213, 389, 461, 528, 702; 외향적인 -, 386 →원습, 상습
시간 32, 408, 524, 661, 702; -과 공간 35, 106, 150, 212, 328, 336-7, 378, 431, 550, 661, 702
시바 89-90, 106, 118, 163, 186, 194, 231-2, 237, 283, 295, 309, 329, 370, 379, 387, 402, 412, 428, 430, 481-2, 510-13, 538, 568, 597, 608, 611, 631, 660, 728-9; -로서의 존재, 186; -의 몸, 106, 379; -의 화신, 631
시바교 467
시바라뜨리 (날) 231, 704
시바파 한정비이원론 379
신 21, 40, 43, 53-4, 58-9, 63, 74-5, 110-1, 135-7, 141, 145, 155, 174, 203, 206, 211, 236, 244, 249-50, 263, 269, 276, 284-9, 385, 395, 406, 429-30, 447, 487, 491-3, 518, 531-2, 583, 617, 641-2, 652-4; - 스승, 진아와 동일함[같음], 43, 285; - 깨달음, 57, 188, 433; - 안에 안주하는 것, 240; -에 대한 믿음, 61, 75, 655; -에 대한 생각, 58, 251, 624, 726; -에 대한 헌신 174, 396, 526, 597; -의 의지[뜻], 54, 56, 74-5, 205, 282, 530, 652; -의 은총, 57-8, 143, 211, 350, 540; -의 이름, 135, 234, 462, 476, 606; -의 진아, 492, 696; -의 행위, 44, 406, 653; -의 힘, 454, 547, 721; - 형상의 상相, 437; 화현한 -, 199, 680
신견神見 58, 539
신기루의 물 31, 344, 451-2
신념행위 141
신력하강 291, 440
신상 숭배 62-3, 429
신성神性 55, 179, 224, 417-8, 543
신안神眼 376, 408
신지학 441, 462
실재 32-3, 38-9, 52-3, 65-6, 70, 141, 153, 155, 161, 169, 215-6, 243, 313, 344, 378, 392, 435-6, 451-3, 456, 502, 556, 583, 649, 656, 682; -와 비실재의 초월, 141; -의 나툼, 47; -의 본질, 52; -의 활동, 453-4; 경험적/가상적/초월적 -, 66; 궁극적 -, 225, 576; 내거하는 -, 521; 단 하나의[하나인]/유일한[단일한] -, 30-1, 38, 77, 214, 228, 266, 392, 403, 436, 443, 453, 456, 479, 502, 528, 656; 비이원적 -, 687; 영원한 -, 391, 561; 저변의 -, 35, 344, 453; 절대적 -, 155; 지고의 -, 214, 597
심멸心滅 291, 495
심상제어心相制御 555
심의식心意識 592
심잠心潛 109, 160, 423

심장 22, 44, 48-9, 50-1, 57, 67, 71, 82, 92, 125-7, 130-1, 138, 152-3, 157, 163, 215, 222-3, 233, 236-7, 256-7, 266, 274, 288, 325, 361, 437, 456-8, 541-2, 595, 686-90; -공간, 284; -의 매듭, 372, 374, 389, 576; -의 연꽃, 498 →심장연꽃

심장연꽃 284, 690-1

심장중심 29, 97, 153, 446, 457-8, 464, 475; -에 대한 명상, 153

심지心知 553

싯다 40, 89-90, 147, 163, 216, 370, 519, 568

싯디 40, 90-2, 147, 173, 510, 632, 657, 688-9; 최고의 -, 612

아나뜨마 니라사나 625

아나하따 446, 475

아난다 129-30, 485, 487, 627 →지복

아뜨만[아뜨마] 29, 47, 54, 80, 92-3, 110, 118, 127, 133-4, 146, 150, 179, 196-7, 266, 289, 321, 530, 625 →진아

아뜨마(나디) 89, 92, 685

아뜨마 사끄샤뜨까라 188, 625

아루나찰라, 신[스리] 233, 609-10

아만我慢 635-7, 639

"아브라함이 있기 전에 내[그]가 있(었)다" 166, 201, 493

아비야끄리따 593

아빠나 438

아빠라 55; - 비부띠 118

아사나 33, 240, 412, 620, 635

아사뜨 334 →비실재

아스트랄 차원 158

아스트랄체 165, 223 →미세신

아시 뿌리야 367

아인다바 일화 688

아한 스푸라나 331-2, 597

아함(aham) 85, 190, 270, 294, 304, 332-3, 341-3, 388, 486, 504, 597, 648; 개아/브라만의 -, 486

"아함 브라마스미" 217, 723

아함-브라만 388

아함 브리띠 332 →아상

아함, 아함 406

아함 이담 406

아항까라[아항까르] 190, 485, 589, 648

아항끄리띠 597

안주安住 459 →진아안주

안주심 50

알와르 351

암리따 593

암리따 (나디) 89

애호신愛好神 53, 593

얀뜨라 461

언어 255; 최선의 -, 199

업業 68, 143, 316, 410, 425, 554, 562, 638; -의 속박, 389; - 이론, 554

업력평등 291

엉치신경총 444

에고 25-7, 30-11, 35, 44-8, 54-5, 72, 77-8, 99, 109, 112-3, 117, 120, 136, 147, 151-2, 154-5, 164, 167-70, 178-9, 181-2, 187-8, 190-5, 198-200, 205-8, 215, 219-21, 225-7, 242, 250, 252, 262, 304-7, 336, 354-6, 385, 404-6, 437, 442-3, 445, 448, 529, 540, 577, 589, 641, 681-2, 684-5, 693-4; -성, 529; -의 근원, 16, 33, 79, 136, 187, 215, 693; -의 소멸[상실], 112, 151-2, 169; -의 죽음, 30, 106; -의 일어남[탄생], 99, 161, 167, 194, 262; -의 투사

물[창조물], 26, 112; -의 포기, 181, 195; 순수한 -, 255
에고 의식 192, 219
에고 자아 404, 407
에테르 60, 551, 629, 639
여섯 중심 36, 57, 325, 437, 686 →차크라
여호와 131, 141
연꽃심장 591 →심장연꽃
열망 277, 521, 601, 628
열망지熱望地 270
열매 310, 530; - 수여자, 310; - 의식, 129; →행위의 열매
열반 189, 288, 461-2; -적 체험, 461
염송念誦 23, 63, 72, 87, 107, 132, 234, 247, 337, 353, 365, 375, 413, 455-6, 467, 606, 726; -행자, 107; 구두-, 234, 365, 606; 내심-, 63, 234, 365, 606; 라마 -, 240; 본래적인 -, 375; 진정한 -, 591 →명호염송, 진언염송
영靈 47, 118, 183, 223, 364, 402-4, 423, 441-2, 521, 562, 587; 무한한 -, 363; 무형상인 -, 403; 영원한 -, 364; 보편적 -, 63; 절대적인 -, 363; 지고의 -, 21, 28, 47, 56, 66, 213, 225
영맥靈脈 92, 160, 267, 437, 458, 464, 541, 685-6
영체靈體 223
영혼 47, 55, 159, 179, 188, 224-5, 24, 250, 252, 256-7, 289, 431, 521, 593, 677, 714, 716; 개인적 -, 28, 47, 120, 158, 216, 224-5, 244, 452-3, 675; 깨달은 -, 25, 521; 우주적 -, 216, 224; 지고의 -, 225
5대 원소 55, 88, 438
오른돌이 228
오염 303, 387, 703; ; -심心, 542; -전소,

291; 세속친교의 -, 302
5원소 결합 317
옴(OM) 120, 667, 707; - 나마하, 667; - 명상, 659; - 소리 707
완성 40, 369, 717; -된 존재, 39 →싯다
완전지 341, 432, 551; - 안주 484; --충만, 342
"완전지가 브라만이다" 341
완전지아我 342-3
완전한 상태 462, 659, 691
완전함[완전성] 103, 153-4, 156, 170, 280, 287, 312, 367, 440, 462, 493, 537, 550, 560-1, 664, 707
외향심外向心 50, 128, 578
요가 32-3, 41, 68, 180, 200, 203, 206, 227, 235, 267, 350, 389, 482, 584, 640-1; -견見, 648; - 경전, 541, 635, 688; - 낙오자, 122, 635; - 수행, 214, 445-6, 584, 603; - 아사나 31; -의 길, 49, 64, 444; -의 달인, 67 →라자/지知/하타/행위/헌신 요가
요가-해탈 52, 54
요기 35-6, 43, 57, 92, 109, 185, 214, 357, 418, 437, 444-5, 482, 541, 640, 685-6, 691, 722
요기왕 631 →시바
욕망 26, 55, 70-1, 143, 227, 278-9, 351, 395, 441, 556, 570, 578-9, 601, 613-4, 636, 683-4
우빠데샤 489 →가르침; - 만트라, 711
우빠사나 97, 487-8 →수행, 숭배
우주 31-2, 57, 125, 129, 136-7, 190, 228, 230, 232, 266, 274, 309, 335, 343, 354, 408, 498, 512, 530, 555, 629-30, 649, 689, 725; -의 비실재성, 309, 451; -적 형상, 539

우주 의식 123, 190-1, 193, 356, 595, 621
운동기관 294, 318, 438, 629
운명 24, 60, 64, 205, 226-7, 249, 265, 385, 477
울람(ullam) 589, 590
원소-허공 572
원습原習 52, 91, 112, 138, 161, 186-7, 239, 308, 314, 347, 359, 426-7, 429, 457, 498, 596, 633, 686-8; -의 내적인 움직임, 698; -의 네 가지, 429; -의 자리, 687; -소멸, 495; 좋은/나쁜 -, 427
원인신原因身 388, 594-5, 691
원초신原初身/원초적 몸 230, 591
원초적 무지[어둠] 354
유상삼매 35, 376, 435-6
유성명상 633
유신해탈자 279
유희 356, 406; 라마 - 192; 마야의 -, 453
육체아 관념 306, 425-6, 436
윤회 482; -계, 56, 311, 700; 생사-, 62
은총 25-6, 43, 55, 57-8, 133, 175, 211, 233, 243, 264-5, 278, 285, 308, 348, 350-1, 394-5, 423, 447, 572, 598, 694 →신/스승의 은총
은폐(력) 153, 356, 388, 501, 540, 594-5, 638-9, 703
음식 42-3, 45, 52, 136, 186, 239, 279, 476, 620; -(의) 제한, 44, 173; - 조절, 603, 608
음식껍질 45, 294, 388
응념凝念 173, 204, 411-2
의식 26, 75, 83, 103-4, 106, 109, 115, 131, 152, 189, 190-1, 198, 203-4, 206-7, 212, 214, 222-3, 249-50, 282, 297, 309, 331-2, 379, 385-6, 460, 462, 471, 475, 480, 500, 510-2, 518, 529, 533, 538, 551-3, 589, 600, 649, 686, 691, 701; -의 빛, 424, 471, 621, 666; -의 힘, 444; 단 하나의 -, 75, 207, 212; 무한한 -, 104, 686; 반사된 -, 105, 190, 621; 상대적(인) -, 48, 331-2, 335; 생각을 벗어난 -, 641; 영구적인 -, 63; 절대적 -, 83, 106, 152, 187, 190, 212, 267, 309, 332, 335-6, 365, 432; 지고의 -, 59, 75, 103, 553; 참된[진정한] -, 105, 123; 추상적 -, 250; 투사된 -, 190 →'나'/'나-나' 의식, 단일성 의식, 순수한 의식, 존재/출현-의식, 진아의식
의식-자아 647
의식-지복 198
의식-허공 646-7
의심 72, 94, 242, 255, 259, 262, 310, 389, 489, 576, 680-2, 694; -과 혼동, 310; -하는 자, 172, 242, 262
의지 294; -력, 51, 139, 474, 517, 565
"이건 아니다, 이건 아니다" 66, 73, 152
이담(idam) 190, 294, 341, 343
이름 120, 497, 502-3, 648; -과 형상, 21, 35, 138, 156, 388, 461, 497, 725
이스와라 53, 55, 58-9, 90, 105, 118, 129, 191, 230, 272, 333, 349, 355-6, 367-9, 428, 432, 481, 518, 549, 551, 591, 632, 637, 639-40, 646-7, 691; - 뚜리야, 367; -의 힘, 453 →하느님
"이스와라, 스승, 진아는 같다" 211, 303, 572, 680
이원성 47, 67, 98, 134, 168, 174, 176, 234, 254, 289, 301, 304, 389, 414, 485-6, 497, 503, 518-9, 522, 529, 578, 630, 670, 679, 693-4, 709; -의 느낌, 263, 301, 303-4, 475, 486; -이 없는 그것, 497, 503

인간행 323
인격신 55, 141, 696
인드라 세계 401
인드라요니 325-6
인생단계 92, 298, 316, 482
인식파 309
일념심―念心 58
일념집중 49, 187, 259, 260, 291, 315, 376, 455, 591; 마음의 -, 142, 553, 620 →일여내관
일념헌신 727
일반지/특수지 432
일여내관―如內觀 82, 91, 197, 310, 320, 388, 620, 721-3
일체지―切知 170; -자者, 90
입말 508

자각 198, 204, 207, 310, 337, 393, 405, 518-9, 551, 564, 619, 672, 699, 703-4; -의 빛, 589; 순수한 -, 499, 699, 700; 완전한 -, 340, 672; 절대적 -, 335; 진아의 -, 231, 304, 519, 699
자그라프/스와쁘나/수슙띠 690 →생시/꿈/잠
자기 56, 65, 70, 88, 94, 110, 112, 114, 117, 120, 124-5, 130-2, 136-7, 148-9, 164, 166-7, 175, 212, 218, 242-3, 246, 254, 295, 318, 331, 344, 391, 417, 420, 426, 479, 487, 524, 532, 552-3, 563, 614; -로서 머무르는 것, 253; -와 몸의 동일시, 217, 219, 263, 396, 409; -의 다르마, 92 →진아
자기간택 697
자기광명[광휘] 376, 423, 484
자기돌이 228
자기비춤 220, 222
자기순복 53, 56, 64, 285, 302, 362, 448, 474, 683
자기자각 665
자기제어 448
자기주시 315
자기탐구 197, 245, 256, 289, 315, 320, 325, 356, 375, 377, 434-5, 446, 483, 554-5, 656 →진아 탐구
자다(jada) 677
자리 599, 635-6; 마음의 -, 126, 149, 687; 사랑의 -, 548; 원습의 -, 687; 의식의 -, 223, 539; 진아의 -, 57, 82, 687
자살(죄) 379, 492
자아 148, 164, 166-7, 188, 254, 301, 318, 364, 393, 404, 434, 485, 524, 625-6; -들의 진아, 225, 553; -의식, 649; 개인적 -, 269, 301, 509, 525, 582, 652; 높은 -, 393; 더 높은 -, 150; 보편적 -, 221, 408, 509; 우주적 -, 408, 539; 절대적 -, 723; 정상적 -, 73; 제한된 -, 46; 진정한[참된] -, 102, 106, 115, 158-9, 185, 220, 280, 292, 301, 335, 404, 407, 420, 442, 535, 663, 683, 692, 699 →진아; 의식-자아, 에고 자아
자아론論 368
자아상相 704-5
자연 55, 312, 418, 421, 549
자연진정조식 49
자유 57, 62, 65, 226, 724
자유의지 53-4, 56, 202, 206, 226, 385, 477
잠 94, 104, 305, 384, 396, 483, 714; -없는 잠, 26, 99; 깨어 있는 -, 158, 672
잠-생시 338 →생시-잠
장애(물) 25-7, 33, 58, 86, 121, 198, 215, 229, 237, 253, 265, 279, 283, 345, 351, 384, 511, 524, 571, 659, 726

전도지顚倒知 342
전변설 84
전수傳授 448-9, 486, 538, 554, 588, 598
전습前習 439, 656
절 407, 617
절대자 55, 85, 153-4, 190-1, 288, 309, 335, 451, 599, 601
절대지知 127, 462, 584
절대지식止息 173
점진창조론 155, 318, 432, 728 →점현론
점진해탈 593
점현론 432, 728
정념 267, 274, 366, 603, 712
정려靜慮 173 →명상
정체성 63, 323, 374; 거짓된 -, 77, 263-4, 467, 732; 그릇된 -, 104, 131, 292, 297, 323, 406, 442, 675; 오인된 -, 687; 진정한[참된] -, 701 →몸 정체성
제감制感 173, 204, 411-2
조대신粗大身 294, 594 →거친 몸
조식調息 72, 86-7, 173, 204, 314, 411-3, 504, 607, 685-6; 내적인/외적인 -, 86-7
존재 35, 52, 66, 78, 108, 129-30, 134, 146, 153, 196, 321-2, 392, 399, 405, 407, 421, 423, 441, 495, 510-2, 528, 542, 575, 584, 600, 628; -로 머무르는 것, 499; -의 상태, 251, 528, 668, 671; --의식, 83; -의 지知, 647; 가장 내적인 -, 436; 내재적 -, 647; 단순한 -, 193, 289; 단일한 -, 185, 356; 단 하나의 -, 407, 513; 무한한 -, 52, 112; 반사된 -, 542; 보편적 -, 635, 686; 불순수한 -, 108; 빛나는 (순수한) -, 355; 실재하는 -, 336; 영원한 -, 52, 112, 129, 153, 210, 511, 657, 706; 완전한 -, 673, 715; 원초적 (상태의) -, 124, 360; 유일한 -, 354,

360, 511; 절대적 -, 117-8, 136, 153, 236, 240, 423, 516, 600; 지고의[지고한] -, 28, 98, 212, 224-5, 284, 354, 356, 509, 525, 531, 597, 628, 637, 727; 참된[진정한] -, 161, 195, 295, 323, 370, 392, 456, 494, 528, 676; 하나인 -, 133, 354; 항상 체험되는 -, 592; 항존하는 -, 528 →순수한 존재
존재-의식 210, 671; 보편적 -, 686; 절대적 -, 600
존재-의식[지知]-지복 121, 210, 540
존재하는 것(=실재) 196, 311, 456, 665
존재하지 않는 것 197, 405 →마야
존재함 78, 135, 141, 511, 513, 519; -에 합일된 것, 138; 절대적인 -, 141
종교 124, 154, 165, 258, 548, 654, 717
죄 34, 121, 181, 396, 516, 613, 617
죠띠 272, 621 →빛
주시자 26, 105-6, 127, 129, 159, 192-3, 325, 529, 692, 731; 세 가지 상태의 -, 570; 일체의 -, 342; 항존하는 -, 129
주시처 301, 306, 437
죽음 31, 35, 65, 101, 106, 112, 138, 165, 196-7, 205, 217, 219, 223, 253, 258, 276, 292, 304, 330, 347-9, 363, 383, 389, 441, 443, 477, 481, 677-8, 715, 717; -의 공포[두려움], 112, 217, 348-9, 443, 561, 634; -의 신, 662
즉시해탈 593
즉현론卽現論 432, 728
지知 32, 41, 70-1, 79-80, 91, 100, 104-5, 120, 129, 146, 151, 170, 173, 186, 200, 203-4, 213, 220-1, 260, 301, 304-5, 311, 332, 341-2, 387-9, 401, 429, 437, 449, 525, 574, 590, 636; -의 길[방법], 31-2, 64, 115, 119,

358, 413-4, 437, 445, 497, 534, 628, 712, 727; -의 눈, 576; -의 불꽃, 191; - 수행, 444; - 수행자, 332, 437, 444-6, 719, 722; - 요가 490, 492, 641; - 원리 514; -의 7단계, 270; 그릇된 -, 292, 341-2, 564; 반사된 -, 542; 상대적인 -, 105, 220, 284, 304-5, 366, 395, 432, 646-7, 709; 순수한 -, 128, 130, 220, 222, 471, 574, 636, 645-7, 709; 전해 들은 -, 41; 절대적인 -, 104, 462, 704; 참된 -, 161, 293, 319, 390, 542, 560-1, 564, 722; 추상적인 -, 305 →절대지/진아지/진지

지각기관 294, 318, 576, 629

지견知見 56, 303, 408

지고아 146, 172, 191, 225, 289, 585, 699, 712 →빠라마뜨만

지고자 98, 103, 127, 135, 139, 152, 158, 214, 224-6, 283, 309, 368, 388, 475, 591, 691, 699; -의 것, 700

지바나디 685-6

지바 뚜리야 367

지복 33, 55, 64, 90, 129, 136, 162, 199-200, 210, 220-11, 233, 238, 250, 267, 269, 313-4, 360, 384, 387-8, 414-5, 481-2, 488, 547-8, 595, 629, 692-3, 695, 699, 720; -의 화신, 482; 내적인/외적인 -, 77; 무한한 -, 389, 689; 스스로 실재하는 -, 269; 순수한 -, 263; 영원한 -, 481, 706; 완전한 -, 55, 611; 원초적 -, 695; 지고의[지고한] -, 121, 221, 224, 379, 692; 진아의 -, 200, 360, 496, 509, 693; 참된 -, 595, 695

지복껍질 45, 220, 388, 695, 699

지복아至福我 348

지성 27, 44-5, 73, 85, 98-9, 128-9, 141-2, 208, 220, 223-4, 242, 409, 423, 432, 437, 510, 547, 550-1, 577 -8, 589, 639, 693, 699, 717-8; 내적 -, 128; 무한한 -, 550; 순수한 -, 250

지성껍질 45, 220, 222, 294, 342, 388, 463, 695, 699

지혜 33, 60, 71, 100, 205, 213, 221, 225-7, 235, 240, 385, 731; -의 제사, 70; -의 소견, 21, 242, 335

지화知火 230

직접지 91, 120-1, 321, 432

직접지각 270, 369, 485, 532, 575-6, 592

직접체험 186-7, 312, 510-2; -상相, 333

진리 41, 45, 60, 78, 98, 112, 122, 124, 137, 156-7, 166, 168-9, 201, 207-8, 211, 213, 258-9, 264, 303-5, 350-2, 394, 404-6, 409, 413, 417, 434, 438, 456, 469, 492-3, 500-1, 519, 522, 529, 532, 573, 581, 583, 591-2, 594, 626, 631-2, 656-7, 663, 678, 682, 689, 700, 718, 723, 725-6; - 가림, 569; -의 깨달음, 41, 233, 413, 446, 680; 궁극적인 -, 124, 437; 단순한 -, 120, 124; 본래적 -, 112; 영원한 -, 57, 148, 166, 678, 707, 723, 726; 유일한 [단 하나의] -, 250, 350, 392, 592, 635; 지고의[최고의] -, 425, 462, 654

진아 21-3, 25-7, 30-1, 33-5, 38-41, 43-4, 46-7, 57, 67, 70-1, 74-5, 77-8, 85, 97-102, 104-5, 109-10, 112-4, 120, 125-8, 135-7, 141, 146, 159, 163-6, 167-9, 172, 174-7, 180-3, 186-7, 200, 203-4, 207, 211, 214-5, 221-2, 225, 228, 230, 242-3, 246-7, 254-5, 261-9, 274-5, 279-80, 285-90, 296-7, 301-4, 318-21, 334-42, 346-8, 364-7, 372-3,

380-6, 388, 391-2, 403-7, 420, 422-4, 426, 431, 437-8, 441-3, 445-7, 457-8, 479-80, 485-7, 500, 510-2, 518-20, 524-5, 537, 550, 552-6, 560-4, 571-8, 581-3, 595, 597, 603, 624-5, 631-2, 636-8, 657-8, 669-70, 673-4, 679-82, 686-8, 691-6, 701-2, 709, 723, 726; -로서 안주하는 것, 238, 680; -를 아는 것, 62, 406; -에 대한 사랑, 215, 218, 372, 379, 429, 485; -에 대한 탐구[탐색], 74, 78, 80, 82, 119, 140, 261, 263, 268, 280, 315, 320, 327, 369, 416, 525, 552, 655-6, 680, 704-5→진아 탐구; -의 나툼, 31, 102, 175; -의 빛, 191, 198, 222, 423, 621, 632, 687-8, 709; -의 의식, 48, 228; -의 자리, 57, 82, 687; -의 중심, 71; -의 지知, 748; -의 충만함, 310; -의 힘, 584, 637; 내적인 -, 710; 단 하나의 -, 164, 166, 180, 364, 571, 704; 무한한 -, 38, 373, 480, 552; 비이원적 -, 574; 순수한 -, 85, 141, 200, 207-8, 216, 218, 267, 269, 297, 337, 342, 356, 628, 699, 731; 영광스러운 -, 443; 영원한 -, 112, 211, 390, 443, 477, 707; 의식하는 -, 112; 절대적인 -, 306; 지고의 -, 218

진아 깨달음 33, 37, 44, 48, 53, 55, 66-7, 89, 101, 110-1, 118, 121-2, 128, 144, 158-9, 171-2, 174, 188, 216, 222, 231, 254-5, 263, 290, 300-1, 323, 335, 347, 351, 369, 380, 389, 403, 420, 423, 434, 462, 467, 478-9, 495, 552, 556, 558, 560, 565-7, 590, 631, 657-60, 679, 682-3, 686, 694, 717

진아명상 283

진아 세계 597

진아안주 319-20, 389

진아의식 212, 592

진아지 142, 204, 259, 419-20, 462, 513, 553, 618

진아직각 495

진아집중 389

진아 탐구 187, 268, 377, 695-6, 707

진언 22-4, 51-2, 82, 89, 110, 132, 337, 461, 497, 503, 552, 606

진언염송 63, 110, 552, 606

진인 24, 60, 79, 89-90, 101, 114-5, 117, 139, 162, 176, 219-21, 240, 257, 270, 305-6, 332, 396, 425-6, 476, 484, 508, 528, 533, 573-4, 594-5, 658, 667-8, 696; -들과의 친교, 24, 149, 227, 236-7, 302, 314, 418, 495, 526, 579, 674→사뜨상가; -의 상태, 340, 427-8, 573, 672, 678; -의 행위, 426; 본연적 -, 198; -친교자, 579

진정한 상태 152, 279, 429, 570, 577, 636, 659, 665, 708

진지眞知 79, 90-2, 105, 117, 151, 161, 270, 279, 291, 310-1, 313, 351, 383, 419, 425, 427-9, 467, 484, 487, 495, 525, 566, 574, 576, 596, 640-2, 700, 703, 705-7; -의 징표, 676

집중 49, 52, 62, 67, 102, 122, 170-1, 217, 240, 263, 308, 364, 405, 435, 446, 524, 536, 567, 688; 마음의 -, 32, 62, 97, 455, 556, 620 →일념집중

집착 279, 296-7, 347, 530, 571

찌다까샤 646-7

찌따 162, 355, 589

찌뜨 46, 129-30, 190, 309, 487, 584, 645-6, 677, 699 →의식

찐마야 170

차별상 35, 59, 99, 154, 156, 198, 224, 266, 276, 311, 328, 335-6, 372, 402, 482, 487, 544-5, 583, 585-7, 630
차크라 91, 301, 475
참사람 135 →진인
참스승 489, 565
창조 55, 244, 293, 318, 360, 416, 425, 431-2, 501, 515, 518, 520, 616, 662, 675-6, 728; -의 목적, 416, 675-6; - 이론, 431, 727-8; 신/개인의 -, 293
창조주 141, 221, 230, 245-6, 360, 431, 453, 534, 616, 628, 632, 662
천상天上 64, 292, 497, 502, 591, 635
천신/마군 59
청문 41, 91, 259-60, 270, 376, 388, 721-2; 진리의 -, 122, 259, 310
청정신 591
청정심 542, 595, 642
체험 75, 161, 389; 항상 존재하는 -, 532
초능력 532 →싯디
초월단계 298, 316
초월생시 735
초월심 583
초월자 230
초월잠 735
총제總制 553, 688-9
최고선 271, 389, 475, 629
출가 265, 478; -수행, 610; 참된 -, 265
출현-의식 84
친견親見 83, 324, 399, 640, 648; 빛 -, 323; 보편아 -, 408 →보편상 친견
친존親存 24-5, 66, 106, 108, 274, 301, 305, 520, 529, 533; 보편적 -, 345; 스승[참스승]의 -, 161, 271, 680, 702; 진아의 -, 104, 529
침묵 40, 104, 147, 152, 155-7, 182, 195, 199, 239-40, 255, 286, 305, 449, 486-7, 499, 597, 631, 653-4; -에 의한 설시, 152; -의 언어로 설해진 진리, 104
침묵전수 487, 588, 599
카스트 243, 485, 584-7
큰 말씀 120, 134, 195, 352, 367, 388, 592, 598, 723

탄트라 106, 301, 478, 624; - 비이원론, 155; - 행법[수행], 199, 300; -파, 343-4
탐구 49, 72-4, 97, 110, 153, 169-70, 173-4, 186, 242, 378, 388, 416, 519, 656; -의 길, 49, 174, 234, 588 →자기탐구, 진아 탐구
탐구지地 270
태양신경총 685-7
텔레파시 36, 39
투사(력) 356, 388, 554, 594

팔상신八相身 704-5
팔정도八正道 41
8지八肢 요가 641 →라자 요가
평안 40-1, 55, 85, 108, 162, 174, 241-2, 254, 259, 273-4, 307, 315, 319, 327, 364, 440, 485, 524, 550, 572, 659; -의 지복, 162, 360; 내재적 -, 276; 완전한 -, 55, 257, 414, 598, 659, 716; 진아의 -, 366
평정심 350
평화 366, 515-6, 550 →평안
포기 149, 283, 591, 642, 712-3, 724; 비아의 -, 625; 완전한 -, 351; 집착의 -, 644; 참된 -, 642

하나 52, 185, 196, 354, 509, 572, 646, 704; 두 번째가 없는 -, 519, 707

하느님 59, 118, 124, 172, 224-5, 285, 312, 481, 497, 503, 512, 539, 628-9, 664, 690-1; -의 나라, 215→하늘나라; -의 두 발 481; -의 처소, 170; 우주[만물]의 -, 129, 232, 628
하늘나라 124, 335, 517, 543-6, 562
하리 496
하리남 496
하타 요가 72-3, 87, 199, 203, 216, 411, 413, 656, 695-6
한사(hamsa) 644
한정비이원론 151, 183; 시바파 -, 379
한정비이원론자 188, 216, 289
한정일원론 225, 362 →한정비이원론
한정자 103, 172, 417, 486, 649
한정하는 부가물 103, 417, 645 →한정자
할라할라 독毒 428
합일(무상)삼매 115, 197-8, 270, 347
해의 길/달의 길 267
해탈 24, 62, 68, 86, 91, 120, 144, 152, 160, 256, 270, 276, 279, 336, 384, 389, 399, 401, 499, 538, 548, 578, 604-5, 616, 618, 633, 638, 726-7; -의 지복, 387-9; -인因, 144; -희구, 270; -희구자, 401; 몸과 함께하는 -, 220; 최종적 -, 306, 594-5 →사후/생전해탈
해탈자 65, 226, 279, 424, 539, 572; -들의 세계, 591 →무신/유신/생존해탈자
해탈존자 572
행복 100, 110, 204, 224, 236-7, 239, 251, 269, 322, 327, 342-3, 346, 372, 387, 399, 413-4, 483, 515, 523-4, 564, 603, 629, 659, 693-5, 706-7; -맛보기, 384; -에 대한 욕망, 603, 694; 본래의 -, 352; 내면의[내적] -, 229, 560; 성품인 -, 314, 323, 614; 진아의 -, 694

행복좌 31
행위 33, 44, 69-70, 72, 78, 93-4, 96, 113, 142-3, 161, 179, 200, 226-7, 235, 279, 289, 323, 338-40, 350, 377, 425-6, 471, 497, 500, 537, 668, 703, 713; -가, 177; -의 기술, 350; -의 길, 50, 149, 712; -의 열매, 69, 226, 413, 582; 비이기적 -, 642
행위 요가 38, 142, 482, 500, 641, 713
행위 요기 177
행위자 69, 93, 98, 143, 226, 323, 339-40, 350, 425-6, 471, 482, 495, 703, 713; -(라는) 느낌[관념/의식], 33, 69, 72, 78, 94, 144, 229, 482; - 의식 없는 행위, 713; 큰 -, 530
향유享有 204, 226, 349, 427, 596, 632; -로만 끝나는 활동, 427; -원습, 347, 596; -인因 347, 567, 596
향유자 143, 226, 250, 632; - 관념, 594
허공 514, 554, 645-6; - 원리, 513, 589; 물리적 -, 646; 순수한 -, 268, 595, 645; 심적 -, 513; 초월적 -, 514 →마음/원소/의식-허공
헌가 513, 666
헌신 49, 53, 70, 95, 110, 171-4, 200, 206, 225, 235, 261-2, 278, 289, 331-2, 350, 389, 429, 476, 480-2, 486, 512, 525, 534-5, 579, 612, 655, 712, 726; -의 길, 55, 64, 262, 414; - 요가, 490, 641; 지고의 -, 727→빠라 박띠; 참된 -, 319
헌신가 119, 177, 289, 332; 참된 -, 640
현견론現見論 155, 425
현현자 633
형상명상 97
호흡 제어 51, 61, 86, 159, 173, 206-7,

236-7, 364, 385, 459, 503-4
호흡 조절 50-1, 63, 173, 460
홀로 있음 37, 74, 76, 175, 523, 546
화신 333, 533; 신의 -, 522; 진아의 -, 447
환幻 31-2, 38-9, 53, 162, 164, 213, 309-10, 501-2, 631-2, 648; 조건지워진/조건지워지지 않은 -, 344
환멸幻滅 480, 648
환생 31, 61, 64, 151, 159, 161, 166, 182, 187, 193, 256, 273, 295-6, 323, 336, 347, 363, 404, 441, 443, 457, 492, 494, 566, 593, 617-8, 714-5
환영幻影 49, 132, 163, 263, 328-30, 344-5, 382-3, 455, 510-2, 539, 592, 707; 신의 -, 433-4, 698
활동성 438 →라자스
황홀경 176-7, 198, 313, 345-7, 686, 698
흐리다얌[흐리다야] 125, 177, 541, 639
흑마술 596-7
희열/환희/대환희 627, 695
히라냐가르바 439, 563, 591, 640, 647, 690
힘 37, 56, 64, 139-40, 182, 227, 283, 314, 319, 356, 407, 578, 595, 636; 인도하는 -, 448; 지고의 -, 215, 578; 원초적 -, 222; →더 높은 힘

## 2. 경전, 저작, 정기간행물

『가르바 우파니샤드』 685
「가르침의 꽃목걸이」 141 →「영적인 가르침」
「가르침의 핵심」 77, 200, 234-6, 334, 416, 424, 500, 527
『가우다빠다 주석송』 450 →『만두끼야 주석송』
『깜바 라마야나』 468-9
꾸란(코란) 283
「나는 누구인가?」 149, 282, 308, 367
『냐네스와리』 178
「다끄쉬나무르띠 송찬[8연시]」 23, 142, 467, 630
『다르마』 485
「데비깔롯따람」 596
『도덕경』 660
『동쪽으로 향하라』 569
「드러난 진리」 24, 29, 369, 378, 474
『따이띠리야 우파니샤드』 214, 531
『떼바람』 592
『떼조 빈두 우파니샤드』 221
『뜨리뿌라 라하시야』 342, 688
『뜨릴링가』 291
「띠루무루하뜨룹빠다이」 371
『띠루바짜감』 61, 229, 233, 331
『라구비란』 358
「라마크리슈나 비자얌」 366
『라마야나』 358, 468
『랄리따 사하스라나마』 475
『리부 기타』 228, 334
『마하바라타』 202, 304, 316, 530
『마하라자 뿌라부』 724
『마하 요가』 501
『만두끼야 우파니샤드』 591
『(만두끼야) 주석송』 425, 451
『문다까 우파니샤드』 221
「문자혼인화만」 28, 499

『밀라레빠의 생애』 31
『바가바드 기타』 →『스리마드 바가바드 기타』
『바가바땀』 →『스리마드 바가바땀』
『우빠마뉴 박따 빌라스』 660
『박따 짜리따』 610
베다 29, 57, 60-1, 152, 167, 191, 497, 503, 508, 541, 555, 591 →우파니샤드
『베단타 쭈다마니』 508, 690
『분별정보』 86, 342, 387, 463, 694, 699
『(브라마)경소經疏』 369, 451
『브리띠 쁘라바까라』 369
『브리하다라니야까 우파니샤드』 218, 578, 597, 635, 694
『비밀의 길』 83, 159, 172, 218
『비밀 이집트』 163
『비밀 인도에서의 탐색』 25, 75, 213, 218
「비전」 387, 520, 557, 648
『빤짜다시』 293
뿌라나 163, 428, 431, 538
『뿌루샤 수끄따』 725
『쁘라붓다 바라따』 80, 440
『사자死者의 서』 31
「선데이타임스」 272
성경 109, 181, 199, 201, 215, 335, 378, 475-6, 493, 546, 663, 674
『소小 바쉬슈타』 108
『수따 상히따』 316
『스깐다르 아누부띠』 147
『스깐다 뿌라나』 316
『(스리) 라마나 기타』 89-91, 121, 206, 437, 457, 644, 689
『(스리마드) 바가바드 기타』 61, 92, 108, 119, 122, 133, 165, 181, 188, 193, 199, 208, 219, 276, 285, 303, 311, 315, 372, 383, 417, 419, 450, 469, 484, 492, 530, 624, 632, 640, 697,
724-5, 727
『(스리마드) 바가바땀[바가바따]』 178, 268, 304, 316, 731
스루띠 146, 495, 622, 720, 727
『시따 우파니샤드』 22
『시바난다 라하리』 480
『시바 뿌라나』 231
「실재사십송」 81, 98, 474, 597
「실재지」 584, 628, 711 →「실재사십송」
「실재사십송 보유」 268
『실재직견소』 501
『아뜨마 비디야 빌라사』 414
『아루나찰라 마하뜨미야』 527
「(아루나찰라에 바치는) 다섯 찬가」 28, 232, 287
「아루나찰라 8연시」 28, 354
「아리야 다르맘」 626
『아바두따』 133
『아빠록샤 아누부띠』 695
『아쉬따바끄라』 133
『아쉬땅가 흐리다얌』 398
『아이따레야 우파니샤드』 342
「압빨람의 노래」 630
「영적인 가르침」 327
『완전한 스승』 468
『요가수트라』 152, 204, 553
『요가 바쉬슈타』 30, 73, 108, 151, 169, 208, 220, 273, 293, 383, 458, 460, 475, 499, 571, 595-6, 598, 688, 722
「우마 사하스람」 371
『우주 의식』 378
우파니샤드 28, 89, 92, 111, 113, 120, 125, 133, 142, 199, 206, 214-5, 316, 372, 417, 431, 464, 501, 541, 593, 685-6, 690, 719
『이샤 우파니샤드』 402

『인도철학』 450
『진아 깨달음』 300, 304, 457, 464
「진아지」 403, 419, 647
『찬도갸 우파니샤드』 134
타밀 국어사전 467
『탐구의 바다』 178, 368-9, 384
「탐구의 요지」 621
『티베트 밀교』 31

「하라 사하스람」 371
「하리잔」 381, 719
『할라시야 마히마』 90
『해탈정수』 121, 127, 161, 186, 403, 476, 596, 699, 727
「(현대) 심리학 리뷰」 444, 457, 475, 644
『히말라야의 은자』 272
「힌두」 106

## 3. 신, 고대의 진인, 옛 성자, 경전 인물

가나빠띠 92
가루다 379
가우다빠다 425, 451-2
가우따마 429, 729
가우리 샹까르 729
고라 꿈바르 433
고라끄나트 370
구하(이) 나마시바야(르) 502, 568
까두벨리 싯다르 507
까르나 215, 703
까운디니야 729
깜바(르) 281-2, 468
께샤바 497, 503
꾼띠 418, 703
꿈바 658
나마데바 612 →남데브
나마 시바야 502 →구하 나마시바야르
낙끼라르 371
난다나르 229, 419, 569
남데브 433-4, 497, 502-3, 648
남말와르 225, 362, 566
(냐)삼반다르, 띠루 290, 467-8, 608-11, 660

난데브 433
노자 660
다끄쉬나무르띠 35, 40, 85, 104, 118, 155, 157, 255, 367, 449, 487, 598, 632
데바끼 678
데바야나이 241
듀로다나 202, 611
드라우빠디 130
디르가 따빠시 30
따유마나바르 147, 348, 378, 449, 450, 652, 654, 662, 720
똔다라디뽀디 알와르 505
뚜까람 612, 648
뚤(라)시다스 468, 612
띠야가라자 503-4
따쁘와로야르[따뜨와 라야르] 274, 724
라마, 스리 63, 87, 152, 192, 194, 232, 347, 375, 494, 504-5, 608, 648, 703, 722
라마누자 199, 485
라마크리슈나, 스리 64, 182-3, 200, 266, 306, 405, 430, 432, 493, 649

라마 띠르타, 스리 630
라바나 118, 472
락슈마나 232
루드라 691
리샤바 298
릴라 151, 273
마니까바짜가르 28, 229, 414, 513
마다바짜리야 302
마돈나 440, 463
마르깐데야 481
마헤스와라 61
모세 583
바마데바 347
바수데바 311
바쉬슈타 60, 65, 347, 401, 494, 722
바울, 성 117-8
발리/데바야나이 241
발미끼 60, 468
붓다 41, 245, 288
브라마 221, 245, 515, 530, 593, 631, 662, 691
브라마나스와미 465
비디야라니야 96
비슈누 58-9, 226, 232, 237, 333, 360, 412, 430, 523, 612, 690, 703, 728
비슈와미뜨라 65, 95, 472
비야사 429
비토바 115, 433-4
빠딴잘리 152, 203-4, 486, 553
빠라슈라마 273
빠르바띠 194, 214, 232, 370-1, 608
빠르타사라티 81
빠리끄쉬뜨 509
빠빠 30, 293
빤군니 527
빤두랑가 115

빤디야 왕 729
뿌냐 30, 293
쁘라부링가 370
쁘랄라다 360
사꾸 바이 115
사나까 221, 631
사나뜨꾸마라 631
사나뜨수자따 631
사난다나 631
산디삐니 347
삼브리따 273
샴부 232
샹까라(짜리야), 스리 39, 66, 69, 147, 156, 199, 200, 309, 343-4, 387-9, 451-2, 480, 485, 631, 712-3
소크라테스 731
수까 72, 221, 298, 316, 429, 509, 566
수브라마니아 241, 317
슈웨따께뚜 134, 689
스와루빠난드 274
시따 152, 194, 232, 472
시바 →1.
시키드와자 73, 460, 657, 721
아디띠야 70, 201, 276, 678
아루나찰레스와라 660
아르주나 70, 72, 78, 93, 165-6, 201, 215, 225, 276, 285, 408, 493-4, 539-40, 678, 713, 732
아바두따 43
아브라함 166
아빠르 295, 513
아쉬따바끄라 390
아슈와따마 509
아짜리야, 스리 86, 183, 704, 713
  →샹까라
아할리야 220, 383

알라마 370-11
압바이 281, 465
야마 662
에끄나트 115
에스텔라, 성 366
엘리사 229
예수 (그리스도) 39-40, 117, 201, 443, 544
우마 512 →빠르바띠
우빠마뉴 610
웃달라까 134, 137
유스티니아누스 351
이스와라 →1.
익슈와꾸 165
인드라 220, 383

자나까 72, 79, 176, 351, 364, 390, 401
자다 바라따 211, 298, 347
짜이따니야, 스리 64, 338
쭈달라 73, 458, 460-1, 657-8, 721
카비르 80
크리슈나, 스리 38, 63, 70, 72, 78, 87, 93,
    115, 132-3, 149, 165-6, 200-1, 215,
    276, 284, 311, 338-9, 347, 376, 408,
    430, 493-4, 509-10, 530, 539, 566,
    608, 612, 678, 698, 713, 732
테레사, 성녀 440, 463
하누만 358
히라냐샤 728

## 4. 헌신자, 방문객, 현대의 성자, 기타 인물

가나빠뜨람 556
가나빠띠 무니[샤스뜨리], 까비야깐따 84,
    371, 401-2, 456, 587, 619, 687
가나빠띠 샤스뜨리, V. 630, 643
가스크 부인 549
간디(지), 마하트마 149, 302, 566, 583,
    586-7, 601-2, 611-2, 719-723
고빈다 요기 719
공그레이프 부인 441
굴(바이) 바이람지 208, 254
굽타, V. 597
그란트 더프 28, 37, 108, 116, 485, 501,
    503-4
까마꼬띠 삐땀의 샹까라짜리야 216
꾸뿌 아이어 527
꾼주 스와미 472
꿈바꼬남의 싯다 147

끼쇼렐랄 (마쉬루왈라) 565, 567
나뻬샤 아이어 58
나라야나 구루, 스리 719
나라야나 레디 458
나라야나 아이어 661
나라싱하 스와미, B. V. 45, 151
나야나 371, 687 →가나빠띠 무니
나트베를랄 빠레크 320
노울즈 83
뉴턴 428
다다바이 나오로지 580
다르 부인 529, 523
다스, B. C. 223, 226-8, 233
단다빠니 444
더글라스 에인절리 28 →그란트 더프
던컨 그린레이스 73, 268, 333, 338
도드웰 부인 405, 409

띠루말빠드 419
라가바이아, T 74-5
라다까말 무커지 103, 106
라다크리슈난, 사르웨빨리 29, 450-2, 485
라마나탄, P. 719
라마무르티, S. V. 74-6
라마 샤스뜨리 358
라마짠다르 125
라마짠드라 아이어 77
라마크리슈나 스와미 232
라만, C. V. 422
라이트, C. R. 135
라젠드라 쁘라사드, 바부 577, 580, 583
라주 샤스뜨리갈, 스리 106
락슈만 브라마짜리 152, 159
랑가나타 아이야르 634
랑가나타 아이어 630
랑가나탄, S 74, 92
랑가스와미 237
랑가스와미 아이엥가(르) 357, 398-9, 689
랑가짜리 144
로리, J. M. 580
로시타 포브스 부인 522
로우먼 599
(루르나) 제닝스 부인 366, 377, 380
리나 사라바이 167
마다바스와미 134, 397-8, 710
마더 181, 195, 215
마하데바 샤스뜨리 484
마하라자, 뜨라반꼬르 415
마하라자, 마이소르의 415
맥키버 588, 595-6, 628
머스턴 부인 700
메르세데스 데 아꼬르따 643, 652
메이스, G. H. 158, 485, 557
메이요 양 260

메허 바바 468
무달라이아 스와미 400
무루가나르 420, 513, 551
바그너 674
바빠스리 샤스뜨리 371
바르마 218
바수데바 샤스뜨리 464
바이디야나타 아이어 257
바이디야링감 529
바하울라 156
발라 까끄 다르 624
번하드 베이 113
베이트먼 여사 665, 667, 670, 673
벤까따 라오 428, 472
벤까따크리슈나야 666
보스, A. 230, 234, 319, 379, 423, 450
보스, J. C. 421
브라마난다 요기 216
브룩스, F. T. 484
브리즈니라얀 496
비베카난다 (스와미) 182-3, 266, 448, 493, 598
비스와나타 아이어 458
빠다난다 399
빠르키 319, 345, 399
빤날랄 496
빤데 552
빤디뜨 말라비야 719
빨라니스와미 116, 256-7, 397, 465, 526
뻬루말스와미 260, 317
(뽀빠똘랄) 로하라 234, 236
뿌반 324
쁘라까샤 라오 162, 164
사가르물 311
사띠야나라야나 라오 705
사이에드, 모하메드 하피즈 147, 149,

273-4, 282, 285, 287
사헤바 (마하라니) 248
샤르마, K. L. 28, 81, 513, 630, 710, 712
샤만나 331, 407
샤스뜨리, V. G. →가나빠띠 샤스뜨리, V.
샨띠 데비 273
샨무감, G. 390
서머싯 몸 617
세샤기리 라오 69
셸리 382
소마순다라 스와미 645
수리야나라야나 샤스뜨리, S. S. 513
수브라마니아 아이어 391
숩바라마이야, G. V. 284, 400, 408, 467, 661-2
숩바 라오 152, 183-4, 188, 205
숩바이어 470
쉬린(바이) 바이람지 208, 254
스리다르 350
스와미 람다스 192, 520
스와미 로께샤난다 424, 432, 435, 437
스와미 바라따난다 557
스와미 요가난다 135
스탠리 존스 543
시따라마이아 553
시바쁘라까샴 삘라이 330, 704
아난따짜리 662
아루나짤람, N. S. 456
아이야사미 526
아이어, K. K. V. 318
아이어, K. R. V. 327, 377
아이어, K. S. N. 102, 107-8, 378
아이어, T. K. S. 91, 240, 325, 589, 591
아인슈타인 428
안나말라이 526
안나말라이 (스와미) 610, 612-6, 618, 621,

662
알렉산더 셀커크 523
암리따나타 719
에까나타 라오 76, 78, 96-7, 107, 229, 350
에드워드 카핀터 121
에머슨 242
에밀 가티에 664
에번스-웬츠 31, 33, 35, 37, 42-3
에이브러햄 링컨 180
엘랍빠 쩨따이아르 41, 160
엘루타짠 358
오로빈도, 스리 177, 181, 215-6, 583, 586
올리베 라콩브 199
와드 잭슨 679, 680
요기 라마이아 66, 529, 531
우마데비 양 294
자다 (빠드마나바)스와미 397, 465
자르카 205
잠날랄 바자지 577-8, 580
조지 5세 왕 241
존 우드로프 29
지나라자다샤 부인 403, 545-6
쫄까르 337
채드윅 소령 117, 121, 123-4, 163, 174, 190, 229, 546, 590, 593, 617, 619, 727
초프라 648, 655
켈리 171
켈리 해크 부인 172, 708
코헨 174, 176, 203, 213, 222, 294, 324, 461
쿠에 박사 535
크리슈나, 라지 697
크리슈나, S. 387
크리슈나무르티 455
크리슈나무르티, J. 71, 245

텔랑 484
토머스 (교수) 29, 484
톰슨 724
티보 484
파스칼린 말레 569, 665-6
포우프, G. U. 229
폰 펠트하임-오스트란 142
폴 브런튼 29, 31, 36, 75, 83, 141, 147, 149, 159, 163, 165, 213, 218, 263, 272-3, 290, 328, 400, 556, 569, 596, 603, 659
프리드먼, 모리스 22, 108, 143, 149, 176, 192, 194, 245, 323, 410
피곳 부인[여사] 25, 42, 44
피어스, F. G. 267
허스트/크레이그/앨리슨 부인 515
헤이그 652
헨리 핸드 178, 184, 187-9
힉 리딩 부인 657, 669, 679, 680

## 5. 조직, 단체, 회의

간디봉사단 565
교원길드 730
동양회 484
스리 라마크리슈나 포교원 152, 159, 571, 573
스리 오로빈도 아쉬람 195
신지학회 403, 461-2
신지학 회의 157
아난다쉬람 497
아리야 사마즈 584
인도국민회의 602
파리대학교 인도문명연구소 199

## 6. 지명

간다라 숲 135, 552
고아 350
괄리오르 267
구루무르땀 107, 527, 650
군뚜르 358, 382, 472
까마꼬띠삐땀 216
까말랄라야 539
깐한가드 497
깔라하스띠 611
꼬까나다 82
꼬다이까날 664
꾸르그 602, 606
꾸르딸람 510
나거르꼬일 77
네팔 551, 708
넬로르 239, 284, 400, 408
뉴욕 469
뉴질랜드 515
닐람부르 419
다루까 숲 428, 597
델리 132, 218, 602
독일 142

딘디걸 271, 706
딴조르 295
띠루꼬일루르 238, 609
띠루넬벨리 729
띠루바루르 538-9
띠루바이야르 295
띠루반나말라이 80, 107, 116, 140, 264,
    290, 386, 395-6, 415, 527, 580, 609,
    650, 731
띠루베다감 468
뜨라반꼬르 415
뜨리반드룸 484
뜨리찌 327
뜨림바끄 234
띠루쭐리 728-9
라지코트 640, 719
라호르 698
람나드 729
랑카 358
러크나우 264, 291, 400
런던 191, 263, 336, 515
리가 29
마다나빨리 73
마드라스 29, 36, 42, 352, 479
마드라스 관구 41
마두라(이) 116, 470, 547, 685, 729
마마라뚜 산굴 465
마술라 110
마이소르 159, 271, 293, 331, 415, 488,
    576, 624
묵티나트 708
물라이빨 띠르타 465
미국 38, 171, 182, 188, 551, 580, 582
바로다 320
방갈로르 149, 277, 482, 584
베나레스 36, 425, 539, 684

베르사유 665-6
베즈와다 162
벨로르 74, 144, 731
벵골 103, 603
봄베이 149, 188, 195, 230, 311
비루팍샤 산굴 107, 116, 324, 400, 414,
    526, 643, 650
빠발라꾼루 107, 397
빠짜이암만 사원 107, 651
빠탈라 링감[링가] 107, 668
빤다르뿌르 116
빤디야 왕국 729
뽄디체리 93, 201, 644
뿌나 337, 399
뿌두꼬따 74, 710
뿌리 216
살렘 160, 391
쉬얄리 608
스깐다스라맘 107, 116, 299, 400, 526
스리 라마나스라맘 107, 534, 610
스위스 595
스페인 560
실론 491
싱가포르 648
아난타뿌르 177
아디야르 403, 441
아리야나이날루르 609
아루나찰라 36, 163, 228, 230-3, 287-8,
    498, 502, 527, 538-9, 568, 608-10,
    729
아마르나트 708
아말라뿌람 205
아메다바드 208
아바르따뿌리 728
알라하바드 287, 496
암발라 125, 130, 139

유럽 38, 40, 328, 514
인도 550, 580, 601
자바 441
잘레스와르 216
중국 560
쩽감 642
쭈달로르 56, 470
쭈답빠 216
찌담바람 419, 538-9
카일라스[카일라사] 36, 58, 163, 295,
370-1, 708
캘커타 484
코친 569
파리 200, 485, 535
펀자브 139, 534
폴란드 194
하르드와르 188, 693
해협식민지 526
호스뻬 708
히말라야 36, 163, 188, 551

## 7. 바가반의 회고 등

개미, 거미, 말벌을 관찰함 281-2
까비야깐타 가나빠띠 무니 371
깔리야만따빰에 변장하고 머무르기 397
단생 말벌과 애벌레들의 변신 651-2
담배를 사용한 어부들 651-2
도움을 준 마울비 116
두꺼비, 공작, 표범, 개구리를 관찰함 357
마두라이에서의 두통 470
마두라이에서 입지 않았던 샅가리개 470
마두라이에서의 절도 사건 685
망고나무 산굴에서 화만 엮기 397
목동 뿌반이 잃어버린 양을 찾은 일 324
목동 소녀를 도와준 일 400
몽구스 사건 116

빠탈라 링감에 머무르기 397
빨라니스와미, 아이야사미, 안나말라이 526
사원 경내 나무 밑에서 추운 밤 보내기 397
소년 아루나짤람이 지은 시 456-7
심장중심을 체험한 사건 457, 464
『아쉬땅가 흐리다얌』 읽어주기 398
앉은뱅이가 아루나찰라에서 걸은 일 527
자다 빠드마나바스와미에게 대접 받기 397
자다 빠드마나바스와미에 대하여 397
자다 빠드마나바스와미의 예공을 돕기 397
코코넛 즙을 바가반에게 들이붓기 643
한 소년을 때리기 465
환각제의 체험 396-7

## 8. 대담 기간 중의 사건

군뚜르에서 온 죽은 소년 382-3
그란트 더프에 대한 말씀 29-30
그란트 더프의 체험 30

노인의 깨침 28
당신을 중상하는 말들에 대한 말씀 260
당신의 책 지식에 대한 말씀 469

"동쪽으로 향하라"에 대한 말씀 569
마라티 부부 411
마라티 여성 410
말기암 환자를 보러 가기 705-6
무욕업을 보여줌 144-5
바가반에 대한 법원의 신문 298-300, 316-7
바가반의 친존을 벗어나 날아간 공작 145
바가반이 냐나삼반다르 이야기를 읽다가 목이 멤 467-8
바가반이 약들을 거부함 398-9
바가반이 함께 먹는 음식만 받는 개들 145
바가반이 휴식 도중 방문객들을 위해 밖으로 나옴 709
브라민 소년의 바이꾼타 체험에 대한 편지를 낭독함 523
브라민 청년의 히스테리 81

사원 소송과 관련하여 하신 말씀 568
산림 관리인의 이야기를 낭독함 543
살아서 움직이는 듯한 바가반 사진 290
선물에 대한 말씀 432
소파에 대한 말씀 724
아이의 공양에 대한 말씀 640-1
어린애와 놀던 원숭이 25
오렌지를 뱉어낸 데 대한 말씀 366
일자리를 바라는 미친 젊은이 326
지팡이를 돌려줌 248
쩽감에서 온 아이에 대한 말씀 641
참새의 하소연 710-1
책벌레들에 대한 말씀 376-7
총명한 소녀 410
『뜨릴링가』에서 소년 환생담을 읽음 291
한 수행자의 신비 체험 361

## 9. 비유

가루다 관념의 효과 379
가죽에 벼리는 면도칼 50
가지와 잎들 사이로 보이는 달빛 343
개구리와 요기 357
개와 돌; 코끼리와 나무 626-7
거미와 거미줄 47
거울 속의 상[대상들] 142, 309, 498, 502, 595, 632, 645
거울이 투명한 거울을 마주하기 556, 595
거품과 바다[물] 120, 169, 179, 181, 701
고기와 낚시꾼 432
고무공을 벽에 던지는 거리와 마음 613
공간과 물건 치우기 254
교통수단의 이동과 덧씌움 111, 264, 336, 667, 731

구두쇠와 보물 457
구름 낀 밤 307
그림 그리기와 캔버스[화포] 392, 694
근원으로 돌아가는 물 442
금과 장신구들 27, 65, 442-3, 479-80, 725
까마귀의 눈 340, 613
꽃에서 모은 꿀 134, 138
꿈속에서 왕에게 봉사하기 454
꿈속에서 죽은 아버지를 보기 453-4, 619
꿈속의 건물 716
"나는 사람이다"라고 생각하는 사람 59, 210, 218, 654, 663
나란히 누워 자는 친구들 중 한 명이 꿈을 꾸기 425, 574, 668
나무의 가지치기 563

달구지[마차]에서 잠자기 198, 338-9, 668
달을 반사하는 물그릇 633
돌아가는 팽이와 진인의 무위 660
두 가지 기능을 하는 코끼리 코와 뱀눈 340
두통을 없애기 694-5
띠루반나말라이로 가는 길 묻기 395
라마가 비슈누인 것 703
렌즈를 통과한 햇빛이 솜을 태우기 699
로켓처럼 솟구치는 나방과 에고 689
말뚝에 매어 둔 소 689
말을 타는 사람과 말 87
매 발걸음에 주의하지 않고 걷기 168, 338
모든 강이 흘러드는 대양 654
모충과 같은 에고 307
무명천과 실 510
무서운 짐승 꿈에서 깨어나기 703
물동이를 나르는 여자들 240
물 밑에서 수면으로 올라오려는 사람 53
물 밑의 잠수부 439, 692
물 밖으로 꺼내주려고 뻗은 손길 447
물방울에 합일되는 바다 80
물속의 고기가 목말라 하기 231
물속의 소금 135, 139
물에 뜨는 물체를 가라앉히기 236
물에 비친 그림자의 흔들림과 빛 167
물에 잠긴 사람이 목말라 하기 231
물을 물기 없는 물로 만들기 247
물을 채워 저수지에 넣은 항아리 645
물이 목말라 하기 231
바꾼 곡식 68
바다 같은 강 221, 332
바다로 들어간 강 134, 138, 198
바다 속의 소금인형 22, 306
바다와 싸락눈 알갱이 361
밧줄과 뱀의 비유 46, 66, 130, 343, 354, 368, 451, 645

배경의 빛을 반사하는 수정 445, 687
버터를 뽑아내기 위해 응유를 휘젓기 389
벌겋게 달구어진 쇠공 130
불에서 일어나는 불꽃 306
불에 알코올[석유]을 끼얹기 570, 603
불에 타버린 밧줄 306
불의 시험과 정직성 135, 139
빛의 홍수 속에서 지나가는 그림자 727
사슬을 쥐고 있는 코끼리 308, 359, 460
사자와 코끼리 448
석녀의 아들 451
석탄, 숯, 화약의 점화 174
설탕이 그 자신의 단맛을 보기 224
세탁부와 빨래 502
손바닥 안의 구스베리 41
쇳가루와 자석 183
숲 속에서 길을 잃은 사람 135, 138
스크린으로서의 뇌 687-8
신기루(의 물) 53, 344, 451-2
실에 꿰인 염주 311
씨앗과 나무 138, 498, 617
씨앗의 발아와 성장 190
아내가 셋인 사람 426
악어를 타고 강을 건너기 443
안정된 불길 436
암탉과 병아리들 307
야생사슴을 잡기 위한 미끼 사슴 450
약한 사람과 강한 사람 266, 308
어린 새와 어미 새 326
어린아이와 신 467
어린아이와 진인 24
열차 승객과 짐 448, 582
염소 무리 속의 사자 새끼 214
영화의 비유, 스크린과 화면들 27, 97, 101, 190-1, 211, 248, 339, 512, 518, 528, 533, 560, 572, 638, 667, 709, 730

요새 안의 적들 52
우리[외양간]를 나가려는 소 228, 359, 623
우물에 잠겨 있는 두레박 198
우물을 파서 물을 얻기 246
원동력을 공급하는 발전기 222
원래의 덩어리와 재결합하는 쇠공 445
원숭이를 생각하지 않고 약 먹기 169, 662
위로 던진 돌 441
유령으로 착각한 시커먼 물체 681
이야기를 듣는 것처럼 보이는 사람 668
자기 그림자 파묻기 168
자기 머리 그림자 붙잡기 555
자기 목에 걸려 있는 목걸이 100, 213-4, 254, 367, 384, 564, 574, 673
자나까가 발견한 도둑 79, 364
자는 아이에게 음식 먹이기 198, 530, 668
자신의 친부모를 모르는 까르나 215
자신의 파도를 모르는 바다 78
자장가의 비유와 나다 170
전선 속을 흐르는 전기 255
잘린 나무가 다시 자라기 135, 138
장뇌가 불에 타기 172
절름발이의 큰소리 81
젖꼭지로 빠는 젖 362
종이와 글자; 신문과 기사 196, 243, 512
진주조개 잠수부 503, 538

짐을 이고 가는 인부 219
침묵으로 남편(감)을 가리키기 152, 697
큰 나무 밑에서 자라는 어린 나무들 521
탑의 조각상 98, 448
토끼의 뿔 58-9, 599
파도 없는 바다 436
프리즘과 일곱 가지 색 571
플랜틴나무의 순 35
하층민 가정에서 길러진 왕자 215
항아리 안의 물 685
해를 보기 53, 127, 395, 636
해와 달 126, 456, 523
해와 세상 속의 행위들 529, 537
해와 아루나찰라 498
해와 어둠 394, 613, 636
해와 연꽃 498
햇빛에 노출된 감광판 354
햇살 속의 티끌들 28
허공, 수정, 또는 빛을 응시하기 50
허공의 꽃 451
헛되이 날개로 새장을 치는 새 522
호랑이 입 안의 먹이 100
환자와 약[의사] 323
황달에 걸려 일체를 노랗게 보기 618
회당에 들어왔다 떠난 왕 551

## 10. 이야기, 우화

경찰관으로 가장한 도둑 76
까두벨리 싯다르의 이야기 507-8
낚끼라르가 어떤 영에게 잡혀간 이야기 371
남데브와 **비토바** 이야기 433-4
냐나삼반다르가 자이나교도와 대결함 467-8

냐나삼반다르의 생애에 대한 이야기 608-9
다르마뿌뜨라와 듀로다나 611
돌멩이를 소원성취석으로 착각하기 460
두 다리를 쓰게 된 꾸뿌 아이어 이야기 527
따뿌와로야르의 바라니와 스와루빠난드 274

똔다라디뽀디 알와르 이야기 505-7
뚜까람의 '람' 염송 648-9
릴라의 이야기 151, 273
브라마의 네 아들과 시바 이야기 631
빠르바띠가 시바의 참된 성품을 깨달음 513
빠르바띠가 지고자를 깨달음 214
뿌냐와 빠빠의 이야기 30-1, 291
쁘랄라다와 비슈누 이야기 360
살아 있는 아들에 대해 슬퍼한 부모와 죽은 아들에 대해 기뻐한 부모 293, 684
소유물을 비슈누에게 넘겨주는 시바 237
시따를 찾는 라마 이야기 194, 232
신랑의 가짜 친구 681
아빠르와 카일라스 295

알라마 쁘라부의 이야기 370-1
압바이와 깜바르 281
엘루따짠이 사원에 고기를 가져감 358
열 번째 사람 99-100, 574, 703
왕과 오만한 대신의 이야기 622-3
왕과 총리의 진언 전수에 관한 이야기 23-4
왕과 헌신적인 왕비의 이야기 504-5
아할리야와 인드라의 이야기 220, 383
질병을 치유하는 예수 39
쭈달라와 시키드와자 460-1, 657-8
코끼리와 주인 460
크리슈나가 자신의 브라마짜리야를 증명하기 509-10
패물들을 빼앗기다가 구출된 소녀 527

## 11. 소제목이 있는 곳과 도표식 설명들

감로의 방울들 341
남데브의 "신의 이름의 철학"에 대한 문자역 502
몇 가지 회고담 357
모루에서 일어나는 섬광 I 298
모루에서 일어나는 섬광 II 316
묵언에 관하여 96
빠라, 절대자(도표) 191
삼매: 합일삼매와 본연삼매 197
성자 남데브의 신의 이름의 철학 497
성자들과의 접촉 520
순수한 존재, 지고한 존재(도표) 637
『스리 라마나 기따』를 재론하심 91
『스리 라마나 기따』의 한 가지 의문에 답변하심 89
스리 샹까라의 '분별을 통한 구원의 길' 387

『스리마드 바가바드 기따』 92
스승님이 띠루반나말라이의 여러 곳에서 거처하신 연대적 순서 107
여러 가지 교리들 391
요기 라마이아의 체험담 66
유상삼매와 무상삼매(도표) 436
이스와라, 개아(도표) 230
이스와라, 쁘라냐(도표) 640
잠, 생시, 깨달음(도표) 236
잠, 합일무상삼매/본연무상삼매(도표) 198
지고자, 진아, 순수한 의식, 내적 기관의 구성, 브라만-찌뜨-아난다 등(도표) 127-30
찌뜨, 절대자(도표) 190
회고담 396
회당에서의 한 장면 398
회상 465

# 옮긴이의 말

바가반 스리 라마나 마하르쉬는 1950년 71세의 나이로 입적할 때까지 아루나찰라에서만 54년간을 머물렀는데, 이 기간 중 그의 생애와 가르침은 경전에 나오는 옛 성인들에 비해 조금도 손색이 없는 완벽한 **스승**의 그것이었다. 라마나 마하르쉬는 행주좌와行住坐臥를 포함한 그의 일상적 삶 전체를 통해 다양한 가르침을 베풀었지만, 더 강력하고 주된 가르침은 침묵 속에서 전달되는 **친존**親存의 힘 그 자체였다. 바가반을 친견한 사람들은 그로부터 방사되는 **은총**, 곧 **깨달음**의 에너지에 힘입어 **진아**를 직접 체험하기도 했고, 마음속 의문들이 사라져 버리기도 했다. 많은 사람들이 그에게서 경전에서 말하는 **진리**의 살아 있는 증거를 발견했고, 인간 세상에 화현한 **신**의 모습을 보았다. 무엇보다도 그는 **궁극적 진리**가 우리에게 내재해 있다는 것, 우리가 곧 **진아**라는 것을 상기시켜 주었다.

이 불세출의 스승을 만나보기 위해 각지에서 많은 방문객과 헌신자들이 찾아왔다. 그들은 마하르쉬에게 갖가지 질문을 던졌고, 그는 최대한 성의 있게 답변했다. 그의 답변은 마음의 평안을 구하는 사람들에 대한 간단한 **교시**敎示에서부터 경전 구절의 해석에 이르기까지 폭넓은 범위를 아우르는데, 때로는 그 자신의 경험담과 예전 성자들의 일화를 들려줌으로써 자신의 가르침을 한결 풍부하고 생동감 있게 만들기도 했다. 초기에는 그의 가르침이 비교적 소수의 헌신자들을 중심으로 주로 그들의 기억과 소량의 기록을 통해 사람들에게 공유되었지만, 해가 갈수록 방문객이 늘어나고 문답의 양이 많아지자 그에 대한 체계적인 기록이 필요해졌다. 특히 1934년에 마하르쉬를 서양에 소개한 폴 브런튼의 책 『비밀 인도에서의 탐색』이 나온 뒤 서양인들과 인도의 다른 지역 출신자들의 방문이 줄을 이었다. 그들과의 문답은 대개 영어로 통역되며 이루어졌고, 그래서 본 어록도 대부분 영어로 기록되었다.

『라마나 마하르쉬와의 대담』은 1935년 1월부터 4년여의 기간에 걸쳐 기록된 방대한 문답식 어록으로, 바가반에 관한 많은 문헌들 중에서 단연 첫손에 꼽히는 텍스트라고 할 수 있다. 그의 가르침을 직접 기록한 다른 책들도 많이 있지만 이 『대담』은 어느 책보다도 분량이 많을 뿐 아니라, 자기탐구를 위시한 그의 가르침의 주요 개념과 내용이 이 책에서 가장 자세히 전개되고 있기 때문이다. 당시에는 이 대담들이 '일기(Journal)'라는 이름의 큰 공책에 기록되어 마하르쉬의 회당에 보관되어 있었는데, 필요할 때는 사람들이 이것을 펼쳐 참고하기도 했던 것 같다. 헌신자인 모리스 프리드먼은 이 '일기'에서 일부를 뽑아내고 다른 내용도 덧붙여 1939년에 『마하르쉬의 복음』을 따로 출간했다. 그러나 정작 『대담』은 바가반이 입적한 지 5년이 지난 1955년에야 초판이 간행되어 그의 생전에는 빛을 보지 못했다. 이 책은 원본 '일기'를 다시 편집하고 보완한 것으로 편집 과정에서 원래 기록 중 어떤 부분은 삭제되기도 했고, 어떤 부분은 나중에 보완되기도 했다. 일부 대담은 기록자가 회당에서 직접 적은 것이 아니라 다른 사람의 기록에서 가져온 것들도 있는데, 안나말라이 스와미의 일기에서 발췌한 대담 530번부터 561번까지가 대표적이다. 그 밖에 잡지 등에서 전재轉載한 내용들도 일부 포함되었다.

『대담』은 인도인 제자가 기록하다 보니 영어 표현이 완벽하지 못하고 딱딱한 문어체가 주류를 이루고 있다. 군데군데 문장 간의 도약이나 단절이 느껴질 수도 있는데, 이는 빠른 대화를 그 자리에서 다 받아 적기가 쉽지 않았기 때문일 것이다. 물 흐르듯이 쉼 없이 흘러나오는 바가반의 말씀들을 기록자가 미처 따라잡지 못하고 나중에 기억을 토대로 쓴 부분들이 많았을 것이고, 기록자 자신도 기계적 통역자이기보다는 한 사람의 수행자로서 나름대로 소화한 내용을 자신의 번역능력 범위 내에서 기록했을 것이다. 그런 사정을 감안하면, 이 정도로 자세하게 문답을 기록한 것 자체가 놀라운 일이다. (녹음기를 사용하지 않은 것은 바가반이 녹음을 금지했기 때문인데, 이는 아마도 질문자들에 대한 배려에서였을 것이다.) 대담들을 기록한 방식 면에서는 여기 저기 간접화법과 직접화법이 뒤섞여 있어, 어느 것이 바가반의 말씀이고 어느 것이 기록자 자신의 설명인지 애매한 곳이 많다. 대담이 시작되는 부분이나 일화를 들려주는 곳들이 특히 그러한데, 이런 경우에는 종종 간접화법 문장을 직접화법 문장으로 고쳐서 대담 형태를 간명하게 했다.

실제 문답에서는 산스크리트 용어들이 많이 사용된 듯하며, 원서에서는 그 중의 상당수가 영어로 옮겨지고 기록자의 간단한 주석이 첨가되었다. 그러나 『바가바드 기타』나 우파니샤드 등에서 가져온 산스크리트 문장이나 어구들 중에는 영문 번역 없이 인용하는 것도 있어 해독하기에 다소 어려움이 있다. 역자는 이런 글귀들의 출처를 힘닿는 데까지 찾아내어 번역하고 각주에서 그 출처를 밝혀주었다(본서의 각주는 원주가 별로 없고 대부분 역주이다). 원문의 산스크리트 단어들이 다른 원전 텍스트들과 차이 나는 부분도 간혹 있는데, 명백한 오류로 보이는 곳들은 바로잡았다. 책 전반에 걸쳐 의미 연결이 불완전한 곳에서는 약간씩 단어를 보충하여 취지가 분명히 전달되게 했다. 이 『대담』은 처음에 세 권으로 나뉘어 출판된 것을 합본한 탓에 지금도 그 체재體裁를 유지하고 있다. 라마나스라맘에서는 한국어판의 출간에 지대한 관심과 애정을 기울여 주었다. 아쉬람 총재님은 '한국어판 서문'을 보내주셨고, 아쉬람의 헌신자들과 뉴욕 '아루나찰라 아쉬라마'의 데니스 하틸 씨는 한국어판의 각주들을 완성하는 데 도움을 주었다. 우리말 초판이 나온 지 14년이 지나 이번에 거의 새로 번역하다시피 책 전반을 전면 개정했다.

**실재**는 세계와 인간을 창조하고 움직이는 근본 동력이며, 현실 속의 모든 사건들이 일어나고 스러지는 바탕이다. 우리 삶의 모든 면에서 보이지 않는 진리로 작용하는 이 **실재**의 이법은 아루나찰라의 진인 라마나 마하르쉬에 의해 오랜 기간 반복적으로 자세히 설명되었고, 그것은 이 『대담』에서 집약적으로 드러나고 있다. 위대한 성인의 비할 바 없는 가르침을 담은 이 책은, 오로지 깨달음이라는 주제를 중심으로 **진아**의 진리성과 **자기탐구**의 중요성을 독창적인 어법으로 설파하는 참신한 영적 안내서이며, **침묵**의 공간에서 뿜어져 나오는 지혜의 언어를 통해 **실재**의 힘을 전달하는 강력한 수행 지침서이다. 깨달음 영역에서 탁월한 권위를 지닌 이 책은, 인도 고대의 전승지傳承知를 이어받되 이를 현시대에 맞게 변용하고 확장한 새로운 모습의 경전이라 해도 과언이 아니다. 국경과 시대, 민족과 종교를 초월하는 이 귀중한 가르침이 이 땅의 많은 영혼들의 **심장**에 순수한 의식의 불꽃을 점화하여 무수한 깨달음을 열어주고, 세간에 널리 평안과 행복을 가져다주기를 바라마지 않는다.

2017년 11월, 옮긴이